山西焦煤
SHANXI COKING COAL

2007
西山煤电集团年鉴
XISHAN MEIDIAN JITUAN NIANJIAN

西山煤电集团公司史志办公室 编

山 西 出 版 集 团
山西科学技术出版社

图书在版编目(CIP)数据

西山煤电集团年鉴(2007)/西山煤电集团公司史志办公室编.
—太原:山西科学技术出版社,2007.10
ISBN 978-7-5377-3067-9

Ⅰ.西… Ⅱ.西… Ⅲ.煤炭工业—企业集团—山西省—2007—年鉴 Ⅳ.F426.21-54

中国版本图书馆 CIP 数据核字(2007)第 163996 号

西山煤电集团年鉴(2007)

编　　纂: 西山煤电集团公司史志办公室
地　　址: 山西省太原市西矿街 335 号
电　　话: 0351-6215843　6215605
传　　真: 0351-6215845
邮　　编: 030053

出版发行: 山西出版集团·山西科学技术出版社
社　　址: 太原市建设南路 21 号　　邮编:030012
责任编辑: 朱　珠　　吴　伟
书籍设计: 耿　涛
制　　版: 太原方正新锐广告设计有限公司
印　　刷: 山西方略印业有限公司
开　　本: 889×1194　1/16
印　　张: 50.75
字　　数: 1 600 千字
版　　次: 2007 年 12 月第 1 版　2007 年 12 月太原第 1 次印刷
印　　数: 1-600 册

ISBN 978-7-5377-3067-9　　定价:298.00 元

西山煤电集团公司史志编纂委员会

主　　任	李建胜	车树春	张能虎			
常务副主任	刘志安					
副 主 任	徐俊明	王玉宝	胡文强	夏苏萍	薛道成	薛占儒
	刘成效	徐忠和	王成师	郭文斌	廖拴柱	
成　　员	（按姓氏笔画排序）					
	丁静萍	卜志敏	于　林	马小君	王　利	王克军
	王冬生	王树文	王雷英	石　兴	卢建业	田世鑫
	田顺祥	田顺生	田德荣	边树法	曲剑虎	任东春
	任连贵	刘　在	刘安银	刘青伟	刘福喜	刘成祥
	安生瑛	安效正	祁玉金	孙淑英	李成郁	李兆杰
	李秀宏	李和林	李延庆	李秋平	杨文洲	杨彦群
	杨晓明	朱成江	汪一川	张丑宏	张平安	张成平
	张宝玉	张树魁	张滨梅	陈俊昌	范文生	周成立
	赵　川	赵　霈	赵克诚	赵高荣	郝明喜	胡国顺
	侯水云	贺民成	莫书平	徐若琦	高　荣	郭希增
	黄国政	曹继文	常文生	麻增有	董居正	景五更
	童友春	曾凡宇	温怀义	解奕炜	程亚忠	蔡兴武
	裴国庆	谭林科	翟福军			

《西山煤电集团年鉴(2007)》编纂人员

主　　编	田顺生	丁静萍	董居正			
执行主编	董居正					
责任编辑	宋　涛	雷志卿				
特邀编审	张　敏	郝明喜	王树文	赵克诚	马小君	刘成祥
摄　　影	郭建华	曹建元	赵　强等			

编辑说明

一、《西山煤电集团年鉴》是全面记录西山煤电集团公司发展历程的编年书，是为西山煤电集团公司领导干部及社会各界读者提供信息资源的资料性工具书。

二、《西山煤电集团年鉴》于2006年创刊。现在出版的《西山煤电集团年鉴2007》(简称"本年鉴")为第二部。

三、本年鉴主要记录2006年西山煤电集团公司发展的基本情况和重要文献，时限原则上为2006年1~12月。对反映2006年工作、但在2007年形成的一些重要资料，本年鉴也适当收录。

四、本年鉴采用分类编辑法，按类目、分目、条目构成框架。在保持原有栏目稳定性的同时，结合2006年工作实际，增设了《重要文献》、《历史资料》等栏目。为形象反映全年工作，在正文前设置了彩页部分。

五、本年鉴编辑人员，彩页：马小君、程丽萍；特载、领导讲话、重要文献、文存：史晓勤；大事记、行政工作、党群工作、所属单位：宋涛、王爱军；概述：董居正；重点工程、年度人物、荣誉、全国劳模选介：雷志卿；管理制度、统计资料、文件索引：程丽萍；干部名录：闫雅萍；历史资料：王欢、李录花。编校人员：周春梅、金红梅、张拉弟、许桂梅、付雪梅。

六、本年鉴稿件、资料由西山煤电集团公司机关(直属)各部门、单位和所属单位提供。作者署名均在文内条目之后。

西山煤电集团公司史志办公室

2007年12月18日

企业文化建设纲要

领导行为规范

政治坚定　热爱焦煤

遵章守纪　依法行政

恪尽职守　勤政为民

勤奋学习　加强修养

求真务实　勇于创新

秉公办事　为政清廉

团结协作　作风民主

品行端正　淡泊名利

员工行为规范

热爱祖国　热爱焦煤

遵章守纪　爱岗敬业

安全作业　保证质量

勤奋好学　善于创新

言行文明　仪表整洁

团结协作　追求卓越

Ⅰ
Ⅱ

Ⅰ. 2006 年 1 月 27 日，中共山西省委书记张宝顺（中）到西山煤电集团公司慰问生产一线职工。

Ⅱ. 2006 年 1 月 5 日，中共山西省委副书记、山西省代省长于幼军（左二）看望西山煤电集团公司退休职工及家属。

Ⅰ
Ⅱ

Ⅰ. 2006年9月23日,全国人大常委、全国人大环境与资源委员会主任毛如柏(中)在山西省人大常委会副主任杜五安(右三)等领导陪同下,来西山热电有限责任公司考察。

Ⅱ. 2006年1月22日,国家发展和改革委员会能源局有关领导来西山热电有限责任公司,调研循环经济发展情况。

I
—
II

Ⅰ. 2006 年 9 月 26 日，中共山西省委常委、太原市委书记申维辰（左一）视察西山煤电集团公司棚户区改造工程进展情况。

Ⅱ. 2006 年 6 月 28 日，山西省副省长靳善忠在中共山西焦煤西山煤电集团公司第七次党代会上作重要讲话。

I / II

Ⅰ. 2006 年 7 月 25 日，山西省人大常委会副主任王昕（中）到白家庄矿业公司五三街棚户区改造现场，调研工程进展情况。

Ⅱ. 2006 年 10 月 24 日，山西省国有重点煤矿棚户区改造汇报会在西山煤电集团公司召开。山西省副省长宋北杉（中）到会并作重要讲话。

Ⅰ
Ⅱ

Ⅰ. 2006年5月1日，山西焦煤集团公司董事长杜复新（前右二）到杜儿坪矿井下综采工作面，慰问节日期间坚持生产的干部职工。

Ⅱ. 2006年8月10日，山西焦煤集团公司党委书记薛山（中）到太原市第四热源厂（矸石电厂）工地调研。

Ⅰ
Ⅱ

Ⅰ. 2006 年 5 月 1 日，山西焦煤集团公司总经理柴久茂(中)到东曲矿井下调研安全生产情况。

Ⅱ. 2006 年 10 月 29 日，山西焦煤集团公司副董事长李仪(主席台中)出席西山热电有限责任公司标准化管理总结暨迎峰渡冬动员大会。

Ⅰ
Ⅱ

Ⅰ. 2006 年 1 月 1 日，西山召开庆祝建局 50 周年暨西山煤电集团公司成立大会。山西省人大常委会副主任姚新章、副省长胡苏平，山西焦煤集团公司董事长杜复新、党委书记薛山为西山煤电集团公司成立揭牌。

Ⅱ. 2006 年 6 月 11–14 日，国家发展和改革委员会组织专家对山西离柳矿区（兴县区）总体规划进行评估。

Ⅰ
Ⅱ
Ⅲ

Ⅰ. 2006年1月19日，西山煤电集团公司召开十八届一次职代会和2006年工作会议。

Ⅱ. 2006年1月8日，西山煤电集团公司召开安全工作会。董事长薛山（左三）、党委书记车树春（左四）与公司所属单位签订安全目标责任书。

Ⅲ. 2006年6月16日，西山煤电集团公司召开技术创新大会，表彰技术创新先进集体和个人。

Ⅰ
Ⅱ
Ⅲ

Ⅰ. 2006 年 12 月 19 日，西山煤电集团公司董事长李建胜到山西兴能发电有限责任公司调研除尘脱硫情况。

Ⅱ. 2006 年 6 月 4 日，西山煤电集团公司启动第三届环保月宣传活动。党委书记车树春、总经理张能虎等参加启动仪

Ⅲ. 2006 年 2 月 25 日，西山煤电集团公司召开物资供应系统招标议标会。

Ⅰ
Ⅱ
Ⅲ

Ⅰ. 西山多种经营系统努力推进本质安全型企业建设。

Ⅱ. 西山热电有限责任公司二号机 72 + 24 小时满负荷试运行成功。

Ⅲ. 机电总厂研制的 Z1600/15/24 组合式直线型液压支架投入批量生产。

Ⅰ
Ⅱ
Ⅲ

Ⅰ. 2006 年 4 月 26 日，西山煤电集团公司召开棚户区改造推进会。
Ⅱ. 2006 年 11 月 21 日，镇城底矿工人村棚户区改造重点工程 38 号楼竣工。
Ⅲ. 白家庄矿业公司五二街小区新貌。

Ⅰ
Ⅱ
Ⅲ

Ⅰ. 2006年，西山热电联供工程竣工并投入运行。11月22日，工程竣工暨总结表彰大会召开。

Ⅱ. 热电联供工程施工现场。

Ⅲ. 为确保热电联供正常运行，换热站职工精心维护供热设施。

Ⅰ
Ⅱ
Ⅲ

Ⅰ. 西山金信建筑有限公司在内蒙古进行项目施工。2006年12月1日，西山煤电集团公司领导深入现场慰问。

Ⅱ. 由西山金信建筑有限公司建设的世界最大的选煤厂——内蒙古鄂尔多斯市神华集团万利公司布尔台矿洗煤厂储煤仓。

Ⅲ. 山西省重点工程岢岚至瓦塘铁路开工建设。图为十六号特大桥施工现场。

I
—
II

Ⅰ. 2006 年 9 月，山西省第二届青年职业技能大赛采掘电钳工比赛在西山煤电集团公司举行。

Ⅱ. 西山煤电集团公司举办区队级后备干部脱产培训班。

Ⅰ
—
Ⅱ

Ⅰ. 2006 年 11 月 25 日，西山煤电集团公司进行合同业务员资格考试。

Ⅱ. 2006 年 5 月 25 日，西山煤电集团公司消防大队 83 名官兵组队参加太原市地震应急联动演习。

Ⅰ
Ⅱ
Ⅲ

Ⅰ. 2006年7月16日，西山煤电集团公司职工技能大赛护士实际操作比武在古交矿区总医院举行。

Ⅱ. 2006年7月17日，西山煤电集团公司职工技能大赛浮选司机和主提升司机比武在屯兰矿选煤厂、马兰矿副立井举行。

Ⅲ. 2006年7月23日，西山煤电集团公司职工技能大赛钳工比武在机电总厂举行。

Ⅰ
Ⅱ
Ⅲ

Ⅰ. 西山水泥厂举办消防知识讲座。

Ⅱ. 2006 年 6 月 12 日，东曲矿选煤厂举办安全生产宣传咨询日活动。

Ⅲ 2006 年 12 月 23 日，西山煤电集团公司召开职工素质工程总结表彰大会。

Ⅰ
Ⅱ

Ⅰ. 2006年7月6日，西山煤电集团公司与英国辛迪克公司合作开发杜儿坪矿瓦斯发电与CDM项目协议签字。董事长薛山(前左)和詹尼克·塞门总裁(前右)在协议书上签字。

Ⅱ. 2006年11月7日，德国北威州政府代表团来西山热电有限责任公司考察。

Ⅰ
Ⅱ
Ⅲ

Ⅰ. 2006 年 9 月 6 日，香港新创建集团行政总裁陈锦灵来西山煤电集团公司考察。西山煤电集团公司总经理张能虎等领导陪同考察。

Ⅱ. 2006 年 4 月 3 日，日本新日铁客人在马兰矿及马兰矿选煤厂参观考察。

Ⅲ. 乌克兰客人在西曲矿考察。

Ⅰ
Ⅱ
Ⅲ
Ⅳ

党建工作

D DANGJIAN GONGZUO

Ⅰ. 2006 年 6 月 28 日，中共山西焦煤西山煤电集团公司第七次党代会（以下简称“党代会”）召开。大会选举产生了新一届党的委员会，提出了企业党建工作的新任务。

Ⅱ. 党委书记车树春在党代会上作工作报告。

Ⅲ. 出席党代会的代表进行分团讨论。

Ⅳ. 出席党代会的代表进行大会选举。

Ⅰ
Ⅱ
Ⅲ

Ⅰ. 新当选的第七届党委常委合影。左起依次为：王玉宝、孙炳章、车树春、薛山、张能虎、徐俊明、刘志安。

Ⅱ. 2006 年 6 月 29 日，西山煤电集团公司召开纪念建党 85 周年暨创先争优表彰大会。

Ⅲ. 2006 年 9 月 22 日，西山煤电集团公司举办预防职务犯罪教育讲座。

Ⅰ
Ⅱ
Ⅲ

Ⅰ. 2006 年 11 月 19 日，西山煤电集团公司工会召开第七次会员代表大会。

Ⅱ. 2006 年 12 月 8 日，共青团山西焦煤西山煤电集团公司第十一次代表大会召开。

Ⅲ. 2006 年 1 月 20 日，西山煤电集团公司召开统战人士迎春座谈会。

Ⅰ
Ⅱ
Ⅲ

Ⅰ. 2006 年 1 月 28 日，西山煤电集团公司董事长薛山慰问春节期间坚持工作的一线职工。

Ⅱ. 2006 年 9 月 21 日，西山煤电集团公司党委书记车树春在西曲矿职工郝斌家中慰问。

Ⅲ. 2006 年中秋节来临之际，西山煤电集团公司总经理张能虎到西铭矿慰问困难职工。

和谐西山

HEXIE XISHAN

Ⅰ
Ⅱ
Ⅲ

Ⅰ. 西山煤电集团公司举办大中专毕业生双向选择就业洽谈会。

Ⅱ. 2006 年 9 月 7 日，热电联供工程指挥部、公用事业总公司领导慰问施工一线职工。

Ⅲ. 2006 年 10 月 3 日，西山金信建筑有限公司领导到重点工程施工现场慰问建筑工人。

Ⅰ
Ⅱ
Ⅲ

Ⅰ. 2006 年 2 月 12 日，山西焦煤集团公司领导来到西山矿区闹红火现场，和职工家属欢度元宵节。
Ⅱ. 2006 年 5 月，西山煤电集团公司举办“安全在我心中”演讲比赛。
Ⅲ. 2006 年 10 月 23 日，西山煤电集团公司举办纪念红军长征胜利 70 周年音乐会。

Ⅰ
Ⅱ
Ⅲ

Ⅰ. 2006 年 5 月，官地矿举办“我劳动，我快乐；我劳动，我光荣”系列活动。

Ⅱ. 西山矿区群众文化体育活动深入开展。2006 年 11 月 22 日，西山文联体协工作座谈会召开。

Ⅲ. 2006 年 12 月，《西山煤电集团年鉴 2006》由山西科学技术出版社出版。

Ⅰ
Ⅱ
Ⅲ

Ⅰ. 汾阳五麟焦化园之夜。
Ⅱ. 镇城底矿选煤厂。
Ⅲ. 环境优美的马兰矿选煤厂。

企业荣誉 QIYE RONGYU

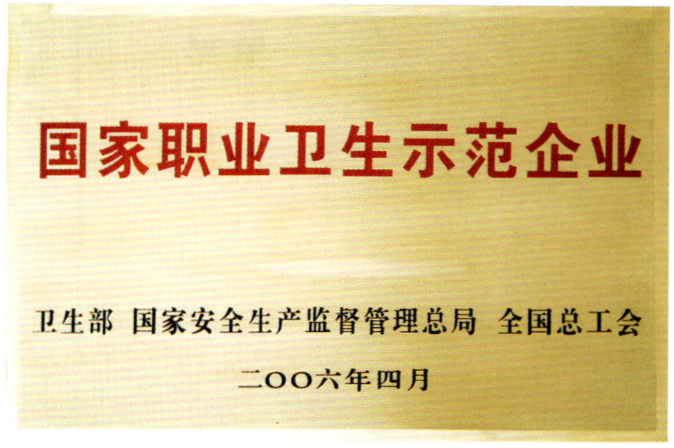

证　书
山西西山煤电股份有限公司
2005年度中国上市公司百强
第30名
CBT100

山西西山煤电股份有限公司
中国十佳
最重分红回报上市公司
2006第二届"大众证券杯"
中国上市公司竞争力公信力TOP10调查
sna

山西西山煤电股份有限公司
中国十佳
最具投资价值上市公司
2006第二届"大众证券杯"
中国上市公司竞争力公信力TOP10调查
sna

全国煤炭系统
先进群监会
中国能源化学工会全国委员会
二〇〇六年三月

全国优秀施工企业
二〇〇五
中国施工企业管理协会

全国煤炭工业
双十佳煤矿
中国煤炭工业协会

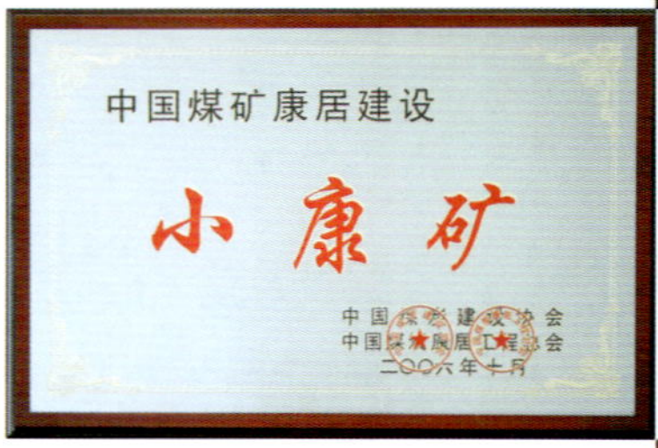
中国煤矿康居建设
小康矿
二〇〇六年十月

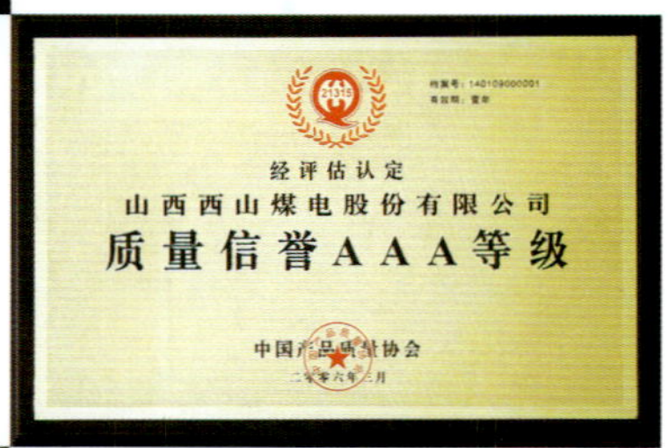
经评估认定
山西西山煤电股份有限公司
质量信誉AAA等级

全国煤炭工业
特级安全高效矿井
中国煤炭工业协会
二零零六年八月

山西金城建筑有限公司
荣获二〇〇六年
全国煤炭行业优秀施工企业
中国煤炭建设协会
二〇〇六年十月

授予：马兰矿选煤厂
全国十佳选煤厂
（2005年度）
中国煤炭工业协会
二〇〇六年七月

目　录

特　载

大事记

概　述

行政工作

生产建设管理

企业发展与经营管理

党群工作

所属单位

生产矿井

建筑设计与施工单位

控股及控股管理单位

重点工程

管理制度

生产管理制度

经营管理制度

综合管理制度

统 计 资 料

重要文献

第七次党代表大会报告

重要讲话

工会第七次会员代表大会报告

共青团第十一次代表大会报告

领导讲话

文　存

典型经验

西山煤电集团公司 2006 年十大新闻

中央十二家媒体采访西山循环经济报道选编

年 度 人 物

荣　誉

干 部 名 录

历 史 资 料

第六次党代会报告

重要讲话

全 国 劳 模 选 介

文 件 索 引

特载

TEZAI

2007

西山煤电集团年鉴

XISHAN MEIDIAN JITUAN NIANJIAN

以科学发展观为指导　提高经济运行质量 为实现西山又好又快发展而团结奋斗

——在山西焦煤西山煤电集团公司十八届二次职代会暨2007年工作会上的报告

董事长　李建胜

（2007年2月8日）

各位代表，同志们：

现在，我向大会做行政工作报告，请予以审议并提出意见。

第一部分　2006年工作简要回顾

2006年，是西山历史上发展最好最快的年份之一。我们在山西焦煤集团公司的正确领导下，以邓小平理论和“三个代表”重要思想为指导，坚持以科学发展观统领全局，认真贯彻年初职代会、工作会精神，按照“685533”发展战略目标，积极推进结构调整，全面加强质量管理，狠抓和谐矿区建设，各项工作都取得了骄人的成绩。

一、产业结构调整扎实推进，循环经济初见成效

我们坚持循环经济的发展思路，积极推进产业产品结构调整和优化，多年构思并努力实践的“煤—电—材、煤—焦—化”两条循环产业链发展目标在2006年变为现实，具有西山特色的循环经济模式初步形成。

——非煤生产经营额大幅度增加。2006年，非煤生产经营额实现41.79亿元，同比增加14.81亿元，增幅53%，占全年生产经营总额141.69亿元的30%，比上年上升了7个百分点。电力产业实现产值10.19亿元，其中古交发电厂8.56亿元，西山热电厂1.39亿元，太选矸石电厂0.24亿元。焦化产业实现产值6.86亿元，其中汾阳焦化园6亿元，古交煤气化公司0.86亿元。机修产业实现产值2亿元，商贸服务业实现经营额3.1亿元，水泥、化工、多经等实现产值9.26亿元。

——六大产业格局基本形成。煤炭、电力、焦化、建筑建材、机电修造、商贸服务六大产业协调发展，西山产业多元化的道路更加广阔和坚实。古交发电厂两台机组运行良好，全年发电41.2亿千瓦时。西山热电厂发电6.76千瓦时，3号机组基本具备运行条件。汾阳焦化园生产焦炭71.97万吨。西山水泥厂1200吨熟料新型干法回转窑生产线去年8月竣工，当年投产当年达产，全年生产水泥23.78万吨。金信等单位积极开拓外部市场，集团建筑施工企业共实现产值11.38亿元，比上年增加1.97亿元。西山大厦正式投入运行。

——资源综合利用深入发展。古交发电厂通过配煤厂配送，消耗了古交矿区中煤和劣质煤。西山热电厂产生的3.83万吨炉渣成为西山水泥厂的生产原料。继续加大矿井水利用力度，全年处理矿井水334万吨，处理后67%的水回流井下复用。与江苏大学合作，采用高科技生化技术对西曲矿矿井废水进行一体化深度处理，已经达到国家饮用水标准。瓦斯开发利用取得突破，在屯兰矿建设了燃烧瓦斯锅炉。积极推进杜儿坪矿瓦斯发电项目，前期准备工作正在进行。通过加强共伴生资源和废弃物、污染物综合治理，实现了变害为利，变废为宝。

二、经营管理工作迎难而上，主要指标圆满完成

我们面对全国煤炭产能过剩、企业政策性增支因素增多，以及资源、环境等多重压力，积极采取应对措施，全面加强内部管理工作，经济运行质量和效益显著提高。

——克服市场波动的影响，全年实现了产、运、销基本平衡。在市场频繁波动、价格下行压力增加的不利情况下，我们坚持以市场需求为导向，调整采掘部署，调整产品结构，在运销部门的支持下，积极开拓喷吹煤、电精煤、兴县煤和副产品的市场，优先安排焦煤、肥精煤、喷吹煤和高附加值产品发运，努力加强产、运、

销衔接。全年煤炭产品总运量完成3087万吨，总销量完成2636万吨，均创历史最高水平。

——**克服增支因素增加的困难，利润指标超额完成。**2006年，实现销售总收入120亿元，同比增加13亿元，增幅为12.25%。全年在因工资津贴增加、电费涨价、实行取暖货币化补贴、补提学校移交经费等因素增加支出的情况下，严格经营管理，有效控制成本，实行大宗物资集中采购，开展"双增双节"活动等，实现了利润5.22亿元，扣除清产核资资产处理等因素外，同比增加1.3亿元，增幅18.86%。"西山煤电"在证券市场上的表现良好，2006年11月再次荣登中国上市公司百强排行榜，名次由去年的57名上升到30名。西山煤电股票由年初的5.62元/股上涨到年末的8.95元/股，总市值由年初的68亿元上升到年末的108亿元，增长了59%。

——**努力克服矿井地质条件复杂的不利因素，各项生产技术指标均创历史最高水平。**在全年过断层40条、过无炭柱57个、搬家倒面43次的困难条件下，坚持以集约高效生产为抓手，科学组织生产，大力开展重点队创水平竞赛、开掘会战，提高单产单进水平和生产效率。2006年，原煤产量完成3358万吨，同比增加208万吨，其中兴县矿区增加100万吨；精煤产量完成1349万吨，同比增加69万吨；掘进总进尺完成23.77万米，同比增加3990米。原煤工效达到9.057吨/工，同比增加0.478吨/工。

三、安全监督管理不断加强，主体责任得到落实

我们认真贯彻"安全第一、预防为主，综合治理"的方针，坚持"管理、装备、培训"并重的原则，加大安全投入，推广先进技术，严格安全责任追究，推进了本质安全型矿井建设。

——**深化"三项"整治，提高了矿井的综合抗灾能力。**始终把"一通三防"作为矿井安全管理的重中之重来抓，全面落实有关规定，加强瓦斯抽放管理，较好地控制了瓦斯超限。与地方政府配合，加大矿区周边小煤矿的排查整治力度，全年共炸毁私开矿644座次，封堵小煤矿190座次，减少了小煤矿对大矿的威胁。狠抓雨季三防工作，完善防灌井措施，疏通了河床渠道，确保了矿区安全度汛。严格执行"有疑必探，先探后掘"的防治水原则，建立应急预案，采取针对性措施，杜绝了矿井水害的发生。

——**狠抓标准化建设，夯实了矿井的安全生产基础。**坚持以安全质量标准化达标为主线，把山东"七条经验"、十项推广项目纳入安全质量标准化考核范畴，选树样板，突出示范和带动作用，推动了各项工作的全面开展。在构建安全生产长效机制上下工夫，层层建立了以目标、责任、标准、控制、考核、信息为支撑的六大体系，严格落实安全责任，加大责任追究力度，促进了安全管理，取得了一定成效。

——**加强重点环节管理，促进了安全生产的健康发展。**整顿安监队伍作风，加大安全监督监察力度，采取动静结合、以动态为主的方式，对重点区域、临时工程、边缘地点、交接班时间、零散作业人员、多队组交叉作业等薄弱地点和环节进行检查，及时消除了事故隐患。狠抓涉爆物品、交通安全、防洪抗汛管理，对私藏爆炸物行为进行了严厉打击。落实全员培训，灌输安全理念，营造安全氛围，"不安全、不生产"、"不以产量论英雄"等观念深入人心，安全环境不断优化。2006年，煤炭生产百万吨死亡率为0.18，地面消灭了重伤以上人身事故。

四、重点工作取得重大突破，发展基础更加扎实

我们坚持用改革和发展的办法解决前进中的问题，加快重点工程建设，破解企业发展难题，影响企业长远发展的一批重大事项和重点工作取得新的进展，促进并带动了集团的协调发展、快速发展。

——**涉及矿井生产及安全的重点工程进展顺利。**白家庄矿八盘区扩建地面工程部分已全部完工，井下回风系统已经构成。杜儿坪矿环节能力改造工程进展顺利，其中北石沟地面配套工程已经收尾，部分铁路装车系统达到了60节车皮的装车能力。西铭矿选煤厂主厂房主钢架工程全部完工，具备了安装设备条件。矿井集中瓦斯抽放系统和风井建设等正在紧张的施工过程中，进展顺利。官地矿风峪沟滑坡治理工程圆满竣工，确保了风峪沟风井、变电站、瓦斯集中抽放泵站的安全。河龙湾110KV变电站顺利完工，前山矿区的供电能力和保障系数得到大幅提升。

——**关系企业改革发展的难点问题有所突破。**克服政策性因素的限制，加快新矿区建设步伐。兴县矿区总体规划通过中投咨询公司评估，评估报告已上报至国家发改委。斜沟矿选煤厂征地手续全部完成，已经具备开工条件；交城郑家庄、临县吕家岭煤矿地质勘探顺利完成，探矿权转采矿权手续正在办理当中。经过艰苦努力，古交发电厂二期项目所有52个文件全部得到批复，有望列入国家2008年开工计划。通过多方运作，在通过省物价局的批准后，从2006年6月30日起，古交发电厂上网电价上调至0.2754元/千瓦时。积极协调电厂纳税地点变更事宜，2006年底，省国税局正式将古交发电厂纳税地点变更到古交市，对集团与地方加强合作，实现共赢将起到积极作用。

——备受职工群众关注的重大事项稳步推进。历时两年，在创造了全国同类项目多个单项第一后，矿区集中供热工程正式投入运行，一举替代了前山地区的72座燃煤锅炉，提高了供暖水平，改善了空气质量。已列入关停名单的矸石电厂在太原市委市政府的支持下，并入了正在新建的太原市第四热源厂，近300名职工的后顾之忧得以解除。中小学校移交政府工作进入到最后的冲刺阶段，已就双方存在的意见进行了充分交换，有望于近期签署协议。汾河小区二、三期项目建设取得进展，二期拆迁以及土地遗留问题已上报山西焦煤集团，三期项目正在国家环境科学院的主持下进行环评工作。西华苑新建高层住宅楼规划得到批准，前期各项准备工作已经开始。

五、职工生活质量持续改善，内部氛围更加和谐

我们坚持把职工群众的利益放在突出位置，千方百计提高职工的收入，改善群众的生活质量，让企业改革发展的成果最大限度地惠及到了每个职工群众。

——职工收入与企业效益同步提高。为全体职工晋升了两级工资。提高了井下职工入井费、夜班补助及班中餐等津贴，在岗职工人均收入达到29966元，比上年增长14.23%。按照上级要求，及时给离退休人员增发了养老金，提高了离退休人员的收入和生活质量。职工供暖货币化补贴取得实质性进展，暗补变明补的补贴方案已经实施。参照市区中小学教师工资标准，提高了教职工人员工资，稳定了教职工队伍。

——职工群众人居质量大幅提升。继续推进矿区环境治理，修缮了西矿西街、党校路、虎峪河北路、建北街道路，改造了建工苑A、B区及西华苑小区配套设施。硬化公共场所4854平方米，美化街心花园1800平方米，全年新增绿地面积达到了15万平方米。集中精力推进棚户区改造，拆除危旧房屋5.39万平方米、1321户，新开工建设住房23.42万平方米、3360户，全部超额完成了与太原市政府签订的责任目标。目前，新建住房已完工9万平方米，完成投资约1.4亿元。事关棚户区改造的项目建议书得到省发改委批复，前山征用的30.93公顷土地已签订协议，相关手续正在上报审批。

——和谐稳定的企业氛围广泛形成。处科级干部与贫困职工结对子数增加到2003对。坚持对贫困、伤残职工和军烈属进行走访慰问，全年共计发放各类慰问、救济金971.9万元，发放助学金19.1万元，52名考上大学的贫困职工子女得以顺利入学，500余名中小学贫困学生在开学前得到了救助。高度重视信访稳定工作，信访问题办结率达到90%，信访案件结案率达到95%。响应国家推进社会主义新农村建设的号召，编排节目深入农村进行慰问，造桥修路造福农村百姓，形成了企业与周边村庄"双赢"的良好局面。

六、三个文明建设协调推进，发展环境不断优化

我们高度重视物质文明、政治文明、精神文明的协调发展，在搞好安全生产、经营管理的同时，集中精力开展人才培养、作风建设、形象塑造等工作，为企业的快速发展、健康发展提供了有力保证。

——人才结构与层次得到优化。深入开展全员学习培训，全年举办各级各类培训班2091期，培训达7万余人次。首期后备区队干部培训班如期结业，收到了良好的效果。继续推进素质工程建设，经层层选拔和严格考核，有737名选手参加了35个工种的职工技能大赛；有2744人参加了职业技能鉴定，1389人取得国家职业资格证书。通过考核，127名农民合同工转为城镇合同制职工。注重从企业外部引进电力、焦化行业等稀缺人才，从中国矿业大学等大专院校招聘回236名主体专业毕业生，煤、电、焦三大产业人才队伍不断成长。建立了专业技术人员津贴制度，对专业技术人员实行科学设岗、评聘分开，有15027人参加了竞聘上岗，占到全部专业技术人员的84.3%。

——干部作风和管理效能有所转变。深入开展社会主义荣辱观和"十要十不要"主题教育活动，对全体副科级以上干部下达了"五条禁令"，提出了"十二种观念"，在建立干部作风建设的长效机制上下工夫，扎实推进了党员队伍和基层党组织建设。举办廉政文艺巡回演出，利用广播、电视、报纸、室外广告灯箱等进行廉政宣传，开展廉政牌板展览、廉政条规考试、知识竞赛，对新提拔干部进行专题培训和廉政谈话，组织处级以上干部参观监狱，通过一系列的活动进一步增强了广大党员干部的廉洁自律意识。强化监督制约，成立了转变干部作风督查组，先后分四次对各单位干部作风情况进行督查，加大了对重点工程招投标、大宗物资采购、技校招生、机关处室人员招聘等的监督力度。扎实推进“六型机关”建设、“小金库”和地销煤检查、商业贿赂治理、对外投资清理等工作，使西山的各项管理水平再上新台阶。

——企业知名度和对外影响力不断扩大。2006年上半年，西山集团被中宣部确定为“落实科学发展观，建设节约型社会”专题宣传的典型，中央十二家媒体聚焦西山，对我们发展循环经济的典型经验进行了集中采访报道。在9月份举行的全国煤炭行业循环经济现场交流会上，西山作为典型代表，第一家进行了经验介绍，会议还安排与会人员到现场参观、学习，受到了好评。西山企业网站正式投入运行，“西山煤电杯”全国职工安全生产演讲比赛、“西山煤电乌金杯”全国煤炭系统男子篮球赛、全国安居工程现场会议等大型活动在西山成功举办，进一步增强了西山的知名度和对外影响力。

各位代表、同志们，2006年成绩的取得，是山西焦煤集团正确领导的结果，是股东各方共同努力的结果，是西山历届老领导关心支持的结果，是广大干部职工团结进取、扎实工作的结果。我代表西山煤电集团公司党政，向在座的各位代表并通过你们向全体干部职工家属表示衷心的感谢和崇高的敬意！

第二部分　当前企业面临的内外环境

当前是我国深入贯彻落实科学发展观，实施“十一五”规划的关键时期，也是我们西山实现“685533”目标的战略发展期、机遇期。

从企业外部环境看，为我们的发展提供了许多有利的条件。一是我国经济持续增长，近四年连续保持在10%以上，预计今年将继续保持平稳较快增长态势，这将拉动国内煤炭市场的需求。二是随着新增火电机组的产能陆续释放、钢厂大型高炉比例上升、冶金焦化行业产能不断扩展，优质动力煤、焦精煤、肥精煤需求量大幅增加，煤炭价格上扬。三是国家取消全国煤炭订货会，使煤炭企业更能够直接选择用户，与用户进行直接商谈，增加了煤炭企业在交易中的话语权。

但外部环境对企业的发展也存在诸多不利因素，主要表现为：一是煤炭市场需求趋缓与产能快速增长的矛盾日益突出，结构调整和节能降耗工作的推进，将使煤炭需求增幅趋缓。而近年来煤矿投资持续快速增长，在建项目能力过大，新建能力陆续开始释放，2007年将在2006年净增1亿吨的基础上，又有一批新增生产能力释放。二是国家在取消焦煤出口退税政策的基础上，又从2006年9月15日取消了动力煤和无烟煤出口退税政策，暂加征5%出口关税，这将产生抑制煤炭出口，鼓励煤炭进口的政策效应，从而增加国内煤炭供给。三是受政策性增资因素的影响，促使煤炭企业成本上升。国家在八个主要产煤省全面实施煤炭资源有偿使用，并在我省实施煤炭工业可持续发展的政策试点，向煤炭企业征收可持续发展基金、矿山环境治理恢复保证金和煤矿转产发展资金，加上资源补偿费、矿业权价款、安全费用提取以及“两津一贴”，吨煤成本将有一定幅度的增加。四是铁路通道能力与资源供给、市场需求不相匹配，区域性供、运、需矛盾依然突出。

从企业内部来看，近年来的快速发展，为西山今后的各项工作提供了良好的条件。一是随着古交电厂、汾阳焦化园、兴县矿区斜沟矿、热电厂、古交配煤厂、铁路自营、古交水泥厂等一批新项目的建设和投用，为企业可持续发展注入了活力，增强了发展后劲。二是西山作为首批全国循环经济试点单位，在循环经济方面，取得了阶段性的成果，受到了国家有关部委的肯定和支持。三是技术革新和科技创新硕果累累，自动化刨煤机、智能化大采高综采设备、轻型放顶煤工艺、三产品重介旋流洗选工艺等一大批先进技术、工艺和装备的推广应用，提升了生产的现代化水平。四是近几年矿井环节能力改造和安全补欠方面投入力度大，矿井防灾、抗灾能力进一步增强。五是近几年矿区环境治理成效显著、职工收入逐年提高，激发了广大干部职工干好本职工作的积极性，增强了凝聚力。

但我们也要清醒地认识到企业自身还存在许多不足。一是安全管理仍有薄弱环节，现场管理有待进一步加强。二是当前企业正处于战略发展机遇期，需要办的事情很多，资金相对不足。三是人才队伍结构需进一步优化，要继续做好急需主体专业大中专毕业生接收工作。四是人员增长幅度需加以限制，以保证股东收益和在册职工收入的增加。五是企业改革发展与职工日益增长的需求之间还存在差距。这些不足和问题都需要我们在今后的发展中加以解决。

第三部分 2007年工作安排

2007年，是我们确定的“安全发展年”，也是实现西山发展战略目标重要的一年，做好今年的工作非常关键。根据上级精神和西山实际，2007年工作的总体要求是：**以科学发展观为指导，全面贯彻中央和省经济工作会议精神，按照山西焦煤集团公司2007年工作会总体部署，着力提高经济运行质量，着力发挥新项目效益，着力提高生产集约化水平，着力加强安全管理；正确处理好近期利益与长远利益的关系，发展速度与质量和效益的关系，企业效益与职工收入的关系，实现西山科学发展、和谐发展、廉洁发展。**

主要经济技术目标：

原煤产量：3310万吨；

精煤产量：1321万吨；

掘进总进尺：236000米；

开拓进尺：23500米；

发电量：46.9亿千瓦时；

焦炭产量：91.3万吨；

销售总收入：125亿元，其中煤炭销售收入98亿元；

利润：8亿元；

职工收入：人均收入增长10%以上；

安全：杜绝瓦斯、煤尘、水害、火灾、顶板等重大事故；企业生产百万吨死亡率控制在0.45以下；煤炭生产百万吨死亡率控制在0.3以下，力争实现0；消灭二级以上非伤亡事故。

围绕以上总体要求和目标，重点抓好以下八方面的工作：

一、以资金和成本管理为中心，提高经济运行质量

实行严格的资金管理和成本管理制度，推动企业经营管理水平的提高，切实增强企业经济运行的质量和效益，提高企业盈利能力和抵御市场风险的能力。

深化资金管理。目前西山正处于战略发展机遇期，新开工项目较多，企业资金供需仍比较紧张，我们要严格资金预算管理，坚持量入为出，调整资金投入结构，合理安排安全生产、重点工程、职工生活之间的资金投入，严禁超预算支出，实现收支平衡。杜绝单边挂账，清理各单位不合理资金占用，减少占用额度。规范资金使用管理，各单位流动资金、维简资金不得用于对外投资性资金。拓宽融资渠道，充分利用好上市公司融资平台，做好二次融资准备，为新项目建设顺利推进提供资金保证。

强化成本支出控制。进一步健全目标成本管理体系，实现经济技术指标的整体优化，把主材、设备、配件、电耗、介耗等与人员工效挂钩，不断降低物耗水平。加强核算管理，对使用虚假出库、无故压票、高留低转、潜亏挂账或潜亏不挂账等人为手段，严重导致成本费用盈亏不实的单位要进行严厉处罚。继续推行大宗物资集中采购、代储代销采购和比质比价比服务采购，全面降低物资采购成本，提高采购质量。大力开展双增双节、修旧利废活动，眼睛向内，挖掘潜力。集团上下要千方百计降低可控费用，今年可控费用总体要下降5%以上。

加强项目投资管理。按照轻重缓急、量力而行的原则，合理安排投资项目，除兴县、汾阳项目外，近期原则上不再投资新的对外扩张项目。各类渠道资金项目都要严格实行计划管理、预算管理、招投标管理和项目责任人制，杜绝一切计划外工程、超预算工程。各单位大修理费用成本工程和20万元以上的非生产性中小修理成本工程都要纳入集团计划管理。工程项目在开工前，都要有完整的设计和预算，杜绝边设计、边预算、边施工的现象。加强对所有工程项目的管理、监察、审计，确保投资效果。今年要重点抓好古交发电厂二期、矿井瓦斯发电、太原选煤厂卸车系统改造、西铭矿选煤厂建设和镇城底矿、马兰矿、西曲矿、屯兰矿矿井选煤厂浮选及简仓改造建设等项目，加快兴县、汾阳项目手续报批工作。

提高煤炭回收率。矿井要优化采掘部署，提高回采率，努力提高原煤质量。选煤厂要切实提高精煤回收率，加强煤质控制，实现煤质精准管理，发挥技改投资效益。

二、加强安全生产管理，构建本质安全型企业

坚持“安全第一，预防为主，综合治理”的方针和“管理、装备、培训”并重的原则，以杜绝重特大事故、控制零星事故为目标，推进本质安全型企业建设。

强化制度约束。进一步健全权责统一的目标责任考核体系，完善各级安全生产责任制度，落实决策层、管理层和操作层各个岗位的安全责任。安全责任量化考核不仅要突出事后查处，更要注重过程控制，充分体现足够的预防性和超前性。要建立更为科学的安全信息报告制度，及时准确反映真实信息。

抓好井下安全管理。以“一通三防”为重点，按照“加强管理、先抽后采、监测监控、以风定产”的方针，进一步优化矿井生产系统，确保系统的稳定性、可靠性。针对生产过程中的不同环节，细化事故风险元素及特征，建立完整的风险预控系统，努力从源头上控制隐患。积极推进对高瓦斯矿井和低瓦斯矿井高瓦斯区，在采掘前实施预抽放瓦斯的主动方式，提高预控瓦斯能力。加强矿井水患防治，坚持“有疑必探、先探后掘、先治后采”的原则，高度重视带压开采，严格执行水文预测预报制度。加强对矿区周边小煤窑的治理，全天候监控，配合地方政府，打击越层越界行为，切实防止小煤窑与大矿打通，引发事故。加强井下防灭火，防止煤层自燃、电气及其他火灾。加大信息技术在安全管理中的应用，完善瓦斯监测监控、产量监测、井下人员定位等系统。加强作业现场管理，深化安全质量标准化，严格执行“三大规程”，杜绝“三违”现象，有效预防顶板、运输、机电等事故。重视职工安全培训，提高培训的针对性、实效性，坚决杜绝培训人员、培训内容与实际不符的现象，不断增强安全意识，提高安全操作技能。

加强地面安全管理。对煤炭洗选、电力、焦炭、化工、建筑建材、机修等行业，实施分类指导，强化安全管理，狠抓隐患排查，不断提高地面安全生产管理水平。重视地质灾害、雨季“三防”，保证矿区安全度汛。抓好治安、交通、消防和火工品管理，不断提升矿区治安管理水平，确保一方平安。

完善应急救援机制。根据事故危险源情况，及时修订完善应急救援预案，加强救护、消防队伍标准化建设，定期组织重大事故应急救援演练，确保预案的针对性和有效性，提高应对突发事件的能力。

三、依靠科技进步，提升煤炭产业现代化水平

坚持采用先进适用技术改造和提升煤炭产业，提高机械化水平和生产集约化程度，加快淘汰落后生产工艺步伐，坚定不移地走安全、高效、集约的路子。

提高采掘现代化水平。今年要淘汰高档普采和炮掘工艺，实现综采综掘机械化程度100%。继续推广应用高效、大功率电牵引采煤机、掘进机、大采高液压支架、薄煤层开采设备等，切实改进生产工艺。积极推广应用岩石液压钻车和岩石作业线，提高岩巷单进水平。加快支护技术更新，大力推广应用大直径左旋螺纹钢锚杆、高强锚索等煤巷掘进支护技术，全面采用钢筋网岩巷掘进技术，提高巷道的支护质量。积极推进安全高效矿井建设，不断优化矿井生产组织，缩头减面，提高效率，各矿要分别组建70人以下的综采队、60人以下的综掘队。搞好地质勘探，利用先进的探测技术，进行煤质、构造、水等综合性探测，提高地质专业技术水平。加强矿井生产衔接管理，保持“三量”平衡，保障集约化生产。

提高生产环节科技装备水平。减少矿井运输环节，提高运输效率，积极推广应用无极绳绞车、大吨位电机车、运人索车、斜巷液压联动挡车装置等先进设备。做好供电系统改造和机电设备现场管理工作，充分发挥新建的前山110KV变电站作用，抓紧做好在古交矿区新建110KV变电站的前期准备工作，从根本上提高供电的可靠性。加强机电设备现场管理，提高开机率，降低故障率。加快现有机电设备的更新步伐，提高新度系数，对大型设备科学界定数量，提高设备利用率。

四、注重环保和节约，建设资源节约型环境友好型企业

在企业发展中要不断强化环境保护意识和节约能源资源意识，搞好环境综合整治，降低企业发展的资源成本、环境成本，实现企业与社会、企业与自然的和谐发展。

抓好能源资源节约工作。重点在节电、节水、节材、能源资源综合利用和发展循环经济等方面下工夫，着力提高能源资源利用效率。要对煤炭资源进行精采、细采，加强采区、工作面回采率考核，提高煤炭资源回收率，最大限度地发挥资源效益。要推广应用各种节能技术，从节约每一滴水、每一度电做起，降低能耗，使企业综合能耗比上年下降6%以上，为到2010年实现每万元产值综合能耗比2005年底下降30%，完成省政府下达的任务奠定良好基础。

高度重视环保工作。重点抓好矸石山、工业废水、生活污水、烟尘排放和扬尘治理,搞好绿化、美化工作。既要对矸石山采取分层碾压、黄土覆盖、植被固定的传统治理方式,又要加大综合利用力度,拓展利用渠道,逐步消化煤矸石,变废为宝。按照国家新的排放标准,逐步对白家庄矿、杜儿坪矿、官地矿、镇城底矿、马兰矿的矿井水处理厂进行技术改造,提高矿井水利用率,努力实现工业废水零排放。积极与太原市有关部门沟通联系,抓紧前山生活污水中心处理厂建设的前期准备工作,解决长期以来前山生活污水排放问题。对全集团所剩燃煤锅炉进行监控和改造,确保按省市要求达标排放。有步骤地推进前山矿区各煤库的封闭,降低扬尘污染。加大绿化力度,增加绿化面积。

五、深化企业管理,发挥集团整体功能

进一步推动企业科学管理,对集团进行科学定位,突出集团的决策管理中心、子公司的目标利润中心、矿厂的生产和成本控制中心职能,加强对控参股公司管理,充分发挥集团整体功能,从机制、体制上保障集团健康发展。

完善决策机制。坚持依法治企,按照公司法、公司章程办事,建立精干高效的运行机制。集团成立战略发展委员会、人力资源委员会、投资融资委员会、重大项目论证协调委员会、审计薪酬委员会和企业改革委员会,在这些委员会的工作中不仅要引入西山在职管理专业人员,还要引入具有丰富经验的老领导和企业外部的专家学者,对一些事关企业改革发展的重大问题充分论证,提出科学方案,按程序决定,提高集团决策水平。

加强控参股公司管理。近年来,西山相继投资组建了一批控参股公司,这些公司在集团的支持下,获得了快速发展,但集团对其管理还不够完善,今后要加强对控参股公司的管理。集团上下要树立大西山观念,根据公司法和公司章程,既要做好对控股子公司法人治理结构层面的管理,又要加强对控股子公司的安全、计划、财务、劳资、管理制度、企业文化等各项工作的监督和指导。各控股子公司要按照有关规定,向集团报送报表、汇报工作、请示事项,及时传达贯彻集团有关会议和文件精神。集团向控参股公司派出的董事、监事、经理人员要在工作中充分体现集团意志,维护集团利益,重大问题要事先征求集团意见,准确表达集团立场。

优化集团运行机制。按照精简、高效的原则设置管理机构,推行管理资源共享,加大管理幅度,减少管理层次,促进组织结构扁平化,提高专业化管理水平。建筑施工单位要加大开拓外部市场的力度,提高市场竞争力。多经系统要整合经营资源,积极稳妥地推进抓大放小,增强活力。后勤服务系统要根据国家主辅分离、辅业改制的政策,按照市场化运营、社会化服务的要求,稳步推进改革。集团有关部门要做好中小学移交地方工作。

强化集团考核管理。继续实施责任法人制度,科学设定集团对控股公司、二级单位的考核指标,指标要有针对性、可操作性。进一步完善绩效考核,集团对二级单位的绩效工资考核要不断改进,控制工资总量,发挥政策导向和激励作用。强化考核的严肃性,各项考核都实行刚性考核,有关奖罚办法要由集团统一制定。有关部门要加强对考核的研究,不断创新考核制度,使考核更为科学、有效。

六、实施人才强企战略,建设一支高素质的人才队伍

企业的竞争,归根到底是人才的竞争。我们要把人才队伍建设摆在更加突出的位置,大力加强人才队伍建设,实施人才强企战略,培养好、使用好、引进好各类人才。

加强经营管理人才队伍建设。经营管理人员必须具有现代企业管理知识和能力,要不拘一格,大胆使用一批学历较高、经验丰富、责任心强和具有开拓进取精神的年轻干部,充实到重要经营管理岗位,推动集团整体经营管理水平的提高。加大经营管理人员岗位交流力度,特别是人、财、物等重要岗位的交流。加强经营管理人员的教育和培训,不断更新知识,开阔视野。要走出去、引进来,从社会招聘急需的高素质经营管理人才,改善队伍内部结构。

加强专业技术人才队伍建设。在重视煤炭主体专业技术人才的同时,注重电力、焦化等专业人才的引进。改进大中专学生接收政策,对企业需求专业进行分析,制定需求计划,明确岗位,公开进行校园招聘,把真正急需的主体专业人才引进来。各级领导要牢固树立科技是第一生产力的观念,关心专业技术人才,给他们提供干事业、干成事业的舞台,要利用好山西焦煤国家级企业技术中心平台,组织科研攻关,推进技术创新,加紧对涉及生产的技术难题进行研究,充分发挥科技人才的聪明才智。各基层区队都要加强技术力量,技术主管一般要由全日制大专以上毕业的专业人员担任。

加强操作技能人才队伍建设。要变招工为招生，逐步减少农民工。整合教育培训资源，依托技校，加快集团高技能人才培训基地建设。继续实施“素质工程”建设，开展导师带徒、技能大赛、学练比推等行之有效的活动，实行重奖技能人才、农民工转制等激励政策，全面推动职工队伍技能素质的提高。

七、切实解决职工困难，不断提高职工生活水平

坚持企业的发展依靠职工，企业的发展为了职工，企业的发展成果由职工共享的理念，把关心职工、为职工群众谋利益作为各级领导的一项重要使命，不断推动职工生活水平的提高。

改善职工生活条件。今年在把去年的浮动工资转为固定工资的基础上，从1月份起再浮动一级，今后将随着企业的发展，不断提高职工工资和津贴标准。逐步改善职工住房条件，推进棚户区改造工程，今年力争新开工住房35万平方米。要积极引导职工把握政策机遇，把实事办实，好事办好。完善社区服务功能，逐步建设社区卫生所、购物便民店、维修服务站、文化娱乐活动场所、小区停车场等设施。物业管理单位要设立服务热线电话，及时解决住户在水、电、气、暖、环境卫生等方面的困难，提高物业管理水平。积极开展“安全和谐社区”、“标准化小区”创建活动，推动小区和谐建设。做好基本养老保险、失业保险、医疗保险、工伤保险等各类保险的提取、管理和使用，确保职工及时受益。重视职工医疗保健，关注公共卫生突发事件，制定相关预案，做好防范工作。

切实关注弱势群体。完善矿区救助机制，充分发挥十大救助金的帮扶作用，帮助因病致困、因伤致困等弱势群体。发挥青年组织作用，积极引导矿区职工子女改变就业观念，走向社会。继续深化“温暖工程”，搞好节日慰问，多渠道、多形式做好困难职工救助工作，让所有为西山做过贡献的困难职工，感受到西山大家庭的温暖。

八、加强思想、廉政和作风建设，营造矿区良好风气

良好的风气是企业健康发展的前提和保证，我们要在集团上下大力弘扬新风正气，抵制歪风邪气，做好思想教育、廉政建设、作风建设等各项工作，使矿区始终保持风气正、士气高、人气旺的良好局面。

积极搞好宣传教育工作。开展理想信念教育，教育广大干部职工坚定共产主义理想信念，树立正确的世界观、人生观、价值观、政绩观。开展优良传统教育，树立过紧日子的思想，大力发扬勤俭办企、艰苦奋斗的精神。开展道德教育，树立良好的职业道德、社会公德和家庭美德。开展向党素珍等先进人物学习活动，大力弘扬先进人物精神，让全体干部职工更加热爱先进、学习先进、追赶先进。举办多种形式的群众文化活动，寓教于乐，丰富职工业余生活。进一步做好信访工作，及时化解矛盾，维护矿区稳定。

立足于预防，确保干部的政治安全。开展廉政警示教育，增强拒腐防变的自觉性。完善各项制度，加强对人、财、物、工程项目管理等重点部门的监察和审计。各级干部都要自觉遵守各项规章制度，严于律己，管好身边工作人员和亲属，做到不谋私利，不违规违纪。要全心全意依靠职工办企业，深化“阳光工程”建设，积极开展企务公开，及时公开企业重大事项，听取职工意见，接受职工监督。

大力加强领导班子、干部队伍和机关作风建设。各级领导班子都要团结务实，分工协作，在破解企业改革发展难题，提高管理水平上下工夫。各级领导干部都要倡导八个方面的良好风气，按照“十要十不要”要求，求真务实、狠抓落实，踏踏实实做人，认认真真做事，经常深入基层、深入现场，切实解决安全生产中的问题。要减少各类不必要的应酬、会议，不做表面文章，不做华而不实的事，提倡埋头苦干，反对心浮气躁。要深入开展“六型机关”创建活动，不断增强服务意识，减少会议，简化程序，推广无纸化办公、远程办公、网上信息传输、视频会议等，提高工作效率。机关部门都要推行服务承诺制、限时办结制，杜绝门难进、脸难看、事难办现象，把各级机关建设成为学习型、服务型、创新型、效能型、节约型、廉洁型的机关。

各位代表、同志们，目标已经确定，任务已经明确，摆在我们面前的就是狠抓落实。让我们齐心协力，团结一致，在山西焦煤集团公司的领导下，按照“685533”的战略发展规划，求真务实，开拓创新，奋力拼搏，扎实工作，全面完成今年的各项任务，为实现西山又好又快发展而团结奋斗！

凝心聚力促发展　求真务实创新绩
用全面推进和谐西山建设的成果向党的十七大献礼

——在山西焦煤西山煤电集团公司党委七届二次全委（扩大）会议上的报告

党委书记　车树春

（2007 年 2 月 5 日）

各位委员、同志们：

下面，我代表中国共产党山西焦煤西山煤电集团公司第七届委员会常委会向二次全委（扩大）会报告工作，请各位委员审议，请列席会议的同志提出宝贵意见。

第一部分　2006 年党委工作回顾

刚刚过去的 2006 年，是西山承继 50 年发展的辉煌成就，大事喜事接连不断，和谐建设全面推进的一年，是让所有西山人深感骄傲和自豪的一年。一年来，在焦煤集团党政的正确领导下，我们努力践行科学发展观，自觉把西山的发展放到焦煤集团大局中把握，全面落实第七次党代会的各项部署，紧密围绕和谐西山建设，党的工作和企业各项工作质量显著提升，实现了“十一五”良好开局。

一、提升宣传思想工作质量，共建和谐的目标深入人心

用 50 年发展的成就鼓舞人心。一元复始，八方宾朋齐聚西山，百里煤海鼓乐喧天，山西焦煤西山煤电集团公司成立暨西山建局 50 周年庆祝大会隆重召开，把已经持续了近一年的系列庆祝活动再次推向高潮。人们追溯着西山从小到大、由弱变强的沧桑与光荣，回忆着西山踏平坎坷、战胜困难的艰辛与卓越，感受着西山实现跨越、铸就辉煌的刚强与豪迈，干部职工以热爱西山的朴实情感，以建设西山的实际行动，以发展西山的丰硕成果，以奉献西山的赤子情怀，表达着对西山 50 年发展的真诚祝愿。

以科学发展观统领发展全局。经过认真学习，反复讨论，深入实践，集团各级领导班子在“必须下大力气提高经济运行的质量和效益”上达成高度一致，全体干部职工对“要发展、更要科学发展，要建设西山、更要建设和谐西山”形成统一认识。我们发展循环经济的做法得到充分肯定，被国家六部委确定为全国发展循环经济首批试点单位，被中宣部确定为落实科学发展观重点报道单位，人民日报、新华社等 12 家中央媒体做了集中报道，在全国引起极大反响；去年 8 月，在全国煤炭行业发展循环经济现场交流会上，西山作为东道主首家介绍经验，并接待了与会代表现场参观，得到广泛好评，为企业发展营造了更为宽松的环境，更加坚定了干部职工走科学发展之路的决心和信心。

让建设和谐西山成为最强音。遵循科学发展的新理念，规划和谐西山的新蓝图，西山第七次党代会吹响了以富裕西山、平安西山、人文西山、法治西山、数字西山、生态西山、诚信西山和开放西山为主要内涵，全面建设和谐西山的号角，工会会员代表大会、团代会进一步汇聚起建设和谐西山的群众力量。和谐西山的目标激励着我们，和谐西山的道路指引着我们，和谐西山的愿景感召着我们，和谐西山的精神鼓舞着我们，全面建设和谐西山成为企业的最强音。

用焦煤文化引领企业文化建设。以焦煤集团成立 5 周年为契机，组织干部职工认真学习焦煤文化的宗旨理念，引导大家增强大集团意识，凝聚大集团力量，整合大集团优势，共促大集团发展，同享大集团繁荣，在建设和谐焦煤的总体格局中实现西山的率先发展。全面导入焦煤文化识别系统，统一规划设计，规范应用实施。建立了蹲点指导、定期交流等制度，抓好典型培养选树，马兰矿、东曲矿等一批企业文化示范单位脱颖而出，东曲矿扎实推进焦煤文化职工行为规范养成，编写了《东曲矿企业文化丛书》，走在了全集团的前列。积极推进安全文化建设，对安全发展的规律性认识不断深化，“以人为本、科技兴安、素质强安”的理念得到广泛认同,“立足岗位、从我做起,我要安全、我会安全、我能安全”成为职工的共同追求。集团团委开展“青工人性化帮扶”、“青监岗员助学”等活动,有效引导青工自主保安。全面加强环境文化建设,屯兰矿成为西山首个生态型示范矿井。

使社会主义荣辱观成为主流价值取向。实现全面建设和谐西山目标,既需要企业的发展、财富的增长,更需要和谐的氛围、团结的力量。通过扎扎实实地开展社会主义荣辱观教育,广泛倡导爱企、敬业、诚信、友善、勤俭等道德规范,使干部职工紧紧守住道德底线,自觉提升品格修养,勇做当荣之事、严拒为辱之行,形成了“知荣辱、讲正气、促和谐”的良好氛围。

二、提升组织人事工作质量,共建和谐的才智广泛凝聚

各级党、工、团组织建设得到加强。以党代会、工会会员代表大会和团代会召开为契机,充分尊重党员、工会会员和团员的民主权利,严格按程序层层选举换届,健全了各级党、工、团组织。集中组织学习普及党、工、团基本知识,领导干部的民主意识明显提高,党员、团员、工会会员的权利意识显著增强。继续开展民主评议党员工作,进一步增强了党性观念。按期召开民主生活会,深入开展批评与自我批评,化解了矛盾,增进了团结,以班子和谐带动了党内和谐,促进了团队和谐。巩固和发展党员先进性教育成果,各单位针对先进性教育活动中提出的问题,逐项整改,官地矿“千名党员进社区”、杜儿坪矿“平安杜矿党旗红”、马兰矿“党工团活动日”等活动经常化,提高了党组织的凝聚力、战斗力,使我们的党员感到光荣,使更多的非党职工渴望成为党的一员,全年有766名同志成为光荣的共产党员。出台《关于进一步加强和改进党的建设工作的意见》,制定了今后一个时期企业党建的总体目标,明确了不同类型单位党组织参与企业重大决策的内容途径,提出了改进党的活动方式的原则要求,是今后一度时期加强党的建设的指导性文件。

“四好班子”建设扎实推进。认真开展“十要十不要”主题教育活动。坚持引导各级班子成员常讲共产主义理想信念,常学马克思主义中国化的最新成果,常想全心全意为职工群众服务,做到政治素质好。坚持引导各级班子成员认真贯彻集体领导与个人分工负责相结合的制度,在工作中分工不分家,既有分工,更讲配合,赢得了干部职工的信赖,做到团结协作好。坚持引导各级班子把思想和注意力集中到提高经济运行的质量和效益上来,求真务实,创新创效,推动企业又好又快地发展,做到经营业绩好。坚持引导各级班子思想作风要好,学习风气要浓,工作作风要实,领导作风要廉,生活作风要正,清白做人、干净做事,做到作风形象好。水泥厂党政一班人精诚团结,率先垂范,与群众同甘共苦,带领职工艰苦创业,为各级领导班子树立了榜样。

干部队伍建设取得显著效果。对全体干部进一步加强管理教育的同时,重点抓了2005年新提拔干部的履职培训和培养提高。从政治上提要求,引导他们加强理论学习,提高基本素养,树立坚定的理想信念、科学的发展观和正确的政绩观,做到靠得住;从工作上压担子,鼓励新同志积极参与重点难点工作,在实践中提高推动企业发展的本领和胜任本职工作的能力,做到有本事;从作风上严管理,要求他们严格遵守“五条禁令”,做到“五查五看”,带头照镜子,主动做表率,躬身为群众,做到过得硬。在年度考评中,这批新提拔的干部绝大多数得到了职工群众的认可。

新的考评办法考出了实绩、评出了民意。在发挥西山传统考评办法优势的基础上,充分借鉴宝钢、海尔等国内知名企业的成熟经验,合理增加考评内容,扩大参与范围,加强交叉评议,进一步完善了组织考察、职工民主评议、绩效考核三位一体的考核评价体系。在考评中,更加注重工作实绩,更加讲求质量效益,更加重视整体风气,更加关注日常表现,更加突出职工认可,有效引导各级班子和干部的着力方向,使考核更好地为企业发展服务。

引导各类人才自觉融入企业的发展。适应企业需要,针对性地提出五支人才队伍的发展目标,引导他们立足岗位,把企业的需要作为自己努力的方向,更好地融入到企业发展中去。加强对专业技术人员管理,提高专业技术人员津贴,科学设岗、评聘分开、竞聘上岗迈出实质性步伐,全年有2800名专业技术人员落聘,占到具有职称人员总数的15.7%,竞争机制初步形成。鼓励专业技术人才围绕企业发展需要创新创效,有578项科技成果受到表彰奖励。落实招聘主体专业毕业生优惠政策,吸引主体专业毕业生236名,缓解了企业发展急需。加强对已上岗毕业生管理,出台大中专毕业生管理办法,各矿厂结合实际进行了有益探索,镇城底矿实行“分类培训、梯次培养”,屯兰矿设计了“职业生涯规划”,东曲矿成立了大中专毕业生工作委员会,受到毕业生的欢迎。在层层选拔的基础上,举办了西山成立以来参赛人数、比武工种最多的职工技能大赛,继续开展职业技能鉴定，推进赛、鉴一体化进程，引导更多技术工人主动提高技能。各单位在实践中创造了许多成功经验，杜儿坪矿完善了矿区队三级培训网络，大力开展星级职工竞赛、技术比武、拔尖人才选树等活动，全年有318人取得技术等级证，在全集团名列前茅。注重提高青年和女职工素质，集团团委引深“导师带徒”活动，推行“青工培训学分制”，把培训成绩和技术等级升级直接挂钩，获得了“全国青工技能振兴计划示范单位”称号；集团女职工委员会开展了“素质教育讲演”、“素质教育流动课堂”等培训教育活动，激发了女职工成才的积极性。

三、提升党风廉政工作质量，共建和谐的风气日益形成

廉政文化教育更加符合人性化。全面推进廉政文化“进机关、进区队、进岗位、进社区、进家庭”的“五进”活动，举办寓教于乐的廉政文艺巡回演出，开办内容丰富的廉政专栏，制作精美的廉政格言灯箱，组织开展廉政牌板展览、廉政制度学习考试、知识竞赛等活动，营造了“以廉为荣、以贪为耻”的氛围。西山的廉政文化建设工作得到普遍好评，焦煤廉政文化现场会在西山召开。

廉政监督更加强调全过程参与。按照全时空、全方位、全覆盖管理，终身负责制和失误追究制的要求，拓宽干部监督管理领域，使干部始终处于组织的监督之下。加大对重大事项的监督，集团纪委对重点工程招投标、大宗物资采购、棚户区改造、住房分配、技校招生、机关工作人员招聘等工作实施全过程监督。狠抓纠风和专项治理，加强对工资奖金分配、经费使用情况、“小金库”、公路煤销售、对外投资等专项检查治理，约束了履职行为。强化效能监察，全年审批立项38项，实现监察成果4953.15万元，其中，增收301.9万元，节支4397.4万元，避免经济损失253.85万元。

案件查处更加体现约束力。拓宽案件信息来源，加大自查、协查办案力度，全年共接到来信来访举报78件，做到了桩桩有回音，件件有落实，协助市、区检察院核实线索5件。加大责任追究力度，严肃惩处违法违纪人员，共立案查处违纪案件21件，处分79人，对发生重大事故责任人给予党纪政纪处分，起到了警示作用。

四、提升群众工作质量，共建和谐的氛围更加浓厚

落实民主权利，促进劳动关系和谐。提升职代会质量，重新修订了《职代会工作条例》，进一步规范了职代会职责和工作程序。工会与行政在平等协商、达成共识的基础上，充实了集体合同文本内容，签订了新的集体合同。健全了依法调解劳动争议工作机制，既教育干部尊重职工，依法行政，又引导职工以理性、合法的方式表达诉求，及时发现和化解不稳定因素。

维护职工权益，共享企业发展成果。提高职工收入，为在职职工普调两级工资，增加退休职工、教职员工收入，提高了井下工人津贴和班中餐标准，全年在岗职工人均年收入达到29966元，同比提高14.23%，高于焦煤集团、太原市及行业平均水平。改善生活环境，实施集中供热，取代了72座锅炉，矿区空气质量明显好转，增加绿地面积15万平方米。深化“送温暖”活动，动态掌握困难户情况，全年发放慰问金971.9万元；完善长效帮扶机制，建好用好“十大救助金”，实现了群体受益，规模受助；拓展“一助一、献爱心”帮扶活动，更多的干部和困难职工结成了帮扶对子。集团团委开展了“青年志愿者进社区”、“真情助困进万家”活动，马兰矿开设了“爱心服务站”，鼓励职工捐资捐物互助，深化了帮扶活动，集团工会在白家庄矿召开了帮扶工作经验交流会，省人大副主任、省总工会主席姚新章莅临指导，对西山帮扶工作给予高度评价。

注重劳模培养教育，西山精神薪火相传。继续做好劳模选树工作，继关德印、傅昌旺、党素珍、亢龙田、秦斌青之后，栗俊平、伏军、董林等一批新型劳模健康成长，全年有12人获国家级荣誉称号，其中2人获“全国五一劳动奖章”，他们的成长体现了西山历届领导全心全意依靠工人阶级办企业的光荣传统，见证了西山选一个成一个，树一个响一个劳模选树机制的成功实践，反映了西山劳模选树从传统吃苦耐劳到崇尚知识、鼓励创新的历史变迁。他们的事迹和精神不仅影响和激励着一代又一代西山儿女，而且深深感动着全省乃至全国的人们。傅昌旺同志退而不休，义务绿化荒山，入选山西省“十大和谐家园卫士”；党素珍同志50年如一日义务为矿工服务，入选“寻找感动中国的矿工”和山西省“十大学雷锋标兵”，《工人日报》报道了她的先进事迹，中共中央政治局委员、全国人大副委员长、全国总工会主席王兆国同志就她的事迹做出重要批示，党素珍同志成为全国广大职工学习的榜样。

活跃文化体育生活，愉悦职工身心。组织了“春满西山”、“西山明天更美好”等节日文化活动，使矿区成为欢乐的海洋；组织了"和谐西山"、"廉政西山"、"安全文化在基层"、"焦煤一家亲"等主题活动，让职工群众享受到了高质量的文艺盛宴；文艺工作者深入矿区、深入小区、深入重点工程建设工地、深入周边农村，送去了文化，带去了欢乐。篮球赛、羽毛球赛、广播操比赛、消夏卡拉OK比赛、露天舞会等日常文体活动受到职工群众的普遍欢迎。承办并参加了全国煤矿"西山煤电乌金杯"男子篮球赛，取得了优异成绩。发挥文联体协和专兼职文体骨干的作用，加强对基层文化工作的指导扶持，增强了基层文化活力。

共青团、妇女等组织引导观念、引领风气。集团团委开展了"我与西山共奋进"活动，对新接收大中专毕业生、技校生、退伍军人、农民合同工等不同群体针对性地开展工作；把工作对象延伸到矿区待业青年，引导他们自尊自信自强自立，推荐待业青年实现就业270余人次；西曲矿、官地矿分别建立了大中专毕业生双重团支部、联合团支部，进行了有益的尝试；集团团委荣获"全国五四红旗团委"称号。集团女职工委员会引深素质工程、维权工程和建功工程，选树表彰"五好文明家庭"，启动了女职工"阳光关爱活动"，开通了女职工维权热线，进一步激发了女职工建设西山的热情。

各部门通力协作，共促矿区和谐。充分发挥统战人士的作用，企业获"山西省民族团结进步模范集体"。公安部门狠抓涉爆物品管理，在矿区开展了涉爆物品专项检查，发动群众，人人监督，确保了矿区平安。加强信访工作，超前预防，化解矛盾，家属临时工困难救助及棚户区改造过程中的各种问题得到妥善解决。白家庄矿党委在棚户区改造中，组织各级干部，分片包户，责任到人，做好一家一户的思想工作，保证了拆迁工作顺利进行。关心残疾人事业，企业获"山西省扶残助残集体公益明星"称号。职工教育、医疗卫生、计划生育、老干退管、人防武装等工作扎实推进，共同维护了矿区和谐的大好局面。

五、提升企业发展质量，共建和谐的成就令人振奋

优化提升，经营业绩稳步向好。2006年，在全体干部职工的共同努力下，主要经营指标创历史最高水平。原煤产量完成3358万吨，同比提高6.60%；原煤全员工效达到9.057吨／工，同比提高5.57%；精煤产量达到1349万吨，同比提高5.39%；销售收入120亿元，同比提高12.25%；消化清产核资损失后，实现利润5.22亿元，与上年同口径比(剔除一次性处理清产核资影响3亿元后)，增加1.3亿元，增幅18.86%；洗选加工费同比减少了1.91元／吨，下降了3.87%；除西曲矿受煤质变化影响外，其他矿厂全年精煤平均产率完成57%，同比提高2%。股份公司以良好的经营业绩备受青睐，股价不断攀升，市值突破百亿，2006年底，持有的山西焦化股份增值1.1亿元，股份公司在上市公司百强(CBT)排名由57位上升到30位。

做强做优，产业格局趋于合理。煤炭生产基础巩固，原煤生产核定能力达到3311万吨，入洗能力达到2270万吨；电焦产业快速发展，电力装机容量达到76.2万千瓦，焦炭年产能达到110万吨；建筑建材产业形成一定规模，庆恒、金信、金城公司实现产值11.38亿元，水泥厂经过技术改造，水泥年生产能力达到90万吨；机电总厂坚持制修并举，制造能力有所提高；西山大厦投入使用，成为商贸服务业的新亮点。我们从1995年起提出发展六大支柱产业的思路，经过十余年的艰苦奋斗，终于开始变成了现实，前景令人鼓舞。

发挥优势，多年的累积效应开始显现。近年来，我们紧紧抓住煤炭市场好转的有利时机，适时调整产业结构，自觉实践循环经济，积极发展非煤产业，以古交电厂、五麟煤焦公司为关键节点，古交配煤厂、屯马自营铁路等项目配套运行的煤－电－材，煤－焦－化链式产业集群的综合效益开始显现。2006年，生产经营总额实现141.69亿元，同比增加23亿元，提高了19.38%。非煤经营总额实现42.79亿元，同比增加14.81亿元，增幅为53%，占到集团生产经营总额的30%，同比提高了7个百分点。在非煤经营总额中，电力产业实现产值10.19亿元；焦化产业实现产值6.86亿元。西山正以蓬勃发展的新型能源企业集团的崭新形象出现在世人面前。

重点推进，发展的基础更加巩固。我们得到各级政府的大力支持，古交电厂二期项目有望列入国家2008年开工计划；兴县矿区规划审批即将完成，斜沟矿旧井改造已经完成，岢瓦铁路建设取得阶段性成果。重点工程建设取得重要进展，官地矿滑坡治理全面竣工，白家庄、杜儿坪矿环节能力改造即将完成，马兰、镇城底等矿井的风井和西铭矿选煤厂建设进展顺利，为企业长远发展奠定了坚实基础。

第二部分 面临的形势和任务

2007年,是全面落实科学发展观、认真贯彻西山第七次党代会精神、建设和谐西山的关键年,是内涵发展、提质增效的攻坚年,是我们的"安全发展年"。在科学发展引领方向、和谐建设全面推进、勤廉风气日益形成的新的环境下,西山面临的形势喜人又逼人,担负的任务光荣而艰巨。

一是国际国内经济环境总体向好,煤炭市场需求增长,但西山近年内增产增收空间十分有限,需要我们继续调整产业产品结构,稳定煤炭质量,提高精煤产率,在内涵发展上下更大工夫。

二是煤、电、焦产品价格小幅上扬,但政策性增支因素不断增加,职工工资刚性增长,企业经营压力进一步增大,需要我们厉行节约,堵塞漏洞,在降耗增收上下更大工夫。

三是国家实施中部崛起战略,支持煤炭大集团建设,大力发展循环经济,但宏观调控政策的力度加大,煤、电、焦等产业发展受到控制,相关项目审批难度明显增加,需要我们潜心研究,积极应对,在对外协调上下更大工夫。

四是近几年西山煤炭产量增加,经营规模扩大,但职工人数多、非生产人员多、需求外人员接收多,人员包袱沉重,效率偏低,活力不足,需要我们控制增员,增强活力,在提高效率上下更大工夫。

五是国家出台了推动国有企业主辅分离、辅业改制、分离企业办社会职能的政策,我们也做了大量工作,但进展比较缓慢,需要我们抓住机遇,着力推进,在深化改革上下更大工夫。

六是重点工程建设成效显著,但一些竣工项目效益未能充分释放,一些工程管理中还有薄弱环节,需要我们查找原因,加强监控,在规范管理上下更大工夫。

七是依法治企理念逐步深入人心,各项制度不断健全,但执行中还有较大差距,需要我们强化监督,科学考核,在提高执行力上下更大工夫。

八是加快发展的积极性很高,为职工办事的愿望强烈,需要花钱的地方很多,但企业自有资金有限,融资渠道狭窄,回款质量不高,资金缺口较大,需要我们统筹兼顾,量力而行,在合理安排上下更大工夫。

九是近年来安全生产投入持续增加,管理水平不断提高,但一些重大隐患短期内难以消除,现场管理还存在不少漏洞,伤亡事故仍有发生,需要我们高度重视,强化责任,在安全管理上下更大工夫。

十是温暖工程持续开展,和谐西山建设达成共识,但潜伏的不和谐因素依然很多,稳定工作面临着不少新的课题,需要我们高度重视,主动化解,在统筹协调上下更大工夫。

十一是干部队伍建设不断加强,领导干部平均年龄下降,学历提高,但一些干部组织观念淡薄,个人主义膨胀,迷信思想严重,工作作风漂浮,需要我们教育引导,监督查处,在干部管理上下更大工夫。

十二是围绕企业中心工作,党群各项活动有声有色,但从各产业、各单位实际情况出发考虑问题仍然不够,需要我们区别对待,分类指导,在提高实效上下更大工夫。

发展中的优势,不断激励我们全面建设和谐西山,努力实现科学发展,勇于创造新的辉煌;前进中的困难,也让我们更加清醒地认识到,我们仍处于艰苦创业、奋力爬坡、负重赶超的战略发展期,我们尚面临着抢抓机遇、统筹兼顾、内涵发展的重大课题,我们还肩负着科学发展、和谐发展、廉洁发展的重要历史使命。

第三部分 2007年党委工作安排

2007年集团党委的总体工作思路是:**以邓小平理论、"三个代表"重要思想为指导,全面落实科学发展观,按照焦煤集团党政的总体安排,积极贯彻西山第七次党代会精神,着力推进和谐文化建设,狠抓领导干部作风,提升队伍整体素质,贯彻落实各项制度,促进职工全面发展,不断提高经济运行的质量和效益,全力推动企业科学发展,和谐发展,廉洁发展。**

一、统一认识,统一步调,树立科学发展的坚定信念

理论指导实践,观念引领行动。要弘扬传统美德,彰显时代精神,推进企业文化,把广大干部和职工群众的意志统一到科学发展上来。

认真组织政治理论学习，打牢共同思想基础。深入学习贯彻邓小平理论和“三个代表”重要思想，组织“科学发展、共建和谐”主题宣传活动，坚持用科学发展观、构建和谐社会等重大战略思想指导实践、推动工作。坚持用马克思主义中国化的最新成果武装头脑，引导干部职工树立正确的世界观、人生观和价值观，运用马克思主义的立场、观点、方法解决发展中的实际问题。

大力宣传六中全会精神，积极推进和谐文化建设。组织十六届六中全会精神宣讲活动，引导干部群众深刻理解构建社会主义和谐社会的指导思想、目标任务、工作原则和重大部署，提高贯彻执行的自觉性。用社会主义核心价值观统领意识形态，通过党员团员先进性教育、职工主人翁教育等活动引领观念，增强职工群众建设和谐西山的信心。大力开展矿区和谐文化建设，倡导和谐理念，培育和谐精神，引导人们用和谐的态度和方式处理矛盾、解决问题，营造共促和谐的良好局面。

广泛开展形势任务教育，正确引导矿区舆论。大力宣传今年的形势任务，宣传完成任务应当树立的思想观念和采取的应对措施。广泛宣传集团改革发展取得的成就，及时报道循环经济、产业延伸取得的最新进展。组织不同方面、不同专题的报道活动，积极宣传各单位全面建设和谐西山的生动实践，全方位、多角度展示各单位解决职工现实问题、促进职工全面发展的具体做法和实际效果。举办情况通报会、职工质询会、座谈会，围绕群众关心的热点焦点问题，针对性地开展舆论引导。认真组织学习宣传贯彻党的十七大精神，进一步统一思想。在发挥传统媒体优势的同时，充分发挥互联网、移动多媒体等宣传阵地的作用，注重媒体互动，促进信息共享。主动开展焦点评论、热点解析、网络论坛等活动，消除信息孤岛，打破沟通壁垒。加强宣传的即时性，强化宣传的立体感，扩大宣传的覆盖面，加大宣传的渗透力，正确引导舆论，促进协同发展。

深入推进思想道德建设，努力营造文明和谐的矿区环境。大力弘扬社会主义荣辱观，引深“十要十不要”教育，继续开展以“知荣辱、讲正气、促和谐”为主题的道德实践活动。做好一人一事的思想政治工作，坚持思想教育与解决实际问题相结合，注重人文关怀和心理疏导，促进职工群众的心理和谐。把创建和谐单位、和谐社区、和谐家庭等和谐创建活动与传统的文明创建活动结合起来，大力提高矿区文明程度，广泛传播和谐新风。

扎实开展企业文化建设，为和谐创建提供强力支撑。要按照“内化于心、外化于形、固化于制”的要求，继续推进企业文化建设。通过班前学习、专题研讨、知识竞赛等方式，使焦煤文化的价值理念和行为规范更加深入人心。按照焦煤文化建设要求，细化量化企业决策行为、管理行为、员工行为标准，详细制定不同岗位、不同人员行为规范，广泛推广员工礼仪和文明用语，促进文明习惯养成，把文化理念转化为职工群众的自觉行动，推动企业文化由外显到内化、由理念到行为，进而固化于制度的转变。

二、带好班子，带好队伍，凝聚科学发展的积极力量

要着力发挥组织优势，强化党性意识，完善选任机制，优化成长环境，为科学发展提供组织和人才保障。

按照正确政绩观的要求加强领导班子建设。继续开展“四好班子”创建活动。按照分类集中、分层培训的要求，针对性地开展培训教育，提升各级领导干部的综合素质和履职能力。搞好新提拔处级干部特别是党政正职的培训教育工作，帮助他们尽快掌握企业基本制度、议事规则、办事程序及科学的领导方法。继续举办优秀区队级干部培训班，充实内容，拓宽范围，提高质量。坚决贯彻民主集中制，重大问题都要严格按照“集体领导、民主集中、个别酝酿、会议决定”的原则讨论决定，促进民主决策、科学决策。指导新经济组织党组织健全完善议事规则和工作制度，确保党的工作协调有序，高效运转。强化对各级领导班子的监督管理，重点监督制度落实情况、干部选任情况、群众反映问题的处理情况与班子成员的生活作风情况。

按照德才兼备的原则加强干部队伍建设。深化干部人事制度改革，营造“择优进入、有效激励、严格监督、正常退出”的用人环境，努力形成“广纳群贤、人尽其才、能上能下、充满活力”的用人机制。扩大干部选任中的民主，进一步落实职工群众的知情权、参与权、选择权和监督权，逐步扩大公开选拔干部的比例和范围，不断完善公选干部的程序办法，严格执行选任过程中的民主推荐制、民主考察制、集体票决制、任前公示制和亲属回避制等制度。认真执行干部考核评价制度，突出日常考核，普遍采取实地考察、民意调查、组织谈话等测评方法，考察干部的一贯表现与群众认可度；突出绩效考核，将组织考察与责任法人考核、专业考核、审计监督、述职述廉结合起来，全面连续、客观公正地评价干部的德才表现，确保选用干部质量。深入探索建立党政管理干部与专业技术干部不同序列的管理、使用、考核、激励机制，努力调动各类人才的积极性和创造性。科学合理定编，严格控制职数，严禁突破编制提拔干部。

按照量才适用的原则加强人才队伍建设。按照七次党代会提出的目标要求，全面推进五支人才队伍建设。牢固树立“人尽其才，适合的就是最好的”人才理念。对专业技术人员实行定岗定编、竞聘上岗、按岗聘任、以岗定薪、岗易薪变的办法，并对年度考核优秀者上浮技术津贴。对近年接收的大中专毕业生建立跟踪培养考核机制，探索建立职业生涯规划，让优秀人才进得来、留得住、用得好。对已经接收但专业不对口的大中专毕业生进行再培训，盘活存量人才。改革职工子女毕业生接收政策，逐步实行按需接收。

按照永葆先进的要求加强各级党组织和党员队伍建设。严格落实七次党代会通过的《关于进一步加强和改进党的建设工作的意见》，更好地发挥各级党组织的政治核心作用、战斗堡垒作用和党员的先锋模范作用。贯彻焦煤集团党委对各级党组织的功能定位精神，集团党委主要是研判内外形势、把握发展方向、统筹规划部署、参与重大决策、监督保证落实、总结推广经验；矿、厂、公司党委主要是提出落实方案、制定具体措施、参与重大决策、监督保证落实、组织开展活动、培养选树典型；区（车间）、队党总支及党支部主要是教育管理党员、监督保证落实、宣传组织群众、做好思想工作、维护职工权益、创造鲜活经验。继续搞好“创先争优”活动，根据焦煤集团的要求推行党建质量标准化工作，层层分解党建工作目标，通过质量标准化评价和考核，形成引领机制、激励机制、监督约束机制和淘汰机制，全面提升党建工作质量。加强对新经济组织党建工作的领导，试点先行、分类指导、探索规律、积累经验，既有统一要求，又鼓励从各自实际出发，进行党建创新。提高党员发展质量，加强党员日常管理，不断健全让党员经常受教育、永葆先进性的长效机制。

三、加强教育，加强监督，弘扬科学发展的廉洁作风

党风廉政建设要着力营造廉政勤政氛围，保障干部政治安全，促进企业安全发展。各级领导干部尤其要以身作则、率先垂范，以清白人格和勤廉形象感召职工群众致力科学发展。

突出抓好领导干部作风建设。要充分认识加强领导干部作风建设的重要意义，把领导干部作风建设放到更加突出的位置。要大力倡导胡锦涛总书记在中纪委七次全会上提出的八个方面的良好风气，按照从政有品格、用权讲原则、做人重形象的要求，从规范日常行为习惯入手，引导各级领导干部自省自律、加强修养、提升境界，全面加强作风建设。反对脱离实际、墨守成规，树立实事求是、与时俱进的思想作风；反对不学无术、教条主义，树立勤学不已、学以致用的学风；反对虚报瞒报、漂浮应付，树立求真务实、埋头苦干的工作作风；反对唯我独尊、以权谋私，树立民主团结、廉洁公正的领导作风；反对低级趣味、腐化堕落，树立情趣高雅、积极健康的生活作风。健全监督机制，拓宽监督渠道，加强用权监督，重点解决领导干部滥用职权、跑官要官、接受商业贿赂、大操大办、参与赌博、收受礼金等问题，以领导干部作风建设的实际成效推进各项工作。

大力推进廉政文化建设。要把廉政文化建设作为企业和谐文化建设的重要组成部分，立足思想预防，注重源头防腐，采取各种措施养廉促廉。进一步推动廉政文化“五进”活动，引导各级干部牢固树立“大安全”观念，树立“干部政治安全与企业生产安全同等重要，两个安全必须全力抓好”的廉洁从业观和安全发展观，像强化安全生产意识一样强化廉洁从业意识。加强廉政长效机制建设，严格落实岗位责任制、责任法人制、党风廉政建设责任制、领导干部问责制等制度，从制度层面落实廉政要求。

认真开展监督查处工作。强化用权监督，加强对权力运行通路中重点人员、重要领域、关键环节的监督检查，确保依法用权，秉公用权。强化效能监察，针对企业经营管理的重大事项、重点环节、薄弱环节立项监察，督促规范运作，堵塞管理漏洞，防范经营风险。强化专项治理，严肃惩处重大决策失误、计划外工程、事故隐瞒不报、工程违规挂靠、克扣工资奖金等严重损害企业和职工利益的行为。高度重视群众举报，拓宽监督领域，不留死角，不留空白，更不存在任何禁区，哪里有违纪违法行为，我们就监督到哪里，处罚到哪里；谁敢无视党纪政纪，违反规章制度，就让他受到严肃惩处、付出应有代价，决不包庇袒护，决不姑息纵容，全力维护心齐气顺、风正劲足的良好局面。

四、注重执行，注重实效，提供科学发展的制度保证

制度重在执行、贵在落实。要合理制定制度、科学完善制度、模范遵守制度、严格落实制度，维护制度的权威性和严肃性。

强化导向作用，确保制度引导有力。按照科学精神和正确原则确定制度导向。针对不同行业客观实际，考虑不同单位现实状况，区别对待，分别设计，既要考虑不同单位的经济利益，也要符合企业的总体目标和正确的社会价值取向，全面反映不同单位的经营成果与社会效果。健全完善责任法人制度和干部考评制度，科学规定考核内容，合理设计指标权重，要把考核数量指标与考核质量效益指标结合起来，把考核近期的生产经营业绩与考核远期的可持续发展能力结合起来，把考核发展速度与考核稳定程度结合起来，更好地体现考核对象的工作业绩与努力程度。

完善规章制度，确保制度科学合理。对制度进行梳理、分析，有缺位的补充，有缺陷的完善，已过时的废止，扬弃整合，归纳提升，奠定可靠的制度执行基础。制定完善制度，既要体现整体利益，提出统一要求，又要考虑不同单位存在的差异，注意区别对待，使制度更符合实际，更具可行性。制定完善制度，要综合协调，统筹安排，避免制度繁杂、制度重叠、制度矛盾，使制度更规范有序，更具操作性。制定完善的制度，要依据工作流程，体现管理层次，细化量化标准，使制度更具周密性。

加大执行力度，确保制度落到实处。要宣传贯彻制度，组织学习制度，准确把握制度，自觉遵守制度。要坚决摒弃制度一旦出台就一定会得到贯彻落实的想当然心理，严格制度管理程序，实施全过程全方位控制，避免制度流于形式。要坚决克服合意的就执行、不合意的不执行的实用主义态度，严肃查处制度执行中存在的截流、走样等行为，切实解决有令不行、有禁不止的问题。要坚决反对明知不对也不纠正，错了也要机械执行的教条主义倾向，密切关注、认真研究制度执行中出现的消极性、重复性问题，用科学的精神和实事求是的态度，及时修正制度中存在的不合理因素，保证制度更好地贯彻执行。

五、关爱职工，造福职工，巩固科学发展的群众基础

和谐西山是职工群众共建共享的西山，要积极创造条件，尽最大努力满足职工的物质文化生活需要，促进职工全面发展，不断增强职工群众爱我西山的自豪感，激发他们建设西山的使命感。

提高生活质量，促进身心健康。完善收入分配机制，在对生产一线、技术含量高、贡献大的岗位倾斜的同时，合理调节工资收入，掌握综合平衡，调动各个方面人员的工作积极性。力所能及地改善职工居住条件，发动职工群众，绿化美化环境，建设宜居家园。发挥文联、体协作用，用好现有文体场所，办好《七色花》杂志、《西山文苑》网页等职工群众文学创作园地，运用职工群众喜闻乐见的形式，开展健康向上的文体活动，活跃矿区文化生活，提高职工综合素养。

增进沟通理解，促进矿区和谐。超前化解矛盾，工会、团委和信访、老干、退管等部门要针对各自服务群体，完善各有侧重的诉求机制，加强预防，有情调处，把问题解决在基层，把隐患消除在萌芽状态。完善职工代表质询等民主管理制度，督促职代会各专门工作委员会定期开展监督检查和巡视质询活动。帮扶弱势群体，在生活帮扶的同时，更加注重思想帮扶和技能帮扶。深入开展送温暖活动，完善三级帮扶网络，更好地为困难职工排忧解难。

帮助成长进步，促进全面发展。深入开展“创建学习型组织、争做知识型员工”活动，引导职工结合本职工作需要进行学习，以工作带动学习、以学习推动工作。在基层建立职工素质工程示范基地，让培训资源覆盖更多职工，提升全员专业技能。立足于在全员学习基础上搞竞赛，在全员练兵基础上搞比武，分类组织开展2007年西山职工技能大赛。抓好技能鉴定工作，推进技术培训、技能大赛、技能鉴定一体化管理。继续引深“导师带徒”活动，推进“青工培训学分制”工作。深入开展创新创效活动，激发职工群众的创造活力。以开展向党素珍同志学习活动为契机，组织“西山最可爱的人”主题宣传活动，大力宣传西山建局50多年来方方面面的典型，让劳模事迹鼓舞人心，西山精神发扬光大。

同志们，春风吹拂，万象更新，和谐愿景，催人奋进。让我们在山西焦煤集团党政的坚强领导下，同心同德，锐意进取，务实创新，勇往直前，为圆满完成今年的各项目标任务，全面建设和谐西山而努力奋斗！

大事记

DASHIJI

2007

西山煤电集团年鉴

XISHAN MEIDIAN JITUAN NIANJIAN

大事记

（2006 年 1~12 月）

1 月

1 日，山西焦煤西山煤电集团有限责任公司成立暨西山建局五十周年庆祝大会举行。董事长薛山作重要讲话。全国政协常委胡富国、山西省副省长靳善忠分别发来贺信。山西省人大常委会副主任、总工会主席姚新章，山西省副省长胡苏平出席大会。

3 日，中共山西焦煤西山煤电集团有限责任公司委员会成立。车树春为西山煤电集团有限责任公司党委书记，徐俊明为西山煤电集团有限责任公司党委副书记、纪委书记，刘志安为西山煤电集团有限责任公司党委副书记、工会主席。

西山煤电集团有限责任公司党委常委会由车树春、薛山、张能虎、孙炳章、武华太、徐俊明、刘志安七人组成。

山西西山煤电股份有限公司为西山煤电集团有限责任公司子公司。

5 ~ 6 日，中共山西省委副书记、代省长于幼军，中共山西省委副书记、太原市委书记云公民，山西省副省长靳善忠、宋北杉来西山煤电集团公司就棚户区改造和沉陷区治理问题现场办公。

7 日，西山水泥厂生产的《西山》牌水泥被评为山西省名牌产品。

8 日，西山煤电集团公司召开 2006 年安全工作会议。副总经理、安监局局长王玉宝作工作报告。董事长薛山、党委书记车树春代表公司党政与基层各单位分别签订安全目标责任书。

9 日，杜儿坪矿召开建矿 50 周年庆祝大会。

10 日，官地矿储装运和选煤厂浮选系统改造工程竣工。矿选煤厂投入正式生产。

12 日，国家卫生部卫生监督中心徐克明处长为组长，全国总工会劳动保护部处长白宪民为副组长的国家“职业卫生示范企业”评审团一行 7 人，对西山煤电集团公司职业卫生工作进行评审。

17 日，西山水泥厂召开建厂 20 周年座谈会。

18 日，西铭矿召开建矿 50 周年庆祝大会。

19 日，西山煤电集团公司召开十八届一次职工代表大会和 2006 年工作会议。董事长薛山作了题为《全面落实科学发展观，不断提升西山竞争力，为建设新型能源大集团而团结奋斗》的工作报告。会议审议通过西山煤电集团公司《2006—2020 年总体发展战略》、《2006 年工资分配办法》、《2006 年职工浮动升级实施方案》、《2006 年经营方案》等议案。党委书记车树春作总结讲话。

21 日，共青团山西省委书记张九萍来西山煤电集团公司慰问困难职工。

同日，职工总医院召开建院 50 周年庆祝大会。

23 日，太原市副市长张政到西山地震观测站慰问职工。

25 日，山西西山晋兴能源有限责任公司斜沟煤矿改扩建工程通过验收，投入生产。

27 日，中共山西省委书记、省人大常委会主任张宝顺到官地矿慰问井下一线矿工。

本月，西铭矿被中央精神文明建设指导委员会命名为“全国精神文明建设工作先进单位”。

本月，西山煤电集团公司委托国家煤炭工业发展研究中心修订完成《山西焦煤西山煤电集团公司发展战略总报告》（2006—2020 年）。

2 月

6 日，西山煤电集团公司召开安全会议。各矿矿长分别汇报了本矿 1 月份安全工作和 2 月份安全工作安排。公司副总经理、安监局局长王玉宝总结了 1月份安全工作，并对 2 月份安全工作进行部署。

14 日，国务院减负办主任陈海燕一行到白家庄矿业公司视察和了解棚户区改造情况。

16 日，官地矿要子庄主要通风机投入运行。

20 日，西山热电联供北线工程——河涝湾至西山自来水公司段全面开工。

22 日，中国共产党山西西山晋兴能源有限责任公司、山西焦煤集团五麟煤焦开发有限责任公司、山西兴能发电有限责任公司委员会分别成立。

25 日，西山煤电集团公司物资供应系统举办 2006 年招标议标会。参加招标的 75 家厂商有 46 家入围，参加议标的 57 家厂商有 40 家入围。

本月，西山热电联供工程进入调试运行阶段。

3月

1日，西山煤电集团公司召开党委书记例会。基层各单位党委书记汇报一季度主要工作。公司党委副书记、工会主席刘志安对第七次党代会筹备工作进行了安排；副总经理孙炳章就棚户区改造有关情况进行了说明。党委书记车树春针对开好党代会工作提出具体要求。董事长薛山通报一、二月份集团公司安全生产情况。

2日，西山煤电集团公司召开会议，收看收听全国煤矿安全生产电视电话会议实况，安排部署"两会"期间的煤矿安全工作。

7日，西山煤电集团公司召开安全办公会议。要求各单位深刻吸取近期晋城、郑州、山东、湖南等地发生的瓦斯、煤尘爆炸事故教训，加大安全管理力度，确保安全生产。

同日，山西省环保局局长王树静、太原市环保局局长梁丽明一行到山西兴能发电有限责任公司调研。

9日，山西焦煤集团审计组进驻西山煤电集团公司，对原西山煤矿总公司、西山煤电股份公司资产负债损益进行审计。

10日，职工总医院与山西职工医学院联合开办的护理本科班举行开学典礼。

11日，西山煤电集团公司召开2005年度责任法人考核兑现和劳模表彰大会。董事长薛山作题为《弘扬劳模精神，落实工作责任，为建设新型能源大集团而团结奋斗》的工作报告；总会计师夏苏萍通报2005年责任法人综合目标检查考核情况；党委副书记、工会主席刘志安宣读表彰决定。董事长薛山、党委书记车树春与各基层单位党政正职签订了2006年责任法人综合目标责任书。

13日，古交市市长李文清等一行到马兰矿、屯兰矿调研棚户区改造进展情况。

同日，西山煤电集团公司召开2006年卫生工作会议，党委副书记、纪委书记徐俊明作题为《以人为本，创新工作，为提高矿区职工群众的健康水平而努力奋斗》的卫生工作报告。

16日，西山煤电集团公司工会召开六届十三次全委(扩大)会。党委副书记、工会主席刘志安作工作报告，总结2005年工会工作，安排部署2006年工会工作。

20日，西山煤电集团公司房地产公司整体划入公用事业总公司，隶属公用事业总公司管理。

同日，西山煤电集团公司西山酒店和西山宾馆合并，实行两块牌子、一套人员的管理体制，为正处级建制。

同日，古交指挥部留守处撤销，其业务和人员划入公用事业总公司古交生活服务公司管理。

同日，西山多种经营总公司运煤通道筹备处成立。

同日，西山煤电集团公司与太原市热力公司联办的创新项目——河西调峰热源厂开工兴建。

同日，西山煤电集团公司史志办公室成立，与档案处合署办公。

同日，西山第三高级中学与第一中学合并，成立新的西山第三高级中学，为正处级建制。

21日，全国政协常委、国家人口资源环境委员会副主任张宝明到山西兴能发电有限责任公司、古交配煤厂、屯兰矿考察。

22日，西山煤电集团公司召开"开展社会主义荣辱观主题教育"活动动员大会。党委书记车树春作动员报告，党委副书记、工会主席刘志安宣读《关于开展社会主义荣辱观主题教育活动的通知》，党委副书记、纪委书记徐俊明宣读《关于学习贯彻党章，开展"十要十不要"主题教育活动实施方案的通知》。

同日，西山煤电集团公司人防办召开2006年人防工作会议暨2005年人防工作先进单位与个人表彰大会。

25日，山西省省长于幼军到山西焦煤集团五麟煤焦开发有限责任公司视察。

29日，山西西山晋兴能源有限责任公司岢岚至瓦塘铁路建设项目被列入山西省重点工程，斜沟煤矿建设项目被列入山西省重点预备项目。

31日，西山煤电集团公司召开2006年重点工程建设动员大会。董事长薛山作题为《抢抓机遇，坚定信心，为加速推进新型能源大集团建设而奋斗》的动员报告，并与各重点工程建设项目负责人签订了重点工程建设包干责任书。副总经理孙炳章对做好2006年棚户区改造工作进行部署。副总经理薛占儒宣读《重点工程会战考核办法》。

同日，国家发改委财经司司长张东生一行来西山煤电集团公司，就资源节约、环境保护和循环经济、采煤沉陷区治理工作进行调研。

本月，西铭矿、屯兰矿分别被中国煤炭职工思想政治工作研究会命名为“全国文明煤矿”。

本月，《西山煤电集团公司循环经济实施方案》由国家发改委审查通过，其中矿井瓦斯发电项目被列为全国循环经济备选项目。

本月，中国能源化学工会全国委员会授予杜儿坪矿群众安全监督委员会“先进群监会”称号，授予西铭矿职工家属张志荣“全国煤炭系统优秀协管员”称号。

本月，西山煤电股份有限公司被中国产品质量协会授予“中国21315质量信用等级AAA级企业”。

本月，山西金信建筑有限公司负责施工的山西兴能发电有限责任公司3号标段获中国煤炭工业协会“全国煤炭行业工程质量‘太阳杯’奖”。

4月

1日，西山煤电集团公司职工医疗互助工作正式启动。

2日，太原市安全生产监督管理局为白家庄矿业公司颁发四级煤矿安全培训机构证书。

3日，日本新日铁技术总括部制铁技术组组长邻木丰先生等一行到马兰矿及马兰矿选煤厂参观。

4日，山西金信建筑有限公司中标中国神华万利一矿储煤仓工程。

14日，吉林省社会保险管理局局长陈波一行9人来西山煤电集团公司考察。

17日，西山煤电集团公司举办档案信息化建设培训班。此次培训为期两个月。

18～20日，山西省煤炭系统“西山杯”老年人羽毛球大赛在东曲矿举行。

19日，西山煤电集团公司召开树立正确荣辱观，进一步转变干部作风大会，董事长薛山作工作报告。山西省委第三巡视组副组长林富强，山西焦煤集团公司党委副书记、纪委书记高斌旗出席会议。

同日，由香港油尖旺青年社组织的山西历史精华访问团一行22名青年，到山西兴能发电有限责任公司和屯兰矿参观。

20日，东曲矿局家洼风井开工建设。

24日，西山煤电集团公司被国家卫生部、安全生产监督管理局、中华全国总工会授予首批“国家职业卫生示范企业”称号。

同日，中国煤炭职工思想政治工作研究会副会长纪洪德到马兰矿调研企业文化建设工作。

26日，西山煤电集团公司召开棚户区改造推进会。有关部门领导对《山西焦煤西山煤电集团棚户区改造拆迁安置办法》及《西山棚户区住户及住房情况摸底表》作了说明。

同日，内蒙古伊泰集团有限责任公司总经理张东海一行来西山煤电集团公司走访调研，就合作建设伊泰集团矿井、选煤厂等11个项目与西山煤电集团公司签订战略合作协议。

同日，西铭矿选煤厂举行奠基仪式。

30日，西山煤电集团公司董事长薛山、杜儿坪矿职工董林获“全国五一劳动奖章”。西山煤电集团公司获“山西省五一劳动奖状”，西山煤电集团公司党委书记车树春获“山西省五一劳动奖章”。

本月，山西金信建筑有限公司被中国施工企业协会评为2005年度“全国优秀施工企业”。该公司董事长、总经理付汉江被评为“全国优秀施工企业家”。

本月，西山煤电集团公司制定出台《住房公积金贷款实施细则》。

本月，山西兴能发电有限责任公司被确定为山西省首批资源节约与综合利用示范企业。

本月，西山煤电集团公司将离休干部护理费由每月150元增加到200元。

本月，西铭矿被国家煤炭工业技术委员会授予“2005年度科技进步优秀矿井”称号。

5月

1日，马兰矿麻家口风井后期工程开工。

9日，山西省委巡视组第三组组长白纯洲、副组长林富强一行7人来西山煤电集团公司检查工作。

同日，西山煤电集团公司纪委、工会、宣传部联合举办“廉政西山”文艺演出。

同日，著名歌唱家阎维文到杜儿坪矿为矿工演出。

11日，中华全国总工会集体合同部领导来西山煤电集团公司，就企业贯彻执行平等协商和签订集体合同工作情况进行调研。

同日，山西西山晋兴能源有限责任公司召开第一次党员大会。

同日，山西金信建筑有限公司中标中国神华集团万利公司布尔台煤矿产品仓工程。

12日，武华太调任华晋焦煤有限责任公司董事长兼党委书记。

14日，东曲矿地面瓦斯抽放系统开工建设。

16日，公用事业总公司、万隆实业公司分别召开第一次党代会。

同日，山西庆恒建筑（集团）有限公司承建的华晋焦煤有限责任公司沙曲矿瓦斯发电站工程开工。

17日，山西煤炭工业可持续发展试点三项经济政策工作调研组组长王亚一行12人来西山煤电集团公司调研。

18日，西山煤电集团公司党委副书记、纪委书记徐俊明与新提拔的正处级干部进行廉政谈话。

20日，山西省环保局生态处副处长闫晓兴、张默兰一行8人组成的煤炭开采生态环境治理规划调研工作组，来西山煤电集团公司调研。

22日，山西金信建筑有限公司研制的《胶带输送机皮带无尾绳敷设施工法》、《地下筒仓逆作法施工工法》被山西省建设厅评为省级工法。

23日，西山煤电集团公司召开2006年计划生育工作会，总经理张能虎与34个单位签订《计划生育承包合同》。

25日，西山煤电集团公司消防大队83名官兵组队参加太原市地震应急联动演习。

同日，西山煤电集团公司所属医院与山西煤炭社保局签订工伤保险医疗（康复）服务协议。

26日，山西省企业养老保险管理服务中心主任赵金枝一行到马兰矿参观。

28日，山西兴能发电有限责任公司2号机组小修完毕并网。

30日，香港建滔煤化工有限公司董事长张国荣到山西焦煤五麟煤焦开发有限责任公司考察，双方达成合资建设甲醇项目意向。

本月，西山煤电集团公司被中国企业家联合会、中国企业家协会评为“2005年度全国企业培训先进单位”。

5～8月，国家财政部驻山西财政监察专员办事处对西山煤电股份公司2006年度会计信息质量进行检查。

本月，西山煤电集团公司首部年鉴——《西山煤电集团年鉴2006》编纂工作启动。

6月

1日，西山煤电集团公司召开“安全生产月”动员大会。

同日，官地矿28405智能化综采工作面投产。

5日，西山煤电集团公司第三届“西山环保月”活动启动，西山各单位和西山二校（绿色学校）举办了环保漫画宣传活动。

7日，西山煤电集团公司总经理张能虎、副总经理薛占儒、总工程师王绍进在马兰矿召开公司重点工程麻家口风井井筒施工专题会。

10日，山西焦煤科技《西山煤电科协》网站建立，网址为www.xsmdkx.com(或www.sxjmkj.com)。

13日，山西省保密局副局长张华来西山煤电集团公司检查计算机网络保密工作。

13～14日，山西省煤炭行业素质工程经验交流暨“安康杯”竞赛自检互检督查会在马兰矿召开。西山煤电集团公司工会和马兰矿在会上作经验介绍。

15日，西山煤电集团公司专业技术协会成立。

16日，西山煤电集团公司召开技术创新大会。副总经理、总工程师王绍进作工作报告。

同日，西山煤电集团公司召开帮扶工作经验交流会暨“一助一、献爱心”帮扶活动颁奖仪式。山西省人大常委会副主任、总工会主席姚新章出席会议。

18～24日，在国家体育总局、社会指导中心举办的“中国现代·通顺杯”老年健身秧歌大赛中，西山煤电集团公司退管中心老年秧歌队获规定套路一等奖和自选套路二等奖，集团公司获优秀组织奖。

20日，西山煤电集团公司被共青团中央、劳动和社会保障部、国务院国资委、国家知识产权局、中国科协等单位授予"全国青工技能振兴计划示范单位"称号。

23日，西山煤电集团公司教育委员会与古交市教育局签订协议，将集团所属古交矿区中小学校教育管理、招生、考试等项工作移交古交市教育局。

24～26日，新华社、人民日报、中央电视台等12家中央新闻媒体来西山煤电集团公司，就循环经济发展情况进行采访。

28日，山西焦煤集团公司作出决定，开展向官地矿职工粟俊平学习活动。

同日，日本新日铁(株)原料一部燃料第二组经理丹治繁和仲本敏章，到马兰矿及马兰矿选煤厂了解出口煤煤质情况。

28～29日，中国共产党山西焦煤西山煤电集团有限责任公司第七次代表大会召开。党委书记车树春作题为《以人为本、科学发展，全面建设更加繁荣更具活力的和谐西山》的工作报告；党委副书记、纪委书记徐俊明作题为《全面加强党风廉政建设，积极构建惩防腐败体系，为建设和谐西山提供坚强保证》的工作报告。会议通过《关于第六届党委工作报告的决议》、《关于纪委工作报告的决议》、《关于进一步加强和改进党的建设工作的意见》和《关于动员全体共产党员为建设和谐西山而奋斗的决定》。在29日七届委员会第一次会议上选举产生中共山西焦煤西山煤电集团公司第七届委员会、纪律检查委员会，车树春当选为党委书记，徐俊明当选为党委副书记、纪委书记，刘志安当选为党委副书记。山西省副省长靳善忠、国资委主任张崇慧出席会议。

29日，西山煤电集团公司召开纪念建党八十五周年暨"创先争优"表彰大会。

30日，中国工商银行行长杨凯生一行到官地矿参观考察。

本月，西山煤电集团公司安全监察局被国家安全生产监督管理总局、国家煤矿安全监察局授予"平安中国——《安全生产法》知识竞赛三等奖"。

本月，万隆实业公司生产的金属顶梁通过国家矿用安全标志中心认证。

7月

4日，国家环保总局环评司司长牟广丰一行9人来西山煤电集团公司，就煤炭经济及煤炭行业可持续发展进行调研。

同日，中国矿业大学110名煤炭主体专业毕业生来西山煤电集团公司报到，西山生产矿井一线技术力量得到加强。

6日，西山煤电集团公司与英国辛迪克公司签订合作开发杜儿坪矿瓦斯发电与CDM项目协议。

8～26日，西山煤电集团公司举办2006年技能大赛，27个单位737名选手参加35个工种的比赛。本次大赛共产生37个技能状元。

9～12日，在2006年中国·祁县晋商老街全国中老年文化交流大会秧歌舞展演中，西山煤电集团公司退管中心老年秧歌队获得金奖，西曲矿老年太极功夫扇表演队获银奖，集团公司获优秀组织奖。

15日，《西山煤电集团公司"十一五"环保规划》编制完成。

18日，山西焦煤集团公司总经理柴久茂、副总经理申晋鸣一行9人来西山煤电集团公司，检查上半年责任法人工作。

同日，西山煤电集团公司多经系统召开推广先进典型经验、推进本质安全型企业建设会议。古交多种经营公司、古交铁路工程公司、古交配煤厂、西山古交多经铁路运营公司等单位作经验介绍。

20日，国家卫生部国外贷款办公室主任卜鹏演来西山煤电集团公司，检查煤矿工人艾滋病、性病防治知识、宣传咨询与行为干预项目组织实施情况。

21日，西山煤电集团公司召开推进物业管理与住宅小区标准化建设会议。马兰矿、东曲矿、西铭矿、官地矿等单位分别介绍标准化小区建设经验。

24日，太原市公安局副局长刘梦春来西山煤电集团公司，就太原市公安系统开展的"抓基层、打基础、大练基本功"活动开展情况进行专项检查。

25日，山西省人大常委会副主任王昕到白家庄矿业公司视察棚户区改造工程。

同日，西山煤电集团公司对新提拔的处级干部进行廉政谈话。

27日，山西省煤矿工会"安康杯"竞赛检查团到杜儿坪矿检查工作。

28日，中国共产党山西焦煤西山煤电集团公司党员代表会议召开。会议选举116名代表出席中国共产党山西焦煤集团公司党员代表会议。

30日，西山煤电集团公司举办主辅分离、辅业改制培训班，邀请山西省国资委专家授课。

31日，西山煤电集团公司召开2006年下半年工作会。研究分析当前煤炭市场形势，安排部署下半年工作任务。

本月，西山煤电股份有限公司被《大众证券报》及新浪财经联合授予"中国十佳最具投资价值上市公司"、"中国十佳最重分红回报上市公司"称号。

8月

1日，山西金信建筑有限公司召开成立四十周年庆祝大会。

4日，由山西西山晋兴能源有限责任公司与山西国际电力集团公司合资建设的兴县220KV输变电工程举行奠基仪式。

同日，西山煤电集团公司召开安全办公会议，公司所属9矿矿长和集团公司安监局、生产处、通风处等部门领导分别进行安全述职。

5日，西山煤电集团公司召开纪念"8·4"抗洪抢险10周年座谈会。党委书记车树春作重要讲话。与会人员观看了当时录制的《西山矿务局"8·4"特大洪灾简介》、《中流砥柱》两部抗洪抢险电视片。

同日，马兰矿选煤厂被中国煤炭工业协会评为"全国十佳选煤厂"。

7日，山西焦煤集团公司召开后勤质量标准化建设现场会，推广马兰矿后勤质量标准化成果。

9日，西山煤电集团公司召开2001~2005年优秀毕业生表彰暨2006年招聘毕业生动员会。

10日，西山煤电集团公司董事长薛山到矸石电厂，就电厂锅炉、除尘等设备的改造及太原市第四热源厂在此建厂涉及的有关问题进行调研。

10~15日，西山煤电集团公司承办的山西省煤炭深加工专业委员会2006年年会暨自主创新研讨会在大同市召开。西山煤电集团公司在会上介绍了经验。

16日，由中华全国总工会、国家安全生产监督管理总局、国家煤矿安全监察局主办的"西山煤电杯"全国安全生产演讲决赛在西山举行。镇城底矿职工聂惠获特等奖的第二名。

同日，西山文联职工文学创作协会成立。

23日，国家煤矿安全监察局安全监察司副司长李维敏到屯兰矿调研。

同日，官地矿风峪沟滑坡治理工程竣工。

24日，西山煤电集团公司董事长薛山到内蒙古鄂尔多斯神华集团万利一矿、布尔台选煤厂工地，慰问参加施工建设的山西金信建筑有限公司职工。

25日，太原选煤厂洗煤车间工艺QC小组荣获"国家优秀QC小组"称号。

26日，杜儿坪矿职工伏军被劳动和社会保障部授予"全国技术能手"称号。

同日，西山水泥厂 $\Phi 3.2\times 50m$ 新型干法回转窑带料试生产。

27~28日，在山西省第八届残疾人运动会上，西山福利厂残疾职工王自英夺得F46级女子跳高、跳远和100米比赛3块金牌。

31~9月1日，西山煤电集团公司承办的煤炭行业发展循环经济现场交流会在晋祠宾馆召开。董事长薛山向与会代表介绍了西山发展循环经济方面的经验。中国煤炭工业协会第一副会长濮洪九、国家发改委副主任姜伟新、山西省省长于幼军、副省长牛仁亮等领导出席会议。

本月，西山煤电集团公司开通职工个人养老保险缴费和养老金待遇的电话、网络、短信3种方式查询服务。

本月，西山煤电集团公司制定出台《关于加强大中专毕业生引进、培养、管理、使用的暂行办法》。

本月，山西庆恒建筑(集团)有限公司、山西金城建筑有限公司和山西金信建筑有限公司进入太原市地区2006年建筑企业50强行列。

本月，马兰矿编制完成《马兰矿十年发展规划》。

9月

1日，西山煤电集团公司为在职职工增加一级工资。

5~27日，西山煤电集团公司开展"廉政教育月"活动。组织党纪条规知识考试，4900名处、科级干部参加考试。

6日，香港新创建集团公司执行董事、行政总裁陈锦灵一行6人，到屯兰矿、屯兰矿选煤厂、古交配煤厂、山西兴能发电有限责任公司考察。

7日，西山煤电集团公司举办大中专毕业生双向选择就业洽谈会，423名大中专毕业生落实了工作单位。

9～18日，全国煤矿第十八届“西山煤电乌金杯”男子篮球赛在西山煤电集团公司举行，来自全国煤矿13支代表队200余名运动员参加了比赛。西山队获亚军。

11～12日，西山酒店通过北京华夏认证审核中心组织的环境管理体系评审。

13日，西山煤电集团公司启动“百日安全生产无事故”竞赛活动。

19日，由湖南、湖北等六省组成的广播电台《走马中部热土》联合采访团来西山煤电集团公司，就发展循环经济等热点问题进行采访。

20日，白家庄矿业公司退休职工、全国劳模傅昌旺获“太原市十大和谐家园卫士”称号。

21日，山西金城建筑有限公司、山西金信建筑有限公司分别更名为：“山西焦煤西山金城建筑有限公司、山西焦煤西山金信建筑有限公司”。

同日，西山宾馆危楼改造工程竣工。

23日，全国人大环境与资源委员会主任毛如柏来西山煤电集团公司视察。

24日，西山煤电集团公司召开“社会主义荣辱观”主题教育理论研讨会。山西省政研会会长田惠爱出席会议。

26日，官地矿职工栗俊平应邀参加全国高技能人才工作会议暨第八届中华技能大奖和全国技术能手表彰大会。

同日，山西省委常委、太原市委书记申维辰来西山煤电集团公司调研棚户区改造情况。

27日，西山煤电集团公司代储代销试点单位——古交配送中心投入运行。

29日，西山煤电集团公司被山西省人民政府授予“山西省民族团结进步模范集体”称号。

30日，职工总医院购置的德国西门子公司制造的64层螺旋CT机投入使用。

本月，西山煤电集团公司职工韩国平、王进军在第二届山西省青年职业技能大赛采掘电钳工比赛中分别获第一名和第三名。

本月，西山煤电集团公司邀请山西省纪委副书记李正印为处级干部作预防职务犯罪教育专题报告。

本月，西山水泥厂粉尘治理工程完工，该项目总投资14946万元，工程达到国家粉尘治理环保标准。

本月，西山煤电集团公司编纂的《安全仪器监测工》教材由煤炭工业出版社出版发行。

9～12月，西山煤电集团公司委托南京煤炭设计院编制完成《西山矿区总体规划》、《离柳矿区总体规划》，由山西省发改委审查通过，并上报国家发改委。

10月

1日，西山煤电集团公司参保职工定点住院控制全部开放，分院住院起付标准由400元调整为200元。

同日，西山煤电集团公司为井下职工调整岗位津贴，井下津贴调整后的标准为井下采掘工20元/工，井下辅助工15元/工；夜班津贴调整后的标准为前夜班8元/工，后夜班10元/工；班中餐补贴调整后的标准为井下作业职工8元/工。

8日，西山煤电集团公司召开集中供热协调会，解决供热前的挡手问题，确保冬季正常供热。

10日，山西焦煤西山金城建筑有限公司被中国煤炭建设协会授予“2006年度全国煤炭行业优秀施工企业”称号，董事长、总经理杨贵元获“2006年度全国煤炭行业优秀施工企业家”称号，第三项目经理部、机电安装公司、锅炉安装分公司分别获“2006年全国煤炭行业等级队”称号。

11日，职工总医院完成的“热休克蛋白在煤工尘肺、慢性阻塞性肺及肺癌患者体内表达及可能作用的研究”科技成果通过山西省科技厅鉴定，达国际先进水平。

12日，西山煤电集团公司召开第三季度安全质量标准化讲评会。

同日，山西省建设厅副厅长任在刚来西山煤电集团公司调研棚户区改造情况。

13日，西山热电联供系统上线启动试运行。

16日，西山煤电集团公司召开环境保护工作座谈会，推广西曲矿选煤厂矸石山治理经验。

17日，山西焦煤廉政文化建设推进会在西山煤电集团公司召开，与会的山西省属三十六家国有企业纪委书记到屯兰矿、山西兴能发电有限责任公司、马兰矿等单位参观循环经济模式和廉政文化建设阵地。

18日，西山煤电集团公司召开完善职工养老金保险制度、调整退休人员养老金会议，决定以参加工作和退休时间为标准，为2005年12月31日前退休的人员增加工资，增幅为75～355元。

21～23日，全国煤矿康居建设经验交流会在西山煤电集团公司召开，推广西山在康居建设中的经验和作法。中国康居工程总工会会长刘冬、山西省煤矿安全监察局副局长原天仁出席会议。

24日，山西省国有重点煤矿棚户区改造汇报会在西山煤电集团公司召开。会上，公司有关方面领导汇报了棚户区改造工程进展情况及改造经验，山西省副省长宋北杉，山西省建设厅厅长张建明、副厅长任在刚出席会议。

28日，西山煤电集团公司及各矿煤炭产量监控系统投入运行。

29～11月1日，全国煤炭系统创建文明社区工作会议在郑州市召开，马兰矿作了经验介绍。

30日，西山煤电集团公司召开杜儿坪矿瓦斯发电CDM项目相关利益者访谈会，听取企业、周边农村、投资方和山西省、太原市相关部门意见，协调解决各类问题。英国辛迪克碳基金公司代表、山西省发改委CDM主任武东升出席会议。

10月，白家庄矿业公司编制完成《矿井发展十年规划》。

本月，马兰矿、东曲矿分别被中国煤炭工业协会命名为“2005年度全国煤炭工业行业特级安全高效矿井”。

本月，西铭矿职工王志维、马兰矿职工刘武乃、屯兰矿职工岳优杰、东曲矿职工郭海如、杜儿坪矿职工刘红权分别被中国能源化学工会全国委员会、中国煤炭工业协会授予“全国煤炭工业优秀运输队长”、“全国煤炭工业优秀通风队长”、“全国煤炭工业优秀机电队长”、“全国煤炭工业优秀采煤队长”、“全国煤炭工业优秀掘进队长”称号。

本月，镇城底矿编制完成《镇城底矿十年发展规划》。

本月，西山矿区热电联供工程完工，该项目总投资15128万元，实现集中供热260万平方米。

11月

6日，山西焦煤西山金城建筑有限公司李广荣、田爱国、王建国被中国煤炭建设协会评为“煤炭建设行业第五届优秀项目经理”。

7日，德国SPX冷却技术公司到山西西山热电有限责任公司，对使用该公司的3套直接冷凝汽系统进行回访。山西省发改委主任令政策出席回访会。

8日，山西省委常委、纪委书记金道铭到山西西山晋兴能源有限责任公司斜沟煤矿视察。

同日，西山煤电集团公司召开庆祝中国记者节座谈会。

10日，山西焦煤集团公司董事长杜复新到官地矿检查工作。

15日，山西省委常委、纪委书记金道铭到屯兰矿，就国有企业党风廉政建设情况进行专题调研。

同日，西山煤电集团公司集中供热工程正式运行，原有的72台燃煤锅炉停用。

19日，西山煤电集团公司工会召开第七次会员代表大会。党委副书记、工会主席刘志安作题为《继往开来，与时俱进，锐意进取，真抓实干，团结动员广大职工在全面建设和谐西山的伟大进程中充分发挥主力军作用》的工作报告。

20日，镇城底矿及矿选煤厂召开成立20周年庆祝大会。

同日，西山煤电集团公司分别召开2006年度股东会议、一届二次董事会、一届二次监事会，审议通过了《关于公司聘任高管人员的议案》、《关于公司2005年财务决算的议案》、《关于公司2006年财务预算的议案》、《关于公司2006年生产经营计划的议案》、《关于公司2006年重大关联交易的议案》。

22日，古交矿区总医院通过中国医院管理协会“全国百姓放心示范医院”第二周期动态管理验收。

28日，在山西焦煤集团首届电力座谈会上，山西兴能发电有限责任公司、矸石电厂、山西西山热电有限责任公司介绍了经验。

29日，救护大队通过山西省安全生产监督管理局“国有重点煤矿集团公司矿山救援队伍能力评估二级标准”认定。

同日，太原市政协副主席袁实到山西兴能发电有限责任公司、屯兰矿、古交中心污水处理厂调研。

本月，官地矿自主研发的多功能开阀器、1080皮带减速器防漏油装置、斜坡联锁挡道器、木料场新型流动锯4项科技创新项目获国家专利。

本月，马兰矿被中国煤炭建设协会、中国煤炭康居工程总会授予“中国煤矿康居建设小康矿”称号。

本月，《镇城底煤矿志》由山西春秋音像出版社出版。

本月，镇城底矿安全文化长廊工程竣工。

本月，西山煤电集团公司安全监察局获“全国煤矿职工安全知识竞赛优秀组织奖”。

本月，东曲矿工会主席王彪，镇城底矿工会主席黄建华及职工卢满林被中国煤矿体育协会授予“全国煤矿体育先进工作者”称号，镇城底矿获中国煤矿体育协会“体育道德风尚奖”。东曲矿职工郭银峰获“全国煤矿体育工作优秀指导员”称号。

本月，西山煤电股份有限公司被中国企业改革与发展研究会、华顿经济研究院、中国上市公司百强高峰论坛联合评为“中国上市公司百强第30名”。

本月，马兰矿编制完成《马兰矿十年发展规划纲要》。

12月

4日，西山煤电集团公司邀请中央党校党建部副主任戴焰军，为副处级以上干部作十六届六中全会精神专题辅导。

6日，山西省十届人大代表视察团来西山煤电集团公司视察，参观山西西山热电厂有限责任公司。

8日，共青团西山煤电集团公司委员会第十一次代表大会召开。共青团山西省委青工部部长张瑞芳出席会议。

13日，中国共产党山西焦煤集团矿业管理有限责任公司委员会成立。

16日，东曲矿举行建矿15周年庆祝活动。

17日，马兰矿选煤厂通过太原市政府“工业废水零排放企业”审核验收，屯兰矿、西山水泥厂、太原选煤厂通过“太原市清洁生产型企业”验收。

同日，胡文强任西山煤电集团公司党委常委。

18日，李建胜任西山煤电集团公司董事长。

19日，国务院办公厅秘书局、国家发改委环境资源司、国家环保总局污染控制司有关领导到山西兴能发电有限责任公司、屯兰矿调研。

同日，救护大队通过山西煤矿安全监察局“山西省特级质量标准化矿山救护队”认定。

20日，西山煤电集团公司团委被共青团中央授予“全国五四红旗团委”称号。

22日，国务院办公厅应急办主任陆俊华来西山煤电集团公司调研安全生产和煤炭销售情况。

同日，香港能源矿产联合会名誉会长叶选基一行来西山煤电集团公司考察。

23日，山西省省长于幼军、副省长靳善忠到屯兰矿调研，就煤矿提高科技含量、确保安全生产提出要求。

24日，杜儿坪矿机械化选矸车间通过山西省环保局环保“三同时”验收。

同日，杜儿坪矿北石沟主要通风机投入运行。

25日，山西庆恒建筑(集团)有限公司更名为：山西焦煤西山建筑(集团)有限公司。

同日，西山煤电集团公司与太原理工大学联手完成的《综采工作面自燃火源精确定位及新型胶体的研究应用》项目，获“2006年度国家安全生产科技成果奖和优秀推广奖”。

28日，山西西山晋兴能源有限责任公司岢瓦铁路全长2062米的田家崖隧道贯通。

同日，山西焦煤西山金信建筑有限公司取得了国家电力监管委颁发的承装(修、试)电力设施许可证。

29日，《西山晋兴能源有限责任公司斜沟矿井及选煤厂工程(1500万吨)环境影响评价报告书》通过国家环保总局局长专题会议审查。

同日，相声表演艺术家丁广泉来西山煤电集团公司慰问演出。

本月，西山煤电集团公司副总经理、多经局原局长武华太被中国煤炭工业协会授予“2005年度全国煤炭工业综合利用与多种经营优秀厂长”。

本月，西山煤电集团公司委托山西省电力勘测设计院编制完成《官地、西铭、屯兰、马兰、东曲矿井瓦斯发电项目可行性研究报告》。

本月，河涝湾110千伏变电站工程竣工。

本月，《西山煤电集团年鉴2006》由山西科技出版社出版。

本月，《马兰矿志》、《杜儿坪矿志》由山西人民出版社出版。

概述

GAISHU

2007

西山煤电集团年鉴

XISHAN MEIDIAN JITUAN NIANJIAN

概 述

2006年工作概述

【概况】 山西焦煤西山煤电集团有限责任公司(简称“西山煤电集团公司”)是全国最大的炼焦煤生产基地,是特大型煤炭生产企业,是全国首批循环经济试点单位。公司总部位于山西省省会太原市,距太原市中心11.5千米。

西山煤电集团公司主要开采西山、河东、霍西三大煤田的煤炭资源,煤田总面积为1237.12平方千米,资源总量为151.5亿吨。煤种有焦煤、肥煤、1/3焦煤、气煤、瘦煤、贫瘦煤等,主要煤炭产品有炼焦精煤、喷吹煤、电精煤、筛混煤、焦炭等。公司与宝钢、鞍钢、华能国际等知名企业结成战略合作伙伴关系,煤炭产品销往全国20多个省、市、自治区,并出口到日本、德国、印度、巴西、西班牙、比利时等国家。

西山煤电集团公司有一个A股上市公司—西山煤电股份公司。有10对生产矿井、8座选煤厂,有13个控股公司,并持有华晋焦煤集团公司50%的股份,收购山西焦化(上市公司)24%的股份。煤炭生产核定能力为3311万吨/年,原煤入洗核定能力2270万吨/年,电力装机容量为76.2万千瓦,焦炭生产能力为111.2万吨/年。2006年,在岗职工81869人。

【实现年度主要指标】 2006年是西山煤电集团公司“质量管理年”。公司上下以提高质量为主线,积极转变经济增长方式,全面加强内部管理,提高经济运行质量和效益。全年煤炭产品总运量完成3087万吨,总销量完成2636万吨;实现销售总收入120亿元,同比增加13亿元,增幅为12.25%;实现利润5.22亿元,扣除清产核资资产处理等因素外,同比增加1.3亿元;原煤产量完成3358万吨,同比增加208万吨;精煤产量完成1349万吨,同比增加69万吨;掘进总进尺完成23.77万米,同比增加3990米;原煤工效达到9.057吨/工,同比增加0.478吨/工。

【调整优化产业结构】 坚持循环经济发展思路,推进产品结构调整和优化,实现了“煤—电—材、煤—焦—化”两条循环经济产业链的发展目标。实现非煤生产经营额41.79亿元,同比增加14.81亿元,增幅53%;电力产业实现产值10.19亿元;焦化产业实现产值6.86亿元;机修产业实现产值2亿元;商贸服务业实现经营额3.1亿元;水泥、化工、多经等实现产值9.26亿元。煤炭、电力、焦化、建筑材料、机电修造、商贸服务六大产业协调发展,产业多元化的道路更加广阔和坚实。资源综合利用取得明显进展。坚持用改革和发展的办法解决前进中的问题,促进企业协调、快速发展。

【落实安全主体责任】 贯彻“安全第一、预防为主、综合治理”方针,坚持“管理、装备、培训”并重的原则,推进本质安全型企业建设。深化“三项”整治,提高矿井综合抗灾能力,落实“一通三防”规定,完善瓦斯抽放管理;全年炸毁矿区周边私开小煤窑644座,封堵小煤矿190座次;抓好雨季三防工作。推进安全质量标准化达标,在构建安全生产长效机制上下工夫,加大安全责任追究力度。加强重点环节管理,强化安全监督监察,狠抓涉爆物品、交通安全、防洪抗汛管理,落实全员培训。全年煤炭生产百万吨死亡率为0.18,地面消灭了重伤以上人身事故。

【提高职工生活质量】 把职工群众利益放在突出位置,改善职工群众生活条件。职工收入与企业效益同步提高,在岗职工人均收入达到29966元,比上年增长14.23%。推进矿区环境治理,完善公共设施。矿区集中供热工程投入运行,提高了供暖水平,改善了空气质量。加快棚户区改造步伐,拆除危旧房屋5.39万平方米、1321户,新开工建设住房23.42万平方米、3360户,全部超额完成与太原市政府签订的责任目标。实施温暖工程,坚持对贫困、伤残职工和军烈属进行慰问,全年发放各类慰问、救济金971.9万元,发放助学金19.1万元。关注弱势群体,帮扶活动逐步深化。

【加强企业文化建设】 隆重庆祝西山建局50周年,开展社会主义荣辱观教育,倡导主流价值取向;全面导入山西焦煤文化识别系统,建成一批企业文化示范单位。鼓励专业技术人才创新创效,578项科技成果受到奖励;举办职工技能大赛,开展职业技能鉴定,1389人取得国家职业资格证书;适应企业发展需要,招聘主体专业大专毕业生236名;举办各级各类培训班2091期,培训达7万余人次。开展节日及主题文化活动，组织文艺工作者深入基层慰问演出；承办并参加全国煤矿“西山煤电乌金杯”男子篮球赛，取得优良成绩。加强史志管理，编辑出版本企业首部年鉴—《西山煤电集团年鉴 2006》。

【发挥党的政治优势】 严格按程序进行换届选举，成功召开第七次党代会；出台《关于进一步加强和改进党的建设工作的意见》，明确了新时期党的建设总体目标及重要任务；贯彻集体领导与个人分工相结合的制度，推进“四好班子”建设；以新提拔干部履职培训和培养提高为重点，加强干部队伍建设；完善组织考察、职工民主评议、绩效考核三位一体考核评价体系，提高干部队伍整体素质。加强党风廉政建设，深化廉政文化教育；全过程参与廉政监督，强化效能监察，实现监察成果 4953.15 万元；严肃查处违纪案件，惩处违法违纪人员。加强对群众工作的领导，促进和谐西山建设。

（董居正）

行政工作

XINGZHENG GONGZUO

2007

西山煤电集团年鉴

XISHAN MEIDIAN JITUAN NIANJIAN

生产建设管理

生产调度指挥

【概况】 总调度室是西山煤电集团公司生产协调指挥中心，是连接煤炭生产各个环节的纽带，是生产、安全、经营综合信息中心和信息枢纽，是抢险救灾、创伤急救的总指挥部，也是处理日常生产事务的办公室。下设调度科、统计分析科、管理科、矿井通信科，有职工16人。主要职责：贯彻执行国家煤炭生产政策、规程、指令以及西山煤电集团公司领导指示，随时掌握生产、安全、经营信息和变化情况，及时解决部门之间、环节之间的协调配合问题，搞好综合平衡，确保全面、安全、均衡、高效地完成生产任务。

为适应生产建设需要，总调度室装备有性能先进、功能齐全的数字程控调度总机、传真机和投影仪，建成了调度系统局域网和西山煤电集团公司安全生产信息网络、视频会议系统和工业电视监控系统、煤炭产量监控系统。

2006年，以落实“二十个必须”和“一通三防六十条”为重点，以质量标准化建设为主线，狠抓调度管理，提高装备水平和人员素质，使调度职能得到较好发挥。

【有机协调安全生产】 一、做好生产组织工作。2006年采煤工作面搬家倒面多、地质构造复杂、铁路外运不均衡、公路销量减少。在困难情况下，加强与各矿厂、有关部门的联系，密切注视产、运、销、存等动态情况，合理组织，加强调度协调，减少了不利因素的影响，在全公司职工的努力下，各项生产指标均创历史最高水平。全年原煤总产量完成3358万吨，同比增产208万吨；精煤产量完成1342万吨，同比增产56万吨；掘进总进尺完成237710米，同比超进3990米；开拓进尺完成28818米，同比减少4087米。

二、落实西山煤电集团公司《关于进一步严格落实责任法人制度，强化生产安全指挥组织协调工作的决定》。针对3月25～28日天龙山森林火灾，5月18～21日屯兰铁路专用线被农民封堵造成矿厂停产，6月18～19日官地矿风峪沟变电站6千伏线路故障造成全矿井下停电撤人，7月1日~10月10日杜儿坪矿南峪二号回风井CO超限进行密闭、注浆封闭等事故、险情，积极组织抢险处理，尽到了职责。向机电处下达了12份《事故调查处理通知》，对20起机电事故进行了追查处理。参加“安全生产月”和“百日安全无事故”竞赛活动。总调度室人员经常深入井下、深入现场，掌握生产动态。在春节、五一、国庆等节日期间坚守岗位，加强调度值班和查岗工作。

三、做好业务保安工作，防止发生水、火、瓦斯、煤尘、顶板等事故。对重点工作及薄弱环节随时进行跟踪调度、组织协调，及时解决出现的棘手问题，顺利完成了工作，均未发生事故。全年各矿共实现巷道贯通368次，有79个工作面遇无炭柱、断层，67个面拆除，70个面安装。与有关部门共同进行防汛工作安排和检查，及时传达重要气象信息，加强雨情、河道水情巡视，实现矿区安全度汛；组织4月及10月的各单位停电大检修、矿井反风试验等工作，圆满完成了9个生产矿井模拟事故救灾演习任务。

四、加强生产协调管理。组织并开好每月10日、20日西山煤电集团公司安全生产视频会议，与9个生产矿、7个选煤厂及时沟通生产情况，对出现的问题及时协调处理，对下一步工作及时安排，督促落实西山煤电集团公司领导指示和会议精神。6月下旬，组织清运西铭选煤厂场地库存煤，保证了西铭选煤厂正常开工建设。11月底，太原选煤厂因厂内火车皮滞留超时被铁路局停车处罚致使停产事故，积极协调制定整改措施，尽快恢复了生产。

【健全规章制度，提升标准化水平】 一、严格实行明细化管理，健全管理制度。1月6日，下发西山煤电[2006]5号《关于重申进一步严格落实责任法人制度，强化生产安全指挥组织协调工作的决定》。3月22日，下发西山煤电[2006]142号《落实“二十个必须”对各单位、部门调度室（值班室）重要情况汇报的规定与考核办法》，西山煤电[2006]143号《落实“二十个必须”对重要情况的通知程序与考核办法》，西山煤电[2006]144号《西山煤电集团公司煤炭库存管理办法》。5月17日，下发西山煤电[2006]257号《关于贯彻落实山西焦煤发[2006]197号文建设煤炭产量监控系统的通知》等文件。9月1日，召开西山煤电集团公司火车装运协调会和路矿协作座谈会，并下发《西山煤电集团公司火车装运协调管理试行办法》。

二、执行调度工作绩效考核办法，不断提高调度业务水平。严格执行调度值班日汇报制度，及时收集处理安全生产信息，急安全生产所急，热情为基层服务，做到了事事有着落、条条有回音、项项有记录。编制内容全面的《调度综合日志》，收集整理和分析每旬、每月安全生产情况，及时编制调度简报，为西山煤电集团公司领导和有关部门提供了可靠的资料。加强计算机设备及网络管理，精心维护并开发应用软件，精心维护通信及视频会议设备，确保调度通讯畅通和视频会议顺利召开。

三、加强调度人员培训学习工作。5~7月，组织进行西山煤电集团公司矿井调度人员技能比武工作。每季度参加西山煤电集团公司安全管理及质量标准化大检查活动，对9个生产矿调度室质量标准化建设进行检查评比及指导，各矿调度室都达到了一级标准化调度室要求。总调度室在山西焦煤集团公司调度标准化检查中名列前茅。

【搞好调度通信和调度信息化工作】 一、完成相关重点工作。经过认真比较、论证，从5月份开始，制定煤炭产量监控系统建设方案，并多次深入各矿、选煤厂现场调研，确定了合理的电子皮带秤安装位置。进行招标工作，选定了供货商。与开发商一起设计既能向上级传输实时产量数据，又对矿井生产协调指挥有普遍指导意义、适合西山煤电集团公司使用的软件。10月份，完成西山煤电集团公司及各矿煤炭产量监控系统全部软硬件设备的安装调试工作，提前完成了山西省煤炭工业局安排的任务，走在山西省和山西焦煤集团的前列。

二、继续完善瓦斯监测监控安全信息网、电力系统监控、视频会议及工业电视等业务。指导各矿调度室对调度通信工作、设备、线路进行全面检查，制定有关规定，保证了正常工作，使信息传输更加灵、准、快。8月份，为落实《综采工作面生产设备开机率考核办法》，积极组织各矿开机率上传软件编制工作。指导西曲矿更换调度总机和大屏幕显示墙。每日使用手机短信平台向西山煤电集团公司有关领导提供生产、外运等情况信息。

（马保印）

生产技术管理

【概况】 生产技术处设技术科、采煤科、开掘科、运输科、洗选煤质科，有职工19人。主要职责：贯彻国家和省、市行业主管部门有关煤矿安全生产技术管理方面的方针政策和规定；负责矿井、选煤厂生产管理及相关技术管理及全公司公路地销管理工作；负责新技术的推广应用、双高矿井、优质选煤厂的建设、采掘衔接、生产竞赛等工作，根据西山煤电集团公司实际情况制定具体实施办法；组织采掘队组创水平活动，保证矿井水平、采区工作面正常接替，合理集中生产。

2006年主要指标完成情况：

原煤产量：计划3100万吨，实际完成3358万吨，完成计划的108.32%。

总进尺：总进尺计划221000米，实际完成237710米，完成计划的107.56%，其中，开拓进尺计划22000米，实际完成28818米，完成计划的130.99%。

精煤产量：计划1255万吨，实际完成1342.8862万吨，完成计划的107%。

【生产指标分析】 2006年，原煤产量完成3358万吨，比2005年的3150万吨增加产量208万吨。掘进总进尺完成237710米，比2005年的233720米增加进尺3990米。产量进尺的增加，是在没有增加队组的情况下，通过改善技术装备、开展重点队创水平竞赛以及开掘会战等措施实现的。2006年采煤综合单产水平达102858吨/月，比2005年的98179吨/月提高了4678吨/月，综采单产水平达109186吨/月，比2005年的105119吨/月提高了4067吨/月，重点队创水平竞赛有两个队年产突破200万吨。掘进机械化程度得到进一步提高，2006年综掘机械化程度为71.73%，比2005年的67.44%提高了10.29个百分点，综合单进水平达338.37米/月，比2005年的312.82米/月提高了25.55米/月。

【双高矿井及优质高效选煤厂建设】 在双高矿井及优质高效选煤厂建设中，坚持按劳分配与生产要素分配相结合、短期激励与中长期激励相结合、激励和约束相结合的原则,将各级主要经营管理者的薪酬与其责任、风险和主要业绩直接挂钩。

一、重点队竞赛。全年参加重点队竞赛活动的16个采煤队达到上台阶指标，其中达一台阶(120万吨)的有4个队,达二台阶(140万吨)的有4个队,达三台阶(160万吨)的有8个队,有两个队突破200万吨。共有31个队完成开掘重点队进尺指标,其中6500米/年以上的综掘队组4个,5500米/年以上的综掘队组14个,5000米/年以上的综掘队组1个。1300米/年以上的开拓队组6个,1200米/年以上的开拓队组6个。

二、开掘会战。为保证矿井正常生产衔接,满足矿井产量大幅度提升的要求，继续进行开掘会战。经过精心组织，全年共有272个队次参加开掘会战,有263个队次完成开掘会战指标,其中62个队次完成开掘会战二台阶指标,201个队次完成开掘会战一台阶指标。

全年各矿构成回采煤量工作面52个，构成回采煤量2604.8万吨。白家庄矿业公司36802工作面由于受小煤窑影响停止掘进;西铭矿33203工作面由于受上部2号煤采空区积水的影响,边探边掘未按期构成;官地矿22602工作面、28408工作面由于衔接调整未按期构成；镇城底矿22404工作面、22121(更名22119)工作面由于工作面延长,18304工作面淋头水大、遇断层未按期构成;屯兰矿18201工作面由于受环节工程的影响,12212工作面衔接调整未按期构成。共计减少储量982.7万吨。通过会战,有效保证了矿井正常生产衔接,为西山煤电集团公司可持续发展奠定了基础。

三、优质高效选煤厂建设。通过优质高效选煤厂建设,精煤产率完成55.51%,基本与计划持平;综合产率完成72.46%，比计划71.7%提高0.76%。商品煤批合格率由2005年的96.5%增加为98.8%,用户质量反馈次数明显减少，商务纠纷呈下降趋势,调入洗原煤质量有较大改善。太原选煤厂精煤产率比计划指标提高1%以上，大大提高了企业经济效益。全公司介质消耗指标达到3.3公斤/吨以下,于2005年比较明显下降。

【技术装备】 坚持依靠技术进步,积极推广使用新技术、新工艺、新设备、新材料,进一步提高技术装备水平,保证生产矿井可持续发展。

一、提升采掘装备水平。加快采掘装备更新换代升级步伐,采煤机和运输机功率不断加大,采煤机从液压牵引逐步向电牵引转变,工作面设备选型逐步向自动化、智能化发展。在2005年屯兰矿装备智能化、大采高工作面基础上,2006年官地矿在28405投入使用一套智能化综采设备；白家庄矿业公司对高档设备进行更新换代,使用了一套轻型支架,进行工业性试验悬移组合支架,对服务年限较长的掘进机进行大修或更换，增加了新的EBJ-120TP型、MRH-S200型掘进机，使综掘机械化程度保持在较高水平,有效保证了采掘衔接。其他主要项目有:1. 在全公司各矿推广钢塑复合网支护技术,全面取代塑料网,全年投入钢塑复合网21万平方米，使巷道支护强度得到加强;2. 在西铭矿1152大巷延伸工作面、冀家沟瓦斯管道工作面试验全断面一次爆破、中深孔全断面一次爆破,单进提高8~12米/月和16~20米/月,分别节约直接成本费45.6万元/月、45.8万元/月,取得了明显经济效益;3.在岩巷快速掘进、掘进巷道遇断层、无炭柱、顶板破碎,采用锚、钢筋网支护,解决岩巷快速掘进临时支护,使巷道支护速度得到提高,创造了显著经济和安全效益;4.直径25×2400毫米左旋螺纹钢锚杆在屯兰矿12211工作面投入使用,巷道支护质量得到提高,但实际支护效果还有待在回采过程中验证;5.无极绳绞车、单轨吊进入材料巷和顺槽,有效解决了材料运输困难;6. 顶板离层仪在锚杆支护巷道中全面投入使用，并完善了观测和数据整理,对正在掘进的巷道支护强度进行观测,及时调整支护密度,保证巷道的支护强度,并对今后的巷道支护设计提供可靠的理论依据支持。

二、运输“两线”建设。进行大巷“安全高效运输线”和采区“安全放心运输线”建设,取得显著效果。两线重点工程建设促进了矿井运输整体水平的大幅提高,确保了原煤拉运、材料供应和设备搬家倒面等运输任务的完成,提高矿井生产水平。矿井大巷推广使用交叉口闭锁信号、人车场红灯警示信号、道岔位置指示器、风动道岔、人车报站及遥控信号等,搬道器和照明综保全部进硐室;斜坡运输上下挡车器实现联动，推广常闭式自动捞车装置,下部车场装备拦车装置，实现了斜坡运行封闭管理;辅助运输积极推广使用无极绳绞车,减少了运输环节,提高了运输效率,提升了安全水平。在选煤方面，官地矿选煤厂进行介质回收环节能力改造,增设磁选机，加大介质回收能力，使介耗由原来的每吨4公斤以上降到3.5公斤以下；东曲矿选煤厂在浮选环节进行微泡浮选机的使用和推广，解决了东曲煤泥难浮选的难题；马兰矿选煤厂针对浮精脱水环节的问题，应用隔膜快开式压滤机，用于浮精脱水，开创了西山煤电集团公司在浮精脱水环节应用压滤机的先河；西曲矿选煤厂、屯兰矿选煤厂应用圆盘磁选机回收尾煤中的介质，为介质回收手段提供了有益尝试；为提高装卸能力，太原选煤厂进行了快装系统改造。

【重点工程建设】 50项开延重点工程项目除跨年工程外，其余于2006全部完工。

一、白家庄矿业公司：共计14项。中组回风斜坡、中组联络巷、总进风巷、八盘区运料斜坡、中组联络巷、中组煤仓及硐室、中组通风井、火药库及通道、八盘区变电所、回风巷刷大、黄冶副井刷大已完成，八盘区水仓、下组煤甩车场、黄冶主井刷大，计划调整，列入2007年计划。

二、杜儿坪矿：共计8项。北翼下组总回风巷、西平峒水文钻场、新华变电所及电缆井联络巷、北一下组总回风巷、中部风井变电所及电缆通道已按时完成；北一大巷延伸、北一总回风巷、北石沟回风井南回风石门，由于受北一风量不足影响，未施工。

三、西铭矿：共计4项。西十整流室、1018大巷延伸按计划完成；1152水平辅助运输大巷由于增加冀家沟排瓦斯通道工程变更计划，西部总回风巷延伸修改设计已按变更后计划完成。

四、官地矿：共计4项。1051南大巷延伸按计划完成；南部轨道巷及总回风巷的延伸工程、中部进风巷及中部总回风巷的延伸跨年度完成。

五、西曲矿：共计2项。南翼下组煤轨道运料斜坡、南翼下组煤1号回风下山按时完成。

六、镇城底矿：共计3项。760南大巷、南翼总回风大巷、760东轨道大巷按时完成。

七、马兰矿：共计5项。东二运输大巷、火药库、东二回风大巷、南一补回风斜井、南翼补回风大巷已按时完成。后期风井计划变更现回风井1.5米钻孔已完成，准备括孔，进风井正打钻孔。

八、东曲矿：共计4项。年初安排的11项工程由于860水平工程停止施工，变更为4项：973水平东翼下组煤轨道运输巷、973水平东翼下组煤胶带运输巷及联络巷、973水平东翼上组煤胶带运输巷、976水平西翼2号暗斜井及胶带运输巷已按计划完成。

九、屯兰矿：共计6项。中央水仓扩容、西翼回风巷、南翼轨道巷延伸、西翼轨道大巷按调整后计划完成，南翼胶带机巷延伸、梁庄进风立井未列入计划。

【煤质管理】 为确保煤炭产品质量，适应市场需求，巩固和扩大煤炭市场，提高产品市场竞争力，年初制定了煤质管理考核办法，定期对各矿进行煤质标准化大检查，严格进行现场管理和产品质量稽查。树立煤质从源头抓起的管理理念，对无炭柱、断层等地质构造采取相应措施，有效保证了原煤质量。商品煤合格率继续保持较高水平，7个选煤厂商品煤合格率达到99%，其中有4个选煤厂商品煤合格率达到100%，前山4个生产矿商品原煤合格率达到90%以上。

【公路销售】 一、销售管理。为扩大市场占有率，确保矿井正常生产，年初制定了《西山煤矿总公司煤炭产品公路销售管理实施办法》。进一步规范煤炭销售管理，加大对杜儿坪矿、官地矿、西铭矿原煤销售力度，使原煤库存量降到近几年来最低水平，为矿井正常生产创造了有利条件。加强原煤调入太原选煤厂的入洗量，充分发挥了太原选煤厂的洗选能力，有效节约了铁路运力，为集团公司产量持续增长提供了运力保证。通过每季度对公路销售进行督察，规范了销售程序和销售环境。深入矿厂随时了解情况，及时为矿厂解决生产和销售过程中存在的问题。

二、销售指标完成情况。全年煤炭产品公路销售共计完成356.4043万吨，比奋斗目标超销104.4043万吨，完成计划的140.5%。其中矿井完成248.8202万吨，比奋斗目标超销78.8202万吨，完成计划的146.4%；多经完成107.5841万吨，完成计划的131.2%。煤炭产品公路销售分煤种完成情况：精煤销售65.0914万吨，比奋斗目标超销18.0914万吨，完成计划的138.5%；原煤销售227.5833万吨，比奋斗目标超销99.5833万吨，完成计划的117.8%；洗混煤销售63.7296万吨，完成计划。

（元宗太）

机电管理

【概况】 机电处下设机电科、设备管理科、综合科、电力管理科、特种设备检验科和机电产品经销部，有职工31人。主要职责：负责西山煤电集团公司机电设备的购置、运行、维护、报废、调拨等全过程管理，并对技术改造、装备提升进行全面管理；负责销售变现西山公司所属各单位的报废设备、积压配件，以及直属单位闲置设备的对外调剂；负责包括锅炉等压力容器的管理检验，起重设备、行车、电梯的管理检验，电力电缆、胶带的阻燃试验以及操作人员的培训、发证等工作。

【专业管理】 为了保证西山煤电集团公司设备的安全运行，根据现有装备水平，颁发了《大型固定设备机房及井下变电硐室绩效考核办法》、《地面生产单位机电综合管理绩效考核办法》、《机关直属单位机电综合管理绩效考核办法》、《矿井机电设备包机组绩效考核办法》、《机电事故管理考核办法》、《机电事故处罚条例》、《综采工作面生产设备开机率考核办法》、《关于加强井下高压供电系统管理的补充规定》、转发山西省煤炭工业局《禁止井工煤矿使用的设备及工艺目录》等一系列规章制度，提高了机电管理水平。

【机电质量标准化】 依照总体不低于国家标准、部分条款内容高于严于细于国家标准的基本原则，在多年推行机电质量标准化建设的基础上，对机电安全质量标准化标准内容进行了部分增补，并对分值做了局部调整，使之较前更符合实际，与国家标准进一步接轨，更具先进性和可操作性；对安全质量标准化标准做了进一步增补修订，借鉴山东经验，结合自身特点在多个方面突破性地纳入标准，进行量化细化。开展大型设备（包括主扇风机、主井运输胶带、提升绞车、主排水泵、压风机、35千伏及以上变电站）争先创优竞赛、综采队开机率竞赛、机电事故管理检查考核三个专项活动，同时对各矿开展综采综掘包机组竞赛活动以及井下变电站创优达标竞赛活动进行检查、监督和指导，覆盖面达到100%。在质量标准化建设上，采取严格标准、分类指导、月度抽检、季度全面检查排名排队的方法，坚持进行季度专业讲评。通过加强机电质量标准化建设，机电设备基础管理、现场管理、技术管理、工作环境、运行状况明显改善，机电系统管理人员、技术人员、岗位工作人员机电质量标准化意识逐步增强。各二级单位机电质量标准化建设全部达到规划目标，机电系统的年度质量标准化建设的阶段性工作目标全面实现。

【机电业务保安】 以井下电气三大保护、电器设备防爆管理、消灭井下电气三把火（皮带、电气、液力耦合器）为矿井机电现场管理重点，坚持季度检查和平时抽检相结合，把住保护计算整定关、防爆设备入井关、入井电缆胶带阻燃特性测试关，强化现场管理，落实包机责任，从健全和落实制度上下工夫。对西山煤电集团公司购入的电缆、胶带进行阻燃测试共176批次，其中电缆120批次，胶带56批次，杜绝不合格产品进入井下。组织生产、通风、安监、机电、租赁、地质、调度等部门对各矿新安装投产的综采工作面进行正式投产验收，共验收工作面29个；按标准对不达标的工作面坚决不予通过，其中27个工作面一次验收通过，2个工作面经过整改、复验后予以通过。对全公司所辖锅炉、压力容器、电梯、行车、起重设备等国家明令实施监管的特种设备进行安全检查，检验120台锅炉、锅炉热平衡测试23台、压力容器5台，检验行车275台、电梯43台。加大对机电事故的管理力度，组织相关人员对矿井机电事故发生及其管理进行检查、监督、指导、考核和奖惩，对马兰矿刨煤队（10509）运输机机头减速器一轴轴承损坏事故、屯兰矿综采一队（22116）皮带机1号减速器一轴轴承抱死事故、官地矿综采一队（13502）MGTY600采煤机电机损坏事故、西曲矿综采二队（14503）采煤机耳轴损坏事故、杜儿坪62505工作面问题、杜儿坪掘进三队S-50掘进机事故、官地矿综采二队（22601）转载机机头链轮事故、屯兰矿综采一队（12210）工作面运输机中部槽断裂事故、西曲选煤厂皮带断裂、官地矿风峪沟变电站主扇无计划停风、屯兰主井皮带运输机1号驱动滚筒轴承损坏等17起事故性质严重、停产时间长、损失较大、技术复杂、认定困难的重大事故，参加了事故抢救，分析了事故原因，认定了事故性质，明确了事故责任，提出了整改措施，对责任单位和责任人进行了处罚并予以通报。

【机电技改、工程和设备更新换代】 2006年,机电系统多项重点项目相继完成投用,其中有东曲矿长峪沟主扇改造及小砂岩瓦斯抽放泵站、白家庄矿业公司黄冶主扇风机、镇城底矿远程监控变电硐室、杜儿坪矿北石沟风机房建设、官地矿风峪沟瓦斯抽放泵站建设、西铭矿玉门变电站改造及冀家沟瓦斯抽放泵站建设。对上述项目实施的全过程进行审核、把关、协调、指导。这些项目均正常投运,发挥了预期作用。

【机电安全】 为加强现场管理,确保机电安全,根据矿井机电管理现状,在全公司范围内重点突出地开展大型设备(包括主扇风机、主井运输胶带、提升绞车、主排水泵、压风机、35千伏及以上变电站)争先创优竞赛、综采队开机率竞赛、机电事故管理检查考核等三个专项活动,同时对各矿开展综采综掘包机组竞赛活动以及井下变电站创优达标竞赛活动进行检查、监督和指导。组织春、秋两季停电检修工作,配合协调有关单位组织生产矿井事故演习和反风演习。在设备报废和闲置报废设备处置工作中,遵循设备管理条例和权限,慎重稳妥、认真把关,为企业管好资产,完成了西山煤电集团公司下达的经营指标。

(伊建宏)

电力供应

【概况】 电力公司设综合科、经营科、电力科、电力调度室、前山工区(包括杜儿坪110千伏变电站、机厂35千伏变电站以及正在建设中的河涝湾110千伏变电站)、后山工区(包括屯兰110千伏变电站、马兰110千伏变电站),有职工139人。主要职责:负责西山煤电集团公司110千伏、35千伏电网及部分6千伏电网运行、维护、检修及统一调度;负责各单位电费营业管理,并完成电费收支结算;制定供、发、用电管理的规章制度和技术标准;负责对各单位电量、单耗、功率因数、民用电、外转供电进行管理和考核;负责节能降耗、电气预防性试验及安全技术业务培训等工作。

【用电管理】 为搞好节约用电,限制转供电量,合理有效地利用电力资源,继续对各单位的用电量、民用电收费率、功率因数进行考核,要求将西山煤电集团公司总用电量控制在12亿千瓦时以下;民用电收费率达到85%;功率因数控制在0.94。年初下发《关于2006年总电量控制指标和民用电收费率指标及考核办法的通知》、《关于2006年执行功率因素调整电费及奖惩考核办法的通知》、《关于调整山西焦煤西山煤电集团公司电费电价的通知》、《关于避峰节约用电管理的通知》等一系列文件。2006年,西山煤电集团公司总用电量为11.5亿千瓦时(综合电耗34.48千瓦时/吨、原煤电耗18.54千瓦时/吨),其中购买太原供电局电量为10.652亿千瓦时,矸石电厂自供电量为0.854亿千瓦时,与计划用电相比少用电4940万千瓦时;民用电总电量(参加考核单位)为3706.11万千瓦时,实收电量为3211.87万千瓦时,收费率为86.66%,超计划指标1.66个百分点;功率因数控制在0.94。组织协调太原供电局与太原一电厂、二电厂煤款抵电费8457.8万元。

【安全供电】 一、严格执行相关规定。按照《电业安全工作规程》、《工作票、操作票执行程序标准》、《电力调度规程》有关规定,对变电站、电力调度职工进行专项培训,重点进行事故处理、事故预想演练,要求技术人员和管理人员提出事故类型和问题,并做出处理程序,操作人员进行演练并掌握事故判断标准。

二、严抓薄弱环节,严查安全隐患,严堵管理漏洞。为防止各类事故发生,制定防误操作事故、防过热事故、防过电压事故、防系统事故、以及防雷电、防汛、防小动物、防滑、防高空坠落、防冻、防火灾、防盗、防交通事故等一系列措施,并明确责任,使各项安全防范措施落实到位,夯实安全生产基础,保证了矿区安全供电。

三、组织完成了"五一、国庆"两次停电大检修。组织完成春季防雷设施和电气设备的预防性试验,实行试验质量承诺服务,建立试验责任追究制度。对试验中发现的设备隐患,协助有关单位进行处理。

【技术改造及新建项目】 一、110千伏河涝湾变电站建设。随着矿区生产能力大幅提升和居民生活用电增长,前山矿区供电系统能力不足、环节不匹配等威胁安全的问题突显出来。为此,经过多方论证,与山西省电力公司达成《关于西山矿区发供电若干问题的协议》。协议同意双方合建110千伏河涝湾变电站，同意西山热电有限责任公司3号机组并入河涝湾变电站110千伏母线，上网电价按山西省物价局核准电价执行。110千伏系统主变和电气设备部分由太原供电分公司调度并运行管理；35千伏、6千伏部分由西山运行管理；公用部分由太原供电分公司调度；资产双方各占50%。并对河涝湾110千伏变电站设计图纸进行审定。6月5日河涝湾变电站正式开工建设；10月2日主要设备到场，开始边施工边安装；12月1日变电站运行人员进入场地，熟悉设备，为变电站试运行做好前期准备工作。

二、其他项目。完成前后山110千伏、35千伏线路防雷设施改造，共加装避雷器352组。完成杜玉一回、屯东一回、屯东二回、屯镇一回、南二、北二35千伏线路大修。完成杜儿坪变电站110千伏隔离开关改造、6千伏系统增容改造、主变大修、微机综合自动化改造。完成屯兰变电站35千伏油开关真空改造。完成马兰、机厂变电站主变大修。

（许世敏）

通风管理

【概况】 通风处是负责西山煤电集团公司"一通三防"业务技术管理的职能部门。2006年，全处设综合科、通风瓦斯科、防尘灭火科、实验室，有职工21人。主要职责：贯彻上级"一通三防"有关政策、法规和法令；组织矿井瓦斯等级鉴定、矿井反风演习、主要通风机性能测定和矿井通风阻力测定；进行"一通三防"专业性检查，组织参加"一通三防"事故追查和处理；审查矿井年、季度通风计划和矿井"一通三防"长远规划、新技术、新装备的推广使用等。

2006年主要任务指标完成情况：杜绝了瓦斯、煤尘、火灾等重大恶性事故；消灭了通风责任事故；矿井通风质量标准化全部达到年初规划目标；矿井有效风量率达到90.25%，粉尘测点合格率达到90.5%；实现瓦斯抽放纯量7752.41万立方米。

【通风专业管理】 健全规章制度，先后制定下发《西山煤电集团公司生产矿井"一通三防"绩效考核处罚条例》（简称《六十条》）、《西山煤电集团公司生产矿井"一通三防"绩效考核奖惩办法》、《关于加强矿井"一通三防"特殊环节和特殊过程管理的若干补充规定》；转发执行的上级主要规章有《山西省矿井瓦斯监测监控系统管理办法》（试行）、《山西省煤矿"一通三防"管理补充规定》、《煤矿作业场所全工作班个体呼吸性粉尘监测办法》。编纂《安全仪器监测工》一书，9月由煤炭工业出版社出版发行。加强"一通三防"管理。

【生产矿井"一通三防"绩效考核】 西山煤电集团公司及各矿相继成立"一通三防"绩效考核领导组，明确了领导组及办公室职责。为贯彻"加强管理、先抽后采、监测监控、以风定产"方针，强化"一通三防"管理考核，提高"一通三防"管理水平，杜绝重大事故，开展矿井通风系统、矿井综合防尘及防灭火、矿井监测监控、矿井通风技术管理、矿井瓦斯抽放等单项达标竞赛，对达标的矿井给予相应的表彰奖励，对不达标的矿井给予必要的处罚。执行《六十条》规定，全年共处罚金203.3万元，比2005年减少59.1万元，减少了43.9%。

【实行"一通三防"绩效主要责任人员风险抵押】 坚持"责、权、利"相结合原则，将生产矿井"一通三防"主要责任人员薪酬与责任工作业绩、风险相挂钩。生产矿井"一通三防"主要责任人员集体抵押25000元，其中分管领导、通风区长抵押金不少于4000元，风险抵押按季度兑现；凡在考核期间发生文件规定未达标情形之一的，扣除矿井抵押人员全部风险抵押金，并重新进行抵押。每个季度末，由西山煤电集团公司"一通三防"绩效考核领导组分别对各个生产矿井进行"一通三防"绩效风险抵押考核。考核结果在90分以上（不含90分）的矿井，按2.0系数兑现风险抵押金；考核结果在80～90分（不含80分）的矿井按照1.0系数兑现风险抵押金；考核结果在80分以下的矿井，扣除全部风险抵押金，并重新进行风险抵押。

【采煤工作面设备安装前巷道竣工验收】 根据西山煤电发[2006]26号文件精神，由通风处牵头，组织生产、安监、地质、总调度等部门对各采煤工作面进行设备安装前的巷道竣工验收。全年共验收采煤工作面52个，其中白家庄矿业公司3个、杜儿坪矿4个、西铭矿5个、官地矿5个，西曲矿9个，镇城底矿 6 个,马兰矿 7 个,东曲矿 8 个,屯兰矿 5 个。其中一次通过验收的采煤工作面有 35 个，整改后通过验收的工作面共有 17 个。

【矿井瓦斯等级及二氧化碳涌出量鉴定】 进行矿井瓦斯等级及二氧化碳涌出量的鉴定工作。西山煤电集团公司共有高瓦斯矿井 6 个、低瓦斯矿井 4 个（含斜沟矿）。

五、2006 年 11 月 12 日 ~ 12 月 22 日分别对官地矿北石崖 2 号、1 号主要通风机进行改造。由北京燕山机电有限公司生产的 BDK-8-No25 型对旋式风机替换原 70B2-21-No28 型风机，新风机电机功率为 2×315 千瓦，投产后风叶角度为 34/29°，风量为 5060 立方米 / 分，负压为 1700 帕。

六、2006 年 7 月 1 日官地矿对原 KJ66 监测系统进行升级改造。传输信号由电信号改为频率型信号，主通讯线由原普通讯线改为光缆，替换 3 万余米，增设光电交换机 10 台，光扩机 2 台。

（陆卫星）

2006 年瓦斯及二氧化碳涌出量鉴定结果

项目 \ 单位	白矿		杜儿坪	西铭	官地	西曲	镇城底	马兰	东曲	屯兰	斜沟
	二号井	南坑									
瓦斯绝对涌出量（m^3/min）	3.28	7.99	184.57	87.89	66.02	23.81	6.20	58.25	71.61	180.69	1.81
瓦斯相对涌出量（m^3/t）	8.44	6.67	22.77	13.03	10.41	3.63	1.40	7.35	11.84	20.81	3.30
二氧化碳绝对涌出量（m^3/min）	7.15	12.86	35.75	29.14	15.69	9.14	2.63	7.33	23.36	9.53	1.80
二氧化碳相对涌出量（m^3/t）	18.41	10.73	4.41	4.32	2.47	1.34	0.6	0.92	3.86	1..10	3.28
等 级	低	低	高	高	高	低	低	高	高	高	低

【主要通风机投运、改造】 主要项目如下：

一、2006 年 2 月 16 日，官地矿要子庄主要通风机投入运行。该风机为运城市安运风机有限公司生产的 FBCDZ-8-No25 型对旋式风机，电机功率 2×280 千瓦，投运风叶角度为 46/38°，风量为 7227 立方米 / 分，负压为 2300 帕。

二、2006 年 11 月 28 日，白家庄矿业公司黄冶主要通风机由原来的 BK54-15-45 更换成 FBCDZ28 型。电机功率为 2×400 千瓦，运行角度为 37/29 度，风量为 4900 立方米 / 分，负压为 540 帕。

三、2006 年 12 月 24 日，杜儿坪矿北石沟主要通风机投入运行。风机型号 FBCDZ-10-No32Z，电机功率 2×1000 千瓦，角度为 44.42/26.60°，风量为 7410 立方米 / 分，负压为 3350 帕。

四、2006 年 6 月 10 日，官地矿中谷嘴 2 号主要通风机改造完成。选用上海鼓风机厂生产的 GAF-22.4-14.1-1 型替换原.70B2-21-No28 型风机，电机功率 1000 千瓦，投产后风机角度为 -11 度，风量为 5992 立方米 / 分，负压为 2300 帕。改造后 1 号、2 号风机的型号、电机功率匹配。

地质勘探

【概况】 地质处设水文科、小煤窑管理科、综合科、测量科、农工科、地质科、资源管理科、地质勘探公司、三维物探公司，有职工 207 人。主要职责：贯彻执行国家和上级颁布的有关地质测量、水文地质、储量管理等规程、条例、规定和技术政策；按照地测标准化标准要求，组织对各矿地测标准化进行检查评比活动；依照权限审查、审批地质勘探、测量、水文、“三下”采煤、煤柱留设等技术、措施、采区地质说明书，负责矿山测量，指导各矿开展地表与岩层移动观测，按照规程要求对地面村庄、建筑物永久煤柱的留设进行检查和审定；组织、指导各矿编制和设计带压开采条件下的矿井防治水措施，并定期检查防治水措施贯彻落实情况；负责对矿区范围内的小煤矿进行监督管理，会同有关部门对无证开采、越层越界的小煤矿进行查处；承担煤炭资源管理、地质构造探测、村庄地塌损害或搬迁补偿、一般地震监测、煤田孔和水文孔钻探、三维地震勘察等任务。

【小煤矿专项整治】 制定《关于对小煤矿强化监督管理确保安全生产的决定》和《西山煤电集团有限责任公司矿区周边小煤矿监管考核办法》，并于1月6日下发各矿及相关部门。对西山煤电集团公司矿区内及周边小煤矿基本情况重新摸底调查，建立完整的档案和基础台账，配合地方政府对私挖滥采进行了严厉打击。全年共炸毁私开矿644座次，封堵私开矿190座次，确保国有大矿安全。

【矿井防治水综合治理】 为保障矿井安全，坚持“预测预报、有疑必探、先探后掘、先治后采”的十六字原则，采取“防、堵、疏、排、截”五项综合治理措施，有效杜绝水灾事故的发生。制定了《西山煤电集团有限责任公司矿井防治水专项绩效考核办法》和《关于强化矿井防治水专项整治的决定》，于年初下发各矿。在屯兰矿率先建立水文动态监测智能预警系统，实现了对地下水文的长期动态监测，为矿井的带压开采提供了可靠的基础资料。4月，参加镇城底矿、马兰矿、屯兰矿、东曲矿的矿井透水事故应急救援演习，完善了矿井水灾应急预案救援体系。

【资源管理】 为提高资源回收率，年初出台了《加强矿井资源管理提高矿井资源回收率的规定》，并把矿井资源回收率情况纳入责任法人目标考核范围，使各生产矿井采区、工作面回收率基本达到国家和西山煤电集团公司有关回采率指标。马兰矿和镇城底矿，在“全国矿产资源合理开发利用先进矿山企业评选”活动中被评为“先进矿山企业”。

【矿井勘探工作】 利用无线电波坑透仪共坑透工作面38个。地质勘探公司完成11个钻孔的施工，累计进尺6922米，工程质量全优。三维物探公司编制了《马兰矿南七采区（3平方公里）三维地震勘探设计》，并完成了野外数据采集。

【技术业务培训】 全年举办培训班5期：4月上旬，在东曲矿进行西安煤航图案系统的操作培训；4月下旬，组织矿井防治水新技术手段应用培训；6月中旬，在西曲矿举办“采煤沉陷环境治理”研讨班；6月16日，在屯兰矿举办“西山防治水专题研讨会”；10月中旬，在东曲矿举办“矿井资源培训班”。

（吕　峰）

安全监察
安全生产监督

【概况】 西山煤电集团公司安全监察局、安全生产监督管理局（以下简称安监局）有职工30人，设综合处、监察处、培训考核处、调度室（安全通风监测监控信息调度中心）。主要职责：贯彻党和国家安全生产方针、政策、法律、法规、条例、规程、规定和指令，制定安全管理和监督监察方面的方针、政策、规章、制度、标准、方案、办法等，并对贯彻执行情况进行监督检查和考核，按规定奖惩；编制安全规划和年、季、月度安全管理和监督监察工作的计划；组织筹备安全方面的会议；组织开展安全质量标准化检查与考核评比；接受事故隐患汇报，组织重大事故隐患排查，提出改善建议和意见，督促有关单位或部门采取措施及时消除不安全隐患；负责人身和非伤亡事故的调查处理、统计上报；编制突发事件应急救援体系，监督检查二级单位建立应急救援体系、编制预案并演练；组织开展防汛防洪工作；督促指导有关部门制定安全培训和安全宣传计划、安全技术技能竞赛和开展安全素质工程建设；全面负责全员安全培训工作和特种作业人员、安全管理干部培训发证和安全生产许可证变更工作；负责监督安全费用的使用和安措工程、设备的验收以及安全奖励基金的提取、使用和考核。

【安全生产状况】 坚持“安全第一，预防为主，综合治理”的方针和“管理、装备、培训”并重的原则，加大安全费用提取力度，确保安全费用按不低于15元/吨提取使用。全年安排安措计划34572.5万元，实际完成40189.98万元。使用安全奖励13168万元，各种安全扣罚1969万元；使用安全质量结构工资25435.88万元，安全质量结构工资扣罚342万元。

加大对矿区周边小煤矿的排查整治力度，建立并启动小煤矿危害预警机制，对威胁矿井安全、私挖滥采、越层越界的小煤矿进行摸底排查，全年共炸毁私开矿 644 座次，封堵小煤矿 190 座次，减少了小煤矿对大矿的威胁。

2006 年煤炭生产百万吨死亡率 0.1786，保持了健康平稳的安全局面。

【组织安全质量标准化检查】 一季度：3 月 8 日至 16 日，检查生产矿井采、掘、开队组 106 个，查出各类隐患 1260 条，下达停产整顿、限期整改通知书 5 个，对查出的各类隐患问题全部进行“三定”，并责令限期整改；好的矿井前三名是：杜儿坪矿、西铭矿、屯兰矿。3 月 20 日至 27 日，检查地面 A、B、C 类 23 个单位，查出各类隐患问题 1210 条，隐患问题全部与被检查单位进行“三定”落实；A 类单位前两名是屯兰选煤厂、镇城底选煤厂，B 类单位前两名是矸石电厂、煤气化公司。

二季度：6 月 16 日至 24 日，检查生产矿井采、掘、开队组 106 个，查出各类隐患 1044 条，对查出的各类隐患问题全部进行“三定”，并责令限期整改；好的矿井前三名是：马兰矿、杜儿坪矿、屯兰矿。6 月 6 日至 14 日，共检查地面 A、B、C 类 23 个单位，查出各类隐患问题 844 条，隐患问题全部与被检查单位进行“三定”落实；A 类单位前两名为屯兰选煤厂、镇城底选煤厂，B 类单位前两名为矸石电厂、煤气化公司。

三季度：9 月 16 日、17 日采用各单位交叉互检的方式，共检查生产矿井采、掘、开队组 116 个，查出各类隐患 1447 条，对查出的各类隐患问题全部进行“三定”，限期整改；好的矿井前三名是东曲矿、西曲矿、屯兰矿。9 月 19 日至 26 日，共检查地面 A、B、C 类 20 个单位，查出各类隐患问题 747 条，隐患问题全部与被检查单位进行了“三定”落实；A 类单位前两名为镇城底选煤厂、官地选煤厂，B 类单位前两名为矸石电厂、煤气化公司。

四季度：12 月 8 日至 20 日，检查生产矿井采、掘、开队组 133 个，查出各类隐患 1258 条，对查出的各类隐患问题全部进行“三定”，并责令限期整改；好的矿井前三名是：杜儿坪矿、西曲矿、马兰矿。12 月 5 日至 10 日，共检查地面 A、B、C 类 20 个单位，查出各类隐患问题 679 条，隐患问题全部与被检查单位进行“三定”落实；A 类单位前两名为西曲选煤厂、马兰选煤厂，B 类单位前两名为煤气化公司、矸石电厂。

【组织专项检查和安全小分队检查】 一、进行专项整治。牵头组织综合防尘、自救器管理使用、劳动防护用品、运输管理、防汛等专项检查，对查出的各类隐患全部“三定”落实处理。

二、抓好薄弱环节、重点岗位及节假日的安全监督管理。采取动静结合、以动态为主的检查方式，对重点区域、临时工程、边缘地点、交接班时间、零散作业人员、多队组交叉作业等薄弱地点和环节人员进行了检查，及时消除事故隐患。不定时间、不定地点深入基层。全年共组织安全小分队活动 62 次，下达 28 份停产通知书，限期整改工作面 28 个，查出隐患问题 1366 条，全部与基层单位“三定”落实，并限期整改处理。

【安全培训教育】 进行职工全员培训。坚持“每日一题、每周一课、每月一考”的制度，共组织业余培训 36015 人次，全部达到初级标准，形成了梯次发展的培训格局。举办职工技能大赛，组织人员参加山西焦煤集团第四届职工技能运动会，在第一阶段比赛中取得了 3 个第一、3 个第二、3 个第三的良好成绩。在西山煤电安全信息网站中，健全了九大生产矿井持证上岗档案及职工安全档案查询系统。

【开展安全生产活动】 6 月份，在西山矿区开展以“安全文化在矿厂”为主题的“安全生产月”活动，活动项目共计 20 项。6 月 11 日，山西省太原市“安全生产月宣传咨询日”活动启动仪式在杜儿坪矿进行，现场下发《“安康杯”知识竞赛实用手册》2500 册、《怎样正确使用自救器》7000 册。购买并制作《法佑平安》VCD 光盘 200 套，下发到各基层单位组织观看，观看人数达 5 万余人。举办学习《安全生产法》、全国劳动安全防护知识答题活动，共计收回答卷 19774 份；选派镇城底矿职工聂惠参加全国“安全生产万里行·西南行”活动，并赴重庆市、四川省、贵州省等巡回演讲。

9 月 23 日至 12 月 31 日，开展“百日安全生产无事故”竞赛活动，下发了《关于开展“百日安全生产无事故”竞赛活动的通知》，确保集团后 100 天安全生产。

【安全事故发生情况】 一、6 月 16 日 17 时 30 分，官地矿掘进一队在 970 下水平南翼胶带输送机机尾,处理煤库溃泄水煤,溃煤泥约300余吨,有职工失足落入煤泥里,造成死亡1人。二、6月27日5时30分,西铭矿南二盘区东翼回风巷闭前因瓦斯浓度较高,在安排2人巡视检查中,打开调节板闭进入微风区域,缺氧造成窒息事故,死亡2人。三、7月9日22时40分,官地矿四采区回收队发生重大顶板事故,死亡3人。

(宋润霞)

基本建设管理

【概况】 基本建设处是西山煤电集团公司基本建设主管部门,设综合科、矿建科、土建科、安装预算科、计划合同科、土地办公室、招投标办公室,有职工28人。主要职责:负责西山煤电集团公司基本建设施工管理(包括工期、质量、造价控制管理)、建设工程合同管理;牵头组织西山煤电集团公司建设工程结算工作、竣工验收;参与西山煤电集团公司建设工程概算、预算审核;负责西山煤电集团公司概预算人员上岗资质证书的年检、考核工作;负责协调与属地建委、土地局、规划局、执法局等部门的关系,协助二级建设单位办理有关建设项目的土地使用证、规划许可证、施工许可证;协助二级建设单位办理建设用地征用;负责西山煤电集团公司所属的地籍管理;参与西山煤电集团公司建设项目的工程招标工作。

2006年,共完成各类专用资金计划11.6568亿元。其中:维简资金完成2.8826亿元;技改资金完成2.6102亿元;住宅建设资金完成2.1278亿元;铁路维修资金完成4214万元;修理费资金完成1.9869亿元;生产安全资金完成1.0455亿元;国债资金完成3587万元;住宅建设廉租房资金完成2236万元;棚户区建设资金完成1.5776亿元。全年在建工程1339项,全部经过西山煤电集团公司审计处组织的项目审计。

【重点工程建设】 一、重点工程建设进展情况。西山煤电集团公司先后确定19项重点建设工程,其中有5项按计划提前或按时竣工,包括:官地矿风峪沟滑坡治理项目提前10天竣工,为矿井生产消除了重大安全隐患;矿区热电联供项目一期工程(供暖面积260万平方米)提前15天竣工投入运行;西山宾馆改造工程按期竣工投入运营;河涝湾110千伏变电站按期竣工投入试运行;水泥厂粉尘治理项目按期竣工投入生产。其余14项重点工程均按计划进度进行。

二、棚户区改造项目实施情况。此项工程计划从2006年1月6日起,用三年的时间,拆除棚户区住房10117户,24.48万平方米;新建住房11643户,81.45万平方米(含廉租住房1810户,8.15万平方米)。2006年共有10个棚户区住宅小区相继开工,当年有4个小区竣工,共计完成产值1.5776亿元。棚户住房当年开工面积22.222万平方米,开工住房2834户,当年竣工面积8.5086万平方米,竣工住房1136户;经济适用房:完成产值5125.95万元,开工面积5.8377万平方米,开工住房2834户,当年竣工面积2.8313万平方米,竣工住房1136户;廉租住房:完成产值2236万元,当年开工面积2.6487万平方米,开工住房536户,当年竣工面积1.5603万平方米,竣工住房329户。

【工程招标与监理】 一、工程招标。根据《中华人民共和国建筑法》、《中华人民共和国招投标法》相关规定,西山煤电集团公司建设工程项目均实行招投标制度。使用国债和财政补贴资金的项目,委托有资质的招标代理机构组织招标,其余项目由西山煤电集团公司组织招标。其中,工程造价在30万元(含30万元)以上的工程,由西山煤电集团公司组织招标;工程造价在30万元以下的工程,由二级建设单位组织招标,西山煤电集团公司派人参加进行督导;住宅项目及需要在有形建筑市场招标的项目全部由基建处牵头组织进入属地有形建筑市场向社会公开招标。参与招议标项目62项,其中:招标26项,议标36项。监督二级建设单位招议标7项。

二、工程监理。西山煤电集团公司重点工程、特殊专业工程、技术含量较高的工程和住宅工程全部实行工程监理委托制度。通过招标或议标方式,择优选定监理单位。全年委托工程监理的建设项目8个,受托的监理单位4个。

【矿建、土建与安装工程管理】 强化内部管理,继续执行参与现场管理的技术人员对重点工程、重点部位跟班制度,以及现场解决问题台账制度和重大问题汇报制度。强化工程进度网络化管理,实际进度与计划进度随时进行比对,一旦出现偏差,立即查找原因及时纠正,保证了重点工程的顺利实施。每月定期组织重点工程协调会议,不定期组织到现场办公,随时解决工程中遇到的难点和实际问题。牵头组织召开重点工程协调会12次。制定下发《2006年重点工程会战考核办法的通知》、《西山煤电集团公司建设工程安全文明施工管理考核办法(试行)》。集中组织两次施工现场安全文明施工检查,排查安全隐患114条,消除重大安全隐患4条。

【土地与合同管理】 一、土地管理。牵头组织西山煤电集团公司棚户区原地改造土地使用证的申领工作,完成西铭矿6宗、白家庄矿业公司3宗、矿区1宗土地使用证的申领,为棚户区改造项目如期开工建设提供了法律保障。牵头组织协调东曲矿、马兰矿、镇城底矿、西铭矿、杜儿坪矿新建风井征地的补偿报批工作,确保西山煤电集团公司各生产矿井巷道延伸后的风井正常通风接替。

二、合同管理。审核签订建设工程施工合同677份,合同标的额6.554亿元;建设工程委托监理合同11份,涉及4家监理公司。审核签订涉外建设工程施工合同40份,合同标的额5069.75万元,涉外合同严格执行西山煤电集团公司重大合同送审制度。

【专项重点工作】 一、工程概算、预算。审核古交配煤厂、白家庄矿业公司、棚户区等29个建设单位的工程预算992项,审定总值4.461亿元,核减不合理费用2032.04万元。组织参加山西省概预算人员培训、考核、年检289人,合格289人;参加煤炭概预算人员培训、考核、年检317人,合格317人,合格率100%。

二、组织工程移交。为使西山煤电集团公司固定资产投资尽早产生经济效益,及时对已经竣工、并经过一段时间试运行后达到设计生产能力的项目移交生产的组织工作。9月20~21日分别组织了官地矿瓦斯抽放系统、官地矿选煤厂浮选系统改造、官地矿储装运系统、马兰矿瓦斯抽放系统改造等四个项目的移交生产工作。

三、建设项目的请照。牵头组织完成西山煤电集团公司432住宅小区、白家庄矿业公司五三街住宅小区15栋住宅楼的《规划许可证》的申领工作;完成白家庄矿业公司五三街小区15栋住宅楼的《施工许可证》的申领工作。

(孙桂英　邢继亮)

工程质量监督

【概况】 工程质量监督站是集团公司工程质量监督管理部门,设土建科、矿安科、综合科、监理办公室(与综合科合署办公),有职工13人。主要职责:对纳入西山煤电集团公司各类资金计划渠道的新建、改建、扩建、技术改造的建设项目及其配套、辅助和附属工程进行质量监督;依据国家法律、法规和工程建设标准及强制性条文对西山煤电集团公司建设工程项目责任主体质量行为和工程实体进行监督;工程竣工后出具工程质量认证书。

2004年1月,设立山西煤炭建设监理咨询公司第三监理部,业务上接受山西煤炭建设监理咨询公司指导,行政隶属于西山煤电集团公司,机构设在西山矿区工程质量监督站,一个机构、两块牌子。工程监理范围:根据有关规定,监理部监理范围在工程类别方面适用各类新建、扩建、改建建设工程,并限于建设工程施工阶段监理工作台,也可以根据业主的意愿,通过协商承担阶段性监理或承担某专项监理服务工作。

【重点工程监督】 坚持突出重点进行质量监督,把矿区重点建设工程、重要结构和工程关键部位作为监督重点,集中优势,保证重点工程监督到位。坚持转变观念重服务,融监督、监理于服务之中,坚持把技术服务、智力服务、质量把关深入到施工现场。把重点项目监督列入重要议程,定期不定期深入现场,加大工作检查力度,聘请有责任心和丰富施工经验的老技术人员任兼职监督员,加强现场监督力量,加强对工程关键部位施工质量的检查监督。

【强制性标准】 坚持贯彻国家强制性条文规定,严格执行新质量验评标准进行质量检查,确保工程质量安全和使用功能,对灰土、换填复合土地基、重要结构的桩基础均要求进行地基承载力检测,对一般性结构的桩基进行了桩身完整性检测,在建筑主体竣工验收时强调对结构实体检验,加强对单位工程安全和功能检验资料核查及主要功能抽查。

【工程质量保证】 把工程施工技术资料的检查作为质量抽查的重要内容,要求施工单位对施工技术资料加强日常整理,按标准要求与形象进度同步,对主要建筑材料的进场合格证以及检验报告、施工试验报告、隐蔽工程及主要部分验收记录、各类压力试验、电阻测试运行试验等资料,按规程标准执行。在工程质量认证时,提出的质量保证资料以及安全和功能检验资料都比较完整,并符合档案技术标准要求,提高了建设、施工、材料供应等各方的质量责任意识。

(王永平)

环境保护

【概况】 环境保护处是西山煤电集团公司环境保护管理部门,设综合科、管理科、水土保持科、环境监测站,有职工16人。主要职责:宣传、贯彻、执行国家环境保护和水土保持方针、政策以及制定西山煤电集团公司环境保护、水土保持管理制度及长远规划;监督落实西山煤电集团公司环境保护、水土保持和生态恢复计划及环保宣传教育培训工作;组织开展环保指标考核、污染防治、综合利用、水土保持、生态恢复等工作,并进行技术指导和服务,推广环保先进技术;监督、管理、审批建设项目环保“三同时”工作,监测各类污染物的排放情况;组织开展并落实清洁生产和ISO14001环境管理体系认证工作。

2006年,西山煤电集团公司贯彻《国务院关于落实科学发展观加强环境保护的决定》精神,编制了《西山煤电集团公司“十一五”环保规划》,落实环保目标责任制,全面分解环保指标和达标治理任务,狠抓工业污染源治理,加强管理,严格考核,按期完成了治理任务,各项环保考核指标保持较好水平,被评为太原市环保目标责任制考核优秀单位。

2006年主要指标完成情况:

总量控制指标:烟尘排放量指标为829吨,实际排放481.56吨;二氧化硫排放量指标为3164吨,实际排放3234.84吨;粉尘排放量指标为120吨,实际排放80.84吨;废水化学需氧量排放指标为573吨,实际排放242.97吨;

污染控制基本达到指标要求:烟尘浓度排放达标率99%、二氧化硫浓度排放达标率100%、工业粉尘浓度排放达标率100%、工业废水浓度排放达标率100%、重点污染治理设施运转合格率100%、工业固体废物综合利用率38.9%、机动车尾气排放达标率97.6%、煤堆料堆渣堆绿色覆盖率100%。

【环保治理工作】 一、完成污染治理任务。西山煤电集团公司投入环保治理资金共计1.2亿元,分别用于矿区集中供热工程、矸石山治理、锅炉除尘器维修及更新、煤库扬尘治理、水泥粉尘治理工程、煤气炉及型煤锅炉改造等项目。

二、创建环保型企业。屯兰矿、太原选煤厂、水泥厂通过创建清洁生产企业验收,马兰矿选煤厂通过创建废水零排放企业验收;职工总医院创建为环保模范医院;杜儿坪矿小虎峪锅炉房创建为环保模范锅炉房。

【环保指标考核管理】 3月,太原市人民政府与西山煤电集团公司签订了《太原市2006年工业企业环境保护指标考核责任书》,西山煤电集团公司相应与各二级单位分别签订《环境保护指标考核责任书》,层层分解指标,将任务逐级落实到各基层单位,把环保指标纳入责任法人综合目标和月度绩效考核内容。修改完善《西山煤电集团公司环境保护责任法人、绩效考核办法》。西山煤电集团公司每月下达环保治理月度计划,督促推进各单位环保项目,对检查结果进行通报,对项目进展缓慢、存在严重问题的单位进行处罚。先后进行10次定期检查和30余次不定期突查,处罚11个单位,累计罚款9万元;通报批评12个单位,提出整改意见35条。对各矿及有关选煤厂矸石山污染治理现状、安全隐患进行检查,并及时通报。

【环保项目审批】 协助所属单位完成以下项目的环境影响评价的审批:官地矿—太原第一热电厂运煤通道、杜儿坪矿煤层气发电、棚户区改造(虎胜街小区、401小区)、地质处放射源库迁建项目通过环评审批;矸石电厂改造完成环评编制和评审;山西西山热电有限责任公司3号机组项目取得太原市环保局立项意见;山西西山晋兴能源有限责任公司斜沟煤矿环评总量得到批复。对建成的杜儿坪矿机械选矸车间技改项目进行环保竣工验收,对太原选煤厂技改项目进行环保竣工验收监测。

【环境监测】 环境监测站担负监测西山煤电集团公司锅炉废气、水泥粉尘和工业废水的污染物排放工作。全年共监测锅炉61台、水泥粉尘除尘设施6台,对杜儿坪矿、官地矿、西铭矿和太原选煤厂的工业废水进行6个项目的监测。编制山西西山晋兴能源有限责任公司斜沟煤矿生产许可证监测报告。协助太原市环境监测中心对水泥厂粉尘治理项目、杜儿坪矿煤库锅炉房除尘器更新项目进行验收监测。5月25日,西山环境监测站通过上级环保部门的检查验收,由丁级监测站升格为丙级监测站。

【环保宣传】 为纪念"6·5世界环境日",组织各单位举办第三届"西山环保月"启动仪式和环保知识街头宣传活动,由各单位及绿色学校——西山二校学生创作的100多幅漫画作品参加展出,发放了环保知识宣传单和环保购物袋,西山二校组织学生到矿区街心花园捡垃圾、清洁环境。6月5日,组织作品参加山西省环保局"2006构建资源节约型与环境友好型社会大型图片展"。5月11日,《山西环境新闻周刊》刊登题为《谱写环境友好新篇章——太原西山煤电集团公司环保工作纪实》的宣传文章。9月25日、11月24日《中国环境报》分别以《20年磨砺又有新内涵循环经济提升古交精神》和《从古交精神到西山模式》为题,报道西山煤电集团公司发展循环经济、加强环境保护工作的情况。

(郭维山)

信息化建设

【概况】 信息中心是负责西山煤电集团公司信息化工作的职能单位。设综合部、生产技术部、经营部、用户服务部、北寒中心站、古交中心站、无线管理站、计算机中心、有限电视管理站、工程队、泰立丰中心。有职工144人。按照通信、计算机网络和有线电视三项主要业务划分,主要职责:负责对西山煤电集团公司信息化工作的发展规划、建设实施和信息化工作有关制度、标准的制定;负责西山煤电集团公司通信网、有线电视网和计算机网统一建设和集中管理工作;负责西山煤电集团公司通信网和有线电视网进行服务运营及维护工作。为西山煤电集团公司安全、生产、经营及日常工作提供通信、信息服务。

【主要工作完成情况】 一、重点项目。完成地测信息系统联网,完成西山煤电集团公司9个生产矿煤炭产量联网共计13个皮带秤的数据传输系统建设工作,完成西山煤电集团公司副总工、各矿厂总工及机关有关处室电子邮箱、学术科研网页制作与开通,完成西山煤电门户网站升级改版及内部网站建设,完成9个生产矿和马兰矿选煤厂安全信息网传输系统光缆架设及传输设备开通,完成集中供热14个交换站电话与数据传输线路的架设,完成西山宾馆电话电缆、数据光缆的布放,完成桃杏村到救护大队通信电缆及光缆的迁移,完成西山煤电集团公司通信楼东北侧通信电缆的迁移,完成太白街新建425、426小区800户住宅的电话线路和有线电视传输主干、配线、户线的建设。

二、规范化建设。完善、补充、细化《西山煤电集团公司信息化建设发展规划》,完成《山西焦煤集团公司2006年信息化建设推进计划》编制工作。在2005年"山西焦煤集团公司网站"改版试运行的基础上,2006年2月编制《山西焦煤集团公司网站建设管理办法》,编制《山西焦煤集团公司信息建设与安全运行管理办法》。4月开始实施《山西焦煤集团公司视频会议联网方案》设计编制工作;5月下发《关于山西焦煤集团公司视频会议联网建设的通知》。

【安全管理】 开展多种形式的安全教育,增强职工参与安全工作和遵守安全制度的意识。为加大安全工作管理力度,落实安全责任制,提高安全管理水平,明确信息中心领导对中心办公区的安全责任,制定并签订"信息中心领导包保安全责任书"。坚持每月召开一次安全生产例会。为强化安全管理,配置了一名专职安全监管员,主要负责全中心各项具体的安全工作,补充完善安全制度,定期对消防器材进行更换,悬挂明显指示牌。坚持全天24小时领导值班制度,加强对机房、测量台、微波机房等要害场所、设备运行情况、线路工维护线路安全情况,各岗人员到岗情况,以及消防等方面检查。加强双休日、节假日安全防范,对当天发现的问题及时采取措施解决,保证安全生产需要。按年度与所属单位签订治安防范、消防管理安全责任书,落实安全责任并与效益考核挂钩。坚持巡检工作,注重巡检工作质量。根据中心安检制度,北寒中心站、古交中心站定期分别对前后山10个分站交换设备进行月检，无线管理站对矿区各分站的电源进行月检，对存在的问题及时向领导汇报并加以解决，为网络安全运行提供保证。

（刘　毅）

消　防

【概况】 西山消防大队是一支专职灭火队，业务上受太原市消防支队指导。设办公室、战训科、调度室，3个执勤中队，有职工135人。

根据《山西省多种形式消防队建设标准》有关规定，2006年8月，太原市消防支队把该大队由救援队改为主战队。同时划分了新的责任区范围：东起西外环高速路、西至万柏林区，北起上庄街中心线、南至九院沙河一线向西至万柏林区西南街。

2006年，该大队在全年成绩考核中全部达标，在年度考核中实现全年责任事故为零的奋斗目标，圆满完成西山煤电集团公司和太原市消防支队交给的各项工作任务，被太原市政府授予“先进单位”，被太原市消防支队授予“企事业专职消防队规范化建设达标单位”。

【灭火救援与安全保卫】 一、灭火救援。全年出火警93起，出动车辆98台次，出动人员840人次，其中天龙山森林火灾灭火救援1起。7月，为杜儿坪矿北石沟风机房工地送水累计160余车。

二、安全保卫。9月16日，针对山西兴能发电责任有限公司燃库区建筑结构、火灾特点进行灭火演练并制定灭火预案，出动车辆6台、人员31人。完成西山矿区“元宵节”娱乐场所和烟花燃放场所安全检查和勤务，以及西山工人文化宫各工作会议、文艺演出勤务共计24次，出动车辆28台次。2月，对西山煤电集团公司所属22家重点单位的28个重点部位消防水源、道路情况，进行安全检查，提出整改建议20条。

【队伍建设】 一、业务训练。按照太原市消防支队下达的冬、春季训练大纲要求，完成了15个项目的技能和体能训练，经内部考核全部达标，优秀率占15%。5月，组织实施了83人组成的方队队列训练，代表西山煤电集团公司参加太原市政府组织的太原市地震应急联动演练。

二、职工培训与队伍管理。举办两期职工培训班，培训人员80人次，培训内容为各类火灾扑救，培训时间240课时。重新修订补充大队管理制度和岗位责任制，打印成册，做成牌板分别悬挂在各办公室和走廊墙壁。

【营区建设】 改造三中队食堂，改善了执勤人员的就餐环境。全面维修和改造大队办公楼、备勤宿舍、车库、浴室、食堂的暖气片管道，改善了全队冬季取暖。根据太原市消防支队《关于划分西山责任区的通知》和山西省企事业专职消防队整合精神，为各中队配备了灭火器材和个人防护用品。

（卢建兴）

矿山救护

【概况】 西山救护大队是一支负责处理矿井火、瓦斯、煤尘、水、顶板等灾害的专业队伍，属职业性、技术性组织。主要服务于西山煤电集团公司9对生产矿井及太原煤气化公司3对矿井。大队下设前山中队、后山中队、战训科、装备科、办公室。全队有职工103人，其中救护指挥员18人，救护队员62人，汽车驾驶员11人，后勤及其他人员12人。

【队伍建设】 6月至8月，全队23名指挥员分别参加国家煤矿安全培训中心、山西煤矿安全监察局、山西省安全生产监督管理局组织的岗位培训，并全部取得资格证书；8月20日，西山救护大队申报国家二级救护资质，并将认定材料上报国家煤矿安全生产监督管理总局。9月6日至25日，3名救护业务骨干参加山西省安全生产监督管理局应急救援中心组织的全省矿山救护队煤矿生产预防性大检查。11月24日，对为期3个月培训的11名救护新队员进行了4项考核，新队员全部合格并达到救护队员标准要求。11月26日至27日，国家煤矿安全监察局救护资质认定现场核查团来大队现场核查；11月29日，救护大队通过“国有重点煤矿集团公司矿山救援队伍能力评估二级标准”认定。12 月 13 日，太原市人民政府安全生产委员会办公室救援队伍座谈会在西山煤电集团公司召开，大队担负会务组织、协调任务。12 月 19 日，救护大队通过“山西省特级质量标准化矿山救护队”认定。荣获“2006 年度山西省安全生产工作抢险救灾先进单位”、“2006 年度太原市安全生产应急救援先进单位” 称号，大队长刘青伟获“太原市 2006 年度安全生产先进个人”称号。

【抢险救援】 全年共计处理本企业以外矿井事故 5 起和森林火灾事故 2 起，出动 780 人次，抢救遇难人员 26 人。其中：3 月 25 日至 26 日，出动 2 个战斗小队共计 20 人次，赶赴天龙山参加森林火灾扑救。4 月 3 日至 4 日，出动 2 个战斗小队共计 40 人次，赶赴太原市孟家井参加森林火灾扑救，经过 30 个小时奋战，将山火扑灭；4 月 4 日，出动 2 个小队 19 人为古交市马石矿抢救遇难人员 1 人；10 月 13 日，出动 1 个战斗小队共计 11 人次为杜儿坪牛头嘴小窑处理 CO 窒息事故，抢救遇难人员 4 人；10 月 24 日至 11 月 25 日，出动 3 个小队计 580 人次为白家庄街办耙沟矿处理井下火药爆炸事故，抢救遇难人员 11 人，清理冒落巷道近 100 余米；11 月 7 日至 9 日，在万柏林区王封乡翼家沟矿发生透水事故后，出动指战人员 120 人次，连续作战 3 天，抢救遇难人员 10 人；12 月 1 日至 2 日，出动 1 个小队 11 人次，为清徐县马峪乡西马峪村煤矿奥灰水透水进行救援和监护。

【安全服务与应急演练】 在矿井排放瓦斯、反风演习、气体检测、现场监护等安全技术服务工作中，共计出动 560 余人次，对西山煤电集团公司 9 对矿井及太原煤气化 3 对矿井安全技术服务 60 余次。分别于 1 月、4 月、7 月、10 月，共计出动 400 余人次为官地矿 23509 工作面灭火工作，进行现场监护，检测火区气体；1 月 24 日，出动 18 人为太原煤气化公司嘉乐泉矿掘进面透水救援监护；2 月 14 日，出动 1 个战斗小队协助太原煤气化公司处理煤气泄漏事故一起；4 月 23 日，与白家庄矿业公司、杜儿坪矿、西铭矿、东曲矿、西曲矿、马兰矿协同开展矿井灾害救援演练；4 月 20 日至 5 月 22 日，与消防大队协同训练并参加太原市第一届地震应急救援队排练、检阅；7 月 24 日，派出 1 个战斗小队为官地矿检测排洪涵洞通畅情况；11 月 11 日晚 10 时至 17 日，对西铭矿 48502 工作面 CO 异常进行监护、检测，并封闭两道；12 月 6 日，对西铭矿周边小煤窑进行侦察、监护、封堵。在西山煤电集团公司生产矿井停电检修期间，全程参与监护，排放瓦斯 6 次；协助太原市和万柏林区国土部门对地方煤矿勘察、监护 15 次；按照全年下矿预检工作安排，组织救护骨干对西山煤电集团公司所属 9 对矿井和太原煤气公司服务 3 对矿井分别进行了 4 次安全预防性检查，协助各矿共查出安全隐患 123 条，并及时与有关单位联系，将发现问题及时处理，把事故隐患消灭在萌芽状态，为矿井安全生产发挥了积极作用。

【装备建设】 全年装备投入资金 165 万元。各类装备包括：红外线测温仪、便携式氧气检测仪、便携式一氧化碳检测仪、便携式硫化氢检测仪、光学瓦斯检定器、多功能气体检定仪、多功能负压担架、自动复苏机（自动苏生器）、紧急支护破拆装置、中队指挥车、防爆照相机、车载卫星定位与自动导航、多功能灾区移动电话、数字式多种气体测定仪等。

（安晋生）

企业发展与经营管理

综合文秘

【概况】 党政办公室是西山煤电集团公司综合管理部门，有职工 30 名，设综合科、秘书一科、秘书二科、秘书三科、督查科、机要科、外事办、文印中心。主要职责：及时传达西山煤电集团公司领导指示，并部署实施指示的各项具体安排，承办领导交办的各项工作；协助领导掌握“上情”和“下况”，抓好信息工作，收集汇总并提供各种信息资料；起草西山煤电集团公司有关工作报告、领导讲话、会议纪要、请示、报告、汇报材料等文字材料；组织起草、审查和校核以西山煤电集团公司党政名义下发的文件，收发、传递文件，办理上级有关部门发送西山煤电集团公司的公文以及下级单位向公司的请示、报告；协助领导进行工作指挥、承上启下、连通左右，协调各部门、各单位、各相关组织之间的行动；做好领导指示的检查督办工作；负责西山煤电集团公司会议组织协调工作；列席公司会议并做好记录；做好西山煤电集团公司的公务接待、对外联系工作，协调安排西山煤电集团公司领导公务活动日程；负责西山煤电集团公司董事会秘书处日常工作；负责西山煤电集团公司印章和领导个人名章的管理使用；做好企业保密、机要工作；负责管理西山煤电集团公司机关小车队和文印中心；指导西山煤电集团公司二级单位办公室业务工作。

2006年，在西山煤电集团公司领导班子成员变动大、大型会议活动多的情况下，经过全体人员共同努力，顺利完成各项工作。文字材料质量稳步提高，会议安排严谨周密，综合服务快捷到位。2006年共起草领导讲话137篇，会议纪要151项，编写《西山信息》39期，审核各类文件1200份，处理来文来电1300份、请示卡450份，通知会议422次，布置会场165次，参与接待73次。

【起草会议材料】 起草了向全国人大常委会领导、中央12家媒体“节约型社会”采访团、山西省委巡视组、国资委、审计厅、安监局、地税局、太原市领导棚户区调研组、审计局、山西焦煤集团的汇报材料。起草西山煤电集团公司党委工作会、十八届一次职代会暨2006年工作会、下半年工作会、下半年安全工作会、重点工程建设动员会、树立正确荣辱观，转变干部作风动员会、董事会和西山职工技能大赛表彰会暨职业技能鉴定颁证会等报告。起草了2005年度责任法人考核兑现暨劳模会、西山煤电集团公司成立暨西山建局50年庆祝大会、开展社会主义荣辱观主题教育活动动员会、西山技术创新大会、党委书记例会、安全办公会、季度安全质量标准化讲评会、机电工作座谈会、共青团全委会、加强集团门户网站管理专题会讲话。起草了全国煤炭工业促进循环经济发展工作会、全国煤炭行业人才工作会经验材料。起草了山西焦煤集团成立五周年、集中供热工程投产指挥部署名文章。

【起草领导讲话】 起草了在“安全生产月”活动动员会、安全学习培训班开班仪式、“百日安全无事故竞赛活动”动员会、西山煤电集团公司2001~2005年优秀毕业生表彰会暨2006年招聘毕业生动员会、区队级后备干部培训班开学典礼、兴县22万伏输变电工程奠基典礼仪式、职工技能大赛动员会、太原选煤厂精煤产量突破300万吨座谈会、官地矿储装运、选煤厂浮选系统改造工程竣工典礼、集中供热工程竣工投产暨总结表彰会、万柏林区全面炸堵、填堵非法坑口专项行动誓师大会上的讲话。

【会务接待服务】 接待了全国人大环资委领导、山西省委巡视组领导、山西省人大视察团、太原市政协副主席袁实、市政协环保视察团来西山视察。接待工商银行总行行长杨凯生、原煤炭部部长张宝明、山西省委常委、省纪委书记金道铭，国家发改委财金司司长张东生、香港新创建集团总裁陈锦灵和山西省商务厅、国资委、煤炭工业局领导、香港能源矿产联合会名誉会长叶选基、日本新日铁用户代表来西山煤电集团公司考察。接待了国家环保总局领导、山西省可持续发展调研组、山西省保密局副局长张华、山西焦煤集团“创先争优”检查团、安全督导组来西山检查。接待了中央十二大媒体“节约型社会”采访团来西山采访。接待了全国煤炭行业循环经济现场交流会全体代表、山西省煤炭工业新型化工作会议全体代表、江苏省纪检干部、江西省丰城市和丰城矿务局领导来西山参观。接待了中央党校“建设创新型企业”专题调研组、“全国煤矿康居建设工程”组领导、山西省委常委、太原市委书记申维辰、山西省劳动厅领导来西山调研。接待了内蒙古伊泰集团公司总经理张东海来西山洽谈相关事宜。

【综合协调】 修订下发《西山煤电集团公司文件制发管理办法》、《西山煤电集团公司规范化简称的通知》，规范文件管理。做好董事会日常工作，拟写会议通知、议程、主持词、方案、决议，认真做好会议记录。按时向外部董事寄送有关资料，做好服务工作。文件、函、会议纪要内容存入计算机，便于查阅、存档。运用短信平台通知会议，创新通知形式。实行人人签到，人人都有座签，改善会场秩序。记录整理党政联席会、棚户区改造会、集中供热工程会、重点工程协调会等纪要，促进各项工作开展。每月收集整理重点工程进展情况，供领导参考。

（张鹏飞）

政策研究与企业管理

【概况】 政策研究室、企业管理处是西山煤电集团公司综合管理部门，设综合信息科、调研科、经营管理科、企业策划科、控(参)股公司管理科，有职工15名。工作职责：围绕企业中心工作，提出符合企业实际的改革、管理和结构调整总体思路，为领导提供决策参考；开展对外联系，建立企业同政府有关部门、行业协会、科研院所、兄弟企业和产品市场的信息渠道，把握和分析市场动态，为领导决策提供信息和技术支持；负责企业经营战略研究和企业策划工作，拟定企业经营战略，提出西山煤电集团公司持续稳定发展对策、思路；拟写企业改革、发展和管理创新的重大决策方案；组织有关部门研究制定西山煤电集团公司战略发展规划，并提出工作思路；起草企业年度宏观工作计划和工作任务；组织、参与起草重要会议的工作报告及有关文件；负责组织协调有关部门制定企业年度经营方案、内部各项经济责任制方案和西山煤电集团公司对下属单位的考核奖惩办法，并负责有关方案的检查落实和综合考核奖惩兑现工作；负责企业内部改制、主辅分离和分离企业办社会职能工作，起草二级单位的公司制改制方案，指导、协调各单位的改制和兼并、破产、参股等资本运营工作；负责制定企业内部管理方面的重要规章制度、实施方案和管理创新方面的重要文件，探索现代企业管理的新思路、新方法和新手段；负责组织协调、指导基层单位的调研、企管工作，总结推广先进管理经验，收集和汇总调研成果，供领导参考；列席企业党委常委会、党政联席会、董事会会议、总经理办公会和党委中心组等重要会议，参加西山煤电集团公司党政的其他会议，及时准确了解党政班子、党政领导的意图，全面系统地掌握各项工作情况；依照《中华人民共和国公司法》和《工商登记管理条例》承办公司及所属分支机构的工商登记、注册、年检、变更、注销等工作，并提出政策法规咨询服务；负责加强对控(参)股公司的监督管理，依法履行西山煤电集团公司权利和义务，实现国有资产保值增值，防止国有资产流失。

【政策研究】 通过学习政策、收集信息、重点研究、协调推进等方式，对涉及国企改革、管理、发展的政策，重点专题分析，提出工作建议，为企业战略决策提供参考。为搞好西山中小学移交工作，牵头组织相关部门与山西省移交办、太原市政府移交领导组办公室、4个直接接收主体，就移交的有关事宜进行了接洽；先后安排完成了档案移交审查、土地勘测、费用测算等移交准备工作，起草了《西山中小学校移交地方政府管理进展情况汇报》，组织编制了《山西焦煤西山煤电集团公司自办中小学校移交地方政府管理文件资料汇编》和《西山煤电集团公司所属中小学校土地资产情况资料汇编》等基础资料，系统整理了近年学校移交政策文件；对教委系统进行了调研，出具了《关于对教委教职员工收入情况的调研报告》，根据调研报告相继起草了《关于在中小学校移交政府管理过渡期间拟预付教职员工工资等问题的请示》，制定下发了《关于在中小学校移交政府管理过渡期间预增付在职教职工工资、离退休教职工养老金的通知》，解决了学校移交过渡期间职工工资待遇偏低问题，稳定了教师队伍，有利于矿区和谐发展。按照国家及山西省主辅分离政策，结合实际出台了《西山煤电集团公司主辅分离辅业改制总体方案》，上报山西省国资委、山西焦煤集团公司备案；成立西山煤电集团公司主辅分离辅业改制领导组，将西山水泥厂等6个单位列为主辅分离辅业改制试点单位；汇编了山西省国有企业改革13个配套文件，主办了西山煤电集团公司"主辅分离辅业改制"专题培训班，为全面推进主辅分离辅业改制工作做好了前期准备。按照破产工作要求，先后多次组织编制上报《东曲矿关闭破产预案》，同时就现有政策条件下东曲矿实施关闭破产的经济效益影响，撰写了《东曲矿关闭破产项目总体分析报告》，供西山煤电集团公司领导决策参考。对教委二高、教委十二中、煤气化公司等五个单位家属楼物业管理情况进行了调研，出具了《关于教委十二中6号家属楼物业管理情况的调研报告》，并制定下发了《关于教委十二中6号家属楼物业管理移交公用事业总公司古交生活服务公司管理的通知》。从服务于生产生活大局出发，先后就山西西山热电有限责任公司燃料煤采购价格问题、西山煤电集团公司所属"联营煤矿干部收入情况"、万隆实业公司部分住宅楼移交公用事业总公司费用事宜、捷明公司及矿业公司要求增加注册资本、西山文化宫和体育馆配电系统移交公用事业总公司维护、万隆公司高维队费用调整等事宜，牵头组织相关部门进行调研，撰写了相关调研报告，提出了专项处理意见，及时处置安排。为使企业内部优化重组工作顺利实施，开展了对多经、后勤、基建、医疗卫生等系统专项调研活动，以把握各单位基本情况和运行质量现状。

【经营考核】 全面发挥管理、监督、协调、服务职能，围绕企业总体经营目标，认真开展各项基础工作。起草了《西山煤电集团公司2006年度经营方案》。修订出台了《西山煤电集团公司2006年度责任法人制度综合目标考核办法》，编制了《西山煤电集团公司责任法人绩效考核办法及实施细则汇编》和《西山煤电集团公司月度绩效工资考核细则汇编》，制定下发了《西山煤电集团公司绩效工资考核办法》、《关于加强内部考核管理规范所属单位绩效考核体系的通知》等一系列文件。牵头组织完善了西山煤电集团公司机关绩效工资考核要求，按照"一厂一策"原则，将机关15个直属单位纳入机关绩效考核范围。牵头组织修订了《高产高效矿井和优质高效选煤厂建设绩效考核办法》。对三维地震物探公司等拟纳入集团机关绩效考核体系的单位，进行了专题调研，提交了相关情况报告。按照绩效考核办法规定，负责组织召开了每月绩效工资考核例会，完成了西山煤电集团公司2006年度所属二级单位月度绩效工资考核工作，严格落实绩效考核管理，对安全事故等及时进行了核实惩处。

【改革管理】 按照"质量管理年"要求，制定下发了《关于贯彻落实山西焦煤集团公司"质量管理年"实施方案》。起草了《关于规范控(参)股公司管理的指导意见》，整理、汇编了《关于维护出资人权益暂行办法〈实施细则〉》。组织有关处室修订完善了《煤质管理考核办法》。制定下发了《材料及费用综合考核奖惩办法》、《西山煤电集团公司杜绝个人挂靠集团施工企业承揽工程的若干规定》。起草了《西山煤电集团公司主要生产设备检修市场准入管理办法》、《西山煤电集团公司中层管理人员薪酬管理暂行办法》。为规范托管程序、提高托管煤矿安全管理技术水平，制定了《西山煤电集团公司对地方煤矿实施托管的暂行办法》。为明确质量责任，提高产品质量水平，增强多经系统企业竞争力，出台了《多经系统产品质量监督管理实施细则》。按照后勤系统专业化管理、市场化服务的总体思路，结合后勤系统发展趋势，起草了《后勤系统改革实施建议》。为规范公务用车行为，起草了《西山煤电集团公司领导干部公务用车管理办法》。制定下发了《关于进一步加强外报资料管理规范外报资料报送程序的通知》、《西山煤电集团公司外出培训管理办法》，以规范相关操作。牵头组织有关部门召开了"2006年度重点工程会战动员大会"，推进了企业重点工程建设。拟写了2005年度内部车改运营情况总结分析，制定了《车改运营情况月度报表制度》，针对屯兰矿、煤气化公司等单位车改事宜进行了调研处置。为有效预防和妥善处置周边农村农民影响企业正常生产、生活秩序的突发事件，下发了《关于成立协调周边农村关系领导组机构的通知》。起草了《西山集团关于资助泥屯镇人民政府小城镇建设50万元资金的意见》。

【企业内外部协调合作】 积极与上级主管部门保持联络。组织接待了多次上级专项检查，客观反映了企业经营管理现状，争取有关政策以解决企业生产经营中存在的问题。起草了《向山西省煤炭工业可持续发展三项试点经济政策工作协调组的汇报材料》，就征收"三项基金"政策提出了企业意见。制定了《西山集团落实省委巡视组反馈意见的整改方案》。向山西省国资委、劳动厅调研组提供了《西山集团人事、劳动、分配三项制度改革情况汇报材料》。向山西省审计厅专项工作组提供了《企业近年改革改制情况报告》。按照山西省国资委的要求，整理上报了《西山集团2005年度经营业绩考核档案材料》、《企业办社会情况报告》、《已实施破产单位(白家庄矿)情况报告》等。通过与各级工商管理部门、山西焦煤集团沟通协调，组织完成了西山煤电集团公司所属126个子分公司年度营业执照年检工作。办理了山西庆恒(集团)建筑集团、金城、金信公司变更企业名称事宜。完成了2005年度监事会材料相关环节报告的整理汇总，拟写了《监事会综合汇报材料》。组织接待了山西焦煤责任法人半年度工作检查组，拟写了相关汇报材料。参加了山西焦煤集团公司组织的半年度、年度港口煤库盘查工作，重点核实了西山产品港存量及账务管理情况。布置转发了《征求全国人代会建议的通知》。针对西山煤电集团公司古交矿区有关单位与当地政府有关部门沟通协调中存在的问题，起草了《西山煤电集团公司亟待与古交市政府协调解决的若干问题汇总》，上报西山煤电集团公司领导及相关部门参阅处理。参加了西山煤电集团公司第七次党代会筹委会工作，主要负责文件资料组事宜，组织有关部门人员完成了大会文字材料的拟写准备工作。参与制定了《各单位正职处级领导干部绩效评分细则》，参加了西山煤电集团公司处级干部考评工作。按照西山煤电集团公司对所属经营单位行政负责人离任审计、任中审计管理要求，先后参加完成了官地矿、金信建筑有限公司等十二个单位的离任审计、煤气化公司等单位任中审计工作。整理收集行业动态和改革政策信息，定期向“西山网站”管理办公室提供，推进“数字西山”建设。

（于云珍）

劳动工资管理

【概况】 劳动工资处和人力资源管理中心实行两个机构一体管理体制。职能科室有调配科、合同科、技能鉴定科、工资科、定额科、计划统计科、人力资源管理中心，在册职工27人。主要职责：贯彻落实党和国家的方针政策，对劳动用工和工资实施有效管理；合理配置西山煤电集团公司内部劳动力资源，负责工人的招收、录用、补员、调动、退休、奖惩以及复员军人的安置、技校毕业生分配、机关及直属人事档案管理等业务；搞好搞活企业内部工资分配，制定年度工资使用计划和工资分配方案，制定调资升级方案并组织实施，负责审批办理结算工资奖金，审批办理考勤、探亲、婚丧产假、转正定级、岗位工资变更以及荣誉金发放等具体业务；负责西山煤电集团公司劳动定额定员工作，编写、修订、实施统一的劳动定额定员标准；负责西山煤电集团公司劳动工资计划统计工作，编制人员、效率、工时计划以及技校招生、分配计划，编报、汇总劳动工资统计报表，搞好统计分析及劳资信息的计算机管理；负责劳动合同的管理，审批办理劳动合同的签订、变更、解除或终止、续订、鉴证及暂时停止履行劳动合同等手续；负责西山煤电集团公司职业技能鉴定工作，办理初、中、高级工的技术等级鉴定及工人技师、高级技师的考评、评聘管理工作；负责审批办理西山煤电集团公司井下工人家属农转非工作；负责职工劳动用工等来信来访及代表企业应诉处理劳动争议案件；负责劳动保护工作和伤残职工的劳动鉴定等劳动系统日常工作。

2006年，结合贯彻新的法律法规，不断研究新政策，探索新问题，解决新矛盾。工作成绩主要表现在：劳动力供求基本平衡，劳动关系和谐稳定，工资分配趋于合理，职工收入显著增加，科学合理的定员定额不断加强和完善，统计数据和统计分析得到有效利用，职业技能鉴定向新的领域延伸，劳务输出输入有序进行。全年主要劳动经济指标完成情况：

原煤效率和全员效率：实际完成9.057吨/工和459.35吨/人，分别超计划33.19%、5.51%；

职工年平均收入：达到28928元，比上年增幅14.73%；

精减分流：实际完成1557人，超计划13.8%；

劳动用工申报备案率、劳动合同签订率、社会统筹交费率和工伤保险交费率：均达到100%；

3A诚信企业指标：实现全面达标。

【整合劳动力资源，规范用工管理】 一、开展专项整顿。对所属矿多经和矿建公司等井下不规范用工进行全面清理整顿，对井下使用的外包队、临时工全部清退。为确保工作严肃性，各用人单位填写《清退临时用工承诺书》，承诺不使用不符合规定的劳动用工。对冒名顶替的农民工逐个排查，共清查出174人，并全部清退。对多经系统井下不规范劳动用工进行整顿，对地面单位使用的临时工也进行整顿清退。截至年底，对西山煤电集团公司各单位使用的4091名临时性用工已清退3705人；剩余386人，由各单位逐步清退。

二、完善招用农民工办法。下发《关于进一步完善山西焦煤西山煤电集团公司招用农民工工作的通知》，由原来的招工变为先招生培训、后招工使用的办法。全年接收复员军人264人，并在技校进行为期3个月的岗前培训，经考试合格后给予安置。

三、严格控制在册职工总量。关紧人员调入关，放开人员调出口，控制井下生产人员倒流。将技校毕业生、复转军人全部充实到井下，井下农民工减少多少，逐步由技校毕业生和复转军人替补，少量增加农民轮换工。对井下短缺技能人才，原则由山西源通人力派遣公司补充派遣。通过实行以上措施，使劳动力结构短缺性矛盾得到了缓解，地面人员膨胀得到一定遏制，基本解决了企业用工不规范问题。

【强化劳动合同管理，落实法律法规】 起草西山煤电集团公司《劳动合同规定》，重新修订劳动合同文本和《规范控股公司劳动合同管理实施细则》。根据劳动者的来源不同和生产经营需求，分别签订短期和中期劳动合同3792人。根据西山煤电集团公司劳动用工需求和对劳动者的考核结果，择优续签劳动合同6716人。根据生产经营情况变化，甲乙双方协商一致变更劳动合同402人；农民合同制职工劳

2006 年西山煤电集团公司人员增减情况表

	项目	人数		项目	人数
增人因素	计	2349	减人因素	计	2995
	1. 大中专毕业生	1403		1. 退　休	656
	2. 技校毕业生	240		2. 解除、终止合同	312
	3. 复转军人	264		3. 开除、辞退、除名	390
	4. 退休顶替	36		4. 死　亡	109
	5. 招用农轮工	364		5. 调　出	67
	6. 调　入	42		6. 其　他	1461
	7. 其　他	–		–	–
净增减合计(+, –)			–646		

注:年初职工总人数 82515 人,年末职工总人数 81869 人。

动合同期满,及时终止劳动合同 949 人;根据《劳动法》和企业有关规章制度,依法解除劳动合同 199 人。全面清查西山煤电集团公司所属各单位劳动合同,查缺补漏,共签订劳动合同 1945 人,消除了历史遗留的事实劳动关系,劳动合同签订率达到了 100%。妥善处理劳动争议 4 起,按照相关法律法规,公正解决了一些疑难劳动争议,维护了法律的严肃性和双方当事人合法权益。

【完善工资激励约束机制,提高职工收入】 一、实行效率参与绩效分配。合理核定各单位 2006 年工资总额,并对各二级单位进行全年工资奖金结算和 2007 年的工资总额测算。为进一步规范工资管理,拟定了《山西焦煤西山煤电集团公司工资管理办法》,制定控(参)股公司工资总额管理办法。根据西山煤电集团公司经济效益情况,按有关规定分别于 1 月和 9 月进行西山煤电集团公司符合条件的职工的升级工作,两次共晋升两级工资,月人均增资 81 元左右。结合实际下达 2006 年度荣誉金标准,按规定认真审核,符合条件的职工填报《荣誉证登记卡》及《荣誉登记表》,有 2799 人领取荣誉金共计 583 万元。

二、将收入分配向井下倾斜。根据晋劳社厅发【2006】241 号文精神,调整煤炭井下艰苦岗位津贴标准、夜班津贴标准和班中餐补贴标准,其中井下采掘由 12 元 / 工提高到 20 元 / 工;井下辅助由 6 元 / 工,提高到 15 元 / 工;夜班津贴由 6 元 / 工,前夜班提高到 8 元 / 工,后夜班提高到 10 元 / 工;班中餐补贴由 4 元 / 工,提高到 8 元 / 工。

【组织职工技能鉴定】 一、组织 21 个工种(包括 13 个煤炭工种,8 个社会通用工种)职业技能鉴定。拟定各工种各等级的鉴定试题,对企业内部试题库进行扩充,并参照国家技能鉴定标准,完善实际操作考核细则,对 21 个工种 2744 名在岗人员进行了职业技能鉴定。经过严格的理论知识考试、操作技能考核和答辩综合评审,有 1389 人取得国家职业资格证书,其中晋升为初级工 328 人、中级工 785 人、高级工 150 人、技师 126 人,整个鉴定过程公正、公平、公开,严格执行规则。为华晋公司 12 个工种 262 名职工进行了职业技能鉴定,对理论考试和实际操作考核做了详细具体安排,并邀请山西省劳动和社会保障厅职业技能鉴定中心领导到现场督考巡视检查,为 2007 年华晋公司工资改革奠定了基础。

二、落实技术津贴待遇。西山煤电集团公司相应制定技能鉴定激励政策,对取得职业资格证书的职工按技能等级高低每人每月分别给予 15~120 元的技术津贴。对有特殊贡献的职工,以及获"中华技能大奖"、"全国技术能手"、"山西省技术能手"称号者分别给予每人每月 200 元、100 元、80 元的特殊津贴,并在晋级、评模、待遇等方面给予优先。

三、召开素质工程建设表彰大会。共表彰 5 个职业技能鉴定优秀组织单位、13 个职业技能鉴定先进组织单位、14 名职业技能鉴定先进个人。

【提高工资统计质量，健全微机管理】 一、完成工资统计各项工作。及时准确、完整、真实地完成了2005年年报和2006年各月劳动工资统计报表工作，报表质量受到了有关部门好评和嘉奖。客观公正地制定2006年“两效”（原煤效率、全员效率）计划和技校招生计划及安置技校毕业生、预岗实习生计划，并组织实施。与技工学校协同完成2006年度技校招生任务。结合各单位用人现状和学生所学专业，妥善安置了2004届技校毕业生，并安排2005届技校生预岗实习，共安置技校毕业生241人，预岗实习生853人，充实了井下生产岗位。按规定对从事井下工作达到符合有关条件的职工及时办理井下职工家属及子女落户工作，共落实办理153户，197人。牵头完成《西山煤电集团公司年鉴2006》劳动工资部分编写工作。为各有关部门提供查阅服务，提供劳资统计资料，传输信息50多次。

二、与有关部门协调，完成了劳资统计系统的微机软件开发、调试任务。同时组织各二级单位人员89名劳资科长（主管）及劳资统计人员，参加为期4天的理论知识、业务知识、统计新程序专题培训，提高其管理和业务水平，强化、完善劳资统计微机系统化管理工作。培训会上，表彰劳动工资统计模范单位5个、先进单位14个、先进个人16名。

【加强劳动定额工作】 针对劳动定额标准存在的问题，组织有关人员编制劳动定额培训教材。通过培训，提高各生产矿定额管理人员整体素质；组织有关人员深入井下现场进行工作日写实测定，为修订劳动定额标准做好充分的准备工作。在岗位定员方面，对9个生产矿初步进行岗位定编定员工作，并对官地矿选煤厂、煤气化公司、公用事业总公司供热公司、多经系统所属回收队进行岗位定员，对马兰矿麻家口风井下排矸系统核定了岗位定员及工资测算。

【规范劳务用工管理，理顺劳动关系】 2005年，西山煤电集团公司推行劳务派遣制度，井下引进2300余名劳务工，但劳务工的工资及各种保险管理尚不规范。为维护企业利益、保障劳动者合法权益，下发《西山煤电集团使用山西源通人力派遣公司劳务工财务管理办法》，从法律和事实上理顺西山煤电集团公司与劳务工的关系。为发挥西山矿区劳动力资源优势，转变用工观念，整合人力资源，制定完善《西山劳务输出人员管理暂行办法》（讨论稿）。为适应企业快速发展形势，按照员工“能进能出”、“不求所有、但求所用”的原则，积极探索新的用工方式，制定了《西山煤电集团公司劳务工引进管理办法》（讨论稿）。

（刘宝程）

计划管理

【概况】 计划处是西山煤电集团公司计划管理部门，设综合管理科、生产经营科、规划投资科、专用资金科、统计信息科、基建工程科。有职工21人。主要职责：负责编制西山煤电集团公司长远发展规划；负责编制三年投资滚动计划，提前进行项目前期准备，实现规划与年度计划的衔接；负责编制年度生产经营计划，组织月度生产经营计划会和负责编制月度计划、负责生产经营的考核工作；负责编制维简资金、生产安全费用、造林资金、修理费、住宅建设、住宅维修，多经三产自有资金等年度计划；组织基本建设、技术改造、技术创新、综合利用、多经三产等新上项目的调研、评估、审批、立项等前期准备工作；负责项目立项审批，编制投融资计划，控制资金使用额度及使用方向；协调并组织实施资本运营，包括重大投资项目、矿井及选煤厂技术改造、资产重组、调整及优化产业结构等；负责工程项目包干建设管理和考核，包括负责设计委托、概预算、招投标、包干建设责任书的管理和考核，参与工程项目的过程管理和结算管理；检查和考核计划执行情况，发现问题及时调整，定期提出调查报告和经济分析报告。

【生产经营计划管理】 年初，组织各有关生产处室进行多次调研，形成2006年生产经营建议计划；经过西山煤电集团公司董事会研究，确定了2006年主要生产指标计划，最终汇编形成2006年生产经营计划。根据年度计划指标，结合市场需求及采掘部署情况，每月组织召开月度生产经营计划会，下达分月生产经营计划，落实安全责任目标，强化安全责任意识。在计划指标考核方面，制定了2006年度效益工资计提考核指标及月度审核确认办法，明确了考核指标和责任，使效益工资的提取有“法”可依；坚持每月对各二级单位产、销量完成情况进行核实，确保考核公开、公平、公正，调动了各单位生产和销售的积极性，确保实现企业效益最大化。全年生产指标完成情况如下：

原煤总产量：3358 万吨；

精煤产量：1343 万吨；

掘进总进尺：237710 米；

开拓进尺：28818 米。

【规划投资管理】 主要做了以下 4 项工作：

一、组织修订制定《山西焦煤西山煤电集团公司发展战略总报告》（2006－2020 年），共分 10 项专题报告。配合南京煤炭设计院编制《西山矿区总体规划》、《离柳矿区总体规划》。南京煤炭设计院开始编制上述两矿区的资源综合利用规划。同时委托北京圆之瀚煤炭工程设计有限公司编制《矿区资源综合利用开发方案》。

二、积极争取国家财政资金。申报 2006 年煤矿安全改造项目和煤矿瓦斯综合治理和利用攻关试点工程，争取到中央预算内专项资金 4598 万元；完善矿井水综合利用项目材料，争取到中央预算内专项资金 600 万元；2005 年煤矿产业升级项目争取到中央预算内专项资金补贴 1099 万元，总计 6297 万元。

三、协调配合山西焦煤集团企业债券发行和银企合作等工作。委托西山煤电集团公司设计院编制完成《杜儿坪矿改扩建工程项目申请报告》、《古交电厂配套项目可研报告》、《前山矿区热电联供技改工程可研报告》、《西铭矿选煤厂洗选系统技术改造可研报告》，并上报山西省、太原市发改委和经委，部分项目环评手续已办理完成，西铭矿选煤厂洗选系统技术改造项目已由山西省经委备案批复。配合山西焦煤五麟煤焦开发有限责任公司签订了汾阳焦化园甲醇项目与香港建滔化工有限公司的合资协议；签订了杜儿坪瓦斯发电 CDM 合作项目与英国辛迪克公司的项目协议。

四、完成了集团公司瓦斯发电厂工程前期工作。成立项目领导组和筹备组。杜儿坪矿瓦斯发电 CDM 项目，开始进行 PDD 文件编制前期准备工作，进口设备招标采购事宜正在进行。同时，委托东营胜动燃气发电设计咨询有限公司编制马兰矿、屯兰矿、官地矿、西铭矿、东曲矿瓦斯发电项目实施方案，项目可研报告已委托山西省电力勘查设计院编制。

【专用资金管理】 合理分配资金，全年下达各类专用资金计划 19.5 亿元，其中维简资金 10.6 亿元，生产安全费用 4.38 亿元，固定资产大修资金 3.2 亿元，环境治理 7000 万元，铁路维护费 5400 万元，造育林资金 923 万元。突出抓住以下 4 点：

一、确保生产安全资金投入。全年专用资金共安排安全资金 4.38 亿元，重点解决东曲矿、西铭矿瓦斯集中抽放系统、杜儿坪矿北石沟风井及瓦斯抽放的续建、马兰矿麻家口风井、东曲矿局家洼风井、镇城底矿南翼进风井建设等通风能力和瓦斯抽放问题。如：开延资金安排 7700 万元（不包括项目建设当中的开延巷道），保证了生产的正常衔接，坚持“采掘并举、掘进先行”的原则，保证了煤矿生产的延续性；综采综掘设备投入 2.6 亿元，逐年提高技术装备和单产单进水平。

二、坚持生产生活协调发展，重视改善职工生活环境。按照“保证重点、兼顾一般”的原则，促进和谐矿区建设。全年棚户区改造开工面积 30 万平方米，竣工面积 10 万平方米，其中解决特困职工的廉租楼开工 31962 平方米。热电联供项目全部完工，二次管网改造顺利实施，实现了西山矿区以及部分矿厂区域集中供热，改善了西山地区空气质量和职工采暖条件；水泥厂粉尘治理工作全部完成，改善了矿区生活环境；改造了西山宾馆，提高了办公环境质量；形成了从文化宫到体育馆范围的文化办公、休闲娱乐区域，展示了新西山形象。

三、采取有力措施，强化资金管理职能。对资金的使用进行全过程管理，使资金使用发挥最大效益。继续推行“分级管理、各负其责”管理理念，充分调动各单位参与管理专用资金的积极性。对列入计划的项目跟踪监管、及时服务，深入调查研究，超前安排生产急需资金。修订完善了《专用资金管理办法》，制定了《加强项目管理的若干规定》，在原有管理办法上重点加强对工程项目的设计管理，严格项目计划管理、设备采购，强化项目的过程管理，完善成本工程管理，杜绝计划外项目发生，对规范项目投资、合理节约资金、项目超前控制起到了一定作用。

四、继续推行三年滚动投资计划。5 月份，开始组织实施 2007～2009 年三年滚动投资计划，通过各基层单位的摸底上报，汇总平衡后又组织了调研，经过征求意见和领导审查，对 2007 年的资金投向形成统一的意见，为 2007 年的各类资金安排和安全生产做了前瞻性的工作。

【工程建设管理】 一、完善制度。修订《工程项目包干建设管理办法》、《工程预算定额取费标准及有关问题的规定》和《矿建工程费用计取标准》。通过完善制度，进一步明确和细化项目建设考核管理、责任书管理和造价管理，保证了工程项目建设的规范有序进行。制定《住宅建设项目管理办法》、《关于加强棚户区改造项目施工队伍管理若干规定的通知》，规范了住宅项目建设程序，为住宅项目建设工程提供了制度保障。

二、加强管理，保证重点工程项目顺利实施。参与重点工程项目协调例会，本着为基层服务的思路，认真分析、及时解决有关问题，棘手问题及时上报领导。根据西山煤电发[2006]150号文件精神，开展重点工程项目考核，在工期、质量、管理方面按各参建单位进行考核，奖优罚劣。对2006年列入西山煤电集团公司重点工程项目概算审查8项、审定值38754万元、增减额6512.4万元；与建设单位签订单项工程项目责任书19项；组织招议标7项、招议标平均让利幅度3.8%。

三、工程管理取得明显成效。由于在工程造价管理工作方面成绩显著，受到上级管理部门好评，被煤炭工业邯郸工程造价管理站评为“2006年度片区煤炭建设工程造价管理先进集体”。关于一般工程项目，截止10月底审查预算630项、审定值27966.32万元、增减额合计约1300万元。组织30万元以上项目招标20项、西山煤电集团公司议标11项，通过招议标节约资金480.62万元；参与建设单位组织的30万元以下项目招议标73项，节约资金约220万元。招议标平均让利幅度3.6%。签订包干建设责任书199项，签订值8835.29万元。

【统计工作管理】 按时完成了2006年综合、生产、专用资金统计报表工作。汇编了2005年统计资料手册和“十五”统计历史资料；完成了2005年综合、生产、专用资金统计年报工作；为西山煤电集团公司第七届党代会及《西山煤电集团年鉴2006》编纂提供了资料和数据，准确反映了西山煤电集团公司经营成果和管理效果。组织机关、西山煤电集团公司和参加山西焦煤集团统计员比武的各项工作，并取得了西山煤电集团公司第一名和山西焦煤集团第二名的好成绩。组织统计人员进行业务培训，提高了统计人员业务素质。按时完成了太原市经委调控目标和项目推进年安排的统计报表。3月份，获太原市人民政府颁发的“2005年度太原市工业项目推进年优秀单位”荣誉称号。

（荣国林　任变玲）

财务管理

【概况】 财务处是西山煤电集团公司财务管理部门，设会计科、工程科、计算机信息管理科、成本科、会计制度科、管理科、价格管理科、税管科、机关直属财务科、投资科、内部结算科和外部结算科。有职工43人。主要职责：组织西山煤电集团公司财务管理和会计核算工作；组织落实国家财经政策法规，建立健全财会管理制度体系；组织编制并落实西山煤电集团公司盈亏、资金预算；组织西山煤电集团公司内部银行运行；组织西山煤电集团公司税收政策研究、税款缴纳及协调管理工作；组织研究、收集和提供财经政策信息，为领导经营决策提供依据；组织接待财政、审计等上级部门检查工作；组织管理西山煤电集团公司会计电算化工作；参与西山煤电集团公司远景规划和年度计划指标的制定和经营决策；参与西山煤电集团公司对外投资管理及对外收购、兼并和参股等工作；参与企业改制、资产评估工作；参与西山煤电集团公司资产保值增值管理工作。

2006年，以提高经济运行质量和效益为目标，坚持“量入为出、量力而行”的经营原则，细化预算管理，实行刚性指标控制，加大经营监管力度，实现了各项经营目标：

资产总额：2006年资产总额2365674万元，比上年2180331万元增加185343万元，增幅8.50%；原煤总产量：完成3358万吨（含山西西山晋兴能源有限责任公司201万吨），比上年3150万吨增加208万吨，增幅6.60%；

商品煤销量：完成2420万吨，比上年（2323万吨）增加97万吨，增幅4.18%；

销售收入：完成120亿元，比上年（107亿元）增加13亿元，增幅12.15%。其中煤炭销售收入94亿元，比上年（92亿元）增加2亿元，增幅2.17%；非煤销售收入26亿元，比上年（15亿元）增加11亿元，增幅73.33%；

利润总额：完成65114万元，比上年（57686万元)增加7428万元,增幅12.88%。

【资金预算管理】 一、实现资金结算工作有机衔接。2006年,西山煤电集团公司煤炭外销回款由山西焦煤集团公司资金结算中心统一运作、统一管理。财务处坚持合理编制年度、月度资金收支预算,严格按照“量入为出、量力而行”的资金管理原则以及“生产、生活、重点工程”的顺序安排资金,并与山西焦煤集团公司资金结算中心顺利衔接。

二、落实银企协议,严格贷款审批。按照山西焦煤集团公司签订的银企合作协议,积极配合落实协议约定的贷款银行和贷款金额,所属各单位每笔项目贷款都经西山煤电集团公司签署意见后,上报山西焦煤集团审批及办理相关手续。

三、实施定额储备资金分类管理。将西山煤电集团公司物资储备按流动特性的不同细化分类,针对性地重新下达年度储备资金指标,通过强化结算程序控制,严格储备资金考核等措施,确保库存物资与账面核对一致,及时消除所属各单位由于计算时间差异而造成的材料、配件库存负数现象。

四、加强非煤债权清收管理,有效降低债权余额。在严抓煤炭货款回收的同时,合理调整非煤债权清理考核办法,对非煤单位难以清理的多年陈欠,出台“一户一策”等清收奖励办法,将清收责任落实到人,实行重奖重罚,以最大限度减少坏账损失。

【预算明细化管理】 一、实施盈亏预算三级备案制。在年度盈亏预算分解下达后,所属各单位将盈亏等考核指标细分到各区队、科室等部门,同时报西山煤电集团公司备案,全面建立西山煤电集团公司、矿厂和区队(车间)三级预算,通过盈亏预算明细化管理,使盈亏预算做到横向到边,纵向到底,将盈亏预算落实到位。

二、实施成本工程项目明细化管理。对所属各单位成本工程项目实施备案管理,严格按照年初修理费指标安排支出,对超过限额的成本工程项目立项审批,列入大修理资金计划进行明细化管理,促使成本工程有序投入。

三、实施安全费用支出明细化管理。对各原煤矿的安全费用投入中费用性支出实施项目备案制,通过安全费用支出明细化管理,确保安全费用资金专款专用、投入到位。

【子公司财务监管】 一、实施子公司预算报审制。2006年初,为加大西山煤电集团公司财务预算管理力度,各控股子公司根据市场回款、生产投入等情况编制年度财务预算报西山煤电集团公司审批后执行。同时签订责任法人合同,将子公司收入、盈亏和储备资金占用等经营指标纳入考核体系,从而扩大财务预算管理的深度和广度,逐步健全出资人管理制度模式,降低投资风险,切实维护西山煤电集团公司出资权益。

二、理顺新增子公司关联交易结算程序。2006年是西山煤电集团公司投资焦化、电厂等新项目正式生产的第一年。财务处及时制定山西兴能发电有限责任公司等新增子公司内部关联交易结算程序,确保内部交易顺利实现。

【核算基础工作】 一、加强在途商品煤监管,严防流动资产损失。为防止资产损失,针对西山煤电集团公司在途煤管理中的薄弱环节,及时制定《在途商品煤管理办法》,加强在途煤对账结算管理,协调生产调度、运输与销售部门发出量明细核对一致,财务、销售部门回款量明细核对一致,建立财务、运销及生产等部门在途商品煤对账确认制度,共同配合确认库存商品煤、账相符,对长期在途商品煤责成专人清理。

二、加强会计制度建设。对近年出台的资金管理、内部银行管理等管理制度,有针对性地进行整理完善,逐步建立健全明晰、规范的西山煤电集团公司会计制度体系,确保会计核算、财务管理的规范化、制度化。

三、加强财会电算数据安全保护工作。出台西山煤电集团公司计算机数据双备份制度等,实施计算机数据和应收债权明细异地双备份等措施,确保会计电算化工作安全运转。

【财务专项工作】 一、组织相关接待工作。分别接待了山西焦煤集团公司资产负债损益审计、财监办会计信息检查、山西省审计厅经济责任审计等审计检查,并积极制定落实具体整改措施。

二、完成清产核资工作。根据《<山西省国有企业清产核资工作实施意见>的通知》、《关于下发山西焦煤集团公司清产核资方案的通知》文件精神,西山煤电集团公司开展清产核资工作。上报的清产核资工作结果已获批复;对批准核销的各项不良债权和不良投资等,已建立账销案存管理制度,并组织力量积极清理和追索；对批准报废的各项实物资产的处置，按照《山西省省属企业国有产权转让实施办法》规定的审批权限报经批准后，在山西省国资委认定的依法设立的产权交易机构中公开进行。

三、西山教委移交工作进入实施阶段。根据太原市学校移交工作安排，完成对西山37所中小学人员工资套改和费用测算标准核实工作。积极与太原市财政局等有关部门协商具体移交费用。

四、搭建个人所得税代扣代缴制度体系。根据太原市地税及山西焦煤集团要求，制定下发《个人所得税征收管理的通知》、《个税全员全额扣缴申报制度》、《重点纳税人档案管理制度》、《大额收入双向申报制度》，详细阐述减免税政策，用好用活国家关于个税的各项规定，做到既正确扣缴税款，又尽量减轻职工负担。

五、参与配合集团棚户区、沉陷区治理工作。配合核实西山煤电集团公司沉陷区内13个村庄搬迁费用，确保企业利益不受损失。对棚户区配套工程及补贴资金进行核实，积极协调棚户区工程资金和物资投入等事项，保证工程进度。

【会计队伍建设】 一、组织会计业务比武。选拔选手参加山西省煤炭系统第三届电算化暨会计业务大赛，共获得5项个人单项冠军中的4项，以及总得分第一的好成绩。

二、开展财务论文评选活动。为提高会计人员学习贯彻新准则和新制度的自觉性，提升西山煤电集团公司财会管理科学化、规范化水平，组织开展了财会论文评选活动，共征集参选论文124篇。经过认真评选，推荐并在国家级会计刊物发表30篇。

三、开展会计人员业务培训。组织在岗会计人员参加2006年度继续再教育。组织参加山西煤炭工业局财务会计人员继续教育高级研修班，提高财会系统人员业务水平。针对财会系统“企业之魂”软件使用中遇到的问题，有针对性地组织系统维护员培训，举办两期培训班，培训150人次，确保西山煤电集团公司财会电算化系统平稳运行。

（茹哲峰）

审　计

【概况】 审计处有职工16人，设煤炭生产审计科、基本建设审计科、多经直属审计科、管理科。主要负责对企业经济活动、经营情况和财务状况进行检查监督，促进各项规章制度、计划的落实和有效执行，并对执行中存在的问题进行揭示和查处，监督被审计对象的整改和落实，保证企业经营活动的良性循环。

2006年，认真履行内部审计职责，在维护西山煤电集团公司财务秩序、加强和改善经营管理、提高经济效益方面积极发挥作用。全年完成审计项目36项，完成年度计划的138%，提出审计意见112条，审计建议82条。2月，审计处被山西省审计厅授予“内部审计工作先进集体”。

【完成财务与工程审计】 在财务决算审计时间紧、人员少、工作量大的情况下，坚持“三同步”（同步布置、同步实施、同步报告）原则，按照“统筹策划、周密安排、合理调配、同步实施”的方针，对所属单位采取不同的审计方法，充分利用审计资源，节约审计成本。2005年财务决算审计自审面达100%，抽审面为94%，工程决算抽审大小工程22项。

【实施审计项目】 制定2006年度审计工作计划，共确定计划项目120项，将核算基础差的多经单位、西山煤电集团公司重点项目、控股公司列为审计的重点领域。针对审计人力资源不足与审计任务偏重的矛盾，采取多种措施，科学整合审计资源，超额完成了审计计划。全年共完成审计项目36项。在完善离任审计的基础上组织进行任中经济责任审计试点及推广工作，牵头制定《山西焦煤西山煤电集团公司领导干部任中经济责任审计实施暂行办法》，规定了任中经济责任审计应遵循的原则、审计的对象、范围、内容、程序、考核指标体系、评价方法等，并实施了对煤气化公司、化工厂主要领导的任中经济责任审计。将原选煤成本及安全资金使用情况审计调查列入重点审计项目，积极探索其工作方法和程序，制定出一套有重点审计内容、分步骤实施的操作性较强的审计方案。

【将审计监督融入工程日常管理之中】 为加大对工程建设的管理力度,西山煤电集团公司成立工程预算包干建设办公室,具体负责预算审查和招投标的日常工作。审计处加入到工程项目的预算审查工作中,对工程项目预算情况及执行情况进行审核,参加工程的现场管理、现场验收、评标和工程购置物资市场价格调查工作。通过参与这些工作,使工程审计改变了以往仅仅是年底在工程决算书中审核盖章、走形式的状况,工程日常审计监督由事后审计逐步向事中管理过渡。

【外部审计队伍对集团公司审计检查接待工作】 2006 年 3 月,山西焦煤集团公司审计部从开始对原西山两公司进行为期半年的 2006 年资产负债损益审计;5 月,国家财政部驻山西财政监察专员办事处对西山煤电股份公司(简称"股份")进行会计信息质量检查和会计事务所执业质量检查工作,同时对集团公司本部、股份矿区实业公司、多经公司及相关单位进行延伸检查;山西省审计厅对山西焦煤集团公司杜复新董事长的任中经济责任审计,对山西焦煤集团公司成立以来近五年内的工作情况进行全面审计检查;太原市审计局对集团 2003 年以来失业保险缴费情况进行审计。这 4 项审计是对企业各方面工作的一次综合检查。审计处等相关部门统筹安排、认真接待,协调审计组与内部单位的关系,组织召开审计进点会议,向基层单位提出配合审计的要求,传递各种信息,使以上审计工作得以顺利完成,最大限度地维护了企业的利益。

【审计制度建设与管理】 为保证审计工作有序进行、有章可依,规范各级管理部门管理行为,先后组织制定了《山西焦煤西山煤电集团公司经济责任内部审计处理处罚暂行办法》、《山西焦煤西山煤电集团公司领导干部任中经济责任审计暂行办法》等业务管理制度。在处室业务管理中,把制度建设放在重要地位来抓,对原有的一些制度进行甄别筛选,将行之有效的继续保留,对不适应形势发展的部分进行修订和完善,编辑完成《审计处内部管理制度》手册,内容涉及行政管理、精神文明、党务工作、工会工作 4 个部分,分别在工作职责、工作流程、工作标准、工作纪律等方面做了规定。

【引进计算机辅助审计技术】 引进了计算机辅助审计用友软件,对计算机辅助审计进行尝试,在对官地矿选煤厂、山西西山晋兴能源有限责任公司财务收支审计中运用了这一技术。由于计算机辅助审计将大量的财务数据通过软件录入计算机,由计算机对有关数据进行核对、计算,大大减少了原来审计人员手工计算的时间,提高了工作效率;同时,还可以通过软件对工作底稿、审计证据格式及审计程序进行规范,在一定程度上避免了因人工审计思路不周,而出现遗漏环节造成的审计风险。

(宋永红)

物资供应

【概况】 物资供应公司是西山煤电集团公司内部实行自主经营、独立核算、自负盈亏的经营方式,具备负责人经营资格、税务登记和银行开设账户的非法人经营单位。物资供应公司设 20 个科级建制单位,其中业务科室有材料科、设备科、二类科、支护科、租赁科、三类科,管理科室有管理科、经济合同管理科、财务科,辅助科室有办公室、行政科、安保科,仓储部门有总仓库、总储木厂、古交分库,多经厂点有焊管厂、生产资料公司、飞仙楼酒店、木器制品厂、古交物资公司,有职工 620 名。主要负责西山煤电集团公司生产建设所需物资的供应工作,具有对内实行物资管理、对外开展物资采购和经营创效的双重职能。

2006 年,公司采购额完成 148700 万元,其中设备采购完成 53000 万元;拨售料总额 103729.18 万元;综合材差率完成 -8.91%,比计划降低 2.31 个百分点,节约资金 2210.67 万元;债权清理完成 770.37 万元,比计划多清理 391.37 万元;利润和储备资金占用均完成上级下达的指标;签订各类经济合同 3321 份,标的额 162900 万元,合同履约率 99%、缔约率 100%;废旧物资回收上缴 481 万元,比上年提高了 37%;采购物资的质量符合国家标准和行业标准。全年安全生产无事故,社会、法律、政治责任目标也全部完成。

【集中采购】 按照山西焦煤集团采购中心年度考

核要求，规范大宗物资采购品种、价格、入围供应厂商和货款结算。钢材、钢丝绳、钢绞线(西山煤电集团部分)通过采购中心组织采购，完成39343吨，金额14599万元，占采购计划总额的98%，资金付款率达到100%。坑木、矿用电缆、运输带统一纳入采购中心管理范围。每月按时报送《大宗物资订货、到货月报表》，大宗物资采购价格都低于规定的最高限价。物资集中采购度从2003年的60%多达到2006年的92.9%，几年来9个生产矿、7个选煤厂第一次全部完成自采比率指标，集中度最高的西铭矿达到94.98%、官地选煤厂达到95.7%。推进半放开单位物资采购集中统一管理，提高了采购集中度，增加了采购效益。

【业务管理】 一、将自救器采购、租赁、维修业务和进口设备的采购业务纳入到物资供应公司的统一管理之中。完善物资租赁业务管理，全年共修理单体支柱44817根、三用阀56537套、锚杆钻机1319台。规范业务，实现物资业务管理的程序化，采购渠道的规范化，物资供应管理的系统化，招投标管理的层次化，管理手段的信息化。

二、加强安全管理。加大安全投入，强化安全培训，实行全员安全抵押，加大现场安全管理，严格操作规程，制定了《民用爆炸物品安全防范措施》和《民用爆炸物品事故应急救援预案》。

三、对物资采购、进货、验收和质量严格把关。实行国家强制性产品认证，推行了“产品准入制度”、“信誉等级淘汰制度”和“供货物资质量反馈制度”。在资金运作过程中，认真执行会计制度，严格审批程序。在民爆器材管理上，继续保持了“山西省煤炭工业局民爆器材管理先进单位”称号。按照山西焦煤集团公司“大宗物资集中采购”思路，积极稳妥推进物资采购集中化，继续扩大代储代销在物资、配件采购的品种和范围，降低资金占用。10月，古交东曲分库正式运行。古交配送中心10月正式投入运营，使有利生产、保障供应、协调配合、就近服务、代储代销(超市经营)的优势得以初步显现，两个月物资出库总额达到2455万元。

四、出台《物资供应系统代储代销实施细则》，规范了代储代销业务行为。在信息安全管理上，重点加强网络管理，制定信息安全规范。2006年底，出台了物资采购资金、月度材料计划采购、成本工程、内部耗料、油库加油站付油程序、总库汽车队配件采购和车辆修理六个管理办法，为安全管理提供了制度保证。开展了创建诚信活动和效能监察工作，促进了物资供应系统的管理、经营、保供和服务职能的发挥。

【价格管理】 在保证采购物资质量前提下，从采购环节的前期入手，建立起合理的价格管理体系。各业务单位及相关科室在采购业务过程中，坚持公开、公平、公正和诚信原则，规范进货渠道，按照《物资供应系统规范采购方式的管理办法》开展招投标采购、比质比价采购和议标采购，严格把好价格关。全年招标、议标39次，标的额42000万元，节约资金3120万元。成立物资价格审定小组，对进货环节、订货环节、采购价格进行市场调研，通过询价、比价，最终确认一个公平的价格。严格执行计划员、业务科长、分管经理、经理审批程序，使价格控制变得严谨透明，实现了物资采购价格的程序化和规范化操作，形成了有效的价格控制机制。

【扶持多经三产】 落实扶持多经产品政策，召开了重点多经厂点座谈会，制定了供应原材料的办法和程序，供应三产物资总额11160万元，保证了多经产品质量的稳步提高。同时采购多经产品34448.65万元，占材料采购总额的36%。

【基础建设】 完成了总仓库钢材库的建设和焊管厂单体液压支柱项目的改造工程；对总库大车队运营方式进行了改革，由原来的个人承包经营转变为集体经营管理。在安全管理手段上，投入92万元，增加了安全监控设备，增强了防范能力。

(刘　涛)

设备租赁

【概况】 设备租赁公司设综合科、管理科、设备科、技术科、配件科、财务科、库房7个科级单位，有配件库、古交配件库、设备库3个库区，总面积14000平方米。公司在职职工87人。主要职责：负责西山煤电集团公司综采、综掘设备技术配套、设备租赁、租赁设备修理，以及生产矿、选煤厂的租赁设备修理所用配件的集中采购、储备和供应管理工作。

公司租赁范围：所属矿井综采、综掘、岩巷作业设备均实行租赁，包括液压支架、采煤机、刮板运输机、转载机、破碎机、皮带运输机、乳化液泵站、喷雾泵站、高压开关、移动变电站、低压磁力启动器、工作面通讯、掘进机、液压钻车、侧卸装岩机、瓦斯抽放系统等。

截至 2006 年底，公司所辖固定资产在籍设备原值 20.32 亿元，净值 6.03 亿元，新度系数 0.3（其中股份公司所辖固定资产设备原值 11.16 亿元，净值 4.81 亿元，新度系数 0.43）。支架在用 5112 架，采煤机在用 60 台，运输机在用 69 台，掘进机在用 66 台，综采成套设备 43 套，租赁设备周转率 90%以上。支架采高最大为 5 米，采煤机最大装机总功率 1200 千瓦，运输机最大装机总功率为 1050 千瓦，转载机最大装机功率为 315 千瓦，掘进机最大截割功率为 200 千瓦。拥有德国 DBT 公司生产的刨煤机组 1 套，国内大采高智能化电液控制采煤机组 1 套，放顶煤设备 3 套，电牵引采煤机 44 台。全公司采、掘机械化程度为 100%。

2006 年设备租赁各项经营指标完成情况

单位：万元

项　目	全年指标	1～12 月份完成	实际比计划
租金收入	38315	38905	多收 590
大修费	4400	4400	0
中修费	8532	8517	节约 15
检修费	500	495	节约 5
储备资金	5050	5031	节约 19
材差指标	-1.62	-7	节约 -5.38

【设备管理】 全年综采工作面安装 40 个、拆除 41 个；更新设备 764 台，25383 万元。平均占用设备套数 41 个。发挥设备调剂作用，设备周转率达到 90%以上，保证了井下工作面正常衔接。执行《主要采掘设备修理绩效考核管理办法》，提高了设备检修质量。坚持综采工作面投产前的验收制度，并对验收中存在的问题及时处理。强化设备在运行中的管理监督力度和服务意识，及时解决生产中存在的问题，全面提升设备运行质量。

【配件管理】 执行《物资采购管理办法》，实行招标、比价采购；同等条件下，本着先内后外的原则，大力扶持西山煤电集团公司内多经三产厂点；全年订购配件 22533.73 万元，其中西山煤电集团公司内部配件采购 7900 万元，占总采购量的 35%。执行《关于下发配件管理办法的通知》规定，会同有关部门对各矿、厂配件管理进行季度检查，认真进行绩效考核。加大主机生产厂配件代储力度，有代储主机生产厂 12 家，代储机型 8 大类；全年代储配件 4360 万元，保证了配件质量和供应时间，减少了储备资金占用；节约储备资金占用 19 万元。组织配件系统管理效能监察，通过对配件采购全过程的督导监察，配件管理收到明显效果，配件采购计划申报率从上年的 50%提高到 70%以上，配件自采率控制在 10%以内，全年节约采购资金 1239.37 万元。

【技术配套和技术改造】 根据工作面采掘巷道断面、顶板压力、煤层高度、煤炭储量等有关数据，结合国内有关生产厂家设备型号、技术参数，做好新设备的技术配套工作。全年为 9 个综采工作面的设备进行选型配套工作，重点完成了屯兰矿下接 18201、官地矿 28405、东曲矿 22107、杜儿坪矿 62507 智能化综采工作面的设备技术配套、西山煤电集团公司所属生产矿井工作面的补套和技术协议签署工作。通过现场调研、自主研发，为白家庄矿业公司 23519 工作面装备了一套轻型液压支架，结束了该公司无综采工作面的历史，使西山煤电集团公司综采机械化率达到 100%。在更新投入严重不足的情况下，积极与北京煤机厂、西山煤电集团公司机电总厂共同研究，对现有的液压支架 WS1.7-1.2/2.8、BC480-22/42、ZY6000 进行技术改造，节约更新资金 4000 余万元；对 BC400-17/35 支架底座进行更新改造，节约更新资金 1700 万元。

（侯文玮）

法律顾问工作

【概况】 法律顾问处是西山煤电集团公司法律事务主管部门，设综合科、合同管理科、法律事务科、民事调解科，有职工 16 人。主要职责：负责诉讼、非诉讼案件代理、合同管理、民事调解、普法依法治企工作,参与企业改制、投资融资、招投标等重大经营活动,为依法治企提供法律服务。

【制度建设】 先后制定下发《法律顾问管理办法》、《合同管理办法》、《合同管理考核奖惩办法》、《诉讼、非诉讼案件管理办法》、《担保管理若干规定》、《法律意见书管理办法》等一系列规章制度,实现了法律顾问工作的制度化、规范化、标准化,保证诉讼、非诉讼案件得到妥善处理。推出《业务流程记录单》,建立了"首办负责制"、"限时办结制",将所有法律事务纳入程序化管理。

【法律事务及招投标】 一、代理诉讼案件。全年共代理经济纠纷、劳动争议、民事侵权、人身伤害、刑事诉讼等各类诉讼案件29件,标的额1600万元。当年结案26件,结案率89%,标的额1400万元,其中胜诉、和解25件,胜诉率96%;挽回或避免直接经济损失1300万元。

二、参与非诉讼法律事务。先后参与西山煤电集团公司主辅分离、辅业改制、企业重要规章制度和章程审查、古交屯村居民房屋裂缝纠纷处理、《清洁发展机制合作协议》瓦斯发电项目谈判、北京办事处产权处理等重大事项。法律顾问工作逐步建立了由事后补救型转变为事前风险防范、事中风险控制的预防型体制。在与英国SCC集团谈判《清洁发展机制合作协议》过程中,法律顾问工作人员克服语言障碍,在涉及国家主权、企业利益等方面据理力争,最终达成一致意见,签署了正式协议。根据《法律意见书管理办法》精神,各级法律顾问共出具各类法律意见书50余份,内容涉及投资、决策、管理等方面,制定了规范的《法人授权委托书》,有效地规范了领导的授权行为。

三、参与招投标活动。法律顾问以监督人身份,本着公开、公平、公正、降低成本、提高效益的原则,参加各类招投标活动,对招投标活动进行监督。先后参加了西山煤电集团公司及所属矿(厂)工程招投标、西山煤电集团公司2006年度统购物资招投标及其他物资招投标、西山煤电集团公司2006年度机电配件招投标、西山大厦配套设施招投标等活动。

【合同管理】 一、认真履行审签程序。西山煤电集团公司全年签订合同11000多份、标的额超过65亿元,其中法律顾问处审签各类合同300余份,标的额10亿多元。合同内容涉及技改项目、矿井生产、工程承包、棚户区改造、沉陷区治理、土地征用、物资供应、机电设备、医疗药品器械、技术咨询开发、服务等方面。在审签合同过程中,不断完善审签程序,每一份合同、协议首先由承办单位及部门起草或报审,然后由计划、财务等有关部门会签,再由法律顾问对合同主体、内容、条款严格把关。

二、不断创新合同管理。在上半年和年终对所属单位的合同签订、履行、管理等情况两次进行检查,奖惩兑现。推行合同业务员持证上岗制度,11月,对800余名合同业务人员举办了任职资格考试,其中700余名管理人员取得了合同业务员从业资格。东曲矿、镇城底矿不断完善合同制度建设,强化日常管理,完善合同台账,健全合同档案;供应公司实行市场准入制度,强化合同动态管理;屯兰矿法律顾问参与合同价格审定,实地考察签约对方主体履约能力,多方比质比价,吨煤生产成本下降了0.5元。

【开展公证与调解】 一、积极协办公证业务。为减少纠纷,狠抓涉农事务的公证业务。各级法律顾问协办各种公证业务36件,标的额1500万元,主要包括镇城底矿和古交市镇城底镇山头村村民委员会有关山头村土地复垦补偿协议的公证,以及涉及土地塌陷、房屋裂缝、村庄搬迁、青苗补偿等类别,有效地防止了纠纷发生,避免了重复付款,维护了企业合法权益。

二、开展民事调解工作。通过内部报刊文件、电视广播、电话号簿多种渠道公布法律顾问办公地址、咨询电话,开展义务法律咨询活动,解答法律纠纷。西山煤电集团公司及所属各单位法律顾问机构共接待法律咨询人员上千名,内容涉及劳动争议、家庭矛盾、邻里纠纷等诸多方面。11月,召开西山煤电集团公司民调工作座谈会,交流典型经验。全年调处各类纠纷52件,成功率100%,维护了矿区稳定,促进了和谐西山建设。

【依法治企】 一、开展法制宣传教育活动。在"12.4"法制宣传日期间,开展形式多样的法制宣传活动,组织机关各级管理人员参加《煤炭法》、《安全生产法》知识答题活动,对600多名处级以上领导干部、8000余名经营管理人员进行"五五"普法验收考试,参考率和合格率均达到100%。组织人员到公用事业总公司、山西西山晋兴能源有限责任公司、多种经营管理局等单位讲解合同法律知识，为西山煤电集团公司地质工作者讲解土地塌陷赔偿、采煤沉陷治理、土地复垦等涉及法律咨询方面的有关知识，给西山煤电集团公司首届区（队）级后备干部专题辅导法律知识。

二、开展“守合同，重信用”活动。按照山西省、太原市工商局要求，组织西山煤电集团公司“守合同、重信用”单位进行年检，上报有关年检资料 29 份，协助工商部门完成了 1 个国家级、8 个省级、20 个市级“守合同、重信用”单位的检查验收。西山煤电股份公司通过山西省“守合同、重信用”单位验收。

（朱　磊）

档案工作　史志编纂

【概况】 档案馆（处）为西山煤电集团公司直属单位，实行馆（处）合一的管理体制。2006 年 3 月 20 日，集团公司成立史志办公室，与档案馆（处）合署办公。档案馆（处）、史志办公室设综合科、编研科、档案管理科、古交档案管理科，有职工 15 人。主要职责：贯彻国家档案史志法规，制定集团公司档案史志长远规划和年度工作方案；建立、健全集团公司档案史志规章制度和管理体系，对集团公司档案史志工作进行业务指导；开展各类档案资料收集、整理和归档工作，确保档案资料完整与安全；做好档案统计上报工作；在工程验收、设备开箱、科研成果鉴定等工作中，组织档案管理人员现场检查，接收相关档案资料；为企业生产经营建设等各项活动提供档案资料及其他查阅服务；编辑出版《西山煤电集团年鉴》；挖掘、集存集团公司史志文献和资料，组织整理旧志及史志资源开发利用；加强档案史志队伍建设，组织进行专业培训。

【档案管理】 为做好文件材料归档工作，下发《关于做好 2005 年度档案资料整理与归档工作的通知》。贯彻上级有关精神，下发《关于档案管理人员发放岗位津贴的通知》，落实集团档案工作人员岗位津贴。启动西山档案规范化管理等级评定工作，下发《关于开展档案规范化管理等级评定工作的通知》。为加强重大建设项目档案资料的管理，及时转发并贯彻上级有关重大建设项目档案验收办法。全年共收集整理文书档案 2900 件、科技档案 1949 卷、会计档案 2618 卷、底图 1225 张、实物档案 104 件、照片 495 张、资料 50 余件。

【档案业务指导】 加强对所属单位档案工作业务指导。5 月 25 日召开集团公司档案工作会议，通报 2004 年以来档案工作检查情况，安排部署重点工作。为提高集团档案管理人员掌握和运用信息化的技能，举办为期两个月的档案信息化培训班；组织集团公司档案系统全体人员参加山西省企业科技事业单位档案管理培训；组织档案系统人员参加太原市和山西焦煤集团公司开展的知识答题活动。为推动各单位档案规范化管理等级评定工作，12 月，组织开展以组织管理、基础设施、业务建设、开发利用、信息化建设为重点的检查调研活动。

【档案信息开发与利用】 开发利用档案信息资源，配合集团公司清产核资、领导干部任中审计、建设项目工程、年鉴编纂等工作，提供利用档案 3482 卷（件），接待查借阅人员 412 人次。坚持围绕中心、服务大局的宗旨，为集团公司第七次党代会筹备组提供文书档案 66 件；为山西省审计厅对山西焦煤集团公司有关领导任中经济责任审计提供会计原始凭证 2312 卷，接待查借阅人员 285 人次；为国家财监办对会计信息质量审计，提供会计原始凭证 362 卷，接待查借阅人员 265 人次。

【史志业务管理】 为规范史志管理，4 月份起草下发西山煤电[2006]208 号《关于加强史志编纂工作和编辑出版〈西山年鉴〉的决定》，明确了史志工作指导思想、基本原则、组织体系及有关要求；成立了集团公司史志编纂委员会，统筹实施各级史志编纂工作。为提高编纂队伍素质，6 月 2 日召开年鉴编纂培训会，邀请山西省史志研究院专家授课，100 多名骨干人员参加学习。对马兰矿、镇城底矿的志书编纂工作进行指导，组织专家进行评审。

【集团年鉴编纂】 为编好集团公司首部年鉴，4 月份下发《关于收集 2005 年度史志资料的通知》，确定了资料收集范围、项目与要求；全面安排部署，明确了规划筹备、资料收集、集中编纂、各方审校等阶段重点工作；积极借鉴社会有关行业和大型企业年鉴编辑经验，广泛征求各方意见，形成集团公司年鉴2006版编纂大纲;建立稿件审校制度,形成了供稿部门和单位初审、编纂人员复审、专家学者评审、集团公司领导和出版机构终审的“四审”机制。12月,《西山煤电集团年鉴2006》编纂完成,由山西科学技术出版社出版。

（雷志卿　宋　涛）

企业综合管理

社会保险管理

【概况】 西山煤电集团公司社会保险公司是山西焦煤西山煤电集团公司机关和所属各单位及各控(参)股公司、山西焦煤集团公司机关、山西焦煤国际发展公司、山西焦煤集团销售总公司、国贸公司及新经济组织社会保险工作的经办管理机构,业务受山西省企业养老保险管理服务中心、山西省煤炭工业局社保局指导。公司设养老保险科、工伤保险科、财务科、机关管理科、综合科,有职工21人。主要职责:执行国家养老保险、工伤保险、失业保险政策及上级部门的文件规定，拟定企业养老保险、工伤保险、失业保险有关实施意见;负责下达养老保险、工伤保险缴费基数并按时足额收缴养老、工伤保险基金;管理职工养老保险个人账户信息库、工伤保险职工信息库、农合(轮)工信息库、离退休职工养老保险数据库及遗属生活困难补助资料库；负责审核并报批新增退休人员的养老金,退休死亡人员的丧葬费、抚恤费、供养遗属困难补助费及退还离退休死亡人员个人账户个人缴费的余额部分、在职职工死亡一次性结算个人账户养老金审批手续、工伤保险治疗费、伤残待遇、回乡金、互助金及教育救济金;监督检查银行、邮局对离退休人员养老金代发情况；负责养老保险、工伤保险、失业保险以及农民工回乡金、职工互助金有关政策的宣传解释工作；负责工伤及职业病预防,工伤康复治疗的管理服务工作;负责对工伤保险定点医疗机构、辅助器具配置机构履行协议情况的监督检查；负责承办井下意外伤害保险的业务管理工作；负责指导各基层社会保险的业务管理及协调相关部门之间工作；认真严格执行和遵守企业和国家的财经制度和纪律，确保公司各项保险基金、费用的安全运行；负责华晋公司、山西焦煤集团五麟煤焦开发有限责任公司、山西西山晋兴能源有限责任公司、山西兴能发电有限责任公司、山西西山热电有限责任公司等参(控)股单位养老保险、失业保险、工伤保险和互助金的收缴及业务管理工作;负责办理内部转移、外部调入、公司调出人员的养老保险关系手续。

【准确足额发放各类待遇金】 社会保险定期待遇发放38652.5万元，及时、足额发放率100%。为26023名离退休人员、4860名遗属及其他人员发放基本养老金和生活困难补助费及抚恤费34040.6万元。将249名1–4级伤残人员的伤残津贴、401名工伤护理费以及1870名供养亲属抚恤金纳入工伤保险基金统筹，发放定期待遇金额1128万元。为282名新工伤结算各种工伤保险待遇金额1222万元，为585名到期农民工结算回乡金1904.9万元，为5224人发放互助金及工残子女教育救济金357万元。调整待遇计发4474.9万元,准确、及时计发率100%。按上级要求,分别在2005年7月、2006年7月、2006年10月3次为离退休人员调整待遇,调整补发3869.6万元,为727名新增退休人员审批养老金待遇及52名离休人员调整护理费共计4474.9万元,及时准确发放到位。

【完成基金收缴任务】 基金收缴50906万元,安全、准确收缴率100%。其中：收全民养老保险费45265万元,收集体养老保险费2897万元,收工伤保险费(包括井下意外伤害保险)2746万元。完成对兴能发电有限责任公司等控(参)股单位的代收、代缴和日常管理工作。

【提高社保待遇】 与2005年相比，职工社保待遇有新的提高。离退休人员基本养老金，由月均901元提高到1138元，人均月增加237元，同比提高26%；工伤保险待遇结算额度由537万元增加到2350万元,增加1813万元,同比提高3.37倍。

【强化工伤保险管理】 针对工伤保险实施时间较短的特点,优化服务,强化管理。将1–4级老工伤和工亡遗属的定期待遇纳入基金统筹范围,统一新老工伤待遇标准,切实减轻了企业负担。对11所工伤保险协议医疗机构资格进行认定，为工伤人员及时救治提供便利条件。加大工伤保险待遇的结算制度，新工伤的定期待遇、一次性补助、治疗费用结算额度逐月增加。出台《山西焦煤西山煤电集团公司工伤保险管理服务办法》、《山西焦煤西山煤电集团公司工伤保险业务操作规程》、《工伤保险协议医疗机构考核办法》、《工伤人员住院治疗管理办法》等政策措施，完善工伤人员治疗、结算、服务的一体化管理制度。为西山煤电股份公司所属矿井11218名井下职工办理了井下职工意外伤害保险参保登记。

【完善养老保险管理】 2006年国务院出台《关于完善企业职工基本养老保险制度的决定》，山西省政府出台《关于贯彻国务院完善企业职工基本养老保险制度决定的实施意见》。为贯彻以上"决定"和"意见"，抓好学习宣传和落实，努力做好新、老计发办法的衔接，确保平稳过渡。与此同时，做好养老保险各项基础工作，对按新办法计发养老金的退休人员做好政策解释工作，把个人账户规模统一由11%调整为8%。完成了71872人的个人账户对账工作和计息工作，完成了养老保险资格认证工作，为223名转制农民工办理了参加养老保险手续。制定养老保险个人账户管理办法，规范了个人账户管理。

【争取政策支持】 积极与上级相关部门协调，争取政策支持，减少企业一些不必要支出和负担。山西省工伤保险管理部门将西山煤电集团公司工伤保险缴费比例由2%调整为1.4%，缴费金额由3731万元降至2600万元，为企业减少支出1131万元，在同类企业中属于低费率单位。根据失业保险由属地统筹要求，采取分级管理、统一协调的管理办法，最大限度减少企业费用支出。

【重点工作】 加强基础管理，规范业务流程，是确保社会保险工作质量的前提，结合集团公司"质量管理年"的要求，把各项工作都纳入到"六型"机关建设和规范化管理的范围，进一步提升了系统的工作质量，保证了重点工作的顺利开展。

一、建立健全了组织机构。长期以来，由于社保机构不统一，业务工作多头分管，业务上难协调，办事效率低下，严重影响工作正常进行，影响到职工的切身利益，针对这一情况，调研出台规范管理办法，经西山煤电集团公司研究决定，对所属各单位的社会保险经办机构统一名称，整合业务资源，理顺工作关系，实现了人员机构管理统一、政策执行统一、费用结算统一，职责明确，责任明确。进一步提高了社会保险工作的执行力。

二、细化各项考核指标。为了确保工作质量和工作效率，在坚持绩效考核和"六型"机关建设的基础上，首先实行了"AB"岗制度，将全年的工作进行了量化、细化，制定了《2006年社保主要工作任务责任表》，分解任务指标和责任指标，年底进行考核验收，促进了机关工作人员转变工作作风，提高工作效率。同时，进一步完善对各单位社保工作的考核机制，坚持日常系统管理与定期考核相结合，提高了基层社保工作人员的工作质量和工作效果。

【业务及作风建设】 在开展各类政策业务学习培训的同时，6月，邀请山西省劳动厅工伤保险处、省养老保险中心政策专家作专题讲座，西山煤电集团公司社保系统120余人参加培训。编辑《社会保险管理实用手册》，成为指导业务工作的管理用书。宣传社会保险政策，组织《工伤保险条例》颁布三周年宣传活动；设计制作宣传展板，进行巡回展览。贯彻国务院关于完善企业职工养老保险制度的文件精神，开展大型宣传活动，在二级单位进行巡回宣传。编辑印刷4期《社保信息》，成为对外宣传推动社会保险工作的信息窗口、工作载体、经验交流平台和维护职工权益的阵地。在《西山煤电》报等媒体发表社保知识问答和宣传稿件27篇。

（袁　祁）

医疗保险管理

【概况】 医疗保险管理中心成立于2001年5月。设综合办、医管科、监管科、基金科、网络科和11个办事处。有职工43人。主要负责西山煤电集团公司所属各单位及华晋公司和山西焦煤集团公司机关在职和退休人员的医疗保险工作，工作内容包括医保政策的宣传咨询，参保人员参退保、关系转移、身份变更，医保经费的收缴、管理和支付，医疗费用的监管、审核和报销，医保网络管理系统日常管理和维护、维修等。

医疗保险2002年1月启动时，共有参保人员

92010人，其中在职参保人员68465人，退休参保人员23545人。随着企业生产建设的发展和规模的扩大，参保人员逐年增加。截至2006年12月底，共有参保人员102860人，其中在职参保人员77829人，退休参保人员25031人。

西山煤电集团公司所属职工总院及各分院、古交矿区总院及各分院、太原选煤厂门诊部、疾控中心门诊部、公用事业总公司卫生所、水泥厂卫生所、机电总厂卫生所等十六个医疗机构以及集团公司内部各医疗机构开办的社区卫生站均为医疗保险定点医疗机构。已确定了亨威、诚成、德生堂、力东、古交长城、古交康元、古交万民共7个定点药店。

【放开医保住院定点控制】 根据西山煤电发[2005]264号文《关于对医疗保险政策进行部分调整的通知》精神，8月24日，下发西山煤电[2006]429号文《关于医疗保险住院定点放开及调整矿级医院住院起付标准的通知》，决定自2006年10月1日起，西山煤电集团公司内部参保职工住院定点控制全部开放，参保职工可就近根据病情需要在西山煤电集团公司内任意一所医院住院。同时，充分考虑西山煤电集团公司医疗机构生存现状，为有效缓解住院定点开放后所带来的新的矛盾，减轻参保患者负担，增强矿级医院竞争力，决定对矿级医院现行首次住院起付标准由400元调整为200元。西山煤电集团职工总院和古交矿区总院仍执行600元的起付标准。

【实行复合式医疗费用结算办法】 8月份，西山煤电集团公司下发〔2006〕430号文，实行新的医疗费用结算办法，并从10月1日正式开始实施。新的结算办法的主要内容是：对住院费用以定额付费方式结算为主，辅以按项目和协议付费方式结算。对疝修补术、胆囊切除术等九种治疗较单纯、同质性较强、常见、需要手术的单病种，实行单病种定额结算；对精神病住院医疗费用按协议付费方式结算；对其他普通病种实行定额控制、节余奖励、超支补贴的方式结算；对在一个住院周期内医疗费用超过同等级医院平均费用标准两倍部分的费用，实行大额医疗费用按项目付费方式结算。新办法的实行，对引导定点医疗机构建立自我管理、自我约束的良性机制，提高服务质量，防止滥检查、滥用药、乱收费所导致的医疗费用过快增长，合理有效地利用卫生资源，保障参保人员的基本医疗；激励定点医疗机构开展公平、有序竞争，提高定点医疗机构综合效益，促进西山煤电集团公司医疗卫生工作持续协调健康发展。

【完成光纤改造及网络升级】 一、实施光纤改造。2005年提出实施光纤改造。经过与西山煤电集团公司信息中心、艾德信息公司密切联系和积极配合，为彻底改变拨号网络方式严重影响传输速度和工作效率的状况，2006年4月以前，完成了光纤至各医疗机构的建设工程和双绞线至终端机的安装工作。

二、完成网络升级工作。医保计算机系统已运行近5年，软硬件设备日趋老化，已满足不了日常工作需要。经西山煤电集团公司领导和有关部门批准，从2006年8月，开始实施整体升级改造工作。在不影响医保系统正常运行的情况下，于10月1日前全面完成了此项工作。共更新升级中心、职工总院及古交总院服务器3台，中心及办事处计算机软硬件29套、门诊28套、住院16套、社区和药店31套。

【提高管理与服务水平】 一、人员缴费实行由医保中心直管。随着医保人员缴费管理软件日渐成熟，在年初撤销前山4个地面单位医疗机构医保办事处的同时，先后分期分批实行了各参保单位人员缴费管理由医保中心直管工作，制定新的人员交费管理操作程序。下发《关于进一步做好机关各部门医疗保险有关工作的几点要求的通知》、《关于西山煤电集团公司医疗保险绩效考核细则的通知》，对各单位医保缴费提出了具体的工作要求和考核标准。

二、实行A、B岗位责任制度。为更加及时到位地为参保职工搞好服务，在原有岗位职责的基础上，9月份又制定了医保中心各科室和办事处A、B岗位职责制度，为进一步提升医保工作管理和服务水平奠定了制度基础。

三、邀请省外专家为各医院作报告。5月，就如何做好医保工作，邀请青岛港口医院信息中心主任迟宏俊来集团公司为各医院领导和有关方面人员做专题报告，积极引导各医疗机构主动执行医保政策，不断增强自我管理的积极性。

【采取方便参保职工的有效措施】 一、实行门诊特检直接结算。西山煤电集团公司内门诊特检由原来的须由医保中心办事处审批报销，简化为持医师开出的特检申请单直接进行特检，由患者直接向医院支付个人负担部分，统筹负担部分由医院直接对医保中心结算。

二、开通与山医三院直接结算业务。在上年与太原市中心医院网络联通的基础上，当年又与山医三院开通了医保直接结算业务，这样参保职工转往这两所医院时，可只负担自己应负担的费用，由医保统筹支付的费用由医保中心向医院结算，大大减少了职工就医带来的资金负担。同时异地就医人员只要定点医院没发生变化，也不再需要每年进行认定，从而进一步方便了参保职工。

（薛　青）

住房公积金管理

【概况】 住房公积金管理部于2004年5月正式组建，设综合科、财务科、归集科、信贷科。有职工12人。属山西焦煤集团公司住房公积金管理中心直管，负责西山矿区52个开户单位的住房公积金收缴、上机存储、支取、信贷等业务管理。截止2006年末，西山煤电集团公司参加住房公积金静态人数6.48万人。住房公积金的归集基数和比例为：2006年1月至12月，职工按6%缴纳，单位按10%计提缴存；职工和单位为职工计提缴纳的住房公积金，均归职工个人所有，并设专户存储。

【对口管理】 一、业务归口工作。2006年11月20日下发《关于住房公积金归集业务归口调整的通知》，要求将牵扯住房公积金的计提、记账、扣缴等所有业务统一归口到财务部门，解决了西山煤电集团公司住房公积金的业务对口管理与资金解缴的有效衔接问题。12月末业务归口工作完成。

二、宣传工作。加大宣传工作力度，编印《住房公积金政策指南》，编撰政策信息62条近2万字，对住房公积金的政策进行系统解释和宣传，提高缴存职工维护自身权益的意识。

【规范支取业务】 根据《住房公积金管理条例》对支取业务的有关规定，支取业务分为购买建造大修自住住房，离退休、死亡、调出本市，还购房贷款本息，与单位终止劳动关系，房租超出家庭工资收入，及其他等7类，操作范围是离退休支取和调离本市支取两类。根据山西焦煤函[2005]8号《关于兑付离退休职工住房公积金的通知》，对2005年1月31日前历年离退休、死亡职工进行住房公积的退付工作。历时1个月，共办理退付1564人，资金576.47万元。

为搞好住房公积金贷款工作，适时转发《山西焦煤集团公司住房公积金管理有关办法》，及时出台《住房公积金贷款实施细则》，为住房公积金贷款的实施做好前期准备；7月1日前，组织管理部工作人员、受托贷款银行专家反复讨论、演练贷款程序，确定人员分工和岗位责任。贷款工作于2006年7月1日开始执行，至2006年12月31日，共计贷款人数122人，贷款金额达1902.5万元。

（李　霞）

退休职工管理

【概况】 退休职工管理中心设管理科、文体科和综合科，有职工8人。主要职责：负责西山煤电集团公司21个基层单位共23000余名退休职工的管理与服务工作。

【宣传教育】 一、进行专题教育。开展以树立社会主义荣辱观为核心内容的思想道德教育和实践活动，编印、下发《形势·政治教育》材料。组织全系统10个退休职工党总支、64个党支部，在4701名退休职工党员中开展主题教育，传达贯彻西山煤电集团公司第七次党代会精神。开展“创建六型机关”活动。

二、普及法律知识，增强维权意识。在《老年人权益保障法》颁布十周年之际，开展学习宣传《老年人权益保障法》活动。编印下发《老年人权益保障及相关知识》300余册，印发3500份知识答卷，组织2078名退休职工和295名矿处级党政领导、857名科队级干部参加老年法知识答题活动。积极协助山西省劳动厅对退休职工中的养老金情况、养老情况、就医情况等10余个项目进行了民意调查，共填写调查表8000份。

【文体活动】 一、以"站、点、队"和8个单项协会为依托,常年在全矿区开展丰富多彩的文体活动。举办单项比赛和展示活动,分别组织退休职工乒乓球、羽毛球、台球、钓鱼、门球、健身球、棋牌、秧歌舞等10余个项目的比赛。10月份,举办退休职工文体节目精品展示活动。

二、参加国家及山西省、太原市比赛获得好成绩。在山西省煤炭系统 "西山杯"老年人羽毛球比赛中,西山代表队获得团体第三名;在全国健身秧歌舞比赛中,西山退休职工代表队获得一等奖;在山西省煤炭第十二届老年人运动会上,西山参赛队分别获得象棋项目第一名,武术项目获甲、乙组第一名;在祁县举行的全国中老年文化交流会上,西山退休职工秧歌舞代表队获金奖和优秀组织奖。

三、完善文体设施。积极与太原市体育局联系,获得体育彩票馈赠的户外健身器械50余件(套)。

【提高服务水平】 一、开展送温暖活动。在元旦、春节和中秋、国庆、重阳节期间,分两次向退休职工发放慰问金,全年发放476万余元。根据《困难退休职工救助基金管理办法》,每月对特困退休职工进行80~100元的救济,全年共救济退休职工1127人次,发放救济金102620元。在重大节日,各二级单位党政工领导走访慰问退休职工共计10642人次。

二、畅通信访渠道。各单位建立"信访接待日"、"桥梁日",党政工领导定时、定点亲自接待退休职工。在工作中,做到问题早发现、早预防、早排查、早处置,及时沟通思想,避免群众越级上访事件的发生。2006年上访人员比上年下降27%。

三、努力为退休职工办实事。与山西省总工会协调,为退休职工办了"爱心救助卡",为60岁以上的退休职工在就医、外出乘车等方面提供方便。

【行业管理】 一、选树典型,推广先进经验。培养树立退管工作17个先进典型单位,总结先进经验;推广15个"站、队、点"的管理经验;进一步加强西山煤电集团公司300余个晨练点、70余个辅导站、40余个专业队的管理;总结活动室管理工作,召开经验交流会,13个单位介绍了各自加强阵地建设的经验。管理中心把经验材料编印成册,在西山煤电集团公司范围内宣传推广。

二、开展培训,提高工作人员综合素质。为提高退管工作人员思想素质和政策水平,举办了培训班,邀请太原市老年保障中心林建华主任讲授"老年人的特点及维护老年人权益"等课程。定期不定期地组织退管干部外出考察学习,开阔眼界,吸取先进经验。组织退管干部和退休职工代表参观太原市养老设施,引导退休职工更新传统养老观念,逐步适应新形势下的多元化养老方式。

(王鸿雁)

计划生育工作

【概况】 计划生育办公室下设综合科、机关计生科、宣传教育科。有职工9人,主要职责:执行计划生育政策,开展人口与计划生育工作,贯彻西山煤电集团公司各项决定、决议。全面负责计划生育管理工作,包括组织管理、教育管理、技术服务、避孕药具管理、信访信息管理、流动人口计划生育管理、人口计划生育统计、人口动态调查与分析、人口计划与预测以及优生、优育和妇女普查,并及时做好有关计划生育的宣传教育和思想政治工作。制订计划生育承包合同,负责计划生育承包合同的签订、奖罚、兑现工作。制定或修改西山煤电集团公司计划生育工作标准及考核办法,负责对所属单位的实施考核,并执行一票否决制度。

2006年,圆满完成计划生育各项指标:计划生育政策落实率100%;计划生育政策、知识的知晓率96%;符合政策生育率100%;已婚育龄妇女三查、两补、一治疗服务率100%;群众对人口和计划生育工作的满意率98%;案件结案率100%。

【依法管理】 把计生工作纳入依法管理的轨道,实行"一票否决"制。下发责任法人计划生育考核实施方案,加强计划生育目标管理,促进计划生育工作规范化。与所属各单位及有关部门签订计划生育承包合同,严格实施责任法人考核,使计划生育工作有章可循,有法可依。开展"婚育新风进万家竞赛杯"、"利益导向创新杯"、"计划生育管理创新杯""三杯"竞赛,促进了计划生育管理和服务水平的提高。完善利益机制,落实计划生育专职人员待遇,稳定计划生育工作队伍。落实计划生育优待奖励政策,给一方是集团公司职工、另一方没有工作的独生子女父母全额发放独生子女父母光荣费。为符合条件的独生子女报销了入托学费、医药费，对独生子女家庭进行慰问，奖励采取长效节育的独生子女父母，及时为女职工报销一孩生育费、为独生子女报销住院费，为独生子女父母发放光荣费。

【计生宣传】 开展庆祝“六·一”系列活动，举办独生子女综合演出、书画展、家庭趣味运动会和以安全为主题的演讲、绘画等活动。在“安全生产月”中，开展“安全生产、国泰民安”“安全文化到矿厂”，计生系统“独生子女给爸爸妈妈嘱安全一封信”宣传活动，收到嘱安全慰问信1000余封，警句、格言300余条；在西山煤电集团公司办公楼进行百米长廊安全宣传，让亲情呼唤安全。7月份，组织基层单位在西山煤电集团公司办公五楼前，举办以“人口与健康”为主题的纪念7·11世界人口日活动，悬挂标语、发放宣传资料、发放避孕药具、免费健康咨询、免费体检；各单位在积极参加西山煤电集团公司活动的同时，开展了各种形式的纪念活动。9月份，组织各单位开展演讲活动，并选拔出28名优秀选手参加集团公司的预赛，11名选手参加了集团公司的决赛。与山西焦煤集团电视台合作，制作题为《光荣的使命》专题片，参加了山西省第三届山西人口文化节活动，获电视类优秀奖。开展征集评选计划生育论文活动。10月份，开展征集《嘱安全》系列征文活动。在10月28日第七个男性健康日到来之际，组织人员参加“上地数码杯”全国男性健康知识答题活动，获山西赛区优秀组织奖。

【提高计生整体水平】 为加强对计划生育特殊人群的管理，对特殊育龄人群进行摸底登记，做到了底清账明。重新对各单位计划生育分管领导、计划生育专兼职工作人员、计划生育宣传员进行分类摸底登记，完善计划生育网络机构的建设。坚持季度例会制度，总结工作，交流经验。制定下发计划生育管理规定，详细规定计划生育办事流程，对于需要携带的资料都做了明确的要求。开展文明用语、文明办事，微笑服务，提高服务质量。制订计划生育培训方案，有计划地对计划生育分管领导、计划生育专兼职工作人员、计划生育宣传员进行分类分批培训。编印《计划生育知识问答》，作为企业全员计生知识普及培训实用教材。10月10日至11月20日，组织基层单位1000多人进行计生知识抽考，抽考率100%，合格率100%。召开机关及直属单位计划生育宣传员会议，下发计划生育业务办理具体程序，方便职工办理各种业务；将半边户“独生子女父母光荣费”由10元增加到20元。

（张贺林）

保　卫

【概况】 西山保卫处与公安西山分局为“一套班子、两块牌子”的机构模式。公安西山分局系太原市公安局直属分局，编制警察131人，下设12个职能科、队和12个基层派出所；分局经费和工资由西山煤电集团公司拨付。2006年分局机关同时有在册保卫干部119人，在册总人数为250人。管辖基层单位26个，主要地跨万柏林区、尖草坪区、古交市，矿区范围571平方公里，有职工8万余人，退休职工近3万人，职工家属总计30万人。

西山分局主要职责：贯彻执行省市政府、西山煤电集团公司党委及上级公安机关有关公安工作的路线、方针、政策；负责提供本辖区社会治安方面的情报信息并研究相应对策；负责本单位公安队伍的管理和教育培训工作，加强队伍建设；负责侦破各类刑事案件；负责依法管理本辖区社会治安，具体组织实施大型活动和集会的安全保卫工作；组织实施消防工作，依法进行消防监督；指导和监督本辖区内部单位的安全保卫工作；负责维护本辖区道路交通安全、维护交通秩序，处理道路交通事故；指导本单位下设公安机关的业务工作。

2006年，西山分局刑事案件立案93起，其中盗窃案件83起、抢劫4起，诈骗、伤害、非法储存爆炸物品案件各2起。破案30起，刑事拘留涉案嫌疑人23名，转捕16人，取保2人，其他处理5人，抓获网上逃犯6名，移交案件5起。查处各类行政案件101起，处理各类违法人员85人，其中行政拘留52人、罚款23人、警告10人；罚款金额11850元，没收赌资775元。

【打击涉爆违法犯罪活动】 在矿区连续开展两轮严厉打击涉爆违法犯罪专项行动，破获了一批涉爆案件，查处了一批涉案人员，收缴和销毁了大批非法爆炸物品。

一、以矿区范围内的单身楼、出租房为重点，开展了治安大检查专项行动。分局治安大队组成三个检查组，抽查单位12个，单身宿舍1017处，出租公房556处。针对发现的问题下发了隐患通知书，提出整改意见，并要求单位主要责任人签字，责令限期整改；对内部单位中存在的一些出租公房只收租金、不重管理的问题向其上级主管单位和负责人做了通报；对拒绝、阻碍检查的2名管理人员和住户进行了行政拘留处罚。与此同时，分局危险物品管理大队协调有关部门组成联合检查组，对所属单位内部单身楼、出租房和偏僻库房、场点等部位进行了“拉网式”清查。共出动警力300余人次，检查了26座单身楼，内部出租房屋160处，17个风机房，5个变电站，11个水泵房，11个锅炉房，15个澡堂，查出隐患问题10处，全部责令限期整改。

二、分局治安大队组织警力，对各基层单位出租房、单身宿舍进行为期两周的复查和重点抽查。检查中，针对单位内部出租房管理中存在的问题和漏洞，指导基层各派出所、保卫科，加强对本辖区出租房的治安监管，督促单位管理部门逐户签订了租赁协议和治安管理责任书。通过一个多月的检查、整顿，分局对出租公房的11个重点单位和1005户出租经营户全部建立了详细的管理档案，落实了管理责任，签订了租赁协议和治安责任书。

三、不断完善设施。西山煤电集团公司投资25万元购买了“摩尔”探测仪，为加强矿区爆炸物品清查工作提供保证。分局机动大队利用“摩尔”探测仪查获雷管2252发、土制炸药116公斤及部分非法储存的烟花爆竹，并全部进行了销毁处理。在两轮打击涉爆违法犯罪行动中，共抓获涉爆案件违法犯罪嫌疑人4名，查获硝酸铵27吨，雷管15130发，土制炸药4176公斤，全部按规定安全处置或销毁处理。

【安全防范】 全面规范工作机制，突出以下重点：

一、强化民爆物品安全管理。对基层单位的1521名涉爆“五大员”全部进行了业务和安全培训，考核发证，持证上岗；严格对火工品的生产、运输、储存、使用各环节的管理，通过层层签订责任书，明确责任，落实各项管理制度；对18个涉爆单位进行安全防范检查，共出动车辆150余辆，出动警力1200人次，清查单身楼30座，更衣箱5600个，出租房200多间，水泵房20个，变电所50个，地下室2处，防空洞3处，各要道设卡5处，检查可疑车辆500余辆，查出隐患50项，并全部整改；组织人员对西山煤电集团公司8个联营煤矿进行摸底调查，下发了《关于联营煤矿民爆物品安全管理的通知》，明确和规范了联营煤矿爆炸物品的管理渠道和安全责任。召开季度民爆物品安全管理工作例会3次。对西山矿区民爆物品的生产、存储、运输、销售、使用、退库等环节进行了全面安全大检查，发现隐患40处，全部下发隐患通知书，责令限期整改。

二、强化消防安全管理。开展春季防火工作，确保学校、幼儿园及周边的消防安全；重新修订条款，与43个二级单位签订了责任书，层层落实了消防安全责任；8月23日至30日，对集团所属26个单位易燃易爆危险化学物品场所进行检查，共检查49个易燃易爆危险化学物品场所，其中3个化工生产单位、1个煤气化公司、6个汽车加油站、6个液化气供应站、32个易燃易爆危险化学物品储存仓库、1个地面瓦斯抽放站，查出各类安全隐患145条，并将隐患问题与各单位进行了“三定”落实；举办消防安全责任人培训班；消防安全检查累计出动参检人数2076人，历时1347天，检查部位7277个，查出隐患1371处，已经整改1358处，其他13处正在整改中。全年矿区内部单位发生一般火灾事故2起，造成经济损失2200余元。

三、强化交通安全管理。交警部门开展了交通安全宣传“五进”工作，对辖区各基层单位的驾驶人员和中小学生进行了交通安全教育；开展了对机动车辆无牌无证、假牌假证、挪套号牌、悬挂单面号牌、遮挡、污损号牌、报废机动车上路行驶、拖拉机家用车违法载人、超载、超员等严重交通违法行为集中整治行动和西矿街煤车闯禁行整治行动；在“严管街”治理中共查纠各类交通违法行为10411起，罚款2446430元，行政拘留26人，教育1200余人次。

四、加强各项大型活动的安全保卫工作。为了保证重大节日、大型群众性庆祝活动、上级领导来西山视察和山西焦煤集团公司的一些重大会议、外事活动的顺利进行，提前介入活动安排，制定相应的保卫方案和应急预案。全年共承担各类保卫任务76次，组织出动警力2449人次，圆满完成了安全保卫任务。

五、配合各级党政积极稳妥处置群体性事件。在上级公安机关和西山煤电集团公司党政的统一指挥下，妥善处置了多起周边村民群体堵路、职工子弟以及退休职工集体上访事件。在处置工作中，分局按照制定的应急预案，迅速组织警力，维持现场秩序，防止意外事件发生的同时，依法取证和控制现场局势，并配合有关部门到现场进行说服教育，宣传法律、法规，参与处置的群体事件全部得到了有效控制。

六、推进治安综合治理，协助创建平安小区。组织召开了建设平安小区现场会，交流了西华苑、铁北和建北412小区建设经验。

【公安保卫队伍正规化建设】 开展“抓基层打基础大练基本功”活动，公安“三基”建设取得了一定成效。

一、积极取得企业党政支持，装备建设有了较大改善。西山煤电集团公司拨出专款6万余元，为分局配备计算机、网络服务器、数码复印机等装备，分局机关科队配备计算机联入公安专网，分局百名民警计算机拥有率已经超过30%；投资25万元购买爆炸物品探测仪，全力加强矿区爆炸物品安全管理和清查工作；拨款22万元全部解决了民警更换新式警服费用；分管领导协调财务、职教、医院等部门，为分局业务培训、民警体检等工作提供保障。各基层矿、厂、公司也投入大量资金，提供保障服务，尽可能为派出所外观标识标准化建设创造条件。分局公安装备基本达到保障工作需要的要求。

二、努力创造条件，逐步加强基层派出所建设。分局11个基层派出所与各基层矿、厂、公司保卫科合署办公，多数派出所设在单位办公大楼内，没有相对独立的办公场所，不具备派出所外观标识标准化建设的基本条件。分局通过调查摸底，向市局有关部门进行了书面汇报，同时，也积极协调西山各二级单位调整派出所办公场所，创造标准化建设的条件。经过努力，分局所属派出所全部悬挂和安装了统一制作的门牌和指示标牌，九院、西塔、滨西、屯川派出所已经在独立或相对独立的办公场所完成了外观标识标准化建设工作。东曲矿积极为滨东派出所新建了办公楼。

三、推动大练基本功活动深入开展。举办了“治安管理处罚法”应用培训班，对100余名民警和保卫干部进行了培训。

四、强化干部队伍思想纪律作风建设。5月中旬至6月底，在民警队伍中组织开展社会主义法制理念教育和以“三项排查”、“三项治理”为主要内容的集中教育整顿活动，认真查找、切实整改民警执法活动中存在的问题，规范执法行为。从9月20日开始，开展了思想作风纪律整顿活动，认真查纠个人思想作风、工作作风、纪律作风方面存在的问题，以及队伍形象问题、规章制度落实问题和忠实履行职责等问题，有针对性地建立规章制度，形成长效工作机制。对两名违规违纪的民警进行了处理。

（夏海涛　姚彦斌）

信　访

【概况】 信访处设综合科、接待科、督查科、民事调解科、机关信访科。有职工12人。主要职责：负责党政信访工作、纪检监察信访工作、“610”工作及人民调解工作。

【处置群体性突发事件】 2006年平息了因1997、1998年提前退休职工集体上访引发的大规模的群体性堵路事件、白家庄矿业公司五二小区居民因棚户区改造引发的集体上访事件、镇城底矿合同到期的职工子女要求续签合同的集体上访事件、官地矿购买新住房退休职工要求享受住房公积金集体上访事件、西曲矿部分购买新住房职工要求享受棚户区优惠待遇和多购住房集体上访事件，维护了矿区稳定。妥善协调解决了建工苑A、B区部分居民要求办理房产证、完善小区公共设施、解决小区安全问题及提高物业管理质量等问题；408、409小区居民要求退还煤气增容费问题；抗美援朝老战士要求企业给予政治上关怀、生活关心照顾的问题；西华苑居民反映的捆绑式收费不合理及物业管理质量不高的问题；西铭矿派往邓家庄矿工作的待岗临时工要求安置的问题；住院伤残职工要求增加住院补助费、伤残津贴的问题；白家庄矿业公司部分居民反映的热电厂污染问题；家属临时工的救助问题；多经局所属新技术产业区的承租方东阳公司欠工人的工资问题，化解了矛盾，促进了矿区和谐建设。

【处置日常信访问题】 积极主动协调、督促有关单位和部门，认真落实职工群众反映的信访问题，先后解决了万隆公司、西铭矿、杜儿坪矿、白家庄矿业公司等职工家属涉及享受工伤待遇、医保、社保、就业、独生子女补贴事件。

【信访考核】 根据2006年西山煤电集团公司党委

下发的《关于进一步加强信访工作的意见》，修订完善了《信访工作月度绩效考核方案》，调整了信访工作责任法人考核指标，在日常工作中，严格考核标准，照章办事，截至10月底，对未完成指标的5个单位，进行了处罚，共罚款13万元。继续执行《矿(厂)领导信访接待日制度》，进一步增强了基层解决问题、化解矛盾的能力，减少了越级上访事件的发生。

（蔡廷寿）

武装工作

【概况】 人民武装部是西山煤电集团公司职能部门，设军事科、政工科，有职工7人。主要职责：负责做好民兵、预备役建设工作；负责搞好民兵组织建设，建立健全民兵工作各项规章制度；加强对民兵、预备役人员的思想政治和国防教育，做到政治合格、军事过硬；负责抓好对基干民兵队伍的军事训练，提高各项军事技术水平、完成战时民兵参战新任务；负责搞好民兵应急分队建设、完成好各项应急任务；负责搞好对矿区新职工、新招农民轮换工人员的军事化训练；负责加强对武器、装备、弹药库的建设与管理，确保万无一失；负责落实各项优抚政策、做好双拥服务工作；负责完成好每年度征兵宣传工作。

【民兵组织建设】 按照调整组织结构、优化体系布局、整合队伍资源的原则，提升民兵组织建设质量和水平。从3月25～4月25日，对公司民兵组织进行全面整顿。民兵组织在编组数量上由上年的1000人调整为319人，基本符合平时少养兵、战时出精兵的要求。编组范围：白家庄矿业公司组建一个双37高炮连(99人)，杜儿坪矿预编一个双37高炮连(99人)，公用事业总公司组建一个森林防火分队(78人)，官地矿组建勤务保障舟桥连(87人)，西铭矿预编一个勤务保障舟桥连(87人)，机电总厂、太原选煤厂各预编一个勤务保障舟桥排(90人)，职工总医院组建了一个救护所(10人)。

【军事训练】 4月，组建民兵应急分队30人，进行为期半个月的强化训练，于8月份参加太原警备区大型比武选拔活动。5月份，组织前山后山共计6个单位200余人，参加太原市政府森林火灾维护和森林灭火扑救等防范任务。5月20日，按照上级军事部门要求，组织基干民兵300人进行10天的遂行应急训练，于6月2日参加并完成太原市地震局应急联动演习任务。8月份，根据山西省预备役高炮旅安排，组织机电总厂、屯兰矿、西曲矿、镇城底矿预备役人员30人，赴河北省乐亭县进行20天军事训练，于8月25日参加北京军区组织的保卫首都北京安全进行的防空演习，并接受中央领导检阅。9、10、11月份，按照劳动工资部门安排，分别对新招农民轮换工、井下职工、新分配大中专毕业生进行就岗、转岗前的准军事化培训。

【双拥服务】 元旦、春节、八一期间，组织驻地部队和复转军人召开迎春座谈会、纪念八一建军节座谈会，举办“军事日”射击比武活动。组织专武干部对伤残军人、特困军烈属、军转干部进行慰问，开展走访座谈、送温暖等活动。

（赵宝英）

人民防空工作

【概况】 人民防空办公室成立于1960年10月，于20世纪60年代至70年代初期建设地下防空工事、防空警报等人防设施。设立组织指挥科、工程科、综合科。有职工9人。下属18个基层人防单位，职工50余人。西山煤电集团公司共有人防工事××平方米；通信警报器×台，主要职责：在太原市人民防空办公室的领导下，坚持“长期准备、平战结合、重点建设”的方针，以建设人防工程、通信警报、落实人民防空教育为重点，抓好人民防空战备工作落实，搞好平时人民防空知识宣传教育，做好战时重点防空作战予案，注重结合民用建筑修建地下防空工事，完善指挥和防护体系，搞好平战结合，不断提高人防工程的战备效益、社会效益和经济效益。

【宣传教育】 利用各矿、厂电视节目进行人防知识宣传教育，强化矿区职工人防意识。向《华北人防》

专刊投稿4篇，向《山西人民防空》专刊投稿6篇。继续抓好中学生“三防”知识学习，9月份向西山一中、二中、三中、四中学生发放“三防”教材1800本；10月份，组织一中、二中、三中、四中及人防系统1000人参加山西省人防办组织的人民防空知识答卷活动，被评为“优秀集体”；11月8日，参加太原市人防办组织的大型宣传活动，发放人防知识宣传资料10000份。

【通信警报管理】 在完善管理制度的同时，更新电声警报××台，其中煤气化公司×台、官地矿×台、选煤厂×台；更换白家庄矿业公司警报遥控终端，向基层单位下发警报器管理细则通知，建立警报器管理档案。11月8日，参加太原市组织的警报试鸣，××台电声警报器声音传播覆盖面积达到95%。

【人防工事管理】 落实人防工程管理制度，每季度对工事巡回检查，全年1月、4月、7月、10月上旬进行全面普查，及时发现隐患，对出现的不安全因素进行改建维护。3月，对河涝湾人防指挥所进行维修；5月，完善了河涝湾110千伏变电站和425小区涉及人防工事的处理；11月，修建供应路防空洞进出口部改造工程。全年回填废旧危险人防工事巷道2处，面积140平方米；改建处理出入口2个；修建管理间1个；处理机电总厂工事渗入淤泥和渗积水2处。

（刘春旺）

老干部管理

【概况】 老干部处设办公室、管理科、老干部活动室、老干部车队、后勤福利科5个管理服务机构，有职工56人。主要职责：承担西山煤电集团公司机关老干部管理服务工作，并负责对所属二级单位老干部工作进行业务指导。

2006年，老干部处先后获“全省煤炭系统老干部工作先进集体”、“太原市老龄工作先进单位”称号。

【落实两项待遇】 按照对老干部“政治待遇不变，生活待遇还要略为从优”的原则，积极落实老干部待遇。

一、政治待遇。坚持给每个支部和每位离、退休干部订阅杂志和报纸；坚持每月一次的离、退休干部大会和党支部活动日制度。坚持重大会议、重大活动邀请老干部代表参加。6、7月份，组织150余名老干部分三批前往福建、青岛、杭州等地参观工农业生产建设情况。

二、生活待遇。4月起将离休干部护理费由原来的每月150元增加到200元；6月，完成汇锦花园、丽园小区楼房分配工作，对西山煤电集团公司划归给老干部处的276套楼房进行合理分配；7月，为老干部办理预购住房交款相关手续，并组织老干部进行体检工作，体检项目有12项。9月，根据西山煤电(2006)493号文件精神，给退休老干部增补发了养老金。除此之外还坚持春节、中秋两大节日为老干部发放慰问金和慰问品；重阳节为机关老干部发暖被、床单和水果等慰问品。

【老年文化阵地建设】 一、老年大学工作。开设10个专业19个班，在校学员550多人；10月20日，老年大学西华苑班正式开班，初步实现西山老年大学办学向社区、基层延伸的计划；3月，获太原市“老年教育示范学校”称号；6月，被山西省老年大学协会评为“山西省老年教育先进集体”；8月，老年书法协会获“山西老年书画研究会先进集体”称号。12月，在全省老干部活动中心(室)达标创优活动中被评为先进活动中心。

二、老年合唱团工作。7月10日，参加“中国·祁县晋商老街全国中老年文化艺术交流大会”，获大合唱比赛金奖、舞蹈展演银奖和“优秀组织奖”。8月，组织举办以“爱我西山”为主题，宣传“八荣八耻”为主要内容的消夏广场文艺晚会。9月，参加了由山西省委老干部局举办的首届老干部艺术节，获“青松奖”，山西省委书记张宝顺为合唱团团长武怀政颁发奖杯。

【开展文体活动】 4月24日，举行西山煤电集团公司老干部2006年春季趣味运动会。10月13日，组织300余名老干部前往榆次常家庄园参观游览。10月23日，以“纪念红军长征胜利70周年、庆祝老年节”为主题，在西山工人文化宫举办音乐会。10月26日，举办书法绘画展活动，山西大学教授、中国书法家协会会员梁鸿进行现场点评和书法绘画知识专题讲座。11月10日，为西山煤电集团公司老领导董小平、赵义、睢有富、吴致富举办70岁生日庆祝仪式。

（武 杰 郭文惠）

机关公务用车服务

【概况】 机关小车队设一分队、二分队、综合科、修理队，有职工67人。固定资产（包括车辆及修车的其他设备）约3000多万元。承担西山煤电集团公司领导及机关各处室（或上级单位、领导）的用车服务工作，负责西山煤电集团公司生产、安全、大型会议、重要活动的用车服务工作。

【加强基础管理】 规范车辆及设备的管理工作，细化经营管理，严格控制各种费用的支出。对汽车配件、材料的采购、供应及使用，实行逐级审批制度。完成经费包干指标。完成西山煤电集团公司交安委业务管理和年度驾驶员体检，驾驶证、记分卡的审验及换证工作，以及机动车年度检测审验和各项规费的缴交工作。

【实现交通安全】 执行安全考核奖惩办法。开展了每周五安全活动日，每月组织一次安全例会，举办1次安全技术培训讲座。实行事故追查制度。开展长途车、大客车的专项安全检查工作。全年车辆安全行驶128万公里无责任事故。

（张绍斌 王丽君）

科技文卫工作

技术开发推广

【概况】 技术中心是西山煤电集团公司科研管理、科技开发与服务的职能机构，设办公室、科研管理科、开采研究室、机电研究室、科技情报研究室、选煤与综合利用研究室、节能科、计量科、技术监督质量科、大型设备检测站和节能技术服务站，有职工45人。主要职责：贯彻党和国家有关科技工作的方针、政策；拟定西山煤电集团公司技术发展方向和技术开发政策；完成西山煤电集团公司下达的科研工作任务；围绕生产开展新技术、新产品、新工艺、新装备的开发、研制、推广应用以及技术交流与服务；负责技术协作合同（协议）的签订和管理，以及技术创新活动协调和检查考核；负责西山煤电集团公司技术开发项目（科研开发项目）的立项审核、过程监督、管理，组织聘请有关部门、专家进行评审、验收、鉴定；负责技术开发费减免税的管理工作；负责专利技术的申报与管理工作；负责企业标准制定与实施；对集团公司范围内的生产产品进行质量监督，发放生产许可证；负责企业质量标准化体系认证与计量、节能管理与大型设备测试等工作。

2006年，技术中心把稳定生产、提高经济效益和劳动效率作为企业技术创新发展的立足点，广泛开展与国内科研院所和大专院校合作，组织进行科研攻关、技术改造和新技术的引进再创新，加速科技成果转化，为西山煤电集团公司可持续快速发展提供技术保障。西山煤电集团公司被评为“煤炭工业科技进步先进企业”、“中国煤炭工业科技管理先进单位”、“中国工业生产能源节约先进单位”、“山西省质量管理小组活动优秀企业”。

【技术管理创新】 一、健全技术创新管理制度。将科技进步纳入责任法人考核体系，制定出台《科技项目管理办法》、《技术开发费管理实施办法》、《科技进步奖励办法》、《专利管理办法》、《企业标准管理办法》等文件，促进技术创新工作的科学化、规范化、制度化建设，提高了科技管理水平，调动了科技人员的积极性和创造性。

二、实行课题组长负责制和合同制管理。围绕安全生产，结合矿区采、掘、开、机、运、通、地质、洗选及医疗卫生等生产环节和专业，年初科研项目确立28项技术难题，计划资金977万元，并于11月份增补4个项目。经过精心组织，积极协同相关业务处室、生产矿井、选煤厂等共同努力，32项科研项目均已签订合同，大部分项目已实施完成；部分属跨年度项目正在组织实施。

三、表彰先进集体与先进科技工作者。6月16日，组织召开西山煤电集团公司技术创新大会，表彰奖励10个先进集体、5名科技功臣、95名先进科技工作者。奖励科技进步奖578项。

四、争取国家政策支持。申报通过国家级企业技术中心的年度评价审核。根据国家对支持企业技术创新相关优惠政策规定,技术中心牵头会同西山煤电股份公司财务部及所属矿(厂),组织完成2006年技术开发费的减免税申报备案,共申报科研项目98项、资金1.6亿元,实现减免税1300万元。

五、完善质量体系管理。贯彻ISO9000标准,西山煤电集团公司26个认证单位通过实施内审、管理评审和纠正预防措施,确保质量管理体系有效运行,实现质量管理与国际惯例接轨;接受国家监督检查和认证机构的现场考核。根据中国质量技术研究局和中心科研计划安排,西山煤电集团公司在煤炭行业首家将优秀管理模式"6西格码"管理进行导入,并按计划进行有效实施,为今后推广奠定基础。

六、对QC小组活动进行注册管理和现场指导。西山煤电集团公司注册QC小组897个,有56项成果获上级表彰,其中国家优秀成果1项、省级优秀成果8个项、煤炭行业优秀成果14项、太原市优秀成果16项,山西省煤炭工业局优秀成果17项,为西山煤电集团公司年创经济效益300多万元。

七、节约型企业建设。成立节能工作领导组和节约能源办公室,组织开展节约调研工作,提出可行性研究报告。设立专用技改基金,制定下发万元产值能源消费量、万吨原煤综合能源消费量、万吨原煤耗水量等各项指标和节约量,上报技改项目计划18项。举办能源统计员培训班和能源操作岗位人员培训班。完善供水、节约用水管理,每季对各基层单位进行检查和抽查。

【先进集体、个人和优秀项目推荐申报】 一、先进集体与个人推荐申报。经过积极推荐申报,西山煤电集团公司获2006年度煤炭企业科技进步先进企业称号,西铭矿、西曲矿获科技进步优秀矿井称号。获安全生产科技成果奖1项、山西省攻关计划项目1项、"十五"期间太原市科技推广应用奖项目1项、太原市科技发展计划项目1项。

二、组织科技成果鉴定及产品11项。其中:《岩巷安全快速掘进综合技术研究》、《白家庄煤矿6号煤层蹬空综采技术》、《焦精煤自动配煤快速定量装车系统的研究与应用》通过山西省科技厅成果鉴定,成果达到国际领先水平。《隔爆型无触点动态无功功率补偿装置》、《KMQ-800型矿用连续牵引车》、《难浮煤泥浮选技术研究》、《酸性高泥化煤泥水处理技术研究》、《细粒煤表面改质技术研究应用》、《热休克蛋白在煤工尘肺、慢性阻塞性肺病及患者体内表达及可能作用的研究》通过山西省科技厅成果鉴定,成果达到国际先进水平。《泥质煤泥水处理技术研究》通过山西省科技厅组织的鉴定成果,达到国内领先水平。《皮带转弯机装置的研究及应用》通过太原市科技局成果鉴定。研制的《KMQ-800型矿用连续牵引车》通过山西省经委组织的鉴定。对《山西焦煤多煤种、多煤层、高差异性炼焦煤高效分选工艺的研究与应用》项目进行了总结。

三、组织开展专利申报工作。申报专利22项,其中发明专利3项、实用新型专利19项。申请山西省专利推广实施资助项目3项。

【创新项目组织开发与推广应用】 一、与太原理工大学合作的"白家庄矿业公司6号煤层蹬空开采技术研究"项目。通过本项目的研究,为该矿实现6号煤层安全高效开采提供了科学的理论基础,提高矿井资源回收率,延长矿井寿命,产生了显著的经济效益和社会效益。

二、在东曲矿、官地矿、杜儿坪矿、西铭矿等单位重点开展的《岩巷安全快速掘进综合技术研究》应用研究项目,取得明显效果。与浅孔普通光爆工艺相比,月进尺由原来的110米,提高到140米以上,月进尺比原来提高了30%。全断面一次起爆与原分次爆破工艺相比加快了巷道施工速度,减轻了工人劳动强度,改善了作业环境。

三、与辽宁科技工程大学合作的"镇城底矿松软复合顶板综面回采巷道支护研究"项目。通过本项目研究,可确定合理支护形式和参数,节约巷道支护和维修费用。

四、与石家庄中煤装备制造有限公司合作的"岩巷喷射砼后配套拌料及上料系统技术研究"项目。本项目可解决目前井下岩巷施工中普遍存在的锚喷支护喷砼材料人工配比、拌和、费工、费时、费力、配比不准等影响喷砼质量等难题。通过本项目的研究,可大大减轻工人劳动强度,降低喷砼回弹量,减少粉尘浓度,提高工程质量,加快掘进速度,有效降低成本。

五、与北京开采所合作开展的"屯兰矿松软岩层巷道支护技术研究"项目。进行了井下支护阶段性试验工作,为解决该矿瓦斯尾巷支护技术难题,提供了科学的参考依据。

六、与西铭矿合作开展的“煤矿快速密闭、高效施工工艺和技术研究”项目。正在实施。

七、“煤巷锚杆支护技术的深入研究及其配套新产品开发”。本项目有效地解决了破碎、复合顶板巷道支护难题。与架棚支护巷道相比，每米巷道节约材料费250~450元，1年可节约材料费2000多万元。

八、研发高强度钻头、钻杆。提出了可行性研究方案。

九、“综采顺槽皮带机尾自移装置研究”项目。该项目的技术方案已经完成。

十、“两巷超前支、移联动系统研究”项目。该项目的技术方案已经完成。

十一、“可切割帮锚杆技术研究”项目。该项目已试制生产出产品，正在进行井下工业性试验。

十二、西山矿区各选煤厂均采用重介分选工艺，大幅度提高了分选和运行效率，取得了显著的经济效益。针对各选煤厂介质消耗高于行业水平、没有统一的介质粉质量评定标准、介质粉进货质量没保障的情况，在2005年与太原理工大学合作进行“介质回收设备研制与回收工艺优化”研究，对《选煤用磁铁矿质量标准》进行审定，制定了集团公司企业标准，为各选煤厂使用磁铁矿粉提供了统一的评定标准，避免了商务纠纷发生，对各选煤厂降低介质消耗、提高洗选效益具有重要意义。

十三、其他项目。与景津压滤集团合作的科研项目《快开式隔膜压滤机处理浮精脱水的应用研究》通过了项目验收，在马兰矿选煤厂已投入运行，使浮精水份低于20%。针对东曲矿选煤厂中煤产率高、中煤水份高、不能满足电厂需求的情况，与太原理工大学及唐山国华公司合作进行《中煤脱水技术的应用与研究》项目，从中煤组成的各生产环节入手，研究降低中煤水分的途径，同时根据原煤的情况选择优化的工艺方案，已完成对各种物料性质的实验室研究。与太原理工大学合作的《利用粉煤灰及煤矸石制备无机高分子絮凝剂的生产工艺研究》项目，已完成实验室研究，正在马兰矿进行工业试验。

（王　永）

技术协作交流

【概况】 科学技术协会（以下简称科协）是全公司科技人员的群众组织，是西山煤电集团公司党政领导联系广大科技工作者的桥梁和纽带，是发展科技事业的重要力量。有职工11名，设学术部、编辑部、组宣部。有26个下属二级科协组织，8个专业委员会，4个学组，会员4200余人。主要职责：组织学术讲座，进行学术交流；组织“讲创新、比贡献”合理化建议竞赛活动；征集和评选推荐优秀论文；参与技术职称评审，培养推荐优秀科技人才；办理会员接纳手续，建立会员档案；组织召开科协代表大会和年度全委会会议；编辑出版发行《山西焦煤科技》；负责制作更新科技画廊牌板；负责山西焦煤科技《西山煤电科协》网站的管理；办好科技之家，为科技人员提供活动场所；组织各专业技术协会专家进行决策、咨询、技术服务。

【科普宣传】 利用科普画廊、报纸、宣传材料等形式宣传科学知识；科普画廊定期更换新的科普内容，全年共更换7次，共112块牌板；在《山西焦煤报》开辟“科普之窗”栏目，平均每两周刊登1次。参加全国2006年科技周活动，组织西山煤电集团公司二级科协制作并展出科普知识牌板，重点宣传国家科技方针和政策，展示科技发展成就和西山煤电集团公司技术改造成果。组织西山煤电集团公司二级科协参加全国科普日系列活动，发放科普知识传单1000余份，展出牌板15块。为广大科技工作者组织演出电影科普片和故事片2场。组织公司基层科协组织和科技人员参加全国各类学会、协会的摸底与调查工作。

【学术交流】 一、进行学术活动。组织科技人员撰写科技论文312篇，其中177篇分别荣获一、二、三等奖。向山西省和太原市积极推荐优秀科技人才，其中太原选煤厂厂长刘志明被评为“首届山西省十佳中青年科技工作者”，西铭矿樊北成获2005年度山西省“金牛奖”个人一等奖。开展以“讲创新、比贡献”竞赛为主题的自主创新竞赛活动，参加2005—2006年度“讲创新、比贡献”竞赛的科技人员达

5000多人次;提出合理化建议2600项,实施1820项;完成技术项目346项,创直接经济效益2.2亿元。共评出一等奖22项,二等奖48项,三等奖91项,先进单位25个,优秀组织者25人。

二、6月开办山西焦煤科技《西山煤电科协》网站。网址为www.xsmdkx.com(或www.sxjmkj.com)。主要宣传西山煤电集团公司科技政策,展示西山煤电集团公司科技成果,登载科普知识,报道国家及企业有关科技进步方面的新闻;成立了“西山煤电集团公司专业技术协会”,负责西山煤电集团公司技改项目的考察和重大项目的技术攻关,提出技术攻关课题,提出大的技改项目的可行性研究论证及立项意见,提供技术咨询、技术服务,解决西山煤电集团公司生产中出现的技术难题,学习、引进、推广国内外新技术、新工艺、新方法,组织有关部门互相学习、交流经验,提高管理水平和组织能力。

三、承办研讨会。8月10~15日在大同市承办《山西省煤炭深加工专业委员会2006年年会暨自主创新研讨会》。全省55个单位90多名代表参加了研讨会。

【编辑出版《山西焦煤科技》】 《山西焦煤科技》是拥有国家连续出版物统一刊号的科技期刊。为扩大刊物知名度,提高期刊质量,吸收太原市科协为协办单位,丰富了稿源,增加了发行量;同时被《中国期刊全文数据库》定为全文收录期刊、入选《中国学术期刊综合评价数据库》统计源期刊、《中文科技期刊数据库》全文收录期刊,被国家核心期刊候选数据库《万方数据—数字化期刊群》全文收录,被2005-2006年《中国期刊年鉴》收录进《中国期刊概览》栏目中。2006年第7期为西山煤电集团公司科协承办的“山西省煤炭深加工专业委员会2006年年会暨自主创新研讨会”编辑出版了专刊,刊登会议学术交流论文,为山西省及省外煤炭深加工企业提供了展示企业形象的平台。全年共出版发行13期(其中含增刊1期)。

【发挥专业委员会作用】 发挥选煤技术协会在西山煤电集团公司各选煤厂技术改造中的作用。组织参与西铭矿选煤厂的立项、设计、工艺的咨询及审核工作,参与马兰矿选煤厂快开压滤机技术改造、官地矿选煤厂的技术改造;参与东曲矿选煤厂技术改造及技术咨询。

(徐国萍)

职工教育

【概况】 职工教育办公室设综合科、干部培训科、工人培训一科、工人培训二科。有职工14人。主要职责:负责西山煤电集团公司职工教育培训的协调管理和职工培训长远规划及年度培训计划的编制工作;指导各培训基地和基层单位实施完成西山煤电集团公司培训计划。

2006年,以西山煤电集团公司发展战略为依据,以实现企业和个人发展为目标,坚持以内培为主、外培和内外联合为辅的原则,开展职工教育培训。职教系统共培训83905人次,按培训人员所在工作岗位分:管理人员8452人次,专业技术人员9636人,其他人员(含工人)65817人次;按培训性质分:资格培训21247人次,适应性培训39754人次,技术等级培训7359人次,继续教育1515人次,其他培训14030人次。西山煤电集团公司被评为“太原市职工培训先进单位”和“安全生产培训先进单位”;职工教育办公室被评为山西省“十五”期间煤炭行业教育先进单位、太原市“十五”期间职工培训先进单位。

【推进系统管理】 一、加强系统管理。指导基层单位修订和完善培训调研、培训计划安排、培训课程设置、培训人员调配、培训效果检查、培训档案管理等一系列办法,实施全员培训,夯实安全基础,加强现场培训,强化直观教学、现场教学和实验教学,提高职工的动手能力,增强培训工作的实用性和有效性,提高培训质量。

二、倡导先进的培训工作经验和方法。面向基层、面向实践,把培训引向问题、引向系统、引向个性,引导职工围绕工作目标进行“适应式”学习;以攻克难点、重点问题为主线,进行“研究式”学习;以实践锻炼为基础,进行“体验式”学习;以改革创新为重点,进行“拓展式”学习;以网络建设为平台,进行“开放式”学习。按照干什么,学什么,缺什么,补什么的原则,加速知识的传递和转化,提高全员素质,为企业可持续发展提供人才保障。

【教育教学改革】 围绕西山煤电集团公司发展中心工作,及时掌握培训工作新动态。以培训工作中专业设置、培训模式、培训内容、培训时间、教学方式、实习实验等内容为重点,组织职教工作者和工程技术人员开展职工教育理论研究和创新实践,撰写职工教育论文,推进教育教学改革与发展。在2006年中国煤炭工业协会教育培训研究成果优秀论文评选中获1个一等奖、5个二等奖、3个三等奖;在中国煤炭教育协会2005~2006年度煤炭职工教育管理优秀科研成果评选中获1个一等奖、1个三等奖;在2005~2006年度山西成人教育协会优秀论文评选中获1个一等奖、2个二等奖、13个三等奖。

【培训机构建设】 继2005年杜儿坪矿、西铭矿、官地矿、西曲矿、镇城底矿、马兰矿、东曲矿、屯兰矿取得煤矿安全培训四级机构资质后,2006年4月白家庄矿业公司职教中心取得煤矿安全培训四级机构资质,至此,九个矿全部取得了煤矿安全培训四级机构资质,为更好地开展煤矿安全培训工作提供了保证。同时结合非煤从业人员培训要求,继续加强师资队伍建设和培训设施投入,全年有135人取得山西省安全生产监督管理局颁发的安全生产培训机构教师资质,有38人取得太原市经济委员会进网作业电工培训教师资格,有65人取得职业技能鉴定考评员资格,有12人取得职业技能鉴定高级考评员资格。12月,西铭矿、官地矿、镇城底矿、马兰矿、屯兰矿、公用事业总公司、煤气化公司通过山西省安全生产监督管理局组织的培训机构验收,取得四级安全生产培训资质。

(琚 馨)

安全培训

【概况】 安全培训中心是西山煤电集团公司直属单位,是国家二级煤矿安全培训机构和三级安全生产培训机构,设办公室、教务科、电教科、学管科、总务科,现有教职员工89人。

1985年成立以来,安全培训中心本着边培训边建设的原则,不断加强内部管理和基础设施建设,1997年经原煤炭部组织验收达到了标准化安培中心、标准化实验室。2001年8月23日经国家和山西煤矿安全监察局联合组织评估取得了国家二级煤矿安全培训机构资质。2004年7月14日经山西省、太原市安全生产监督管理总局联合评估取得了国家三级安全生产培训机构资质。2005年4月,通过国家安全生产监督管理局和国家煤矿安全监察局、山西煤矿安全监察局联合组织的复审验收,保持国家二级煤矿安全培训机构资质。安全培训中心主要负责山西省煤矿主要负责人、安全生产管理人员和太原市、西山煤电集团公司煤与非煤安全管理人员和特种作业人员安全培训。

2006年,共完成自主培训和接待培训11537人,其中培训9341人、接待培训2196人。西山煤电集团公司全年培训计划2829人,实际培训4566人,完成计划的161%。比上年多培训694人,提高18%。2006年在矿(厂)公司开办培训班,共培训1121人。根据山西省安全生产培训工作会议要求,从7月份开始在瓦检工培训中推行了实操教学考核。

全年实际创收184.8万元,完成盈亏收入指标的174%;完成年绩效创收指标的149%。

2006年,安全培训中心被山西省煤炭工业局授予"安全生产培训先进单位"称号,被全国煤矿安全培训委员会授予"安全培训先进单位"称号。任连贵主任撰写的《为安全生产保驾护航》一文在山西省委主办的《山西工作》杂志第4期上发表。

【制度建设】 2006年,按照西山煤电集团公司绩效考核要求,制定了《科(室)绩效工资考核办法》、《创收奖励办法》、《民主管理办法》、《业务招待管理办法》、《课堂教学测评办法》、《竞赛奖励办法》等规章制度。

【教学管理】 一、每月召开一次教学安排会。针对培训专业,根据国家局教学大纲,编制各培训班实施教学大纲,合理分配课堂教学、实验教学、电化教学课时,在中心办班或在各矿(厂)公司办班过程中,按照教学计划进行教学。

二、提高师资队伍素质。举办了教师计算机绘图培训班,派出13名教师参加了国家煤矿安全监察局和山西省安全生产监督管理局组织的教师培训,选派了2名教师参加了全国煤矿安全培训委员会召开的多媒体课件制作技术以及论文交流会。完成了山西煤矿安全监察局安排的全国统一题库安全管理人员《煤矿开采安全》部分630道题的编写任务。完成了煤矿安全监察局组织编写的《测风工、防尘工、通风工》教材大纲编写和教材初稿审定工作。完成了《掘进机司机、装载司机和锚喷工》复训教材的大纲编制和教材编写任务。参与了中国矿大编写的《新编煤矿安全技术培训(复训)教材》审定工作。

三、开展讲评活动。坚持不定期地组织召开学员座谈会、学员评议会、听课讲评会、学员单位调查活动，及时了解教学中存在的问题，改进教学内容和方法。制定了标准化教学标准和教师代课费发放办法，每月对授课教师进行两次综合考核和学员测评，把学员成绩和代课费紧密挂钩，增强了教师的责任感。依照标准化教学标准对授课教师测评，全年共测评126人。

【学员管理】 按照安全培训中心制定的学员考核管理办法，在班主任管理、学员管理、考试、阅卷、资格证书发放等方面严格要求，规范了学员管理、班级管理。按照班主任工作职责及标准，每期培训班对班主任工作逐项考核、公示，与班主任费用挂钩。严把学员管理关。学员入学报到，严查冒名顶替和培训专业户，凡冒名顶替和培训专业户一律不准办理入学手续。在办班整个过程中始终严抓学员纪律，确保学员在校纪律性和学习自觉性。2006年由于违纪被除名学员37名。严格培训学员档案管理，实行了学员微机统计。每期培训结束，及时将学员有关资料存档、输入微机，确保学员档案资料齐全，真实可靠。4月份，中心开通了网站，将学员培训情况及时在网站上公布，和学员单位及时进行了沟通。

【改善教学条件】 投入9.83万元创收资金对食堂设施、设备进行改造，制作间进行了整修刮墙，灶台重新垒筑装修，对所有电器开关增设了漏电保护，保证了用电设备的安全运行。购置了面包车，解决了后勤服务及教学用车的问题。在安培中心后院配备了21组健身器材，丰富了学员课余活动。重新规划了环境绿化，种草坪300多平方米，补栽了200多棵树苗。

【安全质量标准化】 根据西山煤电集团公司安全质量标准考核新办法，安全培训中心成立了质量标准化领导组，对新的安全质量标准化标准逐项进行了责任分解落实。每月下旬，中心组织进行逐项检查，对检查出的问题"三定"落实。全年共处理问题143条，确保了安全培训中心安全质量标准化工作的有效推进。

（张永康）

党校、职工大学工作

【概况】 党校、职工大学设综合办公室、工会、团委、教务科、学生科、培训科、电教科、生活科、总务科、函授科、远程教育科、招生办。有教职工113人。其中高级职称34人，中级职称38人。学校党总支下设3个党支部，有党员53人。

学校占地面积1.6万平方米，建筑面积1.1万平方米。有实验室5个(采煤、通风、机电、物理、计算机)，有计算机100余台，图书阅览室藏书5万余册，杂志20余种。固定资产340余万元。

学校主要负责组织学历教育。职工大学面向全省招收成人大专、高职层次的应往届高中、中专、技校毕业生；中专层次的应往届初中毕业生；党校举办中央党校本科函授教育和中共山西省委党校专科函授教育；承担西山煤电集团公司下达的各类专业技术岗位培训和入党前积极分子培训，以及各类干部岗位培训等任务。

【完成教学任务】 全年完成教学任务43800多学时，没有发生任何教学事故。举办入党前积极分子培训班7期720人，计算机及其他专业技术岗位培训7期322人，协助有关处室举办培训班6个。

【安全防范】 加强管理，层层落实，签订责任书。成立安全质量标准化领导组，每月进行一次全校性大检查。投资上万元更换和补充了各类消防、供电安全设施。全年没有发生重大失火、失盗事故，没有发生轻伤以上人身事故、交通事故及食物中毒等事故。违法犯罪率为零。

（李有才）

技工学校工作

【概况】 技工学校设办公室、工会、团委、教务科、总务科、财务科、实习培训科、学管科、电教科、实习工厂、联合办学部11个职能科室。3月份新增设古交分校编制，属准处级建制，下设4个准科级机构。有教职工256人。主要职责是为企业培养中级技术工人，开展在岗职工、农民轮换工、退伍军人岗前培训等。学校占地面积4.9万平方米，建筑面积20885平方米。2006年3月底，原隶属于技工学校的西山第三高级中学移交西山教委，有54人随之转出。

2006年，在校学生2591人。全年培训在职职工171人，退伍军人岗前培训204人，农民轮换工培训239人。学校被中国煤炭教育协会授予2006年“全国煤炭教育先进单位”称号。

【招生与培训】 一、招生工作。坚持以服务为宗旨，根据企业对技术工人的需求，开展“订单式”招生培训，招收后备技术工人819人。所招专业全部为井下专业，包括电气控制、电机车司机、综采司机、综掘司机、通风与安全。招生过程中，严格按照招生细则，坚持公开、公正、公平，较好地完成了全年的招生任务。

二、培训工作。根据西山煤电集团公司职工培训计划，完成两期116人的办公自动化培训，一期39人的AutoCAD培训，一期16人的高级钳工培训。根据西山煤电集团公司用工需要，完成两期239人的农民轮换工培训，学员所学工种全部为井下生产一线采掘开；完成第四期204名退伍军人培训，学员所学专业为井下通风、机电、运输。12月中旬，接受了264人的退伍军人培训任务。

【教学工作】 开展学科带头人示范教学、青年教师赛讲等多项教学教研活动，定期举办教案、论文、优质课等多种形式的评比、观摩活动。加大教学改革力度，组织编写《公差配合与技术测量》、《液压支架与泵站》、《电器设备》、《工程力学》等教材。注重培养学生动手能力，组织学生做实验、看录像；每天下午利用课余时间安排实践性教学活动，对液压支架等设备进行拆装，提高了学生的实际操作技能，推动了教学改革。完善学生学籍管理制度，从制度上解决了学生学与不学、学习好坏一个样的问题，收到了教学相长的效果。在三年级的毕业技能统考中，有975名学生参加山西省技能鉴定站和山西省煤管局组织的全省煤炭技工学校毕业生技能鉴定，一次性等级鉴定合格率达到98%以上。同时，落实三年级852人的预岗实习到位，并安排241名毕业生全部就业上岗。

【办学条件】 积极争取西山煤电集团公司领导及各方支持，争取投资计划近140万元，对教学楼、学生宿舍、校园路面等处进行整修；对阶梯教室进行改造，更新全部设备；新建近300平方米的计算机房，配备60台计算机，改善了计算机课程的教学条件，使教学得到基本满足；改造变压器室，使多年困扰学校的最大安全隐患得到解除；完成食堂售饭卡、水卡改造等。对实习工厂的行车进行大修，新增较大型煤矿采煤机、掘进机、运输机、液压支架、乳化泵站等教学实习设备，充实了实习教学设备，为教学质量的提高创造了良好条件。

【学校管理】 强化部门责任意识，完善工作制度，加强学生日常管理教育，落实好科室责任人及教职工的岗位职责，强化校、科两级24小时值班制，管理工作进一步加强。6月份，学校纳入西山煤电集团公司机关绩效考核范畴，制定绩效考核办法，并加强检查。同时，启动国家级重点技工学校申报工作。西山煤电集团公司主要领导与山西省劳动厅协商申报事宜，筹措资金逐步解决学校硬件建设不足的问题。学校按照国家级重点技校的评估验收标准，认真自检自查、补充完善，为申报工作做好前期准备。

（尚伟峰）

广播电视宣传

【概况】 广播电视中心(以下简称“中心”)设总编室、综合部、新闻部、专题部、广告特技制作部、技术部、广播站，有职工35人。承担山西焦煤集团公司、西山煤电集团公司广播电视宣传报道任务。

2006年3月起，实现了新闻日播和滚动播出，每天播出时间为16小时。自办节目有:《山西焦煤新闻》、《记者访谈》、《百味人生》、《一周新闻综述》、《健康之友》、《青春无限》、《老年乐苑》、《西山幼儿》、《廉政文化》。中心被中国煤炭新闻工作者协会授予中国煤炭新闻界"先进集体"称号。

【专题宣传报道】 一、企业重点工作宣传。围绕山西焦煤和西山煤电集团公司职代会、工作会、党委工作会精神，开设《山西焦煤新闻——贯彻"两会"精神》、《记者访谈——落实职代会精神、促进企业发展》栏目；二、围绕安全生产，开设《落实一号文件　强化安全管理》、《安全发展　国泰民安》、《矿长访谈录》、《百日安全无事故竞赛》、《决战安全生产后40天》等栏目。全年共制作播出《山西焦煤新闻》243期，播发各类新闻报道2044条。《记者访谈》制播28期，《百味人生》32期。三、配合企业不同时期中心工作，完成了《焦煤简介》、《西山循环经济模式》、《帮扶对子》、《西山棚户区改造》、《矿工妈妈——党素珍》等28部各种题材汇报片、专题片的拍摄制作任务。

二、重要会议精神宣传。从5月份开始，组织西山第七次党代会精神的宣传，开设《党建知识》栏目，共播出49期，在新闻中开设特别节目《党建巡礼》10期，开辟《先锋》《他为党旗添光彩》栏目28期，着重报道在西山发展中贡献突出的优秀共产党员的先进事迹。对党代会进行现场直播，并制作播出《党代会特别报道》8期、《解读两委工作报告》11期、《党委书记访谈》23期、《学习贯彻党代会精神》8期。

11月初，对西山工会第七次会员代表大会精神的宣传，在新闻中开辟《西山工会九年回望》专栏。在《记者访谈》节目中分两期对工会工作进行回顾总结评价，对今后的工会工作进行展望。在《百味人生》节目中先后对多个工会干部进行采访报道。

围绕西山第十一次团代会，采制报道基层单位团组织活动，在《青春无限》栏目播出特别节目《闪光的青春》，回顾西山共青团上一届以来12年的工作；在《记者访谈》栏目邀集共青团干部共话未来。

三、专题教育活动宣传。在社会主义荣辱观和"十要十不要"主题教育活动开展后，开辟《知荣辱树新风》、《转变作风—履责践诺》专栏12期，在新闻中播发《山西焦煤报》和《西山煤电报》的评论员文章12期。加大"爱我西山"教育与"和谐西山"建设宣传力度，在新闻中开辟《谈变化　促和谐》、《关注棚户区改造》等栏目，集中反映2003年以来西山为改善职工居住生活环境所进行的一系列改造工程，全方位、多层次报道宣传环境改善、道路卫生、集中供热、医疗、社保等方面工作。

四、先进典型人物宣传。配合劳模表彰会和"劳模宣传月"活动，在新闻中开设《2005年西山劳模风云榜》栏目，对在2005年度西山涌现出的劳模和采、掘、开重点队组的典型事迹进行为期一个多月的集中宣传，其中举办劳模宣传节目17期、重点队组宣传节目9期。在庆祝山西焦煤集团公司成立五周年暨劳动模范表彰大会前后，新闻中开辟《劳模风采》栏目，集中对18位劳模事迹进行报道。在新闻中开辟《优秀毕业生标兵》栏目7期，宣传在岗优秀毕业生先进事迹。

【重大活动宣传报道】 一、庆祝西山建局50周年活动宣传。完成西山建局50周年庆祝大会和《和谐西山》文艺演出的首次电视广播现场直播，标志着广电中心整体实力和综合水平上了一个新台阶。元月份，在新闻中开设《向西山50周年献礼》、《漫话西山50年》、《西山辉煌50年》等栏目，拍摄制作播出8集历史纪录片《走向辉煌》，反映西山建企50年来发生的巨大变化。

二、循环经济与安全宣传。西山被确定为全国首批循环经济试点企业之后，及时在新闻中开辟《循环经济系列报道》等栏目，对西山的循环经济工作运行情况进行录制。录制播放《安全在我心中演讲赛》、《平安中国安全生产法知识竞赛》太原市和山西省的选拔赛实况，为"安全生产月"营造浓郁氛围。

三、其他专题活动宣传。录制《山西焦煤得一之夜——廖昌永个人音乐会》、《焦煤文化知识竞赛》、《廉政文化知识竞赛》等34场现场录像。配合完成职代会职工生活委员会组织的两场职工代表质询会、宣传部组织的《情况通报会》，以及集团公司纪委主办的《廉政西山》文艺演出的录制。首次对全国煤矿第十八届"西山煤电杯"职工男子篮球赛开幕式和三场重要比赛进行同步现场解说录像播出。配合庆祝山西焦煤成立5周年，开辟《辉煌五年》栏目，对庆祝"山西焦煤成立5周年暨劳模表彰大会"实况和"山西焦煤一家亲文艺演出"进行现场直播。

【对外宣传工作】 借助中央十二家媒体集中报道

西山循环经济的有利时机，在中央台播发新闻5条，其中积极配合中央电视台做好前期采访。在中央台新闻联播中，以构建节约型社会开篇报道播出西山循环经济典型做法。在山西电视台播发新闻58条，在太原台播发新闻42条。在山西省第十四届电视艺术评奖活动中，组织选送纪录片《他的“窗外”“蝴蝶”飞》，获一等奖(此奖项为山西省政府奖)，该片主创人员郝晓萍、胡昕鹏被吸纳为山西省电视艺术家协会会员。选送6件作品参加中国煤炭记协组织的电视新闻作品评选活动，其中《同一首歌走进西山矿区》等3件作品获一等奖，另3件作品获二等奖。专题片《西山循环经济》被山西省国资委评为二等奖。广电中心记者张金宇、尤伟拍摄的新闻报道《帮扶矿区贫困大学生》，作为新闻采编范例被山西广播电视总台新闻中心编入2006年10期《通联工作》《学习园地》。专题片《矿工妈妈——党素珍》报送中央台，为党素珍参加全国煤炭系统开展的“寻找感动中国的矿工”评选活动起到了积极作用。

（王　丹）

报社工作

【概况】 报社是山西焦煤集团和西山煤电集团公司新闻宣传的主要媒体之一，设《山西焦煤》报编辑部、《西山煤电》报编辑部、记者部、摄影部、总编室、办公室和印刷厂，有职工20人（不包括印刷厂职工）。出版发行《山西焦煤》报(周一刊)、《西山煤电》报(周二刊)两份报纸。主要职责：宣传马列主义、毛泽东思想、邓小平理论、“三个代表”重要思想和科学发展观，宣传党的路线、方针、政策；开展对山西焦煤集团公司、西山煤电集团公司改革、发展、稳定、安全生产、经营管理、重大活动等方面的宣传报道；做好各单位、各部门先进经验、先进典型、好人好事的宣传报道；对基层单位及职工群众呼声建议进行反映反馈；做好照片、报纸合订本存档工作；做好报纸发行、通讯员培训以及与兄弟单位报纸交流工作；配合其他部门做好宣传报道及文字材料工作；报社下属印刷厂负责报纸和机关有关部门文件材料的印刷业务。

在中国煤炭记协组织的2006年度好新闻评选中，本报选送的3篇稿件分别获一、二、三等奖。

【专题宣传报道】 主办两种报纸，每周3期，加大了新闻宣传力度。对2005年西山全年任务完成情况进行报道。对春节期间送温暖活动分组进行报道。两报开设《知荣辱、树新风、促和谐》专栏，刊登领导干部体会文章93篇。开办专版17期，对安全生产月的咨询日活动及整个活动进行专题报道。对中央12家新闻媒体来西山采访宣传循环经济情况进行宣传报道，请中央媒体记者谈观感、谈体会，刊登《西山就是不一般》的新闻特写；原文转载人民日报、新华社、中央电视台、经济日报、中央人民广播电台、工人日报、中国青年报等8家中央新闻媒体的稿件。对各单位“双过半”情况进行重点报道。为纪念“8.4”抗洪抢险10周年，刊登西山煤电集团公司党委书记车树春讲话，抗洪抢险英模王硕林的《难忘的回忆》文章，以及官地矿慰问“8.4”特大洪灾遇难职工家属的新闻报道。对西山煤电集团公司技能大赛进行集中报道，公布各工种前6名选手成绩，选登一些技术人才先进事迹。对“西山煤电杯”全国安全生产演讲会进行宣传，刊登演讲风采图片。对《江泽民文选》学习活动进行专题报道，刊登25篇消息。对全国煤矿第十八届“西山煤电乌金杯”男子篮球赛进行报道，深入各比赛现场采访。以问答形式，编辑《棚户区改造政策、养老保险知识、西山集中供热有关规定、医疗保险新规定》宣传专版。对“百日安全无事故活动”进行宣传报道，开设《奋战百日，确保安全》专栏，刊登稿件106篇。做好“廉政教育活动月”宣传报道。分9期对工会、团委、社保公司助学名单进行公示。开设《学习六中全会精神，全面建设和谐西山》专栏，刊登一些领导干部的学习体会文章。对西山煤电集团公司集中供热等重点工程进行跟踪报道。对中央部委、省级领导来集团公司视察、调研进行报道。

【重要会议宣传报道】 一、西山煤电集团公司第七次党代会宣传报道。在党代会召开之前，开设《创优异成绩，向党代会献礼》、《先锋颂》专栏，刊登稿件78篇，营造浓郁的宣传氛围。在党代会召开期间，进行全方位报道，报道内容包括开幕会、闭幕会、社论、两个报告摘要、通过的《决定》、常委简历，大会新闻集锦、花絮等方面。开幕会当天对报纸进行套红，突出喜庆特色。在党代会闭幕之后，开设《学习贯彻党代会精神，全面建设和谐西山》专栏，分3期用较大篇幅刊登对西山煤电集团公司党委书记车树春工作报告的解读文章。

二、其他重要会议宣传报道。对西山建局成立50周年庆祝活动进行全方位宣传报道。开设专栏，对西山煤电集团公司2006年党委工作会、职代会内容进行详细报道。对"五一"劳模大会及劳模事迹进行详细报道。对西山煤电集团公司下半年工作会进行宣传报道，开设《领导干部谈作风转变》专栏。配合西山煤电集团公司优秀大中专毕业生表彰会，开设《十佳优秀毕业生风采录》栏目。对全国、山西省煤炭行业循环经济会进行全方位、多角度报道，刊登代表谈体会、谈感受的文章。对"焦煤五周年及劳模大会"进行宣传报道，开设《在大集团的5年间》栏目，请各子分公司领导撰写文章；开设《煤海骄子》栏目，宣传劳模事迹。

（谢文远）

疾病预防控制

【概况】 疾病预防控制中心为副处级建制，设职业病防治所、妇幼保健所、结核病防治所、卫生监督所、防疫科、检验科、学校卫生科、综合科及门诊部，有职工67人。主要职责：负责西山煤电集团公司疾病预防与控制和卫生监督工作。

2006年，深入开展文明创建活动，全面完成各项业务工作任务，西山煤电集团公司被国家卫生部、安全生产监督管理总局、中华全国总工会授予首批"国家职业卫生示范企业"称号。

【考核管理】 完善"模拟责任法人综合目标季度考核"、"安全质量标准化月考核"、"绩效工资月考核"体系，并配套建立定岗位、定人员、定工作量的管理制度，建立部分业务科所"一个科室两种职能"新的管理模式。学校卫生科在保证完成学校卫生工作的前提下，兼有对外业务拓展联络的职能。综合门诊部在搞好门诊医疗工作的同时，兼有"健康体检中心"的职能，全年共接诊患者7657人次，其中参保人员5927人次，非参保人员1730人次，门诊输液3343人次，各种注射895人次。

【职业卫生】 完成西山煤电集团公司13227名在岗接尘职工、1393名接触噪声职工、390名接触有毒有害物质职工的职业健康普查，受检率分别为89.6%、71.8%和93.1%；完成2110名上岗前和619名离岗前职工体检，共查出309名职业禁忌症患者，年度复查184名职业病患者；完成社会部分单位在岗职业健康体检1289人。完成220个地面粉尘和2184个噪声监测点的检测任务，出具108份《危害因素检测评价报告》。组织召开西山煤电集团公司职业病初诊组诊断会议，对参加年度普复查的接尘、接噪、接毒人员的体检结果进行了职业病初步诊断。

【公共卫生】 完成从业人员体检2937人，受检率100%；印发《卫生法规及卫生知识培训手册》，培训考核从业人员2910人，培训合格率100%；检出有碍食品、公共场所、生活饮用水从业人员27人，调离率100%；审办从业单位"卫生许可证"128个；审办从业人员"健康培训合格证"2910个；完成餐具消毒效果采样208份，合格率为93.3%；完成水质采样217份，合格率为80.6%；对西山煤电集团公司7616名汽车驾驶员和950名特殊工种从业人员进行了健康体检。

【妇幼卫生】 完成机关及集团公司直属单位在岗女职工妇女病普查4191人，查出各类妇女病患者2147人，患病率51.9%。检出妇女病前五位的疾病顺序为：乳腺增生，患病率为36.3%；宫颈糜烂，患病率为20.9%；子宫肌瘤，患病率为5.75%；宫颈息肉，患病率为2.43%；阴道炎，患病率为2.27%。完成公办入、在托儿童体检3548名；完成私办入、在托儿童体检650名，同时对所有入、在托儿童进行口腔保健。同期对313名保教人员进行年度健康体检，调离1人。全年孕产妇死亡率0/10万；围产儿死亡率2.7‰；围保健册率99%，儿保健册率100%，早孕建卡率91.1%，产后访视率97.1%，围保和儿保系统管理率分别为83.6%和91.1%。

【传染、结核病管理防治】 一、传染病管理。计划免疫"五苗"接种率为98%，程序符合率为95%；全年预防接种甲肝疫苗2720支，乙肝疫苗6414支，流感疫苗1800支，乙脑疫苗636支，风疹疫苗415支，麻疹疫苗415支，麻风腮疫苗22支，狂犬疫苗550支，以上预防接种的全过程均为安全注射。全年共发现各类传染病796例，均为散发，总发病率为600/10万。传染病发生前五位疾病序列为：肝炎，259.94/10万；菌痢，131.2/10万；结核，45.92/10万；性病，42.64/10万；麻疹，11.48/10万。

二、结核病防治。实施结核病归口管理和全程督导化疗，共治愈涂阳肺结核16例，涂阴肺结核45例。新发涂阳肺结核24例，涂阴肺结核103例，现管理涂阳肺结核8例，涂阴肺结核67例。归口管理率95%，督导化疗率80%，治愈率85%。

【学校卫生】 完成公司37所中小学32383名在校学生的健康体检，检出异常体征352名，检出率为0.92%；对在校中小学生进行“口腔保健”和“爱乐康”驱虫药普服。低视率和龋病率比去年同期有所下降。对西山技工学校723名和西山三高267名新入校学生进行了甲、乙肝血液检测，发现乙肝表面抗原阳性学生15名，及时对在职教职员工和在校学生进行了全员乙肝疫苗预防接种。

（钱旭江）

卫生工作

【概况】 卫生处是西山煤电集团公司医疗卫生系统业务职能管理部门，设医政科、科教科、药政科、综合科、爱国卫生办公室，有管理人员12人。主要职责：负责贯彻国家医疗卫生工作各项法令、法规、政令及上级卫生部门的各项工作安排，组织对所属各医疗卫生单位的检查落实；根据上级要求向所属各医疗卫生单位提出年度预防、医疗等卫生工作目标及任务；对西山煤电集团公司医疗卫生资源配置及合理利用、卫生机构设置、卫技人员合理配备等进行统筹安排并提出建议，对各医疗卫生单位工作进行季度考核、年度总评。

【医疗卫生管理】 一、对卫生系统11所医院、5个卫生所（门诊部）进行综合考核。考核内容包括8个方面，即：医护质量管理、安全质量管理、医技质量管理、爱国卫生、疾病预防控制、经营管理、医德医风、服务态度。全年门诊诊疗48.35万人次，门诊一次确诊率达到了90%以上。住院病人2.05万人次，出院病人2.03万人次，实施各类手术4279台次，平均病床使用率81%。业务收入1.58亿元，同比增长9.8%；人均业务收入5.88万元，同比增长8.63%；对外创收6082万元，同比增长16.21%。

2006年卫生机构及人员基本情况表

项目 类别	机构数（个）	床位数（张）	人员总数	其中卫技人员
卫生处	1	–	12	10
疾控中心	1	–	67	54
三级乙等医院	1	500	1166	731
二级甲等医院	1	320	535	427
一级甲等医院	9	719	1158	1084
卫生所（门诊部）	5	–	74	71
社区卫生服务站	18	–	144	144
卫生科	9	–	74	33
总　计	45	1539	3230	2554

二、全面加强医疗机构医务管理。建立完善首诊负责制、三级医师查房制度、疑难病例讨论制度、会诊制度、危重患者抢救制度、术前讨论制度、病历书写基本规范和交接班制度等医疗质量和医疗安全管理制度，规范急症监护室、急诊室、手术室等重点部位的管理，全年医疗事故为“零”。

三、基本形成小病在社区、大病在医院的医疗卫生技术服务格局。建立社区居民健康档案23493份，门诊诊疗71115人次，开展康复人数3790人，“慢五病”管理3235人，计划生育指导420人次，举办健康教育讲座205次，疫苗接种25127人次。

四、严格非参保人员就医管理。在西山煤电集团公司机关医保外就医和医药费管理工作中，按照《非参保人员就医及医药费报销管理办法》，对离休、建国前参加革命工作的老工人、工伤、职业病、独生子女的就医、转诊、转院和医药费报销工作进行规范化管理。

【疾病预防控制】 加强传染病管理与重大疾病防治，“七苗”（卡介苗、百白破、麻疹、脊髓灰质炎、乙肝、流脑、乙脑）接种率为98%；预防接种甲肝疫苗2720支，乙肝疫苗6414支，流脑疫苗1800支，乙脑疫苗636支，风疹疫苗415支，麻疹疫苗415支，麻风腮疫苗22支,狂犬疫苗550支。传染病报告和管理机制进一步健全,全年共发现各类传染病542例,均为散发,总发病率为444.5/10万。传染病发生疾病谱序列为:肝炎29.8/10万,痢疾20.3/10万,结核6.9/10万,性病25.43/10万,麻疹1.8/10万。加强结核病防治工作,坚持并实施结核病的归口管理和全程督导化疗,治愈涂阳肺结核16例,涂阴肺结核45例,新发涂阳肺结核24例,涂阴肺结核103例,现管理有涂阳肺结核8例,涂阴肺结核67例。

【公共卫生监督】 以职业卫生、环境卫生、食品卫生、公共场所卫生、生活饮用水卫生、妇幼卫生、基础管理、健康教育为重点,对各二级单位进行爱国卫生绩效工资考核。对爱国卫生工作考核不达标的单位扣罚绩效工资1.6万元。清运生活垃圾20余万吨。开展以灭鼠、灭蚊、灭蝇、灭蟑为重点的除"四害"工作,投放灭鼠药、灭蟑笔和悬浮剂等消杀药品1500余公斤,用药覆盖率达到应投药面积的90%以上,鼠密度和蟑螂的侵害率控制在2%以下,达到不足危害的程度。对2937名食品、公共场所和生活饮用水从业人员进行健康体检,印发《卫生法规及卫生知识培训手册》3000余册,培训考核从业人员2910人;检出有碍食品、公共场所、生活饮用水从业人员27人;审办从业单位"卫生许可证"128个,从业人员"健康培训合格证"2910个;餐具消毒采样208份,合格率93.3%;水质采样217份,合格率80.6%。

【技术进步】 一、更新设备。职工总医院购置64层螺旋CT、500MAX光机、C型臂、肺功能仪、电子内镜、高压氧舱、中央监护仪等先进设备。古交矿区总医院购置了腹腔镜、前列腺电切镜、关节镜等外科微创设备和CR、DR、B超、麻醉机等大型设备,开展外科微创技术,对需手术患者具有不开刀、创伤小、恢复快等特点。疾控中心购进了液相色谱仪和气相色谱仪等设备。白家庄分院购置了血球分析仪、急诊心电监护仪和除颤起搏器等医疗设备。

二、开展科研教学工作。对1600余名高、中、初级专业技术人员继续医学教育学分认定。举办"医院管理知识"、"护理技术新进展"、"医德医风"等知识培训班,培训1400余人次。

(李延彤)

西山煤电股份公司管理工作

【公司概况】 西山煤电股份有限公司是西山煤电集团有限责任公司的子公司,是一家以煤炭生产、加工,焦炭化工,电力等为主要产品的上市公司。

2000年7月26日,西山煤电股票在深圳交易所挂牌交易,股票简称西山煤电,证券代码:000983。西山煤电作为焦煤资源第一股,在资本市场上一直备受青睐。2005年4月7日,在资本市场创出17.10元的历史最高价,送配分红、股权分置改革送股后,2006年末以8.95元报收,市值达到108亿元。在《大众证券报》及新浪财经联合主办的2006年第二届"大众证券杯"中国上市公司竞争力公信力TOP10调查中,获"中国十佳最具投资价值上市公司"、"中国十佳最重分红回报上市公司"称号。2006年10月,被《福布斯》杂志评选为中国内地最具发展潜力中小企业第1名;11月再次荣登中国上市公司百强(CBT)排行榜,名次由2005年的57位上升到30位。

西山煤电股份公司机关部室健全完备。直属单位有煤炭销售分公司、物资供应分公司、设备租赁分公司、电力分公司;所属单位有西铭矿、西铭矿选煤厂筹备处、西曲矿、西曲矿选煤厂、镇城底矿、镇城底矿选煤厂、马兰矿、马兰矿选煤厂、太原选煤厂、矸石电厂;控股子公司有山西兴能发电有限责任公司、山西西山热电有限责任公司、山西西山晋兴能源有限责任公司;参股公司有山西证券有限责任公司、山西焦化股份有限公司。截至2006年底,在册职工总数24154人。

2006年,公司原煤产量完成1516万吨;精煤产量831万吨;电力产业长势良好,全年发电41.2亿千瓦时,上网电量37.54亿千瓦时,全国最大的环保型坑口电厂——山西兴能发电有限责任公司一期(2×30万千瓦)工程两台机组正常运行。公司被中共中央宣传部确定为落实科学发展观的重点报道单位,新华社、中央电视台等12家新闻媒体集中报道了公司发展循环经济的典型作法。

【综合管理】 一、基本情况。综合部下设办公室、人事科、小车队3个科室,共有职工21人。工作职责:协助公司领导围绕企业中心工作提出符合企业改革、管理、结构调整的工作思路,为公司发展献计献策;组织起草重要会议的工作报告及有关文件;负责制定及完善企业内部管理方面的规章制度、实施方案和实现管理创新方面的重要文件;列席公司重要会议包括党政联席会、党委中心组学习会议、股东大会、董事会、总经理办公会等会议,及时准确了解董事会及公司领导意图,全面系统的掌握各项工作情况;依照《公司法》和《工商登记管理条例》,如期承办公司的工商登记、年检、变更等;负责档案机要、企业形象宣传、相关信息收集发布;负责人事、保险、劳资、党总支、工会分会、公司交安委等工作。

二、规范运作。完善部门系列规章制度。按照证监会出台的一系列新制度、新要求,从会议记录、文件制发、印鉴管理、档案管理、劳动人事管理等方面进行规范和改进。分部门、分系统整理完善公司的一整套管理制度。配合西山煤电集团公司档案馆完成股份公司成立六年来公司文件、董事会文件、财务报表等文件、资料、档案的移交工作。为迎接山西省委巡视工作组的巡检,组织有关领导带领机关7个部门及相关科室20余人,于4月11~26日对公司所属15个单位进行了为期15天的督导检查,对存在问题进行了督促整改,促进了各项工作的规范运作。

三、文字材料撰写。起草的文字材料主要有:2005年工作总结及2006年工作安排;年度股东大会总经理工作报告;公司及公司领导获得的国家、省、市级荣誉的事迹材料;股东大会及董事会有关材料;年报、中报、季报及稽查材料有关内容。在财政部驻山西财监办对股份公司会计信息质量检查中,做好综合协调工作,起草公司向财政监察专员的汇报材料,按照要求提供了有关材料。配合财务等部门做好山西省审计厅对股份公司机关本部的审计工作,按照要求完成了有关文字材料工作。配合西山煤电集团公司史志办,按要求完成了年鉴有关材料编撰工作。组织编辑《综合信息》刊物,出刊12期,累计出刊29期,收集大量的国家关于煤炭企业及其上下游企业的政策法规、宏观经济、行业动态、股市动态分析信息,为公司领导科学决策提供依据。

四、对外宣传工作。在国家发展改革委员会《宏观经济管理》、《中国经贸导刊》及《中华人民共和国大典—证券卷》、《中国煤炭企业管理》、《山西年鉴》、《山西市场导报》、《党建》、《党史文汇》等十几家媒体、报刊、杂志上刊发公司形象宣传文章。参加中国煤炭工业协会组织的全国第二次现代煤炭企业管理前沿问题研讨班等活动。积极与西山煤电集团公司技术中心配合,经过申报、自评、网上投票、专家会审等一系列程序和工作,取得了中国产品质量协会频发的“全国质量信誉等级AAA级企业认证”证书。

五、组织人事工作。严格考勤管理,逐月审核机关包括分公司在内的813名员工的工资核查、发放等工作,完成工资晋级任务、各类统计报表的制作、汇总与报送任务。加强养老保险、医疗保险、住房公积金管理,及时变更缴费基数;按时为机关员工交纳养老保险金,及时登记各种台帐、卡片、手册,定期核对个人账户。强化失业保险的日常管理工作,为全公司21382名职工按时足额上缴失业保险金,并建立健全各项管理台账。为西曲矿、马兰矿、镇城底矿的833名返乡农民工按时结算救济金216万元。成立了股份公司技术中心、电力分公司、职教办、救护大队4个机构,并理顺了工资核算、各类保险的收缴等工作程序。制定公司机关专业技术职务的岗位设置与考核方案,对机关所有专业技术人员进行了专业技术职务考核。加强劳动合同的管理,及时与相关部门联系,纠正了基层单位在新签、续签劳动合同中存在的问题。按规定下发《关于2006年残疾人就业保障金的通知》、《关于2006年度工伤保险缴费的通知》,并完成了计提、收缴等工作。

(李　丹)

【财务管理】 一、基本情况。财务部设成本科、会计科、财务科、税管科、经营科,有职工17人。主要职责:组织制定全公司财务管理、会计核算办法及费用开支范围和标准;组织制定全公司成本、利润指标,组织全公司资金的筹集、运用和分配;参与全公司远景和近期规划及年度各项计划指标的制定及经营决策,负责重大开支项目和公司各项报销费用的审批,会计决算及有关报表的编制审查上报工作,财务成本分析及分析说明的编写,以及与银行、税务、保险等部门的协调等工作。

二、规范经济活动。与公司证券部、综合部、经营部及法律顾问部等相关部室一起,在年初对公司所属矿厂及子公司的规范运作进行全面检查,对存在的问题进行纠正。接待财政部驻山西财监办的会计信息质量检查、山西省审计厅对山西焦煤集团公司董事长杜复新任中审计等一系列审计检查,派出人员积极配合,圆满完成了审计任务。同时对审计出的问题进行归纳整理,相应提出了整改建议。使公司各项经济活动不断走上规范发展道路。

三、加强职能管理。1.注重建章立制。制定适用于本公司的财务制度。制定了财务部职责及财务部各岗位的职责,明确了会计人员的职责权限、工作分工、工作规程和纪律要求。强化职能管理,在会计审核中严格按规定办事。2.强化财务分析工作。收集财务分析资料,每月对财务主要情况进行简要分析说明。对资产分布和资金营运是否合理、资本结构是否正常、盈利能力和资产管理水平、是否存有潜在的财务风险进行评价;对成本费用支出预算执行情况、成本费用支出对资金的影响、费用之间的比例进行分析;对其他影响企业效益和财务状况较大的项目和重大事件做出分析说明。

四、增加公司收益。1.提高资金使用效率。对大部分募集资金由活期存款转为定期存款,为公司增加了利息收入。经过财务部人员积极工作,山西工商银行西山支行对公司贷款实行利率下浮 10%的优惠利率,为公司节省了利息支出。积极与保险公司进行沟通,当年获得保险赔款 100 余万元。2.最大限度地享受税收优惠。积极学习国家税收最新法规以及有关优惠政策,做到用好政策、用活政策。通过与二级单位、技术中心等相关部门密切配合,收集大量资料,与税务局进行多次沟通,取得了以下成绩:2005 年国产设备抵免企业所得税 7289.8 万元;技术开发费抵免企业所得税 560 万元。

五、做好专项工作。1.加强信息披露工作,确保上市公司披露信息真实、准确、完整、及时。根据证监会要求,在时间紧、任务重、人员少的情况下,会同会计师事务所审查、汇总、编制会计报表,高质、高效、按时完成年报、中报、季报编制工作。2.提高会计从业人员专业水平和业务素质。组织基层单位开展 2006 年度会计人员继续教育、新会计准则业务培训,以及技术开发费抵免企业所得税培训。3.办理国有资产产权登记证。精心准备资料,并多次与山西省国资委有关人员沟通,圆满完成公司及所属三个子公司产权登记证的办理工作,并获“先进单位”称号。

(马　强)

【证券工作】 一、基本情况。证券部设投资者关系管理科、股权管理科、证券投资科。有职工 5 人。主要职责:协助董事会秘书进行公司信息披露工作;筹备股东大会、董事会、监事会会议;协助董事会秘书进行投资者关系管理工作;监测公司股票二级市场动向,及时向公司领导提供有关信息资料;制作公司资本运营方案,参与投资项目的考察与调研。

二、重构公司治理有关制度。制定《信息披露管理办法》、《重大信息披露制度》、《独立董事制度》、《董事会秘书工作细则》,建立以《公司章程》为基础,三会议事制度、信息披露制度、独立董事制度为主要架构的公司治理规章体系。完善内控制度,对公司质量、制止商业贿赂行为进行自查,制定出整改措施,上报监管部门,规范公司行为。在《公司章程》及三会议事规则修改中,重点规范公司对外担保、关联交易行为的审批权限、审议程序及责任追究制度,为公司控制对外担保风险,保护中小股东利益提供制度支持。完成了所有高管人员有关信息的核对及修订,治理大股东占用资金等监管部门要求的工作。

三、参与山西焦化股改。公司作为山西焦化第二大股东,参与了山西焦化的股权分置改革。自公司受让山焦股权后,证券部就始终密切关注山西焦化股权分置改革工作的进展情况,以便根据事态发展及山西焦化的股价适时为管理层提供各种可能的对价实施参考方案,既能推进山西焦化股改工作,又使公司利益不受损失。会同公司财务部对不同的对价方案进行大量的测算,多次前往山西焦化、山西省国资委进行交流和沟通,同时征求公司股东、独立董事意见,最终双方提出合理的股改方案及补偿方案,完成了山西焦化的股权分置改革工作,受到山西省国资委及证监局的好评。根据山西焦化股价,公司所持山西焦化股份价格较受让价格高出约 5000 万元,保证了参股山西焦化利益不受损失。

四、做好信息披露日常工作。公司召开两次股东大会、四次董事会及两次监事会,会议资料涉及签署综合服务协议、对子公司增资提供担保,募集资金变更、修改公司章程等重大事项。证券部认真筹备公司治理结构的相关会议,履行信息披露义务。由于年报准则进行大幅修改,要求上市公司增加分析公司所处行业现状、发展趋势、公司未来发展机遇、发展战备和经营计划、资金需求和使用计划、公司面临的风险因素等内容，证券部在时间紧、工作量大的情况下及时完成了年度报告披露工作。及时完成半年度报告，一、三季度报告以及分红派息工作，累计完成临时公告信息19份。积极筹备公司控股股东变更信息披露工作，为山西焦煤西山煤电集团有限责任公司收购公司国有法人股做准备。

五、完成限售股份解除限售任务。公司股权分置改革方案中，除控股股东外，其余4家股东承诺：自获得上市流通权之日起，12个月内不上市交易或者转让。2006年10月28日限售到期，证券部完成解除限售有关报送文件，派专人前往深交所办理完有关手续，并就解除限售情况及该部分股份的今后运作计划向有关领导进行汇报。配合董事会秘书接待了大量的境内外投资者，参与并举办了多次煤炭行业研究员分析会。

（钱小红）

【规划发展工作】 一、基本情况。规划发展部设计划统计科、资金规划管理科，有职工4人。主要职责：负责编制公司年度和月度生产经营计划；编制上报公司生产、专用资金等综合统计报表；全面系统整理历史统计资料，为公司各职能部门提供统计资料；负责公司长远发展规划，并组织编制公司三年投资滚动计划，进行项目前期准备工作，做好规划与年度计划的衔接；负责编制公司维简资金、煤炭生产安全费用、修理费年度计划；负责公司工程项目包干建设管理、工程项目的过程管理和结算管理。

二、深化计划与统计管理。1.做好计划工作。围绕公司生产经营目标制定计划，既保证生产经营的正常进行，又把有限的资金用在最需要的地方，确保计划的指导性、合理性、前瞻性、有效性。2006年，下达生产经营计划和专用资金计划共16批，管理文件11类次。与此同时，根据生产经营具体情况，及时对一些具体工程和项目资金计划予以变更和调整。2.做好生产经营统计工作。按时编报生产经营情况、基本建设报表，并及时上报上级部门。组织制定统计报表考核办法，每季度对基层统计报表进行考核评比，并进行通报，提高统计报表质量。完成公司成立以来的历史统计资料汇编任务。

三、参与和指导重点工程。1.积极参与所属矿厂生产工艺技术改造工作。参与的主要项目有：西铭矿矿井瓦斯集中抽放工程、西铭矿选煤厂建设、太原选煤厂输煤系统工程、马兰矿麻家口风井建设、镇城底矿南翼风井建设、河涝湾110千伏变电站建设等。在项目的立项、方案的研讨、招投标管理、工程建设管理、结算与工程验收方面积极参与，认真把关。2.加强对公司新投资项目的管理。掌握了解项目进展动态，如：山西西山热电有限责任公司1号、2号机组、山西兴能发电有限责任公司一期工程均投产发电，兴县矿区岢瓦铁路正在建设中，计划2008年6月竣工。尽力为有关部门解决一些力所能及的问题。3.建立健全工程建设管理制度。下发《山西西山煤电股份有限公司工程项目包干建设管理办法》。深入现场，掌握工程进展状况，参与现场管理，同时在工程结算、设备修理审批方面严格把关，认真管理。

四、努力取得政策支持。学习研究国家有关政策，力争对国家的有关政策做到合理利用。在国家的资金放贷、税金抵扣方面，积极与上级部门上报、申请。配合公司有关部门完善手续、整理编报有关资料，争取进口设备抵免手续，为公司取得好的经济效益。

（任慧生）

【生产技术管理】 一、基本情况。生产技术部有2名职工。主要职责：负责矿井、选煤厂生产管理及相关技术管理工作；负责新技术推广应用、双高矿井、优质选煤厂的建设、采掘衔接、生产竞赛等工作；组织采掘队组创水平活动，保证矿井水平、采区工作面正常接替，保证合理集中生产。

二、加强生产技术管理。下发《关于晋兴能源有限责任公司斜沟矿在220千伏变电站输电前安全生产承诺的报告》、《关于晋兴能源有限责任公司斜沟矿改扩建项目申请验收的请示》、《关于下发高产高效矿井和优质高效选煤厂建设绩效考核的通知》、《关于印发西山煤电股份公司顶板管理办法的通知》、《关于下发西山煤电股份公司煤质管理考核办法的通知》、《关于下发2006年矿井运输管理规定的通知》、《关于下发西山煤电股份公司煤质库存管理办法的通知》、《关于顶板适管理、运输管理有关补充规定的通知》。

（李　丹）

【经营管理】 一、基本情况。经营部下设经营管理科，有职工2人。主要从事供应、设备租赁、煤炭销售、通风配件等方面规范性运作的日常管理工作。

二、经营管理日常统计分析。及时调整统计报表，每月按时汇总各矿厂上月的产、供、销方面的主要数据，编制经营报表；根据公司业务的拓展适时增加了发供电、晋兴煤炭产销统计、煤炭港口统计表等项目和分表，增强了经营报表的完整性、规范性。为客观和全面地了解公司煤炭生产成本，给公司领导决策提供依据。下半年新增加了成本分析报表，按月编制，内容主要涉及储备资金、材料成本分析、原煤成本分析表、精煤成本分析表等方面。按期开展经营煤炭市场分析工作，通过与产销部门沟通联系，上网查询等方式，掌握第一手资料，对销售环节的信息进行汇总、整理、分析，力求真实反映公司和市场变化的实际情况，提供比较准确的分析结果，并提出建议和对策，发挥经营管理的分析比较功能。

三、规范经营活动。对各二级单位合同、机电、供应、销售、通风配件管理等方面进行检查指导，对发现的不规范、不协调、不联动等问题及时与对口单位、部门协调沟通，商讨解决途径，限期整改。突出抓好供应、销售、租赁经营管理。

在物资供应管理方面，通过强化基础性和日常性管理，重点抓好物资供应统计数据的收集和分析，规范物资采供行为。上半年针对检查中发现的主要问题，重点解决了集团公司和股份公司之间的材料相互占用问题，对材料、二类机电等占用量比较大、问题比较突出的物资全面进行出入库调整，调整总量约2500万元，基本上解决了股份物资存在的账物不对口问题，有效规范了物资管理。虽暂时增大了关联交易量，但避免了问题的长期累积。

在销售管理方面，从建账立表的基础工作抓起，逐月统计各矿厂煤炭产销数据，汇总编制公司煤炭产销报表和煤炭价格报表，规范和促进煤炭运销管理。对公司煤炭购销合同进行不定期检查，对不符合要求的合同及时提出整改意见和建议。

在设备租赁管理方面，强化监督和管理职能，按期要求租赁公司上报配件采购、出入库报表、合同报表，并加以整理和分析。在规范性检查中对设备租赁的业务流程和库房管理提出了进一步完善的建议和要求，以达到强化管理和方便基层的目的。

四、通风配件采购供应。针对通风配件采购量大、任务紧的特点，会同有关部门，认真审定全年采购计划，逐项确定采购项目，安排采购计划360万元，确保各矿、厂通风、监控备品备件的按期、按量供应。在采购过程中，对合同签订进行严格把关，对合同条款逐项审定，重点控制采购价格、数量、品种、质量、供货时间等项目，并及时建立合同台账。至12月10日，共签订采购合同23份，合同标的额356.33万元，合同履行基本完成，并及时做好对各矿的结算和发票挂账工作。

（杨宏平）

【法律事务管理】 一、基本情况。法律事务部成立于2005年，处级建制，由西山煤电股份公司董事会秘书分管。有职工3人。主要承担公司合同管理、诉讼非诉讼案件代理、普法依法治企、参与公司改制、投融资、招投标等重大经营活动，为公司依法经营、依法管理、依法决策、依法维权提供法律服务。

二、审签合同。审签重大合同30余份，标的额1亿多元。包括矸石电厂与第四热源厂的合作协议、西铭矿选煤厂施工总承包合同、兴能发电有限责任公司2×300mw机组供用水合同、信息中心维护服务合同、河龙湾110万千伏变电站建设补充协议等各类合同。审查晋兴能源有限责任公司岢瓦铁路招标的全部文件及全部合同40余份，标的额3000余万元。

三、参与招投标活动。以监督人身份参加各类招投标活动，本着公开、公正、公平，降低成本、提高工程质量的原则，对招投标活动实行监督，维护企业合法权益。全年参加招投标20余项。包括马兰矿南一回风巷道供电工程招投标、山西西山晋兴能源有限责任公司建设工程项目招投标、兴县斜沟矿综合办公楼装修工程招标、杰森实业有限公司中纤板厂资产议标竞卖、2006年度西山机电配件招投标、2006年度统购物资招投标、瓦斯抽放管招投标、西曲矿空压机安装工程招投标、供电线路氧化锌避雷器采购招投标等。

四、参与法律事务。代理公司各类诉讼案件5件，标的额5200余万元，案件正在审理中。积极为企业合并、分立、投资、租赁、资产转让提供法律服务；参与公司项目谈判、可行性法律论证、矿区环境治理等工作。法律顾问工作从事后补救型逐渐向事前风险防范、事中风险控制的预防型体制转变。

五、推进依法治企。召开依法治企工作动员暨“四五”普法总结表彰会。制定公司“五五”普法依法治企规划。开展“重合用、守信用”活动，按要求向太原市工商局报送“守合同、重信用”年检材料，并协助工商部门完成了各单位“守合同、重信用”检查验收。2006年，公司首次被山西省工商局命名为“守合同、重信用”单位。

（孙维敏）

党群工作

DANGQUN GONGZUO

2007

西山煤电集团年鉴

XISHAN MEIDIAN JITUAN NIANJIAN

组织人事工作

【概况】 组织部、人事处是西山煤电集团公司党政的组织人事职能部门,设综合科、组织科、干部管理科、干部监督教育科、科技干部科、干部调配科六个科室。有职工 13 人。主要职责:研究和指导基层党组织建设,规划和指导党员教育管理工作;指导二级单位领导班子思想政治建设;负责干部的管理、考核、教育、监督等工作;提出关于领导班子调整、配备的意见和建议;负责办理干部任免、工资、退(离)休审批手续和档案管理;研究探索干部人事制度改革和人力资源开发工作;负责后备干部的培养选拔工作和专业技术人员职称评聘、考核工作,负责大中专毕业生接收就业管理和人事代理服务等工作;受理党员、干部申诉,处理来信来访和落实政策。负责党内统计和干部统计、党费收缴与管理。

【党组织建设】 一、组织开好党代会。下发《关于认真做好西山煤电集团公司第七次党代会筹备工作的通知》、《关于成立西山煤电集团公司第七次党代会筹备工作机构的通知》,分两次组织党代会知识专题培训,草拟大会选举办法、大会日程、各种会议主持词,制定各单位党委委员、纪委委员和出席西山煤电集团公司第七次党代会代表酝酿产生程序,指导各基层单位召开党代会或党员大会。6 月 27 日至 29 日,召开了西山煤电集团公司第七次党代会。

二、加强基层党组织建设。按照党章要求,在西山煤电集团公司党委统一领导下,基层党委和总支、支部分别召开党代会、党员大会进行换届选举,健全了班子,配齐了干部。同时,为了加强新经济组织党的建设工作,3 月成立山西兴能发电有限责任公司、山西西山晋兴能源有限责任公司、山西焦煤集团五麟煤焦开发有限责任公司党委,12 月成立山西焦煤集团矿业管理有限公司党委,为党组织在新经济组织中更好地发挥作用提供了有效保障。

三、坚持民主生活会制度。把巩固扩大党员先进性教育活动成果、加强领导班子建设作为民主生活会重要主题,总结推广教育活动成功做法,对会议程序、工作标准做出明确规定。严把征求意见关、发言材料关、标准程序关。认真收集、整理对山西焦煤集团公司和西山煤电集团公司领导班子民主生活会征求意见材料。加强对矿处级领导干部民主生活会协调指导,西山煤电集团公司党委组织部、纪委派人参加各单位生活会。通过定期培训、党委中心组学习、日常教育、沟通化解工作中矛盾分歧的方法,提高班子成员沟通协调能力。坚持民主集中制原则,按规定程序办事。对企业生产经营的重大决策、重大项目安排、大额资金运作及重要人事任免,主要领导干部事先通气后由集体讨论决定。

【党建工作】 一、开展"创先争优"活动。修订"创先争优"活动考核细则,考核内容更加细化、量化。"七一"前,对各单位"创先争优"活动进行考核,6 月 29 日召开纪念建党 85 周年暨"创先争优"表彰大会,表彰先进党组织、优秀共产党员、优秀党务工作者。

二、开展党员安全责任区、"党员身边无事故"活动。重新修订工作条例,对全年的活动形式、内容和考核细则提出新要求。加强党员安全责任区党员学习教育、党员安全实践工作,实行党员佩带安全标识上岗。开展"我是党员我安全、我是党员我遵章"党员安全实践主题活动,坚持每季进行一次检查考核并打分排队,按照考核结果奖罚兑现。在安全生产月,组织开展党员安全责任区警示座谈活动,并对活动中涌现出的 39 名积极分子给予表彰。

三、做好发展党员工作。年初,下发《2006 年发展党员工作意见》,对全年发展党员工作做出具体安排。加强对入党积极分子的培养教育,在形式上不断改进,在内容上严格要求,全年举办入党积极分子培训班 6 期,761 名积极分子参加培训。坚持党员标准,严格工作程序,全年发展新党员 766 名。

四、加强党员教育管理。加强党员的党性意识、责任意识、先锋意识教育,探索建立党员先进性教育长效机制,对党员教育管理做出制度性规定,下发《关于进一步加强和改进党员教育管理工作的意见》。结合筹备召开西山煤电集团公司第七次党代会,购买发放《党组织选举工作手册》读本,层层组织学习,并通过广播、电视、报纸等进行广泛宣传。做好党报党刊订阅工作,为所属各单位党委(直属党总支)订阅《党建研究》、《党建研究内参》,基层单位党委为支部订阅了《党建文汇》、《共产党员》、《党员文摘》等杂志。

五、做好基础管理工作。3 月份对西山煤电集团公司 2004 年 1 月 1 日后新提拔处科级干部交纳党费的比例和基数进行核定。完善党员信息管理系统，推广使用2005版党内信息管理系统，制定组织员定期交流学习制度；举办党内信息管理和年报培训班，32名专（兼）职组织员参加培训。圆满完成2006年全年党内统计工作。对基层单位党员信息管理系统和党费收缴使用管理情况进行调研督查，对发现的问题积极督促整改。

【人事管理与改革】 一、加强编制管理。强化所属单位科级机构和科级干部编制日常管理，对所属单位机构和干部编制执行情况进行调研，针对执行过程中存在的问题，向西山煤电集团公司编制委员会提出整改方案和意见。规范控参股公司机构设置和干部编制管理，先后对山西西山晋兴能源有限责任公司、山西西山热电有限责任公司的科级机构和科级干部职数编制进行核定和批复，严格执行机关直属单位编制管理规定，规范执行编制委员会有关制度，对机关科级机构和科级干部数量进行严格管理，不设置超编机构，不配备超编干部；加强机关直属单位人员调入管理，执行核定工资费用人数规定，较好地控制了机关管理人员数量。

二、建立健全领导干部选任、考核和管理办法。修订《处级领导干部选拔任用实施细则》、《公开选拔领导干部实施细则》、《领导干部交流（轮岗）工作实施办法》、《处级领导班子和领导干部综合考评办法》、《科级干部选拔任用工作条例》、《外派人员管理暂行办法》、《关于严肃干部选任工作纪律的补充规定》、《关于控（参）股公司科级干部管理有关问题的暂行规定》、《关于加强财务系统科级干部选任工作的补充规定》等干部人事管理制度文件，建立和完善了干部管理制度。完善干部考核指标体系和方式，7月，组织有关人员到上海宝钢、山东兖矿和青岛海尔等先进企业，调研和学习干部绩效考核有关工作，在吸收先进经验的基础上，对西山煤电集团公司原有的组织考察、职工民主评议相结合的考评体系和方式进行丰富和完善。8月14日至8月31日，对所属各单位党政领导班子和在职矿处级干部进行组织考察、职工民主评议，共考评党政领导班子31个，矿处级干部609人，8669名职工参加民主测评，3469名职工参加组织谈话，对346个职位进行后备干部推荐。

三、强化领导干部监督管理。下发《关于进一步加强干部监督管理、转变干部作风的若干规定》，召开专题民主生活会，提出"五条禁令"，切实转变领导干部作风。执行领导干部问责制度，先后对在山西金城建筑有限公司单身宿舍楼"2·9"危险火工品重大事故隐患、官地矿"6·16"煤仓溃泻事故、风峪沟35kV变电站"6·18"事故、西铭矿"6·27"瓦斯窒息事故和官地矿"7·9"重大顶板事故等重大事故的有关责任人分别给予免职、降职降级、诫勉、行政记过、罚款等处分。其中，涉及科级干部34人、正处级干部17人次、副处级干部9人次、副局级干部3人次。

四、做好处科级干部的选任工作。适应工作需要，结合岗位空缺情况，对矿处级干部进行考察调整和交流。在选任工作中，根据编制和职数要求，按照有关资格、条件和程序，进行组织考察和民主推荐，调整党委建制班子20个，新提拔副处级干部55人，提拔正处级干部21人，平级调整97人，改任同级调研员24人。经过调整，矿处级领导干部队伍平均年龄为46.1岁，大学本科及以上学历干部达到56.5%，具有副高级及以上职称干部达到55.8%。同时对机关直属有关单位科级干部进行考察调整和补充。

【专业人员管理】 一、严格专业技术人员管理水平。1.制定下发《西山专业技术人员管理办法》，成立专业技术人员管理委员会，28个基层单位和57个机关部门成立专业技术人员管理领导组。2.各单位、各部门坚持"因事设岗、岗责匹配、精简高效、结构合理"原则，提出专业技术岗位设置方案，集团组织人事处对各单位上报的专业技术岗位设置方案进行批复。西山煤电集团公司共有专业技术人员17827人，共设置专业技术岗位15703个，占总人数的88.1%。其中，基层单位专业技术人员15870人，共设置专业技术岗位13991个，占总人数的88.2%；西山煤电集团公司机关直属单位专业技术人员1957人，共设置专业技术岗位1712个，占总人数的87.5%。3.对专业技术岗位以职数的形式进行严格控制。根据专业技术人员工作年度考核评价结果，在核定系列和职数范围内进行竞聘上岗。聘任人数可等于或少于核定职数，不得超过核定职数，无空缺职数不得聘任专业技术人员。4.下发《关于做好专业技术人员聘任工作的补充规定》，对不在核定专业系列范围内的专业技术人员提出解决方案。

二、开展年度考核工作。在核定专业技术系列、设置专业技术岗位基础上，开展专业技术人员年度考核。根据考核结果，在岗专业技术人员在核定系列和职数范围内进行竞聘，共有15027名专业技术人员竞聘上岗，占全部专业技术人员的84.3%，有2800名专业技术人员落聘，初步形成竞争机制。

三、加强职称评审工作。1.适应专业技术发展需要，及时调整、建立工程教育系列中初级、政工系列初级评委库，完善专业技术资格评审有关基础工作。在学校归属社会步伐加快、教育系列专业技术资格评审工作安排全部移交太原市的情况下，积极与太原市教委联系中、小学教师职称评审工作，做到稳步移交。考虑到西山煤电集团公司幼教、职教、技校、工大等单位的专业技术人员资格评审和管理的一致性，积极协调争取并成立教育系列评委会，保证此项工作有效衔接。2.及时安排工程、卫生、经济、会计、统计、艺术、图书资料、群众文化高级专业技术资格评审；及时安排成人高校，成人中专，技工学校、盲人按摩系列专业技术职务的评审，对申报材料进行审核、报送；做好2006年度群众文化、艺术、图书资料系列中、初级的评审安排、材料审核、报送工作。推荐上报成绩优异高级工程师7人，全部通过；推荐上报卫生系列正高级14人，7人通过；推荐上报正高级政工师4人，推荐上报各类副高级129人，92人通过。组织工程系列中、初级专业技术资格评审的材料审核考试、答辩工作；召开评委会，工程系列中级申报113人，通过98人；工程系列初级申报139人，考试通过83人。幼教系列中级申报9人，通过8人；初级申报8人，通过4人。

【人才资源管理】 一、做好煤炭主体专业本科毕业生的引进工作。1.分层次引进需要的大中专毕业生。组织各生产单位对2006~2008年主体专业毕业生需求情况进行摸底调查，制定三年内用人需求计划。按照各单位实际需求计划，在中国矿业大学等省内外多所煤炭大中专院校组织的双向选择就业会，分学历层次招聘主体专业毕业生236名，其中本科学历毕业生114名，占48.7%。3月，下发《关于认真做好招聘主体专业和急需专业毕业生实习工作的通知》，督促各矿井单位积极创造良好的实习条件，提供必要的服务，共有26名招聘的本科毕业生在西山煤电集团公司完成了7周的实习任务。7月2日，西山煤电集团公司党委副书记徐俊明带领有关人员，专程赴中国矿业大学，统一将中国矿业大学与西山煤电集团公司签约的90名毕业生接回。7月3日，西山煤电集团公司召开欢迎会，会后集中对招聘的114名本科毕业生进行集中派遣。2.以2001~2005年参加工作的毕业生为对象，开展优秀毕业生标兵和优秀毕业生评选活动。来自生产一线的10名毕业生获“十佳优秀毕业生标兵”称号，42名毕业生获“优秀毕业生”称号。8月9日召开优秀毕业生表彰会暨2006年招聘毕业生就业动员大会。

二、适时调整职工子女毕业生接收政策，保持企业稳定。根据国家和山西省有关就业政策规定，在充分考虑2006年毕业生结构、学历情况和企业的承受能力前提下，按照“适当照顾、提高层次、保证质量、从紧从严”的原则，对2006年公司接收职工子女毕业生政策进行调整。积极研究毕业生就业渠道，促进毕业生资源优化配置。组织120名企业在职职工参加中国矿业大学等6所院校单独招生报名考试，有6名职工通过考试，被中国矿业大学、辽宁工程技术大学、太原理工大学录取。

三、提升毕业生管理工作水平。下发《进一步加强大中专毕业生见习期间管理和规范转正定级工作的意见》。对煤炭主体专业本科学历毕业生实行五年期跟踪考核制度，对毕业生德、能、勤、绩进行考核，建立个人考核档案，把考核情况作为在一个时期内兑现奖励和提拔使用的主要依据之一。对煤炭主体专业大专、中专学历毕业生和非煤炭主体专业大中专毕业生，由各单位比照煤炭主体专业本科毕业生进行考核管理。制定《关于加强大中专毕业生引进、培养、管理、使用暂行办法》，抓好吸引、培养、使用3个环节。

四、发挥人才大市场西山工作站职能。7月，与太原人才大市场就有关待岗职工子女毕业生进站管理的事宜进行交流沟通，对有关协议进行修改。发挥工作站人事代理职能，为山西兴能发电有限责任公司159名外聘员工办理劳动合同签证手续，为招聘的56名主体专业毕业生办理人才集体户落户手续。

【部门自身建设】 一、加强能力建设。8月举办组工干部培训班，西山煤电集团公司52名组工干部参加培训。加强和改进干部人事档案管理工作，各单位对所管理的所有干部档案按标准进行整理，配齐档案管理设施，完善档案管理制度，建立健全管理台账，规范档案管理，对所有干部三个时间(干部出生时间、干部参加工作时间、干部入党时间)进行严格认定。

二、履行服务职能。及时为各系列取得专业技术资格的人员1931人办理资格证书，为2005年度通过注册安全工程师考试的23人办理资格证书，为2005年度已通过注册安全工程师考试的21名职工办理注册，组织报考2006年度注册安全工程师46人的考试资格审查及报名工作。做好专业技术干部3户5人农转非申报工作，安排全日制大、中专院校毕业生认定相应专业技术职务约1200人，组织1人申报参加享受政府特殊津贴选拔。

三、办理军转干补贴手续。根据山西省军队转业办公室关于提高军队转业干部补贴标准有关精神，积极协调，争取政策，为163名军转干部申请到补贴，建立个人账户，申请补助金额34万元/年。

（郭达鹏）

宣传思想工作

【概况】 宣传部是西山煤电集团公司党委主管宣传和统战工作的职能部门，设办公室、宣传科、理论科、新闻科、统战科、网站管理科，有职工12人。主要职责：制定公司宣传思想工作要点并组织实施，宣传党的路线、方针、政策，宣传西山煤电集团公司党政决策；制定理论学习要点，以两级中心组为重点，组织干部党员进行理论学习；制定集团公司精神文明建设、企业文化建设中、长期规划和近期工作目标，并检查、督促实施；组织开展思想政治研究工作，开展论文研讨、形势教育、职工思想状况调研活动，为党委决策提供参考；制订对内外新闻宣传工作要点安排，组织搞好集团公司情况通报会，加强对各新闻媒体的指导，做好网站的运行和管理工作；制定安全宣传教育计划和管理办法，并检查、督促实施；做好统战工作和民族宗教等工作。

【理论武装工作】 制定下发《2006年党委中心组学习的安排意见》，对两级党委中心组理论学习提出明确要求，适时作出社会主义荣辱观、科学发展观、《江泽民文选》、十六届六中全会精神等内容的学习安排。西山煤电集团公司邀请中央党校专家、所属部分单位邀请中共山西省委党校、省政研会专家，进行高层次集中学习辅导，增强理论学习的指导性和针对性。以学习践行社会主义荣辱观为主题，以学习贯彻《党章》、开展"十要十不要"主题教育活动为主要形式，对党员干部政治理论学习进行统一安排部署。

【思想政治工作】 强化对职工世界观、人生观、价值观及荣辱观教育，制定下发职工思想政治工作研究要点和研究课题。深入基层开展调查研究，了解和掌握企业生产经营现状和职工思想状况，为西山煤电集团公司科学决策提供现实依据。发挥各级政研会在企业改革发展稳定中的参谋助手作用，开展理论研讨，推出一批研究成果。召开"社会主义荣辱观"主题教育理论研讨会，总结和交流基层各单位的好做法、好经验，对80多篇优秀论文作者进行表彰奖励。加强与上级政研会、企业文化建设协会的沟通与联系，积极参与活动，总结推荐先进单位和先进个人，报送优秀政研成果，并在《开采》、《探讨》等全国及省级刊物上发表。在2006年山西省思想政治工作与构建社会主义和谐社会理论研讨会上，西山煤电集团公司获山西省思想政治工作优秀单位称号。

【文明创建活动】 制定下发西山煤电集团公司《转变干部作风推进和谐西山建设的若干意见》、《落实荣辱观主题教育活动、转变干部作风工作安排》。以转变干部作风为重点，把文明创建活动与社会主义荣辱观教育相结合，对文明创建提出了新要求。加大"文明单位"、"文明窗口"、"文明家庭"、"文明小区"、"青年文明号"、"文明个人"等创建力度。推进公民道德建设，运用各种教育阵地和宣传形式，开展公民道德宣传教育活动，倡导文明风尚，普及礼仪知识。开展以"加强公民思想建设，提高公民道德素质"为主题的"十大公民道德建设系列先进典型人物"评选活动。向山西省文明委推荐傅昌旺、党素珍模范事迹，他（她）们分别被评为山西省"十大和谐家园卫士"和"十大学雷锋标兵"典型人物。在2006年山西省国资委、山西焦煤召开的普法依法治企表彰会上，西山煤电集团公司获"先进单位"称号。

【企业文化建设】 以视觉识别系统推进为切入点，导入焦煤文化。根据《2006年实施焦煤文化要点及细则》要求，西山煤电集团公司主要场所、建筑物、大型宣传牌板普遍更换企业标识，制作带有企业标识的宣传材料、手提袋、信封、稿纸等办公用品。统一制作、购买焦煤领带、焦煤徽章、企业旗帜，制定西山煤电集团公司统一的职工工装标准，对矿井和地面生产作业人员的工装，以及配套的安全帽、腰带进行规范统一。利用广播、电视、黑板报等阵地，以专题学习、班前班后会学习为主，对焦煤文化主要内容进行学习辅导。开展“学习焦煤文化知识、推进和谐焦煤建设”有奖答题活动，层层开展“焦煤文化”知识竞赛，组队参加山西焦煤集团“焦煤文化”知识竞赛，夺得第一名。加大推进焦煤文化建设力度，明确“十种子文化”的牵头部门和任务。实行“推进焦煤文化蹲点制度”，分组进行调研和蹲点指导，确定示范单位，以点带面，全面推进。制定《西山煤电集团公司实施山西焦煤企业文化若干规定》，从系统管理、组织管理、目标管理、动态管理等方面提出规范性要求。2006年，西山煤电集团公司被中国企业文化促进会评为全国企业文化建设先进单位。

【舆论引导工作】 一、对内宣传。围绕西山煤电集团公司中心工作，精心组织策划，主要媒体统一联动，通过专栏、专题解读、系列报道、系列评论等多种宣传形式，营造良好舆论氛围。围绕职工关注的热点、难点、疑点、焦点问题，解疑释惑、适度恰当地宣传报道。利用情况通报会这一重要信息传播渠道，及时组织相关单位和部门通报西山煤电集团公司安全生产、棚户区改造、工资晋升、打击私藏涉爆物品、重点工程、养老保险、集中供热、捐资助学等情况。筹建西山煤电网站，制定加强网站管理规章，确定和调整网站模版、相应栏目，加大信息交流，促进信息资源的交流和共享。

二、对外宣传报道。加强与中央及省级新闻主管部门的联系和沟通，积极总结推荐西山煤电集团公司发展循环经济、建设节约型企业的做法和经验，受到中宣部重视，被列为中央媒体集中宣传报道对象。《人民日报》、《新华社》、《中央电视台》、《光明日报》、《经济日报》、《工人日报》、《科技日报》等中央12家新闻媒体组成采访报道团，于6月下旬对西山煤电集团公司发展循环经济经验进行联合采访报道；7月3日、4日在人民日报等各大报刊头版和中央电视台新闻联播《落实科学发展观、构建节约型社会》栏(节)目刊播。9月，由山西、安徽、江西、湖南、湖北、河南中部六省组成的“走马中部热土”采访团，对西山煤电集团公司发展循环经济情况进行采访报道。中国环境报刊发《循环经济提升古交精神》、中国煤炭报刊发《西山煤电集团构建循环经济产业链》、山西日报刊发《西山煤电集团循环经济成为全国样本》等文章，宣传西山经验。以西山建局成立50周年为契机，组织相关媒体宣传西山煤电集团公司50年发展取得的成绩；新华社刊发《中国最大炼焦煤生产企业完成资产重组正式成立》文章；《山西日报》等新闻媒体在显著位置对西山煤电集团公司发展成就及挂牌重组进行宣传报道。全系统在中央、山西省、太原市各类新闻媒体共刊发稿件504篇，比上一年提高20%；其中在《人民日报》、中央电视台《新闻联播》节目等国家级新闻媒体上刊发31篇，省部级323篇。

【安全宣传教育】 开展安全生产宣传咨询日、安全文艺演出、安全演讲、安全知识有奖问答、“创建本质安全型企业”合理化建议征集和安全歌曲歌词创作征集等活动，收到良好效果。开展“安全生产月”宣传活动，紧扣“安全发展、国泰民安——安全文化到矿厂”主题，举办形式生动活泼、内容贴近生产生活、职工喜闻乐见的安全文化实践活动，送安全文化到矿厂、到车间、到班组、到小区。健全《安全宣传教育工作管理办法》，细化量化《安全宣传教育工作检查标准》。坚持安全宣传教育重在基层、重在一线，注重形式、过程与效果有机统一的原则，严格旬查、月检、季考核制度，实施动态检查，加大考核奖罚力度。

【统战工作】 在西山煤电集团公司职代会、工作会及庆祝建局50周年等重要会议与活动中，积极向党政建议，邀请西山煤电集团公司的省、市、区政协委员、人大代表、民主党派等统战人士代表列席会议，为统战人士参政议政、知情出力创造条件。组织有关统战人士对南北寒地区周边裸堆煤场环境污染状况进行调研，撰写联合提案报告，提交到市、区政协部门，促使政府协助企业解决这一问题。中秋、国庆前夕，组织统战人士赴山西焦煤集团五麟煤焦开发有限责任公司参观，了解企业发展成就。元旦、春节、中秋、国庆期间，组织走访慰问统战人士活动，送去企业党政对统战人士的关怀和温暖。根据山西省民委、国资委《关于做好少数民族干部统计工作的通知》要求，对初级职称以上的少数民族干部进行摸底，拓宽少数民族干部使用渠道。做好民族宗教工作，开展宗教思想意识影响问卷调查，掌握宗教在道德观念、生活态度、社会行为选择等方面对职工群众的影响。利用接待台胞、日本客人机会，宣传企业发展成就，发挥统战工作在对外交流中的桥梁纽带作用。2006

年，西山煤电集团公司被山西省政府授予"山西省民族团结进步模范集体"称号。

（李方华）

纪检监察工作

【概况】 纪委、监察处是西山煤电集团公司党风廉政建设和反腐败工作的职能部门，设办公室、检查室、审理室、效能监察办公室，有职工20人。主要职责：监督检查党组织、党员、党员领导干部执行党的路线方针政策和遵守党章党纪的情况；支持、保护和促进企业的改革发展和生产经营活动的健康顺利进行；查处违纪违法案件，惩处腐败分子；加强党风廉政建设，抓好党员领导干部廉洁自律；纠正不正之风，开展专项治理；加强廉政文化建设，开展党风廉政宣传教育和预防职务犯罪教育；组织开展效能监察工作，强化管理，堵塞漏洞，提高经济效益；领导、指导下级纪检监察部门的工作，对纪检监察干部进行政治、业务培训，不断提高干部素质。

【廉政文化建设】 加强对廉政文化建设的组织领导，成立廉政文化建设领导组，制定下发廉政文化建设实施办法及考核评分细则，确定廉政文化建设的基本内涵、工作责任、工作目标和激励措施。强化廉政文化窗口建设，在《西山煤电》报开设《廉政之窗》专栏，在山西焦煤电视台上开办《廉政文化》专栏，在西矿街南北寒地段制作"廉政灯箱"101个，形成"廉政文化一条街"。开展廉政文化活动，组织"廉政西山"文艺演出，先后巡回演出13场，观看演出的职工家属达1万多人；对新提拔的80名处级干部分三批进行任职廉政谈话，与他们签订廉洁从业承诺书；组织129名矿（处）级以上领导干部参加山西焦煤集团公司纪委举办的参观山西女子监狱的现身说法教育活动；9月，根据山西焦煤集团"廉政教育活动月"安排，开展党纪条规知识考试，组织廉政文化知识竞赛，组织预防职务犯罪教育讲座，筹备"学习贯彻党章理论研讨会"，拍摄《西山廉政文化建设巡礼》电视专题片，举办反腐倡廉警示教育牌板展览；参加焦煤廉政文化建设推进会，并交流经验；强化廉政文化进领导办公室、会议室、进区队（车间）、进社区、进家庭、进学校工作。开展常规廉政教育活动，组织电化教育175次，7963人次观看；举办知识竞赛32场，参加和观看人员达4572人次；举行专题报告会15场，受教育者达2978人次；进行廉政培训5219人次、廉政谈话3875人次，组织廉政漫画、书法和警示教育牌板展览38次，组织黑板报展览65次，展出1246块；在各类报刊、电视、广播上发稿254篇。

【干部监督制约】 搞好干部作风督查工作，组织成立转变干部作风工作督查组，建立定期全面督查和不定期专项督查的督查工作长效机制，全年开展了四次干部作风督查工作。加强对重点部位和关键环节的监督，加大对重点工程招投标和大宗物资、设备、药品采购的监督力度，参加西山煤电集团公司招议标会议监标42次。对汾河公司建设工程的施工监理招标过程，对物资供应公司2006年大宗物资、材料采购招标程序和过程，对租赁公司2006年大型机电设备和配件订购招标程序和过程进行监督。参与棚户区改造、汾河住宅小区售房及各项重点工程项目招投标的监督工作。对公司招聘财务、审计人员的试卷保管提取、考试评分过程、录取情况实施了监督。对技校招生工作进行了监督。狠抓"六型机关"创建工作，按照山西焦煤集团公司关于开展社会主义荣辱观主题教育活动的要求，西山煤电集团公司党政积极号召各级机关大力开展"学习型、服务性、创新性、效能型、节约型、廉洁型"的"六型机关"创建活动，起草下发了《关于对"六型机关"创建工作开展效能监察的通知》。狠抓纠风和专项治理工作，坚持把损害群众利益和企业利益的行为作为纠风和专项治理的重点，进一步加强了对工资奖金分配的监督，坚持每季度对区队工作经费使用情况进行检查，发现问题，严肃处理。坚持开展制止大办子女12岁生日等大操大办问题和"小金库"的清查工作，对各单位对外投资项目进行了调查摸底，开展了对不正当交易行为的自查自纠工作，清理领导干部工作调动带车的问题，加大对公司地销煤的监管力度，坚持进行季度督查，对发现的问题及时作纠正处理。

【严查违纪案件】 一、抓案源线索。认真接待来信来访，严格核查举报线索。共接到来信来访举报78件，初核违纪线索74件，转立案8件，查否40件，适当处理26件。协助市、区检察院核实线索5件，配合万柏林区检察院在西山地区开展信访举报宣传日活动。

二、抓责任追究。介入重大事故调查,严格责任追究。参加对集中供热管道冻裂事故、金城建筑有限公司“2.9”重大事故隐患、官地矿和西铭矿等责任事故调查,除对当事人进行处理外,还对责任人区别情况予以责任追究。

三、抓案件查处。严格按照有关规定,查处了一批违纪违法人员。共立案查处党纪政纪的违纪案件21件,处分79人,其中,受党纪处分的16人,受政纪处分的65人,受双重处分2人。处分处级干部13人、科级干部40人、其他人员26人。通过查办案件,为企业挽回经济损失124.86万元。

【强化效能监察】 一、严把立项关。第一批共申报立项29项,经西山煤电集团公司效能监察领导组反复研究,审批立项39项,其中所属二级单位35项,集团4项。绝大多数单位的行政一把手作为效能监察工作第一责任人,亲自参加本单位立项的调研和筛选工作,所选项目都界定在管理的关键和薄弱环节。

二、严把监察关。结合人事变动,绝大多数单位及时调整效能监察领导组成员,建立健全有关制度和管理办法,形成一把手负总责、分管领导直接抓、业务部门具体抓、纪检监察部门监督检查的工作格局。

三、严把效果关。2006年确定效益目标1943万元,实际完成4953.15万元,其中增收301.9万元,节支4397.4万元,避免经济损失253.85万元。组织培训31次,提出监察建议78条,现场整改42次,建章立制108条,查堵漏洞47个,进行违规问题责任追究6起。效能监察项目“介质粉降耗管理”荣获山西焦煤2006年度优秀项目成果;“焦煤集团西山重点工程监察”项目获山西省国资委纪委2005年度省属企业效能监察优秀项目。

(任保林)

工会工作

【概况】 西山煤电集团公司工会设办公室、组宣部、生产保护部、生活保障部、女工部、文体部、劳动争议调解办公室7个部室,有图书馆、文化宫、文工团、体育馆、工友酒楼、晋祠疗养院、养马岛煤矿工人疗养站共7个厂点,有职工137人。基层工会28个。主要职责:组织动员职工积极参与企业建设和改革,完成各项工作任务;代表和组织职工参与企业民主管理;教育引导职工提高思想道德素质和科学文化素质,建设先进的职工队伍;在维护职工政治权利的同时,维护职工的劳动权利和物质文化利益,把参与协调劳动关系、调节利益矛盾作为重要工作,促进和谐企业建设。

【重要会议】 一、西山第十八届职工代表大会第一次会议。1月19日,西山第十八届职工代表大会第一次会议召开。会议听取审议了西山煤电集团公司董事长薛山所作的行政工作报告,审议通过了《山西焦煤西山煤电集团公司2006-2020年总体发展战略》、《2006年经营方案》、《2006年工资分配办法》、《2006年职工工资浮动升级实施方案》、《山西焦煤西山煤电集团公司集体合同(2006年-2008年)》、《2006年度精神文明建设要点》、《山西焦煤西山煤电集团公司职工代表大会实施细则》、《2006年职工培训计划》、《关于2005年业务招待费使用情况的报告》等议案。

二、西山工会第六届十三次全委(扩大)会议。3月16日,召开西山煤电集团公司工会六届十三次全委会。党委副书记、工会主席刘志安作了工作报告,总结了2005年工会工作,安排部署了2006年重点工作。会议对2005年度建家工作先进集体和个人进行表彰。

三、西山工会第七次会员代表大会。11月19日,西山煤电集团公司工会第七次会员代表大会召开。会议审议通过党委副书记、工会主席刘志安代表工会第六届委员会所作的工作报告,审议通过了工会第六届委员会财务工作报告、工会第六届经费审查委员会工作报告,选举产生了工会第七届委员会和第七届经费审查委员会。

【维护职工民主权利工作】 根据有关规定,研究制定《职工代表质询制度(试行)》草案,召开西山第十八届职代会职工生活工作委员会专题质询会,对职工关心的生活问题进行解答。对职工代表提案进行分类整理、审议解决、及时反馈,畅通职工表达意愿的渠道。接待全国企务公开互检团到官地矿调研检查。开展民主评议干部工作,对433名矿处级领导干部进行民主评议；召开职代会2005年民主评议干部大会，对西山煤电集团公司领导班子及成员进行民主评议。通过平等协商，签订了2006年～2008年集体合同。充分发挥职代会各专门工作委员会作用，对矿井单位井下职工反映强烈的班中餐质量、保温情况、职工冬季取暖情况等进行专项巡视检查。

【劳动争议调解工作】 完善劳动争议调解组织机构，对劳动争议调解组织工作人员进行调整，并及时督促、指导新经济组织依法完善组织建设。开展劳动法律、法规学习宣传教育活动，举办培训班、理论研讨班，提高职工法律意识及领导干部依法行政的自觉性。做好重大节日期间职工的来信来访工作，积极介入集体上访事件，有效发挥作用。全年接待职工群众来访56件，受理劳动争议5起，均依照程序及有关规定进行认真调处，并给予政策解释和妥善处理。在山西省总工会召开的推进和谐劳动关系大会上，西山煤电集团公司介绍了经验，并被太原市授予“2006年和谐劳动关系模范企业”称号。

【素质工程建设】 组织举办2006年职工技能大赛，本届大赛共设35个工种，有737名选手参赛，产生了37名技术状元。选拔125名优秀选手参加山西焦煤集团公司第四届职工技能运动会第一阶段10个工种的比武，取得3个第一、3个第二、3个第三的好成绩。组织参加山西省、太原市车、钳、铣、焊4个工种的比武。重新修订《西山职工技能大赛管理办法》。配合劳资部门推动职工技能大赛与职业技能鉴定一体化进程，组织由2741人参加的21个工种的职业技能鉴定活动，有1388人取得国家职业资格证书，其中初级工328人、中级工785人、高级工150人、技师125人。在山西省煤炭系统素质工程经验交流会暨“安康杯”自检互检安排会上，对西山煤电集团公司的职业技能鉴定经验做法进行了交流并受到好评。

【劳模工作】 召开2005年度责任法人考核兑现暨劳模大会，对模范先进单位、集体、个人等进行表彰，并签订了2006年度责任法人目标书。配合组织山西焦煤成立五周年暨首届劳模大会，西山煤电集团公司被授予模范子分公司称号，并有53名职工被评为特级劳模、劳动模范。制作电视专栏节目、制作宣传牌板，对劳动模范及立功集体、个人等进行宣传报道，营造劳动光荣、创造伟大、知识崇高、人才宝贵的良好氛围。西山煤电集团公司获得“山西省五一劳动奖状”，集团董事长薛山、杜儿坪矿职工董林获“全国五一劳动奖章”，官地矿职工栗俊平获“全国高技能人才十大楷模”称号；公司职工伏军、鲁振军、刘彦生等9人被授予“全国技术能手”称号。

【群众安全工作】 年初，从加强企业安全管理、工会群众监督、职工安全培训、安全文化建设、考核评比表彰方面，对群众安全工作进行部署。参加山西省煤炭系统“安康杯”竞赛自检互查活动，并组织西山煤电集团公司内部互检互查。做好特聘煤矿安全群众监督员管理工作，使特聘煤矿安全群众监督员达到1000名，并有效发挥他们的作用。承办“西山煤电杯”全国职工安全生产演讲比赛，参加“平安中国”—《安全生产法》知识竞赛并取得全国第四名的好成绩；举办“安全在我心中”职工安全演讲比赛。开展“安全生产月”活动，组织“安全发展、平安西山”安全文艺演出，下发《“安康杯”知识竞赛实用手册》，举办安全知识答题活动，营造浓厚的群众安全氛围。开展女工家属协管安全工作，筑牢安全第二道防线。至2006年底，西山煤电集团公司连续七次获“全国‘安康杯’竞赛优胜企业”称号。

【温暖工程建设】 重新摸清困难户具体情况，为深化温暖工程建设提供翔实资料。在集团党政支持下，建立“职工医疗互助金”、“困难职工租赁住房救助金”，完善“十大”救助金。开展助学活动，全年发放19.1万元，资助符合条件的52位考上大学的经济困难学子；对近500名困难职工子女中的中小学生在春秋两季开学前进行救助。发挥帮扶中心作用，2006年，帮扶中心已接待职工来访183起。开展“一助一、献爱心”帮扶活动，副处级以上干部和困难职工较多单位的科级干部都结了帮扶对子，共结帮扶对子2009户。工会干部累计为困难职工捐资18.6万元，提供借款6.6万元，帮助开办小摊点48个，解决就业99人。召开西山困难职工帮扶工作经验交流暨“一助一、献爱心”帮扶工作表彰会，山西省总工会主席姚新章出席会议，对西山煤电集团公司的帮扶工作给予高度评价。组织重大节日走访慰问和职工疗养活动，重大节日期间，西山煤电集团公司和基层各单位领导共走访慰问33398人次，发放慰问金、救济金971.9万元，其中慰问离退休职工461万余元。组织集团级劳模、先进以及1000余名职工外出进行疗(休)养。

【群众性经济技术工作】 开展"创新示范岗、创新能手、创新成果"三创新评选活动,收集并推荐39项合理化建议、攻关成果,并向太原市总工会推荐6个职工创新示范岗、3名创新能手。在全国煤炭系统职工技术创新合理化建议成果评选活动中,有12项技术创新合理化建议成果获奖。配合生产处组织重点队、重点工程竞赛和开掘会战,推动了一批重点工程(项目)提前或按期完工。

【组织宣传工作】 健全工会干部选举和审批制度,对基层11个单位的13名工会主席进行离任经费审计。开展"创建学习型工会,争当学习型干部"活动,组织基层工会宣传学习《企业工会工作条例(试行)》。举办各种培训班,加强工会干部队伍建设。撰写报送党素珍等4人先进模范事迹材料,参加全国"兖矿杯·寻找感动中国的矿工"活动,党素珍、傅昌旺入选前100名,其中党素珍入选前20名。

【群众文体工作】 春节期间,组织戏曲电影晚会、焰火晚会、街头文艺表演、灯展等群众文化活动。组织参与"和谐西山"、"廉政西山"、"先锋颂"职工歌咏比赛以及"焦煤一家亲"等主题演出活动。组织文艺工作者深入矿区、社区、重点工程建设工地及周边农村,送去了文化,送去了欢乐。多层次组织广播操比赛、篮球赛、羽毛球赛、消夏晚会和露天舞会,丰富职工群众文化生活。承办全国煤矿第十八届"西山煤电乌金杯"男子篮球赛,西山队取得亚军,西山煤电集团公司获"乌金杯"历史上首个"最佳组织奖"。

发挥文联体协作用。编印《七色花》文艺刊物两期;组织王福喜文艺作品演唱会,并编印其文艺作品集《献给矿工兄弟的歌》;组织考察山西西山晋兴能源有限责任公司兴县矿区开发建设情况,撰写长篇纪实文学作品《岚漪河畔创业歌》;举办文艺创作培训班;组织优秀作品参加"感动中国的矿工"展览;召开西山文联体协工作座谈会。在西山武术学校队代表公司参加第二届东亚武术交流大会、并获团体第二名后,6月举行庆功仪式,表彰获奖者;举办领导干部和职工篮球赛;举办西山篮球裁判员培训班,5名篮球裁判员获国家一级篮球裁判员资格;举办迎新年职工乒乓球联谊赛;当年,西山篮球爱好者协会正式成立。

【女职工工作】 开展女职工建功立业活动,涌现出一批建功立业先进集体和个人。"三八"妇女节期间,集中表彰"女职工建功标兵"10名、"女职工建功示范岗"21个、先进女职工115名。开展"学、练、比"活动,通过"素质教育讲演"、"素质教育流动课堂"等形式对女职工进行培训。开展"五好文明家庭"创建活动,全年选树表彰"五好文明家庭"100户。深化女职工维权工程建设,开展女职工维权"阳光关爱"行动,加大对女职工劳动场所、作业环境、劳保用品、四期保护等方面的监督检查力度,提高特殊工种女职工补贴费。为1260名女职工办理特病保险,有3名患病女职工得到理赔。

(刘富强)

共青团工作

【概况】 西山团委设办公室、组织部、宣传部、青工部、青少年权益保护部、青年创业指导中心6个部门。有职工9人。2006年,西山煤电集团公司团委被团中央授予"全国五四红旗团委"称号,被团中央、劳动和社会保障部、国务院国资委、国家知识产权局和中国科协联合授予"全国青工技能振兴计划示范单位"称号,被共青团山西省委授予"全省增强共青团员意识主题教育活动先进单位"称号。

【推进"五项工程"】 一、推进青年思想教育工程。召开"我与西山共奋进"主题实践活动启动大会,引导团员青年在"和谐西山"建设中奉献青春。开展社会主义荣辱观、"十要十不要" 主题教育、"知荣辱、树新风、促和谐"主题征文活动,组织团员青年学习《江泽民文选》。举办以"弘扬企业文化、打造团队精神"为主题的青年竞技运动会,精心设计活动形式和内容,4月初, 各基层单位自行组织初赛;4月20~21日,分别在太原选煤厂和马兰矿举行"五·四"青年竞技运动会复赛,9支队伍进入决赛;9月28日,青年竞技运动会决赛在西山文化宫门前广场举行,最终决出团体一、二、三等奖,优秀组织奖以及特别贡献奖。

二、推进青年安全工程。年初,就《青年安全工作管理办法》的贯彻落实情况进行调研。各基层单位相应制定下发《青监岗工作考核细则》，按新标准兑现津贴。征集各基层单位青监岗员故事，编印《青监岗员故事集》。按照申报—确认—创建—检查—命名的程序，推进“青年安全生产示范岗”的创建工作，创建山西省青年安全生产示范岗 1 个，集团级青年安全生产示范岗 12 个。接待山西省“青年安全生产示范岗” 培训班参观团到杜儿坪矿访问学习。在安全生产月活动和“百日安全生产无事故”竞赛活动期间，开展青监岗员安全知识抽考、青年安全小分队查岗、合理化建议征集、岗员身边无违章等活动。推动实施《生产矿井准军事化管理制度》。

三、推进青年人才工程。实施“青工技能振兴计划”，全年共有 934 对师徒签订《导师带徒》合同；承办第二届“山西青年职业技能大赛”采掘电钳工比赛，西山选手韩国平、王进军分获比赛第一名和第三名；在 2006 年西山素质工程表彰大会上，对在实施青工技能振兴计划中取得优异成绩的 10 个单位、10 对师徒进行表彰奖励，并下发了《在“青工技能振兴计划”中实行学分制考核的指导意见》。建立青年人才库，初步建立集团、矿（厂）两级人才库，健全青年人才档案，基本掌握全集团青年人才基本情况；召开 2006 年新招聘毕业生座谈会，掌握思想脉搏，稳定骨干队伍。

四、推进青年文明工程。完善团干结队帮扶体系、青年志愿者创业工程服务网、社区青年志愿者服务体系。组织各基层团委开展了青年志愿服务进社区活动。完善青年志愿者注册制度，组建青年志愿者社区服务队，推行志愿者服务联系卡，建立健全社区服务制度。对社区居民公布服务电话和服务项目，并制作志愿服务卡发放到居民手中。

五、推进青年创业工程。通过广播、电视等媒介定期发布就业信息，促进矿区待业青年和家长就业观念的转变。召开务工青年座谈会、专场招聘会、职业生涯导航会、就业信息发布会等；开展每月一家重点单位就业帮扶活动，重点对该单位待业青年进行专门的就业指导服务，上门推荐工作服务，创业扶持服务等专项服务。杜儿坪矿开展“就业帮扶进万家”活动；官地矿组织团干部开展包户活动；马兰矿各级团组织举办 15 场招聘会，全年共接待待业青年和家长 3600 余人次，累计帮助待业青年 270 人次走上工作岗位。

【夯实团建基础】 一、强化基层团组织建设。开展“五四红旗团委”和“特色团委”创建活动。调整并执行《共青团工作综合目标责任书》，规范《青年工作手册》制度，从支部建设、团员教育、团员管理、团员发展、团的活动方面加强团支部建设。西曲矿团委在单身楼成立大学生团支部，尝试建立双重团支部机制。搞好新经济组织团建工作，成立山西焦煤矿业管理公司团总支，集团二级团委（总支）数量增至 28 个，按照“建起来、动起来、活起来”的要求开展团的活动，构建增强团员意识主题教育活动长效机制。

二、强化团干和团员队伍建设。加强团干理论学习，用邓小平理论和“三个代表”重要思想武装头脑；按照《团章》有关规定，在各级党委支持下，加强团干部协管工作，强化团干部日常管理；举办团干培训、工作研讨、经验交流、参观考察等活动；注重在农合工、轮换工中发展团员；规范团员关系接转工作和离退团团员的管理工作，利用“三会一课”、团日活动、文体活动等途径，加强团员教育；以新分配的大中专毕业生、技校生和复转军人为重点，做好 35 周岁以下青年入党推优工作。接待香港油尖旺青年社、江苏大屯煤电团委等兄弟单位来访。

三、召开集团第十一次团代会。组织召开共青团西山煤电集团公司第十一次团代会。各级团组织在本单位党组织和上级团组织的领导下，严格按照代表名额分配方案和构成要求，召开本单位团代会，完成了团委换届工作。12 月 8 日，共青团西山煤电集团公司第十一次团代会在西山大厦召开，大会审议并通过了第十届委员会的工作报告，选举产生了新一届委员会。

【加强日常宣传与典型选树工作】 一、强化内部交流。承办《山西焦煤青年工作》编印工作，对山西焦煤集团的改革发展、各条战线的共青团工作进行全方位报道。《西山团情快报》自 2005 年 9 月份复刊以来，已出版 66 期。从 2006 年 3 月初开始，与焦煤电视台联合开办《青春无限》青年电视栏目，包括青年视点、青春飞扬、青年动态、青春节拍、青春 DV 等多个板块，每月播出 1 期。截至 2006 年底，已有 10 期《青春无限》与广大团员青年见面。

二、加强对外宣传。西山煤电集团公司团委《青春献祖国，青春献西山》一文作为经验交流刊登在团中央《增强共青团员意识主题教育活动百例》一书中；在杭州召开的全国增强共青团员意识主题教育活动表彰大会上，西山煤电集团公司团委做了经验交流；《中国共青团》第三期封三刊登了题为《西山煤电共青团风采》彩页，刊登了《矿山团旗分外红》一文；9月19日，《中国青年报》以“师徒教学相长，技艺薪火相传，西山煤电青工：全国五冠军他们夺三”为题，全面报道西山煤电集团公司共青团实施“青工技能振兴计划”的经验。

三、选树青年典型。西山煤电集团公司团委积极申报国家、省、市各级集体和个人荣誉，向共青团中央推荐“新时代年轻人”，西山煤电集团公司有3人进入设在中青网上的群英榜。西山煤电集团公司团委被评为“全国五四红旗团委”、“全国青工技能振兴计划示范单位”、“全省增强共青团员意识主题教育活动先进单位”，西山煤电集团公司团委书记赵川获得“全国优秀共青团干部”荣誉称号，杜儿坪矿青年职工董林被评为“山西省十大杰出青年”。全年共有15名青年获得省级以上荣誉称号。开展“我身边的好青年”评选活动，经过推报、初评、终审、公示等环节，108名优秀青年脱颖而出，激发了广大团员青年从我做起、建设和谐西山的热情，形成了“比学赶超、争创一流”的良好局面。

（赵　川）

机关（直属）党委工作

【概况】 机关(直属)党委是西山煤电集团公司下属的一级党委，主要负责机关处室和直属单位的党群工作和绩效考核工作，下设基层党总支13个，党支部103个，有党员2142人。机关党委设党建科、综合办、纪委、工会和团委等部门，有工作人员16人。主要职责：加强党组织建设和党员队伍建设，发挥党组织和党员的积极作用；加强职工宣传教育和思想政治工作，推进精神文明建设；加强纪检工作，推进党风廉政建设；负责工青妇工作，发挥群众组织的作用；加强机关处室及有关直属单位工作绩效考核，提高机关各部门的工作质量和效率。

机关(直属)党委围绕中心，服务大局，积极创建“六型”机关，扎实推进各项工作，取得一定成绩。被山西焦煤集团公司党委评为“先进党委”；被西山煤电集团公司评为“先进单位”。

【支部班子建设】 圆满召开机关第五次党代会，认真总结机关第四次党代会以来的工作经验，提出今后工作思路、建议及要求，选举产生新一届党委、纪委委员和出席西山煤电集团公司第七次党代会代表。对机关各级党总支、支部进行换届改选，教育引导党员干部和广大党员在实际工作中发挥作用。加强支部委员培训，提升支部工作质量。坚持党委委员联点包片制度，健全党务工作责任制度，指导基层支部工作。规范入党积极分子档案，健全党组织和党员信息管理，做到支部工作制度化、明细化。贯彻落实“创先争优”考核细则，开展党内各项活动，坚持“三会一课”制度，推广集团公司纪委、安监局支部“定主题、定时间、定人员”的做法。开展“坚持公道正派，加强能力建设，永葆党员先进性”主题实践活动。

【党员队伍建设】 健全组织发展制度，严格党员发展程序，提高党员队伍质量。健全党员管理制度，推进党员系统化管理，对广大职工进行党的基础知识教育，提升职工群众的入党积极性。组织党员学习两个《条例》，举办“怎样做一名合格党员”系列讲座，教育党员永葆先进性。健全党员评议制度，规范党员民主评议程序，开展一年一度民主评议党员工作。健全党员监督机制，完善党员帮扶制度。开展“党员安全责任区”、“党员身边无事故”活动，举办“党员安全责任区”警示座谈会，发挥党员在安全生产中的作用。开展“做一流党员、创一流业绩、树一流形象”竞赛活动，开展“学知识、比能力、强素质、提水平”活动，提升党员综合素质。开展“党员一面旗”活动，举办优秀党员事迹报告会，把党员的工作业绩与机关月度绩效考核结合起来，把党员领导干部的工作业绩与年度责任法人考核结合起来，做到了明细化管理、标准化考核。

【思想道德建设】 坚持周五理论学习制度，重点学习《江泽民文选》和十六届六中全会关于构建社会主义和谐社会理论，做到有计划、有考勤、有笔记、有检查。及时更换办公“七楼”、“五楼”橱窗内容。开展“学习党素珍，岗位作贡献”活动，教育引导干部职工立足本岗，干好工作。宣传山西焦煤集团公司党委提出的“十要十不要”、西山煤电集团公司党委提出的“十二种观念”内容。制定下发《机关实施山西焦煤文化建设方案》，成立企业文化建设领导组，组织职工学习焦煤文化内容，参加焦煤文化知识答题竞赛，促进了焦煤文化在机关各部门的落实。以

"爱我西山"为主题，开展政治理论及形势政策宣传。加强职工思想政治工作,开展"五好文明家庭"评比活动,深化"青年文明号"创建工作。以办公环境卫生为重点,加强综合治理。以环境文明、服务文明和言行文明为重点,在全机关开展"文明单位"、"文明科室"、"文明职工"创建活动,促进了机关精神文明创建工作。

【党风廉政建设】 加强反腐宣传教育,组织党员干部学习中共中央《建立健全教育、监督、制度并重的惩治和预防腐败体系实施纲要》及西山煤电集团公司转变干部作风"五条禁令"规定;组织科级以上干部参加廉政知识测试，开展廉政论文征集活动;对新提拔的科级干部进行党风廉政建设培训和廉政谈话;开展廉政警示片巡回播放、廉政牌版巡回展览以及接受服刑人员现身说法警示教育等活动;组织党员干部观看"廉政西山"文艺演出。强化廉政制度建设,与处级、科级干部分别签订《廉政从业承诺书》和《家庭廉政公约》;实行处、科级干部婚丧大事申报制,建立监督举报制;加大案件查办力度,重点查处中层干部和特殊岗位工作人员滥用职权、以权谋私、侵害群众利益的案件;认真接待群众来信来访,所有案件都得到落实。加强专项治理工作,加强重点工程、重点项目监管力度;参与机关(直属)处级以上干部的清房工作和对外投资的摸底清理;对机关处级干部参股、入股煤矿情况进行摸底调查,对调入机关(直属)的处级干部从原单位带车情况进行调查处理。实施效能监察,确定供应公司"大型设备采购招投标管理"项目,对采购单套设备在300万元以上和成套设备在500万元以上物品进行效能监察,2006年增收节支218万元;加强"六型"机关建设的督查,下发《关于对"六型"机关创建活动开展效能监察的通知》,制定《"六型"机关创建活动效能监察评分细则》。推进廉政文化建设,制订下发《机关廉政文化实施办法》，建立党风廉政监督岗,设立党风廉政监督员;与新闻媒体形成合力,实行全过程、全方位监督。

【绩效考核工作】 推行"以量计分、以分计资"的考核办法,制定绩效考核评分《细则》,明确考核目标、考核原则及考核内容,积极开展机关工作绩效工资考核,体现多劳多得、效率优先原则,做到"工作量、考核得分、绩效工资"相统一。强化安全考核，修订机关安全质量标准化考核办法及评分标准,对电力公司、技工学校等12个部门实行季度安全质量标准化检查考核,并进行安全工作讲评,促进了机关安全工作。对机关51个部门进行年度责任法人综合目标考核,进一步修订内容、细化标准,完成了考核任务,使机关各部门的职责更加明确,管理更加严格,服务更加到位。

【群众组织工作】 做好劳模培养和选树工作,落实劳模有关待遇,建立"劳模示范岗",举办劳模事迹报告会,发挥劳模积极作用。开展"百日安全无事故"竞赛活动,组织职工代表进行安全巡视检查,发挥职工代表在安全生产中的作用。开展"学知识、比业务、增技能"活动,开展技能比武并参加西山煤电集团公司职工技能大赛,获六个项目第一。落实《女职工劳动保护规定》精神,加强女职工素质培训,举办了庆"三八"活动,为816名女职工进行健康体检,推荐15名优秀女职工加入了党组织。开展庆祝西山辉煌五十年系列活动,举办元宵节灯展,组织迎"五一"职工扑克、象棋比赛等文体活动。成立机关困难职工帮扶站,将每月的17日定为"帮扶活动日"，建立干部职工家庭生活状况登记制度和健康档案。开展处级干部"一助一、献爱心"活动,通过思想、信息、技能、法律及经济等方面的帮助,解决困难职工生产生活中的问题。开展送温暖活动,"元旦"和"春节"期间,对贫、特困户、工伤人员等进行慰问,共慰问246户,发放慰问品和救济款112270元。开展"增强团员意识、服务和谐社会"主题活动,为贫困生捐书3000册,捐衣1000余件。对基层团支部实行"争先夺旗"千分制考核,围绕"青工技能振兴计划",开展"导师带徒"、"创绩创效"活动,开展青年志愿者承诺服务、便民服务活动,发挥了团员青年在企业改革发展中的生力军作用。

(巩怀伟)

所属单位

SUOSHU DANWEI

2007

西山煤电集团年鉴

XISHAN MEIDIAN JITUAN NIANJIAN

生产矿井

山西西山白家庄矿业有限责任公司

【概况】 山西西山白家庄矿业有限责任公司前身为白家庄矿，始建于1934年，已有73年开采历史。2005年1月10日经政策性破产重组改制为山西西山白家庄矿业有限责任公司，核定生产能力91万吨。公司设管理科室25个、生产单位5个。有综采队2个、准备队1个、综掘队1个、掘进队2个、开拓队1个、辅助队组20个。公司下设多经、后勤系统。公司在册职工3215人。公司党委下设9个总支、2个直属支部、54个二级支部，有党员933人。

2006年山西西山白家庄矿业有限责任公司主要经济技术指标完成情况

指标名称	单　位	计　划	实　际	比计划	比上年
原煤总产量	万吨	80	91	11	5.9832
掘进总进尺	米	10000	10068	68	1314
开拓总进尺	米	2000	2015	15	-487
商品煤销量	万吨	80	88.8663	8.8663	6.8472
全员效率	吨/工	1.1	2.293	1.193	0.568
吨煤制造成本	元/吨	201.84	201.31	-0.53	-35.1

【原煤生产】 全年过地质构造34次，搬家倒面4次，贯通工作面6次，探放水13000立方米，完成了二号井、南坑八盘区两个煤仓刷大，两坑主绞维修，更换了后备保护。开展机电、运输“两个会战”，更换井下电缆2600余米，更换整修轨道18500余米，投入1.5吨新矿车301台。开掘总进尺达10068米，完成计划任务的100.68%；原煤产量达91万吨，完成计划任务的113.75%，创1991年以来两个井口生产的最高水平；全员效率达到260.41吨/人·年。

【安全工作】 以“一通三防”和防止重特大事故为重点，制定、修改、完善有关安全管理、安全绩效考核、安全质量标准化等一系列规章制度，明晰安全明细化与结构工资挂钩“4∶3∶2∶1”的考核，加强质量标准化、管理明细化、行为准军事化建设。开展“反麻痹、反三违、查隐患、查漏洞、抓基础、抓重点、抓薄弱、抓作风”活动。整顿安监、瓦检员队伍，加强安全基础工作。落实“三项治理”、“两项整顿”有关工作，完善监测监控系统。井下所有工作面配齐了“双风机、双电源”自动切换装置，局扇实现“三专”（专用电缆、专用开关、专用变压器）。优化调整了通风系统，构筑密闭70道，安装各类风门37道，建立标准化测风站15个，确保通风系统的稳定可靠。加强对周边小煤窑的监督检查，组织检查小煤窑187天次，配合政府部门封堵炸毁私开小煤窑73座。加强公司外委队伍和多经回收队伍管理，落实“五统一”（统一管理、统一标准、统一材料供应、统一监督检查、统一防范措施）属地管理政策。加大安全生产基础投入，铺设防尘供水管路5000余米，更换和新安装防爆真空高压开关58台，更换油浸变压器20台。推广使用斜坡语音报警器和斜坡阻车联动装置。完成南坑200HP主绞电控系统和制动系统改造等52项安措工程，投入安措资金2471万元。做好雨季“三防”和冬季“三防”工作。加强民爆物品的管理和监督检查，重新签订公房租赁安全协议。加大安全监督检查和奖罚力度，坚持每月开展安全流动杯、队组质量挂金牌和安全放心职工竞赛活动。实施脱产培训与业余培训相结合和“每日一题、每周一课、每月一考”的培训制度，开展新工人岗前培训和准军事化训练，举办各类培训班71期，培训人员5852人次，其中军事化培训1153人。职教中心通过国家四级煤矿安全培训机构认证。开展“安全生产月”、“百日安全无事故”和“决战后40天”等活动。

【重点工程】 加强八盘区重点工程组织协调，合理调配队伍，完成开拓进尺2015米，完成中、下组煤准备巷道及火药库、变电所、集中煤仓等系统配套工程；地面变电所、风机房按期投入运行；组建建矿以来第一支综掘队伍。抓住政策机遇进行棚户区改造，统筹规划，分步实施，完成五二小区室外配套工程，建成五三小区。完成中心街电厂配煤场占地拆迁及五一东西街的拆迁工作，并对公司范围内所有棚户区进行摸底规划。

【经营管理】 一、细化内部经营管理。每月召开经营考核分析会，总结安排月度生产经营工作。加强资金使用监管，严格控制各项费用开支，对物资采购，外委工程，严格执行比质、比价和招投标管理，降低成本支出，杜绝资金浪费。挖掘内部潜力，开展修旧利废、回收复用等双增双节活动。在运输区安装使用清车器，提高矿车拉运效率；将220伏供电线路改造为127伏，有效杜绝附近居民私拉乱接现象，降低电力损耗。强化收费、清欠工作，实行闭路电视有偿收视。制定实施控制失水率考核办法。严格控制人员增加幅度，所有单位重新进行定岗定编。对机关工作人员实行绩效考核。强化效能监察，完善合同管理，增收节约、避免经济损失186.5万元。

二、加强各系统管理。多经公司规范经营，加强管理，扩大对外销售渠道，发展电厂配套服务项目；成立排灰运输公司，全年排灰26.49万立方米；多经公司实现产值9801.6万元。深化后勤改革改制工作，强化后勤管理，提高水、电、暖服务质量，改善环境面貌；电表改造后，全年节约用电38万度，收费率提高1.6个百分点，节约电费18万元。公司全年原煤销售88.75万吨，盈亏指标比西山煤电集团公司核定指标减亏16万元。

【科技进步】 安装投产的第一个综采工作面36703，所采用的蹬空开采工艺，在山西省组织的科技项目评审会上被认定为国际领先。在开采实践中，顶底板变化均在控制范围，多回收遗弃煤量614407吨；在38709工作面试用国内第一套可拆装轻型液压支架，已在23519工作面开始安装使用；在南坑八盘区36801工作面使用的综掘机，是建矿以来的第一套综掘设备，效率正在初步显现。在西山煤电集团公司2006年科技大会上，本公司共有22项科技创新项目获奖。

【转变干部作风】 开展社会主义荣辱观、“十要十不要”主题教育活动，为科级以上干部购买《致加西亚的信》一书，教育引导干部职工学习主人公忠诚、服从、敬业的精神。适时提出“动起来、紧起来、严起来、细起来”的具体要求，强化干部的责任意识。制定领导干部35个必须，推行领导干部问责制，全年有15名科、队级干部受到行政处分。重新细化并严格执行公司领导、科领导包坑区、队段和领导干部跟班、带班、值班制度。执行“一下三抓”、“两下三抓”有关规定，定期通报各级领导下井及查违章、查隐患、抓质量情况。

【职工生活服务】 为符合政策条件的职工晋升两级工资。提高井下职工入井费、夜班补助及班中餐等津贴。职工人均收入达到28000元，比上年增长17%。完成集中供热二次管网改造以及部分区域水网改造，重点对职工住宅区、办公场所、学校等区域供暖管道及上下水管道进行更换。下大气力解决五东街1号、2号楼、中心街商品楼等多年来供不上暖气的问题。完善五二小区闭路电视等配套设施。部分单位办公环境、办公设施得到改善。配备了电脑等现代化办公设备，提高了办公效率。对矿区绿化、美化工程进行整体规划，部分项目开始实施。

【和谐矿区建设】 推进“三项工程”建设，构建和谐稳定矿区。实施企务公开、阳光工程，加强基建工程管理，公开招投标，杜绝违规操作。对物资采购、工资奖金发放全部按程序公开，接受组织和群众监督。开展“素质工程”建设，强化岗位练兵，引深“学练比推”，完善激励机制。举办职工技能大赛，全年有50人取得职业技能资格证书，涌现出27名技术状元、25名技术标兵、24名技术能手。加大“温暖工程”建设力度，通过发动捐款、行政拨款、重大节日走访慰问、开展“一助一，献爱心”活动，关心帮助弱势群体，解决贫困职工实际困难，全年共发放慰问金130余万元，通过帮扶有4户实现脱贫解困。开展公司领导“信访接待日”和“矿长信箱”活动，针对职工思想上、工作中、生活上存在的问题，及时解疑释惑。开展形式多样的文体活动，丰富职工业余文化生活。已将古交市邢家社正式确立为公司接替矿井。召开公司第六次党代会、第八次会员代表大会、第三次女职工代表大会、“一助一、献爱心”现场经验交流会、社会主义荣辱观和“十要十不要”主题教育等多个大型会议。弘扬劳模精神，老劳模傅昌旺被评为山西省“十大和谐家园卫士”。加大文明创建活动力度,公司继续保持山西省国资委授予的“文明单位”称号。

（杨树新）

杜儿坪矿

【概况】 杜儿坪矿1954年开工建设,1956年1月建成投产。核定年生产能力500万吨。共有管理科室21个、基层单位20个。设综采队4个、综掘队3个、开拓队2个、辅助队组18个;根据“三条线”管理原则,另设多经、后勤系统。全矿在册职工6523人。矿党委下设14个总支、9个直属支部、76个二级支部,在册党员1590人。

【生产与环节能力改造】 克服矿井战线长、摊子大、煤层薄、地质条件复杂、内外运输均受到一定限制等困难,加强生产组织,实行生产明细化管理,改善采掘装备状况,加强机电设备的维护保养,严格落实绩效考核,积极推行快速拆安、快速掘进工艺,在全年矿井放假15天的情况下,4个综采队有3个实现年产超百万,5个开掘队有4个达到西山煤电集团公司重点队水平,不仅超额完成了全年原煤生产任务,而且形成回采储量540万吨,保证了后续生产能力。环改能力改造工程实行工程项目负责制,落实责任,倒排工期,严格质量管理,如期完成北石沟风井、煤库变电所、排矸系统、井下动仓、装车系统等改造工程,使通风、供电、排矸、储运能力达到年产500万吨要求。

【经营管理】 强化市场化管理,坚持效益承包、切块管理、刚性考核和工资负亏;规范工程设计、预算、审批到结算的运行程序,严格合同联审和效能

2006年杜儿坪矿主要经济技术指标完成情况

指标名称	单　位	计　划	实　际	比计划	比上年
原煤总产量	吨	4100000	4450000	+350000	+188112
掘进总进尺	米	28000	30008	+2008	+4890
开拓总进尺	米	2600	3018	+418	0
原煤销量	吨	4100000	4302115	+202115	-7357
全员效率	吨/人	565	693.77	+128.77	+17.075

【本质安全型矿井建设】 加大本质安全型矿井建设力度,全年投入6000余万元,进一步完善了硬件基础;安全质量标准化建设目标明确、措施得力,在西山煤电集团公司4个季度专业检查中获得3个第一、1个第二,安全环境进一步改善;科技兴安取得较大进展,自主创新项目69项,14项在集团公司得到推广;推行了安全确认、职工个人安全账户、准军事化管理和每日一题培训,全员安全行为进一步规范;各级干部积极转变作风,落实安全责任,坚持“一下三抓”、“两下三抓”,保证了安全生产的良好秩序;贯彻超前预防,重点治理的方针,针对性地强化了“一通三防”、顶板、运输、小煤窑、雨季三防、节假日以及地面安全管理,有效地消除了各类重大隐患,杜绝了各类重大事故发生。

监察监督把关作用,资金使用率逐步提高;开展群众性“双增双节”活动,加大回收复用力度,全年修旧利废2136万元;积极组织清仓利库,加强内外审计,各类物资建账立卡,进货出库管理有序,盘活呆滞资产,物资丢失损坏现象得到有效控制;强化各职能部门争取政策和争取资金意识,计划外投入资金得到及时调整。通过上述措施,全年创造效益2000余万元,为地面标准化建设提供了资金保证。

【科技兴矿】 加大“三个进步”条例实施力度。注重人才培养,落实“211”人才培训规划,全年培训6000余人次,安全生产管理人员和六大特殊工种培训达656人,318人取得了技术等级证书,选树了65名

技术拔尖人才,42名大专以上毕业生享受津贴补助,29人取得后续学历,全年共发放人才进步奖励津贴近40万元。在西山煤电集团公司技术比武活动中显示较强实力,6个工种中夺得3个第一;在山西焦煤10个工种中,夺得2个第一。推进技术进步,加大人财物投入,取得科技成果119项,涵盖安全、生产、经营、后勤等各个方面,为保证全年整体工作推进发挥了重要作用。不断完善管理,成立了规划办公室,制定了矿井十年发展规划、五年发展规划和地面标准化建设规划,全面整合各项管理制度,为今后实现"管理一流"目标创造了条件。

【环境治理】 将环境治理作为大事来抓,加大矿区环境治理力度。举行矿区环境治理启动仪式,明确环境治理的目标措施;采取典型引路方法,选树和推广供应科、机检公司、保卫科等地面标准化建设的经验;加强日常地面标准化建设,后勤公司按照"创新思路找亮点"的工作思路,强化管理,增强工作人员责任心,推进了标准化小区建设和公路卫生治理;矿机关和卫生科加强日常管理,严格推行"6S"考核标准;进行公路维修、小区硬化、临街楼房粉刷、办公楼厕所改造,修建虎胜街花园,完成20栋住宅楼建设,改造职工澡堂,矿区环境面貌有了显著变化。

【和谐矿区建设】 召开矿第八次党代会,提出"十一五"期间的目标任务,确定建设和谐小康矿区主题;认真推行焦煤文化,完成矿文化与焦煤文化的整合接轨工作;开展社会主义荣辱观、焦煤"十要十不要"主题教育活动,引导职工群众知荣明耻;加大矿区文化宣传力度,组织一系列群众性文化体育活动,丰富了职工家属的精神文化生活;开展对外交流活动,主办山西省安全咨询日、西山煤电集团公司质量标准化讲评会等活动,提升了全矿知名度;选树的党素珍、伏军、董林等先进人物在全社会产生较大影响。杜儿坪矿党委获山西省基层先进党组织称号。

（谢夏雨）

西 铭 矿

【概况】 西铭矿建于1956年,是经过三次改扩建发展起来的特大型现代化矿井,核定生产能力360万吨/年,属高瓦斯矿井。实行矿、区(科)、队三级管理体制,主要生产区(科、公司)有一采区、二采区、准备区、运输区、通风区、回收区、机电科、运销公司等,下设3个综采队、4个综采队、4个掘进队、2个开拓队,以及相应的通风、监测、安装、准备、保运、机电、运输等辅助生产队组。矿井采掘机械化水平均达到100%。全矿在册职工6110人。矿党委下设13个总支,3个直属支部,64个二级支部,在册党员1333人。

【生产与销售】 面对井下生产战线长、地质构造复杂多变、采掘工作面接替紧张、安拆工作面频繁的实际困难,不断加强管理,合理采掘部署,减头、减面,努力提高单产、单进水平;建立实施责任追究、工序赔偿、引咎辞职制度,开展创水平竞赛,提高工作质量和效率;成立机电设备检修组,加强24小时检修、维护、保养、管理工作,最大限度发挥矿井生产能力。在有序进行生产组织的同时,重视外运销售工作,对内抓产品质量提高,对外抓路矿协调和售后服务,外运销售保持强劲增长态势,产销高位协调运行。

【重点工程】 一、瓦斯抽放工程。地面土建主体工程完工,瓦斯管路及供水管路正在安装。工业场地土石方挡墙工程竣工。磺冀6千伏线路安装完工,完成井下联络巷道。

二、刘巴足风井工程。完成征地工作及四通一平工程,玉门变电站安装工程基本完工,磺厂增容改造完工,磺厂至玉门35千伏变电站线路大修完工;胡沙帽通风技术改造,主通风机及配电设备已定货,冀家沟开闭所设备、下广场开闭所设备分别订货。

三、棚户区改造工程。大虎沟桥西小区完成场区土方及四通一平,1号、2号住宅楼及1号、2号廉租房工程正在建设中。

2006 年西铭矿主要经济技术指标完成情况

指标名称	单位	计划	实际	比计划（+ －）	完成计划（%）	上年	比上年（+ －）
原煤总产量	万吨	355	370	15	104.23	395.069	–25.07
掘进总进尺	米	26000	28028	2028	107.8	28608	–580
开拓总进尺	米	3500	3059	559	122.36	2651	408
商品煤销量	万吨	360	357.13	–2.87	99.2	404.173	–47.04
全员效率	吨／工	8.6	10.594	1.99	123.19	10.814	–0.22
吨煤制造成本	元／吨	129.83	137.27	7.44	105.73	123.67	13.6

【安全管理】 探索实现本质安全型矿井的有效途径，建立长效管理机制。

一、注重务实创新。确立以人为本、德法并重、人性化、亲情化的管理理念，将重点放在抓基础工作上，规范职业安全健康体系运行，推行井下明细化、地面精细化管理，严细了流程，形成了全方位、全过程的管理考核制度。强化监督考核，明确责任，形成了人人有事做、事事有人管的局面。

二、抓重点环节、薄弱环节的控制。按照重点在现场、关键在预防的思路，加强重点地区、重点时间的管理。抓干部作风转变，各级干部靠前指挥、跟班作业，集中精力加强二班、夜班及边远地管理与监督。严格各级干部上岗考核，提高干部下井上岗质量。

三、吸取“6·27”事故教训。将 7 月份确定为“安全反思月”，各级干部针对自身及所辖范围内存在的问题，全面排查各类隐患，集中处理通风欠账。9 月份，组织开展安装准备、机电、运输、通风及质量标准化达标会战，夯实了基础。开展了“百日安全生产无事故竞赛”活动，扭转安全生产被动局面。加强质量标准化建设，学习山东先进经验，按照总体规划积极推广和巩固创新项目，提高矿井质量标准化水平。

四、深化以“一通三防”、防治水、小煤窑治理为重点的三项整治。加强机电、顶板、大小运输和地面安全管理，排查安全隐患，防止重大事故的发生。针对井下瓦斯涌出量大和阶段性安全工作的实际，采取瓦斯抽放、系统调整、监测监控等一系列有效措施，开展“反三违、无事故”竞赛等活动，保障生产组织正常进行。

五、提高全员安全素质。加强安全教育，对井下从业人员进行全员培训，做到人人持证上岗。坚持班前会每日一题、每周一课的抽考工作，增强职工安全意识，提高职工安全素质和自保、互保、联保能力。

六、开展安全专题活动。围绕“安全发展、国泰民安”主题，开展“安全生产月”30 项系列活动。加强小煤窑治理和雨季“三防”工作，开展“百日安全生产无事故”竞赛，组织机电、通风、运输、安装、质量标准化会战，保证矿井安全。

【经营管理】 一、提高全矿经济运行质量和经济效益。年初，综合分析井下生产工作面衔接、通风能力、设备使用、电力消耗、人员效率、物资供应、煤炭销售预测、成本核算等情况，合理制定全矿 2006 年生产经营计划。成立经营调度，对六大区设备、配件、材料等投入逐日严格进行考核，避免无效投入和重复投入，降低生产成本。开展“双增双节”和“修旧利废”活动，增强职工节约意识。成立机电修配公司，取消采区机电大院，减少设备、配件无效占用，提高设备、配件的使用率，做到能修的就修、能复用的就复用，避免丢失浪费现象。坚持物资集中比价采购，节约了大量资金。通过加强经营管理，全矿职工年人均收入达到 29953 元，同比增加 15.7%。

二、提高经营管理水平。加强成本费用控制，发挥内部银行在企业管理中的作用，实行代金券结算制度，确保安全生产所需材料、配件、设备的科学组织供应。坚持每月召开经营考核分析会，总结安排月度生产经营工作，做到合理安排、积极调控。全矿福利费结余、储备资金占用、债权清理、“三量”可采期、采区回采率等指标均得到有效控制；工程管理、供应系统管理、后勤系统管理、多经系统管理等都能执行规定，达到考核要求。

【人才与培训】 实施人才兴矿战略，建设高素质的干部队伍。注重后备干部培养和选拔。加强干部专业技术培训和职工安全职工专业知识培训，全年共组织各类培训班132期，培训5332人次。在西山煤电集团公司举办的第四届职工技能大赛中，组织65名选手参赛，取得了5个技术状元、3人技术标兵、2个技术能手的好成绩。

【党群工作】 一、召开第七次党代会。严格按照程序和要求，完成支部换届工作。5月11～12日，召开中共西铭矿第七次党员代表大会，总结第六次党代会以来党委、纪委工作的主要成绩、经验和教训，对今后矿党委和纪委工作重点进行安排部署；选举产生了中共西铭矿第七届委员会及纪律检查委员会人员，以及出席公司第七次党代会的20名代表。

二、注重学习教育。从党委中心组到各基层班子，都能够坚持学习制度、落实学习安排。按照民主集中制原则，完善各项班子议事决策制度，做到集体领导和个人分工负责相结合，促进班子的团结。坚持"党管干部"原则，严格按照上级规定程序进行干部的选拔和任免。开展社会主义荣辱观教育和山西焦煤集团公司董事长杜复新提出的"十要十不要"、西山煤电集团公司党委书记车树春提出的"十二种观念"主题教育活动，226名副科级以上干部及党员干部撰写了学习心得和论文。

三、加强党风廉政建设。执行上级和本矿廉政建设有关规定，查处违纪案件和行业歪风。矿领导与科级干部进行廉政谈话。落实各级干部责任制，与基层党政班子签订目标责任书，严格考核检查。

四、开展"创先争优"、"素质工程"、"阳光工程"、"温暖工程"活动。举办建矿50周年庆祝活动。开展消夏系列、文明之春等活动。帮扶困难群体，开展"温暖工程"，实施"六大基金"，帮助16名贫困职工子弟申领助学金78000元；为63户75名在职贫困、工病亡遗属户、农残户上中小学的子女发放资助金35600元；为152户贫特困户办理了低保手续；全矿14名处级干部和126名科级干部与138户贫、特困户结对子，从思想上、技能上、经济上给予帮扶；为井下一线职工送蛋糕和鲜花3000余份；发放抚恤费、伤残津贴、慰问金、救济款377115元。

五、引深"爱西山，爱西铭，讲文明，美家园"主题活动。加大环境治理力度，清理卫生死角，重新粉刷矿区围墙，绿化、美化、亮化矿区。加强劳动保险、医保卫生、计划生育、纪检信访和宣传保卫工作，落实信访接待制度，强化社会治安综合治理，打击邪气、弘扬正气，保持矿区稳定局面。

（张　倩）

官　地　矿

【概况】 官地矿始建于1960年，是一座年产500万吨的大型现代化生产矿井。原煤以贫煤为主，其次是贫瘦煤。矿井共有管理科室39个，实行矿、区（科）、队三级管理，现有3个综采队、3个掘进队、3个开拓队，24个辅助队组，并设置多经、后勤系统。全矿在册职工6615人。矿党委下设17个党总支、107个党支部，在册党员1867人。

【安全管理】 一、以"一通三防"为重点，引深"三化"建设。认真落实"分配、用人、制度落实"三个公道，开展了"三查四反"活动，组织后5个月、后50天和后40天安全决战，实现了后5个月的安全生产。全年投入安措资金6630.9万元，进行井上下安全质量标准化建设，机电、运输、顶板等关键部位和薄弱环节的管理明显加强；建立应急救援体系，推行职业安全健康管理，严格落实各级干部安全责任制和业绩考核制度，积极排查隐患，突出抓好"三员两长"和零散人员的管理，规范了职工的安全行为；实施了机关科室包队和干部"一下三抓"、"两下三抓"制度，杜绝了队组截留职工工资现象；扎实推进安全宣传教育和安全技术培训，"每日一题、每周一课、每月一考"均达到年初规划目标，被太原市命名为"开展学习型组织创建活动先进单位"。

二、推进23509工作面火灾治理。汲取2005年23509工作面火灾事故教训，加大火区治理力度。向火区注胶556立方米；采用控风均压办法，降低火区周围压差，减少向火区的漏风，降低火区内氧气含量；对火区主要漏风通道进行封堵；注入惰泡95800立方米，与注胶、注氮气等灭火措施配合使用，起到了冷却降温、固氮、隔绝空气等作用。由于采取多种有效措施，火区治理取得显著效果。

2006 年官地矿主要经济技术指标完成情况

指标名称	单 位	计 划	实 际	比计划	比上年
原煤总产量	万吨	420	441	105%	103.6%
洗精煤产量	万吨	117	117	100%	128.85%
掘进总进尺	米	25000	26658	106.6%	100.87%
商品煤销量	万吨	409.8	349.7	85.3%	89.6%
全员效率	吨 / 工	7.6	9.186	1.586	1.02
吨煤制造成本	元 / 吨	148.42	148.32	0.1	24.17

【提升矿井生产能力】 面对生产衔接紧张、地质条件复杂、搬家倒面频繁和“7·9”事故带来的不利影响，统筹兼顾，在对各采区工作面储量、各生产队组产量和所采煤层进行调研的基础上，合理调整采掘衔接计划，开展 “五化一创”和设备开机率竞赛等活动。在综采队 7 次、开掘队 33 次搬家倒面，12510 工作面过落差 7 米的断层，32408、16403 工作面过无炭柱等情况下，做到了搬家倒面不停产，确保正常的生产衔接，为产量、进尺等任务指标的顺利完成提供了保证。争取政策、筹措资金，按期保质保量完成了风峪沟滑坡治理、储、装、运系统改造、原煤上仓皮带改造、热电联供二次管网改造四项集团公司的重点工程； 28405 智能化采煤工作面的投产，取得了最高日产 9600 吨，月单产 18.5 万吨的队组单产最好水平；建立地面瓦斯集中抽放站，增强了矿井的综合抗灾能力和发展后劲。

【推进矿井科技发展】 围绕学习山东省七条经验和西山煤电集团公司十个推广项目，在井下实现了两巷超前防倒硬连接，使用顶板离层仪、转载点自动喷雾、风门自动闭锁等装置；自主研发多功能环保型大巷洒水灭尘车、皮带跑偏专用调整工具、减速器防漏油装置、新式水质过滤器、猴车抱索器等项目，提高了劳动效率，创造了一定的经济效益和社会效益。全年完成创新项目 120 余项，其中，获集团科技创新一等奖 11 项、二等奖 8 项、三等奖 25 项，4 项获得国家实用新型专利；加强信息化建设，创建了官地矿门户网站、建立瓦斯监测监控系统、实现了矿调度信息自动化管理，做到数据的及时传递，促进了生产作业中的过程控制；坚持培训与激励并重，抓好人才队伍建设，在 2006 年西山职工技能大赛中有 21 名选手进入前六名，其中 3 人取得第一名。全国劳动模范栗俊平获“中华技能大奖”之后，又被评为“中国技能人才十大楷模”之一。

【企业和职工互惠双赢】 坚持增收与节支并举，修订完善了价格体系，推进市场化运作。加强原煤质量、储、装、运系统和商品煤质量管理，严把产、运、销三个关口，增加了产品销量。严格成本费用和预算管理，控制计划外工程，压缩了非生产项目。抓住经营管理运作中物资采购、修理、工程建设等敏感环节，强化过程控制和现场管理，实施效能监察，严把质量关、价格关、运作程序关；通过退厂返货，监督制约招标、议标，控制采购支出等手段，节约各类资金 221 万元，堵塞了管理漏洞，减少了无效投入。开展回收复用，加强计量监督，修旧利废 712 万元。采取有效措施控制成本费用，圆满完成了各项利润指标。同时，职工收入也大幅提高，年人均收入达到 32674 元，同比增加 3088 元。

【多元发展战略】 多经公司努力实现战略重点转移，强化内部管理，规范经营运作，合理资金调控，集中扶持骨干厂点，加快多元化发展步伐。参加全国煤炭系统产品展销订货会和山西焦煤多经产品霍州展销订货会，现场签订订单和合作意向 1000 余万元，抢占了市场份额；风筒、塑料网带和金属锚杆系列产品获得了煤炭安全生产许可证书，修理厂三用阀修理取得国家煤矿设备检修资质许可证书，为发展拳头产品奠定了基础。在多经各厂点实行会计委派制度，进一步规范了内部经营管理，全年完成销售收入 1.2 亿元，实现利润 230 万元。

【矿区环境建设】 加大生活福利设施改造和矿区环境整治力度，对各住宅小区进行美化、绿化、亮化，拆除小区内违章建筑，在406小区新建4栋住宅楼，对新五三街棚户区实施了改造，完成了俱乐部整修加固工程；先后对九院车场和十六楼前广场进行整修、硬化，开展植树种草活动，落实环保责任，加大矸石山二次治理力度，对储煤场实施定时喷洒水，将24台164蒸吨燃煤锅炉减少为5台33蒸吨，有效控制了矿区环境污染；在北山新建护林防火隔离带1000余米、林道1500余米，为实现“有火不成灾，有灾不扩展”的目标奠定了基础；坚持抓好信访稳定工作，落实接待日制度，开展信访预测、信访排查，对重点上访户实行专人帮教，处理了一批突出信访问题；加强社会治安综合治理，加大防范检查和打击力度，对全矿进行了5次地毯式的民爆大检查，杜绝了交通、爆炸、火灾、中毒等治安灾害事故的发生。

【三个文明建设】 建立保持共产党员先进性教育长效机制，开展“倡和谐、树新风、争做文明官地人”活动，建成了以“春满煤乡”和“安全寄语”为主题的企业文化广场和安全文化广场；实施“温暖工程”，组织基层捐款、财务拨款、争取低保、重大节日走访慰问、“一助一、献爱心”等活动，帮扶弱势群体，为3500余名贫困、工亡、离退休职工家属发放慰问金70多万元，为1052人发放优抚救难金19.5万元，为困难职工家属子女申请助学金7.4万元，首次为456名20世纪六七十年代的家属临时工发放专项救助基金25万元，并归口多经公司实施定时救助。

（李春林）

西　曲　矿

【概况】 西曲矿1979年8月开工建设，1984年12月1日正式投产，设计生产能力300万吨(2005年生产能力重新核定为340万吨)。有管理科室24个，生产单位有一采区、二采区、工程区、安装区、排矸公司、原煤运输公司、通风科，下设3个综采队、4个综掘队、4个开拓队、21个辅助队组。根据“三条线”管理原则，另设多经、后勤系统。全矿在册职工4495人。矿党委下设13个总支(2个直属支部)、83个支部，有党员986人。

【矿井生产】 一年来生产条件困难，主要表现在：地质构造多，全年过断层44条、无炭柱7个、空巷5条；煤层间距小，顶板压力大；下组煤水和瓦斯影响大；小煤窑破坏严重等。为此，各生产单位和职能部门，加强现场管理，制定有效措施，保证生产正常进行。采掘开各区队实现高产高效，各辅助区队较好地发挥了作用。安装区安拆工作面15个；原煤运输公司、排矸公司各队在南翼集中拉运、设备材料进出量大的情况下，最大限度地发挥能力，保证生产需要；生产、地质、通风、机电、供应、调度等积极发挥服务职能，为生产的顺利进行创造条件。经过全矿上下共同努力，全年完成产量358万吨，超奋斗目标23万吨，月均接近30万吨，日均接近1万吨；总进尺28075米，超计划3075米；开拓进尺2238米，超计划738米。其中综采三队年产160.5万吨，

2006年西曲矿主要经济技术指标完成情况

指标名称	单　位	计　划	实　际	比计划	比上年
原煤总产量	万吨	320	358	38	15
掘进总进尺	米	25000	28075	3075	2337
开拓进尺	米	1500	2238	738	233
商品煤销量	万吨	320	360	40	22
全员效率	吨/人	719.98	818.66	98.68	58.16
制造成本	元/吨	133.43	128.28	–5.15	–1.60

掘一、掘二单头进尺分别达到6506米、6853米;开拓队全部超过1000米,均创造了建矿以来的最好水平。在充分发挥主采煤层作用的同时,适应洗选要求进行生产衔接和采掘结构调整,较好地解决了优质资源枯竭这一突出矛盾。2号、3号边角煤回收开采方案及工艺得到优化;乌克兰三轴螺旋式薄煤层采煤机下井,矿第一个7号煤工作面投入生产。根据回收率情况,调整各煤种生产比例,保证入洗要求。

【安全质量标准化】 开展"三项治理",提高矿井综合抗灾能力。强化"一通三防"工作,面对南二盘区瓦斯出现的新情况,采取切实有效措施,保证了系统安全可靠。在优化通风系统实施、瓦斯抽放、加强工作面瓦斯管理等方面扎实工作,共构筑永久闭、封闭盘区99道,施工瓦斯抽放钻孔86个,抽放瓦斯量41.37万立方米。建立健全小煤窑管理制度,加强监控,遏制越层越界行为,封堵浇注窑口19个,炸毁私窑25座。加强防治水工作,坚持"有疑必探,先探后掘",全年采空积水探放进尺8500余米,排放采空积水25000平方米,疏通河道8900米,完成了应急救援预案及体系。强化标准意识,提高质量标准化工作水平,在西山煤电集团公司三、四季度质量标准化验收检查中均名列第二。注重培训质量和教育效果,开展"百日安全无事故"竞赛活动和安全宣传教育,建设安全文化。落实安全责任制度,执行干部"一下三抓"、"两下三抓"和干部带班下井制度,严格"三员两长"管理,强化到场到位,促使干部作风不断改进、职工作业不断规范,一级抓一级,一级对一级负责的工作格局逐步形成。严格安全问责制度,对因工作失误造成事故的责任人给予了严肃处理。严格执行安全奖惩制度,全年安全结构工资扣罚28.4万元,实际兑现2980.5万元,安全奖励累计达到600余万元。加强现场督查,全年共查处"三违"现象6184人次,罚款43.9万元,组织安全质量大检查40余次,接受上级安全检查16次。安排安措资金4050.6万元,实际完成4407.996万元,完成了空压机安装、崖窑上通风技术改造的设备组织,崖窑上Ⅱ回路专用线改造等任务。

【经营管理】 坚持以责任法人制度为主线,健全经营管理体制,采购管理、资金管理、成本费用管理、工程项目管理等更加制度化、规范化,发挥了资金的效能,经营管理得到健康发展。在地质条件复杂多变、投入加大的情况下,有效控制成本。合同管理进一步规范,全年对外签订合同120份,标的额1285万元,履约率达100%,没有出现任何经济纠纷,有效地堵塞了工程项目中的漏洞。严格控制费用支出指标,加大收费管理力度。运费比去年减少100多万元,民用电收费率保持在85%以上,全年收取104.5万元,外转供电收费17万元,均创新高。

【矿区建设】 按照《西曲矿基础建设三年规划》,开展矿区人居环境建设,改善矿区形象和职工生活。全年共投入资金1000余万元,改造家属区道路500米,矿区新增绿地面积6700平方米,河南高层及306号、307号小区绿化、硬化7800平方米,粉刷3栋高层住宅楼外墙及楼道、更换了楼道塑钢窗,全矿家属楼均安装了单元防盗门。西曲街小区住宅楼主体基本建成,解决住房336套。7号单身楼装修改造完工。重视环保工作,在资金紧张的情况下,保持环保投入力度,全年环保重点治理工程总投入880万元,对矸石山所排矸石进行处理,对塌陷地表进行复垦。污水全部实现达标排放,及时处理生活、生产垃圾,杜绝了二次环境污染。

【三项工程建设】 一、开展"阳光工程"建设。从制度入手,着力解决"人治"与"法治"关系,巩固和完善"阳光明亮的制度",工资分配、合同管理、矸石煤销售、干部任用等方面的制度公开、公平、公正、透明,在建立、运行、监督、考核的各个环节上都严格程序,确保阳光作业,实现用制度管人、管事、管企业。

二、树立"培训是最好的福利"观念,开展"素质工程"建设。加强宣传思想工作,建设企业文化,倡导"创新、权变、奉献、缜密、沟通、诚信"的核心竞争力和企业员工的价值取向。组织职工技术培训和技能竞赛,举办第十届职工技能运动会,784名职工参加43个工种的比武;51名技术能手参加了西山煤电集团公司技能比武,8人获前6名,并有10人参加了山西焦煤公司第四届职工技能运动会。

三、开展"温暖工程"建设。为职工解决实际问题,在扶贫帮困送温暖活动中,发放救济、救助、慰问款共计202863元,为7户困难职工子女申办大学助学金2.4万元。矿被评为"山西省省属企业精神文明单位标兵",并通过了"三A诚信企业"验收。

(苗雨春)

镇城底矿

【概况】 镇城底矿1986年11月建成投产，矿井设计生产能力150万吨/年。2005年，核定生产能力190万吨/年。采用国产先进设备、采煤机械化和洗选自动化水平均达100%，煤炭产品远销日本等国家。全矿设置37个部门，有职工3456人。矿党委下设19个党总支，45个党支部，1067名党员。依靠科技进步，推行现代化管理方式，获得太原市“文明单位”、“安全先进单位”，通过了ISO 9001、ISO 14001·OHSA18001：1999国际质量体系认证、国际环境管理体系认证、职业安全健康管理体系认证。2006年获“全国矿产资源合理开发利用先进企业”称号。

2006年镇城底矿主要经济技术指标完成情况

指标名称	单　位	实　际	同比增加
原煤总产量	万吨	207	12.9812
精煤产量	万吨	121.2202	4.6602
掘进总进尺	米	15593	1085
其中：开拓进尺	米	2704	–
全员效率	吨/工	9.089	0.28
人/年效率	吨/工	636.254	53.41
职工收入增长	%	13.9	–
百万吨死亡率	–	0	–

【安全生产】 以安全质量标准化和安全管理明细化为切入点，推行准军事化管理，落实安全生产责任制，强化干部作风，加强现场管理。狠抓以“一通三防”为重点的“三项整治”工作，提高矿井综合抗灾能力。具体为，一是针对南四采区瓦斯涌出量大的特点，强化干部职工瓦斯防治意识，加强对瓦斯尾巷的管理；二是坚持“有疑必探、先探后掘”的方针，采取积极的探放措施，抓好雨季“三防”工作，完善防灌井措施；三是对周边小煤窑坚持严格监控、严密防范，封堵小煤窑20个。加快科技创新，完成各类科研项目20项，创造经济效益2297万元，推动了技术进步。实施标准化精品工程，采煤二队获西山煤电集团公司“精品队组”称号，采煤和掘进两专业被誉为金牌专业。强化全员安全培训，开展“名师带高徒”活动，职工整体素质不断提升；开展通风、安监队伍的整顿，强化日常现场管理；开展安全班组竞赛，提高班组安全管理水平。改善基础设施，完成安措资金2119.35万元。

【煤炭生产】 一、创建资源节约型企业。重计划、定指标、巧设计、优组织，科学合理开发煤炭资源，保护煤质品牌。采用灵活机动的采面布置，利用地质构造间隙布置小储量工作面，合理安排不同煤层的配采，满足配洗要求；积极探索薄煤层、边角煤的回采，提高回采率。发挥区、队两级干部的现场指挥、协调作用，衔接不减产。5月份生产效率达10.581吨/工，创建矿以来最高水平。重点抓好综放支架和新型采掘机械的使用、维护、检修，加强机电人才培养，落实包机责任制，强化机电质量标准化，进行环节能力改造。积极为9号煤的开采做准备，加快重点工程建设，南翼回风井投产运行，南四生产系统形成，南翼进风井建设，防水闸门的安装，南一下组等后续采区的开延工程，使矿井发展后劲持续增强。

二、井下22606工作面设计与施工。南六采区22606工作面走向长2200米，倾斜长252米，工作面储量205万吨，是西山矿区几何尺寸最大工作面。该工作面于2005年开始设计，2006年元月开始施工，巷道采用锚网梁索配合支护方法。由于该区属屯兰矿划拨区域，瓦斯含量较高，在正巷侧50米处设置瓦斯尾巷。为解决长距离掘进通风问题，在两顺槽中部布置一条联络巷，形成全风压通风系统。

【经营绩效】 按照安全优先的原则，以经济效益为中心，强化内部经营管理，认真落实责任法人制度，层层签订目标责任书。加强管理，节能降耗。发挥效能监察和审计作用，实现监察成果321万元，规范了经营行为，提升了管理水平。引导多经三产、生产后勤部门加强内部管理、自我发展，为主辅分离工作奠定了基础，减轻了大矿经营压力。

【职工生活】 在加快经济发展的基础上，提高职工收入，职工工资浮动升级两次，同时提高井下职工入井费、夜班补助及班中餐等津贴。筹措资金890多万元改造地面环境，完成工人村道路及排洪沟大修、38号住宅楼竣工、幼儿园设施改造、小学厕所修建、职工住宅楼、单身楼的“洗脸”等工程。购置了职工洗衣房设施及班中餐餐具消毒、存放设施，设置居民小区健身设施，在工人村安装磁卡电表。地面质量标准化建设和社会治安综合治理效果显著。

【和谐矿区建设】 传承山西焦煤文化和西山安全文化，规范使用企业标识和徽章。通过视觉识别和理念深入，传播企业文化，1200米安全文化长廊从井上延伸到井下。举办20周年矿庆系列活动，编纂出版《镇城底煤矿志》，弘扬企业精神，凝聚人心。注重人才引进，实施待遇留人、环境留人的战略，积极为职工搭建自我发展的平台，开展创建学习型班组、学习型企业系列活动，培养知识型、专业型、技能型职工，全年职工培训达25368人次，有121人通过技术等级鉴定，19人达到技师标准；广泛开展学、练、比、推活动，组织技术比武和技能大赛，97名技术状元、技术能手脱颖而出，在西山煤电集团公司技能大赛中1人夺冠，另有11人获工种前6名，33名井下农民工实现了转制，掘进区职工王建宝获全国煤炭行业“百名技术能手”称号，女工聂惠获全国职工安全演讲大赛特等奖，矿荣获山西省“安康杯”竞赛优胜企业称号。组建了十多个文体协会，鼓励矿区群众性文化创作。加强与周边农村的互访、交流，改善了关系，推动了矿区和谐发展。

【党群工作】 发挥思想政治工作优势，进行社会主义荣辱观教育，引领干部群众树立正确的人生价值观。强化党风廉政建设，进一步转变干部作风。党员干部带头参加“一助一、结对子、献爱心”活动，使3户特困职工、26户贫困职工基本摆脱了贫困。筹措发放各类救助金16万元、救助687人次，为困难职工捐款7.8万元，为社会捐款5.7万元。健全社保机构，使保险工作规范化、制度化。

（成孝仁）

马 兰 矿

【概况】 马兰矿是国家“六五”、“七五”期间建设的国有特大型煤矿。矿井于1983年11月20日开工建设，1990年6月27日建成投产，设计生产能力400万吨/年，服务年限107年。与矿井配套的选煤厂设计能力为年入洗原煤400万吨，于1993年10月20日建成投产。全矿设22个管理科室；5个地面单位；6个生产单位(一采区、二采区、安装区、机电科、运输区、通风区)，下设3个综采队，1个刨煤队，5个综掘队，3个开拓队，15个辅助队(组)。根据三条线管理的原则，另外设置多经、后勤系统。全矿在册职工4308人。矿党委下设14个党总支部，6个直属党支部，69个二级支部，共有党员1257人。

2006年，马兰矿以构建平安和谐矿区为目标，强化管理，落实责任，实现了矿井安全、生产高效的目标，经济技术指标领先，职工收入稳步提高，精神文明建设成效显著，企业形象大幅提升，获得“太原市模范单位”、“太原市优秀平安单位”、“山西省劳动和社会保障AAA级诚信企业”、“省属国有企业文明单位标兵”、“省属国有企业文明社区”、“创建国家职业卫生示范企业模范单位”、“全国煤炭工业双十佳矿井”、“全国煤炭工业特级安全高效矿井”、“中国煤矿康居建设小康矿”等荣誉称号。

【安全管理】 坚持党、政、工、团齐抓共管的原则，强化安全教育培训。实施班前、班中、班后全程教育，采取内培与外培、班前与班后、脱产与业余等多种方式，全员脱产培训。开展安全专项整治，落实“一通三防”60条规定，优化通风系统，改善通风、防尘和防水设施，加强瓦斯监测监控，进行三次调风，改造南二风机，瓦斯抽放率达到30%以上。推广使用转载点自动喷雾，加大矿区周边小煤矿的排查整治力度，改善安全生产硬环境。强化现场安全管理，优化“六员两长”队伍，构筑严密现场监督网络，强化薄弱环节安全管理，12月，实现“零事故”月。强化安全检查考核，坚持开展井下检查和地面月检查、矿长安全小分队、安监处安全质量小分队等检查制度，实行全员安全抵押制度，提高安全及质量标准化在结构工资中的比率，严格安全奖罚；推进井上、井下安全质量标准化建设，成立专门规划、监察机构，投入安措资金6654万元，推广实施122项标准化创新项目，创建精品工作面、精品工程、精品小区，井上、井下质量标准化建设进入山西焦煤集团公司前列。8月，山西焦煤集团公司后勤质量标准化现场会在马兰矿召开。强化安全精细化管理，细化区、队干部安全业绩排名排队制度，严格干部跟班和包队制度。制定《井上下准军事化管理实施细则》，对全矿职工进行准军事化培训和考核。

2006年马兰矿主要经济技术指标完成情况

指　标	单　位	计　划	实　际	比上年(+,-)
原煤总产量	万吨	390.00	406.00	16.00
精煤产量	万吨	224.00	233.55	9.55
开掘总进尺	米	29000.00.00	30060.00	1060.00
煤炭销售量(入洗)	万吨	–	406.56	–
工业总产值	万元	–	67291.00	–
原煤制造成本	元/吨	120.24	120.68	–0.44
利　润	万元	25839.00	26029.00	190.00
全员效率	吨/工	8.60	11.40	2.80
职工人均工资	元	–	33796.00	–
百万吨死亡率	人/百万吨	–	0	–

【生产管理】 精心做好采掘工作面设计，根据地质条件、市场要求及队伍实际，科学制定衔接计划，减少对回采的影响和无效进尺。从矿井可持续发展的高度，编制了《马兰矿十年发展规划》。推进高产高效矿井建设，实施减队、减面、减人提效政策，依靠科技进步，精干一线队伍，提高单产单进水平，撤并4个生产队组，转岗分流富余人员260余人，清退300余名计划外用工，原煤生产工效达到16.24吨/工，建成山西焦煤集团公司首家"全国煤炭工业特级安全高效矿井"，被评为"山西省矿产资源合理开发利用先进矿山企业"。开展创新劳动竞赛活动，调动各区、队工作积极性。综一队全年完成原煤产量140.7万吨，综二队完成162.6万吨，掘一队完成进尺7005米，掘五队完成6452米，均达到西山煤电集团重点队标准。综二队元月份生产原煤19万吨，创建矿以来采煤队月产最高纪录。综一队李波英班获"山西省五一劳动奖状"，并被山西省劳动竞赛委员会推荐为"全国'安康杯'"竞赛优胜班组"。重点工程进展顺利，屯兰河治理工程于5月竣工；集中瓦斯抽放系统1月试运行后，9月进行了终验移交；麻家口后期风井于5月正式开工，已完成地面"四通一平"、部分土建工程和回风井先导孔项目。

【经营管理】 深化责任法人制度，将"四项责任"指标逐层分解，落实到基层，实行半年度考核、全员奖罚。上半年，在西山煤电集团责任法人考核中综合排名第一。细化优化千分制考核，形成矿领导月考、考核办抽考、各单位互考、本单位日考的全方位、多层次考核体系，同时将千分制考核由地面延伸到了井下各队组。严格成本管理，对各单位成本费用严格考核，配件、物资采购做到比质比价，所有工程实行招投标，并严格预算，强化监管。加强井下主材物资使用、回收管理，全年节约投入320余万元。加强资金管理，实行全面预算制度，提高资金使用效率，严禁计划外工程和预算外支出，坚持收支"两条线"制度，杜绝资金账外循环，实行会计委派制度，加强对基层经营管理工作的监管。加强审计监督，重点对多经、后勤财务及经济合同、职教经费、外转供电、工程决算、干部离任等进行审计，堵塞管理漏洞。

【多经与后勤管理】 一、多经系统转变经营方式。对编织厂、装卸队、选矸队等6个厂点实行租赁、费用包干、责任承包等新的经营方式。建安公司顺利通过工程施工资质评审，改制为太原市齐进建筑安装公司，实行市场化运作。改制后，各厂点都焕发出了新的生机和活力。宏祥桦公司完成产值850万元，实现利润12万元；齐进公司完成产值1145万元，实现利润61万元。

二、后勤系统优化改制模式。各食堂、幼儿园、招待所等在原有改制基础上，优化改制模式，实行自主经营，创收自养，提高了自我生存能力。房产物业公司由单一房产、收费管理向房产物业综合管理转变,成立物业队,实行准物业化管理,工资按管理面积承包,迈出了后勤系统专业化、市场化、社会化管理步伐。房产物业公司水、电、物管费用收缴完成303万元,比2005年增收41万元。

【人才科技工作】 一、深化"素质"工程建设。举办职工基础文化培训、转岗职工岗前培训、准军事化培训、企业文化培训、技术工人培训等专项培训。招聘中国矿业大学等院校的69名大中专毕业生到矿工作。做好各类人才培养工作,加强职工技能鉴定工作,35名高技能农合工转制,选拔36人进入队级领导岗位,23人进入科级领导岗位,向西山煤电集团公司输送2名处级干部。推进"学练比推"活动,组织第四届职工技能运动会,选拔57名选手参加西山煤电集团公司职工技能大赛,取得4个第一名、7个第二名、10个第三名,连续四届蝉联集团团体总分第一名。

二、积极推进科技创新。投入2900余万元,完成技术创新成果48项,小改小革95项,技术创新投入为矿直接减免税、核减利润指标500余万元,其中有两项科技成果经专家评审,达到国内先进水平。加快信息化建设步伐,为机关科室和一线生产队组配备40余台电脑,安装《煤矿作业规程编制和管理计算机应用系统》,局域网主干线进行光纤改造,利民小区和工业区安装视频监控系统。积极应用新技术、新设备、新工艺,推广应用ZYDC-1综采支架压力计算机监测系统、KJD251顶板离层仪报警计算机监测系统、ZY2700自移机尾和S-160掘进机等先进技术和设备。

【职工生活】 一、提高职工工资福利待遇。为全矿职工增加两级工资,同时还提高入井、班中餐和夜班补贴,调整离退休职工的养老金标准。关注帮扶弱势群体生活,投入17万元创立"爱心服务站",建立帮扶贫、特困职工、工伤职工和工病亡遗属的长效机制;投入26.4万元,在春节、中秋"两节"期间对贫、特困职工进行慰问。

二、改善矿区环境。对华苑、盛苑、滨苑小区进行园林化、标准化改造,建成6个太原市一流的住宅小区;改造安兴桥、环行路、古岔路、女职工浴室、矿灯房等公共设施和场所;绿化矸石山,治理矸石80000立方米;维修工业锅炉脱硫除尘系统,主要煤场、料堆实现"绿网"覆盖,主干道坚持日常洒水降尘;种植草坪11000多平方米、各类乔木2000余株、绿篱61000余株,绿化覆盖率达到40%以上。马兰矿被评为"中国煤矿康居建设小康矿"。

三、大力推进棚户区改造工作。在建房用地及资金紧张的情况下,多方筹划,相继开工4幢职工住宅楼,解决144户职工的住房问题,超集团公司下达的棚户区改造计划24户,其中3幢住宅楼竣工,部分职工已喜迁新居。

四、关心职工身心健康。改建老年活动中心。为2633名接尘、接噪、离岗职工和876名女职工进行健康体检。安排80人到北戴河等地疗养。组织220余名工作骨干参加"三晋文化"旅游活动。

【党的建设和精神文明建设】 一、抓好各级党组织建设。矿党委从战略高度建立了党委工作架构,将党委工作纳入规范化、标准化建设轨道。组织召开第二次党员代表大会,确定今后一段时期的党委工作思路和重要举措,健全各级党组织。开展党建工作质量标准化建设,建立"党工团活动日"制度,构筑"六员两长八网"现场安全管理体系,建立党建工作、安全生产工作、企业文化建设、思想政治工作和精神文明建设"五位一体"的党建工作体系,形成矿党委、党总支、党支部层层有职责、层层有压力、层层有落实的工作机制,夯实了党建工作基础。

二、开展各种形式的活动。组织开展了以胡锦涛总书记提出的"八荣八耻"及山西焦煤集团公司董事长杜复新提出的"十要十不要"、西山煤电集团公司党委书记车树春提出的"十二种观念"为主题内容的系列教育活动,家庭促安、家庭促廉、家庭促和"三内助"活动,"感动·感恩·责任"系列教育活动,文体活动、文明风尚、法律援助、护绿行动、爱心服务、安全协管"六进社区"活动,以及文明单位、文明队组、文明社区、文明窗口等文明创建活动。

三、加强党风廉政建设。建立由廉政文化广场、廉政网站、廉政信箱为主的廉政宣教格局,演好"讲廉、述廉、唱廉、写廉、赛廉"五廉戏,念好"学、看、讲、写、唱、评、进、赛、考、展"十字经,邀请书法名家为科级以上干部书写廉政书法作品,举办两场大型廉政文艺演出,加大对基层队组工资分配的监督检查。

四、推进企业文化建设。完善企业文化理念、识别和行为系统,创新文化理念、员工考核、星级达标机制,逐步构建安全、质量、科技、人才、管理、诚信、经营、廉政、品牌、环境、团队、导向等十二项分项文化。从全矿战略发展的高度出发,组织专业技术人员编制《马兰矿十年发展规划纲要》和《马兰矿十年发展规划》，编辑出版《马兰矿志》。矿工会积极维护职工的正当权益，创造性地开展“职工之家”建设，荣获“山西省模范职工之家”称号。

（赵晓忠）

东曲矿

【概况】 东曲矿是国家“七五”期间重点建设的特大型现代化国有重点煤矿，矿井于1985年开工建设，1991年12月16日建成投产。与之相配套的矿选煤厂于1994年11月投产。矿井设计生产能力400万吨/年，待+860水平投产后，矿井生产能力可达到500万吨/年。矿井采用平硐加斜井式开拓、条带式开采方式，采煤、掘进机械化程度达100%。全矿拥有固定资产原值89553万元，净值48895万元。

东曲矿实行矿、区(科)、队三级生产管理体制。有科级机构62个，其中科级建制45个、准科级建制17个。2006年底，全矿有职工4020人，其中固定职工2614人、全民合同制职工770人、农民合同工87人、农民轮换工549人。井下职工2399人，占职工总人数的59.7%。矿党委下设11个党总支、72个党支部，有党员1324人。

【安全管理】 开展以“一通三防”为重点的“三项整治”，优化通风系统，处理重大安全隐患，确保矿井大系统安全运行。树立“不求硬件第一，但求管理领先”的思想，质量标准化建设突出“扎实、朴实、务实”特色，全面推广山东七条经验，落实集团公司推广项目，狠抓自主创新，涌现出以掘进三队为代表的标准化建设先进典型，成为西山煤电集团公司标杆队。强化对二班、夜班的突击检查和动态检查，对薄弱环节、边远地区和多队组交叉作业地点的重点督查。明确重大事项首席责任制，规范调度指挥程序，严格执行矿领导双值班制度和早调会制度。推行准军事化管理，开展习惯养成、素养提升和现场纠错活动。党、政、工、团各部门充分利用广播、板报、内部刊物、安全文艺表演等载体和形式，营造良好的安全生产氛围。

【经营管理】 变“生产经营”理念为“经营生产”理念，强调抓生产必须考虑经营，必须以效益为前提；变被动经营为主动争取，内抓管理，外争取政策，在加强内部管理的同时，向西山煤电集团公司客观地反映企业发展中存在的困难和问题，争取西山煤电集团公司在政策、指标、资金、设备等方面的支持，妥善解决九一排矸斜井的泄洪、矸石山矸石自燃、区队生产库房、21号楼和单身改造楼修缮等突出问题，消除安全生产、职工生活方面的不安全隐患。坚持目标成本、刚性承包的经营机制，加强基础管理，提高经营管理的质量和效益。实行合同审批定期会议制度，规范合同审批程序，实行大宗采购、设备大中修和工程项目择优比价、公开竞标。完善经营联审制度，定期召开经营分析会。加强对大型材料的管理，有效控制成本支出。严格控制非生产性支出，办公费、差旅费等均得到较好控制。实业公司提高各项收费率，改善供水、供电、供暖质量。全年共复用废旧材料1411万元。

【生产建设】 在外运不足、煤质差，赋存条件复杂，全年过各种无炭柱、断层22次，库满停产达45天的情况下，挖掘内部潜力，发挥队伍优势，较好地完成了各项生产任务。综采二队全年完成产量195.8万吨；安装区全年安拆工作面达14个；运输科强化内部管理，加强基础工作，圆满完成全年拉运任务。加大技术、经济参数研究与分析力度，根据地质条件、煤层赋存情况合理布置工作面，优化系统，精干战场。装备了一套大采高综采设备、两台新掘进机；引进了无极绳绞车、大功率大扭矩风动和液压锚杆钻机、电滚筒皮带等一批先进适用的设施。在综采工作面收尾过程中采用铺宽网技术，在开拓工作面推广使用中深孔爆破技术，在掘进工作面推广应用大直径锚索支护技术。全年完成科技创新项目75个，其中中厚煤层和薄煤层开采技术已申请鉴定，绞车联动防跑车装置、细粒煤浮选技术等项目已申请国家专利。开展机电包机组竞赛活动，设备事故率同比下降6.9%。10月份，西山煤电集团公司在东曲矿召开现场会，推广本矿经验。长峪沟风机如期完成改造，地面瓦斯集中抽放站基本建成，局家洼风井建设有序开展。跨入全国煤炭行业特级高产高效矿井行列。

【多经三产】 实施产业聚焦战略，打造支柱产业。重介质粉厂降低原料采购成本、辅料消耗、运输成

2006年东曲矿主要经济技术指标完成情况

指标名称	单 位	计 划	实 际	比计划	比上年
原煤产量	万吨	365	365	0	-3.178
掘进总进尺	米	26000	27086	+1086	-5860
开拓总进尺	米	1600	4028	+2428	-4602
商品煤销量	万吨	277	270.3478	-6.6522	+6.5801
全员效率	吨/人	936.71	931.514	-7.33	-31.071
吨煤制造成本	元/吨	111.5	133.92	+22.42	+27.3

本，提高劳动生产率，控制单位加工成本，提高回收率和产品质量合格率。在巩固老客户基础上，开拓新客户，拓展外部市场，提高销售收入，实现扭亏为盈。机电加工修理行业经济效益持续增长。推行材料集中采购供应制度，降低库存，盘活资产存量。把具有改制潜力的浮选剂厂作为多经第二个改制试点，实行承包经营、分账核算、分灶吃饭。矸石山环保公司改进覆盖方法，加大分层存矸、分层碾压、分层黄土覆盖力度，对裂缝进行石灰水灌注。多种经营全系统实现销售收入9472万元，完成计划的126.3%；实现利润165.7万元，完成计划的110.4%；资产保值率和净资产收益率分别达116.4%和8.35%。

【职工生活】 矿区环境整治工作基本完成。美化、亮化工人村（住宅区），工业区建成安康广场、文化广场和休闲广场，对矿办公楼、任务楼、福利楼、单身楼、职工食堂以及运输调度楼等进行不同程度的装修，形成与古交汾河公园相互辉映的现代化园林矿区。继27号楼、28号楼72户职工迁进新居后，又建成26号、29号住宅楼，60户职工拿到新房钥匙。为基层区队配备办公电脑，更换办公桌椅、沙发，开通井下广播。为全矿职工晋升两级工资，提高井下职工入井费、夜班补助及班中餐等津贴，增加离退休人员收入。开展各项文体活动，丰富职工群众文化生活。贫困职工救助基金、职工子女助学基金和职工子女教育基金持续有效运作，全年慰问退休、困难职工达599户，发放各类慰问金、救助金44.7万元，助学金5.2万元。

【党群工作】 召开党代会、工会会员代表大会、团代会、女工代表大会。开展以“学习贯彻《党章》”、山西焦煤集团公司董事长杜复新提出的“十要十不要”、西山煤电集团公司党委书记车树春提出的“十二种观念”为主要内容的学习教育活动。举办党建工作论坛、党课观摩会、座谈会。开展“创先争优”、“党员责任区”等活动。制定《党风廉政建设责任法人分解考核办法》，每月深入基层单位进行督查检查，纪检信访接待同比下降78.6%。召开文明创建表彰大会，举行“省级文明单位”揭牌仪式。组织荣辱观教育进社区、进区队、进家庭宣传活动。落实山西焦煤文化价值理念和行为规范，编发《东曲矿企业文化丛书》。开展“学练比推”活动，举办职工技能大赛，在西山煤电集团公司第四届技运会的比武中，全矿综合排名位居第二。开展以反盗窃为主的专项整治活动。积极协调与地方政府和周边农村的关系，妥善解决了一批棘手问题。信访调解、环境保护、卫生保健、计划生育和法律顾问等方面工作实现整体推进。

（李晋成）

屯 兰 矿

【概况】 屯兰矿于1997年10月31日建成并开始试生产，原设计年生产能力400万吨，2006年核定年生产能力500万吨，在册职工3345人。矿井实行矿、区（科）、队三级管理，共设23个管理科室，5个基层单位（一采区、二采区、三采区、通风科、安装公司），有3个综采队、5个综掘队、4个开拓队，14个辅助队组；同时根据“三条线”管理的原则，设置多

2006 年屯兰矿主要经济技术指标完成情况

指标名称	单　位	计　划	实　际	比计划	比上年
原煤总产量	万吨	420	468	+48	+68
掘进总进尺	米	32000	34118	+2118	+2118
开拓总进尺	米	3000	3758	+758	–594
全员效率	吨 / 年·人	1084	1392.52	+308.52	+203.36
吨煤制造成本	元 / 吨	129.66	129.01	降低 0.65	增加 8.29

经、后勤系统。矿党委下设 8 个总支，59 个支部，在册党员 721 人。2006 年，屯兰矿安全生产工作取得了显著成绩，原煤产量等主要经济指标创历史新高，通过了太原市“清洁型生产企业”和山西省“生态型示范矿井”验收。

【安全管理】 安全实现百万吨死亡率为“零”的目标。开展工序标准化和管理明细化工作，推广创新项目，打造精品工程，安全质量标准化建设取得西山煤电集团公司全年第一名的好成绩。完成梁庄总回风补巷和南三总回风巷、石家河总回风巷扩大断面工程，解决了风速超限问题，降低了通风阻力，进一步增强了通风系统的稳定性、可靠性。施工抽放钻孔 82823 米；抽放瓦斯 1968.6 万立方米，比上年增加 403 万立方米；矿井瓦斯抽放率达到 28%，比上年提高 5 个百分点。严格执行生产科室干部的下井时间与人车时刻成正比和干部安全管理 60 条规定，提高干部下井质量，促进干部作风转变。开展“三违”专项整治及矿、科小分队活动，坚持安全隐患排查制度和责任追究制度，强化了薄弱环节的安全管理。

【原煤生产】 原煤产量全年完成 468 万吨，跃居山西焦煤集团公司产量最大矿井。执行设备租赁制、包机责任制和设备强制检修保养制度，组织会战和重点队创水平活动，原煤产量实现了新的跨越：综采一队完成 206 万吨，综采二队完成 160 万吨。6 月份全矿原煤生产完成 46 万吨。全年总产量比上年递增 68 万吨。

【科技成果】 完成各类科研项目 118 项。其中“复合顶板条件下大断面煤巷施工技术的研究与应用”解决了大断面巷道顶、底板及两帮支护的技术难题，提高了劳动效率；“灌注聚氨脂封孔工艺的研究与应用”解决了抽放钻孔的封孔问题，取得了良好的效果；地面主要通风机房及供电线路安装避雷装置，消灭了因雷电引起的无计划停电停风事故；自主研发和推广应用的“本煤层抽放钻孔施工压风排渣技术”、“气动风门闭锁及阻车器联动装置” 等一批科技成果，为提高矿井“一通三防”管理水平发挥了积极作用。

【多经三产】 完成销售收入 11195 万元，首次突破亿元大关，比上年增长 3689 万元；实现利润 264 万元，比 2006 年增长 108 万元。瓦斯烧锅炉项目全年利用纯标量瓦斯气 622 万立方米，减排温室气体相当于二氧化碳 9.36 万吨，减少排渣 3400 吨。电气试验中心取得国家电力监管委员会华北监管局颁发的承装、承修、承试四级电力设施许可证。矸石再洗中煤系统全年生产中煤 7 万吨，创收 350 万元。机修厂领取全国煤矿主要设备检修办公室颁发的 6 个煤矿主要设备(检修)资质证，这 6 个设备项目包括单体液压支柱、掘进机、采煤机、液压支架、500 千瓦及以下电机、350 安及以下矿用隔爆开关。福利厂领取山西省民政厅颁发的社会福利企业证书，安排了 26 名残疾人就业。

【职工生活】 为井下工人配备两套工作服，增加了洗衣烘干设备。建成竣工 3 栋住宅楼，共 12 单元 160 户，建筑面积 11184 平方米。在工业广场和家属区实施亮化、美化工程。对有线广播设施进行更新。成立物业公司，设立社区警务室，安装监控设施。原二通道人行天桥竣工并投入使用。家属区安装单元防盗门。对幼儿园进行整修、配套，改善幼儿教育条件。关心弱势群体，为 33 户职工发放救助基金 48300 元，为 25 户困难职工子女发放助学基金19600元。走访慰问工伤、重病号等困难职工32户次，救济困难职工373人次，共发放慰问金94000元。

【党群工作】 召开屯兰矿第一次党代会、工代会、女职工代表大会和第二次团代会；开展学习贯彻《党章》、山西焦煤集团公司董事长杜复新提出的"十要十不要"、西山煤电集团公司党委书记车树春提出的"十二种观念"主题教育；完善和实行纪检信息员汇报、工资分配定期检查、干部廉政谈话等10项管理制度，查处违法违纪案件；开展基层单位私设"小金库"专项治理，规范干部从政行为。举办职工篮球赛、廉政文化专场演出、庆祝山西焦煤成立五周年专场演出等活动；在西山煤电集团公司庆"七一"先锋颂歌咏比赛中获一等奖。打击盗窃矿有物资、赌博等违法犯罪活动，组织精神文明创建绩效考核，促进三个文明建设协调发展。

（荣振栋）

选 煤 厂

太原选煤厂

【概况】 太原选煤厂入洗能力600万吨/年，原煤来自西铭矿、杜儿坪矿，主要产品为瘦11级精煤、电精煤，销往首钢、鞍钢、西柏坡电厂、黄台电厂等大中型钢铁电力企业。机关设党政办、组干科、纪委、团委、宣传部、工会、生产科、财务科、劳资科、企管科、职教中心等17个科室（组织），直属单位有供应公司、汽运公司、水暖公司、离退休管理中心，下设洗煤车间、运销公司、煤质中心、检修公司、配煤中心、水暖公司共6个生产单位。有职工1434人。厂党委下设2个党总支、17个党支部，有党员642人。

【安全管理】 以深化安全质量标准化为主线，以构建"和谐太选、安全太选"为核心，加强现场安全管理，严格各项管理制度，注重监督检查效果。厂党政与基层单位负责人、车间领导同班组分别签订安全目标责任书，全员、全方位、全过程落实安全责任，

2006年太原选煤厂主要经济指标完成情况

指标名称	单位	计划	实际	比计划	比上年
入洗原煤	万吨	431	488	+57	+17
生产精煤	万吨	280	324	+44	+23
综合产率	%	64.46	66.84	+2.38	+2.32
利　润	万元	9503	9612	+109	+16227

建立安全生产长效机制。加大安全资金投入，投入安措资金500万元，解决各类安全隐患。完善安全质量标准化管理，修订《职工行为规范》、《班长管理办法》、《高空作业规程》等规章制度，严格检查考核，提高检查精确度。开展车间内部综合治理，进行411除尘、221除尘改造，对受煤坑上部和重介一、二期设备及浮选机进行防腐，对厂房内下水管重新进行设计和整改，对浮选楼、板框车间、装煤仓、洗煤车间楼内进行防爆防水照明改造，改善职工作业环境。推行精品岗位评选，完善和严格评选标准，以点带面，促进岗位达标。开展安全素质工程，建设安全文化，加强安全宣传教育和培训，举办培训班8期，涉及6个工种；组织安全规程考试两次，参考人数达到740人，占全厂生产一线职工的80%。完成全年安全生产奋斗目标。

【扩大生产能力】 一、依靠科技进步，提升生产能力。认真研究、合理确定重点工程项目。通过重点工程协调会等手段保证技改工程顺利实施。全年主要进行快速装车系统改造工程、热源厂配套输配煤系统改造，完成装煤仓中矸脱水分级破碎系统改造，新建污水处理厂，对供热系统主要设备管道进行改造和更新，完成原兰美砖厂的拆除及周边道路清理任务，保证太原市第四热源厂如期开工奠基。通过各项技术改造，完善了生产工艺各个环节，实现生产系统相互匹配，为提高生产能力创造了基础条件。

二、强化生产组织与管理。从原煤入厂、精煤生产到精煤出厂各个环节，精心组织，做到合理衔接，环环相扣。由西山煤电集团公司组织，多次召开原煤入洗协调会，使杜儿坪矿和西铭矿基本按照生产要求供给原煤，保证原煤质量。及时了解原煤信息，提高生产组织的针对性，理顺生产与检修之间的关系，做到计划生产、计划检修，有效保证生产时间。在洗煤过程中，着重发挥受煤坑、筒仓双向给煤的

特点，利用跳汰、重介双系统优势进行有效配洗，保证产品产量、产品质量，提高了产品回收率。全年共生产精煤318万吨，刷新历史纪录。产量占到西山煤电集团公司精煤产量的四分之一。

【完善管理机制】 一、以责任法人制为管理主线，强化各项基础管理。加强材料、配件、介质粉管理，介质粉单耗保持较低水平。加强资金刚性控制，规范财务管理，通过国家财政部检查审计，通过西山煤电集团公司审计处的年终审计。建设节约型企业，狠抓了用水管理和民用电管理；严格副产品和煤泥管理，完善管理制度和办法，对违反规章制度的人员进行处罚，使管理不留漏洞；强化了清洁型企业建设，通过了太原市验收，成为西山煤电集团公司首批通过市验收的三个企业之一。

二、加强人才队伍的管理。对专业技术人员进行考评和奖励，选拔优秀专业技术人员担任技术主管。开展素质工程建设，在搞好职工技能运动会的基础上，开展技能鉴定、导师带徒、"学练比推"等活动，调动职工学技术、比技能的积极性。厂在集团公司第四届技能运动会上取得1个第一、1个第二的成绩。

三、细化后勤系统管理。物业公司、生活公司、水暖公司明确责任，管理到位。制定物业管理相关规定，增加物业服务项目，提升服务水平。加强厂区、宿舍区环境卫生清理工作和绿化管护，做到分片承包、分工到人、各负其责、奖罚分明，使小区管理井然有序。

四、加强多经系统整合。积极稳妥地进行土建队、煤运公司富余人员的分流再就业，对筛网厂继续进行租赁承包，新组建缝纫厂，为小砖厂解决设备更新问题，为多经产业发展提供人力与财力支持。

【提高职工生活质量】 从维护职工群众切实利益出发，确保职工收入稳定增长，保证企业发展的成果惠及职工。解决职工关心的热点问题，开展"爱我太选、美我家园"环境综合治理。对年初确定的20项环境综合治理项目进行及早立项和安排，每月召开环境综合治理专题会议，抓工期，保质量，圆满完成治理目标任务。完成东区楼宇间的环境美化，新建宿舍区菜市场、西区体育运动场，完成西区公路补修及南延工程，修建厂区工业广场及班中餐食堂等。西区新房按期完工并及时进行分配。开展厂区、宿舍区的绿化美化工作，种植各类树木2000余株、灌木1400余株，新增绿化面积2万平米，绿化覆盖率达42%，超过省级绿化标准。通过治理，厂区宿舍区环境明显改善，选煤社区被评为山西省文明社区。

【党群工作】 召开厂第六次党员代表大会。坚持强班子、抓干部、强支部、带队伍的工作思路，强化两级班子建设，周密安排两级班子学习。加强干部日常管理，对个别不团结班子进行谈话和调整；开展年度班子和中层干部民主测评工作，对前30名进行表扬鼓励，对后两名诫勉。加强党风廉政建设、支部建设及党员教育管理，推进廉政文化建设，树立干部良好形象。开展企业文化建设，普及焦煤文化，建立视觉识别系统，规范职工行为。新建和完善文体设施与场馆，举办为期13天的太选第二届文化艺术节，通过歌舞晚会、播放电影、职工健身展示、企业文化知识竞赛、演讲比赛、青工竞技活动、楼宇趣味活动等形式，丰富职工家属的业余文化生活。推进温暖工程，全方位实施帮扶救助，全年慰问救济209人，金额达71600元。

（乔张亮）

西铭矿选煤厂筹备处

【概况】 西铭矿选煤厂位于西铭矿斜坡下工业广场，距离太原市区25公里，设计年入洗原煤210万吨，洗选工艺为原煤重介旋流两产品分选+粗煤泥螺旋分选+细煤泥压滤回收，主要产品为电精煤。全厂职工53人，2006年7月1日正式开工建设。

该工程主厂房采用钢框架与门式钢架柱结合的结构形式，建筑面积1506平方米，两个直径15米的原煤仓和两个直径18米的精煤仓采用钢筋砼体结构，浓缩车间为直径18米落地式圆池。工程投资概算12509万元，其中天津市申克公司承包的主厂房部分为4438万元，外围配套设施为8071万元。

【核定投资概算】 2006年4月6日与天津市申克公司进行了合同谈判，申克公司承包的主厂房概算由4502.51万元降为4438万元；5月24日，西山煤电集团公司对西铭矿选煤厂初步设计进行了审定，按照公司领导提出的高质量、高标准、高效率的要求，最终确定选煤厂新概算投资为12509万元(募集资金9996万元，维简资金2513万元)。其中申克公司承包的主厂房部分为4438万元，外围配套设施为8071万元。将建设主厂房1座、4000吨精煤筒仓2个、3000吨原煤筒仓2个以及外围配套系统，生产设备196台(套)，总装机容量3819千瓦。选煤厂建设项目被西山煤电集团公司列为2006年重点工程，计划2007年8月31日竣工投产。

【选煤厂建设工程】 西铭矿选煤厂于2006年4月26日奠基后，筹备处积极协调周边关系，精心组织施工队伍进行前期准备工作，因受市场影响，煤库存煤占用施工场地，主体工程未能及时正式开工建设。在西山煤电集团公司领导的协调下，经过山西焦煤集团销售总公司、西山销售公司、西铭矿及筹备处的共同努力，在2006年6月30日前腾空场地3000多平方米，使主厂房于2006年7月1日得以正式开挖建设。进展情况如下：

1. 为保证选煤厂建设按原计划开工，筹备处提前完成了“四通一平”工程，将西铭矿运销公司机运队6千伏开闭所供山下水泵房的6千伏高压架空供电线路改造为70平方毫米的铠装电缆；完成了1018深井至水泵房的供水管路的改造；完成了绕行施工场地的临时道路的建设；将施工用水、用电接入场地；还为金城公司专门安设了施工用变压器1台；为申克公司、施工单位、监理公司、质检站解决了办公场所，并安装了电话等必要设施。

2. 选煤厂主厂房由申克公司总承包，经多方努力，于7月1日正式开挖，2006年主厂房、浓缩池土建全部完成，钢结构施工完成70%。

3. 原煤、精煤仓土建由金信公司施工，9月8日正式开始施工，受斗轮机及运料轨道等因素影响，场地狭小，施工难度大，增加了深坑支护等工程。2006年原煤仓已施工至±0.0，精煤仓筏板基础完成。

4. 精煤、原煤皮带走廊受原煤占用场地等客观因素影响，直到9月14日才具备开工条件，2006年完成砼井柱及返煤皮带8号转载点加固工作。

5. 西铭矿选煤厂2006年完成投资5006.1万元，其中土建工作量1385.6万元，设备3348.1万元，其他工作量272.4万元。

【安全规范施工】 贯彻实施西山煤电集团公司的安全管理制度，严格按照规程，保障文明、安全施工质量。加强施工现场科学管理，认真核实技术图纸，确保施工技术、施工方法的万无一失。强化工程责任意识，明确各类工程技术人员岗位职责。严把质量关，加大工程施工中开工初期、中期的监督检查力度。

【三个文明建设】 开展廉政谈话和廉政教育、警示教育活动，开展“八荣八耻”、“十要十不要”为核心内容的社会主义荣辱观主题教育活动。及时组织全体人员认真学习，增强了责任意识、廉洁从政意识。对职工关心的热点和难点问题进行针对性地疏导和处理，起到了凝聚人心的作用。开展素质工程建设活动，坚持每周二组织职工进行业务技能学习，积极采纳职工对筹备处管理及工程建设等方面的建议，在提高职工综合素质的同时逐步培养了职工牢固的主人翁意识，进一步激发了全体员工的工作热情。开展爱国卫生运动，开展环境保护治理工作，杜绝污染事故的发生，保持了筹备处良好的环境面貌。

(牛建文)

官地矿选煤厂

【概况】 官地矿选煤厂是一座年入洗原煤300万吨的大型现代化矿井选煤厂。入洗原煤来自官地矿，是西山煤电集团公司指定的喷吹煤生产基地，主要洗后产品为喷吹煤、电精煤。产品主要销往国内大型钢铁、电力企业，部分出口韩国、日本。下设有主洗、准备、机电、煤质车间。机关设有综合办公室、生产科、财务科、机电科、供应科、工会、安监站等科室。全厂职工467人。厂党总支部下设5个党支部，有党员57人。

2006年，官地矿选煤厂正式挂牌投产，认真贯彻年初职代会精神，坚持科学发展观，深入开展“质量管理年”活动，加强基础管理，积极开拓市场，精煤产量首次突破百万吨大关，浮选技改工程一次带料成功，经济效益持续增长，职工素质稳步提高，工作环境明显改善，“四项责任法人”综合目标全面完成，安全、生产、经营管理工作有序推进，并取得明显成绩。

2006 年官地矿选煤厂主要经济技术指标完成情况

指标名称	单　位	计划	实际	比计划
电精煤产量	万吨	63	70.54	7.54
喷吹煤产量	万吨	54	48.36	-5.64
喷吹产率	%	60	61.28	1.28
电精产率	%	72	72.64	0.64
综合产率	%	59.4	62.53	3.18
精煤合格率	%	100	99.36	-0.64
完全成本	元 / 吨	267.65	267.61	0.04
产品销售收入	万元	35100	34644	-456
利　润	万元	2419	2431	12
全员效率	吨 / 年·人	2772	2672	-100
职工收入	万元	2.98	2.59	-0.39

【安全管理】 坚持“管理、装备、培训”三并重的原则，以推进安全质量标准化建设、深化安全管理明细化考核为主线，以加强全员安全技术培训为载体，抓好现场管理与基础管理，推进了本质安全型企业建设。突出抓好以下 5 个重点：

一、抓好安全质量标准化建设。一方面，通过加大对厂房环境基础建设的投入，大力改善厂房环境面貌，夯实了质量标准化基础；另一方面，通过层层定标准，层层抓落实，推进“周五安全质量标准化检查”、“机电专项检查”等活动的开展，提升现场质量标准化管理水平。

二、深化安全管理明细化考核。上半年，开展厂领导与车间领导安全互动活动，通过专题办公会督促指导车间的安全管理明细化；以车间为主，开展车间领导与职工安全互动活动，制定每个岗位的作业标准，把每项工作细化、量化、明码标价。下半年，在全厂推行安全管理明细化的考核运作，初步解决了职工怎样干、怎样干好、怎样达到标准的问题。

三、加强安全技术培训。立足现场狠抓培训，在培训的实用性和可操作性上狠下工夫；突出重点强化培训，狠抓特殊工种作业人员的培训考核换证工作，强化机电检修、采制化等重点岗位人员的安全技术技能培训；带动培训，继承和发扬以老带新，以师带徒为主的“传帮带”方式，结成对子，对口帮带；政策引导奖励培训，划拨 72000 元用于表彰奖励优秀教师与学员，调动员工学知识、学技术的热情；督导点评促进培训，成立培训工作督导组，每月按时审阅各车间培训计划，在厂安全例会上进行点评，促进了车间培训工作良性发展。

四、强化制度管理。在查漏补缺、整合规范、创新各项制度的基础上，全面推进各项管理制度的实施。通过落实安全管理制度、开工报告制度、干部值班制度、安全绩效考核等制度，狠抓各项管理制度的落实，严肃追究相关人员的责任。

五、加强重点环节管理。对运输设备、油库、配电室、库房、火工品管理等重点环节与重点工作进行动态检查；根据季节性特点，制定不同季节的安全组织措施。特别是在重要季节、重大节日来临前，由厂领导带队分专业组，组织相关人员对所有作业场点进行拉网式隐患大排查，加大“三定”整治力度，及时跟踪复查，堵塞安全管理漏洞。

【生产组织】 采取有效措施强化生产组织，积极应对各种情况变化：

一、加强内外协调，全力组织生产。对外，多次走访首钢、鞍钢、承钢、本钢、莱钢、西柏坡电厂等用户，跟踪了解产品使用情况，积极开拓喷吹煤市场；加大与大矿的协调力度，保持原料煤供给；加大与运销部门的协调，保持产、运、销顺畅；加快储、装、运系统收尾工程建设协调工作，缓解煤炭洗选与储、装、运系统之间矛盾。对内，突出调度指挥作用，加强领导跟班；以班组竞赛为抓手，通过每月两次对班组综合考核，及时奖励优胜班组和鞭策后进班组；尽量做到计划检修，提高设备维护与检修技能，适应了生产要求；通过狠抓交接班管理、落实巡检制度、严格实施设备事故追究制等工作，着力提高岗位人员责任心。

二、强化技术改造，完善洗选工艺。推进技术改造与小改小革，完成大的技术改造 4 项、小改小革 40 余项，完善优化洗选工艺，促进洗选各环节的匹配。先后完成稀介中研系统分离改造工程、704 胶带输送机能力提升改造工程、准备车间配电系统改造工程，启动了污水复用工程等项目。

三、转变管理方式，突出重点管理。在生产过程中，采取重点设备重点监控、重点环节突出管理、生产过程精细化操作等措施，合理组织生产，使消耗不断降低、工艺质量管理得到加强、精煤产率及产品质量和浮精抽出率明显提高。

四、深化包机考核，提升机电管理水平。树立设备就是“饭碗”的思想，兴起对新设备学习与应用热潮。通过建立机电设备档案，开展机电专项检查。从单机考核入手，按包机责任、设备完好、检修质量等内容订目标，分阶段、分等级纳入考核，逐步提高机电检修队伍的技术素质，提升对设备的检修、维护保养与操作管理水平。

五、加强煤质管理，提高产品质量。成立煤质科，狠抓产品质量监控和细节管理，扎实推进煤质管理。采取将产品质量纳入考核体系、提高从业人员技术素质和管理水平、规范采制化操作过程减少采制化误差、狠抓设备工艺效果检测、加强全过程、各环节的质量动态管理等措施，有效保证产品质量的提高。开展“零杂质”工程，控制精煤含杂率，开展防冻液喷洒、精煤监装等工作，满足客户对产品质量的要求。

【经营管理】 依托技改优势，强化基础管理，加大责任法人综合目标考核力度，将指标和压力分解传递，堵塞管理漏洞，确保各项经济技术指标全面完成。

一、加强基础管理，理顺管理环节。上半年，对机电供应科机构设置进行变更，成立机电科和供应科，从体制上理顺管理。建成机电供应办公楼及库房，撤销车间小库房，彻底解决了建厂以来材料、配件到处乱堆乱放的状况，实现了材料配件集中管理，杜绝了丢失浪费。按照标准化建设要求，规范出入库管理，严格各类物品归库、存放、管理，做到了“账、卡、物、资金”四对口。严把进货质量关，通过比质比价采购，降低采购成本，材料、备品配件质量有了明显提高。

二、明确责任，分解目标严格考核。针对部分车间成本超标严重状况，根据厂《经济承包责任方案》规定，明确责任，落实责任人，并从干部入手，实行成本超标工资抵补。

三、依托技改优势，发挥规模效益。下大力气进行技术改造，规模效益初步显现。一是生产能力有了大幅提高，全年累计生产精煤 118.90 万吨，与去年相比增加 28.08 万吨；二是回收率有了大幅度提高，精煤回收率较上年提高 5 个百分点，净增加销售收入 2640 万元；三是运行成本大幅降低，制造成本由 2005 年的 299.93 元 / 吨下降到 2006 年的 258.56 元 / 吨，吨煤制造成本节省 41.37 元；四是介耗大幅下降。通过对介质回收系统进行改造，新增两组磁选机，实现稀介中矸分离，每吨原煤介耗由改造前的 10.29 公斤降至 5.64 公斤，降幅为 54.81%，成本节支 800 万元。

四、提高经济运行质量，保障经营活动良性循环。以清产核资为契机，定期组织清仓利库，盘活库存，最大限度地降低成本。开展修旧利废和“双增双节”活动，降低储备资金占用，最大限度地降低成本，实现效益最大化。定期开展日常能耗检查，按照节奖超罚的原则进行考核，推进节能型企业建设进程。严格执行内部报销和审批制度，严格控制非生产性支出，控制公务费开支，压缩日常经费开支。

【党群工作】 一、发挥党群组织自身优势。开展“党员责任区”、“党员身边无事故”、“创先争优”、“青监岗”、“群监网”等活动，发挥了党群组织先锋模范作用。召开“大中专毕业生座谈会”，向青工推荐《你在为谁工作》一书，引导、鼓励青年员工着眼现实，立足本职、岗位成才。在重要节假日组织相关人员到困难职工家庭走访慰问。

二、加强队伍建设。把“周二学习制”作为解决干部思想认识转变的切入点，通过引入“赛马机制”，实行末位淘汰，增强各级干部的危机感，从而促进干部作风转变与责任意识的提高。把团结协作当作班子建设的重中之重，定期召开厂务会、民主生活会，增强班子成员间的沟通，把各级领导班子建设成善谋发展、敢抓会管、团结向上、公道正派、清正廉洁、发扬民主、务实创新的领导集体。以“促和谐、树新风、争做文明官地人”活动为契机，定标准，提要求，规范职工行为，凝聚职工力量，振奋职工精神，建设一支新型“四有”职工队伍。

三、积极为干部职工办实事。为一线职工配备了饭盒、保温桶，增加了班中餐，解决了职工就餐难的问题；修建两座水洗厕所；改善厂房和车间办公楼工作环境。

（张　治）

西曲矿选煤厂

【概况】 西曲矿选煤厂入洗能力300万吨/年，入洗原煤来自西曲矿。主要洗后产品为《西山牌》十级焦精煤，获"山西省名牌产品"称号。产品主要销往国内大型钢铁焦化企业，部分出口日本、韩国等国。下设有储运车间、主洗车间、煤泥水车间、电气车间、煤质科、运销科、汽车运输队；科室有综合办、生产安全技术科、供应科、机电科、财务科。全厂职工787人。厂党总支下设9个党支部，共有党员92人。

2006年西曲矿选煤厂主要经济技术指标完成情况

指标名称	单位	计划	实际	比计划
入洗原煤	万吨	335	360	+25
生产精煤	万吨	159.8	167.7	+7.9
精煤产率	%	46.2	46.58	+0.38
利　润	万元	8591	8625	+34

【技术改造】 完成了对主厂房抗震减噪工程和脱介筛激振器防护罩的改造，改善了职工工作环境。高频筛在尾矿系统的使用，减少了沉降离心机运行时间，节约了电费和修理费。3号加压过滤机的有效运行，缓解了浮精回收系统的压力，浮精抽出率提高2%，全年精煤产量增加25万吨，年销售收入增加1100万元。

【经营管理】 加强资金计划管理，优化资金配置结构。在物资采购上，执行比质、比价采购和招投标采购制度，杜绝"无预算、无合同、无执行凭据、无完备审批程序"的资金使用行为。严格工程概算及合同管理，规范合同的审批管理程序，杜绝无效合同。严格基建工程项目、机电修理项目的招投标、预算、审批、竣工验收制度。机电修理费招标392万元，中标额378万元，节约资金14万元；基建工程招标139万元，中标134万元，节约5万元。加强内部不定期审计工作，定期召开经营分析会，总结分析经营运行情况，用数据说话，通过数据查找问题，及时发现存在的问题，及时整改。没有发生经济纠纷事件。

【环境治理】 对矸石山大坝坡面、平台进行了种草绿化，绿化面积14000平方米，防止了水土流失。2006年10月16日西山煤电集团公司环境保护座谈会暨矸石山治理现场会在厂召开，对西曲矿选煤厂"精心组织、科学整治、复垦还绿、持续发展"的做法和经验给予了肯定。各车间配备了消毒柜、洗衣机。

【安全质量标准化】 投入安措资金289.65万元，安装了瓦斯排放及监控系统，大修了皮带走廊，职工作业环境得到改善，安全和身心健康得到保障。在全厂重点生产工作场所和薄弱环节设置了12个签到点，规定值班领导必须在凌晨1点至5点到指定地点查岗签到，消灭了安全上的"盲区"和"死角"。安全培训坚持"每日一题、每周一课、每月一考"制度，全年共下现场抽考培训1931余人次，组织安全大查15次，兑现安全抵押金241385元，安全结构工资305万元，安全奖励86.38万元。

【商品煤质级】 面对煤质不够稳定的情况，适时调整生产结构和入洗比例，严格做到分储、分装、分运，进一步完善产品质量保证体系，扩大煤质管理责任人考核范围，加大煤质管理考核奖惩力度。从原煤准备、洗选加工到装车发送等各个环节建立、健全质量管理责任制，实行动态管理，重点放在薄弱环节，合理配洗，稳定煤炭产品质量，对因生产环节出现问题引起的暂时性质量波动，与销售总公司和用户沟通，进行跟踪访问，避免了产生煤质纠纷，确保商品煤质级相符，维护了西曲主焦煤品牌信誉，收到较好的经济效益。

【机电设备管理】 加强机电设备的使用维护与计划检修的管理力度，加大了对机电事故责任人的处罚力度，降低了机电设备事故率，有效地预防和控制了机电事故的发生。能自己维修的不外委，能修理的部件不更换，谁造成浪费，追究谁的责任，修理费比2005年减少100多万元。合理安排生产，减少空车运行，提高设备运行效率，实行避峰用电，降低用电成本，功率因数提高了0.042。

【职工培训与文化建设】 全年举办各级各类培训班48期，培训职工达3100人次。开展了"党员身边无事故”活动、“安康杯”竞赛活动、“青年安全示范岗”巡回演讲活动、“放心职工”评选活动。继续推进素质工程建设，经层层选拔和严格考核，有3名选手参加了2个工种的职工技能大赛，有16人参加了职业技能鉴定，13人取得职业资格证书。工会组织了第七届职工趣味运动会和职工技能大赛，500多人参加，选树专业状元12名，能手24名。开展对困难职工帮扶活动，全年共对35户困难职工家庭和3户特困户家庭，进行了“一助一、献爱心”、节日走访慰问活动，及时解决职工群众困难，进一步密切了党群、干群关系。

（苗雨春）

镇城底矿选煤厂

【概况】 镇城底矿选煤厂位于古交市镇城底镇，由原煤炭工业部太原设计研究院设计，入洗能力150万吨原煤/年。1983年1月动工兴建，1986年11月20日与镇城底矿同步投产，是古交矿区第一家投产的选煤厂。入洗原煤全部来自镇城底矿，矿井的2~3号煤（低硫煤）和8号煤（高硫煤）分采分运进厂，由选煤厂按比例配洗。原煤属中等易选煤，主要洗后产品十级肥精煤，连年荣获“山西省名牌产品”称号，主要销往国内大型钢铁、焦化企业，2005年后部分出口日本、韩国。

镇城底矿选煤厂机关设有综合科、生产科、供应科、财务科、基建环保科、安监站等科室，下设准备、洗煤、压滤、机电、煤质、运销6个车间。2006年末在册职工796人，其中管理人员35人，工程技术人员132人。厂党总支下设7个党支部，12个党小组，共有党员119人。

2006年镇城底矿选煤厂主要经济技术指标完成情况

指标名称	单位	计划	实际	比计划
入洗原煤	万吨	185	209.72	13.36
生产精煤	万吨	105	121.22	15.45
精煤产率	%	57	57.8	+0.8
利　润	万元	12812	12945	133

【安全工作】 以安全质量标准化、安全管理明细化和安全行为准军事化“三化”管理为手段，以实现本质安全为目标，狠抓现场安全管理，强化职工劳动纪律，推进安全长效机制的建立。在西山煤电集团公司三季度安全质量标准化评比中，获得地面单位第一名，这也是本厂第一次获此殊荣。针对产品仓、原煤仓内瓦斯浓度升高的情况，采取强制通风措施，采用防爆电气设备，完成了瓦斯监测监控系统建设，消除了瓦斯事故隐患。下半年，集中精力抓好“百日安全无事故”、“决战后40天安全生产” 等活动，层层落实安全工作责任制，强化各级干部“职务就是责任、责任重于泰山”的责任意识，使安全工作保持健康、平稳的发展态势，全年实现安全生产无事故，获山西焦煤集团公司“地面安全先进单位”称号。

【机电管理】 推行机电设备标准化管理。针对单系统运行，开车时间长、设备疲劳度高，容易出故障的情况，每天保证检修时间3小时，每旬挤出1天时间集中检修，强化设备检修的计划性和预防性。开展春、秋两季机电设备包机会战，使机电设备三率（完好率、待修率、故障率）保持在较好水平。建立健全机电设备微机化管理，提高设备档案利用率。建立干部包机责任制，形成了全厂上下关心设备检修的良好氛围。加强机电检修人员培训和责任心教育，为夺取全年精煤高产提供可靠保障。

【精煤生产】 一、科学组织生产。针对精煤生产一度受到洗水浓度偏高影响的实际，加强生产技术管理，改进重介和浮选操作方法，保证重介系统正常运行。强化生产调度管理，树立早调会指挥全厂生产的权威地位。开展“工分制”考核和“明星队组”竞赛，促进产量和指标同步提高，提前40天实现全年精煤105万吨的奋斗目标。全年生产精煤121.2万吨，创建厂以来最高纪录。

二、加强质量管理。树立“质量就是饭碗”的理念，严格执行全过程煤质标准化管理，实行不同煤种分运、分储、分装，严禁不合格产品出厂。开展“树品牌、创名牌”活动，维护镇城底矿牌十级肥精煤品牌，实现外销产品批合格率100%。

【企业管理】 一、经营管理。贯彻“保两头、压中间”的经营管理理念，推行精细化管理。以强化成本管理为重点，实行成本费用管理目标责任制，压缩生产外、计划外支出。开展"双增双节"、"节约型企业"创建活动，以介耗管理为重点，从管理、工艺、设备三个环节着手降耗攻关，全年完成月平均介耗3.54千克/吨原煤，低于西山煤电集团公司3.7千克/吨原煤的考核计划。

二、基础管理。完善责任法人综合目标管理，创新管理模式。实行"工分制"考核，把生产管理、机电管理、安全质量标准化、成本管理、文明生产5个生产要素和各车间科室挂钩考核，层层分解落实到每个职工头上；通过每日打分、每月按分拿酬的形式，形成多劳多得、绩效优先的激励机制。

【技术改造】 建立"科技创新基金"，制定详细的科技创新制度与奖励办法，开展"群众性小改小革、科技进步、合理化建议"活动。全年完成小改小革、科技创新39项，实现经济效益2000余万元，累计发放奖励11.52万元（其中单项成果最大奖励2万元）。一些优秀项目对优化生产工艺、提高经济效益起到良好作用，其中降低介耗QC项目取得显著效果；浮选药剂乳化添加系统改造成功；中煤筛下水进入浮选试验成功效益良好。在集团公司2006年评比中获一等奖两项，二、三等奖各一项，为历年来最好成绩。《泥质煤泥水技术研究》项目通过山西省科技厅技术鉴定，结论为居国内领先水平。

【文明创建】 加强党的建设，开展以"八荣八耻"为核心内容的社会主义荣辱观主题教育、"十要十不要"和"十二种观念"教育，加强"三道防线"（教育、制度、监督）建设，保证党员干部政治生命安全；以庆祝矿、厂投产20周年为契机，开展系列文化活动，美化厂区环境。全心全意依靠职工办企业，上年职代会承诺为职工办的3件实事已全部兑现。为困难、生病职工发放慰问金8200元，组织捐款19173元；中秋节为工伤、病亡职工家庭每户送去1桶油、2袋面；出台"职工大事帮扶制度"，建立职工互助储金，为职工的生活增加更多便利。厂党总支荣获西山煤电集团公司2006年度"先进党支部"称号。

（薛小平）

马兰矿选煤厂

【概况】 马兰矿选煤厂于1993年10月20日建成投产，设计入洗能力400万吨/年，入洗原煤来自马兰矿。主要产品为九级、十级精煤，十级肥精煤位居"山西名牌产品"之列。产品销往国内20多家大型冶金焦化企业，出口日本、韩国、巴西等国家。厂设党政办、工会、生产科、供应科、财务科、机电科、安监站7个机关科室。下设准备、主洗、煤泥水、运销、煤质、电气、机修、大车队8个生产车间（队），有职工832人。厂党总支下设8个支部，有党员123人。

2006年马兰矿选煤厂主要经济技术指标完成情况

指标名称	单位	计划	实际	比计划
入洗原煤	万吨	395	403.96	+8.96
生产精煤	万吨	227	233.55	+6.55
销售精煤	万吨	218.57	232.57	+14.00
精煤产率	%	57.5	57.82	+0.32
完全成本	元/吨精煤	320.88	319.60	−1.28
全员效率	吨/人·年	2734.94	2797	+62.06
利　润	万元	24804	24871.15	+67.15

【生产管理】 以"多煤种"入洗为中心，执行"分采、分运、分储、配洗、配装"原则，发挥调度职能，合理调整产品结构，调节配洗比例，控制原煤处理量，确保产品质量指标符合用户要求。加强矿厂协作，克服三季度井下3种原煤，特别是8号煤内在质量发生变化给组织生产带来的困难，采取有效措施，精煤产率比计划提高了0.33%。加强生产工艺管理，提高生产效率，重点强化对原煤准备、主洗、煤泥水回收及脱水环节的管理，加强设备维护，保证设备的性能，稳定产品质量。加强生产技术管理，向技术要效益，浮选系统实现直接浮选，絮凝剂自动添加系统投入使用，快开式隔膜压滤机试验成功，有效降低了产品水分。介耗平均3.25千克/吨原煤，油耗平均1.59千克/吨干煤泥。继2005年实现达产

目标后,2006 年矿厂再次同步达产 400 万吨。

【煤质管理】 按照煤质检验标准,加强质量管理,保证产品稳定率、合格率达到 100%。及时掌握井下采掘工作面各煤层煤质变化,做好配煤洗选前期准备工作。生产过程中认真检查和控制产品质量指标,及时指导生产。同西山煤电集团公司生产处及销售、运输部门保持密切联系,加强沟通,随时采取有效措施,保证正常生产和产品销售衔接有序。严把运销车间装车质量关,先后制定《车皮质检员考核制度》等一系列管理办法和制度。在装车时做到“三不”:车皮车底没有彻底清理干净或车门没有关好不装车;冬季防冻液添加不够或不均匀不装车;车皮清理后质检员没有检验不装车。坚持精煤产品分仓分储配装,保证了产品批次合格率。

【安全管理】 一、严格落实责任。建立干部连带问责制,落实“两下三抓”(下车间、下现场、抓隐患、抓三违、抓抽考)、干部跟班、机关领导包车间及管理干部安全业绩排名排队等管理制度。加大安全结构工资和安全风险抵押考核力度,全年安全结构工资和安全奖励费用达 500 余万元。采取专业性检查、小分队突击检查和车间内部自查等措施,建立多种形式相结合的安全监管体系,强化对关键岗位、薄弱环节及重点要害部位的管理,及时消除各类不安全隐患。

二、加强安全教育。狠抓“每日一题,每周一课,每月一考”安全学习制度的落实,每周对班组长以上管理干部进行一次培训,选树 10 个标准化示范岗,编印《安全简报》、剖析典型案例,确保安全生产,消灭轻伤以上人身事故。

三、强化安全现场管理。规范安监队伍,各单位配置安全员,健全党员责任区、青监岗、群监网及女工协管等安全监管体系和活动制度,提高安全员、安监员津贴和待遇。剖析各种隐患,现场指导整改,实现静态、动态双达标。加大安全投入,落实安措资金 600 多万元,对主要设备、安全设施进行完善和改造。

【机电管理】 一、强化生产机电一体化管理。组织计划性巡检、包机检查和动态巡回检查,准确把握机电设备事故周期性,强化计划性检修和预防检修的有机结合,保持了设备无故障长周期正常运转。

二、提高机电管理队伍素质。加大考核力度,强化专业技术、安全知识的学习培训,增强检修人员工作的准确性。完成了矸石落地皮带改造、原煤分级筛更换及溜槽改造、加压过滤机等设备大修、机械密封式渣浆泵的安装使用、供暖管道维修等重点工作。2006 年,获西山煤电集团公司机电标准化检查第二名,压风机房在西山煤电集团公司大型机房检查中排名第一。

【技术管理】 一、狠抓职工日常教育。组织快开式隔膜压滤机岗位司机和维修人员培训,参加西山煤电集团公司各类培训学习 79 人次。厂内举办由厂领导和各类技术管理人员主讲、队级以上管理干部参加、历时半年、每周一次的专题知识讲座,有 36 名职工通过特殊工种培训考核。职工樊正军获西山煤电集团公司职工技能大赛浮选工种第三名。

二、推进技术创新。引进先进工艺设备,组织各生产环节的技术革新及 QC 小组技术攻关,完成快开式隔膜压滤机试验、压风机冷却系统改进,酸性高泥化煤泥水处理技术研究项目被山西省科技厅认定为国际先进技术水平。编写《十年发展规划纲要》。通过太原市“工业废水零排放企业”审核验收。

【经营管理】 强化生产过程的经营监管,严格执行审批制度,加强各项成本、费用定额管理,相关部门分口把关。加大修旧利废、回收复用力度,控制各项费用支出,杜绝计划外项目,减少成本资金浪费现象。开展“二级库”资产清查和债权清理。每季召开一次经营分析会,分析总结生产经营状况,纠正生产经营中出现的不良现象。强化对各单位的单项绩效工资考核,实行对等奖罚政策。严格合同管理,全年无一例合同纠纷。

【精神文明建设】 一、加强干部队伍建设。开展学习贯彻党章、社会主义荣辱观教育、“十要十不要”主题教育活动,转变干部作风。定期对干部执行制度情况进行督促、检查,强化“按业绩排名排队,末位淘汰”的干部考核激励机制,定期对中层管理干部进行综合业绩考核评定。

二、加强基层党组织建设。召开各支部和总支党员大会,改选了各支部和总支部委员。发展新党员 5 名。坚持“三会一课”制度,召开各级领导班子民主生活会。加强党风廉政建设,搞好廉政文化宣传。

三、治理厂区环境,为职工办实事。硬化厂区路面，整顿职工澡堂，修建职工自备车停车场，改造摩托车、自行车车库，改造办公楼后园林区。为职工办实事，全年为职工子女安排就业 8 人次，发放助学、助困资金 3.5 万元。

四、加强环境保护工作。投资进行矸石黄土覆盖，分层碾压，杜绝明火。在雨季来临之前，积极与地方政府协调，彻底治理矸石山私挖乱采矸石煤现象，消除矸石山滑坡及边坡垮塌隐患。扩大矸石山植被覆盖率，绿化美化矸石山环境。环境治理指标达到西山煤电集团公司和古交市要求。

（曾爱国）

东曲矿选煤厂

【概况】 东曲矿选煤厂设计入洗能力为 400 万吨 / 年。入洗原煤全部来自东曲矿井，入洗的原煤种类有焦煤、瘦煤和贫煤，原煤灰分 30%左右，±0.1 含量在 40%以上。选煤厂主要产品为十二级以下的瘦精煤、5000 大卡以上的优质动力煤，产品以低硫、低磷、高发热量的特性深受国内外冶金、焦化、电力各行业的欢迎，市场前景十分广阔。厂下设综合办公室、生产技术科、机电供应管理科、财务科、安监站 5 个职能科室和准备、主洗、煤质、煤泥水、运销、机电、汽车队 7 个生产车间(队)，有职工 755 人。厂党总支部下设 8 个党支部，有党员 127 人。

2006 年东曲矿选煤厂主要经济技术指标完成情况

指标名称	单位	计划	实际	比计划
原　煤	万吨	290	312.0536	22.0536
精　煤	万吨	87	96.3738	9.3738
综合产量	万吨	197.2	212.1965	14.9965
综合产率	%	68	68	持平
精煤产率	%	30	30.88	0.88
利　润	万元	－5159	－5144	15
全员效率	吨 / 年·人	1206.43	1372.85	166.42

【规范制度】 完善“责任法人制”，层层签订了《责任法人综合目标责任书》。制定出台《东曲矿选煤厂生产考核办法》、《东曲矿选煤厂机电管理考核办法》、《东曲矿选煤厂机电包机管理制度》、《东曲矿选煤厂人身、机电、生产事故责任追查和处罚制度》、《东曲矿选煤厂人身、机电、生产事故延伸追查制度》等一系列管理制度。在工资分配上实行了副科级以上干部的奖金由厂统一管理发放，杜绝了一些单位领导在本单位参与二次分配和倒发奖金的现象。

【安全管理】 深化安全质量标准化、安全管理明细化，推行了安全行为准军事化管理。重新修订《选煤厂安全管理制度汇编》，规范安全管理基础工作。加强生产现场的安全管理力度，全年共组织安全大检查 38 次，安全小分队动态检查 126 次，查处各类安全隐患 1290 条。在“安全生产月”，开展了 25 项安全宣传教育活动，确保“安全生产月”期间的安全生产。建成瓦斯监测系统，在原煤仓下、产品仓下分别安装 22 组瓦斯探头。出台领导干部跟班制度和事故隐患追查制度，对外委施工队伍实行了安全抵押管理，确保了安全生产。

【经营管理】 加大指标的细化、量化和考核的奖罚力度，对生产性指标进行了量化细化，落实到各车间、科室和部门，对非生产性支出，实行归口管理，节奖超罚，与职工的利益密切挂钩，构成了全员的成本目标体系。加大对物资配件采购的管理，建立了物资配件采购责任制。通过技术革新，采用新工艺、新技术提高生产过程中的技术含量，达到了降低生产成本的目的，介耗比计划降低 0.09 千克 / 吨粗精煤，油耗比计划降低 0.03 千克 / 吨干煤泥，电力单耗比计划降低 0.75 千瓦时 / 吨原煤，配件单耗比计划降低 0.22 元 / 吨原煤，材料单耗比计划降低 0.83 元 / 吨，累计节约成本 530 万元。

【生产组织】 完善生产考核与生产风险抵押等制度，针对井下原煤的变化情况，组织技术人员制定合理的洗选方案，加强跳汰机、重介旋流器、浮选机等关键设备的操作，改造浮选尾煤系统，增加一台煤泥离心机，将原系统的并联改为串联，保证了细粒尾煤的回收，五、六月份在入洗原煤煤质恶化，原煤灰分高达 45%左右的极其困难的情况下保持了较高的洗洗效率。为加强煤质管理，制定并严格执行了《煤质管理考核办法》，研制成皮带自动采样机、氯化锌配制自动搅拌装置和真空脱气仪，使煤质采制化向半自动化迈进了一大步。在煤质最差的五、六月份，将最终产品灰分检查时间由原来的一小时一次调整为一小时两次，为生产的组织及时提供科学的依据，商品煤合格率100%。对机电设备进行包机，成立了25个包机组，制定了详细的工作标准和考核办法，严格按照《选煤厂机电质量标准化标准》的要求，坚持不定期的现场设备检查，对查出的问题及时“三定”，全年共查出设备问题260多条，全部进行了整改。狠抓设备修理工程，挤出资金对重介A系统进行了改造，实现了介质添加的自动化，对斗提机、浮选机、磁选机等设备进行了大修，对75型转载机、1801皮带机、中煤溜槽等进行了更新改造。积极推广新技术，引进高科技产品，为准备车间和主洗车间更换了新型皮带逆止器，提高了皮带带负荷停车的可靠性，降低了工人的劳动强度，为煤泥水车间试用了以新型碳化硅为主要成分的水泵过流件，提高水泵寿命，降低维修成本。

【精神文明建设】 围绕社会主义荣辱观教育，在干部中开展了山西焦煤集团公司董事长杜复新提出的“十要十不要”和西山煤电集团公司党委书记车树春提出的“十二种观念”教育，开展了党的十六届六中全会和上级党代会精神的宣传教育活动，统一制作以“八荣八耻”、“八个坚持、八个反对”“十要十不要”、“十二种观念”为主要内容的宣传牌板。继续执行精神文明建设结构工资制，有力地促进了党建、计生、治安、环境卫生等各项工作的开展。全心全意为职工办好事办实事，对东、西花园和主厂房后面的空地重新进行规划，使厂区面貌更加优化美化，对职工食堂进行装修，职工的就餐环境得到了很大的改善，在食堂增设了二层，添置了乒乓球、羽毛球等设施，为职工体育健身提供了活动场所。厂党总支部被西山煤电集团公司评为“先进党总支部”。

（高德振　安俊锋）

屯兰矿选煤厂

【概况】 屯兰矿选煤厂入洗能力500万吨原煤/年。入洗原煤全部来自屯兰矿，产品以国家十级、九级冶炼焦精煤为主，副产品以优质混煤为主，精煤产品畅销国内重点钢铁、焦化企业，远销日本、韩国、印度、德国、巴西等国家和地区，洗煤副产品全部供兴能发电有限责任公司发电。厂机关设考核办、安全生产科、财务科、物资公司，下设准备、洗煤、煤泥水、电气、运销、煤质6个车间，有职工712名。厂党总支下设7个党支部，有党员92人。

2006年，圆满完成各项指标，提前55天实现年度考核计划目标。在西山煤电集团公司2006年度责任法人综合目标考核8个选煤厂排序中，获安全、完全成本、产品质量、福利费结余、全员效率项目第一名，获精煤产量、综合产率、精煤销量、债权清理、减员分流项目第二名。

2006年屯兰矿选煤厂主要经济技术指标完成情况

指标名称	单位	计划	实际	比计划
入洗原煤	万吨	420	481.4598	61.4598
生产精煤	万吨	248	287.0269	39.0269
精煤产率	%	59	59.62	0.62
综合产率	%	75	76.57	1.57
选煤完全成本	元/吨	249.62	236.84	-12.78
利　润	万元	38022	38093	71
全员效率	吨/人	3746.31	4196.3	449.99
介　耗	千克/吨	3.3	3.18	-0.12

【安全管理】 厂与各单位签订安全生产目标责任书，明确安全生产目标任务、工作标准、考核内容和奖惩办法。建立以目标、责任、标准、控制、考核、信息为支撑的6大体系，推进安全质量标准化、安全管理明细化、安全行为准军事化，明确各级各类人员安全工作目标、工作责任、工作标准和考核办法，

逐月与安全抵押和安全结构工资挂钩考核。采取“动静结合,动态为主”的检查方式,对重点区域、临时工程、边缘地点、交接班时间、外来施工人员、交叉作业等薄弱地点和环节进行重点检查防范,及时排除隐患。实行职工安全责任风险年抵押和干部安全责任风险月抵押,按照西山煤电集团公司规定的精煤产量不低于 0.5 元 / 吨的规定提取。注重安全教育培训,加强安全素质工程建设,制定和印发《岗位作业标准》和《岗位安全作业标准》,岗位职工人手一册。强化安全创新,增加安全管理内涵,全年安全创新项目 38 项。开展安康杯、红旗车间、红旗支部、红旗班队、红旗岗位等劳动竞赛活动,举办安全知识千题问答、安全征文、车间安全巡回演出活动,制作永久性安全标语 45 条,更换安全板报 230 期,编辑出版安全简报 24 期。

【生产组织】 安装旋流器加高频筛系统,解决了尾煤系统回收能力不足问题。增加重介系统二段磁选机及盘式尾矿回收机,提高了介质回收再利用效果。更换 708 矸石皮带,消除安全重大隐患,提高矸石拉运能力。改造 607(耙式浓缩机)底流泵,提高中煤回收率,减轻煤泥水系统压力,提高循环水质量。调试投运了快速装车系统,进一步减少装车时间,减轻职工劳动强度。在 10 月份矿井 8 号煤工作面搬家、8 号原煤明显不足的情况下,为解决硫分指标过剩,按效益最大化原则,从镇城底矿、西曲矿、马兰矿多经调入 8 号原煤 15.13 万吨,进行合理配洗、配选、配售,实现产品合格率 100%。加强机电设备管理,落实包机制度,开展“机电设备大会战”和“机电检修质量竞赛”活动,确保设备完好率达到 98% 以上,保证开机率。加强产品质量管理,开展诚信教育、质量教育,根据原煤变化情况及时变更配比入洗方案,确保产品质量达到用户要求;建立原煤拉运、主洗入选、产品装车全过程整套考核办法;对影响产品质量的设备进行更换,投资 14 万元,集中更换三产品重介旋流器的主旋流器,解决精煤带矸和产品质量不稳定问题,保证产品合格率达到 100%。

【经营管理】 年初,厂与各单位进行责任法人签约,明确车间、科室各项责任和工作目标,加大“责任法人制度”的监督考核力度。将电耗、材料、配件指标全部分解到生产车间和相关部门,按照节奖超罚的原则,增减各单位当月绩效工资。对消耗量较大的主要材料加强管理,在介质粉管理方面,坚持按班统计消耗量,按月考核分析消耗指标,车间对队班和职工实行考核打分计资等,杜绝浪费现象。坚持效益第一、按效分配原则,将干部职工收入与单位创造的经济效益挂钩,根据效益好坏决定工资收入高低。规范全厂计划内设备修理及物资采购行为,将物资采购、工程招标作为效能监察主要内容,制定《工程招投标及物资采购管理办法》,成立专家库。加强现场管理与修旧利废考核,严格控制非生产性费用支出,将办公费、差旅费、招待费及车辆运输费等可控费用,一次性包干到有关领导和职能部门,执行节余计奖、超支自付的管理办法,有效控制非生产性费用的不合理支出。

【职工生活】 在政策性调资情况下,为职工提高了两级工资,全年人均收入 3 万元以上,实现了职代会提出的目标。对主洗车间主厂房进行抽风除尘系统改造,解决主厂房内粉尘大、噪声高、夏天热的难题。为职工购置上下班接送车,改建部分工棚,更换女职工澡堂更衣柜。搞好厂区环境治理,硬化美化面积 13000 余平方米,铺筑厂区外公路路牙,投资 70 多万元规范企业文化牌板。开展寓教于乐、丰富多彩的群众性文化体育活动,加强厂区社会治安综合治理,严厉打击各种违法乱纪活动,维护厂区正常生产和生活秩序。

(黄晓军　徐晓军)

地面生产经营单位

多种经营管理局

【概况】 多种经营管理局是西山煤电集团公司多种经营系统的职能管理部门。多种经营管理局与多种经营总公司、太原西山劳动服务中心实行“三块牌子、一套机构”的管理体制和“条块结合、以块为主”的管理模式。有万隆实业公司、新技术产业发展中心、古交多种经营公司、铁路工程公司、煤炭运销公司、佳美彩印包装公司 6 个直属单位和各矿(厂)多种经营公司 20 个下属单位。机关设计划发展部、财务部、劳动人事部、企管部、政工部和党政办公室。

多种经营系统集机电设备修配、煤炭生产运销、建筑建材、铁路维修、化工、服务等多种行业于一体,先后开发出井下支护产品、作业机具、化工产品、矿用机电配件、办公家具、水制品等六大类380多种产品。

2006年,全系统有在册职工11238人(其中全民职工3062人、集体职工6502人、临时工618人),拥有资产总额138778万元,固定资产原值53887万元,固定资产净值39402万元,人均固定资产净值3.51万元。

2006年,西山多经系统积极消化原材料涨价、职工工资升级和取暖货币化补贴等增支因素,克服煤炭生产和销售不畅等困难,完成销售收入160507万元,同比增加33047万元,增长25.93%;全系统实现利润2329万元,其中,全民单位实现利润2188万元,集体企业实现利润141万元;在册职工年人均收入18218元,同比增加2249元,增长14.08%;全系统实现无重伤及二级以上非伤亡事故;全系统无任何质量事故和质量投诉。多种经营管理局被评为2005~2006年度太原市质量管理优秀企业。

【项目开发建设】 古交配煤厂和铁路运营公司推进精细化管理、军事化行为,接待了国家循环经济建设试点单位巡视组参观检查和国内多家知名媒体采访报道。新技术产业区矿用聚乙烯管材项目进入试生产阶段。水泥厂多经公司上马了混凝土搅拌站项目,项目达产后年搅拌混凝土40万立方米。完成瓦斯发电和煤泥干燥等项目的前期调研和论证工作。古交多经焦炭发运站台具备投产条件,年发运量可达60万吨。马兰矿多经公司生产的条纹步道砖填补了太原市建材市场一项空白。

【安全生产】 召开多经系统建设本质安全型企业推进大会,以古交配煤厂和铁路运营公司为样板,全系统选树33个示范厂点,以点带面,推进多经系统安全质量标准化建设。多种经营管理局在西山2006年度安全质量标准化检查考核中名列C类单位前茅。

【基础管理】 加强财务集中管理、定额成本管理、资金收支管理和票据统一管理,保证会计核算质量。开展清产核资工作,处理不良资产5532万元。加大审计监督力度,独立开展审计项目9项,查出问题事项71条,提出审计意见49条。整顿规范劳动用工,对2953名临时工予以辞退,规范临时工使用审批手续。加强产品质量管理,开展QC质量管理小组活动,申报QC小组活动成果39项,荣获一等奖1个、二等奖3个、三等奖4个,获山西焦煤集团"讲理想、比贡献"技术创新竞赛活动组织奖。

【资源整合】 按照有利于提高产业集中度、有利于提高市场竞争力、有利于提高规模效益的原则,对全系统各厂点进行重组工作,优化资源配置。万隆公司对线材厂和电镀厂进行整合,成立镀业公司,两厂亏损局面得到遏制。西曲矿多经公司将综修、建安、加工修理合并,成立瑞通公司。西铭矿多经公司热风炉厂、金属织网厂整合成热风炉厂,土产队、土建队整合成建安公司,印刷厂、缝纫厂、商店整合成商务服务中心。

【党群工作】 多种经营总公司党委召开第一次代表大会。工会召开第一次会员代表大会,选举产生了新一届工会委员会和各工作委员会。直属各单位和机关党组织围绕经济建设中心,坚持"以党建带工建,以党建带团建",工会、共青团、妇女等组织结合"六型机关"创建和"三服务"活动,实施素质工程、阳光工程和送温暖工程,开展了各具特色的系列活动,多种经营总公司党委被山西焦煤集团评为"先进党委"。

【残疾人事业】 安置残疾人就业43名,安排10名残疾人学习实用技术,救助残疾困难职工153户,发放救助金10.65万元,为8名残疾职工家庭办理了农转非户口,为10名残疾人配备残疾人专用车。8月,在山西省八届残疾人运动会上,西山福利厂职工王自英夺得女子F46级跳高、跳远和百米三块金牌。西山残联获山西省残工委"2005年度企业残疾人工作先进单位"称号;西山煤电集团公司获得山西省残工委"残疾人工作先进企业"和太原市政府"十五"残疾人工作先进集体称号。

(王朝喜)

煤气化公司

【概况】 西山煤气化公司地处全国最大的焦煤生产基地——古交矿区，是古交城市煤气生产和供应的唯一气源厂，是中国城市煤气协会、中国焦化行业协会、山西省城市煤气协会、山西省企业家协会团体会员单位。公司于1992年建成投产，采用66-4型2×25孔焦炉生产，年产二级冶金焦11万吨，建成遍布古交城区80多公里的中压管网和200多公里的低压管网，拥有煤气用户3.2万户。2006年底，公司拥有固定资产原值7776.39万元，净值4013.22万元。

公司设生产、辅助车间及机关行政、党群和后勤部门21个。其中生产车间有备煤炼焦车间、回收净化车间；辅助生产车间有污水处理中心、维修车间、水汽车间、质检中心、管网所；行政科室有综合科、企管科、财务科、机动科、安监处、生产技术科；党群部门有党委工作部、纪委监察科、工会；后勤部门有生活公司、供应公司、销售公司、多经公司、保卫科。2006年底，公司在册职工558人。公司党委下设1个直属党总支、14个直属党支部、14个党小组，有党员185人。

【指标完成情况】 焦炭、焦油生产：生产焦炭116037吨，完成计划的103.6%；生产焦油4536吨，完成计划的110.6%；

煤气供应：外供城市煤气950万立方米，完成计划的105.5%，发展居民用户609户和营业福利用户5户；

销售收入：完成8922万元，比计划增长1472万元；回收货款1.2亿元，当年货款超额收回；

职工收入：实现年人均收入25220元，比上年增长2600元；

多经三产：实现产值2200万元，利润52万元；

质量管理：焦炭合格率97.32%，焦油合格率100%，城市煤气质量不断改善；

利润：完成-1916万元，比西山煤电集团公司核定指标减亏3万元。各承包单位实现利润，降低费用共计64.2万元；修旧利废完成39.7万元；效能监察完成88.4万元；

安全生产：完成西山煤电集团公司下达的安全目标，全年没有发生火灾、爆炸、中毒、较大机械设备、轻伤及以上人身伤亡和二级以上非伤亡事故。取得西山煤电集团季度安全质量标准化检查第一名1次、第二名3次的好成绩；

精神文明建设：完成各项工作任务，职工生活改善，保持山西省管国有企业“企业文明单位标兵”和太原市“守合同、重信用单位”称号。

【安全生产】 一、生产现场管理。制定《机电设备管理考核办法》，建立机电设备管理例会制度，全部设备完好率98.6%，主要设备完好率100%，全年未发生机电设备事故。建立月检制度，抓关键工序，抓关键工艺点，焦油质量稳定，城市煤气质量稳中有升。严格安全设施台账、安全隐患台账管理，汇编下发《重大危险源管理办法和重大事故应急救援预案》。

二、落实安全责任。与基层单位签订《安全目标责任书》，与业务科室签订《业务保安责任书》，实行厂级干部包车间、科级干部包班组保安全的管理办法，制定安全员、设备管理员和技术员的管理考核办法，下发《工段班组建设管理办法》，推行全员安全抵押考核。

三、安全文化建设。开展“每日一题、每周一课、每月一考”活动，以现场问答方式对生产岗位职工进行岗位操作规程、安全注意事项和重大危险源知识内容的考试。成立职工培训中心，开展班组安全生产竞赛，奖优罚劣。制作安全文化长廊，设立职业病及安全标语警示牌。

【经营管理】 一、经营管理。全年采购原料煤15.8万吨，合格率74.5%。实行采购资金总量承包，采购流程直接面向厂家，采购价格市场化。实行承包经营，提高奖罚比例。开展效能监察，重点对焦油、废柴油销售过程进行监督。组织修旧利废、清仓利库活动。对挂账和报销实行集体审核。煤气设施收费完成111万元，排污费上缴比上年同期减少36万元，全部债权基本认定。多经三产稳定经营洗选项目，实现预期目标。

二、营销管理。在争取铁路运输量不减少的情况下，优先选择资质优良的客户进行公路运输，全年实际销售焦炭14.6万吨，其中铁路运输6.8万吨，公路运输7.8万吨，综合损耗率7.64%。外销焦油4605吨，综合损耗率0.11%。煤气收费积极发展新用户,加大煤气费拖欠收缴力度,销售收入完成606万元。

三、制度管理。坚持一体化管理,动态检查与职能考核相结合,日常考核与重点检查相结合。坚持重点工作重点抓,建立落实项目责任的工作机制。全年24项重点工作中,除因政策因素无法完成的4项外,其他20项工作已经完成。对科级干部实行月度综合绩效考核,全年减少兑现385人次,减少兑现5.7万元。实行干部提前离岗制度,对已到规定年龄的7名科级干部实行提前离岗。

【科技进步】 一、科技创新。召开优秀青年知识分子座谈会,对科技创新成绩突出的优秀青年知识分子进行表彰。制定《大中专毕业生分配安置规定》,鼓励岗位成才。对专业技术人员进行年度考评和聘任。推广应用实施科技创新项目11项。对焦炉集气槽进行不停产检修,变频技术应用到锅炉加水系统,对燎原引气系统凝水缸进行改造。QC小组取得8项成果,召开QC成果发布会,对取得优秀成果的科技人员进行奖励。

二、改扩建。筹备60万吨改扩建工程,作为古交城市气源替代项目。积极进行前期工作准备,开始办理可研、环评、水资评价等手续。

三、开展"素质工程"建设。举办职工技能运动会,对每个工种前三名进行表彰奖励;开展职工技能鉴定,对职工技能人员实行月度考核;接收99名技校生到公司实习。

【精神文明创建】 开展"做文明职工、创文明单位"活动,文明职工合格率达96%。对西山煤电集团公司与基层签订的党风廉政建设、民调信访稳定"610"、社会治安综合治理、消防、交通、计划生育、环境保护、环境卫生8项责任书进行月度排名考核。实施廉政文化"五进"(廉政文化进领导办公室、廉政文化进会议室、廉政文化进车间、廉政文化进社区、廉政文化进家庭)工程。在厂区、家属区实施美化亮化工程,安装大型霓虹灯,定点放置垃圾箱,对家属区采暖系统进行改造;给每位职工制作厂服一套;为全体职工发放了每月50元的用餐补助;为居住马兰矿区职工加开接送车;节日期间对困难、退休、伤病亡职工或家属进行慰问。

(潘　虹)

万隆实业公司

【概况】 万隆实业公司是西山煤电集团公司下属的多种经营企业,主要从事支护系列、化工油脂、聚氨酯系列、煤炭加工、线材加工、矿山机械修配、基建及服装加工等行业,主要产品有锚杆、油脂产品、聚氨酯筛板、镀锌铁丝等。机关设科(部)室15个,所属二级单位16个,有职工1777人。公司党委下设2个党总支、22个党支部,有党员387人。

2006年,公司实现销售收入3.86亿元,完成年计划的138%,同比增长19.9%;实现利润45万元;安全生产实现了无轻伤以上人身事故的目标。

【基础管理】 在财务管理方面,加强资金管理,强化资金动态和定期回款的刚性管理;对下属两个单位的财务统一收回公司,取消6个不符合规定的银行账户;降低财务风险,加快资金周转速度。在成本管理方面,推广成本测算的经验,量化和细化各个生产环节成本测算,控制生产消耗及非生产性支出,降低单位产品的可控成本。在质量管理方面,完善产品质量管理办法,每月对各单位产品质量进行检查、讲评;对ISO质量体系覆盖的4个单位进行复审,通过了认证。在销售管理方面,对售出的产品实行"三包",对用户进行定期回访,完善销售体系。在审计监督方面,对签订《责任法人责任书》的16个单位进行定期审计,完成审计项目8项,对查出的问题进行整改。加强公司宏观调控能力,制定和完善设备管理、车辆管理、合同管理及工程施工管理等规章制度,规范了公司管理程序。在清产核资方面,克服取证工作难度大、损失依据不充分的困难,在全公司范围内对不良资产进行摸底和完善取证手续。2006年公司共处理不良资产772万元,减轻了企业的经营负担。

【企业改革】 一、资产重组。针对西山煤电集团公司对铁丝需求量逐年减少、原镀业分公司经营亏损及其与电镀厂共用一个营业执照的实际情况,将原镀业分公司与电镀厂进行合并搬迁;根据福利厂皮鞋分厂出现的问题,将其划归福利厂支护分厂统一管理，形成优势互补，盘活存量资源，减少了亏损厂点。

二、企业改制。按照“积极探索、稳步推进、规范操作”的原则，在对商店继续实施租赁承包的基础上，对公司骨干单位的基本情况进行了摸底和调研，为下一步改制做了大量的前期准备工作。

【项目开发】 对采煤机截齿、整芯阻燃输送带、锚杆药卷生产线等几个储备项目进行深度调研，对楼顶平改坡、生物质型煤及几个建材项目进行了可行性调研，平改坡项目通过了西山煤电集团公司的论证。组织人员前往有关单位对矿井安全生产综合监控系统、CDU型管道快速接头及配套产品、矿用隔爆型开关、煤矿瓦斯抽放配套装备等也进行了调研，为公司下一步发展储备了项目。

【技术改造】 支护分公司针对金属锚杆及药卷加工制作工艺落后的现状，开发出金属杆体自动加热系统和药卷的全封闭缸装系统，与有关单位联合开发出新型锚杆钻机。电镀厂改进生产工艺，增加精磨工序，降低成品返修率。化工分公司围绕主导产品，开发出超强复合管及MS15—5液压浓缩物，填补了西山煤电集团公司新型油脂产品的空白。2006年，全公司总计投入485万元对各单位部分生产工艺和厂房进行改造。

【安全管理】 公司与所属16个单位负责人签订责任书，推行领导干部风险抵押制度，落实责任，健全机制，重新修订了《领导干部下现场管理制度》、《领导干部包厂队管理制度》、《管理绩效考核奖罚制度》。强化现场管理，坚持进行定期不定期的安全检查，全年进行安全大检查3次、安全小分队检查51次、重大节日安全检查3次，共查出安全隐患924条，全部进行了三定落实。加大安全资金投入，全年共投入资金350万元，对安全设施进行工艺改造，并按安全管理明细化要求进行奖励。制定公司应急救援体系，组织支护分公司、福利厂、化工分公司、物流中心等几个单位进行应急救援演习，提高各单位处理事故的应急协调能力。

【党建工作】 召开了公司成立27年来的第一次党代会，公司党委书记支亚毅作了题为《坚持以人为本，全面发展创新，为开创和谐万隆建设新局面努力奋斗》的工作报告，提出了“以人为本促和谐，转换机制求发展，强化管理上水平，自主创新争飞跃”的发展思路。对今后五年党委工作进行了安排部署。大会选举产生了公司第一届党委会、纪律检查委员会，明确了公司今后五年党委工作的指导思想、奋斗目标、工作思路和重要举措。建立党员教育培训长效机制，加强“三个代表”重要思想和科学发展观的学习教育。建立党员发展管理长效机制，按照标准，严把“入口”，畅通“出口”，管好“口内”，保证新发展党员的质量。建立党员组织生活长效机制，认真坚持“三会一课”制度、开好民主生活会等。结合公司党建工作具体实际，紧紧围绕公司中心工作，开展了“六学六争一保一创”活动。

【精神文明建设】 开展“素质工程”建设，举办了27期不同专业的培训班，培训人员2118人次。开展了会计、电焊工等4个工种的技术比武活动，有75名选手参加了比武。实施“温暖工程”，对困难职工进行帮扶、慰问，发放救济金、慰问金、慰问品共计55000元。加强纪检信访、宣传、保卫、计划生育等工作，保持公司和谐稳定，2006年公司被省属企业精神文明建设指导委员会授予“文明单位标兵”称号。

（乔亚峰）

机电总厂

【概况】 机电总厂有全民合同制职工1812人，厂党委下设4个党总支、35个党支部，有党员597人。集体所有制职工696人。机电总厂以制造和修理井下综采、运输、支护设备及机电产品为主。全厂共有各种设备783台(套)。

2006年，主要经济指标完成情况：

工业总产值：计划15000万元，实际完成20006.68万元，完成计划的133.38%。去年实际完成15522.58万元，较去年增长了28.89%；

工业总产量：计划35000吨，实际完成38798吨，完成计划的110.85%。去年实际完成36263吨，较去年增长了6.99%；

产品销售收入：计划15000万元，实际完成21136.17万元，完成计划的140.09%。去年实际完成16702.55万元，较去年增长了26.54%；

产品综合合格率:99.79%;

万元产值综合能耗:0.74 吨/万元;

安全:安全质量标准化达到山西焦煤集团公司规划目标,未发生重伤以上人身事故和二级以上非伤亡事故,实现了安全奋斗目标;

职工人均收入:19892 元/人,较去年的16585 元/人增加 3307 元/人,较去年同期增长19.94%。

【提高企业竞争力】 一、拓宽内外市场。针对计划内任务不足的现状,一方面精心组织、合理安排,保工期、保质量,保证已定的任务按要求完工;另一方面主动出击,访用户、跑市场,参加招投标活动等,承揽了 ZFZ2600/15/24 型组合式直线型液压支架、ZY2800/08/18 掩护式液压支架等任务,仅承担西山煤电集团公司以外任务,就实现产值近 700 万元。

二、研发新产品。研发 KMQ-800 连续牵引车,有 3 部在马兰矿和东曲矿井下运行试验并取得成功,同时申请了国家发明和实用新型专利;经山西省煤炭工业局有关专家鉴定,"达到国际先进水平"结论,该产品已在屯兰矿、西铭矿等单位推广使用。研发 ZFZ2600/15/24 型组合式直线型液压支架,有6 架在白家庄矿业公司进行工业性试验,效果良好,投入批量制造 77 架。经投标,承揽、制作了 50 架ZY2800/08/18 掩护式液压支架。通过开发新产品,扩大了生产经营范围,培育出新的经济增长点。

【强化基础管理】 一、修订企业标准。逐步健全制造、修理产品的工料预算、工艺文件,各类产品的工艺文件的规范化、科学化。抽调专人,对 1990 年版企业技术、管理、工作 3 项标准进行重新修订,于2006 年 3 月发布。

二、实行新的经营措施。根据制造、修理等各个基层单位特点,以产值、产量、成本、安全等主要指标为依据,制定符合客观实际的经营方案,对骨干单位中层干部执行"年薪制";对汽运公司实行内部全员租赁经营政策;对古交分厂实行独立经营核算等。通过按月考核、按方案兑现,拉开了收入差距,用经济杠杆调动了干部职工的生产积极性。

三、严格安全管理。组织安全培训,制定班前排查、重大事故隐患汇报处理细则,签订安全目标责任书,定期组织安全检查及不定期抽查。全年发放安全奖金 29.5 万元,处罚违章人员和单位责任人33 人,处罚责任单位和违章人员 32560 元。

【推行国际质量体系标准】 按照 ISO9000 国际质量体系标准建立质量体系,每年接受国家相关部门监督、审核。3 月,完成换证审核工作;10 月,组织专人对质量体系内 19 个单位进行内部审核,对体系外 13 个单位进行调研。在煤矿安全生产许可证方面,共取得煤安证 14 个。液力耦合器、液压支架、立柱千斤顶、馈电开关、软启动器等产品相继取得国家矿用产品安全标志管理办公室核发的"煤安标志"。有 7 项修理产品领取了中国煤炭工业协会核发的"工业产品检修许可证"。

【深化质量工作】 执行"三按"(按图纸、按工艺、按标准)原则,计量器具配备率达到 90%,在用计量器具周检合格率为 98%,对出厂产品采取"事先预防、事中控制、事后把关"的质量控制手段。在硬件上,投资 300 多万元购置 2 台数控切割机、1 台龙门铣等设备;在软件上,严格执行工序表、工艺流程,在关键工序设立工序控制点。每月组织专人进行质量责任制考核,定期召开技术例会进行质量分析、控制等活动。抓住影响产品质量的关键因素,重点控制质量工作中的薄弱环节,全年无重大质量事故。

【提高职工素质】 对中层干部、班组长、各个工种职工、安全员进行专题培训;对新分配来厂的大中专毕业生、实习生和转岗人员进行岗前培训;对特殊工种进行换证培训,累计各种培训达 1900 多人次,连续 7 年获西山煤电集团公司"模范培训单位"称号。组织 6 个工种、共 115 人进行技术比武;选派钳工、电焊工等 17 名优秀选手参加西山煤电集团公司技术比武;选派 6 名选手参加山西焦煤集团公司技术比武;开展"学、练、比、推"、"导师带徒"活动。对比武中产生的优秀选手及其他活动中涌现出的典型、模范人物,给予晋升工资、发放奖金等不同形式的奖励。

【加强党群工作】 加强党群组织建设,相继召开第七次党员代表大会、工会会员大会、团员代表大会、女职工代表大会,厂属 29 个党(总)支部按《党章》规定进行换届选举;开展"社会主义荣辱观"、"十要十不要"、"创先争优"、"党员安全责任区"、"党员身边无事故"等活动;组织 130 人对厂级领导班子成员进行测评;发展新党员 12 名,"七一"表彰 16 个先进党组织、8 名优秀党务工作者;为生产一线的党员发放 1.5 元/天的津贴。为丰富职工文化生活,相继成立篮球、羽毛球、文学创作等7个协会，利用业余时间开展多项活动，参加者达2000余人次；为弘扬劳模的先进事迹，编纂了《奉献》一书；印发了反映50年厂史的《奋进的足迹》一书；组织书法、摄影、美术及手工艺品展览；组队参加西山煤电集团公司举办的大合唱及歌咏比赛。组织进行扶危济困工作，针对老病号、特困户及家境困难户，以及无力支付学费等贫特困职工，元旦、春节等重大节日进行慰问，累计发放慰问金20余万元。开展“一助一，献爱心”、汛期为危漏房职工送油毡、排积水等活动。

（梁　旺）

水　泥　厂

【概况】 山西焦煤集团公司西山水泥厂始建于1958年。原为西山矿务局支架厂，1985年更名为西山水泥厂，拥有 $\phi 3.2\times 50m$ 和 $\phi 3\times 46m$ 两条干法回转窑生产线，年产水泥40万吨。主导产品为《西山》牌矿渣硅酸盐42.5MPa和32.5MPa水泥、普通硅酸盐32.5MPa水泥和42.5MPa水泥，均为“山西省名牌产品”，《西山》牌商标被省名牌产品推荐委员会认定为“山西省著名商标”。

厂部设党政办、企管、人事、财务、生产计划、安全监察、工艺环保、机电、工程、保卫等14个职能部门。厂下设矿山、第一烧成、第二烧成、成品、机修、化验室6个生产车间和辅助车间，还设有汽车运输、物资供应、水泥销售、生活服务、多种经营5个生产经营性公司和辅助单位。有职工823人。厂党委下设1个党总支，14个党支部，有党员239人。

【技术改造】 厂粉尘治理技术改造工程2004年底开工，2005年被列为集团公司重点工程。2006年2月，组织“大干100天，确保工程进度”大会战，与各施工单位及各子项目负责人分别签订责任书，加快了工程进度。3月26日，直径3.2×50米回转窑筒体就位；5月20日，回转窑系统安装完毕，具备了烘窑点火条件。粉尘治理技术改造工程于8月6日点火，8月26日进行带料试车，DCS集散控制系统全面启动，比工期计划目标提前两个月竣工。经验收，

2006年水泥厂主要任务指标完成情况

名　称	计　划	实　际	完成计划(%)
水泥产量(万吨)	23	23.7	103
产品质量	出厂合格率、富裕标号合格率和袋重合格率均达到100%	出厂合格率、富裕标号合格率和袋重合格率均达到100%	100
水泥销量(万吨)	23	19.6	85.2
销售收入(万元)	4320	3242.6	75
利　润(万元)	-3073	-3059.62	100.4

工程质量全部达到质量等级，4个土建子项目和3个安装子项分别被认定为优良项目。工程实际完成投资1.4946亿元，与同等规模项目相比，节约投资近20%。对本厂使用的石灰石矿山进行自主剥离，全年完成剥离量34万立方，保证了正常生产，比外委节约资金200余万元。

【安全生产】 6月份开展以“安全发展，国泰民安”为主题的“安全生产月”活动，并组织“千名职工牵手，安全在我心中”大型签名活动。计生办在“六一”儿童节组织职工独生子女开展“给爸爸妈妈的一封信”嘱安全活动。大力开展“百日安全生产无事故竞赛”、“决战后40天安全生产”等活动，多次在工作现场召开安全工作会和办公会。聘请专业人员对各级专兼职消防人员进行消防知识培训。组织职工填写《安全生产法》知识答卷500余份。组织《法佑平安》等安全生产法规影碟到各车间巡回播放。选派一名选手参加了西山煤电集团公司举办的“安全在我心中”演讲比赛。开展“党员责任区”、“群监网”、“青年安全监督岗”以及“女工家属安全协管”等活动。开展安全质量标准化、现场卫生清洁化、机电设备标准化建设活动。全年安全培训职工874人次，组织安全质量标准化大检查31次，“三违”罚款2.14万元，发放安全绩效奖励1.33万元，发放安全奖46.50万元，实现了安全生产无事故。技术改造过

程中，在只有一条旧生产线的情况下，1～7 月生产水泥 10.88 万吨，创造单线生产的最高纪录。从 8 月开始，连续 5 个月组织大规模劳动竞赛，其中 9 月创造月产 3 万吨的历史最好成绩。后 4 个月产量总计 11.80 万吨，超过前 7 个月的产量，当年新线基本实现达产，圆满完成全年生产任务。

发展循环经济。利用山西西山热电有限责任公司炉渣替代矿渣进行水泥生产，既解决了电厂炉渣的排放问题，又降低了生产成本。2006 年消化电厂炉渣 3.8 万吨。按水渣计划价格计算，降低成本 162.28 万元。

【市场销售】 技术改造期间，旧生产线生产能力有限，部分市场丢失。新生产线试生产成功后，水泥产量明显增加。面对从“有市无货”到“有货无市”的局面，销售部门发挥“龙头”作用，采取灵活对策，积极拓展市场。销售员主动深入工地，宣传品牌和产品质量，提高服务质量，多方联系回访客户，及时调整营销策略，大力发展商品混凝土用户，先后与 4 家混凝土公司建立新的用户关系，千方百计扩大销售，拓展市场。根据用户需求，增加散装水泥品种，安排专人 24 小时发放，为用户提供便捷服务。在保证西山煤电集团公司矿井建设需要的同时提高了对外销售比例。仅 10、11 两个月就发运散装水泥 4.8 万吨，全年产销率 82.7%，清欠 200 万元，完成清欠计划的 155.1%。

【主题教育】 围绕中心工作，开展社会主义荣辱观、“十要十不要”主题教育活动。根据自身生产实际和党支部及党员队伍情况，制定（修订）、整理、汇编了“保持共产党员先进性”的 19 项制度。第一烧成车间党支部党员“猛虎突击队”组织 20 多名党团员奋战 20 天，清理回收物料 100 余吨。成品车间党支部坚持“三小”（从小事做起，把小事抓好，在小问题上整改）主题活动，有效解决了车间整合后人员、设备、技术等挡手难题 20 多项。在反腐倡廉宣传教育工作中，各党支部制作党风廉政宣传黑板报 4 期 28 块，组织撰写理论研讨文章 10 余篇。召开全厂副科级以上干部专题报告会 4 次，推进效能监察工作，完成了清欠项目 50 万元指标的任务，实现计划的 125%。

【文明创建】 以《奋进西水》内部刊物为阵地，宣传改革发展规划，引导职工转变观念。在山西焦煤电视台播发专题片 3 部、新闻片 20 篇，在《西山煤电》报、《山西焦煤青年工作》刊物发稿 30 余篇。举办纪念建厂二十周年座谈会，给全厂职工发放反映建厂 20 年发展历程的《奋进之路》一书和同名电视专题片影碟。开展各种节日文化活动，丰富职工生活。本厂的《西山》牌商标再次被认定为“山西省著名商标”，《西山》牌矿渣硅酸盐水泥再次被认定为“山西省名牌产品”，并分别获太原市政府表彰。2006 年先后获“2005 年度山西质量信誉 AA 级企业”、“2005 年度山西省建材行业质量管理优秀企业”、“太原市 2005 年度先进单位”、“山西焦煤集团公司模范单位”等称号。第一烧成车间窑头岗获得首届“省城职工诚信文明示范岗”称号。作为太原市唯一一家顺利通过了清洁生产验收的水泥生产企业，成为首批被太原市政府授予“清洁生产型企业”称号的单位之一。

【人才培养】 开展岗位练兵、技术比武活动。培训电工、焊工、钳工、工程车辆司机等工种 165 人次，组织本厂电工、焊工、钳工、水泥化验工等工种的 39 名职工进行技术比武，选派电工、焊工、钳工 3 个工种的选手参加西山煤电集团公司技能大赛，1 人取得了钳工第五名的好成绩。在山西省建材行业“智海杯”水泥化学分析、物理检验技术比武活动中，有两人分别获得物理检验第九名和化学分析第十名。

【服务职工】 拆除厂外和矿山车间的棚户区危旧小平房 109 户，就地建设安置楼 1 栋（96 户），11 月 20 日安置楼主体已经封顶。拆除旧食堂，建设新餐厅并实行租赁经营；改造生产和福利澡堂，新建生产区高标准公厕；平整硬化路面 17902 平方米，铺砌人行过道 97 平方米。全年累计慰问退休职工 742 人次、建国前参加革命的老工人 8 人次、工病亡遗属 348 人次、工伤病号 24 人次、残疾人 3 人次，发放慰问金 8.76 万元；救济困难职工等弱势群体人员 169 人次，发放救济金 2.56 万元。另外，全厂干部、职工还为社会捐款 1.2 万元。

（郭银虎　李晓记）

矸石电厂

【概况】 矸石电厂是集节能、环保和废物利用为一体的小型热电厂，年设计能力为7200万千瓦小时。设2个车间，10个职能管理科室。全厂职工284名。2006年，矸石电厂关停问题得到解决，发电量完成10029.144万千瓦小时，创投产以来的最高纪录，全年无任何人身事故。

2006年矸石电厂主要经济技术指标完成情况

指标名称	单位	计划	实际	比计划
发电量	万千瓦小时	8300	10029.144	1729.144
销售收入	万元	2860	3145.7	285.7
厂用电率	%	21	14.88	6.12
利　润	万元	调整后计划为-560	-588.9	1.1

【解决关停问题】 2005年年底，矸石电厂被太原市要求关停。2006年初，西山煤电集团公司从煤矸石治理和综合利用角度出发，从近300百名职工安置问题和保证稳定大局出发，依靠已经形成的洗煤—发电、供热—粉煤灰制砖的循环经济产业链优势，依据太原市在河西地区建设一座大型热源厂的集中供热专业规划，向太原市政府提出在矸石电厂厂区建设太原市城西热源厂的建议；3月，太原市政府组织相关部门单位多次开会讨论，采纳这一建议。根据太原市人民政府办公厅会议纪要[2006]第22期《关于太原市第四热源厂建设与太原选煤厂矸石电厂改造统筹考虑有关问题会议纪要》，在太选矸石电厂南部建设供热面积700万平方米的太原市城西调峰热源厂；同意暂时延长矸石电厂生产，矸石电厂通过技术改造，作为热源厂的一部分，担负其中集中供热面积100万平方米（含供太原选煤厂23万平方米）的任务。矸石电厂关停问题得到解决。

【技术革新】 进行循环水加酸工艺改进，并依此制定相应的技术保证措施，解决了10多年来凝汽器结垢导致汽轮机真空下降而不能满负荷运行的技术难题，使全年有10个月发电量超过800万千瓦小时。通过分析研究和攻克难关，解决了除氧器以往只加热不除氧的状况，提高了锅炉给水温度，减少锅炉设备的氧腐蚀，为锅炉长期稳定运行创造了有利条件。

【安全工作】 安全管理实行明细化管理和目标责任制管理，开展标准化建设。层层签订安全生产责任书，使各级安全责任明晰，加强责任的约束力。成立厂领导亲自带队的4个专项检查组，使原有的三级安全检查网络更加严密。加大对干部“一下三抓”和“两下三抓”的考核力度，使干部的工作重心放在现场。举行“矸石电厂局部火灾事故现场模拟操作和应急救援演习”，完善应急救援预案和应急救援体系。增加明细化考核项目，减少管理盲区。以党支部书记为第一责任人，加强宣传教育，规范安全培训，提升学习效果。

【基础管理】 一、生产管理。从人、设备、系统、制度4个方面加强管理。在生产一线实行人、岗双向选择，重新调整岗位系数，优化人员配置；建立运行分析两级例会制度，加强参数分析，延长设备运行周期，提高系统运行效率；提高设备检修质量和抢修效率，全年抢修锅炉9次，均在24小时之内达到备用要求。

二、经营管理。以分解指标、计划控制、计量考核、减少浪费为手段降低成本，增加职工收入，2006年职工人均收入为2.5万元，比2005年增加3000元。

三、职工培训。完成年初职代会通过的培训计划。全年共有886人次参加安全培训，1500人次参加技术培训，5个专业82人参加特种工培训，并经考试合格，全部取得上岗证。组织34人进行瓦斯发电技术培训，为瓦斯发电项目储备技术力量。

（黄佩丽）

化　工　厂

【概况】 化工厂是国家批准定点生产炸药的火工厂，占地面积244543平方米，建筑面积18828平方米，净资产6407万元，固定资产净值1932万元，厂下设综合办、技安科、计财科、保卫科、供销公司、生活公司、乳化车间、动力车间、汽车队等9个部门。有职工248人，其中各类专业技术人员52人，高级职称3人，中级职称13人。厂党总支下设3个党支部，有党员26人。

化工厂现有一条膏状乳化炸药生产线和一条粉状乳化炸药生产线，两条生产线水、油相制备共用，交替生产。企业凭照能力核定6000吨/年。主要产品有二级、三级煤矿许用乳化炸药(含粉状)、2号岩石乳化炸药(含粉状)，产品规格有φ25mm-100g、φ27mm-100g、φ32mm-150g、φ35mm-200g、φ45mm-850g及根据用户需要各类包装的乳化炸药(含粉状)。

2006年4月1日通过中国安全生产科学研究院的安全/环境管理体系认证。

2006年化工厂主要经济技术指标完成情况

指标名称	单位	计划	实际	比计划
产　量	吨	6000	9126	3126
销　量	吨	6000	9019	3019
销售收入	万元	2700	4555	1855
利　润	万元	-16	-15	1
安　全	0	0	0	-
质　量	标准	企业标准	企业标准	-
职工人均收入	万元	-	2.7	-

【优质销售】 抓住市场发展机遇，坚持以销售为龙头，扩大市场占有率。确立用户就是上帝，用户的发展就是自身不断发展的思路，求信誉、促发展，积极与用户沟通，以技术的先进性，产品质量的稳定性，价格的合理性，运输的保障性，注重售后服务质量反馈的及时性，生产适时对路产品，以优质、多元化的产品占领市场。

【创建本质安全型企业】 开展安全质量标准化、安全管理明细化、民爆物品专项整治和安全生产整顿工作。以炸药生产、运输、厂库区防范为重点，落实各类人员岗位的安全生产责任制，严格考核。加大安全生产投入，对以往生产线的电子监控系统实施改造，2006年2月28日，该系统通过了山西省民爆器材管理局验收。严格执行干部值班制度、干部下现场制度，安全小分队检查制度和清工收场等制度。

【技术改造】 对乳化炸药生产线制粉系统、装药系统实施改造，安装了卷纸机、破碎机，增加了部分平台，利用废乳化罐制作腊锅等。通过技术工艺的改进，扩大了企业生产能力。

（侯俊杰）

地面事业单位

公用事业总公司

【概况】 公用事业总公司负责西山煤电集团公司机关、南北寒地区、古交中心区及有关二级单位水、电、暖、煤气、液化气的供给和维护管理、物业管理、机关事务、餐饮接待、住宿、托幼教育、公路维修、通勤、货运、矿区绿化、林场管护、污水处理等后勤服务工作。公司机关设党政办公室、政治工作部、生产技术部、计划财务部、企业管理部；设绿化办、环境治理办、后勤改革办3个职能办公室；有下属基层单位13个。有职工2243人。公司党委下设4个党总支（下属16个党支部)、19个直属党支部，党员641人。

公用事业总公司代行西山煤电集团公司后勤系统管理职能，具体管理部门设置有后勤改革办、环境治理办、绿化办。后勤改革办负责后勤改革改制及日常管理政策的研究与制定，负责后勤系统绩效及责任法人目标的考核，负责后勤系统大型会议及活动的组织筹备；环境治理办负责矿区环境综合整治方案的制定、工程立项、组织实施及矿容矿貌的监察，负责矿区公用设施的日常维护管理；绿化办负责坑木林场、矿区公共绿地的日常养护管理与考核，负责矿区园林化达标竞赛工作，负责矿区绿化项目、方案的审定，并监督绿化工程实施。

2006年，公用事业总公司全面完成各项指标。其中营业收入：计划4500万元，实际完成7471.52

万元;利润:计划 -15338 万元,实际完成 -15319.91 万元,减亏 18.09 万元;福利费节余 68.96 万元。

【后勤改革改制】 按照专业化管理思路,对基层单位进行优化配置、资源整合、合并重组,形成所属 13 个二级单位的格局。组织专人对所管理的供排水、供电、供热、供气、物业管理、绿化养护、公共设施维护、托幼、交通运输、机关事务 10 个系列,对 80 余个后勤服务项目的服务价格进行测算,为下阶段核算体制改革、变费用补贴为有偿服务提供了基础性资料。开展"标准化服务,明细化管理"工作,制定企业标准,细化岗位职责。全面开展公司内部管理标准、工作标准、服务质量标准的制定工作,共制定管理标准 557 条、岗位标准 750 条、生产技术标准 87 条、服务标准 68 条、安全质量标准 20 条,总计 217 万字。与此同时,组织人员到阳煤集团、太重集团考察调研,学习后勤分离改制经验。

【后勤系统管理】 强化后勤系统职能管理。以整体提高西山煤电集团公司后勤系统管理水平为目的,积极发挥后勤改革办、环境治理办、绿化办管理职能,确保后勤系统考核公平、公正,细化、量化绩效检查考核内容和安全质量标准化检查考核办法,加大定量考核比重,注重数据考核;落实后勤标准化建设,在后勤系统开展标准化安全文明小区创建竞赛活动。

【经营管理】 制定《公用事业总公司票据管理办法》、《公用事业总公司 2006 年费用考核办法》、《债权清理考核细则》、《公用事业总公司办公用品管理办法》、《审计工作实施办法》等管理、考核办法,使日常经营管理有章可循、有据可依。从加强经济运行管理、规范经营工作入手,将原经济、法律、社会、政治四项考核责任目标细化为经营工作、债权清理、服务质量、绿化养护、环境治理、依法经营、安全质量、党建工作等 18 项责任法人考核细则,明确责任部门和责任人,量化考核内容和考核标准,达到以考核促进工作的目的。控制非生产性费用支出,继续实行对利润、费用补贴指标、增收节支指标的刚性管理方式,加大对成本列支修理费用的管理,发挥资金作用。坚持盈亏指标和工资挂钩、成本否决制度;进行审计工作和清欠工作。开展增收节支活动,共计增收 2000 多万元,节支 60 多万元。

【服务质量】 加强生产运行日常管理,加大公用设施管护、考核力度,执行管护标准,核定管护内容、工作量、服务价格、费用指标,量化考核,解决维护不及时、管护不到位问题。为保证矿区正常供水,增设用水监测点,对河涝湾、厂泵站 6 套供水设备、410 小区老化供水管网进行改造,完成南北寒地区 2007~2010 年供水规划和 13 个热交换站供水管路安装、水量调配工作。举办供水应急演练,提高供水抢修应急处置能力。实现集中供热系统平稳衔接运行,完成二次管网 80 余项改造维修任务,组织集中供热管网故障应急演练。南北寒地区完成 736 个单元走廊灯改造、237 块卡式电表改造、2500 多米暗沟清掏、4000 多米低压供电线路检修和服务大厅收费系统升级改造。西华苑小区完成供暖、供电系统大修改造,实现电子监控。对机关 6000 多套住房档案进行归集整理;组织西矿街 433 小区拆迁;开展 425、426 小区住房结算工作,完成西华苑小区 1200 余户房产证办理工作。加强防火知识培训,举办森林防火集结演练,连续 7 年实现无森林火警火灾;全年新建绿地 6318 平方米,地栽、盆栽各类花卉 9 万余株,栽植树木、绿坪 18000 余株,完成 4600 余公顷国家重点公益林申报审批、26 公顷营林任务和会场摆花任务。

【重点工程建设】 一、棚户区改造。按照山西省、太原市和西山煤电集团公司要求,根据棚户区改造工程三年总任务,合理规划分解目标。全年拆迁 1321 户,面积 5.39 万平方米,分别完成年度责任目标的 106.79%和 107.16%;开工新建住房 23.42 万平方米,3360 户,分别完成年度责任目标的 111.56%和 100.36%;新建廉租房 2.21 万平方米,555 户。完成投资约 1.4 亿元,竣工 9 万平方米。有关棚户区改造的项目建议书得到山西省发改委批复,签订了前山征用土地协议,办理上报审批相关手续。

二、集中供热工程。该工程于 2006 年 10 月 15 日正式竣工,投入运行,供热方式平稳转换,彻底取代了前山地区 72 座燃煤锅炉。工程创造了全国同类项目多个单项第一,完成主管网敷设 35 公里,建设热交换站 21 座,热力监控中心 1 座,实现前山矿区供热面积 200 多万平方米,3 万余户居民集中供热,改善了矿区空气环境质量。

【企业文化建设】 开展"社会主义荣辱观主题教育"活动,加强干部队伍作风建设。召开科技工作会议,全面推动企业科技创新工作。开展"导师带徒"和争做文明职工活动。在西山煤电集团公司职工技能大赛中,2人获得状元,9人取得优异成绩,公用事业总公司获得技能大赛"优胜组织单位"、技能鉴定"优秀组织单位"。落实职工培训计划,举办各类培训班47期,培训人员共计2558人(次)。加强"六型机关"建设,做好企业稳定工作,帮扶救济困难职工,开展"温暖工程"建设。召开公用事业总公司第一次党员代表大会、工会第一次会员代表大会、共青团第一次代表大会和工会第一次女职工代表大会。

(辛　鹏)

职工总医院

【概况】 山西焦煤西山煤电集团公司职工总医院始建于1956年,是一所集医疗、教学、科研、预防、急救、康复于一体,面向全社会开放的三级乙等综合性医院和国家级爱婴医院。现设一所总院、四所分院,为山西省定点工伤抢救医疗机构,固定资产原值10534.4万元,医疗设备原值6065.8万元。总分院共设床位894张,总院占地面积7.1万平方米,建筑面积3.3万平方米。下设一级临床科室18个、二级专业科室18个、医技科室14个、3个社区服务站、2个实验室及CCU、ICU病房。全院职工1886人。

2006年,坚持"一切以病人为中心"的办院宗旨,围绕年度工作目标,狠抓医疗安全质量,持续改进服务,强化经营管理,全面落实责任法人管理制度,实现了各项任务目标。医疗服务总收入8510.1万元,同比增幅15.9%。总院门、急诊量为93298人次,入院病人5280人,出院病人5213人,床位利用率为97.07%,治愈好转率为93.44%,手术例次为1745人次,抢救成功率为85.47%。被西山煤电集团公司评为"科技创新先进集体",被太原市红十字会评为"先进集体",被山西省健康教育协会评为"健康教育与控制吸烟先进单位"。

【服务与安全管理】 一、提高服务质量,满足患者需求。把2006年确定为"优质服务年",提出改进服务工作的21条措施,解决了一定范围内存在的服务形象差、服务不到位、服务言行不规范、服务环境差等突出问题。临床各科积极改善服务态度,提高诊疗质量,降低就医费用,努力满足患者就医需求;护理方面注重护理人员言行、礼仪方面培训,加强护患沟通,让患者感到温馨、亲切;医技各科定期征求临床科室意见,不断改进工作,增强了为临床服务的主动性。全年患者满意度达94%以上。

二、强化安全管理,提升医疗服务质量。深化安全质量标准化、明细化管理,逐级落实干部职工安全管理责任。发挥党群组织监督保证作用,开展"党员安全责任区"、"党员身边无事故"、"群监网"和"青监岗"活动,确保实现年度安全奋斗目标,医疗纠纷发生率同比明显降低。在医疗质量管理方面,结合等级医院复审标准和"医院管理年"活动要求,逐条落实责任,并在院内进行了两次自查,使全院基本进入备检状态。重点加强对病历、三级医师查房、外出会诊、疑难危重病人和围手术期等重要环节的管理。贯彻山西省卫生厅有关标准规范,改进计划免疫门诊工作,通过太原市卫生局检查验收。

【增强综合竞争实力】 对综合目标管理责任制方案进行充实和调整,完善院、科两级成本核算体系,规范合同管理,加大效益工资考核力度。逐步理顺总院与分院之间日常工作机制。白家庄分院加强基础管理,强化优质服务,医院面貌焕然一新,各项主要指标有了提高;杜儿坪分院规范管理运作,严格考核检查,加大环境治理力度,较好地完成了各项任务;西铭分院克服不利因素,深挖内部潜力,从严从细管理,为周边广大职工家属提供良好的医疗保健服务;官地分院坚持以内涵建设为主,推进社区服务工作,医院发展建设取得新成绩。积极筹措资金,添置64层螺旋CT、500MAX光机、C型臂、肺功能仪、电子内镜、高压氧舱、中央监护仪等先进设备,为完善医院功能、学科技术进步创造条件,全年开展新技术项目40项220例。完善各社区服务站的功能,在太原市万柏林区组织的星级社区卫生服务站评审中,所辖5所社区卫生服务站分别达到四星级、三星级、二星级标准。继续参加山西"万名医师支援农村"活动,先后选派20余名专业人员赴保德县医院长期支援,职工姜荣权、贾艳蓉受到保德县医院高度评价。

【人才培养与科研】 在医务人员中进行“三基”（基础理论、基本知识、基本技能）培训，鼓励职工参加各类学历教育。与山西职工医学院合办护理专升本班，有3人取得硕士研究生学位，副院长邢景才取得博士学位。在西山煤电集团公司技能运动会上，医院职工薛芳果获得护理项目第一名、乔红然获第三名。积极进行科研创新，鼓励医务人员开展临床科研项目，年初确立院级项目7项，已完成2项，其中《热休克蛋白在煤工尘肺COPD及肺Ca患者表达及其生物学意义》的科研项目被山西省科技厅鉴定为国际先进水平。全院共发表论文134篇，其中中华系列5篇、国家级9篇、省级120篇。

【改善职工生活与工作环境】 关心职工生活福利，在岗职工人均收入比上年提高10%。安排29名一线职工和老职工疗养，组织离退休职工外出观光。建立健全困难职工档案，院领导与困难职工结对子，加大对困难职工帮扶的力度，慰问困难职工120人，发放救助金16800元，发放慰问品价值97540元，为困难职工子女发放助学金4000元。2005年成立保洁队，对门诊和各病区卫生实行专业化管理，减轻医务人员负担，改善了门诊和病区卫生状况。开展创建“环保模范医院”工作，对院容院貌和病区环境进行综合治理，总院改建生活垃圾池，为门诊和临床科室改造了10个卫生间，为南、北院两个污水站新建了脱氯池和污泥干化池，粉刷内外墙墙群6715平方米，硬化道路495平方米，补种草坪1500平方米，补栽绿篱5850株，改造西铭分院室外采暖管道，大修了杜儿坪分院供应楼、急诊楼、食堂、车库屋面。经过努力，全院顺利通过了太原市环保局组织的“环保模范医院”验收。

（李旭春　张妍）

古交矿区总医院

【概况】 古交矿区总医院是一所集医疗、预防、康复、急救、教学、科研于一体，面向社会开放的二级甲等医院、国家级爱婴医院及全国百姓放心示范医院，下设西曲、镇城底、马兰、东曲、屯兰5个分院，设床位740张。全院职工975人，其中高级职称61名、中级职称281名。医院始建于1991年3月，总院占地面积（不含分院）62000平方米，建筑面积33949平方米。全院拥有固定资产原值8902.7万元，净值5272万元。

古交矿区总医院为山西医科大第二附属医院技术协作定点医院，华北煤炭医学院、长治医学院、大同医专的教学医院。医院设心血管内科、神经内科、呼吸内科、普外科、骨科、神经外科、泌尿烧伤科、妇产科、儿科、口腔科、耳鼻喉科、眼科、中医康复科、皮肤科、麻醉手术科、预防保健科等临床专业科室，还有放射、功能检查、检验、药剂、高压氧舱等医技科室。院党委下设12个党支部，有党员212名。

【技术进步】 更新电子胃肠内窥镜。新购入CR（X线计算机摄影）、DR（X线数字摄影）。为各分院购置B超、麻醉机等设备。更新局域网络系统软件，扩建机房，实现医院局域网络管理，并整体升级。提出学科发展规划目标，制定项目开展责任制，将学科技术发展情况作为各分院、临床医技科室和业务管理部门干部考核的重要内容，进行责任追究。重点推广扶持腔镜外科技术，普外科开展腹腔镜胆囊切除术50余例，妇产科独立开展腹腔镜下宫外孕、卵巢囊肿手术10余例。加强优势科室和特色科室建设，把精神科纳入屯兰分院统一管理。全年共开展咽侧壁成形术治疗鼾症、盆腔内肿瘤的血管内介入治疗等新技术项目25项。向西山煤电集团公司申报科研项目5项。在各类省级以上医学刊物发表论文105篇。

【人才培养】 实行人才培养责任制。将继续教育经费由原来的20万元增加到28万元。进行两年一次的特殊津贴专家评审，评出6名特殊津贴专家。启动“一对一”帮教计划，师徒签约，建立师傅带徒制；在47对签订了师徒合同人员中，有21名徒弟通过执业医师或执业护士考试。举办第二届急救知识技能培训。在西山煤电集团公司护理技能比武大赛中，4名选手入围前六名。制定《干部管理暂行办法》，将人才培养和技术进步纳入考核范围。选送国家级医院长期进修11人，短期培训71人次，参加学术会议13人次，举办院内学术讲座9次。

【安全质量管理】 完善安全管理责任制，将安全工作责任落实到科、岗、人，把原来执行的全勤奖、职务津贴纳入全员安全风险抵押，每月兑现。开展“构

2006 年古交矿区总医院本部(二级甲等医院)主要医疗效率指标

门诊人次(次)	住院人次(次)	出院人次(次)	平均病床工作日(日)	平均住院日(日)	病床周转次数(次)	病床使用率(%)	手术台次(次)
71833	5250	5253	272.48	16.17	16.42	74.65	1538

2006 年古交矿区总医院所属分院(一级甲等医院)主要医疗效率指标

门诊人次(次)	住院人次(次)	出院人次(次)	平均病床工作日(日)	平均住院日(日)	病床周转次数(次)	病床使用率(%)	手术台次(次)
110130	3821	3751	281.90	18.43	9.15	77.23	630

2006 年主要经济业务指标

实际业务收入(万元)	奋斗目标(万元)	比目标增加(万元)	完成目标(%)
6681	6500	181	102.78

建和谐医患关系，化解医患信任危机，提升全员防范应对医疗纠纷能力”为主题的医疗安全大讨论。制定和完善各项医疗管理及质量考核标准，每月对临床医技科室进行考核打分，与绩效工资和安全抵押金挂钩。定期召开医务例会，执行总分院病人双向转诊制度，总院对分院会诊报告制度。巩固爱婴医院创建成果，孕产妇宣传教育率达 100%，母乳喂养率达 98%以上。建立健全安全用血管理制度，设置血库独立班组。

【改革与管理】 一、改革分配制度。坚持向临床一线、技术含量高、风险大的岗位和科室倾斜，同时考虑效率优先、兼顾公平的分配原则，改革分配制度。对机关后勤部门的分配，打破多年来沿用的分配形式，按岗位分级确定相应的分配标准。

二、强化经营管理。配合西山煤电集团公司医保实施单病种封顶收费。连续 3 次进行药品降价，降价总金额达 51 万元。举办“百姓放心示范医院”大型义诊活动，扩大医院对外影响力。对骨科医疗器材实行公开招标。维修大型医疗设备 80 余台(套)，节约资金 7 万余元。加大取暖费、水电费收缴工作，全年收缴电费 21.8 万元、取暖费 18.8 万元。加强收费管理，清欠病人费用 50 余万元。

【党的建设与文明创建工作】 一、加强党群组织的建设。进行第二次支部换届选举工作，5 所分院配备专职支部书记，实现支部班子新老交替。5 月 19 日，召开医院第一次党代会。制定医务人员“八荣八耻”和“六型”机关标准。开展效能监察，实现效果资金 43 万余元。召开第二次工会会员代表大会和女职工代表大会。

二、开展文明创建活动。推进医院文化建设，在古交市繁华路段制作大型宣传广告牌一幅；在《山西工人报》、《西山煤电》和《今日古交》刊发建院 15 周年专版一期；在《太原日报》等媒体上发稿 78 篇；举办建院 15 周年文艺演出及第一届职工篮球比赛；举行升国旗、升企业旗仪式。积极改善院容院貌，完成住院楼加层扩建工程 2770 平方米；改造医院大门、门诊和住院楼大门；装饰医院大楼外墙 13000 平方米；扩建住院楼停车场 4300 平方米；新建车库和单身宿舍 975 平方米；装修改造门诊大厅、住院楼大厅。

（张　峰）

教育委员会

【概况】 教育委员会属全国煤炭系统规模最大的企业办学单位之一，全系统有职工 4037 人。下设 22 所小学、12 所初级中学、2 所高级中学、1 所完全中学、14 个机关科室。教委负责所属各单位的党建、精神文明建设、经费使用管理、组织人事管理、劳动保险管理、教育教学、学校后勤保障及对口太原市教育局的主要业务管理。

【教学成果】 积极开展“素质工程”建设。在对教师进行思想政治工作教育的同时，强化师德师风行业行为。在职工队伍建设上，组织全系统教职工参加太原市组织的继续教育培训考试，选派教师参加省市组织的各类教学示范课、观摩课、研讨会。为树名师，开展“太原市十佳百优教师”评比工作，九校侯毅梅老师获“太原市人民最满意的十佳教师”称号，实验小学王小玲老师获“太原市百优教师”称号。组织课堂教学“八项技能”的培训和竞赛活动、课堂教学技能展示活动、太原市教学标兵示范课、中考经验交流会、中考辅导、晋升高级教师的支教工作、英语口语竞赛。在山西省教育学会优秀教研教改论文评比中，500余人获省级论文奖。所属22所小学入学率、巩固率和小学毕业生合格率均为100%并全部升入初中。中学中考优秀率为9.36%。高考二本达线率为8.14%。

【教育教学改革】 稳步推进移交工作，积极同各城区教育局联系，落实人事档案、工资套改等工作。6月份，西山煤电集团公司所属古交地域中小学校与古交市教育局双方签订代管部分业务协议，西山煤电集团公司所属古交地域中小学校的教学管理、研究、招生、考试等项工作移交古交市教育局管理。教委施行绩效工作考核，制定考核细则，全面衡量各校的办学水平，将西山煤电集团公司责任法人综合目标考核体系细化分解到所属各学校。深入探索行业管理的合理模式，规范各校的办学行为。深化新课程改革，积极引深教学研究，规范教学管理，指导和协助所属各个学校广泛开展校本教研，组织专家对青年教师进行针对性地指导，精心设计教学活动，开展优质课展示，提高教师的教学水平，发挥教师教学的创新性、能动性，倡导学生听讲的主动性，教育教学质量稳步提高。

（张伟丽）

西山大厦

【概况】 西山宾馆改扩建工程从2005年元月动工，2006年9月竣工并试营业，更名为西山大厦。共有客房74间(套)，是一家集住宿、餐饮、康乐于一体的旅游饭店，主要承担着西山地区的接待服务工作。大厦下设总经理办公室、餐饮部、客务部、保安部、工程部、财务部、采供部、营销部、总工办、鑫源服务公司(包括美洁浴苑、煤焦化公司、生产物资公司)等部门。2006年，在册职工190人。

2006年累计实现收入4617234.23元，同比减少1241128.85元；主营业务成本累计支出8295888.69元，同比增加251645.7元；主营业务税金累计支出52042.61元，同比增加4821.18元；管理费用累计支出1754551.22元，同比增加338764.39元；累计完成盈亏–5951438.54元。

【工程建设】 西山大厦改扩建工程是西山煤电集团公司重点工程之一，整体建筑设计按照国家旅游饭店四星级标准建设。主楼主体采用欧式建筑风格，楼高37.50米，总计9层，总计客房80间(套)。其中，改造面积3300平方米，新建面积11900平方米。随着工程进展，西山大厦进入开办费物品采购阶段，涉及800多万元、20余类、上千种物品进行采购。大厦专门成立了开办费物品采购招标组，进行详细的市场调研，并邀请西山煤电集团公司计划、财务、审计、纪检等主要部室成员组成监督组，对物品采购招标过程进行全程监督。山东青岛海天酒店管理公司的专家和西山煤电集团公司法律顾问处律师全程参与了指导。

2006年9月21日，改扩建工程全面完工，顺利实现试营业。期间，西山大厦改扩建工程获2005年度西山煤电集团公司重点工程(项目)立功竞赛活动集体一等功。

【业务建设】 一、优化管理队伍。2006年3月，西山煤电集团公司对西山大厦和西山酒店进行了资源整合，按照“一套班子，两套人马”的思路，重新组建了西山大厦、西山酒店经理层领导班子。随后，西山大厦对总监、工会主席、部门经理、主管、领班等管理岗位实行了民主测评和竞争上岗，邀请西山煤电集团公司组干处领导及行业专家组成考核组，以公平、公开、公正的原则，选拔出12名部门经理、13名主管、21名领班。

二、对管理人员进行跟踪考核。按照工作态度、组织领导能力、服务意识、团结协作能力、工作业绩五项指标，由员工对管理者公开评分、考核、排队，本着“能者上、庸者下”的原则进行末位淘汰。形成“人人都有机会，人人都有压力”的管理模式，有效地调动了管理者和员工的积极性，实现了人力资源的优化管理。

三、完善制度，强化管理。大厦在山东省青岛市海天酒店业内专家的指导下起草、修订了长达60万字的《西山大厦管理与操作实务》,对各部门、各岗位的岗位职责、任职资格、工作内容、操作流程作了明确的规定。修订完善了《员工手册》、《员工管理制度》、《财务管理制度》、《物品采购管理制度》、《会议制度》、《总值班制度》等。同时,为了强化安全管理工作,针对大厦接待大型会议较多的工作特点,保安部制定了《西山大厦大型接待安全预案》、《西山大厦消防预案》,成立了大厦安全质量标准化检查小组,并将每个月第一个星期五定为安全质量标准化检查日,实施“三级安全巡查”制度。各部门在日常工作中要将相关制度和操作流程挂在墙上,天天学习,牢记在心,避免制度建设流于形式。

【职工培训】 加强培训,提升服务水平。改扩建后的西山大厦定位为旅游饭店四星级标准,硬件设施的改善,对服务水平的提高也提出了相应要求。大厦将员工业务培训作为一项管理工作常抓不懈,专门成立了质检培训部,抽调业务精通、知识面广的人员全面负责大厦的员工培训工作。

大厦采取岗前酒店知识培训和岗中业务技能培训相结合的培训方式,聘请了青岛海天酒店管理公司的专业人士进行协助管理,发挥了传、帮、带的作用。

大厦实行每周一次的全员集中培训和部门每天班前、班后学习相结合的培训方法。2006年,先后邀请太原市卫生防疫站王长辉教授、太原市消防支队罗长久教授等业内知名人士对员工进行食品卫生知识、消防安全知识等专业培训。同时还提供机会把员工送出去培训。

2006年4月,大厦组织一线员工分批到西山酒店和工友酒楼进行了为期1个月的交流实习,10月份组织一线领班、主管去青岛海天大酒店进行了为期两周的学习。

【会务接待】 2006年大厦共接待各种会议131次,与会人员及各类代表9000人次,100人以上的大型会议40余次。其中,包括西山煤电集团公司第七次党代会、西山煤电集团公司第七次工会会员代表大会、西山煤电集团公司第十一次团代会、西山双十佳毕业生表彰会以及全国循环经济试点交流观摩会、“乌金杯”全国煤炭系统职工篮球赛等大型会议和活动。

(王　盾)

西山酒店

【概况】 西山酒店于1997年12月28日正式开业,1999年6月17日被国家旅游局批准为涉外三星级酒店,曾获2001~2006年度“山西省最佳三星级饭店”,2001年度、2003年度太原市模范集体,“山西省十佳旅游饭店”等荣誉称号。并于2002年10月份通过ISO14001环境管理体系认证,是一家以餐饮为龙头,住宿、娱乐为辅的三星级酒店。

酒店现有客房105间(包括5间高级套房,3间豪华套,3间商务套,2间行政套),大小会议室5间(最大可容纳80人,最小可容纳5~6人),商务吧1间(面积约40平方米),床位数190个,客房内有中央空调、卫星电视、VOD点播系统、国际国内直拨电话、小酒吧等设施,提供免费宽带业务。

餐饮部主营粤菜,辅以晋菜、湘菜,共有散台18张,包间12个,可同时接待270人用餐。

酒店共有员工240人,下设餐饮部、房务部、财务部、采供部、营销部、工程部、保卫部、福利部、总经理办公室9个部室,职工中具有专业技术职称的7人,其中会计师2名,政工师1名,经济师1名,高级电气工程师1名,会计员2名。

2006年酒店完成西山煤电集团公司年初下达的各项任务指标,营业收入1982.17万元。

【规范制度】 围绕“强化基础管理,提高服务档次,扩大社会影响,增强品牌效应”的工作思路,出台了《员工激励手册》、《员工手册》及《员工培训手册》等一系列酒店企业文化读本,进一步规范了员工行为,提升个人素养、精神品质及社会适应能力。

【技术改造】 一、冷库降噪节能改造。2006年5月,工程部采用将冷冻机组迁出冷库的办法,将冷冻机组迁至员工餐楼顶,并采用灵敏度较高的自动电子温控器等新构思及新技术,制定了具体的实施方案,并付诸实施,在不影响冷库使用的情况下完成了冷冻机组降噪节能的改造。

二、员工浴室节水改造。2006年7月,工程部自行进行了设计、制作、安装,利用蒸汽加热技术,对占酒店用水量1/6的浴室进行了改造，改造后的员工浴室实现了自动停泵、自动加温，节水效果非常明显，员工浴室用水量由原来的日均20吨骤降了10吨，与2005年同期相比，电费占营业额同比降低1.36%，水费占营业额同比降低了0.94%。

【安全管理】 对易发火灾、食物中毒、爆炸等事故的场所实施严格监控，监控人员全员培训合格率100%；在西山煤电集团公司组织的消防安全实操演练及灭火器更换工作中，应知应会合格率均达到了100%。11月21日，酒店组织20人参加由杏花岭公安分局消防大队举办的消防知识培训。在消防部门、公安部门及特行部门的每周高达4次的检查中，合格率全部达到100%。

（柴雅芳）

驻北京联络处

【概况】 驻北京联络处为正处级建制，共有员工30人。下设综合部、餐饮部、工程维修部、客房部、捷明公司，主要担负山西焦煤集团公司、西山煤电集团公司来京人员的接待和上级交办的对外联络任务。

2006年，驻北京联络处因整体搬迁，不具备经营条件，被西山煤电集团公司核定为费用单位。全年盈亏指标为-235.46万元，实际完成-235.46万元；债权清理指标为7万元，实际完成了42万元。

【迁址与工程建设】 一、迁址。按照山西焦煤集团公司和北京中联华融投资管理有限公司签订的《租赁协议》，2006年1月15日，驻北京联络处将旧址（北京市丰台区南苑路甲11号）正式移交给租赁方，并迁至北京市宣武区“南线里”新址。

二、工程建设。2006年7月，驻北京联络处新址建设工程开工。工程采用节能环保的“水源热泵空调系统”，适应供暖、供冷、全天候供热水需要。

【内部管理】 制定各岗位责任制，加强文档管理。出台了《职工综合绩效考核办法》、《总值班职责试行办法》、《下属各部室定岗定员的决定》、《第一负责人安全绩效抵押考核办法》、《员工上岗着装管理办法》等制度。

（苏锡铭）

驻广东联络处

【概况】 驻广东联络处于1997年成立。在册职工10人。2006年，西山煤电集团公司下达盈亏指标为-134.38万元，实际完成-134.29万元。

（有关部门提供数据）

建筑设计与施工单位

山西焦煤西山建筑（集团）有限公司

【概况】 山西焦煤西山建筑（集团）有限公司原为山西庆恒建筑（集团）有限公司，于2001年4月28日正式挂牌成立，其前身是山西煤炭第二工程建设有限公司，是西山煤电集团公司为发展壮大矿区建筑产业，根据建设部关于组建大型建筑企业集团精神，由山西焦煤集团公司等六家股东发起，以庆恒公司为母公司，山西金城建筑有限公司、山西金信建筑有限公司、金苑公司（2002年5月并入山西金城建筑有限公司）、设计院（有限公司）和房地产开发公司等5家法人企业为子公司共同组建而成的。

公司拥有矿山工程、房屋建筑工程施工总承包一级资质，市政工程总承包二级资质，是山西煤炭系统唯一的集勘察、设计、房地产开发和施工总承包于一体的建筑集团公司。为依托山西焦煤大集团的优势，树立西山这一品牌，公司经山西省工商行政管理局核准、太原市工商行政管理局批准，于2006年12月25日正式更名为山西焦煤西山建筑（集团）有限公司。

公司机关设综合部、党群工作部、计划财务部、工程管理部、市场开发部、人力资源部和矿建项目管理部。机关本部定员35人。公司本部设3个分公司，即矿建分公司、建安（太原）分公司、建材分公司。公司下设4个子公司，即西山金城、西山金信、房地产开发公司、设计院有限公司。

【指标完成情况】 施工产值：实际完成产值2.55亿元（包括矿建公司产值5079万元）；

利润：全年计划指标盈亏持平，实际实现利润51.4万元（包括矿建分公司）；

职工收入：职工年人均收入27600元，比2005年增加2800元，增幅11%；

安全质量标准化：安全、质量、环境三标整合型管理体系持续有效运行，安全管理和质量标准化达标，没有出现任何一起微伤以上人身事故，事故率为零；

工程质量：分部分项工程合格率100%，竣工工程一次交验合格率100%，创四项集团公司内部优良工程（土建一项，矿建三项）；

工期：所有在建工程均按合同约定工期进行施工，白家庄矿业公司、杜儿坪矿棚户区改造工程实现按期竣工移交；

文明施工：所有在建工程均按文明施工现场管理的六条标准要求，严格进行管理，现场文明施工的各项措施到位；

工程管理：114项西山内部工程均为计划内工程。制定自营工程和联营工程管理办法，自营工程重点抓现场管理，联营工程通过建立项目部、完善制度，实现了对工程的合法、规范管理，有效规避了风险，减少了企业损失；

重点工程：棚户区改造工程中，所承担的杜儿坪矿和白家庄矿业公司住宅小区工程按期竣工；官地矿住宅小区已完成五层主体，预计按计划完成。

【安全工作】 围绕构建“和谐西山建筑”主题，抓好施工安全，抑制各类事故，杜绝重特大事故的发生。安排安全资金10万元，重点用于自主施工现场的安全设施投入。加强安全管理及现场作业人员队伍建设，定期不定期组织机关各部门对各施工项目部的生产、技术、安全、质量及施工现场民爆物品管理等进行拉网式检查，提升安全质量管理水平，实现安全、质量、环境三标整合型管理体系持续有效运行，安全管理和质量标准化达标，白家庄矿业公司五三街棚户区改造工程13号、15号、18号楼，杜儿坪矿虎胜街棚户区改造工程101号、102号、106号楼，官地矿集中供热管网，白家庄矿集中供热管网等重点工程按期竣工移交，现场文明施工、进度、质量等受到建设单位的肯定和表扬。

【企业管理】 一、开发社会工程。制定《自主开发社会工程考核奖惩管理办法》，实行全员工程开发奖励制度和领导干部工程开发目标责任抵押兑现奖励制度。发挥公司大资质优势，召集金信、金城公司成立招投标协调管理中心，实现信息资源共享，提高投标中标率，在有效占领西山内部市场的同时，社会工程开发成效显著。

二、创新管理体制。按照集中化、效能化原则，创新投标管理、施工管理、合同管理、工程分包管理、企业资信管理等各项管理体制，确保企业精干高效运行。调整内部经营政策，严格实行绩效考核，完善激励约束机制。加强资金预算管理，强化对各分公司、各项目部专项资金的支出管理和机关各部门可控费用的管理。加强自营工程的成本费用核算管理以及对专业分包队伍和专业分包工程的全过程管理，有效防范和化解工程项目资金风险，提高企业经济效益。

【品牌功能建设】 对各子、分公司的资质、机构和资源进行整合，提高品牌、信息和人才“三个共享”的效益。深化综合目标风险抵押考核管理，立足企业可持续发展，以工程开发、资产增值、技术、安全、质量、环境为主要内容，加大对各子、分公司领导班子考核力度。强化了质量、职业健康安全、环境保护国际标准的“三标”体系运行管理执行工作，畅通母子公司之间、部门之间的连接渠道，所属各施工企业日常管理工作均纳入到“三标”管理体系运行之中。

（郭　宏）

设　计　院

【概况】 西山煤电集团设计院（有限公司）前身为西山矿务局设计室，成立于1963年。根据国家建设部要求，经西山煤电集团公司批准，2000年进行股份制改革，成为山西焦煤集团的控股子公司，是具有煤炭行业设计乙级、建筑设计丙级、市政行业设计丙级(燃气、给排水、热力、道路、园林)、电力行业设计丙级(输电、变电)、工程勘察乙级资质的勘察设计单位。全院职工 87 人,其中具有大专以上学历的有 79 人,占职工总数 90.8%。有一级注册结构师 3 人,二级注册建筑师 6 人,高级工程师 25 人,工程师 37 人。机构设置为两部(经营部、生产服务部),五所(矿建所、建筑所、安装所、经济所、岩土所),一分院(古交分院)。主要职责:负责西山煤电集团公司矿井工程设计、建筑工程设计、工程地质勘察、市政工程设计、非标机械工程设计、电力工程设计及新技术研究开发应用、工程技术咨询;代表西山煤电集团公司行使外委设计管理职能。

2006 年 2 月,本院获西山煤电集团公司重点工程一等功;11 月, 获西山煤电集团公司热电联供先进集体; 在 6 月召开的西山煤电集团公司科技大会上,职工梁跃华、隋华获 2003-2005 年度先进科技工作者称号,职工获特等奖 1 项 2 人次、一等奖 7 项 24 人次、二等奖 7 项 25 人次、三等奖 4 项 7 人次。

【生产经营】 推行设计项目负责人制度。全院各专业紧密配合,对负责人及参与者实行责、权、利挂钩,重点考核。每天组织工程专题协调会,及时处理设计中与工程建设中的问题。

一、工程设计。在确保重点工程任务的同时,完成各类工程设计 959 项,其中土建 386 项、安装 452 项、矿建 76 项、勘察测量 42 项;其中岩土工程勘察 19 项、总进尺 2110 米、工程测量 23 项、线路长 22 公里、地形测量 0.5 平方公里、断面测量 3.0 公里、地基处理设计 2 项,编制施工图预算 830 项,金额 4.7 亿元;审定施工图预算 203 项,金额 2.04 亿元,出图 9745 张。

二、经济指标。全年产值及利润均超额完成西山煤电集团公司下达的经营指标。

【技术质量】 本院于 2002 年 5 月通过 ISO9001 : 2000 版质量体系认证工作。2006 年继续坚持“技术先进,质量第一;精心设计、争创一流;用户至上、优质服务”的方针,执行《质量手册》和《质量管理体系程序文件》,发挥 ISO9000 质量标准体系的作用,提高设计质量,11 月再次通过换证审核, 为保证设计产品质量奠定了基础。4 月 29 日,本院岩土所通过山西省质量技术监督局计量认证,获得土工试验、工程测量、岩土工程勘察三个类别的计量认证证书。

【重点工程设计】 2006 年, 西山煤电集团公司 19 项重点工程有 13 项由本院具体负责和参与设计,其中包括:西铭矿选煤厂新建工程、棚户区改造工程、西铭矿矿井集中瓦斯抽放系统、东曲矿矿井集中瓦斯抽放系统、矿区集中供热管网改造、白家庄矿业公司八盘区扩建、杜儿坪矿环节能力改造、山西西山热电有限责任公司配煤系统、太原选煤厂至热源厂输煤系统工程、官地矿至太原第一热电厂煤电直通隧道建设、镇城底矿南翼风井工程、东曲矿局家洼风井工程、马兰矿麻家口风风井工程。主要项目如下:

一、西铭矿选煤厂新建工程。西铭矿选煤厂设计年入选原煤 210 万吨。洗选工艺为:原煤重介旋流器分选 + 煤泥螺旋分选 + 细煤泥压滤回收。选煤厂主要产品为电精煤。其中主厂房由申克公司承担,外围系统由本院承担设计。外围系统包括原煤仓扩建、精煤装车系统、矸石系统、供配电系统、给水消防及供热。其中原煤仓 2 × 3000 吨、精煤仓 2 × 4000 吨,其基础在西山煤电集团公司首次采用 CFG 桩,比传统做法降低造价 40%。总投资 12509 万元, 主厂房 4438 万元,主厂房以外配套工程 8071 万元,其中土建工程 3918 万元,设备机构至 1927 万元,安装工程 900 万元,工程建设其他费用 737 万元。

二、棚户区改造工程。组织设计人员、预算人员对住宅设计进行了统一标准、统一做法,细化、优化设计,力求降低造价,力求便于施工。完成了 21 万平方米住宅建筑的规划及施工图设计。对所有棚户区改造工程免收设计费。

三、西铭矿、东曲矿、杜儿坪矿矿井集中瓦斯抽放系统工程。西铭矿、东曲矿、杜儿坪矿均属高瓦斯矿井,随着矿井采掘空间的不断扩大和产量的增加,瓦斯涌出量逐年增加,严重影响矿井安全。为此,西山煤电集团公司决定建立集中瓦斯抽放系统。项目总投资约为 9000 万元。矿井瓦斯抽放系统设计能力:杜儿坪矿 150 立方米 / 分,东曲矿 100 立方米 / 分,西铭矿 100 立方米 / 分。设计遵照《矿井抽放瓦斯设计规范》等相关规定规范进行,在采用国内先进工艺、设备、材料,确保本工程在安全可靠的基础上,具有节能、高效、环保的特点。设计内容包括地面抽放泵站、瓦斯抽放管道(地面、井下)及其相配套的供配电系统、循环冷却水系统、消防系统、供热通风系统。其中杜儿坪矿北石沟 560 米回风立井中 DN800 毫米瓦斯管道安装设计为西山煤电集团公司首例。

东曲矿瓦斯抽放系统于 2007 年 2 月建成,一次试运成功,满足了矿井安全生产的需要;东曲矿、杜儿坪矿瓦斯抽放系统正在调试, 预计于 2007 年 6 月投产。矿井集中瓦斯抽放系统工程的实施,有利于改善矿井安全状况,同时集中抽采瓦斯,将抽出的瓦斯作为能源加以利用,可减少矿区环境污染,社会、经济与环境效益显著,符合循环经济发展要求。

四、矿区集中供热管网改造。为改善矿区广大职工的工作和居住环境,西山煤电集团公司将前山地区原有供热系统由区域供热系统改造为热电集中联供系统。工程于 2004 年 4 月 27 日开工,于 2006 年 11 月 9 日竣工,并全线投入使用。工程总投资 1.8 亿元,改造供热面积 350 余万平方米。工程包括热电联供系统一次管网、二次管网及配套工程,其中二次管网工程由本院承担设计。该工程为我国落差最大的供热系统。工程建成后,淘汰了矿区 72 台燃煤锅炉,有效改善了环境。

五、白家庄矿业公司八盘区扩建。白家庄矿业公司为西山矿区开采历史最悠久的矿井,近年来逐渐衰老,产量大幅度下降。为延续该矿开采寿命,保证职工生活稳定,急需开发新的接替盘区。本院在 2004 ~ 2005 年通过多次现场调研, 与矿方沟通、协商,确定了八盘区开拓方案,并进行全部施工图设计。2006 年主要施工黄冶主副斜井刷大、井底煤仓及装煤车场建设等工程, 预计八盘区 2007 年底投产。投产以后, 将布置一个综采工作面达到设计 1.0Mt/a 的生产能力,从而淘汰了白家庄矿业公司多年沿用的落后的普采采煤工艺, 提高了劳动生产率,并延长矿井服务年限。

六、太原选煤厂至热源厂输煤系统工程。新建包括皮带 9 部、破碎机 2 台、给煤机 4 台;中煤仓、矸石仓各 1 个、容量均为 1000 立方米;新建仓下皮带走廊、上仓皮带走廊总长 430 米,支架采用多层钢框架结构。矸石以及中煤上仓皮带采用大倾角皮带。

七、镇城底矿南翼、东曲矿局家洼、马兰矿麻家口风井工程。镇城底矿南翼进风井,东曲矿局家洼进、回风井,马兰矿麻家口进、回风井均采用联合法施工。联合法施工为采用美国罗宾斯反井钻机先施工先导孔,再采用直径 1.5 米钻头提钻扩孔,然后人工放大,浇注成型,井筒净直径 5 米。这 3 对井筒目前正在加紧施工,联合法施工在西山煤电集团公司为首次采用。在镇城底矿南翼进风井的实践证明该施工法在西山矿区合理可行,为今后施工立井积累了经验。这 3 对井筒的建设将进一步改善矿井通风能力,合理矿井通风系统,保证矿井安全生产。

(赵宝林)

山西焦煤西山金信建筑有限公司

【概况】 山西焦煤西山金信建筑有限公司为国家认定的矿山施工总承包、市政公用工程总承包、房屋工程总承包一级和冶炼工程总承包二级及起重设备安装、装饰装修、钢结构、土石方、管道工程等专业承包二级企业。具备电力设施承修一级、承装三级、承试三级能力,年施工能力达 5 亿元。公司下设土建、路桥、机电设备安装、管道和装饰工程等专业分公司及项目经理部 23 个, 国家二级资质试验室等辅助生产和服务单位 4 个。机关设党政办公室、综合管理部、组织人事部、经营管理部、工程管理部、工程造价部、纪检监察部、安监处、保卫科、计生办,工会委员会、共青团委员会,开发公司、供应公司、租赁站、物业公司。公司在册职工 1242 人。公司党委下设党支部 29 人,党员 671 人。

2006 年,公司在继续保持国家、省、市“守合同、重信用”企业称号的同时,先后获“全国优秀施工企业”、“中国煤炭协会优秀施工企业”、“山西省优秀建筑企业”和“山西省用户满意施工企业”等荣誉称号。

【基础管理】 2006 年是公司党政确定的“执行年”。公司各级从抓制度落实入手, 提高管理水平。坚持“以质量占领市场”原则,强化过程控制,实行质量一票否决制;实行“工长负责制”,使工程质量稳中有升。坚持“一线贯穿、两翼拓展、综合治理、齐抓共管”原则,健全安全规章制度,安全重心下移,增强职工自我安全意识,实现了安全管理预期目标。规范和强化合同管理, 依法维护企业利益。严格资金计划管理,制定资金收支计划月报制度,实行多收多支,提高资金使用效率。推行单位工程成本核算一体化考核,加强成本管理。物资管理坚持公开招标原则,提高采购质量, 降低采购成本。加大现场设备管理力度,加强设备维修保养工作,设备完好率达到 95%。

2006 年山西焦煤西山金信建筑有限公司主要经济技术指标完成情况

综合指标	单　位	计　划	实际完成	与计划相比
施工产值	亿元	3.5	4.4	提高 25.7%
成本降低率	%	3.5	3.5	-
全员劳动生产率	万元 / 人年	21	22.7	提高 8.1%
安　全	‰	轻伤率控制在 2‰	0	-
土建合格率	%	100	100	-
安装合格率	%	100	100	-
市级以上优良工程	项	5	7	提高 40%
职工收入	万元	2.17	2.34	提高 8%

【市场开发】 参加工程招投标 73 项，中标 39 项，中标率 53.42%，中标标的额 22567 万元。其中西山煤电集团公司以外的社会工程中标 19 项，占中标总数的 48.72%，创公司对外市场开发最好成绩。特别是在内蒙古神华集团万利一矿 3 个储煤筒仓和布尔台 5 个产品仓的招投标中，公司凭借较强的综合实力，以总分第一的成绩，在众多参与竞标的建筑企业中脱颖而出，成功中标，在开拓省外市场道路上迈出可喜的一步。

【工程建设】 在所承担工程大部分工期要求紧、施工标准高的情况下，结合工程分布实际，实行"兵团区域作战"，建立了完整的一盘棋格局。施工建设中，逐渐形成以古交、太原为中心，辐射清徐、娄烦、阳泉等地的第一战区；以柳林、王家岭为中心，辐射离石、临汾等地的第二战区；以内蒙古鄂尔多斯为中心，辐射陕西神木、山西兴县等地的第三战区。圆满完成西山煤电集团公司五三街棚户区改造、西山供热管网、西华苑管网改造、西山宾馆工程。内蒙古 8 个筒仓的施工取得良好成绩，得到了甲方认可。有 7 项工程被评为市级以上优良工程，其中山西兴能发电有限责任公司 3 号标段被中国煤炭工业协会评为"太阳杯"工程；山西兴能发电有限责任公司综合办公楼、1～4 号储煤筒仓被评为"汾水杯"工程；山西兴能发电有限责任公司综合办公楼被评为"山西省优良安全文明工地"。官地矿储装运系统工程、柳林沙曲矿副立井井塔工程被评为"全国煤炭行业优质工程"。

【技术革新】 总结企业级工法 10 项，其中 4 项申报省级工法；1 项 QC 成果获山西省建筑业协会 QC 成果三等奖，1 项获优秀奖；11 项科技创新项目获西山煤电集团公司科技进步奖。在内蒙古布尔台 5 个直径 30 米预应力钢筋砼筒仓滑模施工中，采用中心井架柔性操作平台滑模施工新工艺，将滑模提升架由焊接改进为螺栓连接；操作平台采用中心井架、辐射式桁架，解决了大直径筒仓平行弦桁架跨度大的难题。在内蒙万利一矿原煤仓仓顶混凝土栈桥施工中，采用钢管支撑体系代替了型钢支撑体系。在西铭矿选煤厂施工中，采用整体钢梁配合钢筋混凝土地锚加固装车地道走廊，保证了施工正常进行。推行免抹灰施工技术，杜绝了抹灰空鼓、脱落的质量通病。

【和谐企业建设】 一、党风廉政建设。对中层以上干部进行为期半个月的培训，建立干部廉政档案，签订廉政承诺书，实行岗位责任追究制和领导干部问责制。聘请 12 名退休职工担任行风监督员，对企业内部经营行为进行监督。为副科级以上干部和机关工作人员发放《党章读本》、《"八荣八耻"党员干部读本》各 200 册。为副科级以上干部发放廉政警示牌及《廉政格言》书籍 40 本。

二、繁荣企业文化。2006 年 8 月 1 日，是公司成立 40 周年纪念日。组织举办 40 周年庆典活动，制作画册、光盘等，宣传公司 40 年奋斗历史、奉献精神和改革成果，扩大公司知名度。制定《实施焦煤文化工作要点》，制作并发放企业文化手册。建成企业文化、安全文化、廉政文化宣传长廊,增强了职工企业荣誉感和归属感。

三、积极为职工办实事。坚持职工利益无小事原则,建立各工点的后勤保障体系。对职工住宅的上下水管道、采暖设施等进行全面检查与修缮;挤出资金改善各工地食堂、办公场所、职工宿舍等设施。积极与西山煤电集团公司就业中心联系,先后为50多名职工子女创造就业机会。通过考试,择优录取100名职工子弟到西山煤电集团公司技校参加学习,为有效解决公司技术工人相对缺乏的问题奠定基础。坚持重大节日为职工发放福利制度。开展扶贫济困活动,先后为患重病职工捐款4.3万多元。

(牛绍君)

山西焦煤西山金城建筑有限公司

【概况】 山西焦煤西山金城建筑有限公司始建于1958年,原为煤炭工业部第八工程处。2002年5月与山西金苑建筑有限公司合并,组建为山西金城建筑有限公司。2006年9月21日,山西金城建筑有限公司更名为"山西焦煤西山金城建筑有限公司"。公司具有房屋建筑工程施工总承包壹级、矿山工程施工总承包贰级、机电设备安装专业承包贰级、起重设备安装工程专业承包贰级、预应力工程专业承包贰级、送变电工程专业承包壹级资质的综合性企业。拥有注册资本5180万元,净资产8256万元。主要机械设备400台,企业年施工能力5亿元。公司下设生产单位19个,其中常设项目部12个,辅助生产单位7个,综合部室1个,业务部室7个,党群部门5个,机关直属单位7个;另设金城实业分公司1个。全公司有职工2995人。公司党委下设1个总支、33个党支部,有党员770人。

2006年主要经济技术指标完成情况如下:

产值:完成3.23亿元;

利润:在上缴181万元管理费的基础上实现利润24.4万元;

福利费结余:全年福利费结余126万元;

安全:实现了无轻伤以上事故;

质量:合格率100%,创13项市优工程;

工期:所有工程项目均按照合同的要求工期施工,或者比合同要求的工期有所缩短。

【主要工作】 一、文明施工。由公司党委挂帅、基层各党支部主抓,成立两级文明施工检查考核组,加强现场文明施工的管理,场容场貌得到明显改善。

二、重点工程。按照《工程项目包干建设责任书》,确定工期、质量、造价等指标进行施工。尤其是水泥厂粉尘治理工程、棚户区改造工程、热电联供工程、110千伏变电站工程,黄冶八盘区改造和瓦斯抽放工程等重点建设项目,在工期紧、任务重、资金紧张的情况下,保质保量如期施工。

三、新技术推广应用。推广滑模技术、粉煤灰添加技术、钢筋锣母对接技术,添置了砼管道输送泵装备。

【基础管理】 一、加强用工管理和工资审批制度。一线工人采用计件工资,按量计酬,管理人员实行效益工资,按效计酬,领导干部年终按贡献兑现。

二、继续执行集中分配与单位自揽工程相结合的管理办法。降低自揽工程上缴费率,对所承接的每一项工程均采取领导包干、交抵押金、立军令状,层层负责,重奖重罚等措施精心组织施工。与此同时,进一步健全了招投标管理机制。成立工程开发公司,加大工程承揽力度,使社会工程占有量明显提高。

三、实行资金的统一管理和计划管理。加强了材料采购供应的管理,大宗材料统购统供,保证质量,降低价格,堵塞漏洞,减少纠纷,形成了制约机制;加强了周转材料和施工机械设备的检查监督管理制度,研究制定了周转材料使用工艺,最大限度利用现有材料,降低周转材料的摊销费用,降低工程成本;加强资金管理,每月由生产技术部根据各单位的工程项目进行工料分析,编制出工料分析表,供应部门根据工料分析编制月度材料资金使用计划,各类资金计划经财务部门汇总,编制月度资金使用计划,提高了资金的时效性和等量资金的保证率。

四、提高周转材料及机械设备的维护管理水平、使用年限和利用率,有效控制设备和周转材料的损坏和丢失。设备和周转材料完好率明显提高,企业的施工能力和竞争力得到了增强。

(温日晋)

矿建公司

【概况】 矿建公司成立于1993年，性质为全民所有制。公司原属万隆实业公司的二级单位,2001年整体划入山西庆恒建筑(集团)有限公司,是一支专门从事岩巷施工与立井施工的专业化施工队伍,分布在西山煤电集团公司前后山各矿施工,是西山煤电集团公司唯一的一支初具规模的专业化矿建施工队伍。公司机关设生产部、安质部、劳资部、机电部、财务部、合同预算部、政工部、车队、调度室和办公室;下设5个项目部,即第一项目部、第二项目部、第三项目部、第四项目部、立井施工项目部,共计开拓队12个,反井钻机队2个,辅助队2个。有正式职工51人(全民42人,大集体9人)、农民轮换工503人。公司设党支部,有党员22人。

2006年，矿建公司累计完成施工产值5079万元,开延工程完成7412米,产值4046万元;内蒙工程2项,产值1033万元。工程质量合格率100%,创集团三项优良工程。实现安全施工,消灭了重伤以上事故,轻伤率下降20%。

【企业改革】 一、改革用工体制,稳定职工队伍。分期分批将符合条件的临时工转为农民轮换工,与503名农民轮换工签订合同。经西山煤电集团公司社会保险公司同意，将农民轮换工纳入西山社会保险统筹管理。制定《矿建分公司农民轮换工个人账户实施管理办法》，为农民轮换工建立回乡金个人账户,同时将遗留工伤人员交西山社会保险统一管理。

二、改革分配制度,突出集中管理,显现核心作用。对机关人员采取计时加奖办法分配工资、奖金,当月奖金与安全、任务、效益和个人出勤挂钩;对所属施工队按工程情况确定延米单价，实现以量计资,真正做到效率为先、多劳多得;对队干部和项目部管理人员工资直接与管辖队工人平均工资挂钩,激发基层干部的工作积极性。分配中规定干部不参与工人工资分配,任何费用不准占用工人工资。改变了工资发放渠道,所有职工的工资全部由公司劳资人员统一发放,减少中间环节,杜绝漏洞。

三、狠抓劳动纪律,改变机关工作作风。根据生产需要,对公司科室进行整合,增设调度室和劳资科;对原有科员分流,定编定岗,多余临时工全部解聘;对项目部进行定编定岗,人员由10多人减少为4~5人。加强劳动纪律,出勤与收入挂钩。建立碰头会、调度汇报、干部值班、干部下井等一系列制度。

【技术进步】 一、加大资金投入,提升装备水平。自筹资金600多万元,购置了绞车、稳车、压风机、搅拌机、铲车等设备,自制了两套建井装备,满足重点工程和外部市场施工要求。这些设备从7月开始全部投入生产,使用正常,性能稳定。

二、大力开展技术革新活动,提高老旧设备有效使用率。为改变LM-120型反井钻机委托外单位检修,检修速度慢、检修投入大的状况,公司加大资金技术投入，由机电部和立井项目部精心组织,顺利完成了两台钻机的检修任务,确保小钻机全年顺利钻井800米。通过对大钻机1号泵站电机等进行技术改造,提高了设备性能和运转效率,使钻机37天成井411米,创大钻机施工最好水平。

【联合法施工井筒技术推广应用】 联合法施工井筒是集团一项重大科研项目,是由反井钻机配合正井法利用矿井系统施工井筒的新方法。

一、施工情况。6月,本公司承担了联合法施工立井工业性试验任务,镇城底矿南翼进风井联合法施工一举成功。从7月准备到10月23日,累计施工200米,最高月进达90米。该项目试验成功,为在西山煤电集团公司推广使用提供了可靠依据,也为本公司发展提供了新的经济增长点。

二、项目优点。联合法作为具有高效经济环保的井筒施工方法，采用罗宾斯反井钻机施工直径1.5米裸井,解决了正井法施工中的排渣、排水、通风问题,减化了井筒和设备布置,减少了设备投入;排渣方式的改变,缩短了排渣时间;排水方式的改变,改善了施工环境;提前施工直径1.5米裸井,为直径5米刷大提供爆破自由面;简化炮眼布置,火工品消耗降低；也正井法施工比较，施工成本可下降8000~10000元/米;联合法排渣走矿井系统,节省大量排矸用地,减少了环境污染和相应费用。

【开拓市场】 实施“立足西山、面向社会、壮大矿建主业”的发展战略,积极开拓社会市场,中标内蒙伊泰集团宏景塔矿新副井工程和包头矿业集团李家壕矿主井工程。中标后,公司迅速调兵遣将,组建强有力的项目班子,配购先进的施工设备,3月份先后进驻宏景塔矿、李家壕矿。在宏景塔矿的斜井施工中采用侧卸式装载机装岩,翻斗式汽车排矸和运送物料,地面配置混凝土搅拌站,减少了作业环节,提高了工效,加快了施工进度,降低了成本,月施工进度最高达175米,创造公司开拓进尺最高水平,巷道施工质量得到建设方和监理单位的好评。由于采用先进生产方式和设备,狠抓施工现场安全质量、技术管理,合理组织,圆满完成工程施工任务。

【提升安全管理水平】 加大安全投入,购置较先进的设备,为职工创造安全生产环境,从源头上消除重大事故的发生。加强安全教育,利用一切手段,多方面、多形式开展对广大工程技术人员和工人的培训,不断提高干部职工的技能和管理水平。强化现场管理,转变干部作风,指挥管理下到现场,及时消除隐患,逐步杜绝违章作业和违章指挥,从管理上降低事故发生率。狠抓质量标准化管理,夯实安全基础,逐步提高安全管理水平。坚持"事不放过"的原则,从小事管起,杜绝大事发生;隐患从小处理,防止大事故发生。实现全年无重伤和二级以上非伤亡事故。

(付海鹏)

山西焦煤集团房地产开发有限公司

【概况】 山西焦煤集团房地产开发有限公司组建于1988年12月,是山西省经委、建设厅和太原市建委批准的具有国家叁级资质的有限责任公司,隶属于山西焦煤集团有限公司。公司注册资金800万元,主要从事房地产开发,建筑材料、五金、水暖器材、涂料、钢材、水泥的批发零售。公司设综合部、财务部、营销部、工程部、项目部。有职工28人。其中具有中级以上各类专业技术职称的17名,占职工总人数的60%。

从公司成立至2006年,先后建成了西山油库住宅小区、水厂住宅小区、432住宅小区、西华苑住宅小区、官地矿406住宅小区等工程,累计完成工程量32万多平方米。公司承建的工程全部为合格工程,其中西华苑住宅小区有23%的工程被有关部门评为优良工程。

【开发情况】 2006年总计完成工作量3449万多元,施工面积57080平方米。其中:与官地矿共同开发的406住宅小区(4栋6层),完成工作量1257万元,施工面积26450平方米,按合同7月31日竣工移交;南寒底商住宅楼,完成工作量2092万元,施工面积30630平方米,形象进度为主体完工,部分安装开始。

(董 贞)

控股及控股管理单位

山西兴能发电有限责任公司

【概况】 山西兴能发电有限责任公司由西山煤电股份有限公司和山西和信电力发展有限公司按照55%和45%的投资比例共同出资,于2003年2月27日成立,注册资金52585万元。公司机关设综合部、计划部、工程部、供应部、财务部、项目部、安环部、生技部、发电部、点检部,全公司职工397人。公司负责建设、管理、运营的发电厂是全国最大的燃用洗中煤坑口电厂。

2006年,山西省经济委员会给公司下达年度发电量调控目标计划39亿千瓦时。公司生产经营指标实际完成情况:发电量41.202亿千瓦时;综合厂用电率8.96%;上网电量37.5443亿千瓦时;发电标准煤耗343.27克/千瓦时;供电标准煤耗375.21克/千瓦时;售电收入(不含税)85966.81万元;税前利润16197.56万元;净利润9198.1万元;可分配利润8278.32万元。

【安全管理】 推行安全责任制,构建安全生产长效机制,做到在计划、布置、检查、总结、考核生产工作的同时,提升安全标准化管理水平。层层落实安全生产责任制,实施全员安全风险抵押,从公司领导到生产员工逐级签订“安全生产目标责任书”，责任落实到人，直接与风险抵押金挂钩，使安全工作与经济效益紧密结合。开展各类安全教育活动，做到每季度召开一次安全生产委员会会议；每月进行一次安全文明生产的综合检查；每月出一期《安全简报》；对生产故障以《安全通报》的形式及时进行通报。加强全员安全知识培训，全年先后对738人（包括外委人员）进行三级安全教育培训，考试合格率达100%，提高了全员安全意识。截至2006年12月31日，安全生产实现500天。

【设备管理】 完善各项安全、技术措施，确保设备正常、稳定运行。加强设备缺陷管理，实行公司、部门（专业）、班组三级管理，层层负责，并运用计算机技术对设备缺陷实行全员全过程闭环管理，加强和督促缺陷的处理及消除，做到小缺陷不过天，大缺陷抓到底，有效提高了设备健康水平。加强设备巡检，实行点检制，采取日常挂牌抽查措施进行监督，及时处理设备问题，力求将各类问题消除在萌芽状态，保证了设备健康水平和正常出力。加强对厂用负荷刀闸及各重要电气接头的温度检测，并定期对升压站电气设备进行红外线监测，对存在问题及时处理消除。提升设备管理水平，有效提高设备运行的稳定性和可靠性，主要设备完好率达100%，主要设备可靠性达95%以上，设备消缺率达90%以上。

【科技创新】 建立和完善科技创新体系，组织员工采用集中培训、自学、有关人员单独辅导、到厂家参观学习等多种方式和手段强化技术培训力度，取得良好效果。加大技改工作力度，组织完成“兴能发电1号、2号机综合水泵房380v母线分段”、“兴能发电关于解决1号、2号汽轮机组运行中润滑油中含水超标处理的技术改进”、“兴能发电1号、2号机组闭式循环水系统运行压力波动问题的改进”等技改项目，有14项科技成果在西山煤电集团公司技术创新大会上获奖。

【文明生产】 制定《文明卫生管理办法》，规范文明生产行为，提出在生产现场必须做到“一平”（地面平整）；“二净”（门窗玻璃净、四周墙壁净）、“三见”（沟见底、轴见光、设备见本色）；“四无”（生产、生活环境无杂草、无垃圾、无油污废料、无蛛网）；“五不乱”（不乱扔瓜果、饮料罐、瓶、食品包装袋、纸屑、擦机布，不乱倒垃圾、杂物、废料，不乱堆材料、闲置设备、机具及工器具，不乱占用场地，不乱搭、乱接管、线、棚屋）；“六不缺”（保温、油漆不缺，门窗、玻璃不缺；灯泡、灯罩不缺，地沟盖板不缺，警示、标示牌不缺，螺栓、手轮不缺）；“七不漏”（不漏煤、不漏灰、不漏风、不漏油、不漏水、不漏粉、不漏气）。划分卫生区域，细化分解责任，每周一次检查，同时进行不定期抽查，对发现的问题及时发出《督查整改通知单》，限期整改。

（曹文贵）

山西西山热电有限责任公司

【概况】 山西西山热电有限责任公司是西山煤电股份公司和山西焦煤集团公司共同出资建设的综合利用电厂，以热电联产、综合利用为宗旨，在正常发电的基础上为西山煤电集团公司前山地区提供90%的热源。公司设发电、检修等12个部门，全公司职工256人。

2006年是生产运行的第一年。公司贯彻“新企业、新机制、新思路”的指导思想，坚持科学发展观，学习其他电厂成功经验，全面推进安全生产、经营管理、精神文明等各项工作，安全生产保持良好势头，全年未发生各类人身事故和重大设备事故；运行操作水平不断提高，综合管理水平得到加强，被山西省电力行业协会授予“小火电标准化管理优秀企业”称号。

【主要指标完成情况】 发电量：完成发电量67643.52万千瓦时，提前56天完成全年考核计划电量，完成年计划的123%；

供热量：完成652789.43吉焦；

利润：实现盈亏指标，完成利润–2630万元，比计划–4312万元减亏1682万元；

销售收入：主营业务收入累计实现15032万元，完成年计划的136.7%；

电力完全成本：0.2607元/千瓦时，比计划0.3234元/千瓦时降低0.0627元/千瓦时；

厂用电率:10.73%,比计划11%降低0.27个百分点;

供电煤耗:447.38克/千瓦时,比计划470克/千瓦时降低22.62克/千瓦时;

安全:消灭了轻伤以上事故和重大设备事故,实现安全生产无事故。

【经营管理】 在缺乏基础数据的情况下,参考和借鉴其他电厂做法,对全年盈亏指标进行科学预测。在此基础上,每季度召开一次经营分析会,反复测算成本,寻找盈亏平衡点,加强成本控制,堵塞漏洞,开源节流,实现了大幅度减亏。主要措施是:加强与山西省电力公司联系,及时结算售电款项,加大应收款回收率,保证资金正常运转,资金回收率达到95%;加强购煤管理,成立燃料部,建立外购煤管理制度,安装汽车衡;所有用煤都经过严格计量,煤质化验率达100%,保证来煤质量和数量;加强材料的计划管理,严格用料考核,杜绝浪费,库存材料资金占用始终控制在集团下达的指标以内;提高全体职工的成本意识,每个部门、每个职工都算经济账,每项工作要细算账、算准账,实现企业效益最大化。

【安全生产】 坚持"安全第一、预防为主"方针,建设本质安全型企业。树立"安全高于一切、重于一切、先于一切、影响一切"的思想,以质量标准化、管理明细化为主线,突出"责任、激励、投资、科技、素质、培训"六到位。突出4个"基本":

一、搞好基本队伍建设。重点抓基层班组管理,重视班组长的选拔和培养,任用技术水平高、责任心强、有组织协调能力的人员担任班组长,提高班组管理水平。开好班前会、班后会,总结和积累生产经验。开展班组竞赛,激发班组成员的荣誉感,增强班组凝聚力。

二、搞好基本制度建设。在机组投产之前,公司就设置了作为安全管理专职机构的安全环保部,建立了以各级人员安全生产责任制为核心的各项安全管理制度,在实践中不断补充和完善,并严格贯彻执行。

三、搞好基本技能培训。安全环保部定期组织职工学习安全规程并考试,邀请太原市消防办公室人员来公司,举办了3次消防知识讲座,开展了消防演习。工会牵头组织开展 "安康杯"知识竞赛活动,举办各专业、各工种的技术比武。发电、检修等部门利用休息日自行组织职工学习。

四、搞好基本责任制的落实。年初,公司下发党政工团一号文件,对安全工作进行详细安排和部署。制定安全责任考核办法,层层签订安全目标责任书。每月组织一次安全大检查和质量标准化检查,发电、检修等部门每周进行一次现场检查。加大安全工作考核力度,做到奖罚分明。

【生产运行】 一、采取措施确保机组安全稳定运行。步入供热期后,坚持供热第一、发电服从供热的原则,为西山地区和谐稳定创造条件。一、二号机组投产后,全体职工在各自的工作岗位上尽职尽责,克服重重困难,解决了一个又一个难题,经受了2005年冬季和2006年夏季的考验,实现了机组的安全稳定运行,11月5日提前完成全年发电计划,保证了集中供热,各项生产技术指标达到或接近同类电厂先进水平。

二、推进人才工程、素质工程建设。第一、坚持注重细节,把小事做细。员工上标准岗、干标准活、做标准事、规范化管理、无差错操作。在人员年纪轻(平均年龄25岁以下)、无循环流化床和空冷经验、生产骨干均未操作过5万级机组的特殊困难条件下,全体职工凭着刻苦好学的态度和细致耐心的精神,实现了循环流化床锅炉连续生产运行的山西省内先进水平。第二、在调试中通过现场实践练兵,抓住调试时期电力科学院、施工单位高级技术人员在现场时机,全员上岗,虚心请教,在专家指导下大胆练兵,短时间、大规模地进行了现场培训,快速提高员工实际操作水平,为独立上岗操作创造了条件。完善岗位人员配置,严格进行作业人员持证上岗考试和工作许可人员资格认证考试,实现持证上岗。为电厂顺利投产和机组安全稳定运行提供了可靠的人力保证。

三、完善各项制度,加强运行管理。公司每天早上召开生产调度会,总结分析前一天的生产情况,布置当天工作,安排处理设备缺陷。各专业员工每月写出运行分析报告,定期进行运行分析,解决生产中遇到的难题,总结经验,提高运行水平。针对投产初期曾发生的锅炉水冷壁泄漏事故,经过研究,调整风量、改进燃烧方式,减轻了锅炉磨损,使锅炉运行周期达到200天。夏季天气炎热,汽机真空下降,影响机组出力,经分析,调整了空冷风机叶片,改善了冷却效果，提高了真空度。此外，还解决了汽机轴瓦振动、电气谐振等难题。

四、加强技术监督。成立了技术监督领导组，形成了涵盖“绝缘、继电保护、电测、金属、化学、环境、热工、电能质量、节能、振动”等十项内容的技术监督网。监督负责人每月写出技术监督报告，分析上月监督项目完成情况，提出下月监督重点。技术监督工作效果明显，解决了发电机内冷水、循环冷却水的水质问题，继电保护投入率和动作准确率都达到了100%，热工自动装置投入率达98%。

五、积极进行技术改造，完善工艺系统。在认真分析和调研的基础上，重点改造严重影响和制约生产的设备和系统，进行输灰管线的改造，在原设计电除尘一、二电场共用一根输灰管线基础上，增加一条输灰管线，一、二电场分开输灰；进行发电机内冷水系统改造，为每台发电机内冷水系统增加了一套加碱装置，改善了内冷水水质，抑制了导线的腐蚀，同时减少了排污，节约了除盐水；进行二级筛和检查筛改造，解决了出煤量小和振动大的问题；进行冷渣器改造，解决了磨损和堵管的问题；对炉内水冷壁管进行了喷涂，减少了水冷壁管磨损，延长了锅炉运行时间。

六、邀请专家指导，科学决策。公司聘请电力行业多名老专家组成专家工作组。从公司的重大决策、施工中存在的问题、到运行中的关键技术问题均经过专家认真论证分析，提出咨询意见，然后经公司经理层决策。同时选定太原一电厂发达电力检修公司作为公司的检修队伍，确保生产稳定运行。

七、加强设备管理和检修维护。运行人员认真监视仪表盘，精心调整，准确填写运行日志，按时巡回检查，严格执行“两票”、“三制”，开展事故预想，定期举行反事故演习，主动学习规程规范，不断提高理论水平和操作技能；发生异常时，能做到沉着冷静，应对自如。检修工作中热工和继电保护部分由本公司人员承担，其他检修任务全部委托给了太原发达电力检修公司。重点对检修公司进行管理，严格考核，认真兑现，督促其严格遵守检修规程，重视检修工艺，加强检修的计划性、预见性，加强设备检查，及时发现和消除隐患，随时处理设备缺陷。重点治理跑、冒、滴、漏，主机设备完好率达到100%，设备完好率达到95%。

（郭占胜）

山西焦煤集团五麟煤焦开发有限责任公司

【概况】 山西焦煤集团五麟煤焦开发有限责任公司是由山西焦煤集团绝对控股的大型焦化股份公司，注册资金20750万元。公司经营范围：焦炭及焦化系列产品的生产、煤炭、洗选、生铁铸造、废渣制砖、普通机械、仪表仪器、焦化技术开发等。

公司地处晋中盆地南边缘地带，西有吕梁山，东有汾河水，距国家五纵三横青岛至银川高速公路仅7.5千米，距307国道2.5千米，距孝柳铁路1.5千米，交通便利。

公司有职工650人，其中高级职称11人，中级职称34人，职工全部为大、中专技校毕业生，平均年龄24岁，雄厚的技术力量为公司的发展提供了有力的技术保障。

公司总体规划建设的主要项目有300万吨焦炭、30万吨甲醇生产项目、30万吨煤焦油加工项目，原煤生产及配套的选煤厂项目，辅助和延伸项目有铁路专用线及站场、煤矸石发电厂、炼铁厂、建材厂等项目，预计总投资额100亿元。

项目将分期建设，现一期100万吨/年生产能力的2×72孔TJL4350D型捣固焦炉及与之配套的备煤、仪表、煤气净化、回收、化产等已建成试产，后续项目将陆续开工。到2010年，公司将形成年生产300万吨焦炭、30万吨甲醇、30万吨煤焦油、主焦煤1500万吨、洗精煤1000万吨、18万~20万吨生铁能力，延伸化工产品链条，实现年生产2万吨针状焦、10万吨醋酸、10万吨醋矸、32万吨甲醛、9万吨聚甲醛、二甲醇等相关化工产品，实现销售收入145亿元。

【生产经营】 1. 焦炭：全年生产焦炭719693吨，销售699685.4吨，平均售价755.20元/吨，销售收入52840万元；

2. 焦油：生产焦油23718吨，销售25400.18吨，平均售价1859.32元/吨，销售收入4723万元；

3. 粗苯：生产粗苯6301吨，销售6654.36吨，平均售价3723.93元/吨，销售收入2478万元；

4. 硫铵:生产硫铵 5341 吨,销售 1091.93 吨,平均售价 386.08 元/吨,销售收入 42 万元;

5. 利润:全年主营业务收入 60083 万元,主营业务成本 49460 万元,主营税金及附加 384 万元,经营费用 5379 万元,管理费用 1498 万元,财务费用 3307 万元,投资收益 61 万元,营业外收支净额 131 万元,其他业务收支净额 36 万元,实现利润总额 17 万元,与年初西山煤电集团公司下达考核指标亏损 8000 万元相比扭亏增盈 17 万元,减亏 8017 万元。

【安全质量标准化】 一、实现全年安全奋斗目标。消灭了重伤及以上事故,未发生火灾、中毒、爆炸事故,并在 4 月份通过了山西省煤矿安全监察局的验收,取得安全生产许可证和消防许可证。

二、产品质量。焦炭保持一级品标准,销往国内外大型钢铁公司,赢得用户信赖。焦油达到一级标准,硫铵达到农用标准 100%,全部销往市场,供不应求。

【基本建设】 100 万吨/年的焦化工程项目通过山西省审计厅审计。安全验收、消防验收已结束。完成环保监测。2006 年公司铁路专用线全面开工,征地工作基本完成,铁路大桥桩基已完成 1/3,土方挖填完成 1/3,完成工作量 1805 万元。

焦炉除尘、冷却塔、油油换热器、储煤除尘系统、厂区修缮、防洪、生活区改造全部完成,形成固定资产 350 余万元。

【交城煤矿建设】 在山西焦煤集团公司的支持下,公司与交城东风汽修厂合作,获得探矿证,探矿权转采矿权手续上报山西省政府。地质勘探任务全面完成。涉及地质构造用二维地震和三维地震勘查,取得详细资料。可研报告、环评报告、初设编制、安全专篇等编制由太原煤炭设计院开始编制。实现“四通一平”工程目标。完成了 8 千米进矿道路、河道 720 米水泥钢筋浇筑泄洪涵、2000 立方米蓄水池的施工任务,架设了 10 千伏供电线路、23 千米长度的 3.5 千伏双回路供电线路,充填了工业广场,建成了 3.5 千伏移动变电站,砌筑了临时建筑 200 多间,井筒建设完成了主井、副井、风井井台、主副井井架、大型绞车安装、凿井准备等各项任务。井筒建设累计完成进尺 300 多米。将土地预审上报国土资源部审批。交城煤矿项目被西山煤电集团公司列为重点工程项目,上报纳入山西省、国家“十一五”规划和晋中基地西山矿区规划。

【汾阳铁厂生产经营】 全年实现安全生产无事故,上交承包费 300 万元,并完成了大修工程,为 2007 年安全生产奠定了基础。

【新项目进展】 1. 申请办理临县吕家岭煤矿探矿权延续手续,探矿权转采矿权手续正在办理中,名称核准已办理完毕。

2. 20 万吨甲醇项目通过山西省经委备案,并和香港建滔集团、台湾李长荣集团达成合作意向,上报审批项目环境评价建议书。

3. 公司焦化一厂的“焦化行业准入证”上报山西省经委。

(刘鹏革　郭玉珍)

山西西山晋兴能源有限责任公司

【概况】 山西西山晋兴能源有限责任公司由山西西山煤电股份有限公司和山西省经济建设投资公司共同出资,于 2003 年 8 月 8 日组建成立,注册资金 4.5 亿元,出资比例为 99.33∶0.67,是西山控股的子公司,承担开发建设兴县矿区的职能。兴县矿区规划的具体项目为:新建煤矿及配套选煤厂各 2 座,生产能力为 1500 万吨的斜沟煤矿及配套选煤厂,生产能力为 1000 万吨的兴县煤矿及配套选煤厂(二期工程);建设 2×135MW、2×600MW 电厂各一座;建设 50 千米的岢岚至瓦塘铁路。公司机关设综合部、财务部、规划发展部、矿业部、安监部、岢岚—瓦塘铁路建设项目部、政工部,下设斜沟煤矿、斜沟煤矿选煤厂、销售公司。有职工 930 人。

2006 年,实现原煤产量 201 万吨;掘进总进尺 8016 米;煤炭销售 225 万吨;利润总额 1538 万元;消灭重伤及以上人身事故、二级及以上非伤亡事故。

【组织建设】 2 月,成立中共山西西山晋兴能源有限责任公司委员会,下设 2 个党总支、11 个党支部,在册党员137名。5月，召开第一次党员大会，选举公司第一届党委会和第一届纪律检查委员会，选出党委委员5名，纪委委员5名。9月，召开第一次工会会员代表大会，选举产生公司第一届工会委员会，选出工会委员5名。10月，召开第一次团员代表大会，选举产生共青团山西西山晋兴能源有限责任公司第一届委员会，选出委员5名。

【矿区立项】 《山西省离柳矿区（兴县区）总体规划》通过国土资源部会签，上报国家发改委。国家环保总局对《斜沟（1500万吨）矿井及选煤厂工程环境影响评价报告》已作出批复。斜沟（1500万吨）矿井及选煤厂工程列入国家"十一五"规划重点建设的10个千万吨级矿井建设项目。斜沟矿井资源划界上报国土资源部待批。《斜沟（1500万吨）矿井及选煤厂可行性研究报告》编制完成。《斜沟矿井及选煤厂水土保持方案》委托山西省水土保持研究所正在编制。《斜沟矿井及选煤厂工程项目矿产资源开发利用方案》委托中矿国际工程设计研究院有限公司正在编制。

【铁路建设】 岢瓦铁路被山西省重点工程建设领导组列入2006年省重点工程。岢瓦铁路一期工程岢岚至兴县魏家滩段全长48.76公里，勘界确定占地193.6公顷，途经山西省岢岚县岚漪、阳坪、温泉三个乡和山西省兴县魏家滩镇，共31个村庄。岢岚县需要搬迁的居民119户，兴县需要搬迁的居民85户，两县需要搬迁的生产单位11家。与山西省重点工程建设领导组签订的六项指标全部完成，累计完成投资3.5亿元，完成工程量30%。全线无重特大安全事故，工程质量为优质。与岢瓦铁路配套的后方通道改造正在施工中。全线有隧道8座，除控制性工程天古崖隧道外，其余7座全部贯通。天古崖隧道正洞全长5953米，完成正洞开挖及初期支护4000米。全线3个车站都已开工，完成土方85万断面方。

【安全生产】 取得斜沟煤矿改扩建项目（30万吨/年）环保验收批复、消防安全验收批复和卫生验收批复，完成该项目单位工程质量认证和项目认证。4月，通过山西省煤炭工业局组织的斜矿改扩建项目（30万吨/年）竣工验收，取得《关于山西西山晋兴能源有限责任公司斜沟煤矿竣工验收的批复》，斜沟煤矿移交生产。每月组织一次质量标准化大检查，全年排查隐患733条，罚款89500元。公司机关车队克服车辆出长途多、山路崎岖、冬季封冻期长、路况差等困难，全年安全行车近50万公里。截止2006年9月13日，公司实现安全生产1000天。所属斜沟煤矿以单工作面日产原煤1.36万吨、月产23.66万吨，日掘进尺56米、月掘进尺1201米的成绩，刷新集团公司日产、月产，日进尺、月进尺最高纪录；全员工效达23吨/工，在山西焦煤集团位列前茅。采长220米，顺槽走向3270米的18107工作面按时形成，构成回采煤量356万吨，是目前西山建局以来最大的工作面。

【开拓销售】 积极开辟铁路运销渠道，与太原选煤厂联系，租用三给站发运煤炭。与太原铁路局多经处下属单位签署协议，租用五寨小河头煤炭集运站，同时积极与山西焦煤集团销售总公司配合，为进一步开拓市场，拓宽销售渠道打下良好基础。销售公司克服场地狭小、铲车装煤、山路崎岖容易堵车等不利因素，全年公路销售煤炭129.2万吨，铁路销售95.8万吨，不但保证了矿井正常生产，而且消化了上年度库存。

【依法治企】 依法开展生产经营活动，重点加强安全、生产、销售、资金、成本、合同、机电供应、基建、劳动用工和档案管理。制定下发《设备管理办法》、《配件管理办法》、《"一通三防"管理制度》等管理制度，公司重大招投标活动按有关程序进行。制定下发《山西西山晋兴能源有限责任公司合同管理实施细则》，草拟《合同、法律文书审批程序管理办法》。8月，举办合同管理知识培训班，公司经理层、各部门负责人及合同业务人员参加培训。选派32名合同业务人员参加西山煤电集团公司合同业务员任职资格考试，均以优异成绩通过考试。12月，组织法律知识考试，132人参加考试，且全部合格。

【技术进步】 加大矿井皮带改造、采机外喷雾改造等实用技术研究力度，在18103工作面安装液压支架、支护阻力监测、两巷走向及倾向支撑压力分布监测、顶板深基位移测量的矿压综合监测系统，为下一步组织生产提供科学依据。组织工程技术人员完成科技创新项目73项，取得较好的经济效益和社会效益。接收33名急需的大中专毕业生，技校生

130 名。开展“导师带徒”活动、职工岗前培训和岗位培训，重点加强特殊工种培训，累计培训 164 人次。有 1 人在西山技能大赛中获得二等奖；5 人拿到技能鉴定证书，其中 4 人为中级，1 人为高级；农民工有 4 人转制，人才队伍整体素质进一步提升。

【对外协调】 9 月，公司邀请兴县机关及乡、镇、村领导与村民代表 100 多人组成的考察团到西山煤电集团公司参观，让大家感受西山矿区，特别是古交矿区对当地经济建设发展的贡献。10 月 13 日，吕梁市政府组织的考察团 150 多人到兴县矿区参观，按要求在该县魏家滩镇铁路站场设置了介绍兴县矿区规划的宣传牌板，受到县委、县政府赞扬。

【文明创建】 以普及焦煤文化为切入点，加强职工思想政治工作，开展“爱西山、爱晋兴”的宣传教育，倡导勤俭节约、艰苦创业之风。积极参加西山煤电集团公司举办的焦煤文化知识竞赛和领导干部篮球赛，取得领导干部篮球赛第二名和“焦煤文化知识”竞赛三等奖的好成绩。向《山西焦煤》报、《西山煤电》报和山西焦煤广电中心投稿 30 余篇。为方便职工探亲，开通了班车。新建综合楼于 11 月投入使用。开展送温暖活动，为病困职工王作金、龚福生分别捐款 9000 多元和 17880 元。

（陈忠杰）

山西焦煤集团矿业管理有限公司

【概况】 山西焦煤集团矿业管理有限公司属山西焦煤集团煤矿子公司副职级单位，由西山煤电集团公司管理。全公司职工 554 人。注册资本金为 1000 万元，其中西山煤电集团公司出资 700 万元，金信建筑公司出资 300 万元。主要职责：以市场和国家产业政策为先导，依托和发挥山西焦煤集团的管理优势、技术优势和人才优势，采取控股、参股、合资合作、托管及技术服务等形式，提升地方煤矿的管理水平。公司实行总经理负责制，下设综合部、政工部、财务部、生产技术部、安全监察部、地质测量部。公司党委下设 3 个总支部和 2 个机关支部，有党员 41 人。

2006 年主要经济指标完成情况：托管矿井原煤产量 37.07 万吨；经营收入 5255.80 万元；实现计划收支平衡，实际赢利 1.05 万元。

【合作管理规模】 托管矿井 2 个，进入筹备阶段的托管矿井 1 个；技术服务矿厂 3 个；设立工程项目部 2 个；已开工基建工程 2 项，拟开工项目 1 项。其中，托管的邓家庄煤矿是东辉集团美盛贸易公司开办的煤矿，该矿资源状况较好，地质储量 4 亿吨，可采储量 2 亿吨，煤质为优质强力肥煤，地质水文简单，煤层赋存稳定。

【业务拓展】 公司与山西省多家知名民营企业形成战略伙伴关系，其中与东辉集团合作管理的邓家庄矿井全年原煤产量 35.57 万吨，进尺 5572 米；临县新民煤焦公司 1 号井完成 21 万吨矿井基建工作及 90 万吨矿井技改部分基建工程，并升格为技术管理服务；山西美锦集团东于煤矿设计能力为 150 万吨 / 年；金业集团一矿选煤厂设计能力为 400 万吨 / 年，燎原集团选煤厂设计能力为 150 万吨 / 年。与内蒙古伊泰集团签订合作协议书，并开展多项工作，已初步达成了合作管理该公司宏景塔一矿的协议。

（高　琼）

山西焦煤古交水泥有限责任公司

【概况】 山西焦煤集团古交水泥有限责任公司成立于 2003 年 4 月，性质为有限责任公司，股东为山西焦煤集团有限责任公司和太原市申昌工贸有限公司。注册资本金 14479 万元，其中山西焦煤集团公司占 79.09%（11451.29 万元），太原市申昌工贸有限公司占 20.91%（3027.71 万元）。

公司设生产计划科、工艺科、机电科、财务科、供应科、销售公司、工程科、保卫科、办公室共 9 个机关科室，中控室、生料车间、烧成车间、制成车间、化验室、机修车间共 6 个生产部门，全公司职工 175 人。

公司从 2003 年 9 月开始建设一条新型干法水

泥生产线,设计日产熟料1000吨,年产水泥36万吨。项目总投资1.18亿元,主要设备有1条 φ3.3×50m 回转窑生产线,1台 φ3.8×13m 水泥磨,1台 φ3.8×8.6m 生料磨,整条生产线全程采用DCS集散控制系统。主要产品有普硅52.5MPa、42.5MPa、32.5MPa和矿渣42.5MPa、32.5MPa系列水泥。

【指标完成情况】

产量:124732吨,完成计划的62.4%;

销售:销售水泥94592吨,熟料51723吨;

销售收入:2460万元;

利润:-13052665元;

质量:水泥出厂合格率和富裕标号合格率均保持100%;

安全:实现安全生产无事故。

【质量管理】 一、强化质量管理。按照质量体系标准要求,严格质量检验程序,保证产品质量的持续稳定,水泥出厂合格率和富裕标号合格率均保持100%。面对新设备、新工艺,组织职工刻苦钻研技术,努力掌握操作要领。重点考核熟料强度和台时产量,提高设备运转率,切实降低能耗,熟料28天强度平均达到55MPa以上,基本达标。5月份试生产普硅52.5MPaR水泥,为今后生产高标号水泥和特种水泥奠定了基础。

二、推进安全标准化工作,实现安全无事故。贯彻集团公司各项安全管理制度,落实安全一号文件精神,从现场管理入手,强化监督检查,提高管理水平,积极推进安全标准化建设,连续4年实现安全无事故。

【发展循环经济】 进行粉煤灰水泥的研发工作,6月份开始用山西兴能发电有限责任公司粉煤灰替代矿渣,实现废物利用,产生了良好的社会效益和经济效益。加强环保工作,按照清洁生产标准组织生产。经环保部门多次监测,均达到国家Ⅱ级标准,实现增产减污,得到古交市政府的肯定。

【经营及市场管理】 一、积极开展经营工作,努力提高经济运行质量。年初制定了试生产阶段经营方案,积极采取措施,努力降低成本,争取更大效益。从材耗、能耗等全方位着手,采取成本倒推方法,从小处、细处着手,确保成本在控制范围之内。面对资金持续紧张局面,加强经营管理,确保资金有效利用。对于每一笔资金都做好预算,完善计划,并对预算执行情况进行监督和检查,严格各项费用控制支出。加强原燃材料管理,坚持优质优价,不合格品坚决退回,有效降低成本,维护企业利益。

二、积极推进市场管理。年初成立了销售公司。制定了销售管理制度,建立了灵活可行的销售办法,销售工作全面展开。开展市场调研,努力掌握销售第一手资料,在客户资料一片空白的情况下,采用跟踪拉运水泥车的办法,深入到各个建筑工地,直接联系建筑方,逐步有了固定客户。不断扩大市场范围,在逐步占领古交地区市场的同时,产品销售到清徐、兴县、娄烦等地。满足客户需要,增加散装设备,打开了散装水泥市场。

(闫心亮)

重点工程

ZHONGDIAN GONGCHENG

重点工程投资情况

2006 年重点工程投资项目表

序号	项目名称	工程总投资(万元)	开工日期	竣工日期	建设单位	设计单位	施工单位	监理单位
1	白家庄矿八盘区扩建	12537	2003.1.1	2007.7.31	白家庄矿业公司	西山煤电集团设计院	庆恒公司 金信公司 金城公司	山西中太监理公司
2	杜儿坪矿环节能力改造	22000	2004.3.7	2007.11.30	杜儿坪矿	西山煤电集团设计院	中煤五公司 金信公司 金城公司	山西宇通建设监理公司
3	西铭矿选煤厂建设	12509	2006.5.1	2007.8.31	西铭矿	申克公司 西山煤电集团设计院	申克公司 金信公司 金城公司	山西煤炭建设监理咨询公司
4	官地矿至太原第一热电厂煤电直通隧道	26770	2006.6.1	2009.5.31	多种经营管理局	省市政府尚未批复		
5	官地矿风峪沟滑坡治理	1885.3	2005.12.1	2006.8.30	官地矿	中煤国际工程集团武汉设计研究院	武汉中汉岩土工程技术开发公司	山西中太监理公司
6	矿区集中供热管网改造	21000	2004.4.1	2006.10.15	西山公司热电联供建设指挥部	核工业第四研究设计院	庆恒公司 金信公司 金城公司	山西省建筑工程建设监理中心 山西煤炭建设监理咨询公司
7	河涝湾 110kv 变电站	8500	2005.11.1	2006.12.20	公用事业总公司	太原供电设计院	正泰电气股份有限公司	太原明远工程监理有限公司
8	棚户区改造	82000	2006.4.5	2008.11.30	公用事业总公司	西山煤电集团设计院	庆恒公司 金信公司 金城公司	山西宇通建设监理公司 山西煤炭建设监理咨询公司
9	杜儿坪矿铁路装车系统改造	4105	2005.10.1	2007.4.30	运销公司	中铁三局集团勘测设计研究院 西山煤电集团设计院	西山铁路工程公司	
10	西铭矿矿井集中瓦斯抽放系统	1700	2006.5.1	2006.11.30	西铭矿	西山煤电集团设计院	金城公司	
11	东曲矿矿井集中瓦斯抽放系统	1785	2006.5.1	2006.11.30	东曲矿	太原煤炭设计院	金信公司 金城公司	
12	水泥厂粉尘治理工程	14962	2004.9.18	2006.9.30	水泥厂	合肥水泥研究设计院	金城公司 江苏伟业机电安装公司	山西煤炭建设监理咨询公司 湖北创力公司
13	西山宾馆危楼改造	13800	2004.11.1	2006.6.20	公用事业总公司	深圳广田装饰设计工程有限公司	金信公司	山西煤炭建设监理咨询公司
14	矸石电厂技术改造	7000	2006.4.15	2007.9.30	太原选煤厂矸石电厂	山西意迪光华电力勘测设计院	山西博森电力工程有限公司	山西和祥建通工程项目管理有限公司
15	屯兰矿瓦斯综合治理与研究	2000	2006.6.1	2007.12.31	西山技术中心	注:该项目为重点科研项目		
16	西山热电厂配煤系统	3000	2006.6.30	2006.12.20	西山热电厂	西山煤电集团设计院	金信公司	
17	马兰矿麻家口风井	4500	2006.5.1	2007.8.31	马兰矿	西山煤电集团设计院	金信公司	
18	东曲矿局家洼风井	4500	2006.4.30	2007.10.31	东曲矿	西山煤电集团设计院	金城公司 庆恒公司 矿建公司	山西煤炭建设监理咨询公司
19	镇城底矿南翼进风井	2300	2005.6.1	2006.12.15	镇城底矿	西山煤电集团设计院	庆恒公司	山西煤炭建设监理咨询公司

重点工程竣工情况

2006年西山煤电集团公司先后确定19个建设工程项目为重点工程，5项重点工程按期或提前竣工，其余14项重点工程完成当年的计划目标。已竣工的重点工程情况如下：

官地矿风峪沟滑坡治理

【工程概况】 工程位于官地矿风峪沟，地貌为堆积层滑坡，分布面积10.3×10^4平方米，总体积190×10^4立方米。滑坡自2005年开始变形，日趋活跃，特别是雨季之后变形加剧，最大变形速率为每天0.9毫米，滑坡区内地面和建筑物裂缝发展迅速，变电所和瓦斯抽放站砼档墙裂缝达60厘米；建筑物和地面破坏严重，已威胁到官地矿的正常生产和井下矿工的生命安全。引起了集团领导的高度重视，2005年12月底将滑坡治理工程在网上向全国公开招标征集滑坡治理方案。中煤国际工程集团武汉设计研究院以抗滑桩加锚索治理为主的综合治理方案得到有关专家认可而中标。滑坡治理工程由武汉中汉岩土工程技术开发公司设计施工总承包。

本工程地质危害程度为Ⅱ级，滑坡的防治工程等级为Ⅱ级，工程共分布三排抗滑桩，其中：Ⅰ型桩13根，桩经3×4米，桩长18米；Ⅱ型桩3根，桩经2×3米，桩长14.5米；Ⅲ型桩为锚拉式抗滑桩13根，桩经2×3米，桩长30米，锚索长40米，锚索直径150毫米。Ⅳ型桩为锚拉式抗滑桩17根，桩经2×3米，桩长23米，锚索长35米，锚索直径150毫米。随着工程的实施，变电站北侧山坡裂缝基本闭合，变电站、瓦斯抽放站、风井处的房屋裂缝不再增大，监测结果显示，各种变形趋于稳定，治理效果比较理想，达到了招标文件的要求。

【工程开工日期】 2006年1月15日

【工程竣工日期】 2006年8月20日

【工程参建单位】

设计单位：中煤国际工程集团武汉设计研究院

建设单位：官地矿

监理单位：山西省中太工程建设监理公司

施工单位：武汉中汉岩土工程技术开发公司

【工程实际总投资】 1750万元

【工程质量认证等级】 合格

矿区集中供热管网改造

【工程概况】 矿区集中供热管网改造工程自西山热电厂围墙外1米至各热力站的一级热力管网、热力站；二级管网从热力站外墙1.5米～2米。一期工程热力交换站22座，热力监控中心1座。

一期工程西起官地矿，东至西山机电总厂，供热范围：南北寒地区、白家庄矿业公司矿区、杜儿坪矿矿区、官地矿矿区、机电总厂。该区域由西南向东北依次为官地矿、白家庄矿业公司、南北寒地区，地势由高到低，坡度较大，海拔(56黄海高程)从1073米到851米，最大高差为222米。该项目的技术含量和压力等级均属全国首例。为减少地势高差带来的工作压力增大，设计将供热区域分成独立的上线、下线两部分，以有效降低管道的设计压力。分区后上线最大高差为96.5米，静压差为0.965兆帕；下线最大高差为125.5米，静压差为1.255兆帕。

高温热水管网首站，设在热电厂内。本项目的设计采用国内外成熟的先进技术，在工程中充分体现了安全的可靠性、工艺的先进合理性、造价的经济性；管网采用直埋无补偿冷安装敷设为主，架空敷设为辅。结合管网所处的地段具体情况不同，采用不同的补偿敷设方式。跨河段采用架空敷设；过道路处，采用直埋敷设；热电厂过公路段采用地下隧道敷设；过铁路段采用顶管技术敷设。管网采用附加压头平衡技术与附加阻力平衡技术相结合的调节方式，减少电耗，并整体上降低管网的设计压力；大直径直埋管道保温外护层采用高密度聚乙烯；热源与热用户之间采用间接连接；一级网采用分阶段恒供水温度量调节，二级网采用质调节。

一次管网总长 17.5 千米，管直径最大 800 毫米，最小 219 毫米，共 11 种规格。管网采取直埋敷设 13.2 千米，架空敷设 4.2 千米，地下隧道敷设 54 米，顶管技术敷设 40 米，沿途共设钢筋砼井室 59 座。22 座换热站共安装换热机组设备 41 套，软水设备 21 套，各种水泵 45 台。

一期工程投产后，实现总供热面积 260 万平方米，取代了原 72 台燃煤锅炉，年减少烟尘排放量 160.67 吨，SO_2 排放量 1040.63 吨，极大地改善了矿区的环境污染状况，是一项利国利民的环保工程，节能工程。

【工程开工日期】 2004 年 4 月 27 日

【工程竣工日期】 2006 年 9 月 30 日

【工程参建单位】

设计单位：核工业第四研究设计院
建设单位：西山公司热电联供建设指挥部
监理单位：山西省建筑工程建设监理中心
山西煤炭建设监理咨询公司
施工单位：山西金信建筑有限责任公司
山西金城建筑有限责任公司
山西庆恒建筑(集团)有限公司
清华同方股份有限公司

【工程实际总投资】 1.5 亿元

【工程质量认证等级】 合格

河涝湾 110 千伏变电站

【工程概况】 工程位于河涝湾南山，由于矿区近年来煤炭产量增长幅度较大，用电负荷增长较快，供电能力已明显不足，为适应负荷增长需要和安全供电，经山西省发改委批准，西山煤电股份有限责任公司与山西省电力公司共同投资建设河涝湾 110 千伏变电站。河涝湾 110 千伏站主变布置在站区中部，其余配电装置室内布置，采用 110 千伏、35 千伏及 6 千伏两座配电楼方式建设。各楼均包括主控室、配电室。主变容量为 2×50 兆伏安，电压等级为 110/35/6 千伏，变压器选用低损耗有载调压自冷变压器；110 千伏主结线为单母分段接线方式，进出线三回，110 千伏配电装置采用 GIS 设备；35 千伏、6 千伏均为单母分段接线方式，35 千伏配电装置采用 KYN61-40.5 型高压开关柜，6 千伏配电装置采用 KYN28A-12 型高压开关柜；无功补偿容量为 2×4200 千伏。二次设备采用 SPS6000 变电站综合自动化系统，在调度中心建成时，能实现四遥。

河涝湾 110 千伏变电站主供电源由晋阳 220 千伏变电站提供，备用电源由南北线“T”接入河涝湾 110 千伏变电站。架设此站 - 西山热电厂 - 杜儿坪站 - 总公司 - 此站光纤环网电路。

河涝湾 110 千伏变电站建成后，由河涝湾变电站新增或改造原有 35 千伏线路接入河涝湾变电站，形成各 35 千伏变电站由两站不同的 110 千伏线路分带的主变的 35 千伏母线各供一回 35 千伏线路，实现真正的双电源供电，确保安全供电和满足负荷需要。

【工程开工日期】 2005 年 11 月 1 日

【工程竣工日期】 2006 年 12 月 20 日

【工程参建单位】

设计单位：太原供电设计院
建设单位：公用事业总公司
监理单位：太原明远工程监理有限公司
施工单位：正泰电气股份有限公司

【工程实际总投资】 4136.79 万元

【工程质量认证等级】 合格

水泥厂粉尘治理

【工程概况】 工程位于西铭山脚下，西山水泥厂院内。工程内容：拆除已停产的立窑系统，在其基础上新建一条直径 3.2 米、长 50 米新型干法回转窑生产线，主要项目包括总图、四通一平、矿山破碎、石灰石预均化、原料储存及配料、生料粉磨、生料均化、窑尾废气处理、窑尾框架、窑中、窑头煤磨及熟料输送、熟料储存库及配料、石膏破碎、矿渣烘干、水泥粉磨、水泥储存及散装、水泥包装、空压机站、给排水、砌筑保温、车间变电所、DCS 自动化控制系统等内容。其中土建工程细分为 30 个小项目;安装工程细分为 22 个项目;设备共 280 台套,均通过招标购置。

该工程采用了当今水泥行业先进的新型干法窑生产工艺,选取了立式磨,辊压机等先进设备以及 DSC 计算机中央自动化控制系统和先进的袋收尘环保技术。工程完工后,形成了日产熟料 1000 吨以上,年产水泥 40 万吨以上的生产能力,粉尘排放达到国家标准,并通过了太原市首批"清洁生产企业"验收,达到二级标准。

【工程开工日期】 2004 年 9 月 18 日

【工程竣工日期】 2006 年 9 月 30 日

【工程参建单位】

设计单位:合肥水泥研究设计院
建设单位:西山水泥厂
监理单位:山西煤炭建设监理咨询公司
湖北创力公司
施工单位:山西金城建筑有限公司
江苏伟业机电安装公司

【工程实际总投资】 1.4946 亿元

【工程质量认证等级】

该项目工程有土建单位工程 30 个,优良 4 个(石灰石预均化、新窑尾框架、窑中和窑头、煤磨及熟料输送);安装单位工程 22 个,优良 3 个(窑尾废气、窑尾框架、窑头煤磨及熟料输送)。

西山宾馆危楼改造

【工程概况】 宾馆位于太原市西矿街地段。总占地面积 27000 平方米。原有会议中心改造建筑面积 3307.9 平方米,新建宾馆建筑面积 11642.86 平方米。改建后总建筑面积 14950.86 平方米。建成后的西山宾馆成为集会议、商务、旅游观光为一体的四星级饭店。建筑主体九层,主体高 37.8 米,为一类高层建筑,建筑耐火等级为一级。建筑结构形式为框架结构,合理使用年限为 100 年,抗震设计烈度八度。

【工程开工日期】 2004 年 11 月 1 日

【工程竣工日期】 2006 年 6 月 20 日

【工程参建单位】

设计单位:深圳市都市建筑设计有限公司
深圳广田设计装潢有限公司
建设单位:公用事业总公司
监理单位:山西煤炭建设监理咨询公司
施工单位:山西金信建筑有限公司

【工程实际总投资】 1.3 亿元

【工程质量认证等级】 合格

管理制度

GUANLI ZHIDU

生 产 管 理 制 度

安 全 质 量 标 准 化 管 理 制 度

为全面加强安全质量标准化工作，健全机构，明确职责，落实规划和措施，提高安全质量标准化管理水平，推进安全质量标准化工作再上新台阶，建设本质安全型企业。特制定安全质量标准化管理制度。

一、组织机构

（一）公司成立安全质量标准化管理领导组

组　　长：薛　山　车树春　张能虎

常务副组长：王玉宝

副 组 长：孙炳章　薛道成　武华太

薛占儒　徐俊明　刘志安

夏苏萍　胡文强　王绍进

成　　员：公司各副总及机关有关职能部门负责人。

领导组下设办公室，办公室设在安监局。

办公室主任：王玉宝（兼）

（二）领导组的职责

1. 负责安全质量标准化抽检、联合检查的组织、协调和工作安排；

2. 对各单位安全质量标准化工作进行量化考核、检查讲评；

3. 督促落实安全质量标准化检查查出隐患的整改；

4. 对安全质量标准化工作绩效进行考核、奖罚、兑现。

（三）各单位要相应成立以党政正职为组长的安全质量标准化检查领导组，制定达标规划和实施方案，认真执行各级安全质量标准化检查评比制度，及时查处各类安全隐患。

二、指导思想

以“三个代表”重要思想和党的十六届五中全会精神为指针，牢固树立安全质量标准化、安全管理明细化的理念。全面落实安全质量标准化评分标准，以推广山东“七条经验”为契机，加大投入，提高本质安全水平；积极创新，完善本质安全设施；开展竞赛，增强工作的主动性；坚持以人为本，全面引深安全明细化管理。选树典型，以点带面，稳步推进，构建自我约束、持续改进的安全生产长效机制，向本质安全型企业迈进。

三、达标规划

（一）生产矿井

1. 杜绝瓦斯、煤尘、水害、火灾、顶板等重大事故；企业生产百万吨死亡率控制在0.5以下，煤炭生产百万吨死亡率控制在0.3以下，力争实现零；轻重伤事故下降10%；消灭二级以上非伤亡事故。

2. 根据国家《标准》，生产矿井全部达到一级安全质量标准化矿井标准；根据公司《生产矿井安全质量标准化评分标准及考核办法》，至年底白家庄矿达到930分以上，其余矿井达到945分以上。

3. 以点带面，循序渐进，稳步提高安全质量标准化水平。

（1）一季度，适用地点全部安装使用有关设施，全面完成山东“七条经验”的推广工作；每矿至少有一处安装使用十条推广项目（见附表3）；创新项目每矿不少于5项，进行验收评比，确定有推广价值的创新项目。

（2）二季度，在巩固一季度推广项目成果的基础上，适用地点全部安装使用十条推广项目的相关设施，全面完成十条推广项目的推广工作；对公司一季度确定的推广创新项目，每矿至少有一处安装使用；创新项目每矿不少于5项，进行验收评比，确定二季度有推广价值的创新项目。

（3）三季度，在巩固上半年推广创新成果的基础上，适用地点全部安装使用一季度推广创新项目，全面完成一季度推广创新项目的推广工作；对公司二季度确定的推广创新项目，每矿至少有一处安装使用；创新项目每矿不少于5项，进行验收评比，确定三季度有推广价值的创新项目。

（4）四季度，在巩固前三个季度推广创新成果的基础上，适用地点全部安装使用二季度推广创新项目，全面完成二季度推广创新项目的推广工作；对公司三季度确定的推广创新项目，每矿至少有一处安装使用；每矿创新项目不少于5项，进行验收评比，确定推广创新项目。

(5) 对开展提倡推广项目(见附表4)的单位，公司从资金、政策上给予大力支持。

(二) 地面单位

1. 杜绝灾害性损失和恶性事故；消灭工业生产死亡事故；消灭二级及以上非伤亡事故。

2. 根据公司《地面单位安全质量标准化评分标准及考核办法》，地面A类单位达到930分以上，B类单位达到920分以上，C类单位达到900分以上。

四、检查范围

生产矿井、地面A类单位(选煤厂)、地面B类单位(生产单位)、地面C类单位(生产管理单位)。(具体见附表1)

五、检查形式

实行矿(厂)旬检月验，公司季度联合大检查。

(一) 矿(厂)必须严格执行旬检月验制度。

每旬5日前，区(车间)由党政主要领导带队，对管辖范围内的所有作业场所按《安全质量标准化检查评分标准及考核办法》进行覆盖性自查自检，"三定"讲评；每旬10日前，矿(厂)主要领导组织，分管矿(厂)领导带队，对本单位所有作业场所按《安全质量标准化检查评分标准》进行覆盖性自查自检、评分定级、"三定"讲评；矿(厂)每月召开队长以上干部大会，将全月安全质量标准化检查评分、排名排队情况进行讲评、通报和公布。每月5日前，按照《安全质量标准化检查评分标准及考核办法》的格式和要求将上月单位自检考核情况报公司安监局。

(二) 公司检查实行专业检查与联合检查、季检和抽检相结合的制度。

1. 生产矿井

(1) 季度联合检查

检查内容：

采煤、掘进、机电、运输、通风、地测、调度、综合治理专业检查；精品工作面、精品工程检查；综采安装工作面检查；山东"七条经验"和推广项目检查；创新项目检查；安全培训检查。各项检查同步组织进行。

检查形式：

①每季由分管领导牵头，组织安监、生产、机电、通风、地测、调度、党工团等部门分专业组成联合检查组，按照《生产矿井安全质量标准化检查评分标准及考核办法》，分别对采煤、掘进、机电、运输、通风、地测、调度、综合治理等八个专业进行检查评分。

②机电处牵头，组织进行综采安装工作面检查评分排队。

③安监局牵头，组织进行精品工作面、精品工程检查评分、山东"七条经验"和推广项目检查及创新项目检查。

④安监局牵头，组织进行安全培训检查。

(2) 小分队专业抽查

①由安监局牵头，组织生产、机电、通风等部门，对生产矿井进行不定期动态抽检。采取不打招呼、不定班次、不定时间的方法，检查时所有设备必须在开机状态。

②小分队重点检查高瓦斯区、边远地区、不放心地点及存在严重隐患的工作面和施工作业地点，主要检查"一通三防"情况、持证上岗情况、安全设施使用装备情况及现场存在的事故隐患，只查隐患不评分定级，不开会通报，发现违反公司《"一通三防"绩效考核规定》、《安全监察处罚条例》等有关法规的行为，按规定进行处罚。

2. 地面单位

(1) 由公司分管领导负责，组织有关处室分专业组成联合检查组，按照《地面单位安全质量标准化评分标准及考核办法》，分别对地面A、B类单位进行检查评分、排队、讲评；对C类单位进行评分讲评。

(2) 地面C类单位中，多经局负责万隆公司、高新区、古交多经公司、所辖其他厂点及生产矿井、地面多经系统各单位的安全质量标准化检查评比工作；公用事业总公司负责所辖各单位及生产矿井后勤系统的安全质量标准化检查评比工作；教委负责所辖各中小学校的安全质量标准化检查评比工作；职工总医院、古交矿区总医院负责所辖区域的安全质量标准化检查评比工作；卫生处负责各生产矿井职工医院的安全质量标准化检查评比工作；供应公司负责所辖各单位的安全质量标准化检查评比工作；机关党委负责电力公司变电站、租赁站、救护大队、消防大队、西山宾馆、西山酒店、职工大学、西山技校、地质勘探队、安培中心、报社印刷厂、信息中心等直属单位的安全质量标准化检查评比工作。上述牵头单位要分别制定和完善所管辖范围内的检查标准及评比方案，进行评分排队讲评，并将方案和每季检查评比结果报安监局审核，检查时安监局派人参加。公司把检查情况作为对牵头单位考核的主要内容进行检查考核。

(3) 公司安全质量标准化检查中,检查医院时卫生处派人参加,检查金信公司、金城公司时,基建处派人参加。

3. 安监局负责,制定评分标准及考核办法,每季对救护大队、安培中心进行一次安全质量标准化检查。

4. 通风处、地测处负责,根据"三项整治"有关规定,制定考核办法,每季对各矿"一通三防"、防治水、小煤矿整治情况进行一次专项检查;并将考核办法和考核结果报安监局。

5. 晋兴公司、五麟公司、矿业公司、联营煤矿属地矿必须根据公司1号文件和3号文件的要求,建立健全相应的管理制度和奖罚措施,加大联营煤矿的监管力度,每月至少对所属矿井进行一次安全检查,对查出的隐患进行"三定"整改,及时消除现场存在的安全隐患;公司每季度对上述单位及所属矿井至少进行一次抽检,检查各项管理制度的制定落实情况和现场安全情况,进行讲评通报。

6. 矿建公司的安全质量标准化工作由安监局每季进行一次检查,根据其安全生产情况、所辖队组安全质量标准化评分定级情况和安全管理制度执行落实情况,进行综合评分,参照生产矿井兑现。

六、考核办法

(一) 生产矿井

1. 分数分配

公司对安全质量标准化实行千分制评分考核。其中各专业的分数为采煤120分,掘进140分,机电150分,运输80分,通风200分,地测60分,调度50分,综合治理200分。分别由各专业检查组按照《安全质量标准化检查评分标准及考核办法》进行检查评分。

2. 分数计算

根据《安全质量标准化检查评分标准及考核办法》的要求,实际得分数折算如下:

采煤总得分 =1.2×专业得分±专业附加考核分

掘进总得分 =1.4×专业得分±专业附加考核分

机电总得分 =1.5×专业得分±专业附加考核分

运输总得分 =0.8×专业得分±专业附加考核分

通风总得分 =2.0×专业得分±专业附加考核分

地测总得分 =0.6×专业得分

调度总得分 =0.5×专业得分

矿井总得分 = 各专业总得分 + 综合治理分 − 否决分

3. 分数考核

(1) 综合治理专业中,职工安全培训部分由安监局负责组织检查评分,进行排队讲评;对评分结果进行折算,纳入综合治理专业评分中。

(2) 公司季度检查和抽检中,发现以下情况,按以下规定加减专业附加考核分和否决分:

①对公司确定的有推广价值的创新项目,季度安全质量标准化评分中,每有一项专业附加考核分加0.6分。

②季度推广项目和推广创新项目中,有一项一处未完成,专业附加分扣0.5分。

③对季度未完成创新项目指标的单位,每少一项,从总分中否决1分。

④公司及上级部门检查未按期解决的隐患,有一条从总分中否决1~5分;

⑤矿井自检必须严格按照公司《生产矿井安全质量标准化检查评分标准及考核办法》进行,并有完整的汇报材料和原始资料,原始资料、汇总报表必须与安监局报送的自检情况报表相符,不得弄虚作假。否则,从总分中否决1~10分;

⑥发生轻、重伤事故及一、二级非伤亡事故,必须及时上报,轻、重伤事故超过控制指标,每超一起从总分中否决2~10分。

⑦发生事故必须如实上报,不得隐瞒。否则,一经发现,在原标准扣分的基础上否决10~50分。

4. 各单位必须在季度最后一个月15日前,将本单位精品工作面、精品工程、创新项目等开展情况,报安监局监察处。已经获得精品工作面、精品工程的队,在生产施工地点未变的情况下,不得重复申报;精品工作面、精品工程出现工程质量滑坡和事故,必须摘牌,并在季度安全质量标准化检查定级分中扣1分。

(二) 地面单位

按照《地面单位安全质量标准化评分标准及考核办法》,分为生产现场部分和综合治理部分,进行联合评分,千分制考核。

七、奖励办法

(一) 生产矿井

1. 根据安全质量标准化检查考核结果,按季奖励兑现,奖励基数为5万元。得分在850分以上得奖,850分以下(包括850分)不得奖。

奖励数额计算公式:

季奖励数额 = (季最终总得分 −850分)/150

分×奖励基数×本单位奖励系数。

（奖励系数见附表2）

2. 安全评比

（1）对季度取得安全质量标准化检查评比的前三名分别给予奖励，第一名嘉奖3万元、第二名嘉奖2万元、第三名嘉奖1万元。

（2）对取得采煤、掘进、机电、运输、通风专业第一名的命名为安全质量标准化金牌专业，分别奖励1万元。

（3）对在综采安装工作面检查得分第一名的队，奖励0.5万元。

（4）对取得精品采煤工作面和精品工程前三名的队，分别奖励1万元、0.8万元、0.5万元。

（5）对荣获创新一等奖的项目，每项奖励0.5万元；二等奖奖励0.3万元；三等奖奖励0.2万元。

（二）地面单位

1. A、B类单位

（1）根据安全质量标准化检查考核结果，按季奖励兑现，奖励基数为2万元。得分在850分以上得奖，850分以下（包括850分）不得奖。

奖励数额计算公式：

季奖励数额＝（季最终总得分－850分）/150分×奖励基数×本单位奖励系数。

奖励系数见附表

（2）排名取得前两名的，分别嘉奖1万元、0.5万元。

2. C类单位

根据季度安全质量标准化检查评分结果，依照以下计算办法进行兑现奖励：

季度安全奖＝奖励基数×季度最终得分/1000

奖励基数：

多经局2.3万元，公司事业总公司1.5万元，教委1.5万元，职工总医院0.5万元，古交矿区总医院0.5万元，卫生处1万元，供应公司0.5万元。

八、讲评方法

（一）实行矿（厂）、区（车间）旬自检讲评和矿（厂）月度总讲评、通报制度。把检查讲评作为排查隐患，安排部署安全生产工作的重要方法和手段，认真研究解决查出的安全问题，对管理不到位的进行责任追究，落实上级和本单位安全文件和管理制度，总结安排部署安全生产工作。

（二）公司每季组织召开生产矿井安全质量标准化检查总结讲评会，讲评会的主要内容：

1. 通报生产矿井和地面单位检查评比结果和奖励兑现情况；

2. 通报矿领导班子集体和个人下井天数、比例和带班下井情况；

3. 表彰奖励安全质量标准化检查评比先进单位、金牌专业、精品工作面、精品工程、创新项目单位；

4. 季度发生死亡事故单位的主要领导介绍事故经过和原因；

5. 总结分析本季度安全工作，安排部署下一步的安全工作。

九、对检查人员的要求

（一）年初，由安监局牵头，组织举办安全质量标准化专业培训班，对被检单位和公司有关部门安全质量标准化检查人员进行专业培训，经培训考试合格，发给检查资格证。通过培训，使每一名检查人员熟练掌握检查标准，充分认识自己在检查中担负的工作责任，增强检查工作的事业感、责任感和压力感。

（二）建立持证检查制度，参加安全质量标准化的检查人员必须经专门培训，取得安全质量标准化检查资格证，方可参加检查。

（三）每次检查前，必须召开检查预备会，认真贯彻检查标准，制定检查人员管理办法，详细安排检查事宜，规范检查行为。做到求真务实、统一标准、从严从细、公正公平。

（四）在执行检查任务期间，检查人员要遵守工作纪律，建立健全检查人员工作业绩考核台账，内容主要包括：出勤、下井、下现场、工作质量及违章违纪情况等。检查结束后，由领队对检查人员的工作质量进行总结、讲评、通报。并将考核台账交公司安监局。

（五）每次检查覆盖率必须达到100%，所有参加检查人员必须统一使用规范的安全质量检查表，按照“谁检查，谁签字，谁负责”的原则，规范检查行为，提高检查质量。

（六）检查实行检查组长负责制和集体公开评分制度，评分结果必须经所有参加检查人员签字。

（七）严格执行检查连带责任追究制度，对检查后48小时内发生死亡事故和重大未遂事故的，要根据事故分析追究检查人员的连带责任。

（八）加强廉政建设，检查人员在检查中必须坚持原则，严于律己。发现违纪行为，立即取消其参检资格，年内不准再参加检查，情节严重的，调离本岗位。同时对责任单位、责任人进行严肃处理。

十、本制度解释权归公司安监局。

十一、本制度自 2006 年 1 月 1 日起执行。

（西山煤电发[2006]3 号）

安全绩效考核奖罚制度

为了加强干部安全绩效考核，加大安全奖罚力度，充分发挥激励机制在安全管理中的作用，真正形成物质激励和精神激励、正面激励和负面教育相结合的机制，落实安全责任，深化安全管理，调动各单位、各部门和全体员工搞好安全生产的积极性，特制定安全绩效考核奖罚制度。

一、2006 年公司安全质量标准化奋斗目标

（一）生产矿井

1. 杜绝瓦斯、煤尘、水害、火灾、顶板等重大事故；企业生产百万吨死亡率控制在 0.5 以下；煤炭生产百万吨死亡率控制在 0.3 以下，力争实现零；轻重伤事故同比下降 10%；消灭二级以上非伤亡事故。

2. 所有矿井达到一级安全质量标准化标准；建设高标准安全质量标准化公司和矿井。

3. 确保安全费用按不低于 15 元 / 吨煤提取使用，完成年度安措资金计划和工程量。

4. 完成年度职工安全培训计划；根据安全知识培训等级认定标准，所有井下职工达到初级标准，部分职工达到中、高级标准，形成梯次发展。

（二）地面单位

1. 杜绝灾害性损失和重大恶性事故；消灭工业生产死亡事故；消灭二级及以上非伤亡事故；

2. 达到安全质量标准化规划目标，建设本质安全型企业；

3. 确保规定的安全费用，完成年度资金计划和工程量；

4. 完成年度职工安全培训计划。

二、安全质量标准化检查评比考核办法

公司对矿（厂）检查评比奖励兑现按照《安全质量标准化管理制度》执行。

三、安全绩效奖励考核办法

实行月考核，季兑现。

（一）公司领导

1. 奖励标准：

正职和分管矿井副职每人 3200 元，其他副职每人 2600 元。

2. 奖励条件：

（1）公司当月完成累计安全奋斗指标。

（2）实现安全质量标准化月度达标计划。

（3）完成月度安措计划。

（4）完成职工培训任务。

（5）本人当月完成下井任务。

（6）生产现场发生安全问题，严格按照公司《关于进一步严格落实责任法人制度，强化生产安全组织指挥协调工作的决定》要求，及时到场到位，指导、协调、组织指挥。达到以上条件，按标准进行绩效奖励。

3. 考核办法：

（1）发生死亡事故，取消当月安全绩效奖励。

（2）未完成安措计划和职工培训任务，减发当月安全绩效奖励的 30%。

（3）未完成下井任务或生产现场发生安全问题到位不及时，减发本人当月安全绩效奖励的 10%。

（二）矿井领导

1. 奖励标准

正职和分管井下的副职每人 2000 元，其他副职每人 1600 元。

2. 奖励条件

（1）矿井当月消灭轻伤以上人身事故和二级以上非伤亡事故。

（2）安全质量标准化达到月度规划目标。

（3）完成安全培训任务。

（4）“两下三抓”达到规定要求，完成带班下井天数。

达到以上条件，各项工作无失误，按标准进行绩效奖励。

3. 考核办法：

（1）发生一起死亡事故或一级非伤亡事故，取消领导班子成员当月安全绩效奖励。

（2）发生一起重伤事故或二级非伤亡事故，减发正职、分管副职和安监处长当月安全绩效奖励的 30%。

（3）"两下三抓"达不到规定要求或未完成带班下井天数，减发本人当月安全绩效奖励的10%。

（4）未完成安全培训任务，减发正职和分管安全培训副职当月安全绩效奖励的10%。

（三）公司安全生产业务职能部门

1. 奖励标准

部门负责人

副总工程师，安监局、生产处、机电处、通风处、调度室、地测处、电力公司、租赁公司、救护大队、基建处、保卫处等部门，奖励基数每人每月300元。奖励系数：副总工程师为6，安监局、生产处、机电处、通风处、调度室、地测处、电力公司、租赁公司、救护大队等部门正职为5，副职为4。基建处、保卫处等部门正职为3，副职为2。

部门管理人员

安监局、生产处、机电处、通风处、调度室、地测处、电力公司、租赁公司、救护大队科级为2，管理人员为1，基建处、保卫处科级为1，参加绩效考核的必须是主管井下安全生产管理的科长和管理人员，由安监局审核后考核发放。

2. 奖励条件

（1）公司当月完成累计安全奋斗目标。

（2）矿井专业安全质量标准化达到月度规划目标。

（3）本系统和管辖范围内消灭死亡事故和一级非伤亡事故。

（4）本人当月完成下井任务。

（5）生产现场发生安全问题，严格按照公司关于《进一步严格落实责任法人制度，强化生产安全组织指挥协调工作的决定》要求，及时到场到位，指导、协调、组织指挥。

达到以上条件，按标准进行绩效奖励。

3. 考核办法

（1）公司当月未完成累计安全奋斗目标，取消当月安全绩效奖励。

（2）本系统或管辖范围内发生死亡事故和一级非伤亡事故，取消该业务保安部门正职、有责任的副职和管理人员当月安全绩效奖，减发其他人员当月安全绩效奖励的50%。

（3）业务保安工作发生重大失误或因业务管理不到位造成基层发生事故，视情节轻重减发部门正职和有责任的管理人员当月安全绩效奖励的10%～50%。

（4）未完成下井任务或生产现场发生安全问题到位不及时，减发本人当月安全绩效奖励的10%。

（四）与安全生产相关的其他机关职能部门，视公司整体安全情况给予适当奖励。

四、安全风险抵押奖励考核办法

（一）公司领导

1. 抵押标准及兑现条件

每人抵押3.5万元。按季度考核兑现，完成山西焦煤集团公司下达的安全考核指标，一季度按抵押金额的40%兑现奖励；上半年按抵押金额的60%兑现奖励；三季度按抵押金额的80%兑现奖励；全年完成山西焦煤集团公司下达的安全考核指标，按抵押金额等额奖励。

2. 考核办法

季度安全指标超标，取消本季度应得兑现奖励，下季度按一季度标准考核滚动。

（二）生产矿井

1. 抵押标准及兑现条件

党政一把手每人抵押3万元。按季度考核兑现，一季度矿井实现安全生产无事故，按抵押金额的40%兑现奖励；上半年矿井实现安全生产无事故，按抵押金额的60%兑现奖励；连续三个季度矿井实现安全生产无事故，按抵押金额的80%兑现奖励；全年矿井实现安全生产无事故，按抵押金额等额奖励。

2. 考核办法

（1）季度内发生一人次死亡事故或一级非伤亡事故，取消本季度应得兑现奖励，下季度按一季度标准考核滚动。

（2）发生两人及以上死亡事故，取消本年度兑现奖励，扣除安全抵押金。

（3）季度内连续发生两起死亡事故，取消本季度兑现奖励，扣除抵押金的50%。

（三）地面单位

1. 抵押标准及兑现条件

机电总厂、水泥厂、金城公司、金信公司、公用事业总公司、多经局、太原选煤厂、西曲选煤厂、马兰选煤厂、镇城底选煤厂、东曲选煤厂、屯兰选煤厂、官地选煤厂、西铭选煤厂、煤气化公司的党政一把手每人抵押1.5万元；供应公司、矸石电厂、化工厂、教委、职工总医院、古交矿区总医院、安培中心、消防大队的党政一把手每人抵押0.8万元。以上单位上半年实现安全生产无事故，按抵押金额的60%兑现奖励；全年实现安全生产无事故，按抵押金额等额兑现奖励。

2. 考核办法

（1）每重伤1人或发生二级非伤亡事故，减发半年应得兑现奖励的50%。

（2）发生死亡事故或一级非伤亡事故，取消半年兑现奖励。

（3）发生两人及以上死亡事故，取消本年度兑现奖励，扣罚全部抵押金，重新抵押。

（四）副总工程师和安全生产业务职能部门

1. 抵押标准

副总工程师，安监局、生产处、机电处、通风处、调度室、地测处、电力公司、租赁公司、救护大队等部门正职每人抵押1.6万元、副职每人抵押1.2万元；基建处、保卫处等部门正职每人抵押1万元，副职每人抵押0.8万元。按季度考核兑现。完成安全考核奋斗指标，达到本单位抵押奖励条件，一季度按抵押金额的40%兑现奖励；上半年按抵押金额的60%兑现奖励；三季度按抵押金额的80%兑现奖励；全年完成安全考核奋斗指标，达到本单位抵押奖励条件，按抵押金额等额兑现奖励。

2. 兑现条件

副总工程师：公司完成安全奋斗指标，分管专业质量标准化达标，本专业消灭死亡事故。

安监局：公司完成安全奋斗指标。做好安全监督监察工作，生产各大系统安全监督监察到位无失误，搞好安全管理工作。

生产处：消灭顶板、运输死亡事故，矿井安全质量标准化分管专业达标。

总调度室：做好生产现场安全信息收集、传递、反馈及隐患的督促整改工作，本专业安全质量标准化达标，业务指导及监督检查工作到位，无失误。

机电处：无机电"三把火"（电缆着火、皮带着火、电气设备着火）事故，消灭机电死亡事故，专业安全质量标准化达标，业务指导及监督检查工作到位，无失误。

通风处："一通三防"专项整治效果明显，达到季度工作目标。消灭有毒有害气体中毒死亡事故，杜绝瓦斯、煤尘重大死亡事故，消灭煤层自燃发火，矿井通风质量标准化达标，瓦斯抽放、安全监测监控系统运行可靠，业务指导及监督检查工作到位，无失误。

地测处：矿井水害、周边小煤窑专项整治效果明显，达到季度工作目标。带压开采矿井水文资料收集进展快，地测专业工作监督检查无重大问题，杜绝老窑透水及矿井重大水害死亡事故，杜绝小煤矿与大矿打透，积极协调处理小煤矿越层越界、小煤窑私挖滥采等问题，专业安全质量标准化达标，业务指导及监督检查工作到位，无失误。

救护大队：事故抢险救灾队员安全无事故；按规定做好井下瓦斯排放、火区启封、盲巷启封等工作，做到抢险救灾工作"招之即来，来之能战、战之能胜"。

保卫处：消灭机动车辆司乘人员重特大伤亡事故和地面重大火灾事故，搞好火工品管理，业务指导及监督检查工作到位，无失误。

电力公司：消灭电力运行系统的重大事故和死亡事故，保障正常安全供电，业务指导及监督检查工作到位，无失误。

租赁公司：搞好租赁设备的管理，严把设备、配件入井关，杜绝因租赁设备安全隐患造成的伤亡和非伤亡事故，业务指导及监督检查工作到位，无失误。

基建处：消灭基建事故。对矿井和地面基建工程监督检查到位，认真审查基建工程相关设计、图纸及资料，对施工队伍资质严格把关，确保基建工程按时按质按量完成。

3. 考核办法

（1）本系统和管辖范围内发生一人次死亡事故和一级非伤亡事故有业务保安责任，视情节轻重减发该业务保安部门正职兑现奖励的10%~50%。

（2）发生一起死亡二人事故，取消本季度兑现奖励，扣除主管业务部门安全抵押金。

（3）发生一起死亡三人及以上重大事故，取消半年兑现奖励，扣除主管业务部门安全抵押金，重新抵押。

（五）以上领导的安全风险抵押金于元月底前缴至公司财务处。

（六）各二级单位参照本办法制定本单位安全抵押办法。

五、生产矿井安全无事故奖

生产矿井全年实现安全生产无事故，年终一次性奖励月度平均基础工资总额的10%。

六、安全生产竞赛活动奖

（一）生产矿井安监处"争先创优"达标竞赛

根据《生产矿井安监处"争先创优"达标竞赛标准》，实行季度考核奖励，对达标的安监处每季奖励基数1万元；根据达标分数兑现奖励；每季度组织一次安监员比武和安监系统管理人员考试，由安监局制定奖励办法进行奖励。

（二）安全质量标准化创新竞赛

由安监局制定公司《安全质量标准化创新项目竞赛考核办法》，每季度进行一次考核验收评比，进行表彰奖励。

（三）专项整治竞赛

分别由通风处、地测处、机电处制定"一通三防"、防治水、小煤矿专项整治竞赛办法和机电设备绩效考核竞赛办法，每季度检查评比一次，排名排队讲评，进行奖励兑现。

（四）安全素质工程达标竞赛

由安监局制定《安全素质工程达标竞赛办法》，每季度进行检查评分讲评和奖励兑现。

七、其　他

（一）生产矿井按吨煤 0.1 元，地面单位按工资总额的 1%提取上缴，一并纳入公司安全奖励基金专用账户。用于各单位集体、班子成员以及公司机关领导的安全绩效奖。

（二）矿建公司按产值的 0.6%上缴，每月由财务处单独列账，参照生产矿井标准及考核办法单独考核兑现。

（三）本制度解释权归公司安监局。

（四）各单位参照本制度制定本单位的安全绩效考核制度，晋兴公司、五麟公司、矿业公司、联营煤矿属地矿参照本制度制定具体考核办法执行。

（五）本制度从 2006 年 1 月 1 日起执行。

（西山煤电发[2006]3 号）

干部带班下井管理制度

为了进一步转变干部作风，促使各级干部经常深入现场，带班下井作业，严格把关，强化现场安全管理。根据《国务院关于煤矿负责人和生产经营管理人员带班下井的指导意见》（国办发〔2005〕53 号）和山西焦煤集团公司《干部带班下井管理规定》的有关要求，特制定干部带班下井管理制度。

一、各级干部下井规定

（一）公　司

1. 正职每月不少于 5 天，公司分管生产、机电、安全、技术等方面的副职领导每月不少于 7 天，公司其他领导每月不少于 4 天。

2. 副总工程师每月不少于 8 天。

3. 安监局、生产业务处室正职每月不少于 8 天，副职每月不少于 10 天。

（二）生产矿井

1. 正职领导每月不少于 8 天，分管生产、机电、安全、技术的副职每月不少于 12 天，其他副职领导每月不少于 8 天。

2. 副总工程师、生产业务科室的正、副科长、采区正、副区长每月不少于 15 天，二班、夜班比例必须达到总下井天数的 1/2。

3. 生产、辅助队的队长、支部书记每月不少于 18 天。

二、带班下井作业种类

采煤、开掘、通风、安装、井下机电、维修和运输作业。

三、带班下井人员范围

所属矿井正队级以上干部。矿机关科室负责人带班下井的具体办法，由各矿根据实际情况制定。

四、带班下井天数

1. 矿长、党委书记不少于 1 天 / 月，带班时间为二班或夜班；分管生产、机电、安全、技术等方面的矿级领导不少于 2 天 / 月，二班、夜班各一天；其他矿级领导不少 1 天 / 月，带班时间为二班或夜班。

2. 分管井下的副总工程师、各生产业务科室正职不少于 3 天 / 月，早班、二班、夜班各一天。

3. 采区正职、生产业务科室副职不少于 5 天 / 月，早班 1 天、二班和夜班各 2 天；各采区副职不少于 7 天 / 月，早班 2 天、二班 2 天、夜班 3 天；

4. 生产、辅助队的队长、支部书记不少于 9 天 / 月，二、夜班比例占总带班数的 1/2。

五、带班下井规定

1. 各矿要按照《国务院关于煤矿负责人和生产经营管理人员带班下井的指导意见》和山西焦煤集团公司《干部带班下井管理规定》的要求，保证每个班至少有 1 名矿领导或生产系统管理人员带班下井指导作业，与工人同上同下。

2. 带班下井人员必须参加班前会，开工前、班中、收工时向矿调度电话汇报三次，矿调度必须认真记录，备查。

3. 矿井在开口、贯通、初采放顶、收尾、扩帮、排放瓦斯、调整通风系统、揭露煤层、处理火区、探放水、过地质构造、过空巷、工作面冒顶、进出大型设备、更换主提升设备及多队组平行交叉作业时，矿分管矿领导、有关业务副总、有关业务科室人员必须按规定到现场指导，了解安全生产情况，研究解决现场存在的问题，确保安全生产。

六、带班下井职责权限

1. 带班下井人员必须保证所带班组安全生产作业，切实掌握当班井下的安全生产状况，加强对重点部位、关键环节的检查巡视，及时发现和组织消除事故隐患，及时制止违章违纪行为，严禁违章指挥和超能力组织生产。

2. 工作面一旦发生危及职工生命安全的重大隐患和严重问题时，带班下井人员必须立即组织采取停产、撤人、排除隐患等紧急处置措施，并及时向矿调度报告。

3. 带班下井人员对当班安全生产负责，发生生产安全责任事故，追究当班带班人员相应的责任。

七、考核及奖惩

1. 带班下井人员实行井下交接班制度。上一班的带班人员要在井下向接班的带班人员详细说明井下安全状况、存在的问题及原因、需要注意的事项等，并认真填记交接班记录。

2. 建立带班下井档案。带班下井人员升井后，要将下井的时间、地点、经过路线、发现的问题及处理意见等有关情况进行详细登记，并存档备查。

3. 统一安排带班时间。各矿要针对本单位当月工作重点进行安排，保证生产盘区、队组每班次都配有科级以上带班下井人员，不得空岗。带班人员下井时间以考勤站和安监处调信科统计为准。

4. 严格考核，将带班下井情况与工作业绩、安全绩效等紧密挂钩。建立奖惩制度，对认真履行职责、防止事故有功人员给予奖励；对在带班期间不负责任、弄虚作假的人员，予以公开曝光，视同失职与渎职进行严肃处理。

5. 加强监督，安监部门要加大对带班下井人员的检查监督，确保制度落实。每月向职工公布带班下井情况，接受群众监督。对不执行带班下井制度的，按照有关规定予以处罚。

6. 公司领导、机关处室下井必须到安监调度签到，填写下井信息卡。由安监调度收集整理，每季度通报一次。下井天数纳入安全绩效考核，进行考核兑现。

八、本制度解释权归公司安监局。

九、本制度自 2006 年 1 月 1 日起执行。

（西山煤电发[2006]3 号）

事故隐患排查治理制度

为了认真贯彻“安全第一、预防为主”的方针，严格落实安全生产责任制，将事故隐患消除在萌芽状态，杜绝各类事故发生。根据《安全生产法》、国务院《关于预防煤矿生产安全事故的特别规定》和山西省《煤矿重大安全生产隐患排查治理报告和监管监察办法》等规定，结合各单位实际，特制定本制度。

一、组织机构

公司成立隐患排查治理领导组：

组　　长：薛　山　车树春　张能虎

常务副组长：王玉宝

副 组 长：孙炳章　薛道成　武华太　薛占儒　徐俊明　刘志安　夏苏萍　胡文强　王绍进

成　　员：分管副总、财务处、计划处、生产处、机电处、通风处、总调度室、安监局、地测处、基建处、设计院、电力公司、公用事业总公司等部门负责人。

领导组下设办公室，办公室设在安监局。

办公室主任：赵俊生

各单位要相应成立隐患排查治理领导组，明确职责，完善隐患排查治理制度和排查治理上报工作程序，并监督落实。

二、职　责

（一）公司、矿、厂行政正职是事故隐患排查的第一责任者，负责组织制定重大事故隐患整改方案，落实工程项目和资金，并组织实施及上报工作。

（二）公司、矿、厂分管副职负责事故隐患排查的组织实施。负责组织有关人员进行事故隐患排查、认定，落实工程项目、资金，制定整改措施和重大事故隐患防范措施、事故应急救援预案等具体工作。

（三）有关职能部门及隐患单位负责事故隐患的项目计划、工程设计、资金落实、材料和设备供应及隐患整改、复查验收与考核工作。

（四）各级事故隐患排查治理领导机构负责隐患排查治理、汇总、落实整改、上报及全面督查与考核。

三、事故隐患排查例会

（一）矿、厂事故隐患排查例会

1. 由行政正职牵头，组织相关部门人员参加，每月至少召开一次事故隐患排查治理例会。

2. 发现可能危及矿井与职工生命安全的重大安全隐患时，行政正职必须及时组织有关部门人员召开事故隐患排查治理例会，根据隐患程度进行分级分类，制定防范措施，编写事故应急救援预案，采取针对性的措施。

3. 严格按照国家《煤矿重大安全生产隐患认定办法》内容与公司《事故隐患排查治理制度》规定，进行逐条排查确认，研究制定整改方案，逐条落实工程项目和资金，整改单位和负责人。

4. 安监处（站）必须对事故隐患排查治理情况进行全面监督检查，落实隐患排查治理的进展情况。

（二）公司事故隐患排查例会

1. 由行政正职牵头，组织有关职能部门人员参加，每季至少召开一次事故隐患排查治理例会。

2. 发现可能危及矿井与职工生命安全的重大安全隐患时，行政正职要立即组织有关职能部门人员召开事故隐患排查治理例会，根据隐患程度进行分级分类，制定防范措施，编写事故应急救援预案，采取针对性的措施。

3. 严格按照国家《煤矿重大安全生产隐患认定办法》内容与公司《事故隐患排查治理制度》规定，对所属单位存在的A级隐患进行全面排查治理，落实工程项目和资金，整改单位和负责人。

4. 安监局必须对各单位事故隐患排查治理情况进行全面监督检查，落实隐患排查治理的进展情况。

四、重大事故隐患认定内容

（一）"超能力、超强度或者超定员组织生产"，有下列情形之一的：

1. 矿井全年产量超过矿井核定生产能力的；

2. 矿井月产量超过当月产量计划10%的；

3. 一个采区内同一煤层布置3个（含3个）以上回采工作面或5个（含5个）以上掘进工作面同时作业的；

4. 未按规定制定主要采掘设备、提升运输设备检修计划或者未按计划检修的；

5. 矿井未制定井下劳动定员或者实际入井人数超过规定人数。

（二）"瓦斯超限作业"，有下列情形之一的：

1. 瓦斯检查员配备数量不足的；

2. 不按规定检查瓦斯，存在漏检、假检的；

3. 井下瓦斯超限后不采取措施继续作业的。

（三）"高瓦斯矿井未建立瓦斯抽放系统，或者瓦斯监控系统不能正常运行"，有下列情形之一的：

1. 1个采煤工作面的瓦斯涌出量大于$5m^3$/分钟或1个掘进工作面瓦斯涌出量大于$3m^3$/分钟，用通风方法解决瓦斯问题不合理而未建立抽放瓦斯系统的；

2. 矿井绝对瓦斯涌出量达到《煤矿安全规程》第145条第（二）项规定而未建立抽放瓦斯系统的；

3. 未配备专职人员对矿井安全监控系统进行管理、使用和维护的；

4. 传感器设置数量不足、安设位置不当、调校不及时，瓦斯超限后不能断电并未发出声光报警的。

（四）"通风系统不完善、不可靠"，有下列情形之一的：

1. 矿井总风量不足的；

2. 没有备用主要通风机或者两台主要通风机能力不匹配的；

3. 违反规定串联通风的；

4. 没有按正规设计形成通风系统的；

5. 采掘工作面等主要用风地点风量不足的；

6. 采区进（回）风巷未贯穿整个采区，或者虽贯穿整个采区，但一段进风，一段回风的；

7. 风门、风桥、密闭等通风设施构筑质量不符合标准、设置不能满足通风安全需要的；

8. 煤巷、半煤岩巷和有瓦斯涌出的岩巷的掘进工作面未装备甲烷风电闭锁装置或者甲烷断电仪和风电闭锁装置的。

（五）"有严重水患，未采取有效措施"，有下列情形之一的：

1. 未查明矿井水文地质条件和采空区、相邻矿井及废弃老窑积水等情况而组织生产的；

2. 矿井水文地质条件复杂没有配备防治水机构或人员，未按规定设置防治水设施和配备有关技术装备、仪器的；

3. 在有突水威胁区域进行采掘作业未按规定进行探放水的；

4. 擅自开采各种防隔水煤柱的；

5. 有明显透水征兆未撤出井下作业人员的。

（六）“超层越界开采”，有下列情形之一的：

1. 国土资源部门认定为超层越界的；

2. 超出采矿许可证规定开采煤层层位进行开采的；

3. 超出采矿许可证载明的坐标控制范围开采的；

4. 擅自开采保安煤柱的。

（七）“自燃发火严重，未采取有效措施”，有下列情形之一的：

1. 开采容易自燃和自燃的煤层时，未编制防止自燃发火设计或者未按设计组织生产的；

2. 高瓦斯矿井采用放顶煤采煤法采取措施后仍不能有效防治煤层自燃发火的；

3. 开采容易自燃和自燃煤层的矿井，未选定自燃发火观测站或者观测点位置并未建立监测系统、建立自燃发火预测预报制度，未按规定采取预防性灌浆或者全部充填、注惰性气体等措施的；

4. 有自燃发火征兆没有采取相应的安全防范措施并继续生产的；

5. 开采容易自燃煤层未设置采区专用回风巷的。

（八）“使用明令禁止使用或者淘汰的设备、工艺”，有下列情形之一的：

1. 被列入国家应予淘汰的煤矿机电设备和工艺目录的产品或工艺，超过规定期限仍在使用的；

2. 矿井提升人员的绞车、钢丝绳、提升容量、斜井人车等未取得煤矿矿用产品安全标志，未按规定进行定期检验的；

3. 使用非阻燃皮带、非阻燃电缆，采区电气设备未取得煤矿矿用产品安全标志的；

4. 未按矿井瓦斯等级选用相应的煤矿许用炸药和雷管、未使用专用发爆器的；

5. 采用不能保证 2 个畅通安全出口采煤工艺开采（三角煤、残留煤柱按规定开采者除外）的；

（九）“新建煤矿边建设边生产，煤矿改扩建期间，在改扩建的区域生产，或者在其他区域的生产超过安全设计规定的范围和规模”，有下列情形之一的：

1. 建设项目安全设施设计未经审查批准擅自组织施工的；

2. 对批准的安全设施设计做出重大变更后未经再次审批并组织施工的；

3. 改扩建矿井在改扩建区域生产的；

4. 改扩建矿井在非改建区域超过安全设计规定范围和规模生产的；

5. 建设项目安全设施未经竣工验收并批准而擅自组织生产的。

（十）“其他重大安全生产隐患”，有下列情形之一的：

1. 高瓦斯矿井没有专用回风井的；

2. 未实行壁式开采的；

3. 以掘代采的；

4. 下井作业人员超过规定，未在井口挂牌明示的；

5. 没有按核定生产能力配备相应数量安全生产管理人员、特种作业人员并持证上岗的；

6. 一证多坑矿井超出煤炭生产许可证载明范围开采的；

7. 主提升井兼作回风井无控制外部漏风措施，漏风量超过规定的；

8. 井下作业人员未在具有四级以上资质的安全培训机构接受培训教育并考核合格的；

9. 超过安全生产许可证载明许可范围生产的。

五、事故隐患排查程序

（一）事故隐患的分级、分类

事故隐患是指在生产系统中可导致事故发生的人的不安全行为、物的不安全状态、环境的不安全条件和管理上的缺陷。

1. 事故的分级

按事故隐患的严重程度，解决的难易程度分 A、B、C 三级。

C 级：难度不大，由区（科）、车间、队级解决的隐患。

B 级：难度较大，区（科）、车间、队解决不了，须由矿、厂解决的隐患。

A 级：难度大，矿、厂解决不了的，须由公司解决的隐患。

2. 事故隐患的分类

按事故隐患的类型可分为:顶板、通风、瓦斯、煤尘、机电、运输、放炮、火灾、水害、坠落、坍塌、泄漏、滑坡、中毒、窒息和其他类隐患等。

(二) 事故隐患的搜集

为了及时准确地发现事故隐患,制定出处理隐患的措施,根据有关法律、法规及有关安全管理制度的规定,矿、厂必须进行事故隐患的搜集。

搜集渠道主要包括:信息卡、逐级汇报、班评估、各级各类安全质量标准化检查,通过检查及时搜集现场作业生产系统中存在的不安全隐患。

(三) 事故隐患的整理

事故隐患整理是指对各类隐患信息进行归纳整理的过程。进行隐患整理的目的是为各级领导及时提供信息,为排查隐患提供依据,最终达到及时消除隐患,确保安全生产。

1. 搜集事故隐患后,对发现的事故隐患,由矿、厂事故隐患排查办公室负责整理,建立事故隐患排查管理档案,实行微机管理,做到警示提示。

2. 对搜集到的事故隐患按照隐患级别、类型进行分级分类,各单位事故隐患排查办公室将C级隐患以“三定”方式及时反馈给区(车间)、队;将A、B级隐患汇总后及时反馈给单位行政正职,行政正职牵头组织领导组成员进行及时排查、辨识。

(四) 事故隐患的排查治理

隐患排查是隐患治理的核心内容,也是优化作业环境的重要手段。为了及时消除事故隐患,制定针对性的排查措施,必须进行隐患排查。

1. C级事故隐患填写“事故隐患处理三定表”或下达“事故隐患处理通知书”,由区、队、车间干部负责处理,安监处(站)备案。

2. B级事故隐患必须填写B级事故隐患报告书,经区、队负责人签字认可,报矿、厂分管副职或技术负责人签字认定,安监处(站)备案。由行政正职牵头组织相关人员召开隐患排查治理会议,制定整改措施,确定整改时间、整改单位和负责人进行限期整改。对可能危及矿井与职工生命安全的B级隐患,要立即召开专题会议,制定整改方案和安全保证措施。

3. A级事故隐患报送矿、厂行政正职,经其认定后,并组织召集有关部门研究,采取防范措施,制定整改方案,并上报公司安监局。

4. A级事故隐患的排查治理

公司事故隐患排查领导组接到A级事故隐患报告后,及时认定、汇总报送公司有关领导,每季组织有关职能部门召开事故隐患排查例会。

(1) 对前期事故隐患项目进行落实和排查,已整改完成的履行消项手续,未整改的要查找原因,重新履行排查手续。

(2) 对新发现的事故隐患项目按程度确定隐患等级,制定整改措施,落实项目、资金、解决时间和负责人。

(3) 对于特别严重直接危及矿井与职工生命安全的A级隐患,要立即召开专题会议,落实资金,制定方案,采取措施。

5. 对于国家《煤矿重大安全生产隐患认定办法》认定内容规定的隐患,矿井要对照标准每季度逐条进行排查治理。

(五) 事故隐患的复查

1. C级隐患由矿、厂安监处(站)牵头,组织有关人员严格按照“三定”要求进行复查。

2. B级隐患由矿、厂隐患排查领导组分管牵头,组织职能科室人员,严格按照“三定”要求进行复查。

3. A级隐患由公司隐患排查领导组牵头,组织有关部门人员严格按照“三定”要求,对矿、厂隐患整改完成情况进行复查。

4. 各级复查部门要对复查结果及时进行登记汇总。

(六) 事故隐患的上报

1. 报告时间:矿、厂必须在每月30日前将本单位存在的A、B隐患排查治理情况及C级隐患的条数报公司隐患排查领导组,对国家《煤矿重大安全生产隐患认定办法》规定内容的隐患排查情况在每季末25日前上报公司隐患排查领导组,公司在下季度初7日前上级主管部门。

2. 报告形式和内容:C级隐患报告排查整改条数;A、B级隐患必须提交书面报告,包括隐患内容、危害程度、整改方案、安全措施以及工程项目、资金落实、整改单位、时间和负责人等情况。

3. 公司隐患排查治理办公室每季将公司A、B级隐患排查治理情况及国家《煤矿重大安全生产隐患认定办法》规定内容的隐患排查情况报公司领导及上级主管部门。

(七) 事故隐患的消项

事故隐患消项是与隐患搜集相对的一项工作,是消除隐患之后,将隐患项目从隐患管理台账上消除的过程。

1. 对各矿、厂A级隐患排查整改落实情况进行检查确认，已整改完成的在公司组织召开的隐患排查会上履行消项手续；未整改的要查找原因，重新履行排查手续，并制定安全措施。

2. 对B、C级隐患以整改的，在各矿、厂召开的隐患排查会上履行消项手续；未整改的要查找原因，重新履行排查手续，并制定安全措施。

六、奖励与处罚

为了进一步贯彻国家安全生产监督管理总局关于《预防煤矿生产安全事故》的规定，加大排查治理力度，及时发现消除事故隐患，采取预防性措施，加强隐患排查工作，公司隐患排查领导组要对隐患排查工作进行考核。

（一）对排查治理事故隐患组织得力，排查严细，整改到位，上报及时、准确，工作认真的单位和个人给予一定奖励。

（二）对事故隐患排查整改不利，措施未落实的处罚1～10万元。

（三）对矿、厂存在的事故隐患，应上报未上报，应发现未发现，公司检查发现的处罚1万元。

（四）对违反公司《安全监察处罚条例》的隐患要按规定进行处罚。

（西山煤电发[2006]3号）

事故分析追究处理制度

为了进一步规范事故分析调查处理工作，落实安全责任，吸取事故教训，积极采取措施，防止各类事故发生，减少企业财产损失，保障职工生命安全，依据国家有关法律、法规规定，结合企业实际情况，特制定事故分析追究处理制度。

一、事故报告

（一）事故发生后，现场有关人员必须立即向本单位调度室和安全调度报告，同时在保证安全的前提下保护现场，组织事故抢救。

（二）调度室和安全调度值班人员接到报告后，要尽快弄清事故情况，做好记录，根据事故严重程度和报告程序立即向有关领导、公司调度室报告，并及时通知有关业务部门领导。安监处及矿（厂）主管业务科室必须分别向公司安监局和对口业务处室报告。

（三）公司调度室接到报告后，必须根据事故严重程度和报告程序分别通知有关领导，并向山西焦煤集团公司、山西煤矿安全监察局太原分局等有关上级部门报告。

（四）事故报告内容：事故发生的单位、时间、地点、简要经过、伤亡人数、伤害程度、初步原因、已采取的措施和需要采取的措施。

（五）事故报告时限：发生轻、重伤事故，二、三级非伤亡事故，各单位要在24小时以内向公司报告；发生死亡事故和一级非伤亡事故，必须立即报告，在3小时内书面上报；发生死亡3人以上重大事故，必须立即报告，在6小时内书面报告。

（六）各级领导接到事故通知后，必须立即赶赴调度室，由单位主要领导组织进行现场抢救和善后处理工作。发生重大事故，必须立即启动重大事故应急救援体系和预案，组织事故抢救。

二、事故调查

根据事故分级管理的原则，各类事故调查执行以下规定：

（一）轻伤、重伤事故，由单位安监部门组织生产、调度、技术、保卫、工会等有关人员组成调查组进行调查。并将重伤事故调查处理报告书当月月底前上报公司安监部门。

（二）轻、重伤事故经追查处理后，工伤人员的工伤手续办理必须由单位安监部门负责填报、审批，并在每月3日前统计上报公司安监局。所有轻、重伤事故必须报安监局登记，加盖工伤审核专用章。

（三）发生死亡事故，由公司安监、业务处室、保卫、工会、纪委等有关部门会同山西煤矿安全监察局太原分局及有关部门组成事故联合调查组进行调查。

（四）发生二、三级非伤亡事故，由矿（厂）分管领导负责，牵头组织生产、机电等部门组成调查组进行调查，安监部门派人参加。调查处理结果报矿（厂）安监处。

（五）发生一级非伤亡事故和重大未遂事故，

由公司业务主管部门牵头组织，有关部门参加，调查处理结果报公司安监部门。

（六）事故调查组成员应符合下列条件：

1. 具有事故调查所需要的某一方面的专长；

2. 与所发生事故没有直接利害关系。

（七）事故调查组的职责：

1. 查明事故发生的过程、原因和人员伤亡、经济损失等；

2. 确定事故的性质和责任者；

3. 提出事故处理意见和防范措施的建议；

4. 写出事故调查报告。

（八）事故调查组有权向发生事故单位的有关人员了解情况和调阅有关资料，任何单位和个人不得拒绝。

（九）任何单位和个人不得阻碍、干涉事故调查组的正常工作。

三、事故分析

事故调查结束后，进入事故分析和事故责任认定和追究程序，具体执行以下规定：

（一）基本原则：事故分析和责任认定必须遵循的基本原则；

1. 实事求是、客观公正原则；

2. 依法办事，依规处罚原则；

3. 惩前毖后，治病救人原则；

4. 科学分析，超前防范原则。

（二）事故原因分析：事故原因一般分为直接原因和间接原因两类，直接原因是指直接引发事故的因素，包括：(1)人的不安全行为；(2)机械、物质或环境的不安全状态。间接原因是指没有有效预防事故或在一定程度上促进了事故发生，或后果扩大的因素，包括：(1)技术和设计上有缺陷；(2)教育培训不够或未经培训，缺乏或不懂安全操作技术知识；(3)劳动组织不合理；(4)对现场工作缺乏检查或指导错误；(5)没有安全操作规程或不健全；(6)没有或不认真实施事故防范措施，对事故隐患整改不力。

（三）在分析事故时，一般从直接原因入手，逐步深入到间接原因，从而掌握事故的全部原因，再分清主次。

（四）根据事故调查所确认的事实，通过对直接原因和间接原因分析，确定事故的直接责任、间接责任。

直接责任是指导致事故发生的直接原因的责任。间接责任是指产生人的不安全行为和物的不安全状态的间接原因的责任。

（五）对事故的处理，严格执行“四不放过”原则，查清事故经过，分析清楚事故的原因，找出事故的直接责任者、主要责任者、重要责任者、一般责任者，根据事故情节轻重和事故责任的大小，按照本规定及上级有关规定，提出对事故责任者的处理意见和事故防范措施建议。

四、责任追究

（一）对事故责任者的处理

1. 人身事故

（1）生产矿井发生一起死亡1人事故、地面生产单位发生一起重伤事故，对直接和主要责任者分别给予开除处分或处以1000~2000元的罚款；对重要责任者给予记大过或降一级处分或处以500~1000元的罚款；事故单位队长、书记免职，并处以2000元的罚款；事故单位的区长（车间主任）、书记，负有主要领导责任的区（车间）副职分别给予记大过或诫免处分，并处以1000元的罚款；业务保安部门正职给予警告或记过处分，并处以1000元的罚款；分管副矿长（副厂长）给予警告或记过处分并处以2000元的罚款。矿主要领导处以3000元的罚款，并在公司季度安全质量标准化检查讲评会上介绍事故经过及原因。

（2）生产矿井发生一起死亡2人事故，地面生产单位发生死亡1人事故，直接和主要责任者分别给予撤职或开除处分；重要责任者给予开除留用一年处分；事故单位队长、书记给予撤职处分，并处以3000元罚款；负有主要领导责任的区（车间）副职给予免职处分，并处以2000元罚款；事故单位的区长（车间主任）、书记分别给予降职或免职，并处以1000~1500元罚款；负有主要责任的矿（厂）业务保安部门的领导给予免职处分，并处以1000~1500元罚款；负有主要领导责任的矿（厂）领导给予诫免或免职处分，并处以3000元罚款；矿主要领导给予记大过处分或引咎辞职，并处以5000元罚款。在公司季度安全质量标准化检查讲评会上介绍事故经过及原因。

（3）生产矿井发生一起死亡3人及以上重大事故，地面生产单位发生一起死亡2人事故，对直接责任者、主要责任者和重要责任者给予开除处分，事故单位的队长、书记给予撤职处分；负有主要责任的区（车间）副职给予撤职处分；事故单位的区长（车间主任）、书记撤职；矿（厂）业务主管部门的正职撤职；负有主要责任的矿（厂）领导撤职；矿长

(厂长)、党委书记免职。

(4) 全年事故累计死亡 3 人以上,单位党政正职、安监处长给予诫免处分或引咎辞职。

(5) 对公司有关领导的处罚按上级有关规定执行。

2. 非伤亡事故

(1) 发生一级非伤亡事故,参照死亡 1 人事故规定对责任者进行处理;发生二级非伤亡事故,参照重伤事故规定对责任者进行处理。

3. 意外事故

凡井下或地面生产场所发生病亡或意外死亡事故,参照井下或地面生产死亡事故处理规定执行。

(二) 对集体的处罚

1. 生产矿井:

(1) 煤炭生产每死亡 1 人,扣罚矿井当月基础工资总额的 20%,发生多人事故按死亡绝对人数分月扣罚;领导班子成员当月只发给最低生活费。对在公司内部发生第一起死亡事故的单位加罚 5 万元;事故多发的单位,第二起事故加罚 10 万元,第三起事故加罚 15 万元,依次类推。

(2) 发生一起重伤 1 人事故,扣罚矿井当月基础工资总额的 1%。

(3) 轻伤事故超过控制指标,每超 1 人,扣罚 5000 元。

(4) 发生一级非伤亡事故或重大未遂事故,每起罚款 10 万元。

(5) 发生二级非伤亡事故,每起罚款 2 万元。

2. 地面单位:

(1) 企业生产每死亡 1 人扣罚事故当月基础工资总额的 30%;领导班子成员当月每人只发最低生活费。对在公司内部发生第一起死亡事故的单位加罚 5 万元,事故多发的单位,第二起事故加罚 10 万元,第三起事故加罚 15 万元。

(2) 发生一起重伤 1 人事故,扣罚事故单位当月基础工资总额的 2%。

(3) 发生一起轻伤 1 人事故,扣罚事故单位当月基础工资总额的 1%。

(4) 发生一级非伤亡事故或重大未遂事故,扣罚事故单位当月基础工资总额的 5%。

(5) 发生二级非伤亡事故,扣发事故单位当月基础工资总额的 3%。

五、其他规定

(一) 凡发生二级及以上非伤亡事故或重大未遂事故,发生重伤、死亡、重大事故后未在规定时间内向安监局汇报,拖延 8 小时以上、12 小时以上、24 小时以上者,对单位分别处罚 1 万元、2 万元、5 万元。

(二) 违反本规定,在伤亡事故发生后隐瞒不报、谎报、故意迟延不报、故意破坏事故现场,或者无正当理由拒绝接受调查以及拒绝提供有关情况和资料的,要追究事故单位党政一把手的责任。

(三) 事故涉及两个以上单位时,由事故调查组根据事故原因划分事故责任,按照有关规定进行处理;事故统计执行属地管理的原则,计入事故发生地所在单位。

(四) 实行隐患责任追究制度,因管理不到位造成的安全隐患,必须进行责任追究和处理。

(五) 事故罚款列入安全奖励基金账户。

(六) 晋兴公司、五麟公司、矿业公司、联营煤矿属地矿参照本制度制定具体办法进行追究处理。

(七) 本制度与国家有关法律、法规相抵触时按上级规定执行。

(八) 本制度解释权归公司安监局。

(九) 本制度自 2006 年 1 月 1 日起执行。

(西山煤电发[2006]3 号)

安全费用使用监督制度

为了加强安全费用的使用管理和监督,确保安全费用及时到位和安措工程按质按量完成,提高矿井安全技术装备水平,增强综合抗灾能力,实现本质安全。特制定安措资金使用监督制度。

一、安全费用提取

煤炭生产安全费用(简称安全费用),是指企业按原煤实际产量从成本中提取,专门用于煤矿安全生产设施设备投入及维护的资金。公司安全费用按照每吨煤提取 15 元;地面单位中,选煤厂安全费用不低于 0.5 元 / 吨精煤,其他生产单位不低于产值的1%使用。

二、安全费用使用范围

（一）矿井主要通风设备的更新改造；

（二）矿井瓦斯监测系统与抽放系统的完善和改造；

（三）矿井防灭火的完善和改造；

（四）矿井防治水的完善和改造；

（五）矿井机电设备安全防护设备设施的完善和改造；

（六）矿井供配电系统安全防护设备与设施的完善和改造；

（七）矿井运输（提升）系统安全防护设备设施的完善和改造；

（八）矿井综合防尘系统的完善和改造；

（九）煤矿安全救护、安全纠察、救护通讯，煤矿安全设备检测费、煤矿安全整顿经费及煤矿瓦斯监控信息网络；

（十）采煤方法改革；

（十一）其他与煤矿安全生产直接相关的支出；

（十二）地面单位用于安全装备、安全设施及重大安全隐患的处理。

三、安全费用使用原则

（一）专款专用原则

安全费用必须用于企业安全生产的相关支出，做到专款专用、专户储存，年度结余资金允许结转下年度使用。安全费用不得挤占和挪作它用。

（二）重点保证原则

安全费用要分轻、重、缓、急，重点保证安全设备更新、风机改造、瓦斯治理、煤尘治理、防灭火等设施完善，瓦斯抽放和安全监测监控系统的改造和完善，"一通三防"仪器仪表更新等项目。安全费用要使用到消灭事故隐患、杜绝重大事故发生的薄弱环节和主要部位。

（三）突出效果原则

安全费用最终要落实到使用效果上，根据专用资金计划和成本资金计划，通过实施过程的监督检查、质量把关和竣工验收，投入运行后要达到预期目的。

四、安全费用的管理和监督

（一）公司行使直接管理和监督检查职能，各单位安全费用计划审定后要分别上报计划处、财务处和安监局备案。

（二）安措工程必须建立项目责任法人制度，并严格按照国家有关规定，逐步建立和完善安措工程终身负责制。签订包干责任书，包干责任书中必须明确项目负责人，全面负责项目建设的协调组织工作，对项目工期、质量、造价和投资效果负直接责任。

（三）严格安措工程的立项设计、实施、进度、质量和使用各个环节的监督管理。

（四）各实施单位必须列出组织实施计划进度表和实际工程进度表，各矿成本安措要有计划、计划进度和实际进度表。

（五）安措工程的实施严格按照公司基建程序进行管理，有关部门对工程实施进行监督检查和竣工验收，安监部门参加，验收不合格不得投入生产使用。

（六）设备支出由供应公司按照招投标价格对外签订供货合同，安监局、财务处、计划处等有关部门必须参与招投标，安监、设计、通风、机电、电力等部门必须参加设备验收。

五、其　他

（一）各单位可根据实际情况制定实施细则，报公司有关部门。

（二）本制度解释权归公司安监局。

（三）本制度自2006年1月1日起执行。

（西山煤电发[2006]3号）

安全质量标准化创新项目竞赛考核办法

为了提高安全质量标准化管理水平，拓展安全质量标准化的内涵，以完善本质安全型设施为宗旨，发动基层单位和职工积极开展安全质量创新活动，改善安全生产作业环境，推进安全质量标准化上档次、上台阶，实现本质安全。公司决定，在生产矿井范围内广泛开展安全质量标准化创新项目竞赛活动，特制定本办法。

一、公司成立竞赛活动领导组和创新项目考核评价验收领导组

（一）竞赛活动领导组

组　　长：张能虎

副 组 长：王玉宝　王绍进

成　　员：安效正　安　生　杨彦群
裴国庆　王克军　赵俊生
张丑宏　李成郁　解奕炜
秦斌青　于　林

（二）考核评价验收领导组

组　　长：王玉宝

成　　员：安生瑛　裴国庆　赵俊生　张丑宏
秦斌青　于　林　徐　睿

下设办公室，办公室主任：徐　睿

（三）竞赛活动领导组职责

1. 领导公司安全质量标准化创新活动，督促各矿制定竞赛方案，积极开展安全质量标准化创新项目竞赛，提高安全质量标准化管理水平。

2. 组织召开现场交流会，对有推广价值的项目进行推广交流。

3. 需公司支持制作的设施，协调组织厂家进行设计制造。

4. 负责对考核验收组确定的推广项目进行审核评价。

5. 负责对安全质量标准化创新项目评比情况进行审核。

（四）考核评价验收领导组职责

1. 负责对各单位安全质量标准化创新项目竞赛规划进行审查。

2. 负责对各单位上报的创新项目组织人员进行项目验收和评价。

3. 负责对创新项目进行考核评比，确定获奖项目和有推广价值的项目，报领导组审核。

4. 负责对各单位创新项目的完成情况和竞赛情况进行考核讲评。

5. 根据领导组的安排，组织召开现场会，进行推广交流。

二、创新项目必备条件

（一）创新项目必须是有利于安全生产，减轻劳动强度，简化作业程序，增强安全可靠性的技术、工艺和本质安全型设备设施。

（二）吸收和引进的新技术、新材料、新工艺、新方法及安全设施，安全效果明显，有推广使用价值。

三、创新项目指标

每矿每季度创新项目不得少于 5 项。

四、考核办法

（一）每季度考核验收评比一次。各单位必须在季度最后一个月 15 日前，将本单位活动开展情况及创新项目的名称、单位、内容、功能、操作方法及效果进行总结，报考核验收领导组进行审核。

（二）由考核评价办公室负责，根据各单位申报情况，作为季度安全质量标准化联合检查的一项内容，组织人员进行现场考核验收，作出评价。

（三）验收后，由验收领导组办公室负责，写出评价报告，组织进行考核验收项目评比，评出一、二、三等奖。

（四）经领导组和考核验收组审核，对荣获创新一等奖的项目颁发获奖证书，每项奖励 5000 元；对二等奖的项目颁发获奖证书，每项奖励 3000 元；对三等奖的项目颁发获奖证书，每项奖励 2000 元。对获得一等奖的项目以矿名命名，在公司安全质量标准化讲评会上进行表彰奖励，在公司推广。

（五）对公司确定的有推广价值的项目，在季度安全质量标准化评分中进行加分。每有一项专业附加考核分加 0.6 分。

（六）对荣获一、二、三等奖的项目的主要发明人，纳入公司职工技能鉴定、职称评定的考核内容，优先考虑。

（七）对季度未完成创新项目指标的单位，进行通报批评。每少一项，在安全质量标准化最终得分中扣 1 分。

（八）年终公司对各单位创新项目活动开展情况进行考核评比，对积极开展竞赛活动、成效显著、获奖项目多的单位颁发组织奖。

五、几点要求

（一）各单位必须根据公司安排，结合自己的工作实际，制定本单位竞赛活动方案，确定竞赛目标、创新项目指标、考核奖惩办法等，积极发动基层单位和职工，开展创新活动。

（二）上报的项目不得重复，不得是其他单位已经获奖命名的项目。

（三）对各单位上报雷同的项目，考核验收组要认真进行检查、验收和比较，作出正确的评价，做到公正公平。

（四）各单位必须高度重视这项工作，不得敷衍了事，上报项目不得凑数和弄虚作假，否则，取消本单位季度评比资格。

（西山煤电安发[2006]6 号）

西山煤电集团有限责任公司职工安全培训管理办法

第一章 总 则

第一条 为了认真贯彻落实国家安全生产监督管理局、国家煤矿安全监察局制定的《安全生产培训管理办法》(国家局第20号令),进一步加强安全生产培训工作的监督与管理,规范安全生产培训工作,保证安全生产培训质量,促进全员安全培训工作,全面提高职工安全技术素质,推进集团公司安全培训工作向健康稳步方向发展,公司结合实际制定本办法。

第二条 全员安全培训是实现企业安全的基础工作。必须坚持"管理、装备、培训并重"和"统一领导,归口管理,分级培训,教考分离"的原则,加大职工全员安全培训的力度,坚持脱产正规安全培训和业余安全培训相结合,充分发挥各级安全培训基地的作用。

第三条 安全培训工作由各级党政领导负责,并要纳入安全办公会议的议事日程。各级书记是全员安全培训的第一责任者,主管本单位的安全培训工作,安监、职教部门负责对全员安全培训的监督、检查、抽考及初、中、高级工的认定和日常管理工作。

第二章 安全培训对象及形式

第四条 本办法所称安全培训人员是指集团公司所辖的生产矿井井上、井下和地面单位的全部人员。

第五条 安全培训的主要形式是:脱产培训,必须严格按照相关规定执行;业余培训,一是开好班前会,明确班前会的内容、程序,把班前会作为职工安全培训的第一课堂,进行安全教育。二是执行"每日一题、每周一课、每月一考"的学习培训制度;"三违"培训,利用安全教育室对"三违"人员进行分批轮训,要有讲课资料,并进行考试,不及格不得上岗,同时各单位要充分运用网络教育、电化教育、远程教育等各种现代化教育培训手段,拓展教育培训的广度和深度,结合实际,做好复工培训、"四新"培训等业余培训工作。

第三章 职责范围

第六条 集团公司安培中心是国家批准认定的煤矿二级和非煤三级安全培训机构。主要负责培训:安全生产管理人员,特种作业人员和地面单位的五种特殊工种人员。

第七条 矿安监部门主要负责监督检查各级各类人员持有效证件上岗情况,并负责对"每日一题、每周一课、每月一考"的日常监督、检查、管理,初、中、高级工的认定和抽考工作;负责对"三违"人员的安全培训教育工作。对安全培训工作进行监督、检查。

第八条 矿职教办是安全培训的专职部门,对安全培训工作进行日常管理,矿职教办是国家批准认定的四级安全培训机构,主要负责培训除安全生产管理人员和六种特殊作业人员以外的其他人员。主要负责新工人的岗前培训和各矿日常的安全培训工作及全员安全培训,在办好正规脱产安全培训的同时,加强对业余全员安全培训的指导、服务、帮助,整体提升全员的安全素质,所有参加安全培训的人员由职教部门负责派送。

第九条 各矿区队主要负责"每日一题、每周一课"的班前、班后安全培训工作。

第十条 各地面厂(处)公司的职教部门负责培训本单位所有人员,但五大特种作业人员的培训由公司安培中心监督并派有资质的教师授课,培训必须经过太原市安全生产监督管理局考核并发证。

第十一条 各厂(处、公司)等地面单位,在搞好全员安全培训的基础上,重点对环节岗位、要害场所、关键人员和高危行业的主要工种和主要安全生产管理人员,针对性地进行培训,并明确职责范围,针对本行业特点制定各自的安全培训管理办法。

第十二条 公司职教办对全公司安全培训负责,并下达安全培训计划。

第十三条 公司安监局主要负责制定全公司全员安全培训工作的有关制度、规定、办法、考核标准、政策,并监督、检查其落实执行情况和各级各类人员的持证情况,负责每季对全员安全培训工作、持证情况的监督检查和抽考,并将监督检查和抽考情况向全公司通报;负责监督、检查公司安培中心和各矿安全培训工作。

第四章　培训工作

第十四条　安全生产管理人员和六种特殊作业人员和地面单位的五种特殊工种,按国家规定统一制定的安全培训大纲和指定教材进行培训。

第十五条　所有生产一线队、车间、工段、班组必须严格执行"每日一题、每周一课、每月一考"制度,利用班前、班后进行安全培训。

第十六条　地面厂(处、公司)针对本单位本行业的特点自行编印"每日一题"教材,分初级、中级、高级人员,生产一线职工必须人手一册。初级人员,必须掌握基本的安全基础知识,本岗位本工种基本操作要求和要领。对生产一线的关键岗位的人员必须全部达到初级标准。要充分利用班前或班后10分钟对职工进行培训。

第十七条　对应该持证的人员及时选派到有资质的培训机构进行安全培训。

第五章　安全资格证的管理

第十八条　公司所属各矿所有井下人员及地面厂(处、公司)生产单位的关键岗位人员都必须持有《安全资格证》,《安全资格证》由各单位安监部门负责颁发,但必须经过培训考核达到初级工标准,方可颁发。安监部门必须严格按程序办理,凡没有取得《安全资格证》者,一律不准上岗。《安全资格》的颁发,各单位必须在一季度前完成。

第十九条　《安全资格证》证书的格式由公司安监局确定,凡取得各级有关部门培训的安全资格证书、操作证件,必须及时到本人所在单位安监部门登记备案,由安监部门颁发《安全资格证》。上岗时同时携带操作资格证。

第二十条　《安全资格证》的吊销与返还,由安监部门执行。有下列情况之一者吊销《安全资格证书》:

1. 重伤(包括重伤)以上事故的直接责任者;
2. 实践证明其安全知识和实际操作水平不能胜任工作者;
3. 违章指挥、违章作业者。

被吊销证书的职工,要停止工作进行补学、补考,考核合格后发给《安全资格证》。否则,不准上岗。

第六章　考核发证和建档

第二十一条　安全培训必须按标准要求,坚持理论与实际操作相结合,严格考核。

第二十二条　建立安全培训档案管理制度,培训单位负责填写安全培训档案所要求的内容,实行微机管理。

第二十三条　煤矿井下作业人员上岗前安全生产教育和培训的时间不得少于72学时,考试合格后,必须在有安全工作经验的职工带领下工作,满4个月后经考核合格方可独立工作。每年接受安全生产教育和培训的时间不得少于20学时。培训完毕经考核必须达到初级工。

地面厂(处、公司)的生产一线作业人员和安全生产主要管理人员的培训考核,按本单位制定的"安全培训管理办法"执行,关键岗位人员必须持《安全资格证》。

第二十四条　《安全资格证》有效期为2年,2年期满后,必须重新考核验证。

第七章　管　理

第二十五条　集团公司对生产矿井监督检查安全培训工作时,按本办法执行。

第二十六条　集团公司对地面单位监督检查安全培训工作时,按照本单位制定的安全培训管理办法进行监督检查。

第二十七条　未经安全培训或经培训考核不合格的人员,干部不准指挥生产、工人不准上岗操作。

第二十八条　对批准下发的安全培训计划,必须落实责任,保证完成,与工作业绩与安全质量结构工资、奖励挂钩,公司下达的安全培训计划,各单位必须完成。

第二十九条　在安全培训期间,经考核合格,其工资待遇按所在队平均工资的80%发放(计时单位按全部工资额发放),考试不及格者,不准上岗,只发给生活费。

第三十条　季度各单位职教办负责要将安全培训报表报送公司安监局和职教处。

第三十一条　公司安全培训中心,必须加强教师队伍管理,根据教学大纲,选编好教材,整顿好教学辅助设施,创造良好的培训学习环境,不断提高教学和培训质量。

第三十二条　安全培训是安全检查中的一项重要检查内容,各单位在安全检查的同时,必须对安全培训情况进行检查，未完成安全培训的单位,不得评为先进单位,不参加安全培训的个人,要令其停止工作,先参加“三违”人员学习班,再参加安全培训。

第八章　考核奖罚

第三十三条　在安全培训监督管理工作中滥用职权、玩忽职守、徇私舞弊的,依照有关规定给予行政处分或经济处罚,构成犯罪的,依法追究刑事责任。

(一) 未按照统一培训大纲组织教学培训的;

(二) 专职教师未经考核，或者考核不合格而从事安全培训工作的;

(三) 将安全培训资质证书出借、出租给其他机构或者个人的。安全培训机构未取得资质证书擅自从事安全培训活动的。

第三十四条　生产单位有下列情形之一的,责令限期改正;逾期未改正的,责令停产停业整顿,可以并处20000元以下的罚款;

(一) 危险物品的生产、经营、储存单位和矿山企业的主要负责人、安全生产管理人员未按规定考核合格取得安全资格证的;

(二) 从业人员上岗作业前或采用新工艺、新技术、新材料、新设备前,未经安全生产教育培训的;

(三) 特种作业人员未按规定经专门的安全技术培训并取得特种作业操作资格证书的。

第三十五条　按照国务院第446号令《关于预防煤矿生产安全事故的特别规定》第16条规定,在对煤矿井下作业人员的安全生产教育和培训情况进行监督检查;对煤矿特种作业人员持证上岗情况进行监督检查时。发现未依照国家有关规定对井下作业人员进行安全生产教育和培训或者特种作业人员无证上岗时,责令限期改正,处10万元以上50万元以下的罚款。

第三十六条　按照国务院第446号令《关于预防煤矿生产安全事故的特别规定》第17条规定,在监督检查中,1个月内3次或者3次以上发现未依照国家有关规定对井下作业人员进行安全生产教育和培训或者特种作业人员无证上岗的,进行停产整顿。

第三十七条　有下列情形之一的对责任人处200~1000元罚款并通报批评。

一、公司季度安全质量标准化检查和平时的小分队活动检查时,必须对持证上岗情况进行监督检查,发现特种作业人员无证上岗的;

二、安全生产管理人员任职后,没有及时进行培训的;

三、特种作业人员在调离岗位时,劳资部门把关不严,造成本岗位缺岗或无证人员顶岗的;

四、职教部门未选派人员参加培训的;

五、职教部门在选派人员参加培训时,区队拒绝执行的;

六、特种作业人员无证上岗,属于单位领导安排上岗的;

七、未完成公司下达安全培训计划的单位。

第三十八条　集团公司每季度对安全培训工作搞得好的单位给予适当奖励。

第九章　附　则

第三十九条　本办法自2006年1月1日起施行。

(西山煤电安发[2006]8号)

煤矿自救器管理使用办法

自救器是井下发生灾变，产生有毒有害气体时,用于个人呼吸防护的装备。为了管好、用好自救器,发挥自救器在灾前备用,灾中自救的作用,确保煤矿职工的生命安全,特制定本办法。

一、自救器的管理

1. 根据国家有关法律、法规及行业管理规定,结合各自管理特点，制定、完善自救器的管理、使用、监测与监督检查办法。

2. 各单位必须成立自救器管理领导机构，负责自救器的管理、使用、培训及安全监督检查。

3. 矿长是自救器管理、使用、培训、教育的第一责任者；矿总工程师全面负责自救器管理、使用、培训、教育工作；矿安监处长负责自救器管理、使用、培训与教育的监督检查；各矿要明确自救器管理的主管部门，实行集中统一管理。

4. 自救器必须经过具有资质的检验机构进行检验合格后，方可在井下使用。

5. 过滤式自救器的配备数量必须能够保证所有下井人员每人一台，并有10%的备用量，并配备一定数量的隔离式自救器，满足特殊人员的佩戴。

6. 过滤式自救器规定使用期限为两年，到期必须更换。

7. 各单位必须做好自救器的保管工作，在仓库中保管的自救器，应避免放在日光直射或其他热源直接辐射的地方，自救器不得和易燃易爆的物品放置在同一库房内，库房必须通风良好、整洁干燥，不得有腐蚀性气体或蒸气。

8. 自救器的专管人员必须做好自救器的保管、检查、维护与更换工作，定期不定期对自救器的外表、气密性和称重进行检验。每月必须对所有自救器进行一次全面检测，发现问题立即处理，不合格的必须停止使用，并上报有关领导。

9. 各矿要建立自救器维修室，配备点焊机、气密检查仪、天平等设备、工具和配件。

10. 自救器的专管人员必须经过专门培训，做到持证上岗。

二、自救器的发放、携带

1. 入井人员必须携带自救器，领取自救器时与发放人员一起进行外观完好检查，发现不完好时必须更换。

2. 携带自救器人员升井后必须立即归还发放室，不得私自保存。

3. 各矿对在用的自救器要逐台建立台账，记录自救器的出厂日期、编号、检查日期、检查内容、检查结果。

4. 自救器发放人员每班必须登记使用者的姓名、单位及发放时间。

三、自救器的使用

1. 携带人员平时不得扳动自救器的开启扳手和任意将自救器打开或撕毁密封，只有在发生瓦斯、煤尘爆炸、煤(岩)瓦斯突出或火灾等事故时，才允许打开使用自救器。

2. 携带人员必须熟悉自救器的构造与性能，正确掌握自救器的使用方法，佩戴时必须沉着、迅速、准确，严格按产品的说明、程序进行操作佩戴。

四、培训教育

1. 必须对所有入井人员进行自救器基本知识培训教育和使用训练。

(1) 新工人入井前必须与安全知识规程教育相结合进行培训，培训结束后进行考试，合格后方可携带入井。

(2) 每年必须对所有入井人员进行一次自救器基本知识的复训。

(3) 外来入井人员入井前必须进行自救器佩戴和使用的培训。

2. 矿职教部门负责自救器基本知识的培训教育；自救器的使用训练由各单位工程技术人员负责，培训后要建立档案。

3. 自救器的基本知识教育可采用幻灯、电影、图片、实物等直观方法进行，内容包括：

(1) 佩戴自救器的目的、意义；

(2) 自救器的构造、原理、性能；

(3) 自救器的佩戴方法及使用注意事项；

(4) 自救器的携带、检查及维护保管。

4. 自救器的使用训练可利用教学模拟自救器或过期报废自救器，所有入井人员必须亲自佩戴自救器，熟练掌握佩戴方法。主要内容包括：

(1) 自救器的开启；

(2) 自救器的佩戴；

(3) 如何撤离、逃生。

五、监督检查

1. 矿安监处要组织有关部门人员每季都至少进行一次自救器保管、发放、检测、维护、佩戴及使用情况的检查，发现问题及时处理。

2. 入井人员不携带自救器、无故开启使用或损坏自救器者严格按规定进行处罚。

3. 公司安监局每半年要组织有关部门人员进行一次自救器的管理、使用情况的检查，发现问题进行通报处罚。

(西山煤电发[2006]10号)

西山煤电集团公司
生产矿井“一通三防”绩效考核处罚条例

为加强“一通三防”管理,落实责任,完善设施,强化监督,规范行为,提高矿井抗灾能力,防止重大事故,特制定本条例。

第一章 通风系统及通风管理

一、有下列情况之一的,对责任单位罚款50000~200000元:

第一条 矿井、采区、采掘工作面超通风能力或瓦斯超限组织生产的。

1. 有下列情形之一的,视为超通风能力组织生产:

(1) 矿井年度、季度或者月度实际产量超过矿井核定通风能力的;

(2) 矿井总产量虽然不超核定通风能力,但某一采区或者某一采煤工作面超通风能力生产的;

(3) 一个采区内同一煤层布置3个(含3个)以上采煤工作面或者5个(含5个)以上掘进工作面同时作业的。

2. 有下列情形之一的,视为瓦斯超限组织生产:

(1) 矿井瓦斯检查员配备数量不足的;

(2) 高瓦斯矿井、有高瓦斯区域的低瓦斯矿井的采掘工作面未实现专职瓦斯检查员跟班检查瓦斯的;

(3) 井下瓦斯超限后不采取措施继续作业的;

(4) 瓦斯检查员发现严重隐患,未发出停产命令或者发出停产命令后不能得到执行的。

第二条 通风系统不完整、不独立、不可靠,不符合《煤矿安全规程》第109-118有关规定的。

有下列情形之一的,视为通风系统不完整、不独立、不可靠:

1. 矿井总配风量不足的;

2. 采掘工作面等主要作业地点风量配备不足的;

3. 回风井没有备用主要通风机或者主备两台主要通风机能力不匹配的;

4. 违反《煤矿安全规程》第109-118条中规定的;

5. 回收边角煤、残采过程中无正规通风系统,以掘代采的;

6. 采区、采掘工作面采用临时通风系统或者以临时设施代替永久设施的;

7. 矿井反风装置不完善或反风量达不到《煤矿安全规定》要求的。

第三条 矿井巷道、采掘工作面或者采空区与外界沟通的。

有下列情形之一的,视为与外界沟通:

1. 矿井巷道、采掘工作面或者采空区被动与边界小煤窑贯通的;

2. 矿井在巷道掘进过程中意外与外界贯通或者计划内贯通无可靠措施的;

3. 矿井巷道、采掘工作面或者采空区与外界小煤窑有风流漏入或者漏出现象的。

第四条 高瓦斯矿井或低瓦斯矿井高瓦斯区未按规定设置专用回风巷的;

有下列情形之一的,视为未按规定设置专用回风巷:

1. 高瓦斯矿井或低瓦斯矿井高瓦斯区域的任一采区未按规定设置专用回风巷的;

2. 低瓦斯矿井开采煤层群和分层开采采用联合布置的采区未按规定设置专用回风巷的;

3. 采区虽设置专用回风巷,但其中安设电气设备、运料或者作为行人通道的。

第五条 高瓦斯矿井或低瓦斯矿井高瓦斯区采煤工作面不设置尾巷,或者尾巷设置不符合规定的。

有下列情形之一的,视为瓦斯尾巷设置不符合规定:

1. 高瓦斯矿井或低瓦斯矿井高瓦斯区采煤工作面不设置尾巷的;

2. 虽然设置了尾巷但巷道长度不到位、断面过小,不能满足需要的;

3. 瓦斯尾巷通往回风巷道的横贯(贯眼)间距

过大或者断面过小，不能满足需要的。

第六条　采区巷道未贯穿整个采区长度或者虽然贯穿整个采区长度但存在一段进风一段回风的。

第七条　串联通风不符合《煤矿安全规程》第114条规定的。

第八条　矿井主要风道或通风工程严重失修、积水、结冰影响正常通风的。

有下列情形之一的视为巷道失修：

1. 巷道断面比原设计断面减少10%以上的；

2. 巷道净高度减少200mm以上或者积水、污泥、堆积煤矸高度达到100mm以上的；

3. 严重影响矿井通风或者人员安全工作的。

第九条　矿井发生主要通风机或两台以上（含两台）局部通风机同时无计划停风等大面积停风事故的。

有下列情形之一的，视为大面积停风事故：

1. 矿井单台或多台主要通风机发生无计划停风事故的；

2. 矿井主要通风机有计划停风未制定相应的安全技术措施或虽有措施但执行不力的；

3. 两台或者两台以上局部通风机同时发生无计划停风事故的。

第十条　矿井发生大面积瓦斯超限事故的。

有下列情形之一的，视为大面积瓦斯超限：

1. 两个或两个以上采掘工作面同时发生瓦斯超限的；

2. 同一采煤工作面安装的T_1（工作面风流）、T_2（工作面回风流）、T_3（瓦斯尾巷）等传感器同时超限报警的；

3. 同一掘进工作面安装的T_1（工作面风流）、T_2（工作面回风流）等传感器同时超限报警的；

4. 矿井总回风流、采区回风流发生瓦斯超限的。

第十一条　3台以上（含3台）局部通风机同时向一个掘进工作面供风或一台局部通风机同时向两个地点供风的。

第十二条　主要通风设施（风门等）类型、间距、数量不符合规定的。

有下列情形之一的，视为主要通风设施不合格：

1. 矿井主要进回风道之间的联络巷使用临时设施的；

2. 矿井主要进回风道之间的联络巷安设风门未实现两道连锁的正向风门和反向风门的；

3. 矿井主要通风设施（风门、风桥、密闭等）构筑质量不合格、设置不能满足通风安全需要的。

第十三条　同时打开两道风门，造成风流短路的。

二、有下列情况之一的，对责任单位罚款5000~100000元：

第十四条　掘进工作面未按规定要求实现“三专两闭锁”、未使用“双风机双电源自动切换装置”的。

有下列情形之一的，视为“三专两闭锁”、“双风机双电源自动切换装置”不合格：

1. 掘进工作面局部通风机未实现“三专两闭锁”功能或者虽实现“三专两闭锁”功能，但功能不全，闭锁不可靠的；

2. 掘进工作面未使用“双风机双电源自动切换装置”或者虽使用了“双风机双电源自动切换装置”但不能实现正常切换功能的。

3. 两台局部通风机向同一个掘进工作面供风的，未实现同时与供风的工作面实现风电闭锁的。

第十五条　掘进工作面风筒出风口风量或者风筒出风口到工作面之间距离不符合《作业规程》规定的。

有下列情形之一的，视为不符合规定：

1. 风筒末端出风量低于《作业规程》规定的最小需要风量或者由于风量过小造成工作面瓦斯超限的；

2. 风筒出风口到工作面距离超过《作业规程》规定的最大距离的。风筒末端的临时风筒破口多、漏风严重的，按照靠近该风筒的前一节风筒接口位置考核出风口到工作面距离。

第十六条　发生单台局部通风机无计划停风事故的。

第十七条　密闭附近放置机电设备或兼做备件、油脂、材料硐室的。

有下列情形之一的，视为不符合规定：

1. 采空区密闭或者盲巷密闭前放置开关、绞车、变压器等机电设备或者盘存电缆的；

2. 利用采空区密闭或者盲巷密闭到巷道口空间作为备件、油脂、材料硐室的；

3. 密闭上有导电体使密闭内外相连通的（采空区密闭上预留的取样孔、措施孔、抽放孔除外）。

第十八条　局部通风机安装位置不符合规定或出现微风、循环风的。

第十九条　人为破坏“一通三防”设施（风门、

风筒、密闭、瓦斯传感器、防尘设施、防火设施等)或设施损坏后处理不及时的。

第二十条　矿井瓦斯排放、巷道贯通、初采初放等特殊工作或发现异常情况无针对性措施或措施执行不力的。

有下列情形之一的,视为不符合规定:

1. 矿井瓦斯排放、巷道贯通、调风改风、初采初放、过地质构造、工作面缩短延长等特殊工作(环节),事先未制定相应的通风安全技术措施或措施制定不具体,不能指导现场工作的;

2. 井下采掘作业地点发现瓦斯涌出异常等情况未制定相应的安全技术措施或措施制定不具体,不能指导现场工作的;

3. 以上工作(措施)实施过程中无矿、区、队干部现场跟班协调指挥的。

第二章　矿井瓦斯现场管理及抽放管理

一、有下列情况之一的,对责任单位罚款50000~200000元:

第二十一条　应该开展瓦斯抽放工作而没有开展瓦斯抽放工作的。

有下列情形之一的,视为应该开展瓦斯抽放工作而没有开展瓦斯抽放工作:

1. 属于《煤矿安全规程》规定应抽放的采煤工作面和掘进工作面,用通风方法解决不合理的又未采取抽放措施的;

2. 现场条件限制,不能采取抽放措施的采掘工作面未履行报批手续或未经公司批准的;

3. 建有瓦斯抽放系统的矿井没有建立专门的瓦斯抽放队伍,或者虽有专门队伍,但干部、工人数量配备不足的;

4. 未将瓦斯抽放工作纳入矿井整体工作计划或抽放、采掘衔接不合理,严重影响生产和安全的。

5. 瓦斯抽放系统管理不善,造成抽放浓度达不到要求或者工作面瓦斯超限的。

第二十二条　矿井现场瓦斯管理存在重大隐患和管理漏洞的。

有下列情形之一的,视为现场瓦斯管理存在重大隐患和管理漏洞:

1. 矿井发生"一通三防"重大非伤亡事故的;

2. 矿井不执行"一炮三检"制度和"三人连锁"放炮制度的;

3. 矿、区、队干部(特别是通风瓦斯管理干部)下井不带瓦斯检查仪器的;

4. 瓦斯检查员空班漏检或者假报瓦斯、弄虚作假的;

5. 矿井主要通风机房、瓦斯抽放站、瓦斯监测监控中心机房、通风调度、通风区队值班室出现空岗、漏岗或者擅离职守的;

6. 其他可能导致"一通三防"重大事故发生和危及安全生产的重大隐患。

二、有下列情况之一的,对责任单位罚款5000~100000元:

第二十三条　采掘工作面及其他地点瓦斯浓度超过《煤矿安全规程》100条及129-141条有关规定的;

第二十四条　采掘工作面或其他作业地点瓦斯浓度经常处于临界状态(达到或超过《煤矿安全规程》规定限度的90%)未及时采取针对性措施的;

第二十五条　瓦斯检查点设置、检查次数不符合有关规定的。

有以下情形之一的,视为瓦斯检查点设置、检查次数不符合有关规定:

1. 矿井瓦斯检查点(含与主井相通的皮带走廊、煤仓等)设置不符合《煤矿安全规程》149条规定的;

2. 矿井未制定瓦斯检查计划,未明确规定瓦斯检查员巡检路线、检查时间、检查内容以及交接班地点的;

3. 未按月编制瓦斯检查巡回图表,或者虽有图表但在月内检查区域发生变化时不能及时修订的。

第二十六条　采煤工作面排瓦斯尾巷现场管理不符合规定。

有下列情形之一的,视为采煤工作面瓦斯尾巷现场管理不符合规定:

1. 出入口未按有关规定要求设置全断面栅栏,揭示醒目警标的;

2. 未制定出入管理制度或无证人员进入尾巷的;

3. 引排瓦斯横贯到混合均匀区段空间内无明显标志或人员在此区域长时间逗留的;

4. 有电缆、轨道导入或水管、抽放管等导电体未按规定采取绝缘和抗静电措施的;

5. 两个或两个以上横贯同时开启,引排采空区瓦斯的;

6. 尾巷内风速出现低于0.5米/秒区域的;

7. 尾巷严重变形或积水,影响行人安全或通风的;

第二十七条　井下采掘作业过程中出现瓦斯动力现象或其他瓦斯异常涌出未及时汇报或未及时采取相应措施的；

第二十八条　井下移动瓦斯抽放站设置不符合《矿井瓦斯抽放管理规范》有关规定的；

第二十九条　井下移动瓦斯抽放系统中，正压状态瓦斯抽放管沿途及排出瓦斯口到混合均匀区域内有带电、导电体的。

第三十条　井下瓦斯抽放管理混乱，存在严重隐患的。

有下列情形之一的，视为井下瓦斯抽放管理混乱，存在严重隐患：

1. 井下瓦斯抽放管道系统存在严重漏气现象的；

2. 井下瓦斯抽放管道与电器设备、动力电缆、通讯电缆接触或者受到摩擦、撞击威胁的；

3. 抽放管道和钻孔出现严重积水，影响抽放效果的；

4. 抽放钻孔调控不及时，导致抽放泵经常处于低浓度水平运行的。

5. 其他影响抽放效果或安全生产的隐患。

第三十一条　采掘工作面瓦斯抽放设计、瓦斯抽放计划未及时履行报批手续。

第三章　监测监控系统及仪器仪表管理

一、有下列情况之一的，对责任单位罚款50000~200000元：

第三十二条　矿井通风安全仪器、仪表、监测监控系统各类传感器配备不足，不能满足安全生产需要的。

第三十三条　瓦斯监控系统功能不完善，不符合《煤矿安全规程》第161条有关规定的。

第三十四条　监测监控系统运行不稳定，造成全矿井或区域性上传信号中断或失真的。

二、有下列情况之一的，对责任单位罚款5000~100000元：

第三十五条　采掘作业地点瓦斯传感器数量、位置不符合《煤矿安全规程》第168–175条有关规定的。

第三十六条　井下瓦斯传感器标调不符合规定或者显示超差、报警、断电、复电浓度以及断电范围不符合有关规定的。

第四章　矿井防尘及防灭火

一、有下列情况之一的，对责任单位罚款50000~200000元：

第三十七条　防尘、防灭火系统不完善、管路铺设不到位或水量水压不能满足《煤矿安全规程》第151–156规定需要的。

有下列情形之一的，视为防尘系统不符合规定：

1. 防尘、防灭火管路系统不到位，没有覆盖所有井下巷道的；

2. 防尘、防火管路的管径不符合公司规定，通过水量不能满足实际工作需要的。

3. 采掘工作面等防尘用水地点水压不足，不符合《煤矿安全规程》第69–71条规定的。

第三十八条　采掘机不安装使用内外喷雾装置，或使用效果不符合要求的。

有下列情形之一的，视为不符合规定：

1. 采掘机没有内、外喷雾装置的；

2. 采掘机虽有内外喷雾装置，但采掘作业过程中不使用的；

3. 采掘机内喷雾压力小于2Mpa，掘进机内喷雾压力小于3Mpa，采掘机外喷雾压力小于1.5Mpa的；

4. 采掘机内外喷雾流量应与机型匹配，喷雾不能覆盖采机全滚筒。

第三十九条　综掘工作面不使用除尘风机，或虽安装了除尘风机，但掘进作业过程中不使用的。

第四十条　采煤工作面不按照规定进行煤体注水或注水效果不符合要求的。

有下列情形之一的，视为煤层注水不符合规定：

1. 采煤工作面不采取煤层注水措施的；

2. 煤层注水孔布置（间距、深度、孔径等）不符合公司规定的；

3. 采煤工作面同时注水的钻孔数量不符合公司规定的；

4. 工作面注水效果达不到要求水分增加率低于2%的。

第四十一条　综采工作面不安装使用好架间喷雾的。

第四十二条　采掘作业地点粉尘浓度超过公司规划控制指标，强行进行生产作业的。

第四十三条　采煤工作面回采结束后45天内未完成永久性封闭的。

第四十四条　不按规定安装隔爆设施的。

二、有下列情况之一的，对责任单位罚款5000~100000元：

第四十五条　在主要进风大巷进行氧、电焊和喷灯作业，未严格执行《煤矿安全规程》第223条有关规定或者在主要进风巷、主要硐室等地点以外的其他区域进行氧、电焊和喷灯作业的。

第四十六条　采煤工作面不使用采机内外喷雾、架间喷雾、转载点喷雾等防尘设施或防尘水压、水质不符合有关要求的。

第四十七条　综掘工作面不使用除尘风机或者炮掘工作面不使用水电钻、水炮泥的。

第四十八条　井巷粉尘冲洗、清扫不及时，出现煤尘堆积的。

第四十九条　非防爆摄影、摄像器材下井或者防爆摄影摄像器材下井未制定相应的安全技术措施，未履行相关审批手续的。

第五章　“一通三防”管理及其他

有下列情况之一的，对责任单位罚款2000~50000元：

第五十条　矿井生产设计、施工组织不考虑“一通三防”工作的。

有下列情形之一的视为矿井生产设计、施工组织不考虑“一通三防”工作：

1. 矿井、采区、工作面设计、生产计划、衔接安排等未充分考虑“一通三防”工作，或不征求通风部门意见的。

2. 井下作业规程、安全技术措施中没有“一通三防”相关内容或未经通风部门审批的。

第五十一条　采煤工作面设备安装前未经通风等部门组织验收合格的。

第五十二条　重大的矿井通风系统调整、瓦斯抽放系统改造、瓦斯排放等安全技术措施和实施方案、设计等未按照有关规定履行报批手续的。

第五十三条　矿主要领导未按月组织召开通风工作例会，未总结、分析、安排矿井“一通三防”工作的。

第五十四条　矿井“一通三防”管理机构不健全，“一通三防”岗位人员配备不足的，或者“一通三防”管理制度不完善，领导责任、部门责任、岗位责任不明确、不落实的。

第五十五条　由于“一通三防”资金投入不足，造成“一通三防”隐患的。

第五十六条　对瓦斯超限、无计划停风、破坏(损坏)通风设施等“一通三防”事故、行为，不能及时组织追查和处理的。

第五十七条　矿井不及时向公司有关部门报送“一通三防”工作月度(季度)计划、安排、总结或报表、图纸的，或者报送的资料存在严重问题的。

第五十八条　不按期组织进行主要通风机性能测定、通风阻力测定、煤尘爆炸指数测定、煤层自燃发火倾向性鉴定的。

第五十九条　凡发生重大“一通三防”隐患问题，不汇报或不及时汇报迟报1小时以上，加罚10000~50000元。

第六十条　其他危及安全生产的“一通三防”隐患。

(西山煤电通发[2006]13号)

西山煤电集团公司
生产矿井“一通三防”绩效考核奖惩办法

为了认真贯彻“先抽后采、监测监控、以风定产”的方针，搞好生产矿井“一通三防”工作，杜绝通风、瓦斯、煤尘、火灾等重特大恶性事故，确保实现安全生产和稳定协调发展，公司制定《西山煤电集团公司生产矿井“一通三防”绩效考核奖惩办法》，望各生产矿井和有关部门认真执行。

一、成立“一通三防”绩效考核领导组

组　　长:张能虎

副 组 长:王玉宝　王绍进

常务副组长:王绍进

成　　员:各专业副总、通风、安监、机电、生产、地质、调度、企管、劳资等部门负责人。

领导组下设办公室，办公室设在通风处。

办公室主任:张丑宏(兼)

二、领导组及办公室职责

（一）负责对公司生产矿井“一通三防”绩效考核工作进行安排、检查、协调、落实及考核奖罚兑现等工作。

（二）负责对公司各单位存在的“一通三防”隐患、问题等按照《西山煤电集团公司“一通三防”绩效考核处罚条例》的有关规定进行处罚。

（三）负责对生产矿井“一通三防”绩效考核风险抵押责任人员进行季度考核，决定奖罚兑现额度。

（四）研究解决公司“一通三防”绩效考核过程中出现的重大问题。

（五）负责对举报的有关“一通三防”事故、隐患进行调查落实，对举报有功人员进行相应的奖励。

三、“一通三防”绩效考核内容

（一）在公司范围内广泛开展以矿井通风系统、矿井综合防尘、矿井监测监控、矿井防灭火、矿井通风技术管理等工作为重点的单项达标竞赛活动。对竞赛达标且综合排名前三位的矿井，分别给予50000元、30000元、20000元的奖励，对不达标的矿井给予30000元处罚。具体达标竞赛检查评分标准见附件1。

（二）继续深化生产矿井“一通三防”绩效考核处罚工作，对井下现场和管理过程中存在隐患、问题，严格按照《矿井“一通三防”绩效考核处罚条例》（西山煤电通发[2006]13号）进行处罚。

（三）在公司范围内广泛开展以提高瓦斯抽放率、增大瓦斯抽放量和瓦斯抽放现场管理标准化为主题的矿井瓦斯抽放达标竞赛活动，对达标的矿井给予相应的表彰奖励，对不达标的矿井给予必要的处罚。具体办法见附件2。

四、实行“一通三防”绩效主要责任人员风险抵押

（一）风险抵押范围

1. 生产矿井“一通三防”工作主要责任人员集体抵押25000元，其中分管矿领导、通风区长抵押金不少于4000元。风险抵押按季度考核兑现。

抵押金在1月15日前交财务处，同时将回执交考核领导组办公室。

2. 公司相关管理人员根据公司季度“一通三防”绩效考核整体情况给予适当的奖励或处罚。

（二）奖罚兑现原则

坚持“责、权、利”相结合的原则，将生产矿井“一通三防”主要责任人员的薪酬与承担的责任、工作业绩、风险相挂钩。

凡在考核期间内发生下列情形之一的，扣除矿井抵押人员的全部风险抵押金，并重新进行抵押：

1. 发生“一通三防”重大事故或者通风人员人身伤亡事故。

2. 矿井采区（盘区）、采煤工作面未按照有关要求设置专用回风巷道和专用瓦斯尾巷。

3. 高瓦斯涌出采煤工作面未按照有关要求采取瓦斯抽放措施或者矿井瓦斯抽放量、抽放浓度、抽放率达不到公司规定要求。

4. 季度内矿井因“一通三防”同一类型问题（隐患）被公司处罚三次（含三次）以上或者季度内矿井因“一通三防”问题（隐患）被公司处罚次数累计超过六次（含六次）。

5. 季度矿井通风质量标准化等级未达到部级水平。

6. 矿井未能按时完成公司安排的季度重点工程（工作）。

（三）考核兑现办法

1. 每个季度末，由公司“一通三防”绩效考核领导组分别对各个生产矿井进行“一通三防”绩效风险抵押考核，并按照《西山煤电集团有限责任公司“一通三防”绩效考核标准》进行打分，作为奖罚兑现的基础依据。

2. 考核结果在90分以（不含90分）上的矿井，按照2.0的系数兑现风险抵押金；考核结果在80～90分（不含80分）的矿井，按照1.0的系数兑现风险抵押金。考核结果在80分以下的矿井，扣除全部风险抵押金并重新进行风险抵押。

五、绩效考核讲评及奖罚兑现

（一）每个季度由公司“一通三防”绩效考核领导组组织一次全公司生产矿井的“一通三防”绩效考核讲评会议，通报各矿考核结果和存在的具体问题，落实重大隐患处理情况，安排下一季度的相关工作。

（二）季度绩效考核奖罚由公司“一通三防”绩效考核领导组办公室根据检查、考核情况提出奖罚兑现基础意见，经公司总工程师审查核准后报送考核领导组组长签字批准，交有关部门执行。

附件：西山煤电集团公司“一通三防”绩效考核评分标准

（西山煤电通发[2006]15号）

附件

西山煤电集团公司生产矿井"一通三防"绩效考核标准

检查项目	检查标准	检查方法	得分	评分办法
一通风系统(20分)	1. 回风巷道失修率不得高于7%,严重失修率不得高于3%,主要进回风巷道实际断面不能小于设计断面的2/3	检查资料和现场情况	4分	巷道失修率高于标准本项不得分；发现有巷道断面小于设计断面的2/3,本项不得分
	2. 各矿每个采区至少设置一条专用回风巷	查阅图纸和现场检查	2分	一个采区未设置专用回风巷本项不得分
	3. 各矿井所有采煤工作面都应设置专用排瓦斯尾巷，不设置尾巷必须履行报批手续	查阅图纸、记录及现场检查	3分	未履行报批手续不设置尾巷,该项不得分,尾巷横贯施工不到位一处扣2分
	4. 各矿井要进行年度、季度、月度通风能力核定，每旬对全矿井配风量进行一次核算,保证全矿井、矿井一翼或采区通风能力都能满足生产需要,不得超通风能力生产	查阅有关记录	2分	超通风能力生产本项不得分；未按规定进行通风能力核定及配风量核算每有一次扣1分
	5. 矿井内各地点风速符合《规程》规定	现场实测查阅通风报表	2分	风速超限，一处扣1分;风速不足一处扣2分
	6. 每年按《规程》要求进行一次反风演习,反风效果符合《规程》规定，特殊情况不反风必须履行报批手续	查阅记录及演习总结	2分	按主要通风机系统考核，一台未进行反风扣1分；演习报告一处不符合规定扣0.5分；不反风未履行报批手续本项不得分
	7. 矿井所有局部通风地点都必须实现"三专两闭锁",两台局部通风机同时向一个掘进工作面供风,必须与工作面电源联锁	现场检查	3分	一处未实现"三专两闭锁",本项不得分;一处未实现联锁扣1分
	8. 矿井所有局部通风巷道都必须实现双风机双电源供风，并能够自动切换	现场检查	2分	发现不使用双风机双电源的本项不得分；不能自动切换每处扣1分

西山煤电集团公司生产矿井"一通三防"绩效考核标准(续表)

检查项目	检查标准	检查方法	得分	评分办法
二 瓦斯管理(20分)	1. 采掘工作面和其他地点无瓦斯超限作业，无瓦斯积聚	查阅有关记录和现场检查	2分	发现瓦斯超限或者瓦斯超限作业，本项不得分
	2. 配备足够数量的瓦斯检查人员，每班检查次数符合有关规定，无空班、漏检、假检现象	查阅记录和现场检查	2分	瓦检人员配备不足每缺一人次扣1分；发现一次空班、漏检、假检现象，本项不得分
	3. 瓦斯排放、巷道贯通、通风系统调整、采煤工作面初采初放和收尾等必须严格执行通风专项安全措施	查阅措施、记录及现场检查	2分	未严格按措施执行，每有一次扣1分
	4. 已建立瓦斯抽放系统的矿井，瓦斯抽放量、抽放率、抽放浓度必须达到抽放计划要求，并符合相关规定	查阅有关记录和现场检查	4分	瓦斯抽放量、抽放率每小于计划1%扣0.1分；抽放浓度达不到规定值，每低于规定值1%扣0.5分，扣完小项分为止
	5. 瓦斯尾巷必须严格按照《规程》及公司的有关规定进行管理	现场检查	4分	尾巷系统不合理造成工作面系统不稳定，一处扣2分；独头尾巷未接入风筒稀释，形成盲巷一处扣1分。其他不符合规定每有一处扣0.5分
	6. 矿井安全监测监控系统功能完善，传感器的种类、数量、安设位置符合规定，各种传感器的标校工作符合要求。监测设备要实现专用变压器、专用开关、专用电缆	查阅记录和现场检查。	2分	系统功能不完善，本项不得分；传感器的种类、数量、安装位置不符合规定每有一项扣1分；监测设备无专供电源线每处扣0.5分；传感器标校不规范每项扣0.5分
	7. 通风仪器仪表配备数量符合规定，按时检定标校，入井使用合格率达100%	查阅记录和现场检查	2分	通风仪器仪表配备数量不足，缺一台扣0.5分；未按时检定标校，每有一台扣1分；发现一台不合格仪器入井使用扣2分
	8. 建立专门的瓦斯抽放、监测监控队伍，配备足够的人员开展工作	查阅记录和现场检查	2分	无专门队伍该项不得分；人员配备不足缺一人次扣0.5分

西山煤电集团公司生产矿井"一通三防"绩效考核标准（续表）

检查项目	检　查　标　准	检查方法	得分	评分办法
三　综合防尘（20分）	1. 各矿必须成立综合防尘领导组，明确各级领导和相关部门的责任，制定达标规划，并层层分解，实现齐抓共管，有效治理粉尘危害	查阅有关文件、资料和会议记录	4分	没有成立领导组扣1分；没有领导和部门责任制或责任制不全本项不得分；没有规划或目标不明确本项不得分
	2. 地面应建立永久性水池，井下所有巷道和煤仓放煤口、溜煤眼放煤口、运煤转载点等地点都必须敷设防尘供水管路。并按规定安装三通阀门和水质过滤器	查阅资料和现场检查	4分	防尘系统不完善，缺少管路本项不得分；对存在的其他问题每项扣0.5分
	3. 各矿必须按规定安装使用采煤机内外喷雾、综采架间喷雾、机掘面使用湿式除尘风机、掘进机内外喷雾、净化风流水幕、转载点喷雾、煤仓装卸载点自动喷雾或水幕和隔爆设施	查阅资料和现场检查	4分	设施不全每项扣1分；设施不符合标准要求每项扣0.5分
	4. 采煤工作面都必须做到逢采必注。注水钻孔深度、封孔质量、同时注水孔数、注水时间、注水量和煤层注水前后的水分增加率都要符合标准要求	查阅资料和现场检查	4分	发现一个采煤工作面不开展注水工作本项不得分；注水效果达不到要求每个工作面扣1分；出现其他不符合要求的问题，每项扣0.5分
	5. 各矿必须建立测尘制度，并严格执行。 矿井必须装备粉尘化验室，开展粉尘化验、分析工作。 各主要粉尘测点的粉尘浓度必须符合公司粉尘达标规划值	检查资料和井下现场抽查	4分	制度不健全扣2分；没有粉尘化验室扣2分；不能完成粉尘测定任务每出现一次扣0.5分。粉尘浓度达不到公司达标规划值每有一项扣1分

西山煤电集团公司生产矿井“一通三防”绩效考核标准(续表)

检查项目	检查标准	检查方法	得分	评分办法
四 防灭火(20分)	1.建立健全矿井火灾防治的管理体系。明确各级领导和各个部门的责任。 制定本矿井的防灭火长远规划和年度计划	查阅有关资料	4分	没有责任制或防灭火规划、计划,本项不得分;防灭火规划、计划内容不全或不符合要求每项扣1分
	2.必须按规定设置井上、下消防材料库。消防材料库的位置及储存的材料、工具的品种和数量应符合有关规定,并定期检查和更换,材料、工具不得挪作他用	查阅资料和现场检查	2分	井上或井下没有消防材料库本项不得分;材料库及消防材料的数量和质量不符合要求每项扣1分
	3.必须按规定时间封闭采空区,及时维修失修的防火墙。同时利用合理的煤柱和通风系统来防止采空区漏风	查阅资料和现场检查	4分	采空区不能按时封闭,一次扣2分;采空区漏风一次扣2分;发现由于通风系统不合理、火区煤柱留设不足或防火墙失修造成采空区严重漏风,本项不得分
	4.按规定的测点和检测内容进行自然发火预测预报工作,及时整理和分析检测结果	查阅资料和现场检查	6分	不进行预测预报本项不得分;预测预报测点和测点检查内容缺一项扣1分;数据整理分析达不到要求,一项扣0.5分
	5.封闭的火区必须编号管理,按规定周期检查火区的封闭情况、火区防火墙附近的气象情况,定期取样分析火区气体成分。发现问题及时汇报,并制定措施解决	查阅资料和现场检查	4分	火区工程不合格本项不得分;火区煤柱留设不足,造成采掘工作面与火区贯通或连通,本项不得分;火区编号、检查不进行本项不得分;检查内容不全一项扣0.5分

西山煤电集团公司生产矿井"一通三防"绩效考核标准(续表)

检查项目	检查标准	检查方法	得分	评分办法
五 技术管理(20分)	1．各矿应具备"五图、五板、五记录、四台账"。五图：通风系统图，防尘系统图，防灭火系统图，安全监控系统图，瓦斯抽放系统图。五板：局部通风管理牌板，通风设施管理牌板，防尘设施管理牌板，通风仪器仪表管理牌板，安全监测管理牌板。五记录：通风调度值班记录，通风区(科)领导值班记录，通风设施检查记录，防灭火检查记录，测风记录。四台账：瓦斯调度台账，防火墙管理台账，煤层注水台账，瓦斯抽放台账。 各矿应有年度、季度、月度"一通三防"计划和总结。 按规定及时上报规定要求的报表和资料	查图纸、牌板、记录、台账、计划、总结及上报情况	8分	图纸、牌板、记录、台账不全本项不得分；发现一处不符合要求扣0.5分。 无计划总结一次扣1分。 报表资料上报不及时一次扣1分
	2．瓦检工、监测工、仪检工、调度员、测风员、抽放司机等都要制订计划定期培训，每次培训都要有考核，有记录可查。并做到持证上岗	查有关记录和培训合格证	4分	不培训、不考核，本项不得分；无记录本项不得分；发现一人未持证上岗或证件不合格扣1分
	3．通风系统调整、巷道贯通、瓦斯排放、瓦斯抽放、启封盲巷和火区，都要制定完善的安全技术措施。每个采掘工作面都要有防治瓦斯、煤尘和自燃发火的专项管理措施。采煤工作面初采、初放和收尾都要制定防治瓦斯的安全技术措施	查规程措施	4分	发现少一项措施本项不得分；措施不完善，每发现一个问题扣0.5分
	4．各矿通风区(科)必须设立技术管理组，配备不少于2名具有相关专业初级以上技术职称的技术管理人员，同时要配备计算机和打印机等必需的办公用品	查人员、查装备	4分	技术力量不足，少一人扣2分；没配备计算机或打印机，缺一项扣2分

西山煤电集团公司
生产矿井瓦斯抽放达标竞赛标准及检查评比办法

为了认真贯彻国家局“先抽后采、监测监控、以风定产”的十二字方针，促进公司瓦斯抽放工作向装备标准化、管理规范化迈进，逐步提高抽放水平，使瓦斯抽放成为公司治理瓦斯的重要手段，并为下一步瓦斯利用创造条件，特制定本标准及检查评比办法。

一、参加评比条件

1. 矿井有完整、独立的地面永久瓦斯抽放系统或井下局部移动瓦斯抽放系统。

2. 矿井有专门的瓦斯抽放队伍并配备必要的技术、管理人员。

3. 矿井季度完成公司下达的瓦斯抽放量、钻孔进尺等考核指标。

4. 检查考核周期内，抽放系统稳定运行时间在日历时间的90%以上。

5. 地面永久瓦斯抽放系统浓度稳定在30%以上，井下移动瓦斯抽放浓度稳定在25%以上。

6. 考核周期内，矿井无瓦斯抽放系统及设备事故。

二、检查评比

1. 每季度为一个考核周期，由通风处组织对公司各矿井进行一次检查评比，对查出的问题进行“三定”，并监督各矿进行处理。

2. 按照独立的矿井抽放系统进行考核，分别进行检查、评分、评比。矿井兼有地面永久瓦斯抽放系统和井下移动瓦斯抽放系统或者有两套以上井下移动瓦斯抽放系统的，按独立系统检查、评分，以各系统的平均得分记为矿井总得分。

3. 季度检查过程中，要核实各矿瓦斯抽放钻孔和抽放量计划指标的完成情况。

4. 检查内容：

检查内容分为五大项，标准分100分。

(1) 瓦斯抽放系统装备及队伍；

(2) 瓦斯抽放管理及参数测定；

(3) 抽放工程及抽放钻孔施工；

(4) 抽放设计及资料管理；

(5) 报表、材料上报。

三、奖　罚

1. 检查结果须经公司总工程师批准。

2. 奖罚办法

(1) 凡检查考核达到80分以上并完成公司下达的抽放量和抽放钻孔计划的矿井，按照抽放瓦斯纯量（换算成标准状况下的瓦斯纯量）完成情况进行奖励。各矿应得奖金按以下公式计算：

矿井季度抽放纯量（m^3）×0.03（元/m^3）×专项检查得分/100

(2) 根据季度考核结果排名进行奖罚，对取得第一名、第二名、第三名的矿井分别给予15000元、10000元、5000元奖励，对得分在80分以下的矿井分别给予10000元罚款。

（西山煤电通发[2006]15号）

附件

生产矿井瓦斯抽放系统专项检查标准

序号	考核项目		标准分	标准内容及评分办法	扣分原因	扣分	得分
一	瓦斯抽放系统、装备及队伍30分	抽放队伍	5分	1. 抽放矿井必须建立专门的瓦斯抽放队伍,配备有足够的管理人员,能够正常开展打钻、管路安装等工程的施工和瓦斯抽放参数的测定等工作。管理人员:队长、技术员至少各1名。无专门的抽放队伍,该项不得分,人员配备不足每少一人次扣1分,管理人员不足扣5分			
		抽放泵站(泵房)	5分	1. 抽放泵站硐室必须设在进风流中,并采用全负压供风,泵房(泵站)必须用不燃性材料支护,泵站硐室必须支护良好,无空顶。每有一项不符合规定扣1分。 2. 抽放泵房内要有专用的供电系统,采用双回路电源,泵房(泵站)内的电器设备和照明灯具必须为防爆型。地面泵站必须设置避雷装置。每发现一项不符合规定扣1分。 3. 泵房(泵站)内通讯设备要完好,应配有直通通风调度的电话,同时必须有完好可靠的瓦斯监测系统。瓦斯探头数量不够扣1分,瓦斯监测装置功能不全扣1分。 4. 抽放泵房(泵站)内按规定设置足够的消防器材,其数量、种类要符合规定要求。无消防器材扣1分,数量不足扣0.5分			
		抽放泵	5分	1. 瓦斯抽放泵房(泵站)必须至少装置1台同等能力的备用泵,并要有完好可靠的供电供水系统,水源要经过软化处理,水质有保障。每有一项不符合标准扣1分。 2. 瓦斯抽放泵正压侧有取样测定瓦斯浓度的装置,并备有高浓度瓦斯检定器;在总控制阀门进气侧,要设置管路系统负压、节流测定装置,各阀门要灵活可靠,不漏气。有一项不符合规定要求扣1分。 3. 瓦斯抽放泵必须有完好可靠的“一通三防”装置及防回火、防回气、防爆炸装置,“一通三防”装置及防回火、防回气、防爆炸装置不完好一处扣5分			

生产矿井瓦斯抽放系统专项检查标准(续表)

序号	考核项目		标准分	标准内容及评分办法	扣分原因	扣分	得分
一	瓦斯抽放系统、装备及队伍30分	抽放干支管路	5分	1. 管路敷设要做到“平、直、牢”,不拐死弯,离地高度不少于0.3米,管路连接要配件齐全,紧固良好;在敷设及吊挂时,必须与电缆分开,其他必须符合有关规定。每有一处不符合规定扣0.5分。 2. 管路系统的分岔处,要安设分支控制阀门和标准孔板流量计,并设取气样口;管路要按规定安装放水器,做到管路内无积水。每有一处不符合规定扣0.5分。 3. 移动抽放系统在瓦斯排放口上风侧5米、下风侧30米范围内必须设置栅栏,揭示警标严禁人员通行或进行任何作业;下风侧栅栏外5米范围内必须设置瓦斯传感器,监测回风流中瓦斯浓度。无传感器扣5分,其他每有一项不符合规定扣1分。 4. 管路安装完毕后必须进行气密性试验,做到无漏气;管路上面不得压放棚梁或其他物体不进行漏气试验每处扣1分,堆放杂物每处扣0.5分。 5. 抽放管道进入瓦斯尾巷前,必须设置绝缘隔离段,绝缘段长度不得小于2米;瓦斯尾巷的管道(钢管)应有可靠的接地措施,防止静电积累。有一处不合格扣2分			
		抽放钻孔	8分	1. 每个钻孔均要安设单孔控制阀门,备置单孔孔板,观测人员应携带负压、流量和瓦斯浓度等参数测定仪器;每周至少测定一次单孔流量和瓦斯浓度,并做好记录。每少一个阀门扣0.2分,每缺少一种仪器扣0.5分,仪器不符合测定要求每项扣0.2分,不按规定时间进行测定每项次扣0.3分,无记录每孔扣1分。 2. 每个钻孔都要设观测记录牌。记录内容包括钻孔编号、孔深、流量、孔口负压、瓦斯浓度、钻孔角度、测定日期、监测人等。有一处不符合标准扣0.2分。 3. 钻孔连接管做到无漏气、无“拐死弯”现象,管内无积水。一处不符合标准扣0.5分。 4. 钻场内无杂物、积水、淤泥。每有一处不符合规定扣0.5分			

生产矿井瓦斯抽放系统专项检查标准(续表)

序号	考核项目	标准分	标准内容及评分办法	扣分原因	扣分	得分
二	瓦斯抽放管理及参数测定	25分	1. 瓦斯泵司机要持证上岗,司机无上岗证扣1分,上岗证过期扣0.5分。 2. 泵房内要有要害场所管理制度、操作规程、岗位责任制,抽放设备的检修制度,并认真填写交接班记录;每缺一项制度扣1分,未认真填写交接班记录每次扣0.3分。 3. 泵站值班人员要每小时测定一次抽放参数, 并认真填写测定记录;抽放参数汇报要及时准确,无漏报和虚报现象。泵站要做到干净整洁,无杂物、无积水。少测一次参数扣0.5分,记录有一次错误扣0.5分,其他每有一项不符合标准扣0.3分。 4. 每旬至少对系统全面进行一次巡回检查,采煤工作面范围内的管路每周至少检查一次,同时必须测定各种抽放参数(负压、浓度、流量等),测定参数的仪器要充足完好,测定结果要有记录可查,每少检查或测定一次扣1分,仪器配备不足或不完好每有一件扣1分, 记录不完善每处扣0.5分			
三	抽放工程施工	20分	1. 钻场及抽放钻孔必须严格按照抽放设计进行布置,并达到设计施工要求;打钻时必须制定安全技术措施并严格执行;每个抽放孔必须进行成孔验收。无设计或无终孔报告单扣2分,钻孔深度和孔径达不到设计要求,每孔扣0.2分,不按设计要求布置钻孔每处扣0.5分,无成孔验收记录每处扣0.5分,无措施扣1分,措施制定不完善扣0.5分。 2. 抽放矿井每月必须制定抽放计划,并报公司通风处批准.各项抽放工程及指标必须严格按计划完成;完成量每小于计划1%扣0.5分,无抽放月计划扣1分。 3. 抽放矿井每月必须制定抽放钻孔钻进计划,并报请公司有关部门批准,钻孔进尺必须严格按计划完成,完成量每小于计划1%扣0.2分。 4. 矿井瓦斯抽放率不小于20%,工作面瓦斯抽放率不小于35%,抽放泵站排气侧瓦斯浓度不小于25%,抽放率每降1%扣0.2分,抽放浓度每降1%扣0.5分			

生产矿井瓦斯抽放系统专项检查标准(续表)

序号	考核项目	标准分	标准内容及评分办法	扣分原因	扣分	得分
四	瓦斯抽放设计及资料管理	15分	1. 矿井瓦斯抽放系统、采掘工作面抽放工程必须有正规的施工设计,并经公司有关部门批准,无设计每项扣5分,设计未经公司审批每项扣3分。 2. 抽放矿井应建立以下制度:(1)各抽放工种岗位责任制;(2)泵站管理制度;(3)抽放工程质量验收制度;(4)瓦斯抽放观测制度等,观测要做到“四对口”。每缺一项制度扣1分,制度不完善每项扣0.5分,观测记录每有一处不对口扣0.2分。 3. 抽放矿井应具备下列资料:(1)抽放设计说明书;(2)钻孔施工原始记录;(3)管道试漏气记录表;(4)抽放工程施工记录表;(5)抽放泵站观测记录;(6)瓦斯抽放日报、月报表;(7)抽放设备台账。每缺一种记录扣1分,记录不及时、每项扣0.5分;(8)每个采煤工作面抽放结束后要进行总结并出具报告书,上报通风处。 4. 抽放矿井应具备下列图纸:(1)抽放系统图;(2)(移动)泵站平面布置图;(3)钻场及钻孔布置图。每缺一种图纸扣2分,图纸内容标注不全每处扣0.3分,填注不及时扣0.5分			
五	报表、材料上报	10分	1. 月报表在下月前5日之内书面报送;抽放总结在工作面回采完毕后,一个月内报送通风处。月计划在当月前5天之内书面报送通风处。 2. 各种资料、报表、图纸必须在规定时间内上报,数据准确。不及时上报报表、图纸 每次扣2分,数据计算不准确每处扣0.5分			
合计		100分				
备注						

西山煤电集团有限责任公司矿区周边小煤矿监管考核办法

为了进一步深入对小煤矿进行专项整治，切实搞好对小煤矿监管工作，杜绝小煤矿开采危害大矿的事故，保证矿井安全，发挥各级组织的作用，调动各级人员的积极性，特制定本办法。

一、公司成立小煤矿监管考核领导组

组　　长：张能虎

副 组 长：王玉宝　王绍进

常务副组长：王绍进

成　　员：地质、安监、生产、通风、调度、机电、电力、保卫、法律顾问处、救护大队等单位负责人。

领导组下设办公室，办公室设在地质处。

办公室主任：王凌鹤

二、公司小煤矿监管考核领导组及办公室的职责

1. 负责领导、组织、部署、检查、落实公司各有关部门和各矿小煤矿监管及考核奖罚工作。

2. 负责监督检查公司有关部门和各矿对小煤矿的监管工作，对有关部门、单位和各级领导工作责任落实情况按照《西山煤电集团有限责任公司矿区周边小煤矿监管考核办法》进行绩效考核，并予以奖惩。

3. 负责对各矿小煤矿监管风险抵押进行考核。

三、小煤矿监管考核依据

1. 依据国家、省、市的有关法律、法规及有关政策文件和西山煤电发[2006]16 号文《关于对小煤矿强化监督管理确保安全生产的决定》执行。

2. 依据《西山煤电集团有限责任公司矿区周边小煤矿监管考核办法》执行。

四、风险抵押方案

风险抵押范围

1. 各矿有关小煤矿监管工作责任人集体抵押 12000 元，其中小煤矿分管矿领导和分管科长各抵押不少于 2000 元。其余部分由各矿具体确定，但必须奖罚落实到个人。

2. 公司相关管理人员根据公司季度小煤矿监管考核整体情况给予适当的奖励。

五、考核兑现原则

坚持“责、权、利”相结合的原则，将小煤矿监管主要责任人的薪酬与承担的责任、工作业绩、风险相挂钩。

（一）凡发生下列情形之一，扣除该矿井的风险抵押金，重新进行抵押。

1. 小煤矿与大矿贯通。

2. 大矿与小煤矿无计划贯通。

3.因监管不力，累计发生两次小煤矿越层越界破坏大矿资源。

4. 发生小煤矿严重影响大矿的事故及存在重大安全隐患，隐瞒不报。

5. 对小煤矿监管工作不主动，不重视，不认真贯彻落实公司有关规定，连续两次考核得分 80 分以下。

（二）凡发生下列情形之一，矿井的风险抵押金不兑现。

1. 未及时发现灌井隐患；汛期未按期完成各项防治水工程，致使大矿存在灌井隐患。

2. 在与周边小煤矿接壤、相邻或可疑地点作业时，未制定相关措施，未实行“有疑必探，先探后掘”的方针。

3. 违规向小煤矿转供电；向无证私开小煤矿、证件不全的小煤矿转供电的；接到小煤矿监管领导组的停电通知后，继续供电；对所转供电的合法小煤矿私自向其他小煤矿转供电、小煤矿私接大矿电源的违法行为制止不力。

4. 由于未严格执行巡回检查制度，致使未及时发现非法煤矿，没有配合地方政府坚决予以取缔。

六、抵押兑现及奖励办法

（一）抵押兑现办法

公司小煤矿监管考核领导组对各矿监管工作的绩效，按考核标准进行打分，检查结果作为对各矿抵押金兑现的依据。

1. 对达到 90 分（不含 90 分）以上的矿井，其风险抵押金以 1:2 兑现；得分 80~90 分的矿井，其抵押金以 1:1 兑现。

2. 得分 80 分（含 80 分）以下的矿井，其风险抵押金不兑现。

（二）奖　励

对小煤矿监管要加强舆论监督，引导和鼓励群众举报，形成强有力的、快速反应的监督机制和体系。使各矿对小煤矿监管工作要落到实处。切实地起到维护矿井安全的作用，对以下几种情形予以奖励。举报人奖励资金从专项奖励基金中提取。

1. 对发生本办法第五项中（一）、（二）的条款进行举报，举报事项经查证属实，且举报事实尚没有他人举报、小煤矿监管部门在检查中未发现的，对举报人给予1000元人民币的奖励。

2. 公司检查人员及时查出矿井发生本办法第五项中（一）、（二）条款的问题，对检查人员奖励1000元人民币。

七、奖罚程序

小煤矿监管考核由公司小煤矿监管考核领导组办公室根据月度抽查、季度检查考核情况提出奖罚兑现基础意见，经公司总工程师核准后报送考核领导组组长签字批准，交有关部门执行。

八、各矿将风险抵押金交公司财务处，交款凭据复印件报地质处备案。

九、本考核办法解释权归西山煤电集团有限责任公司。

十、本考核办法自2006年元月起实施。

附表：小煤矿检查考核标准

（西山煤电发[2006]17号）

小煤矿检查考核标准

项目	标准分	检查标准	评分办法
建立机构及健全制度	10	1. 建立专职机构，配备必需的交通工具 2. 要健全以下制度 （1）小煤矿管理人员岗位责任制 （2）定期巡回检查制度 （3）密闭联合验收制度 （4）交换图填绘制度 （5）定期会议制度 （6）公司转供电制度 （7）矿领导跟班制度	机构不健全，此项不得分；擅自将公司配备的用于检查小煤矿的汽车挪作他用，扣10分，少一种制度扣5分
图纸资料	30	具备以下图纸、资料 1. 小煤矿分布图 一份在井上、下对照图上填绘 另一份在充水性图上填绘 2. 各小煤矿交换图 3. 小煤矿台账及卡片 4. 密闭台账与卡片 5. 工作记录本测量原始记录、影像记录 6. 工作总结及安排 7. 小煤矿检查措施 8. 防止小煤矿事故应急救援预案	图纸资料齐全，少一份扣5分 内容不全，填绘不准确的1～5分 报送图纸资料，推迟1天扣1分 图纸资料及工作总结准确可靠。原始记录清楚整齐，发现一处不符合要求扣2分；每个小煤矿均建立影像档案，缺少影像记录扣5分
小煤矿整治与巩固	50	1. 小煤矿的正常监督管理 2. 本矿供电的小煤矿管理 3. 发现越层越界而采取的措施 4. 隐患整改情况	1. 未按以上七种制度进行实施，发现一处扣5分。 2. 对小煤矿提供图纸及有关资料的扣10分。 3. 发现越层越界，未采取措施，未及时报告地方政府及有关单位扣5分。 4. 未重新审核供电手续，继续供电的每发现一处扣5分，为非法小窑供电的扣20分。 5. 未能及时发现越层越界开采，造成严重后果扣10分，对属于本矿及本公司供电的小煤矿越层越界造成严重后果扣20分。 6. 给地方政府有关部门打报告后及时跟踪其落实情况，反馈回公司小煤矿管理科，无反馈信息的扣5分。 7. 防治水工程不到位，隐患不排除，被公司检查人员督促一次扣5分。 8. 对非法煤矿炸毁未采取有效措施，炸毁不彻底，发现一次扣5分
其他	10	公司要求的其他紧急安排	每推迟一天扣2分

西山煤电集团有限责任公司
矿井防治水工作绩效考核办法

为建立有效公正的考核激励机制，强化矿井防治水工作，杜绝水害事故的发生，确保矿井安全生产，特制定本办法。

一、防治水绩效考核领导组

组　　长：张能虎

副 组 长：王玉宝　王绍进

常务副组长：王绍进

成　　员：地质、安监、生产、调度、企管、劳资等部门负责人

领导组下设办公室，办公室设在地质处

办公室主任：吕福祥

二、领导组及办公室职责

（一）负责对公司生产矿井防治水工作绩效考核进行安排、检查、协调、落实及考核奖罚等工作。

（二）负责对公司各矿井存在的防治水隐患问题等按有关规定进行处罚。

（三）负责对生产矿井防治水工作绩效考核风险抵押责任人进行季度考核，确定奖罚兑现额度。

（四）研究和解决公司防治水工作绩效考核过程中出现的问题。

三、防治水绩效考核内容

在公司范围内广泛开展防治水工作达标竞赛活动。考核内容为《西山煤电集团有限责任公司矿井防治水工作绩效考核评分办法》及《煤矿安全规程》、公司矿井防治水工作有关规定。

四、实行防治水绩效主要责任人风险抵押

（一）风险抵押范围

1. 各矿井有关责任人集体抵押12000元，其中分管矿领导和地质科长各不低于2000元，其他人员及其风险抵押额由各矿具体确定，落实到人。

2. 公司相关管理人员根据公司季度防治水工作绩效考核整体情况给予适当的奖励和处罚。

（二）奖罚兑现原则

凡在考核期间内发生下列情形之一的，扣除矿井抵押人员的全部风险抵押金，重新进行抵押。

1. 对井下有突水可能的突水点，没有及时汇报、监测和采取措施；

2. 周边及井田内小窑、古窑、采空区积水范围、积水量不清楚；

3. 采掘工作面接近老空积水及含水构造时，没有及时报批探放水设计和措施，不能及时实施探放水工程；

4. 对地表水体可能溃入井下的地表塌陷及裂缝，没有及时治理、堵漏；

5. 井口及工业广场内建筑物的高程低于最高洪水位，没有及时构筑防洪工程或采取其他防排水措施；

6. 低于最高洪水位的小煤矿，没有构筑可靠防洪工程；

7. 没有及时清理、疏通工业广场范围内排水河道及山洪、河流可能冲刷到的地段；

8. 水仓及排水能力达不到《煤矿安全规程》要求的；

9. 没有完善的防灌井、防突水措施和应急预案，或没有组织实施的；

10. 矿井未能按时完成公司安排的季度防治水重点工作；

11. 对防治水工作不重视、不主动、不认真贯彻落实公司有关规定，连续两个季度考核结果在80分(不含80分)以下；

（三）考核兑现办法

每季度末，由公司防治水绩效考核领导组分别对各生产矿井进行防治水绩效风险抵押考核，并按照考核标准进行评分，作为季度奖罚兑现的依据。

1. 考核结果在90分(不含90分)以上的矿井，按1:2比例兑现风险抵押金；

2. 考核结果在80分~90分的矿井，按1:1比例兑现风险抵押金；

3. 考核结果在80分(不含80分)以下，风险抵押金不兑现；

五、绩效考核奖罚兑现

（一）每季度由公司防治水绩效考核领导组组

织一次全公司生产矿井的防治水绩效考核讲评会议，通报各矿考核结果和存在的具体问题，落实重大隐患处理意见，安排下一季度的相关工作。

（二）季度绩效考核奖罚由公司防治水绩效考核领导组办公室根据检查、考核情况提出奖罚兑现基础意见，经公司总工程师审查批准后报送考核领导组组长签字批准，交有关部门执行。

六、各矿将风险抵押金交公司财务处，交款凭据复印件报地质处备案。

七、本考核办法解释权归西山煤电集团有限公司。

八、本考核办法自2006年元月起实施。

附件：西山煤电集团有限责任公司防治水工作绩效考核评分办法

（西山煤电发[2006]18号）

西山煤电集团有限责任公司矿井防治水工作绩效考核评分办法

项目	标准分	考核内容	考核评分办法
管理和装备	10	1. 有完善的防灌井、防突水措施和应急救援预案，并组织实施； 2. 矿井有完善的防治水管理制度； 3. 有专职或兼职水文地质技术人员，带压开采矿井有专职水文地质技术人员； 4. 矿井有装备齐全的探放水队伍。超前探水仪器、涌水量观测仪器及带压开采矿井的水情水害预测预报系统设备齐全，满足要求	（1）未修改和完善，扣3分；没有组织实施，有一处扣3分； （2）管理制度不健全，有一处扣1分； （3）没有专职或兼职水文地质技术人员，扣2分；带压开采矿井没有水文地质专职人员，扣3分； （4）装备不齐全，有一处扣1分；人员不能满足要求，扣1分；仪器设备不能满足要求，有一处扣2分
地面防治水	20	1. 井口及工业广场内建筑物的高程低于最高洪水位，及时构筑防洪工程或采取其他防排水措施； 2. 及时清理、疏通工业广场范围内河道及山洪、河流可能冲刷到的地段； 3. 对地表水体可能溃入井下的地表塌陷及裂缝，要及时治理、堵漏； 4. 低于最高洪水位的小煤矿要及时炸毁、封堵或构筑防洪工程	（1）没有及时构筑防洪工程或采取其他防排水措施，有一处扣3分； （2）没有及时清理、疏通，有一处扣3分； （3）没有及时堵漏，有一处扣3分； （4）没有及时炸毁、封堵或构筑防洪工程，有一处扣5分
水情水害预报	30	1. 必须建立水文观测系统，并按规定时间坚持观测。带压开采矿井要求建立水情水害监测系统。对受水害威胁的工作面也要定期探测； 2. 水情水害预报有周分析、月预报、季预报、年预报，并及时总结； 3. 水情水害预报应内容齐全，描述准确，定性，定量，措施有针对性； 4. 当月生产计划变更，存在水害隐患，要提前5~6天发水害通知单； 5. 预报结果应保证煤矿正常生产，不会出现因预报错误而造成透水事故的现象； 6. 对周边及井田内小窑、古窑、采空区积水范围、水量清楚，并绘制在采掘工程平面图和充水性图上	（1）未按要求建立水文观测系统或定期观测扣5分；观测系统（包括工作面探测）不齐全，每缺一处扣2分；带压开采矿井未建立水情水害监测系统扣5分； （2）查全部水情水害预报； ①缺报或未按要求发放水害通知单的扣3分；造成三级非伤亡事故，每发生一次扣20分； ②内容简单，表达不准确，水害种类不能定性、定量，措施无针对性，不能指导生产，每发现一次扣2分； ③描述不准确，每发现一处扣1分； （3）积水范围、水量不清楚，有一处扣5分；未上图，有一处扣2分

西山煤电集团有限责任公司矿井防治水工作绩效考核评分办法(续表)

项目	标准分	考 核 内 容	考核评分办法
防治水工程	40	1. 防治水工程有方案设计、施工设计,并按规定程序审批,工程结束后有总结报告; 2. 坚持“有疑必探,先探后掘”的探放水原则,凡不清楚或有怀疑的地段,都必须探放水,并有防探水钻孔设计及技术措施; 3. 防探水钻孔必须有单孔设计,设计必须符合《煤矿防治水工作条例》的要求; 4. 对旧巷积水区、相邻报废积水小煤矿、断层、陷落柱、富水带等范围、补给途径等清楚,并有专门资料; 5. 矿井每月进行一次防治水隐患排查,并有书面排查分析记录和整改意见; 6. 威胁大矿安全的废弃小窑及钻孔等,均经过堵塞注浆、封堵处理,达到防水要求; 7. 矿井各类防隔水煤柱的留设,符合《煤矿防治水工作条例》及《矿井水文地质规程》的要求; 8. 矿井涌水量观测系统齐全、设备状态完好; 9. 各类防探水钻孔的质量,达到《矿井水文地质规程》第六章第二节及《煤矿防治水工作条例》第三节的要求	(1)防治水工程无设计或未经审批,扣5分;未及时探放水,扣5分;因未探水发生透水事故,每有一次扣10分; (2)无防探水钻孔设计及说明书,扣10分; (3)无单孔设计,扣5分;钻孔设计达不到《条例》要求,扣5分; (4)水害隐患不清或危害情况反映不及时,发现一处扣5分; (5)没有定期进行防治水检查,每缺一次扣10分;没有按期提交书面整改意见者,每缺一次扣10分; (6)小窑、钻孔封堵不良或防隔水煤柱不合要求,发现一处扣5分; (7)涌水量观测系统状态不佳或观测不及时,扣3分; (8)各类防探水钻孔质量达不到规定要求,每发现一处扣3分

山西焦煤西山煤电集团公司顶板管理办法

为了进一步提高矿井顶板管理水平,杜绝采、掘工作面及矿井巷道冒顶、片帮事故的发生,促进矿井安全生产,确保2006年我公司安全奋斗目标的实现,顶板百万吨死亡率控制在0.03以下,结合我公司实际特制定山西煤电集团公司顶板管理办法。

第一条　加强组织领导,成立顶板管理领导组

顶板管理领导组组长:总经理

常务副组长:分管生产的副总经理

副组长:分管安全的副总经理、总工程师

成员:采煤副总、开掘副总、安全副总、基建副总、生产技术处处长、技术中心主任、安监局总工程师

第二条　建立、健全顶板管理工作制度

1. 集团公司、矿对顶板管理工作要做到年初有计划、年末有总结。要求矿报集团公司生产技术处。

2. 集团公司、矿每年要编制年度顶板管理安全技术措施及资金计划。集团公司、矿每年在更新资金和安技措资金中吨煤安排0.20元,用于顶板管理,主要用于:

(1)推广新技术新工艺的试验费。

(2)购置和更新顶板动态监测、矿压观测仪器和仪表,并进行相应的矿压观测。

(3)开展顶板管理竞赛活动。

3. 集团公司每半年、矿每季、区(科)每月要召开一次顶板管理工作会议,专题研究顶板管理工作。检查顶板管理工作计划、规章制度的贯彻落实情况和有关资金计划的执行情况。

第三条 建立健全顶板管理责任制

1. 集团公司总经理、矿、区(科)、队长对本单位的顶板管理工作负主要领导责任。

2. 集团公司总经理、矿长负责健全机构、配备人员、落实资金和制定岗位责任制。

3. 分管采、掘生产的集团公司副总经理、矿、区(科)长对顶板管理工作负直接领导责任。

(1) 负责组织和实施顶板管理工作计划。

(2) 负责组织实施各项顶板管理措施。

4. 集团公司、矿总工程师、分管采掘副总工程师、生产技术处(科)主任(主管)工程师、区(科)主管工程师对本单位的顶板管理工作负技术责任。

(1) 组织制定顶板管理工作计划和安全技术措施。

(2) 负责组织推广和应用顶板管理新技术。

5. 安全监察部门对所驻单位的顶板管理工作负监察责任。

(1) 安监局、处长对顶板管理工作中执行上级命令、指令、规定和三大规程的情况负安全监察责任。

(2) 安监局、处总工程师、主任工程师、主管工程师对顶板管理工作和措施的执行情况负技术监察责任。

6. 集团公司、矿职能部门要加强顶板管理工作的专业化管理。

(1) 集团公司生产技术处、矿生产科各设1-3人（其中要有工程技术人员)专门负责采掘工作面现场顶板管理工作,其职能如下:

①建立采掘工作面顶板管理统计分析表和顶板事故(包括非伤亡事故)档案,实行日常事故分析制度。

②检查采掘工作面支护质量,负责动态监测数据处理,定期分析支护质量、支护方式中存在的问题,从技术上、材质上提出改进的措施。

③推广顶板管理新技术、支护新工艺、新材料。

④制定顶板管理制度,建立顶板管理责任制。

⑤组织区、队开展顶板管理竞赛活动。

⑥根据年度生产计划安排对新开采煤层、采区进行矿压观测,定期分析顶板活动规律,制定切实可行的技术措施。

(2) 地测部门要加强采掘工作面的地质工作,摸清地质构造变化,及时填图分析,及时提供地质资料,进行地质预报。

①在工作面设计前,必须进行地面勘查,结合相邻工作面的地质情况,分析推断设计工作面的地质构造。

②在回采工作面开采前，提出工作面地质报告,作为编制工作面作业规程的依据。综采工作面在设备安装前要进行物探,发现构造时必须打钻探清。

③回采工作面上覆为采空区或处于小窑边界时，开采前必须探清上覆采空区或小窑积水的水位、水量,并采取措施防止水害和水害引起的冒顶事故。

(3) 集团公司、矿调度要及时掌握顶板管理情况,建立台账,并实行牌板管理。掌握回采工作面初采、初放、收尾和掘进工作面巷道贯通的实施情况。

(4) 科研部门要把顶板管理纳入科研课题的重要内容,认真进行开采、支护新工艺、新技术试验,并进行相应的矿压观测,为解决顶板管理方面的难题提供科学依据。

(5) 设计部门要把好设计关,采面和巷道布置要有利于顶板管理及端头维护和超前维护。

①采区和工作面在开工前必须要有设计,并要以地测部门提出经审批的地质报告为依据。

②工作面必须避开影响较大的地质构造。

③巷道断面、设备布置要有利于两巷端头维护和超前维护。

(6) 供应部门要把住支护材料的质量和数量关,及时向采掘工作面提供合格的足够数量的支护材料。

(7) 职工教育部门,安全培训中心要定期地有计划地对工人进行顶板管理方面的安全技术培训。

第四条 认真编制、审批、贯彻、执行采掘作业规程。

1. 每个采掘工作面必须根据《煤矿安全规程》和集团公司《作业规程管理细则》有关规定编制符合本工作面实际情况的作业规程。严禁无规程作业或沿用、套用老规程。作业规程必须由矿总工程师组织会审,不得传阅批示。

2. 分管副总工程师每月要对所有规程进行一次复查。

3. 如遇情况变化时,要及时修改作业规程或补充安全技术措施,并经矿总工程师批准后方可贯彻执行。

4. 采煤工作面顶板管理说明书中主要包括:工作面(包括上下端头、超前支护)支护形式、规格;根据矿压观测资料进行支护密度的计算;支护质量动态监测应有具体的说明；对于初次放顶、周期来压、坚硬或复合顶板、软底板、分层开采人工假顶、过空巷或地质构造带、回柱放顶、工作面收尾等情况的顶板管理措施。

5. 掘进工作面顶板管理说明书中主要包括：巷道永久和临时支护形式、规格、尺寸、处理冒顶、掘进巷道的开口贯通、开帮、挑顶巷修和过地质构造带等情况的顶板管理措施。

6. 巷修和通风设施的施工也必须制定施工的安全技术措施，确定支护形式和先支后撤的顺序，特别要加强对局部漏顶及片帮事故的管理。并由总工程师批准后执行。

第五条　采掘工作面要不断完善和更新支护手段。

1. 所有正规采煤工作面都要开展顶板管理动态监测（包括两巷超前支护），推广应用顶板在线动态监测系统，2006年上半年各矿至少一个工作面应用该项技术，实现科学管理顶板。

2. 要在有条件的煤层中推广使用综采放顶煤技术、轻型液压支架。

3. 加大回收边角煤及开采薄煤层的力度，积极推广使用连续采煤机和薄煤层开采技术。

4. 动压巷道、顶板破碎等难以维护的巷道要积极采用全断面锚杆、锚网或锚杆钢带锚索联合支护。

5. 加强综采工作面端头支护，降低工人劳动强度，要积极推广使用端头支架。

6. 采掘工作面使用新工艺、新材料、新设备前，必须征得公司生产技术处同意后，先搞试点，经公司有关部门鉴定合格后，再进行全面推广。

第六条　严禁空顶作业；凡空顶作业的采掘工作面均定为不合格品。

采掘工作面有下述情形之一进行作业者，视为空顶作业：

1. 高档工作面不先打贴帮柱进行临时支护而进入工作面溜子内侧作业者。

2. 每组梁下有3根单体支柱初撑力达不到规定要求者。

3. 切顶排连续2处缺柱或悬顶面积大于10m²以上不打戗棚、戗柱的工作面。

4. 发现顶板破碎，刹顶和联网不严者。

5. 掘进工作面在允许最大控顶距范围内没有临时支护者。

6. 相邻两根锚杆不合格者。

7. 巷道棚子倒了不扶者。

第七条　严格执行煤矿《采煤、掘进安全质量标准化标准及考核评级办法》及集团公司《采煤、掘进专业补充规定》。

1. 坚持集团公司季抽查、检查，矿月验收，区（科）旬验收，队组班班验收工程质量的制度。

2. 坚持开展对工作面工程质量和顶板管理及规程兑现情况的班评估工作。

3. 检查验收人员要在现场填写验收单，根据检查情况计算得分定级。

4. 检查中发现的问题要进行“三定”逐条整改落实。

第八条　严格执行支架〈柱〉定期检修和使用单位验收管理制度，严格执行检修和验收标准。

1. 凡下井的支架（柱）入井前必须根据验收标准由使用单位的生产、机电、供应部门的有关人员到检修厂进行验收，不合格不准入井。

2. 液压支架〈柱〉检修厂必须根据检修标准要求进行检修，要进一步加强管理，不断提高检修人员技术和检修手段，确保检修质量。

3. 集团公司生产技术处、租赁公司等职能处室要根据各矿队组使用情况，对各检修厂进行不定期的检查，加强对检修质量的监督、管理。

第九条　保证采煤工作面的支护质量。

1. 综采工作面支架要选型合理，顶梁要接顶严密，初撑力不低于规定值的80%，相邻支架不能有明显的错差、支架不挤、不咬，其仰俯角<7°。

2. 高档工作面支柱要打设牢固，不准打在浮煤浮矸上。排距、柱距、迎山角都要符合作业规程和操作规程的规定，现场必须配备监测仪器、仪表。

3. 木垛、丛柱、戗柱、戗棚、密集支柱、四对八梁等特殊支护在作业规程中必须有明确的规定，并按规定作业。

4. 采煤工作面必须备有一定数量的坑木、支柱和顶梁，其数量、规格和存放地点要在作业规程中有明确规定；顶板破碎的采面要有不同规格（高度）的支柱、坑木和材料。

5. 对软底工作面初撑力达不到规定要求的，必须使用柱鞋，以保证支护质量。

第十条　加强回采工作面顶板事故多发地点的技术管理。

1. 两巷超前支护

回采工作面上下顺槽距煤壁线20m范围内，必须进行超前支护，超前单体与单体之间必须进行硬连接强化支护强度，支护形式、排距、柱距要在作业规程中明确规定。

(1) 两巷超前支护单体支柱必须进行监测,初撑力要求达到 50KN 以上,达不到要进行二次注液。

(2) 综采工作面两巷超前支护形式及防片帮措施要在作业规程中明确规定。

(3) 沿空留巷的巷道要及时维护,并明确采后巷道的维护责任,保证采后巷道的维护质量。

(4) 加强破碎机附近的支护,破碎机侧必须留有安全的人行通道,过往人员不得爬越破碎机。

(5) 上、下顺槽工作面煤壁超前 20m 范围内,支架完整无缺,高度:高档不低于 1.6m,综采不低于 1.8m,要有 0.7m 宽人行道。

2. 工作面上、下端头处必须按规定坚持正确使用好“四对八梁”支护。

3. 回柱放顶

(1) 控顶距要符合作业规程要求,回风、运输顺槽与工作面放顶线放齐(机头处可根据作业规程要求放宽 1 排)。

(2) 实行分段回柱的工作面,各分段长度不得少于 15m,并必须沿同一方向顺序回柱。

(3) 分段接茬处应在采空区已冒落的顶板完整处,有断层破碎地段应分在同一段内回收。

(4) 采空区冒落高度普遍不小于 1.5 倍的采高,局部悬顶和冒落高度不充分,要采取特殊的支护措施。

(5) 切顶线支柱数量要齐全,支柱有力,挡矸有效。特殊支护要符合作业规程要求。

(6) 严禁放顶人员进入冒顶区内取柱。

(7) 回柱工必须在有支护的情况下作业。回撤最后一根(或一组)支柱时,要打好护身柱子后再进行回撤。

(8) 支柱管理要对号入座,撤下的支柱不准倒放,要积极推广全承载支护。

第十一条　加强回采工作面初次放顶、周期来压和采面收尾期间的顶板管理工作。

1. 初次放顶

(1) 各矿由生产矿长、采煤副总、生产科、安监处、有关区(科)和采煤队干部组成初次放顶管理小组。回采工作面初次放顶前要制定放顶的技术措施;初次放顶期间,每班都要有初次放顶管理小组的成员跟班指挥,检查初次放顶措施的执行情况,发现不安全因素立即采取果断措施进行处理,防止重大冒顶事故的发生。

(2) 对于坚硬顶板的工作面,初次放顶有困难时,要进行人工强制性放顶;当采用人工强制放顶时,其炮眼布置数量、深度、角度、间距装药量等参数要在作业规程或初放技术措施中作出明确规定。

(3) 只有在初次放顶管理小组确认、回采工作面的顶板已经放下,采面可以进行正常回采时,初次放顶才算结束。

2. 周期来压

(1) 掌握周期来压规律加强周期来压时的支护设计和现场管理,并按规程规定严格掌握基本柱,特殊支护的支设质量,严格按规程规定回柱放顶。

(2) 采空区最大悬顶面积必须在作业规程中有明确规定和处理措施。

3. 收尾工作

(1) 采面收尾时在作业规程中要有明确的安全回撤措施,回撤后及时封闭工作面。

(2) 综采工作面收尾必须有专门的收尾及拆除措施,搞好顶板维护,要积极推广使用锚网支护,创造良好的撤架条件。

(3) 加强切眼的支护强度,锚杆支护必须配有锚索、金属网、两帮必须有点柱支护顶板。

第十二条　采面过无炭柱时的顶板管理

1. 无炭柱直径大于 30m 时必须采取绕、甩方法,不得硬过。

2. 决定硬过的无炭柱必须制定详细的施工组织和保证煤炭质量的分装分运措施,经矿总工程师批准后执行。

3. 综采、高档面过构造,放炮区段要在支架(柱)上挂皮带帘,将柱体包好,防止崩坏支架(柱)和阀组、管线。

4. 工作面进出无炭柱顶板破碎时,要采取有效措施,防止冒顶。

5. 开岩石邦要严格掌握开挖方向和倾角,岩石面和煤壁要保持一致,不准过多的挑顶拉底。

第十三条　科学优化设计,合理选择巷道位置和巷道几何尺寸及支护方式。

1. 根据地质情况及巷道用途,合理确定巷道位置,尽量选择岩性较好和煤层围岩稳定的位置开凿巷道。

2. 正确选择巷道断面形状,顶板压力大、服务年限较长的巷道可采用半圆拱断面。

第十四条　加强掘进工作面支护质量。

1. 支护材料必须符合设计要求,架设棚子要按操作顺序进行,工程质量必须符合作业规程要求。

2. 掘进巷道使用锚杆支护应满足以下要求:

(1) 根据施工巷道的围岩分类确定锚杆型号、

规格及技术性能参数。

(2) 作业规程中应明确锚杆的长度、角度间排距、安装方式和使用机具以及施工工艺的要求。

(3) 锚杆的施工工艺必须按作业规程的规定进行,施工结束后由当班验收员使用力矩扳手检验所打锚杆是否达到规定要求。锚杆支护工作面必须按规定进行锚固力测试。

(4) 发现地质条件变化、顶板挂汗、淋水渗水、破碎、局部出现离层等情况时,要及时采取措施。从技术上主要采取:

①加密和加长锚杆。

②在地质构造带采取套棚联合支护(不应取消锚杆支护)。

③加钢带和锚索。

④挂网联合支护。

⑤改变支护形式。

(5) 锚杆的拉拔试验必须在顶板完整或有临时支护下进行;防止因锚杆杆体断裂失效,造成局部漏顶伤人。

3. 锚喷巷道喷射砼前检查邦、顶,撬掉浮石,并用水冲洗岩面,严格掌握砼配比和速凝剂的掺入量,喷层厚度不得小于设计要求,喷后2~4小时要用水养护,锚喷必须紧跟迎头,顶板破碎区段必要时可挂金属网复喷。对局部脱落的区段要及时进行复喷。所有喷浆必须使用潮喷。喷射砼支护的巷道每40m或长度小于40m的单位工程(包括主要峒室工程)、喷射砼的骨料或配比变更时,取喷浆或喷射砼试块1-3组,每组3块在施工现场取样品养护28天后,送到公司质检中心做抗压强度试验,不做试块抗压强度试验的锚喷巷道,不能定为优良品。

4. 综掘锚杆支护巷道取消临时支护,必须采用一掘一锚的支护方式顶帮锚杆必须紧跟工作面。

5. 炮掘工作面锚杆支护巷道必须有前探支护,架棚巷道必须有临时支护和防倒装置。

6. 所有的锚杆初锚力必须达到5吨的要求,所有的支护用品进入井下,必须有质检部门的检验报告,严禁不合格的支护用品进入井下。

7. 开拓锚喷工作面必须采用光面爆破、全断面一次爆破,初喷厚度必须达到30~50mm,采用快速掘进,必须使用钢筋网作为临时支护,耙斗机后部巷道必须成巷。

8. 单一锚杆支护巷道必须进行顶板离层检测,根据煤层顶板条件,每隔50m~100m安装一套顶板离层监测仪及其他矿压观测仪器,并在作业规程中做出明确规定。

9. 在受动压影响较大的采煤工作面的顺槽、尾巷,(锚杆支护巷道)按照宁强不弱的原则,应采用Φ25mm左旋螺纹钢锚杆、Φ17.8mm锚索、拉网、钢带的支护形式,强化动压巷道的支护。

10. 在采煤安拆工作面,推广应用钢塑复合网支护材料,保证安拆工作面的顶板管理质量。

11. 在公司各矿掘进工作面挂网巷道,推广使用钢塑复合网支护材料,取代现有菱形网、经纬网、塑料网,提高巷道的支护强度。

第十五条　加强对交叉口,峒室和存车场巷道的支护。

1. 交叉口、峒室和存车场尽量选择在较稳定的岩层中。

2. 尽量采用光爆锚喷支护,锚杆的间排距、锚杆规格、眼位方向、喷层厚度要在作业规程中有明确的规定。采用铁棚(或木棚)支护时,材料规格要经过强度计算后确定。交叉口必须采用双抬棚,插梁必须做口且接触紧密。

3. 立体交叉巷道要有经矿总工程师批准的专门措施。

第十六条　加强巷道支护维修时的顶板管理。

1. 制定切实可行的安全措施,确定合理的施工方法和可靠的支护形式(包括巷修时的临时支护形式)。

2. 巷修时按由外向里的顺序依次进行,替棚子要先加固作业地点前后的支护,架设和拆除支架时,在一架未完之前不得终止工作。

3. 补打锚杆眼时必须先行处理危岩、浮石,再进行作业。复喷补喷巷道时,必须先清除浮石和冲洗岩邦。

第十七条　掘进巷道过断层、破碎带、无炭柱时的顶板管理。

1. 依据地质构造、围岩产状性质等情况,决定是否强行通过。

2. 强行通过时必须编制安全技术措施,确定掘进和支护方式,并经矿总工程师批准后执行。

第十八条　加强掘进巷道贯通时的顶板管理工作。

1. 掘进巷道贯通时,必须制定专项贯通安全措施,由矿总工程师审批,并指定专人负责监督实施。

2. 当两个掘进工作面贯通相距:炮掘15m,综掘50m时,必须停掘一个工作面,实施单头作业,并且必须加固和加强被停工作面支护,保证通风正常。

3. 采空区旧巷道贯通时，必须预先绘制测量图，查清采空区和旧巷内水、火、瓦斯情况，制定专门安全防护措施和防止水、火、瓦斯的专项措施，并严格贯彻执行。

第十九条 加强矿压观测工作

1. 各矿要成立矿压观测组，根据矿压观测工作的实际需要，建立矿压观测队伍。

2. 新的支护手段和新材料使用时，必须进行矿压观测。

3. 新煤层、新采区中开掘巷道进行回采时，要进行矿压观测。

4. 要进一步完善回采工作面支护质量和顶板动态监测。

5. 工作面要按规定配备、安装测试液压支架（柱）初撑力、工作阻力的仪器、仪表，及时检查支架（柱）的初撑力和工作阻力。

6. 保证矿压观测、顶板动态监测的正常开展，有效地管理顶板，防止顶板事故，为保证各矿矿压观测工作的正常进行，各矿可根据顶板管理用途，提供各种仪器、仪表的型号数量，由集团公司生产技术处组织产品考察并选定厂家，由供应公司统一购置。

第二十条 现场管理

1. 当班的班（队）长必须先进入工作面对顶板进行全面检查，然后根据工作面情况，安排当班工作。

2. 各工种开工作业前，必须首先敲帮问顶，确信安全后，方可作业，坚持每班开工前、班中收工前三次敲帮问顶制度。

3. 严格执行工程质量验收制度，采、掘工作面施工作业中必须坚持上尺上线，干标准活，对安全隐患要及时处理。

4. 工作面一旦发生冒顶事故（伤亡和非伤亡），必须立即向矿调度汇报，组织抢救和维护，防止事故的扩大。

5. 各采、掘、开队每班必须配备一名质量检查验收员，进行质量验收和安全评估对现场出现的问题进行及时、积极的整改，检查验收工程质量的情况必须真实齐全。

第二十一条 为把顶板管理工作落到实处，要求各矿按照集团公司顶板管理办法，安排好2006年顶板管理、主要工作计划、新技术、新工艺、新装备、新材料的推广应用，并按附表要求上报生产技术处。

（西山煤电发[2006]20号）

2006年矿井运输管理规定

为了进一步提升矿井运输技术管理水平，着力加强现场管理，推进现场面貌的持续稳定好转，顺利完成各项运输任务，真正控制运输事故，特制定2006年运输管理规定，希望各矿认真遵照执行。

一、运输管理总体目标

（一）公司：百万吨死亡率控制在年初下达的指标范围内，力争不发生运输死亡事故。安全质量标准化白家庄矿达二级，其他各矿达一级。运输两线重点工程建设达标矿井80%以上。

（二）矿井：消灭运输死亡事故。安全质量标准化达规划等级。运输两线重点工程建设均分达92分以上。

二、运输管理机构及其职责

（一）公司：公司生产处在分管副总经理的直接领导下，负责全局性的运输现场管理和技术管理工作，具体事宜由运输科负责。

（二）矿井：矿由生产副矿长分管矿井运输工作，负责全矿井的运输管理。矿必须设有专管运输技术管理工作的副总工程师，负责全矿井的运输技术管理工作。矿生产科必须设有专管运输的副科长，协助科长负责全矿井的运输现场管理和技术管理工作，生产科必须配备足够的矿井运输管理人员。各采区必须有专管或分管运输工作的副区长负责全区的运输管理工作。运输区对大巷运输设备的完好、信号及行车保护设施的完善、轨道架线的质量、人车场的管理、水沟的畅通、照明、管线吊挂、以及原煤、矸石、材料、设备、人员的安全正点运输负责。各采区运输准备队对所辖区内运输线路的绞车完好、信号完善、挡车装置的安装维护、轨道道岔的质量、巷道支护、文明卫生、安全生产等工作负责。各矿安监处及有关生产管理人员负责对人的行为进行规范，杜绝违章作业。

三、运输技术管理规定

公司各矿必须进一步加强技术管理工作，修订和完善如下技术管理文件：

（一）《大巷运输作业规程》。

（二）《各采区运输作业规程》。

（三）《机车、矿车、人车、绞车等主要运输设备要实现管用修一体化，机车、人车、绞车必须实行包机制管理》。

（四）《轨道、架线要实行分段包片制进行管理》。

（五）《机车、人车、矿车连接装置、斜坡挡车装置等有关设备设施要定期进行测试》。

（六）《电机车年审管理规定》。

（七）《矿井运输两线重点工程管理办法》。

（八）《安拆工作面运输线路要有专门的运输管理规定》。

（九）《大巷运输安全设备设施管理规定》。

（十）《大巷及斜坡行人措施》。

（十一）《卸载仓及井下煤库管理规定》。

（十二）《采区运输管理办法》。

（十三）《运输事故分析追查制度》。

（十四）《各工种人员技术培训考核管理办法》。

（十五）《管线、照明、水沟、峒室等文明生产管理办法》。

（十六）《各工种操作规程》。

（十七）《岗位责任制》。

（十八）《运输安全质量标准化考核管理办法》。

（十九）《斜坡挡车装置安装管理制度》。

（二十）《其他应制定和完善的规程、措施》。

四、新技术装备的推广使用

公司着力推广新技术、新产品、新装备在各矿的使用，以提升运输装备水平，提高运输能力，进一步向本质安全型靠近。主要项目有：

（一）信、集、闭。

（二）交叉口电气闭锁信号

（三）道岔位置指示器。

（四）弯道预报警装置。

（五）架线自动停送电开关及区间闭锁。

（六）泄漏通讯或其他大巷通讯设备。

（七）大吨位14吨电机车替代10吨电机车拉煤。

（八）1.5吨材料车替代1吨矿车拉运材料。

（九）电机车集电弓使用碳素滑板。

（十）斜坡自动挡车装置。

（十一）上下车场声光语言报警装置。

（十二）无极绳绞车。

（十三）11.4KW小绞车配套安装三相操作按钮。

五、安全质量标准化检查规定

（一）公司每季度进行检查评比，检查采用抽查方式，大巷运输检查不少于5000米，小矿可适当减少，采区运输检查两条线路，从采区上下山至采煤工作面轨道巷，月抽查由安监局安排不定期进行。

（二）公司抽查范围有大巷运输线路、采煤工作面运输线路、有关运输设备设施等。每季度检查线路不重复可循环。

（三）矿每月进行检查评比，矿对队的检查线路必须每月进行一次全面覆盖。

（四）矿检查范围有大巷运输线路、采煤队的运输线路、开拓队的运输线路，有关运输设备设施等。

六、运输两线重点工程

（一）公司每季度对各矿运输两线重点工程建设情况进行验收，要求各矿全年下来要把所有的运输大巷都建设成为“安全、高效运输线”，要把所有的采区运输巷道都建设成为“安全、放心运输线”，不留死角。

（二）各矿按照公司要求成立领导组，落实责任，并根据各矿的实际和工作面衔接情况制定运输两线重点工程建设年度规划，按季度完成，分月实施。

（三）运输两线重点工程建设具体方案附后

七、2006年的几项重点工作

（一）矿井运输安全质量标准化标准进一步细化，新增内容如人车场道岔搬道器、照明综保进入峒室，搬道器连杆上护板，斜坡上部变坡点上下挡车装置联锁互动，区间闭锁信号等已列入新标准，一季度起执行。

（二）继续开展矿井运输两线重点工程建设，进一步提高运输能力，提升安全系数。

（三）由于运输设备长年欠账较多，更新迟缓，导致机车、人车、矿车破旧现象十分严重，完好状况不佳，损坏、断轴、漏煤、落道等事故比较普遍，严重影响运输安全和原煤拉运。2006年各矿要继续加快更新力度，摸清底数，列出更新计划。根据本矿实际设备状况，原则上电机车的更新比例不少于10%，拉煤矿车不少于20%，人车不少于30%，拉煤机车要用14吨机车逐步替代10吨机车，材料车用1.5吨矿车逐步替代1吨矿车。要以较好的设备状况确保拉运任务的顺利完成。

（四）实践证明，信、集、闭系统的确是提高运输效率、保证运输安全、实现运输调度自动化控制的有效途径。各矿要抓住有利时机，积极筹备，提高自动化控制水平。今年信、集、闭系统、机车通讯等，将继续纳入公司运输安全质量标准化正常考核之内，不上的作零分处理。

（五）为了减少运输环节，提高运输效率，保证运输安全，各矿要积极做好在采区运输巷使用无极绳绞车的准备工作。

（西山煤电发[2006]21号）

机电管理处罚条例

为加强机电管理工作，落实责任，强化监督，规范行为，提高机电设备完好率，预防发生重大机电事故，确保机电安全，特制定本条例。

第一章　机电设备的选型与购置

第一条　凡是公司立项的机电设施基建项目、机电技术改造项目，未经公司主管领导同意或机电副总工程师组织有关部门审查和调研其技术性能而擅自开工建设的，对责任单位减扣工资5万~10万元。

第二条　机电设施基建项目、机电技术改造项目完工，主要生产设备制造完成后，未经机电管理部门参与验收、签署认可意见而办理结算手续的，对责任单位减扣工资1万~5万元。

第三条　主要机电设备的选型，必须经公司设备选型委员会组织论证、确定，未经选型擅自决定型号(参数)的，对责任单位减扣工资3万~5万元。物资供应部门购置的主要机电设备与设备选型委员会确定的型号、技术参数不同，又未经设备选型委员会同意，减扣责任单位工资2万元；造成损失的，视损失情况，减扣责任单位工资5万~10万元。

第四条　物资供应部门购置一般常用的机电设备，未严格按照使用单位提供的规格型号、技术参数进行订货、或供货延误、或产品不符合技术要求等影响正常生产的，减扣供应部门工资2万元。由于使用单位提供参数错误造成损失的，减扣使用单位工资3万元。

第五条　新购置的主要机电设备至少保证正常使用6个月无故障。在保质期内，由于设备制造质量问题发生事故，物资供应部门要及时通知供货厂商进行处理。由机电处进行责任追查，下达索赔通知。供应部门按有关规定进行索赔，并将索赔结果报机电管理考核领导组。由于供应部门采购把关不严或索赔不力，视具体情况对供应部门减扣工资1万~10万元。情节严重者，另对责任单位领导追究责任。

第六条　设备租赁公司购置的配件有质量问题时，各单位有权拒绝使用，并要及时向公司机电处反映。机电处要及时组织有关部门进行核实认定。根据具体情况，减扣设备租赁公司工资1万~3万元。配件购自集团公司所属内部企业，由设备租赁公司负责指正，对其隶属公司、厂、矿等单位按配件购置原值的一定比例从工资中减扣；外购配件由设备租赁公司负责对厂商进行索赔或处罚，并将索赔或处罚结果报机电管理考核领导组，未进行索赔或处罚，则对设备租赁公司加倍处罚。使用单位自购配件造成损失的，减扣责任单位工资2万~5万元。

第二章　机电安全

第七条　发生特大机电事故，有下列情况之一者，公司组织事故调查组进行专题调查，根据事故性质、损失情况，减扣责任单位月度基础工资10%~20%，并进行责任追究。

1. 矿井主要通风机停机30分钟及以上；

2. 因故障停电，造成全矿井中断供电4小时及以上，或地面生产单位中断供电24小时及以上，或地面生产车间中断供电3天及以上；

3. 主要提升机断绳，坠罐，井筒坠物、跑车；

4. 主井皮带机及使用钢丝绳芯强力胶带的采区集中运输皮带机发生断带事故。

5. 在井下发生电气设备着火、皮带机着火和电缆着火；

第八条　发生重大机电事故，有下列情况之一者，公司组织事故调查组进行专题调查，根据事故性质、损失情况，减扣责任单位月度基础工资5%~10%，并进行责任追究。

1. 高瓦斯矿井主要通风机停机10分钟及以上，其他矿井主要通风机停机20分钟及以上，但不足30分钟；

2. 因故障停电，造成全矿井中断供电10分钟及以上，或地面生产单位中断供电30分钟以上至24小时，或地面生产车间中断供电4小时以上至3天；

3. 主要提升机蹲罐、过卷；

4. 主井皮带运输机胶带、钢丝绳芯强力胶带撕裂长度50m及以上；

5. 空压机风管、储气罐爆炸；

第九条　发生一般机电事故或存在重大隐患，有下列情况之一者，减扣责任单位工资5万~15万元。

1. 主要提升机卡罐1小时及以上；

2. 矿井盘区停电2小时及以上；

3. 主要通风机、主要提升机超能力使用；

4. 主井皮带运输机胶带、钢丝绳芯强力胶带撕裂20m~50m；

5. 主要通风机供电线路上分接负荷；

6. 主排水泵房淹泵；

7. 由地面向井下供电的变压器、发电机中性点直接接地或井下配电变压器中性点直接接地；

8. 中央变电所、采区变电所和主排水泵房未实现双回路供电；

9. 开掘工作面未实现“双风机双电源自动切换”，主局扇未实现“三专两闭锁”；

10. 在井下使用或在地面厂钢桁架上新安装的皮带机或电缆使用非阻燃胶带和非阻燃电缆；原有在用的非阻燃胶带和非阻燃电缆，未按规划更换；

11. 在井下进行电焊、气焊、喷灯焊接或进行摄录像时，未制定安全措施或未按规定程序审批或超出允许区域。

第三章　机电设备、设施现场操作管理

第十条　建立健全规章制度，责任到人，坚持规范操作，完善科学管理，严格执行《煤矿安全规程》、《煤炭工业企业设备管理规程》、《煤矿安全技术操作规程》等。

第十一条　有下列情况之一者，减扣责任单位工资5万~10万元。

1. 各矿、厂、公司使用的主要生产设备，未按有关操作规程、作业规程操作，在运输、安装、使用过程中导致主要生产设备　（或电动机、减速器等主要部件）损坏，矿井影响采煤工作面一个圆班生产，或地面厂影响生产24小时；

2. 采、掘工作面遇有坚硬岩石时，不按规定放震动炮，用机器强行硬割；

3. 井下高、低压供电系统误停、误送电，造成损失；

4. 地面6kV~110kV变电站要保证安全运行、安全供电，不严格执行《现场运行规程》、《电力安全工作规程》，造成人员或设备事故，或造成生产矿井一次停电事故。

第十二条　有下列情况之一者，减扣责任单位工资5万元。

1. 采煤机没有停运输机的闭锁或不起作用；因操作失误造成采煤机滚筒割支架顶梁；

2. 掘进机前后不使用照明灯、非司机侧无急停闭锁按钮或在开机前发不出信号；掘进机停止工作和检修交班时，不断开电源、截割头不落地，或掘进机截割头不加防护罩；

3. 水冷电动机或减速器不使用水冷却或水路不通；

4. 液力耦合器不使用难燃液、易熔塞、防爆片或使用不合格的易熔塞、防爆片；

5. 动力变压器、电动机、电缆超过额定能力使用；

6. 电气设备封保护、甩保护或用铜铁丝代替保险丝；

7. 井下出现一处电气失爆；

8. 高瓦斯矿井采掘工作面未实现瓦斯超限全电压自动断电；

9. 在有瓦斯抽放管路的巷道内，电缆（包括通讯与信号电缆）与瓦斯抽放管路挂在巷道同一侧；

10. 正式投产后的综采工作面尾巷回风流区段内安装机电设备或敷设电缆；

11. 井下低压供电干线未加装漏电保护或不起作用，或未按规定进行检漏试验；

12. 接地线未连接、断开或接地电阻值超标；

13. 井下变电硐室外使用油浸式高低压电气设备；

第十三条 有下列情况之一者，减扣责任单位工资1万~3万元。

1. 大型固定设备因保护装置短缺，或保护装置失灵失效、动作不可靠造成设备损坏停机；

2. 新安装的综采工作面经调整、试生产15天后，不经公司有关部门验收或验收不合格而正式生产；

3. 综采工作面电气设备系列车出线电缆未使用“单轨悬吊”或其他托挂装置，而拖在地上；

4. 综采工作面过构造放震动炮时，对支架不采取防护措施；

5. 皮带运输机无保护或保护不全，用非滚动装置纠正胶带跑偏；井下新安装的皮带运输机头底板未硬化，中间架不按规定安装防跑偏立辊（掘进工作面用临时移动皮带运输机暂时不作要求）；

6. 新型防爆电气设备未经公司机电部门检验、备案，而下井试验、试用；

7. 主要采掘设备在运行中发生异常，不汇报不处理，而继续使用造成设备损坏；

8. 井下低压开关未按规划上“两防锁”；

9. 在井下进行各种电气测试或电气设备开盖前不测瓦斯；

10. 不同型号、截面的电缆之间连接，未使用符合要求的接线盒直接连接；拆除电器设备时，锯剁电缆；

11. 矿灯不使用双光源灯、阻燃抗静电电缆、无短路保护、不符合抗冲击跌落性能或未按规划更换；

12. 井下使用的电气设备、照明设备、监控设施、通讯器材等国家煤矿安监局2001年以煤安监技装字[2001]109号文要求的矿用产品，无煤矿矿用产品安全标志证；

13. 原有供电系统更换新电缆时仍敷设在主要回风道内或2005年元月1日以后新建的主要回风巷道内敷设电缆；

14. 未严格执行“电力调度操作规程”，出现发令人指挥失误、受令人操作失误，造成人员或设备事故；6kV及以上供电系统保护设施发生误动、拒动、越级跳闸并对供电安全、正常生产生活造成较大影响；

15. 特种作业人员无证或未持有效证件上岗操作设备并造成设备事故或形成安全隐患。

第四章 机电设备的维护

第十四条 在用的机电设备、供电系统须按规定的周期、内容进行日常维护保养，清理设备卫生，更换已损坏零部件，检查紧固件、液压系统、冷却管路、保护装置，调整间隙配合等。并分别按班、日、旬、月要求和内容，详细填写维护保养记录。因维护保养不到位造成机电设备损坏事故，按损坏程度、损失大小及对生产的影响减扣责任单位工资1万~3万元；

第十五条 加强机电设备的油脂管理。新购入或经检修后复用的机电设备，投运前须检查油脂牌号、数量。符合设备用油规定，方可投运。运行中的机电设备须按规定周期，对油脂使用情况进行检查，按规定的牌号、数量补充用油。定期对油脂理化性能进行检验，对理化性能指标变化超标、杂质增多超标、污染严重的用油要及时更换。因油脂管理问题造成机电设备损坏事故，按损坏程度、损失大小及对生产的影响，减扣责任单位工资1万~3万元。

第五章 机电设备的检修

第十六条 集团公司所属矿、厂、公司自管主要生产设备以及设备租赁公司主要采掘设备大修理须严格履行下列程序：

1. 实施集团公司立项的机电设备大修理时，设备所有单位应提出修理申请，包括设备名称、型号，预计修理的项目、修理深度及工期要求等。

2. 机电设备大修理须委托持有修理相应设备资质的单位承修。若必须委托公司以外单位承修时，则由设备所有单位提出书面申请，经公司主管领导审核同意，方可外委。在有条件的情况下，应通过机电设备修理招标确定承修单位。

3. 承修单位须根据设备修理要求及设备实际情况，确定设备修理工艺、明确重要外购零部件名称数量及生产厂商、编制修理预算。经设备所有单位审核确认，双方签订修理合同，并办理开工审批报告后方可开工。

4. 设备修理期间，设备所有单位应安排人员对修理过程，特别是对于设备关键部位、隐蔽部位的修理过程实施监督。对工期紧张的重要设备修理应实行全过程监督。承修单位有义务及时向设备所有单位提供相关信息及资料。

5. 设备修理完成后，由承修单位提出验收申请，设备所有单位组织有关人员按照《煤矿机电设备检修质量标准》及相关标准现场严格验收，验收中提出的质量问题由承修单位负责定期处理。设备修理部门须提供修理检验合格证、重要外购零部件合格证、有关技术资料等。验收合格的机电设备由设备所有单位、设备承修单位，必要时包括设备使用单位共同签署设备验收报告。并由设备所有单位负责办理设备修理竣工报告。

6. 机电处负责对设备修理的程序管理实行不定期检查，监督修理程序正常执行。

7. 设备中小修理由设备所有单位机电管理部门参照上述程序执行。

第十七条　在执行设备大修理规定程序过程中，有下列情况之一者，减扣责任单位工资1万~3万元：

1. 未经集团公司立项的各矿、厂主要生产设备和综采综掘租赁设备擅自安排进行大修理的（经公司主管领导批准的特殊情况不在此列）；

2. 各矿、厂主要生产设备大修理和综采综掘租赁设备的检修，委托给无资质的单位检修的；

3. 未经公司主管领导批准擅自将主要生产设备和综采综掘租赁设备委托给公司以外单位检修的；

4. 未按规定办理设备大修理开工审批报告、设备修理合同、竣工验收报告等手续的。

第十八条　承修单位延误工期，由设备所有单位负责依照修理合同向承修单位进行索赔，并将索赔结果报机电管理考核领导组。未进行索赔或索赔不力，由机电管理考核领导组对设备所有单位减扣工资1万~3万元，对集团公司内部的承修单位所属矿、厂、公司减扣工资1万~10万元。

第十九条　修理后的机电设备在保修期内因质量问题发生事故，造成设备损坏，影响正常生产的，根据性质程度，损失情况，责任大小，分别予以处罚。

1. 设备租赁公司主要采掘设备在保修期内发生修理质量问题，减扣设备租赁公司工资0.2万~1万元；造成设备损坏，影响正常生产的，根据性质程度，损失情况，责任大小，对设备租赁公司从重处罚1万~10万元；

2. 主要采掘设备在保修期内发生修理质量问题，承修单位属集团公司内部企业，由设备租赁公司负责提供承修单位及相关资料，由机电管理考核领导组对其所属矿、厂、公司按设备修理实际发生费用额度从工资中全额减扣（实际发生修理费用界定为：泵站、电器开关、移动变电站等设备和电动机、减速器等主要部件按整机修理费用计；液压支架、采煤机、掘进机、皮带机、运输机、破碎机等设备按发生质量问题部件的修理费用累加计）；造成设备损坏，影响正常生产的，根据性质程度，损失情况，责任大小，对承修单位所属矿、厂、公司加罚1万~30万元；

3. 主要采掘设备外委修理由设备租赁公司负责对承修单位进行索赔或处罚，并将索赔或处罚结果报机电管理考核领导组，未进行索赔或处罚则对设备租赁公司加倍处罚。

4. 设备修理验收时提出的问题，在出厂前仍未解决并带到井下的，经查证核实，减扣设备租赁公司工资0.2万~0.5万元，减扣使用单位工资1万~3万元；

5. 经修理的矿、厂、公司自管的主要生产设备，在保修期内出现质量问题，经机电处组织有关部门认定，属承修单位责任的，根据具体情况对委托修理的责任单位罚款1万~3万元。由委托修理的责任单位参照上述条款负责向承修单位索赔。

第二十条　因提供的主要采掘设备（或电动机、减速器等主要部件）配套不合理，或配件出现严重的质量问题等影响生产的，减扣设备租赁公司工资0.2万~1万元。

第二十一条　修理后的主要采掘设备（或电动机、减速器等主要部件）出现修理质量问题，使用单位可拒绝使用，并要及时向机电处反映，经查证核实后，按上述有关条款对责任单位进行处罚。设备租赁公司发现使用单位在运输、安装过程中存在违规违章、甚至野蛮操作问题，要及时指出并向机电处反映。经查证核实后，减扣使用单位工资1万~3万元。

第六章　部分机电事故的责任认定

第二十二条　为提高工作效率，及时妥善处理机电设备事故，对常见主要采掘设备事故（除必须进行事故追查外），一般采取责任认定方式。对机电设备事故责任认定有异议，可向机电管理考核领导组提出复议申请，由领导组组织复议。

第二十三条　电动机在运行中损坏，有下列情况之一者，属设备使用单位责任。

1. 水冷电动机不接冷却水或冷却效果差，冷却系统不接过滤装置；

2. 冷却水压力大造成电动机外壳鼓包或损坏冷却系统；

3. 开关保护不起作用，烧坏电动机线包、接线柱；

4. 电动机在井下备用造成潮湿接地、绝缘下降；

5. 运输过程中或违规违章作业损坏电动机；

6. 电动机入井前未采用热装工艺将过渡配合的联轴器预装，在井下现场采用捣、砸等非正规方式安装联轴器而损坏电动机；

7. 电气设备在井下长时间待运行造成绝缘下降。

第二十四条　在保修期内，电动机出现下列情况之一，为检修单位责任：

1. 电动机轴承抱死、轴承散架或扫膛事故；

2. 线包绝缘下降，内部接地；

3. 接线盒内侧引线短路接地；

4. 电动机内部漏水漏电；

5. 冷却水路不通或冷却效果差；

第二十五条　减速器在运行中出现下列情况之一，为使用单位责任：

1. 不按规定注油或注不合格的油，造成减速器损坏；

2. 未按操作规程操作造成减速器机械性损坏；

3. 刚安装的减速器发生漏油、异响等现象，不处理、不汇报，继续使用造成减速器损坏；

4. 在运输安装过程中造成的减速器损坏。

第二十六条　在保修期内，减速器出现下列情况之一，为检修单位责任：

1. 轴承抱死、散架；

2. 发生严重渗漏油现象；

3. 刚投入使用的减速器有异响或发热温度超过规定值；

4. 投入使用一周内，高速轴部位损坏；

5. 齿面出现点蚀或剥落等损伤。

第二十七条　大型整体部件的机械性损伤或因紧固件松动造成损坏，除特殊情况外一般认定为使用单位责任。

第七章　其　他

第二十八条　本条例涉及处罚标准与相关业务部门规定相异，则处罚取其上限；发生机电责任人身事故时，执行集团公司安监部门相关规定。

第二十九条　机电处未认真按上述条例进行考核和被考核单位发生重大以上机电责任事故时机电处承担相应的业务保安责任，由集团公司机关绩效考核领导组按绩效考核办法和“二十个必须”对机电处进行处罚。

第三十条　本条例解释权为机电管理考核领导组

（西山煤电发[2006]22号）

大型固定设备机房及井下变电硐室绩效考核办法

大型固定设备和井下变电硐室是矿山的关键设备、关键环节，涉及面广，影响面大，为保证设备安全运行、安全供电，提高技术水平和管理水平，特制定本办法。

一、考核办法

1. 参加考核的机房和硐室：主井皮带机房；压缩机房；主要通风机房；主要排水泵房；主要提升机房；35kV及以上变电站；井下变电硐室。

2. 考核执行《煤矿安全规程》、《煤炭工业企业设备管理规程》、《煤矿矿井机电设备完好标准》。

3. 各类机房硐室的得分按相应的评分标准分别打分。

4. 考核按季度进行。

二、奖罚办法

（一）对机房的奖罚

对变电站、主绞车、主扇、主水泵、主井皮带、压缩机第一名各奖5000元，第二名各奖3000元，第三名各奖2000元；对变电站、主扇、压缩机的第四名各奖1000元。各类机房最后一名罚2000元。

（二）对硐室的奖罚

第一名奖5000元；第二名奖4000元；第三名奖3000元；第四名至十名各奖1000元；最后一名

罚500元。

（三）对单位的奖罚：

1. 矿井大型设备均分第一名奖励15000元，第二名13000元，第三名10000元，最后一名罚2000元。

2. 矿井变电硐室均分第一名奖10000元；第二名奖8000元；第三名奖6000元；最后一名罚2000元。

3. 地面生产厂均分第一名奖励8000元，第二名6000元，第三名4000元，第四名2000元，最后一名罚1000元。

4. 罚款先从上述奖励中扣除，如不足再从受处罚单位的工资总额中扣除。

表1：主井皮带机房检查项目及评分标准

表2：压缩机房检查项目及评分标准

表3：主通风机房检查项目及评分标准

表4：主排水泵房检查项目及评分标准

表5：主提升机房检查项目及评分标准

表6：变电站检查项目及评分标准

表7：井下变电硐室检查项目及评分标准

（西山煤电发[2006]23号）

表1

主井皮带运输机检查项目及评分标准

序号	检查项目	检查的主要内容及标准	检查方法及评分标准	满分	得分
1	保护装置	装设有跑偏，防撕裂，防滑，烟雾报警，超温洒水，煤位，张力下降，过流，欠电压。各种保护安装或整定正确，动作可靠。装设在井筒中的电器件必须防爆，开盖前先测瓦斯	现场检查或查资料。有失爆现象，此项不得分。其他一种保护不合格，扣5分	15	
2	传动系统	减速器无变形，裂纹，齿轮无断齿、胶合现象。齿轮的点蚀、磨损不超过20%。轴承滚道及滚动体无点蚀现象，保持架完整。滚筒无剥胶现象。滚筒表面无水迹和油迹。注油量适当，不超温。无异响和明显振动。无积煤水现象	现场检查。一处不合格，扣1分	8	
3	托辊、皮带和机架	托辊齐全，注油量适当，转动灵活，无异响。皮带无分层现象，损伤不得露出钢丝绳。机架防腐良好	现场检查，一处不合格，扣0.5分	5	
4	制动装置	闸间隙适当，制动轮（盘）表现平整无油迹，制动可靠。不漏油。防逆转装置可靠。电气件接地可靠	现场检查。制动不可靠，此项不得分。其他一处不合格，扣1分	5	
5	给煤机	开闭灵活，各传动部位润滑良好，不漏油。所有电器件必须防爆。电气保护齐全，可靠	现场检查。有失爆现象，此项不得分。电气保护一处失效，扣2分。其他一处不合格，扣1分	8	
6	张紧装置	无明显变形，调节行程能满足要求，初张力适当。钢丝绳固定良好，无断股现象，断丝不超10%	现场检查或查资料。有一处不合格，扣2分	2	
7	电机	接线装置完全，完整，绝缘座无裂纹。滑环表面光滑，电刷运动灵活。接线规范。轴承润滑良机，不超温。运转中无异响和明显振动。高压电机有合格的避雷装置。定期清扫。绝缘和接地符合要求，测试记录有效期一年	现场检查或查资料。绝缘和接地不合格或无合格的避雷装置扣5分。其他一处不合格扣1分	12	

表 1

主井皮带运输机检查项目及评分标准(续表)

序号	检查项目	检查的主要内容及标准	检查方法及评分标准	满分	得分
8	高压开关柜	油断路器油位适当,无漏油、变黑现象。真空断路器无氧化变色现象。真空断路器必须有防止操作过电压装置。提人立井双回路供电。母线无氧化现象。	现场检查。有变黑、氧化变色现象,未双回路供电此项不得分。其他一处不合格,扣 1 分。	8	
		操作机构动作灵活,分合标志明显、正确。闭锁装置齐全、可靠。	现场检查。一处闭锁装置失败,此项不得分。其他一处不合格,扣 1 分。	2	
		接触电阻、绝缘和接地测试符合要求,记录有效期一年	查资料。未测试或无记录或过期,此项不得分	2	
9	控制台和磁力站	元器件齐全有标记。各接触器、继电器接触良好。灭弧罩无破损。布线整齐,接线规范,线端标志清晰。端子排金属件无锈迹。熔断器选用适当。提人立井双回路供电	现场检查。一处不合格,扣 0.5 分	5	
10	信号、通讯与仪表	使用合格的信号装置。信号与绞车电控闭锁。有备用信号装置。立井有检修信号。控制台与井口信号房有直通电话。	现场检查。打点器无声光信号或信号与绞车电控闭锁失效,此项不得分。无备用信号装置、立井无检修信号,扣 1 分。无直通电话,此项不得分。	3	
		必须装有相应的电压表、电流表、压力表、温度表。各表指示正确,校验有效期一年	现场检查。一处不合格,扣 0.1 分	5	
11	安全门	安全门与摇台、罐笼、信号实现闭锁	现场检查。一处闭锁失效此项不得分	5	
12	设施	机房内的各种设备有铭牌和责任牌。各种管线整齐。带电和转动部位有栅栏和警示牌。机房内整洁卫生,不堆放杂物。消防器材,防护用具,常用工器具齐全、有效。有充足照明,有事故照明。冬季有充足的采暖设施。机房门口挂有“要害场所,闲人免进”牌	现场检查。一处不合格,扣 0.5 分	3	
13	管理	司机经过培训执证上岗,每班司机不少于 2 人。按章操作。	现场检查。无证或脱岗或违章操作,此项不得分。	2	
		机房内张挂有司机岗位责任制,巡回检查制,干部上岗制,交接班制,干部上岗查岗制,要害场所管理制。各种制度字迹清晰。	现场检查。缺一种制度扣 1 分,一种未张挂或字迹不清楚扣 0.5 分。	2	
		机房内张挂有操作规程,电控原理图,巡回检查图,制动系统图。各图清晰。	现场检查。缺一种扣 1 分。一种未张挂或字迹不清楚扣 0.5 分。电控、制动图有误,一处扣 0.2 分。	2	
		装订成册或归档的有:说明书、传动系统图、减速器总图、绞车总装图、提升系统图、测试报告、探伤报告、信号系统图、设备履历。	查资料。一处不合格。扣 0.5 分。	2	
		机房内有运行记录,交接班记录,干部上岗查岗记录,检修、试验、整定记录,事故、故障记录,巡检记录,保护试验记录,外来人员登记。所有记录字迹清晰工整,在机房内存放不少于 6 个月	现场检查。一处不合格,扣 0.5 分	4	

表2

压缩机房检查项目及评分标准

序号	检查项目	检查的主要内容及标准	检查方法及评分标准	满分	得分
1	机体及排气管路	排气温度压力符合规定。装设有超温超压保护，且动作可靠。安全阀有校验报告，有效期一年。压力调节器整定适当，动作可靠。机体和管路无漏气、水、油现象。逆止阀可靠。运转时无异响。振动不超标	现场检查或查资料。任一处超温或超压保护失效，此项不得分。其他一处不合格，扣2分	12	
2	润滑系统	装设有断油保护。油压、油温符合规定。注油器通畅。注油量适当。不漏油	现场检查。任一断油保护失效，此项不得分。一处不合格，扣1分	12	
3	冷动系统	任一回水管路均装设有断水保护。水温、水压符合规定。水质清洁。冷却塔水泵电机接地良好。系统不漏气、水	现场检查。任一断水保护失效，此项不得分。其他一处不合格，扣1分	12	
4	滤清器与储气罐	定期清扫。储气罐装有释压阀、安全阀，无积油、水现象，有超温保护。无漏气、漏油现象	现场检查或查资料。任一储气罐无释压阀、安全阀、风包超温保护失效，此项不得分。其他一处不合格扣1分	10	
5	主电机	接线装置齐全，完整，绝缘座无裂纹，接线规范，滑环表面光滑，电刷运动灵活。运行温度符合规定。运转中无异响和明显振动。盘车闭锁可靠。高压电机有合格的避雷装置。同步电机有失励保护。 绝缘和接地符合要求，测试记录有效期一年	现场检查或。一处不合格扣1分。 查资料，任一不合格，此项不得分	8 4	
6	高压开关柜	油断路器油位适当，无漏油、变黑现象。真空断路器无氧化变色现象。接触电阻符合要求。真空断路器必须有防止操作过电压装置。母线无氧化现象。操作机构动作灵活，分合标志明显、正确。闭锁装置齐全、可靠。 过流整定，试验符合规定。绝缘和接地符合要求，测试记录有效期一年	现场检查或查资料。有变黑、氧化变色现象或闭锁装置不齐全或任一闭锁失效，此项不得分。其他一处不合格，扣1分。 查资料，任一处不合格，不得分	10 4	
7	低压控制系统	元、器件齐全有标志。各开关、接触器、继电器接触良好。灭弧罩无破损。布线整齐，线端标记清晰，接线规范。端子排金属件无锈迹。熔断器选用适当。金属构架接地可靠。励磁柜风机运行正常，各元件不超温	现场检查，一处不合格，扣1分	8	
8	仪表	配有相应的电流表、电压表、温度表、压力表。所有仪表指示正确，定期校验，有效期一年	现场检查。一块不合格，扣0.1分	5	
9	设施	所有设备有铭牌和责任牌。各种管线整齐。带电和转动部位有栅栏和护罩。机房内整洁，不堆放杂物。消防器材、防护用具，常用工器具齐全、有效。有应急照明。机房门品挂有"要害场所，闲人免进"牌	现场检查。一处不合格，扣0.5分	3	
10	管理	司机经过培训，执证上岗，按章操作。 张挂有司机岗位责任制，巡回检查制，交接班制，查岗制，要害场所管理制。各种制度字迹清晰。 机房内张挂有操作规程，电控原理图，巡回检查图，供风系统图。各图清晰。 装订成册或归档的有：说明书、总图、电控接线图，润滑油检验报告，测试报告。设备履历。 机房内有运行记录，交接班记录，干部上岗、查岗记录，检修、试验、整定记录，事故、故障记录，巡检记录，保护试验记录，外来人员登记。各种记录字迹清晰、工整。运行记录正确。所有在机房存放不少于1个月	现场检查。无证或脱岗或违章操作，此项不得分。 现场检查。缺一种制度扣1分，其他一处不合格，扣0.5分。 现场检查。缺一种扣1分。一处不合格，扣0.5分。 查资料。其他一处不合格。扣0.5分。 现场检查。一处不合格，扣0.5分	2 2 2 2 4	

表3

主通风机房检查项目及评分标准

序号	检查项目	检查的主要内容及标准	检查方法及评分标准	满分	得分
1	主机	无变形，不漏风，防腐良好。风叶、导叶固定良好，角度一致。无积尘。轴承润滑良好，超温保护可靠。运转无异响和明显振动。 备用风机在10分钟内启动，正常运转。 反风试验每年一次，并留有记录	现场检查。一处不合格扣2分。 现场试验。不合格，扣10分。 查记录过期。未试验或记录，此项不得分	10 10 2	
2	反风装置、防爆门	风门绞车零部件齐全，有手动摇把，操作灵活。钢丝绳固定良好，无锈蚀及死弯现象。各风门开闭灵活，不漏风。风门到位闭锁可靠。防爆门不漏风，门前无影响其开闭的物品	现场检查。一处不合格，扣1分	10	
3	电机	接线装置齐全、完整，绝缘座无裂纹。接线规范。滑环表面光滑，电刷运动灵活。运行温主符合规定。有轴承超温报警装置，且整定正确。轴承润滑良好，转动中无异响有明显振动。高压电机有合格的避雷装置。同步电机有失磁保护。 绝缘和接地测试合格，且留有记录，记录有效一年	现场检查。高压电机无合格避雷装置，此项不得分。其一处不合格，扣1分。 查资料，任一不合格此项不得分	18 5	
4	高压开关柜	油断路器油位适当，无漏油、变黑现象。真空断路器无氧化变色现象。接触电阻符合要求。真空断路器必须有防止操作过电压装置。母线无氧化现象。双回路供电。 操作机构动作灵活，分合标志明显、正确。闭锁装置齐全、可靠。 过流和无压释放可靠。绝缘和接地测试符合要求，记录有效期一年	现场检查或查资料，双回路供电。有变黑、氧化变色现象，此项不得分。其他一处不合格，扣1分。 现场检查。闭锁装置失效，此项不得分。其他一处不合格，扣1分。 现场检查或查资料。一处不合格，此项不得分	5 5 5	
5	低压控制系统	元器件整齐，有标记。各开关、接触器、继电器接触良好。灭弧罩无破损。布线整齐，线端标记清晰，接线规范。所变油位适当，不漏油。励磁柜风机运行良好，元器件不超温。端子排金属件无锈迹。熔断器选用适当。金属构架接地可靠。双回路供电	现场检查。一处不合格，扣1分	10	
6	仪表	配有电压表、电流表、功率因数表、温度表，U型压差计。各表指示正确，校验有效期一年	现场检查。一处不合格，扣0.1分	5	
7	设施	机房内的各种设备有铭牌和责任牌。各种管线整齐。带电和转动部位有栅栏和警示牌。机房内整洁卫生，不堆放杂物。消防器材，防护用具，常用工器具齐全、有效。有事故照明。机房门口挂有“要害场所，闲人免进”牌。直通矿调度电话畅通	现场检查。一处不合格，扣0.5分	3	
8	管理	司机经过培训，执证上岗，按章操作。每班机不少于2人。 机房内张挂有司机岗位责任制，巡回检查制，干部上岗、查岗制，交接班制，要害场所管理制。各种制度字迹清晰。 张挂有操作规程，供电系统图（包括低压系统），巡回检查图，反风系统图。各图清晰。 装订成册或归档的有：说明书、总图、主要零部件图、高开的二次系统图、接线图、测试报告、设备履历。机房内有运行记录，交接班记录，干部上岗查岗记录，检修、试验、整定记录，事故、故障记录，巡检记录，外来人员登记。所有记录字迹清晰工整，所有记录在机房存放不少于6个月	现场检查。无证或脱岗或违章操作，此项不得分。 现场检查。缺一种制度扣1分，一种未张挂或字迹不清楚扣0.5分。 现场检查。缺一种扣1分。一种未张挂或字迹不清楚扣0.5分。 查资料。一处不合格。扣0.5分。 现场检查。运行记录、巡检记录不正确，扣2分。其他一处不合格，扣0.5分	2 2 2 2 4	

表 4

主排水泵房检查项目及评分标准

序号	检查项目	检查的主要内容及标准	检查方法及评分标准	满分	得分
1	水泵	零部件齐全。泵体无裂纹。不漏水。防腐良好。运转无异响和明显振动。非检修泵可在 5 分钟内启动	现场检查。有一台泵不能在 5 分钟内启动，此项不得分。其他一处不合格扣 2 分	15	
2	阀门	各门操作灵活，动作可靠，不漏水。有备用引水设置	现场检查。逆止阀或底阀漏水，此项不得分。其他一处不合格，扣 1 分	10	
3	管路	管路连接良好，防腐良好，不漏水	现场检查。一处不合格，扣 1 分	10	
4	仪表	每台泵配有电压表、电流表、真空表、压力表。各表指示正确，校验有效期一年	现场检查。缺一块表或一块或一块表指示不正确，扣 1 分。一块表无校验签或过期，扣 0.2 分	5	
5	水仓	每年雨季前必须清仓 1 次	查记录。不清仓或无记录，此项不得分	5	
6	电机	接线装置齐全、完整，绝缘座无裂纹。接线规范。轴承润滑良好，转动中无异响和明显振动。不超温。有短路、过负荷、接地、欠电压释放保护。 绝缘和接地测试合格，测试记录有效一年	现场检查。一处不合格，扣 2 分。 查资料，任一不合格此项不得分	15 5	
7	高压开关柜	油断路器油位适当，无漏油、变黑现象。真空断路器无氧化变色现象。接触电阻符合要求。真空断路器必须有防止操作过电压装置。双回路供电。 操作机构动作灵活，分合标志明显、正确。闭锁装置齐全、可靠。 绝缘和接地测试符合规定，测试记录有效期一年	现场检查或查资料。油位不当或有漏油现象，扣 1 分。其他不合格，此项不得分。 现场检查。一处不合格，扣 1 分。 查资料。一处不合格，此项不得分	10 5 5	
8	设施	机房内的各种设备有铭牌和责任牌。密闭门、配水门齐全、可靠。各种管线整齐。带电和转动部位有栅栏和护罩。消防器材，防护用具，常用工器具齐全、有效。机房内整洁，不堆放杂物。安全通道畅通。机房门口挂有“要害场所，闲人免进”牌。有直通矿调度电话并畅通	现场检查。一处不合格，扣 0.5 分	3	
9	管理	司机经过培训，执证上岗，按章操作。 张挂有司机岗位责任制，巡回检查制，交接班制，干部上岗、查岗制，要害场所管理制。各种制度字迹清晰。张挂有操作规程，供电系统图，巡回检查图，排水系统图。各图清晰、正确。 装定成册或归档的有：说明书、总图、测试报告、高开的二次原理图、接线图。设备履历。 机房内有运行记录，交接班记录，干部上岗、查岗记录，检修、试验、整定记录，事故、故障记录，巡检记录，外来人员登记。所有记录字迹清晰工整，运行记录正确。所有记录在机房存放不少于 1 个月	现场检查。无证或脱岗或违章操作，此项不得分。 现场检查。缺一种制度扣 1 分，一种未张挂或字迹不清楚扣 0.5 分。 查资料。一处不合格。扣 0.5 分。 现场检查。一处不合格，扣 0.5 分	2 4 2 4	

表 5

主提升机房检查项目及评分标准

序号	检查项目	检查的主要内容及标准	检查方法及评分标准	满分	得分
1	保护装置	过卷;过速;限速;过负荷和欠电压;松绳;闸间隙;深指失效;减速功能;制动油压的过欠压;动力润滑的断油超温;脚踏急停开关;高压栅栏门闭锁;双滚筒绞车的离合器闭锁。各保护安装或整定正确,动作可靠。 过速、过负荷和欠电压的整定试验有效期一年。 过卷、过速、限速装置和减速功能为双线型式。安全回路故障监测装置投入使用	现场检查。过卷、过速、过负荷和欠电压保护失效此项不得分。其他任一保护不合格。扣5分。 查记录。任一项无记录或过期扣1分。 现场检查。一处不合格此项不得分	10 2 1	
2	钢丝绳和连接装置	在用绳和连接装置有合格证和试验报告。 提升绳每日至少检查一次,平衡绳每周至少检查一次。检查记录有断丝、磨损、腐蚀情况。缠绕不咬绳。固定良好	查资料。缺一种扣1分。 现场检查。一处不合格,扣1分	3 5	
3	制动装置	有测试记录,且符合规定要求,每三年至少测试1次。 充油量适当。传动系统润滑良好。管路无堵塞、漏油现象,闸间隙适当。 电气制动能投入	查资料。未测试任一参数不合符规程要求或测试过程,此项不得分。 现场检查。一处不合格扣1分。 现场检查。无电气制动或不投入,此项不得分	2 4 2	
4	减速器	壳体无裂纹、变形。齿轮无断齿,胶合现象。齿轮的点蚀,腐损不超过20%。滑动轴承无剥落现象。滚动轴承滚道和滚动体无点蚀,保持架完整。无明显振动,润滑良好,不漏油,无异响。不超温	现场检查。一处不合格,扣1分	8	
5	主轴装置	滚筒无裂纹,开焊现象。衬垫螺栓无松动现象。衬垫剩余使用厚度,缠绕式不小于5mm,摩擦式不小于钢丝绳直径。润滑良好,不漏油。无响声和明显振动	现场检查。一处不合格,扣1分	5	
6	深度指示器	传动灵活。润滑良好。行程:牌坊式不小于3/4,圆盘式大于2500,小于3500	现场检查。一处不合格,扣1分	3	
7	电机	接线装置齐全、完整。绝缘座无裂纹。滑环表面光滑,电刷运动灵活。接线规范。线圈温度不超过铭牌规定。轴承温度:滑动≤650C,滚动≤750C。轴承润滑良好,转动灵活。无异响和明显振动。地面高压电机有合格的避雷装置。 绝缘和接地测试合格,且有记录,有效期一年	现场检查。一处不合格,扣2分。 查资料,未测试或无记录或过期,此项不得分	8 2	

表 5

主提升机房检查项目及评分标准(续表)

序号	检查项目	检查的主要内容及标准	检查方法及评分标准	满分	得分
8	高压开关柜	油断路器油位适当、无漏油、变黑现象。真空断路器无氧化变色现象。接触电阻符合要求。真空断路器必须有防止操作过电压装置。母线无氧化现象。操作机构动作灵活,分合标志明显、正确。闭锁装置齐全、可靠。 绝缘和接地符合要求,测试记录有效期一年	现场检查或查资料。有变黑、氧化变色现象或闭锁装置不齐全、失效,此项不得分。其他一处不合格,扣1分。 查资料。任一处不合格,不得分	5 5	
9	检修绞车	有过卷、过放、过电流和欠电压保护。急停开关可靠。制动器可靠。深度指示器指示正确。钢丝绳缠绕整齐,断丝不超过10%,无急弯。连接良好	现场检查,一处不合格,扣1分	6	
10	低压控制系统	元、器件整齐,有标记。各开关,接触器、继电器接触良好。灭弧罩无破损。布线整齐,线端标志清晰,接线规范。端子排金属件无锈迹。熔断器选用适当。金属构架接地可靠	现场检查。一处不合格,扣0.5分	6	
11	仪表	所有仪表指示正确,定期校验,有效期一年	现场检查。一块不合格,扣0.1分	5	
12	信号与通讯	声光信号齐全,通讯畅通。井下使用综保	现场检查。一处不合格,扣1分	3	
13	设施	所有设备有铭牌和责任牌。各种管线整齐。带电和转动部位有栅栏和护罩。机道整齐,不堆放杂物。经常过人处有过桥。消防器材、防护用具,常用工器具齐全、有效。井巷中的自动报警灭火装置可靠。有适当照明。机房门口挂有"要害场所,闲人免进"牌	现场检查。一处不合格,扣0.5分	3	
14	管理	司机经过培训,执证上岗,每班司机不少于2人。按章操作。 机房内张挂有司机岗位责任制,巡回检查制,交接班制,干部上岗制、查岗制,要害场所管理制。各种制度字迹清晰。 机房内张挂有操作规程,电控原理图,巡回检查图,盘型制动器有制动系统图。各图清晰。 装订成册或归档的有:说明书、皮带机总图,减速器总图,逆止器总图、电控接线图。设备履历。 机房内有运行记录,交接班记录,干部上岗、查岗记录,检修、试验、整定记录,事故、故障记录,巡检记录,保护试验记录,外来人员登记。所有记录字迹清晰、工整,在机房存放不少于1月	现场检查。无证或脱岗或违章操作,此项不得分。 现场检查。缺一种制度扣1分,其他一处不合格,扣0.5分。 现场检查。缺一种扣1分。一处不合格,扣0.5分。 查资料。其他一处不合格。扣0.5分。 现场检查。一处不合格,扣0.5分	2 2 2 2 4	

表 6

变电站检查项目及评分标准

检查内容及标准	标准分	评分标准	备　注
一、安全设施及管理	30 分		
无重伤及以上人身事故	3 分	发生死亡事故不得分，重伤 1 人扣 2 分，轻伤 1 人次扣 0.5 分	
无重大设备事故、责任停电事故和误操作事故	6 分	发生特大设备毁损或停电事故不得分，发生重大设备事故或误操作事故一次扣 2 分，发生一般事故一次扣 0.5 分	特大、重大、一般事故的定级按《机电事故管理办法》
备用电源能在规定时间投入运行	3 分	备用方式不符合要求扣 3 分，值班员不熟悉备用操作扣 1 分，如是备自投，没有试验记录扣 0.5 分	
设有选择性的单相接地保护装置且动作可靠	2 分	没有装设不得分，选择不可靠扣 0.5–1 分	
每年进行系统短路参数计算，校验开关遮断容量	2 分	不计算短路参数扣 1 分，不校验开关遮断容量扣 1 分	
定期进行 35kV、6kV 系统接地零序参数的分析计算，有抑制谐振过电压措施	2 分	不进行分析计算不得分，Xco/Xm 大于等于 0.01 且无抑制措施不得分，Xco 系统对地容抗 Xm 单相接地系统对地容抗	
每年进行继电保护和自动装置的整定计算和试验且能 100%可靠动作，交流操作的开关柜应校验继电器接点容量或定期试验储能跳闸回路，预防性试验必须做整组传动，使用微机综合自动化保护装置时钟必须准确统一	2 分	不进行调试不得分，不计算不得分，计算错误每处扣 0.5 分，调试不全每处扣 0.5 分	
定期进行矿井 6kV 系统的接地电流的实测，定期进行接地补偿设备性能的实测，补偿设备不能影响井下选择性漏电保护的可靠动作	1 分	不定期实测不得分，接地电流 20A 以上的系统没有补偿设备的不得分，有补偿但性能没有测试的扣 0.5 分；补偿为过补偿运行时井下为功率方向型漏电保护不得分，欠补偿运行且没有防谐振过电压措施扣 0.5 分	
避雷针（线）的直击雷防护范围满足被保护设备、设施安全运行的要求	1 分	无图纸资料扣 0.5 分，存在严重缺陷每处扣 0.5 分	

表 6

变电站检查项目及评分标准(续表)

检查内容及标准	标准分	评分标准	备　注
需电侵入波的防护满足变电站内设备安全运行的要求	1分	无图纸资料扣0.5分，存在严重缺陷每处扣0.5分	
110kV 变压器中性点过电压防护措施要完善	1分	没有安装放电间隙和避雷器不得分，不完善扣0.5分	
变电站用35/0.4kV 变压器的低压侧有过电压保护装置	1分	没有扣1分，不完善扣0.5分	
定期进行变配电设备的接地电阻和防雷接地电阻的测试;有本供电系统接地电阻的标准（高低压共用120/I，高压250/I,I为系统接地电流）	1分	测试不全每处扣0.2分，电阻值不符合要求且未处理每处扣0.2分;没有本系统接地电阻标准扣0.5分	
定期检测变电站设备与接地网的连接情况（运行10年及以上的地网必须开挖检查）	1分	未检测导通每处扣0.2分,未开挖扣0.5分	
有防火、防冻、防洪、防鸟鼠害措施且符合要求	1分	四种措施少一种扣0.2分,不符要求一处扣0.1分	防火、防鸟鼠措施按《变电站标准化管理条例》，防冻主要是：蓄电池、液压机构
户内设备实现“五防”,户外设备实现“四防”,且闭锁装置功能可靠	2分	有一处不符合要求扣0.2分	
二、设备管理	30分		
变电设备的定级每年进行一次,部分设备的定级按要求进行	5分	未按期定级不得分,未按要求定级每台设备扣0.5分	设备定级标准参照《变电站标准化管理条例》
主要设备完好率100%(一、二类设备统称为完好设备,与定级设备之比为完好率),一类设备率达95%,无三类设备	10分	如有1台三类设备不得分,一类率每降低1%扣1分	主要设备：110kV\35kV所有设备,6kV总开关、刀闸及6kV主要馈出线(风机、主要生产、重要用户等),直流操作系统、站用变
变电站的其他设备完好率达95%,一类设备率达80%	5分	完好率每降低1%扣1分,一类率降低1%扣0.5分	其他设备:除主要设备外的所有设备,包括备用
主要设备的技术档案资料齐全	5分	缺一种扣0.2分	技术档案包括：技术参数、了厂说明书、出厂报告、历年大修、预防试验报告、投运日期、制造厂家

表 6

变电站检查项目及评分标准(续表)

检查内容及标准	标准分	评分标准	备 注
有设备缺陷管理制度并形成闭环	3 分	无制度不得分，未形成闭环扣 0.5–1 分	
有月度检修计划并严格执行，检修有记录	2 分	无计划不得分，执行不合格一处扣 0.2 分	
三、运行管理	30 分		
有现场运行规程且认真执行	5 分	无规程扣 5 分，内容不全扣 1–3 分，执行不好扣 2 分	
有反事故措施和紧急拉闸序位表，安全例行工作按期进行	3 分	无反事故措施扣 1 分，不全面扣 0.5 分；无紧急拉闸序位表扣 1 分；安全例行工作少一次扣 0.5 分，不符合要求扣 0.2 分	
严格“两票”执行，每月末进行两票合格率的评价	3 分	抽查两票发现一处问题扣 0.2 分，汇总审核未进行或不合要求扣 0.5–1 分	
安全用具齐全，试验合格，有编号放置整齐，满足最大检修需要	2 分	数量不足每缺一件扣 0.2 分，无合格证每件扣 0.1 分，无编号放置不规范每件扣 0.1 分	安全用具的配置要求及数量按《变电站标准化管理条例》
值班人员持证上岗，定期参加各级培训、技术问答	2 分	无证一人扣 0.5 分，培训和技术问答每少一人次扣 0.2 分	
变电设备的铭牌、标志牌、定级牌和警示牌应醒目齐全	1 分	缺一处扣 0.1 分	
各类保护装置灵敏、可靠、定期试验，声光报警信号齐全、可靠	2 分	保护装置一处不合格扣 0.5 分，信号不齐全一处扣 0.2 分	
各类监测表计齐全、准确，定期校验	1 分	一处不合格扣 0.1 分	
运行工作记录、运行日志按时准确填写，字迹要求用仿宋体	3 分	不按时或不准确一处扣 0.5 分，字迹不按要求扣 0.5–1 分	运行工作记录的格式和填写要求按《变电站标准化管理条例
各种护栏、护网齐全可靠	1 分	一处不符合要求扣 0.2 分	
有设备定期切换与维护制度且认真执行	1 分	不按期切换维护一次扣 0.5 分	设备定期切换维护制度参照《变电站标准化管理条例》
有一次系统的可操作的模拟图	1 分	无模拟图不得分，不合格扣 0.2–0.5 分	

表 6

变电站检查项目及评分标准(续表)

检查内容及标准	标准分	评分标准	备　注
有电气连接部位的测温制度(定时、专人、定点)	2 分	无测温制度不得分,不按要求扣 0.5-1.5 分	
各种规程、制度、图纸、记录齐全	1 分	缺一种扣 0.1 分	应有的规程、制度、图纸、记录按《变电站标准化管理条例》
通讯设备齐全、畅通	1 分	不齐全少一部扣 0.5 分,不畅通每部扣 0.2 分	中心变电站至少有两部行政电话,与上级调度有不同路径的两部电话,其他变电站保证有两部电话
有继电保护装置的定值台账	1 分	无定值台账不得分,缺一项扣 0.2 分	
四、文明生产	5 分		
各种图表、记录摆放整齐,资料成册,有专柜存放,工器具、保险分类存放整齐	1 分	发现一处问题扣 0.1 分	
室内整洁,窗明几净,物品摆放整齐,厕所清洁卫生,上下水畅通	1 分	发现一处问题扣 0.1 分	
室外无积水,无杂物,巡视和操作通道平整,设备场地平整,绿化合理,无高秆作物	1 分	发现一处问题扣 0.1 分	
值班人员服装符合要求,不穿高跟鞋	1 分	发现一处问题扣 0.3 分	
设备屋顶不漏雨,基础不下沉	1 分	发现一个问题扣 0.5 分	
五、职工培训	5 分		
有年度培训计划、有内容、有负责人、有总结	0.5 分	无计划扣 0.5 分,其他每发现一个问题扣 0.1 分	
站内有职工技术培训档案,记载齐全	0.5 分	缺一次扣 0.2 分,档案记载不全扣 0.1-0.3 分,无档案扣 0.5 分	
反事故演习每季一次,有记载有评语	1 分	未进行,一次扣 1 分,不符合要求扣 0.5 分	
事故预想有课题,有象征,有处理方法,结合本站实际,每月每值至少一次	1 分	未进行,一次扣 0.3 分,内容不全扣 0.1-0.2 分	
每人每月一次的技术问答,内容丰富,并结合本站实际	1 分	缺一人次扣 0.1 分	
当值人员填写一张任意设备停电操作票、并按倒闸操作规范化要求进行模拟操作、要求做到准确、规范	1 分	根据内容限时 15 分钟完不成扣 0.5 分,发现一个问题扣 0.2 分	

表 7

井下变电硐室检查项目及评分标准

评比标准	评分标准	评分办法	检查情况及扣分原因	实际得分	备注
一、硐室结构	25				
1. 变电硐室必须是不燃性材料支护或砌碹(锚喷),并设在新鲜风流内	5	现场检查,全部符合要求得 5 分,硐室不合格扣 3 分,通风不合格扣 2 分			
2. 必须有向外开、合格的防火铁门和栅栏门,门槛高度不得小于 100mm,铁门关闭时的间隙不超过 10mm	5	现场检查,全部合格得 5 分,有一处不合格扣 1 分			
3. 由防火铁门起,5m 内巷道应用不燃性材料支护	3	现场测量检查,符合要求得 3 分,不够 5m 扣 1 分			
4. 硐室长度超过 6m 时必须在两端各设一个出口	4	现场检查,不合格不得分			
5. 引出引入的电缆有穿墙套管,并必须严密封堵。	3	现场检查,封堵不严扣 1 分			
6. 硐室内的高度和宽度应能满足搬运最大设备的外形尺寸的要求	5	现场检查,硐室的高度与宽度有一处不满足设备安装间距或设备搬运方便的要求扣 1 分			
二、设备及布置	25				
1. 设备与电缆标志牌齐全,填写正确,标志牌由型号、规格、容量(长度)、整定值、用途	5	现场检查,发现设备和电缆缺一块标志牌扣 1 分,发现一处填写不正确或内容不全扣 1 分			
2. 设备(电缆)布置排列整齐,设备距墙不得小于0.5m,设备之间应留出 0.8m 的通道,如设备不需从两侧及后面工作的,可以不留间距	5	现场检查,设备(电缆)布置排列有一处不整齐扣 1 分,设备距墙和设备相互之间距离有一处不合格扣 2 分			

表 7

井下变电硐室检查项目及评分标准(续表)

评比标准	评分标准	评分办法	检查情况及扣分原因	实际得分	备注
三、保护及安全措施	25				
1. 过流保护整定必须符合实际要求,动作电流刻度值每年至少校对一次	6	现场检查或查记录,有一台整定不合格扣 6 分(包括熔丝保护),每年不校验一项扣 2 分			
2. 无压释放装置动作可靠,每年校对一次	6	现场检查,发现一台动作不可靠扣 6 分,一台不校对扣 2 分			
3. 低压馈电线上应装设检漏保护装置,并执行日试验制;风机专供馈电开关应该设警铃	6	现场检查,未安或实际试验有一台不灵敏扣 6 分;查当月日检记录,一天漏试一台扣 0.2 分,查上月或当月远方试验,缺一次扣 0.5 分			
4. 接地系统、接地装置的材质、截面、连接以及接地电阻符合规定	3	现场检查和实测,发现一处不合格扣 3 分			
5. 硐室两头分别设置 2~4 个合格的电气火灾灭火器和不少于 $0.2m^3$ 的灭火沙,单个沙箱或沙袋的重量不超过 10kg	2	无电气火灾灭火器、无沙箱不得分,有一项不符合要求扣 1 分,一种数量不足扣 0.5 分			
6. 有合格的高压绝缘手套、绝缘台或绝缘靴(每年做一次试验)	2	现场检查并查记录,缺一种扣 1 分,一种不试验扣 0.5 分			
四、资料与环境、制度	25				
1. 供配电系统图必须与实际配置相符,并有过流整定计算	6	现场检查(或查资料),无图不得分,一处与实际不符扣 1 分,一处不计算扣 1 分			
2. 硐室内清洁,无积水、无杂物、淋水不得淋到设备上	1	现场检查,有一处不符合要求扣 1 分			

表 7

井下变电硐室检查项目及评分标准(续表)

评比标准	评分标准	评分办法	检查情况及扣分原因	实际得分	备注
3. 使用公司统一的变电所综合记录本,有维修记录及检漏运行试验测试记录、事故记录、交接班记录、巡回检查记录、要害场所登记簿,有停电作业牌,入口有照明和明显的"非工作人员禁止入内"警示牌,有维护负责人	7	现场检查记录、作业、警示牌,缺一项扣1分,无维护负责人扣1分(采区变电所应有维修、检漏、运行试验测试、巡回检查等记录和停电作业牌)			各记录要求用钢笔或圆珠笔按要求认真填写,字迹清楚,否则不得分
4. 室内温度不超过30℃	1	现场测量,超过30℃不得分			
5. 室内应有照明灯,灯的间距为3~6m	1	无照明或不合规定不得分			
6. 要害场所管理制度和干部上岗查岗制	2	现场检查,缺一项扣1分,执行不好扣0.5分			无人值班除外,但门必须加锁
7. 岗位责任制和交接班制度	2	现场检查,缺一项扣1分,执行不好扣0.5分			
8. 安全操作规程和包机制度	2	现场检查,缺一项扣1分,执行不好扣0.5分			
9. 机电设备定期检修制和电气试验制度	2	现场检查,缺一项扣1分,执行不好扣0.5分			
10. 有巡回检查检修制度	1	现场检查,缺一项扣1分,执行不好扣0.5分			

地面生产单位机电管理绩效考核办法

为了提高地面生产厂机电设备管理水平,减少地面生产厂机电事故的发生,保证生产正常进行和公司经济效益的提高,特制定本考核办法。

一、考核工作由机电处组织,每季度进行一次全面检查,结合本季度不定期抽查结果,对地面厂的机电工作予以综合评定。

二、地面生产厂按公司机电处下发的各自的机电综合管理评分标准执行。

三、对地面生产厂的评分满分100分,按每季度检查结果评分排名。第一名 奖励20000元;第二名奖励18000元;第三名奖励15000元;第四名到第六名各奖励8000元,最后一名罚款2000元;

附表1:选煤厂机电管理绩效考核标准

附表2:地面生产厂机电管理绩效考核标准

(西山煤电发[2006]23号文)

附表 1

选煤厂机电管理绩效考核标准

序号	项　　目	分数	评分标准	扣分原因及原因
1	设备综合完好率达 90%,主要设备完好率达 95%,事故率不超过 1%	10	一项不达标扣 5 分	
2	按计划完成公司下达的大修和本厂的年、季、月检修计划	5	一处不合格扣 1 分	
3	设备铭牌、完好牌、责任牌、标志牌完整清晰	5	一处不合格扣 0.5 分	
4	建立健全各项设备管理制度并严格执行	10	一处不合格扣 1 分	
5	润滑管理图表及排版齐全，并且有详细的记录	5	一处不合格扣 0.5 分	
6	设备档案齐全,内容充实,主要设备一台一档	5	一处不合格扣 0.5 分	
7	主要生产设备符合完好标准，自动控制系统动作可靠,运行正常	35	一处不合格扣 0.5 分	
8	供电系统安全可靠、严格执行规程并完成公司下达的电耗指标	10	一处不合格扣 1 分	
9	机电事故严格管理并追查、处罚	5	一处不合格扣 3 分	
10	安全、消防设施齐全可靠	5	一处不合格扣 0.5 分	
11	生产现场、设备清洁有序	5	一处不合格扣 0.5 分	

附表 2

地面生产厂机电管理绩效考核标准

序号	项　　目	分数	评分标准	扣分原因及原因
1	设备综合完好率达 90%,主要设备完好率达 95%,事故率不超过 1%	10	一项不达标扣 5 分	
2	设备档案齐全,内容充实,主要设备一台一档	5	一处不合格扣 1 分	
3	设备铭牌、完好牌、责任牌、标志牌完整清晰	5	一处不合格扣 0.5 分	
4	建立健全各项设备管理制度并严格执行	10	一处不合格扣 1 分	
5	设备定期维护保养，润滑管理图表及排版齐全,并且有详细的记录	5	一处不合格扣 0.5 分	
6	主要生产设备符合各行业完好标准,自动控制系统动作可靠,运行正常	30	一处不合格扣 0.5 分	
7	危险作业场所符合安全要求；有瓦斯和其他有害气体积聚场所的设备符合防爆要求	10	一处不合格扣 3 分	
8	供电系统安全可靠、严格执行规程和两票制度及停送电程序化管理	10	一处不合格扣 1 分	
9	机电事故严格追查、处罚并上报机电处	5	一处不合格扣 3 分	
10	安全、消防设施齐全可靠	5	一处不合格扣 0.5 分	
11	生产现场、设备清洁有序	5	一处不合格扣 0.5 分	

机关直属单位机电管理绩效考核办法

为了加强对电力公司、设备租赁公司的管理职能进行监督和考核，促使其更有效地发挥对二级单位的服务、协调和指导作用，特制定本办法。

1. 每季度由机电处组织对电力公司和租赁公司的工作按机电管理绩效考核标准进行检查评分。

2. 评分标准满分为100分。得分在95分以上，奖励20000元；得分低于95分每降1分减少奖励2000元；90～85分之间，不奖不罚；得分在85分以下，罚款5000元。

附表1：电力公司机电管理绩效考核标准

附表2：设备租赁公司机电管理绩效考核标准

（西山煤电发[2006]23号）

附表1

电力公司机电管理绩效考核标准

序号	项目	分数	评分标准	扣分原因	扣分
1	电量、电费、功率因数、收费率完成计划指标	10	一项未达标扣3分		
2	无一般及以上供电责任事故及供电调度责任事故，无重伤以上人身事故	10	发生一次此项不得分		
3	设备完好率100%，一类率达到90%	10	每降1%扣1分，主要设备一台不完好不得分		
4	安全用具、消防设施、仪器、仪表配备齐全完好	10	一处不合格扣 1 分		
5	认真组织好预防性试验，发现的问题要及时处理	10	一处未作试验扣1分，问题未及时处理扣3分		
6	严格执行操作规程、两票制度及停送电程序化管理	10	一处不合格扣2分		
7	报表、记录齐全、完整；图表、牌板齐全、正确	10	一处不合格扣1分		
8	变电站及各级调度环境整洁，文明生产	10	一处不合格扣 1 分		
9	持证上岗，并对上岗人员现场抽考	10	发现一人次无证扣3分，现场抽考不合格扣1分		
10	认真发挥职能管理作用，对矿属变配电系统的业务管理，技术指导到位	10	一处管理不到位扣 2 分		

附表 2

设备租赁公司机电管理绩效考核标准

序号	项目	分数	评分标准	扣分原因	扣分
1	建立健全各种规章制度和租赁设备租赁办法	5	一种制度执行不好扣1分,内容不全扣0.5分		
2	加强设备、配件管理,建立租赁设备台账和设备技术档案,实行专人管理	5	实物与以台账不符扣1分,档案不全扣0.5分		
3	每个综采工作面主要设备选型按使用单位设计选择,并经公司主管领导和机电副总工程师同意	5	选型不经领导同意扣2分,与设计不符扣1分		
4	认真编制《采煤工作面衔接表》提供的租赁设备配套合理、质量完好,满足生产工艺要求	15	一台配套不合理扣2分,一台不完好不足扣1分,不及时扣0.5分		
5	提供的备用设备与配件数量足、质量合格	10	备用设备或配件一件不合格扣0.5分		
6	租赁设备的检修单位有资质,公司以外单位检修有公司领导意见	10	一个检修单位无资质扣1分,外单位检修无领导意见扣2分		
7	检修的租赁设备质量合格,本季度无直接责任事故	10	有一次责任事故扣2分		
8	设备出租率在60%以上	5	以当年元月至检查日月累计平均计算值为准		
9	采掘设备、配件储备资金不超过集团公司下达的指标	5	超指标不得分		
10	设备配件库房的防火、防冻、防盗、起吊搬运等设施齐全	5	一处不合格扣1分		
11	对造成事故的责任检修单位,有索赔和处罚,及时上报有关部门	10	一次事故无索赔和处罚扣2分,一次不上报及时扣0.5分		
12	参加公司组织的综采工作面验收	5	缺一次扣1分		
13	参加公司组织的机电设备事故追查会,并提供有关材料	10	缺一次扣1分,提供材料不及时不准确扣1分		

矿井机电设备包机组绩效考核办法

为不断提高公司机电设备管理水平，加强机电设备在拆装、使用、维护和检修过程中的管理，保障机电设备安全运行，进一步落实设备包机责任制，特制定本办法。

一、适用范围：

本办法适用于对山西焦煤西山煤电集团公司所属各矿及井下各机电设备包机组。

二、具体要求：

各矿成立设备包机竞赛领导组、包机管理组和设备包机组，制定切实有效的包机竞赛管理考核办法，并报公司机电处备案。

1. 包机竞赛领导组：矿有关领导

2. 包机管理组成员的组成：矿有关机电设备管理的人员。

3. 成立各相关设备的包机组，确定包机组负责人和成员，建立包机组成员档案。

4. 制定包机责任制，建立健全相应的考核标准，保证台台设备包机落实到人。

（1）包机竞赛范围应包括：井下采、掘、开队组及其他生产辅助队组。

（2）包机设备使用统一的包机责任牌。

（3）各矿根据包机组考核办法，每月进行严格的自检评比，并有考核结果和奖罚记录。

（4）对上级及集团公司查出的问题应及时三定处理，处理结果应有记录。

（5）各矿机电科须将以下有关材料及时报公司机电处：

①新型电气设备报产品合格证、煤安标志和使用说明书。

②新综采工作面，安装完毕后试生产 15 天，报工作面设计说明书和验收申请书。

③对在用的井下电气设备进行改造前，报煤安标志和说明书。

④每季初的 3 日前，报上季包机组考核评比总结。

三、检查和评比

1. 机电处每季度进行专项包机检查和不定期抽查，检查采取查看资料和下井进行现场检查相结合的方式进行。

2. 对各矿包机组管理的评分根据各矿设备包机制的开展落实情况进行。重点对采煤队、掘进队的各包机组活动情况进行考核。

3.评分办法见表 12，满分为 100 分。

四、奖励与处罚

（一）按矿设备包机组管理得分进行排名，第一名奖励 40000 元，第二名奖励 30000 元，第三名奖励 20000 元，第四名奖励 10000 元，最后一名罚款 2000 元。

（二）得分在 85 分以下的矿，每降 1 分罚款 5000 元。

附表：机电包机组管理考核评分表

（西山煤电发[2006]23 号）

附表

机电包机组管理考核评分表

类别	内容	分数	存在问题	扣分及原因
机电管理	包机管理组	5	有包机管理组,能够积极发挥作用	
制度建设	包机管理办法	5	制定切实有效的包机管理办法,并能认真实施	
	包机检查和记录	5	对包机设备的检查有原始记录,并有处理结果	
	包机人员及培训	5	包机人员经过培训,考核合格,证件有效	
包机组现场管理	电气设备	10	设备完好,保护齐全,无失爆	
	三大保护	10	齐全完好,动作有效	
	电缆管理	5	选用合格,吊挂规范	
	机械设备	5	设备完好,防护设施齐全	
	五小管理	5	五小件完好,按规定管理	
	操作人员	5	持证上岗,操作规范,无三违现象	
	机电事故管理	5	不发生重大机电责任事故,事故管理规范	
资料管理	设备图纸、档案管理制度、规程	5	齐全完整规范,装订成册	
	防爆设备（一证一标志）	5	齐全、完整	
	胶带、电缆风筒、隔爆水袋	5	进行阻燃测试、防静电测试,并有报告	
	各类电气试验	5	按规定试验,记录完整齐全	
	报表、总结、供电设计及新型设备的资料等	5	按时、按规定上报	
质量标准化建设	达标及重大隐患情况	5	是否达标,是否存在重大隐患	
机电奖罚	机电奖励及处罚的兑现	5	是否兑现	

机电事故管理考核办法

为了加强机电事故的管理，促进各矿管好、用好机电设备，减少机电事故的发生，降低机电设备事故率，确保机电安全和生产任务的顺利完成，特制定本办法。

一、适用范围：

本办法适用于对山西焦煤西山煤电集团公司所属各矿。

二、具体要求：

1. 各矿应成立事故管理领导组，制定切实有效的事故管理考核办法，并报公司机电处备案。

2. 机电事故管理组成员应认真履行职责，加强设备的完好管理，加强职工的技术素质培训，要督促职工严格按操作规程作业。

3. 各矿要保障设备检修时间，必须加强设备的维护保养，保证设备检修质量。

4. 发生6小时以上机电事故时，必须如实上报有关上级主管部门，并做好记录，矿调度、机电调度的记录应与公司总调度的记录相符，不得瞒报、漏报或不报。

5. 各矿每月应对本月发生的各类2小时以上机电事故进行认真统计，并严格按照《机电事故管理条例》进行追查、分析和处罚，每季初3日前将上季度事故统计表和总结报公司机电处。

三、检查评比

公司依据每季度对各矿事故管理情况进行检查评比，按照机电事故检查评分表评分。

四、奖励与处罚

1. 机电事故管理考核每季度一次，按表13进行评分，满分为100分。

2. 对考核评比排名前五名的矿，第一名奖励20000元，第二名奖励15000元，第三、四名奖励10000元，第五名奖励5000元，最后一名罚款2000元。

3. 各矿的重特大机电设备事故必须按规定记录并上报有关单位。对于隐瞒不报或不记录的，取消当季奖励，并对矿罚款1~2万元。

附表：机电事故管理评分表

（西山煤电发[2006]23号）

附表

机电事故管理评分表

序号	考核内容	分数 100分	评分办法	扣分原因	得分
1	有机电事故管理组织机构和矿制定的机电事故管理条例	10	无机构或不健全扣1~5分，不能正常发挥作用1~5分		
2	本季未发生等级机电事故及重大以上机电责任事故	15	发生一起2小时以上事故扣0.5分，发生一起重大事故扣2分，发生一起重大机电责任事故本项不得分		
3	无影响综采队生产6小时以上事故	15	发生一起扣 2 分		
4	3日内无重复重大事故发生	10	发生一次不得分		
5	对等级事故及时追查分析处理，并有处理结果和记录	10	未追查处理一起扣五分，不及时或妨碍调查扣 2 分		
6	发生等级事故及时认真登记并上报	10	无记录一次扣 3 分，隐瞒不报一次扣 5 分		
7	事故报告和季度总结材料上报及时、规范、字迹清楚，内容不全	10	一次（处）不合格扣 2 分		
8	严格执行三不放过原则	10	未执行不得分，执行效果不好扣 3 分		
9	认真执行本办法规定	10	一次执行不好扣2分		

矿井生产技术管理基础工作若干规定

第一章 总 则

第 1 条 为加强煤矿生产技术管理基础工作，依据《煤矿安全规程》、《生产矿井安全管理及质量标准化检查标准评分办法》以及《国务院关于促进煤炭工业健康发展的若干意见》等有关技术规范及政策，特制定本规定。

第 2 条 生产技术管理工作是煤矿生产管理的一项重要的基础工作，各级领导及工程技术人员必须认真学习、贯彻执行本规定。

第 3 条 加强对生产技术管理工作的领导。建立健全以公司总经理、矿长为首的行政管理体系和公司、矿总工程师为首的技术管理体系。

第 4 条 煤矿生产技术管理基础工作在公司、矿总工程师的直接领导下进行。公司、矿总工程师对重大生产技术问题提出的方案、措施或意见，经公司总经理、矿长审定或上级有关部门批准后，由专人负责组织实施。

第 5 条 公司、矿生产技术管理工作必须以认真落实党和国家的安全生产方针政策为最高标准，严格执行国家和上级部门颁布的有关法律、法规、条例、命令和标准等。以"一通三防"为重点，加强对顶板、水、火、粉尘以及周边小煤窑等不安全因素的管理。以提高矿井的综合效益为目标，整体推进矿井技术进步，提高矿井技术管理水平。

第 6 条 公司、矿生产技术部门必须加强领导，强化责任、强化管理、强化监督、强化培训。选派经验丰富、技术水平高、业务能力和责任心强的人员担任公司、矿副总工程师，协助公司、矿总工程师做好技术工作。必须明确各业务部门的职责范围和技术人员、管理人员的职责、权限，并严格进行考核。

第 7 条 各矿必须完善矿井各工种技术操作规程和作业规程。完善技术管理制度，并每年进行一次修改补充，打印成册。建立规程贯彻制度，所有上岗人员都必须进行规程学习和考核。

第二章 设计管理

第 8 条 设计遵循的原则

1. 严格执行国家煤炭工业健康发展的方针政策和发展战略，有关法规、规程和规范的规定。

2. 充分考虑国民经济和区域经济发展需要及国内外市场需求，合理开发和有效利用资源。

3. 综合分析煤矿企业发展趋势，借鉴国内外矿区开发经验，采用先进的科学技术，不断提高矿井现代化水平。

4. 以经济效益为中心，用相对较少投资，较短时间，实现少投入、多产出，取得矿井改扩建、技术改造的最大经济效益。

5. 对矿区有工业价值的其他有益矿物应规划开发和利用，提高经济效益。

6. 适应经济发展和科学技术进步的需要，为矿井扩建与发展留有余地。

7. 贯彻安全生产方针，努力改善劳动条件。

第 9 条 矿井的改扩建、技术改造、开拓延深、采区及工作面设计，必须在原有勘探部门提交的矿井精查地质报告基础上，根据矿井实际和补勘的地质资料，按照工程的不同要求，由矿总工程师组织有关技术人员，编制地质报告，报地测处审查，经公司总工程师审批后，提前 2～3 个月提交给设计单位。属于矿井改扩建、技术改造、开拓延深的地质资料提交公司设计院；属于接替采区、工作面设计的地质资料提交各矿设计部门。

第 10 条 公司设计院负责公司矿区内大型改扩建工程、大型技术改造工程、0.9Mt/a 以上的新建矿井的可行性研究报告、安全预评价、初步设计、安全专篇、跨行业专业性工程、三级以上工业及民用建筑工程和结构工程等设计项目的外委设计、合同签约、资金标定、技术确定协商、设计文件回收等管理工作。

公司设计院负责矿区内较大规模的技术改造工程，矿井中型规模的改扩建工程，矿井开拓延伸工程，规模为 0.9Mt/a 及以下新建矿井及其配套工程的可行性研究报告、初步设计、安全专篇及相应的施工图设计和概预算编制工作。

第 11 条　矿井设计要选择先进的技术和装备进行多方案比较，坚持技术与经济统一的原则，矿井开拓布局优化设计方案由公司设计院完成，经公司总工程师召集有关处室及矿技术人员集体研究后组织实施。根据公司的实际情况，搞好采、掘、开、机、运、通、选的综合配套。并做好以下几点：

1. 高瓦斯矿井的每个采区、开采容易自燃煤层的采区、低瓦斯矿井开采煤层群和分层开采采用联合布置的采区都必须设置至少 1 条专用回风巷。

2. 在回风井、总回风巷和专用回风巷中不应敷设电缆。

3. 非单一煤层单一煤种的煤炭开采应合理配采，并进行分采分运。

4. 坚持少送岩巷多送煤巷的原则；坚持掘进机械化与采煤机械化相配套的原则。

5. 井巷支护优先采用锚喷、锚杆、锚索支护，锚杆和锚索必须锚固在稳定岩层中，松软岩层必须全长锚固。

6. 积极引进先进技术，提高立井施工机械化水平，施工后的井筒必须支护。

7. 当 1 个采煤工作面瓦斯涌出量大于 $5m^3/min$ 或 1 个掘进工作面瓦斯涌出量大于 $3m^3/min$，用通风方法解决瓦斯问题不合理时；当矿井绝对瓦斯涌出量大于或等于 $40m^3/min$ 时，必须建立地面永久抽放瓦斯系统或井下临时抽放瓦斯系统。

8. 矿井必须建立完善的防尘供水系统。

9. 矿井必须装备瓦斯监测监控系统。

10. 开采容易自燃和自燃的煤层时，必须有完备的防灭火系统。

11. 水文地质条件复杂或有突水淹井危险的矿井，必须按《煤矿安全规程》的要求设置防水闸门。

12. 工作面装备应坚持高强度、大功率、智能化、技术先进、性能可靠、环节配套的原则。

13. 矿井和采区运输设计应尽量采用连续化运输方式。矿井大巷主运输优先采用胶带输送机。辅助运输应优先选用胶轮车、连续牵引车、单轨吊等运输设备。

14. 大型固定设备应选用高效、节能、运行安全可靠、监测监控程度高的新设备。

15. 采用先进的开采技术和装备，实现煤炭资源的精采细采，提高煤炭资源的回收率。

16. 选煤厂设计依据煤质、市场、环保和经济效益的要求，采用先进的工艺和装备。

第 12 条　矿井设计的审批程序与管理

1. 公司计划部门要根据公司对各项工程项目的工期安排，考虑到勘察和设计周期，及时下达年度计划。各矿、厂、处需要由设计院对工程项目设计时，必须根据年度计划与设计院签订设计合同，并向设计院提交经计划处签认的设计委托书，由设计院进行设计。

2. 矿井改扩建设计，必须严格履行立项程序。利用国家贷款的矿井改扩建项目，由公司计划处组织编制项目建议书，报上级主管部门审批，上级主管部门批准的项目建议书，落实项目资本金后，由公司设计院根据自身资质编制或委托有相应资质的设计单位编制可行性研究报告，由计划部门报上级主管部门，依据上级主管部门批准的可行性研究报告再进行初步设计。初步设计由公司总工程师组织有关部门进行审查后，报上级主管部门。初步设计批准后，进行施工图设计，施工图设计原则上应在施工前四个月提供。对公司当年计划、当年施工的项目，应在施工前提交建设、施工单位。

3. 矿井技术改造设计，必须在生产能力核定和矿井发展规划的基础上进行。利用国家贷款的技术改造项目均应按国家有关规定，由公司计划处负责报上级主管部门审批其项目建议书和可行性研究报告。对工艺（或系统）改变较大的项目，还应按规定由设计院负责报批初步设计。可行性研究报告、初步设计、重大项目的项目建议书的编制单位，必须具备与所设计内容相对应的设计资质。

生产环节局部改造设计可行性研究报告由矿编制，改造设计报告由公司总工程师批准。

4. 矿井开拓延深设计，由公司总工程师组织有关部门提出延深设计原则，设计院编制方案设计和初步设计。工程开工前半年编制完施工图及预算。

5. 采区（盘区）设计

（1）编制依据：《煤矿安全规程》、《煤矿开拓布置改革 23 条规定》、《煤矿设计规范》等技术文件；矿井开拓布置和采区衔接的安排，远景与近期结合的生产技术要求；公司批准的采区地质报告；“三下”永久性煤柱设计资料；编制单位总工程师提出的设计原则。

（2）设计步骤：学习技术文件和有关政策，进行现场调查和方案对比，进行设计。

（3）时间要求：地质部门要在设计前 2～3 个月向设计单位提供采区地质报告。采区（盘区）设计必须在开工前 6～9 个月经方案比较后提出设计初稿，由设计单位总工程师组织有关部门进行认真讨论审核,开工前6个月定文。由设计单位总工程师签字,报公司审批。公司收到采区设计后,由公司采掘副总工程师(或总工程师)组织有关副总及有关处室进行会审,公司审批时间最长不得超过2个月。审批中提出修改、变更、补充的意见。设计单位要在审批后20天内修改补充完毕,并报公司在10天内复审完毕,公司正式下文批复。

(4) 审批制度及要求:①开延采区(盘区)设计一般由设计院负责编制,接替采区(盘区)设计一般由矿方负责编制,均由公司审查批准,不能及时审批或作出错误的审批由公司总工程师负责。②公司审查或复审并经公司总工程师批准后的设计为正式采区设计,一经批复不准任意修改。③无批准的设计不能进行施工图设计。④设计部门要在开工前1.5个月向施工单位提交设计和施工图。⑤如采区(盘区)局部工程变动且不影响采区大局,经设计单位总工程师批准,报公司备案,可以修改。如因采区设计主要依据发生变动,需由公司总工程师召开专题会议研究决定。

(5) 采区(盘区)设计编制内容应包括四部分:①采区设计说明书;②采区设计图纸;③主要机电设备及器材目录;④采区设计概算书。

6. 采煤工作面设计

(1) 采煤工作面设计必须以公司批准的采区设计和采区地质报告及设计规范为依据。

(2) 采煤工作面设计前,必须由矿总工程师负责组织编制采煤工作面地质说明书。

(3) 采煤工作面设计,由矿总工程师组织本矿设计单位按照前述要求进行编制,对采煤工作面有煤层自燃、瓦斯涌出异常、水害火灾威胁和非正规采煤方法的工作面,要在设计中提出相应的安全技术措施。

(4) 设计文件和地质说明书必须有矿正规的审批手续,各矿所有采煤工作面设计在巷道施工前2个月完成,并由矿长和总工程师签字批准后报送公司进行审查。

(5) 提交的采煤工作面设计应由公司采掘副总工程师牵头,组织有关部门进行审查,提出书面报告,经公司总工程师批准后执行。

7. 各矿、厂的小型技术改造工程,地面零星建筑工程设计,由公司设计院同意后,可由各矿、厂在设计院登记备案的设计人员进行设计,并在施工前报送公司设计院审批。

第三章 现场管理

第13条 采掘工作面投产、开工前,必须有批准的作业规程,作业规程的管理要按照《采掘运作业规程管理细则》和有关规定的要求进行,编制的作业规程要有针对性和指导性。特殊工程,如采掘工作面过地质构造、过破碎带、过老空以及巷道开口和贯通等,都必须有专门的安全技术组织措施。

第14条 采掘工作面作业规程要依据批准的采区设计、工作面设计、地质说明书、本煤层或相邻工作面矿压观测资料、煤矿安全规程、岗位技术操作规程等进行编制,由矿总工程师或分管副总工程师组织有关技术业务部门的主管工程师进行会审,不得采用传阅审批,并经总工程师审查批准后执行。

第15条 矿总工程师或分管副总工程师每月要对作业规程进行一次全面复查,复查要有记录,对查出的问题要及时进行整改。公司每季度质量标准化检查的同时要对作业规程的编制内容、贯彻学习、执行、复查等一并进行检查。

公司每年、矿每半年要对作业规程的编制及其管理工作组织一次检查评比,对评选出的优秀作业规程给予表彰奖励,提高作业规程的编制水平。

第16条 采煤工作面构成生产系统后和工作面投产前,矿都要向公司有关部门申请验收,验收合格后方可投入生产。

第17条 采掘工作面应实行正规循环作业,提高单产单进。采掘作业规程的劳动组织和循环作业图表,应采用先进的工艺流程和合理的劳动定额。作业图表应随地质、生产等条件的变化及时修改,由矿总工程师批准后实施。采掘工作面结束后,应进行总结和技术经济分析,并报公司生产技术处备案。

第18条 公司、矿生产技术部门要制定顶板管理制度,建立顶板管理责任制。矿要根据年度生产计划,安排采掘工作面的矿压观察计划,采区要设专人负责矿压观察和记录,并及时向生产技术科提供矿压观察的原始数据,生产技术科要及时进行分析,并将分析结果和处理意见报矿总工程师及矿有关领导。

第19条 所有工程都必须严格执行《煤矿质量标准化标准及考核评级办法》的规定,严格执行工程质量检查验收制度。采掘工作面要配备专职质量验收员，必须实行每班检查验收，并有记录。矿要由分管矿长或副总工程师组织有关人员进行旬检月验，每月评定一次工程质量，凡不合格的工程要返工。

矿井开拓延深、技术改造和改扩建工程，由公司工程质量监督站负责对工程进行日常的监督管理和移交前单位工程的认证工作，未经公司工程质量监督站认证，不得组织移交验收。

第20条　各矿对巷道、峒室都要经常进行检查，因巷道、峒室长期失修造成停产或伤亡事故的，要追究矿长、总工程师的责任。

第21条　采掘工作面应设置醒目的巷标、警标和避灾路线指示牌。施工牌板齐全，并悬挂在照明好、便于观看的位置。

第22条　所有采掘工作面、主要峒室都应设有完善的通信设施，大巷及交叉点附近应安设信集闭系统，做到调度指挥灵活及时。

第四章　回　采

第23条　回采工作面要根据煤层贮存条件，选择与煤层厚度相适应的采煤设备。优先采用先进的综合机械化采煤方法。

公司、矿要积极研究新技术，推广使用新装备，简化回采工艺，提高生产效率和煤炭回收率。

第24条　采煤工作面所有安全出口与巷道连接处20m范围内，必须加强支护；综合机械化采煤工作面，此范围内的巷道高度不得低于1.8m，其他采煤工作面，此范围内的巷道高度不得低于1.6m。安全出口必须设专人维护，支架发生断梁折柱、巷道底鼓变形时，必须及时处理。

第25条　回采工作面要安设压力表、圆图仪、单体测压仪，建议安装支架工作阻力远距离监测计算机系统。回采工作面必须进行矿压观测、支护质量和顶板动态监测，动态监测必须抓好“监控、图表、阅示、贯彻”四个环节，使监测的资料能及时指导生产。对矿压观测结果要进行分析，总结顶板压力显现规律，并分煤层分顶板存档备案，为回采工作面设计和支护选型提供科学依据。

第26条　回采工作面初次放顶、过断层、过无炭柱、过空巷、过老窑、过冒顶区、过煤柱、托伪顶开采或托顶煤开采以及工作面收尾等，必须制定周密的安全技术组织措施，经矿总工程师或分管副总工程师批准后执行。

第27条　回采工作面应保证工作面支护强度达到作业规程规定的要求。乳化液泵站压力：高档普采泵站压力≥18MPa，综采泵站压力≥30MPa；泵站必须使用浓度测试仪检查乳化液的浓度配比，乳化液浓度：高档普采不得低于2%~3%，综采不得低于3%~5%；综采工作面液压支架初撑力不得低于规定值的80%，高档普采工作面单体液压支柱初撑力≥90KN，两巷超前支护单体支柱初撑力≥60KN。

第28条　综采工作面端头应使用端头支架，综采工作面端头支架应与综采支架相配套。安全出口处要采用适宜的方式加强支护，以保证端头和安全出口处的安全生产。

第29条　回采工作面要建立设备运行和检修制度，保证设备的正常运行，各种机械和电气设备的管理维护要落实到人，设备的检修时间每天不少于4~6小时。

第30条　工作面要严格按照作业规程的规定和质量标准化的要求进行管理，每日要填图标明工作面推进情况，以加强工作面正规循环作业。综采工作面安装与拆卸线路应畅通，安装和拆卸必须制定安全技术措施，经矿总工程师批准后贯彻执行。

第31条　非壁式采煤工作面回采前必须有正规的设计，并编制作业规程，经矿总工程师批准后执行，并报公司有关部门备案。

第32条　工作面回采前，对30m×30m及以上的无炭柱，应根据无炭柱所处位置等实际情况，尽可能采取甩绕无炭柱的技术措施。

第33条　采用放顶煤采煤时，要根据煤层赋存条件、地质构造等选用合理的采煤设备，进而研究合理的放煤参数(放煤步距、采放比、放煤方式)。

第34条　采用放顶煤开采时，要优先考虑“厚煤层错层位巷道布置采全厚采煤法”，取消工作面间的煤柱，提高采区回采率。

第五章　开拓掘进

第35条　矿总工程师在每个“五年计划”的前一年负责组织编制矿井生产水平、采区接替的中、长期发展规划，每年要对规划进行修订，每年8月前编制出下年度的采掘接替计划，并报公司总工程师批准后执行。

第36条　矿井水平延深工程，必须保证在上一个水平产量递减的半年前，按设计要求形成第一个具备竣工投产条件的工作面。接替的新采区，必须保证在旧采区产量递减的3个月前，按设计要求形成第一个具备竣工投产条件的工作面。工作面正常接替要留有足够的接替时间，一般高档普采工作面要提前1个月形成系统，综采工作面要提前3个月形成系统。

带压开采的工作面，要留有足够的钻探、疏干降压放水时间；需要做设施、工程的工作面要留有足够的衔接时间。

第37条　公司、矿总工程师应以矿井合理集中生产、提高采掘运机械化程度、建设高产高效矿井为目标，把矿井生产环节技术改造、改革开拓部署、优化巷道布置作为重要技术基础工作。

第38条　矿井开拓巷道要积极推广中深孔光面爆破技术和硬岩掘进机，装备岩石作业线；推广半煤岩掘进机，提高掘进机械化水平和单进水平。

第39条　要积极采用巷道锚杆支护，提高巷道支护质量，支护形式应根据围岩岩性、层理、节理以及巷道用途等情况在设计时进行合理选择，并在作业规程中作出明确规定。

第40条　矿要积极开展巷道矿压观测工作，推广使用先进的矿压观测装备，探索矿压观测的新途径，掘进工作面采用煤巷锚杆支护时，必须安设顶板离层仪和锚杆测力计，安设距离和观测频度要在作业规程中明确规定，矿要设专人或兼职人员进行矿压观测数据的收集、整理、分析、存档备案工作，作为支护材料、支护参数选择的依据。

要认真开展质量标准化工作，加强现场支护质量的管理，对锚杆孔布置、角度、锚固力、混凝土试块等要加强现场技术管理，锚杆的预紧力符合设计要求。

第41条　煤巷锚杆支护巷道施工过程中，应每隔50m对顶板进行一次探孔检查，若顶板岩性发生变化、锚杆锚入稳定岩层不足500mm时，必须及时采取加强顶板支护措施并修改支护设计。队组在施工过程中顶板岩性发生变化时，要及时汇报有关部门并采取有效措施加强顶板支护，并对资料进行存档。

第42条　必须加强掘进工作面巷道贯通的安全技术管理，通风部门和施工队组都必须制定贯通的专项安全技术措施，经矿总工程师批准后执行。综合机械化掘进巷道在相距50m前，其他巷道在相距20m前，地测部门要及时下达贯通通知单，停止一个工作面掘进，必须保证贯通点两侧巷道支护完好和正常通风。巷道贯通时，要有区（科）队领导现场指挥，贯通后要立即调整通风系统，防止瓦斯积聚。

第43条　掘进工作面遇断层、无炭柱、顶板破碎等特殊地质构造和巷道开口时，必须制定针对性的安全技术措施，经矿总工程师批准后执行。

第44条　掘进工作面严禁空顶作业。采用锚杆支护时，锚杆必须紧跟工作面。炮掘工作面靠近掘进工作面10m内的支护，在爆破前必须加固。爆破崩倒、崩坏的支护必须先行修复，之后方可进入工作面作业。修复支架时必须先检查顶、帮，并由外向里逐架进行。

第45条　积极研制喷射混凝土自动上料系统。采用人工上料喷射时，必须采用潮喷，并使用除尘机对上料口、余气口除尘。喷射前，必须冲洗岩帮，喷射后应采取养护措施。

第46条　开掘岩巷采用耙斗机装岩时，为了避免放炮损坏机器和保证较高的装岩效率，耙斗装岩机距工作面以6m~25m为宜。

第六章　地质测量

第47条　地质、测量工作，必须坚持为煤炭生产和安全服务的方向。及时了解生产情况，有针对性地解决生产中的地质、测量问题。

1. 根据煤矿生产不同阶段的需要，提供相关的各种地质、测量资料。

2. 及时进行地质和水情水害预报，解决生产中遇到的地质、测量、水文地质问题。

3. 认真贯彻执行《矿产资源法》，寻找煤炭资源，增加可采储量，保证矿井正常生产衔接、技术改造及改、扩建有可靠的工业储量。

4. 对煤炭资源的合理开采和井巷施工进行业务监督。

5. 对井田及周边小煤矿进行监督、检查和管理，确保矿井的安全生产。

第48条　为加强和完善对地测工作的管理，各矿必须设置专门的地质测量机构，各专业技术人员要按岗位配备充足，满足生产建设需要。

第49条　各矿要逐步更新地质测量仪器设备，采用全站型电子速测仪等先进地测技术装备，以提高各矿地测工作的质量和水平。

第50条　地测部门要与设计、施工、生产等部门相互配合，有关业务联系必须下达委托书，由公司、矿总工程师签发后实施。

1. 矿井技术改造、水平延深等设计所需地测资料,应在设计前2至3年通知地测部门,地测资料应在正式设计前半年交付。根据设计方案编制有关地质资料时,如存在地质或水文地质等问题,应进行补充勘探或巷探、钻探、物探等方法取得有关资料,对资料进行修改、补充。经公司或上级主管部门审批后方可作为设计依据。

2. 采区设计所需的地测资料,应在设计前2年通知地测部门。地测部门在接到由总工程师签字的委托书后,在正式设计前3个月提交经公司审批的地质资料。

3. 回采工作面所需的地质资料应在回采工作面系统形成后15日内提交。

4. 井巷开掘时,所需的开拓(掘进)地质说明书应提前1个月通知地测部门,地测资料应在设计前15日交付使用。

5. 各类巷道的开口标定工作,有关部门需提前3天用委托书通知地测部门。

第51条 重大地质测量工程,如矿井地质及水文地质补充勘探、矿井防治水工程、矿区控制网测量、航测地形图、大型贯通测量、开采沉陷观测、地面塌陷区环境治理等,应根据生产和安全的需要列入年度计划。

第52条 根据矿井生产计划,探明和控制的储量比例小于60%的计划生产采区或延深水平,必须进行地质补充勘探工作。补勘工作应按有关规定进行设计、施工和总结,并及时提交勘探地质报告,应按有关规定程序报批。矿区的煤田补充勘探工程竣工后,依照《煤、泥炭地质勘探规范》负责组织有关部门对工程进行验收,验收合格后方可使用。

第53条 新采区设计前,地测部门要采用各种探测手段,尽可能探明采区内各主要可采煤层的埋深及赋存状态,探明区内直径大于20米的陷落柱,落差大于5米的断层等,为采区工作面设计提供地质依据。

第54条 地测部门要及时提供回采工作面地质说明书,要采用钻探、物探等综合手段探测、预测工作面范围内的隐伏断层、褶皱、陷落柱、冲刷带及煤层厚度变化情况,为生产提供指导性建议。

第55条 地测部门要为井巷施工提供掘进地质说明书、地质预报、水情水害预报和透老空预报书。巷道掘进突然遇到地质构造或突水征兆时,地测人员应立即深入现场,根据实际情况,分析判断构造成因类型及影响程度,提出处理意见,及时修改相关图件,并向矿总工程师汇报;遇特殊情况向矿总工程师、矿有关部门及地测处汇报,共同研究处理。

第56条 地测部门对开拓掘进巷道应及时进行编录,对在开拓掘进时受水、火、瓦斯、老空等威胁的区段要采取各种超前探测技术和手段,必须坚持"有疑必探、先探后掘"的原则,保证施工安全。

第57条 煤矿在不同生产阶段必须具备相应的地质报告,如精查地质勘探报告、建井地质报告、矿井生产地质报告、补充勘探地质报告、开拓延深地质报告和矿井地质条件分类报告。矿井地质报告必须按每8~10年修编一次,并经省一级煤炭管理部门审批。

第58条 矿井测量工作(联系测量、井下控制测量、贯通测量、采区测量、施工测量、开采沉陷观测)都要严格执行《煤矿测量规程》的各项技术规定。测绘产品的检查验收要严格执行中华人民共和国专业标准《测绘产品检查验收规定》。

第59条 随着井下基本控制导线不断向前延伸,5″级导线每隔3000米~4000米、7″级导线每隔1500米~2000米加测一条陀螺定向边,以提高控制导线强度,保证导线测量精度。陀螺定向边定向中误差不得低于±10″。

第60条 对于3000米以上贯通测量工程,要进行贯通测量设计和误差预计,报公司地测处审批后方可按设计要求施测。贯通后,必须进行联测,并进行精度分析和总结,同设计书、内外业资料一起存档。

第61条 中腰线标定要及时、准确。巷道开口时要对作为起算数据的上一级导线进行检查,及时标定中腰线。掘进到4~8米时,应检查和重新标定中腰线,掘进中要定期检核、及时延长,保证其准确性。

第62条 要坚持巷道开口、贯通、停掘、停采线、透巷以及工程进度等的测量预报或通知单制度。贯通通知单应提前(综合机械化掘进巷道50米以前,其他巷道20米以前)报总工程师批准并发送施工单位、矿分管领导及生产、调度、安监、通风等单位。

第63条 各矿地测部门要积极开发和应用地测信息管理系统,将地测各种图纸数字化成图,并按公司标准逐步实现数据采集、处理、成图一体化,提高地测工作的质量和管理水平。各种图纸的数字化成图要严格执行有关规程、规范和图例要求。

第 64 条　安全保护煤柱的留设，必须严格执行《西山矿区保护煤柱设计规程》及《建筑物、水体、铁路及主要井巷煤柱与压煤开采规程》的规定。煤柱留设应报公司审批。对地形、地质条件比较复杂的煤柱留设，应提前报地测处，实地勘察后，提出合理方案。

第 65 条　矿井隔离煤柱必须按《建筑物、水体、铁路、及主要井巷煤柱与压煤开采规程》的有关规定留设，未经上级批准，任何单位不得随意采动和破坏。矿井边界变更时，必须按上述规定重新留设矿井边界煤柱，并报上级部门审批。当发现井田矿界煤柱因开采受到破坏不能满足规定时，应立即采取补救措施。

第 66 条　采煤引起的地表塌陷、环境治理和采动损害处理应按《中华人民共和国矿产资源法》、《中华人民共和国土地管理法》、《山西省土地管理实施办法》和《土地复垦规定》等有关文件执行，根据生产和安全的需要，结合本矿实际列入年度资金计划。

第 67 条　矿井防治水工作，由公司总经理、矿长负责，总工程师主管，地测部门是防治水工作的主要职能部门，应配备专职技术人员负责日常管理工作。要建立健全水害隐患分析及排查制度。对查出的隐患，要及时提出防治措施，按隐患等级报公司或矿总工程师批准后实施。防治水工程由矿编制工程设计，报公司批准后，矿总工程师组织实施。防治水工作必须严格执行《煤矿安全规程》、《矿井水文地质规程》、《矿井防治水工作条例》的各项规定。

1. 地测部门应查明矿井的各类充水因素，分析研究地下水的赋存运移规律。对有可能造成突水威胁的矿井或采区，必须对矿井采区的充水因素如水量、水质、水位、水压、水温等情况建立动态观测与监测系统，定期观测。

2. 地测部门应及时调查编录井巷揭露的水文地质现象，定期观测井下各水文地质点的水动态变化，提供各种水文地质资料和预计涌水量。根据生产计划安排，及时提供水情资料，进行水情、水害预报。要有年、季、月报，及时提出防治水措施，防止水害事故发生。

3. 必须调查收集矿井范围内上层煤层开采后对下一煤层有影响的开采充水情况；及时调查了解本矿区的小煤矿和老窑、古窑充水情况，并在充水性图上注明各种充水因素。

4. 按地测质量标准化的要求，编制各种水文地质图件、表格、台账、卡片等。对有突水威胁的矿井，制定灾害防治预案和应急预案，按《煤矿安全规程》的规定设置安全出口，规定避灾路线，设置路标。

5. 推广使用矿井水文地质新技术、新手段和各种物探方法，提高水文地质的工作精度。积极开展奥灰强岩溶含水层的研究，确保矿井的安全生产。

6. 对带压开采矿井和受其他水害威胁的矿井，应严格按照有关规定和实施细则要求，对水文地质、水害情况进行探查，并根据技术论证和评价，制定综合性的治理措施。

7. 矿井受水害威胁的区域，必须坚持“有疑必探，先探后掘”的探放水原则，查清水文地质条件后，提出防治措施，经矿总工程师批准后组织实施。在确认排除水患威胁后，方可进行生产。

8. 受水害威胁或带压开采的矿井必须设置和完善井下的防水闸门和挡水墙等防水设施，其设施应有专人负责管理，建立健全检查和维修制度。防水闸门每年应进行两次以上的关闭试验，发现问题及时处理。

9. 有积水的井田及周边古窑、废弃小窑的积水范围、标高和积水量，必须绘在采掘工程平面图上。采掘工作面接近时，必须超前确定探水线进行探放水，并建立疏排水系统。

第 68 条　要加强对矿区内及周边小煤矿的管理，对小煤矿进行全方位监督、检查。必须定期对矿区内及周边小煤矿进行测量，及时填绘采掘工程平面图等图纸，准确掌握小煤矿的采掘动态。对越层越界和私挖滥采的小煤矿，应及时向矿、公司和地方政府有关部门报告。要掌握矿区内及周边古窑、废弃小窑的破坏范围并及时填绘到各种矿图上。

第 69 条　地测部门要掌握矿井各类储量的动态变化情况，并对资源的合理开采实行业务监督。加强边角煤的回收，将边角煤的回采列入正式计划。

第 70 条　在矿井设计、开拓、掘进、回采阶段，应对资源进行全面的监督管理，防止丢煤。综采、普采支架设备的选型，必须与煤层厚度相适应。采煤工作面内小于 30 米 × 30 米的陷落柱及小型断裂构造，在技术措施和采煤设备允许的情况下应强行通过，不得随意留设块段煤。

第 71 条　各矿交换图、地质预报、水情水害预报、“三量”报表必须每月按规定时间上报公司地测处。

第 72 条　各矿发生各类地测事故，必须及时、如实上报地测处,不得隐瞒。

第七章　机电管理

第73条　机电管理必须认真贯彻落实党和国家的安全生产方针,严格执行国家和上级部门颁布的法律、法规、条例、命令和标准。坚持"管理、装备、培训"并重的原则,完善各种管理制度和责任制,强化培训,提高各级人员的技术素质,推广新技术、新工艺、新设备、新材料,不断提高矿井机电装备水平和现代化管理水平。

第74条　各级机电管理部门必须建立健全机电管理体系。公司、矿(厂)应明确分管机电工作的行政副职负责人,设置专职副总工程师和专门业务职能管理部门,设全技术管理岗位,配齐专业技术人员,满足生产和建设需要。

第75条　机电管理工作实行专业化管理。应建立健全设备、电气、防爆、小型电器、电缆、配件、油脂、胶带等相应的专业化管理组。

第76条　机电管理必须建立健全各种规章制度,明确工作标准,制定考核办法。矿(厂)必须制定以岗位责任制、专业工种技术操作规程为主的切实可行的各项机电管理制度,并负责组织贯彻落实。

第77条　根据公司长远发展规划和现有设备技术状况,参照国家颁布的设备更新目录和规定的更新时间,制定设备更新改造规划和年度计划,并组织实施。积极推动老、旧、杂及高耗低效设备的及时更新和技术改造。

一般设备的更新改造计划,由设备使用单位提出方案,机电副总工程师、分管矿(厂)长审核,矿(厂)长审批后报公司领导批准;主要设备的更新和重大技术改造,应由机电副总工程师提出方案,总工程师组织技术经济论证,报公司设备选型委员会论证、审核,公司领导批准后执行。

第78条　设备的选型必须符合《煤矿安全规程》相关条款的要求,保证其先进性,实用性和安全可靠性。

1. 主要生产设备和大型机电技术改造项目,需根据使用设备的技术性能、可靠性和维修性的要求,由公司设备选型委员会组织调研、技术审核、经济论证,提出选型意见,报请公司领导批准。

2. 设备的选型应考虑通用化、标准化、相关环节的配套、使用环境的条件和满足环保节能的要求,采用有生产许可证、产品合格证和煤矿矿用产品安全标志的合格产品。还要兼顾技术发展的前瞻性。

3. 用于井下的新型电气设备或试用的电气设备,其防爆性能、防爆合格证、煤矿矿用产品安全标志必须经公司有关部门审核后方可入井。

4. 大型设备和主要生产设备应逐步采用新产品、新技术,提高其保护性能和自动化程度。推广应用设备在线监测技术。

5. 主要生产设备,使用单位和厂家必须签订技术协议。技术协议经使用单位审核后,报公司机电副总工程师审批,作为签订商务合同的必要条件并附入商务合同。

第79条　机电设备应实行动态管理,应具有设备标志牌、完好牌、铭牌和继电器保护整定卡,入井设备须有防爆合格证。

第80条　大型设备和主要生产设备的使用和操作实行专职制,设备维护实行包机制、岗位责任制、巡回检查制、现场交接班制等。

第81条　大型设备、主要设备及变配电设施应按规定要求进行技术测定、探伤和预防性试验,保持设备性能良好。

1. 大型设备在新安装、技术改造和大修后,必须进行技术性能测试,正常运行的设备按规定周期对规定项目进行测定。

2. 主要设备的关键零部件须按规定进行探伤,探伤周期执行规程规定,如无规定为2年。探伤中发现有缺陷的零部件必须加强监测,缩短探伤周期,制定安全运行措施。

第82条　设备的安全保护装置必须保持齐全灵敏,动作可靠。大型设备主要保护装置的设置及要求按《煤矿安全规程》执行。井下供电系统和电气设备必须具备短路保护、漏电保护、接地保护,严禁失爆。

第83条　机电管理部门必须制定并认真执行"环形供电系统核相"、"用电变更(增减负荷、改变接线方式、调整保护)审批"、"两票"、"停送电联系制度"等供用电管理制度,保证矿井供用电质量和安全,满足生产需求。井上下供电系统的各种参数测定、保护定值整定计算、变配电设备的预防性试验、供电线路的巡检、电缆的试验等按规定周期进行。

第84条　公司、矿须制定实行分时段用电、提高力率和负荷率、降低线路的损耗、削峰填谷、控制最大需量、降低单耗的措施,实现经济运行。机电管理部门要通过强管理、上手段和积极推广节电新技术,降低设备能耗,节约电费支出。

第 85 条 采掘工作面必须编制供电设计、绘制供电系统图。

1. 供电设计、电气设备、电缆的选择必须符合《煤矿安全规程》和电气设计规范的相关规定。

2. 供电设计必须有短路电流计算,电缆的选型、长度、校验计算,开关灵敏度校验计算。各种计算必须符合相关规程规定要求。推广使用微机程序设计,提高供电设计计算的准确性。

3. 供电设计、供电系统图必须规范、整洁,审批程序符合要求。

第 86 条 综采工作面安装必须按照设计和作业规程进行,安装工程竣工后必须进行现场交接验收并办理手续。由矿组织初验并试运转后向公司提出申请验收报告,由公司组织相关部门进行投产前的验收。

掘进、运输等其他移动设备安装完毕后,应由矿组织机电、生产单位等有关人员检查、验收、试运转合格后才能投入使用。

第 87 条 开掘工作面局部通风机必须采用"双风机、双电源",其控制开关必须满足双风机自动切换及风电闭锁、瓦斯电闭锁的要求。

1. 安装"双风机、双电源"前,安装单位必须到机电科办理审批手续,详细注明安装地点,接线方式,审核后方可安装。安装完毕后由机电科、安装单位、使用单位、通风部门共同验收合格后方可投入运行。

2. 主、局部通风机的电源必须采用"三专"供电。

第 88 条 以综采和综掘设备为主的采掘移动设备由公司对矿实行租赁管理。

1. 租用单位必须根据生产需要,提出设备租赁计划,租赁公司按照租用单位提出的设备计划安排落实,双方签订租赁合同。

2. 租赁公司出租的设备必须保证完好、齐全,性能符合要求;出租的设备应连同附属设备,专用配件及技术资料,一并移交给租用单位,并经租用单位验收。

3. 租用单位在设备租用期间要负责设备的正确使用、规范操作、维护保养、正常检修和安全运转。

4. 租用单位不得将租赁设备拆套、拆件使用,如特殊需要须经租赁公司同意,公司主管领导批准。

第 89 条 特种设备的管理必须严格执行国务院颁布的《特种设备安全监察条例》,特种设备的安全运行实行谁使用谁负责,各使用单位的行政正职是特种设备安全运行的第一责任者。

1. 特种设备必须是经过检验的合格产品,必须获得安全检验准用证后方可投入使用,使用中的特种设备,必须按规定期限进行定期检验。新安装、大修、技术改造后的特种设备必须经过安全技术性能检验。

2. 使用单位必须制定并严格执行以岗位责任制为核心,包括技术档案管理、安全操作规程、常规检查、维护保养、应急措施等在内的特种设备安全使用的管理制度。

3. 特种设备作业人员必须经专业技术培训和考核,取得相应资格证书后方可上岗作业。

4. 采用手动按钮操作控制的起重机械,其按钮控制盒必须采用安全电压供电。控制盒的急停开关关断时,应能切断起重机的总电源开关。

5. 特种设备的安装、改造、大修实行相应的许可证制度,电梯的维护保养必须由生产厂家或生产厂家委托的有资质的队伍承担。

6. 特种设备存在严重事故隐患,无改造修理价值,或超过使用年限应及时予以报废,并向原登记的特种设备安全监督管理部门办理注销手续。

第 90 条 设备维护保养和检修应坚持日常维护保养和计划检修相结合,逐步推行以设备状态监测、故障诊断为基础的维修方法和计算机辅助管理,用科学手段实现设备状态预知维修。

使用单位必须严格按照设备的维护规程对设备进行日常维护和定期保养维修,并编制各种重要设备的注油图表,主要部位油样油质化验周期表,定期进行油质化验。推广使用油质铁谱分析技术,预测设备磨损状态。

备用设备实行定期轮运,停用设备必须及时保养维修。

第 91 条 公司、矿每年要组织机电、计划、财务等部门编制机电设备修理计划,费用列入成本。

1. 设备大修应由设备管理部门就修理项目及修理程度提出书面大修申请,重要设备大修须经公司组织专家进行鉴定。设备中小修理由矿参照上述程序组织实施。

2. 设备大修必须严格执行开、竣工报告制度。特种设备的大修开工前必须向技术监督管理部门告知并取得批准。

3. 主要设备的修理应实行检修许可证制度,逐步实行设备检修的专业化、集中化和社会化。

4. 检修后的设备应进行必要的性能测试和质量验收。设备大修竣工必须做空、轻、重负荷试运转和性能测定,隐蔽工程应有中间验收记录。特种设备修理竣工后必须经技术监督管理部门检验合格并取得运行许可证。

第92条　涉及大型机电设备、重要机电技术、重要供电设施安装的基建项目、技改工程项目,其设计方案、图纸资料必须经机电管理部门参加会审。工程项目完工后,必须有机电管理部门参与验收,签署认可意见方可办理结算手续。

第93条　机电管理部门要建立固定设备资产台账,并开展微机管理。定期组织专家对机电设备技术性能、状态进行评估鉴定。对安全性能落后、技术状态差、无改造价值的老、旧、杂设备,应及时组织淘汰,强制报废。对报废设备和闲置设备进行合理处置。

第94条　机电管理部门必须建立健全相关规程、措施、设计方案、图纸等的审批制度,规范管理程序。

1. 各种机电操作规程由业务管理部门或设备使用单位编制,机电技术主管审查,机电副总审批。

2. 各种机电单项工程安全技术措施,由施工单位编制,经机电技术主管审查,并由相关单位技术主管会审,机电副总审批,总工程师批准。涉及机电方面的其他安全技术措施,机电技术主管必须参加会审。

3. 各种机电技术设计,图纸资料、技术协议由专业技术人员编制,机电技术主管审查,机电副总审批。

第95条　机电管理部门必须加强对技术资料的收集、存档、保管等技术管理工作。

1. 设备到货验收后,应及时将随机技术文件、图纸资料、煤矿矿用安全产品标志、防爆产品合格证、生产许可证、产品检验合格证、阻燃胶带试验报告、阻燃电缆试验报告等移交相应管理部门存档保存。

2. 各相应管理部门必须制定技术资料借阅管理制度,防止技术资料的丢失损坏。

3. 技术资料管理部门应逐步实行计算机管理,实现资源共享。

第96条　机电部门必须建立健全主提升机、空压机、主排水泵、主要通风机、主井带式输送机、锅炉等大型设备和变配电系统、变配电设备、输配电线路等的技术档案,并不断补充其内容。

第97条　机电管理部门要绘制井下主要巷道和工作面设备布置图,绘制井上、下供电系统图和供电线路平面布置图,绘制井下供风、供水管网图,并随变化及时进行修改。

绘制的图样和内容必须符合国家技术制图标准和《煤矿安全规程》相关内容的要求,推广计算机制图。

第98条　机电管理部门要积极了解机电技术、机电管理方面的新观念、新技术,掌握新信息,采用新手段,积极慎重稳妥的引入消化应用,不断提高技术档次和管理水平。进一步扩大机械和电气软启动、变频控制、在线检测、相敏保护、无功功率自动跟踪补偿、油脂化验和铁谱分析技术等成熟技术的应用;供电系统提升保护档次,消灭保护死角,建立井上、下监控系统,实现供电系统的遥测、遥控、遥调和远程管理,逐步过渡到无人职守。采掘设备要立足于大功率高强度,增强适应复杂地质条件的能力,进一步提高控制的程序化自动化程度。管理上继续推行重要设备的状态检测和故障诊断技术、扩大计算机辅助管理的业务与范畴,运用远程通讯和视频技术,实现数据传递和信息反馈,实现资源共享等。

第八章　矿井运输

第99条　公司、矿应明确分管矿井运输工作的副总经理、副矿长和副总工程师,各矿设运输科(区),运输区、队必须配备工程技术人员。

第100条　建立正常的矿井运输秩序,矿井运输工作应实行专业化管理。运输设备及设施的"管理、使用、维修"实行一体化机制。

第101条　矿井运输质量标准化工作要有规划、有措施,确保按期达标,不断提高矿井运输管理水平。

第102条　矿井运输设备、设施(电机车、矿车、人车、小绞车、无极绳绞车、挡车装置、架线、轨道、钢丝绳等)必须执行定期检查、维修和更换制度。

第103条　运输提升牵引设备,必须根据设备的性能和现场实际情况,经计算确定牵引重量或车数,主管副总工程师批准后执行,并在摘挂钩地点悬挂标志牌,严禁超载。

第104条　运输距离超过1500米的运输大

巷,垂深超过50米的上下人员的主要倾斜井巷,必须按照《煤矿安全规程》的规定配备平巷人车和斜巷运人装置。

第105条　同一水平同时有3台以上电机车行驶的矿井,井底车场及主要运输大巷应装设“信集闭”系统。

第106条　井下运输巷道应设置醒目的警标、巷标、路标等各种标志牌，对交叉道口应设闭锁信号,防止侧面冲撞,弯道设声光预警装置,运输大巷的道岔应设道岔位置指示器。

第107条　人车场必须有专用候车峒室,悬挂停车位置标志牌、人车运行时刻表及乘车注意事项,并安设架空线自动停送电开关,双轨巷道乘车场,必须设信号区间闭锁,人员上下车时,严禁其他车辆进入乘车场。

第108条　电机车运输必须安装照明灯、尾灯、警铃、闸、连接装置和撒砂装置。应使用机车移动通讯、逆变照明电源,推广使用斩波调速、变频调速和追尾报警信号。

第109条　连续牵引车运输系统的设计和安装要符合《煤矿安全规程》的有关要求,钢丝绳的运行速度不得大于1.5米/秒,安装回绳轮及张紧装置时,出绳端与进绳端与摘挂钩的车场水平保持一致,连续牵引车运输系统每100米必须安设一组声光齐全的信号装置,连续牵引车的防跑车装置、地滚、变向轮等要齐全、可靠、动作灵活,连续牵引绞车应有绞车标志牌板。

第110条　运输大巷巷道工程竣工验收必须有运输专业的技术人员参加,负责对道床和水沟的质量进行检查验收。

第111条　采区上下山和综采设备运输巷道的轨道轨型不得低于24kg/m。

第112条　上下山运输设备、设施必须齐全、完好,斜坡要有照明、防跑车装置、双道提升要有错码信号、人车紧急发送信号、绞车声光语言信号。上下车场及各中间道口,必须安设声光报警信号;斜巷提升必须严格执行“行人不行车,行车不行人”的制度,斜巷提升必须按照《煤矿安全规程》有关规定设置信号峒及躲避峒;所有斜巷都应挂有牌板,标明斜巷名称、坡长、坡度等。

第113条　小绞车必须采用地锚固定,安装牢固可靠,无法地锚的必须做砼底座。运输综采等大型设备的小绞车必须补加压戗柱。

第114条　在运输线路上施工作业,施工单位必须在作业地点来车方向40米处悬挂红灯信号作为警戒,所有车辆都必须停在红灯警戒以外,严禁闯红灯。

第115条　因工作需要须在运输大巷行走人员,必须制定安全技术措施。

第116条　矿井运输管理应做到技术资料齐全、完整。矿井运输技术资料要求有专人负责,并建立档案,实行计算机管理。

第117条　铺设轨道时,扣件必须和轨型相匹配,道叉型号不低于轨型,在弯道处应使用木轨枕,并加轨距拉杆。

第九章　矿井通风与安全

第118条　矿井必须建立专门的通风安全监测监控机构,有瓦斯抽放工艺的矿井必须建立专门的瓦斯抽放队伍。通风安全监测监控及瓦斯抽放机构必须配备专职的管理干部和具有专业知识的工程技术人员。

第119条　矿井必须有独立、完整的通风系统,生产水平和采区必须实现分区通风。高瓦斯矿井的每个采区、低瓦斯矿井的高瓦斯区以及开采容易自燃煤层的每个采区必须设置至少一条专用回风巷;低瓦斯矿井开采煤层群和分层开采采用联合布置的采区,必须设置一条专用回风巷。专用回风巷内不得安设轨道、绞车和其他电器设备,不得作为主要行人通道。采区进、回风巷必须贯穿整个采区,严禁一段为进风巷,一段为回风巷。

第120条　矿井必须绘制矿井通风系统图、矿井通风系统示意图和矿井通风网络图。矿井通风系统图必须标明风流方向、风量和通风设施的安装地点。必须按季绘制通风系统图,并按月补充修改。多煤层同时开采的矿井,必须绘制分层通风系统图。矿井应绘制矿井通风系统立体示意图。

第121条　通风系统中严禁有不符合《煤矿安全规程》规定的串联通风、扩散通风、采空区通风(采煤工作面用于解决上隅角瓦斯，通往瓦斯尾巷的风流不在此限)和采煤工作面利用局部通风机通风(含残采和煤柱回收工作面)。

第122条　改变矿井、采区、工作面通风系统,必须事先制定相应的安全技术措施。改变全矿井或采区以上通风系统时,其安全技术措施必须报公司总工程师批准;改变采区(含采区)以下通风系统时,其安全技术措施必须报矿总工程师批准。

第 123 条　新矿井投产前必须进行一次矿井通风阻力测定，矿井转入新水平生产或改变一翼通风系统后，必须重新进行矿井通风阻力测定。生产矿井每 3 年至少要进行一次矿井通风阻力测定。

新安装的主要通风机投入运行前必须进行一次通风机性能测定和试运转工作，以后每 5 年至少要进行一次主要通风机性能测定，每次测定必须对主要通风机进行一次全性能测试。

矿井通风阻力测定和主要通风机性能测定由矿总工程师负责牵头组织，测定结果需报送公司有关业务处室备案。

第 124 条　生产矿井应根据通风阻力测定和主要通风机性能测定结果建立矿井通风网络数据库，开展网络解算和通风系统合理性分析工作。调整矿井和采区通风系统时，应事先进行矿井通风网络解算，预测主要通风机工况点变化后风网内各通风支路的风量、风向变化情况，并提前采取相应的安全措施。

第 125 条　在进行矿井、水平、采区及采煤工作面设计时，必须同步进行相应的通风系统、瓦斯抽放、安全监测监控、综合防尘和防灭火等项目的设计。高瓦斯矿井和低瓦斯矿井的高瓦斯区域的采煤工作面必须设置专用排瓦斯巷道(尾巷)，排瓦斯横贯的断面和间距必须满足治理瓦斯需要，并在设计中明确规定。

第 126 条　生产矿井要认真开展通风能力核定工作。矿井通风能力核定工作由矿总工程师负责组织，进行通风能力核定时，必须采用国家规定的计算办法和计算公式，系数选取要科学合理，取值大小要有依据(实测来的系数要有测定报告，统计来的系数要有统计基础数据)并符合有关要求。通风能力核定结果必须经矿总工程师、矿长批准，并报通风处备案。

第 127 条　矿井必须建立测风制度，每旬进行一次全面测风。对采掘工作面和其他用风地点，应根据实际需要随时测风，每次测风结果应记录并写在测风地点的记录牌上。应根据测风结果采取措施，进行风量调节。矿井中同一台主要通风机供风的区域，必须同一天完成风量等参数的测定工作，多台主要通风机供风的矿井，应在同一天完成。

第 128 条　矿井通风系统应力求简化、优化。井下通风设施要尽可能使用永久设施，并按规定周期进行检查。通风巷道要有足够的断面和支护强度，废弃不用的采区和巷道必须及时采取封闭措施。矿井每台主要通风机的通风阻力不应超过 2940Pa，矿井有效风量率应不低于 85%。

矿井进、回风井之间和主要进、回风巷之间的每个联络巷中，必须砌筑永久性风墙；需要使用的联络巷，必须安设两道联锁的正向风门和两道反向风门。

第 129 条　局部通风机必须指定专人负责管理。井下所有开掘工作面必须装备双风机、双电源并具有自动切换功能；井下所有开掘工作面必须实现“三专两闭锁”功能，一台风机只准向一个工作面供风。

使用局部通风机通风的掘进工作面，不得停风，否则必须撤出人员切断电源，设置栅栏，揭示警标。恢复通风前，必须检查瓦斯。只有在局部通风机及其开关附近 10 米以内风流中的瓦斯浓度都不超过 0.5%时，方可人工开启局部通风机。停风区域内瓦斯及其他有害气体浓度超过《煤矿安全规程》规定要求，不能及时处理的必须在 24 小时内封闭完毕，严禁在停风区或瓦斯超限地点作业。

第 130 条　生产矿井每年必须由总工程师负责组织进行矿井年度瓦斯等级鉴定工作。瓦斯等级鉴定应选在矿井瓦斯涌出量最大的月份进行，鉴定测点的布置必须符合有关规定，能够覆盖矿井、一翼和所有的采区、采掘工作面。各矿必须严格按照批准的矿井瓦斯等级进行“一通三防”和电气设备的管理工作。

第 131 条　矿井必须建立瓦斯巡回检查制度。并按照巡回检查图表进行瓦斯、二氧化碳和其他有毒有害气体的检查工作。检查点数、次数必须符合《煤矿安全规程》有关规定。瓦斯巡回检查计划图表每月必须制定一次，并由矿总工程师审核批准。当月内检查区域发生变化时要及时进行修改。

矿长、总工程师必须认真审阅矿井通风瓦斯日报，并履行审阅签字手续。

第 132 条　采掘工作面及其他地点发现瓦斯涌出异常时，必须立即停止相关区域的一切生产活动，切断电源，撤出人员。待查明原因，采取有效措施处理后，方可恢复生产。

第 133 条　采煤工作面专用排瓦斯巷道（尾巷），已进行瓦斯抽放工作的，尾巷瓦斯浓度不得超过 2.5%，未进行瓦斯抽放工作的，尾巷瓦斯浓度不得超过 2%；发生瓦斯超限现象时，必须停止工作面生产，制定安全技术措施进行处理。通往采空区的排瓦斯横贯及其下风侧 30 米范围内，必须采取安全隔离措施,实行特殊管理。

第 134 条　加强采煤工作面回风上隅角瓦斯管理。采煤工作面上隅角必须按规定吊挂便携式瓦斯检查报警仪或安设瓦斯传感器。上隅角瓦斯浓度达到 1.5%时,必须立即停电进行处理。处理期间,附近 20 米范围内必须停止与处理瓦斯无关的一切工作。

第 135 条　加强采煤工作面设备安装、拆除期间的通风瓦斯管理。各矿必须制定工作面设备安装、拆除期间的通风瓦斯管理措施。采煤工作面设备安装调试期间,必须按正常生产工作面的要求完善通风系统,加强瓦斯管理,瓦斯超限严禁作业。

第 136 条　采掘工作面及其他巷道内,体积大于 $0.5m^3$ 的空间内积聚的瓦斯浓度达到 2.0%时,附近 20 米范围内必须停止工作，撤出人员，切断电源,进行处理。

第 137 条　矿井在施工巷道过程中,尽量避免形成盲巷,一旦形成盲巷必须及时进行封闭。联通采空区、小窑、火区的盲巷,必须在规定时间内进行永久封闭,联通采空区、火区的永久闭必须具有防火功能;联通小窑的永久闭必须具有防火、防水功能。

第 138 条　加强巷道贯通的管理工作。巷道贯通时必须编制安全技术措施报矿总工程师批准后执行。掘进巷道与采空区、火区、老窑及情况不明的巷道贯通时,必须制定专项安全技术措施,报公司总工程师批准后方可贯通,贯通时矿总工程师必须现场指挥。

第 139 条　生产矿井必须制定排放瓦斯管理制度。利用主要通风机排放瓦斯时,应事先将防爆门及行人风门打开,采用短路掺新的方法进行瓦斯排放。进入主要通风机的风流中瓦斯浓度不得超过 2%;使用局部通风机排放瓦斯时,必须严格执行分级排放瓦斯制度:

(1) 停风区中瓦斯浓度超过 1%或二氧化碳浓度超过 1.5%，最高瓦斯浓度和二氧化碳浓度不超过 3.0%时，瓦检员按照常规排放瓦斯措施要求采取安全措施排放,安全员、电工进行协助。

(2) 停风区中瓦斯浓度或二氧化碳浓度超过 3.0%时,必须制定安全排放瓦斯措施,报矿总工程师批准后,由通风部门领导现场指挥进行排放。

(3) 排放联通已采区、老空区、火区及情况不明巷道等处的瓦斯时,必须由矿提出书面安全措施经矿总工程师审查后报公司总工程师批准,由矿总工程师现场指挥,矿山救护队员协助进行排放。

第 140 条　矿井瓦斯涌出量达到《煤矿安全规程》第 145 条规定,使用通风方法无法保证安全生产时,必须建立地面永久瓦斯抽放系统或井下移动瓦斯抽放系统。

第 141 条　生产矿井要合理安排抽掘采衔接。凡确定为必须采取瓦斯抽放措施的工作面,应优先考虑瓦斯预抽措施,保证预抽时间;因条件所限无法实现瓦斯预抽时,瓦斯抽放工程必须在工作面投产前施工完毕,具备瓦斯抽放条件。工作面瓦斯抽放设计需经矿总工程师批准,并上报公司通风处备案。

第 142 条　在有自燃发火危险煤层的采空区进行瓦斯抽放时,必须控制抽放负压,减少漏风,同时每班应检测抽出气体中一氧化碳的浓度和温度的变化情况,发现异常必须停止抽放,组织进行处理。

第 143 条　瓦斯抽放管路的敷设必须严格按照有关规定进行,做到“平、稳、直、密”;按照设计要求安设放水装置,及时放水。新安装的瓦斯抽放管路，必须做气密性试验，要求千米漏气量小于 $3m^3/min$。抽放管路在进入瓦斯尾巷之前必须设置绝缘隔离段，用作瓦斯抽放管路隔离段的绝缘软管,其断面必须大于被联结管路断面的 80%。

瓦斯抽放钻孔必须在验收合格后方可接入抽放系统内，封孔应采用聚氨酯等有效的封孔技术，严禁采用黄泥封孔。在岩层中开孔的钻孔封孔长度应不低于 3 米,在煤层中开孔的钻孔封孔长度应不低于 5 米。

第 144 条　各瓦斯抽放矿井必须严格瓦斯抽放观测制度。泵站至少每小时测定 1 次、干支管与抽放钻场每周至少检查 1 次,并对抽放钻孔有关参数及时调节。观测内容包括瓦斯流量、负压、瓦斯浓度及其他参数。

第 145 条　地面抽放瓦斯泵站及其周围 20 米内严禁有明火,距主要建筑物不得小于 50 米。瓦斯抽放泵站要有完善可靠的瓦斯自动监测报警装置,泵站的瓦斯监测系统应联入矿井安全监测系统内,实现抽放全过程的监控。瓦斯抽放泵的运转与停运必须经矿总工程师批准。泵站内要有直通矿调度和通风调度的电话。

如果将井下移动泵站抽出的瓦斯送至永久性抽放系统管路,排入瓦斯浓度在利用瓦斯时,浓度不得低于 30%;不利用瓦斯时,浓度不低于 25%,同时还要制定地面泵站因故停止运转时井下泵站的安全管理措施。

第 146 条 生产矿井必须建立健全综合防尘制度。按照矿井综合防尘质量标准要求,落实好防尘管理责任,实现齐抓共管。各矿应制定明确的综合防尘目标责任制和达标规划,采用先进的科学技术,有效治理粉尘危害。

第 147 条 生产矿井在开采过程中必须采取有效的综合防尘措施。落实好《煤矿井下粉尘防治规范》中规定的煤体注水、喷雾装置、净化水幕、洒水灭尘、隔爆设施等技术措施。

第 148 条 严格按《煤矿安全规程》第 151 条规定,完成煤尘爆炸性鉴定工作。新矿井投产移交前必须由基建单位向接产单位提供各煤层的煤尘爆炸性鉴定资料。生产矿井延伸新水平、开采新采区都要组织进行一次煤尘爆炸性鉴定工作。鉴定结果报公司通风处备案。

第 149 条 生产矿井采掘工作面应逐步安设粉尘传感器,对各作业场所的粉尘浓度进行连续监测,同时还必须按规定配齐专职测尘员。矿井粉尘测定严格按照《煤矿安全规程》和《煤矿井下粉尘防治规范》的要求进行。

第 150 条 生产矿井必须建立完善的防尘洒水系统。防尘洒水管路应铺设到所有能产生粉尘的地点及需要用水冲洗的巷道内。并按规定安设三通阀门。大巷主干管其管径应不小于 150mm,采区供水管径应不小于 100mm,采煤工作面两巷供水管径应不小于 75mm,其他供水管径应不小于 50mm。并在相应的分段管路首尾安装水质过滤器,保证水质清洁,水中悬浮物含量不得超过 150mg/L,粒径不大于 0.3mm,水的 PH 值应在 6~9.5 之间。采掘机及其他地点的供水压力必须符合《煤矿安全规程》相关要求。

第 151 条 矿井所有回采工作面必须进行煤体注水。综采工作面必须使用好架间喷雾,其数量和位置必须在《作业规程》中明确规定,推广使用架间自动喷雾装置、综放工作面放煤自动喷雾。采掘机必须用好机组内外喷雾装置,内喷雾系统要保证畅通完好,要不断研究改进机组外喷雾的结构和位置,提高除尘效果。

第 152 条 矿井应加强运输防尘措施的落实与管理。主要进回风巷、采区进回风巷都必须安装风流净化水幕,各煤仓装卸载点前后 5 米~10 米范围,应安装自动喷雾或水幕,确保装卸煤时能够自动洒水降尘。

主要进回风巷每年至少刷白一次,每月至少冲洗一次,采区巷道及总回风巷道冲洗积尘的周期由各矿总工程师根据具体情况决定,井下所有巷道不得有煤尘堆积。

第 153 条 生产矿井必须按规定设置隔爆设施。主要隔爆棚的设置位置为:矿井两翼与井筒相连通的主要运输大巷和回风大巷,相邻采区之间的集中运输巷道和回风巷道,相邻煤层之间的运输巷道和回风巷道。辅助隔爆棚的设置位置为:采煤工作面进风、回风巷道及尾巷,采区内的煤和半煤岩掘进巷道,采区内独立通风并有煤尘爆炸危险的其他巷道。主要隔爆棚和辅助隔爆棚都要采取集中布置方式,隔爆棚必须严格按照规定要求进行设置。水棚的用水量按巷道断面积计算:主要隔爆水棚不得小于 400L/m^2,辅助水棚不得小于 200L/m^2。隔爆棚必须实行挂牌管理,明确专人负责安装和维护,每周进行检查和加水,经常保持水袋的完好和充足的水量。

第 154 条 矿井必须建立健全防灭火管理制度,制定年度防灭火规划。

第 155 条 各生产矿井必须设立地面消防水池和井下消防管路系统,井下消防管路系统在轨道巷应每隔 100m 设置三通和阀门,皮带运输巷应每隔 50m 设置三通和阀门。地面消防水池必须保持不少于 200m^3 的水量。

第 156 条 开采容易自燃和自燃煤层的矿井,在进行采区及工作面设计时,必须同时考虑防治自然发火措施,采煤作业规程中必须有预防自然发火的专门措施。建立自燃发火预测预报制度。对所有检测数据必须定期分析整理,发现自燃发火指标超过或达到临界值等异常变化时,必须立即采取措施进行处理。

第 157 条 生产矿井在布置采煤工作面时,必须考虑工作面结束后的防火墙位置,要使其处于沿煤层顶板掘进的巷道中;以保证回采工作面结束后施工的防火墙严密不漏风。

带有尾巷的采煤工作面必须在回采过程中,逐个对通往采空区的横贯进行永久性封闭。采煤工作面开采结束后 45 天内,必须撤出所有设备,进行永久封闭。

第 158 条 存在火区的矿井必须按火区形成的先后顺序进行编号,建立火区管理卡片,绘制火区位置关系图,注明火区的发火地点、发火原因、发火时间、发展过程、防火措施及火灾处理过程。火区位置关系图、火区管理卡片必须永久保存。

所有防火墙都要编号，并在火区位置关系图上注明，防火墙附近必须设置栅栏、警标，禁止人员入内，并悬挂说明牌。存在火区的矿井应明确专人每天对火区防火墙栅栏附近的气体浓度、温度、墙体内外压差等进行检查，有害气体变化较大时，每班至少检查一次。对火区内外气体成分要定期取样化验分析，封闭 3 个月以上的火区，每季取样化验一次，封闭不足 3 个月的火区，每周取样化验一次，对特殊情况的异常区域，由矿总工程师决定取样时间和地点。

第 159 条　封闭的火区，只有经过取样化验分析，符合《煤矿安全规程》相关规定要求时，方可认为火已熄灭，具备启封条件。启封已熄灭的火区，必须提前制定安全措施，报公司总工程师批准后方可组织实施。

第 160 条　矿井必须装备安全监测监控系统，并能覆盖矿井内所有采、掘、开工作面。系统必须具备瓦斯超限自动报警及全电压断电功能，各种模拟量传感器的报警功能，故障闭锁功能，断馈电状态监测、报警功能，防雷电功能，不间断备用电源保证系统不小于 2 小时正常运行功能，监测数据实时显示及历史数据查询功能，显示、存储及打印报表功能，数据传输联网功能。中心站主机应不少于 2 台，1 台工作，1 台备用。

第 161 条　矿井必须严格按照《煤矿安全规程》有关规定配齐各类传感器，传感器装备率要达到 100%，在此基础上，还必须有不少于 20% 的备用量。对《煤矿安全规程》中未做明确规定的地点，其传感器的安设位置、数量及参数设定由矿总工程师根据实际情况决定。矿井管理人员及特殊工种人员下井时，还必须携带便携式甲烷检测报警仪。

第 162 条　矿井在进行水平、采区和工作面设计时必须同时进行相应的监测监控设计，并绘制详细的设备布置图。编制采掘作业规程时要有相应的内容。监控分站及断电设备必须敷设专用电源线。

监测监控设备的安装必须按规定进行。检修、拆除或改变与监控设备关联的电气设备、电源线、控制线或监控设备停用时，必须编制安全措施报矿总工程师批准后实施。

第 163 条　监控机房要严格中心站主机内的定义设定。井下需拆除的瓦斯传感器必须当班拆除、注销；新投入使用的瓦斯传感器，必须及时在软件中做好定义设定，以确保传输正常，数据准确；否则，不得投入使用。当监控设备发生故障时必须及时进行处理，并填写监控装置故障登记表，故障期间必须加强人工检测等安全措施。

第 164 条　矿井安装监测监控设备时，井下分站应置于便于观察、调试、检修的地点，并要求支护良好、无滴水、无杂物，离地面 300mm 以上。瓦斯传感器应垂直悬挂，距顶板（顶梁）不得大于 300mm，距巷道侧壁不得小于 200mm。

第 165 条　采用载体催化元件的瓦斯传感器、便携式瓦斯报警仪，每隔 7 天至少使用标准气样和空气样调校一次。对于瓦斯涌出异常或瓦斯浓度经常处于临界状态地点的瓦斯传感器，应适当缩短标校周期。其他模拟量传感器按规定周期进行标校。瓦斯超限断电功能（断电浓度、断电范围、复电浓度等）每隔 7 天至少检查测试一次。井下使用的所有瓦斯传感器最多每四个标校周期必须升坑，进行全性能测定及相应的维护工作。

第 166 条　监测中心站必须 24 小时不间断观察系统运行情况，并认真填写工作日志，详细记录安全监测系统各部分的运行状态，统计当班井下分站、瓦斯传感器信号传输的故障情况，及时打印矿井通风安全监测各类报表。对当日获取的信息进行分析和整理，将结果记录在监测日报上，经通风区值班领导批示后，报送矿总工程师、矿长审阅。

各矿应建立相应的监测监控技术资料管理制度。监测中心所获取的各种技术资料应保存 3 年以上，对井下事故状态的纪录，应长期保存。

第十章　煤质和选煤管理

第 167 条　公司应成立煤炭质量监督管理领导组，制定严格的检查、抽查、奖罚制度并严格执行。建立健全矿（厂）领导和有关部门的原煤及产品质量责任制和考核标准，量化、细化考核内容，并定期检查执行落实情况。

第 168 条　与用户签订合同所涉及的质量指标，应充分考虑各矿资源赋存情况、年度工作面衔接计划和煤质管理机构的建议，保证公司商品煤市场占有率和公司经济效益。

第 169 条　矿（厂）必须执行煤质分析例会制度。及时分析煤质管理中存在的问题，了解用户需求及市场信息，制定落实相应措施和对策。

第 170 条　各矿（厂）要根据资源配采情况和

商品煤合同要求，组织编制各生产环节质量指标控制标准和管理制度，确保商品煤质量合格、稳定，满足不同用户要求。

第 171 条　矿（厂）煤质管理机构必须参与矿年度工作面衔接计划的制订和工作面作业规程的审批。工作面作业规程中必须有提高煤炭质量的具体有效措施，煤质管理机构负责监督检查煤质管理措施的落实情况。

第 172 条　各生产矿井要加强井下地质构造的勘测工作，过断层、无炭柱等地质构造时，应采取必要的技术措施，尽量减少地质构造对毛煤质量的影响。过地质构造开采时，要制定完善可行的分装、分运、分储措施，煤质管理部门要参与措施的审批，并及时跟踪检查落实情况。

第 173 条　在设计、开采、运输等过程中，必须制定完善的保证煤炭产品质量措施。

严格执行定期质量检查和报表制度。采煤工作面每 5 日至少采一个生产检查煤样；煤巷、半煤岩巷掘进工作面每 10 日至少采一个生产检查煤样。

第 174 条　加强井下采掘工作面、转载点等洒水喷雾的管理，做到停机停水，杜绝长流水。对工作面淋头水、老空水及工作面涌水要有完善的排水系统并及时排水，严禁排入煤中，确保毛煤水分指标。

第 175 条　多煤层开采矿井要实行分采、分运、分储。矿、厂要密切配合，合理配采、配洗、配销，充分利用现有资源，并满足市场和企业效益要求。

第 176 条　矿要根据煤质管理部门对采掘工作面生产煤样检查结果，对出现的原煤质量问题采取相应措施。

第 177 条　煤质管理部门要建立完善的煤质资料档案：有服务于本采（盘）区分煤层生产大样资料、各回采和掘进工作面当月的煤层煤样分析资料、工作面开采前的煤层煤样浮沉资料、工作面采样平面图、月地质预报、年工作面衔接计划表、年原煤质量和原煤产率计划的编制说明、工作面毛煤质量台账、原煤质量台账、商品煤质量台账、选煤煤质月综合等详细资料。

第 178 条　各矿（厂）每 2 年至少应对所开采煤层做一个生产大样，为矿（厂）技术改造、产品定位、合理整合资源提供煤质依据。

第 179 条　生产矿井必须有完善配套的筛分、排矸、除杂、除铁系统，新建及技改矿井应采用动筛或其他先进的筛分、排矸设备，减少矸石、杂物混入量，逐步提高原煤质量。常规的原煤筛选系统选矸效率不低于 85%，动筛排矸系统效率不低于 95%。

第 180 条　加强主洗环节生产技术管理，提高洗选数量效率。跳汰机单机数量效率原则上不低于 90%，三产品旋流器数量效率原则上不低于 95%。

第 181 条　加强浮选、过滤、沉降环节生产技术管理，完善药剂添加和液位控制系统，降低药剂消耗，提高浮选抽出率。

第 182 条　加强介质选购、使用、管理，降低介质消耗。采购适合于本厂煤质和系统的介质，做好脱介回收环节设备的分析检测，及时调整系统、设备工艺参数，确保良好的设备运行状态和回收效果。

第 183 条　加强煤泥水澄清、煤泥回收环节设备管理，选煤厂洗水闭路循环必须达到行业一级闭路循环标准。加强循环水 PH 值测定，尽量维持中性水平，降低筛网及设备的腐蚀和筛缝结垢堵塞程度。

第 184 条　加强粗煤泥分选研究和粗煤泥回收技术改造，尽量在浮选前多回收粗煤泥，以减少浮选和尾煤回收煤泥量，提高精煤回收率。

第 185 条　加强配煤入洗管理，用好在线测灰仪，提高产品灰分、硫分的稳定性。

第 186 条　制定并落实严格有效的商品煤配灰、配硫装车技术组织措施，逐步提高商品煤合格率。

第 187 条　加强选煤产品脱水管理。完善冬季防冻液添加系统，严格按规定的时限、数量、销售品种添加防冻液，杜绝冻车事故的发生。

第 188 条　定期对工艺系统和主要设备的运行状况进行检测。各厂应每 2 年对工艺系统进行一次检查，每年对分级筛、动筛、跳汰机、旋流器、脱介筛、脱水离心机、磁选机、表面改质机、浮选机、过滤机、沉降离心机、压虑机等关键设备进行单机检查，全面分析评价工艺系统及设备运行状况，找出存在的问题并予以解决。

第 189 条　加强选煤厂质量标准化和煤质标准化建设。

第 190 条　采样、制样、化验仪器必须配备齐全、定期校验，保证测试性能和准确性。新购采制化设备必须保证先进性、准确性、适用性。

第 191 条　各选煤厂必须制定准备系统及储装运系统中瓦斯等有毒有害气体的防治措施，严格进行监测预报和排放工作，瓦斯浓度达到 1%时必须停车排放瓦斯。各厂应建立瓦斯等有害气体自动预警排放系统。

第 192 条 加强选煤厂技改项目管理。选煤技改项目应由公司选煤副总工程师召集专家和有关处室人员进行可行性论证,并报公司总工程师和总经理批准。

附则 科技创新

第 193 条 坚持“科技兴企、科教兴煤”战略,进一步建立健全科技创新管理机构,完善科技创新激励机制。企业要充分发挥科技部门的主导作用,加强与科研机构、专业院校的联合与合作,解决矿井存在的技术难题。

公司、矿要充分调动广大科技人员和全体员工科技创新的积极性,提高全员参与科技创新意识。

第 194 条 提高矿井技术装备水平,积极推广新技术、新工艺、新设备、新材料,简化矿井生产系统。实行集约化管理,促进高产高效矿井建设,提高矿井综合抗灾能力和矿井的经济效益。

1. 加大资源勘探力度,提高资源勘探技术水平。不断引进地质、测量、水文地质先进技术装备,加强对高瓦斯、高应力以及地质、水文地质异常区的超前探测技术研究,同时注重共、伴生资源的勘探,由单纯的煤田勘探,向煤田、安全、共伴生资源的全方位勘探,实现“综合勘探”,“精细勘探”,加强地质勘探新技术、新手段的开发研究工作,为矿井安全生产提供可靠的地测技术保障,保证资源勘探质量,减少开发过程中的资源浪费和无效进尺,为采(盘)区划分和工作面设计以及设备选型提供科学依据。

2. 积极推广应用微机在线动态监测技术、大流量电液控掩护式支架、端头超前支架、薄煤层刨煤机和螺旋钻采煤机等、软启动技术、微机综合自动化保护、测控技术等新技术、新装备。改造老式变电站和井下供电系统,研究解决综采工作面恒压供液系统、矿井综合自动化系统的办法,提高矿井机电装备水平。

3. 引进推广掘锚一体机和硬岩掘进机,提高掘进机械化装备水平和掘进效率。

4. 原煤运输系统推广应用强力胶带输送机等连续运输设备。辅助运输要推广连续牵引车和无轨胶轮车。人员运输推广使用架空乘人车,并使用变频调速控制技术。斜坡运输要推广智能捕车器,提高矿井运输质量。

第 195 条 要加强基础性研究,公司、矿(厂、处)要编制 3~5 年的科技攻关规划,重点解决下列问题。

1. 加强煤炭资源开发的管理。对矿井开采边角煤、煤柱和“三下”压煤,公司、矿应本着积极、慎重、安全、合理的原则,探索采煤技术的新途径。着重解决机械化开采的技术装备与生产工艺,工艺上进行攻关,装备上进行改进,政策上进行扶持。加强资源回收,解放煤炭资源,提高矿井回采率,延长矿井服务年限。

2. 加强矿井防治水工作。研究岩层裂隙水和奥灰强岩溶水活动规律,探索带压开采的防治水技术。

3. 选煤方面要着重解决提高洗选效率、降低介质消耗、产品脱水等问题。推广重介选煤技术,逐步淘汰跳汰选煤工艺。解决好上下组煤配采、下组煤产品定位问题和研究探索高硫煤的开发利用技术。

4. 积极开展瓦斯治理,加强技术研究,寻找适合西山矿区的瓦斯抽采工艺和方法,努力提高矿井瓦斯抽采率,逐步实现本质安全生产。公司和各矿要深入开展煤层瓦斯基本参数和瓦斯地质等基础性研究,探明矿区瓦斯赋存状况和赋存规律;牢固树立“抽放治本”、“瓦斯越抽越少”、“积少成多”等理念,采用开采层抽放、临近层抽放、采空区抽放等综合措施;积极与国内外科研院校合作,开展钻具及钻孔施工工艺,低透气性煤层人工增加透气性技术,掘进工作面预抽、封孔工艺改进等科研攻关,努力提高矿井和采掘工作面瓦斯抽采率。

5. 积极进行矿井粉尘治理技术研究。公司、矿要积极采用动压注水、脉冲注水等技术,逐步改善煤层注水参数,降低开采过程中的粉尘量;积极采用采机高压喷雾引射降尘系统、自动智能跟踪降尘系统、液压支架自动喷雾降尘系统以及掘进工作面综合降尘系统等新技术、新装备,努力降低井下作业场所的粉尘浓度。

6. 加强与科研院校的合作,开展矿区各煤层自燃发火环境和机理的研究,确定标志性气体,并在此基础上建立矿区煤层自燃早期预测预报体系和预警机制。广泛开展煤层自然发火规律及防治方法的研究,积极推广注氮气、注凝胶、喷洒阻化剂等技术,防止开采过程中发生煤层自燃事故。积极试验、研究井下快速密闭施工工艺,提高采空区封闭质量,防止采空区遗煤自燃。

7. 加强对顶板来压及活动规律的研究,制定锚杆支护管理标准，引进锚杆支护设计专家系统，分析不同顶板条件下的锚杆支护技术参数，探索受动压巷道和复合顶板条件下的支护理论，为支护设计提供科学依据。

8. 进一步研究锚杆布置形式和锚杆支护方法，研究不同顶板条件下锚杆、锚网、桁架、锚索等联合支护方式，提高支护的经济性、可靠性和单进水平。

9. 研究解决长距离掘进巷道辅助运输装备和供电电压降过大的问题，研究解决瓦斯尾巷横贯掘进技术，研究解决岩巷快速掘进技术。

10. 随着矿井延伸，战线越来越长，给运输、通风带来了一系列问题。要加快大系统的优化，建设接续井筒，缩短生产战线，提高生产效率。

第 196 条　按照循环经济理念和生态工业理论的发展原则，加强环境保护和生态环境恢复和建设，提高经济效益，保持矿区可持续发展。重点解决矸石、沉陷治理和共生、伴生资源的综合开发利用。

第 197 条　积极推进矿区信息化建设，建立信息建设的企业标准，全面规划，分步实施，用信息化带动工业化，走新型工业化道路，提高公司整体管理水平和领导决策水平。建立生产调度子系统；建立生产技术信息系统；建立地测信息系统；建立安全预警系统；建立办公自动化系统；建立物流、财务信息系统；建立智能化小区系统。

第 198 条　建立健全培训体系，加强对院校毕业生和职工技术骨干的深层次专业培训，建立强有力的技术队伍，为企业发展提供技术人才保障。

第 199 条　建立健全重大事故应急救援预案和救援体系，加强演练，提高应急救援能力。

（西山煤电发[2006]25 号）

采煤工作面设计审批和验收管理规定

采煤工作面设计是煤矿生产技术管理的重要基础，为加强矿井生产技术管理，改善工作面安全生产条件，特制定本规定。

一、采煤工作面设计

（一）设计原则

1. 坚持系统完善，安全可靠，科学合理的原则。

2. 加大工作面可采储量，减少工作面搬家次数，提高资源回收率的原则。

3. 工作面装备选型坚持技术先进，性能可靠，环节配套的原则。

4. 高瓦斯区域应抽尽抽，先抽后采的原则。

（二）设计依据

1. 煤矿安全规程。

2. 设计规范。

3. 矿井生产技术管理基础工作若干规定。

4. 公司批准的采区设计和地质报告。

5. 采煤工作面地质说明书。

（三）设计内容

1. 采煤工作面设计说明书。

2. 工作面巷道平、剖面图(1:1000)和巷道支护断面图(1:50)。

3. 生产系统图(运煤系统、运料系统、通风系统及安全监测监控系统、防尘系统、防灭火系统、供排水系统、通讯照明系统)(1:2000)。

4. 工作面设备布置图和供电系统图。

5. 瓦斯抽放系统图。

（四）设计要求

1. 设计说明书内容：

(1) 采煤工作面井上、下位置、几何尺寸和周围开采情况，有工作面设计参数的选择说明。

(2) 采煤工作面煤层赋存状况、顶底板岩性特征、地质构造、水文地质、瓦斯涌出情况(包括绝对瓦斯涌出量、相对瓦斯涌出量)、煤层自燃发火情况(本工作面周围火区情况、本工作面自燃发火等级和发火期)、工业储量、可采储量和回收率。

(3) 采煤工作面巷道断面及支护形式，巷道断面和支护参数的选择计算与说明。

(4) 采煤工作面设备选型及配套说明。

(5) 采煤工作面供电系统及负荷统计。

(6) 叙述生产系统要完整，运煤系统要从工作面到地面，运料要从地面到工作面，通风系统要从进风井到回风井，有通风能力验算。

(7) 有根据地质资料和临近工作面开采时的有关情况等采取的技术措施，经济效益分析和技术经济指标，其他需要说明的问题。

2. 工作面巷道平、剖面图应包括地板等高线图和地质构造图。

3. 高瓦斯工作面必须进行瓦斯抽放设计，对可能出现瓦斯涌出异常的工作面，要在设计中提出相应的安全技术措施。

4. 对煤层自燃的工作面，要进行防灭火设计，并在设计中提出相应的安全技术措施。

5. 对带压开采、过老窑、过导水构造等受水害威胁的工作面，要在设计中提出相应的安全技术措施。

6. 生产系统图要在采区图纸上进行标注，并标明工作面及顺槽的分派风量。

7. 供电系统图要标明瓦斯超限断电点。

8. 采用非正规采煤方法的工作面，除满足上属设计要求的内容外，还应明确劳动组织和循环作业方式以及特殊安全技术措施。

9. 采煤工作面安装设计可在工作面形成系统后进行设计修改，但必须在工作面安装前 1 个月做出正规设计，并审批合格。

10. 工作面设备布置图中应包括两端头巷道断面图，反映运输设备与端头支护之间的相互尺寸关系。

11. 图纸设计要按照设计标准图例进行标注。

（五）审批程序

1. 采煤工作面设计前，必须由矿总工程师负责组织编制采煤工作面地质说明书，对地质构造、水情水害、瓦斯涌出、煤层自燃等情况进行认真预测，说明对工作面回采有影响的因素，并提出采取措施的建议。

2. 矿总工程师组织设计单位按照前述要求编制采煤工作面设计。设计人员要认真阅读地质说明书，对采煤工作面有影响的因素，要在设计中采取相应的安全技术措施。

3. 对地质说明书和采煤工作面设计，矿总工程师要组织有关技术人员进行会审，并履行正规的签字审批手续，总工程师签字后，报矿长审批。

4. 公司每季度对采煤工作面设计进行一次审批，审批由公司采煤副总工程师牵头，组织生产技术处、通风处、地测处、机电处、设计院、安监局等处室对矿设计审批手续完善的工作面进行会审，并报公司总工程师批准，公司以书面形式通知矿执行。

5. 各矿所有采煤工作面（包括回收队工作面）设计都必须进行审批，特殊情况需要临时审批时，要及时报告公司采煤副总工程师，报告时间距送到时间不小于 1.5 个月，并在送到前 1 个月完成审查工作。

二、工作面施工与验收

（一）采煤工作面必须严格根据设计进行施工，没有设计或设计审批未通过的工作面严禁组织施工，否则对组织掘进施工的单位加重处罚。

（二）采煤工作面施工前，必须根据《采掘运作业规程管理细则》的要求，提前两周编写好作业规程，并对施工队组职工进行贯彻考试后，方可组织开工。

（三）施工过程中，矿要组织有关单位检查煤层、顶底板、瓦斯、地质构造、施工质量、周边采掘等情况，如以上条件发生变化，需要修改设计时，应以设计卡片形式进行修改，不得在原设计图中进行修改，并补充施工措施。

（四）采煤工作面巷道工程竣工后，由矿总工程师安排地测、通风等有关部门，采取坑透、钻探等手段，进一步搞好地质调查工作，查明地质构造，并绘制采煤工作面地质构造纲要图、工作面平面图和巷道剖面图，以书面形式报公司通风处验收，通风处牵头组织地质、生产、安监、调度等单位，按公司有关规定进行设备安装前的验收，验收合格经通风处长批准后，租赁公司方可供给设备，进行安装。

（五）为保证采煤工作面设备质量，机电处应组织有关单位及人员，对设备提前进行验收，不合格的设备严禁出厂、下井。

（六）采煤工作面设备安装前，必须制定工作面安装规程，经矿总工程师批准后贯彻执行。

（七）采煤工作面安装竣工后，矿要按照采煤工作面管理有关规定，完善工作面矿压观测仪器、仪表，瓦斯监测、监控系统，综合防尘设施，防灭火设施，通讯照明，超前支护及其他安全设施，并对设备进行试运转后，由矿长签署报告向公司机电处提出验收申请。

（八）机电处接到验收申请后，牵头组织生产、安监、调度、通风、租赁等有关单位按公司有关规定进行竣工验收，验收合格经机电处长批准后，矿方可移交生产队组进行生产，否则，工作面不得投入生产。

（九）验收不符合安装条件的工作面，生产技术处不作为构成回采煤量工作面进行考核，矿应根据验收情况进行整改，并经重新验收合格后方可列入构成回采煤量工作面进行考核。

（十）工作面采完后，矿要对工作面回采情况、技术经济指标、材料消耗、设备使用情况、瓦斯治理、安全管理进行分析总结，写出书面材料报生产技术处备查。

（西山煤电发[2006]26号）

强化劳动组织，规范矿井入、升井人员管理的规定

为认真吸取全国煤矿重特大事故教训，进一步规范矿井入、升井人员管理，随时随地掌握井下人员实际情况，切实推动安全生产，针对当前严峻的煤矿安全形势以及公司实际，特制定如下管理规定。

一、管理范围

公司所属各矿及联营、兼并矿井。

二、管理办法

由各单位劳资科牵头，调度室、安监处、机电科、生产科、自救器发放单位等有关部门配合，负责对入、升井人员情况进行管理。

（一）入井人员管理规定

1. 各单位必须按照西山煤矿发〔2005〕163号《关于转发山西焦煤集团公司有关控制煤矿井下作业人数的规定的通知》要求，严格控制入井人数，并按核定生产能力组织生产，严禁超人数入井和超能力生产。

2. 各单位区（科）、队组，包括回收队、外包队所有入井人员，班前必须严格执行考勤、签到制度，必须对当班入井人员进行逐一核对，并将各单位区（科）、队组（含辅助队组）当班入井人员作业地点（包括队组、盘区分布情况），在班前会半小时后，及时逐级上报矿调度。对不下井人员，一律不准记井下工。

3. 各单位考勤站必须在人员入井1小时内，分区（科）、队组将全矿入井人数进行统计报矿调度。

4. 各单位矿灯房、自救器室必须定时定点严格按照入井实际人数发放矿灯和自救器，并且将当班全矿领取数字进行统计，在人员入井1小时内，上报矿调度。

5. 各单位必须制定零散入井人员管理细则，随时掌握矿井各盘区（采区）人员的分布情况。

6. 区队跟班干部必须与职工统一集体下井，同时清点人数，发现有误，及时查明原因，逐级上报矿调度。

7. 非本单位人员来矿下井，执行准入井制度。公司本部入井人员由各单位对口部门负责填报入井人员花名及去向，到矿调度领取准入证，矿调度统一登记备案后，方可入井；非本公司入井人员，由接待部门到安监处审报并进行入井前培训，安监处签字后，到矿调度办理准入证，矿调度统一登记备案后，方可入井。

8. 矿调度在人员入井2小时内，对当班所有入井人员分盘区（采区）进行汇总，并与单位考勤人数、考勤站记工人数，矿灯房、自救器室上报人数进行逐一核对，必须做到“三对口”，确认后，报公司总调度室。

9. 凡未经安全培训者一律不准入井。

10. 凡见习人员入井必须由师傅带领，否则不许入井。

11. 坚决杜绝冒名顶替入井、代打卡、代签到，一经发现，必须进行严肃处理。

（二）升井管理规定

1. 所有入井人员完成工作任务后，必须由跟班干部、班组长清点人数，无误后，组织集体升井。凡入井人员升井后，必须及时回本单位签到，然后由区（科）、队组值班人员逐级上报矿调度人数。

2. 矿灯房、自救器室必须在交接班2小时内，对井下作业班组上一班入井人员发放和收回的矿灯、自救器进行核对，上报矿调度。

3. 所有入井人员，升井后必须及时交回矿灯和自救器，任何人员不得私自带走。

4. 凡领取入井准入证的人员，升井后，由对口或接待单位，将准入证如数收回，交矿调度。

（三）其他规定

1. 各矿应积极推广应用井下人员自动考勤系统，在未实现自动考勤系统前，各矿井口要设专人对入升井人数进行清点，及时掌握人员入升井情况。

2. 各单位由劳资科牵头，每旬必须组织有关部门对入升井人员管理情况至少进行一次检查。

3. 公司由劳资处牵头，随时组织有关部门对各单位入升井人员的管理进行动态监督检查。

4. 对入、升井人员管理不善，底子不清，制度不健全的单位，公司将追究有关领导和责任人的责任，对单位进行1–20万元的处罚，并在全公司通报。

5. 各单位及有关部门，必须按照上级有关文件和本规定精神，结合本单位实际情况，详细制定入升井人员管理细则及处罚规定，并上报公司有关部门。

（西山煤电劳发[2006]27号）

山西焦煤西山煤电集团公司劳动定额管理办法

第一章　总　则

第一条　为实现按劳动定额定员组织生产，更好地贯彻按效、按劳的分配原则，在劳动定额管理中落实公司以经济效益为中心，坚持竞争力标准的管理思想，不断提高劳动生产率，以效率求效益，避免简单地以劳动投入换取产出，结合山西焦煤西山煤电集团公司（以下简称公司）实际，制定本办法。

第二条　定额是为劳动者在一定的生产技术、组织条件下，完成一定数量的合格产品所规定的劳动消耗标准。是衡量工人劳动成果、支付劳动报酬、编制劳动力计划、生产计划、组织劳动竞赛的重要依据；是促进工人学习技术、钻研业务、提高自身素质的重要工具；是测定经营指标、进行经济活动分析的基础。

第三条　劳动定额定员工作是企业管理中的一项主要基础工作，各级领导必须加强对这一工作的领导，认真抓好队伍建设，按规定建立健全开展定额管理所必需的产品计量、质量检验，定额监督，工资核算的全套保障机制，使劳动定额工作逐步实现程序化、规范化、标准化。

第四条　凡工作量饱满，产品数量和质量易于检查验收，设备、材料供应较正常的工种，应制定定额，实行定额管理。

第二章　劳动定额的编制、修订和审批

第五条　公司劳动定额标准的制定由劳动工资处定额科负责组织有关人员进行编制，经上级劳动定额标准化技术委员会批准后执行。

第六条　在编制统一劳动定额时，各单位必须按时提供有关资料，为编制劳动定额提供可靠依据。

第七条　公司劳动定额水平应与本企业实际相适应，在定额水平确定前，必须认真测算，以保持各工序间的平衡和定额水平的先进合理性。

第八条　劳动定额的补充和修订。

一、定额标准在执行中有下列情况之一者，应予修订。

1. 定额执行中，发现定额水平有明显偏高或偏低和缺漏项的。

2. 自然条件发生特殊变化或生产设备有重大改变的。

3 生产工艺、技术操作方法有重大改进的。

4. 生产所用材料有较大变化的。

二、公司劳动定额未作规定，而在某单位生产过程中又属经常出现的作业，各单位可按规定程序制订补充定额，报公司批准后执行。对工期不超过3个月的临时性工程，各单位可自行制定临时定额，报公司备案。

三、报批修改或补充定额时，必须填报下列有关资料。

1. 详细填写劳动定额审批报告单。

2. 计划任务、质量标准及劳动组织形式。

3. 自然条件，出入井距离，使用机械设备的型号、主要性能参数以及工作内容和生产施工方法。

4. 写实或测时的工时消耗利用情况和单件产品以及3个月统计测算资料。

第三章　劳动定额的贯彻与检查

第九条　劳动定额标准经批准颁发后，各单位要认真贯彻执行。各级领导要做好各类人员的思想工作，加强工作现场的指挥，保证原材料的供应，减

少运输、机电事故影响，改善劳动组织，推广先进经验，为职工创造良好的作业和生产条件。

第十条　公司劳动定额标准在有效期内任何单位和个人均无权擅自修改或借故不执行，如遇特殊情况，需修改个别分项定额时，应及时向公司主管部门提出书面报告，按照规定的审批程序办理。

第十一条　各单位要严格按照公司劳动定额标准制定作业定额。综合作业定额的制定必须按公司劳动定额手册规定的系数进行调整，并要重新下达定额通知单。

第十二条　为加强对作业定额的审批管理，每月对实行计件工资的队组下达的作业定额，需经单位劳资科审批后方可执行。

第十三条　要严格控制计件队的计时工数和停工工数。实行计件的队组，除队干部外的其他人员都应参加计件。凡当月能完成定额的队，原则上不报停、拨工。对确因外部原因影响完不成定额的，可按照“计件工资办法”规定给予停工补助。

第四章　劳动定额管理机构及定额员的职责和工作权限

第十四条　公司矿（厂）要建立健全劳动定额管理机构，公司劳动工资处设定额科，负责全公司劳动定额的制定、修改、审批有关事宜，并指导全公司有关定额方面的业务工作。各矿（厂）劳资科设定额组，定额员按总人数的千分之一配备，负责本单位的定额管理，审查作业定额，下达计件队组的定额单价，处理日常业务工作，积累和提供修改定额的有关资料，帮助队组搞好内部工资分配。

第十五条　劳动定额员应具备的条件

一、热爱本职工作，熟悉劳动工资政策，并具备一定的企业管理知识，经培训考核合格者。

二、具有大专或相当大专以上文化程度，并能掌握劳动定额的专业知识。

三、能准确地阅读生产图纸，熟知各工序的操作方法、工作内容、产品质量标准及生产工具设备的性能，掌握生产过程中的名词术语、各工序工作量的计算方法。

四、政策观念强，坚持原则，作风正派、办事公道、不弄虚作假、对工作认真负责。

五、劳动定额员要做到“三懂五会”，即三懂：懂政策规定，懂业务知识，懂工艺流程；五会：会正确使用劳动定额标准制定作业定额，会测时、写实及制定补充定额，会制定计件队记分标准和内部分配办法，会计算和统计定额完成情况及进行文字分析，会按政策规定及时解决定额工作中的实际问题。

第十六条　劳动定额员的职责

一、认真贯彻执行劳动定额标准和各项管理制度。

二、经常深入矿井采区、车间、队组作业现场，了解和掌握生产条件、劳动组织、设备性能、材料供应等方面的情况。定期对定额完成情况进行分析，及时解决存在的问题，定额管理人员每月深入队组作业现场天数不少于规定天数。

三、根据劳动定额标准和计件管理办法，制定计件队组的作业定额和计件单价，并按规定及时下达。

四、认真参加工程验收工作，审查验收记录报表，严格按下达的定额单价和有关规定结算工资，做到准确及时。

五、经常有重点地进行技术测定工作，积累劳动定额资料，对主要生产工序每年要进行一次全面测定，提出各工序工时消耗的调查资料，并及时上报公司劳动工资处定额科。

六、负责编制补充定额和临时定额，并按规定的程序履行审批手续。

七、参加公司劳动定额标准的编制和修改工作。

八、参与工作面的作业规程制定、生产作业计划的编制工作，对作业计划、作业规程编制中存在的问题要提出修改意见，针对实际情况按有关规定提高劳动组织和岗位定员的余缺建议。

九、及时、准确、如实地填报计件队组工资，定额统计表，并对统计资料进行分析。对长期完不成定额或突破定额水平过高的队组提出书面分析材料和改进措施。

十、帮助计件队组制定内部分配办法，指导记录员做好记录和改进措施。

十一、参与本单位召开的经济活动分析会议，提供有关劳动定额，计件工资执行情况等有关资料，掌握本单位生产、经营的变化情况。

十二、会同有关部门总结，推广先进操作方法和经验。不断改善劳动组织，提高工时利用率和劳动效率。

第十七条　劳动定额员的工作权限

一、劳动定额员要监督基层队组贯彻上级有

关劳动工资、奖励政策以及劳动定额标准的执行情况,发现违规行为要及时制止,并提出纠正的措施。

二、对所负责队组的计件工资分配情况进行监督检查,对工资分配中的违规现象要向上级汇报会同有关部门改正。

三、定额员在作业现场了解情况时,发现产品质量不合格,工程质量达不到标准时要向施工负责人提出返修建议,如不及时采取措施处理,要征得领导同意后扣减不合格产品部分的计件工资或拒付计件工资。

第五章　劳动定额统计分析

第十八条　建立健全劳动定额报表制度,严格按公司规定上报劳动定额月、累计报表、半年及年报。月报和累计报表分别在次月 5 日或 8 日前报送公司劳动工资处定额科。

第十九条　各单位必须建立劳动定额统计台账,准确记录各工种、工程综合定额的完成情况,为分析、修改定额提供资料。

第二十条　为了保证统计分析工作的顺利进行,各单位必须建立劳动定额分析制度。每月要由分管劳动定额的科长组织召开一次定额执行情况的分析会,剖析定额执行中存在的问题,提出改进意见。同时,公司要对此项工作进行不定期的检查。

第二十一条　做好劳动定额分析工作,重点分析以下方面:

一、作业场所、工作地点对劳动定额完成的影响程度。

二、机械设备对劳动定额完成的影响程度。

三、劳动组织状况对劳动定额完成的影响程度。

四、生产组织管理和材料供应对劳动定额完成的影响程度。

五、工时利用情况,主要分析有效作业时间和工时损失原因。

六、工资奖金分配是否合理。

七、劳动定额是否先进合理,是否适应生产实际。

第六章　劳动定额员的管理

第二十二条　为了加强定额管理,增强定额员的责任感,各单位应将定额员工作职责与奖励挂起钩来,实行严格的考核制度。

第二十三条　公司要建立劳动定额员的定期考核制度,对工作积极、钻研业务、坚持原则作出显著成绩者,给予表彰奖励。

第二十四条　劳动定额员因不履行自己的职责,使工作遭受损失,或滥用职权、弄虚作假、营私舞弊、贪污受贿的,应根据情节给予行政处分或调离其工作岗位。

第二十五条　劳动定额人员根据国家有关技术职务的评定和任职条件,可申报经济系列、会计系列、统计系列、工程系列专业技术职务任职资格。

第二十六条　入井进行工作日写实、测时期间,入井津贴享受同工种人员待遇。

第七章　附　则

第二十七条　各级领导要支持定额人员正常行使职权,对定额人员提出的改进管理、改善劳动组织状况、改革工资分配及提高劳动生产率等方面的正确意见,要认真考虑。对所反映的有关违反劳动定额管理条例、工资分配政策等问题,要及时查处。

第二十八条　劳动定额员被录用正常工作后,无特殊原因不要随意调动其工作,应保持定额员工作秩序和工作稳定。

第二十九条　本办法自公布之日起执行,与有关规定有抵触时,按上级法规、文件执行。

第三十条　本办法解释权属山西焦煤西山煤电集团公司劳动工资处。

(西山煤电发[2006]48 号)

高产高效矿井建设绩效考核办法

为了扎实有效地推进高产高效矿井建设，提高单产、单进水平和生产效率，实现矿井的持续、快速、健康发展，结合集团公司实际，特制定本办法。

一、高产高效矿井建设考核内容及指标

(一)高产高效采掘队

名　称	产量、进尺历史最高水平（万吨或米）	工程质量	效　率	安　全
综采队	201.0742	优良品率100%	1.67万吨/人/年	无死亡
开拓队	1546	优良品率100%	20.6米/人/年	无死亡
掘进队	6731	优良品率100%	79.19米/人/年	无死亡

(二)采掘重点队

指标／队别	一台阶	效率（吨或米/人/月）	奖励（万元）	二台阶	效率（吨或米/人/月）	奖励（万元）	三台阶	效率（吨或米/人/月）	奖励（万元）
综采队	120万吨	833	12	140万吨	972	16	160万吨	1111	22
刨煤/轻放/轻型支架	80万吨	650	10	100万吨	830	16	120万吨	1000	18
综掘队	5000米	4.9	12	5500米	5.4	14	6500米	6.4	16
开拓队	1100米	1.2	12	1200米	1.3	14	1300米	1.4	16

(三)开掘会战

	一台阶		二台阶	
	进尺	效率	进尺	效率
综掘	500米/台/月	5.88米/人·月	600米/台/月	7.06米/人·月
炮掘	280米/月	3.5米/人·月	320米/月	4米/人·月
开拓	100米/月	1.33米/人·月	110米/月	1.46米/人·月
岩石作业线	110米/月	1.47米/人·月	120米/月	1.6米/人·月

(四)原煤总产量

单　位	考核指标(万吨)	奋斗目标(万吨)	单　位	考核指标(万吨)	奋斗目标(万吨)
白家庄矿业	80	85	杜儿坪矿	410	420
西铭矿	355	360	官地矿	420	430
西曲矿	320	335	镇城底矿	175	185
马兰矿	390	395	东曲矿	370	380
屯兰矿	420	430	斜沟矿	160	200

(五)煤　质

项　目	一台阶	二台阶	三台阶
原煤批合格率	85%	90%	95%
精煤批合格率	95%	98%	100%

二、抵押项目、范围及标准

(一) 重点队

各矿生产矿长、采掘副总、生产科长、区长、采掘队队长和书记,每人每月抵押1000元。

(二) 开掘会战

1. 开掘会战:各矿矿长、党委书记、生产矿长、机电矿长、总工程师、安监处长、开掘副总、生产科长、参赛队队长和书记,每人每月抵押1000元。

2. 构成回采煤量:各矿矿长、党委书记、生产矿长、机电矿长、总工程师、安监处长、开掘副总、生产科长、参赛队队长和书记,每人每月抵押1000元。工作面回采储量小于30万吨的每人抵押2000元,储量30~50万吨的每人抵押3000元,储量50万吨以上的每人抵押4000元。

2006年构成回采煤量工作面见附表1。

3. 重点工程:各矿矿长、党委书记、生产矿长、总工程师、开掘副总、开拓区区长(或项目负责人),每项重点工程每人抵押1000元。

2006年重点工程项目见附表2。

(三) 原煤总产量

矿主要负责安全生产的领导,每人每月抵押3000元。

(四) 煤　质

各矿矿长、生产矿长、总工程师、分管煤质工作的矿长、科长,每人每月抵押2000元。

(五) 抵押金交纳

参与各项目抵押的人员,其抵押金必须在2月15日前(按月抵押的项目在每月5日前)按时、按项目、按标准足额统一交纳至集团公司财务处(股份公司财务部)。

三、考核兑现

(一) 高产高效采掘队

各矿参赛采掘队的单产、单进突破集团公司历史纪录,且安全、效率、工程质量达到考核指标要求,年终集团公司分别对采、掘、开第一名的队进行表彰奖励,授予"集团公司高产高效队"荣誉称号,给予一次性重奖,并推荐队长为集团公司劳动模范。

(二) 重点队

1. 主要考核单产(单进)、效率、工程质量、安全四项指标,单产(单进)、效率、工程质量三项指标奖励挂钩比例分别为50%、30%、20%,单产(单进)未达台阶考核指标,不予奖励。工程质量为合格品,扣除兑现奖的20%,出现不合格品扣除全部抵押金,重新抵押。发生死亡事故取消全年评比资格。

2. 对采掘重点队考核。实行按月考核,季度兑现的考核办法。采掘重点队季度累计各项指标达到台阶指标要求,经生产技术处等有关部门核实后,按年度对应台阶奖励额的1/4,对队组进行奖励,按重点队奖励总额的20%,奖励矿有关人员;效率和工程质量达不到考核指标要求,按对应比例核减奖励额;年终累计四项指标达到台阶考核指标的,补齐季度应得奖励。

3. 对参赛采煤队抵押人员的考核。实行按月考核、奖罚兑现的办法。所有参赛队组全部完成月度台阶指标,按抵押额对等奖励;部分参赛队组完成月度台阶指标,按参赛队组总数完成比例兑现;所有参赛队组未完成月度台阶指标,全额扣除抵押金,重新抵押。

(三) 开掘会战

1. 开掘会战考核

(1) 实行按月考核、奖罚兑现的办法。主要考核单进、效率、工程质量、安全四项指标,单进、效率、工程质量三项指标奖励挂钩比例分别为50%、30%、20%。单进未达到台阶考核指标,不予奖励。工程质量出现合格品,扣除兑现奖的20%,出现不合格品扣除全部抵押金,重新抵押。发生死亡事故取消全年评比资格。

(2) 对参与开掘会战抵押人员的考核。达到一台阶指标,对矿领导、副总工程师、区(科)抵押人员,以抵押金2倍为基数,按开掘参赛队总数完成比例计奖,参赛队队长、书记每人奖励2000元;达到二台阶指标,对矿领导、副总工程师、区(科)抵押人员,以抵押金三倍为基数,按开掘队总数完成比例计奖,参赛队队长、书记每人奖励3000元。所有参赛队组未完成月度台阶指标,全额扣除抵押人员抵押金,重新抵押。

(3) 进尺超过当月二台阶考核指标的队,每超50米,增加1000元奖励。全年单进突破集团公司历史纪录的综掘队和开拓队,可优先使用集团公司购置的先进掘进设备。

(4) 完不成当月进尺计划的矿,掘进总进尺比计划每减少1%,减扣矿当月基础工资的0.1%;开拓进尺比计划每减少 1%，减扣矿当月基础工资的 0.2%。扣除部分缴公司预留，累计完成进尺计划后返还预留工资。

（5）各矿通过开掘会战，消灭月单进 300 米以下的综掘队、月单进 200 米以下的炮掘队、月单进 50 米以下的开拓队。

2. 构成回采煤量考核

各矿要按照核定的衔接计划组织掘进，对矿主要考核矿井当年按要求构成的采煤工作面个数、时间及煤量。每个工作面按期构成有效回采煤量，对所有参与抵押的人员，以抵押金为基数，加倍兑现；构成回采煤量日期比计划每推迟 1 天，扣除抵押人员抵押金的 10%；推迟 10 天，全额扣除抵押金。

3. 重点工程考核

对各矿重点工程实行项目验收考核，主要考核工期、工程质量、安全三项指标。各矿要按计划完成每项重点工程。按期完成的，工程质量全部合格，且优良品率达到 80%及以上，消灭重伤以上事故，对所有参与抵押的人员，以抵押金为基数，加倍兑现奖励；工程质量全部合格，但优良品率达不到 80%，扣除抵押人员奖金的 20%；出现不合格品，全额扣除抵押金。发生重伤事故，扣除抵押金的 80%；发生死亡事故，扣除全部抵押金。工期每推迟 1 天，扣除抵押人员抵押金的 10%；推迟 10，全额扣除抵押金。

（四）原煤总产量考核

1. 逐月风险抵押，按月奖罚兑现。当月完成原煤总产量考核计划，每人奖励 3000 元；完成奋斗目标，每人奖励 5000 元，比奋斗目标每提高 1 万吨，加奖 1500 元；完不成当月考核指标，全额扣除抵押金，重新抵押。

2. 半年累计完成“过半”奋斗指标，嘉奖抵押人员每人 5000 元，完不成过半奋斗目标，每亏 1 万吨，每人扣罚 1500 元；全年累计完成奋斗指标，嘉奖抵押人员每人 10000 元，完不成奋斗目标，每亏 1 万吨，每人扣罚 1500 元。

3. 年终矿井原煤总产量突破集团公司历史最高纪录（455 万吨），按该矿月度基础工资总额的 10%给予一次性嘉奖。

（五）煤质考核

1. 集团公司对各矿煤炭质量，实行按月考核、奖罚兑现的办法。直销原煤的矿井，按当月外销原煤批合格率进行考核；原煤全部供选煤厂入洗的矿井，联系对应选煤厂外销商品煤批合格率进行考核。

当月商品煤批合格率达到一台阶考核指标，不奖不罚；达到二台阶考核指标，每人每月奖励 1000 元；达到三台阶考核指标，每人每月奖励 2000 元；达不到一台阶考核指标，全额扣除抵押金，重新抵押。

商品煤批合格率累计半年达到三台阶考核指标，每人加奖 3000 元；商品煤批合格率累计全年完成三台阶考核指标，每人加奖 5000 元。

2. 当月因外销商品煤质量问题，引起煤质纠纷，造成经济损失全额扣除抵押金，重新抵押；在冬季生产装车过程中，因水分偏高，防冻液添加不够，造成冻车事故，全额扣除抵押金，重新抵押。

四、考核程序

（一）高产高效队

1. 各矿根据集团公司要求组织高产高效队建设，在采、掘、开三个专业中，分别选树一个高产高效队。

2. 集团公司在各矿高产高效队建设基础上，在采、掘、开三个专业中，分别选树一个高产高效队，作为集团公司的专业典型。

3. 集团公司采、掘、开队历史最高水平，分别是综采队年单产 201.0742 万吨、综掘队年单进 6731 米、开拓队年单进 1546 米。

4. 采、掘、开队创历史最高水平的考核，由集团公司生产技术处牵头组织。

（二）采掘重点队

1. 各矿向集团公司生产技术处申报参赛采掘重点队名单，生产技术处审核、备案。

2. 各矿于每月 5 日前，向生产技术处报送上月重点队指标完成情况报表及采掘交换图等资料。

3. 每月初生产技术处牵头组织有关部门，对各矿上月采掘重点队指标完成情况进行现场核实、确认。

（1）产量、进尺完成情况主要根据各矿生产技术科、计划科、调度室、地测科提供的报表、资料为依据，进行核实、确认。

（2）效率指标完成情况以矿劳资科提供的上月末在册人数为依据，按人头效率进行考核，由劳资处进行核实、确认后，报生产技术处。

（3）工程质量达标情况以安监局、生产技术处每月安全质量标准化检查结果为依据，进行认定、考核。

（4）安全生产情况的考核结果，由安监局按月报送生产技术处。

（三）开掘会战

1. 施工构成规定回采煤量或批准的重点工程的开掘队，均可参加开掘会战。

2. 各矿每月向生产技术处报送参赛施工队伍名单,生产技术处审核、确认。

3. 各矿于每月 5 日前,向生产技术处报送上月开掘会战队指标完成情况报表及采掘交换图等资料。

4. 未按照计划进度要求构成规定回采煤量的或未按时完成重点工程的,取消该队当月竞赛资格。

5. 每月初生产技术处牵头组织有关部门,对各矿上月开掘会战队指标完成情况进行现场核实、确认。

(1)进尺完成情况主要根据各矿生产技术科、计划科、调度室、地测科提供的报表、资料为依据,进行核实、确认。

(2)效率指标完成情况以矿劳资科提供的上月末在册人数为依据,按人头效率进行考核,由劳资处进行核实、确认后,报生产技术处。

(3)工程质量达标情况以安监局、生产技术处每月安全质量标准化检查结果为依据,进行认定、考核。

(4)安全生产情况的考核结果,由安监局按月报送生产技术处。

(四)构成回采煤量

根据集团公司批准的采掘接替计划,由矿向生产技术处提出工作面设计及开工报告,生产技术处根据《采煤工作面设计审批和验收管理办法》组织审批,并与矿签订构成回采煤量目标责任书,矿方可组织施工。通风处根据《采煤工作面设计审批和验收管理办法》的要求,会同有关部门对矿构成回采工作面的系统进行现场验收,并出具验收报告,作为生产技术处考核矿构成回采煤量的依据。矿地质科出具该工作面回采煤量的图纸资料。系统贯通时间以矿调度汇报记录和地质科下达的贯通通知书为依据。

(五)重点工程

1. 重点工程必须是集团公司批准下达的计划项目,项目施工计划以集团公司年初下达的计划为准,各矿按施工计划组织施工。

2. 工程项目开工前,矿必须向生产技术处提出书面报告,经批准,与生产技术处签订项目责任书后,方可施工。

3. 工程竣工验收。由矿向生产技术处提出验收申请,生产技术处牵头组织有关部门进行现场验收。

(六)原煤总产量

1. 每月初生产技术处牵头组织有关部门,对各矿上月产量指标完成情况进行核实、确认。

2. 原煤总产量完成情况主要根据各矿生产技术科、计划科、调度室、地测科提供的报表、资料为依据,进行核实、确认。

3. 原煤库盘点情况由集团公司总调度室提供相关资料。

五、相关要求

1. 山西西山晋兴能源公司要参照本办法规定,自行制定高产高效矿井建设绩效考核办法,报集团公司备案。

2. 各矿上报的统计数据要真实、准确,不得弄虚作假,一经发现,取消竞赛评比资格。

(西山煤电发[2006]65 号)

附表 1

2006 年构成回采煤量工作面

矿别	工作面编号	走向(m)	采长(m)	采高(m)	容重(t/m³)	储量(万吨)	合计(万吨)	预计构成时间	备注
白家庄矿	23519	160	120	2.2	1.42	9.3	67.4	06.5.20	
	39701	880	80	2.2	1.34	20.8		06.9.30	
	22522	360	160	2	1.31	15.1		06.12.31	
	36802	420	200	2	1.39	22.2		06.12.21	
杜儿坪矿	62507	1544	200	2.2	1.43	91.7	411.8	06.4.30	
	72905	680	157	3.3	1.43	41.8		06.6.20	
	62314	1147	123	3.8	1.43	66.3		06.11.20	
	73802	937	204	3	1.43	82		06.12.30	
	68215	1082	236	3.8	1.39	130		06.12.31	
西铭矿	42108	825	198	2	1.33	43.5	415.5	06.3.15	
	48409	1880	198	3.5	1.42	185		06.5.30	
	33203	550	150	3.5	1.36	39.3		06.9.17	
	42013	195/1305	178/198	2	1.33	77.9		06.12.25	
	48207	780	180	3.5	1.42	69.8		06.12.20	
官地矿	32408	400	60/132	3	1.37	19.2	541.2	06.2.10	
	36309	270/290	155/166	2.3	1.4	28		06.4.16	
	12517	390/150/180	220/116/220	2.8	1.37	56		06.8.30	
	13507	600	220	3	1.39	55		06.10.31	
	22602	2000	220	3	1.37	178		06.12.31	
	28408	217/1400	173/300	3.2	1.4	205		06.12.31	
西曲矿	28209	314	134	4	1.34	21	378	06.1.31	
	19107	954	220	2.2	1.36	59		06.7.30	
	28401	565	200	4	1.34	52		06.8.19	
	19106	372	176	2.2	1.36	14		06.9.31	
	27104	934/904	72/85	0.95	1.35	10		06.11.20	
	14501	1444	140	2.4	1.38	65		06.12.21	
	28108	336	200	4	1.34	34		06.12.21	
	18305	1180	200	4	1.34	123		06.12.31	
小计	28 个						1813.9		

附表 1

2006 年构成回采煤量工作面(续)

矿别	工作面编 号	走向(m)	采长(m)	采高(m)	容重(t/m³)	储量(万吨)	合 计(万吨)	预计构成时 间	备注
镇城底矿	22106-1	500	50	4.5	1.37	15	444.9	06.3.15	
	22203-1	250	100	4	1.37	13.7		06.3.31	
	18108-1	400	100	5	1.35	24.3		06.4.15	
	22407	820	180	2.7	1.37	51		06.4.30	
	22108-1	170	60	4	1.37	5.6		06.5.31	
	22113	400	100	4	1.37	17.8		06.6.16	
	18111-1	180	85	4.5	1.35	9		06.6.20	
	18304	1100	200	4.5	1.35	134		06.12.31	
	22404	2180	200	2.7	1.37	136.8		06.12.31	
	22121	535	170	3	1.37	37.7		06.12.31	
马兰矿	22310	1050	150	2.5	1.32	52	337.6	06.4.30	
	18109	473	141	4	1.33	35.5		06.7.31	
	12512	1270	185	3	1.32	93		06.11.30	
	10701	845	200	2	1.32	44.6		06.12.31	
	18107	620/380	130/80	4	1.32	59		06.12.31	
	22316	1080	150	2.5	1.32	53.5		06.12.31	
东曲矿	18107	600	220	3.1	1.37	56	265	06.3.31	
	12414	850	180	1.45	1.37	30		06.5.31	
	14303	980	207	2.6	1.42	75		06.6.30	
	12413	880	180	1.4	1.37	30		06.8.31	
	12306	500	180	1.9	1.37	23		06.10.31	
	12501	660	200	1.65	1.37	30		06.12.31	
	12307	500	160	1.9	1.37	21		06.12.31	
屯兰矿	12308	716	207	4.5	1.36	77.6	516.2	06.5.31	
	12406	377	220	4.5	1.36	43.4		06.6.30	
	12211	1729	171.5	4.5	1.36	155.3		06.9.30	
	18201	1581	204	3.5	1.33	153.5		06.9.30	
	B2105	90/140	80/120	3	1.36	10.2		06.9.30	
	12212	997	146	4.5	1.36	76.2		06.12.31	
小计	29 个						1563.7		
总计	57 个						3377.6		

说明:2006 年公司所属各矿预计构成回采煤量工作面个数为:57 个,构成回采煤量 3377.6 万吨。其中:白家庄矿:预计构成回采煤量工作面 4 个,构成回采煤量 67.4 万吨;杜儿坪矿:预计构成回采煤量工作面 5 个,构成回采煤量 411.8 万吨;西铭矿:预计构成回采煤量工作面 5 个,构成回采煤量 415.5 万吨;官地矿:预计构成回采煤量工作面 6 个,构成回采煤量 541.2 万吨;西曲矿;预计构成回采煤量工作面 8 个,构成回采煤量 378 万吨;镇城底矿:预计构成回采煤量工作面 10 个,构成回采煤量 444.9 万吨;马兰矿:预计构成回采煤量工作面 6 个,构成回采煤量 337.6 万吨;东曲矿:预计构成回采煤量工作面 7 个,构成回采煤量 265 万吨;屯兰矿:预计构成回采煤量工作面 6 个,构成回采煤量 516.2 万吨。

附表 2

2006 年重点工程项目

矿别	序号	工程地点	2006 年计划(m)	断面(m^2)	工程负责人	合计(m)	接替时间	备注
白家庄矿	1	中组回风斜坡	100	12.3		2000	2006.1.2~2006.2.20	
	2	中组联络巷	80	14.7			2006.2.21~2006.3.12	
	3	总进风巷	670	14.7			2006.3.13~2006.10.15	
	4	八盘区水仓	150	12.3			2006.10.16~2006.12.31	
	5	八盘区运料斜坡	80	12.7			2006.1.1~2006.2.10	
	6	中组联络巷	190	12.3			2006.2.11~2006.3.28	
	7	中组煤仓及硐室	92	28.26			2006.3.29~2006.5.23	
	8	中组通风井	46	3.14			2006.5.24~2006.6.15	
	9	火药库及通道	332	12.3			2006.6.16~2006.9.30	
	10	下组煤甩车场	210	14.1			2006.10.1~2006.12.31	
	11	八盘区变电所	50	12.3			2006.1.1~2006.1.31	
	12	回风巷刷大	250	14.7		850	2006.2.1~2006.3.31	
	13	黄冶副井刷大	300	14.6			2006.4.1~2006.8.15	
	14	黄冶主井刷大	300	15.5			2006.8.16~2006.12.31	
杜儿坪矿	1	新华变电所及电缆井联络巷	154	10.49		2508	2006.1.1~2006.2.19	
	2	北石沟回风井南回风石门	150	17.2			2006.2.20~2006.4.20	
	3	北翼下组总回风巷	770	15.3			2006.4.21~2006.9.20	
	4	中部井下变电所及电缆通道	215	10.49			2006.9.21~2006.12.31	
	5	北一大巷	600	16.8			2006.1.1~2006.8.11	
	6	北一总回风巷延伸	380	15			2006.8.12~2006.12.31	
	7	西平峒水文钻	295	13.23			2006.1.1~2006.5.27	
	8	北一下组总回风巷	436	15.3			2006.5.28~2006.12.31	
西铭矿	1	1152 水平运输大巷	900	14.2		2220	2006.1.1~2006.12.31	
	2	西十整流室	100	14			2006.1.1~2006.2.20	
	3	1018 大巷延伸	230	15.7			2006.1.1~2006.3.18	
	4	西部总回风巷延伸	990	14.2			2006.4.29~2006.12.31	
官地矿	1	1051 南大巷延伸	1400	12.7		3900	2006.1.1~2006.12.31	
	2	中部总回风	1700	12			2006.1.1~2006.12.31	
	3	中六轨道巷		13.2				
	4	南部轨道巷及总回风巷的延伸	800	12/13.2			2006.2.1~2006.12.31	
西曲矿	1	南翼下组煤轨道运料斜坡	310	10.13		570	2006.6.7~2006.9.16	
	2	南翼下组煤 1# 回风下山	260	10.3			2006.9.17~2006.12.12	
小计	32					12048		

附表 2

2006 年重点工程项目(续)

矿别	序号	工程地点	2006 年计划(m)	断面(m^2)	工程负责人	合计(m)	接替时间	备注
镇城底矿	1	760 南大巷	484	13.7		1184	2006.1.1~2006.7.15	
	2	760 东轨道大巷	60	12.76			2006.1.1~2006.1.31	
	3	南翼总回风大巷	640	12.76			2006.2.1~2006.12.31	
马兰矿	1	东二运输大巷	245	17.80		1042	2006.1.2 ~ 2006.6.22	
	2	火药库	169	14.20			2006.9.1 ~ 2006.12.31	
	3	东二回风大巷	128	14.2			2006.1.2 ~ 2006.3.31	
	4	南一补回风井	250	9.60			2006.1.2 ~ 2006.4.30	
	5	南翼后期风井	250	28.26			2006.5.1 ~ 2006.12.31	
东曲矿	1	973 水平东翼下组煤总回风巷	750	12.8		4550	2006.3.1~2006.12.31	
	2	局家洼进、回风井	850	9.7			2006.3.1~2006.12.31	
	3	860 水平石门	820	14.2			2006.1.1~2006.7.31	
	4	860 水平西翼轨道巷	680	12.8			2006.8.1~2006.12.31	
	5	860 水平东翼轨道大巷	240	12.8			2006.1.1~2006.3.31	
	6	860 水平下组煤煤仓	40	50.2			2006.4.1~2006.6.30	
	7	860 水平东翼胶带运输巷	420	13.8			2006.7.1~2006.12.31	
	8	860 水平水仓、泵房、消防材料库	750	14.2			2006.1.1–2006.12.31	
屯兰矿	1	南翼胶带机巷延伸	600	14.32		3495	2006.7.1~2006.12.31	
	2	西翼回风大巷	1400	15.2			2006.1.1~2006.12.31	
	3	中央水仓扩容	200	9.26			2006.1.1~2006.2.28	
	4	南翼轨道巷延伸	710	17.89			2006.6.1~2006.11.4	
	5	西翼轨道大巷	285	15.2			2006.10.5~2006.12.31	
	6	梁庄进风立井	300	12.56			2006.6.1~2006.12.31	
小计	22					10271		
合计	54					22319		

优质高效选煤厂建设绩效考核办法

为进一步推进优质高效选煤厂建设，提高煤炭产品质量和精煤产率，降低介耗，实现系统效益最大化，结合集团公司实际，制定本办法。

一、考核指标

精量产量、精煤产率、介耗考核指标

单位及项目	精煤产量(万吨)		精煤产率(%)	介耗	单位及项目	精煤产量(万吨)		精煤产率(%)	介耗
	考核计划	奋斗目标				考核计划	奋斗目标		
官地矿选煤厂	160	190	63.70	4.0/3.7	东曲矿选煤厂	87	90	30.00	2.2
西曲矿选煤厂	166	174	52.00	3.3	屯兰矿选煤厂	248	254	59.00	3.3
镇城底矿选煤厂	100	105	57.00	3.7/3.3	太原选煤厂	270	280	64.60	3.3
马兰矿选煤厂	224	227	57.50	3.3					

二、抵押范围及标准

（一）精煤产量

选煤厂主要负责安全生产的厂级领导每人每月抵押3000元；生产副总工程师及生产科长每人每月抵押1500元。

（二）精煤产率

选煤厂主要负责安全生产的厂级领导每人每月抵押1000元；生产副总工程师、生产科长、煤质科长每人每月抵押500元。

（三）介耗

选煤厂主要负责安全生产的厂级领导及生产副总工程师、生产科长，每人每月抵押1000元。

（四）商品煤质量

厂长、生产厂长、总工程师、煤质科长，每人每月抵押2000元。

（五）抵押金交纳

参与各项目抵押的人员，其抵押金必须在2月15日底前(按月抵押的项目在每月5日前)按时、按项目、按标准足额统一交纳至集团公司财务处(股份公司财务部)。

三、考核兑现

（一）精煤总产量考核

对精煤总产量实行按月考核、奖罚兑现。当月精煤产量完成考核计划，厂级领导每人奖励3000元，科级抵押人员每人奖励1500元；当月精煤产量完成奋斗目标，厂级领导每人奖励5000元，科级抵押人员每人奖励2500元，比奋斗目标每超1万吨，加奖厂级领导每人1500元。完不成当月考核指标，全额扣除所有参与抵押人员的抵押金，重新抵押。年终精煤总产量突破公司历史最高纪录(300万吨)，按该厂月度基础工资总额的15%给予一次性嘉奖。

（二）精煤回收率考核

对精煤回收率实行按月考核、奖罚兑现。完成当月考核指标，以抵押金为基数对等奖励。在完成当月考核指标的基础上，精煤回收率每提高0.01%，厂级抵押人员每人嘉奖100元，科级抵押人员每人奖励50元。完不成当月考核指标，全额扣除抵押金，重新抵押。

（三）介耗考核

对介耗实行按月考核、奖罚兑现。完成当月介耗指标，以抵押金为基数对等奖励。在完成当月介耗考核指标的基础上，介耗每降低0.1kg/吨，所有参与抵押人员每人嘉奖500元。完不成当月介耗考核指标，全额扣除抵押金，重新抵押。

（四）商品煤质量考核

1. 对商品煤质量实行按月考核、奖罚兑现。当月外销商品煤批合格率达100%，每人奖励2000元；外销商品煤批合格率达98%及以上，每人奖励1000元；外销商品煤批合格率达95%~98%，不奖不罚；外销商品煤批合格率低于95%，全额扣除抵押金，重新抵押。

商品煤批合格率半年累计达100%，所有参与抵押人员每人加奖3000元；商品煤批合格率全年累计完成100%，所有参与抵押人员每人加奖5000元。

2. 当月因外销商品煤质量问题，引起煤质纠纷，造成经济损失，全额扣除抵押金，重新抵押；冬季生产装车过程中，因水分高，防冻液添加不够，造成冻车事故，全额扣除抵押金，重新抵押。

四、考核程序

1. 精煤产量、精煤回收率。各选煤厂于每月3日前向生产技术处报送上月生产、销售和煤质报表，生产技术处负责组织有关部门进行核实、确认。

2. 介耗。各选煤厂于每月3日前向生产技术处报送介质消耗报表，生产技术处根据物资供应公司提供的介质供应量和现场介质库存量核实、确认介质消耗。

3. 商品煤质量以西山销售公司煤质处稽查结果为依据，生产技术处按上月商品煤批合格率进行考核。

五、其　他

各选煤厂上报的统计数据要真实、准确，如发现弄虚作假行为，取消其竞赛评比资格。

（西山煤电发[2006]65号）

西山煤电集团公司招用农民工暂行规定

为加强集团公司劳动用工基础管理工作,合理使用劳动力资源,解决企业劳动力结构性短缺的矛盾,使公司劳动用工更加符合法律、法规,规范运作程序。根据有关劳动政策,结合公司实际,制定本规定。

一、招工原则

企业招用的农民工是指经劳动行政部门批准使用,从农民中招收不转户籍关系,使用期限在1年以上8年以下,实行劳动合同制的农民轮换工。

招用农民工应遵循:

(一)在控制矿井定编定员的前提下,实行人员等额补充的原则,辞退多少补充多少;

(二)就地就近、公开招收、自愿报名、严格考核,择优录用的原则;

(三)农民工主要使用于井下采掘一线生产岗位,井下二线和地面严禁使用农民工。

二、招工条件

招用农民工的基本条件:热爱矿山事业,吃苦耐劳,现实表现好;年满18~28周岁的男性农民,初中及以上文化程度;身体健康,能够胜任本岗位工作;合同期间能在企业坚持正常劳动。

三、招工程序

集团公司所属各生产矿井招用农民工实行人员等额补充。

(一)报送计划。用工单位于每年年初向公司劳资处报送全年农民工到期人数,并提出用工计划和申请;

(二)审核。劳资处根据用工单位基本情况审核确定当年可以补充招收农民工的单位、招工人数及招工地点、招工时间等,并上报公司主管领导批准;

(三)招工备案。劳资处派人与用工单位共同按有关规定办理招工。用工单位在招工时严格填写《用人单位录用人员审查备案表》、《用人单位录用备案人员花名册》一式三份,加盖当地公安派出所意见、当地劳动部门意见和单位意见后,并附身份证和毕业证复印件,上报集团公司劳资处,由劳资处负责到省劳动厅劳动就业处进行招工备案,完善招工手续。

四、培训上岗

农民工全部实行"先培训,后上岗"的原则。新招的农民工进矿后,一律实行下井前为期不少于3个月(包括熟练期)的岗前专门培训,进行有关煤矿生产、技术、安全基础知识、思想政治教育和纪律教育,经考试合格后,方可下井上岗,不合格者予以辞退。需调整工作岗位,也应按照规定培训考核合格后上岗。

五、其　他

(一)企业招用农民工后应直接与农民工本人签订《山西焦煤西山煤电集团有限责任公司(农民轮换工)劳动合同书》。劳动合同一经签订,即具有法律约束力。

(二)农民工的试用期一般为3~6个月,不同工种的具体试用期,由各生产矿根据实际情况确定。

(三)农民工在企业工作期间,与所在企业其他职工享有同等权利。

(四)各生产矿使用的农民工必须符合煤炭生产企业劳动用工整顿"四项标准",即:劳动用工登记备案率达100%,职工培训率达100%,劳动合同签订率达100%,参加工伤保险率达100%。

(五)根据国家有关规定,企业每年可在国家下达的农民户口转为非农业户口的计划指标内,按照不超过合同期限为8年的农民轮换工人数3%的比例,将从事井下采掘生产劳动5年以上的农民轮换工中经业务技术培训考试或考核合格的技术生产骨干转为城镇户口合同制工人。集团公司将结合实际每年下达转制指标和转制条件,各单位要积极鼓励农民工爱岗敬业,学技术,练技能,形成尊重劳动、尊重人才的氛围,为企业的发展提供技术保障和支持。

(六)各生产矿劳资科是此项工作的第一责任部门。在工作中要严格遵守相关规定,实事求是,严禁弄虚作假,本着公开、公平、公正的原则,真正把农民工中的优秀人才选拔到企业。

(西山煤电发[2006]86号)

附表:略

西山煤电集团有限责任公司
煤炭产品公路销售管理办法

为进一步规范集团公司煤炭产品公路销售秩序，切实加强公路销售管理，调动各单位生产和销售积极性，确保今年集团公司各项指标实现奋斗目标，根据《山西焦煤集团公司煤炭产品公路销售管理办法》，结合公司实际，特制定本办法。

一、公路销售的原则

（一）集团公司利益最大化；

（二）与铁路销售统筹安排、优先铁路销售产品供给；

（三）以销售动力煤和洗煤副产品为主；

（四）统一订货、统一价格、统一销售、统一结算、统一回款；

（五）公路销售计入矿、厂盈亏；

（六）起到调节产销关系的作用，保障矿（厂）产销平衡、生产连续。

二、公路销售煤品种及范围

品种：原煤、精煤、洗煤副产品（原煤主要是前山动力煤）

范围：集团公司各矿、选煤厂及其所属多经系统通过公路实现销售的煤炭产品以及生产生活自用、生产调洗调装调配的煤炭产品均纳入公路销售管理。

三、公路销售管理领导组

组　　长：薛　山　车树春

常务副组长：张能虎

副 组 长：武华太　徐俊明　夏苏萍　曲剑午

成　　员：计划处、财务处、劳资处、企管处、总调度室、地质处、纪委、生产技术处、多经局及煤炭销售总公司西山销售公司公路处、结算处、煤质处和太原公司等单位、部门负责人组成。

领导组下设办公室，办公室设在生产技术处。

办公室主任：杨乃贵

办公室负责协调矿、选煤厂及多经局与煤炭销售总公司和西山销售公司的有关事宜，负责公路销售煤炭产品资源管理及运输组织管理、煤质管理、计量统计、监督检查等日常运行管理。

集团公司委托煤炭销售总公司对各矿、选煤厂及所属多经公司煤炭产品负责统一销售。西山销售公司公路处根据年（月）计划安排和公路销售管理办公室的审批单据，负责办理合同签订事宜，并根据公路销售管理办公室安排办理相关票据手续。

四、合同管理

（一）煤炭产品公路销售合同，由西山销售公司按规定的合同审批程序办理，合同复印件报集团公司公路销售管理办公室备存。多种经营管理局煤运公司的煤炭销售合同章由煤炭销售总公司合同部保管，统一对外使用。属多经煤炭产品销售合同，由多种经营管理局煤运公司总经理签字，煤炭销售总公司加盖“西山多经煤运公司合同专用章”后生效。

（二）除已签订的正常年度煤炭产品公路销售合同外，零散用户及月度需进行的煤炭产品公路销售合同，必须按规定的合同审批程序办理，即先由公路销售管理办公室审批，确定和落实煤炭产品资源量后，报请公路销售领导组批准，方可签订销售合同。

（三）各矿（厂）及其所属多经公司，不得对外签订煤炭销售合同，不得擅自组织煤炭产品公路销售。

五、计划管理

（一）凡是通过公路销售的各矿、选煤厂及多经系统的煤炭产品全部纳入集团公司生产销售计划管理体系。年初，集团公司根据当年煤炭铁路运力和各矿、选煤厂及所属多经公司原煤、精煤、洗煤副产品产销情况，会同煤炭销售总公司，下达集团公司年度煤炭产品公路销售计划指标。

（二）由集团公司公路销售管理办公室牵头，每月28日组织公司有关部门、煤炭销售总公司及其西山销售公司有关部门负责人召开月度公路销售例会，总结本月计划执行情况，根据煤炭市场情况、销售运力情况、煤炭产品资源情况制定下月公路销售计划，并安排相关事宜。

（三）生产技术处按照月度公路销售计划，组织符合用户质量指标的煤炭产品。煤炭销售总公司根据公司年度公路销售计划和用户需求情况，统一组织对外签订煤炭公路销售合同。公路销售管理办公室根据月度公路销售计划统一组织公路销售。

（四）在月度公路销售计划执行过程中，煤炭销售总公司可根据市场需求变化提出公路销量计划变更建议，报公司公路销售管理办公室和计划处，公路销售管理办公室会同计划处结合各矿（厂）及所属多经公司的煤炭生产和煤炭库存情况，下达销量变更计划。

（五）公路销售管理办公室在组织执行公路销售月度计划的过程中，可根据各矿（厂）的煤炭生产、煤炭库存及市场变化情况，以控制总量，调整用户、矿（厂）与煤炭产品资源相互协调的原则组织拉运销售，月度公路销售变更计划经公司公路销售管理领导组组长批准后，在月末公路销售例会上进行调整。

六、价格管理

煤炭产品公路销售价格。中长期用户，按年度合同价格执行；零散用户根据集团公司和煤炭销售总公司共同制定的挂牌价，依据不同地区、不同煤种的市场价格水平，结合生产、资源情况，经集团公司公路销售管理领导组会议批准，确定煤炭产品公路销售交易价格。煤炭产品公路销售价格变动时，各相关部门应提出具体调价方案，经集团公司公路销售管理领导组会议批准执行。

七、公路销售操作流程

煤炭产品公路销售合同签订后，西山销售公司公路煤销售管理处（以下简称公路处），按以下流程操作。

（一）公路处依据公路销售合同审批数量和货款收款情况，开具《山西焦煤集团有限责任公司煤炭产品公路销售提货单》（附件2）并对各矿（厂）进行出入库核算。

（二）西山销售公司公路处依据提货单，安排专人到太原市煤运公司办理地方《公路煤炭购销合同》（附件3），并加盖“西山销售公司公路处专用章”，此合同作为煤焦管理费交纳的依据和运输需要的使用，不作为各单位外销煤炭产品的依据。

（三）公路处依据提货单的有关内容规定，向各矿（厂）发放统一调运单（附件4）和审定公路运销相关票据的数量。

（四）公路外销结算以当月上报数量为准。数量由公路处按合同兑现情况，与矿（厂）双方签字认可的数量，公路处给财务部门开具结算通知单，财务部在收到结算通知单后方可结算，开具增值税发票，对当月销售数量进行结算。调入洗、生产调装调配、生产自用、职工生活用煤结算由供方的出库凭证，需方实际调量及扣量报告单，供需双方签字认可，由公路处按计划执行情况配合子公司相关部门进行结算。

（五）凡销售西山多经煤运公司签订的多经煤炭资源，其提货单的提煤凭证联、调运单等公路销售手续，由西山销售公司公路处交多经局，再由多经局煤运公司对矿（厂）多经公司发放。

（六）各矿（厂）及所属多经公司，在提货单、调运单等公路销售手续齐备后，方可提煤装车，包括调入洗、生产调装调配、生产自用、职工生活用煤。

多经煤炭产品公路销售货款收款账户由煤炭销售总公司结算部负责管理，多种经营管理局煤运公司设多经煤炭产品公路销售货款付款账户，煤炭销售总公司每月将多经煤炭货款及时结算集团公司财务处，并由集团公司财务处及时拨付多种经营管理局。多种经营管理局负责对集团公司所属矿（厂）多经公司公路销售煤款的结算与返还。

八、返还矿、厂及多经局价格

各矿、选煤厂公路销售的原煤、精煤、洗煤副产品，由集团公司财务处每月根据内部结算价格返还各矿、厂收入。如实际销售价格低于返矿价格，则按实际销售价格执行。

各煤种返还价格（不含税）做以下调整：

原煤　白家庄矿为市场实际价，其他各矿原煤均为150元/吨；多经系统内销原煤价为150元/吨。

精煤　屯兰选煤厂焦精煤为400元/吨；其他各选煤厂的焦精煤、瘦精煤均为450元/吨。

洗混煤　发热量4800大卡洗混煤为100元/吨；发热量4200大卡洗混煤为50元/吨。

煤气化公司购屯兰选煤厂的精煤按400元/吨进行内部结算。

杜儿坪矿、西铭矿调太原选煤厂入洗原料煤返矿价按照煤矿集团公司与股份公司签订的综合服务协议价执行。

古交配煤厂向东曲矿（厂）采购的原料煤按内部价150元/吨，洗混煤按100元/吨结算；向屯兰选煤厂采购的副产品按内部价100元/吨结算；向马兰选煤厂采购的副产品按市场价165.54元/吨（不含税）结算。

九、矿（厂）生产组织

（一）公路销售与铁路销售统筹安排，优先铁路销售产品的供给，如因公路销售影响铁路煤炭产品的装车,集团公司将追究矿(厂)有关领导及相关责任人的责任。

(二)各矿(厂)要相应成立公路销售管理领导组,设专门机构,制定激励政策和相关管理办法,统一组织公路销售的相关工作,确保完成公路销售任务。

(三)保证公路销售产品质量,积极组织装车,满足用户需求。

(四)严格界定矿(厂)与多经煤炭资源产品,大矿与多经混库的单位,严禁多经销售矿(厂)资源产品。

(五)各矿及选煤厂提供装车服务时,由负责承运的单位支付装车服务费,装车服务费为1.5元/吨。

十、统计计量管理

(一)各矿(厂)每日要安排专人及时将本单位的煤炭产品公路销售量分用户、煤种报集团公司总调度室及西山销售公司公路处。每日汇报时间为上午9:30-10:30,集团公司总调度室电话为6215121、6215122;西山销售公司公路处电话为6217167。

(二)生产技术处负责集团公司公路销售的月度统计,建立管理台账。西山销售公司每日向生产技术处报送分矿别、品种、用户、销量等销售情况报表。同时将公路销售计入各矿销售总量中,每月向计划处报送。

(三)各矿、选煤厂要把列入公路销售计划的全部产品按规定分别统计在企业产量、成本产量、销量中。

(四)属于多经系统的煤炭资源产品,其公路销售量不计入矿井、选煤厂月度效益工资的考核范围。

(五)各矿、选煤厂及多经公司要建立公路销售煤炭产品生产计划、销售、调度、财务管理台账,对公路销售要独立建账并进行会计核算。

(六)每月26日(6月、12月为月末)由各矿(厂)公路销售管理办公室按月度公路销售计划将本月煤炭产品的公路销量分用户、煤种,并将毛量、净量统一上报集团公司公路销售管理办公室和西山销售公司公路处(报表格式见附件5)。非计划内销量按公司规定予以没收,不计矿(厂)销量。

(七)每月5日前,各矿(厂)及多种经营管理局煤运公司向煤炭产品公路销售办公室、计划处、西山销售公司报送煤炭公路销售月度统计表(附件6)。公路销售关联单位和部门每月末要相互沟通情况、核对数量和账目。

(八)计量、验收均以承运方、矿(厂)双方认可的离矿(厂)计量为准,矿(厂)要定期对计量衡器按国家有关部门规定进行校验,承运方派人前往矿(厂)进行监磅。

十一、质量管理

(一)矿(厂)按销售合同约定的质量标准组织生产合格的煤炭产品,加强生产、加工过程中的质量控制,为用户组织合格的煤炭产品。如在生产、加工过程中因特殊情况出现煤质问题时,要及时汇报公路煤炭销售管理办公室,以解决销售中可能出现的问题。

(二)西山销售公司煤质处要按规定要求对煤质进行稽查,并将稽查报告按月送达西山煤电集团公司生产技术处(公路煤销售管理办公室),及时发现问题,以便在生产、加工过程中及时解决,避免与用户的煤质纠纷。

(三)如发生煤质纠纷时,西山销售公司按山西焦煤集团公司煤炭商务处理的管理办法处理。

十二、票据管理

(一)西山销售公司公路处、集团公司煤炭产品公路销售管理办公室在各种票据的发放过程中,要建立严格的发放领退登记制度。

(二)各矿(厂)要有专人管理票据,并建立严格的使用领退制度,设专门台账管理,杜绝票据流失。

(三)过期未使用完作废的票据,要妥善保管,及时到发放单位退票,严禁自行处理、销毁。

(四)如发生票据流失、丢失造成损失和影响的要追究票据管理部门负责人、管理使用责任人的责任。

十三、库存管理

(一)各矿、选煤厂应按月组织实地盘点,并向公司总调度室、计划处、企管处、生产技术处、煤炭销售总公司填报原煤、精煤、洗煤副产品盘点月报表和洗煤副产品存放地点及其月度地销明细表。

(二)公司煤炭库存管理办公室,按月对各矿、选煤厂及所属多经公司原煤、精煤、洗煤副产品库存情况进行现场盘查,核实原煤、精煤、洗煤副产品库存,凡库存品种、数量不实,按私自销售论处。

(三)洗煤副产品账面库存数以各选煤厂当期原煤入洗量为基数,按副产品产率、中煤再洗量及其产率计算产量,减去销量数、再加期初账面库存数确定。原煤、精煤、洗煤副产品实存数以公司煤炭库存管理办公室月度盘点检查数为准。

十四、堆存管理

各矿、选煤厂要加强对原煤、精煤、洗煤副产品的堆存管理,如煤场库存爆满,报集团公司公路销售管理办公室批准,各单位可按照短途倒运费和租地费用最小的原则,就近寻找副产品储煤场地。对储煤场的存煤要加强灭火防范和雨季防护,最大限度地降低自然损失。

十五、过磅及出门管理

各单位必须使用集团公司统一印制的西山煤电集团公司煤炭产品公路销售过磅单,根据实际公路销量,及时到集团公司公路销售管理办公室兑换票据。兑换时须将上次使用后的每本票据封面上标明过磅单序号、用户及各用户车数。兑换票据需由专人负责。

十六、监督检查

(一)成立公路销售监管组。

组　长:徐俊明

副组长:蔡兴武　李成郁　解奕伟　范文生　杨乃贵

成　员:由公司纪委、审计处、财务处、保卫处、计划处、生产技术处、多种经营管理局、西山销售公司等部门负责人及相关人员组成。

公路销售监管组负责监管公司各矿、选煤厂及多经公司公路销售管理和运作,严格执行《山西焦煤集团公司煤炭库存综合管理办法》(山西焦煤发[2002]97号)和本办法,每季度要对各矿、选煤厂及所属多经公司公路销售原煤、精煤、洗煤副产品的收、支出账务情况进行监督检查,并将检查情况在集团公司范围内进行通报。

(二)凡违反规定,自行签订合同和超批准量销售的,除没收全部违规销售货款外,还要追究有关领导的责任。

(三)凡公路销售不执行挂牌价格或有关领导批准价格,降低产品等级、或不符合合同规定煤质要求,给公司造成经济损失,由纪委、监察处和集团公司公路销售管理办公室出具罚款单,对单位给予等额罚款,罚款额在单位当月绩效工资总额中扣除,并在公司范围内进行通报。

(四)凡出现销售不及时挂账或回款不入账的,经查证核实后,除没收违规资金外,同时由纪委、监察处和集团公司公路销售管理办公室出具罚款单,在各单位月度绩效工资总额中扣除,并追究有关领导和责任人的责任。

(五)凡发现多经公司销售大矿煤炭资源现象,除对责任人和单位给予罚款外,按责任追究制度追究矿、厂主要领导和责任人的责任,视情节给予记过、降级、开除等处分。

十七、实施时间

本办法实施时间自2006年1月1日起至2006年12月31日止。如与本办法有相抵触的规定按本办法执行。

附件:略

(西山煤电发[2006]101号)

西山煤电集团有限责任公司矸石煤销售管理办法

为了进一步规范矸石煤销售管理,提高矸石山丢弃煤炭的回收利用,降低矸石山环保治理成本,调动捡矸人员的积极性,特制定本办法。

一、矸石煤销售原则

公司统一审批,各矿(厂)统一销售、统一回款、统一财务建账,实现增收降耗。

二、矸石煤的回收管理

(一)各矿、选煤厂要加强对筛选、准备车间的管理,通过改进工艺和加强设备维护,使排出的矸石中带煤量降低到最少程度,充分利用煤炭资源,提高经济效益。

(二)各矿、厂今后要加强对排往矸石山的矸石管理,组织多经或实业公司的人员进行矸石中煤炭资源的回收。要投入足够的人力和必要的设备,充分回收矸石中煤炭资源,做到物尽其用。

三、矸石煤的销售管理

(一)回收发热量在4000大卡以上的矸石煤,要纳入集团公司公路销售管理范围,按中煤统一销售,销售货款由煤炭销售总公司分别交回公司财务处或多种经营管理局财务部,财务处或多经财务部分别拨付各矸石煤单位。

(二)回收的矸石煤发热量在4000大卡以下时,可优先售给本单位职工使用,也可对外统一销售。对外销售前,先提交报告,并附西山销售公司煤质处煤质化验单，经矿长批准后，报集团公司公路销售管理办公室审批，集团公司公路销售管理办公室会同有关部门到场地现场核实矸石煤量并批准后，方可销售。

（三）4000大卡以下矸石煤的价格由各矿（厂）根据市场需求及煤质情况统一制定，并要明码挂牌。

（四）矸石煤进行销售后要统一在矿（厂）财务或多经财务建账，不得另设账户。各单位的矸石煤销售要统一纳入“其他业务核算”，实现的收入计入“其他业务收入”，支付的人工费计入“其他业务成本”。

（五）回收销售矸石煤是各矿（厂）进行变废为宝、增收节支的一项措施，是捡矸职工的劳动成果，各单位要把矸石煤销售收入管好、用好，除支付回收销售矸石煤有关人员的劳务报酬外，剩余部分用于矸石山的环境治理。

（六）各矿（厂）煤炭产品公路销售管理办公室是矸石煤销售工作管理及进行统计的具体负责部门，要建立台账，及时准确掌握本单位矸石煤的销售情况，并按月将矸石煤的销售情况报集团公司公路销售管理办公室和计划处。

（七）矸石煤发热量的高低必须以西山销售公司煤质处化验结果为依据；公路运输手续经西山销售公司公路处统一办理。未经集团公司公路销售管理办公室审批及未付化验报告进行销售的，视同私自销售行为，除没收全部资金外，将按照公司有关规定追究相关人员责任。

（八）矸石煤的堆存必须与原煤等其他煤种分开，严禁混堆混存，严格堆存管理，防止丢失流失。

四、监督检查

各矿（厂）煤炭产品公路销售监管组负责监管本单位的矸石煤回收及销售和管理工作，每季度要对本单位的矸石煤销售和收、支账务情况进行监督检查，并将检查情况在公司组织的季度煤炭产品公路销售督查中一并予以汇报。

凡出现矸石煤销售不及时挂账或回款不入账的，经查证核实后，公司将没收违规资金并追究有关领导和责任人的责任。

各单位接文后，要制定本单位的矸石煤销售管理办法的实施细则，以便使矸石煤的回收工作正常有序地进行。并将实施细则于下文10日内报集团公司煤炭产品公路销售管理办公室。

（西山煤电发[2006]102号）

附表：略

闲置报废机电设备管理办法

机电设备是企业固定资产的重要组成部分，闲置、报废机电设备仍有一定的经济价值。加强对闲置、报废机电设备的管理，开展对闲置设备和报废设备的盘活变现，是建设节约型企业的重要措施。为了进一步加强此项工作，规范管理程序，充分调动各级设备管理部门的积极性，特制定本管理办法。

第一章 闲置、报废机电设备的范围

第一条 闲置机电设备是指除在用、备用、维修、特种储备、抢险救灾等必需的设备之外，因技术进步、生产和工艺发生变化，连续停用一年以上，或购入后两年以上不能投产的设备。闲置设备不能为企业创造价值，而是占用生产场地、消耗和占用资金费用，为保管单位造成经济负担。

第二条 机电设备由于严重的有形或无形损耗，不能继续使用而退役，称为设备报废。符合下列情况之一的设备，可以申请报废：

1. 超过规定使用年限、设备老化、技术状况落后、无法修复或无修复改造价值的老旧设备；

2. 通过修理虽能恢复精度和性能，但一次修理费用超过重置价值的80%，不如更新经济的；

3. 严重污染，危害人身安全和健康，进行改造又不经济的；

4. 遭受意外灾害，损坏严重，无法修复使用的；

5. 国家或有关部门规定应淘汰的高能耗设备。

第三条 申请报废的设备，应根据设备报废条件严格评估核实，报请集团公司审查，上报山西焦煤集团公司批准后方可报废。

第二章 闲置、报废机电设备的管理权限及责任

第四条 闲置、报废机电设备属于集团公司资产，其处置权归属集团公司。

1. 闲置设备在企业内部的调拨由机电处设备科负责。

2. 闲置设备的对外调剂由机电处机电产品经销部负责。

3. 报废设备统一由机电处机电产品经销部负责回收和变现销售。

第五条 各单位负责闲置设备的维护和保管，防止丢失和损坏，对报废设备应集中回收、妥善保管。

第六条 集团公司鼓励各单位积极开展闲置、报废设备的盘活变现工作，制定相关的激励措施，多方联系商家和买主，推动此项工作的开展。

第三章 闲置、报废机电设备的日常管理

第七条 各单位应加强对闲置设备的管理。

1. 应根据生产情况对设备进行核查和评估，对不需用的闲置设备填表造册，于每年一季度末上报机电处备案。

2. 对闲置设备以及随机件、附属配套设备、随机技术资料应妥善保管，进行必要的维护，严禁拆套。

第八条 各单位对报废设备要集中回收，杜绝野蛮拆卸，除拆除可利用零部件外，应尽可能保持设备的完整。

第九条 设备报废关系到国家和企业固定资产的利用，原则上能够使用的设备，不宜申请报废。

1. 因超过规定使用年限批准报废的设备，满足以下条件的可以留用：

（1）设备技术性能完好的大型固定设备；

（2）技术性能满足生产和工艺要求的主要生产设备；

（3）因生产和工艺需要暂时不能更新的重要设备；

（4）经技术鉴定，可进行改造和利用的重要生产设备。

2. 报废后需留用的设备应向集团公司机电处提出申请报告，经有关部门进行技术经济论证，报请集团公司批准后方可留用。留用设备应建账建卡，制定严格的安全运行管理技术措施，确保安全运行。

第十条 机电处应加强对各单位闲置和报废设备的核查和监管。

第四章 闲置设备的企业内部调拨和对外调剂

第十一条 闲置设备在企业内部为无偿调拨，应通过机电处设备科办理调拨手续，调出单位填写调拨设备的资产原值和已提折旧。双方办理设备转账手续。调拨设备的同时，所有附件、随机备件、图册和档案资料应一并移交调入单位。

第十二条 闲置设备的对外调剂应严格按程序进行。

1. 各单位应将对外调剂的设备，上报集团公司机电处，并通过机电处机电产品经销部办理有偿调拨手续，填报固定资产有偿调拨协议，经集团公司领导批准后方可出售。

2. 闲置设备的对外调剂应经双方协商，合理作价。作价的原则，应根据市场需求、设备的账面价值、设备状况等因素进行综合评估；对价值高的设备，应会同有关部门进行评估，必要时聘请专业评估机构进行评估，确定合理价格。

3. 闲置设备对外调剂的收入应先由机电产品经销部收取后上交集团公司财务部，属于各资产管理单位的闲置设备的出售收入，集团公司财务部返还各单位纳入盈亏处理，集团公司财务部和各资产管理单位凭固定资产有偿调拨协议注销资产。

第五章 报废设备的销售变现

第十三条 集团公司各单位的报废设备统一由机电处机电产品经销部销售变现，销售报废设备要严格执行程序，按规定的权限上报集团公司主管部门批准后方可销售。

1. 处置报废设备应根据设备状态、市场需求合理作价。积极开展报废设备的修复使用，提升报废设备价值，力求集团公司利益最大化。

2. 报废设备由机电处机电产品经销部签发《回收报废机电设备通知单》，进行回收，并留移交单位一联作为回收后的凭证。《回收报废机电设备通知单》应加盖“报废设备回收专用章”后方可生效。

3. 机电产品经销部应建立完善的管理制度，销

售收入及时入账,不准挪作他用。

4. 报废设备销售后，应在销售收入中计提残值,计提的残值统一上交集团公司财务部,其余作为机电产品经销部的营业收入统一核算。

计提残值的一般原则为：普通机械设备按800元/吨，电器设备（变压器、电动机等)按2000元/吨。

第六章 奖励与处罚

第十四条 奖 励

1. 鼓励各单位积极开展闲置、报废设备的盘活变现工作。根据变现收入年终给予一次性奖励,奖励额度为销售额的10%。

2. 属于各资产管理单位管理的闲置设备对外调剂后，调剂收入由集团公司财务部返还各单位,由各单位提取奖金奖励有关人员。

3. 通过机电产品经销部变现的报废设备以及集团公司直属单位管理的闲置设备而提取的奖金,其奖金的80%用于奖励原单位有关人员,20%用于奖励集团公司有关部门人员。

4. 闲置、报废设备变现后提取的奖金由包干工资支付。

第十五条 处 罚

1. 闲置设备对外调剂应严格执行工作程序,上报集团公司机电处,报请集团公司领导批准,办理闲置设备有偿调拨手续。违反程序和权限擅自出售闲置设备,应追究有关单位和当事人的责任,同时按设备账面原值的10%对责任单位予以处罚。

2. 在对报废设备的核查中发现的因短缺、丢失等问题而未能回收的报废设备,查清原因后,按报废设备账面原值的10%对责任单位予以处罚。

3. 报废设备在拆卸过程中,因野蛮拆卸、丢失贵重金属材料重要部件,查清原因后,按报废设备账面原值的5%对责任单位予以处罚。

4. 对上述责任单位的处罚,由机电处负责下达机电管理处罚通知单,经主管领导签认后,第一联送交企管处执行;第二联机电处留存。

5. 对责任单位的罚款,从基础工资中扣除。

第七章 附 则

第十六条 本办法从下达之日起执行。

第十七条 本办法解释权归集团公司机电处。

（西山煤电机发[2006]114号）

西山煤电集团公司供水、节约用水管理细则

第一章 总 则

第一条 为了认真落实《中华人民共和国水法》、《太原市节约用水条例》、《太原市水资源管理办法》、《生活饮用水卫生监督管理办法》等有关法规,强化公司日常供水、节约用水、污水复用等管理工作,合理开发,利用现有的水资源,保障矿区正常的生活、生产及其他用水,确保用水单位和个人的合法权益,结合西山矿区实际,制定本管理细则。

第二条 凡在西山矿区内从事供水、二次供水和用水的单位和个人,均遵守本细则。

第三条 集团公司技术中心为供水、节约用水牵头负责单位,考核各供水、用水单位产水、用水情况;监督检查各单位在供用水过程中的各项管理工作;协调供用水单位之间的矛盾,处罚非法用水和浪费水的单位和个人;推广应用在供水、节水管理中的先进技术,鼓励生产使用矿井水和处理达到排放标准的污水;对在供水、节水工作中做出显著成绩的单位和个人进行表彰和奖励。

第四条 任何单位和个人都有责任保护水资源设施、管路及用水点的安全和节约用水的义务,如发现管路损坏和跑、冒、滴、漏及水质问题,应及时向本单位及集团公司总调度室、技术中心、疾病预防控制中心、公用事业总公司汇报,杜绝各种水污染事件的发生。

第二章 供水管理

第五条 供水部门(公用事业总公司、古交给排水公司、白家庄矿)要建立完善的供水月报台账,

按月向技术中心报送供水报表。

第六条 供水单位向用水单位供水时，要有完善的计量手段，按表收费，暂时未能按表收费的，双方可协商解决。

第七条 计划处、公司设计院、地质处为矿区水资源的开发规划部门，技术中心、企管处、疾控中心为供用水管理部门，水资源开发利用应纳入矿区总体规划中，不准任何单位、部门和个人擅自开发水资源，在编制水资源开发利用时，应优先保证职工的生活用水和生产用水，统筹兼顾其他用水。

第八条 凡新建、改建、扩建住宅小区和其他工程时，设计部门应向技术中心、企管处、疾病预防控制中心、公用事业总公司取得联系并落实供水条件，确定供水管网。在未经核准的情况下，不得与现有供水管网碰头、接管。

第九条 凡需要改建的用水项目，必须由用水单位向技术中心申请，技术中心组织企管处、疾病预防控制中心、公用事业总公司、设计院审查，经批准后方可施工。

第十条 供水工程应按照国家的有关规定组织施工、验收。供水工程完成之后，应报技术中心组织企管处、计划处、疾控中心、质监站、设计院、公用事业总公司和使用单位参与验收，并进行水质检验，未经验收或验收不合格工程不得投入使用。

第十一条 供水单位必须保证供水数量和质量，直接从事供水的人员必须取得体检合格证方可上岗，并要每年到疾控中心进行健康检查，未经卫生知识培训的供水人员不得上岗工作。

第十二条 供水单位的出厂水必须每半年做一次全分析；水源井水质、出厂水水质、管网末梢水质都要定期按有关规定进行抽检；出厂水必须经消毒处理后方可送至用户。

第十三条 二次供水设施选址、设计、施工及所用材料应保证不使饮用水质受到污染，并有利于清洗和消毒，加强卫生防护。

第十四条 疾控中心定期对二次供水设施的进水水样和出水水样进行检验，出示水质化验报告，并加盖专用章。

第十五条 生活用水设施每年必须清理一次，清洗消毒后应由疾控中心采集水样进行化验，合格后方可使用。并在有关资料上加盖“二次供水设施消毒合格专用章”。

第十六条 根据《山西省二次供水管理规定》有关条款的要求，公司选择有清洗资质的单位，对二次供水设施进行清洗。由技术中心牵头与矿区各有关单位签订合同，所需费用各单位自负，收取费用由技术中心统一承办，上缴财务处，由财务处支付有关部门，没有疾控中心的水质检验报告不予支付。清洗、消毒收费标准仍按西山煤矿发[2003]167号文执行。

第十七条 疾控中心按照上级有关规定对取得清洗资质的单位、人员进行资格审查。清洗消毒人员经疾控中心健康体检、培训，取得《培训合格证》和《健康合格证》后方可上岗，清洗资质单位办理了有效《卫生许可证》方可从事清洗作业。

第三章 用水管理和节约用水

第十八条 各用水单位要建立健全用水台账，并按用水点做好统计记录；供水单位、用水单位每月后 5 日前应向技术中心报送统计报表。

第十九条 用水单位应自觉维护供用水管网、确保管路完好无损，发现管网有破损，应及时处理。

第二十条 各用水单位应尽快完善计量手段，做到按表计量收费，取消用水包费制。按时交纳用水成本费、城市污水处理费和水资源费等。

第二十一条 矿区用水单位实行定额管理制度，用水指标由公用事业总公司根据实际情况下达，各用水单位必须严格执行用水定额，节约用水，超计划用水加收 3~5 倍的水费。

第二十二条 基建施工用水，须提前与供水部门取得联系，并落实计量手段方可供水，施工中应本着节水原则，杜绝常流水现象。如发现有常流水，经告诫而不听者，供水部门有权停止供水。

第二十三条 各单位办公场所应有专人负责管理该场所的用水设施，杜绝跑、冒、滴、漏。对于浪费水现象严重的单位、供水部门有权责令其改正，逾期不改正的将停止供水。

第二十四条 各单位在生产用水时应确保水资源的回收，提高重复利用率，矿井污水处理后应采取返还井下灭尘或地面浇花等一水多用措施，杜绝直接排放河道，尽量节省新鲜水量。

第四章 监督检查与考核奖罚

第二十五条 由技术中心牵头组织企管处、财务处、劳资处、疾控中心、公用事业总公司等单位每季对供水、用水管理工作进行检查，采用百分制进行打分,凡达到80分以上者给予奖励。检查后以便函形式进行通报。供水、用水、节水管理考核评分标准附后。

第二十六条　凡发现在供用水管路上私自乱接、随意横穿供水管道等,限令有关单位和当事人在规定时间内拆除,其费用自负。如造成管路渗漏,危害建筑物安全,供水单位不承担任何责任,其行为给供水单位造成直接经济损失的,由其当事人负责赔偿损失。

第二十七条　各供用水单位应对本单位所辖范围内的管路进行定期检查和维修,确保供水水质安全和避免浪费水资源。

第二十八条　供水单位违反下列行为者,技术中心负责提出整改时间,并处以0.5~3万元罚款,每季首月10日前将上季度考核结果报企管处,纳入集团月度绩效工资考核体系。

(一)供水水质不符合卫生标准。

(二)供水水压达不到最低服务水压。

(三)擅自停止供水。

(四)未按规定检修供水设施或在供水设施出现故障后未及时抢修。

(五)发生严重的水污染事件;大面积停水超过48小时,影响生活、生产用水。

第二十九条　用水单位有下列违规行为者,处以5000元以上的罚款,每季首月10日前将上季度考核结果报企管处,纳入集团月度绩效工资考核体系。

(一)盗用或转供矿区水资源。

(二)在规定的供水管网及其附属设施的安全保护范围内进行危害供水设施活动,未造成水质事故的。

(三)私自修建与供水管网连接。

(四)在供水管网上私建动压给水装置。

(五)擅自拆除、改装或者迁移矿区供水设施。

第三十条　对在供水、节约用水、水资源管理方面作出较大贡献者,在检查中达到80分以上的单位和个人每半年给予一定表彰和奖励,由公司包干工资列支;在检查中如发现有违反本细则或开展工作不力,除通报批评外,按照《山西焦煤西山煤电集团有限责任公司2006年责任法人制度综合目标考核办法》进行考核。

第三十一条　技术中心牵头组织有关部门,对各供用水单位的节水管理工作实行按季考核,累计半年奖罚兑现。

第五章　附　则

第三十二条　本细则由集团公司负责解释,自2006年元月1日起施行。

附表:供水、用水、节水管理考核评分标准

(西山煤电发[2006]128号)

附表

供水、用水、节水管理考核评分标准

项目/序号	考核内容	考核办法	评分标准	标准分	实得分	扣分原因
1	组织机构、三级管理网、工作开展情况、专题例会	查文件资料和会议记录	有主管领导负责、有办事机构和三级管理网得3分;能结合本单位实际开展工作得3分;每月召开会议解决工作中的实际问题,有一项得2分,最高5分;连续两个月不开会本项不分分。	14分		
2	目标责任考核、工作落实情况	查各项规章制度与有关资料	有供水、用水、节水目标,能逐项开展工作得4分;纳入绩效工资考核办法与内部承包合同得4分; 方案落实一项得1分,最高5分。	13分		
3	建章立制	查有关文件和规定	有供水、用水、节水管理考核办法得2分;有管网保护措施和巡查制度得2分;有保护供水、用水、数量和质量的具体办法得2分;有新技术推广办法得1分;有统计报表制度得2分。	9分		
4	统计台账、报表、管网图	查台账、报表、记录、管网图	有健全的供水、用水、设备台账和管路网络图得3分;有供水、用水统计记录得2分;二级单位用水应用统计和报表,上报数据与本单位一致得3分	8分		
5	计量手段、费用收缴	查现场看资料	计量手段完善,报表准确,收费合理得 2 分;按有关规定及时缴纳水资源费、用水成本费、污水处理费得6分;居民用水取消包费制度按表收费得1分。	9分		
6	供用水材料、水池清洗、消毒、水质化验	现场查看、翻阅有关资料	管材设备、设施符合国家有关标准得2分;水池按期清洗、消毒、水质按期进行化验得6分;管网末梢水质按规定进行检测得2分。	10分		

供水、用水、节水管理考核评分标准(续表)

序号 \ 项目	考核内容	考核办法	评分标准	标准分	实得分	扣分原因
7	水资源开发和管网保护	查有关资料、现场了解	水资源的开发应符合上级和集团公司的有关规定得 2 分;新建、改建、扩建、供用水设施使用前清洗、消毒,化验达国家有关标准得 2 分;有完整的审批和验收手续得 2 分;对供水、用水管路设备、设施进行巡查、维护、修理得 2 分	8分		
8	基建施工用水管理	查施工用水单位的相关手续等	基建施工用水应得到供水部门同意得 2 分;并有完善的计量手段避免长流水现象得 2 分	4分		
9	供水、用水、管理水资源保护	现场抽查	不擅自停水,最低服务水压符合有关规定得 2 分;供水用水管路无私建乱接各种用水设备得 2 分;无盗用矿区水资源得 2 分;杜绝跑、冒、滴、漏和浪费水情况得 2 分。水源周边有污染物,扣 3 分	9分		
10	污水处理重复利用、新技术推广	新技术推广的可行性报告	污水处理后返还井下和地面复用得 2 分;推广应用节水新技术一项得 1 分;最高分 6 分	8分		
11	节能宣传培训教育和健康培训合格证	查资料、证件及开展活动的原始记录	利用各种舆论工具开展宣传教育,在两个宣传周(节水、节能)活动中进行形式多样的宣传得 3 分;参加上级有关培训得 2 分;本单位组织培训得 2 分;供水有关人员取得相关证书和健康培训合格证得 2 分	9分		

落实"二十个必须"对重要情况的通知程序与考核办法

根据西山煤电发[2006]5号《关于重申进一步严格落实责任法人制度,强化生产安全指挥组织协调工作的决定》,总调度室调度科值班人员在接到如下重大事故隐患、紧急重大问题、突发重大事件汇报后,必须立即通知各位主任和当日值班长,并按照以下程序立即通知公司相关领导、相关部门主要领导,并督促检点问题的处理情况,认真做好记录。

一、公司所属生产矿、厂发生人员重伤及一般伤亡事故立即通知公司安全副总经理、生产副总经理、总工程师和事故单位的公司分管领导;同时根据下述事故性质立即通知有关人员:

(一)顶板事故:通知采煤副总工程师、开掘副总工程师,生产处、地测处、安监局领导;

(二)机电事故:通知机电副总工程师,机电处、安监局领导;

(三)矿井运输事故:通知运输副总工程师,生产处、安监局领导;

(四)瓦斯事故:通知安全副总工程师,通风处、生产处、安监局领导;

(五)井下火灾事故:通知安全副总工程师、采煤副总工程师、开掘副总工程师、机电副总工程师,通风处、生产处、安监局、地测处领导;

(六)水灾事故:通知采煤副总工程师、开掘副总工程师、机电副总工程师、安全副总工程师,地测处、生产处、通风处、安监局领导。

二、公司所属生产矿、厂发生重、特大伤亡事故:立即通知安全副总经理、总工程师、生产副总经理、总经理、董事长、党委书记及其他公司领导,所有副总工程师,安监局、生产处、通风处、机电处、地测处、保卫处、供应公司及其他有关处室、部门领导。

三、矿井主扇停电停风、主扇故障:通知总工程师、安全副总经理、生产副总经理、机电副总工程师、安全副总工程师,电力公司、机电处、通风处、安监局。

四、井下局部瓦斯超限、瓦斯涌出异常、风流中有毒有害气体超限:通知总工程师、安全副总经理、生产副总经理、安全副总工程师,通风处、生产处、地测处、安监局,并根据现场情况和公司领导指示,通知救护大队参加抢险。

五、地面变电站、35kV及以上供电线路故障:通知生产副总经理、安全副总经理、机电副总工程师,电力公司、机电处、安监局。

六、主提升设备(强力皮带、提升绞车、罐笼)、主排水系统故障:通知生产副总经理、安全副总经理、机电副总工程师,机电处、生产处、供应公司、安监局。

七、小窑与大矿打透、大型贯通、透水预兆:通知总工程师、安全副总经理、生产副总经理、安全副总工程师,地测处、通风处、生产处、安监局。

八、排放瓦斯、开启采空区以及火区密闭、通风系统发生变化、局部通风设施遭到破坏:通知总工程师、安全副总经理、生产副总经理、安全副总工程师,通风处、生产处、安监局。

九、应急救援预案演练:通知总工程师、生产副总经理、安全副总经理、安全副总工程师,总调度室、安监局、通风处、机电处、生产处、地质处。

十、生产矿井、选煤厂发生煤仓堵塞、溃泄、装车困难和选煤厂煤泥水系统发生压浓缩机:通知采煤副总工程师、选煤副总工程师,总调度室、生产处。

十一、矿井生产现场发生重大顶板异常、冒顶:通知采煤副总工程师,生产处、地测处、安监局。

十二、影响矿、厂正常生产的重大供电事故:通知生产副总经理、安全副总经理、机电副总工程师,机电处、电力公司、安监局、供应公司。

十三、影响矿、厂正常生产的重大机电设备事故:通知生产副总经理、安全副总经理、机电副总工程师,机电处、设备租赁公司、供应公司、安监局。

十四、矿区内以及公司所属林区发生火灾:通知分管公安消防的党委副书记、分管生活后勤的副总经理、安全副总经理、生产副总经理,公用事业总公司、林业处、消防大队、保卫处。

十五、交通事故:通知分管公安工作的党委副书记、安全副总经理,保卫处、安监局。

十六、传染性疫情、群体性不明原因疾病、食物中毒和职业中毒等公共卫生事件:通知分管医院的党委副书记、安全副总经理,疾控中心、职工医院。

十七、重大群访、上访事件:通知分管信访工作的党委副书记,信访处、保卫处、党政办。

十八、雨季洪涝险情:通知安全副总经理、分管生活后勤的副总经理、生产副总经理,安监局并防汛办。

十九、危及周边群众生命财产安全、严重影响生产生活秩序的山体滑坡、地面塌陷事件:通知安全副总经理、分管生活后勤的副总经理、安全副总工程师,生产副总工程师、地质处、安监局。

二十、影响职工群众生活的供电、供水、供气、供暖、环卫等重大问题:通知分管生活后勤的副总经理,并根据问题的具体类型,相应通知公用事业总公司、电力公司。

二十一、矿区通信系统、计算机信息网络系统、监测监控系统、电视电话会议系统发生故障:通知总工程师,信息中心、安监局、总调度室。

二十二、考核办法

1. 总调度室调度科值班人员在接到重大事故隐患、紧急重大问题、突发重大事件汇报后,若没有按照程序及时汇报有关领导或没有详细记录,一次罚款500元。若造成重大失误,给予罚款1000元并调离工作岗位。

2. 公司相关领导及相关部门领导,接到总调度室指令后,没有迅速赶赴总调度室或事故现场,一次罚款1000元;接到总调度室指令后,没有到场到位的(出差除外),一次罚款2000元。

3. 对严格执行《重要情况通知程序》、在处理重大事故隐患、紧急重大问题、突发重大事件过程中,认真履行职责的人员,每季度进行一定奖励。

4. 总调度室每月对执行《重要情况通知程序》情况进行考核,依据《重申二十个必须》的有关规定,提出奖罚意见,报请公司领导批准后执行。

5. 对单位的罚款,在月度绩效工资考核中进行;对个人罚款,由所在单位将个人罚款交总调度室,纳入季度奖励中处理。

(西山煤电发[2006]143号)

西山煤电集团公司煤炭库存管理办法

为了准确掌握各矿、选煤厂原煤、洗精煤及副产品产量、运销量、库存量,搞好产销协调,做好煤炭产品库存管理工作,堵塞漏洞,维护企业整体利益,特制定本办法。

一、公司成立煤炭库存管理领导组

组　长: 张能虎　夏苏萍

副组长: 贺民成　童友春

成　员: 由企管处、纪委、劳资处、计划处、财务处、生产技术处、地质处、总调度室、煤炭销售总公司等部门负责人组成。

领导组下设办公室,办公室设在总调度室。

办公室主任:贺民成(兼)

二、领导组、办公室及各成员部门的职责

(一)领导组的职责:负责制定公司煤炭库存管理办法,监督检查库存管理办法的执行情况,对库存管理过程中发生的数量纠纷及其他有争议的问题进行协调、仲裁、处置。

(二)办公室的职责:煤炭库存管理办公室在煤炭库存管理领导组的直接领导下,负责协调、召集有关成员部门,研究、安排、落实库存管理工作事宜,对各单位库存管理工作进行监督、考核,核查煤炭库存量,分析库存管理情况并提交绩效考核依据。

(三)各成员部门的主要职责:

总调度室:负责煤炭生产过程中,各矿、厂库存的日常监督管理,掌握煤炭库存动态,根据市场要求及库存状况,保证产销协调、库存合理;负责组织季度煤炭产品库存量的盘查核实,写出核查报告,提出奖罚意见。

企管处:负责对库存管理的绩效考核。

计划处:负责产量、库存量的统计、核实,协调处理库存煤相关事宜。对库存管理办公室认定库亏的生产单位,负责核减产量工作。

生产技术处:负责煤炭产品生产、煤炭产品质量及自用煤审批和公路销售管理。

财务处:负责提供财务账面库存煤量,配合煤炭运销总公司作出库存煤调节表。

劳资处:负责落实办理库存煤管理奖罚事宜。

地质处：负责煤炭库存量的测量计算，提供库存煤量实际测量基础计算表。

纪委：负责对各单位库存管理工作及煤炭产品公路销售情况的监督检查。

煤炭销售总公司：负责组织煤炭运力和装车前后商品煤质量的稽查及管理、港口库存煤管理、半年提供一次各矿（厂）煤炭产品容重、对各矿（厂）自用煤出库手续的办理、协同矿（厂）核实煤炭产品的运销量及库存量。

三、煤炭库存管理

（一）各矿、选煤厂应成立以矿（厂）长为组长，调度、企管、生产、财务、计划、劳资、地测、纪委、运销等相关部门负责人组成的煤炭库存管理机构，加强煤炭库存管理工作。

（二）对煤炭产品（原煤、精煤、中煤、）的入库、出库及库存量，各生产单位要制定严格的管理制度和准确的测量、计算方法。

（三）煤炭产品应按品种分装分运。各生产矿（厂）无论是地面储煤场还是筒仓，均应按煤种分别储存，满足选煤厂入洗和火车装运对煤质的要求。

（四）各矿（厂）调度室、煤运部门，要根据每日生产、销售情况建立煤炭产品入库、出库逐日统计台账，对煤炭产品入库、出库的数量、品种、流向、时间等进行完整记录。当月发生的外运量（入洗量）或销售量必须当月下账，明确库存数量。

（五）多经煤入库、出库与大矿分开办理，分别建账，明确产销量、库存量。

（六）对自用煤的出库管理，各单位应明确专人负责，建立台账，办理出库手续，季度末将使用自用煤情况上报生产技术处、计划处、总调度室和煤炭销售总公司，并办理出库下账手续。各矿、选煤厂对自用煤使用情况不得隐情瞒报。

（七）煤炭产品账面库存量的计算方法：

月末账面库存量 = 上月末账面库存量 + 当月入库量 - 当月出库量

当月入库量 = 当月生产量 + 当月其他入库量

当月出库量 = 当月铁路运量 + 当月公路销量 + 当月原煤入洗量 + 当月自用煤量

（八）矿与矿井选煤厂，对入洗原煤的数量必须协调一致。

（九）各矿（厂），对发出去的商品煤，必须做到每月末与销售总公司结算部进行查对核实，确保企业利益不受损失。

（十）露天储煤场应修建排水沟、挡墙等设施，加强防护，防止雨水冲失和煤炭被盗；煤库为筒仓的作业场所，严禁烟火，防止瓦斯及其他意外事故发生。要加强煤库灭火防范措施，降低自燃损失。

四、盘点煤库要求

（一）每月月末，各矿、选煤厂由矿调度牵头组织各责任科室对煤炭库存量进行盘查核实。

（二）煤库盘点必须使用测量仪器，由地测部门绘制测量图并进行存量计算，确保实际库存量的准确性。

（三）建立盘库人员签名单。每次盘点煤库，参加人员都要签名，谁签字，谁负责。

（四）煤库盘点月报表按总公司统一报表要求填报。每月 3 日前，按照附表格式向公司总调度室、计划处、企管处、煤炭销售公司上报上一月的煤炭库存报表。

五、监督检查管理

（一）总调度室对矿井、选煤厂每日的煤炭产品库存量进行询问了解，并根据产销情况及时下矿查勘，准确掌握煤炭产品库存动态。

（二）每季度末，由总调度室牵头，组织地质处、计划处、企管处、财务处、纪委、煤炭销售公司等部门对各矿井、选煤厂的煤炭产品库存量进行盘查核实，写出核查报告，提出处罚意见，报煤炭库存管理办公室和各成员部门。核查报告将作为对各矿、选煤厂库存管理绩效考核依据。

六、考核与处罚

（一）对煤炭生产单位没有进行月末盘点煤库的，每有一次罚款 5000 元。

（二）盘点煤库，若没有测绘图纸资料和计算依据或没有盘库人员签名单，缺一项罚款 3000 元。

（三）煤炭产品的实际库存量少于账面库存量即为库亏。经公司对实际库存量盘点核实后，对认定存在库亏的单位进行如下处理：

1. 出现库亏的单位，由计划处从次月产量中抵扣，劳资处扣除其按吨煤工资单价和奖励政策规定所提取的工资。

2. 对有地面煤库的生产单位，库亏量超过两个工作日奋斗计划产量指标、只有筒仓煤库的生产单位，库亏量超过一个工作日奋斗计划产量指标的，除按上述第 1 条规定处理外，另行处罚：库亏在 1 万吨以内的，罚款 3 万元；库亏在 1 至 2 万吨，罚款 6 万元；库亏在 2 至 3 万吨，罚款 8 万元；库亏超过 3 万吨的，罚款 10 万元。

3. 对在此文件下达前，由历史原因造成库亏的,不再进行处罚,但库亏单位必须进行补库。补库工作由现任矿(厂)长负责完成。对库亏量较大的,应制定补库计划并报公司煤炭库存管理办公室批准,限定时间,分月补齐。如在规定期限内完不成补库任务的,则按上述第2条规定处理。

(四)对认定库亏的单位,其扣罚程序是:由库存管理办公室依据库亏数量、处罚规定,提出书面报告,报公司主管领导审批后,下发处罚通知,交企管处纳入月度绩效工资考核。

七、对公司煤炭库存管理人员,每季度进行一定奖励。各生产单位对本单位煤炭库存管理人员要制定考核、奖罚制度。

八、本办法规定的管理要求,各单位要严格执行。未涉及的管理事项,按现行有关规定执行。

九、本办法解释权属西山煤电集团公司煤炭库存管理办公室。

本办法自2006年1月1日起执行,在此之前的有关规定即行废止。

附表:西山煤电集团公司库存煤盘点月报表

(西山煤电发[2006]144号)

附表:略

2006年执行功率因数调整电费及奖惩考核办法

为了进一步提高生产设备的利用率,节约电能,改善电网供电质量。经公司研究决定,2006年继续执行功率因数调整电费的奖罚考核办法,具体规定如下:

一、功率因数(力率)调整电费的办法

(一)功率因数计算:以计费计量点有功、无功电能表的指示为准,分别计算出各单位的月平均功率因数。其计算公式:

1. 功率因数(力率)=COS ϕ

=1/[1+(当月总无功/当月总有功)^2]$^{1/2}$

2. tg ϕ = 当月总无功/当月总有功→

ϕ=tg^{-1} ϕ→COS ϕ(力率)

(二)功率因数的标准值:

1. 凡电压等级为35kV、变压器容量为 3200kVA及以上的大宗工业用电户,其功率因数的标准值为0.94。

2. 凡电压等级为6kV的直配线路上的工业用电户,其功率因数的标准值为0.90。

3. 凡容量为100kVA及以上的配电变台、计量方式为高供低计的低压用电户,其功率因数的标准值为0.85。

(三)电费的调整:

根据计算的功率因数,高于或低于规定标准时,在按照规定的电价计算其当月电费后,再按照其功率因数调整电费表(见附件1、2、3)所规定的百分数进行增减电费。如用户功率因数在"功率因数表"所列两数之间,则以四舍五入计算,保留小数点后二位数。

(四)功率因数调整电费的计算办法:

功率因数调整电费=(基本电费+电度电费)×(月电费的增减率)

二、功率因数的奖罚考核办法

(一)凡装有无功补偿设备且有可能向电网倒送无功电量的用户,应随负荷和电压变动及时投入或切除部分无功补偿设备。

(二)功率因数高于或低于标准值时,除按规定计算增减电费外,同时进行奖罚。

(三)奖罚金额的计算:奖罚金额按功率因数增减电费的15%进行计算,公司与单位按2:8进行分成。

奖罚金额=功率因数调整电费×15%

=(基本电费+电度电费)×(月电费的增减率)×15%

(四)本办法实行月度控制,按季结算考核,每月和每季须经机电处审核鉴定后执行。

三、奖罚渠道

奖金由集团包干工资结余列支,处罚由各单位包干工资全额负担。

四、考核程序

每季结束后,由电力公司牵头,企管处、劳资处、财务处、机电处参加,对各单位的完成情况进行核实，提出奖罚方案，报集团公司分管领导批准后执行。

附件：功率因数调整电费表(1、2、3)

（西山煤电发[2006]190号）

功率因数调整电费表

附表 1

以 0.94 为标准值的功率因数调整电费表

减少电费	实际功率因数	0.94	0.95	0.96	0.97	0.98~1.00		
	月电费减少(%)	0.00	0.50	1.00	1.50	2.00		
增加电费	实际功率因数	0.93	0.92	0.91	0.90	0.89	0.88	0.87
	月电费增加(%)	0.50	1.00	1.50	2.00	2.50	3.00	3.50

注：功率因数自 0.86 以下，每降低 0.01，其电费增加 2%。

附表 2

以 0.90 为标准值的功率因数调整电费表

减少电费	实际功率因数	0.90	0.91	0.92	0.93	0.94	0.95	
	月电费减少(%)	0.00	0.50	1.00	1.50	2.00	2.50	
减少电费	实际功率因数	0.96~1.00						
	月电费减少(%)	3.00						
增加电费	实际功率因数	0.89	0.88	0.87	0.86	0.85	0.84	0.83
	月电费增加(%)	0.5	1.00	1.50	2.00	2.50	3.00	3.50
增加电费	实际功率因数	0.82	0.81	0.80	0.79	0.78	0.77	0.76
	月电费增加(%)	4.00	4.50	5.00	5.50	6.00	6.50	7.00

注：功率因数自 0.75 以下，每降低 0.01，其电费增加 2%。

附表 3

以 0.85 为标准值的功率因数调整电费表

减少电费	实际功率因数	0.85	0.86	0.87	0.88~1.00			
	月电费减少(%)	0.00	1.00	1.50	2.00			
增加电费	实际功率因数	0.84	0.83	0.82	0.81	0.80	0.79	0.78
	月电费增加(%)	0.50	1.00	1.50	2.00	2.50	3.00	4.00

注：功率因数自 0.78 以下，每降低 0.01，其电费增加 2%。

关于2006年总电量控制指标和民用电收费率指标的考核办法

为了搞好节约用电，加强民用电管理限制转供电量，合理有效地利用电力资源，要求2006年西山煤电股份公司的总电量控制在120000千瓦时以下，为此，将2006年股份公司各单位的总电量控制指标奖罚办法制定如下：

一、总电量控制指标

（一）总电量是由本企业电量和转供电量组成。本企业电量是由原煤生产电量、非原煤生产电量、选煤电量和生活用电量组成。

（二）按照2006年生产计划，各单位的总电量控制指标见附表。

（三）总电量指标考核：按期将依据实际产量、原煤计划单耗、总电量计算出节约或超出电量，以此电量电费的15%对等奖罚，月度控制，半年考核一次，上半年奖罚金额按90%兑现，年底累计结算。公司与考核单位按1.5:8.5分成。

（四）计算办法：

奖罚金额={半年实际总电量-(年度总电量指标/2±超亏产量×原煤单耗指标)}×0.371元/度×15%

二、民用电收费率

（一）民用电收费率指标：西山集团公司要达到85%。后山各单位为90%，前山四矿及事业总公司为80%，前山其他地面单位为85%。

（二）民用电收费率计算方法：按实际收回电费与照明配电变压器低压总表抄见电量电费之比计算，其中分母电量包括线路损耗和路灯、楼梯灯等用电；若按楼头电表计量的，其分母电量再增加10%。

（三）考核奖罚办法：按其超收（欠收）电费的15%对等奖罚。执行月度控制，半年一考核，上半年按奖罚90%兑现，全年累计结算，公司与考核单位按2:8分成。

（四）奖罚计算办法：

奖罚金额={实收电费-(抄见电量×0.475元/度)×收费率指标}×15%

（五）要求各单位每月10日前将本单位的民用电收费报表上报电力公司，进行指标控制。

三、奖罚渠道

奖金由集团包干工资结余列支，处罚由各单位包干工资全额负担。

四、考核程序

每半年结束后，由电力公司牵头，企管处、劳资处、财务处参加，对各单位的完成情况进行核实，提出奖罚方案，报集团领导批准后执行。

附件：股份公司各单位2006年总电量控制指标

（西山煤电发[2006]191号）

附件

2006年西山煤电集团总电量控制指标表

单　位	总电量(万千瓦时)	单　位	总电量(万千瓦时)	单　位	总电量(万千瓦时)
集团公司	73370	事业公司	4200	其　他	4835
白家庄矿	4480	其中:古交生活公司	260	股份公司	46630(万千瓦时)
杜儿坪矿	12290	给排水公司	920	西铭矿	9520
官地矿	10450	煤气化	560	西曲矿	6840
东曲矿	7380	万隆公司	200	镇城底矿	5410
屯兰矿	10070	化工厂	140	马兰矿	9470
东曲选煤厂	3620	供应公司	180	太原选煤厂	5000
屯兰选煤厂	4200	金城公司	190	西曲选煤厂	4070
官地选煤厂	3010	古交配煤厂	20	镇城底选煤厂	1830
机修厂	2050	职工总医院	170	马兰选煤厂	4490
西山水泥厂	3660	职工二医院	15		
古交水泥厂	220	西华苑	250		

西山煤电集团公司建设工程安全文明施工管理考核办法(试行)

为认真贯彻落实公司2006年工作会议精神，提升矿区建设工程现场安全、文明施工管理的整体水平，推进建设工程安全文明施工管理再上一个新的台阶，根据《中华人民共和国建筑法》、《中华人民共和国安全生产法》、《建设工程安全生产管理条例》等有关法律、法规的规定，结合集团公司实际，制定本考核办法。

一、管理程序

1. 建设工程现场安全、文明施工管理，实行施工企业负责、建设单位管理、集团公司基本建设主管部门监督检查的管理体制。

2. 施工单位每日对施工现场安全和文明施工情况进行自检，建设单位每周对施工现场进行不定期的抽检，及时解决存在的安全隐患，并做详细记录。

3. 集团公司基本建设主管部门的监督检查分日常巡检、季度联合检查及考核、年终兑现的方法进行。

日常的巡检工作主要由基建处分管各建设项目的工程师负责，建设单位配合进行。季度联合检查及考核和年终总评由基建处牵头组织，计划处、质监站、安监局、设计院、基层建设单位等有关部门参加。

二、考核范围

1. 列入集团公司专用资金计划管理的所有建设工程项目。

2. 参与集团公司专用资金计划内建设工程管理的建设单位。

3. 在矿区内从事建设工程的新建、扩建、改建和拆除等有关活动的施工企业。

本办法所称建设工程是指建筑工程、市政工程、线路管道和设备安装工程、修缮工程和矿建工程。

本办法所称建设工地安全文明施工是指对建设工地安全、文明、环境整洁、卫生等的综合要求。

三、考核目标

1. 杜绝灾害性损失和恶性事故，消灭重伤及以上人身伤亡事故，实现安全生产无事故。

2. 努力建设安全、文明施工质量标准化施工现场。

3. 完成年度资金计划和工程量。

4. 完成年度职工安全培训计划。

四、考核依据

1.《中华人民共和国建筑法》

2.《中华人民共和国安全生产法》

3.《建设工程安全生产管理条例》

4.《建设工程质量管理条例》

5.《建设工程现场管理规定》

6. 集团公司有关安全、质量管理的相关规定

五、考核要求

(一) 基本要求

1. 施工企业应当依法取得相应等级的资质证书，并在其资质等级许可的范围内承揽工程。

2. 施工企业必须建立、健全并认真落实安全生产责任制度、安全生产教育培训制度、安全生产规章制度以及各工序操作规程和作业标准，严格工序管理。

3. 施工现场必须实行安全生产目标管理，工程开工前应制定总的安全管理目标，包括伤亡事故指标，安全达标和文明施工目标以及采取的安全措施。

4. 建设工地的项目经理、施工员、安全员、质检员、材料员等生产、管理人员必须持证上岗，每年至少进行一次安全生产教育培训。

5. 对新入场的职工必须进行三级教育，经安全培训教育考核合格后方可上岗作业。

6. 特殊工种职工必须持证上岗，并根据相关规定配备足够的特殊工种工作人员，保证每班都配备持证上岗的特殊工种工作人员。

7. 施工企业应当设立现场安全生产管理机构，建设工地必须配备专职安全生产管理人员，对违章指挥、违章作业的行为及时进行制止。

(二) 安全施工

8. 工程开工前，施工单位必须编制施工组织设

计或施工方案，并且要通过相关单位组织的审查，施工组织设计或施工方案必须有针对性的安全技术措施。施工现场的临时用电以及爆破、吊装、拆除、水下、深坑、边坡、幕墙等大型特殊工程，要有单独的施工组织设计和安全技术措施，并认真逐一落实。

在每道工序动工前，应由技术人员对有关安全施工技术要求向施工作业班组和作业人员作详细的书面交底，并由双方签字确认。

9. 建设工地必须用硬质材料围场施工，围场高度不低于 2 米；围栏进出口应设置大门。大门醒目处应有施工公告，标明工程名称、建筑面积、结构类型、层数、总高、投资规模和建设单位、设计单位、监理单位、监督单位、开竣工日期、施工许可证号以及项目经理、施工员、安全员、质检员、现场文明施工负责人等。

10. 临街建筑必须封闭施工，封闭高度应超出作业层 1.2 米，以防物体外坠；封闭材料为符合要求的密目安全网。

11. 位于主要市政道路上的工程，应全路段围场封闭施工，并注意洒水降尘。不能全封闭施工时，应设置人行通道，人行通道须用围栏与工作区分开，并设置醒目的指示标志。

12. 人行通道遇有坑、井、沟时，应搭设安全牢固的桥板，并设置不低于 1.8 米的防护栏杆，夜间须设红灯示警。

13. 施工现场的坑、井、沟、洞和易燃易爆场所，都要设置围栏或盖板和安全标志，夜间要设红灯示警。

14. 施工单位应在施工现场明显的位置张贴安全标志布置总平面图和安全施工宣传标语。

15. 施工现场必须做好"三宝"、"四口"的防护工作，所用安全网必须是符合要求的密目安全网。

三宝：安全帽、安全带、安全网。

四口：楼梯口、电梯井口、预留洞口、通道口。

16. 开延工程施工人员应严格执行"三大规程"和安全措施。严格执行公司《不安全不生产若干规定》；严格执行"一炮三检"制度；努力实现质量标准化工作面的要求。

17. 开延工程的提升运输，斜坡有一坡三挡的设置并完好，掘进工作面应有一定的斜度，不得有仰头，坚持行车不行人，行人不行车的规定，坡下挂钩工挂完车后必须在信号房内发送信号，不得用头灯发送信号，绞车的运转情况及钢丝绳检查要有记录。

18. 施工人员必须熟悉和掌握反井钻机机械性能，严格按操作规程进行操作。对反井钻机进行定期或不定期的检修，并及时做好检修和运行记录。

19. 反井钻机施工后的刷大及支护。施工时采用的井架、稳车及钢丝绳要进行计算，必须满足施工安全系数及井筒深度的要求。井架、稳车基础应与施工提升重量匹配。

20. 吊盘及井底施工的工人要佩带安全绳。钢丝绳必须定期检查。工人坐吊桶上下井时，必须佩带安全绳。井口围栏要设置牢固，有专人看管，不许闲杂人员进入。进入井口的工作人员必须佩戴安全帽。

21. 井筒施工要有防坠、综合防尘、防瓦斯、地面高空防坠、防雷电、防洪、防火等措施并进行交底落实。

22. 每工作日必须有施工安全记录、钢丝绳检查记录及机械检修记录等。

23. 施工现场的用电线路、用电设施的安装和使用必须符合有关规范和安全操作规程，并按照施工组织设计进行架设。严禁任意拉线接电。

24. 施工现场必须设有夜间照明，危险潮湿场所的照明以及手持照明灯具，必须采用安全电压。施工现场用电必须有接零、接地和防雷电措施。

25. 施工现场的脚手架、井字架（龙门架）的搭设和塔吊的安装及使用必须符合规范和安全操作规程，并经施工企业的有关部门验收合格后方能使用；使用期间要有专业人员定期检查和维修保养记录。

26. 施工现场的各种机电设备的安全装置和起重设备的限位装置均要齐全有效，并有专业人员定期检查和维修保养记录。

27. 施工现场严禁抽烟和生火，如必须生火，应安排专人负责看管。焊接落下火星，应安排专人负责看管。

28. 施工单位应根据施工现场实际情况，配备防火设施和灭火器材，并保持良好状态。

29. 施工单位应加强季节劳动保护工作，夏季防暑降温，冬季防寒防冻防有害气体中毒，雨季来临之前要做好防洪抢险准备工作。

（三）文明施工

30. 建设工地应按照施工组织设计或施工方案中的施工平面布置图布置各种临时设施，堆放建筑材料、周转材料、成品、半成品和安置施工机械。堆料应分门别类，悬挂标牌，标牌应统一制作，标明名称、品种、规格、数量等。

31. 施工单位应建立材料收发管理制度，易燃易爆物品分类堆放，专人负责，确保安全。

32. 施工现场建立清扫制度，落实到人，做到工完料尽。施工现场应做到场地平整、排水及道路畅通。

33. 施工现场的建筑垃圾及时清运，临时存放现场的也应集中堆放整齐、悬挂标牌。不用施工机具和设备应及时调出现场。

34. 施工污水及泥浆应当有排放措施，严禁溢流到街道马路上。未经处理的泥浆水不得直接排入排水设施。

35. 施工单位应在工程竣工验收合格后，将临时设施全部拆除，做到水通、电通、卫生干净、场地整洁。

36. 施工单位应将施工现场的办公、生活区与作业区分开设置，并保持安全距离。办公、生活等临时设施应满足安全、通风、采光、卫生等要求。职工的膳食和饮用水必须符合国家有关卫生标准。

37. 建设工地应设置临时厕所，严禁随地大小便。厕所设置应远离食堂及饮用水源，防止污染。

38. 施工单位应当遵守有关环境保护的法律、法规的规定，采取积极有效措施，按照国家环保技术标准控制施工现场的各种粉尘、废气、废水、固体废弃物以及噪声、振动对环境的污染和危害。

39. 施工现场应经常性地开展卫生防病宣传教育，并做好记录，并应备有保健药箱(箱内配备一些工地常用的药品)和急救器材。

40. 施工现场应建立治安保卫责任制并落实到人，采取措施严防盗窃、斗殴等事件发生。

六、考核办法

（一）考核采取打分的形式进行，每次检查按百分制计分，满分100分，其中：安全施工占60分，文明施工40分。具体考核计分标准见附表。

（二）考核按基建处各项目分管工程师日常巡检，基建处牵头组织季度联合检查及考核和年终总评等三个步骤进行。

1. 基建处分管工程师日常巡检(每月不少于2次)

(1)每次巡检要根据工地现场安全文明施工管理情况进行对照打分。

(2)对存在的问题及时以书面形式向施工单位提出，限期整改，由项目经理签字认可。

2. 季度联合检查及季度考核(下季度初进行)由基建处牵头组织，计划处、质监站、安监局、设计院、基层建设单位等有关单位和部门参加。季度考核依据日常巡检和季度联合检查情况进行综合评分，分项目考核满分为100分，其中日常巡检得分占40%，季度联合检查得分占60%。

项目季度得分=[日常巡检总得分/巡检次数×40%+季度检查总得分/检查次数×60%]×100%

3. 年终总评(12月份进行)

年终总评由基建处牵头组织，计划处、质监站、安监局、设计院、基层建设单位等有关单位和部门参加。对集团公司建设工程的安全、文明施工考核结果进行评比，评选年度安全文明工地。

七、奖　罚

1. 被评为年度安全文明工地的项目按该项工程总造价的1%予以奖励，奖金进入工程结算，在工程造价中列支（不计取任何费用）。奖金按施工单位、建设单位和管理部门4:3:3比例分配。

2. 对施工现场出现质量事故、 安全事故的，出现脏、乱、差现象以及对周围环境造成不良影响的，按集团公司地面安全管理、绩效工资考核有关规定进行经济处罚，从该施工单位当月的绩效工资中扣除。

3. 对获得市级及市级以上安全文明工地称号的项目一次性奖励1万元。

八、附　则

1. 本办法的未尽事宜按国家和上级的有关法律、法规、规定和集团公司的有关规定执行。

2. 本办法由集团公司基本建设处负责解释。

3. 各建设单位和施工企业应根据该办法的精神和具体情况制定本单位的安全文明施工实施细则和考核办法。

4. 本办法自发文之日起试行。

附表-01(1)：建筑安装工程安全管理检查评分表

附表-01(2)：矿井建设工程安全管理检查评分表

附表-02：文明施工检查评分表

（西山煤电发[2006]212号）

附表 -01(1)

建筑安装工程安全管理检查评分表

序号	检查项目	扣分标准	应得分数	扣减分数	实得分数
1	资质	施工单位不具备相应的施工资质,扣2分	2		
2	制度	未制定安全生产制度,扣2分 未制定安全教育培训制度,扣2分 未制定安全管理目标,扣2分	6		
3	人员	项目经理、施工员、安全员、质检员、材料员,未制定操作规程和作业标准,扣1分 安全生产管理人员无证上岗,扣1分 安全生产管理和施工人员没有佩戴相应工作牌,扣2分 特殊工种无证上岗,配备人数不够的,扣2分	4		
4	施工组织设计	无施工组织设计和施工方案,扣1分 施工组织设计和施工方案未经审查,扣1分 专业性较强的项目未单独编制专项的安全施工组织设计,扣2分 安全措施未落实,扣2分 未进行书面安全交底,扣1分 未履行安全交底签字手续,扣1分	8		
5	安全检查	施工单位未进行每日自检的,扣1分 建设单位未进行每周抽检的,扣1分	2		
6	现场围挡	施工现场未设置大门和门卫,扣2分 施工现场未设围墙,扣1分 施工现场围墙不满足高度要求,扣1分 临街建筑未封闭施工,扣1分 封闭材料使用不符合要求的密目安全网,扣1分 不能封闭施工的未设置人行通道,扣1分 临时人行通道未设明显的标志,扣1分	8		
7	安全标志	未设置施工公告,内容不齐全,扣2分 危险场地和地段未设安全标志和夜间须设红灯示警,扣2分 未张贴安全标志布置总平面图和安全施工宣传标语,扣2分	6		
8	三宝、四口	未按规定佩带安全帽、安全网、安全带,每处扣2分 未对楼梯口、电梯井口、预留洞口和通道口做有效防护,每处扣2分	4		
9	设备安全	脚手架、井字架和塔吊的搭设不符合规范和安全操作规程,扣2分 脚手架、井字架和塔吊未进行定期检查和保养的,扣2分 机电设备的安全装置和起重设备的限位装置不齐全有效的,扣2分 各种安全装置未进行定期检查和维修保养的,扣2分	6		
10	用电安全	用电线路、用电设施的使用和操作不符合相关规程,有一起扣2分 私自拉线接电的,每处扣2分 未设夜间照明和未使用安全电压,扣1分 施工现场用电没有接零、接地和防雷电措施,扣1分	6		
11	现场防火	有抽烟现象,发现一次扣2分 明火或焊接落下火星未设专人看管,扣2分 施工现场配备防火设施和灭火器材不齐全、有效,扣2分	6		
12	劳动防护	不具备季节劳动保护措施,扣2分	2		
检查项目合计			60		

附表 -01(2)

矿井建设工程安全管理检查评分表

序号	检查项目	扣分标准	应得分数	扣减分数	实得分数
1	资质	施工单位不具备相应的施工资质,扣2分	2		
2	制度	未制定安全生产制度,扣2分 未制定安全教育培训制度,扣2分 未制定安全管理目标,扣2分	6		
3	人员	项目经理、施工员、安全员、质检员、材料员,未制定操作规程和作业标准,扣1分 安全生产管理人员无证上岗,扣1分 安全生产管理和施工人员没有佩戴相应工作牌,扣2分 特殊工种无证上岗,配备人数不够的,扣2分	4		
4	施工组织设计	无施工组织设计和施工方案,扣1分 施工组织设计和施工方案未经审查,扣1分 专业性较强的项目未单独编制专项的安全施工组织设计,扣2分 安全措施未落实,扣2分 未进行书面安全交底,扣1分 未履行安全交底签字手续,扣1分	8		
5	安全检查	施工单位未进行每日自检的,扣1分 建设单位未进行每周抽检的,扣1分	2		
6	开延工程	未执行"一炮三检",扣2分 材料提升运输斜坡没有一坡三挡措施,扣2分 掘进工作面斜度不满足要求,扣1分 斜坡上有仰头,扣1分 未对绞车的运转情况及钢丝绳检查,没有检查记录,扣2分 绞车挂车完后不发送信号或者用头灯法信号,扣1分 人车混行,扣1分	10		
7	安全标志	未设置施工公告,内容不齐全,扣2分 危险场地和地段未设安全标志和夜间须设红灯示警,扣2分 未张贴安全标志布置总平面图和安全施工宣传标语,扣2分	6		
8	安全防护	未佩带安全帽、安全网、安全带,扣2分 井筒井口没有围栏,未派专人看管,扣2分 井筒要没有防坠、综合防尘、防瓦斯、地面高空防坠、防雷电、防洪、防火等措施,扣2分	6		
9	设备安全	不了解反井钻机机械性能,违反反井钻机机械操作规程,扣2分 未对反井钻机等设备进行定期检查和运行、保养记录,扣2分	4		
10	用电安全	用电线路、用电设施的使用和操作不符合相关规程,扣2分 私自拉线接电,扣2分 未使用安全电压,扣1分 施工现场用电没有接零和接地措施,扣1分	6		
11	现场防火	有抽烟现象,发现一次扣2分 明火未设专人看管,扣2分 施工现场配备防火设施和灭火器材不齐全、有效,扣2分	6		
检查项目合计			60		

附表 -02

文明施工检查评分表

序号	检查项目	扣分标准	应得分数	扣减分数	实得分数
1	施工现场	施工现场未及时清扫,未做到工完料尽、场地清,扣 2 分 施工现场未做到场地平整、排水及道路畅通,扣 2 分 建筑垃圾未及时清运,扣 2 分 不用施工机具和设备未及时调出现场,扣 2 分 施工污水及泥浆未考虑排放措施,扣 2 分 将未经处理的泥浆水直接排入排水设施,扣 2 分 工程验收合格离场时,未及时清理施工现场,扣 2 分	14		
2	材料堆放	材料未按总平面布局堆放,扣 2 分 料堆未分门别类,没有明确标牌,扣 2 分 材料堆放(存放)超出规定高度,扣 2 分 库存材料和危险品未派专人负责,扣 2 分	8		
3	环境保护措施	施工现场“三废”未达到排放标准,扣 2 分 施工现场对周边环境造成噪声、振动等污染和危害,扣 2 分	4		
4	办公、生活设施	办公、生活区与施工作业区未分开设置,并保持安全距离,扣 2 分 办公、生活设施不能满足安全、通风、采光、卫生等要求,扣 2 分 职工的膳食和饮用水不符合国家有关卫生标准,扣 2 分 未设置临时厕所,扣 2 分 厕所的位置达不到与食堂和饮用水源安全卫生距离,扣 2 分	10		
5	保健急救	未开展卫生防病宣传教育,扣 1 分 未配置保健药箱和急救器材,扣 1 分	2		
6	治安保卫	未建立治安保卫责任制,没有专人负责,扣 2 分	2		
检查项目合计			40		

西山煤电集团公司环境管理体系认证管理办法

第一条　为了保护环境、合理利用自然资源、节能降耗、减少污染物的产生和排放，提高企业内部环境管理水平和职工的环境意识，增强公司市场竞争力，实现可持续发展，集团将在所属单位逐步推行ISO14001环境管理体系认证工作。

第二条　为了规范集团ISO14001环境管理体系认证工作，保证认证质量，特制定本办法。

第三条　集团所属单位开展ISO14001环境管理体系认证工作必须遵守本办法。

第四条　集团环保处统一协调和管理所属单位环境管理体系认证工作。

第五条　ISO14001环境管理体系认证工作包括咨询和审核二个阶段。ISO14001标准的宣贯、培训、初始环境评审、体系文件的策划、发布运行等工作属咨询阶段；初次审核、年度监督审核和复评换证工作属审核阶段。

第六条　集团环保处将根据所属单位环保基础设施现状和环境保护管理水平，按照先易后难、逐步推行、全面覆盖的原则，制订ISO14001环境管理体系认证工作计划并组织实施。

第七条　集团所属单位按照自身实际情况可主动向环保处申请并经环保处审核批准后开展ISO14001环境管理体系认证工作。申请认证的单位必须具备以下条件：

1. 在近一年内未因环境违法受到处罚；

2. 各项污染物达标排放，遵守国家和地方环境保护法律、法规及规章。

第八条　进行环境管理体系认证的单位，要明确责任人和具体承办部门，制订认证工作计划，保证人、财、物等资源到位，确保认证工作按计划进行。

第九条　集团环保处负责监督认证单位的体系策划、文件编写和体系运行全过程，保证咨询工作按计划进行。

第十条　集团环保处参与认证单位认证的初次审核、年度监督审核和复评换证工作，确保认证单位获证后的ISO14001环境管理体系持续有效运行。

第十一条　集团环保处统一负责进行单位认证的外部工作。包括向省、市环保部门报送认证资料，委托环境监测，审查咨询、认证机构资质，签订咨询、认证合同等。

第十二条　认证单位内审员必须具备中等（或同等）以上学历，三年以上工作经历，参加内审员资格培训并通过考试取得内审员资格证书。

第十三条　集团环保处负责组织有关认证单位内审员和ISO14001环境管理体系的培训工作。

第十四条　认证单位获证后，要明确ISO14001环境管理体系运行管理的部门，并每年向集团环保处汇报环境管理体系运行情况，具体内容为：

1. 对每次审核（包括内审和外审）发现的不合格项产生的原因分析及纠正措施、整改情况；

2. 对环境管理体系运行的评价和改进建议；

3. 下一步工作计划；

4. 管理评审报告。

第十五条　获证单位要抓好日常管理、内审和管理评审，发现不合格项及时分析原因，制订纠正措施并实施，保证ISO14001环境管理体系持续有效运行。

第十六条　获证单位要做好每年一次的监督审核和证书期满复评换证工作，不得擅自停止ISO14001环境管理体系的运行或注销证书。

第十七条　没有按集团计划要求完成环境管理体系认证的单位和未经公司环保处审核进行认证的单位以及擅自停止体系运行或造成撤销证书的单位，集团将对主要责任人及其单位予以经济处罚。

第十八条　通过ISO14001环境管理体系的实施，取得显著成效的单位和成绩突出的个人，公司将予以表彰和奖励。

第十九条　ISO14001环境管理体系认证严格按照国家规定的收费标准执行。

第二十条　本办法由集团环保处负责解释。

第二十一条　本办法自发布之日起实施。

（西山煤电发[2006]214号）

西山煤电集团公司信息安全等级保护管理办法(试行)

第一章 总 则

第一条 为了提高西山煤电集团公司信息安全保障能力和防护水平,维护国家、企业、公共、个人利益,保障和促进信息化建设,根据山西省审计厅晋审办[2006]72 号文件《关于信息安全等级保护管理办法的通知》精神,结合集团实际情况,特制定本办法。

第二条 信息安全等级保护,是指对国家秘密信息及公民、法人和其他组织的专有信息以及公开信息和存储、传输、处理这些信息的信息系统分等级实行安全保护,对信息系统中使用的信息安全产品实行按等级管理,对信息系统中发生的信息安全事件分等级响应、处置。

第三条 信息和信息系统根据在国家安全、经济建设、社会生活中的重要程度;遭到破坏后对国家安全、社会秩序、公共利益以及企业和个人的合法权益的危害程度;针对信息的保密性、完整性和可用性要求及信息系统必须要达到的基本的安全保护水平等因素,信息和信息系统的安全保护等级共分五级:

(一)第一级为自主保护级,适用于一般的信息和信息系统,其受到破坏后,会对企业和个人的权益有一定影响,但不危害国家安全、社会秩序、经济建设和公共利益。

(二)第二级为指导保护级,适用于一定程度上涉及国家安全、社会秩序、经济建设和公共利益的一般信息和信息系统,其受到破坏后,会对国家安全、社会秩序、经济建设和公共利益造成一定损害。

(三)第三级为监督保护级,适用于涉及国家安全、社会秩序、经济建设和公共利益的信息和信息系统,其受到破坏后,会对国家安全、社会秩序、经济建设和公共利益造成较大损害。

(四)第四级为强制保护级,适用于涉及国家安全、社会秩序、经济建设和公共利益的重要信息和信息系统,其受到破坏后,会对国家安全、社会秩序、经济建设和公共利益造成严重损害。

(五)第五级为专控保护级,适用于涉及国家安全、社会秩序、经济建设和公共利益的重要信息和信息系统的核心子系统,其受到破坏后,会对国家安全、社会秩序、经济建设和公共利益造成特别严重损害。

第二章 主要目标和基本原则

第四条 集团所属各单位应坚持积极防御、综合防范的方针,依据本单位信息系统在国家安全、经济发展、社会稳定、公众利益等方面的重要程度,将系统划分为不同的安全等级,按照公安机关或其指定的受理机构要求,办理备案手续,并综合考虑系统的安全要求,系统所面临的风险,实施安全保护措施的成本,进行安全措施的定制和调整,形成信息化发展不同阶段、不同层次、不同等级的安全措施,建成安全保护制度化、规范化、法制化的信息系统。

第五条 信息安全等级保护遵循以下原则:

(一)重点保护原则。等级保护要突出重点,对关系国家安全、企业发展、社会稳定等方面的重要信息系统,应集中资源优先建设。

(二)谁主管谁负责原则。等级保护要贯彻谁主管谁负责的原则,由所属各单位依照国家相关法规和标准来确定信息系统的安全等级并按照相关要求组织实施安全保障。

(三)同步建设原则。集团所属各单位在信息系统新建、改建、扩建时应当同步建设信息安全设施,保证信息安全与信息化建设相适应。

(四)动态调整原则。集团所属各单位应根据信息与信息系统的应用类型、覆盖范围、外部环境等约束条件不断变化与发展的实际,适时确定信息与信息系统的安全保护等级,并调整对应的保护措施。

第三章 工作机构及主要职责

第六条 成立西山煤电集团公司信息安全等级保护工作领导组,由总工程师、总会计师任组长,信息化副总任副组长,审计、信息中心、安监、保卫、党政办公室等部门负责人为成员;领导组下设办公室，由审计处和信息中心组成，审计处负责安全等级工作，信息中心负责技术工作。

第七条 信息安全等级保护工作领导组负责集团信息系统信息安全等级保护的统筹规划、综合协调等工作；领导组办公室负责重要网络和信息系统等级的定级工作，对所属各单位进行工作指导和监督检查。

第八条 为保证信息安全等级保护工作有序开展，所属各单位要根据实际情况成立专门工作机构，具体负责此项工作。

第四章 实施信息安全等级保护工作的要求

第九条 集团所属各单位网络与信息系统(包括已建、在建、新建)都要开展信息安全等级保护工作，落实等级保护措施。

(一) 所属各单位要制定系统完整的信息安全等级保护管理规范和技术标准，并不断补充完善。

(二) 所属各单位要按照等级保护的管理规范和技术标准，确定信息和信息系统的安全保护等级。安全保护等级在三级以上(含三级)的信息系统，使用单位要上报集团领导组办公室备案，同时向公安机关或其指定的机构办理备案手续，所有系统都应当接受公安机关的监督、检查。

(三) 对已有的信息系统，使用单位要按照等级保护的管理规范和技术标准，采购、使用相应的信息安全产品，完善安全设施，完成系统整改。对新、改、扩建的信息系统，使用单位要按照等级保护的管理规范和技术标准，进行信息系统的规划设计、建设施工。

(四) 对已经完成安全等级保护建设的信息系统，使用单位要定期进行安全状况检测评估，发现问题及时整改，消除安全隐患和漏洞。

(五) 使用单位要建立安全制度，制定不同等级信息安全事件的响应、处置预案。

(六) 按照等级保护的管理规范和技术标准的要求，集团及矿处级单位领导组要重点对第三、第四级信息和信息系统的安全等级保护状况进行监督检查。

第五章 信息安全等级保护的保密管理和密码管理

第十条 集团机关各部门、各矿处级单位要针对自身的涉密系统，做好信息安全保密和密码管理工作。

第十一条 涉及企业秘密的信息系统，应当依据国家信息安全等级保护的基本要求和技术标准，结合系统实际情况进行保护。

不涉及企业秘密的信息系统，不得处理秘密信息。

第十二条 涉及企业秘密的信息系统按照所处理信息的最高密级，由低到高划分为秘密级、机密级和绝密级三个级别，其总体防护水平分别不低于三级、四级、五级的要求。

涉及企业秘密的信息系统建设单位，应当依据《中华人民共和国保守国家秘密法》和国家有关秘密及其密级具体范围的规定，经集团信息安全等级保护工作领导组审批后，确定系统处理信息的最高密级和系统的保护级别。

第十三条 涉及企业秘密的信息系统的设计实施、审批备案、运行维护和日常保密管理，按照国家保密工作的有关规定和技术标准执行。

对秘密级、机密级信息系统，使用单位每两年至少进行一次保密检查或系统测评；对绝密级信息系统，每年至少进行一次保密检查或系统测评。

第十四条 集团所属各单位要充分运用密码技术对信息系统进行保护。采用密码进行信息系统安全等级保护的使用单位，应当遵照国家信息安全等级保护密码管理规定和相关标准。

第十五条 信息系统安全等级保护中密码的配备、使用和管理等工作，应严格执行国家密码管理的有关规定。

第六章 法律责任

第十六条 信息系统的使用单位违反本办法规定，有下列行为之一，由集团信息安全等级保护工作领导组根据情节予以处理；造成严重后果的，移交政府相关部门严肃处理。

(一) 未按本办法规定报请备案、审批的；

(二) 未按等级保护技术标准要求进行系统安全设施建设和制度建设的；

（三）接到整改通知后，拒不整改的；

（四）违反保密管理规定的；

（五）违反密码管理规定的；

（六）违反本办法其他规定的。

第七章　附　则

第十七条　本管理办法由西山煤电集团公司信息安全等级保护工作领导组负责解释。

第十八条　本管理办法自发布之日起试行。

（西山煤电发[2006]255 号）

山西焦煤西山煤电集团公司科技项目管理办法

第一条　总　则

为进一步加强科技项目管理，规范科技项目的管理操作程序，根据国家有关科技法规，结合集团公司实际情况，特制定本办法。

第二条　科技项目的资金来源

为全面推进企业技术进步，保障科技投入，按照国家有关加大企业技术开发投入的要求，公司技术开发费按销售收入的 3%提取，建立技术开发基金，同时技术开发费要纳入集团公司年度财务预算，且逐年增加。

第三条　科技项目的资金使用范围

1. 企业研究开发新技术、新产品、新工艺、新材料所发生的各种费用，包括新产品设计费、工艺规程制定费、设备调试费，原材料和半成品的试验费、技术图书资料费、中间试验费、新产品试制费等。

2. 新产品、新技术、新工艺、新材料研究开发中必须的样品、样机。

3. 科研课题及技术攻关项目发生的论证费、鉴定评议费、技术咨询服务费、企业标准制定费、专利与成果申报费等有关费用。

4. 重大项目前期调研开发及专项差旅费用。

第四条　科技项目的立项原则

1. 遵循国家有关产业政策和公司中、长期科技发展规划。

2. 面向生产实际，针对煤炭生产现场存在的共性的亟待解决的技术难题进行攻关。

3. 以市场为导向，重点开展产品结构调整及煤炭相关产品的开发研究。

4. 以企业为技术创新主体，跟踪世界煤炭生产先进技术，为公司可持续发展提供技术储备。

5. 项目立项应确保技术可行性、先进性和经济合理性。要将项目实施后的科技投资回报率大小作为立项的重要参考指标。要注重提高项目的技术含量，杜绝低水平的重复研究。

第五条　科技项目的立项程序

1. 每年第四季度初，公司各单位（部门）应按照公司发展规划，并结合本单位亟待解决的生产技术难题，编制下一年度科研开发项目立项任务书（附件 2）和可行性研究报告（附件 3），上报技术中心。

2. 技术中心对科研开发项目立项任务书和可行性研究报告进行综合评定。各单位急需解决的共性技术难题和有利于公司可持续发展的课题，要列为公司重点科技攻关项目，并提交专家委员会做出项目可行性评价；一般项目由技术中心做出可行性评价。

3. 技术中心将初审后的项目，提交公司技术委员会审查，并根据技术委员会审查意见，确定年度科技项目由公司计划部门下达科技项目计划。

4. 根据科技项目确定项目课题组。课题组负责编制科技项目计划任务书（附件 4），上报技术中心。

第六条　科技项目的计划管理

1. 根据公司下达的年度科技项目计划，课题组要制定详细的进度安排与资金安排报技术中心，技术中心按项目进度和实施情况编制季度资金计划，并报公司财务部门。

2. 被列入季度资金计划的项目按合同约定需要付款项时，由课题组负责办理借款手续，课题组长签署意见，经技术中心主管领导审批后，公司财务部门负责办理付款手续，否则财务部门不予办理。

3. 科技项目未正式验收前，要留一定比例的项目保证金。

4. 跨年度研究开发的项目，需列入下一年度科技项目计划时，课题组必须编制《延续项目申请报告》（附件 5），经主管单位（部门）审查后，报技术中心申请延续。

第七条　科技项目的实施管理

1. 重大科技攻关项目由技术中心负责组织课题组实施，一般项目可委托给项目相关单位（或部门）负责组织课题组实施。

2. 所有科技项目均实行项目课题组长负责制和课题组风险抵押，抵押金根据项目的大小和难度来确定，抵押金为3000~5000元，由公司领导或技术中心代表公司与课题组签订《科技项目责任书》（附件6），并作为对课题组考核的重要依据。

3. 重大科技攻关项目要采取课题招标制，本着“公开、公平、公正”的原则，选择项目合作单位，要对合作单位的资质进行严格审查，由技术中心负责组织技术委员会成员，严格按照招投标程序对投标申请进行综合评标后，确定最优的中标合作单位。

4. 对外合作项目，课题组必须按照公司合同管理规定签订技术合同，合同订立前由技术中心牵头会同有关业务部门对合同内容进行审查。按项目的不同性质分别签订《技术开发合同》、《技术服务合同》和《技术咨询合同》，由技术中心加盖技术合同专用章。

5. 项目相关单位科技管理部门必须建立《年度科技计划项目台账》，对科技项目进行跟踪管理，随时掌握项目的开展情况。要注重建立项目资料档案，保证档案资料的齐全、完整、准确、统一。

6. 项目课题组必须在每半年填报《科技项目进展报表》（附件7），向技术中心说明半年项目计划完成情况和下半年项目计划安排，并以此作为半年项目资金计划安排的依据。

7. 项目完成后，课题组应及时撰写科技项目研究报告。一般项目研究报告在一个月内完成，重大项目研究报告应在两个月内完成并上报技术中心。

8. 科技项目资金管理实行课题组长负责制，所列资金必须全部用于课题研究工作，不得挪作他用。

第八条　科技项目的验收管理

1. 验收依据：主要是《科技项目计划任务书》、《科技项目责任书》、《技术合同书》等。

2. 验收方式：根据项目成果的不同类型，分别采用专家评议，仪器检测，现场试验等不同方式进行验收。

3. 验收程序：项目完成并提交科技项目研究报告后，由课题组写出《科技项目竣工验收申请书》（附件8）报技术中心，由技术中心组织技术委员会有关专家及技术人员对项目进行竣工验收。

4. 验收内容主要应包括各项技术经济指标是否达到《计划任务书》规定要求、资金使用是否合理、经济效益及投资回报率评价、达到的技术水平、推广应用前景等。参加验收的专家要对项目提出评价并签署结论意见。

5. 所有科技项目竣工验收后，必须出具《科技项目评审验收书》（附件9），并作为支付全部资金的依据。对跨年度的重大科技项目，每完成一个阶段要组织对项目进行一次评价，并出具《科技项目阶段评议报告》。

6. 对成果水平较高，经济效益好，有较大推广应用前景的项目，由课题组按要求编写项目鉴定资料，向技术中心提交《科技成果申请鉴定书》，由技术中心按科技成果鉴定程序报上级主管部门组织鉴定。

7. 对在技术开发、技术推广中产生的新技术成果，符合申报专利条件且具有较大推广应用价值的要及时申请国家专利，依法保护公司的知识产权。

8. 技术中心负责所有科技项目验收后的资料归档工作，重大攻关项目还必须同时建立项目资料数据库，实行计算机管理。对于具有较高技术含量的科技成果，要同时加强技术密级管理。

9. 技术中心负责科技项目的成果转化工作，凡具有推广价值的科技项目要及时组织在全公司进行推广；凡能够形成产品的科技项目要及时推荐有关部门进行产品开发。

第九条　奖励与处罚

1. 公司鼓励各单位利用其他资金渠道进行技术创新项目开发，对前景较好和在全公司范围内有较大推广价值的成果，要给予项目一定的配套资金支持。

2. 凡列入集团公司重点科研计划的项目，按计划完成后，由技术中心组织有关专家组织验收，验收合格的项目可享受以下待遇。

（1）科研开发项目：各项指标均达到计划任务书的预定目标，可一次性提取1万~3万元作为课题组人员的奖励；各项指标未达到计划任务书预定目标，扣除抵押金。

（2）新技术推广项目：新增效益1000万元以上的，可一次性提取10万元作为课题组人员的奖励；500万元以上的，可一次性提取5万元作为课题组人员的奖励；100万元以上的，可一次性提取3万元作为课题组人员的奖励。

3. 集团公司鼓励各专业人员发表论文，凡在中科院、工程院和国家一级专业学会主办的专业学报、国家重点大学学报上发表的A类学术论文以及国家二级专业学会及国家各行业主管部门、有本专业硕士学位授予权的本科院校及科研单位主办的、有国内统一公开发行刊号(CN、ISSN)的学术期刊上发表的本专业B类学术论文,奖励标准见奖励办法。

4. 科技项目成果对外转让时,须经项目所在单位领导同意,由公司技术中心审查,公司有关领导批准后,方可对外转让。对转让的成果项目可从转让收益中提取一定比例的奖励给课题组。

5. 课题组因主观过失致使科技项目终止或经验收项目不合格,要按《科技项目责任书》等有关规定对有关人员给予处罚。

第十条　附　则

1. 本办法由公司技术委员会负责解释。

2. 本办法自颁布之日起执行。

(西山煤电发[2006]314号)

山西焦煤西山煤电集团公司科技进步奖奖励办法

第一章　总　则

第一条　为了科学定量地对科技成果进行评价,规范公司科技进步奖评审程序,形成有效推动科技工作开展的激励机制。根据《山西省科学技术进步奖奖励办法》和《中国煤炭工业协会科学技术奖奖励办法》,结合集团公司对科技工作的要求,特制定本办法。

第二条　集团公司设立科学技术进步奖评审委员会(专业技术委员会),具体负责科技进步奖的评审工作。日常工作由公司评审委员会办公室负责,评审委员会办公室设在公司技术中心。

第三条　西山煤电集团公司科技进步奖是经山西焦煤集团公司批准设立的综合性科学技术奖,每年进行一次评选、两年进行一次奖励。

第四条　科学技术进步奖授予科技进步活动中作出突出贡献的单位和个人。

第二章　科学技术进步奖的设置

第五条　公司科技进步奖包括以下内容

(一) 工程技术类科技进步奖

(二) 其他专业技术类科技进步奖。

第六条　工程技术类设置如下奖项:

(一) 技术创新与研究开发奖;

(二) 科技成果推广与转化奖;

第七条　技术创新与开发奖应具备下列条件:

(一) 研究开发的科技成果,解决了企业发展中的关键技术问题,并创造显著社会效益和经济效益;

(二) 在引进、消化、吸收国内外先进技术的基础上进行二次创新,并取得明显的社会效益和经济效益;

(三) 已获得国家发明实用新型或外观设计证书的专利技术。

第八条　科技成果推广和转化奖应具备下列条件:

(一) 应用国内外的先进技术对传统产业进行改造,提高产品的竞争力;

(二) 应用市场前景较好的高新技术成果,形成了新型产业和名牌产品;

(三) 对企业的科技进步产生了较大影响,取得了重大经济效益或社会效益。

第九条　其他专业技术类应具备下列条件:

其他专业技术类包括医疗、计算机、软科学。

软科学成果系指企业正式发布的法规、标准、技术、规范,社会公益性研究成果,管理研究成果。要求提高行业、企业管理水平,经济效益和社会效益显著。

第三章　奖励等级与标准

第十条　集团公司科技进步奖按以下方面的指标进行综合评审。

(一) 创造性和先进性(项目科学技术水平);

(二) 经济效益和社会效益;

(三) 推广应用程度;

(四) 技术难度和规模:

(五) 推动科学技术进步的作用。

第十一条　科技进步奖奖励标准

技术创新与开发奖设四个等级:

特等奖 50000 元；一等奖 30000 元；二等奖 20000 元;三等奖 10000 元。

科技成果推广与转化奖设四个等级:

特等奖 30000 元；一等奖 20000 元；二等奖 10000 元;三等奖 5000 元。

其他专业技术类科技进步奖设四个等级：

特等奖 10000 元;一等奖 7000 元;二等奖 5000 元;

三等奖 3000 元。

论文奖设两个等级：

一等奖 1000 元;二等奖 500 元。

其他专业技术类科技成果经省、部级鉴定按工程技术系列奖励标准执行。

第十二条　集团公司科技进步奖奖金由公司工资基金项下列支。

第十三条　各类科技成果的奖励条件和评审标准由公司科技进步奖评审委员会办公室制定,上报评审委员会批准后生效。

第四章　申报程序

第十四条　凡申报科技进步奖的项目必须是经公司组织技术鉴定或验收的项目,且应用于实践六个月以上,证明其技术先进,效益显著,解决了生产安全中的重大技术,并要由应用单位出具财务证明;申报奖励的科学技术管理、标准、计量、科技信息等理论成果或软科学成果,必须已广泛应用于决策和管理实践,并要由应用单位出具证明材料。

第十五条　科技成果必须由申报单位初审把关,进行优选,提出推荐意见,方能申报公司科技进步奖。

第十六条　科技成果不得重复报奖。重大项目申报奖励时应包括该项目全部子项目。若某一子项目成果达到国内领先水平,项目除可应用于本领域外,还可广泛应用于其他领域,并经实践证明取得了重大的经济效益和社会效益,可以单独申报奖励。对总项目评审时,应剔除单独获奖的子项目后综合评审。单独获奖的子项目,不再分享总项目的荣誉和奖金。

第十七条　申请公司科技进步奖的项目,必须按规定的格式和要求(见附表),如实填写申报材料。公司科学技术进步奖申报日期为每年的十二月一日至三十一日。

第五章　评审程序

第十八条　评审工作由公司科技进步奖评审委员会负责。评审委员会根据申报项目所涉及专业,设相应的专业评审组。

第十九条　公司科技进步奖评审程序。

（一）评审委员会办公室负责对申报项目作形式审查。形式审查主要内容:(1)申报项目是否符合公司科技进步的奖励范围和条件;(2) 是否属重复申报项目;(3)是否按规范格式和要求填写申报书;(4)所报附件是否齐全并符合有关规定,评审委员会办公室将对形式审查合格的项目,组织有关技术人员进行现场检查验收。

（二）现场检查验收申报项目。由公司评审委员会办公室组织各专业评审组有关人员,逐项对申报项目检查核实。

评审委员会办公室将检查合格的项目按专业分类,分别提交给各专业评审组评议。

（三）专业评审组审查、推荐公司科技进步奖项目。

1. 各专业评审组对每个申报项目确定 1 名主审和 3~5 名审查人员,对申报项目进行审查并写出书面审查意见。

2. 召开专业评审会。专业评审会由主审介绍该项目有关情况,评审人员对该项目进行充分酝酿讨论,由组长组织专业评审组成员,按照《科学技术进步奖综合评分表》的评分标准进行综合评价,经专业评审组全体成员签字后,报评审委员会办公室,由评审委员会办公室将专业评审结果推荐给公司评审委员会进行评审。

（四）公司评审委员会对推荐项目进行审定,经评审委员会主任签字后生效。

第二十条　公司评审委员会的委员和专业组评审成员若为报奖项目的主要完成人时,在评审该项目过程中均须回避。

第六章　主要完成人员和主要完成单位

第二十一条　主要完成人员是指在项目的科研、生产、设计工作中作出直接贡献的人员。具备以下基本条件之一者,可认定为申报项目的主要完成人:(1)提出和确定项目的总体方案设计,并参加项目的实际研究工作;(2)在研究过程中直接参与并对关键技术和问题的解决做出重要贡献;(3)直接参与并解决生产应用、推广过程中的主要技术难点或关键措施。

第二十二条　主要完成单位是指在项目的研究、试制、投产、推广应用全过程中提供人力、技术、设备和经费等条件,对项目的完成起到重要作用的单位。

第二十三条　荣获公司科技进步奖项目的主要完成人的事迹,由获奖项目所在单位的科技管理部门送本单位人事部门,记入本人档案,并作为考核、晋级、聘任技术职务的重要依据之一。

第二十四条　本办法对单项受奖人数和受奖单位数实行限额。

	特等奖	一等奖	二等奖	三等奖
主要完成人	21	17	13	9
主要完成单位	12	10	7	5

第七章　附　则

第二十五条　省级以上科学技术进步奖的推荐,由公司科技管理部门,从获公司科技进步一等奖并通过省级科技成果鉴定的项目中优选推荐。

第二十六条　推荐和评定公司科技进步奖项目,必须实事求是,严肃认真。对弄虚作假或剽窃他人成果者,经查证属实,由公司评审委员会批准后,撤销对该项目的奖励,并给予严肃处理。

第二十七条　获省、部级以上科学技术进步奖,集团公司给予配套奖励。省、部级一等奖60000元;二等奖40000元;三等奖20000元。国家级一等奖100000元;二等奖80000元;三等奖50000元。

第二十八条　本办法自公布之日起执行。

附件:

申报公司科学技术进步奖资料要求

申报公司科学技术进步奖须填写《公司科学技术进步奖申请表》(见附件),并附以下附件:

(一)科技成果鉴定证书,验收报告或评价报告,专利证书;

(二)项目总结报告。

申报材料需提交申报书一份,其他附件一份,申报书及附件按上述顺序装订成册上报,并附相应软盘。

(西山煤电发[2006]315号)

山西焦煤西山煤电集团公司技术开发费管理实施办法

第一章　总　则

第一条　为了准确核算公司技术开发费用,真实反映科技投入,规范企业技术开发费的使用和管理,享受国家相关的财务税收优惠政策,实现价值最大化,结合公司实际情况,特制定本条例。

第二条　企业技术开发费的财税优惠政策依据:

1. 财政部、国家税务总局1996年4月7日下达的“财工字[1996]41号《财政部、国家税务总局关于促进企业技术进步有关财务税收问题的通知》”;

2. 国家税务总局1996年9月3日下达的“国税发[1996]152号《国家税务总局关于促进企业技术进步有关财务税收问题的补充通知》”;

3. 国家税务总局1999年3月25日下达的“国税发[1999]49号国家税务总局《关于促进企业技术开发费税前扣除管理办法》的通知”;

4. 财政部、国家税务总局2003年11月27日下达的“财税[2003]244号《财政部、国家税务总局关于扩大企业技术开发费加计扣除政策适用范围的通知》”。

5. 2004年6月30日国家税务总局发布的“国税发[2004]82号《国家税务总局关于做好已取消和下放管理的企业所得税审批项目后续管理工作的通知》”。

第三条　企业技术开发费的界定范围。

技术开发费是指企业在一个纳税年度生产经营中发生的用于研究、开发新产品、新技术、新工艺的各项费用,企业技术改造、引进消化吸收再创新的相关费用。费用项目包括:新产品设计费、工艺规程制定费、设备调整费、科研仪器设备的购置费及设备的租赁费、原材料和半成品的试验费、技术图书资料费、未纳入国家计划的中间试验费、项目研究试验费、研究机构人(科研开发机构)人员的工资(含奖金等)、开发机构的办公费、科研开发仪器设备的折旧、新产品试制试验失败损失费、为开发新技术与研制新产品所购置的单台价值在10万元以下的关键仪器设备、委托其他单位进行科学研究与试制的费用(包括技术咨询费)、技术培训费用、技术交流与差旅费、用于科研开发的外购专利与专有技术等无形资产的摊销额和作为技术开发支撑手段的软件等无形资产的摊销、技术项目调研与论证费以及与技术研究开发有关的其他经费等。

与技术研究开发有关的其他费用,包括技术鉴定费、项目评审费、项目论证费、技术标准制定费、计量检测费、技术情报信息费、技术刊物编辑出版费、有关技术管理方面的学会会费、信息网络费等。

第四条　技术开发费的资金投入比例。根据国家经贸委2002年第24号公告《企业技术中心评价指标体系》规定,技术开发费支出额应不低于公司销售收入的3%,经公司计划、财务部门审核,公司批准后纳入公司年度财务预算,技术开发费由技术中心统一管理。

第五条　技术开发经费的核算管理:

1. 公司各单位财务部门要在财务核算中单列技术开发费科目进行归口核算,并严格按照公司批准的年度技术开发计划予以控制使用。

2. 公司计划立项的技术开发项目(包括技改、技措中的技术开发项目)费用,须经技术中心确认,财务部门审核后入账。公司所属基层单位自行立项的项目费用由各单位科研管理部门确认,财务部门审核后入账。各单位科研管理部门进行月统计、季汇总,并将进展情况表及时报送技术中心。

3. 各级财务部门要做到账证健全,并能从会计科目中准确归集技术研究开发费实际发生额。

第六条　技术开发费的扣除优惠政策。企业实际发生的技术开发费,允许在缴纳企业所得税前扣除;盈利企业发生的技术开发费比上年实际增长10%(含10%)以上的,经税务机关审核批准,允许再按技术开发费实际发生额的50%抵扣当年度的应纳税所得额。亏损企业发生的技术开发费可以据实扣除,但不实行增长达到一定比例抵扣所得额的办法。

第七条　技术开发经费的抵扣所得税资金的使用与管理:

1. 经省级税务部门确认并实际抵扣的所得税额,统一由公司归口管理。技术中心配合财务部门做好技术开发经费的核算与统计工作。

2. 根据公司"关于争取国家资金补贴专项工作安排意见的通知"中的专项奖励制度对相关人员给予奖励;对在减免税工作中作出突出贡献的单位和个人将按照业绩大小再给予适当的奖励。

第二章　技术开发费立项与财务管理

第八条　技术开发项目的申报单位是指公司技术开发机构、所属各二级单位和机关业务处室。

第九条　技术中心对技术开发项目管理的主要职责与任务:

1. 负责全公司技术开发项目(科研开发项目)的立项审核、过程监督、项目结题验收管理,并组织聘请有关部门、专家进行评审、验收、鉴定。

2. 对技术开发项目(包括技改、技措中的技术开发项目)进行日常监督管理;

3. 配合财务部门做好技术开发费的核算工作;

4. 参加技术开发项目经费的年度预决算工作;

5. 技术开发项目的立项认证工作(包括省经委确认立项批文);

6. 完成技术开发费加大抵免税备案文书;

7. 完成技术开发项目执行情况报告书。

第十条　技术开发费项目的申报与立项:

1. 公司所属技术开发部门、各二级单位和机关业务处室,于每年度十一月上旬提出本单位下年度的技术开发项目立项申请,并填写《技术开发项目立项报告书》,以一式两份(附带电子版)经主管领导签字并加盖公章后,报送技术中心。

2. 各单位申报的科研计划项目经技术中心汇总整理后,提交公司计划部门审核并报请公司批准第一季度下达年度技术开发(科研)项目计划。

3. 公司所立项目确定后,各项目实施单位要填写《技术开发项目立项任务书》,以一式两份(附带电子版)经项目负责人签字并加盖公章后,报送技术中心。

4. 公司所属各二级单位自行所立项目必须于本年度四月底之前填写《技术开发项目立项任务书》,以一式两份(附带电子版)经项目负责人签字并加盖公章后,报送技术中心。同时将本年度项目实施计划送交本单位的财务部门备案。

5. 技术中心将对所有技术开发项目(包括基层自行所立项目)进行持续性监管,各项目承担单位要按照要求定期填报项目实施进展情况表。

6. 对公司所属各二级单位自行所立技术开发项目未在技术中心进行备案的，将被取消每年的成果申报资格，同时与责任法人绩效考核相互挂钩。

7. 所有技术开发项目(包括基层自行所立项目)凡在技术中心进行备案的，统一纳入技术开发经费抵扣应税所得资金的使用与管理。

第十一条　公司下达的年度技术开发费计划项目，在本年度6月底向省经贸委申请立项确认，9月向税务机关申报备案，并办理所需相关手续。年底根据项目经费实际发生额，向税务机关办理科研项目开发计划的变更、调整备案。

第十二条　对当年未完工技术开发项目，年末必须办理进度结算，并由项目管理单位对当年未完工部分，提出处理意见；对当年已立项但未开展的项目，要说明原因，要以书面报告的形式报送至技术中心。

第十三条　技术开发项目完成后，由项目管理部门负责组织有关部门、专家进行项目评审、验收和鉴定。

第十四条　公司财务部门根据已完成的技术开发项目，负责填报《企业技术开发费增长抵扣应纳税所得额申请表》，并向税务机关办理抵扣税方面的事务。

第十五条　在年度纳税申报时应向主管税务机关报送的资料：

1. 本年度技术开发项目计划与技术开发经费预算报告书；

2. 上年度技术开发项目与技术开发经费支出执行情况报告书；

3. 本年度科研开发项目立项任务书；

4. 公司技术研发专门机构编制情况；

5. 公司技术开发经费支出的核算与统计范围；

6. 省经委对技术开发项目确认后的批文。

第三章　附　则

第十六条　公司所属各基层单位要制定相应的管理办法或实施细则。

第十七条　本办法自下文之日起执行。

第十八条　本办法解释权属山西焦煤西山煤电集团公司。

（西山煤电发[2006]316号）

山西焦煤西山煤电集团公司企业标准管理办法

第一章　总　则

第一条　根据中华人民共和国标准化法以及山西省政府、山西省技术监督局有关文件精神，为了促进集团公司技术进步，改进产品质量、规范管理，特制定管理办法。

第二条　对下列需要统一技术要求的，应当制定标准。

（一）工业产品的品种、规格、质量、等级或者安全、卫生要求。

（二）工业产品的设计、生产、检验、包装、储存、运输、使用的方法或者生产、储存、运输过程中的安全、卫生要求。

（三）有关环境的各项技术要求和检验方法。

（四）建设工程的设计、施工方法和安全要求。

（五）有关工业生产、工程建设和环境保护的技术术语、符号、代号和制图方法。

第三条　集团公司标准管理的主管部门设在技术中心。（联系电话：6215752　6215953）

第四条　集团公司技术中心在总工程师领导下负责制定企业标准，组织实施标准和对标准的实施进行监督。

第二章　标准的制定

第五条　集团公司各企业生产的产品在没有国家标准和行业标准的，必须制定企业标准，作为组织生产的依据。

第六条　凡集团公司制定的标准，均统一贯名为“山西焦煤西山煤电集团公司企业标准”，不得贯以其他名称。

第七条　制定标准应当有利于保障安全和人

民的身体健康，保护消费者的利益，保护环境。

第八条 制定标准应当有利于合理利用资源，推广科技成果，提高经济效益，并符合使用要求，有利于产品通用互换，做到技术上先进，经济上合理。

第九条 制定标准应当做到有关标准的协调配合。

第十条 各生产单位产品标准的制定，由技术中心组织有关专家进行审查、批准后方可生效，并上报省煤炭工业局和山西省技术监督局备案。

第十一条 企业标准实施后，技术中心根据技术和经济发展的需要，适时进行复审，以确认现行标准继续有效或者予以修订、废止。

第三章 标准的实施

第十二条 对国家定为强制性标准的，必须执行。否则，禁止生产、销售和进口。

第十三条 企业研制新产品，改进产品，进行技术改造，都应当符合标准化要求。

第十四条 集团公司技术中心根据省技术监督局“同意备案”的标准，及时组织进行复审（确认或修订），以便重新备案。

第十五条 集团公司技术中心每年组织一次对标准实施进行监督检查，根据检查情况进行通报：表扬、批评、处罚。

第四章 法律责任

第十六条 生产、销售、进口不符合强制性标准的产品，将依法进行处理；造成严重后果构成犯罪的，将依法追究刑事责任。

第十七条 集团公司各企业生产的产品，必须严格执行本管理办法；没有标准的产品一律不准生产。

第十八条 集团公司各企业使用的产品，特别是涉及煤矿安全的产品，一定要有标准，无标准产品，绝对不允许购买和使用。

第五章 附 则

第十九条 本办法适用于山西焦煤西山煤电集团公司并从下文之日起执行。

第二十条 本管理办法的解释权为山西焦煤西山煤电集团公司。

（西山煤电发[2006]317号）

山西焦煤西山煤电集团公司专利管理办法

第一章 总 则

第一条 为适应社会主义市场经济，推动集团公司专利工作的开展，促进技术创新和专利技术转化为生产力，根据《中华人民共和国专利法》、《中华人民共和国专利法实施细则》，特制定本办法。

第二条 本办法所称的发明创造是指发明专利、实用新型专利、外观设计专利。

第三条 本办法所称的职务发明创造是指：

（一）发明人主要利用本单位的物质条件所完成的发明创造；

（二）发明人在本职工作中做出的发明创造；

（三）发明人履行本单位交付本职工作之外的任务做出的发明创造；

（四）发明人退职、退休或调动工作三年内，与在原单位承担的本职工作或者与原单位分配的任务有关的发明创造。

第四条 本办法适用于山西焦煤西山煤电集团公司。

第二章 管理机构及职责

第五条 公司的专利工作由集团公司总工程师负责，日常工作由技术中心归口管理。技术中心设专利管理办公室（科研管理科），统一处理有关专利事务。专利管理作为技术中心管理的一项工作，接受上级专利机关的工作指导。

第六条 专利工作的主要任务：认真贯彻执行《专利法》以及《实施细则》，并加强专利法的宣传教育和专利知识普及；负责办理集团公司所属单位专利申报申请、审批及与专利事务所、专利局的业务往来；负责组织和办理集团公司的技术引进和技术转让等有关事务。

第七条　集团公司所属各单位的专利工作由所属各单位的总工程师负责，日常工作由科研科或技术科设专人管理，其主要职责是：负责本单位专利工作有关事务，并向集团公司技术中心汇报；负责本单位专利在集团公司系统内的实施及专利转让的市场开发。

第三章　专利的申请

第八条　专利申请条件：

申请发明和实用新型专利的，应当具有新颖性、创造性和实用性；

新颖性是指在申请日以前没有同样的发明或者实用新型在国内外出版物上公开发表过、在国内公开使用过或者以其他方式为公众所知，也没有同样的发明或实用新型由他人向专利局提出过申请并且记载在申请日以后公布的专利申请文件中；

创造性是指同申请日以前已有的技术相比，该发明有突出的实质性特点和显著的进步；

实用性是指该发明或者实用新型能够制造或者使用，并且能够产生积极的效果；

申请外观设计专利的，应当同申请日以前在国内外出版物上公开发表过，或者国内公开使用过的外观设计不相同或者不相似。

第九条　专利的申请程序：

发明人填写《山西焦煤西山煤电集团公司专利申请表》，由集团公司技术中心委托专利事务所进行专利检索；

对具有专利性的发明创造，技术中心负责办理有关审批手续，发明人按申请专利技术交底书规定的内容撰写技术交底书；

集团公司各单位与外单位共同完成的发明创造，在申请专利之前，由技术中心与外单位协商并达成书面协议后再申请专利；

集团公司在职职工自愿将非职务发明创造作为职务发明创造申请专利的，经技术中心初审并达成书面协议后，报集团公司总工程师审查批准，可作为职务发明创造申请专利，授权后，该专利权为公司持有；

向国外申请专利的，须首先在国内提出申请，取得国家知识产权局的申请日和申请号后，再由技术中心组织申报，经上级有关部门审查同意后，委托国务院指定的涉外专利代理机构，办理向国外申请手续。

第四章　专利实施

第十条　集团公司及所属单位在新产品开发、技术改造时，应从国内外市场的实际情况出发，优先实施自有的专利技术。集团公司无条件或不能充分实施自有的专利技术时，应适时进行转让或许可他人实施。

第十一条　集团公司实施他人的专利技术或者许可他人实施公司的专利技术，应按管理程序签订专利实施许可合同。

第十二条　集团公司所属单位转让，由出让单位向技术中心办理备案手续。

第十三条　集团公司二级单位不经批准不得对外洽谈专利引进和专利转让，技术引进由技术中心统一对外。

第五章　专利维持

第十四条　集团公司所属专利从申请日起一般保持3～8年，如确有继续维持必要，报技术中心，经技术中心主管主任审批后，可适当延长。

第十五条　在专利维持期间，技术中心负责按时交纳规定的费用。

第六章　专利失效

第十六条　集团公司所属专利在本年度规定交费期限前两个月内，由技术中心征求发明人所在单位意见后，报技术中心主管主任批准后放弃。

第七章　专利奖惩

第十七条　集团公司职工“职务发明”的专利申请被国家知识产权局批准授权后（以收到授权通知为准），按发明、实用新型及外观设计，给发明人或设计人以一次性奖励，具体规定见表。

第十八条　集团公司所属各单位的职务发明专利，在专利有效期间内（按接到授权通知书年度开始计算），在公司内部实施，其效益由各单位于次年3月份前写出该专利当年实施情况报告（包括使

专利授权奖励(人民币)

专利类型	发明(元)	实用新型(元)	外观设计(元)
公司单独申请	5000	3000	2000
公司为第一申请单位	3000	2000	1000
公司为非第一申请单位	2000	1000	500

用场所、使用效果、经济效益等),经有关单位盖章后报集团公司技术中心，经集团公司财务处核实，从实施该发明或实用新型所得纳税后利润一次性提取3%~5%，或从实施外观设计所得纳税后利润一次性提取5%~7%,作为效益奖金。

第十九条　集团公司所属各单位的职务发明专利,在专利期间(按接到授权通知书年度开始),经对外转让取得经济效益,按对外转让收入的30%给予一次性奖金(奖金中减去专利研制费)。

第二十条　技术中心每年四月份前对前一年各专利的授权及实施情况进行汇总,报总工程师及总会计师经审核批准后,办理领奖手续。奖金在集团公司包干工资结算列支。

第八章　管理分工

第二十一条　技术中心是集团公司专利管理工作的归口单位,代表集团公司统一对外处理有关专利业务。

第二十二条　各专业主管部门协助技术中心处理专利有关技术业务问题。

第二十三条　本办法自下文之日起执行。

第二十四条　本办法的解释权归山西焦煤西山煤电集团公司。

(西山煤电发[2006]318号)

附表:略

综采工作面生产设备开机率考核办法

综采生产设备开机率是衡量综采工作面综合管理最重要的基础指标之一。考核综采生产设备开机率,有利于机械化装备效能的充分发挥;有利于安全高效地完成公司的原煤生产计划;有利于矿井综合管理水平的不断提高;有利于提高单产、减人提效,实现建设高产高效矿井的企业发展目标。为了进一步提高综采生产设备开机率，特制定本办法。

一、考核领导组

(一)组织机构

组　　长:王玉宝

副 组 长:安生瑛　于　林

成　　员:李成郁　裴国庆　贺民成　李延庆　各矿机电矿长

考核领导组全面负责各矿综采工作面生产设备开机率的协调指导、考核评比工作。考核领导组下设办公室,考核办公室设在机电处。

(二)考核组成员单位的职责

1. 生产处:负责各矿综采工作面每月原煤产量的审核认定工作。

2. 总调度室:负责各矿综采工作面生产设备的指挥调度,生产任务、各工作面开停机的统计管理工作，监督各矿开机信息采集及上传。并负责于5日前将上传的各矿开机信息统计结果报机电处。

3. 设备租赁公司:负责矿井实际安装成套综采生产设备的工作面个数的确定,每月3日前向考核办公室提供相关资料。

4. 机电处:负责综采工作面生产设备开机率的统计、审验、校核、认定和考核,并向考核领导组出具考核报告。

二、对生产矿井的要求

(一)各矿要成立相应的考核领导组，制定相应的综采工作面生产设备开机率考核办法。

(二)各矿要从抓好综采工作面生产设备管理入手,采用科学管理办法,优化劳动组织,优化循环作业。

(三)加强职工技术培训。提高生产设备的使用、维护和检修水平。保证设备的检修时间和质量。

(四)各矿调度室负责通过矿井检测监控系统将综采工作面设备开停状况信号传输至调度,当工作面采煤机、运输机、皮带输送机同时运转时作为工作面开机自动计时，圆班累计存储，定时清零，并通过局域网系统将信息上传。矿调度室负责对每个综采工作面设备每天生产班的停机、开机时间和每天原煤产量进行统计。停机超过1个小时要查明停机原因。按附表做好综采设备开机率的记录、统计工作。

（五）各矿要将每月的综采生产设备开机率统计结果和工作分析总结及时上报。当月的汇报材料在下月的3日前报送。统计结果和工作分析总结必须实事求是，不得弄虚作假。

三、考核标准

开机率考核分综采工作面开机率考核和生产矿井综合开机率考核两类。

（一）综采工作面开机率以工作面单独考核，考核时段自工作面投产起至停产终，以月为单位进行考核。

综采生产设备开机率计算办法：

$$工作面开机率=\frac{采机、运输机和皮带机同时开机时间(h)}{正常应生产时间(h)}\times 100\%$$

式中：

正常应生产时间：（每天生产班时间－交接班时间）×月生产日；兼顾各生产矿井不同情况，正常应生产时间统一定为16h/d。

采机、运输机和皮带机同时开机时间：正常应生产时间－因（设备、顶板、煤库等）各种原因造成工作面停机时间，即矿调度室微机系统所存储当月工作面开机自动计时累加时间。

（二）生产矿井综合开机率以矿为单位每月考核。

$$矿井综合开机率=\frac{矿井各工作面开机率之和}{矿井具备正常生产条件的综采工作面个数}$$

式中：

矿井具备正常生产条件的综采工作面个数：在设备租赁公司提供矿井实际安装成套综采设备工作面个数的基础上，以机电处牵头组织通过验收具备正常生产条件的工作面个数为依据。

四、奖励标准

（一）根据公司全部综采工作面的开机率高低进行排队。对综采工作面开机率达到70%以上的前五名，每月每个工作面奖励2万元。

（二）对排名最后的五个综采工作面，每月每个工作面罚款1万元。

（三）对获得矿井综合开机率第一名奖10万元，最后一名罚5万元。

（四）奖金的来源：

开机率考核实行月度考核，奖罚兑现。奖金来源为工资包干节余。公司每季度抽取当季奖金总额的15%，用于奖励公司该项工作的组织者和有关人员；

五、考核办法

（一）综采设备开机率由考核办公室根据各矿统计结果考核，并不定期深入各矿进行抽查核对。

（二）发现统计有误要减扣该矿的开机率奖励；发现弄虚作假除扣除奖励外，加倍处罚并在全公司季末标准化会议上通报批评。

（三）考核办公室每月8日前将考核结果汇总，上报公司主管领导批准后，交劳资、财务部门执行。

（四）开机率考核将通过摸索经验，不断总结，逐步向综掘等其他领域拓展，并纳入矿井机电管理、绩效考核、责任法人等相关考核项目。

六、本办法从2006年9月1日起开始执行。

（西山煤电发[2006]392号）

山西焦煤西山煤电集团公司工资管理办法

为适应建立现代企业制度的要求，更好地贯彻执行以按劳分配为主体，多种分配方式并存，确立劳动、资本、管理和技术等生产要素按贡献参与分配以及效率优先、兼顾公平的原则，统一和规范工资管理，促进西山集团经济效益和劳动生产率的不断提高，制定本办法。

一、工资基金

（一）工资基金管理的主要范围

属于国家统计局规定的工资总额组成范围的，均应纳入工资基金管理范围之内。

1. 标准工资。指根据国家有关制度和标准支付给职工的劳动报酬。标准工资包括计时工资和计件工资（含岗位工资）。

2. 各种奖金。指为奖励先进而在标准工资外支付给职工的超额劳动报酬，以及增收节支的劳动报酬。

3. 各种津贴。指为补偿职工在特殊条件下的劳动消耗，而以津贴形式支付的劳动报酬，以及为保证职工工资水平不受影响而支付的物价补贴等。

4. 加班加点工资。指对在法定节假日和公休日工作的职工，以及在正常工作日延长劳动时间的职工支付的劳动报酬。

5. 特殊情况下支付的工资。指根据国家规定在职工患病、工伤、产假、婚丧、探亲等情况下支付的工资。

6. 其他工资。包括保留工资、各种补发工资以及其他列入工资总额范围的工资性收入。

（二）工资基金管理

1. 集团所属各单位工资基金计划由集团劳资处统一编制，按季给各单位下达计划使用数。

2. 各单位只能在本单位进行现金结算的基本账户银行建立一个工资基金专户，所有工资支出都必须通过开户银行，从工资基金专户中列支，任何单位都不得坐支或套取现金。如发现有坐支或套取现金的情况，按同等数额扣回，并给予通报批评，情节严重者给予党纪政纪处分。各单位提取工资必须使用山西省劳动和社会保障厅统一印制的《工资总额使用手册》，并严格按手册中的有关规定执行。

3. 各单位要根据集团劳资处下达的工资基金计划使用数，编制本单位逐月使用计划，不准突破下达的计划使用数。

4. 各单位要建立工资基金统计分析台账，通过对工资基金使用情况的分析，掌握工资的动态及使用效益，从而更合理地使用工资基金，并使工资最大限度地发挥作用。

5. 各单位如资金来源充裕，需超过集团下达的计划使用数发放工资时，要提出追加计划的书面申请，报集团劳资处批准后予以追加工资计划。

二、工资总额管理

（一）工资总额是指企业在一定时期内支付给本单位职工的全部劳动报酬总额。

（二）工资总额与企业经济效益相联系，要正确处理国家、企业和职工的分配关系，在国民经济发展、企业经济效益稳步提高的基础上，保证三者利益的共同增长，兼顾效率与公平。

（三）坚持企业工资总额的增长幅度低于经济效益（依据实现税利计算）增长幅度，职工平均工资增长幅度低于劳动生产率（依据不变价的人均净产值计算）增长幅度的工资分配原则。

（四）集团对所属各单位分别采取不同形式的工效挂钩办法，确定各单位的工资总额基数。各单位按工效挂钩办法提取工资总额。工资应专款专用，按月足额以货币形式发放到职工手中，不得挪作他用，不得截留、克扣、虚报、冒领职工个人工资。

（五）各单位在编制年度工资总额计划时，应当从新增效益工资中提取不少于百分之十的数额，作为企业工资储备金，主要用于以丰补歉。

（六）各单位对提取的工资总额进行工资分配时，要与本单位经济效益相联系，要坚持效率优先、兼顾公平，实行多种分配形式。工资分配要向井下一线倾斜，向风险大、责任大、技术含量高、贡献大的岗位倾斜，对有特殊贡献的技术、管理人员，可采取重奖的激励办法，进一步调动各类人员的积极性。

（七）各单位工资总额的使用应建立行政管理与职工民主管理相结合的分配制度，工资分配中的重大问题，须经职工大会或职工代表大会审议。

三、工资调整管理

（一）工资调整要有利于企业生产经营活动的不断发展和经济效益的稳步提高，充分发挥工资的保障、调节、激励职能，调动广大职工的生产、工作积极性。在企业经济效益不断提高的前提下，使职工收入逐年增长。

（二）工资调整要以企业的经济效益为基础，工资的增长速度不能超过劳动生产率提高的幅度，避免短期行为，树立长远目标。

（三）工资调整由集团统一布置，统一进行，严格报批制度，各单位不经集团批准不得擅自调整职工工资。

（四）各单位要建立职工工资调整考评制度，对职工的劳动能力、劳动贡献、劳动态度进行综合考核，克服工资调整中的平均主义大锅饭。

（五）新参加工作人员及国家分配的复转军人工资按照集团岗位技能工资标准表的工资待遇执行。见习期满后严格评定按要求填制定级表，按照管理权限报批后装入本人档案。

四、岗位工资管理

（一）岗位工资实行动态管理，岗变薪变，易岗易薪。各单位要建立职工岗位工资卡，对岗位工种变更的职工随时调整岗位工资。

（二）为保证职工队伍的相对稳定，对岗位工种的变动要进行严格的控制。技术工种岗位工作满五年以上的技术骨干，原则上不允许随意变动。

（三）对取得各种专业技术职称和晋升职务的职工，经集团组织人事部门批准，从本单位聘用之月起执行新的岗位工资。

（四）岗位工种、职务发生变动的人员，需填写岗位工种变更表。由非管理岗位变更为管理岗位或管理岗位之间变更的按管理岗位定员及程序报批，非管理岗位之间变更的由集团劳资处审批并装入本人档案。

（五）各单位要对现有的岗位进行科学的岗位分类分析，加强岗位测评，明确岗位职责，积累资料，在条件成熟后，按照三项制度改革的要求，试行岗位工资制。

五、奖金管理

（一）奖金是支付给职工超额劳动的报酬。在进行分配时，要贯彻按劳分配，多劳多得，兼顾公平的原则。要按贡献拉开差距，不能把奖金变成附加工资平均发放。

（二）奖金审批严格按集团工效挂钩办法进行。除集团统一设置的单项奖励外，其他奖励必须制定奖励方案，按规定程序批准后，严格按方案规定执行。

（三）严格奖励渠道，杜绝重复奖励、多头奖励。坚决控制一次性、临时性单项奖的提取。除集团规定的单项奖以外，其余单项奖励的提取由集团分管领导批示及主管劳资的副总经理审核，集团主要领导审批后交劳资处核办。各单位参照此规定执行。

（四）各单位要加强奖金发放管理，制定本单位奖金发放办法。实行公开、公平、公正的原则，严格按规定发放，奖金必须发放到职工手中，不得购买实物。以便更好地发挥奖金的作用，促进企业提高经济效益。

（五）各单位奖金发放表要规范，必须使用统一格式的奖金发放表。发放奖金时只能有一份原件并经本人签名或盖章，奖金发放后原件必须交回财务部门留存，如本单位需要留存只保存与原件一同套写的经签名或盖章后的复写件。各单位如使用微机制作的奖金发放表时，必须在奖金表的右侧位置注明：第一联财务部门留存，第二联单位留存。奖金发放数应与审批提取数一致。

六、日常业务管理

（一）集团统一制定对所属各单位的工效挂钩办法。根据各单位的实际情况采取不同的挂钩形式。各单位根据集团工效挂钩办法，制定本单位的工效挂钩办法，经各单位职代会审议通过后实施，并报集团劳资处备案。

（二）集团对所属各单位每月按工效挂钩办法进行工资结算。各单位应在规定的时间内来集团劳资处办理结算手续，逾期不结算的单位次月不再办理拨付工资手续。

（三）各单位要按规定将工资提取和使用情况到开户银行进行季度结算和年终决算。银行结算数必须与银行提款数、工资报表数相符，有差额时必须以书面的形式说明原因。银行提款数不得突破集团批准使用数。

（四）各单位进成本后的节余工资，经与财务部门核对后，可结转到下年度使用。当年实际使用数与结转数之和不得超过集团批准使用数。结转数需报集团劳资处，并经开户银行备案认可。节余工资可支付职工工资，也可支付职工奖金，使用节余工资后，必须在工资报表中注明使用金额。

（五）各单位必须严格执行国家、省、集团现行津贴、补贴政策和标准，不得擅自扩大范围和提高标准。

（六）各单位要严格执行集团下发的《职工工作时间暂行规定》，确保职工的休息、休假权利和企业生产、工作任务的完成。严格控制加班加点。加班必须按《劳动法》规定的程序办理，因特殊原因必须延长工作时间时，在保障职工身体健康条件下，每天不得超过三小时，每月累计不得超过三十六小时。安排职工在休息日出勤，事后不能补休的或在法定节假日出勤的，加班工资必须按《劳动法》规定的支付标准执行。加班工资要在工资表中单独列支。

（七）严格执行最低工资保障制度的规定，劳动者在提供了正常劳动的情况下，保证劳动者的工资不低于所在地的最低工资标准。严格执行煤矿井下从业人员最低工资标准，更好地维护煤矿职工合法权益。

（八）各单位要严格考勤制度，加强考勤管理。充分合理利用劳动时间，提高劳动效率。严格职工各类假的审批和销假手续，职工在享受各类假期时，按有关规定支付工资。

（九）工资报表是反映职工收入情况的主要依据，各单位要及时、准确按报表项目认真填报，并不断对工资总额使用情况进行对比分析，确保各类人员工资收入的协调。

（十）集团各控股公司按照集团对控股公司的有关规定，并参照本办法执行。

（十一）本办法解释权归集团劳资处。

（西山煤电发[2006]393号）

关于加强井下高压供电系统管理的补充规定

为进一步加强和规范井下高压供电管理，提高供电系统的安全可靠性，杜绝井下高压供电系统事故的发生，特制定本规定。

第一条　本规定适用于各矿高压入井电缆至各采区移动变电站高压侧的管理。

第二条　各矿必须成立负责井下高压供电系统管理的专业队，由矿机电科直管。

第三条　各矿每个变电所应有独立的可靠的双回路供电电源，且每个采区的变电所不应超过两个。

第四条　各矿入井高压电缆和井下高压电缆必须使用符合《煤矿安全规程》要求的电缆。移动变电站必须采用监视型屏蔽橡套电缆。入井高压电缆的泄漏和耐压试验必须每年一次，从变电所至采区移变高压电缆的绝缘和外部检查应每季一次，并做好记录。高压电缆应标志牌齐全，内容完整。

第五条　新安装的采区变电所必须选用智能型高压开关组成井下电网监控系统，实现地面远程监测监控，其他变电所应逐步实现远程监测监控。

第六条　各变电所入口必须悬挂“非工作人员禁止入内”字样的警示牌和红色警示灯，所内必须在明显地方悬挂“高压危险”字样的警示牌。严禁变电所存放与变配电操作、检修、安全防护无关的材料、配件等。

第七条　采区变电所和采掘工作面配电点应使用不燃性材料支护，变电所两端和配电点必须配备统一规格的消防器材，要求消防砂不少于 $0.2m^3$，灭火器不少于2个。

第八条　必须定期测定井下变电所和所有配电点的接地电阻并作记录，不合格的立即处理。

第九条　各矿应绘制详细的与实际相符的高低压供电系统图。井下各采区变电所必须悬挂与本硐室相符的供电系统图，并标出各高压开关保护的整定值。各开关的整定值应由机电科计算，低压开关的整定值由采区计算，机电科负责校验审核并负责监督整定。

第十条　各矿井下各采区变电所应设专人值班，值班人员必须持证上岗。各矿必须加强对值班人员的培训，提高对突发事故应急处理能力。井下各变电所的值班人员必须按规定巡检在用设备及设施，按规定做好测温工作和试验各种保护，填写详细的运行和试验记录。

第十一条　变电所的高压开关必须分别编号，标志牌清晰，内容齐全，有停送电标志。硐室内的高压开关应每年进行一次预防性试验，每6个月应对继电保护装置进行一次检查整定，并做好记录。负荷变化时应及时调整整定。

第十二条　各矿应对现有井下变电硐室在用高压开关进行摸底，保护不起作用和不可靠的，必须安排更新。

第十三条　高压开关的停送电操作，必须经过书面申请或其他可靠的联系方式，得到批准后，由专职电工执行。高压电气设备的维修和调整工作，必须有工作票和施工措施，由电气修理工进行。

第十四条　井下各变电所必须配齐绝缘用具，绝缘用具必须按照规定定期进行试验。

第十五条　本规定从下发之日起执行。

（西山煤电发[2006]396号）

西山煤电集团公司电力调度规程

第一章 系统调度管理

第一节 总 则

第一条 西山煤电集团公司电力调度规程是根据国务院颁布的《电网调度管理条例》以及《太原地区电网调度规程》结合我集团公司电力系统具体情况所制订。集团公司电力调度是全集团公司电力指挥机构，受太原供电局地区调度、煤电集团公司总调及电力公司领导。代表集团公司行使调度权(并授权屯兰站行使古交地区调度权)

第二条 本规程为西山煤电集团公司电网调度范围内的发、送、变、配、用，电气设备的调度管理及运行的基本规程，各单位的主管人员和全体运行人员，必须熟悉和执行本规程，各单位颁布的现场运行规程、制度与本规程有抵触时，应按本规程执行。

第三条 本规程如无明确规定或在执行本规程中有的内容与现场不符，需另做规定者应向集团公司电力调度备案说明，并取得同意后方可执行。

第四条 本规程解释权属集团公司电力调度，本规程自颁发之日起执行。

第二节 调度管理的任务

第五条 根据我公司电网的实际情况，为保障电网安全运行，调度应进行下列主要工作：

1. 编制和执行集团公司电网的运行方式和调度计划。

2. 指挥所辖范围内设备的运行和操作。

3. 指挥集团公司电网内的事故处理，参加电网事故分析，制订并组织实施提高电网运行水平的措施。

4. 编制下达调度管辖范围内发、供电设备的年、季、月检修计划，批准这些设备进行检修并监督上述计划的执行。

5. 参加编制电力分配计划，监督用电计划执行情况，严格按计划指标控制负荷。

6. 参加系统性试验工作。

7. 负责通信和电网调度自动化设备的运行管理。

8. 协调有关所辖电网运行的其他关系。

第六条 调度员应经常深入管辖范围内的用电单位，熟悉设备情况，并掌握下列资料。

1. 电网内35kV以下线路联络图以及设备资料。

2. 调度所辖变电站(矸石电厂)主要设备规格，简单结构、性能、设备编号及结线图。

3. 继电保护及自动装置的原理结线图、整定值、保护范围、使用方法及运行中注意事项等。

4. 输配电线路主要干、支线负荷分布，较大用户用电性质，内部结线图(包括双电源用户)。

5. 上级有关指示及调荷措施、事故限电拉路序位等。

6. 通讯、远动设备性能、管理和使用方法、注意事项。

7. 有关停送电单位联系人员，值班人员名单和联系制度。

第三节 设备调度权限划分

第七条 属省调调度设备

1. 兴能电厂：

锅炉、汽轮发电机组；主变压器组、启备变及所属设备；500kV母线及所属设备；5011、5022、5023开关及所属设备；220kV 母线及所属设备；210 开关及所属设备。

2. 西山热电厂：

锅炉、汽轮发电机组；主变压器组、启备变及所属设备；220kV 母线及所属设备；221 开关及所属设备。

第八条 属太原供电局地区调度调度的设备

1. 杜儿坪矿 110kV变电站：

110kV 母线及所属设备；163，164，303 开关和刀闸

2. 屯兰 110kV变电站：

110kV 母线及所属设备；135，136，137，138 开关和刀闸

3. 马兰 110kV变电站：
110kV母线及所属设备；183，184 开关和刀闸
4. 太原选煤厂 35kV变电站：
412 开关，4121，4121D 刀闸
5. 矸石电厂 35kV变电站：
锅炉、汽轮发电机组及开关和刀闸，401 开关
6. 110kV冶杜线，南杜线，古屯Ⅰ、Ⅱ线，屯马Ⅰ、Ⅱ线，西曲Ⅰ、Ⅱ线，选煤线，杜选线
7. 西曲 35kV变电站：
西曲 1＃线　503 开关　5031　5031D 刀闸
西曲 2＃线　504 开关　5041　5041D 刀闸
母　联　500 开关　5001 隔离手车
1＃所变　5071　5071D 刀闸
2＃所变　5081　5081D 刀闸
第九条　属集团公司电力调度调度的设备
1. 杜儿坪 110kV变电站：
杜白 1＃线　304 开关
杜白 2＃线　318 开关
杜中 1＃线　305 开关
杜中 2＃线　317 开关
杜玉 1＃线　309 开关
杜玉 2#线　313 开关
杜官线　314 开关
杜风东线　306 开关
杜风西线　320 开关
新华 1＃线，310 开关
新华 2＃线，324 开关
化工线　618 开关及两侧刀闸
电视台线　613 开关及两侧刀闸
2. 白家庄 35kV变电站：
杜白 1＃线　395 开关及刀闸
杜白 2＃线　396 开关，3951　3951D 刀闸
白官线　398 开关，3961　3961D 刀闸
白机线　389 开关，3981　3981D 刀闸
母联　392 开关，3921 南　3921 北刀闸
白九线　397 开关，3971　3971D 刀闸
3. 中部 35kV变电站：
杜中 1＃线　371 开关
杜中 2＃线　372 开关
母联　370 开关 3702 隔离手车
中磺线　375 开关
4. 玉门 35kV变电站：
杜玉 1#线　351 开关，3511　3512　35P1 刀闸
杜玉 2#线　352 开关，3521　3522　35P2 刀闸
玉黄线　355 开关，3551　3552 刀闸
玉支线　356 开关，361　3562 刀闸
母联　350 开关，3501　3502 刀闸
5. 磺场 35kV变电站：
玉磺线　361 开关
中磺线　362 开关
母联　360 开关
6. 官地坑口 35kV变电站：
杜官线　341 开关及 3411　3411D 刀闸
白官线　342 开关及 3421　3421D 刀闸
母联　340 开关
7. 风峪沟 35kV变电站：
杜风东线　422 开关及 4221　4221D 刀闸
杜风西线　421 开关及 4211　4211D 刀闸
母联　420 开关，4202 隔离手车
8. 机电总厂 35kV变电站：
白机线　332 开关及 3321　3321D 刀闸
杜选线　331 开关，3311　3311 刀闸
母联　330 开关
南一　609 开关及两侧刀闸
南二　608 开关及两侧刀闸
南三　625 开关及两侧刀闸
南四　627 开关及两侧刀闸
南五　603 开关及两侧刀闸
南六　629 开关及两侧刀闸
水源线　613 开关及两侧刀闸
高新线　630 开关及两侧刀闸
供水线　628 开关及两侧刀闸
玉门线　618 开关及两侧刀闸
杜选线　331 开关和刀闸
9. 水泥厂 35kV变电站：
玉支线　382 开关，3821　3821D 刀闸
10. 九院 35kV变电站：
白九线 452 开关，4521　4521D 刀闸
11. 太原选煤厂 35kV变电站：
412 开关，4123 刀闸
411 开关，4111　4113，4111D 刀闸
12. 屯兰 110kV变电站：
屯东 1#线　415 开关
屯东 2#线　416 开关
屯矿 1#线　407 开关
屯矿 2#线　408 开关

屯镇 1# 线　417 开关
屯镇 2# 线　418 开关
后风屏岭　1 # 线　405 开关
后风屏岭　2 # 线　406 开关
水源线　612 开关及两侧刀闸
三处焦化线　617 开关及两侧刀闸
25 公司线　619 开关及两侧刀闸
13. 马兰 110kV 变电站：
南二 1# 线　505 开关
南二 2# 线　506 开关
北二 1# 线　509 开关
北二 2# 线　510 开关
马兰二矿 1 # 线　511 开关
马兰二矿 2 # 线　512 开关
14. 马兰二矿 35kV 变电站：
马兰二矿 1 # 线,561,5611,5611D 刀闸
马兰二矿 2 # 线,562,5621,5621D 刀闸
选煤主场房 1# 线　611 开关及两侧刀闸
选煤主场房 2# 线　638 开关及两侧刀闸
原煤车间 1# 线　625 开关及两侧刀闸
原煤车间 2# 线　610 开关及两侧刀闸
煤气化 1# 线　623 开关及两侧刀闸
煤气化 2# 线　628 开关及两侧刀闸
15. 北二 35kV 变电站：
北二 1# 线　5211 隔离手车
北二 2# 线　5221 隔离手车
母联　520 开关
16. 南二 35kV 变电站：
南二 1# 线　5311 隔离手车
南二 2# 线　5321 隔离手车
母联　530 开关
17. 东曲广场变电站：
屯东 1# 线　453 开关
屯东 2# 线　454 开关
母联　450 开关
黄台峰 1# 线　455 开关
黄台峰 2# 线　456 开关
古交水泥线　496 开关
污水线　613 开关及两侧刀闸
二院 1# 线　619 开关及两侧刀闸
二院 2# 线　626 开关及两侧刀闸
指挥部 1# 线　633 开关及两侧刀闸
指挥部 2# 线　616 开关及两侧刀闸
选煤主厂房 1# 线　647 开关及两侧刀闸
选煤主厂房 2# 线　648 开关及两侧刀闸
选煤广场 1# 线　645 开关及两侧刀闸
选煤广场 2# 线　636 开关及两侧刀闸
18. 西曲 35kV 变电站：
选煤高压室 1# 线　635 开关及两侧刀闸
选煤高压室 2# 线　606 开关及两侧刀闸
准备车间 1# 线　637 开关及两侧刀闸
准备车间 2# 线　632 开关及两侧刀闸
除煤线　634 开关及两侧刀闸
仓下变　630 开关及两侧刀闸
19. 屯兰广场 35kV 变电站：
屯矿 1# 线　475 开关
屯矿 2# 线　476 开关
机厂 1# 线　481 开关
机厂 2# 线　482 开关
母联　470 开关及 4702 隔离(手车)
主场房开闭所 2# 线　645 开关及两侧刀闸
主场房开闭所 1# 线　652 开关及两侧刀闸
主场房旧开闭所 1# 线　649 开关及两侧刀闸
主场房旧开闭所 2# 线　648 开关及两侧刀闸
主场房新 1# 线　647 开关及两侧刀闸
主场房新 2 # 线　650 开关及两侧刀闸
筛分破碎车间开关闭 1 # 线　651 开关及两侧刀闸
筛分破碎车间开关闭 2 # 线　646 开关及两侧刀闸
20. 机修中心 35kV 变电站：
机厂 1# 线　491 开关及两侧刀闸
机厂 2# 线　492 开关及两侧刀闸
母联　490 开关,4901　4902 刀闸
21. 镇城底 35kV 变电站：
屯镇 1 # 线　443 开关,4433,4431,4431D 刀闸
44314431D 刀闸
屯镇 2 # 线　444 开关,4442,4443,4441,4441D 刀闸
母联　400 开关,4001,4002 刀闸
选煤厂 1# 线　605 开关及两侧刀闸
选煤厂 2# 线　606 开关及两侧刀闸
22. 新华村 35kV 变电站：
新华 1 # 线　431 开关,4311,4311D 刀闸
新华 2 # 线　432 开关,4321,4321D 刀闸
母联　430 开关,4302 隔离手车
23. 西山热电厂降压站：

杜白热电线　442 开关,4421 刀闸

24. 矸石电厂 35kV升压站:

402 开关

25. 后风屏岭 35kV变电站:

后风屏岭 1＃ 线 545 开关

后风屏岭 2＃ 线 546 开关

母联　543 开关和 5401 隔离手车

26. 白草塔 35kV变电站:

白草塔 1＃ 线　435 开关

白草塔 2＃ 线　436 开关

母联　430,4301 隔离手车

27. 黄台峰 35kV变电站:

黄台峰 1＃ 线　463 开关　4631 隔离手车

黄台峰 2＃ 线　464 开关　4641 隔离手车

母联　460 开关

28. 官地北石崖 35kV箱变电站:

新华 1＃ 北石崖线　346 开关和刀闸

29. 古交水泥厂 35kV变电站:

古交水泥厂线 553 开关

第十条　属于各单位调度的设备

1. 杜儿坪 110kV变电站带杜儿坪矿的 6kV出线开关,属杜儿坪矿调度。

2. 机厂 35kV变电站带机电总厂的 6kV出线开关,属机电总厂调度。

3. 屯兰 110kV站带屯兰矿的 6kV出线开关,属屯兰矿调度。

4. 马兰 110kV站带马兰矿的 6kV出线开关,属马兰矿调度。

5. 古交各矿所属选煤厂 6kV出线开关的正常维护检修,事故处理,安全管理(包括办理工作票)委托各矿代理。

除上述电力公司所列开关及刀闸以外的设备,均属各产权单位调度。

第四节　调度运行管理制度

第十一条　集团公司电力调度当值调度员,在电力调度运行工作方面受地调当值调度员、电力公司的领导。

调度主任向电网运行人员发布调度指令时,一般要通过当值调度员进行,必要时,有权在调度室直接发布调度指令。

电力公司领导发布的一切有关调度业务的指示,应当通过调度主任下达给当值调度员,如主任不在时,当值调度员应直接接受电力公司领导的指令,一面执行,一面迅速报告调度主任,非上述人员,不得直接要求当值调度员发布任何调度指令。

第十二条　集团公司电力调度员对下列人员可直接发布调度指令:

1. 集团公司内 35kV各变电站值长、主值。

2. 白家庄、杜儿坪、西铭、官地、西曲、马兰、镇城底矿、东曲矿、屯兰矿机电调度值班调度员。

3. 高压线路维修队的工作负责人。

4. 以上单位及其他用户经供电局批准的停送电联系人。

以上人员名单均应由所在单位报调度室备案。

第十三条　电力调度当值调度员和运行值班人员及有关人员进行调度业务通话日,双方必须互通姓名,下达调度指令及工作联系的通话应简明扼要,使用调度术语,重要通话,倒闸操作及事故处理一律全部录音。

第十四条　集团公司电力调度当值调度员,应对其下达的调度指令的正确性和及时性负责。变电站值班人员及各矿值班调度员在接到调度室值班调度员下达的调度指令后,必须迅速正确地执行,如认为调度指令不正确或有疑问时,应立即向发布指令的调度员汇报,由发令值班员决定调度指令执行或者撤销,如果发令的值班员重复该指令时,接受人原则上必须执行,如执行该指令将威胁人身或设备安全时,值班人员有权拒绝执行,同时将拒绝执行的理由及改正指令的内容报告值班调度员和本单位领导。

当发生误调度或发生无故拒绝或延误执行调度命令,破坏调度纪律的行为时,调度主任应及时调查并将调查结果报公司领导处理。

第十五条　发布调度指令时,受令人必须进行记录,根据记录全部复诵一次,发令人核对无误后方可允许执行。完毕后,应立即向值班调度员汇报,在操作过程中,若听到调度电话铃响,应立即停止操作,迅速接听电话。

第十六条　属集团公司电力调度调度范围内的任何设备,未获当值调度员的指令.发电厂、变电站或矿机电科调度员均不得自行操作或者自行指令操作。但是在电网出现紧急情况时,上级调度机构(地调)值班调度员越级下令的,或者对人身、设备以及电网安全有威胁者除外,遇有危及人身、设备以及电网安全的情况时,发电厂、变电站的运行值班人员应当按照有关规定处理,处理后应当立即报

告调度室值班调度员。

第十七条　为监视系统运行情况和考核负荷，发电厂、变电站及有关用户应按调度所要求的时间，汇报值内重大方式的变更，预定工作及重要缺陷等情况，并主动与调度员核对时钟，正点前十分钟内开始准确抄录各种表计数字，并及时向当值调度员报表。

第十八条　当值调度员应坚守岗位，遵守现行的规章制度，监督各矿(厂)按计划指标用电，经常向各级领导反映电网运行情况，具体职责是：

1. 执行电网的日调度计划。

2. 指挥电网的运行操作，保证设备的安全经济运行。

3. 根据规程要求和地调通知调整负荷，保证电网安全运行。

4. 指挥电网的事故处理。

5. 对电网的重大变化、事故处理、地调指示、重要调度联系及电网异常情况应详细记录，并及时向有关领导汇报。

第十九条　参加调度管理的调度员及用户变电站值班人员须知：

1. 必须清楚了解本站电气设备调度范围的划分，必须熟知本规程的有关部分及调度操作术语等基础知识。

2. 属集团公司电力调度管理范围内的任何设备必须在得到电力调度调度员的指令或同意时始可操作，该部分设备的检修工作，必须按规定办理检修申请手续，且在停电当日得到电力调度调度员的指令后才可进行。

3. 双回路电源的用户变电站，当一路电源无电时，在确知非本站故障引起的情况下，可以先拉开无电线路进线开关，再合上备用线路进线开关，然后报告电力调度调度员。

第五节　并网运行的矸石电厂的管理

第二十条　并网运行的矸石电厂纳入调度管辖范围，服从调度的统一调度。

第二十一条　属电力调度统一调度的用户电气设备进行合环，倒负荷或事故处理等操作，均应在调度室当值调度员的统一指挥下进行。

第二十二条　矸石电厂并解列前，应报告太原地区调度，并取得同意后方可进行，操作完毕后，应立即汇报集团公司电力调度。并网期间，解列点应设置自动解列装置并投入运行，不得擅自停用，以保证一旦失电，自行与系统解列。

第六节　检修管理

第二十三条　设备的检修分为：计划检修、临时检修和事故检修、电网内主要设备实行统一计划检修。

1. 计划停电检修，包括每年的5月份、10月份停电检修，其停电单位应在停电检修前一周向电力公司提出申请，以便列入统一的停电计划，并统一办理工作票。

2. 因设备存在严重缺陷，需临时停电的工作，应在停电前一天到电力公司提出书面申请并办理工作票。

3. 事故停电检修，可不办理申请手续，但必须用电话同电力公司联系，经电力公司调度同意，并做好安全措施，方可进行检修。

第二十四条　电力调度管辖设备的检修、试验以及影响系统正常运行和备用的基建大修改进工程项目和涉及停电的新设备投产运行，均应纳入统一检修计划。检修项目提前一周上报。停电起止时间（包括操作时间）。停电设备范围等报送电力调度，由电力调度安排，平衡检修项目。

第二十五条　凡属已列入计划的检修或试验，检修单位应在设备停电前一天11点以前向电力调度提出申请，16点前批复申请单位，并通知有关单位，否则视为自行取消停电计划。

第二十六条　计划外的临时检修，要经电力调度室及公司领导批准后，由调度室安排检修时间。

第二十七条　批准停电检修或试验的设备，无论原来处在运行中或备用中仍需由当值调度员发出操作命令后，始能将设备停止运行或退出备用，进行检修，各矿(厂)自行管理的设备停送电按现场规程执行。

第二十八条　各项设备检修时间的计算，是从该设备断开或退出备用时开始，到设备加人运行或备用为止(停送电操作时间包括在内)。

第二十九条　设备计划停电检修，应按计划操作时间和检修时间完成，若检修时间不够，必须延长时，需按以下规定办理申请延长手续：

1. 当日的检修，试验应在原定完工前两小时向调度室提出延期申请，并说明延长时间的原因，批准后方可继续进行。

2. 检修延期只允许改期一次，并应得到调度主任的批准。

第三十条　电力设备检修，改造工程中动及结线相位，而对相位正确与否不能确定者，投运前必须核相。工作单位提出停电计划和申请的同时，提出核相工作，以便有关单位安排，如未提出需要核相，而设备未经核相即投入运行引起的后果，由工作单位负责。

第三十一条　检修计划中安排的项目，一般不允许变更，特殊情况应提前一天向调度提出申请，如因系统原因改变停电检修计划，由调度将变更工作日期通知有关单位。

第七节　停送电联系制度

第三十二条　停送电联系人

1. 用电单位必须确定专人负责与供电单位的停送电联系工作。停送电联系人必须工作认真，对设备运行方式熟悉，并具有独立工作的能力。

2. 停送电联系人必须经太原供电局、电力公司考试合格，并经电力公司审核备案。

3. 非停送电联系人，不准与电力公司调度及各变电站联系停送电，且在本单位也无权办理两票和下达操作命令。

第三十三条　停送电联系工作

1. 停电检修前一天，用电（检修）单位必须到电力公司电力科办理工作票，经电力公司经理审核签字后交调度值班员（如经理不在可由电力科科长、调度主任代替）。

2. 调度值班员接到工作票后，经审查无误，立即通知有关单位及变电站，交代工作任务和操作内容，并填写操作票。

3. 若用电单位是双电源用户，应通知用户提前倒换电源。

4. 停电当日，调度员应在停电开始前半小时与停电单位变电站值班员核对操作票。

5. 操作时，必须严格按照《工作票、操作票执行程序》进行操作，做好录音和记录。

6. 工作许可和终结手续的办理

（1）35kV系统的工作票，用电单位及电力调度各执一份，用电单位按工作票工作内容及要求填写操作票，并与调度室核对无误后，等待调度室下操作命令，操作结束后，由调度员与停送电联系人用电话办理工作许可手续，并做好录音和记录，工作结束后，由停送电联系人用电话向调度申请，办理工作终结手续，并做好录音、记录。

（2）南北寒地区6kV系统的停电检修工作必须当面办理工作许可和终结手续。

（3）古交地区属电力公司调度的6kV系统，必须当面办理工作许可和终结手续。

（4）5月份、10月份的矿区大检修，由电力公司指定停送电负责人并负责办理35kV工作票的许可和终结手续。

第八节　供电系统重大停电事故的汇报

第三十四条　公司所属各矿（厂）35kV变电站发生重特大停电事故（包括热备用设备的停电事故）各单位要立即采取措施，尽快恢复送电，并要在10分钟内汇报电力调度。

第三十五条　各矿（厂）35kV变电站发生以下停电事故的要在10分钟内汇报电力调度，待查明原因后，再汇报详细情况。

1. 矿区35kV变电站母线配出线路发生过流、速断掉闸。

2. 向6kV风机，井下采区变电所供电的线路，发生过流、速断事故。

3. 所有6kV故障越级造成35kV系统掉闸的故障。

第三十六条　各矿（厂）35kV供电系统发生谐振、接地、缺相等异常现场，要在15分钟内汇报电力调度，完成综自改造的变电站要尽快将微机分析结果汇报电力调度。

第二章　电网设备的操作

第一节　操作制度

第一条　调度操作时，集团公司电力调度与各35kV变电站必须密切配合，互通情况，保证操作顺利进行。

第二条　操作的主要内容：

1. 电力输配电线路和变压器的停送。

2. 发电厂、变电站母线的停送和保护及自动装置的状态变更。

3. 电网中有关调压设备的调整。

4. 电网中性点接地方式的调整。

第三条　倒闸操作前当值调度员应充分考虑：

1. 操作的必要性,能否达到目的。

2. 电网结线方式改变后的正确性,特别对重要用户供电的安全可靠性。

3. 电网有无必要的备用容量,是否引起设备过载,保证系统各个部分的安全运行。

4. 对潮流、电压、频率、继电保护和自动装置、计量表计、变电器中性点接地方式、载波通讯、远动等方面的影响,并应特别注意控制继电保护的最大允许电流数值。

5. 电气设备(线路)停电检修,必须使所有电源有明显断开点(采用全封闭电气设备的以机械指示器位置代替),并合上接地刀闸,检修工作全部完毕后,送电操作或转入备用前,应断开所有接地刀闸,投入继电保护装置,过后根据情况依次合上刀闸或开关。

6. 新建改建工程的投运,应查明相序、相位是否正确。

7. 根据改变后的运行方式,重新确定事故处理办法,特别是对那些由于为尽快消除事故而不须与调度联系,现场可以自行采取措施的规定。

第四条　发布操作指令时,每次只允许交给一个任务。

第五条　调度操作指令分为逐项指令和综合指令两种:

1. 逐项指令:凡涉及两个及以上单位,且对系统有影响,需要互相配合的操作,均使用逐项指令。一次下达一项或几项。现场值班人员按调度指令顺序进行操作。

2. 综合指令:只涉及一个单位的操作可填写综合指令票,综合指令只下达操作任务和要求,现场全部执行完毕后向调度汇报。

下列情况按综合指令执行:

(1) 发电厂、变电站停送电的操作;

(2) 发电厂、变电站同一母线全部停送电操作;

(3) 倒母线和主变压器停、送电的操作;

(4) 单电源线路的停送电操作;

(5) 用旁路开关带出线的操作;

第六条　正常操作均应填写操作票(包括逐项指令操作票和综合指令操作票),填好后核对模拟盘无误后方可下达操作指令。

第七条　下列操作可以不填写操作票,但在执行完毕后记录在值班记录簿内:

1. 事故处理:即事故发生后的紧急处理和抢送电。

2. 拆除全站仅有的一组接地线,(或拉开仅有的一组接地刀闸)。

3. 拉合一个开关或用刀闸拉合一组避雷器、PT、一台消弧线圈。

4. 投入或解除一套保护装置或自动装置。

第八条　下列情况下可授权有关单位自行操作:

1. 属集团公司电力调度管辖范围,单一电源对电网其他部分无影响,因通讯联系不方便可由厂(矿)、站值班人员自行操作。

2. 6kV线路的分支线,不需全站停电的操作,一般可由检修负责人自行掌握操作。

第九条　审查操作票的责任制

1. 当值调度员对所发布的操作任务的正确性负全部责任。

2. 由当值调度员下达的综合操作指令,变电站的倒闸操作票及操作步骤由变电站值班人员自行审核,不与值班调度员核对操作票。

3. 由当值调度员下达的逐项操作指令,由调度员与各有关单位审核倒闸操作票(只校对与系统有关的主要程序,如操作顺序、开关,刀闸的断、合、装拆接地线,保护的投停和调整等),其余由各站自行审核(特定者除外)。

4. 所有变电站二次回路的操作内容和步骤,由站值班员根据现场运行规程负责审核,并对其正确性负责。

第十条　当值调度员发布调度指令和进行操作时,要使用录音设备,并严格执行复诵制度。调度员值班期间的操作和调度指令均应作详细记录。

第十一条　严禁约时操作。

第十二条　正常操作应避免在交接班或高峰负荷时进行,倒闸操作过程中,不得进行交接班。

第十三条　关于装拆接地线等安全措施的规定:

1. 凡线路负荷刀闸处(包括无刀闸)的地线(接地刀闸)一律由值班调度员管理。

2. 凡属线路侧刀闸内的地线和其他安全措施(包括厂、站的主变压器、母线)一律由矿(厂)、站值班人员管理。

3. 停送电线路上所接的地线由检修人员根据安全作业规程规定装拆。

4. 检修任务完成后,必须拆除所有自设(不是调度下令的)地线和其他安全措施后再向值班调度员汇报完工。

第十四条　严禁单凭记忆发布调度操作指令，操作完毕后应及时校正模拟盘。

第二节　并解列操作

第十五条　电网(或发电机)并解列操作：

并列时应满足：

1. 相序相位相同；

2. 频率相同；

当发电机与系统并列时，应调整待并发电机的频率与电网频率相同；

3. 电压应相等；

4. 有条件者应尽量用自同期装置并列。

上述条件满足后，在并列前通知有关单位注意监视。

解列时，应将解列点有功、无功或电流调到最小值。

第十六条　矸石电厂并解列的操作，调度员只发布可以并解列的指令，具体操作步骤按现场规程执行。

第十七条　属于地调管辖范围内可以并列的主开关有矸石电厂的403、404。

第十八条　并列设备在大修、改建、新建投入运行前，必须核对相序无误后，值班调度员方可发布并列操作指令。

第十九条　变压器并列运行应符合下列条件：

1. 相位相同，结线组别相同；

2. 变比应相等；

3. 短路电压相等；

4. 变压器容量比，一般不大于三比一。

电压比、短路比、容量比不符合上述要求，只要运行中任何一台变压器不会出现过载情况也可以并列运行。

第二十条　解合环操作：

1. 相序、相位相同才允许合环运行，设备新投入或检修后，如不能保证相序、相位正确，必须定相。证明相序相位无误才能合环。

2. 解合环路前，了解两端电压差，必须考虑操作引起的潮流变化对环路内所有继电保护和自动装置的影响。

第三节　线路及变压器的停送电操作

第二十一条　线路停电操作，必须先断开关，后拉线路侧刀闸再拉母线侧刀闸，送电时相反。

第二十二条　两端有电源的线路必须先断线路两端的开关，然后拉开线路侧刀闸和母线侧刀闸后方可在其两端装接地线。送电时相反。

第二十三条　一般情况下变压器投入时应先合电源侧开关；停用时，应先拉负荷侧开关。

第二十四条　双回线路，当其中一回线路停电时，先停受电端开关，后停送电端开关。操作前应考虑另一回路的送电能力及继电保护的允许电流值。

第二十五条　新建线路投入电网运行时应在额定电压下合闸冲击三次，无问题后方可继续运行。

第二十六条　新建及大修后投入电网运行的变压器应在额定电压下冲击五次，无问题后方可运行。

第二十七条　倒换变压器的操作应检查并入的变压器确已带上负荷后，方可停下其他变压器。

第二十八条　地调管辖的110kV中性点不直接接地的主变压器，为了防止变压器线圈间由于静电感应引起传递过电压，在进行主变压器空载投入和退出运行操作时，先将中性点接地，然后进行操作，操作完毕后，立即将中性点断开(杜儿坪110kV变电站主变压器中性点的操作，按地调规定执行)。处于热备用状态的主变压器中性点接地刀闸应合上，主变压器投入运行后，再按规定确定是否断开。

第四节　开关及刀闸的操作

第二十九条　开关可以切合负荷电流和额定容量的故障电流，无保护的油开关和负荷开关，禁止手动试送短路故障电流。开关遮断容量不足者，应将其重合闸停用。但应向调度书面备案，并得到调度员批令后方执行。

第三十条　在有负荷电流、充电电流或励磁电流的情况下，禁止使用刀闸进行该设备断开和投入的操作。

当回路中没有开关时，允许使用刀闸进行的操作如下：

1. 拉合无故障的电压互感器和避雷器；

2. 拉合无故障母线及直接联在母线上的设备的电容电流；

3. 拉合变压器中性点的接地刀闸及无接地故障时拉合中性点下的消弧线圈装置；

4. 当油开关合上时，拉合与开关并联的旁路电流，但在操作前，需将该并联开关操作保险取下；

5. 拉合励磁电流不超过2A的无故障空载变压器及电容电流不超过5A的无故障空载线路。

第五节　倒母线的操作

第三十一条　厂、站设有双母线、运行设备由一母线倒换在另一母线运行时，应先合上母联开关，再断开母联开关的操作保险，方可进行倒闸操作。还需注意采取措施防止由于电压互感器电源中断而使保护失压造成误动的可能。

第六节　消弧线圈的运行和操作

第三十二条　消弧线圈运行分接头的调整应按“消弧线圈整定计算表”执行。消弧线圈运行分接头的选择应满足下列基本要求：

1. 在接地时应使通过故障点的电流最小一般不宜超过5~10A；

2. 在电网正常和事故情况下，中性点位移决不可使对地的相电压高至危害绝缘的数值。中性点位移电压不应超过以下极限值，长期运行情况下不得超过额定相电压的15%，一小时内不得超过额定电压的30%，事故限时内不得超过额定相电压的100%。

第三十三条　当电网运行方式变更后，残流大于10A，或中性点位移电压超过额定相电压15%或脱谐度接近谐振点时，均需相应改变分头。由于倒闸操作或临时性改变运行方式，在20分钟内可不进行分头的调整。

第三十四条　消弧线圈过补偿运行情况下，增长线路时应事先根据规定调整消弧线圈分接头，缩短线路时可于操作完毕后再调整分接头，欠补偿运行时则反之。

第三十五条　各变电站的分线电容电流需定期实测。

第三十六条　电容电流的简单计算方法（L为架空线路长度，单位km；V为母线电压，单位kV）。

一般电厂按0.13A／km，变电站按0.12A／km。

第三十七条　消弧线圈在正常情况下必须投入运行，只有当检修时，方可将网络改为不接地运行方式运行，并应在天气较好的情况下进行检修。其检修和改变分头均应将消弧线圈从网络中切离后才允许进行。

第三十八条　禁止在接地故障情况下断开消弧线圈，消弧线圈的投入，停止运行和改变分头均应在网络中无接地故障时进行。

第三十九条　禁止消弧线圈同时联在两个变压器中性点上。如需切换至另一台变压器时，应先断开再投入到另一台变压器上。

第四十条　消弧线圈的投入，停止运行和改变分头应按照当值调度员的命令进行。

第七节　电容器组的操作

第四十一条　电容器用“手动”投入，观察母线电压指示正常，再将自投装置投入。

第四十二条　全站停电操作时，应先断开电容器组的开关，再拉各出线开关。

第四十三条　全站恢复送电时，应先合各路出开关，再合电容器组的开关。

第四十四条　电容器组停用后再起用时，至少须相隔五分钟，停电后装接地线，须经过放电或断开电源后五分钟方可进行。

第三章　事故处理

第一节　事故处理的原则

第一条　调度室当值调度员为地区电网事故处理的指挥者，并对事故处理的正确性负责。

第二条　处理事故时当值调度员应做到：

1. 尽快限制事故的发展，消除事故的根源并解除对人身和设备安全的威胁。

2. 用一切可能的方法保持对用户的正常供电。

3. 尽快对已停电的用户恢复供电，对重要用户尽可能优先供电。

4. 调整电力系统的运行方式，使其恢复正常。

第三条　电力系统发生事故时，事故单位及涉及单位应将有关情况立即报告当值调度员进行处理。发电厂和变电站在处理事故时，对系统运行有重大影响的操作，均应依照当值调度员的指令或得到同意后进行，如系统局部性事故无须等待调度指令时，事故单位一面按照现场规程自行处理事故，一面应立即将事故情况简明地报告当值调度员，待事故处理完后，再向当值调度员作详细报告。

第四条　发生事故时，当值调度员应根据事故性质将发生事故的情况尽快报告调度主任，主任工程师或经理，并通知有关单位抢修故障。

第五条　处理事故时，各厂、站值班人员，应坚守岗位，经常与调度保持联系，以防止在事故处理中因无人接调度电话而影响事故处理或扩大事故。

第六条　处理事故的操作，可以不填写操作票，但必须严格执行复诵制度，使用录音设备，认真作好记录，事故处理完毕后及时向领导汇报并填写事故报告书。

第七条　事故处理中涉及地调管辖的设备应取得地调当值调度员的同意。

第八条　现场运行人员和检修人员应切记，设备事故停电后，随时有不经事先通知而突然来电的可能，故未经当值调度员许可不得触动任何事故停电设备，若故障设备需要检修时，有关单位应向当值调度员提出停电检修申请。

第九条　在处理事故时，调度主任如认为当值调度员处理不当，则应及时纠正，必要时可直接指挥事故处理。

第十条　直配线或直配变压器由于人员误操作或误碰掉闸时，值班人员不必报告，应立即强送，恢复送电后向当值调度员汇报。

第十一条　发生事故时，当通讯设备失灵，厂、站值班人员无法与当值调度员进行联系时，现场值班人员可按规程规定自行处理事故，但双方应尽快设法恢复联系。

第十二条　开关切断短路故障电流数次后，如需停用该开关的自动重合闸装置，各厂、站值班人员可按现场规程自行决定，但应向当值调度员汇报。

第二节　线路掉闸事故处理

第十三条　集团公司电调管辖范围内开关掉闸时，值班人员除按现场规程处理外，应立即向当值调度员汇报，并应说明下列各项：

1. 哪些开关动作掉闸；

2. 哪些继电保护与自动装置动作；

3. 开关掉闸的时间，是否重合，强送的情况如何；

4. 事故时的电压、电流波动情况；

5. 检查内部设备有无异常。

第十四条　直配线路开关掉闸时的处理。

1. 没有自动重合闸或自动重合闸未起作用，线路掉闸后不待调度指令应立即强送一次，有特殊规定者例外，然后向当值调度员汇报。

2. 线路掉闸重合复掉或强送复掉，可根据开关外部情况和遮断故障电流的次数，决定是否再行试送或通知有关单位检查处理。

3. 可以分段进行试送的线路，当值调度员可以立即通知有关单位寻找故障点，由后向前寻找和试送。

4. 电缆线路掉闸后不应强送，待测试绝缘合格或找出电缆故障点并处理后方可试送。

第十五条　两端供电线路故障掉闸时，值班人员一律不准自行强送，应立即报告当值调度员听候处理，当值调度员应根据保护动作情况和当时的具体现象，可选择适当的一方试送，试送成功后，再考虑并列或合环。两端供电线路的试送原则：

1. 由短路容量小的一端试送；

2. 由使用快速合闸的一端试送；

3. 由开关遮断次数少的或遮断容量大的一端试送；

4. 由对用户能迅速恢复供电和迅速恢复电网结线方式的一端试送。

第十六条　单电源的双回线运行开关同时掉闸，应检查受电端开关确已断开，由当值调度员指令分别由首端试送，如其中一回线开关掉闸，也应从首端试送。

第十七条　油开关遮断容量不够，不应投入重合闸，但开关掉闸后，必须对开关进行外部检查，未发现异常现象，可隔 5 分钟后试送一次，不成功时不再试送。

第十八条　无保护的开关和负荷刀闸，不准试送短路故障线路。

第十九条　故障掉闸的线路无论重合或试送成功与否，都必须及时通知有关单位查找故障点。

第三节　接地事故处理

第二十条　中性点不接地或经消弧线圈接地的网络中发生单相接地，应迅速寻找故障点，带接地故障运行时间规定为：

1. 电网间歇性接地，找出故障线路后，立即切除；

2. 电网发生稳定性接地，允许继续运行，但查明故障点后，根据情况以最小停电范围切除故障点；

3. 中性点经消弧线圈接地的网络，发生金属性接地，允许带接地点运行时间为：以消弧线圈厂家数据为准，并上层油温不超过 100℃；

4. 电网带接地运行时间一般不应超过两小时。

第二十一条　按照下列原则寻找接地故障：

1. 厂站发现接地后，值班人员应一面检查设备情况，一面报告当值调度员。

2. 分割电网缩小接地范围，（注意避免消弧线圈脱离电网运行、保护定值及配合、联络设备的过载、电压水平等）。

3. 两台变压器并列运行时，断开母联开关，确定哪段母线接地。

4. 试拉质量不好经常发生接地的线路。

5. 试拉充电线路、双回线路、联络线路。

6. 按规定的拉闸序位，试拉负荷线路。

7. 枝状线路试拉总开关证明线路接地后，再从末端开始分段试拉。

8. 装有自动重合闸接地按钮线路，可用接地按钮试拉线路，必须认真监视接地指示和变化情况。装有自动寻找接地装置的变电站要尽量利用该设备寻找接地线路。

第二十二条　当发生永久性接地威胁人身安全且无法采取措施时，应迅速将此线路停电。

第四节　变压器事故处理

第二十三条　变压器掉闸时，如有备用变压器，值班人员应不待调度指令迅速投入备用变压器，并立即报告当值调度员。如无备用变压器，应根据继电保护动作情况和外部异常现象进行处理。

第二十四条　变压器因瓦斯、差动（或速断）、保护动作掉闸，不得试送，（明显的误动作除外），应按现场规程规定检查故障原因，待查明原因并消除后，再行送电。

第二十五条　变压器因过流保护动作按以下方式处理：

1. 未发现明显短路现象（电压下降、冲击），应检查继电保护是否误动作或过负荷所致，如是此原因所致，变压器可不经内部检查试验即行送电。

2. 发现明显短路（电压下降、冲击、弧光、声响）应对变压器进行外部检查，综合分析变压器的结构（多数铝线圈变压器经受不住出口三相短路）、绝缘，运行及短路性质等情况，经测试决定试投或安排检修。

3. 无瓦斯、差动、速断保护或以上保护停用，但又未查出故障原因时，除对变压器外部检查外还需进行绝缘测定或内部检查。

4. 如判明系越级掉闸（远处故障）且变压器外部检查无异常时，应拉开故障线路油开关后立即送电。

第二十六条　两台以上并列运行的变压器，其中一台故障掉闸不能投入时，运行的变压器可按事故过负荷的规定运行，在规定时间内设法降低负荷：

1. 改变电网结线方式转移负荷。

2. 无上述条件时可按规定序位拉闸限电。

第二十七条　在事故情况下，变压器过载能力和时间，按部颁有关规定执行，并根据实际情况各厂、站应在现场规程中明确规定。

第二十八条　变压器遇有下列情况之任何一项时，应紧急切断电源，停止运行：

1. 套管爆炸或破裂，大量漏油，油面突然下降；

2. 套管端头熔断；

3. 变压器冒烟着火；

4. 变压器铁壳破裂；

5. 变压器漏油，油面下降到瓦斯继电器以下；

6. 防爆薄膜破裂，且向外喷油、喷烟火；

7. 内部有异音，且有不均匀爆炸声；

8. 变压器无保护运行（直流系统瞬时选接地点和直流保险熔断，接触不良等能立即恢复正常者除外）；

9. 变压器保护或开关拒动；

10. 变压器轻瓦斯信号动作，放气检查为可燃或黄色气体；

11. 发生直接威胁人身安全的危急情况；

12. 厂家有特殊规定时，应按厂家规定执行。

第五节　电容器组的事故处理

第二十九条　变电站全站故障停电后，必须将电容器开关断开，自动投切装置停用。

第三十条　电容器组不论何种故障时，应先将自动投切装置停用，若电容器的保护熔丝突然熔断，未查明原因前，不得更换熔丝恢复送电。

第三十一条　电容器组事故处理。发生下列情况时，应立即将电容器组停止运行：

1. 电容器爆炸；

2. 接头严重过热或熔化；

3. 套管严重放电闪熔；

4. 电容器喷油或起火；

5. 电容器内部有异常声响。

电容器组开关掉闸后，不允许强送，应根据保护动作情况进行判断，待查明原因后，再决定是否强送。

第六节 母线事故处理

第三十二条 当母线因故障无电压时，伴有明显的短路象征（如冲击、电压下降、火光、爆炸声等），值班人员应拉开连接在该母线上的所有开关，一面对母线设备进行检查，一面报告当值调度员，等候处理。

1. 经检查母线故障不能运行后，有备用母线的应立即倒至备用母线供电。

2. 双母线运行，有一组母线故障造成母线无压，应立即拉开母联开关，将故障母线所有的线路倒换到无故障母线上恢复供电。

第三十三条 处理母线无电压的事故时，应注意下述情况：

1. 单母线运行，需切换到备用母线，一定要注意当备用母线在无作业的情况下进行。

2. 属于双母线或多电源的母线，送电时应注意决不可不经同期判别，把两个以上的电源同时合在一条母线上。

3. 母线保护动作致使母线无电，值班人员可先自行处理，并尽快报告调度员。

第三十四条 当母线本身无保护（或因故停用）母线无电，经与当值调度员联系后，可按下列办法处理：

1. 单母线运行时，应立即选择适当电源试送一次，试送不成功，则倒换备用母线送电。

2. 双母线运行时，应先拉开母联开关，分别各试送一次。

第三十五条 当母线因差动保护动作而停电时可按下列办法处理：

1. 单母线运行时，应立即切除故障选择一路开关试送一次，试送不成功后倒备用母线。

2. 双母线之一停电时（母差保护选择性动作），立即检查故障点是否已切除而后用线路开关试送一次，尽量避免用母联开关试送。

第三十六条 母线无电若系下列原因造成的，可试合电源开关一次后报告当值调度员：

1. 人员误操作或误掉闸；

2. 保护装置误动作掉闸；

3. 开关误动作或其他非故障性掉闸（如过负荷）。

第三十七条 母线无电若是由于变压器或配电线路等发生故障而保护装置和开关均未动作，造成越级跳闸，待设法断开故障开关后，立即恢复送电。

第三十八条 母线无电，若已得知为系统拉闸限电或低频减负荷装置动作时，值班人员无须操作设备，但应立即报告当值调度员，等候系统送电。

第三十九条 多电源的变电站母线无电时，若通讯中断，值班人员可保留一路电源和一台变压器监视来电，每隔三分钟互换一次，有电后即可恢复送电。

第七节 全站停电的事故处理

第四十条 终端变电站如由于来自电网电源中断，造成全站无电，本站无任何短路现象且无任何保护动作则不需要拉开进出线开关，应立即报告当值调度员，等候送电。

第四十一条 终端变电站受电开关由于保护动作掉闸，并有明显短路象征，应一面报告当值调度员，一面将所有的进出线开关断开，并对站内设备进行检查。

第八节 通讯中断时事故处理

第四十二条 当发生事故而通讯中断时，各站值班人员根据事故情况和保护动作情况按照本规程和现场规程的有关规定，主动采取措施处理，但要严防非同期合闸，通讯恢复后向当值调度员报告情况。

第四十三条 全站无电，值班人员可按母线无电的有关规定处理。

第四十四条 有电后，值班人员可按用户性质依次送电，恢复站内正常运行方式，各电源不得联络，严防非同期并列。

调度术语

1. 电力调度

2. ××变电站

术 语

1. 发电有功（无功）多少？

2. ××线有功（无功）负荷多少？

3. ××线电流多少？

4. ××变压器XX千伏侧有功（无功、电流）多少？

5. ××千伏母线电压多少？

6. 将××千伏母线电压提高（降低）到××千伏。

7. ××机因××只能带××负荷。

8. ××机（炉）恢复正常，可增加××千瓦负荷。

9. 用××开关解列。

10. 用××开关找同期并列。

11. 合上（断开）××开关（刀闸）。

12. ××点××分××开关掉闸，××保护动作。

13. ××点××分××开关掉闸，××重合闸动作成功。

14. ××点××分××开关掉闸，××重合动作，重合复掉。

15. ××点××分××开关强送(试送)成功。

16. ××点××分××号机并(解)列。

17. 在××开关两侧各挂一组地线。

18. 在××开关外侧挂一组地线。

19. 合上(断开)××线路接地刀闸。

20. ××点××分××线路已停电，两侧已挂好地线，线路抢修可以开始。

21. ××线路××设备检修完毕，地线已拆除，人员撤离现场，可以送电。

22. ××点××分××开关保护定值由××改为××。

23. ××点××分将××开关保护投入(停用)。

24. 在××点××分前将有功负荷由××千瓦限到××千瓦。

25. 在××分钟内，××地区负荷限电××千瓦，现在执行。

26. 现在按拉闸序位表拉闸限电××千瓦。

27. 将××母线，全部线路和变压器倒至××母线运行后，××母线停止运行。

28. 将××线路上××母线倒至××母线运行。

(西山煤电发[2006]418号)

生产矿井准军事化管理制度

第一章 总 则

1.1 为了进一步提升企业管理水平，加强企业安全文化建设，规范职工行为，引深安全明细化管理，提高职工整体素质，特制定西山煤电集团公司(以下简称集团)准军事化管理制度。

1.2 本制度是集团实施准军事化管理的基本依据，适用于集团各生产矿井。

1.3 实行准军事化管理是安全明细化管理和企业安全文化建设的深化和延伸。其基本任务是：通过实施准军事化管理，培养职工团队意识和集体安全意识，严格生产劳动和工作纪律，规范工作秩序和安全行为，建设高素质职工队伍，推进安全生产不断发展。

1.4 实行准军事化管理，必须坚持企业发展的正确方向。灌输企业安全理念，掌握企业管理制度，规范职工言谈举止，做到号令如山、闻风而动、令行禁止。

1.5 实行准军事化管理，必须持之以恒，常抓不懈。定期组织职工轮训，学习工作规范，进行军事化训练。掌握进、出井和生产作业程序，监督职工严格按照行为规范操作，提高安全执行力。做到干部带头，以身作则；职工服从领导，听从指挥。

1.6 各级行政正职是本制度实施的第一责任者，负责组织职工学习掌握本制度，制定实施规划与细则，成立实施领导组和监督机构，明确各部门的工作任务；在日常工作中，严格管理。集团有关部门负责对各矿实行准军事化管理情况进行指导、监督、检查，对组织不力、应付凑合和违反本制度的行为进行考核处罚。

第二章 学习 训练

2.1 培养职工树立正确的世界观、人生观、价值观、事业心和责任感，热爱矿山，爱岗敬业；发扬集体主义精神，顾大局，搞好团结协作，尊师爱徒，尊干爱群，互敬互助，坚持原则，恪尽职守；服从组织安排，不利于工作的话不说，不利于工作的事不做。

2.2 理论知识学习内容主要包括：企业的安全价值观、安全追求、安全原则、安全方略、安全誓言、安全理念和安全认识；企业的安全管理制度、安全法规、准军事化管理制度和本单位的实施细则。

2.3 训 练

2.3.1 脱产轮训

2.3.1.1 各单位要制定详细的脱产军训计划，所有入井人员必须接受3天的强制性军事化训练，并把训练计划上报集团安监局。

2.3.1.2 军事训练分理论知识学习和军训两部

分。理论培训考试由职教部门负责;军训考核由武装部门负责;安监部门负责监督检查。

2.3.1.3 军事训练内容主要包括:解放军《内务条令》、《纪律条例》、《队列条令》学习,军容、军姿、队列、走步训练,唱歌,点名等项目。军训期间,必须统一着装。

2.4 考 核

2.4.1 参加训练的职工必须进行理论知识考试和军事科目考核,考试、考核不合格的,不得上岗。

2.5 所有职工轮训完毕后,每位下井职工每半年必须接受正规训练不少于一天。相关部门要制定统一规划,严格落实。

2.6 新工人培训

2.6.1 集团劳资处统一负责学员的招收和安置分配。严把入口考试关和出口审批关;职教处负责学员的日常管理和培训内容的设计实施;武装部负责学员的军事化训练,保证学习培训期间的军事化管理贯彻始终;安监局负责监督检查。

2.6.2 新工人学习培训时间为四个月。培训内容以入井安全知识、采掘专业知识、创伤急救知识等为主,贯穿学习集团企业安全文化、安全理念等,具体由职教处编制培训大纲与计划,并组织实施。

2.6.3 学习期间,学员全部按民兵预备役要求划分编制,进行封闭式军容、军姿训练,统一着装、集中食宿、集中训练。

2.6.4 军训内容:学习矿规矿纪、有关处罚条例、解放军《内务条令》、《纪律条例》、《队列条令》。实行统一查岗、查哨、下夜、查铺、拉练、纠察军容军纪。

2.6.5 培训期间要严格考核,对违反军纪、考试不及格、军训考核不合格的,不予录用。

第三章 着装 举止

3.1 井下职工在工作期间必须按规定统一着工装,穿戴整齐,服装整洁,不得混穿。左胸上佩戴本人编码,持证上岗。

3.2 按规定佩戴安全帽。工人佩戴红色安全帽,“三员两长”及队级以上干部佩戴黄色安全帽,系好安全带,不得乱戴。

3.3 工作场所遇到上级领导检查指导工作时,不许说粗话、脏话,塑造文明矿工形象。在工作场所,现场跟班干部遇到领导干部下井检查时,要陪同检查,便于发现问题及在现场组织安排处理。

3.4 准军事化管理规范用语:

上级领导检查指导工作时,领导:“您好。”工人:“领导好,欢迎检查指导。”培训抽考时,领导:“您好,请问……”工人:“谢谢领导指导。”

接电话时:“你好,×××单位,请问……”

打电话时:“你好,我是×××,请问……”

召开班前会时,领导:“大家好。”职工:“领导好。”

第四章 班前会

4.1 班前签到

4.1.1 凡参加班前会的职工必须提前到会议室坐好,要关闭手机或其他通讯工具,不交头接耳,不随意走动,不大声喧哗,不准吸烟。迟到或早退的,应主动向主持会议者报告,经允许后进出会议室,不得影响会议的正常进行。

4.1.2 值班队长在班前会上衣着整洁,端坐在队会议室,对当班进行点名签到。点名签到时,职工必须喊“到”,主动起立,点到下一名同志时自行坐下,签到完毕后,值班队长按备课内容主持召开班前会。

4.2 班前排查

4.2.1 查有无情绪异常。观察当班职工表情反应,对思想波动、情绪异常的职工进行重点询问。

4.2.2 查有无思想包袱过重现象。观察当班职工是否存在由于邻居或家庭矛盾等造成思想包袱过重、压力大、精力分散等现象。

4.2.3 查有无身体不适。询问当班职工有无身体不适,如感冒、发烧、头疼等症状,询问当班前一天轮休或请假休息的人员具体情况,确认是否健康。

4.2.4 查有无酗酒。询问了解当班职工家中是否接待客人或参加聚会,掌握饮酒情况。逢年过节更要细心掌握饮酒情况。

4.2.5 查有无上花班情况。对上花班或者长期不上班的职工,要集中进行安全培训,培训合格后方可上班。

4.2.6 对“三员两长”进行重点安排。如班(工)长没来,要指派一人代替,验收员没来要明确临时验收员代替。

4.2.7 新工人必须有师傅带领上班。师傅未来,必须明确临时师傅。

4.3 讲任务

4.3.1 要简明扼要的传达上级和矿、区有关文件、会议精神和当前的形势任务。

4.3.2 通报生产任务,安排本班要完成的工作任务,分析完成任务的有利条件和不利因素,做到周密细致。

4.3.3 根据当班工作任务,具体安排每位职工的操作标准、工序流程和重点环节。职工受领任务后,要回答"是"。

4.3.4 明确完成本班生产任务相关工作的协调责任人。

4.4 讲安全

4.4.1 讲安全生产形势和事故案例,学习本队作业规程和安全措施。

4.4.2 进行安全明细化管理讲评,通报本班上一工作日的安全明细化评分情况,分析扣分原因及应当注意的问题。

4.4.3 根据当班生产任务和各作业点人员安排,明确联保互保责任、组长和联保责任人,讲清讲透每个环节、每道工序、每个作业点要注意的安全事项。对单独作业岗位人员要针对性布置安全作业注意事项。

4.5 讲培训

4.5.1 根据培训计划,坚持"每日一题"的安全知识培训。

4.5.2 "每日一题"由队技术员或值班队长讲解,讲解要联系工作实际,由浅入深,由表及里,讲深讲透。

4.5.3 每位职工必须配备专门笔记本,认真记录"每日一题"内容,便于今后复习、掌握。

4.5.4 讲题完毕,要对当班职工进行提问或抽考,使每位职工弄通弄懂。

4.5.5 每月最后一个周三,要对当月的培训内容进行答卷考试,检验学习效果,并将考试成绩排名、公布、奖罚、纳入工资考核。

4.6 安全生产任务确认

4.6.1 值班队长要对当班每位职工掌握班前会内容进行询问确认。

4.6.2 每位职工要对班前会内容询问情况进行举手示意,回答"知道"或"不知道"。

4.6.3 班前会内容要有专人进行记录,确保班前会记录的完整性、准确性和真实性。

4.6.4 下井职工在班前会记录本上签名。

4.7 唱安全歌 宣誓

4.7.1 唱安全歌。值班队长组织,全体起立、列队,挺胸抬头,双手自然下垂,由跟班队长带领全班职工,齐唱安全歌。

4.7.2 安全宣誓。安全歌唱完后,保持队形,紧握右手,举起与右耳平齐,面对全家福或安全誓词,由值班队长带领进行安全宣誓。

第五章 入 井

5.1 更衣 候车

5.1.1 开完班前会,队值班干部向调度汇报本队出勤和下井人数,输入电子牌板。班(工)长带队从会议室进入澡堂更衣,更衣后,领矿灯、自救器。矿灯、自救器一律带在腰间,灯线放在脖子上,不得斜挎矿灯,灯头不许在地上拖拉。并及时到达井口候车大厅候车。

5.1.2 各队班(工)长首先到信息中心签到,说明下井人数,领取队牌,然后在井口大厅集合排队,每队一列,跟班队长排头高举队牌,其他人员随后,班(工)长清点人数,瓦斯检查员、安全员列入所在作业队组,本班人员全部到齐后,开始检身。

5.2 井口检身

5.2.1 井口检身工要统一着装,穿安监服装,站在检身处,核实各单位下井人数。手拿检测仪器对每个入井人员进行检测和摸排。严禁酒后入井。

5.2.2 有下列情形之一者,不得入井:衣服不整洁的、没有带好安全帽的、没有携带头灯和自救器的、人数不清的、"三员两长"不齐全的、特种作业人员及干部没有携带瓦检仪的。

5.2.3 有两人以上入井时,必须指定临时负责人,并发放工作标识牌,一人在前带路,列队行走,严格执行集体乘车、盘区巷道、运输斜坡列队行走上下班规定。

5.2.4 各级干部及管理人员、零散人员,两人以上入井时,必须执行本规定。若在同一时间,到同一作业地点时,必须和队组职工一起列队行走、乘车,并负有监督规范职责。违反者一律按"三违"论处。

5.2.5 运输大巷作业人员在运输大巷作业时,必须穿反光背心,设置红灯警戒,并设置明显标识。

5.2.6 外单位人员下井时,接待单位必须办理入井通行证,在井口对其进行入井安全知识培训后,方可入井。

5.3 乘车 行走

5.3.1 乘猴车(缆车)

5.3.1.1 入井人员乘坐猴车(缆车)时不得拥挤,按顺序排队乘坐。严格执行猴车(缆车)运输管理有关规定。

5.3.1.2 在运行中人员要坐稳,不得引起吊杆摆动，不得手扶牵引钢丝绳，不得触及临近的任何物体，不得睡觉。

5.3.2 乘罐笼

5.3.2.1 入井人员上罐后要站稳，抓牢扶手，不得拥挤，严禁在罐笼内打闹。罐到位停稳后按规定的方向，自觉顺序排队出罐，严禁反出罐。

5.3.3 乘平巷人车

5.3.3.1 各队乘车人员按顺序上车，上车后必须挂好人车防护链，在车厢内要坐正，禁止躺、卧或将身体露出车外。乘车人员全部乘车后，跟车信号员必须检查防护链是否挂好、是否有工具伸出车外等情况，严禁超员乘坐。确认无误后，方可发出开车信号。

5.3.3.2 长柄工具和超重物体必须放入工具车，不准随身携带。

5.3.3.3 人车未进站时，必须在候车室内候车，不许进入车场，越过安全线。

5.3.3.4 人车在途中运行，必须遵守空车让重车、重车让人车、上行车让下行车的原则。

5.3.3.5 到达目的之后，所有下车人员必须从人行道一侧下车，人员进入安全地点后，乘人车方可运行。途中发生紧急情况时，司机要听从跟车信号员指挥，及时停车。

5.3.3.6 下车后，由跟班队长、安监员带队在前，班（工）长在后，必须走人行道。行走斜巷时，必须在上、下坡前进行安全确认，严格执行“行人不行车，行车不行人”制度。

第六章 施工作业

6.1 开 工

6.1.1 严格执行工作面交接班制度，实行人交人，手交手。当班“三员两长”必须与下一班“三员两长”在作业现场进行交接班。安全员将本班安全质量班评估情况及遗留问题、存在的问题向接班安全员交代的同时，必须向当班班（工）长、验收员说明班评估结果及存在问题的扣分情况，由班（工）长和验收员在作业现场进行安全管理明细化考核，并在安全质量班评估表上签字认可。班（工）长、跟班队长、质量验收员必须在作业现场将工作进展情况及存在遗留问题相互交接清楚，并坚持分项定额，按量计分原则，进行现场计分后，相互在交接班表上确认签字认可。

6.1.2 开工前，安监员协同跟班队长、班（工）长、验收员、瓦检员对工作面进行全面检查，确认无误后，由安监员悬挂“开工”牌，下令开工。工作面不具备开工条件，有隐患没有处理，悬挂“整改”牌，由班（工）长和跟班队长负责组织处理完隐患后，方可挂牌开工。

6.1.3 开工后，各工种要严格按照本工种的岗位作业标准、工序标准进行施工作业。严禁违章作业。

6.2 安全巡视

6.2.1 “三员两长”每班在作业过程中必须至少巡视检查三次。查工作面隐患情况、查特种作业人员持证上岗情况、查岗位遵章作业情况。

6.2.2 跟班队长负责作业现场的各类隐患的排查整改及规范职工行为，发现问题，必须采取措施，安排人员，立即处理；发现违章作业和不规范行为，立即制止纠正，并在跟班队长安全管理明细化考核表上认真填写；班（工）长负责组织指挥安全生产，发现不按作业规程、安全措施、工序标准、操作标准作业的人员，必须立即制止纠正，并在班（工）长安全管理明细化考核表上认真记录；验收员负责作业现场工程质量的检查考核与督促整改，发现不按工序作业或工程质量不合格，必须督促整改，并在工程质量明细化验收卡上详细登记。

6.2.3 安监员负责巡视隐患和职工遵章作业情况，发现不安全隐患必须督促处理，发现不安全违章行为，必须立即制止纠正；发现工作面出现重大安全隐患，必须立即责令停产整顿，并根据检查情况，认真填写班评估表。

6.2.4 瓦检员负责按规定检查瓦斯、通风和防尘设施情况，发现隐患立即督促处理，发现瓦斯超限，必须按规定停产、撤人、汇报。

6.3 收 工

6.3.1 交接班结束后，由班（工）长负责召集清点人数，在工作面进行现场讲评。跟班队长对各岗位遵章作业明细化情况进行讲评；班（工）长对生产明细化情况进行讲评；验收员对工作质量和工程质量明细化情况进行讲评；安全员对当班安全明细化情况进行讲评；瓦检员对通风设施、防尘设施、瓦斯情况进行讲评。

6.3.2 班（工）长根据现场讲评情况对职工进行安全质量明细化考核，并做好记录。

第七章 升 井

7.1 讲评结束后，由跟班队长负责整队列队，再次清点人数，确认无误后，按照行走、乘人车(猴车、缆车、罐笼)的有关规定升井。

7.2 升井后确认：本班职工全部升井后，整队进行人员清点，与坑口检身工相互清点确认，无误后，列队离开，交送防护用品和工具后洗澡。

7.3 当班所有升井人员，洗澡后必须回队向值班干部签到，并在班前会记录本上盖章；班(工)长根据现场作业讲评情况，按照明细化标准进行考核评分。

7.4 班(工)长根据最后考核结果，结合评估扣分和职工本人工作内容、工作质量得分，填写安全质量明细化台账。严格按安全管理明细化考核做法和标准，坚持多劳多得，少劳少得原则及干多干少不一样、干好干坏不一样的安全管理明细化宗旨，根据职工当班工作实际，进行公正、公平、公开考核计分，做到日清日结，日事日毕，使每个职工清楚明白当班工作量的大小、得分多少、扣罚原因，并在评分台账上签字。

7.5 本队劳资员必须将当天职工评分情况上墙公布。

第八章 考核奖罚

8.1 未按集团规定时间完成首次准军事化训练，否决该季度综合治理准军事化管理项得分，扣罚责任单位10000元，并扣罚行政正职3000元。

8.2 未制定军训计划和季度轮训计划，扣罚责任单位5000元，否决该季度综合治理准军事化管理项得分；未按计划实施，发现一次，扣罚责任单位3000元。对训练不严格、走形式、走过场、应付了事、规划不细、不按本制度执行的，发现一次扣罚责任单位3000元。

8.3 集团对各单位训练进行不定期抽查，发现一次未按训练计划安排落实，扣罚责任单位3000元，在季度综合治理检查中否决1分。

8.4 集团对各单位准军事化管理进行不定期督查，发现不按本制度执行的行为，在季度综合治理检查中否决1分，扣罚责任单位2000元。

(西山煤电发[2006]451号)

山西焦煤西山煤电集团公司工伤人员住院治疗管理办法(试行)

第一条 为加强工伤保险医疗服务管理，规范职工工伤后入院治疗操作规程，进一步维护企业与职工的合法权益，确保矿区稳定，结合西山集团实际情况，制定本办法。

第二条 工伤保险协议医疗机构(以下简称协议医疗机构)要坚持“因伤施治、合理检查、合理治疗、合理用药、合理收费”的原则，向工伤人员提供及时、便捷、优质的医疗服务，严格履行《山西省国有重点煤矿工伤保险医疗(康复)服务协议》。

第三条 工伤人员(或其直系亲属)、协议医疗机构严格执行劳动和社会保障部发布的《工伤保险药品目录》、《工伤保险治疗目录》、《住院服务标准》。

因伤情需要使用目录外药品的，须由主诊的专科医生填写《山西省国有重点煤矿工伤保险目录外药品申请表》，经科主任签字，医务科审核盖章后，报企业工伤保险办事机构审批。

工伤人员医疗期间，工伤人员或其直系亲属应向医院索要《一日治疗费用清单》或门诊费用，并妥善保管。

协议医疗机构应无偿为工伤人员提供《一日治疗费用清单》、《医疗诊断证明书》。

第四条 社会保险科实行工伤人员、费用、服务规范化管理。协议医疗机构根据社会保险科提供的《工伤治疗通知书》实行记账治疗，根据本单位工伤人员治疗实际情况向协议医疗机构预付工伤人员治疗周转金，定期与协议医疗机构结算治疗费用(周转金中不含结算费用)。

第五条 协议医疗机构在各单位结算时，应及时提供《一日治疗费用清单》和《山西省医疗单位住院医药费统一收据》。

第六条 社会保险科定期到协议医疗机构办理工伤人员住院治疗费用结算手续，报送社会保险公司工伤保险科审核结算后，及时将工伤人员治疗费拨付协议医疗机构，所发生的拒付费用视情况分别由协议医疗机构、工伤人员或工伤人员单位承担。

第七条 协议医疗机构治疗工伤超出治疗范围的应告知工伤人员并要求工伤人员本人或其家

属签字,否则所产生的不合理费用由协议医疗机构承担;治疗检查项目与医嘱不符,并且未经工伤人员本人或其家属签字所产生的费用由协议医疗机构承担。

第八条 工伤人员在治疗工伤期间,由于本人或其家属的要求所产生的超出医嘱或《三个目录》范围外等不合理治疗费用,由工伤人员签字并承担相应费用。

第九条 工伤人员在医院治伤期间没有按规定住院治疗或未经医生同意擅自离开医院,所发生的一切费用由工伤人员承担。

第十条 为防止工伤治疗费用不合理支出,各单位对工伤人员工伤治疗可实行押金管理,管理办法由各单位根据具体情况制定。

第十一条 协议医疗机构要加强对工伤人员住院治疗管理,严格按规定办理入院、出院手续,严禁“搭车开药”、大处方开药。

第十二条 协议医疗机构要根据社会保险科提供的《工伤治疗通知单》对工伤人员进行治疗。对不符合住院条件的工伤人员不得收入住院;工伤人员经住院治疗伤情基本治愈,达到临床出院条件,协议医疗机构应及时为工伤人员办理出院手续,结算工伤治疗费用。

第十三条 工伤人员转集团公司以外就医,必须到社会保险科提出申请,批准后办理借款手续。工伤人员或其家属应向社会保险科提供《一日治疗费用清单》、医疗费用收据,由社会保险科统一办理治疗费用的结算手续。

第十四条 工伤人员旧伤复发需要治疗或康复应及时填报《工伤人员旧伤复发(康复)治疗申请表》,办理工伤人员旧伤复发和康复治疗手续,由社会保险科向协议医疗机构出具《工伤住院通知书》,工伤人员方可得到治疗,否则发生的费用不予结算。

第十五条 工伤人员需要安装配置辅助器具的应填报《工伤人员安装配置辅助器具申请表》,由社会保险科上报审批后方可配置。

第十六条 工伤人员住院治疗工伤期间按照西山煤电发[2006]204号《关于调整职工住院治伤期间伙食补助标准的通知》享受住院伙食补助,具体办法各单位自行制定。

第十七条 严禁冒名、挂床、虚假住院现象发生,骗领住院伙食补助,一经发现,视情节严重分别给予严肃处理。

第十八条 社会保险科对住院治伤的工伤人员进行定期、不定期检查,凡发现一次不住院,扣除三天的住院伙食补助,一个月累计七天不住院,取消所有伙食补助。

第十九条 本办法自下发之日起执行。

(西山煤电发[2006]457号)

山西焦煤西山煤电集团公司工伤保险管理服务办法(试行)

第一章 总 则

第一条 工伤保险是一种职业伤害保险,是国家和社会为生产、工作或在规定的某些特殊情况下,遭受意外伤害或职业病的劳动者,提供医疗服务、生活保障、经济补偿、医疗和职业康复的物质帮助的社会保障制度。

第二条 为加强工伤保险业务管理,规范和统一工伤保险管理规程,保障工伤人员、用人单位、社保经办机构和工伤保险协议医疗机构各方的合法权益,根据《西山煤矿总公司工伤保险实施方案》西山煤矿发[2004]328号文件精神,结合西山集团工作实际,制定本办法。

第三条 西山集团劳动工资处负责工伤认定和劳动能力鉴定工作。按规定向太原市劳动局工伤处和劳动能力鉴定中心申请办理。

第四条 西山集团社会保险公司是矿区工伤保险业务经办机构(以下简称社保经办机构),统筹安排西山集团的工伤保险管理服务和经办业务工作。具体负责所属单位工伤保险基金的征缴、工伤待遇审核申报、工伤待遇拨付、工伤人员信息系统建立以及有关业务经办;参与安全事故的调查;检查监督协议医疗机构、辅助器械协议机构履行协议情况;指导各矿(厂)处工伤保险管理服务和业务工作。

第五条　矿区社保经办机构配备专职医务人员，负责审核治疗费用，监督指导协议医疗机构的工作。

第六条　各矿(厂)处要建立由主管生产或主管经营的领导负责的由劳资、保险、安监、组干、办公室、企管、财务、生产、信访、纪委、宣传、工会、调度、卫生等部门组成的工伤保险联席会议制度，定期研究解决工伤保险与工伤人员管理方面存在的问题。

第七条　为了科学、规范、精干、高效，适应新形势需要，现有各矿(厂)处的社保办事处统一更名为社会保险科(正科级建制)，社会保险科下设工伤保险管理队(组)，在社保经办机构的指导下负责承办本单位工伤保险业务和对工伤人员、工亡供养亲属的管理服务工作。

第八条　为进一步理顺管理关系，确保工伤保险工作正常开展，各矿(厂)处社会保险科管理工伤人员和工亡供养亲属发生的费用，从管理费用项下据实列支。

第九条　工伤保险协议医疗机构是指具备工伤保险协议医疗机构资格且与保险经办机构签订服务协议，为参加工伤保险的工伤人员提供医疗救治服务的医疗机构(以下简称协议医疗机构)。

第十条　本办法适用于参加工伤保险的用人单位、各矿(厂)处社会保险科及协议医疗机构。本办法中的工伤人员是指仍属单位在册已经鉴定为1~10级工伤人员和未鉴定的工伤人员、全残退休享受护理费人员；工亡遗属是指在职职工工亡遗属、全残退休死亡遗属。

第二章　工伤保险管理服务

第十一条　社会保险科对本单位的工伤人员从发生工伤住院治疗到最终各项工伤保险待遇的结算，实行人员、费用、服务一体化管理，确保工伤保险政策执行的一致性、连续性、系统性、规范性。

(一)矿井单位的1~4级工伤人员、在职职工工亡遗属全部转入社会保险科管理。1~4级工伤人员由用人单位保留劳动关系，退出工作岗位，享受伤残津贴。5~6级工伤人员由用人单位保留劳动关系，适当安排工作，为其支付工资待遇；难以安排工作的，转入社会保险科管理，享受伤残津贴。

(二)地面单位1~6级工伤人员由社会保险科根据实际情况制定相应的管理办法。

第十二条　社会保险科要建立工伤事故上报制度，对严重或比较严重的工伤事故经单位安监、劳资部门初步审核后在24小时内口头上报社保经办机构，三日内填写《工伤事故上报通知单》完成书面上报。

第十三条　社会保险科要建立工伤人员档案管理制度，准确为协议医疗机构提供工伤人员的信息资料，及时送达《工伤住院治疗通知单》。

第十四条　社会保险科要为协议医疗机构提供工伤保险的法规、政策和文件资料，提供有关工伤医疗、康复政策咨询服务并按照协议履行监督检查职能。

第十五条　社会保险科要及时为工伤人员填报《工伤人员转诊转院申请表》，办理转院转诊手续；填报《工伤人员旧伤复发治疗申请表》、《工伤人员旧伤复发确认书》或《工伤人员康复申请表》，办理工伤人员旧伤复发治疗和康复治疗手续；由劳资部门填报《工伤人员安装配置辅助器具申请表》，社会保险科填报《工伤人员辅助器具安装配置费用核定表》，办理辅助器具配置手续。

第十六条　社会保险科要与本单位相关部门、协议医疗机构、工伤职工个人建立经常性联络机制，及时了解并协调解决工伤保险相关问题。

第十七条　为了做好老工伤治疗费用纳入工伤保险基金统筹范围前期准备，由社会保险科准确核定老工伤年支出工伤治疗费用、配备辅助器具费用和其他工伤补助费用指标，在本单位开设工伤保险治疗费明细科目，所需支出费用由社会保险科审核后从工伤保险治疗费明细科目支付。如工伤人员需住院治疗，社会保险科统一填制《工伤住院治疗通知单》送达协议医疗机构，采取协议医疗机构先记账治疗的方式，月度打印一日清单，审核后结算费用。

第十八条　纳入工伤保险基金统筹范围的工伤人员(新工伤人员)的治疗费用由社会保险科统一管理。经单位安监、劳资部门核实事故经过，初步认定工伤身份后，社会保险科统一填制《工伤住院治疗通知单》送达协议医疗机构，采取协议医疗机构先记账治疗的方式，月度打印一日清单，由社会保险科初审，报社保经办机构审核。

第十九条 医疗期限长、转外就医的医疗费用，由工伤人员所在单位或工伤个人向社会保险科提出申请，社会保险科审批后由单位财务预借或垫付医疗费用，医疗结束后由社会保险科与社保经办机构结算。

第三章 工伤医疗管理服务

第二十条 西山集团具备工伤保险协议医疗机构资格的单位包括西山职工总医院、古交矿区职工总医院、白家庄分院、杜儿坪分院、西铭分院、官地分院、西曲分院、镇城底分院、马兰分院、东曲分院、屯兰分院。

第二十一条 西山集团公司工伤保险协议医疗机构应当严格执行《山西省国有重点煤矿工伤保险医疗（康复）服务协议》中的具体条款，按照工伤保险诊疗目录、工伤保险药品目录、工伤保险住院服务标准的规定实施医疗救治服务。

第二十二条 协议医疗机构应当建立由主要领导负责的工伤人员救治小组，指定职能科室，配备专职管理人员，组织管理人员学习工伤保险政策和文件，严格按照协议实施工伤救治、医疗、康复服务。

第二十三条 协议医疗机构应当及时为工伤人员建立治疗档案，掌握工伤治疗阶段情况，向社会保险科提供审核医疗费用所需的相关医嘱及账目清单。必要时，协议医疗机构应当为工伤保险科提供查询工伤人员病历资料的便利服务。

第二十四条 为了更好地将工伤人员住院伙食补助用到实处，切实保障企业和工伤人员合法权益，社会保险科根据《关于调整职工住院治伤期间伙食补助标准的通知》（西山煤电发［2006］204号）实事求是地发放住院伙食补助。

第二十五条 工伤人员在救治和恢复性治疗阶段实行停工留薪期，严格执行《山西省劳动和社会保障厅关于印发＜山西省工伤职工停工留薪期管理办法（试行）＞的通知》（晋劳社工伤〔2004〕275号）文件。

第四章 待遇结算程序

第二十六条 结算工伤治疗费用由社会保险科统一填制《工伤人员治疗费用结算表》，一式三份，报送社保经办机构审核。提供材料：

1.《企业职工工伤认定表》（复印件）；

2. 医疗诊断证明（原件）；

3. 医疗费用收据及费用一日汇总清单（原件）；

4. 转诊转院工伤人员需提供《工伤人员转诊转院申请表》（原件）；

5. 使用大型设备检查治疗需副主任医师以上审批手续（原件）。

第二十七条 结算一次性工伤补助金、伤残津贴、护理费由办事处统一填制《工伤人员待遇审批表》，一式三份，报送社保经办机构审核后上报省煤炭社保局审批。提供材料：

1.《企业职工工伤认定表》（复印件）；

2.《企业职工工伤鉴定等级表》（复印件）；

3. 属机动车事故伤害的，需提供《道路交通事故赔偿调解书》。

第二十八条 结算一次性工亡补助金、丧葬费由办事处统一填制《工伤人员待遇审批表》，一式三份，报送社保经办机构审核后上报省煤炭社保局审批。提供材料：

1.《企业职工工伤认定表》（复印件）；

2. 医学死亡证明（原件）；

3. 工亡职工居民身份证（复印件）、户口簿（复制件）；

4. 属机动车事故伤害的，需提供《道路交通事故赔偿调解书》（复印件）。

第二十九条 结算供养亲属补助金由社会保险科统一填制《工伤人员待遇审批表》，一式三份，报送社保经办机构审核。提供材料：

1. 享受抚恤人员的户口簿（复制件）；

2. 供养关系证明和经济收入证明等材料（原件）；

3. 城镇户口的供养亲属，需提供街道办事处以上政府部门的无生活来源证明（原件）；

4. 农村户口的需提供乡、镇以上政府的无生活来源证明（原件）；

5. 在校学生需提供学校证明（原件）；

6. 孤寡老人、孤儿提供县级以上民政部门的证明（原件）；

7. 养子女需提供公证处或民政部门的证明（原件）；

8. 完全丧失劳动能力的，需提供市级劳动能力鉴定委员会的劳动能力鉴定证明(复印件)。

第三十条　配置安装辅助器具由劳资部门填报《工伤人员安装配置辅助器具申请表》,社会保险科填报《工伤人员辅助器具安装配置费用核定表》,报送社保经办机构审核。提供材料:

1.《医疗机构诊断建议书》(原件);

2.《山西省国有重点煤矿企业工伤职工安装配置辅助器具申请表》(原件);

3.《山西省工伤职工配置辅助器具鉴定确认表》(原件);

4. 职工配置辅助器具的收费单据及费用清单(原件)。

第五章　日常业务管理

第三十一条　每月十日前由社会保险科上报本单位发生的工伤治疗费用、享受工伤保险待遇人员的一次性或月支付费用,并填写《西山煤电集团公司工伤保险基金预结算申请表》和工伤人员台账电子表格,报送社保经办机构审核。

第三十二条　每月二十日由社会保险科结算上月本单位申报的工伤治疗费用、享受工伤保险待遇人员的相关费用,填写《西山煤电集团公司工伤保险基金支付申报表》、《西山矿区保险公司工伤保险基金支付单》,报送社保经办机构审批。

第三十三条　每月八日由社会保险科与社保经办机构核对上月工伤治疗费用台账、享受工伤保险待遇人员的相关费用台账;填写《西山煤电集团公司工伤人员统计表》,报送社保经办机构审批。

第三十四条　每月八日由社会保险科上报本单位《参保职工人员信息增减变动表》,同时报送电子表格。

第六章　监督检查

第三十五条　监督检查包括对参保单位、参保单位社会保险科的工伤保险管理工作、协议医疗机构、辅助器具协议机构履行协议情况监督检查等内容。

第三十六条　社保经办机构对参保单位监督检查的内容包括:

1. 按时足额缴纳工伤保险基金的情况。

2. 发生工伤后准确及时上报情况。

3. 结算工伤保险待遇情况。

4. 处理工伤事故相关部门的协调性、及时性。

第三十七条　社保经办机构定期或不定期对社会保险科监督检查的内容包括:

1. 与劳资、安监、工会、协议医疗机构等部门协调、监督、解决问题情况。

2. 缴纳工伤保险基金的有关报表、明细账目、原始凭证。

3. 参保职工信息库的准确程度。

4. 工伤人员待遇信息库的建立情况和准确程度。

5. 抽查工伤人员工资情况,验证工伤保险待遇核定的准确性。

6. 抽查工伤人员工伤保险待遇标准、调整待遇的有关原始资料,验证待遇调整的准确性。

7. 抽查工伤保险基金支出、发放账目凭证,验证基金支出的正确性。

8. 核查工伤保险待遇享受人员户口簿、身份证、居住证明、生存状况等资料,核实是否存在重复享受、冒领、骗取供养亲属抚恤行为。

第三十八条　社会保险经办机构对协议医疗机构的检查监督内容:

1. 检查是否严格按照工伤保险的有关政策规定和工伤保险医疗机构协议开展医疗救治。

2. 检查是否无偿为工伤人员提供医疗费用一日清单。

3. 抽查工伤人员住院病例、处方,核实住院检查及用药是否与医疗费用结算清单相一致,是否存在“大处方”或“搭车开药”现象。

4. 查阅工伤人员病历和出入院记录,检查有无故意延长住院时间行为。

5. 检查是否根据工伤人员实际病情办理住院或及时办理出院手续。

6. 调查了解协议医疗机构的服务质量。

第三十九条　社保经办机构对监督检查中发现的问题提出整改意见,通知被检查单位。对不执行整改意见的单位视情节轻重做出处理:

1. 参保单位如发生瞒报工伤事故,造成工伤保险基金不能正常、合理使用,直接影响企业利益等问题,在社会保险公司季度绩效考核中通报批评,并视情节轻重给予相应的经济处罚。

2. 社会保险科在执行工伤保险政策过程中如发

生骗保、虚报工资、待遇严重偏差、发放待遇有误等问题,取消社会保险系统年度评比资格并通报批评。

3. 工伤保险协议医疗机构如发生不履行协议、“搭车开药”、违反救治规律、无缘延长住院,不诚信行为、出现挂床现象,导致住院治伤期间伙食补助费用增加等问题,责令限期改正。情节严重的,保险经办机构将拒付在拖延住院期间发生的治疗费用,并报请省劳动保障行政部门取消协议资格。

4. 社保经办机构按季度检查协议医疗机构的工作,并将检查结果纳入西山集团季度绩效工资考核。

第七章 工伤保险基金的收缴和拨付

第四十条 每月十五日前,社保经办机构根据年初下达的缴费基金基数,将各参保单位的工伤保险基金统一从财务内部银行划转到社保公司专户。

第四十一条 社会保险科要有专人负责每月缴费单据的管理,定期同社保公司对账,年底装订成册并存档。

第四十二条 社保经办机构每月初将煤炭社会保险事业局下拨的工伤保险基金准时拨付到社会保险科。社会保险科在收到工伤保险基金后应及时发放到本人手中,不得以任何理由拖欠,更不准挪用,一经发现将严肃处理。

第四十三条 社会保险科要将工伤基金领款单、表及原始单据保存好;工伤基金领款单上必须有经办人、负责人、领款本人的签字及身份证号,社保经办机构将定期或不定期的进行检查,年终将工伤基金费用分类装订、存档。

第八章 附 则

第四十四条 社会保险科要按有关规定对档案资料进行分类整理,妥善保管,做好电子文档的备份工作。

第四十五条 工伤保险业务用表由社保经办机构统一印制。

第四十六条 本办法与上级文件相抵触,以上级文件为准。

第四十七条 本办法自下发之日起执行。

(西山煤电发[2006]460号)

西山煤电集团公司选煤厂瓦斯管理规定

总 则

第一条 为贯彻执行党和国家及上级有关安全生产方针、政策、规定,坚持安全第一、预防为主方针,保障职工在生产作业中的安全和健康,保护国家财产和生产的正常进行,杜绝瓦斯事故发生,依据《煤矿安全规程》、《选煤厂安全规程》制定本规定。

第二条 选煤厂瓦斯区:原煤仓、产品仓、缓冲仓及上下封闭区域,皮带走廊,其他有瓦斯积聚情况的封闭区域。

第三条 选煤厂厂长是瓦斯管理的第一责任者,总工程师是瓦斯技术管理的第一责任者,副厂长对分管业务内的瓦斯管理负责,各职能科室负责人对本职范围内的瓦斯管理负责,车间(公司)主任(经理)对所管辖范围内的瓦斯管理负直接责任。

各级领导干部在检查、安排、布置工作的同时,必须对瓦斯管理工作进行检查、安排、布置,并做好记录。

第四条 各选煤厂应根据需要配备专职(兼职)瓦检员,必须保证每班有瓦检员对瓦斯进行检测。

瓦检员基本职责是:

(一)在正常生产作业过程中,按规定的循检路线、循环图表及规定的时间、地点、位置进行瓦斯检查,做好检查、填写、汇报“三对口”。

(二)厂安监站瓦检员负责本厂瓦斯区域的瓦斯检测,车间(公司)瓦检员负责所属范围内瓦斯区域的瓦斯检测。应加强开车前和异常情况下的瓦斯检测,特别要加强瓦斯区实施电、火焊作业前和作业中的瓦斯检测,并对瓦斯管理隐患、“三违”行为进行查处。

(三)一旦发现瓦斯浓度超限时,必须立即切断超限区域及其附近20m范围内电气设备的电源,及时采取措施降低瓦斯浓度并汇报。

第五条　瓦斯区瓦斯浓度规定：瓦斯浓度达到1%报警，必须断电并停止排放瓦斯外的一切作业。瓦斯浓度达到1.5%，必须断电撤人并停止排放瓦斯外的一切作业。

第六条　选煤厂已建立独立瓦斯监测系统的，由选煤厂进行管理，矿负责给予技术指导。

第七条　培训：瓦检员必须经过专业培训，考试合格取得瓦斯检查员资格证后方可上岗。

由各矿协助与之配套选煤厂，进行厂领导、生产管理科室、车间领导、岗位在瓦斯区的班组长、瓦斯区岗位人员进行瓦斯安全技术培训。

第八条　矿（厂）应根据本规定和实际情况制定管理细则，明确各自的职责和管理事宜。

第一章　瓦斯检查汇报管理

第九条　各厂应在厂调度或安监站建立瓦斯管理值班制度，值班人员要对瓦检员的汇报情况认真做好记录，填报瓦斯日报表。值班干部必须每班审阅瓦斯台账并签字，掌握瓦斯变化情况，发现问题及时按程序处理。

调度会上应对瓦斯检测情况进行通报，并对防治瓦斯工作作出妥善安排。

第十条　每个班对瓦斯区域瓦斯检测不少于2次。瓦检员应严格按照巡回检查计划图表规定的路线、时间和内容认真进行检查，将检查结果填写在巡回检查图表和现场牌板上，及时汇报检查结果。

除瓦检员正常检测外，还应给瓦斯区域岗位人员配备必要数量的便携式瓦检仪，以便对瓦斯情况及时检测，发现问题及时汇报处理。

第十一条　遇有瓦斯严重积聚情况时必须及时采取有效措施并及时汇报。不得迟报、虚报、谎报数据，瓦斯检查必须做到循环图表、牌板、台账“三对口”。

第十二条　任何人发现瓦斯浓度达到报警浓度、风机停转、瓦斯探头不显示等异常情况时，都有义务及时汇报。接到汇报的领导应立即查明原因，采取相应措施保证安全，并做好记录。

第二章　瓦斯排放管理

第十三条　瓦斯积聚严重的区域，必须完善排放设备、设施，并确定合理的瓦斯超限断电范围。瓦斯积聚严重区域应不间断排放，瓦斯积聚较轻的区域可间断排放，但间断时间不应超过1小时。

瓦斯积聚严重区域和瓦斯积聚较轻区域的划分，由各厂根据日常监测数据进行确定。

第十四条　储、装、运及准备系统封闭区域作业前，必须采取有效的通风措施，经检测瓦斯确认安全后方准启动设备运行。严禁在瓦斯区域不经瓦斯检测启动设备。

第十五条　原煤仓、产品仓、缓冲仓及上下封闭区域，应在开车前提前30分钟进行排放瓦斯，经瓦斯检查确认安全后方准开车生产。瓦斯积聚较轻的区域，经瓦斯检查确认安全后方准开车生产。

第十六条　瓦斯区域实施电、火焊作业，必须制定并执行完善的安全技术措施，作业前必须采取预先通风，瓦检员到作业现场对瓦斯进行全过程跟踪检查。

第十七条　对现场安装的瓦斯探头、风机传感器、电源、电缆以及通风设施不得随意移动、拆卸，严禁用水冲洗，出现故障要及时进行抢修处理，保证监控排放系统的正常运行。

第十八条　通风设施必须保证有备用、备件，以便及时更换。

第三章　防灭火管理

第十九条　瓦斯区域防灭火措施

（一）加强电气设备的管理，防止电器受潮产生短路和电火花，防止机械设备运转不良造成过热或摩擦火花等。瓦斯区域照明必须采用防爆灯。

（二）加强消防器材管理，沙箱、灭火器、消防斧、消防锹、消防桶等必须按规定配备充足，作业人员必须熟悉消防器材的使用方法及存放地点，定期检查及时更换过期的器材。

（三）严禁在瓦斯区域存放易燃可燃物品，使用的润滑油、棉纱等，必须存放在盖严的铁桶内。擦过设备的棉纱、布头和废纸等及时装入专用桶内，不得乱扔乱放。

（四）严禁将火种带入瓦斯区域。作业人员必须穿戴合格的劳动保护用品，禁止穿戴化纤衣服。

（五）严禁用爆破方法处理堵仓和仓壁积煤。

必须采用爆破方法时，应参照矿井爆破管理制度制定完善的安全技术措施，并报公司相关部门批准后，方可由有资质的人员进行。

（六）瓦斯区域电、火焊作业必须制定完善的安全技术措施，并经总工程师批准后严格执行，瓦检员必须到现场对瓦斯跟踪检测。

（七）如遇夜间抢修任务需在瓦斯区动电、火焊时，值班厂领导应根据实际情况确定是否施工。如必须施工时，施工单位必须有安全技术措施及申请报告，经值班厂领导批准并进行规程贯彻，施工前必须有厂领导、车间和施工单位负责人现场协调指挥，瓦检员在作业现场全过程跟踪监督检查，直到作业完毕。

第二十条　其他规定

（一）发现火灾或预兆时，应及时通知有关人员并采取必要措施，任何人不准拖延时间。

（二）发现火灾，应在确保自身安全的情况下，考虑直接灭火。扑灭电气火灾时首先应切断电源，未切断电源前只准使用不导电的灭火器材。油脂类火灾只能用适应的灭火器或沙子扑灭。

（三）摄影器材进入瓦斯区域，必须制定、贯彻《安全技术措施》，履行相关审批手续。

（四）瓦斯区必须有醒目的“严禁烟火、瓦斯危险”等安全标志牌，各瓦斯检测场点必须有瓦斯检测记录牌板。

（五）加强煤尘防治，及时清扫防止煤尘积聚。

第四章　瓦斯监控系统设计、安装、维修管理

第二十一条　设计、安装、验收

（一）新建的选煤厂瓦斯监控系统并入矿井监控系统，在选煤厂设置显示终端，施工方案设计以矿为主，选煤厂协助进行。由各矿协助选煤厂根据实际情况确定本厂瓦斯探头对应的断电范围。

应在煤仓内、仓上、仓下各布置检测点不少于2个，皮带走廊等封闭区域应根据日常检测数据合理布置检测点。

（二）监测设备、探头、断电仪和电源线、控制线等部分的安装调试由各矿负责完成，选煤厂予以协助。瓦斯监测系统安装调试必须制定完善的安全技术措施，并严格执行。

（三）安装监测设备时要实现专用变压器、专用开关、专用电缆，同时必须按产品使用说明书的要求进行，设备的设置及线路的敷设、吊挂要符合质量标准化标准要求，调试合格后方可使用。

（四）交接验收工作由矿（厂）联合进行，并办理交接手续。

第二十二条　使用、维护

（一）选煤厂已建立独立瓦斯监控系统的，由选煤厂负责全面管理，矿应提供必要的技术支持。并入矿井监测系统的，设置在选煤厂的部分由选煤厂使用和必要的日常管理，发现问题及时和本矿联系解决，设置在矿上的部分由矿进行管理。

矿（厂）协商后，通过《管理细则》明确各自责任范围和具体操作程序。

（二）拆除、改变、检修与安全监控设备关联的电气设备、线路，或需要安全监控设备停止运行时，必须制定安全技术措施，经矿（厂）共同批准后方可进行。岗位司机在冲扫现场卫生时，严禁将水和积煤泼洒在监控设备、设施上。

（三）并入矿监测系统的，由矿负责监控系统每月一次定期调试、校正，每7天对甲烷传感器使用校准气样和空气气样调校1次，每7天对甲烷超限断电功能进行测试。测试结果通报选煤厂并留存。

选煤厂设立独立监测系统的，矿应协助指导选煤厂进行调试、校正、校准工作。

（四）瓦检员必须每天检查瓦斯传感器是否正常，发现问题立即做好记录，并将检查结果及时汇报处理。

（五）使用瓦斯电闭锁的地点，瓦斯探头报警、超限断电及设备复电履行以下程序。

1. 瓦斯探头出现报警时，必须立即停止现场作业，瓦检员核查瓦斯浓度异常时，应立即向瓦斯管理值班人员和有关领导汇报，有关领导应立即到现场落实查明原因，并采取处理措施。

2. 瓦斯超限断电时，必须立即停止作业，将人员撤到安全区域。瓦检员检查瓦斯浓度，并向瓦斯管理值班人员和有关领导汇报，有关领导应立即到现场落实查明原因，并采取处理措施。

3. 经检测，当现场瓦斯浓度降至允许复电浓度时，由选煤厂总工程师核实瓦斯浓度正常具备复电条件，并通报矿有关部门后下达复电命令，人工复电。

未接到复电命令严禁组织复电。

（六）监控机房实时监控瓦斯浓度变化及被控设备的通、断电状态。当选煤厂瓦斯监测点出现瓦斯超限报警、断电、无信号、局部通风机停风等情况时，必须立即汇报选煤厂、矿通风调度和监控队值班领导，并做好值班记录和台账。

（七）瓦斯监控终端计算机必须实现瓦斯超限声音报警功能。

第二十三条　便携式、光电式瓦检仪管理和使用

（一）由各矿对便携式、光电式瓦检仪按规定进行采购、充电、发放、收回、清点、保养、维修、校验、报废等管理，选煤厂负责领用后正确使用，作为瓦斯探头监测的补充。领用手续由矿、厂协商，并应与矿井使用的瓦检仪分开管理。

（二）矿仪器室每班都要清点瓦检仪发放和收回情况并作记录，对损坏或丢失仪器的责任者，按照仪器价格的20%~100%罚款，矿通风科出具罚款条由选煤厂执行。无故不按时交回瓦检仪的应查明情况汇报处理。

第五章　处　罚

第二十四条　瓦斯管理过程中出现的一般隐患、“三违”由选煤厂按本厂规定作出处理。

第二十五条　出现以下情况由公司进行追查并按有关规定处理。

（一）发生瓦斯爆炸事故的。

（二）发生瓦斯燃爆事故的。

（三）发生瓦斯燃烧事故的。

（四）发生瓦斯超限报警情况的。

（五）发生瓦斯抽放设备非正常停止，造成瓦斯严重积聚情况的。

（六）发生其他严重危及安全生产情况的。

（西山煤电发[2006]501号）

经营管理制度

山西焦煤西山煤电集团有限责任公司 2006年责任法人制度综合目标考核办法

为贯彻党的十六大和十六届三中、四中、五中全会精神，全面落实科学发展观，进一步推进企业管理制度创新，建立科学的企业管理体系和高效的运行机制，优化各类资源的配置，调动各单位、各部门的积极性，打造平安西山，构建和谐矿区，提高山西焦煤西山煤电集团有限责任公司（以下简称集团）的控制力和领导力，增强企业核心竞争力，实现综合效益最大化，集团决定进一步深化责任法人管理制度，对责任法人综合目标实行一体化考核。

责任法人管理制度就是以法人责任形式确立所属各单位、各部门为责任主体，以行政正职为责任法人代表，党委书记为责任保证人，党政正职负总责，领导班子中的其他成员为其分管范围内的责任人，以落实责任为核心，层层建立以经济责任、法律责任、社会责任和政治责任于一体的责任目标体系，并运用经济、行政的以及必要的法律手段进行综合考核的管理制度。

一、责任法人制度实施范围

集团所属矿井、选煤厂，地面生产单位（机电总厂、水泥厂、化工厂、煤气化公司、矸石电厂）、山西庆恒建筑集团矿建分公司、基本建设施工单位（庆恒公司、金城公司、金信公司）、控股及控股管理单位（山西兴能发电有限责任公司、山西焦煤五麟煤焦开发有限责任公司、山西西山热电有限责任公司、山西晋兴能源有限责任公司、山西焦煤集团矿业管理有限公司、山西焦煤古交水泥有限责任公司）、物资供应公司、多种经营管理局、公用事业总公司、职工总医院、古交矿区总医院、教育委员会、驻外机构及餐饮服务单位（驻北京联络处、驻广东联络处、西山宾馆、西山酒店）、机关直属经营性、费用补贴单位、机关各部门。

二、责任法人考核指标及内容

（一）经济责任目标

根据所属各单位生产经营性质和经营方式的不同，分类确定，分别下达考核指标。

1. 各生产矿和选煤厂

（1）矿　井

产品完全成本、利润、安全质量标准化、煤炭产品质量（含调入洗）、"三量"可采期、掘进总进尺、开拓进尺、减员分流、全员效率、工程管理、采区回采率、福利费结余、储备资金占用、债权清理等指标以及"一通三防"、小煤窑管理、矿井防治水管理、机电管理、"二十个必须"等专项考核指标。

（2）选煤厂

产品完全成本、利润、安全质量标准化、煤炭产品质量、精煤产率、综合产率、减员分流、全员效率、工程管理、福利费结余、储备资金占用、债权清理等，对西铭矿选煤厂考核项目投资、安全质量标准化、工期、工程质量、文明施工等指标。

2. 地面生产单位

利润、销售收入、产品质量、安全质量标准化、工程管理、减员分流、福利费结余、储备资金占用、债权清理等指标。矸石电厂同时考核电力完全成本、上网损失、发电量、发电煤耗、自用电率、发电力率等指标。

3. 山西庆恒建筑集团矿建分公司

施工产值、进尺、利润、安全质量标准化、工程质量、福利费结余、债权清理等。

4. 基本建设施工单位

施工产值、利润、安全质量标准化、工期、工程质量、文明施工、工程管理、重点工程、减员分流、福利费结余、债权清理等。

5. 控股及控股管理单位

主要考核产量(发电量)、销售收入、利润、福利费结余、储备资金占用、债权清理、安全质量标准化、产品质量等指标,其中,山西晋兴能源有限责任公司增加掘进总进尺、开拓进尺等考核指标;山西焦煤集团矿业管理有限公司主要考核安全、生产、技术管理等项指标。

6. 物资供应公司

利润、物资采购总额、材料成本综合差异率(含分类材差)、按需保供、供应物资质量、安全质量标准化、减员分流、储备资金占用、债权清理等。

7. 多种经营管理局

利润、销售收入、福利费结余、安全质量标准化、产品质量、减员分流、债权清理等。

8. 公用事业总公司、各实业公司

利润、营业收入、福利费结余、服务质量(水、电、暖、通勤客运、托幼等)、矿区公共卫生、矿区环境综合治理、矿区绿化美化(绿地面积、树木成活率达标)、矿区自有公共设施维护、矿容矿貌监察、物业管理、安全质量标准化、减员分流、债权清理等。

9. 职工总医院、古交矿区总医院

盈亏、医疗收入、福利费结余、医疗安全、安全质量标准化、减员分流、医疗质量、疾病预防控制、患者满意度、债权清理等。

10. 教育委员会

费用补贴指标、安全绩效、高考二本达线率、中考优秀率、初中毕业一次性合格率、学生流失率等。

11. 驻外机构及餐饮服务单位

盈亏、营业收入、服务质量、安全质量标准化、债权清理等。

12. 机关直属经营性、费用补贴单位、机关各部门根据其工作性质、业务范围具体确定考核指标。主要考核集团安全生产指标、盈亏指标、管理经营指标和部门、单位的工作任务、工作质量、工作效率和服务水平等指标。

(二)法律责任目标

1. 依法经营责任目标。依照国家法律、法规和集团有关规定,开展生产经营活动。主要包括:

(1) 合同管理;

(2) 法律事务;

(3) 依法治企;

(4) 民事调解。

2. 党风廉政建设责任目标:

(1) 廉洁自律;

(2) 查处案件;

(3) 效能监察;

(4) 专项治理;

(5) 源头治理。

3. 社会治安综合治理责任目标:

(1) 治安防范管理;

(2) 危险品管理;

(3) 交通管理;

(4) 消防管理;

(5) 职工遵纪守法;

(6) 与企业安定有关的其他工作。

(三) 社会责任目标

1. 环境保护指标:

执行所在地区政府环保部门和集团下达的环保考核指标、环境综合治理指标。

(1) 总量控制指标

包括烟尘排放量、二氧化硫排放量、粉尘排放量、废水中 COD 排放量。

(2) 污染控制指标

包括烟尘排放达标率、烟气黑度排放达标率、二氧化硫排放达标率、工业粉尘排放达标率、工业固体废物综合利用率、工业废水排放达标率、机动车尾气检测率、机动车尾气排放达标率。

(3) 工作指标

包括污染治理设施运转率、污染治理设施运转合格率、锅炉燃煤硫份控制,扬尘污染控制中煤堆、料堆、渣堆绿色覆盖率。

2. 计划生育指标:

(1) 计划生育政策落实率;

(2) 计划生育政策、知识的知晓率;

(3) 符合政策生育率;

(4) 已婚育龄妇女特殊人群三查、两补、一治疗服务率;

(5) 群众对人口和计划生育工作的满意率;

(6) 案件结案率。

3. 信访责任指标:

（1）全年越级赴省、焦煤集团公司集体上访批次；

（2）信访案件的按期结案率。

（四）政治责任目标

1. 党建工作：

（1）加强领导班子建设和干部队伍建设；

（2）加强基层党组织建设；

（3）加强人才队伍建设；

（4）加强对工青妇等群众组织的领导和指导。

2. 思想政治工作：

（1）坚持政治理论学习；

（2）开展形势任务教育；

（3）做好针对性的思想政治工作和职工思想政治研讨工作；

（4）认真传达贯彻上级文件精神，严格执行各项决议、决定。

3. 精神文明创建工作：

（1）文明创建系列活动有规划、有安排、有考核、有奖罚；

（2）环境治理工作有规划、有目标、有成效；

（3）爱国卫生工作达到集团考核标准；

（4）职业卫生工作达到国家规定标准。

4. 企业文化建设：

（1）企业文化建设有规划、有目标、有措施、有进展；

（2）安全文化建设按照山西焦煤《企业文化建设纲要》、《西山安全文化建设》要求深入开展；

（3）群众性文化活动丰富多彩、寓教于乐；

（4）“素质工程”建设有实效。

5. 全心全意依靠工人阶级：

（1）维护企业和职工的合法权益；

（2）健全完善工会组织机构；

（3）参与企业民主管理；

（4）教育职工牢固树立主人翁意识；

（5）认真搞好“温暖工程”。

三、对责任法人单位的考核

集团对责任法人单位考核，根据各单位经营特点、责任目标及指标的不同，分别在月度、季度、半年和年末进行考核。月度绩效工资与本单位联责指标完成情况挂钩考核，季度末法律、社会、政治责任目标参与绩效工资考核；半年和年终进行责任法人综合目标一体化考核，并根据责任法人单位绩效考核结果进行综合排序、单项指标排序。

（一）经济责任目标的考核

1. 各矿和选煤厂

（1）利润指标按月考核，累计计算，年末一次兑现。超利（减亏）部分，50%增提月度工资，50%单位留用；减利（超亏）部分，100%从月度工资中扣除。

（2）完全成本指标按月控制，根据利润指标完成情况合并考核。

（3）储备资金占用指标按月控制、累计计算、半年考核兑现。材料、配件、在产品、产成品半年实际平均占用比定额指标节约或超支部分，按银行一年期贷款利率对等奖罚。上半年按应奖罚额的80%兑现，年终根据年度奖罚额多退少补。

（4）福利费结余指标按月控制、累计计算、半年考核兑现。半年末，按照节约（超支）额的15%对等奖罚。上半年按应奖罚额的80%兑现，年终根据年度奖罚额多退少补。

（5）债权清理指标按月控制、累计计算、半年考核兑现。半年末，根据考核结果进行奖罚兑现。上半年按应奖罚额的80%兑现，年终根据年度奖罚额多退少补。

（6）掘进进尺和开拓进尺按月考核，累计结算。完不成当月进尺计划，掘进进尺比当月计划每减少1%，减扣当月基础工资的0.1%，开拓进尺比当月计划每减少1%，减扣当月基础工资的0.2%，扣除部分缴集团预留，累计完成考核指标，返还预留工资。

（7）其他指标考核。煤炭产品质量以及“一通三防”、小煤窑管理、矿井防治水管理、机电管理、“二十个必须”等专项考核指标，均由相关专业职能部门制定专项指标考核办法，纳入月度绩效工资考核体系进行考核。

2. 地面生产单位

利润指标按月考核，累计计算，年末一次兑现。月度绩效工资同利润完成情况挂钩考核，减利（超亏）部分全额以当月工资抵补，超利（减亏）部分，50%增提工资，50%单位留用。

3. 山西庆恒建筑集团矿建分公司

利润指标按月考核，累计计算，年末一次兑现。

超利形成的净资产部分可作为专项资金来源列入计划后使用；减利部分全额以工资抵补。

4. 基本建设施工单位

利润指标按月考核，累计计算，年末一次兑现。超利形成的净资产部分可作为专项资金来源列入计划后使用；减利部分全额以工资抵补。

5. 控股及控股管理单位

对山西兴能发电有限责任公司、山西焦煤五麟煤焦开发有限责任公司、山西西山热电有限责任公司、山西晋兴能源有限责任公司、山西焦煤古交水泥有限责任公司的产量（发电量）、销售收入、利润、福利费结余、储备资金占用、债权清理、安全质量标准化、产品质量、掘进总进尺、开拓进尺等指标每半年考核一次；对山西焦煤集团矿业管理有限公司安全、生产、技术管理等指标每半年考核一次。

6. 物资供应公司

利润指标按月考核，累计计算，年末一次兑现。超利部分，50%增提工资，50%单位留用，减利部分全额以工资抵补。材料成本综合差异率按月考核，累计计算，年末一次兑现，每提高（降低）一个百分点，扣罚（增提）月度均衡绩效工资的2%。按需保供、供应物资质量指标按月考核，考核结果纳入月度绩效工资考核体系。

7. 多种经营管理局

利润指标按月考核，累计计算，年末一次兑现。超利部分，50%增提工资，50%单位留用，减利部分全额以工资抵补。

多种经营管理局对工资、资金实行统管的所有多经单位（厂、点）的人员工资，由多经局组织测算核定并考核。对考核范围内的所有多经单位，月度无收入不发工资，亏损、产品积压、外销拖欠减发工资，对所有多经单位一律不予批借工资。

8. 公用事业总公司、各实业公司

利润指标按月考核，累计计算，年末一次兑现。减亏部分，50%增提工资，50%单位留用，超亏部分全额以工资抵补。服务质量指标按月考核，凡发生大面积停水、停电、停暖等责任事故，扣减月度绩效工资的0.5～1%。对单位和职工水电暖、市场管理、客运、燃气等服务项目，凡发生投诉，经查证核实后，按每项（次）500元从当月绩效工资中扣除。

9. 职工总医院、古交矿区总医院

盈亏指标按月进行考核，累计计算，年末一次兑现。减利（超亏）全额以工资抵补；超利（减亏），按节余额50%增提工资，50%单位留用。医疗安全指标按月考核，二、三级医院每发生一、二级医疗事故一起（经省、市医学会鉴定），按赔付额的50%减扣当月绩效工资；一级医院每发生一、二、三级医疗事故一起（经省、市医学会鉴定），按赔付额的50%减扣当月绩效工资；发生医疗纠纷，造成经济赔偿的，按赔付额的40%减扣当月绩效工资；发生医疗纠纷（或事故），隐瞒不报的，除按以上规定减扣当月绩效工资外，另外再减扣绩效工资1万元；发生医疗纠纷，经集团医疗纠纷责任认定小组认定医院负有责任，按赔付额的30%减扣当月绩效工资。

10. 教育委员会

费用补贴指标按月考核，累计计算，年末一次兑现。费用超支全额以工资抵补；费用节余，50%增提绩效工资，50%单位留用。高考二本达线率、中考优秀率、初中毕业一次性合格率、学生流失率四项指标由企管处按学年考核一次，年度四项指标全部完成，按月度均衡绩效工资的5%给予奖励；四项指标每有一项完不成，减扣月度均衡绩效工资的5%。

11. 驻外机构及餐饮服务单位

盈亏指标按季考核，对减利（超亏）的非固定性费用（招待、通讯、差旅、劳务费等）不得入账报销，并全部以工资抵补；超利（减亏）部分，50%换取工资，50%单位留用。

12. 机关直属经营性、费用补贴单位、机关职能处室

集团以编制办公室确定的定编人数为依据，实行部门、单位工资总额包干，增人不增工资，减人不减工资。机关考核办公室会同有关职能部门对机关直属经营性、费用补贴单位、机关职能处室，实行"以量计分、以分计资"为原则的工作绩效量化考核，结合集团安全生产指标、盈亏指标、管理经营指标的完成情况和部门、单位的工作任务、工作质量、工作效率和服务水平等指标进行考核。未参加机关绩效考核的自负盈亏的生产经营厂点和有创收能力的直属单位，按照一厂一策的办法逐步纳入机关绩效工资考核体系。

（二）法律责任目标的考核

1. 依法经营责任目标的考核

（1）严禁各单位对外投资、内部集资，对外提供保证、抵押、质押等担保；严禁没有取得营业执照的单位对外签订合同。

（2）凡属失职、渎职行为，造成10万元以下经济损失者，对直接责任人按国家相关规定予以赔偿和相应处分；造成直接重大经济损失者(10～50万元)，直接责任者除按规定予以赔偿损失外，并视情节给予行政撤职等处分；造成直接巨大经济损失者，加重处分。

2. 党风廉政建设责任目标的考核

对由于管理不力或失职、渎职给单位造成重大损失的，本单位副处级以上领导干部中发生贪污、受贿等违法、违纪行为，被上级纪检、监察和司法机关查处的，取消该单位年度文明单位、先进集体、模范单位的评比资格。同时按规定追究责任单位党政一把手的领导责任。

3. 社会治安综合治理责任目标的考核

（1）社会治安综合治理责任考核指标中，每有一项完不成，取消责任单位年度文明单位、模范单位、先进集体、模范党组织、先进党组织的评比资格。对职工上访过程中出现的不恰当或过激行为的疏导、制止、处理，及同"法轮功"等邪教组织的斗争，均纳入社会治安综合治理目标中考核，按集团开展"四个纳入"活动百分制考核方案执行。

（2）发生重大火灾，剧毒物品中毒，民爆物品、枪支弹药丢失、被盗、被抢事故，造成经济损失或不良社会影响的；对单位管辖场所监管不力，造成非法爆炸物品藏匿，给群众生命安全造成威胁或发生事故的，视情节轻重，给予有关责任者相应的党纪、政纪或其他处分。

（三）社会责任目标的考核

1. 环保责任指标的考核

环保考核指标中，每有一项不达标，被省、市、县(区)政府环保部门处罚或新闻媒体曝光给企业造成不良社会影响的单位，处罚金额要从单位结算工资总额中扣除，并取消年度文明单位、先进集体、模范单位的评比资格。同时按有关规定追究领导责任。

2. 计划生育指标的考核

计划生育"六率"指标中每有一项完不成，扣罚责任单位年度工资总额的0.4%，并取消年度文明单位、模范单位、先进集体、模范党组织、先进党组织等一切荣誉的评比资格，同时按有关规定追究领导责任。

3. 信访责任指标的考核

凡发生异常信访事件，由于领导重视不够，给企业造成不良影响的，取消责任单位年度文明单位、先进集体、模范单位的评比资格，同时按有关规定追究领导责任。

（四）政治责任目标的考核

政治责任目标考核，分好、中、差三档，最低档的单位不得评为先进党组织、文明单位、先进单位等，党政主要领导不得评为集团以上优秀党务工作者、优秀思想政治工作者、劳动模范等。同"法轮功"等邪教组织的斗争，在思想政治工作中予以考核。

（五）责任法人综合目标考核奖惩

1. 综合奖励基数。根据各责任法人单位的生产经营性质及规模大小，集团确定出各单位上半年、年度责任法人综合目标考核奖励基数，具体奖励基数见附表1。

2. 综合目标奖惩标准。完成盈亏指标的责任法人单位，以其上半年或年度综合奖励基数为标准进行对等奖励，同时联系责任法人综合目标执行情况进行奖扣。

全面完成经济、法律、社会、政治四项责任目标，按奖励基数标准给予奖励；安全指标，矿、选煤厂每发生死亡1人事故，扣罚单位综合奖1万元，其他地面单位每发生死亡1人事故，扣罚单位综合奖0.5万元；单位存在重大安全生产事故隐患，给生产经营造成重大影响的，每有1起，扣罚矿、选煤厂综合奖1万元，扣罚其他地面单位综合奖0.5万元；法律、社会、政治责任目标中每有一项超标，每发生一起重大交通事故，扣罚矿、选煤厂综合奖1万元，扣罚其他地面单位综合奖0.5万元。

3. 综合、单项指标评分、排序。半年或年度末，集团考核办公室组织有关部门，分别对各单位、各部门责任法人综合目标执行情况进行千分制量化考核，根据各单位经济、法律、社会、政治四项责任目标完成情况进行考核评分，并进行分类综合排序及经济责任目标单项指标排序。

四、对责任法人单位领导的考核

（一）对所属各单位经营者实行责任法人风险抵押金制度，并按照下列标准按时足额缴纳。在集团任职，并兼任二级单位党政正职的领导，不参与抵押。

1. 各矿党政正职抵押金每人 30000 元；太原选煤厂党政正职抵押金每人 28000 元，矿井选煤厂党政正职抵押金每人 25000 元。

2. 机电总厂党政正职抵押金每人 20000 元；水泥厂、化工厂、煤气化公司、矸石电厂抵押金每人 18000 元。

3. 公用事业总公司、多种经营管理局党政正职抵押金每人 20000 元。

4. 庆恒公司、金城建筑公司、金信建筑公司党政正职抵押金每人 18000 元，山西庆恒建筑集团矿建分公司党政正职抵押金每人 20000 元。

5. 物资供应公司、职工总医院、古交矿区总医院党政正职抵押金每人 15000 元。

6. 教育委员会、驻北京联络处、驻广东联络处、西山宾馆、西山酒店党政正职抵押金每人 15000 元。

7. 控股及控股管理单位党政正职抵押金每人 20000 元，山西焦煤古交水泥有限责任公司党政正职抵押金每人 18000 元。

8. 机关直属经营性单位、费用补贴单位党政正职（处级）抵押金每人 15000 元。

9. 机关各部门领导抵押金每人 15000 元，具体考核办法另行制定。

集团所属单位经营者抵押金在 3 月底前交集团财务处。各单位党政正职交纳抵押金标准详见附表 2。

（二）对各单位经营者的考核

对各单位经营者（指党政正职）实行年度一次性考核兑现。

1. 凡完不成上半年盈亏（费用）指标的单位，给党政正职黄牌警告；对由于经营管理不善，造成经营性亏损、完不成年度盈亏（费用）指标的单位，党政一把手引咎辞职。

2. 各矿、选煤厂完成年度盈亏（费用）指标，全额归还抵押金，并给予与抵押金同等额度的奖励。

同时，根据单位超利（减亏）幅度，以抵押金为基数，进行加奖。原煤生产矿超利（减亏）幅度 1% ~ 5%，按抵押金的 20%加奖；超利（减亏）幅度 6% ~ 10%，按抵押金的 30%加奖；超利（减亏）幅度 11% ~ 20%，按抵押金的 40%加奖；超利（减亏）幅度在 20%以上（不含 20%），按抵押金的 50%加奖。完不成年度盈亏指标，经营者抵押金全部扣除。

矿井选煤厂、太原选煤厂超利（减亏）幅度 1% ~ 10%，按抵押金的 20%加奖；超利（减亏）幅度 11% ~ 20%，按抵押金的 30%加奖；超利（减亏）幅度在 20%以上（不含 20%），按抵押金的 40%加奖。完不成年度盈亏指标，经营者抵押金全部扣除。

3. 地面生产单位完成年度盈亏指标，全额返还抵押金，并以抵押金为基数对等奖励。完不成年度盈亏指标，抵押金全部扣除。

4. 控股及控股管理单位完成年度考核指标，全额返还抵押金，并以抵押金为基数对等奖励。每有一项考核指标完不成，抵押金全部扣除。

5. 驻外机构完成年度盈亏（费用）指标，全额返还抵押金，并以抵押金为基数对等奖励；完不成年度盈亏（费用）指标，抵押金全部扣除。

6. 费用补贴单位，机关直属经营性、费用补贴单位，完成年度盈亏（费用）指标，全额返还抵押金，并以抵押金为基数对等奖励；完不成年度盈亏（费用）指标，抵押金全部扣除。

7. 责任法人单位每发生一起死亡事故，扣罚单位党政正职每人 1000 元；单位存在重大安全生产事故隐患，给生产经营造成重大影响的，每有 1 起，扣罚党政正职每人 1000 元；法律、社会、政治责任每有一项超标，扣罚单位党政正职每人 500 元。

五、责任法人综合目标考核程序

（一）组织领导

为加强责任法人综合考核的组织领导，集团成立责任法人综合考核领导组。

组　长：薛　山　车树春　张能虎

副组长：孙炳章　薛道成　武华太

薛占儒　王玉宝　徐俊明

刘志安　夏苏萍　胡文强

王绍进

成员单位由办公室、组织人事、计划、劳资、财务、生产、机电、安监、审计、纪检(监察)、宣传、工会、保卫、信访、机关党委、企管等部门组成。领导组办公室设在企管处。

(二) 报表传递

1. 计划处、财务处、劳资处、生产处、安监局等相关职能部门要按照统一要求,于每月 8 日前向集团考核办公室(企管处)报送各单位月度、季度经济责任制考核指标完成情况核实报表。

2. 纪检(监察)、法律顾问、保卫、环保、计划生育、信访、宣传、工会等职能部门每季度首月 8 日前,向集团考核办公室(企管处)报送各单位法律、社会、政治责任目标完成情况核实报表。

3. 各单位于每月 8 日前向集团考核办公室(企管处)报送上月"月度绩效工资考核报表"和"责任法人综合目标完成情况报表"。

(三) 考核兑现

1. 集团考核办公室(企管处)根据各职能部门对各单位各项指标完成情况的核实结果进行考核,考核结果经集团月度绩效工资考核例会会审后,按审定结果结算、兑现、拨付工资。

2. 责任法人综合目标考核。责任法人综合考核领导组每半年对责任法人单位的经济、法律、社会、政治责任目标进行一次综合考核,根据考核结果,对完成上半年和全年各项责任目标的单位,分别给予奖励,并在年终对全面完成年度责任法人综合目标的单位党政一把手给予一次性奖励兑现。

另外,在对各单位半年、年度责任法人综合奖罚兑现的基础上,依据经济、法律、社会、政治四项责任目标综合排序、经济责任目标单项指标排序情况,再分别进行嘉奖。

各实业公司与其所在的矿、选煤厂作为一个责任法人单位实行整体考核。

3. 责任法人综合目标考核实行盈亏、安全、社会治安综合治理、计划生育一票否决。对完不成上述四项指标中任一项的单位及单位领导班子成员,在获奖、增资、购车、出国、深造、住房、评优评模、职务晋升、职称评聘等方面实行否决。

4. 经营集团党政正职当年内工作岗位变动时,其奖励收入和抵押金均按当年任职期限对应计算。任职期限不足半年的,按半年奖励兑现;任职期限超过半年的,按一年奖励兑现。单位党政正职同时在不同责任法人单位任职,按不同任职单位应奖励额的平均数兑现,不重复计奖。

5. 各责任法人单位要参照本办法规定,结合实际,制定本单位责任法人综合目标考核办法,并严格考核、奖罚兑现。

6. 集团建立责任法人综合考核奖励基金。主要用于奖励在责任法人综合目标考核中作出突出贡献的单位、部门和人员。

六、本办法解释权属山西焦煤西山煤电集团有限责任公司。

七、本办法自 2006 年 1 月 1 日起执行。

(西山煤电发[2006]115 号)

附表 1

责任法人综合目标考核奖励基数

单位:万元

序号	责任法人单位		责任法人综合目标考核奖励基数
1	矿井及选煤厂	白家庄矿业有限公司	12
2		杜儿坪矿	12
3		西铭矿(选煤厂)	15
4		官地矿(选煤厂)	15
5		西曲矿(选煤厂)	15
6		镇城底矿(选煤厂)	15
7		马兰矿(选煤厂)	15
8		东曲矿(选煤厂)	15
9		屯兰矿(选煤厂)	15
10		太原选煤厂	10
11	地面单位	矸石电厂	3
12		机电总厂	4
13		水泥厂	4
14		化工厂	3
15		煤气化公司	4
16		物资供应公司	5
17		职工总医院	5
18		古交矿区总医院	5
19		公用事业总公司	6
20		多经局	6
21		庆恒公司	1
22		金城公司	4
23		金信公司	4
24		矿建公司	1
25		控股及控股管理单位	4
26		教育委员会	1
27		西山宾馆	1
28		西山酒店	1
29		驻北京联络处	1
30		驻广东联络处	1
合计			223

备注:控股及控股管理单位共六个,每个单位考核奖励基数4万元。

附表 2

各责任法人单位党政正职交纳抵押金标准

单位:元

序 号	单 位	抵押金标准
1	白家庄矿业有限责任公司	30000
2	杜儿坪矿	30000
3	西铭矿	30000
4	官地矿	30000
5	西曲矿	30000
6	镇城底矿	30000
7	马兰矿	30000
8	东曲矿	30000
9	屯兰矿	30000
10	太原选煤厂	28000
11	西曲矿选煤厂	25000
12	镇城底矿选煤厂	25000
13	马兰矿选煤厂	25000
14	东曲矿选煤厂	25000
15	屯兰矿选煤厂	25000
16	官地矿选煤厂	25000
17	西铭矿选煤厂	25000
18	机电总厂	20000
19	水泥厂	18000
20	化工厂	18000
21	矸石电厂	18000
22	煤气化公司	18000
23	公用事业总公司	20000
24	多种经营管理局	20000
25	控股及控股管理单位	20000
	其中:山西焦煤古交水泥有限公司	18000
26	庆恒公司	18000
27	金城建筑公司	18000
28	金信建筑公司	18000
29	矿建公司	20000
30	物资供应公司	15000
31	职工总医院	15000
32	古交矿区总医院	15000
33	教育委员会	15000
34	驻北京联络处	15000
35	驻广东联络处	15000
36	西山宾馆	15000
37	西山酒店	15000
38	机关直属经营性、费用补贴单位和机关各部门(处级)	15000

西山煤电集团公司责任法人绩效考核办法

为进一步深化责任法人管理制度，量化、细化各项指标和工作标准，严格绩效考核，调动各单位、各部门创绩创效积极性，提高企业经济运行质量和效益，特制订本办法。

一、考核范围

西山煤电集团公司所属矿井、选煤厂、地面生产单位(机电总厂、水泥厂、化工厂、煤气化公司、矸石电厂)、山西庆恒建筑集团矿建分公司、基本建设施工单位(庆恒公司、金城公司、金信公司)、控股及控股管理单位(山西兴能发电有限责任公司、山西焦煤五麟煤焦开发有限责任公司、山西西山热电有限责任公司、山西晋兴能源有限责任公司、山西焦煤集团矿业管理有限公司、山西焦煤古交水泥有限责任公司)、物资供应公司、多种经营管理局、公用事业总公司、职工总医院、古交矿区总医院、教育委员会、驻外机构及餐饮服务单位(驻北京联络处、驻广东联络处、西山宾馆、西山酒店)。

二、考核指标

对各单位的考核指标及评分标准见附表。

三、考核办法

集团责任法人绩效考核领导组组织各有关职能部门，每半年对各单位责任法人综合目标执行情况进行一次综合考核，主要考核各单位经济、法律、社会、政治责任目标，对四项责任目标实行千分制量化考核。

1. 考核依据

(1)《山西焦煤西山煤电集团有限责任公司2006年责任法人制度综合目标考核办法》。

(2) 集团年初与各单位签订的2006年责任法人综合目标责任书。

2. 评分标准。各单位经济、法律、社会、政治责任目标总标准分值为1000分。对所属各单位按照专业性质共划分了二十个类型，对每个类型单位的四项责任目标以及每个目标项下的指标都分别确定了标准分值。

3. 专项考核。四大责任目标项下的每个指标由集团各有关专业部门制订具体的量化考核实施细则，按照细则的评分标准，对每个单位的每项指标进行量化评分，确定考核得分。各考核部门考核的专项指标见附表。

4. 综合评价。责任法人绩效考核领导组办公室(企管处)分别在每年7月份和下年度1月份，牵头组织各有关职能部门，对上半年和全年度责任法人综合目标执行情况进行一次系统的综合考核，根据各专业部门对各专项指标的考核得分，汇总确定各单位绩效考核得分。

5. 奖惩兑现。对责任法人单位，责任法人绩效考核领导组办公室按照责任法人制度的有关规定，结合各单位半年或年度责任法人综合目标完成情况进行综合奖罚。对全面完成半年或年度责任法人综合目标的单位给予一次性综合奖励，奖励前提是必须完成盈亏考核指标，完成半年或年度盈亏考核指标，以《山西焦煤西山煤电集团有限责任公司2006年责任法人制度综合目标考核办法》中确定的奖励标准为基数，进行对等奖励，并根据责任法人综合目标执行情况进行奖罚。同时，根据经济、法律、社会、政治四项责任目标综合排序及经济责任目标单项指标排序情况再分别进行嘉奖。

四、绩效评价

1. 单项指标得分排序及评价。各专业职能部门要根据本办法附表中确定的考核指标，确定对各单位、各部门所分管考核指标的得分，分项按得分情况排序，同时，对完成该项情况做出必要的说明和客观公正的书面评价，7月上旬和下年度1月上旬报送责任法人绩效考核领导组办公室。

2. 分项指标得分排序及评价。责任法人绩效考核领导组办公室按经济、法律、社会、政治四个分项分别计分，进行排序，同时，对完成分项指标情况做出必要说明和客观、公正的书面评价。

3. 综合得分排序及评价。由责任法人绩效考核领导组对各单位、各部门四项目标完成情况进行综合考核得分排序，做出综合情况评价。

4. 年终总评。本办法作为对各单位年底评模、评优的依据，安全、效益、计划生育、社会治安综合治理四项指标均为“一票否决”指标。

五、考核规范

1. 明确职责，量化考核

集团各专业职能部门是专项考核的直接责任者，必须认真履行其职责，对所承担的考评指标和单项工作要进一步制订、修改、完善具体可量化的考核标准，按标准逐条对照，量化计分。分项标准报责任法人绩效考核领导组办公室，责任法人绩效考核领导组办公室集中统一汇编下发。

2. 严肃计划，全面考核

指标考核要严格依据年初下达的计划，遇有因客观原因与实际相差较大时，要给予充分理由说明，需要调整计划时，需履行有关程序，按规定要求报批修正。对二级单位单项指标要结合同期指标、考核（计划）指标、奋斗指标或对内标准、对外标准等进行全面对比分析，对因集团有关部门原因造成的影响指标的因素也要反映出来，客观、准确、公正地考核出各单位单项业务的努力程度。

3. 综合平衡，科学排序

各单项指标、分项指标严格以标准计量定分的同时，要考虑同类比的科学性，如增量与增幅、不同基数和因素与增加值的关系等，应从各单位的实际完成单项工作情况（如工作量的大小、技术含量、设备状况、管理水平、市场影响、体制因素等）确定调节系数，以便相互比较。各单项指标评分标准为最高分值，各专业部门在考虑上述因素后，对各单位完成情况科学打分，按分排序，一般不应打出同一分值。

六、本办法自二〇〇六年一月一日起实行。

（西山煤电发[2006]218号）

矿井考核指标评分标准

单位	考核指标名称		评分标准	考核部门
矿井	经济责任指标（700分）	原煤产量	60	计划处
		原煤销量	50	
		安全质量标准化	300	安监局、生产处
		利　润	80	财务处、审计处
		掘进总进尺	30	生产处
		其中：开拓进尺	10	
		综合单产	10	
		综合单进	10	
		产品质量	10	
		机电专项管理	20	机电处
		“三量”可采期	10	地质处
		采区回采率	10	
		全员（人头）效率	20	劳资处、组织人事处
		其中：减员分流	10	
		完全成本	10	财务处
		福利费结余	10	
		储备资金占用	10	
		债权清理	10	
		科技创新	10	技术中心
		工程管理	10	计划处
		供应系统管理	10	物资供应公司
		后勤系统管理	10	公用事业总公司
		多经系统管理	10	多种经营管理局
		小　计	700	
	法律责任目标（100分）	依法经营	35	法律顾问处
		党风廉政建设	30	纪检委
		社会治安综合治理	35	保卫处
		小　计	100	
	社会责任目标（100分）	环保责任指标	35	环保处
		计划生育指标	30	计生办
		信访责任指标	35	信访处
		小　计	100	
	政治责任目标（100分）	党建工作	20	组织人事处、工会、团委
		思想政治工作	20	宣传部、办公室、团委
		精神文明创建工作	20	宣传部、工会、团委、卫生处
		企业文化建设	20	宣传部、工会、职教办、团委
		全心全意依靠工人阶级	20	工　会
		小　计	100	

选煤厂考核指标评分标准

单位	考核指标名称		评分标准	考核部门
选煤厂	经济责任指标（700分）	精煤产量	100	计划处
		精煤销量	50	
		安全质量标准化	200	安监局、生产处
		利　润	100	财务处、审计处
		全员(人头)效率	30	劳资处、组织人事处
		其中:减员分流	10	
		综合产率	50	生产处
		产品质量	50	
		机电专项管理	30	机电处
		科技创新	10	技术中心
		工程管理	10	计划处
		完全成本	20	财务处
		福利费结余	10	
		储备资金占用	10	
		债权清理	10	
		供应系统管理	20	物资供应公司
		小　计	700	
	法律责任目标（100分）	依法经营	35	法律顾问处
		党风廉政建设	30	纪检委
		社会治安综合治理	35	保卫处
		小　计	100	
	社会责任目标（100分）	环保责任指标	35	环保处
		计划生育指标	30	计生办
		信访责任指标	35	信访处
		小　计	100	
	政治责任目标（100分）	党建工作	20	组织人事处、工会、团委
		思想政治工作	20	宣传部、办公室、团委
		精神文明创建工作	20	宣传部、工会、团委、卫生处
		企业文化建设	20	宣传部、工会、职教办、团委
		全心全意依靠工人阶级	20	工　会
		小　计	100	

备注:包括西曲矿选煤厂、镇城底矿选煤厂、马兰矿选煤厂、屯兰矿选煤厂、东曲矿选煤厂、官地矿选煤厂。

西铭矿选煤厂考核指标评分标准

<table>
<tr><th>单位</th><th colspan="2">考核指标名称</th><th>评分标准</th><th>考核部门</th></tr>
<tr><td rowspan="21">西铭矿选煤厂</td><td rowspan="6">经济责任指标（700分）</td><td>项目投资</td><td>200</td><td>计划处</td></tr>
<tr><td>安全质量标准化</td><td>200</td><td>安监局</td></tr>
<tr><td>工　期</td><td>100</td><td rowspan="2">基建处</td></tr>
<tr><td>文明施工</td><td>100</td></tr>
<tr><td>工程质量</td><td>100</td><td>质监站</td></tr>
<tr><td>小　计</td><td>700</td><td></td></tr>
<tr><td rowspan="4">法律责任目标（100分）</td><td>依法经营</td><td>35</td><td>法律顾问处</td></tr>
<tr><td>党风廉政建设</td><td>30</td><td>纪检委</td></tr>
<tr><td>社会治安综合治理</td><td>35</td><td>保卫处</td></tr>
<tr><td>小　计</td><td>100</td><td></td></tr>
<tr><td rowspan="4">社会责任目标（100分）</td><td>环保责任指标</td><td>35</td><td>环保处</td></tr>
<tr><td>计划生育指标</td><td>30</td><td>计生办</td></tr>
<tr><td>信访责任指标</td><td>35</td><td>信访处</td></tr>
<tr><td>小　计</td><td>100</td><td></td></tr>
<tr><td rowspan="6">政治责任目标（100分）</td><td>党建工作</td><td>20</td><td>组织人事处、工会、团委</td></tr>
<tr><td>思想政治工作</td><td>20</td><td>宣传部、办公室、团委</td></tr>
<tr><td>精神文明创建工作</td><td>20</td><td>宣传部、工会、团委、卫生处</td></tr>
<tr><td>企业文化建设</td><td>20</td><td>宣传部、工会、职教办、团委</td></tr>
<tr><td>全心全意依靠工人阶级</td><td>20</td><td>工　会</td></tr>
<tr><td>小　计</td><td>100</td><td></td></tr>
</table>

太原选煤厂考核指标评分标准

单位	考核指标名称		评分标准	考核部门
太原选煤厂	经济责任指标(700分)	精煤产量	100	计划处
		精煤销量	50	
		安全质量标准化	200	安监局、生产处
		利　润	100	财务处、审计处
		全员(人头)效率	30	劳资处、组织人事处
		其中:减员分流	10	
		综合产率	50	生产处
		产品质量	50	
		机电专项管理	30	机电处
		科技创新	10	技术中心
		工程管理	10	计划处
		完全成本	20	财务处
		福利费结余	10	
		储备资金占用	10	
		债权清理	10	
		供应系统管理	20	物资供应公司
		后勤系统管理	(20)	公用事业总公司
		多经系统管理	(20)	多种经营管理局
		小　计	700	
	法律责任目标(100分)	依法经营	35	法律顾问处
		党风廉政建设	30	纪检委
		社会治安综合治理	35	保卫处
		小　计	100	
	社会责任目标(100分)	环保责任指标	35	环保处
		计划生育指标	30	计生办
		信访责任指标	35	信访处
		小　计	100	
	政治责任目标(100分)	党建工作	20	组织人事处、工会、团委
		思想政治工作	20	宣传部、办公室、团委
		精神文明创建工作	20	宣传部、工会、团委、卫生处
		企业文化建设	20	宣传部、工会、职教办、团委
		全心全意依靠工人阶级	20	工　会
		小　计	100	

地面生产单位考核指标评分标准

单位	考核指标名称		评分标准	考核部门
地面单位（机电总厂、水泥厂、化工厂、煤气化公司）	经济责任指标（700分）	销售收入	100	财务处
		安全质量标准化	180	安监局、机电处、生产处
		利　润	120	财务处、审计处
		产　量	100	计划处
		产品质量	20	技术中心
		科技创新	20	
		机电专项管理	20	机电处
		减员分流	10	劳资处、组织人事处
		工程管理	10	计划处
		福利费结余	20	财务处
		储备资金占用	20	
		债权清理	20	
		供应系统管理	20	物资供应公司
		后勤系统管理	20	公用事业总公司
		多经系统管理	20	多种经营管理局
		小　计	700	
	法律责任目标（100分）	依法经营	35	法律顾问处
		党风廉政建设	30	纪检委
		社会治安综合治理	35	保卫处
		小　计	100	
	社会责任目标（100分）	环保责任指标	35	环保处
		计划生育指标	30	计生办
		信访责任指标	35	信访处
		小　计	100	
	政治责任目标（100分）	党建工作	20	组织人事处、工会、团委
		思想政治工作	20	宣传部、办公室、团委
		精神文明创建工作	20	宣传部、工会、团委、卫生处
		企业文化建设	20	宣传部、工会、职教办、团委
		全心全意依靠工人阶级	20	工　会
		小　计	100	

矸石电厂考核指标评分标准

<table>
<tr><th>单位</th><th colspan="2">考核指标名称</th><th>评分标准</th><th>考核部门</th></tr>
<tr><td rowspan="31">矸石电厂</td><td rowspan="18">经济责任指标（700分）</td><td>销售收入</td><td>100</td><td>财务处</td></tr>
<tr><td>安全质量标准化</td><td>180</td><td>安监局、机电处</td></tr>
<tr><td>利　润</td><td>100</td><td>财务处、审计处</td></tr>
<tr><td>发电量</td><td>50</td><td rowspan="4">电力公司</td></tr>
<tr><td>发电力率</td><td>30</td></tr>
<tr><td>自用电率</td><td>30</td></tr>
<tr><td>发电煤耗</td><td>30</td></tr>
<tr><td>机电专项管理</td><td>20</td><td>机电处</td></tr>
<tr><td>减员分流</td><td>10</td><td>劳资处、组织人事处</td></tr>
<tr><td>科技创新</td><td>20</td><td>技术中心</td></tr>
<tr><td>工程管理</td><td>10</td><td>计划处</td></tr>
<tr><td>电力完全成本</td><td>30</td><td rowspan="4">财务处</td></tr>
<tr><td>福利费结余</td><td>10</td></tr>
<tr><td>储备资金占用</td><td>10</td></tr>
<tr><td>债权清理</td><td>10</td></tr>
<tr><td>供应系统管理</td><td>20</td><td>物资供应公司</td></tr>
<tr><td>后勤系统管理</td><td>20</td><td>公用事业总公司</td></tr>
<tr><td>多经系统管理</td><td>20</td><td>多种经营管理局</td></tr>
<tr><td></td><td>小　计</td><td>700</td><td></td></tr>
<tr><td rowspan="4">法律责任目标（100分）</td><td>依法经营</td><td>35</td><td>法律顾问处</td></tr>
<tr><td>党风廉政建设</td><td>30</td><td>纪检委</td></tr>
<tr><td>社会治安综合治理</td><td>35</td><td>保卫处</td></tr>
<tr><td>小　计</td><td>100</td><td></td></tr>
<tr><td rowspan="4">社会责任目标（100分）</td><td>环保责任指标</td><td>35</td><td>环保处</td></tr>
<tr><td>计划生育指标</td><td>30</td><td>计生办</td></tr>
<tr><td>信访责任指标</td><td>35</td><td>信访处</td></tr>
<tr><td>小　计</td><td>100</td><td></td></tr>
<tr><td rowspan="6">政治责任目标（100分）</td><td>党建工作</td><td>20</td><td>组织人事处、工会、团委</td></tr>
<tr><td>思想政治工作</td><td>20</td><td>宣传部、办公室、团委</td></tr>
<tr><td>精神文明创建工作</td><td>20</td><td>宣传部、工会、团委、卫生处</td></tr>
<tr><td>企业文化建设</td><td>20</td><td>宣传部、工会、职教办、团委</td></tr>
<tr><td>全心全意依靠工人阶级</td><td>20</td><td>工　会</td></tr>
<tr><td>小　计</td><td>100</td><td></td></tr>
</table>

多种经营管理局考核指标评分标准

单位	考核指标名称		评分标准	考核部门
多种经营管理局	经济责任指标（700分）	生产经营总额	50	计划处
		销售收入	80	财务处
		利　润	150	财务处、审计处
		安全质量标准化	200	安监局
		产品质量	90	生产处、设备租赁公司、技术中心
		科技创新	20	技术中心
		福利费结余	20	财务处
		债权清理	20	
		储备资金占用	20	
		供应系统管理	50	物资供应公司
		小　计	700	
	法律责任目标（100分）	依法经营	35	法律顾问处
		党风廉政建设	30	纪检委
		社会治安综合治理	35	保卫处
		小　计	100	
	社会责任目标（100分）	环保责任指标	35	环保处
		计划生育指标	30	计生办
		信访责任指标	35	信访处
		小　计	100	
	政治责任目标（100分）	党建工作	20	组织人事处、工会、团委
		思想政治工作	20	宣传部、办公室、团委
		精神文明创建工作	20	宣传部、工会、团委、卫生处
		企业文化建设	20	宣传部、工会、职教办、团委
		全心全意依靠工人阶级	20	工　会
		小　计	100	

备注：产品质量考核指标评分标准中生产处、设备租赁公司、技术中心各占30分。

公用事业总公司考核指标评分标准

单位	考核指标名称		评分标准	考核部门
公用事业总公司	经济责任指标（700分）	营业收入	60	财务处
		利　润	120	财务处、审计处
		安全质量标准化	200	安监局
		服务质量	60	总调度室
		用电管理	30	电力公司
		矿区公共卫生	20	爱卫会
		矿区环境综合治理	20	计划处
		矿区绿化美化	20	企管处
		矿区自有公共设施维护	20	基建处
		矿容矿貌监察	20	后勤管理办公室
		物业管理	20	
		科技创新	10	技术中心
		减员分流	20	劳资处、组织人事处
		福利费结余	20	财务处
		债权清理	20	
		供应系统管理	20	物资供应公司
		多经系统管理	20	多种经营管理局
		小　计	700	
	法律责任目标（100分）	依法经营	35	法律顾问处
		党风廉政建设	30	纪检委
		社会治安综合治理	35	保卫处
		小　计	100	
	社会责任目标（100分）	环保责任指标	35	环保处
		计划生育指标	30	计生办
		信访责任指标	35	信访处
		小　计	100	
	政治责任目标（100分）	党建工作	20	组织人事处、工会、团委
		思想政治工作	20	宣传部、办公室、团委
		精神文明创建工作	20	宣传部、工会、团委、卫生处
		企业文化建设	20	宣传部、工会、职教办、团委
		全心全意依靠工人阶级	20	工　会
		小　计	100	

物资供应公司考核指标评分标准

<table>
<tr><th>单位</th><th colspan="2">考核指标名称</th><th>评分标准</th><th>考核部门</th></tr>
<tr><td rowspan="25">物资供应公司</td><td rowspan="13">经济责任指标（700分）</td><td>采购总额</td><td>50</td><td>财务处</td></tr>
<tr><td>利　润</td><td>100</td><td>财务处、审计处</td></tr>
<tr><td>安全质量标准化</td><td>200</td><td>安监局</td></tr>
<tr><td>材料成本综合差异率</td><td>150</td><td>财务处</td></tr>
<tr><td>按需保供</td><td>30</td><td>总调度室</td></tr>
<tr><td>供应物资质量</td><td>60</td><td>生产处、机电处</td></tr>
<tr><td>减员分流</td><td>10</td><td>劳资处、组织人事处</td></tr>
<tr><td>储备资金占用</td><td>20</td><td rowspan="3">财务处</td></tr>
<tr><td>债权清理</td><td>20</td></tr>
<tr><td>福利费结余</td><td>20</td></tr>
<tr><td>供应系统管理</td><td>20</td><td>企管处</td></tr>
<tr><td>多经系统管理</td><td>20</td><td>多种经营管理局</td></tr>
<tr><td>小　计</td><td>700</td><td></td></tr>
<tr><td rowspan="4">法律责任目标（100分）</td><td>依法经营</td><td>35</td><td>法律顾问处</td></tr>
<tr><td>党风廉政建设</td><td>30</td><td>纪检委</td></tr>
<tr><td>社会治安综合治理</td><td>35</td><td>保卫处</td></tr>
<tr><td>小　计</td><td>100</td><td></td></tr>
<tr><td rowspan="4">社会责任目标（100分）</td><td>环保责任指标</td><td>35</td><td>环保处</td></tr>
<tr><td>计划生育指标</td><td>30</td><td>计生办</td></tr>
<tr><td>信访责任指标</td><td>35</td><td>信访处</td></tr>
<tr><td>小　计</td><td>100</td><td></td></tr>
<tr><td rowspan="6">政治责任目标（100分）</td><td>党建工作</td><td>20</td><td>组织人事处、工会、团委</td></tr>
<tr><td>思想政治工作</td><td>20</td><td>宣传部、办公室、团委</td></tr>
<tr><td>精神文明创建工作</td><td>20</td><td>宣传部、工会、团委、卫生处</td></tr>
<tr><td>企业文化建设</td><td>20</td><td>宣传部、工会、职教办、团委</td></tr>
<tr><td>全心全意依靠工人阶级</td><td>20</td><td>工　会</td></tr>
<tr><td>小　计</td><td>100</td><td></td></tr>
</table>

备注：供应物资质量考核指标评分标准中生产处、机电处各占30分。

医院考核指标评分标准

<table>
<tr><th>单位</th><th colspan="2">考核指标名称</th><th>评分标准</th><th>考核部门</th></tr>
<tr><td rowspan="28">职工总医院、古交矿区总医院</td><td rowspan="15">经济责任指标（700分）</td><td>医疗收入</td><td>60</td><td>财务处</td></tr>
<tr><td>利　润</td><td>120</td><td>财务处、审计处</td></tr>
<tr><td>医疗安全</td><td>80</td><td rowspan="4">卫生处</td></tr>
<tr><td>医疗质量</td><td>80</td></tr>
<tr><td>疾病预防控制</td><td>30</td></tr>
<tr><td>患者满意度</td><td>30</td></tr>
<tr><td>安全质量标准化</td><td>120</td><td>安监局</td></tr>
<tr><td>减员分流</td><td>10</td><td>劳资处、组织人事处</td></tr>
<tr><td>科技创新</td><td>10</td><td>技术中心</td></tr>
<tr><td>福利费结余</td><td>50</td><td rowspan="2">财务处</td></tr>
<tr><td>债权清理</td><td>50</td></tr>
<tr><td>供应系统管理</td><td>20</td><td>物资供应公司</td></tr>
<tr><td>后勤系统管理</td><td>20</td><td>公用事业总公司</td></tr>
<tr><td>多经系统管理</td><td>20</td><td>多种经营管理局</td></tr>
<tr><td>小　计</td><td>700</td><td></td></tr>
<tr><td rowspan="4">法律责任目标（100分）</td><td>依法经营</td><td>35</td><td>法律顾问处</td></tr>
<tr><td>党风廉政建设</td><td>30</td><td>纪检委</td></tr>
<tr><td>社会治安综合治理</td><td>35</td><td>保卫处</td></tr>
<tr><td>小　计</td><td>100</td><td></td></tr>
<tr><td rowspan="4">社会责任目标（100分）</td><td>环保责任指标</td><td>35</td><td>环保处</td></tr>
<tr><td>计划生育指标</td><td>30</td><td>计生办</td></tr>
<tr><td>信访责任指标</td><td>35</td><td>信访处</td></tr>
<tr><td>小　计</td><td>100</td><td></td></tr>
<tr><td rowspan="6">政治责任目标（100分）</td><td>党建工作</td><td>20</td><td>组织人事处、工会、团委</td></tr>
<tr><td>思想政治工作</td><td>20</td><td>宣传部、办公室、团委</td></tr>
<tr><td>精神文明创建工作</td><td>20</td><td>宣传部、工会、团委、卫生处</td></tr>
<tr><td>企业文化建设</td><td>20</td><td>宣传部、工会、职教办、团委</td></tr>
<tr><td>全心全意依靠工人阶级</td><td>20</td><td>工　会</td></tr>
<tr><td>小　计</td><td>100</td><td></td></tr>
</table>

教育委员会考核指标评分标准

单位	考核指标名称		评分标准	考核部门
教育委员会	经济责任指标（700分）	利　润	200	财务处、审计处
		安全质量标准化	200	安监局
		高考二本达线率	50	企管处
		中考优秀率	50	
		初中毕业一次性合格率	50	
		学生流失率	50	
		福利费结余	50	财务处
		债权清理	50	
		小　计	700	
	法律责任目标（100分）	依法经营	35	法律顾问处
		党风廉政建设	30	纪检委
		社会治安综合治理	35	保卫处
		小　计	100	
	社会责任目标（100分）	环保责任指标	35	环保处
		计划生育指标	30	计生办
		信访责任指标	35	信访处
		小　计	100	
	政治责任目标（100分）	党建工作	20	组织人事处、工会、团委
		思想政治工作	20	宣传部、办公室、团委
		精神文明创建工作	20	宣传部、工会、团委、卫生处
		企业文化建设	20	宣传部、工会、职教办、团委
		全心全意依靠工人阶级	20	工　会
		小　计	100	

基本建设施工单位考核指标评分标准

单位	考核指标名称		评分标准	考核部门
基本建设施工单位（庆恒公司、金城公司、金信公司）	经济责任指标（700分）	施工产值	60	基建处
		利　润	100	财务处、审计处
		安全质量标准化	200	安监局
		工程质量	90	质监站
		工　期	30	基建处
		文明施工	30	
		科技创新	20	技术中心
		重点工程	30	计划处、基建处
		工程管理	20	计划处
		福利费结余	30	财务处
		债权清理	30	
		供应系统管理	20	物资供应公司
		后勤系统管理	20	公用事业总公司
		多经系统管理	20	多种经营管理局
		小　计	700	
	法律责任目标（100分）	依法经营	35	法律顾问处
		党风廉政建设	30	纪检委
		社会治安综合治理	35	保卫处
		小　计	100	
	社会责任目标（100分）	环保责任指标	35	环保处
		计划生育指标	30	计生办
		信访责任指标	35	信访处
		小　计	100	
	政治责任目标（100分）	党建工作	20	组织人事处、工会、团委
		思想政治工作	20	宣传部、办公室、团委
		精神文明创建工作	20	宣传部、工会、团委、卫生处
		企业文化建设	20	宣传部、工会、职教办、团委
		全心全意依靠工人阶级	20	工　会
		小　计	100	

矿建公司考核指标评分标准

单位	考核指标名称		评分标准	考核部门
矿建公司	经济责任指标（700分）	施工产值	50	基建处
		进　尺	100	生产处
		利　润	100	财务处、审计处
		安全质量标准化	300	安监局
		工程质量	100	生产处
		科技创新	10	技术中心
		福利费结余	20	财务处
		债权清理	20	
		小　计	700	
	法律责任目标（100分）	依法经营	35	法律顾问处
		党风廉政建设	30	纪检委
		社会治安综合治理	35	保卫处
		小　计	100	
	社会责任目标（100分）	环保责任指标	35	环保处
		计划生育指标	30	计生办
		信访责任指标	35	信访处
		小　计	100	
	政治责任目标（100分）	党建工作	20	组织人事处、工会、团委
		思想政治工作	20	宣传部、办公室、团委
		精神文明创建工作	20	宣传部、工会、团委、卫生处
		企业文化建设	20	宣传部、工会、职教办、团委
		全心全意依靠工人阶级	20	工　会
		小　计	100	

驻外机构考核指标评分标准

单位	考核指标名称		评分标准	考核部门
驻外机构(西山宾馆、西山酒店、驻北京联络处、驻广东联络处)	经济责任指标（700分）	营业收入	100	财务处
		利　润	200	财务处、审计处
		安全质量标准化	200	安监局
		服务质量	100	机关党委
		债权清理	100	财务处
		小　计	700	
	法律责任目标（100分）	依法经营	35	法律顾问处
		党风廉政建设	30	纪检委
		社会治安综合治理	35	保卫处
		小　计	100	
	社会责任目标（100分）	环保责任指标	35	环保处
		计划生育指标	30	计生办
		信访责任指标	35	信访处
		小　计	100	
	政治责任目标（100分）	党建工作	20	组织人事处、工会、团委
		思想政治工作	20	宣传部、办公室、团委
		精神文明创建工作	20	宣传部、工会、团委、卫生处
		企业文化建设	20	宣传部、工会、职教办、团委
		全心全意依靠工人阶级	20	工　会
		小　计	100	

山西焦煤五麟煤焦开发有限责任公司

单位	考核指标名称		评分标准	考核部门
山西焦煤五麟煤焦开发有限责任公司	经济责任指标（700分）	销售收入	100	财务处
		利　润	160	
		安全质量标准化	200	安监局
		产　量	100	计划处
		产品质量	50	生产处
		福利费结余	30	财务处
		储备资金占用	30	
		债权清理	30	
		小　计	700	
	法律责任目标（100分）	依法管理	35	法律顾问处
		党风廉政建设	30	纪检委
		社会治安综合治理	35	保卫处
		小　计	100	
	社会责任目标（100分）	环保责任指标	35	环保处
		计划生育指标	30	计生办
		信访责任指标	35	信访处
		小　计	100	
	政治责任目标（100分）	党建工作	20	组织人事处、工会、团委
		思想政治工作	20	宣传部、办公室、团委
		精神文明创建工作	20	宣传部、工会、团委、卫生处
		企业文化建设	20	宣传部、工会、职教办、团委
		全心全意依靠工人阶级	20	工　会
		小　计	100	

山西兴能发电有限责任公司

<table>
<tr><th>单位</th><th colspan="2">考核指标名称</th><th>评分标准</th><th>考核部门</th></tr>
<tr><td rowspan="25">山西兴能发电有限责任公司</td><td rowspan="9">经济责任目标（700分）</td><td>销售收入</td><td>100</td><td rowspan="2">财务处</td></tr>
<tr><td>利　润</td><td>160</td></tr>
<tr><td>安全质量标准化</td><td>200</td><td>安监局</td></tr>
<tr><td>发电量</td><td>100</td><td>计划处</td></tr>
<tr><td>电力完全成本</td><td>50</td><td rowspan="4">财务处</td></tr>
<tr><td>福利费结余</td><td>30</td></tr>
<tr><td>储备资金占用</td><td>30</td></tr>
<tr><td>债权清理</td><td>30</td></tr>
<tr><td>小　计</td><td>700</td><td></td></tr>
<tr><td rowspan="4">法律责任目标（100分）</td><td>依法管理</td><td>35</td><td>法律顾问处</td></tr>
<tr><td>党风廉政建设</td><td>30</td><td>纪检委</td></tr>
<tr><td>社会治安综合治理</td><td>35</td><td>保卫处</td></tr>
<tr><td>小　计</td><td>100</td><td></td></tr>
<tr><td rowspan="4">社会责任目标（100分）</td><td>环保责任指标</td><td>35</td><td>环保处</td></tr>
<tr><td>计划生育指标</td><td>30</td><td>计生办</td></tr>
<tr><td>信访责任指标</td><td>35</td><td>信访处</td></tr>
<tr><td>小　计</td><td>100</td><td></td></tr>
<tr><td rowspan="6">政治责任目标（100分）</td><td>党建工作</td><td>20</td><td>组织人事处、工会、团委</td></tr>
<tr><td>思想政治工作</td><td>20</td><td>宣传部、办公室、团委</td></tr>
<tr><td>精神文明创建工作</td><td>20</td><td>宣传部、工会、团委、卫生处</td></tr>
<tr><td>企业文化建设</td><td>20</td><td>宣传部、工会、职教办、团委</td></tr>
<tr><td>全心全意依靠工人阶级</td><td>20</td><td>工　会</td></tr>
<tr><td>小　计</td><td>100</td><td></td></tr>
</table>

山西西山热电有限责任公司

单位	考核指标名称		评分标准	考核部门
山西西山热电有限责任公司	经济责任目标（700分）	销售收入	100	财务处
		利　润	160	
		安全质量标准化	200	安监局
		发电量	50	计划处
		热能保供	50	公用事业总公司
		电力完全成本	50	财务处
		福利费结余	30	
		储备资金占用	30	
		债权清理	30	
		小　计	700	
	法律责任目标（100分）	依法管理	35	法律顾问处
		党风廉政建设	30	纪检委
		社会治安综合治理	35	保卫处
		小　计	100	
	社会责任目标（100分）	环保责任指标	35	环保处
		计划生育指标	30	计生办
		信访责任指标	35	信访处
		小　计	100	
	政治责任目标（100分）	党建工作	20	组织人事处、工会、团委
		思想政治工作	20	宣传部、办公室、团委
		精神文明创建工作	20	宣传部、工会、团委、卫生处
		企业文化建设	20	宣传部、工会、职教办、团委
		全心全意依靠工人阶级	20	工　会

山西西山晋兴能源有限责任公司

<table>
<tr><th>单位</th><th colspan="2">考核指标名称</th><th>评分标准</th><th>考核部门</th></tr>
<tr><td rowspan="23">山西西山晋兴能源有限责任公司</td><td rowspan="8">经济责任指标（700分）</td><td>利　润</td><td>160</td><td>财务处</td></tr>
<tr><td>产　量</td><td>100</td><td>计划处</td></tr>
<tr><td>安全质量标准化</td><td>300</td><td>安监局</td></tr>
<tr><td>掘进总进尺</td><td>50</td><td>生产处</td></tr>
<tr><td>福利费结余</td><td>30</td><td rowspan="3">财务处</td></tr>
<tr><td>储备资金占用</td><td>30</td></tr>
<tr><td>债权清理</td><td>30</td></tr>
<tr><td>小　计</td><td>700</td><td></td></tr>
<tr><td rowspan="4">法律责任目标（100分）</td><td>依法管理</td><td>35</td><td>法律顾问处</td></tr>
<tr><td>党风廉政建设</td><td>30</td><td>经检委</td></tr>
<tr><td>社会治安综合治理</td><td>35</td><td>保卫处</td></tr>
<tr><td>小　计</td><td>100</td><td></td></tr>
<tr><td rowspan="4">社会责任目标（100分）</td><td>环保责任指标</td><td>35</td><td>环保处</td></tr>
<tr><td>计划生育指标</td><td>30</td><td>计生办</td></tr>
<tr><td>信访责任指标</td><td>35</td><td>信访处</td></tr>
<tr><td>小　计</td><td>100</td><td></td></tr>
<tr><td rowspan="6">政治责任目标（100分）</td><td>党建工作</td><td>20</td><td>组织人事处、工会、团委</td></tr>
<tr><td>思想政治工作</td><td>20</td><td>宣传部、办公室、团委</td></tr>
<tr><td>精神文明创建工作</td><td>20</td><td>宣传部、工会、团委、卫生处</td></tr>
<tr><td>企业文化建设</td><td>20</td><td>宣传部、工会、职教办、团委</td></tr>
<tr><td>全心全意依靠工人阶级</td><td>20</td><td>工　会</td></tr>
<tr><td>小　计</td><td>100</td><td></td></tr>
</table>

山西焦煤古交水泥有限责任公司

单位	考核指标名称		评分标准	考核部门
山西焦煤古交水泥有限责任公司	经济责任指标（700分）	销售收入	100	财务处
		利　润	160	
		安全质量标准化	200	安监局
		产　量	100	计划处
		产品质量	50	技术中心
		福利费结余	30	财务处
		储备资金占用	30	
		债权清理	30	
		小　计	700	
	法律责任目标（100分）	依法管理	35	法律顾问处
		党风廉政建设	30	纪检委
		社会治安综合治理	35	保卫处
		小　计	100	
	社会责任目标（100分）	环保责任指标	35	环保处
		计划生育指标	30	计生办
		信访责任指标	35	信访处
		小　计	100	
	政治责任目标（100分）	党建工作	20	组织人事处、工会、团委
		思想政治工作	20	宣传部、办公室、团委
		精神文明创建工作	20	宣传部、工会、团委、卫生处
		企业文化建设	20	宣传部、工会、职教办、团委
		全心全意依靠工人阶级	20	工　会
		小　计	100	

山西焦煤集团矿业管理有限公司

<table>
<tr><th>单位</th><th colspan="2">考核指标名称</th><th>评分标准</th><th>考核部门</th></tr>
<tr><td rowspan="24">山西焦煤集团矿业管理有限公司</td><td rowspan="10">经济责任指标（700分）</td><td>利　润</td><td>100</td><td>财务处</td></tr>
<tr><td>安全质量标准化</td><td>200</td><td>安监局</td></tr>
<tr><td>产　值</td><td>100</td><td rowspan="2">计划处</td></tr>
<tr><td>原煤产量</td><td>50</td></tr>
<tr><td>掘进总进尺</td><td>50</td><td>生产处</td></tr>
<tr><td>债权清理</td><td>50</td><td rowspan="2">财务处</td></tr>
<tr><td>福利费结余</td><td>50</td></tr>
<tr><td>托管煤矿管理</td><td>50</td><td>企管处</td></tr>
<tr><td>联营煤矿证照办理</td><td>50</td><td>地质处</td></tr>
<tr><td>小　计</td><td>700</td><td></td></tr>
<tr><td rowspan="4">法律责任目标（100分）</td><td>依法管理</td><td>35</td><td>法律顾问处</td></tr>
<tr><td>党风廉政建设</td><td>30</td><td>纪检委</td></tr>
<tr><td>社会治安综合治理</td><td>30</td><td>保卫处</td></tr>
<tr><td>小　计</td><td>100</td><td></td></tr>
<tr><td rowspan="4">法律责任目标（100分）</td><td>环保责任指标</td><td>35</td><td>环保处</td></tr>
<tr><td>计划生育指标</td><td>30</td><td>计生办</td></tr>
<tr><td>信访责任指标</td><td>35</td><td>信访处</td></tr>
<tr><td>小　计</td><td>100</td><td></td></tr>
<tr><td rowspan="6">政治责任目标（100分）</td><td>党建工作</td><td>20</td><td>组织人事处、工会、团委</td></tr>
<tr><td>思想政治工作</td><td>20</td><td>宣传部、办公室、团委</td></tr>
<tr><td>精神文明创建工作</td><td>20</td><td>宣传部、工会、团委、卫生处</td></tr>
<tr><td>企业文化建设</td><td>20</td><td>宣传部、工会、职教办、团委</td></tr>
<tr><td>全心全意依靠工人阶级</td><td>20</td><td>工　会</td></tr>
<tr><td>小　计</td><td>100</td><td></td></tr>
</table>

山西焦煤西山煤电集团有限责任公司联营煤矿管理暂行办法

为进一步推进煤炭资源整合，提高资源回收率，理顺对联营煤矿的管理体制，规范对联营煤矿的管理，根据《中华人民共和国公司法》、《山西省煤炭企业资源整合和有偿使用实施方案》、山西省煤炭工业局《关于规范国有重点煤矿企业兼并、收购、控股地方煤矿及和地方联合办矿的有关规定》、《山西省人民政府关于继续深化煤矿安全整治的决定》和《山西焦煤集团西山煤矿总公司关于维护出资人权益暂行办法》(西山煤矿发[2004]504 号)的规定，特制定本办法。

一、依法组建公司

根据山西省推进煤炭资源整合会议的精神及《山西省煤炭企业资源整合和有偿使用实施方案》的有关规定，山西焦煤集团公司授权山西焦煤西山煤电集团有限责任公司依法对其井田范围内不能规模化开采的边角煤炭资源、小煤矿进行整合，依据矿产资源法律法规的规定，采取以煤炭资源作价入股、与西山井田范围内的民营煤矿企业以货币入股的形式共同组建联营煤矿。联营煤矿股东商请国家认定的中介机构对入股煤炭资源依法评估作价，对联营股东前期投入进行评估验资。依照《中华人民共和国公司法》及有关规定组建公司，控股股东(指山西焦煤西山煤电集团有限责任公司）煤炭资源入股占注册资本的 51%，参股股东(指与西山联营的民营煤矿企业）货币入股占注册资本的 49%。公司性质为具有法人资格的有限责任公司。

股东按照出资比例，分享权利，分担风险、责任。股东依据《中华人民共和国公司法》签订股东投资协议，制定公司章程，建立健全规范的法人治理结构。

二、股东、属地矿、联营煤矿的职责

(一) 股东的职责

经股东协商，控股股东牵头协调联营煤矿与山西省国土资源厅、山西省煤炭工业局、山西煤矿安全监察局等上级有关部门的关系，负责办理联营煤矿矿产资源、矿井开工建设等有关手续，有权对联营煤矿安全、生产、技术等进行监督、检查。参股股东负责协调处理联营煤矿与所在地市(区、县)煤炭局、煤矿安全监察局等地方政府部门及周边乡(镇)、村民的关系，为联营煤矿正常建设和安全生产创造宽松的外部环境。参股股东要按时足额为联营煤矿建设投入资金。

(二) 属地矿的职责

1. 控股股东授权属地矿对西山派往联营煤矿的人员进行管理，对联营煤矿的安全、生产、技术等进行监督、检查、协调、指导、服务。

2. 属地矿全面承担联营煤矿的安全生产责任。

3. 属地矿安全、生产、通风、地质、机电、调度等业务部门有权对联营煤矿进行定期或不定期的安全监督检查，发现安全隐患有权责令联营煤矿限期整改或停产整顿；有权禁止不符合矿井安全生产要求的材料、设备等物资入井，确保矿井安全生产。

4. 属地矿有权组织召集控股股东方外派人员、参股股东方管理人员参加安全合署办公会议，及时沟通、协调、解决联营煤矿安全生产中存在的问题，形成会议纪要。

5. 属地矿对控股股东负责，重大事项要及时向控股股东决策层及有关部门报告。

(三) 联营煤矿的职责

联营煤矿要无条件接受属地矿在安全、生产、技术等方面的管理。要全力配合属地矿及省市安监、煤炭、国土资源等部门的检查、指导，对检查中发现的问题要及时进行整改。

联营煤矿必须将矿井(包括盘区、采掘工作面)的设计、施工、生产方案、规程等技术资料及时完整地提供给属地矿。

(四) 控股股东派往联营煤矿的管理人员的职责控股股东派往联营煤矿的管理人员，要严格按照《山西焦煤集团西山煤矿总公司关于维护出资人权益暂行办法》([2004]504 号)履行职责，遵守公司章程，维护出资人的利益。在法人治理结构中正确履行岗位职责，抓好联营煤矿的安全生产和经营管理。

三、联营煤矿管理体制

联营煤矿投产前，经协商股东各方共同委托控股股东属地矿对联营煤矿的安全生产技术进行管理和考核，牵头协调有关对外事宜，即：西曲二号井、三号井、四号井、学海煤矿由西曲矿管理，西曲矿代表控股股东行使管理职能；马兰二号井、三号井、四号井由马兰矿管理，马兰矿代表控股股东行使管理职能；东曲二号井由东曲矿管理，东曲矿代表控股股东行使管理职能。

联营煤矿投产后，经股东各方协商，委托属地矿具体负责联营煤矿的安全生产，建立规范的安全生产管理体系，制定安全生产管理制度，加强生产和安全技术力量，推广应用先进设备和技术，保证各联营煤矿的安全生产和正常投产。

四、联营煤矿的管理

（一）生产技术管理

控股股东属地矿对其井田范围内联营煤矿的采煤、掘进、机电、运输、通风、地质、供电、调度、工程建设等日常生产技术管理进行监督、检查、协调、指导、服务。联营煤矿（包括矿井、盘区、工作面）的设计、施工、生产等方案由属地矿审核，上报控股股东安全、生产等专业技术部门会审后实施。技术规程由属地矿审核执行。联营煤矿生产技术管理要纳入控股股东方生产技术管理体系。

联营煤矿与属地矿之间要建立畅通的调度信息渠道，对日常安全生产管理中的问题，及时报属地矿，并通过属地矿报控股股东相关业务管理部门。

属地矿地质科在控股股东地质处的指导下，负责联营煤矿的资源管理，对联营煤矿的“三量”准备情况和煤炭资源回收率进行监督检查，降低资源损失，提高资源回收率。

（二）矿井安全质量标准化管理

属地矿对联营煤矿的“一通三防”和日常安全工作进行监督管理。联营煤矿的安全生产目标纳入控股股东属地矿安全质量标准化考核范围。控股股东属地矿根据《西山煤电集团公司生产矿井“一通三防”绩效考核处罚条例》（西山煤电通发[2006]13号）制定联营煤矿“一通三防”绩效考核处罚规定和安全质量标准化有关规定，对联营煤矿进行监督、检查。联营煤矿的安全事故统计上报和追查处理，严格按照控股股东方一个标准、六项制度的有关规定执行。

控股股东要按照《关于对小煤矿强化监督管理确保安全生产的决定》（西山煤电发[2006]16号），加强对联营煤矿安全生产监督管理。属地矿要加强对联营煤矿井田边界的监督管理，防止联营煤矿越层越界开采；要制定出台加强联营煤矿安全生产技术管理的制度和办法，报控股股东安监部门备案。联营煤矿要严格按照划定的井田范围组织生产，严禁越层越界开采；加强对周边小煤矿的监管，防止周边小煤矿进入联营煤矿井田范围越层越界开采，破坏联营煤矿的资源。

（三）干部人事管理

按照控股股东规范联营煤矿管理体制的要求，属地矿要加强对控股股东派往联营煤矿人员的管理。派往联营煤矿的管理人员要接受属地矿的领导。控股股东派往联营煤矿的处、科级干部不占属地矿的处、科级干部编制。

控股股东派往联营煤矿的处级管理干部的组织人事关系由原单位直接调入属地大矿，按照西山煤矿函[2005]179号执行。其他人员的人事、工资关系及档案暂时由原单位管理，条件成熟时由控股股东人力资源管理中心负责统一管理；原属控股股东方职工，非经组织程序进入联营煤矿工作的，要与原单位解除劳动合同或者办理停薪留职手续。联营煤矿需要的煤炭生产管理、专业技术人员和采煤技术工人，可以通过控股股东方人力资源中心输送。控股股东外派人员的考核、培训、专业技术职称评聘等工作纳入属地矿统一管理。

属地矿要加强对联营煤矿职工的安全技术教育培训，提高联营煤矿员工的安全技术素质。

（四）计划统计管理

按照控股股东计划管理要求，联营煤矿纳入属地矿生产计划管理范围。联营煤矿每月向属地矿提出生产计划，属地矿汇总后统一上报控股股东计划部门，控股股东综合平衡后下达属地矿（含联营煤矿）月度生产计划。联营煤矿的各类专项资金计划，经联营煤矿股东会或董事会审定后，由属地矿统一上报控股股东计划部门汇总。联营煤矿的生产指标完成情况应按班、日报属地矿，其产量、进尺、煤质、安全、用电等经济技术指标专业报表，由属地矿按月单列汇总后上报控股股东有关业务职能部门。

联营煤矿作为矿井生产单位，参加控股股东和属地矿月度生产计划例会。

（五）工资及保险管理

控股股东派往联营煤矿人员的工资水平由联营煤矿股东会或董事会确定，人员工资及相关工资附加费由联营煤矿负担；各类保险及住房公积金的缴付，按照《西山煤矿总公司人力资源管理中心管理暂行办法》（西山煤矿发[2004]138号）的规定执行。

联营煤矿应当按时向属地矿和控股股东劳资处、人力资源管理中心报送有关报表。

（六）财务管理及会计核算

联营煤矿要严格执行《中华人民共和国会计法》和相关的企业会计制度，执行控股股东方相关财务规定，制定内部财务管理和会计核算办法，建立资金预算和盈亏预算。按时经属地矿向控股股东财务部门报送会计报表。控股股东财务、审计部门有权定期或不定期对联营煤矿经营状况进行业务指导和审计监督,并履行咨询服务职能。控股股东审计部门要在外派管理人员到位后,对各联营煤矿工程建设投资及生产经营状况进行一次专项审计,并提出审计报告。联营煤矿投产后,纳入控股股东方每两年一次的重点审计序列。

联营煤矿建设期间,在商参股股东同意后,可以按照基建工程项目概算额的不同比例提取奖励基金,计入工程总投资。

联营煤矿经营过程中的法律事务、合同管理等事项可以委托控股股东法律顾问部门进行业务指导。

(七)物资采购和煤炭销售管理

1. 物资采购。联营煤矿所需材料、设备、配件等物资,既可以自行组织采购,也可以委托控股股东物资供应公司、设备租赁公司集中统一采供。委托采购的物资,要按照控股股东的要求经属地矿汇总后,统一向控股股东物资供应部门、设备租赁部门上报采购计划。

2. 煤炭产品销售。联营煤矿的煤炭产品按照控股股东所属山西焦煤集团公司确定的"统一订货、统一价格、统一销售、统一结算、统一回款"的五统一原则,纳入山西焦煤集团煤炭销售总公司统一销售序列。铁路运输销售的煤炭产品由山西焦煤集团煤炭销售总公司按流程办理,西山销售公司结算处负责结算;公路地销的煤炭产品执行控股股东方煤炭产品公路销售管理办法,纳入控股股东方公路销售管理序列。发生煤炭商务纠纷,由山西焦煤集团煤炭销售总公司西山销售公司根据《煤炭销售总公司商务纠纷处理办法》及煤质管理办法进行处理。

(八)党群工作

根据《中国共产党章程》、《中华人民共和国工会法》、《中国共产主义青年团章程》、《山西焦煤集团西山煤矿总公司控(参)股企业党组织建设暂行规定》等规定,联营煤矿要设立党组织和工会、共青团等群众组织,在属地矿党委、工会、共青团的领导下开展工作。开展工作所需经费由联营煤矿依照有关规定拨付。

(九)考核管理

联营煤矿责任法人综合目标纳入属地矿责任法人综合目标考核范围,由属地矿与各联营煤矿签订责任法人综合目标责任书,控股股东在半年、年度对各矿进行综合考核时,包含对各联营煤矿的考核内容。

五、本办法解释权属山西焦煤西山煤电集团有限责任公司。

六、本办法自下发之日起执行。

(西山煤电发[2006]45号)

住房公积金贷款实施细则

第一章 总 则

第一条 为支持西山煤电集团公司在职职工住房消费,规范住房公积金个人住房贷款管理,维护借贷双方的合法权益,根据国务院《住房公积金管理条例》、中国人民银行《个人住房贷款管理办法》、《山西焦煤集团有限责任公司住房公积金贷款管理办法》等有关规定,结合企业实际,制定本实施细则。

第二条 住房公积金贷款是指西山矿区住房公积金管理部以归集的住房公积金为资金,委托配套商业银行向购买、建造、翻建或大修自住住房的住房公积金缴存职工发放的专项住房贷款。

借款人在申请住房公积金贷款时须提供担保。借款人到期不能偿还本息的,由担保人承担偿还本息的连带责任。

第三条 西山矿区住房公积金管理部是西山煤电集团公司住房公积金贷款的主管部门,根据山西焦煤集团有限责任公司住房公积金管理中心(以下简称"中心")的授权,作为住房公积金委托贷款代理人(以下称"委托贷款代理人")委托由中心确定的商业银行(以下简称"受托银行")承办住房公积金贷款金融业务。委托双方应签订承办住房公积金贷款金融业务协议,明确双方职责。

第四条 本实施细则适用于西山煤电集团公司具有完全民事行为能力的正常缴交住房公积金的在职职工,购买、建造、翻建或大修自用普通住房的个人住房公积金贷款活动。

第五条　住房公积金贷款不得用于购买豪华住房；不得用于团体开发住宅和团购住房行为。

第二章　贷款对象和条件

第六条　贷款对象为西山煤电集团公司具有完全民事行为能力的正常缴交住房公积金的在职职工。

第七条　贷款条件

借款人在申请住房公积金贷款时，须同时具备以下条件：

（一）在西山矿区住房公积金管理部连续缴交住房公积金（包括职工缴存和职工所在单位为职工缴存两部分）6 个月（含）以上或累计缴存住房公积金 12 个月（含）以上，且申请贷款时仍正常缴存；

（二）在西山煤电集团公司所在的城镇区域内购买、建造、翻建或大修自用普通住房，并能够按规定提供相关合同、证明文件，同时用自有资金已支付相应比例的首期付款：

购买房改房、单位集资房，首期付款需 20%以上（含）；

购买商品房、经济适用房，首期付款需 30%以上（含）；

购买二手房，首期付款需 40%以上（含）；

建造、翻建或大修住房，首期付款需 50%以上（含）；

（三）具有独立的完全民事行为能力（当地具有三级资质医院出具的健康证明）；

（四）具有稳定的职业和收入，信用状况良好，有偿还贷款本息能力；

（五）借款人的住房公积金贷款申请必须在购买、建造、翻建或大修具有自有产权的自住住房行为发生之日起 3 个月内提出；

（六）以共有房产申请住房公积金贷款的，其住房共有权人须为借款人配偶或借款人直系血亲；

（七）提供本实施细则规定的担保；

（八）法律、法规规定的其他条件。

第三章　贷款额度和期限

第八条　贷款额度

贷款最低发放额度不得低于一万元人民币，贷款最高发放额度取以下测算的最低额度：

（一）家庭收入测定法

贷款额 =（借款人个人月缴存住房公积金额 ÷ 住房公积金个人月缴存比例 + 配偶个人月缴存住房公积金额 ÷ 住房公积金个人月缴存比例 – 400 元）× 12 月 × 贷款期限。

（二）住房性质限额法

1. 购买房改房、单位集资房，住房公积金贷款额度不得超过房价款的 80%；

2. 购买商品房、经济适用房，住房公积金贷款额度不得超过房价款的 70%；

3. 购买二手房，住房公积金贷款额度不得超过住房交易价款的 60%；

4. 建造、翻建或大修住房，贷款额度不得超过工程评估费用的 50%。

（三）归集总额测定法

贷款额以借款人及配偶申请贷款年度的住房公积金月归集额为基数，按借款人及配偶至退休时间正常可归集总额的两倍测定。

贷款额 =（借款人申请贷款时缴存余额 + 借款人申请贷款时月缴存额 × 12 月 × 申请贷款时至退休时段 + 配偶申请贷款时缴存余额 + 配偶申请贷款时月缴存额 × 12 月 × 申请贷款时至退休时段）× 2 倍。

申请贷款时月缴存额包括个人缴存和单位为职工缴存两部分。

（四）借款人和配偶均按规定缴存住房公积金的，最高贷款限额为 25 万元（其中二手房最高贷款限额为 15 万元）；仅借款人一人按规定缴存住房公积金的，最高贷款限额为 15 万元（其中二手房最高贷款限额为 10 万元）。

第九条　贷款期限

住房公积金贷款的最短期限不得低于一年（含）。在职职工至国家规定退休时间不足 13 个月的，贷款申请不予审批，可根据有关规定申请提取住房公积金。

住房公积金贷款的最长期限取下列规定的最低期限：

（一）贷款期限最长不得超过 20 年（含 20 年），其中贷款额 10 万元（含 10 万元）以下的，一般不超过 10 年（含 10 年）；贷款额 10 万元以上 20 万元（含 20 万元）以下的，一般不超过 15 年（含 15 年）；贷款额在 20 万元以上 25 万元（含 25 万元）以下的，不超过 20 年（含 20 年）。

（二）贷款期限最长不得超过借款人申请贷款之时至国家规定退休的时限，借款人最终还贷期不得超过法定退休年龄（男职工法定退休年龄60周岁，女职工法定退休年龄55周岁，井下工人法定退休年龄55周岁）。

贷款最长年限=职工法定退休年龄－贷款时的实际年龄（去尾数，取整年）

（三）购买现房，贷款期限最长不得超过该住房剩余使用年限（住房使用年限按40年计算）。

住房剩余使用年限=40年－住房已使用年限（去尾数，取整年）

住房已使用年限=住房交易日期－住房竣工日期

第四章　贷款担保

第十条　住房公积金贷款担保实行保证担保方式。委托贷款代理人认可的保证担保主体为太原市置业担保公司、西山煤电集团公司及所属子公司和所属经营单位（不含职能部门）、西山煤电集团公司正常缴存住房公积金的职工。

担保采取双方自愿原则。借款人在申请住房公积金贷款时，对保证担保的主体可以选择；保证担保的主体也可根据借款人的实际情况确定是否提供贷款担保。但保证合同一经签订，一般不予更改。

（一）太原市置业担保公司同意为借款人提供担保的，应在《山西焦煤住房公积金个人贷款申请审批表》中填写借款担保意向，并提供以下资料：

1. 经工商行政管理部门年检合格的法人营业执照副本（复印件）；

2. 法定代表人（负责人）或其授权代理人的身份证明文件（复印件）；

3. 税务部门年检合格的税务登记证明（复印件）；

4. 经财政部门核准或会计师事务所审计的近三年的财务报告及提供担保前的月度财务报告（原件）；

5. 置业担保公司担保额度和期限保函（在《山西焦煤住房公积金个人贷款申请审批表》中填写）。

（二）西山煤电集团公司及所属子公司和所属经营单位同意为借款人提供担保的，应在《山西焦煤住房公积金个人贷款申请审批表》中填写借款担保意向，并提供以下资料：

1. 经工商行政管理部门年检合格的法人营业执照副本（复印件）。单位为企业法人的分支机构，在提交法人营业执照副本的同时，提供企业法人的书面授权委托书（原件）；

2. 法定代表人（负责人）或其授权代理人的身份证明文件（复印件）；

3. 税务部门年检合格的税务登记证明（复印件）；

4. 单位提供担保的额度和期限保函（在《山西焦煤住房公积金个人贷款申请审批表》中填写）。

（三）西山煤电集团公司正常缴存住房公积金的职工同意为借款人提供担保的，应在《山西焦煤住房公积金个人贷款申请审批表》中填写借款担保意向，并提供以下资料：

1. 担保人的身份证（复印件）；

2. 所在单位提供该职工准确的退休时间、住房公积金缴纳情况等证明（在《山西焦煤住房公积金个人贷款申请审批表》中填写）；

3. 担保人担保的还款资金额度和期限保函（在《山西焦煤住房公积金个人贷款申请审批表》中填写）；

4. 借款人和担保人所在单位提供担保人发生调动、死亡、丧失民事行为能力等情况时，及时告知并变更担保人的承诺（原件）。

第十一条　西山煤电集团公司正常缴存住房公积金的职工为借款人提供贷款担保，应符合以下规定：

（一）担保人可担保的年限一般不得超过担保人至国家规定退休的时限。担保人可担保的年限少于借款人贷款年限且愿意为借款人履行担保的，担保人在退休时不得提取本人的住房公积金，应办理个人账户的封存，直至借款人偿还贷款完毕之日；

（二）担保人担保的资金不得超过担保人至国家规定退休时限住房公积金缴存额度的90%；

担保人可担保额度=（担保人提供担保时已缴存住房公积金余额+担保人提供担保时月缴存额×12月×担保人可担保年限）×90%

（三）借款人可提供多人为其实施保证担保，担保人担保的资金合计额度必须等于或大于借款人的实际贷款额度；

（四）在借款人未还清贷款本息之前，担保人不得支取、转移本人存储的住房公积金，也不得申请住房公积金贷款。确需支取、转移本人存储的住房公积金或申请住房公积金贷款的，应先行与借款人、受托银行、贷款委托代理人协商，经四方同意方可办理保证合同的变更。

第十二条　委托贷款代理人同意为借款人提

供贷款的，由担保人、受托银行签订《住房公积金个人借款保证合同》(以下简称《保证合同》)。

第十三条 借款人在发生意外死亡、宣告失踪、丧失民事行为能力或其他法定原因不能正常偿还贷款的，由其财产合法继承人或财产拥有人作为还款义务人履行正常偿还贷款的责任。无财产合法继承人、财产拥有人或财产合法继承人、财产拥有人发生无能力还贷、无能力全额还贷、不履行还贷义务等情况时，担保人应承担连带责任。

第十四条 借款人出现下列情况，不能履行借款合同的，受托银行、委托贷款代理人有权要求担保人偿还贷款本息：

（一）借款人连续3个月或累计6个月未按时偿还贷款本息的；

（二）借款人死亡且无继承人或受赠人的；或借款人死亡，还款义务人拒绝偿还贷款的；

（三）借款人提供虚假证明材料的；

（四）借款人擅自改变贷款用途，挪用贷款的；

（五）借款人及其配偶在贷款期内无正当理由停止缴存住房公积金的；

（六）借款人违反《借款合同》规定的任何条款，经委托贷款代理人或受托银行指出，不予纠正的；

（七）借款人发生其他足以影响其偿债能力或缺乏偿债诚意行为的。

第十五条 担保人担保的范围包括贷款本金及利息、违约金、损害赔偿金和实现债权的费用。

第五章 贷款办理

第十六条 借款合同的签订

（一）借款人、委托贷款代理人、受托银行三方共同签订《借款合同》。

（二）借款人配偶作为共同债务人需在《借款合同》上签字认可。

（三）以共有房产申请住房公积金贷款的，其住房共有权人需在《借款合同》上签字认可。

第十七条 贷款发放

（一）借款人购买新建住房或期房的，由受托银行按《借款合同》约定，将借款以转账方式划入售房单位开设的结算账户内。

（二）借款人购买二手房、建造、翻建或大修住房的，由受托银行按约定以转账方式划入借款人个人账户。

第十八条 当贷款资金不足时，贷款委托代理人将遵循“公开、公正、公平”的原则，按“轮候制”确定贷款发放时间。

第六章 贷款程序、资料及费用

第十九条 个人贷款程序

（一）借款人到受托银行或委托贷款代理人咨询处提出贷款意向，介绍相关情况；咨询处予以查询、测算，提供可贷款额度、期限及担保选择等意见，并发放《山西焦煤住房公积金个人贷款申请审批表》(一式三份)；

（二）借款人按填表要求填妥申请审批表后，连同其他所需资料一并送受托银行初审；

（三）受托银行会同委托贷款代理人对借款申请人提供的资料和偿还贷款本息能力进行调查、审核、确认，确定贷款额度、期限等，并由委托贷款代理人签署意见，报请中心审批；

（四）中心审批后，委托贷款代理人向受托银行签发《住房公积金委托贷款发放通知书》，受托银行据此与委托贷款代理人、借款人签订《住房公积金个人借款合同》(以下简称《借款合同》)，与借款人签订《委托扣款协议》，与担保人签订《保证合同》，为借款人办理借款登记发放手续；

（五）在上述手续办理完毕后，由委托贷款代理人将核定的贷款资金划入在受托银行开设的贷款专户，再由受托银行以转账方式将资金划转到售房单位在银行开立的账户；

（六）住房公积金贷款实行按月审批发放制度。当月审批，次月发放。

第二十条 贷款所需资料

（一）借款人在申请住房公积金贷款时，应向受托银行、委托贷款代理人交存以下共性资料：

1. 申请人及配偶身份证或户口本复印件；

2. 结婚证复印件 （单身者需提供单身证明、离婚者需提供离婚证)；

3.第十条规定的保证人相关资料。

（二）购买住房的，根据借款人所购住房性质，还需向受托银行、贷款委托代理人交存以下资料：

1. 购买房改房或单位职工集资建房所需资料：购房首付款复印件(首付款不得低于总房价20%)；

《购房合同》或购房协议书原件；

所购住房幢楼的《土地使用证》、《建设工程规划许可证》复印件。

2. 购买商品房或经济适用房所需资料：

购房首付款复印件(首付款不得低于总房价的30%);

所购住房幢楼的《国有地使用证》、《商品房预售许可证》、《建设工程规划许可证》、《建设工程施工许可证》、《建设用地规划许可证》复印件;

购房者与开发商签订的《商品房买卖合同》原件。

3. 购买二手房所需资料:

《房屋买卖契约》原件;

过户后的《房屋所有权证》、《国有土地使用证》复印件;

过户后的契税发票复印件。

(三) 建造、翻建或大修住房的,须持有关批准文件原件、建筑施工合同原件、土地出让协议原件、原《房屋所有权证》原件、《土地使用权证》原件及投入自有资金50%以上(含)的有效证明原件。

(四) 本实施细则第十条、第二十条规定资料的原件、复印件均为一式三份(中心、委托贷款代理人、受托银行各一份),受托银行、委托贷款代理人必须对上述规定留存复印件的原件进行审验,并在留存的复印件后加盖审验人名章。

第二十一条 贷款应缴费用:贷款各类收费标准按太原市有关文件规定执行。

第七章 贷后管理

第二十二条 贷款偿还。借款人应当于贷款发放的次月开始,按贷款合同的还款约定通过受托银行进行贷款的偿还。

第二十三条 还款方式。住房公积金贷款的还款采用委托扣款方式,即借款人与受托银行签订《住房公积金贷款委托扣款协议》,由受托银行按协议约定的还款时限和还款金额从借款人在该行开立的指定账户中进行扣款还贷。

第二十四条 还款方法。贷款期限为1年的,实行到期本息一次性清偿的还款方法。贷款期限在1年以上的,还款采取按月等额本息还款和按月等额本金还款两种方法,借款人在申请贷款时可以选择,但借款合同一经签订,不再更改。

1. 等额本息偿还法是指每月还款额相等,每月偿还本金额先少后多,偿还利息额先多后少,适用于还贷前期资金紧张的借款人;

2. 等额本金偿还法是指每月偿还本金额相等,偿还利息随本金的减少而减少,月还贷额逐月递减,适用于还贷前期资金不太紧张的借款人。

第二十五条 贷款利率。借款人的还贷利率按照中国人民银行规定的住房公积金贷款利率执行(中国人民银行现行住房公积金贷款利率标准:五年及五年以下年利率3.96%,五年以上年利率4.41%)。

贷款期间如遇人民银行有关住房公积金存、贷款利率调整时,新发放的贷款按调整后的利率执行。在调整利率前已发生的贷款,合同期限为1年的,实行合同利率,不分段计息;合同期限在1年以上的,于次年元月一日开始,按调整后相应利率档次执行新的利率。

第二十六条 提前还贷。借款人在按月还贷的基础上,经委托贷款代理人、受托银行同意,可提前偿还全部或部分贷款,提前还贷时原已计收的贷款利息不做调整。

一、提前偿还全部贷款,借款人可直接到受托银行办理提前偿还全部贷款手续。

二、提前偿还部分贷款,必须符合以下规定:

1. 借款人在提出提前偿还贷款申请日前6个月内,按月及时偿还贷款本息,且无拖欠、逾期等不良记录。

2. 借款人提前偿还的最低限额不得低于1万元。

3. 借款人应向受托银行、委托贷款代理人递交《提前偿还(部分)贷款申请书》,经同意后重新计算、确定剩余还款期限和月还款额,并与受托银行、委托贷款代理人签订《借款变更合同》,作为原借款合同的补充合同。

第二十七条 合同当事人的任何一方,要求解除合同或变更合同及附件,需以书面形式通知相关各方,在有关内容达成协议前,原合同及其附件继续有效。

第八章 违约处理

第二十八条 借款人在贷款行开立的指定账户中存款不足,致使个人住房公积金贷款逾期的,受托银行将根据中国人民银行银发[2005]61号文的规定,按借款合同载明的贷款利率水平上加收50%的罚息。

第二十九条 借款人连续三个月或累计六个月未按合同约定偿还贷款本息,委托贷款代理人将委托受托银行通知担保人,由担保人承担违约偿还连带责任。

第三十条 职工采取欺骗手段，获得住房公积金贷款的，依照《山西焦煤集团有限责任公司住房公积金管理办法》（山西焦煤发[2006]29号）的有关规定，委托贷款代理人应当追回被骗取的住房公积金贷款本息，没收非法所得，并向骗取人追偿被骗取贷款金额百分之五至百分之十的违约金；构成犯罪的，依法追究刑事责任。

第三十一条 签订《借款合同》、《保证合同》各方发生争议时，首先由当事人协商解决。协商不成的，任何一方均可依法向太原市仲裁机构申请仲裁或向太原市人民法院提起诉讼。

第三十二条 委托贷款代理人应在接到借款人借款申请五日内给予是否同意贷款的答复，不予贷款的应以书面形式告知理由；同意贷款的，自借款人借款资料提交完备至贷款资金发放不得超过三十日。无正当理由不作为的，由西山煤电或中心视不同情节对相关责任人给予行政处分或经济处罚。

第九章 附 则

第三十三条 本实施细则由西山矿区住房公积金管理部负责解释。

第三十四条 本实施细则自二00六年七月一日起施行。

（西山煤电发[2006]117号）

附件：略

西山煤电集团有限责任公司工程项目包干建设管理办法

为了规范管理，保证质量，节约资金，有效发挥资金效能。根据国家计委《工程建设项目招标范围和规模规定》、《工程建设项目自行招标试行办法》（2000年国家计委令第5号），结合集团实际，对列入计划管理的所有工程项目实行包干建设。为此制定本办法。

一、组织机构

集团成立工程项目包干建设领导组，负责工程项目包干建设全过程的领导工作。

组　　长：薛　山　车树春　张能虎

常务副组长：薛占儒

副 组 长：孙炳章　王玉宝　徐俊明　夏苏萍　王绍进

领导组下设办公室，负责工程项目包干建设的日常管理工作。办公室设在计划处。

办公室主任：荣国林

办公室副主任：李兆杰　汪一川　陈俊昌　赵高荣

办公室成员由企管处、纪委、计划处、财务处、审计处、基建处、法律顾问处、设计院等有关人员组成。

二、包干建设管理范围

凡列入计划管理的维简费、安全生产费用和大修理费项目的矿建、土建、安装工程以及铁维费、住宅维修工程项目，均实行包干建设管理。

三、包干建设管理过程

包干建设管理是从项目立项到竣工投产发挥效益的全过程管理，其核心是严格执行基建程序，通过计划、预算、招标、包建程序，加强项目建设的前期准备工作，强化建设单位责权，对工程造价、质量、工期进行全方位控制，提高资金的使用效益。

工程项目包干建设管理主要包括：设计管理、预算管理、工程招投标管理、工程项目包干建设责任书管理、工程施工管理、工程结算管理等。

四、设计管理

设计文件包括可行性研究、初步设计、施工图设计等。

1. 设计委托

为控制工程内容和工程标准，合理利用资金，进一步推行限额设计，实行设计委托和设计会审管理制度（不含住宅楼建设项目）。

集团下达的资金计划是设计委托的依据，建设单位可根据已下达的资金计划向设计院提出正式委托；计划在30万元（含30万元）以下的工程项目由建设单位直接向设计院委托；30万元以上的工程项目由建设单位出具设计委托书（表1），计划处根据集团对工程内容和标准的要求签署意见后向设计院委托（矿区的所有设计委托由计划处审查与签认）；集团拟实施的较大工程项目，由计划处对集团设计院办理委托设计手续；需要外委的设计，授权集团设计院委托，计划处参与；重大工程项目外委设计要通过招标方式确定。

设计委托书要根据年度资金计划明确设计标准、范围、规模、能力、使用功能及实施该项目所要达到的目的,并要附明详尽的基础、技术资料,确保设计过程中能够合理控制资金使用。若因建设单位提供资料不全面、不明确,发生了重大设计变更,按增加的费用加倍核减建设单位当年的维简资金自主安排控制指标。

2. 勘察设计

由设计院负责勘察设计工作并实行有偿设计。

设计院坚持无正式委托不予设计的原则并要根据生产需要和季节要求,平衡设计任务,合理安排设计顺序,确保全年工程项目顺利实施。依据设计任务书或委托书所提出的标准、规模、能力、使用功能等要求,严格执行限额设计。

对基层建设单位有设计能力的零星项目,经设计院认可后可由建设单位自行设计,但必须经设计院人员审核,出具蓝图并加盖设计院图签,此设计与设计院的设计具有同等效力。

坚持限额设计,有计划实施。经估算预计投资超过计划工作量 10%,须及时优化设计,降低投资,或说明原因,经计划处同意后方可进行下一步工作。

3. 设计会审

计划工作量 500 万元以上的工程设计,应先做出设计方案,由集团有关领导和部门进行审查确定后,方可开展正式设计。

项目施工前,项目负责人组织有关单位进行施工图会审,以优化设计确保满足使用功能和符合投资标准,之后方可正式实施。

4. 设计变更

已确定的设计,不得随意更改。实施过程中,确因技术、功能问题必须修改时,在费用不增加的情况下,由设计院更改;因地质情况发生较大变化,技术措施有变,导致费用增加但仍在总包价范围内,由建设单位提出申请,经计划处和设计院批准后进行修改;费用增加预计超过包干范围的修改,建设单位提出申请,由计划处请示有关领导同意后,方可修改。否则任何修改调增的费用,由建设单位工资抵补调增费用的 15%、设计院设计费抵补调增费用的 5%,其余调增费用由建设单位自主指标解决。

5. 设计考核

项目实施完毕,对限额设计情况进行考核。

考核范围为投资 30 万元以上项目。

设计合同生效后,要预留 10%的设计费作为质保金。在项目满足功能要求的前提下:

(1) 投资控制在包干造价以内,经计划处签认,支付质保金并调增设计费 10%。

(2) 投资节余,按投资节余额的 5%奖励设计单位;投资超支,扣除质保金并按投资超支额的 5%扣罚设计单位,但最多不超过质保金的 2 倍。

五、概预算管理

(一) 概算管理

概算编制:由设计院依据国家颁布的概算定额、概算指标、估算指标、预算指标、费用定额、初步设计及有关规范、标准编制后,报包干建设办公室组织审定,其中:设备价格由供应公司牵头确定。

(二) 预算管理

1. 先行确定计价方式。

施工图设计出具后,建设单位要及时与包建办公室联系,确定招标计价方式。采用无标底招标的,直接发图,组织招标;采用工程量清单计价的,出具工程量清单后,组织招标;其他项目按下所述的规定程序进行概预算编审后,组织招标。

2. 预算报审。

(1) 实行无标底招标的项目,预算不报审,直接进入招标程序,但应履行预算审批手续。

(2) 实行工程量清单计价招标的项目,由建设单位出具工程量清单,报包建办公室审批后,进行招标,招标定价后履行预算审批手续。

(3) 其他项目的概预算编制和审查,依据国家颁布的建筑工程计价依据、预算定额、费用定额、会审后的施工图设计和图纸会审纪要、有关规范标准及集团下发的有关文件执行。具体程序为:

①编制:原则上由设计院负责,并填写预算审批卡(见表 2),预算一式十份。设计院只编制施工图预算。

修理费、住宅维修和铁路维护费项目也可由建设单位编制;抢修、抢险项目和已先行确定施工单位的重点项目,经计划处同意后可由建设单位或施工单位编制。

②审核:住宅维修资金项目由房产公司负责,其他资金项目由各基层建设单位负责。审核的增减量要填写预算审核对照表一式十份(见表 3)。审核单位要在预算审批卡上签章及加盖公章。审核时间为 3~5 天。建设单位在审核过程中要考虑"四通一平"费用,重大、特殊项目要考虑适当的措施费。

③审批:建设单位审核预算后,附预算送审表(见表 4)经包干建设办公室(计划处)签认取费等级和要求完成的时间后由专业预算人员进行初步审查,初步审查实行个人负责制。其中已签订包干责

任书的重点项目,原则上以各建设单位审定的预算为准,集团只做原则性审查。审批后的预算值(含取费)加盖预算审批专用章后生效。预算审批时间3~4天。

预算初审由计划处、基建处分别完成。视年度项目情况由包建办公室具体划分(2006年划分附后)。

初步审查后的预算由初审人员报送包干建设办公室审批,加盖预算审批章后生效。

(三)材料价差解决办法

1. 一般项目

(1)材料调差范围

材料价差调整范围为太原市工程建设标准定额站定期发布的《建设工程材料指导价》中明确的材料品种及虽然《建设工程材料指导价》中不含,但工程建设实施中确需调整的品种。

(2)材料价格的取定

①材料价格执行太原市工程建设标准定额站定期发布的最近一期《建设工程材料指导价》;《建设工程材料指导价》不含部分,且工程建设中确需调整的品种,按包建办公室发布的材料价格执行或按建设单位进行市场调查后并报工程项目包干建设办公室批准后的价格执行。

②对于施工工期在三个月以内工程项目,若发生实际材料采购价与《建设工程材料指导价》和市场调研价有差异,材料价格一次确定,不予调整。

③对于施工工期在三个月以上的工程项目,材料价格调差除按1)中规定执行外,若材料价格变化幅度经测算在±5%以上时,可按施工工期内政府发布的材料价格,由包建办公室按照材料用量以加权平均法测算出材料实际取定价后,按单位工程进行调整。

2. 重点项目

(1)概算编制执行太原市《建设工程造价管理信息》现行发布的建设工程材料指导价。指导价不含部分执行2005年《太原地区建设工程材料预算价格》和经进行市场调查后包建办公室批准的价格。

(2)实行概算包干的重点工程项目,单位工程开工两个月内材料价格与概算编制期材料价格相比较变化幅度在±5%(不含±5%)以上时,由建设单位按开工两个月的材料价格编制引起总包价变化的测算资料,上报包建办公室组织审查,确定总包价变化幅度系数,经领导批准后调整概算包干值,续签《工程项目包干建设责任书》。

(四)有关说明

1. 外委设计的施工图预算,由外委的设计院编制。特殊情况可由施工单位编制,但要相应从设计费中扣减预算编制费。

2. 开延工程在6月30日前,须审定预算,签订责任书。

3. 预算审查中出现的问题由包建办公室组织专业人员会审。

(五)考　核

(1)预算编审实行三级编审个人负责制,编审人员对自己编审的预算负责。工作完成后要加盖个人预算编审资格专用章。

(2)施工图预算编审质量按误差率考核。误差率均以最终审批的预算值(定直费加材差)为基准,即编审值与审批值之差占审批值的百分比,但不含因改变标准而增减的费用。

(3)重点项目施工图预算一般由设计单位编制,特殊情况经包建办公室批准后可由施工单位进行编制,经建设单位审查后,报包建办公室进行原则性审批,包建办公室重点对编审的原则性、正确性进行考核奖惩。

(4)具体办法

罚　则:

①施工图预算的编制,误差率在5%以内为合格,5%以上为不合格。预算不合格按预算值(定直费加材差)的0.3%对编制单位罚款,罚款从预算编制费中扣除,直至扣完为止。对专业预算人员不合格一次记1分,其中误差率超过8%一次记2分。年度内记分达20分,取消其对集团工程预算的编制资格。

②施工图预算初审,误差率在4%以内为合格,4%以上为不合格。不合格一次记1分,其中误差率超过7%一次记2分。年度内记分达10分,取消其对集团工程预算的审查资格。

建设单位负责重点工程项目施工图预算上报集团的时间。按招议标会议确定的时间按时上报,奖励预算审定值的0.02%;否则,每延误一天,扣罚建设单位考核奖0.02%,直至全额扣除。

③施工图预算审查,主要按工作时间考核,每份每延误2天,记1分。年度记分累计达20分,取消其对集团工程预算的审查资格。

④每记1分,对预算编审人员罚款50元。

奖　励:

施工图预算编制的误差率在2%以内,初审的误差率在1.5%以内,预算审查按规定时间按期审完为优秀,予以奖励。奖励标准:编制按预算额的0.5‰提取;初审按审减(或增)额的1%提取;审查在初审的基础上按审减(或增)额的1.5%提取；另外，再以按期完成一项奖励预算审定值的0.2‰。

(5) 预算考核由计划处牵头，考核结果由工程项目包干建设办公室制表，主任审核签字，领导组批准后下发。奖金来源为集团专项奖金。

六、招投标管理

(一) 列入集团计划的工程按下列规定分级进行招投标管理

1. 根据国家、省、市有关规定，需在有形建筑市场进行公开招标的项目，经工程项目包干建设领导组审定后，按国家有关规定执行。

2. 使用国债、财政补贴等资金、按照有关规定必须招标的项目，由计划处委托山西中招招标代理有限公司进行招标。招标完成后，招标公司须及时向计划处移交有关资料。

3. 其余项目在集团内部进行招投标。维简资金、安全费用、大修理费项目、住宅维修资金中投资在30万元以上的项目，由包建办公室组织招标；投资30万元以下的项目，由建设单位组织招标，集团包建办公室进行监管，整个招标过程建设单位要形成纪要备查。

锅炉大修由各建设单位提出集团内部施工单位选择建议，经包建办统一平衡批准；铁路维修项目由铁维部与包建办共同划分议定施工单位。

建安工程必须由具有专业资质的施工单位承建(生产代建除外)，施工单位原则上要在集团范围内选择并尽量考虑施工单位基地与施工场地的有效配合，以降低施工成本；技术含量高和部分重点项目，经领导批准后，适当引进外部施工企业参与竞争。矿建工程原则上由各矿自营施工，如确需其他单位施工，由矿提出申请，在集团范围内选择施工单位。

与生产交叉的工程项目，鼓励各单位以生产代建方式完成。但结构复杂或重大的工程项目原则上不得以生产代建方式承建。

(二) 招　标

1. 招标项目需具备的条件

(1) 列入集团专用资金计划

(2) 有正式设计文件，已审定的施工图预算、工程量清单或概算及其他有关资料等。

2. 招标方式

招标采用公开招标或邀请招标的方式。对特殊工程、技术要求较高的专业工程和投资30万元以下的工程，可采用邀请议标的方式发包，但要由包建办公室组织或批准。

防洪工程和抢修工程由建设单位组织实施，签认工作内容后按有关程序审批进行结算。

招标可对项目全部招标、单位工程招标、分项工程招标；并在重大项目中推行设计－施工总承包制。招标价原则上要确定工程价格，特殊情况也可以是确定价格取定原则。

3. 招标程序

(1) 确定招标方式。

(2) 编制招标文件和标底

标底采用公开标底或保密标底，公开标底由审定的施工图预算加“四通一平”费用构成。“四通一平”费用由建设单位提出，包建办公室审批。保密标底的取定方式，具体项目具体确定，但原则上尽量采用工程量清单计价方式。

(3) 发布招标公告或发出招标邀请，投标单位申请投标。

(4) 审查投标单位资质，对审查合格的投标单位发给投标许可证、招标文件及其他资料。

(5) 组织投标单位踏勘现场进行答疑。

(6) 组织招标会议进行评标、定标，确定中标单位。

(三) 投　标

1. 以项目经理为投标单元进行投标，项目经理必须具有三级以上证书。

2. 投标单位在招标公告发布或收到邀请函后，应在规定时间内，向招标管理部门提供营业执照副本、资质等级证书、取费类别证书、项目经理证、法人委托书及资信证明，经审查合格后，方可参加投标。

3. 投标文件编制

投标文件编制应响应招标文件要求。

4. 有关说明

(1) 施工图预算应是经过投标单位认真测算的可靠性材料，如与公开标底有大的差异，应在答疑时提出，予以修正。

(2) 施工组织设计要有针对性和严肃性。一经招标确定价格，原则上不得因施工组织设计调整费用。

(四) 评标、定标

1. 评标定标活动由招标管理部门组织。

2. 评标实行综合评标法或招标文件确定的评标方法。

3. 根据工程类型组织评标小组进行评标定标。评标小组由11~13人组成，其中评标组长一般由项目负责人担任，必要时邀请有关专家担任，重大项目由集团领导主持。建设单位指派评委1~2人，其余评委从评标专家库中抽取或邀请社会专家。对评委评分，实行去掉分差最高两票的评标计分办法。基层建设单位比照上述办法组织评标。

4. 由纪检部门派员组成监督小组(集团组织的招投标活动分别由纪委、法律顾问室各派1人组成)监督招标全过程,并对评标的合法性做出评价。

5. 按评标小组的评审结果，确定中标候选人，经监督小组确认后，由评标组长宣布评标结果,确定中标单位。

(五) 附　则

1. 中标单位应在接到中标通知书5日内与建设单位、基建处按照投标书的内容和评标中议定的内容签订工程承包合同。

2. 中标单位无正当理由在5日内拒签合同,应向建设单位赔偿中标价2%的经济损失，并在此后连续10项工程取消其投标资格。有关管理单位不及时办理有关手续,集团将定期予以通报批评。

3. 建设单位在定标后，不得借故更换承包单位,确因特殊情况须更换承包单位,需经有关管理部门批准,并适当给予中标单位补偿,补偿费从建设单位工资中列支。

4. 中标单位如因技术力量等原因不能承担本次任务需经包干建设办公室同意后,可停止承担本次任务,并根据情况,补偿建设单位的经济损失。

5. 施工单位应当依靠自己的技术和管理能力，自行组织完成所承包的工程,禁止倒手转包。

6. 签订施工合同后,按有关基建程序进行施工管理。

(六) 招投标应严格按照分级管理的原则组织。招标及计价方式由包建办确定。每次招议标的过程及结果都要有评标专家、监督小组、招标组织机构、投标单位的签认,存档备查。招议标结束后,按照分级管理原则出具评标报告或纪要。

(七) 对于未按照规定组织招标、擅自开工的项目,集团将根据情节轻重采取通报批评直至取消该项目计划的方式进行处罚。对取消计划的项目,已发生的工作量,用项目单位工资抵补,由财务、审计部门进行重点监督,不得变相进入单位成本。招议标情况由包建办定期通报。

七、工程项目包干责任书管理

列入计划管理的工程,各基层建设单位都要与集团签订《工程项目包干建设责任书》,对工程项目的质量、工期和造价负责。工程项目包干建设责任书是体现基层建设单位对工程项目的质量、工期、造价的包干责任而与集团签订的书面材料。工程项目包干建设责任书是签订合同和结算的主要依据。重大项目实行概算包干，一般项目实行预算包干。造价原则上要包死,特殊项目也可采用费率和计价原则包干的办法。

(一) 重大项目包干建设责任书管理

1. 对于构成项目,且投资在500万元以上的建设项目，依据设计单位出具的初步设计及概算,由包干建设办公室组织有关部门及建设单位进行审定并上报集团领导批准后,实行概算包干。签订《工程项目包干建设设备采购责任书》和《工程项目包干建设工程建设责任书》。

2.《工程项目包干建设设备采购责任书》由集团对建设单位和供应公司签订。建设单位、供应公司要按签订的责任书完成相应的工作内容,其中建设单位负责设备技术参数、性能要求的确定,供应公司负责设备采购。在不突破总包价的范围内可调剂各单项费用。重点工程的设备采购由供应公司统一管理,要严格按《山西焦煤集团(直属)供应公司物资采购招投标管理办法(试行)》执行。

3.《工程项目包干建设工程建设责任书》由集团对建设单位和设计院签订。其中设计院负责设计管理,建设单位负责基础资料提供、工程管理。施工单位必须通过招议标方式确定。项目负责人先将施工队伍招议标建议计划报包干建设办公室,经批准后与集团工程项目包干建设办公室共同组织招议标,特殊安排需集团领导批准。对未进行招议标的项目,集团除进行通报批评外,要对责任人进行相应处罚。在不突破总包价的范围内可调剂各单项费用。

4. 对由于重大设计修改及其他特殊原因造成工期、造价发生变化的项目,经领导批准后,可续签《工程项目包干建设责任书》。

(二) 一般项目包干建设责任书管理

1. 工程项目须待设计完善、组织招标并签订《工程项目包干建设责任书》(表5)后,方可开工建设(防洪、抢险、开延不受此限)。实行预算包干的项目包干费用由招议标标的加一定的包干系数费用构成。包干系数归建设单位控制使用,用以解决施工图范围以外发生的工程、设计更改、工期三个月以内项目或三个月以上项目材料价格变动幅度5%以内的材料价格调整。工程项目包干费用节余部分归建设单位使用，可提取作为奖金或改做其他用途。由包干系数解决的费用须有设计修卡或建设单位认可的施工图以外的工作内容。

2. 工期在三个月以上、材料价格变化幅度在±5%以上的项目按单位工程调差，经包建办公室审定后，签订《工程项目包干建设责任书调整表》(表6)。由于建设单位原因导致工期顺延的项目，由建设单位写明原因后，签订《工程项目包干建设责任书调整表》。

3. 对确因地质资料不明，导致地基处理发生费用，由设计、基建部门签认隐蔽资料，由建设单位做出变更书，经包建办公室审定后，签订《工程项目包干建设责任书调整表》。特殊重大设计修改经批准后，可计取费用，签订《工程项目包干建设责任书调整表》。

(三) 各建设单位要成立工程项目包干建设管理机构并上报集团工程项目包干建设办公室，负责分管范围内的工程项目包干建设管理工作。

(四) 考　核

考核分一般项目考核和重点项目考核。考核奖励单独在工程结算书中列支不含在包干价内。

1. 一般项目考核

(1) 考核范围：已签订包干建设责任书，额度在30万元以上的工程项目。包括工期、质量、造价考核。

(2) 工期考核是指在满足正常施工条件下进行的考核。有下列情况之一，经包建办公室同意，可相应顺延工期。

由于设计发生重大变化，影响工程进度。

由于资金不到位与相应工作量相差超过50%，导致工程不能按期完工。

由于不可抗拒的自然灾害而影响工程进度。

工期顺延须经包干建设办公室批准。

①工期考核标准以签订的《工程项目包干建设责任书》中确定的开、竣工日期为准。《建设工程施工合同》、《开工报告》、《竣工报告》、《终验交接证明》、《质量认证书》须与此相对应，否则包干建设办公室有权视情况核减结算费用。

②工期考核依据为：工程一次验收通过，按施工单位送交竣工验收报告的日期为实际竣工日期；工程按建设单位要求修改后通过竣工验收的，按修改后所出的竣工验收纪要为实际竣工日期。

③奖罚办法

罚　则：

工程按期竣工，不奖不罚。工期每推迟一天按工程造价的0.3‰计罚；依此类推。扣罚总额不超过工程造价的3%。

因客观原因顺延工期的项目，比顺延的工期提前竣工，不奖不罚，比顺延的工期延期竣工，每延期一天，按工程造价的0.3‰计罚。

奖　励：

工期每提前一天按工程造价的0.3‰计奖，依此类推，总额不超过工程造价的3%。

(3) 质量考核

①质量考核以西山矿区质量监督站出具的工程质量评定表为依据(矿区质监站以外质监部门出具的质量证明书必须经矿区质监站认可)。

②工程质量评定为合格，按包干责任书确定的包价不奖不罚。工程质量评定达不到合格标准，施工单位无条件返工整修，直至合格为准，发生的费用由施工单位自行承担。

(4) 造价考核

按《工程项目包干责任书》确定的总造价对建设单位实行包建，工程必须完成设计内容，达到预期效果。

投资控制在包干造价以内，设计费调增10%。

投资节余，可提取投资节余额的25%奖励有关人员，其中：15%奖励建设单位，5%奖励设计单位，5%奖励有关管理部门。其余75%转入建设单位自主指标来源。

投资超支，由建设单位工资、设计院设计费、管理部门工资按超支额的15%、5%、5%抵补。其余75%由建设单位维简费自主指标补足。

(5) 考核兑现

由包干建设办公室负责，其中：

①工期、质量由基建处牵头，会同质监站考核。工期奖金须在实际工程造价不超过《工程项目包干建设责任书》确定的包价的前提下方可计取，用于奖励建设单位、施工单位、集团的有关人员。奖罚按施工单位、建设单位、集团4:4:2的比例分配。工期、质量奖罚施工单位从单位工程结算中列支。罚款建设单位、管理部门从工资中抵扣。

②造价由计划处牵头，会同财务处考核，造价节余额作为奖励进入工程结算。

2. 重点工程项目考核

(1) 建设过程考核奖惩

为了更好地促进重点项目进程，集团设立重点项目考核奖励基金，以季度为阶段进行考核奖惩。

①奖励基金分项目设立，基数见表7、表8。

②重点项目建设按项目进展对进度、质量、管理分别按50%、20%、30%的比例进行考核。每次考核按每季度工作量占总工作量的比例进行考核。

③进度考核：分工程建设进度考核和设备采购进度考核。

工程建设进度考核由基建处按照批准的一级网络图，对照实际完成情况进行考核。按进度计划完成工作量，根据完成比例予以奖励，否则根据所欠工作量的比例予以处罚。进度考核以关键线路为准，非关键线路延误按比例减半处罚。

设备采购进度考核，由计划处对应设备采购进度计划表进行考核。因设计方案变更引起进度延误，由建设单位负责。

④质量考核：

建设工程质量考核由基建处会同质监站负责。按进度计划完成工作量且所完成工作量经验收合格予以奖励；不合格分项或分部必须返工达到合格后，方可进入下道工序施工，返工费用由施工单位承担。

设备采购质量考核由计划处会同机电处负责，按设计要求采购设备经验收合格予以奖励；不合格设备必须及时退货，新进设备须经验收合格后方可进场。退货发生的费用和由于设备不合格引起的其他费用增加由供应公司承担。由于型号参数提供错误引起退货等发生的费用由建设单位负责。

⑤管理：由计划处牵头考核，包括对建设单位、施工单位、有关部门项目协调和设计、预算、设备购置等方面的管理，符合集团要求、保证项目顺利实施予以奖励，否则酌情罚款。

⑥考核结果：各考核部门汇总，出具书面考核意见，加盖公章后，经包建办公室汇总并征求财务处、企管处意见后形成初步分配方案，经分管基建副总经理批示后，报总经理批准，予以执行，考核资金从工程费用中列支，但不在包干造价范围内。

原则上奖励按建设单位、施工单位（供应公司)、管理部门 4:4:2 的比例分配。

(2) 项目竣工投产后的考核奖惩。

(1) 造　价：

造价按包干责任书确定的造价进行考核，经领导批准的重大设计修改、新增项目增加的费用，相应调增包干总价。

①设　备

质量合格，运行正常，设备造价控制在包干总值范围内，计取基础奖(见表 9)。造价节余部分经领导批准后，可将包干节余额的 20%用于奖励建设单位有关人员，10%用于奖励供应公司，5%用于奖励有关管理部门，其余 65%转入各单位维简费自主指标。

设备超支部分，由建设单位工资、供应公司设备管理费按超支的 20%、10%予以抵补。

②工　程

质量合格，运行正常，工程建设造价控制在包干总值范围内，计取基础奖(见表 10)，并调增 10%的设计费。造价节余部分经领导批准后，可将包干节余额的 15%用于奖励建设单位有关人员，5%用于奖励设计院，5%用于奖励有关管理部门，其余 75%转入各单位维简费自主指标。

工程超支部分，由建设单位工资、设计院设计费按超支额的 15%、5%予以抵补，并扣除管理部门抵押金。

(2) 质　量：

①设　备

到货期、造价保证的前提下，项目中所有设备达到责任书要求质量等级，计取基础奖(见表 9)。否则，无条件组织退货，直至保证设备达到质量要求。

②工　程

达到责任书要求质量等级，计取基础奖(见表 10)。质量达不到合格，建设单位必须无条件地组织返工达到要求。

(3) 工　期：

工期按包干责任书确定的工期进行考核。因进行重大设计修改和新增项目引起的工期变更，按领导批准后的工期计算。

①设　备

在质量合格、造价不超包干投资额的前提下，按包干责任书签订的日期按时到货(所有设备)，计取基础奖(见表 9)；到货日期提前，按责任书中每提前一天的奖励额度，根据实际到货日期累计奖励。

到货期滞后按包干责任书中签订的延迟一天的罚款额度，根据实际到货日期计算罚款额度。

②工　程

在质量合格、造价不超包干投资总额的前提下，按包干责任书签订的工期完成项目建设，计取基础奖(见表 10)；工期提前，按责任书中每提前一天的奖励额度，根据实际投产日期累计奖励。

工期拖延按包干责任书中签订的推迟一天的罚款额度，根据实际投产日期计算罚款额度。

(4) 投资效果：

投产一年后，由包干建设办公室组织有关部门对项目进行后评价，据评价结果进行奖惩。

(5) 考核兑现

①竣工投产，办理结算手续时兑现。

②工期、质量、造价由包干建设办公室组织，分别由基建、质监、计划等部门考核，考核结果及奖励方案经分管基建副总经理审核及有关领导批准后，由劳资处、财务处、计划处办理奖罚事宜。

③资金来源：奖励以竣工奖形式专项列支，进入工程造价。罚款建设单位、管理部门从工资中抵

扣、施工单位从工程结算书中扣除。

(6) 重点工程项目建设单位设项目负责人,集团设项目协调人,项目负责人、协调人设立抵押金制度。在签订责任书时到计划处交个人抵押金。对进行包干建设抵押的项目负责人,各建设单位要重奖重罚。奖励必须按抵押金额对等奖励后,方可奖励其他人员;罚款必须是将抵押金抵扣完毕后,方可从工资中抵扣。

(7) 奖励除造价奖励外按建设单位、施工单位(供应公司)、集团有关部门 4:4:2 的比例进行奖励。由包建办公室统一办理。

4. 健全计入工程造价的奖罚依据和程序

(1) 以表格的形式反映工程项目考核的计算过程和结果。奖罚基数、承办部门及经办人、审核和审查意见在表中反映清楚,作为财务部门核算的依据。

(2) 奖罚的结算程序:

各工程项目的建设单位,根据考核结果计算的奖罚金额数及相关资料计入工程造价后,同时在应付款挂账。

八、施工过程管理

基建处负责工程项目实施阶段的管理。

1. 涉外准备工作由基建处牵头,各建设单位配合,包括必须报建项目的报建登记和有关证照手续的办理等。

2. 施工合同依据《工程项目包干建设责任书》和有关规定办理。

3. 参加施工图设计交底,参与承包单位的施工组织设计和施工技术方案的确定,审批开工报告。与计划处共同审批涉及费用调整的施工组织设计。

4. 监督检查施工技术措施和安全防护措施的执行。

5. 根据施工图、施工验收规范,工程质量验评标准参加建筑工程的基础、主体结构、重大隐蔽工程验收及工程竣工验收。

6. 负责抽检工程质量情况,督促责任单位返修。

7. 核查完成的工程量,验收分部工程,审批工程验工月报。

8. 负责组织重点工程项目的竣工验收。

9. 基建处负责监理公司的招投标工作及监理合同的签订和监管。

九、工程质量监督

1. 列入计划管理的各类资金工程建设项目,由矿区质量监督站代表政府部门,按有关法律、法规和工程建设强制性标准负责监督。

2. 质量监督部门出具的工程质量认证书,作为招投标评标依据之一。

十、结算管理

工程结算由基建处牵头会同计划处、财务处、审计处、设计院负责工程结算的日常管理工作。

1. 结算原则

(1) 工程结算执行竣一项、结一项、交一项的原则。要按包干责任书的包干工期对建设单位和施工单位进行考核。工程竣工一个月内必须办理完毕结算手续,否则将予以取消资金计划,本年度不准进入结算。建设单位在接到施工单位工程结算书 7 天内必须审查完毕,施工单位上报建设单位工程结算书的同时要报工程项目包干建设办公室一份。由于建设单位原因造成工程未按时结算或未按期竣工的,对建设单位予以通报批评;因施工单位原因造成工程未按期竣工的,除按规定进行处罚外,对施工单位项目经理在今后的招标中酌情扣分。各职能部门要本着为基层服务的思想,加快办理结算手续。

跨年度工程,依据年终盘点的工作量,办理年度结算,将未完工作量转到下一年度。

(2) 工程项目包干责任书签订的包干总值是工程结算的依据,不得突破。

(3) 结算审批依据不全的,不予结算。未办理工程结算的工程,财务不予决算。

(4) 工程质量不合格或技术资料不全的工程,不予结算。

2. 结算依据

(1) 具有集团批准的工程项目包干建设责任书。

(2) 具有集团批准的施工合同。

(3) 按规定审批的开工报告。

(4) 按规定要求的其他手续。

(5) 竣工工程必须附有质量认证书、竣工报告、终验交接证明和填报的建设工程保修书。未完工程在办理年度结算时,须具备质量评定书和建设单位核准上报的年终工程进度盘点表。年终工程进度盘点表在 12 月 10 日以前报基建处、计划处、财务处各一份。建设工程保修期限按照国务院 2000 年颁发的《建设工程质量管理条例》执行。

3. 结算编制、审批程序

(1) 单位工程结算由施工单位填写工程结算书,经建设单位(房产公司)审核后,由基建处组织有关部门进行原则审定。

按设计图纸完成工作内容时,按竞标标的予以结算;未按设计图纸完成工作内容时,未实施工作内容要列出明细予以扣除。发生局部工程更改时,要列出明细,经建设单位审定后,进入结算,但总值不得超过包干系数。

(2) 正式上报的工程结算书加盖基建处、计划处、审计处公章后生效。(工程结算书格式见表11、12、13)。

工程结算书按一式13份编制。具体为:基建处1份、计划处1份、审计处1份、财务处1份、档案处1份、建设单位(房产公司)3份、施工单位3份、房产公司2份。

4. 设计－施工总承包项目的结算由总承包单位按照总承包合同价款编制结算书,经建设单位审核后,报基建、计划、审计部门审定。

5. 各建设单位的年终结算汇总表,由基建处牵头组织审核后,加盖基建处、计划处、审计处公章后生效,作为财务决算的依据。

结算汇总表一式20份。具体为:基建处2份、计划处1份、审计处1份、财务处1份、质监站1份、设计院1份、档案处1份、房产公司2份、建设单位8份。

集团各部门所留单位工程结算书和汇总表由建设单位发送。

6. 质监费、工程监理费和设计费等其他费用,要进入结算汇总表并分项目注明数额。

7. 施工单位完成合同内容,经验收合格并达到竣工移交条件的工程,建设单位应主动接受移交,否则发生的看管费按每工日14元计取,进入工程结算,由建设单位工资支付。

十一、住宅建设项目,棚户区、沉陷区改造项目管理办法另文下发。

十二、其　他

1. 本办法未尽事宜按上级有关法律、法规、规定和集团有关文件执行。

2. 本办法从2006年1月1日起实行,以前各部门制定的有关文件与此办法相抵触的,以此办法为准。

(西山煤电发[2006]150号)

附表:略

机电设备租赁管理办法

为了进一步规范设备租赁的管理工作,确保国有资产保值增值,最大限度地提高企业的经济效益,更好地服务于生产,特制定本办法。

一、设备的选型与配套

(一) 设备租赁公司为西山煤电集团公司煤炭生产所需租赁设备的业务的职能管理部门。根据集团中远期生产需要,结合各使用单位的意见,于每年10月初由设备租赁公司负责编制次年设备更新计划,报请集团审核批准列入计划,集团设备选型技术委员会核准后执行。

在特殊情况下,需增购新设备时,可由使用单位或设备租赁公司做出书面报告,经集团领导批准后,各业务部门遵照执行。

(二) 设备的选型应本着坚持技术进步、经济合理的原则进行,除必须适合本企业的生产条件外,机型应力求技术成熟、质量稳定、互换性强,以利于设备的后期管理。

(三) 设备的配套、补套必须要有详细的技术协议及图纸,并由设备租赁公司负责组织审查核实,经集团机电副总工程师批准后方可生效。

二、设备的采购与验收

(一) 设备的采购应遵循货比三家、质优价廉的原则,采用招标、议标方式进行,由物资供应公司按设备技术协议和设备选型技术委员会所确定的条款签订订货合同。

(二) 设备的出厂验收和到货验收工作由物资供应公司牵头、设备租赁公司及设备使用单位参加,验收中所发生的一切问题(含索赔问题)由物资供应公司负责联系解决。

(三) 新设备总价3%的随机配件由设备租赁公司统一建账管理。

(四) 零部件的采购由设备租赁公司设备科提出计划,经设备租赁公司经理审批后,综合科负责签订订货合同,技术科负责组织到货验收,验收中所发生的一切问题(含索赔问题)由设备租赁公司综合科负责联系解决。

三、租赁设备的基础管理

(一) 新设备的领用必须经集团主管副总经理同意,新设备的领用单作为建立设备管理台账和固定资产卡片的原始凭证。

（二）新设备在投入使用前必须由设备租赁公司设备科进行编号。

（三）设备的技术档案应在设备投入之初建立，由设备租赁公司技术科负责。技术档案应包括设备配套技术协议、图纸资料、制造出厂日期及验收纪要，以及各次大修出厂验收记录、总过煤量、更换过的重要部件、重大技术改造方案、设备报废后的处理情况等。

（四）设备租赁公司管理科与设备科及各使用单位要每月核对一次出租设备台账，综合科与财务科要每年核对一次固定资产台账，设备租赁公司每年度要对所属设备进行一次全面清查。

（五）积极推行现代化科学管理手段，实现计算机网络化管理。

四、租赁设备的范围

（一）租赁范围

集团所属矿井的综采、综掘、高档、岩巷作业设备。即液压支架、采煤机、刮板运输机、转载机、破碎机、皮带运输机、乳化液泵站、喷雾泵站、高压开关、移动变电站、低压磁力启动器、工作面通讯及照明设备、掘进机、液压钻车、侧卸装岩机等。

（二）租金标准

1. 综采、综掘、高档、岩巷作业等设备租金标准：

$$\text{每台设备年租金}=\frac{\text{固定资产年基本折旧}+\text{大修费}+\text{中修费}+\text{管理费}}{\text{出租率}}$$

以上公式中：

固定资产年基本折旧：综采、综掘、高档设备按原能源部规定的设备使用年限提取；岩巷作业设备及其他设备按上级及本企业有关政策执行。

大、中修费：按上级及本企业有关政策执行。

管理费：综采、综掘、反井钻机、岩巷作业设备及其他设备按固定资产原值乘以0.5%提取；高档设备按固定资产原值乘以0.25%提取。

出租率：综采、综掘、高档、岩巷作业设备及其他设备按60%计算。

2. 租赁费按日、台（架）计算。

3. 租赁费收取标准按：设备投入使用2年内按标准租金的1.3倍收取，设备投入使用2年以上者按标准租金的1倍收取。租赁费的收取管理要逐步进入市场化管理模式。

4. 起租时间：从设备租赁公司把设备运到使用单位并经数量清点交接完毕之日起为起租时间，液压支架按实际到矿架数计算。

5. 停租时间：从使用单位把设备交回检修厂或设备租赁公司仓库，并经数量清点，将交接清单和退租入库单返回设备科之日止为停租时间。设备交接时间为1个月，到期未交接完毕，按压面处理。

6. 设备从到使用单位之日起的安装期间（一个月）租金按标准租金的0.5倍收取。

7. 井下倒面：工作面结束后，如设备状况良好，并具备在井下倒面条件时，经设备租赁公司认可后，停收井下倒面期间的设备租金，综采倒面时间为50天、综掘为15天、高档为20天。

8. 设备租赁公司按各使用单位所租用的设备进行收费，但当遇到断层、无炭柱等特殊情况不能正常组织生产时，经集团主管副总经理批准，可以暂时减免该工作面租金的收取，但所减免的租金应计入租赁公司应收款项中。

（三）租赁程序

1. 各使用单位应在设备安装前2个月与设备租赁公司签订设备出租合同，并附工作面设计说明书及设备安装平面示意图。

2. 设备租赁公司按设备出租合同及时组织设备，并在签订合同两个月后会同使用单位代表到设备租赁公司指定地点验收设备，验收合格后由使用单位凭集团通风处采煤工作面巷道验收合格证到设备租赁公司办理有关手续。

3. 使用单位在生产工作面结束前一个月，要到设备租赁公司签订退租合同，按双方签订的退租合同，由使用单位把设备送交到设备租赁公司指定地点，车队由设备租赁公司指定，运费由设备租赁公司支付。

（四）设备租赁其他有关规定

1. 工作面设备安装完毕，设备租赁公司要及时进行投产前验收，协调解决各种设备问题，并做好现场验收记录，确保井下正常投产。

2. 设备的运行监督管理：对生产运行中的设备，设备租赁公司要监督设备运行管理状况，对非正常使用造成设备损坏的，设备租赁公司要对相关单位进行经济处罚。

3. 严格控制矿井采掘设备占用套数，促进单产、单进水平整体提高。对高产高效队，优先装备技术含量高、性能先进、可靠的设备。对综准队原则上不保证设备接替。综掘队原则上每队配备一台综掘机。

4. 工作面结束后，各使用单位应立即组织设备升井，工作面自不报煤炭产量之日起，超过2个月不足6个月时，租赁费加倍收取；超过半年以上的按租金标准的4倍收取。

5. 租用的设备在井下投入使用后，在质保期内若发生属于设备制造和检修质量问题时，由设备租赁公司责成有关单位进行三包（包修、包换、包退）。由此造成连续停产超过24小时以上时，停收停产期间的设备租金。

（五）设备检修

1. 日常检修（小修）：由使用单位负责，由此发生的费用由使用单位支付。

2. 一般检修（中修）及大修：由设备租赁公司负责统一安排，并与各检修厂（点）签订大、中修合同，由此发生的费用由设备租赁公司支付。

五、租赁设备检修、使用、回收等处罚规定

（一）各修理厂

各修理厂必须按设备租赁公司的安排，严格执行检修质量标准，按时保质保量完成修理任务。发生下列情况之一者分别予以处罚：

1. 各修理厂必须按设备租赁公司所安排的工期按时检修设备，每延误一天，对修理厂处以该设备修理费总价1%的罚款，严重影响工作面衔接的视情节给予从重处罚，直至停止检修业务。

2. 各修理厂所检修的设备检修完毕后，应按检修质量标准由厂质检部门先进行验收、试运转。设备租赁公司等有关人员进行验收时，经两次、三次、四次验收不合格者分别对修理厂处以该设备修理费总价2%、4%、10%的罚款，如再次验收不合格，勒令其停产整顿，直至取消检修业务。

3. 各修理厂在检修设备时必须按设备修理工艺和检修规程进行操作，否则，每发生一次违章操作，视情节轻重，罚款0.3万~2万元。

4. 在质量保证期内设备发生的严重质量问题，除扣减该设备修理费外，视情节轻重处以该设备修理费总价10%～30%的罚款。

（二）设备使用单位

各使用单位租用设备租赁公司设备，必须按设备租赁公司有关规定办理租赁手续，并严格按操作规程正常使用。发生下列情况之一者，分别予以处罚：

1. 使用单位租用的设备，因违反操作规程造成设备非正常损坏，由使用单位承担该设备修复费用；对进口设备和紧缺设备除承担该设备修复费用外，另加处设备修复费用20%的罚款。

2. 使用单位向检修厂退交设备时，每台设备从拉运第一件起到最后一件止不得超过一个月，过期按丢失件论处。如有达不到规定比例回交的零部件（丢失件）及非正常损坏件时，对原使用单位处以新件价格1~2倍的罚款；对丢失的关键件、特殊件及违章操作、野蛮拆卸造成设备损坏的处以新件价格2~5倍的罚款。（设备退租零部件回收比例明细表另附）

（三）设备租赁公司

因工作不负责任而造成设备配套不合理、检修质量出现严重问题、设备供应延误生产、配件供应发生严重质量问题等。按集团“机电管理处罚条例”和“机关直属单位机电管理绩效考核办法”文件规定追究有关单位和有关人员的责任。

（四）运输单位

运输单位必须按设备租赁公司的用车通知单及时、安全地将所运设备运到指定地点。发生下列情况之一者分别予以处罚：

1. 所运设备（件）发生丢失，按所丢失设备（件）的原值现价进行赔偿，并不予结算运输费用。

2. 承运单位所运输的设备在运输、装卸过程中发生损坏的，除不予结算本次运输费及装卸费外，还应由运输单位承担1.5倍的设备修理费用。

（五）处罚的认证

1. 设备在使用中发生一般事故后，具体事故责任由设备租赁公司技术科组织有关部门进行追查认证；对重大设备事故由综采设备检修鉴定专家委员会组织有关人员进行追查。

2. 对设备回交中的丢失件、非正常损坏件的认证，应在设备入厂状态鉴定时三方人员在鉴定表上签字，以此为凭据填写罚款通知单。若使用单位推诿拒不签字，由厂方与设备租赁公司有关人员认可后同样生效，并且设备租赁公司有权拒绝供给该使用单位同类设备。

（六）罚款的收取与支出

对各修理厂的罚款从各修理厂的修理费中扣除；

对各使用单位的罚款从各使用单位的修理费及其他费用中扣除；

对各运输单位的罚款从各运输单位的运费中扣除；上述各项罚款均用于补充设备修理费。

罚款单由设备租赁公司分管人员填写一式四份，两份留存，一份送被处罚单位，一份送设备租赁公司财务科作为处罚依据。

以上罚款由设备租赁公司分管人员出具罚款单，科长、副经理签字报经理批准后生效。

设备租赁公司财务科凭罚款单向各被罚单位收款。

六、本办法自二○○六年一月一日起执行。

（西山煤电发[2006]164号）

附件

设备退租零部件回收比例明细表

一、运输机、转载机零部件回收比例

序号	零部件名称	回收率(%)	备　　注
1	刮　板	90	
2	E 形螺栓	85	
3	大扣环	90	
4	扣环压块	80	
5	锥　销	80	
6	内外连接板	85	
7	锯齿连接环	50	
8	扣环销	60	
9	销排销	60	
10	啮轨销	80	SGZ-764/400 用
11	大平环	80	SGZ-764/400 用
12	压　块	80	SGZ-764/400 用
13	U 形环	85	SGB-630/200 用
14	六角安全块	60	SGB-630/200 用
15	电缆托架	60	
16	各种特殊销	60	
17	各种螺栓	30	
18	其余部件	100	

注:SGZ-764/630、SGZ-830/630 等设备回收比例参照此表执行。

二、皮带机零部件回收比例

序号	零部件名称	回收率(%)	备　　注
1	上托辊	90	
2	下托辊	90	
3	缓冲托辊	90	
4	开口涨销	80	
5	挂钩定位板	90	
6	上托辊抓手(挂钩)	80	
7	U 形挂件	80	1.2m 皮带机用
8	纵梁调节挂钩	80	1.2m 皮带机用
9	连接螺栓	不回收	
10	其余部件	100	

三、其他租赁设备零部件回收比例为 100%

租赁设备检修管理办法

为进一步提高设备检修质量，深化细化设备检修管理，规范设备检修运作机制，特制定本办法。

一、设备检修组织领导机构

设备租赁公司为西山煤电集团公司租赁设备检修的业务管理职能部门，在集团主管副总经理的直接领导下，在有关处室的配合下行使职责。为加强设备检修工作，集团成立“租赁设备检修管理领导组”和“综采设备检修鉴定专家委员会”指导此项工作。

租赁设备检修管理领导组：

组　长：张能虎

副组长：安生瑛　李延庆　于　林

韩　朴　丁贵珠

成　员：由机电处、设备租赁公司等有关单位人员组成

办公室设在设备租赁公司

办公室主任：丁贵珠

综采设备检修鉴定专家委员会组成人员及工作制度另附。

二、租赁设备检修原则及委托工作程序

（一）委托检修的原则：

坚持保证检修质量、维护集团利益的原则；

坚持同质、同价、先内后外，扶持多经三产的原则；

坚持定点修理、内部引进竞争机制的原则；

坚持方便生产、服务生产、保证生产的原则。

（二）委托检修工作程序：

1. 在正常情况下，设备的委托修理由设备租赁公司根据设备的实际状况、交货时间和检修原则确定承修厂家。

2. 特殊情况需外委检修的主要整机设备，由设备租赁公司拿出选厂意见，报集团主管副总经理审批后执行。

3. 当需要重大技术改造，整批（台）设备出现严重技术问题时，设备租赁公司报请集团分管副总经理和机电副总工程师组织设备检修鉴定专家委员会确定检修方案。

三、设备检修的基本要求

（一）设备检修必须遵守“检修许可证”制度，即必须委托有相应设备“检修许可证”的厂家检修。并严禁将所承揽的设备二次转手。

（二）设备检修应逐步实现专业化检修。

（三）设备检修应择优就近选厂，对状况较好的设备提倡井下倒面接替。

（四）设备检修遵循修理与技术改造相结合的原则。

（五）设备检修采取鉴定议价的办法，在条件允许的情况下，对设备检修实行多家招标修理。

（六）严格实行质量保证期制度。

（七）使用单位的技术人员参加设备检修的全过程工作。

四、对检修厂的基本要求

（一）必须持有上级有关部门颁发的相应有效检修许可证。

（二）要建立一套完整的设备检修质量保证体系。有完整的图纸、资料、相应的工装、工具及检修工艺流程，有必要的加工与检测设备。

（三）要配有合格的检验人员，并有检修制度及记录。检修完的设备要保存完整的自检报告备查。

（四）要符合文明、安全生产的要求。

（五）设备的在厂、在库管理：

1 .要有完整的设备库存及出、入库台账，每季度与租赁公司有关人员核对一次。

2. 入厂的设备要分类摆放整齐。

3. 经验收合格的设备，要妥善保管，做好防腐、防盗、防锈、防冻等工作。重要部件要放入库内保管。

五、设备检修入厂鉴定

（一）正常情况设备入厂状态鉴定由设备租赁公司业务副经理牵头、设备科组织。设备检修鉴定人员由设备租赁公司技术科、设备退租单位和承修单位有关人员组成。

（二）设备检修状态鉴定的主要任务：

1. 合理制定修理内容及方案，确定修理价格。

2. 查验退交设备短缺件情况，并追查原因及责任。

3. 查验退交设备有无损坏及调换部件情况，并追查原因及责任。

（三）设备检修状态鉴定的具体要求：

1. 在设备到厂1周内，检修厂负责按报废件、修复件解体分类，由有关人员到厂鉴定，当场填写“设备状态鉴定表”并签字。

2. 对设备退租一个月仍交不齐全者，以丢失件论处。

3. 确定为操作不当导致设备损坏或人为调换零部件的，设备租赁公司有权作出裁定。

4. 对各种电牵引采煤机等高新技术产品的电控部件，必须在入厂三天内及时组织状态鉴定工作，以免造成损失而责任不明。

5. 在完成鉴定工作的前提下，鉴定人员现场确定设备大修、中修、代保管或待报废。

6. 对待报废的设备，也应及时组织填写“状态鉴定表”，并妥善留存。

六、确定设备修理内容与方案时应遵循的原则

（一）考虑同类机型设备的使用量和备用量相结合的原则。

（二）考虑工作面的地质条件与储量相结合的原则。

（三）考虑该台设备的同期技术水平。

（四）为了保证检修所需配件的合理投入和设备检修质量，各检修厂修理租赁设备所需外购的、主要的、影响检修质量的配件必须由设备租赁公司集中采购。常用配件应提前两个月报计划，急需配件在设备解体鉴定后三日内向设备租赁公司配件科、设备科提交所需配件计划一式两份。按照规定要求更换的进口轴承，绝不允许用其他轴承代替，计划必须报设备租赁公司设备科和供应公司一式两份。配件、进口轴承的出库手续视为结算修理费的依据。

（五）设备租赁公司每年与定点修理厂签订委托修理协议书，明确相互承担的责任、义务。

七、检修价格的确定

（一）设备状态鉴定完成后，承修厂应当向鉴定人员提交设备检修预算。

（二）设备鉴定人员要依据状态鉴定情况对预算进行及时审核，并办理开工通知单。同时，由主机管理员开具废件入库单，检修厂在设备出厂验收前将废件交完。

（三）当预算价格在计划参考价格内时，由设备租赁公司设备科、技术科业务人员核实，设备科长、技术科长审批决定。

（四）当预算价格突破计划参考价格20%以内时，由设备租赁公司设备科长、技术科长核实，业务副经理审批决定。

（五）当预算价格突破计划参考价格20%以上或特殊情况，应由设备租赁公司业务副经理核实，经理审批决定。

（六）设备检修价格原则上按鉴定价格执行，对一些批量大，价格核算已成熟的设备在定点专业厂可执行计划价格。

八、设备检修价格由以下几部分构成

（一）更新件价格：以配件计划价格目录为依据。

（二）自制件价格：应视厂方工装及设备情况，价格可参考配件价格目录执行。

（三）修复件价格：根据实际应发生费用测算，一般情况不超过配件原值的20%。

（四）组装调试费：由拆解、整理、安装调试过程中发生的人工费用、油脂、电费、辅助材料等费用组成。

（五）管理费：一般多经厂点的管理费按更新件总价的5%计算，机电总厂按15%计算。

九、检修设备的出厂验收

（一）出厂验收由设备租赁公司业务副经理牵头、技术科组织。设备租赁公司设备科、承修单位、使用单位有关人员参加。

（二）检修设备出厂验收标准：按“煤矿机电设备检修质量标准”及有关标准执行。

（三）检修厂交验设备时应向验收人员提交：自检报告单、检修记录、外购、外协件清单、设备出厂装箱单及检验合格证。

（四）验收人员要按“设备出厂验收记录单”逐项验收，认真填写。

（五）每批(台、部)设备出厂验收不超过二次，经二次以上验收不合格者，按有关规定进行处罚。

（六）检修设备出厂验收合格后，使用单位凭设备租赁公司开具的出库单到厂方提货。交接双方要按设备的装箱清单认真清点交接出库。

更新件明细要按预算所列标在装箱单上。

十、检修设备的结算

设备租赁公司设备科主机管理员负责根据如下资料与修理厂签订检修合同，并按规定的业务程序办理合同审批和财务结算手续。

预算表　入库单　交接清单　状态鉴定表

出厂验收记录单　废件入库单　开工通知单

竣工报告单　出库单

十一、检修设备出厂使用质量保证期内的相关工作

（一）设备的质量保证期以设备投产使用之日起计算，质保期为45天。

（二）设备使用单位对到矿的设备零部件要进行清点与复验，对发现的部件质量问题，有权提出与检修厂更换，检修厂必须及时给予解决。

（三）设备使用单位在井下运输、安装过程中，因违反操作规程而导致设备零部件损坏时，其责任由使用单位负责。

（四）设备在井下安装、调试期间，设备租赁公司要及时派人到现场进行设备验收并协调解决各种问题，做好服务工作。

（五）各检修厂与设备使用单位要严格按照以上规定办法执行。对在质量保证期内发生的一切设备事故，检修厂要无条件先解决设备运转问题，待事故责任分清后，再对各责任单位按规定进行处理。

十二、质保期外设备的管理

（一）各使用单位在设备使用超过质保期发生损坏，需要设备租赁公司提供设备相关部件时，各使用单位应办理“设备租赁公司质保期外设备出库单”。

（二）各使用单位应在提走所需设备部件的十天内交回损坏部件，在交回时开具质保期外设备入库单，如不能按期交回，凭质保期外出库单按该部件原值的现行价格扣款。

（三）质保期外设备入库单即为使用单位要求设备租赁公司进行代修设备的委托手续，质保期外设备修理的结算程序按照设备检修结算程序进行。

（四）检修厂对交回损坏件应及时组织修理，在恢复主机性能或恢复该部件后方可结算。

（五）质保期外设备费用的结算：

质保期外的设备检修费用由设备租赁公司根据各使用单位设备及队组情况，每年按集团规定指标分配给各使用单位，各使用单位在规定的指标内所发生的质保期外费用由设备租赁公司支付；超出指标外的费用由各使用单位支付。

十三、其他事项

（一）井下倒面参照上述有关规定办理。

（二）设备租赁公司要在每年的十月底提出下年度的设备修理计划，经集团批准后，由设备租赁公司实施。

（三）设备大修、中修费用的使用要合理掌握进度，计划使用资金。大、中修的划分应按实际鉴定结果为准，在总额度的限定下，大、中修费用可相互调整使用，每季度调整一次。

十四、本办法自二00六年一月一日起执行。

（西山煤电发[2006]164号）

附件

综采设备检修鉴定专家委员会工作制度

为了切实管好、用好、修好综采设备，保证设备的安全运转，充分发挥设备效能，不断提高设备管理水平，减少重大决策失误，特制定综采设备检修鉴定专家委员会工作制度。

一、组　成

主任委员：安生瑛

副主任委员：李延庆　于　林　韩　朴　丁贵珠

机械组：于　林　韩　朴　梁建玲　刘石程　丁贵珠　李伟生　李继福

电气组：李延庆　王燕桥　路林旺　郭财旺　郭效平　刘　伟　王海龙

二、职　责

（一）有权对综采设备日常检修鉴定工作进行监察。

（二）负责对检修单价高于60万元的设备检修费价格的核定。

（三）负责对综采设备重大事故责任的分析认定。

（四）负责综采设备重大改进项目的论证。

（五）负责对集团综采设备发展规划进行评价。

配件系统管理办法

配件管理工作是机电工作的重要组成部分，配件系统规范、科学管理是保证企业正常生产，不断提高经济效益的重要因素。设备租赁公司是西山煤电集团有限责任公司配件采购、供应业务的职能管理部门。为了更好地提高工作质量，杜绝质劣价高的配件进入集团造成经济损失，保证机电设备的正常运转，按时保质保量完成设备的修理任务，特对配件管理工作规定如下：

一、生产矿、选煤厂配件管理

（一）计划管理

1. 计划种类和申报时间：

配件计划分为：季度计划；月度计划；急需计划。

季度计划，每季度最后一个月的15日前编制下一个季度的配件申请计划

月度计划，每月4日（遇节假日顺延）前编制当月所需配件申请计划。

急需计划，根据生产需要，须附专题报告申报。

季度计划、月度计划，一式二份报设备租赁公司配件科。

2. 计划编制格式与表样见附表1、2（略）

3. 计划编制要求

生产矿、选煤厂编制配件计划要列明细，有封皮，还要按要求经相关人员签字盖章，机电部门盖章、标明日期等内容。超出计划的急需配件，生产矿、选煤厂机电部门应以专题报告的形式上报设备租赁公司，经确认后配件科办理相关手续。遇节假日，由设备租赁公司值班人员负责联系安排。生产矿、选煤厂机电部门在编制计划时，要详实、准确、及时，配件科计划员要根据实际情况，严格审核，以免造成积压。申报计划应以书面和软盘两种形式上报。

季度计划的申报量，必须达到当季消耗的60%，月度计划必须达到当月消耗的20%，零星计划不得超过10%。

生产矿、选煤厂，必须按申报计划的数量办理出库手续。

4. 计划内容

配件申请计划指生产矿、选煤厂为保证设备正常运行所需的外购配件和内部单位自制的配件计划。

5. 计划审核审批

季度计划、月度计划、急需计划须要经各单位机电矿（厂）长、机电（供应）科长、计划员签字盖章。急需计划须要附专题报告。

6. 计划报送

所有配件计划必须由计划申报单位设专人报送设备租赁公司配件科，否则一律视为无计划，造成后果由计划申报单位负责。

（二）自采配件的管理

按照集团的规定，各生产矿、选煤厂所需配件的自采量不得超过10%，以解决生产过程中部份急用的、零星的、非关键性的配件的使用问题。但一定要采取设备租赁公司与各生产矿、选煤厂共同协商的办法来确定自采配件品种，落实到具体的机型及配件明细。要做到凡是允许各单位自采的，设备租赁公司不再采购；凡是设备租赁公司采购的，不允许各生产矿、选煤厂采购。避免造成责任不清，影响生产。原则上要坚持技术含量高的配件、主要生产设备所需的配件、防爆设备及影响煤矿井下安全的设备的配件必须由设备租赁公司统一采购。设备租赁公司有权对各单位自采配件的质量、价格、消耗、库存及配件仓库的管理进行监督检查。集团规定的原配件采购放开的单位，可与设备租赁公司签订委托协议确定采购方案。

（三）生产应急配件的管理

对季度计划及月度计划以外确属特殊应急配件，设备租赁公司本着保证正常生产、服务生产的原则，各使用单位征得设备租赁公司同意后可应急采购，但事后必须在5日内到设备租赁公司补办手续，由设备租赁公司统一对外签订合同办理付款，若事后超过5日不办手续由所在单位自己解决。

（四）自采配件的考核

自采配件是指在采购配件过程中，从本单位制造（修理）厂以外单位购买的配件（本单位自制配件必须有生产许可证并经设备租赁公司核实确定配件名称、数量和金额）。

自采配件数额按照各单位的机电配件报表和财务报表上提供的数据，根据消耗总金额、入库数量、库存数量和从设备租赁公司出库金额及自制量

等参数计算得出。

自采配件的管理每季度考核一次，考核单位包括各生产矿、选煤厂，考核结果要在集团范围内进行通报。若自采金额超过同期消耗总额的10%，对超采部分按超采金额的10%从绩效工资总额中扣罚，并经集团审核后执行。

二、设备修理所需配件的管理

设备租赁公司的设备其修理所用的更新配件，由设备租赁公司负责集中管理，目的是为了保证设备检修质量、使用时间和修理费用的合理性。因此对各修理厂修理租赁设备所需外购的、主要的、影响检修质量的配件必须由设备租赁公司集中采购，不准各修理厂自行采购，为此做如下规定：

（一）对掌握消耗规律或常用配件各修理厂应提前两个月做出配件计划。对难以掌握消耗规律的配件要在设备解体后三日内提出配件计划，若未及时报计划或计划不周而影响检修进度的由修理厂负责。

（二）为了保证计划的严肃性，各修理厂的配件计划必须有计划员、科长或厂长签字方可生效。配件计划一式三份，由设备租赁公司设备科、配件科和修理厂各执一份共同签字，认可计划的提出时间。修理所需配件计划须设专人报送，否则不予以接收。

（三）如果修理设备所用配件未从设备租赁公司领用而自行采购的，设备租赁公司在修理费结算时扣除自采部分配件的货款，不承认所更换的配件。

三、出入库管理

为了规范办理出入库手续，对配件出库作如下规定：

（一）凡是在配件库正常工作日领取配件的，不论是已入库配件还是待入库配件及代储配件，一律按正常出库手续办理，交款提货，不准打借条。各生产矿、选煤厂每月必须按本年度配件消耗月平均金额在设备租赁公司财务科予交配件款，结算配件款后多退少补。

（二）在夜间或节假日应急领取配件的，可暂时打借条提货，但必须在正常工作日三日内及时补办出库手续，否则停止下一次配件供应。

（三）对各单位欠设备租赁公司配件款要及时清理，对不及时清理的配件款，设备租赁公司对欠款单位按季度考核罚款，罚款金额为同期内行贷款利息的二倍。

（四）对生产矿、选煤厂所需的有修复价值的配件一律实行交旧领新制度。

四、采购管理

配件采购要严格执行《集团公司物资采购管理办法》的有关规定。坚持同质同价、先内后外、扶持多经三产的原则；公开、公正、公平、择优诚信的原则；比质、比价、比信誉、比服务的原则；要执行先主机厂、后配套厂、部省订点厂的原则。对批量较大的配件实行招标或议标采购，一般批量较小的配件执行比价采购。选择质量可靠价格合理的产品，以维护企业的经济利益。

对配件采购供应商实行准入制，每年对招标、比价采购进入配件供应商的名单及现有配件供应商的名单，进行考核评价，确定下年度配件供应商名单，进行配件采购。

考核评价工作由设备租赁公司及有关部门进行。

五、储备资金管理

各单位要根据设备的使用情况，将储备资金分解到机型落实到责任人，并制定实施细则。对主要设备的主要配件、加工周期长的配件、影响矿井安全生产的配件，要合理储备，保证生产。

一般情况下配件储备量不得超过三个月的正常消耗数量。

设备租赁公司要在采煤机、掘进机、运输机、破碎机、转载机等设备主机厂实行代储代销的基础上，逐步扩大与其他主机生产厂的代储范围，加大代储力度，做到降低库存、保证供应。

储备资金指标的核定与考核按集团下发的文件执行。

六、配件验收

（一）进入配件库的配件，按设备租赁公司的规定进行验收。

（二）特殊的、使用单位专用的配件，由配件科、设备租赁公司领导签字后，可以直接将配件送达使用单位，由设备租赁公司委托使用单位按委托验收单（见附表3）的内容进行验收，配件质量由使用单位负责。

七、配件编号和计划价格管理

生产矿、选煤厂、修理租赁设备的单位，所使用的配件实行统一编号、统一计划价，以配件计划价格目录的配件编号、计划价为准，凡与配件计划价格目录编号、计划价不一致的或计划价格目录中未出现的，由配件管理单位写出书面申请，经设备租赁公司审核同意后，要及时给出配件编号和计划价,以方便基层使用。配件编号、计划价确定后,由生产矿、选煤厂、修理租赁设备的单位等统一使用,不得另行确定配件编号和计划价格。每年对新增的配件编号和计划价格进行增补。

八、本办法自二00六年一月一日起执行。

附表:略

(西山煤电发[2006]164号)

配件采购准入管理办法

采购质优价廉的配件是搞好设备正常维护和设备修理的重要工作,为了保证安全生产和机电设备的正常运行,防止不合格的产品流入集团,特制定配件采购准入管理办法:

第一条　凡是供应配件的集团外部供货单位必须是主机生产厂、主机配套厂、或取得省部级配件定点厂的单位,以及某种配件技术性能先进的配件供货单位。

第二条　集团外部供货单位必须提供以下有效的资质证明材料的原件复印件(原件退回,复印件存档):

1.营业执照;

2.企业组织机构代码证;

3.税务登记证;

4.国家指定部门颁发的质量检验合格证;

5.国家指定部门颁发的防爆产品合格证;

6.配件生产资质证;

7.计量检验合格证;

8.配件产品及价格目录本;

9.其他能够证明本企业产品质量和管理水平的证明材料。

第三条　集团内部的配件生产厂必须提供以下有效的资质证明材料的原件及复印件(原件退回,复印件存档):

1.营业执照;

2.生产许可证;

3.税务登记证;

4.计量检验合格证;

5.质量检验合格证;

6.配件产品及价格目录本;

7.其他能够证明本企业产品质量和管理水平的证明材料。

第四条　设备租赁公司根据各供货单位提供的资质证明材料及使用部门提供的产品性能反馈意见,本着公开、公平、公正的原则,由公司组织集体研究择优排序确定供货单位的准入资格。

第五条　获得准入资格的供货单位可与设备租赁公司签订供货合同。

第六条　随着设备更新及配件市场的变化情况,每年对供货单位的准入资格进行审核,对准入供货单位进行补充和调整。

第七条　对获得准入资格的供货单位由设备租赁公司管理科建立准入单位资料档案,并列出准入单位名单报送有关部门及领导,作为签订供货合同及审核合同的依据。

第八条　对采掘、选煤等主要设备的配件实行主机厂代储,在主机厂供应不及时的情况下,可与其他具有准入资格的供货单位签订供货合同。

第九条　对每种配件供货单位的准入数量,一般情况下不超过三个供货单位。

第十条　设备租赁公司管理科要认真贯彻落实配件采购准入管理办法,全面负责供货单位和产品准入资格的审核、把关与监督管理工作。

第十一条　设备租赁公司业务科主管业务员要严格审查供货单位的准入资格和产品准入条件,凡不符合条件的一律不予签订供货合同。

第十二条　设备租赁公司业务科长是配件采购准入管理的主要责任人,要把好准入关,履行准入关的责任。

第十三条　未尽事宜由设备租赁公司负责补充完善。

第十四条　本办法自二○○六年一月一日起执行。

(西山煤电发[2006]164号)

机电配件招标采购管理办法

为了维护本企业利益，在配件招标采购过程中实现公开透明，特制定机电配件招标采购管理办法：

第一条　为加强机电配件招标采购管理，成立招标采购领导组。

组　　长：集团分管生产、机电副总经理

副组长：机电副总工程师、设备租赁公司经理

成　　员：纪委、法律顾问处、财务处、企管处、机电处、各矿（厂）代表、设备租赁公司

领导组下设办公室，办公室设在设备租赁公司

第二条　设备租赁公司负责组织配件招标工作的具体事宜。

第三条　设备租赁公司负责编写机电配件需用计划，需用计划包括配件名称、图号、规格、技术参数、数量、交货期等内容，并要按机型汇总，估算出总标的额。

第四条　招标采取在媒体上公开披露信息或邀请供货单位参加招标的方式。采用邀请招标方式要分别向三个以上资质良好的供货单位发出招标邀请书。

第五条　参加投标的单位必须是西山煤电集团公司配件准入供货单位，包括主机生产厂、配套厂、省部级配件定点厂及某种配件技术性能先进的配件供货单位。

第六条　投标单位必须提供以下有效的资质证明材料：

1. 营业执照；
2. 企业组织机构代码；
3. 国家指定部门颁发的生产许可证；
4. 配件生产资质证；
5. 国家指定部门颁发的质量检验合格证；
6. 计量检验合格证；
7. 税务登记证；
8. 配件产品及价格目录本；
9. 其他能够证明本企业产品质量和管理水平的证明材料。

第七条　设备租赁公司根据招标采购计划编制招标文件，文件包括以下内容：

1. 投标人须知；
2. 采购配件的名称、图号、规格、数量、技术要求等；
3. 投标价格的要求；
4. 交货的时间、地点、方式；
5. 投标人资格审核的标准；
6. 要求投标人的有关资信和资质证明材料；
7. 投标文件的编制要求；
8. 提交投标文件的方式、地点和截止时间；
9. 开标、评标的时间及评标办法；
10. 合同格式及其条款；
11. 其他应当说明的事项。

第八条　采取邀请招标方式的，由招标采购领导组确定邀请招标单位，并向招标单位发出招标邀请书。

第九条　评标由招标采购领导组组建的评标委员会负责。评标委员会应为五人以上单数专家组成，监审组由集团纪委、法律顾问处等部门组成。

第十条　评标委员会要按照公开、公平、公正及择优、择廉的市场竞争采购原则，对投标人进行评判和资格审查，通过严格规范的程序确定中标单位。

第十一条　中标单位确定后，由招标采购办公室向中标单位发出中标通知书。

第十二条　设备租赁公司与中标单位签订合同，合同的签订要严格按照《西山煤电集团有限责任公司合同管理办法》及《设备租赁公司合同管理办法》规定执行。

第十三条　未尽事宜按《集团公司物资采购办法》执行。

第十四条　本办法自二〇〇六年一月一日起执行。

（西山煤电发[2006]164号）

西山煤电集团公司材料及费用综合考核奖惩办法

为了有效地加强成本费用项目管理，降低消耗、节约开支，最大限度地激励职工增收节支，实现企业经济效益最大化，集团决定对材料及有关费用指标进行单项奖惩管理。

一、考核项目主管部门及项目内容

（一）主　材

项目主管部门：生产技术处

项目内容：1.坑木万吨耗；2.火药万吨耗；3.雷管万吨耗；4. 单体液压支柱丢失率；5. 金属顶梁丢失率；6.金属支架回收、复用、丢失量；7.煤巷锚杆进尺；8."主材"单位成本（包括坑木、火工品、金属支护材料及坑代品）。

（二）其他材料

项目主管部门：物资供应公司

项目内容：1.大型材料；2.专用工具；3.自用煤；4.劳保用品；5.建工材料；6.油脂和乳化液；7.其他计入成本的材料；8.材料成本差异。

（三）配　件

项目主管部门：设备租赁公司

项目内容：配件吨煤单位成本（含配件成本差异）。

（四）电　耗

项目主管部门：电力公司

项目内容：1.综合电耗；2.产品单耗；3.入洗原煤单耗；4.民用电收费率；5.总用电量；6.功率因数。

（五）回收率

项目主管部门：生产技术处

项目内容：精煤回收率。

（六）介质消耗

项目主管部门：生产技术处

项目内容：介质粉单耗。由于介质粉在选煤厂的材料消耗中占较大比重，为加强介质粉消耗的控制，在考核其他材料成本基础上，对介质粉消耗量进行专项考核。

（七）其他费用支出

项目主管部门：财务处

项目内容：制造费用、管理费用、财务费用的可控部分。

二、项目考核指标

各项目考核指标，详见附表。

三、考核奖惩及兑现原则

（一）考核指标的测算、实际指标的确认体现客观、公正和实事求是的原则；

（二）对等奖罚的原则；

（三）季度及累计利润指标完不成不得奖的原则；

（四）坚持与考核项目无关人员不得奖的原则。

四、考核奖惩办法

对材料及费用项目指标，实行按季考核，累计计算，次季首月奖惩兑现的办法。

（一）主　材

1. 坑木万吨耗、火药万吨耗、雷管万吨耗季度实际指标，由财务处审核确认，耗费低于或高于考核指标，按节约或超支额的15%对等奖罚。

2. 单体液压支柱丢失率、金属顶梁丢失率、金属支架回收、复用、丢失量季度实际指标，由生产处以各矿支护用品报表及现场抽查为依据进行审核确认。其中：单体液压支柱按1‰丢失率考核，每少丢或多丢一根按600元对等奖罚；金属顶梁按10‰丢失率考核，少丢或多丢一根按300元对等奖罚；金属支架每回收一架奖励30元，每复用一架奖励10元，每丢失一架扣罚60元。

3. 煤巷锚杆进尺以2006年生产经营计划的安排为考核依据，季度实际完成指标比计划指标每增加或减少1米，相应按30元对等奖罚。

（二）其他材料

季度实际指标由财务处审核确认，耗费低于或高于考核指标，按节约或超支额的15%对等奖罚。

（三）配　件

季度实际指标由财务处审核确认，耗费低于或高于考核指标，按节约或超支额的15%对等奖罚。

（四）电　耗

1. 综合电耗根据电力公司电力报表进行确认，实际完成低于考核指标，扣减原煤节约量后按节约总余额的15%予以奖励；实际完成高于考核指标，则按超支总额的15%扣罚。

2. 原煤电耗、入洗原煤电耗实际完成低于或高于考核指标，按节约或超支额的15%对等奖罚。

对各单位总用电量、民用电收费率、功率因数指标的具体考核奖罚办法，由电力公司另文下达。

（五）回收率

精煤回收率实际完成高于或低于考核指标，以节约或多耗原料煤量为基数，按吨煤13.5元对等奖罚。

（六）介质消耗

介质粉实际消耗高于或低于考核指标，按节约或多耗介质粉量每吨100元对等奖罚。

（七）其他费用支出

以财务处会计报表数为依据，实际完成低于或高于考核指标，按节约或超支额的15%对等奖罚。

五、奖金来源、提取及分配

（一）集团各单位的主材、其他材料、配件、电耗、回收率、介质消耗、其他费用支出等七个单项节约奖，由各单位自行消化，其中，材料节约奖的85%部分各单位自用，15%部分上缴集中使用；股份各单位的七个单项节约奖，各单位按85%计提，并自行消化，15%部分由股份本部自提集中使用。

（二）主材、其他材料、配件、电耗、回收率、介质消耗、其他费用支出等七个单项节约奖，实行每季按90%计算奖罚兑现，年终总结算，多退少补。

（三）主材、其他材料、配件、电耗、介质消耗、其他费用支出等六个单项节约奖由集团与矿（厂）按1.5：8.5的比例进行分配，集团分成提留部分的2/3用于奖励有关处室，剩余1/3用于一次性表彰奖励对节约材料及降低费用支出作出贡献的单位和个人。

回收率奖由集团、矿、选煤厂按1.5:2.5:6的比例进行分配，集团分成提留部分的2/3用于奖励有关处室，剩余1/3用于一次性表彰奖励。

各基层单位要严格坚持无关人员不得奖的原则，奖金的发放应主要用于奖励对节约材料及降低费用支出作出贡献的单位、部门和个人。

六、考核程序

（一）集团企管处是各项材料、费用单项节约奖的综合考核部门，每季度首月由企管处会同财务处、劳资处对各单项奖项目进行考核，确认具体的考核奖罚结果。

（二）各材料、费用项目主管部门应在每季度首月15日前，各主管部门向财务、企管部门提供上季度本部门主管的材料、费用单项节约奖计算基础表（基础表格式由财务处统一设计），由财务处对各项考核指标完成情况进行核实，企管处负责集中统一考核，考核结果汇总表经集团总会计师批准后，通知劳资、财务部门执行。

七、本办法自二○○六年一月一日起执行。

（西山煤电发[2006]202号）

附表

2006 年各单位材料、电力、费用等承包指标表

单位：万吨、万元、元／吨、公斤／吨

单位	八种主材					其他材料单位成本	介耗	配件单位成本	电耗		精煤回收率(%)	其他费用		备注
	单位成本	坑木万吨耗	火药万吨耗	雷管万吨耗	锚杆进尺				综合电耗	煤炭电耗		总额	单位成本	
西山煤电集团公司	0.00								0.00	0.00			0.00	
1.白家庄矿业	20.44	68	915	3363	5000	0.00		0.00	51.91	34.56			8.59	
2.杜儿坪矿	7.96	22	232	460	20000	22.29		8.24	28.90	22.07			3.26	
3.官地矿	8.01	25	267	654	18000	10.92		4.27	23.61	16.79			4.54	
4.东曲矿	8.09	22	435	836	18000	11.31		4.83	19.85	16.08			2.81	
5.屯兰矿	9.88	15	318	446	25000	13.45		4.92	24.01	20.74	63.3		2.05	喷吹 61.5%、电精 72%
6.官地矿选煤厂						18.52		5.12	0.00	10.64	30.0		1.26	
7.东曲矿选煤厂						6.41		3.21	0.00	13.49	59.0		2.86	
8.屯兰矿选煤厂	0.00					7.06	4.0/3.7	3.15	0.00	10.62			1.90	
9.西铭矿实业						7.19	2.20	2.70	0.00			104	0.00	
10.西曲矿实业						0.00	3.30		0.00			337	0.00	
11.镇城底矿实业						0.00			0.00			134	0.00	
12.马兰矿实业						0.00			0.00			127	0.00	
13.太原选煤厂实业						0.00			0.00			84	0.00	
14.机电总厂						0.00			0.16				0.0455	
15.水泥厂						0.00			173.25				31.28	
16.化工厂						115.00			315.00				136.50	
17.煤气化公司						2469.60			52.50				43.31	
18.公用事业总公司						45.76			0.00			793	0.00	
19.职工医院						0.00			0.00			614	0.00	
20.古交矿区总医院						0.00			0.00			411	0.00	
21.集团机关						0.00						13000		
其中：西山煤电股份公司														
1.西曲矿	9.99	29	543	1115	18000				0.00	16.17			4.23	
2.镇城底矿	8.74	23	577	1365	7000	10.60		5.13	0.00	20.52			4.03	
3.马兰矿	7.87	26	291	502	20000	13.33		5.06	0.00	16.50			3.78	
4.西铭矿	8.46	27	429	697	20000	12.10		4.86	0.00	21.46	52.0		3.66	
5.西曲矿选煤厂						12.66		5.25	0.00	11.14	57.0		3.79	
6.镇城底矿选煤厂						7.08		3.08	0.00	9.56	57.5		4.44	
7.马兰矿选煤厂						7.51	3.30	3.46	0.00	11.03	65.0		2.63	瘦煤 62%、电精 74%
8.太原选煤厂						6.72	3.7/3.3	3.11	0.00	10.76			0.98	
9.矸石电厂						7.39	3.30	2.89	0.00	0.00			0.0386	
10.股份机关						0.0939	3.30					4000		

西山煤电集团公司在途商品煤管理暂行办法

为细化煤炭库存管理，强化在途煤炭监管，防止资产损失，针对目前集团各矿、厂在途煤炭管理的薄弱现状，特制定本办法。

一、根据山西焦煤西山煤电集团《关于下发<西山煤电集团公司煤炭库存管理办法>的通知》西山煤电发〔2006〕144号文件，在煤炭库存管理领导组下设在途商品煤管理办公室，办公室设在财务处。

办公室主任：陈俊昌（兼）

二、在途商品煤是指已发运，但尚未办理相关结算手续的煤炭产品，包括每月26日至月末通过铁路、公路直发客户和港口装船销售未办理结算手续的在途商品煤。

三、对结算过程的要求

（一）各矿、选煤厂在商品煤发运后，应及时将发货手续交西山销售分公司办理结算手续。每月28日前将本月截止25日的发货手续交西山销售分公司，月末不得无故留票。

（二）销售总公司港口公司在商品煤装运后，属于港口内贸煤炭应于10个工作日内办完结算手续，属于港口外贸煤炭应于30个工作日内办完结算手续。

（三）西山销售分公司应在次月2日前，将当期销售量和销售收入全部结转各矿、选煤厂。

四、对在途商品煤对账的要求

（一）各矿、选煤厂调度室、煤运部门每月外运量与西山销售分公司发出量明细核对一致。

（二）各矿、选煤厂财务部门每月与西山销售分公司回款明细核对一致。

（三）西山销售分公司每月与销售总公司港口公司核对港口库存和港口在途后，反馈给各矿、选煤厂。

（四）各矿、选煤厂财务、运销部门的外运量与回款数量核对，确认当期在途煤炭，并填制“在途商品煤对账单”。

（五）各矿、选煤厂财务与运销部门、生产部门配合核对财务账面商品煤库存量。

（六）西山销售分公司与各矿、选煤厂核对在途商品煤，“在途商品煤对账单”经双方签章后，报在途商品煤管理办公室。

（七）财务处在财务会计报表管理系统中，增设“在途商品煤对账单”附表（见表样），各单位根据具体要求每月在编表说明中对变化情况予以注释。

（八）在途商品煤时间原则上为近两月，对长期在途商品煤应责成专人尽快清理，避免造成损失。

五、考核与奖罚计算

（一）集团每半年按在途商品煤核对量和减少量对各矿、选煤厂考核。

（二）奖励计算

1. 在途商品煤核对量1~10000吨，按吨煤0.6元计提，总量不足10000吨，按6000元计提；

2. 在途商品煤核对量10001~30000吨，按吨煤0.4元计提；

3. 在途商品煤核对量30001~50000吨，按吨煤0.2元计提；

4. 在途商品煤核对量50000吨以上，按吨煤0.1元计提；

5. 在途商品煤减少的按减少量吨煤1元计提。

（三）各矿、选煤厂存在以下问题，考核时不得奖，并处以相应罚款。

1. 对没有进行月末在途商品煤对账的，每有一次罚款3000元；对长期不进行在途煤炭对账的，处以10000元的罚款。

2. 对无故存在二个月以上在途商品煤的，每有一笔罚款1000元。

3. 对无故留票的，每有一笔罚款1000元。

（四）对销售总公司港口公司无故不按规定时间办理结算和提供的港口库存、港口在途，每有一单位扣除奖励款1000元，三个单位以上扣除全部奖励款。

（五）对西山销售分公司没有进行月末在途商品煤对账和提供港口库存和港口在途，每有一单位扣除奖励款1000元，两个单位以上扣除全部奖励款。

（六）各矿、选煤厂也应对本单位调度室、煤运、财务部门制定考核、奖罚制度。

六、奖罚提取、使用、分配

（一）奖励款55%用于奖励各矿、选煤厂；45%

用于奖励西山销售分公司、港口公司及相关处室。

（二）罚款由各矿、选煤厂全额负担。

（三）奖励款由公司包干工资列支，罚款由各矿、选煤厂包干工资列支。

七、考核程序

西山销售分公司结算处负责提供在途商品煤奖罚计算表（见表样），财务处核实，经公司领导审批后，通知劳资处、财务处办理。

八、多经系统可参照执行。

九、本办法从2006年1月1日起执行。

（西山煤电发[2006]203号）

山西焦煤西山煤电集团公司关于对地方煤矿实施托管的暂行办法

为贯彻落实山西省政府、省煤矿安全监察局、省煤炭工业局关于国有大型煤炭企业对地方煤矿实施托管、加快推进国有重点煤炭企业对地方煤矿进行资源整合及改造的精神，山西焦煤集团公司授权西山煤电集团公司通过山西焦煤集团矿业管理有限公司利用国有大矿的生产、技术及管理优势，对地方煤矿实施托管。通过托管使地方煤矿的安全、生产、管理水平得以全面提升。为规范托管工作程序，特制定本办法。

一、实施托管的机构

山西焦煤集团公司委托山西焦煤集团矿业管理有限公司（以下简称矿业公司）对符合法律要求、证照齐全的地方煤矿实施托管，授权西山煤电集团公司（以下简称西山集团）对矿业公司行使出资人权利。

二、托管的内容

矿业公司对符合托管条件的地方煤矿，在其产权不变的前提下，通过签订托管合同对其进行安全、生产、技术、经营等方面的委托管理。

三、托管煤矿的条件

托管煤矿应当具备以下条件：

（一）矿井年设计生产能力或经过技改后能达到30万吨（含30万吨）以上的煤矿；

（二）证照齐全；

（三）具有发展潜力；

（四）符合行业相关政策要求。

四、托管的程序

（一）考察拟托管煤矿。矿业公司应当按照山西焦煤集团公司总体部署，对具备条件要求托管的地方煤矿积极进行实地考察。考察内容包括企业经营现状、资金情况、产权结构、煤炭资源储量、地质条件、地理位置、运输条件等事项。托管对象可以不受地域、行业、所有制形式的限制。

（二）提出可行性托管报告。矿业公司经过市场调研，初步与对方达成意向后，向西山集团提交考察报告。西山集团成立专门工作小组，对拟托管矿井进行各种资质证照及相关资料审查，并深入现场作进一步调研。根据调研情况向西山集团、山西焦煤集团公司提交拟托管煤矿可行性调研报告。经决策层批准后，由矿业公司具体承办托管资料申报和各项手续审批等事宜。

（三）签订托管合同。矿业公司与拟托管煤矿在充分协商基础上，达成一致意见，签订托管合同。托管合同要经西山集团法律顾问处审核把关，合同签订后报送法律顾问处备案。

（四）取得上级管理部门批准。矿业公司与托管煤矿共同起草托管报告，按照有关程序要求上报省煤炭工业局及省煤矿安全监察局审批，获准后，矿业公司对托管煤矿实施托管。

（五）按照合同实施托管。合同双方严格履行合同内容，享受各自权利，承担各自义务和责任，进行正常托管工作。

五、托管的方式

矿业公司针对拟托管煤矿的实际情况，在委托煤矿原产权不变的前提下，利用自身管理、技术、信息及资源优势对其进行托管。托管经营作为企业运营的一种形式，可采用以下方式灵活掌握运用。

（一）部分托管方式

针对委托煤矿办矿、建设、验收、生产、安全、改造等过程中的部分业务进行管理。对缺乏生产队伍的托管煤矿，可采用成建制调入生产队伍的方式组织生产，通过部分托管方式，提高托管煤矿的生产能力。对原材料供应、产品销售、技术开发等环节也可采用部分托管方式。

（二）全面托管方式

对具备一定规模，缺乏各类人员或经营效果不佳的委托煤矿，可采用办矿、建设、验收、生产、安全、改造、经营、销售等整体管理的方式进行全面托管，设立相应的组织机构，配备各类人员，对其进行生产经营的全面管理。

六、《托管合同》签订内容及终止条件

（一）主要内容

1. 委托人、受托人的名称、住所；

2. 托管标的名称、类别，托管形式；

3. 托管双方的权利义务；

4. 托管期间的安全责任及其他相关法律责任（另行签订安全合同）；

5. 托管费用的支付方式；

6. 托管期限和托管终止条件；

7. 违约责任及争议解决的方式；

8. 其他事项。

（二）终止条件

出现下列情况之一，解除托管合同：

1. 托管合同期满的；

2. 依照司法程序确认托管关系解除的；

3. 委托人申请并经原批准机构同意解除的；

4. 由于不可抗拒的力量致使托管资产流失的；

5. 不支付托管费用致使托管合同无法继续履行的；

6. 托管企业注销自然解除的；

7. 其他情形。

七、劳动用工管理

（一）人员编制。矿业公司根据托管煤矿生产规模大小，按照管理人员、技术人员、生产人员实际需求，编制人员计划。

（二）人员招聘。托管煤矿在符合《劳动法》及相关政策前提下，优先从西山集团人员中招聘。如需从社会招聘特殊岗位人员及井下普通技工，必须经西山集团劳动工资处核准后，方可向社会有资质的人才中心招聘。对外招工，50人以上的招工方案应当经西山劳动工资处审核备案，完善劳动管理。

（三）机构设置及干部使用。原则上托管煤矿年设计生产能力在60万吨（含60万吨）以上的托管矿井为正处级建制；年设计生产能力在30万吨（含30万吨）以上、60万吨以下的矿井为副处级建制。托管煤矿高、中层管理人员职数配置由西山集团根据实际情况确定。

（四）外派人员管理。副处级以上管理人员由西山集团按照干部管理的有关规定管理；科级管理人员由矿业公司提名，西山集团组织人事处考察、任命。属西山集团抽调或委派到各托管煤矿的人员，其人事、工资关系及档案暂时由原单位管理，条件成熟时，由西山集团人力资源管理中心负责统一管理，按《西山煤矿总公司人力资源管理中心管理暂行办法》（西山煤矿发〔2004〕138号）和《西山煤矿总公司关于维护出资人权益的暂行办法》（西山煤矿发〔2004〕504号）执行。

八、安全责任

矿业公司与委托煤矿要严格执行《中华人民共和国安全生产法》的规定，按照安全合同内容履行各自职责，承担相应责任。

（一）委托煤矿要认真贯彻国家煤矿安全生产方针、政策，强化安全生产责任意识。根据国家有关法律、法规、政策规定，按时足额提取生产安全费用、维简费、折旧费等专用资金，保证专款专用。按照国有重点煤矿的标准，保证矿井安全生产投入，保证正常安全生产、事故抢险、救灾工作的顺利进行。

（二）矿业公司要全面落实国家及山西省有关煤矿安全生产的方针、政策，依照国家法律、法规进行矿井安全生产管理。按照国有重点煤矿标准进行矿井标准化建设，及时排查安全隐患，确保矿井安全生产。要定期向委托煤矿和西山集团通报矿井安全生产情况，管好用好所使用的设备、设施。

（三）托管煤矿的生产安全事故，按照煤炭产量统计渠道统计上报，纳入统计煤炭企业的百万吨死亡率。对于采取全面托管方式的煤矿，托管煤矿的煤炭产品经矿业公司由西山集团经营销售，产量相应计入西山集团，西山集团矿业公司承担安全责任，接受上级主管部门的安全考核；对于采取部分托管方式的煤矿，托管煤矿的煤炭产品由委托煤矿经营销售，产量计入委托煤矿企业，委托煤矿企业承担安全责任，接受其上级主管部门的安全考核。

九、具体要求

（一）矿业公司在托管期间应当严格按照采矿许可证载明的范围组织生产，采用先进的采煤工艺进行合理开采，严禁越层越界开采，珍惜资源，杜绝浪费，提高资源回收率。

（二）西山集团按照山西焦煤集团公司授权，对矿业公司进行管理。矿业公司纳入西山集团管理序列，接受西山集团年度责任法人考核，托管煤矿的管理包含在考核范围内,全面落实经济、法律、社会和政治责任。

（三）矿业公司参加西山集团有关会议，加强信息交流与沟通,按照业务分工范围真实提供托管煤矿的安全、生产、经营情况。按时填制有关报表,及时送达相关部门。

（四）托管合同期限届满须续签的,矿业公司应当提前三个月向西山集团书面提出续签意见;因其他原因提前终止合同时,应及时报告终止合同的原因。

十、本办法解释权属山西焦煤西山煤电集团公司。

十一、本办法自下发之日起执行。

（西山煤电发[2006]206号）

西山煤电集团有限责任公司加强项目资金管理若干规定

近年来,西山煤电集团公司基本建设技术改造项目多、规模大、投资大,资金来源严重不足。在项目管理上存在建设项目超支严重,建设单位随意扩大建设规模、提高建设标准等问题,致使集团资金更加紧张。为了加强计划的严肃性,强化项目资金管理,在控制资金方面特作如下具体规定。

一、加强项目的设计管理

（一）设计委托

除外委设计外,所有设计委托按照《西山煤电集团有限责任公司工程项目包干建设管理办法》限额规定,必须经计划处审查签认后,集团设计院方可设计,严禁扩大设计规模、提高设计标准。

（二）设计会审

项目实施前,由项目负责人组织有关单位进行施工图会审，设计院根据修改意见进行优化设计,确保满足使用功能和符合设计委托的投资标准。

（三）设计修改和设计考核执行《西山煤电集团有限责任公司工程项目包干建设管理办法》的有关规定。

二、严肃项目计划管理、严格设备采购

（一）严肃项目计划管理。已列入专用资金的单项计划在实施过程中不得超过原计划的5%,超过5%必须办理计划变更手续后方可结算。

（二）严格设备采购。设备采购必须按照设备采购计划执行,由供应公司统一集中采购,任何单位和个人无权进行设备采购，如发生私自采购者,集团不予办理手续。

三、强化项目的过程管理

工程项目实行概预算管理、包干建设,未签订工程项目包干建设责任书的项目不准开工建设。

（一）续建工程项目。超过包干额度部分,要求项目负责人对此进行投资分析,分析超支原因,待集团提出处理意见后再行处理。但对有关责任人的处罚严格执行《西山煤电集团有限责任公司工程项目包干建设管理办法》的规定,必须该用工资抵补超支的用工资抵补,必须扣罚抵押金的扣罚抵押金。

（二）新开工程项目。工程进度严格按资金计划控制,超过资金计划的5%不得进行进度结算,须调整计划方可结算。严禁扩大规模和提高标准进行施工,若因规模扩大和标准提高造成超支,无论什么原因,资金计划一律消号,同时对责任单位和责任人进行处罚,因此造成的已投入工程资金损失由责任单位承担。

（三）设计合同中必须规定，由于设计图纸不到位和设计返工延误施工工期、造成投资浪费的处罚条款。

四、完善成本工程管理

集团财务处确定的大修理资金控制指标以外的修理工程属成本工程。

50万元以上(含50万元)的成本工程由财务处牵头进行立项审批(包括内容、范围、规模、标准、使用功能及所要达到的目的)，列入集团大修理资金计划,按集团的基本建设程序进行管理。

50万元以下成本工程实行二级单位内部计划管理,但须报集团财务处、计划处备案,集团不定期进行检查。各单位要参照《西山煤电集团有限责任公司工程项目包干建设管理办法》制定相应的管理办法。

成本工程在不形成潜亏和挂账的前提下方可实施,否则由各单位工资抵补。

五、杜绝计划外项目的发生

计划外项目是指专用资金计划以及成本工程

计划之外的项目。计划外项目每半年检查一次，具体由计划处牵头，会同财务、基建、审计、纪检等部门联合检查，一经发现计划外项目，按以下规定处罚。

（一）对责任单位进行书面通报批评，并处以等于项目造价100%的工资罚款。

（二）对有关责任人处以项目造价5‰的罚款。

本规定自下发之日起执行。集团之前下发的文件有与本规定抵触的按本规定执行。

（西山煤电发[2006]217号）

西山煤电集团有限责任公司住宅建设项目管理办法

为了规范管理，保证质量，节约资金，对列入计划管理的住宅建设项目实行统一管理。为此制定本办法。

一、集团对住宅建设项目在资金计划、项目实施等方面实行集中统一管理，项目建设原则上执行《西山煤电集团有限责任公司工程项目包干建设管理办法》（西山煤电发〔2006〕150号）有关规定。

二、涉外准备工作由基建处牵头，各建设单位配合，包括必须报建项目的报建登记和有关证照手续的办理等。

三、住宅建设项目必须坚持设计委托制度，集团下达的资金计划是设计委托的依据，建设单位可根据已下达的资金计划向设计院提出正式委托，房地产公司根据集团对工程内容和标准的要求签署意见后向设计院委托，其中配套设施部分要经计划处签认。设计委托书要根据年度资金计划明确设计内容，并要附详尽的基础技术资料，确保设计过程中能够合理控制资金。住宅建设要统一标准，廉租楼项目要具备入住的基本条件。

四、招投标管理

根据国家、省、市有关规定，需在有形建筑市场进行公开招标的项目，按国家有关规定执行；其余项目参照集团《西山煤电集团有限责任公司工程项目包干建设管理办法》（西山煤电发〔2006〕150号）执行。具体内容：

（一）住宅楼本体委托有资质的招标代理机构在太原市建筑市场进行招标确定施工单位，同等条件下，优先选用集团内部施工企业；

（二）庭院部分原则上由住宅楼本体中标单位进行施工并由集团审定造价；

（三）闭路电视、通信工程由集团信息中心进行施工并由集团审定造价；

（四）煤气工程由太原市煤气公司施工并依据合同确定造价；

（五）红线以外小区主干道路、管道及缆线等由集团包干建设办公室组织招标并确定造价。

五、工程造价管理

（一）住宅建设项目立项时，应确定项目工程造价，经集团批准后作为包干造价，按小区签订《工程项目包干建设责任书》。

（二）廉租楼项目纳入维简资金管理，造价比照同小区住宅进行确定，原则上不得高于同小区住宅造价。

（三）商品房建设不纳入本办法管理，造价由开发商控制。

六、预算管理

全部工程预算履行编审手续。

（一）预算报审。

预算编制和审查，依据国家颁布的建筑工程计价依据、预算定额、费用定额、会审后的施工图设计和图纸会审纪要、有关规范标准及集团下发的有关文件执行。

具体程序为：

1. ±0.00以上部分

集团设计院依据年初计划及施工图设计中确定的住宅楼户型，编制出边、中单元平米造价，经建设单位、房地产公司初审后，报包干建设办公室审核，确定出不同住宅户型的边、中单元平米造价，作为住宅楼组合的依据。

设计院编制并填写预算审批卡，预算一式十份。

2. 基础及其他配套部分

按集团《西山煤电集团有限责任公司工程项目包干建设管理办法》（西山煤电发〔2006〕150号）执行。

3. 预算编审要严格按包干造价进行控制，不得超过。造价超过包干造价部分，按优惠让利处理。

（二）材料价差解决办法，参照集团《西山煤电集团有限责任公司工程项目包干建设管理办法》（西山煤电发〔2006〕150 号）执行。住宅建设中使用的塑钢窗、塑钢门、电表箱等材料在同质、同价的基础上要优先使用集团内部产品，否则，要进行相应处罚。

七、结算管理

工程结算由基建处牵头会同计划处、财务处、审计处、设计院、房地产公司负责工程结算的日常管理工作。

结算时，资料要整理齐全，装订完好，严把资料归档关，否则不予结算。

八、其　他

（一）本办法未尽事宜按上级有关法律、法规、规定和集团有关文件及《西山煤电集团有限责任公司工程项目包干建设管理办法》（西山煤电发〔2006〕150 号）执行。

（二）本办法从 2006 年 1 月 1 日起实行，以前各部门制定的有关文件与此办法相抵触的，以此办法为准。

（西山煤电发[2006]267 号）

西山煤电集团公司多种经营系统产品质量监督管理实施细则

第一章　总　则

第一条　为加强西山集团多种经营系统产品质量监督管理，提高产品质量水平，明确质量责任，更好地服务煤炭主业，拓展外部市场，增强多经企业的竞争力，根据《中华人民共和国产品质量法》、《山西焦煤集团公司多种经营系统产品质量监督管理办法》的规定，结合西山集团多种经营系统的实际情况，特制定本实施细则。

第二条　本细则中的产品指多经系统加工、制作的产品和修理、服务业务。

第三条　本办法适用于多种经营企业产品的开发、设计、生产、经销、售后服务及产品质量检验。

第二章　生产企业的质量管理

第四条　西山集团鼓励内部多经生产企业推行科学的质量管理方法，采用先进的科学技术，不断优化产品质量，鼓励企业产品质量达到并且超过行业标准、国家标准和国际标准。

第五条　多经系统生产企业（以下简称“生产企业”）必须树立“质量第一、用户至上”的观念，健全质量责任制，实行质量控制，不断提高产品质量。

第六条　生产企业应建立质量管理保证体系，健全质量管理机构，落实质量责任、岗位质量规范及相应考核办法。

生产企业应成立以党政一把手为组长的产品质量监督管理领导组，由一名副经理负责此项工作；购置检测设备，配备专职技术人员和质检人员，制定检验制度并严格执行。

第七条　生产企业必须按照国家标准、行业标准和企业标准以及合同约定组织产品生产，积极采用国际标准，消灭无标准生产。涉及井下安全生产产品必须有许可证，产品按有关规定定期严格检验。

第八条　加强生产过程的质量管理，从原材料采购、入库、出库、产品生产和售后服务等每一个环节都要严格工序管理，设立质量控制点，保证产品符合标准要求。

第九条　生产的产品必须具有生产许可证和检修许可证。

第十条　生产过程中的工艺文件（生产许可证、产品标准、工艺规程、操作规程等）齐备，图纸齐全；符合保障人体健康和人身、财产安全的要求。

第十一条　对影响产品质量的生产设备、检测设备及测量器具应加强维护、保养，保证产品质量稳定。

第十二条　企业要做到“八不准”：

（一）不合格的原材料不准采购；

（二）不合格的零部件不准投料、组装；

（三）不合格的产品不准出厂和销售；

（四）国家明令淘汰的产品不准生产和销售；

（五）无质量标准的产品不准生产；

（六）无出厂检验报告的产品不准销售；

（七）不准弄虚作假、以次充好、伪造商标、假冒名牌；

（八）不准利用内部扶持政策，空买空卖，赚取差价。

第十三条　产品出厂应符合下列条件：

（一）有产品合格证；

（二）标明产品名称、厂名、厂址；

（三）标明产品规格、等级、执行标准、主要成份含量；

（四）限期使用的产品，应当在显著位置清晰地标明生产日期和安全使用期或失效日期。

（五）使用不当，容易造成产品本身损坏或者可能危及人身、财产安全的产品，应当有警示标志或中文警示说明。

（根据产品特点难以附加标识的裸装产品，可以不附加产品标识。）

第三章　产品质量监督管理

第十四条　为了加强产品质量的统筹规划、组织领导和监督管理工作，成立产品质量监督管理领导组（以下简称领导组）：

组　长：张能虎

副组长：胡文强

成　员：由多经局、生产处、机电处、企管处、财务处、电力公司、设备租赁公司、物资供应公司、技术中心等部门负责人组成。

领导组下设办公室，办公室设在多经局，办公室主任：孙铁民

第十五条　领导组负责多经系统产品质量监督管理：

（一）推动生产企业采用科学的质量管理方法和先进的科学技术。对产品质量管理先进和产品质量达到国际、国内先进水平、成绩显著的生产企业和个人，给予奖励；

（二）引导、督促、监管生产企业加强产品质量管理，提高产品质量；

（三）对产品质量问题引发的纠纷进行协商、调解；

（四）对发生的重大质量事故和投诉进行查处；

（五）协调、解决与产品质量有关的其他重要事项。

第十六条　多经局负责组织、协调、督促集团内部专业质量管理部门的日常质量监督管理工作。

第十七条　多经局负责多经系统产品质量的综合管理，对集团内部质量管理部门提出的质量问题和用户投诉、反馈的质量问题，督促生产企业限期改进。

第十八条　生产处负责支护产品及器具的质量监督管理，每批（次）交付使用的产品都要进行抽检，保证不合格产品不下井。

第十九条　机电处、设备租赁公司负责设备零、配件加工制作及设备检修的质量监督管理，按照设备及配件相关检验标准进行抽检。

第二十条　物资供应公司负责结算部分的产品质量监督管理，按规定进行抽检。

第二十一条　技术中心负责对生产过程中的产品质量监督管理，按规定随机抽检。

第二十二条　各集团内部质量管理部门在监督抽查中，发现产品不合格，责令生产企业限期整改；整改期满，产品质量仍达不到标准要求，建议吊销生产许可证。

第二十三条　多经局根据用户反馈意见，对产品存在质量问题的厂点进行核查；确实存在质量问题的，可责令生产单位给予修理、更换、退货，给用户造成损失的承担赔偿责任。

第四章　产品质量监督检查

第二十四条　西山集团每半年组织质量管理部门对多经产品进行一次质量监督检查。

第二十五条　多经局每季度对所属单位进行一次产品质量监督检查，并在全系统通报检查情况，讲评存在的质量问题，促进生产企业不断改进质量。每次的监督检查结果报领导组办公室备案。

第二十六条　生产处、机电处、设备租赁公司、物资供应公司、技术中心等质量管理部门，对用户反馈的产品质量问题加大监督检查力度，涉及安全的产品采取不定期批检；非安全性产品按规定次数采取随机抽查。

第二十七条　多经局所属各单位，每月对所属厂点的产品质量进行一次全面的检查、考核和评审，检查中发现的质量问题，应采取措施，及时解决。并将检查结果和厂点的绩效工资挂钩。

第五章　产品销售的质量管理

第二十八条　建立健全销售管理制度，明确销售部门和销售人员的质量责任。

第二十九条 加强对销售人员的职业道德培训和专业技术培训，严把销售关口。销售人员不得销售掺杂、掺假产品，不得以不合格产品冒充合格产品。

第三十条 销售产品严格按买卖合同约定执行，合同必须明确质量要求(包括产品标准或技术条件、检验方法、验收规则以及商标、生产厂地、包装、储运要求等项目)。

第三十一条 完善售后服务制度，畅通信息渠道。售后服务是产品质量的重要组成部分，生产企业应建立售后服务体系和客户回访制度，设立与客户沟通的有效途径，广泛收集用户信息，对用户提出的质量问题进行改进，促进产品质量不断提高。

第六章 奖 惩

第三十二条 对在质量管理和提高产品质量中，做出突出成绩的单位，纳入责任法人考核体系予以奖励。

第三十三条 对获得国家、部、省优质产品奖和质量管理奖的企业，西山集团的计划、物资供应、生产、租赁等部门应给予重点支持。对优质产品优先选购，实行优质优价。

第三十四条 生产企业产品质量达不到产品标准或不符合客户需求的，多经局应责令限期整改，经整改无效者，责令停产或转产，直至建议吊销生产许可证和营业执照。

第三十五条 因产品质量出现重大质量事故或顾客投诉，给企业造成较大经济损失，在社会上造成不良影响的单位，给予通报批评，根据损失程度，对责任单位处以5000元~20000元的罚款，并追究相关人员的责任。

第三十六条 有下列行为之一的企业，责令停止生产、销售，对企业负责人和直接责任者给予行政处分；有非法所得的，没收非法所得，并视情节轻重处以相当于非法所得15-20%的罚款；构成犯罪的，依法追究刑事责任。

(一)生产经销假冒伪劣产品；

(二)生产经销或代销隐匿厂名、厂址的产品；

(三)生产经销没有检验合格证的产品；

(四)生产经销国家明令淘汰的产品；

(五)生产经销国家实行生产许可证制度而到期未取得生产许可证的产品；

(六)生产经销用不合格的原材料、零部件生产或组装的产品；

(七)生产经销违反国家安全卫生环保和计量等法规要求的产品；

(八)经销过期失效产品。

第三十七条 质量管理部门徇私舞弊、滥用职权或监管不到位，致使监管范围的产品质量问题得不到及时处理、纠纷得不到妥善解决，造成不良影响的，由领导组研究处罚。

第三十八条 由于产品缺陷引发的问题，按《中华人民共和国产品质量法》有关条款执行。

第七章 附 则

第三十九条 本细则的解释权属西山煤电集团公司。

第四十条 本细则如与行业、国家产品质量标准发生冲突，按行业、国家标准执行。

第四十一条 本细则自下发之日起执行。

(西山煤电发[2006]351号)

西山煤电集团公司内部银行管理办法

为了进一步强化内部银行职能，充分发挥其资金管理的中心作用，按照“控制资金总量，调剂资金余缺，优化资金结构，保证资金供应”的原则，在原《西山煤矿总公司内部银行管理办法》的基础上，根据集团实际情况，制定本管理办法。

一、内部银行职能

(一)管理职能。内部银行作为集团的资金管理中心，负责核定基层单位的储备资金、生产资金、成品资金等流动资金定额，对公司资金总量及流向进行监督和控制。充分发挥货币资金集中管理的优势，减少资金占用，加速资金周转，使有限资金发挥最大的效能，及时为领导提供准确、全面的经营决策依据。

（二）融资职能。在保证各开户单位正常进行业务结算的前提下，将闲散资金集中起来，作为调剂资金来源。为开户单位提供必要、合理的内行贷款。根据生产经营需要办理外部流动资金贷款、生产技术贷款和三产贷款，努力保障生产经营活动正常进行所需的资金。

（三）结算职能。与焦煤集团公司资金结算中心办理集团煤款结算业务，与焦煤集团公司财务部办理上缴下拨及材料、配件等其他收支结算业务，办理集团本部现金、银行存款结算业务。为开户单位办理营业收入及其他收入的结算业务，办理工资、运费、电费、福利、税金、材料、工程设备、上缴下拨及其他支出的结算业务；办理内部单位之间相互提供的产品、劳务、物资供应、工程、设备、债权债务清理等货币资金结算业务。

（四）监督职能。在坚持"谁的钱，谁使用"的原则下，内部银行监督各开户单位严格按照内部结算办法规定和财务处批准的资金支出计划使用，发现问题及时解决或上报，以保证资金的安全性。

（五）服务职能。内部银行为各开户单位提供优质高效的服务，凡属合理、合规、合法的结算业务，应迅速、准确、及时办理，不得无故拖延和推诿。对无故压票、延误凭证传递，拒绝受理开户单位结算业务的，财务处将视其情况给予批评教育、酌情罚款，情节严重的给予行政处分或调离岗位。

（六）核算职能。根据集团财务会计制度的统一规定设置会计科目，编制会计凭证，登记会计账簿，及时、准确、完整地核算内部银行、外部银行货币资金存贷业务。

二、内部银行结算的范围、内容及办法

（一）结算范围

集团及集团所属各生产矿、厂、公司、医院、机关（直属）等单位的主要经济活动都必须通过内部银行结算。

（二）主要结算内容及办法

1. 煤炭产品销售收入、运杂费的结转：每十天（9 日、19 日、月末）焦煤集团公司资金结算中心拨付集团煤款收入，外部结算科用"内行特种转账收（付）凭证"转回煤炭销售总公司西山分公司；煤炭销售总公司西山分公司每月 2 日前向各矿、选煤厂结转销售收入，并同时结转集团本部运杂费、煤款自留差价及其他价外款项。分别用"内行转账支票"、"内行委托收款凭证"办理，结转集团本部税费事先由税管科审核后，内部结算科方可办理。

2. 应由集团公司本部负担费用的结转：包括煤炭产品销售损失、折让及应付其他部门费用，由煤炭销售总公司西山分公司及其他费用报销部门填写"内行委托收款凭证"经成本科及处长审核，总会计师批准后办理。损失、折让费用应附经理办公会纪要或上级有关部门批示。

3. 内部银行贷款：各开户单位向内部银行申请内部借款时，应提供"借款申请书"、"内行借款合同"（超定额借款、专项借款、三产技改借款时提供）等资料，经分管资金副处长、处长、集团总会计师等有关领导批准后办理。借款时填写"内行借款借据"，还款时填写"内行转账支票"办理。

4. 拨付盈亏：每月 18 日根据公司核定的盈亏指标的十二分之一，由财务处内部结算科对盈利单位和亏损单位填写"内行特种转账收（付）凭证"办理。

5. 材料、配件及往来款项的结算：内部银行开户单位与焦煤集团公司开户单位之间、内部银行开户单位之间发生的材料、配件及往来款项用"内行转账支票"办理。除材差、水电费、电话费及上缴费用等业务外，其他购销、往来业务之间的结算，金额在 5 万元以上（含 5 万元）的必须附有关结算手续（包括购销合同、发票、抵抹账协议以及债权债务方的挂账凭证等资料，焦煤集团国际发展公司、煤气化公司、水泥厂、万隆实业公司、万隆支护分公司和太选实业公司、金城实业分公司、铁路工程公司、公用事业总公司多经公司出具的发票需经财务负责人确认），且结算手续或债权转移协议除加盖财务专用章以外，须经债权、债务方单位负责人、财务负责人和经办人员签字并盖章，然后由财务处分管资金副处长（5 万元以上）、处长（50 万元以上）、集团总会计师（100 万元以上）审批后办理。

6. 内部电费、水费、综采高档租赁费、单体支柱及三用阀租赁费、锚杆钻机租赁费、电话费、材差、配件差、养老金、医保金和增值税等的结算：由收款单位填写"内行委托收款凭证"交内部结算科向使用单位收款，使用单位承付后，可收账使用。办理委托收款业务时，必须附双方签订的协议书、合同或付款单位同意付款的证据，同时附上结算账单等原始凭证，内部结算科方可接受，否则不予办理。

对于集团二步成本核算的电费结余、综采高档租赁费结余、单体支柱及三用阀租赁费结余、锚杆钻机租赁费结余、材差结余、配件差结余，由相关单位填写"内行转账支票"或"内行委托收款凭证"经财务处成本科审核无误后,内部结算科方可办理。

7. 工资、奖金、零星拨款的结算:由开户单位填写"内行转账拨款支票和内行现金拨款支票",经审批后外部结算科办理。焦煤集团公司财务部用"内行特种转账收(付)凭证"或支票拨付公司及所属单位奖励,由内(外)部结算科开具收款收据。

8. 由内部银行转付外单位款项的结算:电力公司、设备租赁公司、机关直属财务科等单位,支付电费及其他款项时,由开户单位填写"内行对外结算支票",经审批后外部结算科予以办理。

9. 商业汇票转让的结算:焦煤集团公司资金结算中心转让财务处商业汇票(煤电集团货款收入),由外部结算科开具收款收据收回,同时用"内行特种转账收(付)凭证"通知煤炭销售总公司西山分公司;财务处转让各基层单位的商业汇票,由基层单位填写"内行转账支票"(附收据)经审批后外部结算科办理。

10. 应付票据的结算:签发时由基层单位填制"内行对外结算支票" 经财务处审批后外部结算科协同开户银行办理;承兑时外部结算科根据银行付款通知支付。

以上 7 至 10 项中审批权限如下:

计划内资金拨付由分管资金副处长一支笔审批;

月度资金使用计划总额不变的情况下,需要计划项目之间调剂时,金额在 50 万元以内的由集团财务处处长审批,金额在 50 万元以上的报集团总会计师审批;

超出月度资金使用计划的特殊急需款项,由使用单位(含股份各单位)或部门写出书面申请,集团财务处分管资金副处长、处长(部长)分别签署意见后,200 万元以下(含 200 万元)由集团总会计师审批,200 万元以上的由总会计师签署意见后报集团总经理审批。财务处具体办理支付手续,并列入下月资金使用计划。

涉及焦煤集团公司资金结算业务按照焦煤集团公司资金管理办法有关规定办理。

11. 上缴内部银行现金、外行存款、到期及贴现商业汇票的结算:各单位上缴个人所得税、承包抵押金等款项,上缴现金时,由外部结算科开具"银行现金缴款单",由交款单位将现金送交银行,外部结算科根据银行盖章后的现金缴款单第一联开具收据;使用转账支票上缴时,由各交款单位直接送交银行,外部结算科根据银行进账单第三联开具收据;机关直属财务科、设备租赁公司等缴款单位上缴失业金等款项时,填写"内行送款簿"附银行进账单办理。商业汇票办理贴现和到期进账时,外部结算科相关人员必须履行汇票交接手续,未经批准不得将汇票转交任何单位与个人。

12. 应交税金的结算:应交增值税(销项税)及其他税费由基层单位填制"内行转账支票"上缴财务处内部结算科;应交增值税(进项税)由基层单位填制"内行委托收款凭证"向财务处内部结算科收取。上交税务局等部门税费时,财务处税管科开回税票或完税证,经分管资金副处长审批后,由外部结算科开具支票或转让商业汇票。

13. 上缴公司折旧、福利费等各种款项的结算:由基层单位填写"内行转账支票"交内部结算科,逾期不交,财务处内部结算科用"内行委托收款凭证"收取。

14. 集团拨付基层单位转账款项的结算:财务处内部结算科填写"内行特种转账收(付)凭证"办理。

15. 内行各开户单位与工程科往来户单位的款项结算:由付款单位开具"内行转账支票"或"收款收据"并附相关结算单据由工程科审核后,经财务处分管资金副处长、处长审批后办理。

16. 内行借款利息的结算:由内部结算科填写"内行特种转账收付凭证"附"利息结算单"办理。

17. 抵抹账业务结算:按照集团抵抹账清欠管理办法的有关规定办理。

三、内部银行贷款及经济手段

(一)贷款种类

1. 定额流动资金贷款。内部银行根据核定的一定时期各单位流动资金定额,扣除其自有资金和视同自有资金后的差额,予以贷款,期限不超过一年。

2. 超定额流动资金贷款。基层单位库存物资超过核定的定额或由于临时性、特殊性原因取得的流动资金贷款,利率在定额流动资金贷款利率基础上上浮 10%~20%。

3. 专项贷款。集团计划安排和领导批准的以及集团所属施工单位由于季节性原因资金不足时可以申请专项贷款。

4. 三产技改贷款。为了支持和发展多经三产和集体经济,经集团计划安排和有关领导批准,可以发放三产技改贷款。三产贷款利率按照集团取得贷款的利率计算。

5. 无息贷款。由于港口库存煤货款结算时间较长，一定程度上影响矿（厂）流动资金使用，因此内部结算科根据核实后的港口库存煤金额，经有关领导批准向矿（厂）发放免收利息的一种短期贷款。季末内部结算科根据矿（厂）实际港口库存煤金额调整无息借款。

（二）申请贷款需提供的资料

1. 借款申请书；

2. 借款合同；

3. 已获领导批准（如果需要有关领导批准的）。

（三）贷款的管理

1. 内部结算科要认真审查各开户单位的借款申请，对申请中的借款原因、借款用途、借款额度和借款期限的真实性、合理性、有效性进行审议，并提交是否发放贷款、贷款数量和贷款条件等初步意见。

2. 严格控制超定额贷款。各单位原则上不得新增贷款，如遇客观因素或特殊原因，需要新增超定额贷款时，由借款单位提出申请，做出还款保证，经财务处分管资金副处长、处长、集团总会计师逐级审批后，内部结算科办理贷款手续。

3. 内部结算科要经常检查分析各单位的贷款使用情况和经济效益，提出改进建议，督促实施，提高资金使用效益，并及时督促各单位按期归还贷款。

（四）经济手段

1. 利息。内部结算科根据存贷计息原则，实行差别利率计算存贷款利息，并按月收取与支付。存款年利率 0.72%；流动资金贷款利率：六个月以内（含六个月）年利率 5.22%，六个月至一年（含一年）年利率 5.58%。

存款利息 =Σ每日存款余额×存款月利率 /30

贷款利息 =Σ每日贷款余额×贷款月利率 /30

内部银行存贷款利率的计算与调整参照《中国人民银行管理规定》执行，任何单位和个人无权随意变动。

2. 浮动利息。内部银行对重新审定后的基层单位定额流动资金占用按正常利率计息，对超定额占用实行浮动利率计息（上浮 20%）。

超定额贷款利息 =Σ每日贷款余额×贷款月利率×（1+20%）/30

3. 罚息。开户单位的各种贷款要按期偿还或办理转贷手续，内部银行对到期无力偿还但又未办理转贷手续的贷款，将做逾期贷款处理，加收 20%的罚息。

罚息 = 逾期贷款金额×贷款月利率×20% /30×逾期贷款天数

4. 滞纳金。对于在规定日期没有付款（缴款）的单位，内部银行要代收款单位每日加收 3‰的滞纳金。

用委托收款或特转凭证结算时，如果付款单位存款不足，可以在内部银行通知之日起五日内结算，五日后仍无力支付款项的，内部银行将加收滞纳金；如果是月终结算，应在次月五号前将款项付清，否则，内部银行不但要加收滞纳金，而且要暂停办理结算业务。

各开户单位每月按下列日期上交、结转各种款项，逾期财务处内部结算科用“特种转账收（付）款凭证”结算，并加收滞纳金。

各种税费及应上缴、应结转的款项，执行西山煤电函〔2006〕30 号《关于规范财务报表编制及报送规定的通知》的有关规定。

四、内部银行会计核算

（一）会计科目的设置

1. 为了适应对内、对外结算业务会计核算的需要，内部银行应设置以下会计科目：

资产类科目：现金、银行存款、内部单位借款、应收票据、内部银行存款

负债类科目：内部单位存款、应付票据、内部银行借款

损益类科目：财务费用

“内部单位借款” 科目核算各开户单位在内部银行借款与还款业务；“内部银行借款”科目核算集团在焦煤集团公司的借款与还款业务；本科目按借款种类设置二级明细科目，按借款单位设置三级明细科目；本科目借方反映还款数，贷方反映借款数。

“内部单位存款” 科目核算各开户单位在内部银行的存取款业务；“内部银行存款”科目核算西山集团在焦煤集团公司的存取款业务；本科目按开户单位设置二级明细科目；本科目借方反映开户单位在内部银行的存款数，贷方反映存款减少数。

“财务费用”科目核算外行利息净支出、内行利息净支出、金融机构手续费以及筹集生产经营资金发生的其他费用等；本科目按费用项目设置二级明细科目；本科目借方反映发生的财务费用，贷方反映结转收到利息和损益数，月末无余额。

2. 各开户单位分别设置资产类科目“内部银行存款”和负债类科目“内部银行借款”，借贷方核算内容与“内部单位存款”“内部单位借款”相反。

（二）会计凭证设置

根据内部银行结算范围及内容，设置以下凭证：

1. 内行转账支票：由付款单位签发，通知内部结算科由其存款户中支付款项，划入收款单位账户的一种凭证。

该凭证一式三联，第一联（存根）：付款单位留存作为付款依据；第二联（转账通知）：内行资金划拨依据；第三联（收款通知）：内部银行盖章后作为收款单位的收款依据。

“内行转账支票”有效期十天（签发日、节假日在内）。适用于各单位之间材料、配件、其他款项往来的结算以及各单位应交公司各种款项的结算。

2. 内行转账拨款支票：由在内部银行开户单位签发，通知外部结算科由其存款户中支取款项，由内部银行向各单位签发银行转账支票、汇票等的一种结算凭证。

该凭证一式两联，第一联：内部银行盖章后作为付款单位的付款依据，第二联：内部银行付款项依据。

“内行转账拨款支票”有效期十天（签发日、节假日在内）。适用于拨款等由集团直接拨付外行款项的结算。

3. 内行现金拨款支票：由在内部银行开户的单位签发，通知内部银行由其存款账户中支取款项时，由外部结算科向各单位直接支付外行现金支票或现金的一种结算凭证。该凭证一式三联，第一联：存根；第二联：内部银行付款依据；第三联：内部银行盖章后作为付款单位付款依据。

“内行现金拨款支票”有效期五天（签发日、节假日在内）。适用于工资、奖金等由集团直接拨付现款的结算。

4. 内行对外结算支票：由开户单位签发，通知内部银行由其存款户中支取款项，并由外部结算科向外单位签发银行支票、汇票等的一种结算凭证。

该凭证一式三联，第一联：存根；第二联：内部银行付款依据；第三联：内部银行盖章后作为付款单位的付款依据。

“内行对外结算支票”有效期十天（签发日、节假日在内）。适用于由集团转付外单位款项的结算。

5. 内行委托收款凭证：由在内部银行开户的收款单位签发，委托内部结算科将款项由付款单位账户划入收款单位账户的一种结算凭证。

该凭证一式三联，第一联（收账通知）：内部银行盖章后作为收款单位收款依据；第二联（转账通知）：内部银行划转资金的依据；第三联（支款通知）：内部银行盖章后作为付款单位的付款依据。

“内行委托收款凭证”有效期十天（签发日、节假日在内）。适用于在内部银行开户的单位之间相互提供劳务等款项的结算。

6. 内行送款簿：由在内部银行开户的送款单位填写，将现金、外行存款兑换成内部银行存款的一种结算凭证。

该凭证一式两联，第一联：内部银行盖章后退缴款单位；第二联：内部银行收款依据。

内行送款簿适用于机关直属财务科、设备租赁公司、煤炭销售总公司西山分公司等单位上缴货币资金、到期及贴现商业汇票的结算。

7. 内行特种转账收付凭证：由内（外）部结算科填写，内部结算科用于向开户单位拨付盈亏、拨付或收取各种奖金指标、结转股份付内行各开户单位款项、收取管理费、收付利息、滞纳金等；外部结算科用于结转集团煤款收入、银行贷款利息等。该凭证一式两联，第一联：内部银行收付款凭证，第二联：开户单位的收付款凭证。

8. 内行借款借据：由借款单位填写，经内部银行同意后可以取得借款的一种凭证。该凭证一式四联，第一联（借款回单）：借款单位收账依据；第二联（借据副本）：内部银行发放贷款依据；第三联（借据）：内部银行留查，待款项还清后退借款单位；第四联：公司财务处投资科留存。

9. 利息计算单：由内部银行填写，是内部银行向开户单位计算存贷利息的一种凭证。该凭证一式两联，第一联：内部银行收付利息的依据；第二联：开户单位收付利息的依据。

（三）会计凭证填制要求

各种结算凭证填写时要做到:内容完整，字迹清晰，印鉴齐全，用途简明扼要；大小写金额必须相符，禁止涂改；内行支票上文字、日期的涂改必须加盖付款单位印鉴章，否则为无效凭证；在凭证金额前，填写人民币符号，人民币符号与金额前不得留有空白；内行转账支票上填写限额时必须大写，以防涂改或填数。

（四）空白凭证的保存及领用

重要的空白凭证要贯彻“证账分管，证印分管”的原则，建立重要空白凭证登记簿，实行领用登记原则，设专人保管；对“内行转账拨款（现金）支票”，根据各矿、厂、公司的实际情况控制领用数量。

（五）账户的设置与使用

1. 账户设置。内部银行按规定会计科目设账，现金、银行存款、应收票据、应付票据、财务费用采用三栏式账簿；内部单位存款、内部单位借款、内部银行存款、内部银行借款采用两联三栏式账簿，一联作为各开户单位的内部银行对账单，一联作为明细账。开户单位采用三栏活页账簿。

2. 账簿的使用

“内部单位借款”、“内部单位存款”、“内部银行借款”、“内部银行存款” 账簿按照收付实现制原则及序时账的要求，根据业务发生的时间顺序发生一笔登记一笔，日清月结，不得发生透支；如果发生透支，按超支额的万分之三扣罚。

内部银行凭证编号：属于使用外部银行凭证或现金拨付各单位的款项，以货币资金形式编号；内部银行的内部结算凭证，分别以“内部单位存款”、“内部银行存款”科目的借、贷方编号；借贷方均是“内部银行存款”“内部单位存款”科目的，以贷方编号。

结账：内部银行每天下午 6 点以后停止办理对外结算，进行内部结账。

日结：每日终了结出日计、累计(全月)余额。为了检验记账、结账的正确性，每日结出余额后应将凭证进行汇总，编制“收付日计表”，并与各账户的“借、贷、余”核对相符。

月结：月末结出月计、累计(全年)余额。由于内部银行存款月末余额不能在当天结出，为了不影响下月的正常结算，每月开始时要起用新账页，暂按当前余额结转月初余额。

对账：外部结算科月末及时核对银行账户并作出余额调节表；内部结算科在每月终了六天后下达上月内部银行存款对账单(各贷款账户因发生笔数较少故不每月下达)。各开户单位根据内部银行下达的对账单逐笔对账，并作出“内部银行余额调节表”，于次月十天内上报内部银行。逾期不报者，内部银行暂停办理该单位的经济业务，一切责任单位自负。

(六) 会计报表

1. 外部结算科和会计科根据会计账簿和其他有关会计资料按月编制本部现金流量表，审核基层单位现金流量表。

2. 编制方法：会计科在编制报表时，应将内部单位存款、内部单位借款与各开户单位的内部银行存款、内部银行借款相互抵消，如抵消后仍有余额，在其他应收款(其他应付款)科目反映。

(七) 主要会计事项账务处理

1. 焦煤集团公司拨付煤款收入时：

财务处：借：银行存款(现款)

应收票据(商业汇票)

贷：内部单位存款——销售总公司

煤炭销售总公司：借：内部银行存款

贷：应收账款

2. 结转销售收入及价外费用等业务时

总公司：借：产品销售收入

应交税金

其他应交款

其他应付款

其他业务收入等

贷：内部银行存款

内部结算科：

借：内部单位存款——销售总公司

贷：内部单位存款——××单位

产品销售收入(公司差价)

应交税金

其他应交款

其他应付款

其他业务收入等

基层单位：

借：内部银行存款

贷：产品销售收入

3. 内部银行流动资金贷款业务

内部结算科：借：内部单位借款——项目

贷：内部单位存款——××单位

基层单位：借：内部银行存款

贷：内部银行借款——项目

专项贷款按《集团公司企业内部技改、经营型项目投资会计核算方法》执行。

4. 各单位间的经济往来

内部结算科：借：内部单位存款——付款单位

贷：内部单位存款——收款单位

基层收款单位：借：内部银行存款

贷：有关科目

付款单位：借：有关科目

贷：内部银行存款

5. 公司下拨补贴等款项业务

内部结算科：借：有关科目

贷：内部单位存款——××单位

基层单位：借：内部银行存款

贷：有关科目

6. 基层单位上缴款项的业务

内部结算科：借：内部单位存款——××单位

贷:有关科目

基层单位:借:有关科目

贷:内部银行存款

7. 兑换外部银行货币业务

外部结算科:借:内部单位存款——××单位

贷:银行存款(现金)

基层及机关财务科单位:借:银行存款(现金)

贷:内部银行存款

上交内部银行现金、外行存款业务分录相反

8. 财务处转让商业汇票业务

内部结算科:借:内部单位存款——××单位

贷:应收票据

基层单位:借:应收票据

贷:内部银行存款

基层单位转让财务处商业汇票作相反分录。

9. 应付票据业务:

内部结算科:借:内部单位存款——××单位

贷:应付票据

基层单位:借:有关科目

贷:内部银行存款

票据到期时:

外部结算科:借:应付票据

贷:银行存款

10. 西山股份公司与集团各单位的业务往来

西山股份公司收取集团各单位材料、配件、电费、租赁费等款项:

内部结算科:借:内部单位存款

贷:预收账款——股份公司

应收票据等

集团各单位收西山股份公司材料、配件、电费、租赁费等款项:

内部结算科:借:预收账款——股份公司应收票据等

贷:内部单位存款——××单位

基层单位:借:内部银行存款

贷:有关科目

财务处定期清理“预收账款”余额

11. 内部银行收取利息、滞纳金业务

内部结算科:借:内部单位存款

贷:财务费用

基层单位:借:财务费用

贷:内部银行存款

五、内部银行管理

(一)在内部银行办理结算业务的单位,要填写开户申请,加盖公章后连同印鉴卡一并送内部结算科,经财务处分管资金副处长、处长审核,公司总会计师批准后,内部结算科办理开户登记,开立账户并编排账号。若需要撤销账户时,应填写撤户申请,内部银行审查后,办理有关手续,并收回单位未使用的内部银行空白结算凭证。

(二)基层单位从成本费用中提取的具有相对支配使用权的各项资金,各单位每月向财务处提出使用计划,根据集团资金管理办法规定的审批权限审批后,外部结算科负责资金安排使用。

(三)财务处外部结算科按月编制集团公司月度资金收支计划,经财务处分管资金副处长、处长签署意见,报公司总会计师审核,经集团公司经理办公会议批准后执行。每月26日外部结算科将集团公司母公司(特指原煤矿总公司)次月月度资金计划上报焦煤集团公司财务部,经焦煤审核领导组批准后作为焦煤资金结算中心付款依据。

(四)内(外)部结算科要定期向领导报送资金运作状况,评价资金运作的经营成果。每日报送资金收支情况表,包括日计、累计和结余额。每月报送利息收支表、各开户单位贷款情况表、银行存款收支、结余情况表及科目余额表。

编制月度货币资金计划执行情况表。

财务处通过内部银行日清月结的报告,及时准确掌握开户单位的资金投放,资金运作效果,实现资金事前、事中、事后的全方位有效调控。

(五)内部银行要严格执行商业汇票管理流程。必须设定专人管理,接受、转让、托收或贴现商业汇票时严格履行交接手续。同时,要按月清点库存票据并填写汇票清单,核对应收票据明细账,及时编制余额调节表,连同汇票清单于次月10日前报分管资金副处长、处长和公司总会计师各一份。

六、内部银行的考核与奖惩

为了促进资金的合理使用,提高资金的使用效能,有效防止资金流失,充分发挥资金的整体效益,财务处要对内部银行及开户单位进行考核、奖罚。

1. 定期对开户单位内部银行存贷款资金使用情况进行检查,每半年评比一次,并对管理优秀的单位和相关部门给予适当奖励。

2. 根据核定的资金定额,对基层单位各项资金指标进行考核,指标完成好的单位,给予奖励;因管理不善造成的不合理资金占用或完不成资金承包指标的单位,给予处罚。

七、本办法自下发之日起实行，以前有关规定与本办法不同之处，以本办法为准。

（西山煤电发[2006]358号）

自救器租赁、使用、修理管理办法

为了认真贯彻落实《煤矿安全规程》，合理整合管理资源，细化自救器从投入到报废全过程中的责任，管好、用好自救器，发挥自救器在安全生产中的作用，保证职工的生命安全。根据国家有关法律、法规及集团公司有关规定，特制定本办法。

第一章　总　则

第一条　为了规范自救器从投入、使用到更换、报废的管理，明确责任。自救器购置、租赁、修理、使用管理业务要统一归口部门管理，并要建立起相关管理规程及管理台账。

第二条　各矿自救器的配备数量必须保证所有下井人员每人一台，并有10%的备用量，其中要配备一定数量的隔绝式自救器，满足特殊人员的佩戴需要。

第三条　自救器使用期限规定为两年，到期必须更换。修复自救器使用期限为2年，到期必须报废。

第四条　杜绝不合格自救器入矿，在用自救器合格率必须100%。

第二章　自救器的购置

第五条　西山煤电集团公司物资供应公司是自救器购置及供应的唯一部门，其他单位无权购置及供应。

第六条　各矿需更换、补充自救器，要提前一个月报物资供应公司需求计划，由物资供应公司按照物资采购程序进行订货供应。

第七条　自救器的供货单位必须做到资质齐全、有效。

第八条　各矿要把好自救器入矿验收关，杜绝不合格产品入矿。在领用新自救器时，要严格按照以下验收标准认真验收，并做好验收记录。

标志验收：产品外壳应标注产品名称及型号、制造厂名、出厂日期、制造批号、整机质量（克）等清晰永久性标志、注意事项及简要使用说明。出厂日期距验收日期不能超过6个月。

包装箱表面应标注：产品名称、型号、包装数量、包装箱外形尺寸、净重、毛重及“严禁受潮”、“切勿倒立、侧置”、“小心轻放”等文字或符号，　包装箱内应有防止产品互相碰撞的措施。

产品出厂时应附有的文件：装箱单、产品出厂合格证，并标出国家指定的检验部门签发的合格证号。

抽样验收：以到货总量的3%按（MT 709—1997《煤矿用一氧化碳过滤式自救器》）规定进行外观、称重、气密抽检。气密检查要求在5000Pa压力以上保持15秒压力下降不大于80Pa为合格；称重检查应采用专用的自救器称重仪，增重不大于10克为合格。化学氧自救器每月进行一次气密检查，要求在5000Pa压力以上保持15秒压力以上下降值不大于300Pa为合格。若检验有一台不合格，要逐台检验，并将检验结果上报管理部门。

验收记录：对验收合格自救器要做好验收记录，验收人员、验收单位负责人签字。对验收不合格自救器，各矿验收部门不得开具收货单，并将验收的问题以书面形式报购置部门退货。

第九条　自救器购置单位、使用单位要逐台建立起购置、使用台账。购置单位要记录自救器的制造单位、出厂日期、编号、验收情况、验收人员、使用单位、入矿日期。使用单位要记录自救器制造单位、出厂日期、编号、入矿日期、到矿验收情况、每月的验收情况、检验人员。并对更换、丢失、损坏也要有记录。

第三章　自救器的租赁

第十条　西山煤电集团有限公司物资供应公司是自救器租赁管理唯一部门，各矿为承租单位，各矿供应科对物资供应公司为各矿自救器租赁管理部门。

第十一条　租赁程序：各矿根据需要与物资供

应公司签订自救器租赁合同,物资供应公司根据租赁合同的交货时间,通知供货商将自救器按期如数送到租用单位。物资供应公司依据各矿验收单开具租赁单并开始计算租金。租用单位停止使用自救器,要将自救器如数交回西山白家庄矿自救器维修厂或西山物资供应公司总库,物资供应公司依据西山白家庄矿自救器维修厂或西山物资供应公司总库验收单,终止租赁合同,同时停止计收租金。

第十二条 租赁费用:过滤式自救器租赁费收取标准:0.11 元 / 天·台; 隔绝式自救器租赁费收取标准:元 / 天·台(待定)。

第十三条 建立起自救器月检月报制度:内容包括:在籍数、下井人数、应备数量、月检情况、到期应更换数量、丢失数量、损坏数量。报表需管理、使用部门签字确认上报通风处、物资供应公司。以确保不合格、到期、丢失、损坏的自救器能及时更换,补充。

第四章 使用管理

第十四条 各矿自救器使用管理由各矿设专管部门、专人管理,负责自救器的日常检查和维护。在用自救器每月进行一次逐台称重和气密检查。对不合格自救器必须停止使用,及时报物资供应公司更换。

第十五条 自救器的专管人员必须做好自救器的保管、检查、维护与更换工作,定期不定期对自救器的外表、气密性和称重进行检验。每月必须对所有自救器进行一次全面检测,发现问题立即处理,不合格的必须立即停止使用,并上报有关部门。

第十六条 自救器的专管人员必须经过专门培训,做到持证上岗。

第十七条 携带人员平时不得扳动自救器的开启扳手和任意将自救器打开或撕毁密封,只有在发生瓦斯、煤尘爆炸、煤(岩)瓦斯突出或火灾等事故时,才允许打开使用自救器。

第十八条 携带人员必须熟悉自救器的构造与性能,正确掌握自救器的使用方法,佩戴时必须沉着、迅速、准确,严格按产品的说明、程序进行操作佩戴。

第十九条 必须对所有下井人员进行自救器基本知识培训教育和使用训练。

新工人入井前必须与安全知识规程教育相结合进行培训,培训结束后进行考试,合格后方可携带入井。每年必须对所有入井人员进行一次自救器基本知识的复训。外来人员入井前必须进行自救器佩戴和使用的教育。

第二十条 矿职教部门负责自救器基本知识的培训教育;自救器的使用训练由各单位工程技术人员负责,培训后要建立档案。

第二十一条 自救器的基本知识教育可以采用幻灯、电影、图片、实物等直观方法进行,内容包括:

佩戴自救器的目的、意义;

自救器的构造、原理、性能;

自救器的佩戴方法及使用注意事项;

自救器的携带、检查及维护保管。

第二十二条 自救器的使用训练可利用教学模拟自救器或过期报废自救器, 所有入井人员必须亲自佩戴自救器,熟练掌握佩戴方法。主要内容包括:

自救器的开启;

自救器的佩戴;

如何撤离、逃生。

第二十三条 矿安监处要组织有关部门人员每季度至少进行一次自救器保管、发放、检测、维护、佩戴及使用情况的检查,发现问题及时处理。

第二十四条 自救器发放人员每班必须登记使用者姓名、单位及发放时间。

第二十五条 各矿自救器要集中管理,实行专人专用。应建立自救器发放室,发放室不应有易然、易爆和腐蚀性物品,其温度应在 5℃~35℃范围内,自救器发放室应配备气密检查仪和自救器专用称重仪等。

第二十六条 物资供应公司将自救器租出后,在正常使用情况下,若无磕碰,无挤压,无摔打,出现自然增重,气密性差,影响正常使用时,供货商或修理厂要更换赔偿。

第二十七条 各矿按下井人数每人配备一台自救器,要统一管理对号发放。班前发放,班后收回,不得私自保存,不允许多人共用一台,或一台自救器一天使用多班。并建立自救器管理档案。

第二十八条 在自救器的使用过程中,发现封印条开启的自救器由修理厂统一点焊,各租用单位不得自行修理。

第二十九条 由于自救器保护套使用寿命短,自救器保护套由物资供应公司在两年内无偿提供一次。在正常使用期内的丢失损坏补充,由物资供应公司收费供应。

第五章 自救器修理

第三十条 西山煤电集团有限责任公司白家庄矿自救器维修厂为西山煤电集团有限责任公司唯一指定修理单位,其他单位无权进行修理。监管单位为安监局、通风处、物资供应公司。

第三十一条 白家庄矿自救器维修厂必须取得国家相关的有效资质证件。

第三十二条 修理范围为到期更换及在期内损坏自救器。

第三十三条 西山白家庄矿自救器维修厂与物资供应公司签订修理合同,按合同要求保质、保量、按时供货。

第三十四条 西山白家庄矿自救器维修厂发货时需按物资供应公司开具的租赁单上的品名,规格和数量发货,如没有特殊情况严禁先发货后补票。对不符合规定发货的,物资供应公司将拒绝支付修理费。

第三十五条 返厂维修的自救器,西山白家庄矿自救器维修厂应仔细清点数量、规格,并开具入厂验收单或赔偿单。物资供应公司依据验收单、赔偿单,结算修理费或赔偿费。

第三十六条 修复的自救器出厂需经西山白家庄矿自救器维修厂进行性能检验并出具性能检验合格证方可出厂。各矿要按【MT 709—1997《煤矿用一氧化碳过滤式自救器》】规定进行验收。

第三十七条 每月20日物资供应公司根据租赁单为西山白家庄矿自救器维修厂结算修理费,修理费75元/台。(含17%增值税、含材料费)

第三十八条 为了保证修理自救器所需原材料的质量及合理投入,西山白家庄矿自救器维修厂所需自救器原材料必须每月报物资供应公司需用计划,物资供应公司组织订货,西山白家庄矿自救器维修厂交款提货。

第三十九条 西山白家庄矿自救器维修厂要建立专门库房,建立完善物资出入库制度,定期盘点,各种凭证要填写完整、内容准确、做到日清月结,保证账、卡、物一致。

第四十条 西山白家庄矿自救器维修厂要建立修理台账,记录修理数量、出厂日期、编号、出厂验收情况、验收人员、投入矿名称、入矿日期。

第六章 赔偿管理

第四十一条 各矿租用自救器后,由于管理不善,造成丢失按当期实际采购价赔偿。造成损坏,按折价赔偿公式赔偿。

第四十二条 折价赔偿公式为:

过滤式:实际价÷48个月×剩余使用时间(月)+10元残值。

隔绝式:实际价÷24个月×剩余使用时间(月)+10元残值。

第七章 相关部门职能职责

第四十三条 通风处负责全公司使用自救器的选型。如果出现国家规定淘汰、禁用某型号自救器,通风处应及时通知物资供应公司。

第四十四条 物资供应公司所供自救器,如出现产品无资质、产品不合格或供货不及时情况,物资供应公司负主要责任。

第四十五条 入井人员不携带自救器、无故开启使用或损坏自救器者严格按照规定进行处罚。

第四十六条 到期自救器的更换必须严肃认真,更换时必须做到逐台验号核销,若出现未到期自救器充数入已到期自救器而将已到期自救器继续留用的情况,矿自救器使用专管部门负主要责任。

第四十七条 各使用单位矿长是自救器管理、使用培训、教育的第一责任者;矿总工程师全面负责自救器管理、使用、培训、教育工作;矿安监处长负责自救器管理、使用、培训与教育的监督检查。

第四十八条 下井使用自救器人员必须掌握自救器的更换、使用、维修规定,若出现使用人员对自救器的更换、使用、维修规定不了解、对发到自己手中带病自救器不拒领,矿职教部门负主要责任。

第四十九条 西山白家庄矿自救器维修厂必须加强材料入库质量验收,保证其修复投入物资质量,严格按照(按MT 709—1997《煤矿用一氧化碳过滤式自救器》检测其出厂产品。如果出现西山白家庄矿维修厂将不合格产品投入到矿或供货不及时情况,西山白家庄矿维修厂承担主要责任。

第五十条 西山白家庄矿自救器维修厂不能为了节约成本而降低对修理自救器的投入,一经发现此情况要追究西山白家庄矿自救器维修厂厂长的有关责任。

第五十一条　安监局、通风处、物资供应公司每季度对各矿及白家庄矿维修厂的自救器租赁管理、使用管理、修理管理进行一次抽检。及时发现、解决及处理问题。

第五十二条　公司安监局每半年要组织有关部门人员进行一次自救器管理、使用情况的检查，发现问题进行通报处罚。

第五十三条　违反上述条款，造成不合格自救器入矿，不合格后仍在用，要追究相关部门及相关人员的行政责任，造成重大损失的追究相关人员的法律责任。

第五十四条　以往相关文件及制度与本办法有矛盾时按本管理办法执行，解释权属山西焦煤西山煤电集团有限公司。

第五十五条　本办法自二〇〇六年九月一日起执行。

（西山煤电发[2006]404 号）

西山煤电集团公司物资供应系统代储代销管理办法

为降低库存资金占用，避免超储积压报废物资，结合古交配送中心（古交分库）正式运营的实际情况，提升西山物资供应系统的物流管理水平，现制定《西山煤电集团公司物资供应系统代储代销管理办法》，以此指导供应系统的代储代销工作。

第一章　总　则

第一条　代储代销是在市场处于买方市场条件下时，需方为满足自身生产需要而采用的一种新型采购方式。需方与某个或某几个供应商签订协议，指定其在一定年限内作为某种物资的固定供应商，随时供货，定期结算。

代储代销充分利用社会库存资源，减少了企业长线物资的储备风险，通过与供应商签订代储代销协议，规定一年内没有使用完的物资包退包换，将储备风险转移给供应商；对需方来说，既减少了自身库存，又获得了稳定的供应保证；对供应商来说，既有了稳定的客户，稳定的需求，又减少了另外开辟市场的销售费用。

第二条　代储代销的基本原则

1. 服务生产，便利基层，有效保供的原则；

2. 供应厂商平等竞争，优胜劣汰的原则；

3. 搭建物流平台，探索采购新模式的原则；

4. 降低库存资金占用，避免积压报废物资的原则；

第三条　物资代储代销工作由供应公司统一管理，适用范围暂定为古交配送中心（古交分库）和古交地区矿（厂）；古交配送中心（古交分库）和古交地区矿（厂）代储代销的完成以物资出库为标志。

集团各矿（厂）代储点要在条件成熟时，建立一个，推广一个，逐步放开到所有各矿（厂）。

第四条　代储代销物资要专人、专账管理；对于多批次入库代储的物资，采用先进先出的顺序出库，保证代储代销物资在保质期内使用。

第五条　要充分利用现有库存物资，库存量较大的物资应先消耗现有库存，在现有库存消耗完之后再开展代储代销业务。

第二章　代储代销物资品种及物资计划管理

第六条　代储代销物资的品种，原则上除紧缺物资和当期需用现款购买的物资外，其他物资均实行代储代销。代储代销具体品种的规格型号由业务科提出，报公司分管业务副经理审查确定。

第七条　古交地区矿（厂）供应科将年、季、月度物资需用计划报公司业务科。公司业务科审定平衡物资计划后，编制年、季、月度代储代销物资补充计划，经公司领导审批后执行。

第八条　对生产紧急需用的物资计划可随用随报。

第九条　业务科要严格控制代储代销物资库存量，库存量应与月度物资消耗量大体上相匹配；原则上代储代销物资的库存量不得高于核定的月度物资储备量。

第三章 代储代销供应厂商的选择与确定管理

第十条 供应厂商的选择,原则上以生产厂家为主,代理商、中间商为辅;由于资金困难,在不改变产品及其价格的前提下或由于市场供不应求,生产厂家无法满足需求时,可选择代理商、中间商的产品。

第十一条 代储代销供应厂商的选择与确定,执行《供应公司采购物资准入管理办法》中的准入规定:代储代销供应厂商必须具有法人资格,并且经营“证照”齐全。

证照主要有:营业执照、生产许可证、产品出厂合格证、质量检验单(质保单)、防爆合格证、安全标志、ISO9000 认证等。

第十二条 选择确定代储代销供应厂商的依据是其生产或经营规模、技术装备水平、产品质量、及时供货能力、产品价格、地理位置远近、售后跟踪服务、生产厂及产品的可靠性和信誉度、处理问题的快速响应能力等。

第十三条 代储代销供应厂商有以下情况的,将取消其资格或被强制退出:

1. 因产品质量在本年度内如果发生一次重大质量事故或两次以上质量问题,经供应公司和集团主管质量部门确认;

2. 国家明文规定禁止使用的产品。

第十四条 供应公司对代储代销供应厂商实行动态监管,公司合同科要建立供应厂商信誉、质量、价格、协议执行情况等方面的档案;公司每年邀请由专家领导、相关科室及使用单位组成的代储代销评审委员会,对代储代销物资和供应厂商进行评审,建立起平等竞争,优胜劣汰的管理机制。

第十五条 为便于管理,原则上供应厂商的选择采取“初期宜少,逐步扩大”的方法:对于小批量的物资,确定 1~2 个供应厂商;批量较大的物资,确定 2~3 个供应厂商;大批量的物资,确定 3~5 个供应厂商。

两个或两个以上供应商代理或经销同一生产厂家的产品时,同一名称、同一规格的产品只允许一个供应商代理或经销。

特殊物资如介质粉、坑木等,由于没有标识和商标等,同一规格型号的物资在各矿(厂)应选择一个厂商代储。

第十六条 代储代销供应厂商的资格有效期暂定为一年。

第四章 代储代销协议及条款细则的管理

第十七条 对符合《供应公司采购物资准入管理办法》的供应厂商,公司与其签订《代储代销协议》。《代储代销协议》的统一文本格式(包括计算机统一格式)由公司合同科负责制定(文本附后)。

第十八条 协议的条款必须齐备、明确,避免产生法律纠纷。协议应包括以下主要内容:物资名称、规格型号、计量单位、产品标准、物资价格、数量、质量要求、代储地点、结算及付款方式、交货及验收标准、代储代销收费标准(是否收费)、售后服务、违约责任以及双方的权利义务等。

第十九条 代储代销协议数量:以核定的代储代销物资 3~6 个月的储备量为代储代销协议数量。

第二十条 代储代销在协议期内分批、分次送货,第一批代储量按照核定的月度代储物资储备量和业务科通知的时间、地点送货,后续的到货数量以消耗动态量的百分比为送货依据:如果当月出库动态量在核定的月度代储物资储备量的 80%以上,视为正常动态,可继续执行代储代销协议并分期送货;如果当月出库动态量在核定的月度代储物资储备量的 50%~80%之间,下次送货数量执行核定月度储备量减半;如果当月出库动态量在核定的月度代储物资储备量的 30%~50%之间,下次送货数量执行 30%的核定月度储备量;如果当月出库动态量在核定的月度代储物资储备量的 30%以下,属于动态较小,可暂停执行;如果协议期内无出库动态的,由业务科通知供应厂商退出(季节性消耗物资如防冰剂、冬季供热锅炉用盐等可延长至半年)。

协议期满,与供应厂商续签代储代销协议时,业务科应参照上述标准,确定下一次代储代销协议的数量。

第二十一条 代储代销协议的物资价格,按照《供应公司价格管理办法》的规定,以招标、议标、比价等方式确认的价格作为签订协议时的依据。

该价格在代储代销协议有效期间,视为销售价,具有确定性,作为公司与供应厂商结算的依据。

公司代储代销物资价格的管理,从长期目标是建立随行就市的价格管理机制。

第二十二条 内部自制产品实行代储代销的

价格，如果采用内部银行结算方式，可参照外部单位的价格提高5%~8%，实行内部结算；如支付现款时，按外部单位的价格扣减5%~8%的优惠后结算。

第二十三条　付款方式：供应公司与供应厂商原则上每月按代储代销物资的实际出库数量结算一次。

同等情况下，公司优先与代储代销供应厂商结算货款。一般情况下，代储代销物资在办理完报销挂账后3个月内付清。

第二十四条　代储物资的验收标准根据业务科开具的代储代销物资送货清单和制定的物资入库验收方法执行。

第二十五条　代储代销物资到货后，分库验收人员根据《代储代销物资送货通知单》，对到货物资进行专项验收。

1. 验收人员要认真核对相关资料、证件，以及所到物资的名称、规格型号、供货单位、车号、运单号等是否准确；

2. 核对到货物资应配带的生产许可证、质量检验证、产品合格证、安全标志、防爆合格证等证件是否齐全；

3. 核对装箱单、磅码单和发货明细单与实物是否相符；

4. 严格按照物资验收规定进行数量和外观质量的检验，对特殊到货物资的内在质量和性能的检验，按规定送交有检验资格的检测机构进行检验；

5. 验收人员必须做好物资到货、验收记录，并在"代储代销物资到货验收登记簿"上进行登记；

6. 对于验收不合格或有其他问题不能进库保管的代储代销物资，仓库有权拒收并及时通知公司相关业务科，进行妥善处理。

7. 验收时间、验收方法及其他验收事宜，均按照验收制度和业务科的验收入库标准执行。

第二十六条　验收完毕，保管员要及时办理入库手续，登记代储代销物资台账、填写物资卡片、建立代储代销物资档案等。

第二十七条　原则上代储代销物资不收取劳务费和仓储费；但公司对于供应厂商的超储物资收取超储管理费。

超储包括超过代储代销协议规定的数量部分和超过清退通知期限仍未清退的部分。对于超过代储代销协议规定的数量部分，按其超出部分的总额加收1%的超储管理费，按月收取；对于超过清退通知期限仍未清退的部分，按其剩余在储物资总额加收1%的超储管理费，按月收取。

对由于特殊原因确需的较大量储备或经过审批的机动储备不属于本办法所指的"超储"。

第二十八条　协议期满，代储代销供应厂商尚有剩余物资或虽在协议期内，但超过3个月没有出库动态的物资(季节性消耗物资为半年、特殊物资除外)，需要清退的，报请公司业务副经理审批后，由公司业务科填制代储代销供应厂商退出通知单。退出通知单一式三联，业务科、古交配送中心或古交地区矿(厂)、供应厂商各执一联，妥善保管，以备存查。

第二十九条　供应厂商在接到退出通知单后，撤出其代储代销物资时，由古交配送中心和古交地区矿(厂)填制《代储代销物资退料清单》(一式三联)，交接双方和公司业务科签字、盖章各留存一份，妥善保管，以备存查。

存在数量差异或对质量有争议的，由业务科配合，古交配送中心和古交地区矿(厂)与供应厂商双方协商，共同查明原因，妥善处理。古交配送中心和古交地区矿(厂)负责将落实原因及处理结果呈报公司领导。

第三十条　供应厂商自接到退出通知15个工作日内应撤出其所有代储物资；逾期对其代储物资总额加收1%仓储管理费，按月收取；超过三个月仍未清退的代储物资，视同供应厂商放弃物资所有权，由我公司全权处置。

第三十一条　在代储代销期间如遇质检部门抽检，发生的抽检费用及检验出的不合格物资均由供应厂商负责。

第三十二条　建立质量保证金制度，代储代销物资出库后，在约定付款期限内支付货款总额的90%，剩余10%作为质量保证金。自物资投入使用一年之后，如无质量问题全额支付。

第三十三条　物资代储代销协议的审批权限及程序与正式合同的审批手续相同，由业务员填写，报业务科长、分管副经理和公司经理逐级审批。

第五章　代储代销库存实物的管理

第三十四条　凡是进入古交配送中心和古交地区矿(厂)分储点的物资，要严格按照不同类别、不同规格以及不同物理性质和化学性质进行分门别类的合理存放。

第三十五条　代储代销物资要设置明显的存放示意图，做到货物摆放整齐，标志明显，便于存取和搬运。

第三十六条　所有代储代销物资要整齐悬挂物资标签,标明物资名称、规格型号、计量单位、供应厂商名称、物资单价、质量等相关内容。

第三十七条　古交配送中心和古交地区矿(厂)分储点管理人员要经常对代储的物资进行检查,防止混存混放,做到随时发货随时整理,保持物资存放环境整洁干净。

第三十八条　古交配送中心和古交地区矿(厂)分储点在加强"四防(防火、防盗、防破坏、防自然灾害)"管理工作的同时,要保持温度、湿度符合规定要求,物资的保管保养方法和其他要求,仍按照原仓储管理办法执行。

第三十九条　代储代销物资不能与库存物资互换、顶替、借用,并要有明显标识。供应厂商也不能互换、顶替、借用。

对已经列入供应公司代储代销目录的物资各单位不得自行采购入库;各单位不得将代储代销物资转入库存物资。

第四十条　代储代销物资执行定期盘点制度,做到日清月结,确保账、卡、物三对口。每月古交配送中心(古交分库)和古交地区矿(厂)要提供代储代销物资结存清单(一式三联,业务科、古交配送中心或古交地区矿(厂)、供应厂商各执一联,妥善保管,以备存查)并协助业务科与供应厂商对账一次。

第四十一条　对于超过或将要超过保质期、使用时效期的物资,保管员应及时通知业务科,由业务科调配或联系厂商处置,避免物资到期报废,造成损失。

第四十二条　代储代销物资核算实行库存物资的资金占用"零库存"管理,即当月领用出库,当月结算报销入库,不占用储备资金。

第四十三条　物资代储代销期间发生的损耗,在国家规定范围内视为正常损耗;超出正常损耗范围的物资盘盈、盘亏及毁损应查找出原因并呈报公司领导,按规定进行处置;非正常原因造成较大损失的追究单位及个人责任;物资在代储代销期间因不可抗力因素(如地震、山洪暴发等自然灾害)造成的毁损由供应厂商自行承担。

第四十四条　公司业务科依据代储代销物资补充计划和代储代销协议填制《代储代销物资送货通知单》(一式三联,业务科、供应厂商、古交配送中心或古交地区矿(厂)),注明物资名称、规格型号、计量单位、应收数量、收料地点、送货时间、生产厂家、送货厂商等内容,签字、盖章后交供应厂商作为送货依据。

第四十五条　供应厂商凭业务科签发的《代储代销物资送货通知单》送货;古交配送中心(古交分库)和古交地区矿(厂)依据《代储代销协议》和《代储代销物资送货通知单》接收到货,组织进库验收,并填写《代储代销物资到货验收单》,交接双方签字后各留一份,妥善保管,以备存查。

第六章　代储代销物资发料及结算管理

第四十六条　古交配送中心和古交地区矿(厂)的代储物资收发、单据往来、货款结算,按照供应公司制定的管理制度和会计核算办法执行。

第四十七条　发料时,由古交配送中心(古交分库)和古交地区矿(厂)填制《代储代销物资发料(代销)单》,发料单应准确反应供应厂商名称,作为出库结算依据。

第四十八条　古交配送中心可根据用料单位的要求对代储代销物资提供配送,按规定收取费用。

第四十九条　代储物资销售行为的确定和所有权的转移:代储代销物资出库,并办理《代储代销物资发料(代销)单》后,确认销售行为成立,同时代储代销物资所有权转移给供应公司;代储代销物资未办理销售出库前,所有权属供货厂商。

第五十条　古交配送中心和古交地区矿(厂)应及时依据《代储代销物资发料(代销)单》填制《代储代销物资入库单》,填制的入库单上应载明协议号、数量、计划价、实际价等;实际价栏暂不填入。入库单上的实收数量与发料单上的实发数量相一致,签字盖章后将《代储代销物资入库单》、《代储代销物资发料(代销)单》一并上转公司业务科。

第五十一条　公司业务科在收到《代储代销物资入库单》、《代储代销物资发料(代销)单》后,应及时通知供应厂商开具增值税专用发票,在供应厂商开具增值税专用发票后办理结算挂账及付款业务。

第五十二条　业务科在取得供应厂商的增值税专用发票等结算单据后,填写材料物资的实际价,确认后成为完整的《代储代销物资入库单》;如果当月未能取得增值税专用发票等结算单据,可先按暂估材料入库办理,填写材料物资的估价,确认后成为以暂估价入库的《代储代销物资入库单》,次月红冲。

第五十三条　代储代销物资在内部进行调拨

使用时,其价格执行统一结算价格,即计划价加材差的办法结算。

第五十四条 代储代销物资内部结算实行委托收款方式。月末供应公司财务科根据各用料单位的分类材料汇总表统一办理。

第五十五条 代储代销物资的发料结算必须当月完成,不得因此影响生产单位的成本核算。

第五十六条 代储代销物资单据传递时间执行《物资供应公司古交分库管理办法》的规定:每月20日(节假日提前)截止。

第五十七条 公司对生产急需物资的出库开辟"绿色通道",由公司调度通知古交配送中心(古交分库)先行办理;正式出库手续在随后一周之内补办齐全。

第七章 其他事项

第五十八条 《代储代销物资送货清单》、《代储代销物资发料(代销)单》、《代储代销物资入库单》均作为《代储代销协议》附件,与《代储代销协议》具有同等法律效力。

第五十九条 本办法从2006年8月1日起实行,同时,原西山煤矿发【2005】171号《西山物资供应公司代储代销(超市经营)管理办法》废止。

第六十条 本办法由物资供应公司负责解释,未尽事宜,由供应公司补充完善。

(西山煤电发[2006]407号)

西山煤电集团公司资金管理办法

为了进一步加强资金管理,优化资金结构,提高资金使用效率,根据集团实际情况,制定本管理办法。

一、管理原则

(一)量入为出原则

集团对生产、建设、投资等资金实行集中统一管理,按照量入为出原则和先生活、后生产、再基建的资金支付顺序,统一平衡资金收支预算,核定、安排资金支出结构及额度,保持各类资金使用协调平衡。

(二)收支两条线原则

商品煤、配煤厂燃料煤应收账款分别委托煤炭销售总公司和多种经营总公司收取后,按月全额交财务处,集团经理办公会议统筹安排使用;非煤产品应收账款由各单位收取后,按月向财务处申报,集团监督使用。

(三)预算控制原则

严格执行资金预算制度,各子公司、单位和部门编制资金收支预算后,报集团审定后执行,原则上按总量控制,不得突破资金预算额度。

(四)效益优先原则

坚持资金有偿使用,资金支出注重经济效益,要千方百计提高资金使用效率,减少资金沉淀和损失。

二、预算编制

(一)年度资金预算编制

每年12月份,各子公司、单位和部门根据下年度生产经营及销售收入等计划,编制年度资金收支预算,财务处汇总平衡后,编制集团年度资金收支总预算;每年四季度再根据资金实际收支情况编制年度调整预算,经集团经理办公会议审议批准后执行。

(二)月度资金计划编制

各单位和部门依据批准的年度资金收支预算,每月20日前,上报次月资金具体使用计划,其中:煤炭销售总公司西山分公司结算部按月提供铁路运费、港口费用等计划,多经局按月提供配煤厂收支计划,财务处按照量入为出原则综合平衡后,汇总编制集团月度资金收支计划,报集团经理办公会议审议批准执行。

三、预算执行

(一)明确资金审批权限

财务处根据集团经理办公会议批准的月度资金收支预算审批拨付资金,其中,各项税费、矿产资源补偿费等原则上按实际发生额或与税务、地矿部门的协商额缴纳,电费、铁路运杂费按照实际发生数拨付,税费、电费、铁路运杂费实际支付数与计划数的差额应结转下月资金计划。资金审批权限如下:

1. 预算内资金拨付由分管资金副处长一支笔审批。

2. 月度资金使用预算总额不变的情况下,需要项目之间调剂时,金额50万元以内(含50万元)的由财务处处长审批,金额50万元以上的报总会计师审批。

3. 超出月度资金使用预算的特殊急需款项,由各单位和部门提出书面申请,财务处分管资金副处长、处长签署意见后,200万元以下(含200万元)由总会计师审批,200万元以上的由总会计师签署意见后报总经理审批,财务处具体办理支付手续,并列入下月资金使用计划。

(二)严格执行资金计划

各单位和部门要根据集团审批的资金用途及额度,制定资金管理具体措施,合理安排使用资金,切实保证安全生产正常进行。

四、管理措施

(一)加强银行账户管理

1. 强化银行开户审批。各子公司、单位和部门需增设外部银行账户时,须由开户单位写出书面申请,经财务处、总会计师签署意见,集团经理办公会议审议批准后,申请开户单位方可向银行办理开户手续,并报财务处备案。未经集团批准,各子公司、单位和部门不得私自在各类银行或非银行金融机构开设资金账户存储资金。

2. 强化账户使用监管。各子公司、单位和部门不得私自将银行存款进行抵押、质押;对有银行贷款的单位,原则上在贷款银行的存款金额不得高于贷款金额;对发生正常结算业务以外的事项,要及时向单位负责人和上级业务主管部门汇报,防止资产损失。每月末,及时向集团提供全部开户银行的银行对账单和余额调节表,要求一式两份,一份随报表装订,一份报财务处外部结算科留存;对银行对账单中的未达账项,要说明原因,及时处理。

(二)加强商业汇票管理

1. 做好商业汇票保管工作。各子公司、单位和部门收到的商业汇票必须指定专人保管,责任落实到人,经集团批准后,可委托银行代保管。

2. 规范商业汇票收支程序。收到商业汇票时,要及时清点张数、核对金额,并在备查簿中记录票据金额、出票单位、出票日期、收票日期和到期日等内容;转让商业汇票时,要严格执行审批、审核程序,在票据未转让或未到期之前,必须在背书栏注明单位名称,但不得提前加盖财务印鉴;办理委托收款或商业汇票贴现,要指定专人办理,不得委托他人代办。

3. 严格商业汇票对账制度。每月末,必须另行指派专人核对应收票据账户金额与保管实物余额是否一致,及时编制余额调节表(包括零调节),详细说明差额原因,如委托银行收款未达等,并限期清理。

(三)加强贷款、担保管理

1. 规范银企合作贷款手续。集团由总会计师牵头,相关部门具体负责,落实银企合作协议(西山煤电发〔2006〕443号)。各子公司每笔银企合作协议项目贷款都必须经集团计划、财务等部门签署意见,总会计师批准后,方可上报山西焦煤集团审批及办理手续。没有集团计划、财务等部门签署意见,并通过山西焦煤集团批准,原则上不允许集团所属子公司再与中国工商银行、中国银行以外的其他银行签署新增项目贷款、流动资金贷款的协议。

2. 严格控制贷款担保行为。各单位和部门不得与他人签订银行贷款担保合同;各子公司银行贷款担保,要严格执行《关于下发<山西焦煤西山煤电集团公司担保管理若干规定>的通知》(西山煤电法发〔2006〕156号文)文件规定,必须经财务处、法律顾问处审核,总会计师签署意见,集团董事会及山西焦煤集团董事会批准后,方可订立担保合同。

3. 强化内部银行贷款监管。对经济效益差、未能按时归还内部银行贷款的单位,集团将停止其新增贷款,并对逾期贷款加收罚息,同时,要求贷款额度逐年降低,否则等额扣减工资。

(四)加强债权清收管理

1. 强化债权清收考核。每年集团按照"分类测算、整体考核"原则,分账龄确定不同债权清理比例,结合生产经营特点及债权构成特殊性,下达各子公司和单位的债权清理任务,并根据完成情况对等奖罚。

2. 严格执行销售政策。集团所属建筑、水泥、机修、焦化等非煤单位要把握市场形势、划分客户信誉,严格执行以款定销、先款后货等销售政策,确保货款回收。

3. 采取措施清收旧欠。对内部个人借款,要及时办理报销,属于应交而未交回的余款,要加息处罚;对外部债权旧欠,积极推行一户一策清收办法,指定专人采取多渠道、多方式清收,并重奖清收业绩显著的单位和人员。

(五)加强采购资金管理

1. 强化储备资金考核。每年集团按照"分类测算,综合平衡"的原则,分材料、配件、在产品及产成品的确定不同周转次数和储备比例,结合生产经营特点,核定各子公司和单位的储备资金定额指标,并根据完成情况对等奖罚。

2. 强化物资集中采购和推行代储代销。积极稳妥推进物资采购集中化,各单位要严格按规定自采范围和比例进行采购,同时,继续扩大代储代销物资、配件采购的品种和范围,降低资金占用。

3. 强化材料、配件结算管理。各单位要及时办理货物验收和出入库手续,做到账、表、卡、物核对一致;由于月末没有及时办理入库或估价入库,造成材料、配件明细类别出现负数的,按还原后的金额考核,同时,以负数金额为基数,按当期银行贷款利率计算利息予以处罚;各级财务部门发现有高于市价采购的,在未明确原因之前可暂不办理付款结算手续。

4. 严格控制关联交易。物资供应公司和设备租赁公司签订订货合同时,要严格划分集团和西山股份公司采购比例;财务处内部结算科要及时与西山股份公司财务部核对预收预付账户,不得占用西山股份公司资金。

5. 充分利用债务资金。物资采购部门要建立应付账款业务结算卡,根据欠款情况及供应商信誉等,调节付款节奏。同时,做好清欠库存物资抵出工作,减少资产损失,提高资金使用效率。

(六) 加强内部结算管理

1. 规范内部结算手续。除材差、水电费、电话费及上缴费用等业务外,其他购销等内部往来结算金额在5万元以上的,必须附有关结算手续(购销合同、发票、抵抹账协议以及债权债务方的挂账凭证等资料)方可办理结算,山西焦煤集团国际发展公司、煤气化公司、水泥厂、万隆公司、万隆支护分公司、金城实业公司、铁路工程公司、公用事业总公司多经公司和太选实业公司等单位出具的发票,需经财务负责人确认;结算手续或债权转移协议除加盖财务专用章以外,还须债权、债务方单位负责人、财务负责人和经办人员签字盖章确认。

2. 明确抵抹账审批权限。集团内部单位之间、集团与西山股份公司所属单位之间的抵抹账业务金额在50万元以下(含50万元),由财务处分管资金副处长审批;金额在50万元以上100万元以下(含100万元)由财务处分管资金副处长签署意见后,财务处处长审批;金额在100万元以上由财务处分管资金副处长、处长签署意见后,报总会计师审批。

(七) 加强子公司资金管理

1. 制定资金管理办法。各子公司要根据集团资金管理办法,结合自身实际情况,制定出相应的资金管理细则,经集团经理办公会议审议批准后执行,同时报财务处备案。

2. 提供资金使用情况。各子公司要按月向财务处报送资金使用情况说明,详细分析资金预算与实际执行差异;处于建设期的子公司要将项目资金投入预算与实际投资情况进行对比分析,找出变化原因及影响,分析投资效果。

3. 资金运营监督检查。各子公司监事会要充分发挥作用,定期检查资金运营措施是否到位,资金到位时间和数量是否按计划进行,投资预算是否得到有效控制,项目资金渠道和贷款条件是否变化等。

(八) 其他规定

1. 各单位和部门抵回设备、汽车等资产,必须先列入集团专项资金计划后,方可办理领用或投入建设手续。

2. 禁止各子公司、单位和部门以任何理由向职工个人或社会非法筹集资金。

3. 各单位要严格按照集团核定的数额领取并使用拨款单。

五、附　则

(一) 各级财会人员要严格遵守《会计法》和国家有关财经纪律、法规及规章,贯彻执行本办法和集团内部其他财务管理的有关规定。对未按规定进行操作的单位和个人,集团将按照相关规定进行处罚。

(二) 本办法自下发之日起执行。以往有关规定与此不一致的,以本办法为准。

(西山煤电发[2006]463号)

西山煤电集团公司新产品准入管理暂行办法

随着社会的进步，科学技术的发展，新产品、新材料越来越广泛应用于生产和生活的各个领域。为了提高生产效率，降低采购成本，进一步规范新产品准入管理，确保安全生产，特制定新产品准入管理暂行办法。

新产品是指采用新技术原理、新设计构思，研制生产的全新型产品或应用新技术原理、新设计构思，在结构、材质、工艺等任一方面比老产品有重大改进、显著提高了产品性能或扩大了使用功能的改进型产品。

本办法中的新产品是指符合国家相关标准和规定，适合西山生产发展需要，具有传统工艺不具备的优异性能和特殊功能的新材料和新设备。

一、新产品生产厂商及其新产品准入的条件

1. 新产品生产厂商准入的条件

新产品生产厂商应具备合法经营资格，各种资质证件齐全，如：营业执照、企业代码证、税务登记证、银行资信证明、相关质量体系认证证书、生产技术、售后服务及管理水平等资料。

2. 新产品准入的条件

新产品应具备以下条件：产品标准必须符合《中华人民共和国标准化管理条例》、生产许可证、产品检验合格证、质量检验报告、煤安标志证、防爆合格证、特行证等，对不具有生产许可证的产品，应附地市级以上或者有关权威部门出具的有效的质量检验报告。

二、新产品准入管理领导组织机构、成员部门及职责

1. 新产品准入管理领导组：

组　长：王玉宝

副组长：夏苏萍　王绍进

领导组成员及成员部门：

各有关副总、生产处、机电处、通风处、安全监察局、环保处、科技中心、物资供应公司等部门。

2. 新产品准入管理成员部门职责

（1）生产、机电、通风、安全、选煤的副总工程师负责分管部门新产品的准入、试用和试用效果的组织、审核工作。

（2）生产处：负责采掘、开拓、运输、选煤等新产品的技术论证，相应标准的确定及新产品使用管理工作，并抓好新产品及其管理经验的推广、应用和宣传。

（3）机电处：负责机电设备新产品的技术论证、技术标准的确定和使用管理工作。

（4）通风处：负责井下通风安全新产品的技术论证、技术标准的确定和井下使用管理工作。

（5）物资供应公司：负责新产品供应厂商的资质审查，按新产品使用单位的技术要求，签订新产品试用协议和买卖合同。

（6）安全监察局：负责新产品的安全标准、安全性能、安全效果的监督、检查工作。

（7）科技中心：负责新产品技术标准的审核和内部安全许可证得核准发放。

（8）环保处：负责审核、监督新产品环保性能是否符合国家标准。

三、新产品生产厂商及其新产品准入程序

1. 根据生产单位试用新产品的建议或集团关于试用新产品的要求，由新产品准入管理成员部门负责将新产品生产厂商有关资质及其新产品与同类产品相比的优良性能、先进技术、推广价值等有关资料报请集团新产品准入管理领导组批准。

2. 根据集团新产品准入管理领导组的批示，供应公司会同纪委、法律顾问处等单位对新产品生产厂商资质材料进行审查，审查合格后列入准入备选名单。

3. 新产品准入管理成员部门具体确定试用单位、试用新产品数量，组织对新产品的试用。

4. 供应公司与新产品生产厂商签订新产品试用协议，协议规定新产品的试用数量、期限、地点、费用、产品标准、责任等，具体协议内容由双方协商确定。

5. 新产品试用到期后，由新产品试用单位出具试用报告，说明新产品的质量、安全、效果等试用情况，并作出客观评价，经试用单位的生产、机电、通风、安监等相关部门签署意见，报请集团新产品准入管理领导组审核批准。

6. 根据集团新产品准入管理领导组的批示，供应公司将新产品厂商正式列入准入名单，并与新产品厂商签订正式的买卖合同，试用不合格的新产品，供应公司将取消其入围厂商及入围产品的资格，并将试用产品退还厂商。

四、新设备的选型及准入

1. 新设备的选型，执行西山煤矿发〔2004〕51号《机电设备采购供应管理办法》文件规定，由选型委员会组织新设备的技术论证、考察，确定配套方案和设备的规格型号及技术参数。选型委员会确认后，按本办法第一条规定执行。

选型委员会主任或副主任负主要责任，其他选型委员会成员负连带责任，供应部门对是否按照所提供的规格型号、技术参数以及选型委员会选型方案签订的合同负责。

2. 新设备的准入按照新产品准入程序执行。

（西山煤电发[2006]499 号）

西山煤电集团公司自救器内部租赁财务管理与会计核算办法

为做好自救器内部租赁工作，提高设备使用率和完好率，最大限度发挥设备效能，确保井下安全资金投入到位，规范自救器内部租赁会计核算与财务管理行为，根据《关于下发 < 西山煤电集团自救器租赁、使用、修理管理办法 > 的通知》（西山煤电供发〔2006〕404 号），结合集团实际，特制订本办法。

第一条　自救器租赁管理部门

（一）集团安监局、通风处和物资供应公司为自救器内部租赁监督管理单位。

（二）集团物资供应公司是自救器集中采购、租赁管理的唯一部门，全面负责自救器的采购、租赁结算、修理费结算和报废管理等，通过内部租赁，实行有偿使用，反映自救器的使用情况。

（三）集团所属各矿供应科负责办理自救器承租工作，具体管理在用的自救器。

（四）西山白家庄矿自救器维修厂为集团唯一指定修理单位。

第二条　自救器租赁

（一）各矿更换、补充自救器，要提前一个月上报需求计划，由物资供应公司严格按采购程序进行订货采购。

（二）各矿要准确测算日常自救器需求量，并与物资供应公司签订租赁合同，物资供应公司根据租赁合同的交货时间和数量，按期如数送达租用单位，并根据交货验收单开始计算租金。

（三）租用单位停用后，要将自救器如数交回西山白家庄矿自救器维修厂或西山物资供应公司，物资供应公司根据验收单，停止计收租金。

第三条　自救器修理

（一）自救器的修理范围是到期更换及在使用期内损坏的自救器。

（二）每月 20 日，物资供应公司依据返厂修理自救器的验收单办理修理费结算。过滤式自救器的修理费单价为 75 元 / 台（含税价），其中包括修理需要的材料、人工等全部费用，除修理费以外不再支付其他费用。

第四条　自救器报废

（一）损坏自救器的丢失、毁损和使用两年到期自救器的更换必须要严肃认真，做到逐台验号核销。

（二）毁损和到期更换的，必须交回残体，由物资供应公司负责核销账簿，并处理残体，安监局、通风处应到场监督执行。

第五条　租金计算

（一）租赁费用单价

1. 过滤式自救器租赁费单价为 0.11 元 / 天·台；

2. 隔绝式自救器（zh-15 分钟）租赁费单价为 0.22 元 / 天·台；

3. 隔绝式自救器（zh-30 分钟）租赁费单价为 0.3 元 / 天·台；

4. 当自救器实际采购价格变动超过 20% 时，应由物资供应公司提出价格调整建议，集团财务处审核提出意见，总会计师批准后进行租金调整。

（二）租赁期是指各矿使用自救器的时间，按各矿、西山白家庄自救器维修厂和总库分别填制的入库验收单日期进行计算。

（三）由于自救器保护套使用寿命短，自救器保护套由物资供应公司在两年内无偿提供一次，在正常使用期内的丢失损坏补充，由物资供应公司收费供应。

第六条 赔偿计算

各矿租用自救器后，由于管理不善，造成丢失的，按照当时实际采购价赔偿；造成损坏的，按折价赔偿，并将残体交回物资供应公司。折价赔偿计算公式如下：

（一）过滤式自救器：当期实际采购价÷48个月×剩余使用时间（月）+10元残值；

（二）隔绝式自救器：当期实际采购价÷24个月×剩余使用时间（月）+10元残值。

第七条 财务核算

（一）核算对象

核算对象是集团自救器租赁收入、支出和结余情况。

（二）核算方法

1. 根据煤炭企业成本管理办法有关规定，包括自救器等12种原煤生产专用工具列成本中材料项目核算，各矿井单位支付的自救器租赁费、丢失赔偿等，列支“基本生产－材料费（专用工具）”科目；

2. 物资供应公司设置“待摊费用－自救器”科目进行自救器租赁收支核算，并设租赁费收入、赔偿收入、购置费、修理费和结转集团本部等明细科目。每月28日前，物资供应公司将当月自救器收支结余结转集团本部。

3. 每月，集团本部将自救器收支结余计入“基本生产－材料费（专用工具）”科目。

（三）主要分录

1. 自救器采购

物资供应公司

借：材料采购

贷：银行存款

应付账款－供应厂家

借：库存材料

材料成本差异

贷：材料采购

2. 自救器投入使用

物资供应公司

借：待摊费用－自救器（购置费）

贷：库存材料

材料成本差异

3. 自救器租赁

物资供应公司

借：内部银行存款

其他应收款－使用单位

贷：待摊费用－自救器（租赁费收入）

各矿井单位

借：基本生产－材料费（专用工具）

贷：内部银行存款

其他应付款－物资供应公司

4. 自救器修理

物资供应公司

借：待摊费用－自救器（修理费）

贷：银行存款

应付账款－西山白家庄自救器维修厂

5. 自救器丢失、损坏的赔偿

物资供应公司

借：内部银行存款

其他应收款－使用单位

贷：待摊费用－自救器（赔偿收入）

各矿井单位

借：借：基本生产－材料费（专用工具）

贷：内部银行存款

其他应付款－物资供应公司

6. 租赁结余结转集团本部

物资供应公司

借：内部银行存款

贷：待摊费用－自救器（结转集团本部）

集团本部

借：内部银行存款

贷：基本生产－材料费（专用工具）

第八条 本办法从2006年9月1日起开始执行。

（西山煤电发[2006]538号）

综合管理制度

西山煤电集团公司安全宣传教育管理办法

第一章　总　则

第一条　为适应落实国民经济"十一五"规划的新形势新任务,认真宣传贯彻党和国家安全生产方针、政策,宣传贯彻安全发展的新理念新要求,宣传贯彻山西焦煤集团公司和公司的有关安全文件精神,确保公司安全生产持续、稳定、健康发展,根据公司2006年党政工团1号文件要求,特制定本办法。

第二条　坚持以"三个代表"重要思想和科学发展观为指导,围绕企业安全生产中心,牢固树立"以人为本、科技兴安、素质强安"的安全发展观,广泛开展职工喜闻乐见、寓教于乐的安全宣传教育活动,使职工树立正确的安全价值观和"珍惜生命、珍爱健康"的安全文化理念,自觉地遵章守纪,规范行为,安全操作,为公司安全生产提供强有力的思想保证。

第三条　按照《西山安全文化建设》的要求,坚持把安全宣传教育工作贯穿于安全生产的全过程,坚持以企业安全文化引导人,以安全宣传教育感化人,以加强安全培训培育人,充分发挥各级组织、部门的优势,形成党组织管教、行政管长、工会管网、共青团管岗、职教管学,齐抓共管的工作格局,着力构建安全宣传教育工作长效机制。

第二章　基本原则

第四条　防患于未然的原则。把工作着力点和落脚点放在培育本质安全型职工上,通过安全思想、安全意识的强化教育,解决好职工"要安全"的问题;通过安全学习、技能培训的素质提高,解决好职工"会安全"的问题;通过转变观念、对症下药的良性思维,加大对每一位职工、每个岗位、每一道工序、每一个环节都是安全生产基本元素的思想认识教育,解决好职工"能安全"的问题。

第五条　人文关怀的原则。坚持以人为本,尊重人、理解人、关心人、爱护人,突出人情化、人性化教育,注重安全宣传教育的亲和力和亲切感,细化、量化安全生产过程中对职工安全思想的新要求,促使每一名职工都能上标准岗、干标准活。

第六条　齐抓共管的原则。党政工团各组织、各部门各负其责,发挥优势,全面参与,通力合作,构建职工安全意识培育和安全文化素质建设的系统工程。

第七条　管教结合的原则。注重管理和教育相结合,克服生硬训斥的简单做法和以罚代管、以罚代教的不良现象,关口前移,重心下移,加大对安全文化、安全法制、安全责任的宣传教育力度,切实做到安全宣传教育工作标本兼治。

第八条　与时俱进的原则。及时总结、提炼、推广特色工作和成功经验,适应新形势新任务的要求,创新工作方法,开创工作新局面。

第三章　内容形式

第九条　舆论宣传教育体系。形成以广播、电视、报纸、黑板报、牌板、标语、安全文化长廊和宣传教育活动等为基本渠道的舆论宣传教育体系。各单位要进一步健全完善安全宣传教育工作机制,不断加大人性化教育力度,有目的有计划地组织开展职工喜闻乐见的安全宣传教育活动。每季组织一次井口安全文艺演出、黑板报竞赛活动,组织一次以安全为主题的案例教育(或安全演讲、安全研讨、安全知识竞赛)等活动。广播、电视、报刊等宣传阵地要把握正确舆论导向,服务基层,面向一线,深入到职工群众中去,以正面宣传教育为主,大力宣传党和国家安全生产方针及各级安全会议、文件精神,宣传公司安全文化理念,宣传普及安全生产知识,宣传公司在安全生产、安全宣传教育工作及创建本质安全型企业中的典型事迹。要发挥舆论的监督作用,加大对"三违"、事故、隐患以及在安全工作中存在问题的曝光力度。井下、地面工业广场、主要工作场所、活动场所、办公区域等地要建立醒目的提示性、警示性安全牌板及安全标语，内容融知识性、教育性、艺术性和人情化、人性化、温馨化等为一体，对职工起到提示、警示的作用。要充分发挥舆论宣传教育覆盖面广、辐射力强、影响力大的作用，发挥安全学习培训的积极作用，大力营造“关爱生命、关注安全”的环境氛围，使广大干部职工从多渠道、多层次、多方位受到影响和熏陶，从而树立正确的安全价值观，全面提升安全意识和安全素质。

责任部门：宣传、组织、工会、团委、职教、安监、广电中心、报社等。

第十条 党员示范教育体系。形成以“党员安全责任区”、“党员身边无事故”为主要内容的党员示范教育体系。各级党组织要把开展“党员安全责任区”、“党员身边无事故”活动作为构建保持共产党员先进性长效机制的一项重要内容，制订活动方案，严格检查考核，总结讲评表彰，按照考核结果发放党员安全责任区津贴。各支部要按照党员所在班组或岗位划分责任区，建立活动档案。党员要带头遵章守纪，及时发现、汇报、处理事故隐患，对责任区内的“三违”人员或不放心人员要及时进行谈心帮教，深入细致地做好一人一事的安全思想教育工作，保证自身无“三违”、无事故，确保责任区内无“三违”、无事故。同时，各级党组织在活动中要加大创新力度，结合实际情况，以保持党员先进性为主题，富有成效地开展各具特色的“我是党员我安全”、“我是党员我遵章”以及“党员示范岗”、“党员一面旗”、“示范责任区”、“党员安全放心岗”和“传帮带”等活动。充分发挥党支部战斗堡垒作用和党员模范带头作用，影响和带动职工牢固树立“安全第一”的思想，自觉遵章作业，确保安全生产。

责任部门：组织、安监等。

第十一条 群众安全教育体系。形成以群监网、“安康杯”竞赛、群众安全宣传教育活动等为主要内容的群众安全教育体系。各单位要建立健全群监组织机构，完善各项制度，定期召开群监例会，加大对网员的培训、教育、管理力度。要提高井口接待站运行质量，对网员汇报隐患要分类分级建档，对重大事故隐患要按程序及时汇报，并跟踪落实整改。积极开展“安康杯”竞赛活动，完善“安康杯”竞赛组织机构，制定切合实际的实施细则，按季考核讲评、奖先罚后。积极组织开展以“十个一”、“三不伤害”、班组竞赛等专项活动，开展学习贯彻《工会法》、《安全生产法》、《职业病防治法》、《工伤保险条例》等法律法规普及教育活动，切实提高职工的安全生产技能和自我防护意识。要加大职代会劳动保护监督检查委员会巡视检查力度，每季针对劳动安全卫生重点难点问题，组织职工代表进行巡视检查和监督质询，积极帮助解决实际问题，促进群众安全教育工作不断迈上新台阶。

责任部门：工会、安监等。

第十二条 家属安全协管教育体系。形成以坑口、宿舍、社区、家庭为阵地，以职工家属为主体的、有组织有领导的家属安全协管教育体系。各单位要健全完善家属安全协管组织机构、工作制度、例会制度，制订活动方案，定期对协管员进行培训，按规定进行检查考核奖励。坚持组织职工家属经常深入坑口、区队、班组，开展“送温暖、嘱安全”活动，特别是要做好节假日必送、高温季节必送、安全特殊时期必送的“三个必送”活动。制定下发《“安全五好家庭”考核奖励办法》，通过开展争当“好矿嫂”、“安全好后勤”、“安全贤内助”竞赛活动及“亲情呼唤安全”系列教育活动，切实提高安全协管员的综合素质和做好安全协管工作的责任心。要建立井下职工情况台账，与井下重点工种职工签订联保合同及夫妻安全联保合同，并及时对“三违”人员和不放心职工进行帮教和走访谈心。把安全教育从单位延伸到家庭，从八小时以内延伸到八小时以外，拓宽安全宣传教育渠道，筑牢安全生产的第二道防线。

责任部门：工会女工部、安监、社区居委会等。

第十三条 青工安全教育体系。形成以青年安全协会、青年安全监督岗、青工安全教育活动等为主要内容的青工安全教育体系。各级团组织（青安协会）要按照公司《青年安全工作管理办法》的规定，认真制定年度工作计划，针对性地开展青工安全教育和安全学习培训活动，每半年组织一次以安全为主题的大型宣传教育活动。积极开展青年安全监督岗、安全生产示范岗竞赛活动，完善青监岗管理、查岗、考核制度，按月考核，奖罚兑现。开展人性化谈心帮助活动，重点做好对安全不放心青工的一人一事帮助活动，及时了解青工思想动态，排除青工心理障碍，有效杜绝因青工身体、心理因素而引发的各类事故。每月要组织小分队进行查岗活动，至少有一次针对夜班的“零点行动”，并将青监岗员的查岗情况、考核结果与新的津贴标准兑现挂钩。要加大参与安全素质工程的力度，大力开展青监岗员助学活动，利用青年安全工作网络，提高青监岗员的素质，帮助本班组内身边青工掌握安全知识和技能。发挥团员青年在安全生产中的主力军作用，实现岗员自己不违章，岗员身边无“三违”，带动周围青工自觉遵章守纪，安全生产。

责任部门：团委、安监等。

第十四条　安全培训教育体系。形成以岗前培训、专业知识培训、脱产培训、集中轮训、业余培训等为主要内容的安全培训体系。各单位要从实际出发制定本单位安全培训计划，并按计划完成培训任务。要按规定足额提取培训经费，并使用到位。要健全机构，完善制度，配备必要的安全培训校舍、教学设备、师资、实习实验场所等。要紧密结合安全生产和工作岗位实际，认真做好转岗培训、新工人上岗培训、专题培训、“三违”人员培训等全员培训工作，培训内容既要注重课堂灌输，又要注重实际操作，突出学用结合，学以致用。同时，要做好矿长资格、安全管理人员、重点工种和特种作业人员的培训、考核、换证工作。坚持开展“学技术、练硬功、比贡献”等活动。坚持“每日一题”、“每周一课”安全培训学习，并进行“每月一考”，排名排队，奖先罚后。充分调动职工学习的积极性、主动性，全面提高职工的安全意识和安全技能素质，促进企业安全生产。

责任部门：职教、安监、宣传、工会、团委等。

第十五条　区队（车间）安全教育体系。形成以班前会教育、安全例会、安全日活动等为主要形式的区队（车间）安全教育体系。各单位要通过实施安全准军事化管理，加大安全文化建设力度，规范职工安全生产行为，增强自律意识。要建立区队（车间）安全宣传教育工作网络，健全机构，前移关口，完善区科（车间）对队（班组）的安全宣传教育检查考核机制，按照本单位安全宣传教育检查标准，实行旬查月考核，排名排队，奖罚兑现。区科（车间）要每季召开一次安全生产座谈会，认真贯彻上级安全会议、文件精神，及时总结工作及听取职工对安全生产的意见和建议，做到查思想补教育，查作风补措施，查隐患补漏洞；半年组织一次安全宣传教育活动，利用多种形式提高职工的安全意识。队组要按规定开好班前会，坚持做好班前职工身心健康排查、安全思想教育和安排本班工作、针对性提出安全注意事项以及安全宣誓、“每日一题”安全培训学习等工作。坚持每周开展“安全日”活动，创新形式，丰富内容，学习贯彻落实有关安全生产文件、会议精神，开展案例教育、现身说教等活动。使安全宣传教育工作深入基层队组，培育职工遵章守纪、团结协作和学安全、讲安全的良好风气。

责任部门：宣传、组织、基层总支（支部）等。

第十六条　检查评比考核体系。健全完善公司对所属各单位，所属各单位矿对区（车间），区（车间）对队（班）组三级安全宣传教育检查评比考核体系。坚持旬查月检季考核制度，排名排队，奖先罚后。形成一级对一级负责、层层抓落实的竞争机制和激励机制，促进安全宣传教育工作的责任落实。

责任部门：宣传、组织、工会、团委、职教、安监、基层总支（支部）等。

第四章　考核奖罚

第十七条　安全宣传教育工作检查标准和评分办法的制定，由宣传部负责，组织、工会、团委、职教、安监等部门配合。

第十八条　公司依据《西山煤电集团公司安全宣传教育检查标准及评分办法》，对所属各单位实行季度检查考核，总结讲评，排名排队，奖罚兑现。各单位依据本单位安全宣传教育检查标准及评分办法，对区队（车间）实行月检查考核、排名排队，总结通报，奖罚兑现。区（车间）对队（班组）实行旬检查考核，排名排队，奖罚兑现。公司不定期对所属各单位进行抽查。

第十九条　公司每年从安全奖励基金中列支40万元。每季对矿井和地面单位综合检查评比第一名分别予以奖励，并对矿井和地面单位单项检查评比第一名分别予以奖励。各单位要每年从本单位安全奖励基金中列支专项资金，用于安全宣传教育奖励。

第二十条　公司设立“安全宣传教育创新奖”。对在安全宣传教育工作中有创新、有特色、有实效的单位，授予“安全宣传教育创新奖”。年终一次性予以奖励。

第二十一条　奖罚按照齐抓共管，联责奖罚的原则进行。公司和各单位要对各责任部门联责进行奖罚。

第五章　组织领导

第二十二条　安全宣传教育工作由公司党委统一领导，公司及所属各单位都要成立安全宣传教育领导组。

第二十三条　领导组办公室设在党委宣传部。成员由宣传、组织、工会、团委、职教、安监等部门负责人组成。党委宣传部为牵头部门,负责制定年度工作计划,统一协调组织、检查、考核,总结、讲评和奖励等工作。

第二十四条　公司及各单位安全宣传教育领导组年度要适时组织召开安全宣传教育工作经验交流会或安全文化建设研讨会,总结工作,选树典型,推广经验,促进学习,共同提高。

第六章　附　则

第二十五条　本《办法》适用于西山煤电集团公司所属各单位。

第二十六条　各单位要根据此办法，结合实际，制定适用于本单位的安全宣传教育管理办法，并报送公司安全宣传教育领导组办公室。

第二十七条　本《办法》解释权属西山煤电集团公司安全宣传教育领导组。

第二十八条　本《办法》自下发之日起执行。

（西山煤电发[2006]12 号）

关于控(参)股公司科级干部管理有关问题的暂行规定

根据各控(参)股公司不断发展的形势需要,为加强组织机构管理,完善干部聘任制度,理顺集团公司本部与各控(参)股公司干部管理体制关系,明确组织机构和干部管理权限,现就有关问题作如下规定:

一、本规定中所述控(参)股公司是指山西兴能发电有限责任公司、山西焦煤集团五麟煤焦开发有限公司、山西西山晋兴能源有限责任公司、山西西山热电有限责任公司、山西焦煤古交水泥有限责任公司、太原西山日盛煤焦有限公司、广州中环绿色产品仓储有限公司、太原可口可乐股份有限公司、山西焦煤集团矿业管理有限公司、山西庆恒建筑(集团)有限公司等由集团公司控(参)股及集团公司下属子公司控(参)股的单位。

二、各控股公司科级机构编制和科级干部职数方案由本单位按照精干高效原则提出,集团公司研究确定后,按照有关程序批复。

三、控股公司新增设科级机构、增加科级干部职数,须报集团公司核准同意,未经核准同意的机构和科级干部职数集团公司不予承认。

四、集团公司组织人事处对各控股公司的科级干部管理行使指导、监督和服务职能,对山西焦煤集团矿业管理有限公司,山西庆恒建筑(集团)有限公司的科级干部暂代行管理职能。

五、对现已调入控(参)股公司的科级干部,控(参)股公司聘任为科级职务且在科级干部职数编制内的,按照相应级别对待;控(参)股公司聘任为科级职务但在科级干部职数编制外的,经集团公司组织人事处核实后,按照一般工作人员对待。

科级干部调入控(参)股公司三年内未被所在单位聘任为科级职务的,经集团公司组织人事处核实后,按照一般工作人员对待。

六、今后凡从集团公司调入控(参)股公司科级干部(包括工人身份的科级干部),须符合调入单位的科级机构编制和科级干部职数要求,并经集团公司组织人事处审查备案后，方可办理调动手续。否则,所任职务和级别不予承认,按照一般工作人员对待。

七、各控股公司要按照建立现代企业制度的要求,本着精干高效、一专多能的原则,充分考虑实际情况和工作需要,科学合理设置组织机构,优化配置管理人员。

八、建立信息沟通协调机制。各控(参)股公司要及时将机构设置、变更及高中层管理人员岗位职务变化情况报集团公司核准备案。集团公司要在人员选派、跟踪考核了解及人事代理等方面创造条件,为各控(参)股公司的正常运转提供必要的人才支撑和人事服务。

九、本规定未尽事宜,由股东各方协商办理。

十、本规定从下发之日起执行。

（西山煤电发［2006］59 号）

机关处室及有关直属单位2006年工作绩效考核办法(试行)

为了进一步加大机关处室及有关直属单位(以下统称为部门)的考核管理力度,更好地发挥机关各部门系统管理职能作用,调动机关职工的积极性和主动性,提高机关的工作质量和服务水平,促进集团公司2006年各项工作任务的圆满完成。特制定《机关处室及有关直属单位2006年工作绩效考核办法》,对机关各部门实行“以量计分、以分计资”为原则的工作绩效量化考核。

一、考核范围

山西焦煤西山煤电集团公司所属的机关处室及有关直属单位,共46个。

办公室、企管处、组织人事处、宣传部、纪委、工会、团委、信访处、计划处、财务处、劳资处、生产处、机电处、调度室、通风处、安监局、审计处、机关(直属)党委、人防办、武装部、职教办、电力公司、租赁公司、老干部处、集团公司退管中心、机关退管中心、基建处、技术中心、科协、地质处、法律顾问处、保卫处、保险公司、计生办、卫生处、疾控中心、环保处、档案处、报社、消防大队、救护大队、质监站、房地产公司、医保中心、住房公积金管理部、古指留守处。

关于未参加机关绩效考核的自负盈亏的生产经营性厂点和有创收能力的直属单位,要通过调研后,按照一厂一策的办法,逐步纳入。

二、工资构成

(一)机关各部门实行工资总额包干制。集团公司以编制办公室确定的定编人数为依据,核定机关各部门的工资总额。工资总额确定以后,坚持“增人不增资、减人不减资”的办法,结合集团公司月度安全生产指标、盈亏指标和管理经营指标的完成情况;联系机关各部门的工作任务、工作质量、工作效率和服务水平等对其实行负向考核。

(二)机关各部门的工资总额由基础工资和绩效工资两部分组成。基础工资包括工资项下支付的技能工资和各种津补贴;绩效工资包括工资项下支付的岗位工资和联系集团公司安全生产、经营管理和盈亏等指标的完成情况确定的效益工资。

(三)机关各部门职工个人工资总额同样由基础工资和绩效工资两部分组成。基础工资包括职工工资项下支付的技能工资和各种津补贴;绩效工资包括职工工资项下支付的岗位工资和效益工资。

(四)工资总额中的基础工资部分不参与考核,按月支付,绩效工资部分,按月进行考核兑现。职工个人工资中的技能工资、岗位工资等全部记入职工工资档案,职工调动或退休时,以档案工资为依据办理手续。

三、考核组织

(一)为加强对机关各部门工作绩效考核的指导协调,集团公司成立考核领导组。

领导组成员由办公室、企管处、组织人事处、宣传部、纪委、工会、信访处、计划处、财务处、劳资处、调度室、安监局、审计处、法律顾问处、保卫处、计生办、机关(直属)党委等部门相关人员组成。

领导组的主要职责是:研究和决定被考核部门当月绩效工资发放情况及有关问题,组织协调绩效考核工作,对各部门的绩效考核结果及二次考核和分配进行审核通报。

(二)考核领导组下设办公室,办公室设在机关(直属)党委。

办公室成员由机关(直属)党委、企管处、组织人事处、劳资处、财务处等部门人员组成。

办公室的主要职责是:提出全年绩效考核工作方案,具体组织实施考核,综合考核信息,提出和反馈考核结果,并完成集团公司党政领导临时交办的各项工作。

(三)机关各部门联系本单位的实际情况,成立相应的考核组织,具体负责本部门职工个人工作绩效的考核和职工个人绩效工资的二次分配等工作。

四、考核原则

(一)实行“以量计分、以分计资”的考核原则,即:将各项工作进行量化、细化考核,依据考核结果进行打分,依据得分情况计算出绩效工资。

(二)机关考核办公室制订具体的考核办法和评分标准,从系统管理(业务工作)和内部管理(劳动纪律、工作作风、党群工作等)两方面对各部门的工作绩效进行考核检查,依据考核检查结果给各部门打分,经绩效考核领导组会议通过后,按照绩效考核领导组会议结果计算出被考核部门的绩效工资。劳资处负责计算绩效工资,财务处负责发放兑现。

（三）各部门要制定本单位内部的考核办法及评分标准(此办法要经职工大会或职工代表大会讨论通过),从工作职能、岗位职责、敬业态度、贡献大小等入手，对本部门人员的工作绩效进行二次考核,按考核结果进行打分,根据得分二次分配职工个人的绩效工资。

（四）考核要实事求是,科学合理,公平公正,做到"量(工作量)、分(考核得分)、资(绩效工资)"的统一,体现多劳多得,促进机关整体工作质量和效率的提高。

五、考核内容

（一）集团公司对各部门的考核内容

贯彻落实西山煤电集团公司 2006 年安全工作会议精神,在坚持《机关处室、直属单位工作绩效月度考核评分细则》的基础上,本着从严从紧、从细从实,重处重罚,不断加大考核否决力度,推进整体工作质量上台阶的思路,特做如下规定。

1. 与安全生产经营指标挂钩方面:

（1）集团公司安全指标未实现,扣机关被考核部门 50%的绩效工资(安全指标以集团公司年初下达的百万吨死亡率 0.5 的指标为依据，按月累计考核)。

（2）集团公司当月发生一次一人死亡事故(指生产性事故),扣机关被考核部门 10%的绩效工资,并根据事故通报结果,加扣责任部门 5-10%的绩效工资。部门内部发生轻伤以上事故的取消当月绩效工资。

（3）集团公司生产经营指标未实现,扣机关被考核部门 50%的绩效工资(生产经营指标主要指原煤产量、精煤产量、掘进总进尺、开拓进尺、全员效率及盈亏指标,以集团公司年初下达的各项生产经营指标为依据,按月累计考核)。

（4）集团公司当月原煤产量、精煤产量未能完成指标，有一项扣机关被考核部门 10%的绩效工资,并加扣责任部门 5%的绩效工资。

（5）集团公司当月掘进总进尺、开拓进尺、全员效率及盈亏指标未完成,有一项扣机关被考核部门 5%的绩效工资，并加扣责任部门 5%的绩效工资。

2. 与各部门制度的制定和落实挂钩方面:

（1）机关各部门结合内部情况,制订内部考核办法和评分标准,并严格执行。没有制订考核办法或没有认真执行的,视其为不参加绩效考核,否决该部门的绩效工资。

（2）机关各职能部门要联系工作实际,制订本系统的绩效考核办法并认真落实。没有制订系统考核办法或没有认真执行的,扣除该部门 50%的绩效工资。

（3）机关各部门没有将原岗位工资纳入绩效考核的,否决该部门的绩效工资。

（4）机关各部门在系统考核和内部考核中不严不细,分配随意,职工意见大,不能充分发挥激励作用的,经考核组查实后,视情况扣除当月绩效工资 5%~10%。

（5）机关各部门要对职工工资分配进行微机管理,健全职工绩效工资考核台账,否则,视情况扣除当月绩效工资的 5%~10%。

（6）机关各相关考核部门要及时准确地为集团公司考核办公室和机关考核办公室提供各项考核中所承担考核任务的考核情况,否则,视情况扣该部门 5~10%的绩效工资。

3. 与职能部门业务保安责任挂钩考核方面:

（1）依据集团公司水暖电服务质量管理办法,电力公司要加强矿区用电管理,线路故障处理不超过 4 小时,变电站故障处理不超过 8 小时。因组织抢修不得力,每发生一次运行恢复延时,酌情扣电力公司 1%的绩效工资。停电检修时,提前 12 小时通知各单位,每发生一次无计划停电,经查实,属电力公司责任的,酌情扣电力公司 1%的绩效工资。机电处负责监督考核,结果报机关考核办,纳入机关绩效考核。

（2）落实西山煤电发〔2006〕1 号文件精神,安监局作为集团公司安全质量标准化和安全管理明细化的牵头部门，要全面负责集团公司安全工作,重点加强集团公司安全管理六项制度的制定和落实,如工作失误或不到位,造成损失,酌情扣 1%~5%的绩效工资。

（3）落实西山煤电党发〔2006〕2 号文件精神,进一步加强廉政文化建设,制度落实,责任追究,转变作风以及案件查办力度。集团公司纪委作为反腐倡廉的牵头部门,要有案必查,查而必处,如工作中出现不严不细不实不公现象，酌情扣 1%~5%的绩效工资。机关被考核部门发生违法违纪现象,酌情扣该部门 1%~5%的绩效工资。

（4）落实西山煤电发〔2006〕5 号文件精神,总调度室牵头负责安全生产调度"二十个"必须的制订和落实,因工作失误影响集团公司领导决策或相关部门对问题的处理，造成损失的，酌情扣5%~10%的绩效工资。在落实"二十个"必须中，有执行制度不严或不公现象，造成不良影响的，酌情扣1%~5%的绩效工资。

消防大队、救护大队必须24小时处于临战状态，与总调度室保持联系。接到通知后，必须快速反应，如因工作失误或不到位，造成损失，酌情扣1%~5%的绩效工资。

（5）落实西山煤电安发〔2006〕8号文件精神，职教办要加强职工教育培训工作，重点加强安全知识和业务知识的培训，凡因教育培训工作不够，造成损失的，酌情扣1%~5%的绩效工资。

（6）落实西山煤电发〔2006〕12号文件精神，机关各职能部门要加强安全宣传教育工作，宣传部要抓好牵头组织工作，组织部重点抓好党员责任区和"党员身边无事故"活动的开展，工会重点抓好群监网工作，团委要重点抓好青监岗工作，报社和广电中心要重点抓好安全宣传报道工作，工作出现失误或不到位，酌情扣责任部门1%~5%的绩效工资。

（7）落实西山煤电通发〔2006〕13号文件精神，进一步加大"一通三防"管理，杜绝瓦斯煤尘事故。通风处牵头严格执行"一通三防"60条规定，凡发生与之有关的责任事故，视情况扣30%~50%的绩效工资。凡在执行"一通三防"60条规定中出现不严格、不公平的，视情况扣1%~5%的绩效工资。

（8）落实西山煤电发〔2006〕17号和19号文件精神，地测处要加强对小煤矿的监督管理，加大监管责任的落实和追究，严格落实小煤矿监管考核办法。要加强矿井水害防治工作，预防重大水灾事故的发生，严格落实防治水管理办法。凡由于工作失职，出现与小煤矿管理或防治水管理有关的责任事故，视情况扣地测处30%~50%的绩效工资。凡在落实小煤矿监管考核办法和防治水管理办法中出现不严不细不实不公的现象，视情况扣1%~5%的绩效工资。

（9）落实西山煤电发〔2006〕20号和21号文件精神，生产处要加强顶板管理，严格落实集团公司顶板管理办法，杜绝冒顶、片帮事故发生。要严格落实2006年矿井运输管理规定，进一步提升矿井运输技术管理水平。凡由于工作失职，出现与顶板管理或运输管理有关的责任事故，视情况扣5%~10%的绩效工资。凡在落实集团公司顶板管理办法和矿井运输管理规定中出现不严不细不实不公的现象，视情况扣1%~5%的绩效工资。

（10）落实西山煤电机发〔2006〕22号文件精神，进一步加强机电设备的管理，确保安全生产。机电处要严格执行机电管理处罚条例，凡在工作中出现不严不细不实不公的现象，视情况扣1%~5%的绩效工资。凡因设备问题影响企业安全生产的，视情况扣机电处、租赁公司、电力公司等责任部门5%~10%的绩效工资。

（11）落实西山煤电发〔2006〕26号文件精神，做好采煤工作面设计审批和验收工作。通风处要牵头组织地质、生产、安监、调度、机电等单位按集团公司有关规定进行设备安装前的验收，验收合格后，方可供给设备，验收不合格的，不能按构成回采煤量工作面对待。如有关部门不按规定操作或操作过程中出现不严不实现象，视情况扣责任部门30~50%的绩效工资。

（12）落实西山煤电劳发〔2006〕27号文件精神，进一步加强劳动组织，规范入升井人员管理。劳资处牵头负责此项工作，随时组织有关部门对各单位入升井人员的管理进行动态监督检查，凡在工作中出现不严不细不实不公的现象或工作失职，给企业造成重大损失和影响的，视情况扣30%~50%的绩效工资。

（13）保卫部要根据工作职责，加强社会治安综合治理，重点抓好防火、防盗、防爆、防交通事故以及重要节日、大型活动中的安全防范工作。凡因工作失误、出现差错，造成事故，产生严重不良影响的，视情况扣30%~50%的绩效工资。

（14）机关各部门要坚持文明办公，加强内部管理，履行职能作用。凡因工作失误或不到位，工作出现差错等，造成经济损失或影响企业稳定和企业形象的事件，视情况扣责任部门1%~5%的绩效工资。

上述规定中未涉及的内容仍以2005年制订的《机关、直属单位工作绩效月度考核评分细则》为准，如所属内容与《机关、直属单位工作绩效月度考核评分细则》不一致，以本规定为准。考核过程中如遇特殊情况，由考核办公室提出处理意见，经考核领导组会议研究做出决定。

（二）部门对个人的考核内容

各部门要根据本部门工作职能和任务的要求，结合个人岗位职责，联系工作实际自行制定考核办法和标准。考核内容应具体明确，科学合理，具有激励性和可操作性，充分体现"以量计分、以分计资"的原则。

六、考核办法

（一）集团公司对各部门的考核

1. 采取“自检自查、考核检查和监督检查”相结合的考核办法。

（1）自检自查。指各部门对照考核领导组下达的考核内容和本部门的考核办法，按月进行自检自查，做出评价，并填报《自检自查表》，于次月 5 日前报送考核办公室，要求单位负责人、承办人签字，并加盖公章。

（2）考核检查。机关考核办公室在每月底对照量化考核标准及各部门上报的工作计划，对各单位当月工作绩效进行全面检查。

（3）监督检查。办公室、组织人事处、宣传部、纪委、工会、信访处、计划处、财务处、劳资处、调度室、安监局、保卫处、计生办、机关党委等考核领导组成员单位从自身工作职能出发，提供所掌握的情况，提供情况要有负责人、承办人签字，加盖公章。具体为：

办公室：每月 2 日前提供机关各部门完成集团公司领导交办的任务情况、参加各种会议情况、对基层服务和对外形象等内容。

组织人事处：每月 2 日前提供机关各部门的班子成员团结协作、整体作用发挥、作风转变及定编定员定岗的执行情况。

宣传部：每月 2 日前提供集团公司安全宣传教育工作及情况通报会的情况。

纪委（机关纪委协助）：每月 2 日前提供机关各部门党风廉政建设责任制落实情况，信访案件的处理情况，承诺服务的兑现情况，党员、干部职工有无“吃、拿、卡、要”现象和违法违纪情况。

工会（机关工会协助）：每月 2 日前提供机关各部门对职工来信来访、劳动争议、权益维护等问题的处理情况，提供劳动竞赛、民主管理、技能大赛、文体活动、女工工作、“送温暖”活动等工作的配合情况。

信访处：每月 2 日前提供机关各部门职工信访情况、帮教工作及相关单位处理各类信访案件情况。

计划处：每月 5 日前提供集团公司主要生产指标，如产量、进尺等方面情况。

财务处：每月 8 日前提供集团公司的盈亏指标和机关各部门费用指标完成情况。

劳资处：每月 8 日前提供集团公司的全员效率、原员效率等指标和机关各部门人员变动情况。

调度室：每月 2 日前提供安全生产过程中与机关各部门有直接和间接责任的工作事故情况，提供职工群众反映突出的“水、暖、电、气”，闭路电视信号的服务及其他情况。

安监局：每月 5 日前提供集团公司安全生产状况，以及机关各部门安全（包括个人人身伤亡）情况。

保卫处：每月 2 日前提供机关各部门社会治安、交通事故、防火防盗、刑事犯罪等方面的情况。

计生办：每月 2 日前提供机关各部门有无违反计生规定情况。

机关（直属）党委：每月 2 日前提供机关各部门劳动纪律、精神文明、作风转变、党群工作、廉洁自律等情况。

2. 采取“联责负向”的考核办法。采用 100 分的基准分值，结合集团公司月度安全生产和管理经营指标的完成情况，联系工作任务、工作质量、工作效率和服务水平，对机关各部门的绩效工资实行负向考核。

（1）考核办公室每月月初根据各单位自检自查、考核办组织的检查以及相关考核单位提供的情况，对各单位工作绩效进行综合打分，材料汇总，形成初步的考核意见，提交考核领导组审议。

（2）每月 12 日前召开考核领导组会议，通报考核情况，审定考核结果。

（3）考核办公室根据考核领导组审定的结果，对各单位的绩效工资额及考核情况进行反馈，劳资处办理结算手续，财务处办理兑现手续。

单位实得绩效工资 = 应得绩效工资 × 考核得分%

（二）部门内部对个人的考核

1. 制定考核办法。各部门要严格按照“以量计分、以分计资”的原则，结合职工自身的工作任务、岗位职责、文明办公、环境卫生、劳动纪律、工作效率和质量等实际情况，按照民主程序制定本部门内部的考核办法，对职工进行二次考核。

2. 建立考核台账。各部门要根据内部考核办法，把每个职工当月的工作量等考核内容量化、细化，进行考核并建立配套的考核台账（表格），做到一日一考，日事日毕。通过日考核、旬小计、月统计，在月底计算出每个职工的考核得分。

3. 核算个人绩效工资。根据内部考核结果（得分），各部门在一次考核分配的基础上进行二次分配，计算出职工个人当月的绩效工资。

个人实得绩效工资 = 单位实得绩效工资 − 特殊津补贴 / 单位个人得分之和 × 个人考核得分 + 个人实的津补贴

4. 兑现个人绩效工资。各部门将二次分配明细表（一式两份）于次月 15 日前分别报送考核办公室审核、财务处(机关、直属单位会计核算中心)根据审核后的各部门的绩效工资二次分配明细表,在个人工资卡上作增减调整。

七、本办法解释权属于机关工作绩效考核领导组。

八、本办法自2006年1月1日起执行。

(西山煤电发[2006]60号)

关于严肃干部选任工作纪律的补充规定

第一条　为进一步加强各单位科级干部队伍建设,匡正用人风气,端正用人导向,规范干部管理工作,根据山西焦煤集团公司干部人事制度改革有关精神,结合西山集团实际,制定本规定。

第二条　严格执行西山煤矿党发[2003]50号、西山煤电党发[2003]46号《所属各单位科级机构设置和科级干部职数编制管理实施意见》文件精神,科学合理设置机构,精干高效配备干部。严禁因人设职和超职数配备干部,严禁内聘科级干部或以科级干部待遇奖励干部。已超编制配备干部的单位,要限期改正。对于擅自超编制设置的机构,一经发现,立即纠正。对于超职数配备的干部,集团不予承认,人事劳资部门不予办理工资变更手续,并追究单位有关领导和责任人的责任。

第三条　严格机构职数编制管理。集团编制委员会及其办公室是集团内机构编制的主管部门,各单位、各部门增减合并机构、变更机构名称、增加科级干部职数和人员编制数,应报编制委员会批准。集团机关各业务部门或个人不得以任何形式干预下级的职能配置、机构编制和科级干部职数核定,不得对下级机构编制作出规定。未经编制委员会同意,各业务主管部门下发文件和召开会议,涉及机构编制事项的,一律无效,各单位可拒绝执行。

第四条　严格非领导职务科级干部管理。各单位机关根据工作需要可设置一定数量非领导职数,但要从严掌握,不得超过机关科级干部总数的10%,且符合本单位科级干部职数编制,并执行报批制度。非机关部门和单位不得设置非领导职数。

第五条　多经、后勤系统科级机构应进一步合理设置,依据产值、规模和职工总数等综合参数,科学制定科级机构设置标准,经集团编制委员会批准后执行。对现有科级机构中不符合标准和条件的,逐步合并、撤销。

第六条　集团及下属单位新设立机构,要及时研究制定科级机构设置和科级干部配备方案,通过规定程序,报集团编制委员会审批后方可执行。对于未报集团编制委员会审批,擅自设立的科级机构、配备的科级干部,集团不予承认。

第七条　严格执行西山煤矿党发[2003]16号、西山煤电党发[2003]16号《所属各单位科级干部选拔任用暂行规定》文件精神,按任职资格条件和程序选用干部。坚持干部"四化"方针和德才兼备原则,注重群众公论,注重工作业绩,严格按照个别酝酿、民主推荐、组织考察、会议决定的程序选用干部。积极推行公开招考制度,不断扩大公开招考范围和数量。严禁随意突破或变通干部选用资格、条件和程序。对于不执行干部选用资格条件、不按程序选用的干部,集团不予承认,对单位和党政正职进行通报批评,造成严重后果的,要对有关责任人进行组织处理。

第八条　严格执行干部任职回避制度。有夫妻关系、直系血亲关系、三代以内旁系血亲关系以及近姻亲关系的人员,不得在同一单位、部门担任领导班子成员,不得在同一机关担任双方直接隶属于同一领导人员的职务或者有直接上下级领导关系的职务,也不得在其中一方担任领导职务的机关从事办公室、组织人事、劳资、计划、财务、审计、纪检监察、供应、机电设备、租赁、销售、基建等工作。对于违反回避制度规定选用干部的情形,由集团组织人事部门予以纠正。对于有需要回避的情况不及时报告或者有意隐瞒的单位和领导干部,要予以批评,情节严重的进行组织处理。

上述应回避的人员包括:

(一)夫妻关系:配偶;

(二)直系血亲关系:祖父母、外祖父母、父母、子女、孙子女、外孙子女;

(三)三代以内旁系血亲关系:伯叔姑舅姨、兄弟姐妹、堂兄弟姐妹、表兄弟姐妹、侄子女、甥子女;

（四）近姻亲关系：配偶的父母、配偶的兄弟姐妹及其配偶、子女的配偶及子女配偶的父母、三代以内旁系血亲的配偶。

第九条 拟任用方案中有下列情况的必须在上会决定之前上报集团组织人事部门，经书面批复同意后，方可进入下一程序：

（一）属于越级或破格提拔的；

（二）需增加科级干部职数的；

（三）返聘已经离岗的科级干部的；

（四）与集团副处级及以上领导干部有本规定第八条所列应回避关系的人员提拔任免的；本单位办公室（综合部）工作人员、司机等身边人员提拔任免的；

（五）副总工程师、副总经济师、副总会计师、组织人事部门负责人、纪检监察部门负责人、劳资部门负责人、财务部门负责人、审计部门负责人的任免；

（六）在机构变动和主要领导已经明确工作即将调动时，因工作急需，提拔调整科级干部的；

（七）提拔调整科级干部一次涉及本单位科级干部总数10%以上的；

（八）科级干部受过党纪政纪处分又重新任用的；

（九）领导班子成员分工调整的。

违反报批制度的人事事项一律无效，由集团党委或者组织人事部门按照干部管理权限予以纠正，并对有关责任人作出组织处理。

第十条 干部选任工作必须遵守下列纪律：

（一）不准超职数配备科级干部、内部聘（任）用科级干部或违反规定提高科级干部的职级待遇；

（二）不准以部分领导碰头会、领导圈阅等形式，代替领导班子集体讨论决定科级干部任免；

（三）不准临时动议决定科级干部任免；

（四）不准个人决定科级干部任免，个人不能改变集体作出的科级干部任免决定；

（五）不准拒不执行上级调动、交流干部的决定；

（六）不准要求提拔本人的配偶、子女及其他亲属，或者指令提拔身边工作人员；

（七）不准在机构变动和主要领导成员工作调动时，突击提拔调整科级干部。领导干部在调离后，不准干预原任职单位科级干部的选用；

（八）不准在选用干部中进行违反党的纪律、法律规定和有关章程的活动；

（九）不准泄露酝酿、讨论科级干部任免的情况；

（十）不准在科级干部选用工作中任人唯亲，封官许愿，营私舞弊，搞团团伙伙，或者打击报复。

违反干部选用工作纪律作出的任免决定一律无效，由同级党政或上级组织人事部门予以纠正，并对有关责任人作出组织处理或者纪律处分。

第十一条 建立完善科级干部选用监督日常工作机制。由本单位组织人事部门牵头，每半年召开一次组织人事、纪检（监察）、信访、企管、工会、审计等有关部门组成的科级干部监督工作联席会议，就加强科级干部选用工作监督管理，沟通信息，交流情况，研究提出意见和建议，并向本单位党政和集团组织人事部门汇报。

第十二条 建立科级干部选用工作责任追究制度。本着“谁推荐谁负责、谁考察谁负责、谁决定谁负责”的原则，根据不同情况，对在干部选任工作中违反集团干部选拔任用有关规定和干部推荐、考察、决定工作责任制度及有关干部工作其他制度的行为进行责任追究。

第十三条 加强职工群众监督。要进一步扩大民主，拓宽监督信息来源渠道，建立专项举报电话和信箱，加强举报受理工作，逐步建立覆盖面广、反应灵敏的干部监督信息网络。各单位向职代会报告工作时，应当将科级干部选用工作情况作为一项内容，接受职工代表监督。

第十四条 建立科级干部选用监督巡视制度。由集团转变干部作风工作督查组牵头，依据日常掌握了解的情况，定期和不定期地对各单位科级干部选用工作情况进行巡视和检查，通过组织谈话、实地走访等形式，广泛听取各方面的意见，发现问题，向集团党委反映，及时纠正。

第十五条 本规定由集团组织人事处负责解释。

第十六条 本规定从下发之日起执行。

（西山煤电党发[2006]155号）

山西焦煤西山煤电集团公司经济责任内部审计处理处罚暂行办法

第一章 总 则

第一条 为了严肃财经法纪，落实经济责任，防范经营风险，促进廉政建设，充分发挥内部审计监督的作用，根据《中华人民共和国审计法》、《中华人民共和国会计法》、国家审计署《审计机关审计处理处罚的规定》、《山西焦煤集团公司内部审计规范》及国家有关法律、法规和制度的规定，结合西山实际，特制定本办法。

第二条 本办法所称经济责任，是指领导干部及工作人员任职期间对其所在单位、部门资产、负债、损益真实性、合法性和效益性以及有关经济事项应当负有的责任。

经济责任主要包括两个方面：一是法律、法规赋予的依法从事生产经营活动、保护职工合法权益、遵守财经纪律、履行经济合同等责任；二是董事会或上级主管部门赋予的保证资产保值增值，完成目标利润、目标销售收入、目标产量等各种经济指标的责任。

第三条 公司各级领导干部及工作人员应当严格遵守国家法律、法规，认真履行岗位职责，努力完成公司下达的各项经济责任目标，自觉接受审计监督。因不履行或不正确履行经济责任，违反国家法律法规和企业规章制度的规定，致使会计资料严重失真，国有资产流失，造成企业重大经济损失等行为，依照本办法规定的内容追究有关领导和责任人的责任。

第二章 处理处罚原则

第四条 经济责任处理处罚应当遵循以下原则：

（一）客观公正、实事求是；

（二）违纪违规必究；

（三）处理处罚为手段，教育改正是目的；

（四）保守秘密，合理谨慎。

第三章 处理处罚的种类和方式

第五条 审计处理是指审计机构对违反国家法律法规及企业内部管理规定的行为采取的纠正措施。

第六条 审计处理的种类有：

（一）责令限期改正；

（二）责令限期退还被侵占的国有资产；

（三）责令限期退还违法所得；

（四）责令调整有关会计账目；

（五）依法采取的其他处理措施。

第七条 审计处罚是指审计机构对违反国家法律法规及企业内部管理规定的行为采取的处罚措施。

第八条 审计处罚的种类有：

（一）警告、通报批评；

（二）罚款；

（三）没收违法所得；

（四）依法采取的其他处罚措施。

第四章 经济责任追究内容及处理处罚办法

第九条 公司内部审计机构依照国家法律、法规和集团公司内部管理制度，有权做出审计处理、处罚和移送有关部门查处的决定以及提出给予行政处分的建议。

第十条 对有下列情形之一的违规行为，审计机构要做出审计处理决定，并视违规的性质和程度，做出审计处罚的决定。

（一）未设会计账簿的；

（二）私设会计账簿的；

（三）违反规定设立银行账户的；

（四）伪造、变造会计资料，向不同的会计资料使用者提供的财务会计报告编制依据不一致的；

（五）随意变更会计处理办法的；

（六）未按规定保管会计资料，致使会计资料毁损、灭失的；

（七）拒绝、阻碍审计检查，隐匿或故意拖延提供审计组要求提供的资料的；

（八）将国有资产低价转让给集体及个体私营企业的；

（九）以各种名义将资产、资金非法从本单位财务会计账内转移出去的；

（十）违反国家财务收支规定，挥霍企业资财的；

（十一）失职、渎职造成单位资产、物资、资金流失的；

（十二）有意转移收入和利润的；

（十三）以各种名义和形式套取货币资金的；

（十四）决策失误造成损失的；

（十五）未按规定进行招投标造成重大损失的；

（十六）承包工程、购置设备、物资定价不合理造成资金流失的；

（十七）编制虚假会计资料虚报冒领造成资金流失的；

（十八）无视审计决定，在规定期限内未能按照审计意见的要求，进行纠正处理的；

（十九）其他违法违规行为。

有前款行为之一的，根据《山西焦煤集团公司内部审计处理处罚的规定》第十一条规定，对被审计单位处以三千元以上五万元以下的罚款，对直接负责的主管领导和其他直接责任人处以两千元以上两万元以下的罚款，并对有关责任人员提出行政处分的建议。涉嫌犯罪的，移送纪委、监察部门进一步查处。构成犯罪的移交司法机关依法追究刑事责任。

第十一条　有下列违规行为之一的，审计机构可全额没收违规所得，对有关责任人员处以三千元以上五万元以下的罚款，并可向组织人事部门提出行政处分的建议。涉嫌犯罪的，移送纪委、监察部门进一步查处。构成犯罪的移交司法机关依法追究刑事责任。

（一）非法占有单位财物的；

（二）非法收受钱物的；

（三）非法私吞各种收入、罚款、回扣、佣金等公款的；

（四）私设“小金库”的。

第十二条　违反国家法律法规和公司规章制度，有下列情形之一的，对被审计单位和相关责任人员从轻或者免于处罚：

（一）主动查出问题并及时纠正的；

（二）经审计查出后，能认真接受审计意见并及时纠正的；

（三）其他法律、法规和规章规定可以从轻、减轻或者免于处罚的。

第十三条　违反国家法律法规和公司规章制度，有下列情形之一的，对被审计单位和相关责任人员从重处罚：

（一）挪用或者克扣救灾、防灾、抚恤、救济、教育、养老保险、医疗保险、工伤保险、住房公积金、重点工程资金、安全基金等专项资金和物资的；

（二）屡查屡犯的；

（三）其他依法依规应从重处罚的。

第十四条　同期查出有两种以上违规行为的，罚款应合并计算收缴。

第十五条　对审计时已经调离原岗位的有关责任人，不论是否担任新的职务，只要是事实存在的经济责任，都可通过组织程序予以追究。

第五章　处理处罚决定的实施

第十六条　实施经济责任处理处罚，要严格干部管理权限和部门职责，遵守职责分工，按照经济、行政处罚工作程序，实行部门分级负责，分类办理。

第十七条　领导班子、领导干部违反财经纪律，需给予诫勉谈话、调整班子、调离岗位、责令辞职、免职等处理的，按管理权限由组织人事部门负责实施。

第十八条　被审计单位、领导干部及有关责任人违反财务规定，需要进行经济处罚的，由审计部门按照提出的处理处罚意见，开具处理处罚通知单，通知财务部门进行收缴，收缴的罚没款由同级财务部门列入营业外收入；对领导干部及有关责任人员的罚款，由被审计单位从其工资收入和其他合法收入中代扣代缴。

第十九条　领导班子、领导干部违反财务规定，需要给予口头批评、责令书面检查、通报批评的，由审计部门具体实施。

第二十条　对领导班子、领导干部违反党风廉政建设责任制，需要给予党纪政纪处分的，按党纪政纪有关条例、规定和程序，由审计机构移交纪检监察部门做出处理；需要追究刑事责任的，由纪检部门移交司法机关处理。

第六章 审计复议

第二十一条 被审计单位和个人在收到处理处罚通知书七日内，对处理处罚决定有异议的，可以书面向作出处罚决定的审计机构的主管领导提出复议申请。复议期间，处罚决定照常执行。

第二十二条 经复议，确实需要减免或退还的罚没款，由审计机构出具“审计减免退还通知单”通知财务部门办理减免退还手续。

第七章 附 则

第二十三条 本暂行办法解释权属公司审计处。

第二十四条 本暂行办法与有关法律、法规相抵触时，以法律法规为准。

第二十五条 本暂行办法自二〇〇六年四月一日起执行。

（西山煤电发[2006]165号）

党员安全责任区工作条例

第一章 总 则

第一条 为了深入开展党员安全责任区活动，充分发挥党组织的战斗堡垒作用和党员在安全生产中的先锋模范作用，特制订本条例。

第二条 所属各单位党委、直属党总支部必须认真执行本条例的各项规定。

第二章 活动组织与职责

第三条 各单位党委（包括直属党总支部，下同）负责组织开展党员安全责任区活动，对活动进行统一安排部署，制订活动方案，制定对支部、对党员的考核办法，并根据上级精神及时修订。每年对活动进行一次总结，表彰优秀典型，推广先进经验。

第四条 各单位党委组织部（包括政工部，下同）是开展党员安全责任区活动的牵头部门，负责贯彻落实党委的活动方案，每季度对总支、直属支部的活动开展情况进行检查考核，制定党员安全责任区津贴发放办法，审批党员安全责任区津贴。

第五条 基层党总支是开展党员安全责任区活动的管理者，负责研究部署本单位活动，按季度对下属支部的活动情况进行检查指导、评比排队。

第六条 基层党支部作为党员安全责任区活动的实施者，其主要职责是：①根据党委的活动方案，制定具体的活动措施。②合理划分党员安全责任区，按照班次、工种、岗位将党员编入每个责任区。③每季度召开一次专题会议，听取党员的活动情况汇报，收集合理化建议，研究、分析安全生产中存在的问题。④根据党员、职工的反映，指派支委成员对存在不安全因素的职工进行帮助教育，协助行政对安全隐患及时处理。⑤依据党委制定的考核办法，对党员按月进行考核，并根据考核结果发放党员安全责任区津贴。

第七条 编入安全责任区的党员，其主要工作职责是：①认真学习安全法规和作业规程，带头遵章守纪，争当安全模范，保证自身无“三违”、无事故。②在责任区内发挥积极作用，搞好传、帮、带和示范操作，力争责任区内无“三违”、无事故。③发现安全隐患，属于本职范围内的，应按照规定及时处理；属于本职范围外的，须口头或填写汇报卡向党支部反映。④发现职工的“三违”行为，应当场提醒、制止或向党支部反映。⑤协助党政开展安全工作，重点抓好责任区范围内的安全教育。

第三章 考核与奖罚

第八条 集团党委对基层党委的考核原则是：所在单位安全生产是否发生死亡事故，占考核总分的50%；是否发生重伤事故或重大非伤亡事故，占考核总分的20%；活动开展情况，占考核总分的30%。具体评分标准见附表。基层党委对总支、支部的考核原则与评分标准，可参照制定。

支部对党员安全责任区的考核原则是：党员示范带头，遵章作业，自身无“三违”、无事故，得考核总分的40%；自身发生“三违”和事故扣除当月全部分值。党员发挥作用，监督提醒，发现隐患及时汇报，责任区内无“三违”、无事故，得考核总分的40%；责任区内发生“三违”，则扣除党员当月一半分值，责任区内发生人身事故则扣除党员当月全部分值。所在单位职工对党员在安全生产中发挥作用的满意度达到80%以上，按考核总分20%的比例折算，满意度不达80%的，扣除党员当月分值的20%。具体评分办法，由各单位根据实际情况制定实施。

第九条 党委建立季度讲评制度，及时通报上级检查和内部检查的结果，分析存在问题，提出整改措施。支部建立月评估制度，对党员的履行责任情况进行鉴定，组织职工对党员在安全生产中发挥作用的情况进行评分。

第十条 对编入安全责任区、按规定开展活动的党员实行津贴。津贴范围：各单位生产、辅助岗位的普通党员。津贴标准为：井下生产岗位3元/班，井下辅助岗位2元/班。地面单位安全责任区津贴1.5元/班。

第十一条 党员安全责任区津贴按月从各单位工资项下提取，根据当月考核结果，按照多劳多得、贡献优先的原则，由各单位党委组织部统一审批后发放。各单位党委统一制定津贴发放办法，党委组织部要有津贴审批登记，总支、支部要建立津贴发放记录。

第十二条 有下列情况之一者，党员不得享受当月津贴：

1. 自身发生“三违”或轻伤以上事故；
2. 责任区内发生重伤以上事故；
3. 当月上岗率或出勤率低于80%；
4. 当月考核未达到本支部的合格标准；
5. 所在单位(矿、厂)发生重大事故。

第十三条 将党员安全责任区活动纳入集团安全宣传教育检查体系，统一考核，专项评分，单独排队，表彰奖励。

党委组织部门参加检查考核，并及时总结经验，指导活动的深入开展。

第十四条 党员安全责任区活动的考核内容：

1. 所在单位在考核季度内，实现安全生产，无人身伤亡事故，无重大设备事故。

2. 党委每季度对总支、支部开展活动情况进行检查讲评，总支每季度对支部开展活动情况进行检查考核，支部依据考核办法对党员按月进行考核。

3. 实行党员安全责任区津贴，制定党员安全责任区津贴发放办法，并根据考核结果发放。

4. 党员认真履行本条例第七条规定的五项职责，深入开展党员身边无事故活动，保证自身无“三违”、无事故，力争责任区内无“三违”、无事故。

5. 建立党员安全责任区汇报卡，在发现安全隐患、提出合理化建议时，应及时填卡向支部汇报。

以上条款主要作为矿井单位、选煤厂和地面生产单位的考核标准，职工总医院、古交矿区总医院等单位可参照以上条款自行制定考核标准，报集团党委组织部批准后执行。

第十五条 各单位党委要对发现、处理安全隐患而避免发生重大事故的党员，给予物质和精神奖励。

第四章 附 则

第十六条 本条例由集团党委组织部负责解释和修改。

第十七条 本条例自发布之日起施行，原有条例作废。

（西山煤电党发[2006]169号）

附表

党员安全责任区考核标准

检查项目	检 查 标 准	评 分 办 法	扣分	实得分
基础考核部分	1. 党员责任区在考核季度内，实现安全生产，无人身伤亡事故(5分)	发生生产死亡事故，扣5分。未发生生产死亡事故，得5分		
	2. 党员责任区在考核季度内，无人身重伤事故或重大非伤亡事故(2分)	发生生产重伤事故或重大非伤亡事故，扣2分。未发生生产重伤事故或重大非伤亡事故，得2分		
现场检查部分	3. 党支部按班次、工种、岗位把党员编入党员安全责任区，并能根据党员变化情况对责任区及时进行调整(0.2分)	抽查支部资料。发现党员未编入责任区，或工作岗位发生变化未进行相应调整，扣0.1分。每发现一个支部党员安全责任区无普通党员，扣0.1分		
	4. 党委每季度对总支、支部开展活动情况进行检查讲评，总支每季度对支部开展活动情况进行检查考核，支部依据考核办法对党员按月进行考核(0.5分)	分别查党委组织部、总支、支部考核资料，无考核办法，扣0.1分。有一项未检查考核者，扣0.1分。支部对党员考核办法，不符合条例第三章第八条规定的，扣0.2分。未进行讲评，扣0.1分		
	5. 党员带头遵章守纪，保证自身无“三违”、无事故，力争责任区内无“三违”、无事故(0.5分)	党员自身发生严重“三违”或轻伤以上人身事故扣0.3分，责任区每有一个“三违”，扣0.1分		
	6. 实行党员安全责任区津贴，制定党员安全责任区津贴发放办法，并根据考核结果发放(0.3分)	查阅党委和支部的发放记录。未实行津贴，本项不得分。未制定发放办法，扣0.1分。津贴发放数额与考核结果不相符，扣0.2分		
	7. 建立党员安全责任区汇报卡，党员在发现安全隐患、提出合理化建议、总结活动开展情况时，要认真填写汇报卡报送支部(0.5分)	查党员安全责任区汇报卡。不要求次数和张数。未建立，不得分。发现弄虚作假现象，扣0.1~0.3分		
	8. 开展各具特色的党员安全示范带头活动，做到全年有安排、有主题、有目标、有要求，每季有重点、有活动、有落实(1分)	查阅相关文件，不要求统一的模式，但必须有相关的活动措施。无安排，扣0.3分。无活动，扣0.2分。活动组织及效果评价，视具体情况酌情扣0.1~0.5分		

西山煤电集团公司煤矿安全群众监督员管理办法

为了全面贯彻落实《中华全国总工会、国家煤矿安全监察局特聘煤矿安全群众监督员的实施办法》以及山西省总工会、山西省煤矿安全监察局贯彻落实国家《特聘煤矿安全群众监督员实施办法》的实施细则，切实发挥煤矿安全群众监督员（以下简称群众监督员）在企业安全生产中的重要作用，按照西山集团《关于进一步加强群众安全工作的规定》，结合群监工作实际，制定本管理办法。

一、聘任范围

所属九矿的采掘开一线班组至少配备1名群众监督员，井下二线及地面生产单位可根据工作实际进行配置，使特聘煤矿安全群众监督员达到1000名。

二、聘任条件

（一）熟悉党和国家的安全生产方针及煤矿安全生产法律法规和标准；

（二）在本岗位工作3年以上，具有初中以上文化程度，能够熟练掌握本岗位安全生产过程、作业环境及主要生产装备性能，有丰富生产实践经验的群监网员；

（三）坚持原则，敢于善于维护职工权益，工作认真负责，有高度的事业心和责任感；

（四）身体健康，能够胜任煤矿安全群众监督工作；

（五）行政班组长、专职安全员及在作业岗位上有“三违”现象的人员不得聘任。

三、聘任方法

（一）按照群众监督员的聘任条件，经班组职工民主推荐产生（队组要召开民主选举会议并进行投票选举）；

（二）产生的群众监督员要上报采区（车间）工会，采区（车间）工会对上报人选进行研究后，在区（车间）企务公开栏公示不少于3天，确认后填写《群众监督员审批表》（见附件），并上报矿（厂）工会；

（三）矿（厂）工会对推荐人选进行复核，并征求矿（厂）行政部门意见后，将聘用情况报西山工会生产保护部，并抄报矿（厂）安监处备案；

（四）西山工会对推荐人选审核同意后，给予颁发《群众监督员》聘任证书。同时将聘用情况报市总工会、省总工会劳动保护部，并抄报西山集团安全监察局；

（五）群众监督员聘用期一般为三年，聘任期满可以续聘或解聘。

四、群众监督员职权

（一）监督作业现场煤矿安全生产法规和安全生产管理制度执行情况，为班组当好安全参谋，认真做好当班安全情况记录；

（二）及时制止作业现场各种违章指挥、违章作业、违反劳动纪律的不安全行为；制止无效，应及时向上一级领导反映；特殊情况可直接向地面调度指挥系统或值班矿（厂）领导报告；

（三）发现作业场所内有毒有害气体、温度、粉尘等不符合安全标准或主要生产安全设施及环境异常，应及时向值班领导汇报；发现重大事故隐患并可能危及工人生命安全时，有权命令所有人员停止作业、撤离现场，并协助疏导；

（四）对企业违反安全生产法律法规和标准、阻挠或打击报复群众监督员履行职责的行为，有权向上级工会或政府有关部门举报和投诉；（西山工会开通举报投诉电话：6211875；电子信箱：ghwjj2004@sohu.com、pxkzjl@163.corn）

（五）加强煤矿安全生产法律法规和安全技术学习，不断提高安全监督能力。在履行职责中要以身作则，坚持实事求是、客观公正的原则；

（六）督促和协助班组长对本班人员进行安全教育，帮助工人了解作业场所、活动区域存在的事故隐患和职业危害，提高安全生产意识和安全技能；

（七）积极参加“安康杯”竞赛活动，自觉接受群监组织安排的各种业务培训，积极参加区（科）、矿（厂）、西山集团组织开展的安全竞赛、岗位练兵、技术比武、技术创新等活动，努力创建安全合格班组；

（八）本班组发生伤亡事故后，迅速参加抢险、急救工作，协助保护事故现场，并立即上报。有权参加本班事故调查，对相关责任人提出处理建议；

（九）监督企业提供符合国家规定的劳动条件及按规定发放劳动防护用品，反映职工在劳动安全卫生方面的合理化建议，向企业提出不断改善劳动作业环境的建议。

五、组织管理

（一）群众监督员在矿（厂）工会、矿（厂）工会劳动保护监督员会直接领导下开展工作，矿（厂）工会生产保护部负责群员的日常教育和管理，各级工会组织要为他们履行职责创造必要的工作条件，维护其合法权益，帮助他们解决工作中遇到的实际困难和问题。各矿（厂）或矿（厂）工会要划拨一定的资金用于监督员的管理和奖励，对于发生因正常监督检查而受到打击报复的事件，各矿（厂）要严肃处理，并予以公示。

（二）各级工会组织要充分发挥群众监督员在安全生产中的民主管理和民主监督作用。在各级职代会职工代表、各级工会劳动保护监督检查委员会中要吸纳一定数量的群众监督员。同时广泛征集群众监督员关于劳动保护和安全生产方面的提案并付诸实施。

（三）各单位工会要制定群众监督员考核管理办法，充分调动群众监督员的工作积极性。要按照文件后附的煤矿安全群众监督员指标分配表及时聘任增加群众监督员，并建立一人一卡台账，保证群众监督员队伍相对稳定。因工作调动、外出学习或退休的群众监督员要及时调整和充实。对不认真履行安全监督职责而导致发生事故的，要给予严重处罚并及时解聘。群众监督员要配备专用工作记录本，将每日参加学习、培训、开展安全检查及日常监督检查活动记录下来，特别是做好隐患处理、抓"三违"情况的记录，每月定期向矿（厂）工会上报工作情况。

（四）要实行培训上岗制度。各矿（厂）每年至少组织群众监督员参加一次由省、市、西山集团举办的培训班。培训考试合格后统一颁发由中华全国总工会和国家煤矿安全监察局监制的《群众监督员》聘任证书。上岗时统一佩戴由省总工会、省煤矿监察局制作的"群众监督员"袖标。

（五）各单位安全管理部门要高度重视群众监督员工作，加强协调配合，建立工作联系制度，对群众监督员进行监督检查给予业务指导，为他们开展监督检查工作创造良好的工作条件。

（六）西山工会将把各矿（厂）群众监督员聘任管理工作作为每季安全质量标准化"安康杯"竞赛检查的一项重要内容来考核。各基层工会每季要将本单位群众监督员的工作情况以书面形式上报西山工会生产保护部。

（七）西山工会每半年对各矿（厂）群众监督员作用发挥情况进行调研，每年对在群众监督工作中作出突出贡献的群众监督员进行评选表彰，在年终总评时优先评先评模。同时注重培养选树先进典型，推广先进经验和作法，并推荐参加上级部门的评选。

六、津贴待遇

群众监督员在聘任期间，除享受群监网员津贴待遇外，各单位要结合实际适当给予一定的经济补助。

七、考核办法

对群众监督员执行百分制考核。各矿（厂）可根据西山集团的考核标准自行制定具体的考核细则，每月打分排名，进行奖罚。

八、本办法自下发之日起执行。

九、本办法解释权属西山煤电集团公司工会、安监局。

（西山煤电发[2006]181号）

附表 1

西山煤电集团公司煤矿安全群众监督员考核标准

项目	考核内容	考核办法	得分
基本要求（10 分）	1. 群众监督员应具有初中以上文化程度、从事井下工作 3 年以上，能熟练掌握煤矿安全生产过程、作业环境及主要生产装备性能，有丰富生产实践经验的群监网员	行政班组长或专职安全员、在作业岗位上有“三违”现象的人员不得聘任，否则不得分	3
	2. 群众监督员能坚持原则，工作认真负责，敢于善于维护职工权益，有高度的事业心和责任感	工作积极性不高不得分，有一次空班漏岗扣 1 分	2
	3. 身体健康，能够积极参加“安康杯”竞赛活动，自觉接受群监组织管理	不参加活动有一次扣 1 分	2
	4. 群众监督员上岗要佩带标志并携带工作信息卡，到井口接待站签到；班后要认真填写工作记录本	无标志扣 1 分，信息卡及工作记录填写不认真每有一次扣 0.5 分	3
安全教育（20 分）	1. 积极宣传、贯彻、执行国家劳动保护法律法规及企业各项规章制度，加强煤矿安全生产法律法规和安全技术学习，不断提高自身安全监督能力	提问群众监督员基础知识，答不上者有一道扣 1 分	6
	2. 积极参加班组“每日一题”安全知识培训及矿组织的各种业务培训；协助班组长对本班职工，特别是新工人和调换工种的工人进行安全教育，帮助他们了解作业场所、活动区域存在的事故隐患和职业危害，指导其遵章作业，努力创建安全合格班组	查班组“每日一题”学习记录，有 1 次无记录扣 1 分	6
	3. 组织职工积极参加“十个一”安全生产活动	视参加活动效果酌情扣分	4
	4. 主动参加公司、矿、区组织的各种安全宣传专项活动	视参加活动效果酌情扣分	4
行使职权（50 分）	1. 监督作业现场煤矿安全生产法规和安全生产管理制度执行情况，为班组当好安全参谋，认真做好当班安全情况记录	不进行监督不得分，安全情况记录不详细扣 1 分	6
	2. 及时制止作业现场各种违章指挥、违章作业、违反劳动纪律的不安全行为；制止无效，应及时向上一级领导反映；特殊情况可随时、直接向地面调度指挥系统或值班矿领导报告	有效制止有 1 次加 1 分，制止不及时有 1 次扣 1 分，汇报不及时有 1 次扣 1 分	6

附表 1

西山煤电集团公司煤矿安全群众监督员考核标准(续表)

项目	考核内容	考核办法	得分
行使职权（50分）	3. 发现作业场所内有毒有害气体、温度、粉尘等不符合安全标准或主要生产安全设施及环境异常，应及时向值班领导汇报	有效汇报有1次加 1 分，汇报不及时不得分，汇报内容未及时记录扣1分	6
	4. 发现重大事故隐患并可能危及工人生命安全时，有权命令所有人员停止作业、撤离现场，并应协助疏导工作	有效汇报有1次加2分，汇报不及时不得分	6
	5. 发生伤亡事故，立即报告，并积极参加抢救工作；协助班组长分析事故原因，采取有效措施	报告抢救及时加2分，未采取防范措施不得分	5
	6. 监督企业提供符合国家规定的劳动条件及按规定发放劳动防护用品，反映职工在劳动安全卫生方面的合理化建议，向企业提出不断改善劳动作业环境的建议；督促班组长按规定及时领取和发放劳动防护用品，并指导工人正确使用	提出有价值建议加1分，无合理化建议扣1分，监督防护用品发放不及时有1次扣0.5分	5
	7. 对本班组中存在的事故隐患和职业危害点的整改情况进行监督，并及时向井口接待站汇报	汇报不及时扣1分	5
	8. 积极参加区、队开展各种安全大检查，及时掌握矿井安全生产动态	参加活动不积极有1次扣1分，配合不好不得分	5
	9. 对企业违反安全生产法律法规和标准、阻挠或打击报复群众监督员履行安全职责的行为，有权向上级工会或政府有关部门举报和投诉	公司开通举报投诉电话 6211875，有此类情况不上报不得分	6
工作效果（20分）	1. 上岗率要达到95%	低于95%不得分，每超1%加1分	4
	2. 汇报率达100%，处理隐患率达95%以上	低于标准值不得分	8
	3. 群众监督员身边无事故	有一次扣1分	4
	4. 群众监督员本人无违章，无事故	本人违章不得分	4

附表 2

煤矿安全群众监督员指标分配表

单　位	数　量	单　位	数　量	单　位	数　量
白家庄矿	50	金城公司	10	太原选煤厂	20
杜儿坪矿	100	金信公司	10	官地选煤厂	10
官地矿	100	万隆公司	10	东曲选煤厂	10
东曲矿	80	公用事业总公司	10	屯兰选煤厂	10
屯兰矿	100	多经局	10	西曲选煤厂	10
西曲矿	60	煤气化公司	10	镇矿选煤厂	10
镇城底矿	60	机关直属	20	马兰选煤厂	10
马兰矿	100	机电总厂	20	斜沟矿	10
西铭矿	150	水泥厂	20		

注:各矿的指标中包含已聘的煤矿安全群众监督员数量。

西山煤电集团公司文件制发管理办法

一、总　则

（一）为统一规范集团的文件制发管理工作，提高文件处理的效率和质量，根据《中国共产党机关公文处理条例》、《国家行政机关公文处理办法》、《国家行政机关公文格式》，结合企业实际，特制定本办法。

（二）集团文件主要包括“山西焦煤西山煤电集团有限责任公司董事会文件”、“中共山西焦煤西山煤电集团有限责任公司委员会文件”、“山西焦煤西山煤电集团有限责任公司文件”和山西焦煤西山煤电集团有限责任公司部门文件等，其他文件有函、内部明电、会议纪要等。

（三）集团常用公文种类有：决定、决议、指示、意见、通知、通报、报告、请示、批复、函、会议纪要等。

（四）集团办公室是文件处理的管理机构，主管本级机关文件，并负责指导集团下级机关的文件处理工作。办公室秘书科负责文件审批签发管理，办公室机要科负责文件的收发、归档、印章管理。

（五）文件中的企业全称为“山西焦煤西山煤电集团有限责任公司”，规范简称为“西山煤电集团公司、西山煤电集团、西山集团、集团或西山。

（六）制发文件要本着压缩、精简的原则，严格控制数量。凡能使用函、传真、纪要、简报等形式的，一般不发正式文件。

（七）在文件制发过程中，必须严格执行国家《保密法》的有关规定。

二、文件的适用范围及签发权限

（一）山西焦煤西山煤电集团有限责任公司董事会文件

用于发布董事会决议及法律法规和集团章程规定需以董事会名义公布的其他事项。董事会文件一般由董事长签发，也可由董事长委托副董事长签发。

（二）中共山西焦煤西山煤电集团有限责任公司委员会文件

用于发布集团党委的决议、决定，安排部署全集团性的工作，批转下属各单位党委和集团党委各职能部门、工团组织上报的涉及全集团性的重要工作的请示、报告等。全集团性的重要文件、对外文件由党委书记签发；一般事务性、专业性文件，可由分管副书记签发。

（三）山西焦煤西山煤电集团有限责任公司文件

用于发布企业安全生产经营管理、技术创新的重大部署与安排，批转下级单位请示事项，向上级部门报告、请示事项。对外文件由董事长签发，一般性对外文件可由董事长委托总经理签发。全集团性重要下发文件由董事长签发，生产安全经营技术等方面的综合性下发文件由总经理签发，专业性下发文件由分管领导签发，文件内容涉及两名以上分管领导的事项，各分管领导会签后，一般由总经理或董事长签发。

（四）山西焦煤西山煤电集团有限责任公司部门文件

集团临时性、事务性、专业性、一般性工作的通知、通报、规定、指示，一般用集团办公室文件，由办公室主任签发。其他职能部门原则上不单独发文，如确需行文要经主管领导同意。

（五）其他文件

函，用于处理日常事务的平行文或下行文。内部明电，用于快速传达重要的紧急通知。会议纪要，记载或传达会议议定事项和主要精神，要求与会单位共同遵守执行。函、内部明电、会议纪要由有关领导签发。

三、文件制发的程序及要求

（一）拟稿。文件一般由职能部门或单位拟写，综合性文件由办公室拟写。拟稿部门或单位的拟稿人要填写《发文审批单》中“文件名称”、“主送”、“拟稿单位”、“拟稿人”、“附件”等内容，拟稿部门或单位的负责人要对文稿内容严格把关，在“部门领导会签”栏中签字，如涉及多个职能部门的事项，需协商有关部门会签。文稿要用A4纸打印清楚。

（二）审核。各种正式文件在送领导审批签发之前，一般要经过办公室审核，重要文件由办公室主任或副主任审核签字，急办文件也可由起草部门负责人严格审核后送领导签发。审核重点是：是否需要行文,是否符合国家的法律法规和方针、政策及有关规定,是否需有关部门会签,文字表述、文种使用、公文格式等是否符合《国家行政机关公文处理办法》的有关规定。

（三）签发。经过审核或修改的文稿由承办部门或办公室报有关领导会签或签发。会签或签发文件的领导应对文件的内容认真负责地进行审阅,保证文件在政治上、政策上、指导思想上正确无误。签发文件要用钢笔或碳素笔,签发领导要明确具体地签署意见、姓名和时间。文稿经领导签发后生效。

（四）编号。文件经领导签发后由办公室秘书科编号,集团文件以主办部门分类按流水号形式编号。发文编号上行文件、平行文件用“西山煤电字[200]号”,下行文用“西山煤电发[200]号”。

（五）复审。文稿在领导签发后正式送印前,承办人员要对在审签过程中阅改、增删的文字、内容等进行重点校核,文稿排出清样后正式付印前,再校核一次。文稿如需做较大修改,修改后需请原审批领导复审,经领导审核同意后再正式印发。

四、文件制发注意事项

（一）关于主送用语

1. 党委文件主送全部范围用“所属各单位党委(直属总支)、机关各部门”。

2. 行政文件主送全部范围用“所属各单位、机关各部门”。

3. 主送局部范围参照以上用语,根据实际情况拟定主送用语。

（二）关于上行文和平行文

1. 集团上行文只限于太原市和省级部门以上的党政机关。

2. 集团与铁路系统、商业银行系统是业务合作关系,可用平行文件或函件。

3. 集团与驻地县(市、区)政府及其下属部门的业务联系,用平行文件或函件。

4. 上行文件要打印签发领导姓名。

（三）关于联合行文

联合行文只用主要承办机构的发文字号,文头标明联合行文的机构名称。

（四）关于文件标题

1. 公文标题应当并准确标明公文种类。

2. 标题中除法规、规章加书名号外,一般不使用标点符号。

3. 转发上级文件的标题应力求简练,不使用两个以上“关于”和“通知”,遇多次转发的情况,要概括为《转发×××(部门)关于×××(内容)文件的通知》。

（五）关于会议纪要

1. 办公会议纪要一般使用“会议纪要”专用文头,不盖章。用作公文种类的会议纪要,可用“文件式”或“信函式”公文形式。

2. 会议纪要格式顺序包括:

时间、地点、主持、参加人员、列席人员、主要内容等部分。

（六）关于公文草拟

1. 符合国家的法律、法规和方针、政策及有关规定。

2. 情况确实,观点明确,条理清楚,文字精练,标点准确,篇幅力求简短。

3. 人名、地名、数字、引文准确。引用公文应当先引标题,后引发文字号,如,“现将《山西省人民政府关于促进中小企业发展的若干意见》(晋政发[2001]38 号)转发给你们”。日期应当写具体的年、月、日,如 1999 年不能写成 99 年。

4. 结构层次序数,第一层为“一”,第二层为“(一)”,第三层为“1”,第四层为“(1)”。

5. 公文中的数字,除成文时间、部分结构层次序数和词、词组、惯用语、缩略语、具有修辞色彩语句中作为词素的数字必须使用汉字外,应当使用阿拉伯数码。

（七）关于主题词

1. 主题词是用于揭示公文内容、便于公文检索查询的规范化词。集团公文主题词比照《国务院主题词表》执行。

2. 一个文件的主题词不少于 3 个,不多于 5 个,最后一个词必须是文种名称的词。

3. 主题词标引顺序为:类别词、类属词、文种词。

4. 根据需要,可将不同类的主题词进行组配标引。

5. 当词表中找不出准确反映文件主题内容的类属词时,可只在类别词中选择适当的词标引。

集团文件的格式,统一采用 GB/T 9704—1999《国家行政机关公文格式》标准。

（西山煤电发[2006]193 号）

西山煤电集团公司文件制发一般程序

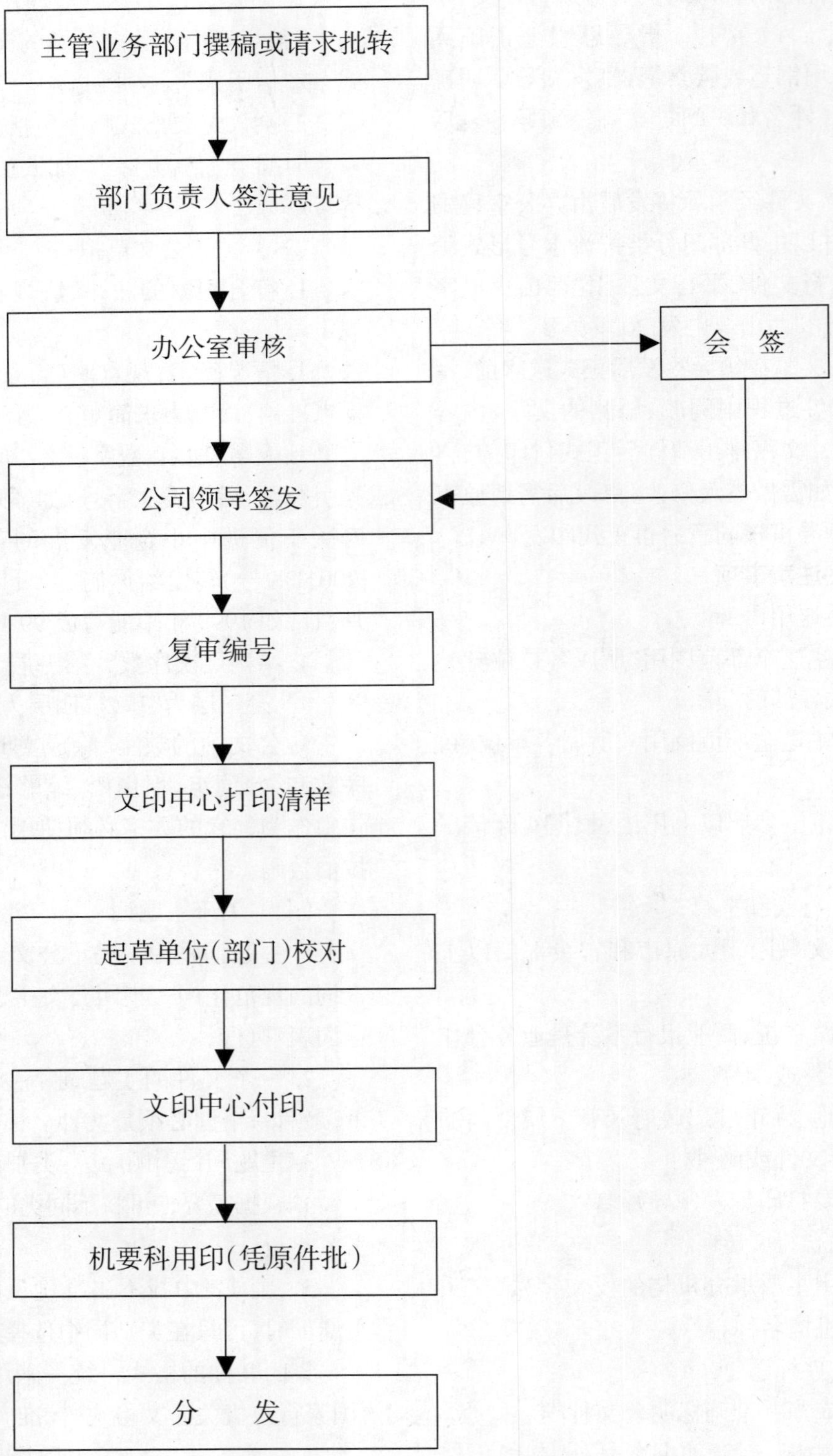

山西焦煤西山煤电集团公司领导干部任中经济责任审计实施暂行办法

第一章 总 则

第一条 为了进一步规范和完善西山煤电集团有限责任公司经济责任审计工作,使经济责任审计由事后监督向事前、事中监督转变,充分发挥审计预警和预防作用,促进企业加强和改善经营管理,保障国有资产保值增值,根据《山西省国有企业及国有控股企业领导人员任期经济责任审计实施办法》、《国有企业及国有控股企业领导人员任期经济责任审计暂行规定》及《山西焦煤集团公司经济责任审计实施办法》,特制定本办法。

第二条 本办法所称任中经济责任审计,是指审计部门根据经济责任审计计划或工作需要,在单位负责人任职期间,为监督其履行经济责任的情况,对其所在单位财务收支的真实性、合法性和效益性及其有关经济活动进行的审计。

第三条 集团要逐步建立以任中审计为主、离任必审、任中审计与离任审计相结合的经济责任审计机制。领导干部任职满 3 年,一般要进行任中经济责任审计。

第四条 任中经济责任审计应当遵循的主要原则:

(一)实事求是、讲求实效;

(二)公开透明、客观公正;

(三)依法依规、追究责任;

(四)奖惩结合、整改结合;

(五)区别对待、分级分层。

第五条 任中审计实行计划管理。为充分利用审计资源,提高审计效率,任中审计要结合财务收支审计进行。由组织(人事)部门于每年 12 月上旬,根据工作需要和任职年限,向同级审计部门提出审计对象建议名单,审计部门要将任中经济责任审计项目列入年度审计工作计划。

第六条 集团所属单位负责人的任中经济责任审计,按照干部管理权限和审计管辖范围,实行分级负责、分级审计的责任制度。审计机构因力量所限,不能直接承办的,可以委托社会审计机构实施审计。

第二章 审计范围、对象及内容

第七条 任中经济责任审计的对象,是指集团所属的具有经营活动和经济业务的内部单位第一行政负责人。

第八条 根据国家有关规定,结合企业管理需要,对单位负责人任中经济责任审计的内容主要包括:

(一)单位负责人审计时限内企业经营成果的真实性;

(二)单位负责人审计时限内企业财务收支核算的合规性;

(三)单位负责人审计时限内企业资产质量变动状况;

(四)单位负责人审计时限内对企业有关经营活动和重大经营决策负有的经济责任;

(五)单位负责人审计时限内执行国家有关法律法规情况;

(六)单位负责人审计时限内企业经营绩效变动情况。

第九条 企业经营成果的真实性是指单位负责人审计时限内会计核算是否准确,企业财务决算编报范围是否完整,企业经济成果是否真实可靠,以及企业计提资产减值准备与资产质量是否相匹配。主要内容包括:

(一)企业财务会计核算是否准确、真实,是否存在经营成果不实问题;

(二)企业年度财务决算报告合并范围、方法、内容和编报质量是否符合规定,有无存在故意编造虚假财务决算报告等问题;

(三)企业是否正确采用会计确认标准或计量方法,有无随意变更或者滥用会计估计和会计政策,故意编造虚假利润等问题。

第十条 企业财务收支核算合规性是指单位负责人审计时限内财务收支管理是否符合国家有关法律法规规定,会计核算是否符合国家有关财务会计制度,年度财务决算是否全面、真实地反映企业财务收支状况。主要内容包括:

（一）企业收入确认和核算是否完整、准确，是否符合国家财务会计制度规定，有无公款私存、私设“小金库”，以及以个人账户从事股票交易、违规对外拆借资金、对外进行资金担保和出借账户等问题；

（二）企业成本开支范围和开支标准是否符合国家有关财务会计制度规定，有无多列、少列或不列成本费用等问题，以及单位工资总额来源、发放、结余情况；

（三）企业会计核算是否符合国家有关财务会计制度规定，是否随意改变资产、负债、所有者权益的确认标准或计量方法，有无虚列、多列、不列或者少列资产、负债、所有者权益的问题；

（四）企业会计账簿记录与实物、款项和有关资料是否相符，有无存在账外资产、潜亏挂账及潜亏不挂账等问题，有无存在劳动工资核算不实等问题。

第十一条　企业资产质量变动状况是指单位负责人审计时限内各项资产质量是否得到改善，是否存在严重损失、重大潜亏或资产流失等问题，企业国有资产是否安全、完整，以及对企业未来发展能力的影响。主要内容包括：

（一）单位负责人审计时限内有关企业资产负债结构合理性及变化情况，以及对企业未来发展的影响；

（二）单位负责人审计时限内企业资产运营效率及变化情况，以及对企业未来发展的影响；

（三）单位负责人审计时限内企业有效资产及不良资产的变化情况，以及对企业未来发展的影响；

（四）单位负责人审计时限内企业国有资产保值增值结果，及单位在所处系统中水平变化的对比分析。

第十二条　企业有关经营活动和重大经营决策是指单位负责人审计时限内做出的有关对内对外投资、经济担保、出借资金和大额合同等重大经济决策是否符合国家有关法律法规规定，是否符合企业内部控制程序，是否存在较多问题或者造成重大损失。主要内容包括：

（一）企业经营决策是否合理、正确、合法，是否存在损害企业长远利益的短期行为，对煤炭生产企业重点审查：

1. 固定资产的新旧程度是否降低，设备是否按规定进行更新；

2. 矿井的生产接续是否正常、采掘布局是否合理、采掘是否协调；三个煤量可采期是否符合国家规定；

3. 煤层配采比例是否合理，资源回采率是否达到国家规定，有无浪费国家矿产资源；

4. 煤炭生产的技术进步是否达到规定标准；

5. 矿井的安全生产投入是否与矿井安全生产条件相适应，矿井安全装备水平是否符合《煤矿安全规程》，是否存在较大的安全欠账和隐患，有无挤占安全资金的情况；

（二）企业重大投资的资金来源、决策程序、管理方式和投资收益的核算情况，以及是否造成重大损失；

（三）对外担保、对外投资、大额采购与租赁等经济行为的决策程序、风险控制及其对企业的影响情况；

（四）涉及的证券、期货、外汇买卖等高风险投资决策的审批手续、决策程序、风险控制、经营收益或损失情况等；

（五）改组改制、上市融资、发行债券、兼并破产、股权转让、资产重组等行为的审批程序、操作方式和对企业财务状况的影响情况等，有无造成企业损失或国有资产流失问题。

第十三条　任中经济责任审计要认真检查单位负责人及企业执行国家有关法律法规情况，核实单位负责人及企业有无违反国家财经法纪，以权谋私，贪污、挪用、私分公款，转移国家资产，行贿受贿和挥霍浪费等行为，以及弄虚作假、骗取荣誉和蓄意编制虚假会计信息等重大问题。

第十四条　任中经济责任审计在全面核实企业各项资产、负债、权益、收入、费用、利润等账务的基础上，依据《山西焦煤集团公司国有资本金效绩审计评价指标》有关经营绩效评价规定，对单位负责人审计时限内经营成果、经营业绩、企业资产运营和回报情况以及在生产、经营、安全和可持续发展等方面进行客观、公正和准确的综合评判。考核评判的主要内容：

一、基本指标：

（一）利润；

（二）安全；

（三）产量；

（四）产值；

（五）单位成本；

（六）全员效率；

（七）净资产收益率；

（八）责任法人目标责任书中要求完成的其他指标。

二、指导性指标：

（一）经济总量指标；

（二）运行质量指标；

（三）长远发展指标；

（四）其他指标。

三、经济运行指标

（一）财务效益状况指标；

（二）资产运营状况指标；

（三）偿债能力状况指标；

（四）发展能力状况指标。

四、在生产、安全、经营管理和可持续发展等方面所做的工作及存在的问题：

（一）在发展生产、强化管理、节约成本、增收、创收和可持续发展上所做的工作和存在的问题；

（二）安全投入、安全管理、安全资金的使用及其成效或存在问题；

（三）主辅分离、辅业改制以及非煤产业的发展情况、运行情况；

（四）在体制创新、制度创新、技术创新、管理创新上的成功举措或存在问题；

（五）工收入及生活状况改善情况；

（六）遵守国家财经法规情况以及重大决策失误和违纪违规事项；

（七）其他需要评价的事项。

第三章　审计实施

第十五条　审计部门根据组织（人事）部门提出的干部任中经济责任审计工作要求，及时组织审计组，由审计组主审编制任中经济责任审计工作方案，明确审计的目标、时间安排、范围、重点内容、审计要求、方法与组织方式等内容。

第十六条　审计组应由主管单位的审计、人事、财务、企管、安全、调度等有关部门的人员组成，按审计方案分组进行审计。

第十七条　审计组应当在实施审计5日前通知被审计单位及单位负责人，提交审计通知书及要求准备的审计资料提纲。被审计单位和单位负责人在接到审计通知书后，应做好接受审计的有关准备工作，如实地提供有关资料。

第十八条　审计组在下达审计通知书后，要将被审计领导人员姓名、职务、审计内容、范围、时间、审计组成员、联系电话、联系人员、办公地点、审计纪律等内容进行公示，广泛听取群众意见，搜集审计线索，取得相关信息资料。

第十九条　被审计单位负责人在接到审计通知后，应当向审计组提交审计时限内本人履行经济责任的述职报告，并在审计见面会上进行个人述职，主要内容包括：

（一）单位负责人职责范围；

（二）审计时限内与企业资产、负债、损益目标责任制有关的各项经济指标完成情况；

（三）审计时限内遵守国家财经法规和廉政建设情况；

（四）审计时限内主要经营业绩，工作中存在的主要问题和应承担的经济责任；

（五）进一步深化企业改革，改善经营管理和企业可持续发展的意见和建议；

（六）对历次审计中发现问题的整改处理情况及未处理事项的原因说明；

（七）其他应当向审计组说明的情况。

被审计单位负责人应当对所提供资料的真实性、完整性做出书面承诺。不得打击报复或者陷害检举人、证明人、资料提供人和审计人员。

第二十条　被审计单位应当按照审计组的要求，及时提供如下资料：

（一）企业中长期计划、年度经营计划、年度工作总结；

（二）财务会计资料、统计资料、经济活动分析资料、财产盘点、清理债权、债务的资料；

（三）现行企业章程、管理制度、与企业经营管理相关的会议纪要、记录；

（四）重要的合同、协议；

（五）经济监督部门对单位的检查报告、处理意见及企业纠正情况等资料；

（六）领导班子成员组成及职责分工、单位内部机构设置及人员基本情况；

（七）领导干部任职前单位所遗留经济问题的书面材料；

（八）审计组认为需要的其他资料。

被审计单位应当对所提供资料的真实性、完整性做出书面承诺。不得拒绝、拖延提供相关资料和证明材料，以及转移、伪造、毁弃有关经济责任审计资料。

第二十一条　在审计方法上，审计组要坚持核实经济责任目标和查处问题相结合、审查会计资料和审查决策资料相结合、内查和外调相结合、对本单位、本部门审计与联系密切的下属单位延伸审计相结合、审计技术与其他技术方法相结合。

第二十二条　审计组应对被审计单位的资产管理、资金收付、经济决策等方面内部控制制度的建立、执行情况进行测试。根据内部控制制度符合性测试的结果，进一步确定审计的重点。

第二十三条　审计组在审计实施时，要抓住审计重点，积极收集审计证据，并及时编制审计工作底稿。对涉及被审计单位领导经济责任的审计事项，审计签证实行“双签证”制度，即由被审计单位和被审计单位领导对审计查证事项分别签证。经济责任审计取得的审计证据必须包括问题或事项发生、发展的过程、原因、责任人等要素。反映的情况或问题必须查明被审计单位领导应负的经济责任。审计证据的收集和审计工作底稿的编制应符合《审计机关审计证据准则》、《审计机关审计工作底稿准则》的规定。

第二十四条　审计人员在实施审计过程中，不得利用职权谋取私利、徇私舞弊、玩忽职守、索贿受贿和泄漏企业商业秘密。

第二十五条　审计组在完成现场审计后，应在10个工作日内向审计机构提交审计报告。审计报告提交前，应当征求被审计干部的意见，并将审计报告及被审计干部的书面意见一并上报。审计报告的内容主要包括：

（一）审计依据、审计时间、审计范围、审计方式；

（二）被审计单位的基本情况；

（三）被审计单位负责人审计时限内主要经济技术指标完成情况；

（四）被审计单位负责人审计时限内在生产、安全、经营、管理、基本建设、主辅分离、生活福利、资本保值增值和企业可持续发展等方面取得的成绩；

（五）被审计单位负责人审计时限内经济责任履行情况、单位存在的主要问题以及应负有的经济责任；

（六）对被审计单位负责人及被审计单位提出加强和改进管理的意见和建议；

（七）单位负责人违反国家财经法规和廉政建设规定的事实、以及据以定性的法律、法规和处理、处罚的意见与建议；

（八）需要反映的其他情况；

（九）对被审计单位负责人的综合评价。

第四章　审计结果运用

第二十六条　审计工作结束后，审计组负责将审计报告分别报送组织（人事）、纪检监察、企业主管等相关部门，各部门在干部监督管理、选拔任用、培训教育、业绩考核等方面，应充分利用经济责任审计结果。

第二十七条　组织（人事）部门应将任中经济责任审计结果同干部考核、任用工作结合起来，作为干部选拔、调整、聘任的重要依据。

（一）对所在单位存在重大经济损失或严重违法违纪行为负有领导责任的领导干部，要按照矿处级领导干部问责制的有关规定给予组织处理。

（二）对任期内履行经济责任表现差、问题较多，但未造成重大经济损失的领导干部，由组织（人事）处、纪委与审计部门联合进行谈话。对一般性问题，由组织（人事）处与审计部门联合进行谈话。

（三）对履行经济责任成效显著、模范遵守国家财经法规的领导干部，应当结合干部考评给予表彰奖励，并作为提拔使用的重要依据。

（四）经济责任审计结果报告要存入干部人事档案。

第二十八条　纪检监察部门要重视和发挥经济责任审计结果在开展党风廉政建设和反腐败工作中的积极作用。

（一）结合经济责任审计结果，对被审计的领导干部进行廉政谈话。

（二）对审计部门移送的案件线索，应给予足够重视，及时组织力量认真核查，并将核查结果反馈审计部门。

（三）对核查鉴定的违纪问题，应依照有关规定追究有关人员的党纪政纪责任，涉嫌犯罪的，依法移送司法机关处理。

（四）将经济责任审计报告存入被审计领导人员的廉政档案。

第二十九条　审计部门根据审计结果，依据有关规定分别做出处理。

（一）对审计中发现的突出问题或带有普遍性、倾向性、苗头性的问题，提出改进建议，专题报告公司主管审计的领导，由主管审计的领导向党政联席会议通报。

（二）对被审计单位执行审计决定和落实整改

意见情况依法进行监督。

（三）对在经济责任审计中发现的应当给予党纪、政纪处分的行为，移送纪检监察机关进一步查处。

（四）建立被审计领导人审计档案及审计资料数据库。

第三十条　财务、企管、计划等相关管理部门，要充分发挥经济责任审计在促进企业经营管理，监督单位负责人依法经营，加强管理，正确行使职权等方面的作用，应根据经济责任审计结果分别做出处理。

（一）将经济责任审计结果作为企业和领导干部绩效考核的重要依据。

（二）协助审计部门落实审计决定，暂停拨付与违反国家及企业规定的财务收支行为直接有关的款项，协助执行扣缴被审计单位的违纪违规资金。

第三十一条　被审计领导人所在单位应当认真执行审计决定，积极采纳审计建议。

（一）对审计组提出的审计意见和建议，应当及时研究，认真整改，规范管理，积极采纳。

（二）对审计组做出的处理、处罚决定，应当在规定的期限内执行完毕，并将执行情况书面报告审计部门。

（三）对审计结果应当在一定范围内通过适当形式予以公布。

第五章　附　则

第三十二条　各子分公司可根据本单位实际情况参照本暂行办法执行。

第三十三条　本暂行办法解释权属西山煤电集团有限责任公司审计处。

第三十四条　本暂行办法自下发之日起执行。

（西山煤电发[2006]281 号）

西山集中供热管理条例（试行）

第一章　总　则

第一条　为加强西山矿区集中供热管理，节约能源，保护环境，适应西山矿区生产和居民生活的需要，根据法律、法规的有关规定，结合西山矿区实际，制定本条例。

第二条　本条例适用于西山前山矿区（以下称矿区）集中供热管理。

第三条　本条例所称集中供热是指利用热电联产、区域锅炉等热源通过热网向若干个街区乃至整个矿区的热用户供热。

第四条　西山公用事业总公司主管矿区集中供热行政管理工作（以下称供热主管部门）。

有关部门应当按照各自的职责，协同供热主管部门做好矿区集中供热管理工作。

第五条　矿区集中供热设施建设应当纳入西山矿区发展计划，统筹规划，配套建设，统一管理，协调发展。

第六条　热电联产的总热效率和热电比应当符合国家规定指标，西山热电公司应加强热电联产电力管理，提高热电机组利用率，保障热电机组安全经济运行。

第七条　鼓励矿区集中供热新技术、新工艺、新设备、新材料的研究、开发和应用，限制、改造分散供热燃煤锅炉，推广热电联供。

第二章　规划与建设

第八条　矿区规划设计主管部门应当会同供热主管部门依据矿区总体规划编制矿区集中供热规划，报集团经批准后，由供热主管部门组织实施。

矿区集中供热规划经批准后，任何单位和个人不得擅自变更；确需变更的，应当报原批准机关审批。

矿区集中供热规划，应当结合矿区总体规划确定的集中供热发展目标和总体布局，根据矿区发展需要合理配置热源、热网，统筹安排，分期实施。

第九条　新建、扩建、改建矿区道路应当依据矿区集中供热规划同时设计和敷设供热管网，其建设资金由集团承担。

第十条　在矿区供热主管网到达的地区进行房地产开发的单位，应当配套建设用热设施，并代热用户向供热主管部门缴纳供热工程建设资金。已缴纳的供热工程建设资金可以纳入开发建设项目总概算。

在供热主管网未到达的地区进行房地产开发的单位，应当按照集中供热规划配套建设供用热设施，供用热设施建设资金可以纳入开发建设项目总概算，并免缴供热工程建设资金。

配套建设的供热设施，应当与建设项目工程同时设计、同时施工、同时验收并交付使用。

第十一条　新建、扩建、改建矿区集中供热工程，必须符合矿区集中供热规划，供热工程可行性研究报告及设计方案须经供热主管部门审查同意后方可到规划行政主管部门办理规划建设审批手续。

第十二条　在供热主管网到达的地区，不得新建分散供热燃煤锅炉，对建成使用的分散供热燃煤锅炉，必须限期停止使用。

在供热主管网尚未到达的地区，确需新建分散供热燃煤锅炉的，须经供热主管部门审查同意后，方可到环保部门办理审批手续。

第十三条　集中供用热工程的设计、施工、监理，应当符合国家有关技术标准和规范，由供热主管部门会同集团有关部门通过招标、投标等形式确定具有相应资质的单位承担。

第十四条　集中供用热设施建设和维修所采用的设备、材料、计量器具等，应当符合国家规定的产品质量标准。有关部门应当进行标准化审查，并加强质量监督检查。

第十五条　集中供热管线按照矿区集中供热规划需要穿越单位、厂区或宅、院时，单位和个人应当予以配合。因穿越施工造成设施损坏的，建设单位应当予以修复；无法修复的，应当给予赔偿。

第十六条　集中供用热设施建设工程竣工时，建设单位应当按照规定向供热主管部门提供有关竣工资料。供热主管部门会同集团有关部门按照国家有关技术标准对供用热设施进行验收，未经验收或验收不合格的不得投入使用。

第十七条　参加集中供热的热用户，应当向供热主管部门或供热主管部门委托的供热设施建设单位缴纳供热工程建设资金，但已由房地产开发单位代缴供热工程建设资金的热用户除外。

供热工程建设资金的收缴办法和标准由供热主管部门会同有关部门核定，按规定程序报批后执行。

第三章　供热管理

第十八条　从事矿区集中供热生产经营的单位（以下简称供热单位）必须按照下列规定，办理有关证、照后，方可从事矿区集中供热生产经营活动：

（一）向供热主管部门提交资质审查申报表及有关文件资料，申领矿区集中供热试运行证书；

（二）持矿区集中供热试运行证书，到工商行政管理部门办理登记注册手续，领取临时营业执照；

（三）试运行一年后，向供热主管部门申请资质审查，经审查合格领取矿区集中供热资质证书后，到工商行政管理部门换领营业执照。

供热主管部门对资质单位实行年检制度。经年检不符合矿区集中供热资质的供热单位，由供热主管部门责令限期整改；逾期仍达不到规定资质的，由供热主管部门委托具有相应资质的供热单位管理。

第十九条　供热单位使用的供热锅炉应当达到国家、省和市规定的大气污染物排放标准。

第二十条　供热单位未经供热主管部门同意，不得全部或部分停止或终止集中供热的生产经营。

第二十一条　供热单位应当按照供热主管部门确定的供热范围向热用户供热。

供热单位需要扩大供热范围，应当到供热主管部门办理审批手续。

第二十二条　供热单位应当与热用户签订供用热合同，并报供热主管部门备案。

供用热合同的内容应当包括供用热时间、热负荷性质、供用热参数、收费标准、缴费时限、供用热双方的权利义务、违约责任及当事人约定的其他事项。

供热单位和热用户因执行供用热合同发生纠纷，可以协商解决，也可以依法申请仲裁或向人民法院提起诉讼。

第二十三条　西山矿区采暖期为当年十一月一日至次年三月三十一日，在采暖期内热用户室温不得低于16℃。

供热单位供热运行中的供热参数、热用户室温合格率和运行事故率应当符合国家规定的标准。

第二十四条　供热单位应当实行规范化服务，将服务的内容、标准、时间向矿区全体用户公开，接受监督。

第二十五条　供热单位应当按照供用热合同按时、连续、保质供热。因突发性故障不能保证正常供热时,应当立即组织抢修,并通知热用户。发生重大故障,应当同时报告供热主管部门。

因供热单位责任停止向热用户供热,供热单位应当按照停止供热的时间减收用热费。

第四章 用热管理

第二十六条 需要用热的单位和居民,应当向供热单位申请办理用热手续。散户居民应当以楼单元为单位提出申请。

第二十七条 热用户更名、增加或减少用热面积,应当到供热单位办理变更手续。

第二十八条 热用户应当按规定对用热设施采取防寒保护措施;每年用热前,对用热设施进行检修,保证用热设施完好。

第二十九条 热用户未经供热单位同意,不得有下列行为:

(一)改变用热管网管径、增加用热管线或散热器;

(二)在用热设施上安装放水、排汽装置;

(三)安装或启闭控制装置;

(四)转供热、改变用热性质及运行方式;

(五)排放或取用供热管网热水和蒸汽。

第三十条 热用户必须严格执行用热计划,并按照集团有关部门核定的采暖价格和蒸汽价格按时向供热单位缴纳用热费;逾期不缴纳的,按日缴纳千分之三的滞纳金。

第三十一条 热用户的采暖价格和蒸汽价格按照“成本 + 税金 + 微利”的原则实行分类定价,由集团有关部门依据有关规定核定并公布执行。

第五章 设施管理

第三十二条 集中供热设施和用热设施的界限以换热站外墙为界,站内的设施为供热设施,由供热单位负责维护管理;站外的设施为用热设施,由房屋产权人负责维护管理。

房屋产权人或热用户可以委托供热单位维修用热设施。

第三十三条 热计量器具应当经技术监督部门检验合格后,方可安装使用。供用热双方对计量发生争议时,可申请技术监督部门检测鉴定,检测费用由责任方承担。

第三十四条 供热单位应当按照规定在其负责维修管理的集中供热设施及其安全距离范围内设置明显的安全警示标志。

第三十五条 任何单位和个人不得有危害集中供用热设施安全运行的行为。

供热单位对其管理和受委托管理的集中供用热设施应当定期巡线检查维修,确保供用热设施安全正常运行。

供热管理人员入户巡检用热设施时,应当出示由供热主管部门颁发的证件,热用户应当予以配合。

第三十六条 热网及其附属设施发生故障需要抢修时,供热单位可以先施工,并在施工期限内到有关部门补办有关手续。

第三十七条 任何单位和个人不得擅自改装、拆除、迁移集中供用热设施。因特殊情况确需改装、拆除、迁移的,须经供热主管部门同意后方可施工,因此发生的有关费用由责任方承担。

第三十八条 规划设计主管部门在审批涉及矿区集中供热设施安全的项目时,应当事先征求供热主管部门的意见。

因工程施工影响矿区集中供热设施安全的,建设单位应当采取安全保护措施,经供热单位查验同意后方可施工。

第三十九条 未经供热主管部门同意,任何单位和个人不得将用热管网与供热管网连接。

第四十条 热网及其附属设施外缘安全距离范围内,禁止下列行为:

(一)修建建(构)筑物;

(二)挖坑、掘土、打桩、埋设线杆;

(三)爆破作业;

(四)堆放垃圾、杂物;

(五)排放污水。

第六章 法律责任

第四十一条 有下列行为之一的,由供热主管部门责令限期改正,并处以五千元以上五万元以下罚款:

(一)擅自新建、扩建、改建矿区集中供热工程和分散供热燃煤锅炉的;

(二)擅自启用已禁止使用的分散供热燃煤锅炉的;

(三)应当建设集中供用热设施而未建的;

(四)供用热工程未经验收或验收不合格投入使用的。

第四十二条　供热单位有下列行为之一的，由供热主管部门责令限期改正，并处以三千元以上三万元以下罚款；有违法所得的，没收违法所得：

（一）未取得供热试运行证书或供热资质证书从事矿区集中供热生产经营活动的；

（二）未按规定进行年检的；

（三）供热运行中供热参数、热用户室温合格率和运行事故率不符合国家规定标准的；

（四）未按规定时间供热或擅自缩短供热期的；

（五）发生重大故障未向供热主管部门报告的；

（六）擅自扩大供热范围的；

（七）热用户室内温度未达到规定标准的。

第四十三条　违反本条例第二十条规定的，由供热主管部门责令限期恢复生产经营；逾期仍不恢复的，由供热主管部门处以五万元以上十万元以下罚款。

第四十四条　违反本条例第二十九条规定的，由供热主管部门责令限期改正，对用热单位处以两千元以上一万元以下罚款，对用热居民处以一千元以下罚款。

第四十五条　危害矿区集中供热设施安全，有下列行为之一的，由供热主管部门责令限期改正，并处以三千元以上三万元以下罚款：

（一）擅自改装、拆除、迁移矿区集中供用热设施的；

（二）工程施工影响矿区集中供热设施安全，未采取安全保护措施擅自施工的；

（三）擅自将用热管网与供热管网连接的；

（四）违反本条例第四十条规定的。

第四十六条　供热管理人员玩忽职守、滥用职权、徇私舞弊的，由其所在单位或上级主管部门给予行政处分；构成犯罪的，依法追究刑事责任。

第四十七条　依照本条例实施处罚时，必须使用财政部门统一印发的罚款收据，罚款收入按规定上缴供热主管部门。

第四十八条　对拒绝、阻碍供热主管部门人员执行公务，依照《中华人民共和国治安管理处罚法》应当予以处罚的，由公安机关依法处理；构成犯罪的，依法追究刑事责任。

第四十九条　当事人对行政处罚决定不服的，可以在接到处罚决定书之日起十五日内，向做出处罚决定的上一级机关申请复议；对复议决定不服的，可以在接到复议决定书之日起十五日内，向人民法院起诉。当事人也可以在接到处罚决定书之日起十五日内直接向人民法院起诉。当事人逾期不申请复议也不向人民法院起诉又不履行处罚决定的，由做出处罚决定的机关申请人民法院强制执行。

第七章　附　则

第五十条　供热主管部门应当依照本条例制定实施细则。

第五十一条　本条例自2006年9月1日起施行。

（西山煤电发[2006]327号）

西山煤电集团民用爆炸物品安全监督管理办法

第一章　总　则

第一条　为了加强对民用爆炸物品的安全管理，加强监督检查，预防爆炸事故和涉爆案件发生，保障公民生命、财产安全，根据《民用爆炸物品安全管理条例》及相关规定，制定本办法。

第二条　集团所属单位民用爆炸物品安全管理和监督检查工作，适用本办法。

第三条　民用爆炸物品从业单位的主要负责人是本单位民用爆炸物品安全管理责任人，对本单位民用爆炸物品安全管理工作全面负责。从业单位应当设立民用爆炸物品安全管理机构，组织制定安全管理制度、岗位责任制度、制订安全防范和事故应急预案。对生产、储存、销售、运输、保管、使用等环节，确定专人负责安全管理工作。

第四条　国家建立民用爆炸物品信息管理系统，对民用爆炸物品实行标识管理，监控民用爆炸物品流向。民用爆炸物品生产、销售企业和爆破作业单位应当如实将本单位生产、销售、购买、运输、储存、使用民用爆炸物品的品种、数量和流向信息输入计算机系统。

第五条　生产、销售、购买、运输、使用民用爆炸物品和爆破作业，应当按照《民用爆炸物品安全管理条例》规定，申报有关主管部门审查许可。

第六条　从事涉爆工作的爆破员、保管员、巡守员、押运员、安全员，必须经公安保卫部门政审合格，经专业培训，公安机关考核合格后，持有效证件上岗。

第七条　各派出所、保卫科对管辖单位民用爆炸物品安全管理工作实施监督管理，对安全隐患提出整改意见，限时整改。

第八条　非涉爆单位的主要负责人，要对本单位涉爆安全工作负责，要将涉爆安全检查纳入内部治安防范检查的范畴。要加强对单位内部的安全管理，防止利用单位场地、厂房，私制、私藏爆炸物品。广泛宣传打击涉爆违法犯罪活动的重要性，教育广大干部、职工群众充分认识爆炸事件的危害性，积极举报涉爆违法犯罪线索，使涉爆安全工作形成群防群治的氛围。

第二章　生产　销售　运输

第九条　民用爆炸物品生产企业，应当将国防科技工业主管部门核发的《民用爆炸物品生产许可证》和工商登记的文件，报当地公安机关。

第十条　民用爆炸物品生产企业应当严格按照《民用爆炸物品生产许可证》核定的品种和数量进行生产，生产作业应当严格执行安全技术规程。生产成品应当随时入库，不得在生产车间存放，产品包装等标识应当符合相关主管部门规定的标识样式。

第十一条　试验或者试制民用爆炸物品，必须在专用场地或者专门的试验室进行。严禁在生产车间或者仓库内试验或者试制民用爆炸物品。

第十二条　民用爆炸物品生产企业销售本企业生产的民用爆炸物品，不得超出核定的品种、产量。

第十三条　民用爆炸物品销售企业应当将销售情况逐月报送公安机关。内容包括：开出《民用爆炸物品购买许可证》的单位名称、许可证编号、购买单位、提货日期、购买数量、品种等。

第十四条　根据集团公司现行生产、销售、运输一体化的模式，内部单位购买民用爆炸物品由化工厂统一配送。运输民用爆炸物品应当携带公安机关核发的《民用爆炸物品运输许可证》，按照许可的品种、数量、起始地点、运输路线、在许可证有效期限进行运输。

第十五条　运输车辆安全技术状况应当符合国家安全技术标准的要求，悬挂或者安装符合标准的易燃易爆危险物品警示标志。运输民用爆炸物品还应遵守下列规定：

①保持车速；②不得超量装载；③车厢底要用不发火材料辅助作软垫；④途中不得在人口稠密的地方、交叉路口和桥上(下)停留；⑤严禁无关人员搭乘或混装其他物品；⑥严禁在车上吸烟和用火；⑦装卸现场设置警戒，禁止无关人员进入；⑧出现危险情况立即采取应急措施，同时报告公安机关和上级主管单位。

第十六条　民用爆炸物品运达目的地，收货单位验收后在《民用爆炸物品运输许可证》上签注，并在 3 日内将《民用爆炸物品运输许可证》交回发证机关核销。

第三章　购　买

第十七条　民用爆炸物品生产企业凭《民用爆炸物品生产许可证》购买属于民用爆炸物品的原料。民用爆炸物品使用单位凭《民用爆炸物品购买许可证》购买民用爆炸物品。

第十八条　集团所属使用单位，购买(调拨)民用爆炸物品，需填写《申请购买爆炸物品审批表》，如实填写表内雷管、炸药现存量，由本单位供应、保卫部门负责人签字后，到公安机关办理购买手续。

第十九条　办理审批购买时应当将使用单位当月“爆破器材使用计划表”一份，报审批的公安机关。

第二十条　任何单位和个人，未经公安部门审批，不得买卖民用爆炸物品。

第四章　储存和看护

第二十一条　民用爆炸物品应当储存在专用仓库内。库区、库房建设要按照国家规定设置技术防范设施。

第二十二条　储存的数量不得超过库房设计储存量。性质相抵触的民用爆炸物品必须分库储存，严禁在库房内存放其他物品。

第二十三条　建立出入库检查登记制度，收存、发放做到账目清楚，账物相符。堆垛存放要符合相关规定，留出防潮通风间隙。

第二十四条　储存库必须有经过政审、专业培训、考核合格取得资格证的巡守员昼夜看护，节日、假期应增加看护人员数量。严禁无关人员进入库区，严禁将其他易燃易爆物品带入库区，严禁在库区内吸烟和用火。按照公安机关要求，配齐“人防、技防、物防、犬防”等设施，保证齐全有效。

第二十五条　在爆破现场临时存放民用爆炸物品的，应当由爆破作业单位负责人，确认具备安全存放条件，方可存放，并设专人管理看护。

第二十六条　煤矿井下储存民爆物品应当按照《煤矿安全规程》的相关规定，规范建立储存仓库或储存峒室。储存炸药数量不得超过该矿井三天的使用量，雷管不得超过十天的使用量，储存量不得超过设计储存容量。

第二十七条　煤矿井下储存、运输安全技术规范，按照《煤矿安全规程》相关规范标准执行。

第二十八条　发现民用爆炸物品丢失、被盗、被抢，应当立即报告公安机关和上级主管单位。

第五章　领取、发放、使用、销毁

第二十九条　使用单位领取民爆物品，应当计划使用量，由当班区(科)领导审核签字，由有作业证的人员领取，发放登记要字迹清楚，不得涂改。发放品种、数量做到账目清楚，账物相符。雷管要按编号登记到人。当班剩余的民爆物品必须退库保管，并记录清楚，不得私存、转借使用。

第三十条　井下爆破作业应当按照《煤矿安全规程》安全技术规范要求执行。

第三十一条　因矿井通风等其他地面工程施工，需要使用民爆物品爆破作业的，施工单位必须向公安机关提出申请。经公安机关对其资质条件审查许可后，方可购买使用民用爆炸物品。

第三十二条　变质、失效和案件收缴的爆炸物品要妥善保存，及时销毁。要将销毁的品种、数量、物品来源登记造册，在确保安全的场所进行销毁。单位民用爆炸物品安全管理机构，组织制定安全销毁措施，指定专人负责实施销毁。

第三十三条　销毁前填写《销毁废旧失效爆炸物品审批表》，到公安机关审批，销毁后将《销毁废旧失效爆炸物品记录表》报原审批的公安机关备案。

第六章　烟花爆竹

第三十四条　严格执行国家对烟花爆竹生产、经营、运输和举办焰火晚会及其他大型焰火燃放活动实行的许可证制度。未经许可，任何单位或者个人不得生产、经营、运输烟花爆竹，不得举办焰火晚会以及其他大型焰火燃放活动。

第三十五条　举办焰火晚会以及其他大型焰火燃放活动单位的主要负责人，对本单位的烟花爆竹安全工作负责。

第三十六条　申请举办焰火晚会以及其他大型焰火燃放活动的主办单位应当按照分级管理的规定，向公安机关有关部门提出申请，经公安部门对其资质、条件审查，核发《焰火燃放许可证》，方可燃放。

第三十七条　对未经许可举办焰火晚会以及其他大型焰火燃放活动或者燃放作业单位和作业人员违反焰火燃放安全规程、燃放作业方案进行燃放的，公安保卫部门可以责令停止燃放，并报上级单位和公安机关进行处罚。

第三十八条　内部单位未经许可运输、储存、燃放烟花爆竹的，上级单位和公安保卫部门可以责令停止非法活动，并报送公安机关处罚。

第三十九条　非举办焰火晚会，非燃放期限内，任何单位和个人不得存放和燃放烟花爆竹。

第七章　地面安全

第四十条　涉爆和非涉爆单位的负责人均要充分认识涉爆安全工作的重要性，以对人民生命财产安全的责任感，加强对干部职工涉爆安全教育，增强安全意识，加强安全管理，保证本单位不发生私制、私藏爆炸物品案件和爆炸事故。

第四十一条　各单位要将涉爆安全管理工作纳入本单位治安防范检查工作范畴，形成长效机制实施管理检查。要层层分解责任，以安全责任书、承诺书的形式落实责任，加强管理。

第四十二条　各单位公安保卫部门要将涉爆安全检查作为治安防范检查的一项主要内容，依法查处妨害公共安全的案件。对忽视安全管理，不配合检查；对安全隐患不按要求进行整改的单位，采取下发隐患通知，给予通报等行政措施；对拒不整改的单位负责人责令改正；对违反《中华人民共和国治安管理处罚法》规定行为的人，由公安机关给予治安处罚。

第四十三条　根据政府和集团公布的奖励规定，公安保卫部门承办对举报涉爆犯罪活动线索查证属实的给予奖励。

（西山煤电发[2006]482号）

西山煤电集团公司实施焦煤文化的若干规定

为了贯彻落实《山西焦煤企业文化建设纲要》,全面推进西山煤电集团企业文化建设,规范企业文化管理,不断升华管理品位,创造和形成统一的集团形象,提高集团的凝聚力和竞争力,特做如下规定。

第一条　本规定适用于西山煤电集团所属的各单位及控股公司。参股公司、托管企业等新经济组织,可在组织安全、生产、经营、管理活动中倡导山西焦煤文化的价值理念、行为规范。

第二条　在企业内部实施焦煤文化是西山煤电集团公司党政根据山西焦煤的要求、结合企业实际作出的决定。各单位的企业文化建设必须以山西焦煤企业文化建设的总体要求为基础进行落实、扩展和延伸。

第三条　价值理念系统是企业文化的灵魂。各单位根据自身的生产经营实际,可在山西焦煤集团企业价值理念的统领下提炼、丰富、拓展、培育与之相适应的各种理念,但企业核心价值观、企业精神和企业理念必须统一,不得另行。各单位要及时将自己延伸、提炼出的各种观念上报西山煤电集团公司企业文化战略指导委员会办公室。

第四条　行为规范系统是山西焦煤企业文化的主体,主要内容是构建符合企业文化理念和企业实际的科学的制度体系。各单位要建立健全、修改完善各项管理制度、操作规程、工作职责、行为规范,建立协同有力的领导体制和充满活力的运行机制,不断提高企业文化管理水平。

第五条　视觉识别系统是山西焦煤企业文化的外在表现形式。山西焦煤集团有限责任公司《视觉识别VI手册》是山西焦煤企业文化外显系统的参照范本,其中企业标志、标准字体、专用字体、组合方式、旗帜、标准色、辅助色、辅助图形是山西焦煤企业文化外显系统的重点,西山煤电集团所属的各单位及控股公司在应用时不得有误。若因山西焦煤集团有限责任公司《视觉识别VI手册》尚未涉及,需要另行设计项目时,不得违反基本要素。重大项目的形象设计方案,需报经西山煤电集团企业文化战略指导委员会办公室审查批准后方可实施。各单位视觉识别要素的设计、制作,必须经西山煤电集团公司企业文化战略指导委员会批准后,在集团指定地点设计完成、制作成型,所发生费用各单位自理。

第六条　西山煤电集团公司企业文化战略指导委员会是企业文化建设的最高决策机构,西山煤电集团公司企业文化战略指导委员会办公室(办公室设在宣传部),是企业文化的日常管理机构,代表委员会行使有关职权。各单位企业文化管理机构及其部门,按照西山煤电集团的企业文化组织管理体系,开展工作和行使相应职权。

第七条　企业文化涉及企业各方面的工作,相关单位和部门应积极配合企业文化管理部门,保质保量地完成工作任务,若因特殊原因不能完成或不能按时完成的,应书面作出说明,报请批复。

第八条　各单位设立企业文化建设专项资金,专款专用。

第九条　西山煤电集团实施山西焦煤企业文化,实行目标管理办法。西山煤电集团公司企业文化战略指导委员会每年根据山西焦煤集团公司的要求,结合企业改革发展实际和生产经营需要,在分析自身企业特点的前提下,做好企业文化建设的总体规划工作。其内容包括年度目标、阶段性目标以及初拟举措等等。

第十条　各单位要根据西山煤电集团企业文化年度工作规划和本单位的实际,制定年度计划并及时上报西山煤电集团公司企业文化战略指导委员会办公室备案;每半年的企业文化推进情况和年度自检情况要及时上报西山煤电集团公司企业文化战略指导委员会办公室。

第十一条　各单位要按照《山西焦煤企业文化建设纲要》和《西山煤矿总公司实施山西焦煤文化建设方案》、《西山煤电股份公司实施山西焦煤文化建设方案》总体要求以及西山煤电集团公司企业文化建设年度要点及实施细则,自觉接受蹲点指导组的指导,分步推进山西焦煤企业文化建设,以阶段性目标的落实确保整体目标的实现。

第十二条　西山煤电集团公司企业文化战略指导委员会办公室要广泛收集各方反馈意见和情况,及时汇总,对于企业文化建设中出现的种种问题，要制定出解决问题的对策和措施，及时向西山煤电集团公司企业文化战略指导委员会作出书面汇报。

第十三条 西山煤电集团公司企业文化战略指导委员会对所属各单位企业文化的建设情况进行考核讲评。每半年对各单位的企业文化建设情况进行一次检查（或抽查），每年进行一次全面检查、考核、讲评、通报，对在企业文化建设中作出贡献的集体和个人进行表彰奖励。各单位要相应做好这方面工作。

第十四条 西山煤电集团公司企业文化战略指导委员会办公室编印《西山煤电集团企业文化建设情况通报》，作为沟通信息、通报情况、交流经验、跟踪评估的平台。对推进工作做出成绩的单位，及时总结推广经验，给予表彰鼓励。对推进工作一般的单位，要给予指导，并提出相应要求，限期改进。对推进工作做得较差的单位，实行限期整改通报。各单位要及时将企业文化建设情况上报西山煤电集团公司企业文化战略指导委员会办公室。

第十五条 对违反企业文化管理有关规定的单位及其负责人，西山煤电集团将予以通报批评，并责令限期整改。

第十六条 西山煤电集团公司企业文化类文件一般以集团党政的文件下发，各单位档案部门按有关规定做好保管工作，不得遗失。

第十七条 西山煤电集团公司企业文化战略指导委员会办公室下发的有关手册、资料、音像制品，仅供内部使用，不得外传。

第十八条 凡西山煤电集公司团范围内，对外宣传见诸媒体的稿件、广告发布设计稿、大型活动策划案、企业文化建设工作计划等等，必须上报西山煤电集团公司企业文化战略指导委员会办公室批准，并由西山煤电集团公司企业文化战略指导委员会办公室归档留存。

第十九条 本办法自下发之日起执行。

（西山煤电党发[2006]26号）

统计资料

TONGJI ZILIAO

2007

西山煤电集团年鉴

XISHAN MEIDIAN JITUAN NIANJIAN

原煤产量构成

2006年

单位:吨

	总产量	一、矿井产量						二、其他产量						备注
		合计	(一)矿井产量				合计	(一)局矿办小井小露天产量	(二)多种经营产量	(三)联营分成产量	(四)基建工程煤	(五)其他产量	
			小计	回采	掘进	其他							
西山	33580000	32578208	30568208	29108214	1459275	719	1001792		681061			320731	
白家庄矿	910000	877062	877062	805899	70444	719	32938		32938				
二号井	668540	668540	668540	614307	54051	182							
小南坑	208522	208522	208522	191592	16393	537							
其中:小井													
杜儿坪矿	4450000	4232000	4232000	3949988	282012		218000		218000				
其中:小井													
西铭矿	3700000	3459354	3459354	3365941	93413		240646					240646	
其中:小井													
官地矿	4410000	4179877	4179877	4030962	148915		230123		230123				
其中:小井													
西曲矿	3580000	3580000	3580000	3289000	291000								
其中:小井													
镇城底矿	2130000	2079915	2079915	1944115	135800		50085					50085	
其中:小井													
马兰矿	4060000	4030000	4030000	3855922	174078		30000					30000	
其中:小井													
东曲矿	3650000	3550000	3550000	3387000	163000		100000		100000				
其中:小井													
屯兰矿	4680000	4580000	4580000	4479387	100613		100000		100000				
其中:小井													
晋兴公司	2010000	2010000											

原煤生产实物劳动效率

2006年

	全员效率				回采工效率			掘进工效率			露天工效率		
	效率(吨/工)		计算基础		效率（吨/工）	计算基础		效率（米/工）	计算基础		效率（米/工）	计算基础	
	计划	实际	产量(吨)	工日数		回采产量（吨）	工日数		生产进尺（米）	工日数		露天产量	工日数
西　山	6.800	9.057	30568208	3375097	39.511	29108214	736716	0.256	207362	810385			
白家庄矿	1.100	2.293	877062	382485	9.988	805899	80685	0.179	8053	44937			
杜儿坪矿	8.300	9.262	4232000	456933	55.652	3949988	70976	0.252	28482	112988			
西铭矿	8.600	10.594	3459354	326538	54.536	3365941	61720	0.312	25343	81124			
官地矿	7.600	9.186	4179877	455026	48.190	4030962	83648	0.322	23222	72156			
西曲矿	8.500	10.417	3580000	343676	35.850	3289000	91744	0.339	25957	76634			
镇城底矿	6.300	9.089	2079915	228849	33.158	1944115	58632	0.158	13253	83910			
马兰矿	8.600	11.399	4030000	353526	34.023	3855922	113334	0.315	27045	85904			
东曲矿	7.500	8.972	3550000	395696	50.432	3387000	67160	0.247	23316	94563			
屯兰矿	7.800	10.593	4580000	432368	41.164	4479387	108817	0.207	32691	158169			
其　他													
井下外包队													

按机、炮采分回采工作面利用

2006年

甲	行号	回采产量（吨）	产量构成比（%）	期末在籍工作面 个数	其中备用	总长度（米）	其中备用	工作面平均指标 个数		总长度（米）		每个面长度（米/个）	月进度（米/个·月）	月产量（吨/个·月）	采煤面积（平方米）	每平方米采煤面积产量（吨/平方米）	工作面效率 吨/工	工日数
代码																		
总计	1	29108214	100.00	31		7015		286.87	23.91	49216	4101	172	131.25	101467	6459630	4.506	43.210	673640
一、机采面合计	2	29108214	100.00	31		7015		286.87	23.91	49216	4101	172	131.25	101467	6459630	4.506	43.210	673640
1. 综采面小计	3	28302315	97.23	29		6665		262.87	21.91	45405	3784	173	136.92	107665	6217010	4.552	47.731	592955
（1）综采机组面	4	28264135	97.10	29		6665		262.20	21.85	45273	3773	173	136.99	107798	6201776	4.557	47.802	591280
[1]引进支架面	5	1422747	4.89	2		589		10.81	0.90	1728	144	160	202.10	131616	349330	4.073	57.022	24951
其中：100套	6																	
[2]国产支架面	7	26841388	92.21	27		6076		251.39	20.95	43544	3629	173	134.40	106773	5852446	4.586	47.395	566329
（2）综采刨煤机面	8	38180	0.13					0.68	0.06	132	11	195	115.07	56363	15234	2.506	22.794	1675
2. 高档面小计	9	805899	2.77	2		350		24.00	2.00	3810	318	159	63.67	33579	242620	3.322	9.988	80685
3. 普采面小计	10																	
（1）滚筒机组	11																	
（2）刨煤机	12																	
（3）改装机组	13																	
（4）其他	14																	
4. 水采面小计	15																	
二、非机采面合计	16																	
1. 炮落机装小计	17																	
其中：水运	18																	
2. 打眼放炮小计	19																	
其中：自重装煤	20																	
3. 其他小计	21																	
其中：风镐采煤	22																	

企业、原煤生产主要材料消耗

2006年

	原煤消耗															
	木材		坑木					火药				钢材		雷管		计算定额产量（万吨）
	立方米/万吨	消耗量（立方米）	立方米/万吨		消耗量（立方米）			公斤/万吨	消耗量(公斤)			吨/万吨	消耗量（吨）	个/万吨	消耗量（个）	
			计划	实际	计	回采	掘进		计	回采	掘进					
合计	17.25	52733	23.50	16.24	49628	16558	24034	369	1129215	86837	720833	7.97	24374	585	1787525	3056.82
白家庄矿	50.34	4415	64.90	50.34	4415	1364	2466	872	76492	2135	72715	14.92	1309	1737	152370	87.71
杜儿坪矿	9.40	3978	20.80	9.22	3903	262	1435	206	87135	10126	53630	7.31	3092	388	164031	423.20
西铭矿	25.36	8773	24.50	14.79	5116	2804	1171	459	158790	12004	121906	7.34	2540	529	182901	345.94
官地矿	15.41	6442	24.20	15.18	6347	2072	2625	229	95682	15132	75651	6.08	2542	471	197047	417.99
西曲矿	14.63	5239	28.10	14.63	5239	823	9937	295	105477	7300	80421	7.83	2803	616	220430	358.00
镇城底矿	23.96	4983	22.20	23.93	4978	1715	2244	493	102637	12747	74014	8.84	1839	1133	235556	207.99
马兰矿	19.96	8043	25.20	19.96	8043	3418	829	213	85884	5793	64941	2.59	1044	405	163060	403.00
东曲矿	17.00	6034	21.30	19.05	6761	2511	2534	806	286142	21600	85952	5.67	2013	649	230400	355.00
屯兰矿	10.54	4827	14.40	10.54	4827	1589	794	286	130976		91603	0.35	160	528	241730	458.00
其他													7033			

企业、原煤生产主要材料消耗（续表）

2006年

	企业消耗										
	木材		坑木		火药		钢材		雷管		计算定额产量（万吨）
	立方米/万吨	消耗量（立方米）	立方米/万吨	消耗量（立方米）	公斤/万吨	消耗量（公斤）	吨/万吨	消耗量（吨）	个/万吨	消耗量（个）	
甲	1	2	4	5	6	7			8	9	10
合　计	17.22	54363	16.11	50855	374	1181992	15.62	49311	653	2059985	3157.00
白家庄矿	51.54	4690	51.54	4690	974	88627	14.55	1324	1868	169990	91.00
杜儿坪矿	9.50	4227	9.33	4152	296	131533	7.21	3210	575	255809	445.00
西铭矿	25.17	9312	13.93	5153	601	222438	6.86	2540	718	265707	370.00
官地矿	15.81	6974	15.81	6974	356	156888	6.31	2784	650	286672	441.00
西曲矿	14.63	5239	14.63	5239	295	105477	7.83	2805	585	209561	358.00
镇城底矿	23.42	4988	23.42	4988	482	102637	8.77	1868	1106	235556	213.00
马兰矿	19.81	8043	19.81	8043	212	85884	2.57	1044	402	163060	406.00
东曲矿	16.61	6063	18.60	6790	432	157532	6.74	2460	635	231900	365.00
屯兰矿	10.32	4828	10.31	4827	280	130976	0.34	160	517	241730	468.00
其　他								31117			

按煤层厚度分的采区回采率

2006年

单位：万吨

	合计			1.3米以下煤层			1.3~3.5米煤层			3.5米以上煤层		
	采区动用储量	采出量	回采率（%）	采区动用储量	采出量	回采率（%）	采区动用储量	采出量	回采率（%）	采区动用储量	采出量	回采率（%）
甲	1	2	3	4	5	6	7	8	9	10	11	12
合计	3005.55	2548.17	84.78	14.6	12.37	84.73	1878.98	1600.88	85.20	1111.97	934.93	84.08
西山集团	1710.75	1449.51	84.73	7.69	6.23	81.01	1254.81	1072.46	85.47	448.24	370.82	82.73
白家庄矿	91.73	74.34	81.04				91.73	74.34	81.04			
杜儿坪矿	418.00	353.48	84.56				296.61	255.02	85.98	121.39	98.45	81.10
官地矿	459.78	404.12	87.89				459.78	404.12	87.89			
东曲矿	285.91	237.44	83.05	7.69	6.23	81.01	278.22	231.21	83.10			
屯兰矿	455.33	380.12	83.48				128.48	107.76	83.87	326.85	272.36	83.33
西山股份	1294.8	1098.67	84.85	6.91	6.14	88.86	624.17	528.41	84.66	663.73	564.11	84.99
西铭矿	355.28	298.54	84.03				201.05	168.48	83.80	154.23	130.06	84.33
西曲矿	316.57	270.95	85.59				193.70	163.88	84.61	122.88	107.08	87.14
镇城底矿	219.63	184.16	83.85							219.63	184.16	83.85
马兰矿	403.31	345.01	85.54	6.91	6.14	88.86	229.42	196.05	85.45	166.99	142.82	85.53

巷道掘进进尺

2006年

单位:米

	全部总进尺				按开拓目的分								按巷道性质分			总进尺中:锚喷巷道进尺			
	计划	实际	其中		开拓巷道			准备巷道		回采巷道		其他巷道	煤巷	半煤岩巷	岩巷	合计	其中		
			生产进尺	无效进尺	计划	实际	其中:非生产	计	其中:沿空送巷道	计	综采						煤巷	半煤巷	巷道
合计	221000	237710	207362		22000	28818	22332	15110		187050		42	160658	41167	27869	212480	150510	35212	26758
白家庄矿	10000	10068	8053		2000	2015	2015	162		7891			6184	2105	1779	3718	837	1385	1496
二号井		7611	5596			2015	2015	162		5434			4639	1367	1605	2393	149	805	1439
小南坑		2457	2457							2457			1545	738	174	1325	688	580	57
杜儿坪矿	28000	30008	28482		2600	3018	1526	6232		20716		42	22486	4283	3239	29998	22486	4283	3229
西铭矿	26000	28028	25343		2500	3059	2685	2314		22655			20218	4885	2925	23146	17140	3712	2294
官地矿	25000	26658	23222		3000	3657	3436	391		22610			23141	1382	2135	26658	23141	1382	2135
西曲矿	25000	28075	25957		1500	2238	2118	2301		23536			11334	11761	4980	28075	11334	11761	4980
镇城底矿	14000	15593	13253		2300	2704	2340	536		12353			11767	454	3372	13746	10044	380	3322
马兰矿	29000	30060	27045		2500	3015	3015	790		26255			27356	310	2394	30060	27356	310	2394
东曲矿	26000	27086	23316		1600	4028	3770	233		22825			10150	13562	3374	22961	10150	9574	3237
屯兰矿	33000	34118	32691		3000	3758	1427	2151		28209			28022	2425	3671	34118	28022	2425	3671
晋兴公司	5000	8016			1000	1326													

掘进工作面利用情况

2006年

	掘进工作面平均个数(个)										掘进工作面平均进度(米/个·月)					掘进率(米/万吨)	
	合计		其中:开拓		按巷道性质分						合计	其中:开拓	按巷道性质分			生产掘进率	开拓掘进率
					煤巷		半煤岩巷		岩巷				煤巷半	半煤岩巷	岩巷		
西山	677.21	56.43	234.13	19.51	326.57	27.21	109.21	9.10	241.43	20.12	339.18	117.42	491.96	376.95	115.43	67.84	8.99
白家庄矿	53.86	4.49	21.33	1.78	22.21	1.85	12.84	1.07	18.81	1.57	186.93	94.45	278.43	163.94	94.58	91.82	22.97
二号井	42.80	3.57	21.33	1.78	16.23	1.35	9.10	0.76	17.47	1.46	177.83	94.45	285.83	150.22	91.87	83.70	30.14
小南坑	11.06	0.92			5.98	0.50	3.74	0.31	1.34	0.11	222.15		258.36	197.33	129.85	117.83	
杜儿坪矿	72.84	6.07	29.08	2.42	35.18	2.93	6.72	0.56	30.94	2.58	411.97	103.79	639.17	637.35	104.69	67.30	7.13
西铭矿	77.34	6.45	25.05	2.09	39.51	3.29	13.66	1.14	24.17	2.01	362.40	122.11	511.72	357.61	121.02	73.26	8.84
官地矿	67.98	5.67	31.00	2.58	38.98	3.25	12.00	1.00	17.00	1.42	392.14	117.97	593.66	115.17	125.59	55.56	8.75
西曲矿	73.95	6.16	17.19	1.43	18.52	1.54	18.51	1.54	36.92	3.08	379.65	130.20	611.99	635.39	134.89	72.51	6.25
镇城底矿	72.86	6.07	27.81	2.32	32.44	2.70	2.68	0.22	37.74	3.15	214.01	97.24	362.73	169.40	89.35	63.72	13.00
马兰矿	72.12	6.01	22.74	1.90	50.99	4.25	1.22	0.10	19.91	1.66	416.81	132.57	536.50	254.10	120.24	67.11	7.48
东曲矿	74.65	6.22	27.42	2.28	21.37	1.78	29.06	2.42	24.22	2.02	362.84	146.90	474.96	466.69	139.31	65.68	11.35
屯兰矿	111.61	9.30	32.51	2.71	67.37	5.61	12.52	1.04	31.72	2.64	305.69	115.60	415.94	193.69	115.73	71.38	8.21

掘进装载机械工作情况

2006年

甲		乙	本月								累计					
			期末实有台数（台）	期末工作面装备台数	平均开动台数（台）	工作量（米）		机械效能(米/月·台)	机械化程度(%)	平均开动台数（台）		工作量（米）		机械效能(米/月·台)	机械化程度(%)
甲		乙	1	2	3	4		5	6	7		8		9	10
掘进总进尺(计算基础)		1				18607	18607					229694			
	机械装载进尺合计	2	62	62	45.52	18607	12197	378	100.00	587.43	48.95	229694	29694	354	100.00
其中：按巷道性质分	煤巷	3				12197	4060		100.00			160658	160658		100.00
	半煤岩巷	4				4060	2350		100.00			41167	41167		100.00
	岩巷	5				2350	13967		100.00			27869	27869		100.00
其中：按装载机械分	1. 综合掘进机械	6	34	34	25.26	13967	13967	553	75.06	303.72	25.31	165378	165378	545	72.00
	其中：掘进机	7	34	34	25.26	13967		553	75.06	303.72	25.31	165378	165378	545	72.00
	液压钻机(钻装机)	8													
	反井钻机	9													
	2. 铲斗装岩机	10					2785			0.81	0.07	344	344	427	0.15
	3. 耙半装岩机	11	27	27	19.26	2785	460	145	14.97	271.91	22.66	39141	39141	144	17.04
	4. 装煤机	12	1	1	1.00	460		460	2.47	11.00	0.92	3371	3371	306	1.47
	5. 水利装载(水枪)	13					1395								
	6. 其他机械	14	5	5	1.84	1395			7.50	29.18	2.43	21460	21460		9.34

2006 年西山集团（模拟合并）资产负债表

单位：万元

西山集团						西山煤矿总公司						西山煤电股份公司					
项　目	年初数	年末数	项　目	年初数	年末数	资　产	年初数	年末数	负债及所有者权益	年初数	年末数	资　产	年初数	年末数	负债及所有者权益	年初数	年末数
一、流动资产	849901	927006	一、流动负债	896936	993560	一、流动资产	519041	552719	一、流动负债合计	689934	812412	一、流动资产合计	344908	401986	一、流动负债合计	228150	239766
其中：货币资金	272928	256995	其中：短期借款	239099	229254	其中：货币资金	110771	136598	其中：短期借款	15814	18589	其中：货币资金	162157	120397	其中：短期借款	18000	
应收票据	168558	266067	应付账款	208116	214173	应收票据	67466	76395	应付账款	119039	153525	应收票据	101093	189672	应付账款	100535	77509
应收账款	111751	110125	应付工资	80432	129111	应收账款	91748	98726	应付工资	68579	120486	应收账款	31462	36813	应付工资	11853	8625
存货净额	164561	157998	应付福利费	13560	29078	存货净额	131995	130191	应付福利费	9606	24331	存　货	32566	27807	应付福利费	3954	4747
二、长期投资	46551	46896	二、长期负债	276373	339481	二、长期投资	17790	22706	二、长期负债	49962	49929	二、长期投资	29791	25220	二、长期负债	219311	258632
三、固定资产合计	1157280	1243253	其中：长期借款	268460	331320	三、固定资产合计	607749	656206	其中：长期借款	48000	48400	三、固定资产合计	553931	590395	其中：长期借款	213360	252000
四、无形资产	82146	97711	三、少数股东权益	250765	281868	四、无形资产	76002	76711	三、少数股东权益	8738	9874	四、无形资产	6144	21000	三、少数股东权益	27241	31862
五、其他长期资产	44122	50686	四、所有者权益合计	756257	750765	五、其他长期资产		582	四、所有者权益合计	472279	436831	五、其他长期资产	1008	6991	四、所有者权益合计	461081	515332
资产合计	2180331	2365674	负债及所有者权益合计	2180331	2365674	资产合计	1220914	1309046	负债及所有者权益合计	1220914	1309046	资产合计	935783	1045592	负债及所有者权益合计	935783	1045592

西山集团2006年应上交款项表

单位：万元

项　　目	年初未交数	本年累计应交数	本年累计已交数	期末未交数
一、应交税金	34125	186835	193225	27735
1. 增值税	8682	117261	116074	9869
2. 营业税	3105	4277	4450	2932
3. 城市维护建设税	2615	8034	9469	1180
4. 资源税	4542	10802	14263	1081
5. 房产税	2367	1658	2746	1279
6. 土地使用税	3207	2294	3882	1619
7. 车船使用税	3	10	9	4
8. 所得税	8641	41804	41298	9147
9. 印花税	963	643	982	624
10. 耕地占用税		52	52	
二、其他税费	6107	12478	10605	7980
1. 价格调控基金	89	445	419	115
2. 教育费附加	5231	3675	1923	6983
3. 矿产资产补偿费	154	3545	3545	154
4. 河道费	1	29	23	7
5. 林业基金	195	148	91	252
6. 水资费	437	4636	4604	469
合　计	40232	199313	203830	35715

山西焦煤西山煤电集团公司各单位各项劳资指标完成情况

单　位	全员效率(吨/人)			原煤效率(吨/工)				
	计划	完成	与计划比增减%	计划	完成	与计划比增减%	上年同期	与上年同期比增减%
全公司合计	435.37	459.350	5.51	6.800	9.057	33.19	8.608	5.22
其中:股份	696.02	743.653	6.84	8.200	10.498	28.02	10.176	3.16
白家庄矿	240.31	260.256	8.30	1.100	2.293	108.45	1.725	32.93
杜儿坪矿	596.21	635.054	6.52	8.300	9.262	11.59	9.101	1.77
西铭股份	622.72	619.068	-0.59	8.600	10.594	23.19	11.126	-4.78
官地矿	605.08	617.138	1.99	7.600	9.186	20.87	9.003	2.03
西曲股份	719.98	797.860	10.82	8.500	10.417	22.55	9.930	4.90
镇矿股份	526.78	607.985	15.42	6.300	9.089	44.27	8.805	3.23
马兰股份	899.32	962.733	7.05	8.600	11.399	32.55	10.383	9.79
东曲矿	898.73	883.085	-1.74	7.500	8.972	19.63	9.357	-4.11
屯兰矿	1083.59	1197.072	10.50	7.800	10.593	35.81	10.069	5.20
九矿合计	684.20	722.072	5.54	6.800	9.057	33.19	8.608	5.22
太选股份	2280.13	2464.059	8.07	12.800	16.195	26.52	15.775	2.66
西选股份	2022.78	2136.306	5.61	10.200	11.585	13.58	11.355	2.03
镇选股份	1319.10	1502.109	13.87	9.600	13.059	36.03	12.760	2.34
马选股份	2734.94	2797.036	2.27	11.800	13.106	11.07	13.712	-4.42
屯兰选煤厂	3746.32	4014.362	7.15	15.200	18.564	22.13	17.013	9.12
东曲选煤厂	1206.43	1273.102	5.53	6.200	8.352	34.71	8.013	4.23
官地选煤厂	2779.10	2590.928	-6.77	10.200	11.430	12.06	11.833	-3.41
选煤厂合计	2245.53	2377.625	5.88	9.600	13.611	41.78	13.161	3.42

2005—2006年职工人均收入情况统计表

单位:元

	在册		在岗		2006年		
	2006年	2005年	2006年	2005年	井下工人	回采工人	掘进工人
集团公司总合计	28928	25215	29966	26233	40523	50245	46509
其中:生产	31485	27482	32122	28216	40523	50245	46509
基建	15777	13878	22895	19899			
多经	19148	17416	18149	17416			
西铭股份	31996	28125	32678	29215	36483	49005	42495
西曲股份	34793	30558	35601	31365	40723	48299	47274
镇城底股份	37457	32923	37883	33286	40312	56536	42650
马兰股份	35767	31705	36162	32088	42958	47812	46584
西选厂股份	27891	24870	28235	26173			
镇选厂股份	27078	23928	29243	26343			
马选厂股份	27544	25629	28060	26304			
太选厂股份	34424	31463	34424	31463			
矸石电厂股份	29366	23554	29686	23554			
股份公司机关	41439	31373	41493	70261			
股份小计	35936	30980	36579	31727	39897	50184	44682
西铭实业公司	15355	13930	17815	26131			
西曲实业公司	19736	17530	19736	16173			
镇城底实业公司	18430	14812	18430	17530			
马兰实业公司	16349	15244	16349	14812			
太选厂实业公司	19868	16442	21088	15244			
白家庄矿业	30499	23901	30519	23946	39573	45249	43973
白家庄分公司	21346		21479				
杜儿坪矿	31800	29252	33008	30765	39084	48809	44207
官地矿	32674	29591	33023	30297	42611	50681	49765

2005—2006 年职工人均收入情况统计表(续表)

单位:元

	在册		在岗		2006 年		
	2006 年	2005 年	2006 年	2005 年	井下工人	回采工人	掘进工人
官地选煤厂	25895	27157	25895	27157			
东曲矿	31875	29073	32763	29733	41928	53859	52578
东曲选煤厂	25830	24592	26996	25614			
屯兰矿	34976	27630	35369	28544	43492	52839	49856
屯兰选煤厂	34237	29746	34587	29974			
公司机关	25779	20098	26073	20393			
机关直属	27178	16369	28466	15917			
机电总厂	19892	16585	19996	16847			
水泥厂	18295	18103	19617	19874			
公用事业公司	21301	17421	21538	17522			
公司职工医院	22350	18529	22350	18600			
煤气化公司	20527	18487	22033	19225			
化工厂	26613	24426	26613	24426			
公司教委	16928	14511	16928	14511			
公司第二医院	26695	27619	27042	28010			
供应公司	29753	23268	30564	24518			
庆恒公司	33162	16617	33162	16617			
设计院	60567	35517	60567	35517			
金城公司	24205	22276	24205	22276			
金城(实业)公司	9335	8524	16772	14876			
矿建公司	30037	30761	30037	30761			
金信公司	17732	16309	19174	17231			
多经公司	19148	17416	18149	17416			

2006年期末职工人数一览表

	在册总人数	在岗职工 合计	在岗职工 其中 女职工	在岗职工 其中 干部	离单位保留关系人员	直接生产人员	全部井下人员	原煤人员	井下工人 原煤工人	井下工人 其中 合计	井下工人 其中 回采	井下工人 其中 其中综采	井下工人 其中 掘进	井下工人 其中 其中开拓
集团公司总合计	81869	76595	20858	15128	5274	47306	24265	26400	23644	20048	3224	2125	3796	896
其中:生产	66410	63211	14805	13486	3199	38389	23768	26400	23644	20048	3224	2125	3796	896
基建	4221	2146	465	586	2075	1626								
多经	11238	11238	5588	1056		7291	497							
西铭股份	5819	5757	700	639	62	4027	3469	4187	3683	3107	350	350	439	85
西曲股份	4323	4206	556	507	117	3112	2647	3015	2632	2315	407	407	508	231
镇城底股份	3309	3271	197	396	38	2377	2150	2461	2288	2047	333		495	201
马兰股份	4074	4029	345	398	45	3739	2760	3183	2973	2571	425	338	550	118
西选厂股份	785	773	163	142	12	644								
镇选厂股份	807	748	149	90	59	708								
马选厂股份	835	817	143	103	18	778								
太选厂股份	1372	1372	404	421		1188								
矸石电厂股份	284	281	75	68	3	251								
股份公司机关	915	914	269	486	1	244								
股份小计	22523	22168	3001	3250	355	17068	11026	12846	11576	10040	1515	1095	1992	635
西铭实业公司	246	246	184	65										
西曲实业公司	231	231	131	56										
镇城底实业公司	147	147	35	29										
马兰实业公司	257	257	146	52										
太选厂实业公司	62	62	43	26										
白家庄矿业	2520	2485	367	226	35	1908	1289	2043	1825	1289	320		247	62
白家庄分公司	697	687	295	33	10									
杜儿坪矿	6523	6139	1009	674	384	4500	3243	4302	3831	3089	303	303	449	
官地矿	6634	6538	916	608	96	4419	3189	1874	1693	1546	444	444	302	

2006 年期末人数一览表(续表)

	在册总人数	在岗职工			关系人员离单位保留	直接生产人员	全部井下人员	原煤人员	井下工人					
		合计	其中						原煤工人	其中				
			女职工	干部						合计	回采	其中综采	掘进	其中开拓
官地选煤厂	469	469	144	203		424								
东曲矿	4020	3920	445	493	100	2650	2399	2907	2532	2236	283	283	490	199
东曲选煤厂	757	635	147	81	122	506								
屯兰矿	3353	3316	271	444	37	2800	2622	2382	2144	1848	359		316	
屯兰选煤厂	715	708	109	146	7	645								
公司机关	249	242	66	189	7									
机关直属	2485	2197	784	666	288	46		46	43					
机电总厂	1812	1794	413	305	18	1383								
水泥厂	823	775	195	178	48	639								
公用事业公司	2300	2208	943	631	92	547								
公司职工医院	1886	1886	1382	1042										
煤气化公司	558	522	133	112	36	427								
化工厂	248	248	65	41		155								
公司教委	4070	4070	2868	3196										
公司第二医院	914	899	615	650	15									
供应公司	362	362	98	90		272								
庆恒公司	40	40	14	32										
设计院	87	87	38	58										
金城公司	718	718	158	149		591								
金城实业公司	2101	260	95	16	1841	193								
矿建公司	51	51	16	21										
金信公司	1224	990	144	310	234	842								
多经公司	11238	11238	5588	1056		7291	497							
人力资源中心(劳务)	1549				1549									

重要文献

ZHONGYAO WENXIAN

2007

西山煤电集团年鉴

XISHAN MEIDIAN JITUAN NIANJIAN

第七次党代表大会报告

以人为本　科学发展
全面建设更加繁荣更具活力的和谐西山

——在中国共产党山西焦煤西山煤电集团有限责任公司第七次代表大会上的报告

车树春

（2006 年 6 月 28 日）

各位代表，同志们：

现在，我代表中国共产党山西焦煤西山煤电集团有限责任公司第六届委员会向大会作报告，请予审议。

这次代表大会，是在纪念西山建局五十华诞和迎接建党八十五周年的历史时刻召开的一次重要会议，是在国家开启“十一五”发展规划、企业实施新时期发展战略的起步之年召开的承前启后、继往开来的大会。

大会的主题是：以人为本，科学发展，全面建设更加繁荣更具活力的和谐西山。

确定这样的主题，是时代的要求，发展的必然，职工的愿望。

第一部分　第六次党代会以来的工作

西山第六次党代会 1994 年 12 月召开以来，我们已经走过近 12 年的发展历程。这一时期，是我们党全面总结多年发展的经验教训，逐步形成科学发展观的重要时期；是社会主义市场经济体制基本确立，人民生活由温饱到小康的重要时期；是国有企业深化改革，加快发展，现代企业制度初步建立的重要时期。这一时期，是西山各级党组织团结带领全体党员和职工群众，遵循经济规律，适应形势变化，战胜重大自然灾害，克服煤炭市场持续疲软、资金极度紧张等前所未有的困难，抓住煤炭经济复苏、上升的历史机遇，推动企业从传统走向开放、从国内走向国际的重要时期。这一时期，是西山历史上发展最快、效益最好的时期之一。

第六次党代会审时度势、高瞻远瞩，提出了“推进企业改革，建立现代企业制度，调整产业、产品结构，以矿区为单元，以产权联结为主要纽带，以煤炭生产和加工为核心，联合各种不同所有制、不同投资渠道的企业，把西山建设成为以煤为本、多种经营、跨地区、跨行业企业集团”的战略构想。结合企业快速发展的实际，新世纪，我们又制定了到 2010 年的“685533”发展目标和到 2020 年的发展战略。经过十余年的艰苦奋斗和不懈努力，西山各项事业全面推进，综合实力明显增强，可持续发展能力显著提升，职工生活逐步改善，对外影响力不断扩大。第六次党代会以来，我们荣获了全国五一劳动奖状、全国思想政治工作优秀企业、全国模范职工之家、全国“安康杯”竞赛优胜企业、全国五四红旗团委等国家级荣誉称号。西山股份公司自 2000 年上市以来，连续 5 年跻身中国股市 100 强。胡锦涛、吴邦国、李铁映、曾培炎、韩启德等党和国家领导人都曾来到西山视察指导，给我们以巨大的鼓舞和激励。总结第六次党代会以来的实践，我们的主要经验和成绩是：

一、始终坚持发展第一要务，企业综合实力和可持续发展能力大幅提升

煤炭主业做强做大。整合扩张资源，增强发展后劲，以前山、古交矿区为基地，南下乡宁，西进柳林，北上兴县，开发建设沙曲、王家岭、兴县、汾阳等新矿区，六大矿区的发展格局初步形成，拥有除气肥煤以外的所有炼焦煤煤种，资源总量达到 151.5 亿吨，是 1994 年的 2.73 倍，可确保西山煤炭开采百年无忧。改造技术装备，提升环节能力，截至 2005 年建成高产高效矿井 8 个；综采机械化程度达到 97.35%，比 1994 年提高了 25 个百分点；综掘机械化程度达到 70.35%，比 1994 年提高了 48 个百分点；2002 年、2004 年原煤产量接连实现 2000 万吨、

3000万吨的历史性跨越，树起了西山煤炭生产发展史上新的里程碑。注重资源节约，改进技术工艺，2005年矿井采区回采率达到83.68%，比1994年提高了6个百分点；原煤入洗率达到73.3%，比1994年提高了13.6个百分点；综合产率达到72.2%，比1994年提高了2.4个百分点，从1995年起，炼焦精煤产量稳居全国第一。

煤基产业链初步形成。吸纳外部资本，发展煤基相关产业，基本形成煤—电—材、煤—焦—化两条产业链，已成为新的经济增长点，我们发展循环经济的做法被国家循环经济课题组称为“西山模式”；西山被国家六部委确定为全国首批循环经济试点单位，是我省仅有的两家之一。全国最大的燃用中煤坑口电厂——古交发电厂一期工程投产运行，二期工程列入山西省“十一五”规划；西山热电厂一、二号机组投产发电。古交水泥厂扩建项目进入试生产阶段，西山水泥厂技术改造顺利推进；汾阳焦化园一期100万吨焦化项目正式出焦，二期列入山西省“十一五”规划，20万吨甲醇项目正式立项。西山股份公司成功收购山西焦化24%的股份，成为山西焦化的第二大股东。发展煤炭生产服务业，开发中空注浆锚杆、介质粉、山鹰牌蓄电池等产品，多经系统在特定时期为安置分流人员、维护矿区稳定作出了历史性贡献，为企业多元发展摸索了经验，培养了人才。基建系统在重大工程和职工住房建设中发挥了重要作用。机电制修系统服务煤炭主业，为企业发展做出了积极贡献。

经济总量显著增长。2005年底，西山集团资产总额达到222亿元，是1994年的4.14倍；其中，西山股份公司净资产46.11亿元，是1999年成立时的5.91倍。2005年西山集团实现销售收入106.9亿元，是1994年的5.21倍；实现利税19.2亿元，是1994年的5.21倍；原煤全员工效8.608吨/工，是1994年的2.85倍。

市场拓展卓有成效。与宝钢、鞍钢、华能国际等知名企业结成战略合作伙伴关系，广泛开展贸易、生产、技术、管理、资本等方面的合作交流，2005年煤炭产品在战略合作伙伴用户中的市场占有率达到14.04%。从1996年起，煤炭产品陆续打入日本、印度、韩国、德国、西班牙、比利时、巴西等国市场。与铁路、港口合作日益密切，投资3亿元参股石太高速客运专线，斥资11.7亿元建设岢瓦铁路，山西省铁路运输协调会定期在西山召开，西山成为铁道部全国首批十家大客户之一；煤炭铁路总运量大幅提升，2005年达到2610万吨，是1994年的1.91倍。

对外影响不断扩大。与国内知名科研院所和高等院校开展多种形式的合作。2005年初，成功举办了西山发展战略高层论坛，百名国内一流专家学者云集西山，共商企业发展大计。全国煤炭系统职工技能大赛启动仪式暨素质工程现场会、“西山煤电杯”全国煤炭行业职工技能大赛在西山隆重举行，“心连心”、“同一首歌”走进矿区。近日，被中宣部确定为“落实科学发展观”大型系列主题宣传活动建设节约型社会专题宣传的典型，人民日报、新华社、中央电视台等12家中央主要新闻媒体聚焦西山，集中报道西山落实科学发展观、发展循环经济的典型作法。西山吸引了更多关注的目光，西山品牌成为企业最重要的无形资产。

二、始终坚持推进改革、强化管理，企业管理体制和经营机制不断完善

企业改革稳步推进。在全省煤炭系统率先完成公司制改造、股份制改革，建立了较为规范的法人治理结构，促进了企业经营机制的转换。通过股票上市、吸引上下游企业入股、与多种所有制企业合资等方式多渠道融资。在全国首批实施股权分置改革，经营业绩持续向好，为再融资创造了条件。初步形成煤基链式产业集群，实现了与上下游企业间的产权连接、产业融合。与其他兄弟单位携手，共同组建山西焦煤集团公司，使西山焕发了新的活力，步入了跨越式发展的快车道。主动适应市场变化，建立了辐射全国、联通世界、贴近用户、快速反应的营销网络，营销运行机制日臻完善。深化劳动用工制度、人事制度、分配制度改革，优化了劳动组织，加强了干部管理，打破了工资分配中的平均主义。改革多经三产和后勤服务管理体制，实行生产、生产服务、生活服务三条线管理，在主辅分离、辅业改制方面做了大量基础工作。积极争取国家政策支持，白家庄矿关井破产，组建了山西西山白家庄矿业有限责任公司。分离企业办社会职能，公安系统纳入政府序列，学校移交工作有序推进。

内部管理持续创新。创立责任法人制度，全面落实经济、法律、社会和政治责任，整体推动三个文明建设与和谐矿区建设；责任法人制度上升为山西焦煤的基本管理制度，并在各子分公司全面推行。在全国煤炭系统率先实行内部银行制；推行全面预算管理，实现了资金使用、成本费用的刚性控制。引入大宗物资采购招标议标、比质比价、代储代销等方式，实行了信誉等级、产品准入、合同管理、质量责任追究等制度。与国际先进管理模式接轨，绝大部分单位通过了ISO9002质量体系、ISO14001环境管理体系以及OHSAS18001职业安全健康管理体系认证。严格管理控参股公司、联营煤矿、托管煤矿，维护了出资人的合法权益。

安全工作成效显著。深入推进安全质量标准化、安全管理明细化和安全教育体系化建设。狠抓"一通三防"工作，打好瓦斯防治攻坚战，瓦斯抽放量2005年达到4252万立方米，是1994年的近26倍。确保安全投入，累计达到12.95亿元，年均增长34%；有效遏制了重特大事故的发生，煤炭生产百万吨死亡率逐年下降，从1998年起稳定在0.1以下，大大低于全国平均水平。加强职业安全卫生工作，改善作业环境，加强劳动保护，开展职业病预防、检查和救治工作，荣获国家职业卫生示范企业称号。

三、始终坚持科教兴企、人才强企，企业创新力和竞争力稳步提高

科技进步硕果累累。建成国家级技术中心，科技管理和研发创新平台成功升级，科技成为企业发展的有力支撑。科技队伍不断壮大，工程技术人员由1994年的3345名增加到2005年的6172名，增加了84.5%。科技投入逐年增加，2005年占到销售收入的4.1%。科技成果广泛应用，研发、推广应用科技成果累计3292项，其中58项获省级以上奖励，32项获专利授权，科技成果转化率由1994年的55%提高到2005年的70%。采掘技术、支护方式和洗选工艺不断改进，配置大功率电牵引采煤机、掘进机，引进回采薄煤层资源全自动刨煤机装备，应用全国第一套国产大功率大采高智能化综采设备，使用轻型综采低位放顶煤设备，安装投产全国第一个残采区蹬空开采综采工作面，率先大面积推广无压三产品重介旋流器选煤工艺，采用玻璃钢锚杆等新型支护材料，科技进步贡献率由"八五"期末的28%提高到2005年的40%以上。信息化进程加快，程控交换机容量达到2.42万门，中继传输实现数字化；有线电视覆盖全矿区，达到3.32万户；建成千兆主干网和SDH光传输网，瓦斯监测监控、视频会议、电力调度、安全信息、医疗保险等系统运行良好。西山被评为煤炭工业科技进步十佳企业和中国煤炭科技创新先进单位。

人才工作卓有成效。推进企业经营管理人才、出资人监管人才、专业技术人才、政工人才、操作技能人才五支人才队伍建设，基本形成与企业发展相适应的人才队伍。加强专业技术人员引进、培养、使用、管理等工作，改革职称评聘制度，评聘分开；合理设岗，专业技术岗位编制管理工作开始起步；出台《专业技术人才队伍建设指导意见》，建立技术津贴制度，引导岗位成才；积极推进高级专业技术人才队伍建设，共有1686名同志取得高级职称；制定优惠政策，吸引主体专业毕业生，为他们施展才华创造条件。着力培养专业化高技能人才，实施素质工程，持续开展"学练比推"、技能竞赛、"导师带徒"等活动，推行技能鉴定；各基层单位纷纷开展了首席岗位工、星级员工、岗位职工积分竞赛等特色活动，为技术工人搭建了成长成才的平台；操作技能人才队伍整体素质不断提升，一批技能高超的优秀井下农合工脱颖而出，转为长期合同工。各类优秀人才茁壮成长，目前，西山拥有专业技术人员和中级以上技术工人33831名，占到职工总数的41%，比1994年提高近27个百分点，职工队伍素质结构明显改善。高度重视劳模先进的培养选树工作，形成完善的劳模选树机制，选一个成一个，树一个响一个，涌现出规模宏大、具有时代特色的劳模群体；第六次党代会以来，有3人成为全国劳动模范，6人获得全国"五一劳动奖章"，28人成为省部级劳动模范，198人成为市级劳动模范。亢龙田、秦斌青、栗俊平、伏军等成为全省、全煤系统劳模的杰出代表；老劳模傅昌旺退而不休，义务育苗植树，"昌旺林"成为太原市爱国主义教育基地。

职工教育扎实推进。按照集团、矿厂、区科三个层次，依托安培中心、职工大学、党校、技工学校等培训基地和远程教育网，通过内训、外训、内外联合培训等多种形式，构建了较为完善的职工教育体系。加大职工教育投入，"九五"以来，累计投入1.19亿元，年均培训职工5万余人次。企业获得国家技术人才培育突出贡献奖，被确定为全国煤炭工业职工素质工程建设示范基地。

四、始终坚持加强和改善党的领导，企业党的各项工作全面推进

用科学的理论引领发展。以邓小平理论、"三个代表"重要思想为指导，贯彻落实科学发展观，开展"双学"、"三讲"、保持共产党员先进性、社会主义荣辱观和"十要十不要"等教育活动，使广大党员增强了思想政治素质，坚定了理想信念和搞好改革发展的信心。

坚持用科学理论指导企业发展，形成了"以人为本，依法治企”、“用发展的思路解决企业在发展中遇到的困难，用深化改革的办法解决企业在改革中遇到的矛盾，用市场经济的手段解决企业走向市场遇到的问题”、“诚实守信，合作共赢”等科学理念。

用严格的程序保证决策。在企业转型的特殊时期，在集团和上市公司并存的特定背景下，制定并严格执行各项议事规则和决策程序，以党政联席会议为基本形式，集中了领导班子整体的智慧和力量。决策前深入调查研究、广泛征求意见，决策中严格议事程序、平等表达意愿，决策后意志高度统一、坚决贯彻执行，实现了重大事项的科学决策、统筹安排、分别运行和良性互动，促使集团公司和上市公司协调发展，党的建设和经济工作相得益彰。实践证明，建设坑口电厂、改进洗选工艺、发展焦化产业、开发新兴矿区等重大决策，顺应市场形势变化，符合国家产业政策，切合西山发展实际，保证了企业健康、协调、可持续发展。

用严细的制度管理干部。适应现代企业制度和企业多元发展的要求，引入考任制、聘任制等干部选拔任用机制，完善述职述廉、重大事项报告、诫勉谈话、任前公示、任职回避等制度，推行任期经济责任审计、责任追究等制度，强化对各级负责人用权行为的监督，使干部选拔、任用、培养、考核、监督更加科学规范。按照干部“四化”方针和德才兼备的原则选人用人，严格执行标准和程序，重公论，重实绩，一批批综合素质高、业务能力强、群众基础好的优秀中青年干部走上各级领导岗位。

用严密的体系防腐促廉。源头防腐，开展案例警示、典型示范、廉政谈话等教育活动，筑牢思想道德防线。制度规范，制定了关于进一步抓好党风廉政建设和反腐败工作的实施办法，落实领导干部党风廉政建设责任制、责任追究制等制度。全面监控，实施阳光工程，开展效能监察、纠风和专项治理等工作，形成了党内监督、舆论监督、职工群众民主监督和财务、审计等职能部门监督相结合的严密监督体系，突出对领导干部、人财物关键环节以及关系职工切身利益事项的监督。从严惩处，累计查处违法违纪案件233件，处分492人，其中处级干部30人；通过查办案件，共为企业挽回经济损失4075万元。

用先进的组织带动职工。坚持党的工作与经济工作同步延伸，在新经济组织中全部建立党的组织。1994年以来，新增基层党委6个，达到25个；新增党总支86个，达到137个；新增党支部298个，达到1056个。推行党员发展公示制、预审制和入党前培训考试制，注重在一线职工中发展党员，党员总数达到19216名，与1994年相比净增6810名，是1994年的1.55倍，占职工总数比重提高了10.43个百分点。制定和实施《党支部工作条例》，被太原市工交工委在全系统推广。在全面开展“创先争优”活动的基础上，不断引深“区、站、网”活动。在保持共产党员先进性教育活动中，各矿厂分别开展了“我是党员、向我看齐”、“平安杜矿党旗红”、“职工生活冷暖、书记了如指掌”、“保持党员先进性，三问东曲老百姓”等各具特色的主题教育活动，创造了鲜活的经验。完善党员目标管理、党员责任落实、党员民主评议、党内组织生活等制度。关键时刻更显先锋本色，在遭受百年不遇的“8·4”洪灾和突如其来的非典侵袭、职工生命和国家财产受到严重威胁的危急时刻，在煤炭市场极度疲软、企业面临生死存亡的紧要关头，在关乎企业长远发展的重点工程建设和急难险重任务的考验面前，一个支部就是一道坚不可摧的堤坝，一名党员就是一面冲锋陷阵的旗帜，各级党组织和党员就是职工群众的主心骨，广大党员用自己的实际行动，谱写了忠诚实践党的宗旨、自觉体现党的先进性的动人篇章。所有这些，生动地说明我们西山的党组织及广大党员是能经得起各种考验的，有力地证明这些年我们西山党的建设是卓有成效的。

五、始终坚持维护职工群众的根本利益，企业向心力和凝聚力显著增强

职工收入稳步提升。在企业快速发展的同时，我们多次为职工调增工资和离退休金，多渠道增加职工收入。2005年在职职工人均收入25215元，比1994年翻了两番。在1998—2000年煤炭市场极度疲软、企业极端困难的特殊时期，我们是当时全国煤炭系统94个统配局中，按月全额发放工资的少数企业之一。

生活质量持续提高。职工住房条件明显改善，累计竣工住房面积125.68万平方米，2005年人均居住面积达到8.73平方米。实行小区封闭改造，推行物业化管理，建成西华苑、马兰矿利民苑等高标准小区。形成直通太原市、连接前后山、横跨新旧矿区的通勤网，方便了职工出行。形成总院、分院、社区医疗服务站三级医疗服务体系，基本满足了职工家属的医疗需求。疾病防控体系日趋完善，在抗击非典和预防禽流感工作中发挥了重要作用。持续开展爱国卫生运动，为职工群众的身体健康提供了卫生保障。企业社会保险制度不断建立和完善，在养老保险、失业保险的基础上，建立了农民工回乡补助金、职工互助金及医疗保险和工伤保险。普通教育实现专业化集中管理，教育资源有效整合，办学环境持续改善，教学质量不断提高，为矿区职工子女就学成才创造了条件。

环境面貌明显改观。累计投入环保资金2.35亿元，建设了较为完善的环保基础设施，“三废”治理成效显著，各项考核指标在太原市工业企业中名列前茅。在古交发电厂一期工程建设中，采用具有国际领先水平的新技术、新工艺，脱硫效率达到国家环保要求，除尘效率高达99.57%。配套建设全封闭配煤厂、煤灰输送系统、污水净化厂和中水深度处理厂，有效保护了环境，充分利用了资源。建设热电联供工程，白家庄矿、杜儿坪矿、官地矿和南北寒地区72座锅炉即将拆除，实现集中供热，供热面积达350万平方米。实施矿区“洗脸”工程，开展“爱我西山、美我家园”活动，拆除违章建筑，整修矿区道路，净化、绿化、美化了环境。截至2005年底，绿化覆盖率达到21.4%。

文化生活丰富多彩。企业自办的广播、电视、报刊等传媒有声有色，“党旗颂”、“祖国颂”、“西山辉煌50年”等大型主题活动精彩纷呈，球类比赛、书画展览、消夏晚会等日常文体活动寓教于乐。编修大型志书《西山煤矿志》，记述西山50年光辉历程，起到了存史、资治、教化作用。成立文联体协，改造文体活动场馆，增设文体设施，改善了文化条件，促进了文化交流。丰富多彩的文化生活，满足了职工的精神需求，激发了职工群众热爱西山、奉献西山、建设西山、发展西山的深厚情感。

矿区氛围安定祥和。工会、共青团、女职工委员会等群众组织创造性地开展工作，保障职工权益，凝聚职工力量，维护了企业改革发展大局。实施温暖工程，以困难职工帮扶中心、青年创业指导中心等为平台，以十大救助基金为渠道，以“送温暖”、“一助一、献爱心”等帮扶活动为载体，构建了全方位、多层次的职工救助网络和长效帮扶机制，让温暖的阳光普照西山矿区，把党和企业的关怀送进千家万户。焦煤文化全面推进，文明创建活动结出硕果，全方位思想政治工作深入细致。老干、退管工作富有成效，使老同志老有所养、老有所为、老有所乐。信访、统战、计生、武装、保卫、消防、人防等工作成绩显著，为营造安定祥和的矿区环境作出了重要贡献。

第六次党代会以来，我们取得了辉煌的业绩。实践证明，第六次党代会做出的战略决策是正确的，提出的任务目标是实事求是的，各项改革举措是适应形势变化、符合西山实际的。成绩的取得是原煤炭部、山西省委省政府、省国资委和山西焦煤正确领导、大力支持的结果，是西山历任老领导殚精竭虑、呕心沥血的结果，是全体党员和职工群众同心同德、奋力拼搏的结果。在此，我谨代表西山集团党委，向多年来关心支持西山发展的上级领导、各界同仁，向为西山发展做出积极贡献的老领导、老矿工，向西山全体共产党员和职工家属表示崇高的敬意和衷心的感谢！

第二部分　全面建设和谐西山

五十年的深厚积淀，特别是第六次党代会以来的巨大成就，为西山长远发展奠定了坚实基础；国家推动中部崛起、建设大型煤炭基地的战略，为西山未来发展带来了全新机遇。然而，我们必须清醒地认识到，党和国家提出树立科学发展观，将节约资源、保护环境作为基本国策，我省加快推进国有企业改革步伐，全面实施对外开放战略，山西焦煤确定了体制创新、机制创新、战略创新等七大改革任务，对我们提出了新的更高的要求，需要我们深入研究、全面落实。我们必须清醒地认识到，企业目前存在人员多、效率低、社会负担重、辅业活力差、资金压力大等诸多现实问题，深化改革、分离改制、减人提效、内涵发展的任务现实地摆在我们面前，需要我们高度重视、着力解决。我们还要清醒地认识到，“十一五”期间，国家将进一步调整产业结构，全面整合钢铁、焦化、电力等高耗能产业，积极发展清洁、替代能源，严格控制资源性产品出口，煤炭特别是炼焦煤需求增长空间有限；加之国内煤炭企业竞相扩张规模，澳大利亚、越南等国家谋求扩大对我国东南沿海市场煤炭出口，俄罗斯拥有丰富的煤炭资源，加拿大等国财团已控制蒙古国优质炼焦煤资源，相机南下占领华中、华东、华南市场，对我们形成夹击之势，需要我们密切关注、积极应对。

站在历史和全局的战略高度，到2010年，我们的总体发展思路是：坚持以邓小平理论和“三个代表”重要思想为指导，全面落实科学发展观，团结带领全体党员和职工群众，解放思想，开拓创新，深化改革，扩大开放，做强做大煤炭主业，积极发展相关产业，联合参股上下游企业，放开搞活其他行业，激活人才流、资金流、物流、信息流等要素，在打造主业突出、循环多元、规范高效、和谐发展的新型能源企业的宏伟实践中，永葆党的先进性，以富裕西山、平安西山、人文西山、法治西山、数字西山、生态西山、诚信西山和开放西山为主要内涵，全面建设和谐西山。

一、深化改革，主辅双赢，建设富裕西山

愿　景　主业突出，循环多元，规范高效，和谐发展

理　念　用发展的思路解决企业在发展中遇到的困难，用深化改革的办法解决企业在改革中遇到的矛盾，用市场经济的手段解决企业走向市场遇到的问题

目　标

1. 原煤产量　2010年达到8000万吨
2. 精煤产量　2010年达到3690万吨
3. 销售收入　2010年达到330亿元
4. 非煤收入　2010年占到销售收入的30%以上
5. 原煤工效　2010年达到11吨/工
6. 利税总额　2010年达到50亿元

做强做大煤炭主业。建成六大矿区，提高主业竞争力。加强焦煤资源的保护性开采和战略性控制，挖掘现有生产矿井资源潜力。注重资源枯竭矿井的资源接替，扩大资源储备，加快新区勘探和矿权申办，整合地方中小煤矿资源。加强现有矿井管理，稳定产能产量。跟进煤炭先进洗选工艺，提高产品综合收益，建立柔性加工系统，适应市场动态需求。再造管理流程，减少管理层次，收缩管理幅度，提高管理效率。

积极发展相关产业。发挥资源优势，发展循环经济，做实电力、焦化产业。重点构建以大型坑口中煤电厂为主体，煤矸石电厂和煤层气电厂协同发展的电力产业格局。逐步发展煤炭焦化、气化、液化产品，建设大型煤化工基地。

联合参股上下游企业。引入战略投资者，推进产权多元化，规范完善法人治理结构。通过资产联结，密切与上下游企业的利益共同体关系，确保重大物资采购和主要产品市场稳定安全。拓宽融资渠道，为企业快速发展寻求新的资金来源。植入上下游企业的先进理念，引入先进管理、技术和人才，提升企业管理档次和水平，增强综合竞争能力。

放开搞活其他行业。争取政策支持，多种渠道筹集改革资金，积极做好主辅分离、辅业改制过程中的职工补偿、社保接续等工作。积极稳妥地推进分离企业办社会职能工作，适时移交普教、公安、社保、退管等职能。加大建筑建材、机电制修、医疗卫生、生活后勤、多经厂点改制分流力度，从资金、市场、人才、技术等方面予以大力扶持，拓展发展空间，激发内在活力，增加职工收入，维护合法权益。

二、生产安全，生活安定，建设平安西山

愿　景　本质安全，身心健康，安定祥和

理　念　珍惜生命，珍爱健康

目　标

1. 消灭重特大事故
2. 煤炭生产百万吨死亡率　控制在国家要求范围内
3. 矿区社会治安　违法率控制在万分之二十以下，犯罪率控制在万分之八以下
4. 职业安全卫生　尘肺病发病率控制在千分之一以下
5. 信访案件按期办结率　100%

树立科学的安全发展观。牢固树立安全工作是第一重要的工作、安全责任是第一重要的责任、安全业绩是第一重要的业绩的思想；树立煤矿事故可以预防的思想；树立不仅要对自己的安全负责，更要对他人的安全负责的思想；树立要出煤，但要安全出煤，不要冒险出煤，更不要以健康甚至生命为代价出煤的思想。从矿井实际出发，按客观规律办事，不单纯以产量产值定单位级别、论贡献大小、算工资多少，坚决杜绝超能力生产。

加强安全生产综合治理。坚持“管理、技术、装备、培训、观念”五并重原则，采取强化检查、专项整治、查处事故等措施，重点加强矿井“一通三防”和对周边小煤窑的治理；推动安全文化、安全法制、安全责任、安全科技和安全投入“五要素”落实到位，建立安全生产长效机制。不断提高本质安全水平，最终实现在可靠的场所，由可靠的人，操作可靠的设备，实施可靠的管理。

提高职业安全健康水平。加强职业病防治和职业危害治理，改善作业环境，加大作业场所职业危害监督检查治理力度，重点治理粉尘、噪音，完善劳动保护，确保劳保用品供应充足、配置齐全、及时更换，提高职业病预防、检查和救治水平。开展健康教育、心理咨询工作，促进职工心理健康。完善公共卫生体系建设，防控重大疾病和疫情。加强消防安全隐患整治和火灾防范。推进生产生活应急救援体系

建设，定期组织应急预案演练，提高应对重特大事故及自然灾害的能力。

加大矿区治安综合治理力度。建立和完善矛盾排查机制、信息预警机制、应急处置机制和责任追究机制，预防和妥善处置群体性、突发性事件。妥善处理企业内部关系，在重大决策过程中，充分考虑稳定因素；在辅业改制、棚户区改造等工作中，维护群众利益，规避化解矛盾冲突。开展平安矿井、平安工厂、平安小区、平安家庭创建活动，维护矿区治安稳定。妥善处理企业与周边关系，重点研究并处理好与周边农村的关系，在国家推进新农村建设与我们建设和谐矿区的进程中，采取前瞻性预防措施，协调处理各种利益关系，有效维护企业合法权益。

三、以人为本，关心职工，建设人文西山

愿　景　各尽所能，各得其所

理　念　发展为了职工，发展依靠职工，发展成果由职工共享

目　标

1. 职工收入　力争年均增长10%以上
2. 人均居住面积　2010年达到10平方米以上
3. 职工教育　年培训6万人次以上
4. 生活保障　建立多层次职工（养老保险）保障体系，完善企业帮扶和慈善捐助机制

弘扬人文精神。摒弃见物不见人的传统思维，尊重职工主体地位，促进职工全面发展。引领职工思想，坚持以科学的理论武装人，以正确的舆论引导人，以高尚的精神塑造人，以优秀的作品鼓舞人；因人而异，因势利导，在共同的价值体系内，尊重个性，鼓励创新，扬长避短，形成合力。尊重职工意愿，在企业改革、发展的各个环节，在重大决策的制定、实施过程中，认真听取、充分吸纳职工的意见。凝聚职工力量，发挥各类媒体及各类协会功能，宣传党的方针政策，解读发展战略规划，引导职工自觉融入到建设和谐西山的事业中。注重文化引导，用文化引领风气，用文化凝聚人心，用文化推动发展。激发职工潜能，让建设和谐西山的力量广泛汇聚，让职工群众的才智充分涌流。

体现人文关怀。维护职工权益，以利益调节为核心，建立健全兼顾效率公平、适度差距激励的分配机制，合理调整收入分配结构，保障职工民主权利，构建和谐劳动关系。增加职工收益，引入股权、期权，推进职工收入多元化，在企业经济效益稳步增长的同时，确保职工收入逐年提高。关心职工生活，改造棚户区，完善商品房与经济适用房、租用房相结合的住房供应体系，建立内部住房调节机制，梯次改善职工住房条件；完善扶贫解困机制，更好地帮扶困难职工；运用市场手段，解决医疗、教育、托幼、物业管理等工作中存在的问题；与驻地政府协同建设社区，扩大活动场所，增加文体设施，开展群众性文化体育活动。服务职工成长，整合开发人力资源，制定职业生涯规划，强化员工培训教育，加强制度政策保障，搭建人尽其才的平台，引导和帮助职工多渠道成才。

四、制度健全，运作规范，建设法治西山

愿　景　时时遵法纪，处处守规则

理　念　依法治企，按章办事

目　标

1. 职工普法率　90%以上
2. 党员领导干部违法违纪查处率　100%
3. 领导干部违章指挥查处率　100%
4. 职工违章作业查处率　100%

注重教育引导。多形式、多渠道、多载体、分层次开展“五五”普法教育，重点普及《公司法》、《合同法》、《劳动法》等法律知识，增强法治意识，自觉知法、守法、用法，使企业和职工在法制轨道内作为。组织学习规章制度和操作规程，让制度入心入脑，转化为每个职工遵章守纪的自觉行为，使企业和职工在制度框架内行动。

充分发扬民主。把坚持党的领导、发扬民主和依法治企有机统一起来，推进党务公开，扩大企务公开。完善职工代表大会制度，发展基层民主，用严格的制度和规范的程序，保证职工依法参与民主选举、民主决策、民主管理和民主监督。健全决策机制，广泛集中职工智慧，切实尊重职工意愿；完善协调机制，全面表达各方诉求，科学调整各方利益。让职工在民主实践中实现自我教育，增强民主意识，推进民主进程。

完善基本制度。坚持责任法人制度这一企业基本的管理制度，按照覆盖全面、突出重点、动态管理、奖罚分明的总体要求，适时适度调整考核内容和指标权重，使考核充分体现科学发展观和正确政绩观的要求，实事求是地反映被考核者的工作实绩和努力程度，既反映当期生产经营业绩，也反映未来可持续发展能力；既反映改革力度和发展速度，也反映企业的稳定程度；既反映经济责任的落实情况，也反映政治责任、法律责任、社会责任的履行情况。

全面规范落实。从制度安排、规则程序、合作参

与、责任分担、利益共享各个层面，从煤－电－材、煤－焦－化产业链接的各个节点，从人才流、资金流、物流、信息流等要素运行的各个环节，全方位、全时空、全过程规范和落实各项制度。提高制度的科学性，做到于法周延、于事简便；加强制度的系统性，使各项制度彼此衔接、相互配套；维护制度的权威性，抓好经常性的监督检查，确保各项制度落到实处；保持制度的连续性，使之不因企业领导人的改变而改变，不因领导人的看法和注意力的改变而改变。

五、科技兴企，创新强企，建设数字西山

愿　景　生产装备智能化，指挥控制自动化，管理运筹数字化

理　念　以信息化带动工业化，以工业化促进信息化

目　标

1. 科技投入占当年销售收入比重　2010年达到5%以上

2. 研发、推广应用科技成果　2010年累计达到1800项

3. 科技成果转化率　2010年达到80%

4. 科技进步贡献率　2010年达到60%

推动信息化进程。完善信息化建设规划，加快信息化建设步伐，使设计、生产和管理等各项工作逐步实现数字化运行。提升全员信息化素质，决策层要增强对信息化工作的领导能力，管理层要运用信息化技术提升管理水平，执行层要熟练掌握信息化技能。完善信息基础设施，制定信息化标准，加强信息平台建设，拓展网络覆盖范围。深度开发信息资源，加强信息采集、处理，建立信息库和信息共享机制。强化信息安全保障，加强安全监控、应急响应、密钥管理、网络信任等信息安全基础设施建设。

加快创新体系建设。以企业国家级技术中心为依托，整合要素资源，优化科技力量布局，按照“自主创新、重点跨越、支撑发展、引领未来”的方针，建设适应发展、行业领先的技术创新体系。嵌入信息化技术，推动生产装备智能化、指挥控制自动化、管理运筹数字化。建立项目储备库，制订规划，设定目录，批次推进与企业发展密切相关重大科研项目的研发应用。实行项目研发管理制、首席专家负责制，形成融决策咨询、技术研发、科技管理、成果转化于一体的自主创新平台。探索实体化运作，逐步放开搞活，围绕煤基产业链建成相对独立的研发实体，推动内部市场化交易和对外有偿定制服务。

增强自主创新能力。加大对技术创新工作的支持力度，加快培养创新人才，科学配置创新资源，积极争取创新突破，及时推广创新成果。通过深入持久的创新实践，提升经济增长的技术含量，变资源推动型增长为创新拉动式增长，使技术创新成为企业发展的内生力量，促进西山又快又好地发展。从企业发展的战略高度，弘扬创新精神，营造创新氛围，形成创新机制，大力推动企业思想、管理、科技等全方位创新，使创新成为企业发展的持久动力。

六、资源节约，环境友好，建设生态西山

愿　景　集约高效，综合利用，矿在林中，人在绿中

理　念　文明生产，健康生活，绿色空间，协调发展

目　标

1. 矿井采区回采率　到2010年薄煤层不低于85%，中厚煤层不低于80%，厚煤层不低于75%

2. 原煤入洗率　2010年达到80%以上

3. 万元产值综合能耗　到2010年累计降低23%

4. 万元产值主要污染物排放总量　到2010年累计降低15%～20%

5. 绿化覆盖率　2010年达到30%

6. 绿地率　2010年达到25%

提高资源生产和利用效率。依靠科技进步，优化采掘部署，改进装备工艺，实施精细化开采，提高资源回收率。对稀缺焦煤资源实行保护性开采和有效利用，为国家能源战略作贡献。进一步提高原煤入洗比例，提高分选效率和精煤产率。依托丰富的中煤、煤泥、煤矸石、粉煤灰和煤层气资源，发展电力、建材产业，变废为宝，提高综合利用效率。

推进清洁生产和污染治理。从源头减少废物产生，由末端治理向污染预防和生产全过程控制转变。加大矿区沉陷区治理力度，源头控制，在条件适合区域，试用先进适用技术填充采空区，控制地表塌陷，减少植被破坏；主动作为，实现生态功能的恢复和保育。建设地下运煤通道、全封闭配煤厂和煤、灰输送系统，推进矿区热电联供，减少能源消耗和环境污染。统筹生活、生产、生态用水，有效保护和合理利用地下水资源，逐步实现废水资源化。新开发矿区建设必须依法开展环境影响评价，编制水土保持方案，进行环保设施“三同时”验收。科学治理矸石山，自下而上，分层碾压，黄土覆盖，恢复植被，减少生态破坏，实现环保与经济良性互动。

加强矿区绿化和绿地管护。加强矿区环境和功能区总体规划。新矿区严格实行生活区和工业区分离设置，老矿区见土插绿，拆旧造绿，增加公园、绿地；在矿区主要进出口、交通沿线、荒山荒地大片绿化，建设环矿区绿化带，构建“矿在林中、人在绿中”的宜居家园。加强管护，宣传植绿光荣、毁绿可耻的观念；按照就近原则，明确责任，分片管理，鼓励职工认地绿化、认绿供养。大力推广节能建筑、绿色建筑，有效治理建筑、生活和医用垃圾。增产增收与节能降耗并重，提倡环境友好、节约使用，让节能、节水、节材成为职工的自觉行动。

七、知行统一，履责践诺，建设诚信西山

愿　景　人人尽责任，事事讲诚信

理　念　诚实守信，合作共赢

目　标

1. 产品合格率　100%

2. 合同履约率　100%

领导讲诚信，主要是求实绩。要求真务实、脚踏实地，树立正确的政绩观；要以身作则、令行禁止，不折不扣贯彻党和国家的方针政策，雷厉风行执行西山集团的决策决定；要勤勉尽责、言行一致，替群众遮风挡雨，为职工鞠躬尽瘁。

职工讲诚信，主要是讲忠诚。要忠于职守，爱岗敬业，恪守职业道德；要真诚坦荡，明礼守信，遵守社会公德；要和睦友爱，互敬互让，崇尚家庭美德。知荣辱，辨是非，明善恶，培育矿区文明新风。

企业讲诚信，主要是尽责任。要保障权益，尊重民意，用贴心的关怀取信于职工；要信守合同，贴切服务，用规范的交易取信于客户；要保值增值，维护利益，用良好的业绩取信于股东；要节约资源，保护环境，用健康的发展取信于社会。在企业不断发展壮大的同时，更好地回报国家，回报职工，回报社会。

弘扬诚信精神，培育诚信文化。传播诚信理念，营造诚信氛围，提升诚信品质，促进诚信习惯养成；制定诚信准则，加强诚信控制，打造诚信品牌，推进诚信文化建设。

八、兼容并蓄，互利共赢，建设开放西山

愿　景　跨地区、跨行业、跨所有制、跨国经营

理　念　互利共赢，开放发展

目　标

与战略合作伙伴交易额　2010年占到贸易总额的85%以上

转变开放观念。跳出西山看西山，融入世界看西山，面向未来看西山。在开放理念上解放思想，用全球视野和战略眼光谋划西山发展，以大开放促进新发展，不仅要“引进来”，还要“走出去”。在开放心态上解放思想，用宽广的胸怀对待合作伙伴，用共同的利益促进长期合作。在开放领域上解放思想，全部产业都要对外开放。在产权结构上解放思想，全方位引进战略投资者，除煤炭主业必须控股外，其余产业既可我方控股，也可由合作投资者控股。在合作方式上解放思想，在传统贸易合作的基础上，注重人才、技术、土地、资源、管理以及无形资产等生产要素的配置和合作。在人才工作上解放思想，既立足内部培养，也重视外部引进；要引进人才，也要引进智力，不求所有，但求所用。在开放环境上解放思想，注重软环境建设，树立“人人都是软环境”、“事事都是软环境”的观念。

增强开放能力。提高开放思维能力，敏锐发现合作交流、发展西山的契机，增强抓项目意识，提高谈项目水平。提高市场运作能力，按市场规则和国际惯例办事，确保合作效率和质量。提高对外宣传能力，提升企业信誉、品牌效应等软实力，让更多的国内外人士了解西山，让每一个来西山的人都能感受到西山的变化和魅力。

提高开放水平。扩大合作领域，继续巩固与冶金、电力、焦化等用户和大宗物资、关键设备供应商的合作友谊，在互惠互利的基础上，搭建合作平台，创造发展机遇，实现共同受益。密切与兄弟单位、社会各界、海内外友人的往来，在传统合作的基础上，开辟合作通道，提升合作层次。继续深化与科研院所、大专院校的交流，在原有课题、项目的基础上，扩大交流范围，引深交流内容，共享交流成果。加强与金融机构的合作，积极推动资本运作，探索期货交易，拓宽融资渠道，防范金融风险。

第三部分　全面加强党的先进性建设

建设和谐西山是落实科学发展观的本质要求，是总结西山五十年发展经验的必然选择，是矿区三十万职工家属的共同福祉。历史将建设和谐西山的重大责任赋予我们，完成这一光荣而艰巨的任务，需要我们不断改进领导方式和工作机制，不断提升领导水平和工作能力，不断优化干部队伍和人才结构，毫不动摇地加强党的先进性建设。

一、按照建设和谐西山的要求，锻造团结奋进的领导班子

坚持把领导班子建设放在首要位置，锻造“政治素质好、经营业绩好、团结协作好、作风形象好”的领导班子。提高素质，用邓小平理论、“三个代表”重要思想、科学发展观武装头脑，深入开展学习党章、树立社会主义荣辱观主题教育，坚持“十要十不要”，坚定理想信念，明辨是非曲直，提升总揽全局的能力、破解改革发展难题的能力、协调不同利益关系的能力、应对复杂局面的能力和创造性开展工作的能力。优化结构，按照年龄梯次搭配、专业知识互补、个性气质相容的目标要求，整合配备各级领导班子。增进团结，班子成员之间，相互尊重，互相理解，支持配合，形成合力，正确地开展批评与自我批评，坚持真理，修正错误。完善体制，按照适应法人治理结构的要求和“双向进入，交叉任职”的原则，建立和完善领导体制；党委成员通过法定程序分别进入董事会、监事会和经理层，董事会、监事会和经理层中的党员依照规定程序进入党委会。健全机制，坚持完善民主集中制，按照“集体研究、分别体现、双向反映、科学决策”的要求，把党组织的工作制度与公司法人治理结构的工作规则结合起来，充分发扬民主，增进互信互谅，促进高效运转。科学决策，党组织参与企业重大问题决策，视具体情况采用不同方式：西山集团及所属独资和控股法人单位，在决策前，董事长或其他主要行政负责人要就拟讨论决定的重大问题议案与党委充分协商，通过党政联席会或党委扩大会形成意见后，再进入法人治理结构的议事决策程序；所属非法人单位，通过党政联席会议，按照民主集中制原则决定重大问题。西山集团及所属单位参股的企业、所属单位改组为非公有制的企业，建立与现代企业制度相适应的领导体制，积极探索党组织参与重大问题决策的机制。党委会要积极支持股东会、董事会、监事会和经理层依法行使职权。

二、按照建设和谐西山的要求，培养奋发有为的干部团队

坚持党管干部，全面贯彻“四化”方针和德才兼备原则，建设政治上靠得住、工作上有本事、作风上过得硬、职工群众信得过的干部团队。推进干部选任制度改革，完善委任制，优化聘任制，深化考任制，加大公开选拔和竞争上岗力度；推行任期制，一届任期一般为三年，在同一岗位任职一般不超过两届；在选任过程中，严格执行民主推荐制、多渠道考察制、集体研究票决制、任前公示制、试用期制和任职回避制等制度；实行交流轮岗制度，加大党群干部与行政干部、机关干部与基层干部交流力度，加大关键岗位、重点环节干部交流力度；重视培养选拔青年干部、妇女干部和非党干部；充实后备干部库，加强后备干部的发现、培养和管理工作，建设政治坚定、作风扎实、能力突出、专业齐全、结构合理、素质优良的后备干部队伍；完善干部选任监督机制，用好的作风选作风好的干部，建立干部选拔任用工作责任制和用人失误责任追究制，坚决防止和纠正用人上的不正之风。注重培训提高，遵照《干部教育培训工作条例》，结合岗位职责要求和干部特点，坚持组织调训与自主选学、理论学习和实践锻炼、内部培训与外出学习相结合，全面提升干部素质能力。坚持完善现行干部考评制度，抓紧研究制定符合正确政绩观要求的干部绩效考评指标体系，逐步形成全面科学的考核评价机制和激励约束机制。建立正常退出机制，完善领导干部自愿辞职、引咎辞职、组织责令辞职等制度。科学合理确定编制，按编制设置机构，按职数配备干部。加强对外派干部的管理，严格执行外派干部定期述职述廉、考核奖惩、培训教育以及组织召回等制度。

三、按照建设和谐西山的要求，造就充满活力的人才方阵

坚持党管人才，管宏观、管政策、管协调、管服务，全面推进人才强企战略，努力把各方面的优秀人才聚集到建设和谐西山的事业中来。以灵活的机制激活存量人才，按照五支人才队伍划分标准，建立更加精准科学的人才评价体系；建立健全以考核评价为基础，岗位责任、风险、业绩同薪酬挂钩，短期激励与中长期激励相结合，物质激励与精神激励相结合的激励约束机制，积极探索资本、技术、管理等要素参与分配的办法；打破集团内部人才使用的地域限制，统筹不同区域、新旧矿区对人才的需要，引导毕业生到最需要的岗位成长成才，促进人才合理流动。以优良的增量优化人才结构，建立人才储备库和开放的人力资源开发管理系统，适应企业发展需要，培养具有驾驭市场能力和领导发展能力的经营管理人才，培养熟悉市场运行规则、能够有效维护出资人利益的出资人监管人才，培养富有创新精神、创新能力的专业技术人才，培养善于围绕企业生产经营开展党务工作的政工人才，培养素质较高、技能精湛的操作技能人才；制定有利于引才引智的优惠政策，急需的煤炭、电力、焦化等专业的技术人才，建设高素质的操作技能人才队伍；吸引急需的外围高精尖人才，形成核心层、紧密层、松散层三个层次的人才体系和专家辅助决策系统。以健全的体系培养教育人才，建设有利于人才生成的培养体系，注重培养人才的主动精神和创新思维，多层次、多渠道、大规模地开展多种形式的继续教育，推动远程教育，形成开放式教育培养系统，推进学习型组织建设。完善太原人才大市场西山工作站运行机制，拓宽职工子女毕业生就业途径，为各类新经济组织提供人事代理服务，提高人才配置效率。

四、按照建设和谐西山的要求，打造坚强有力的基层组织

坚持党要管党，按照"围绕中心、服务大局、拓宽领域、强化功能"的要求，把各级党组织打造成为全面建设和谐西山的组织者、推动者和实践者。夯实党的组织基础，面对企业组织结构多样化、产权结构多元化的形势，坚持按照党章规定设置基层组织，做到党群组织与行政组织同步建立，党群工作机构与经营管理机构同步设置，党群工作人员与经营管理人员同步配备；加强基层组织建设，坚持完善《西山党支部工作条例》，发挥党支部的战斗堡垒作用。改进党的活动方式，适应企业跨地区经营、开放式发展的需要，以矿区为单元，以基层为重点，坚持直接组织与间接指导相结合，坚持脱产集中与业余分散相结合，坚持大型活动与中小型活动相结合，统筹规划，分类指导，重心下移，务求实效。推进党内民主进程，推行党务公开，进一步完善各级党组织内部运行机制，不断强化党代会和党委全委会的功能，完善全委会、常委会工作机制，按期换届；保障党员民主权利，促进党员履行义务和行使权利相统一。稳定政工干部队伍，优化政工队伍结构，提高政工人员素质，对他们从政治上关心，从工作上帮助，从生活上照顾，尽力解决他们的实际困难，为他们提供各种学习、锻炼、交流的机会，努力建设一支政治强、业务精、作风正的政工干部队伍。

五、按照建设和谐西山的要求，锤炼永葆先进的党员队伍

坚持党员标准，把党员队伍锤炼成为先进生产力的促进者、先进文化的倡导者和职工利益的维护者，发挥广大党员在建设和谐西山中的先锋模范作用。壮大党员队伍，认真贯彻"十六字"方针，重点在生产、工作一线发展党员，把符合条件的生产经营骨干培养成党员，认真做好青年、女职工"推优"工作，进一步优化党员队伍结构。加强党员教育，创新教育载体，改进教育方法，变灌输式教育为沟通式教育；巩固和发展先进性教育成果，使感性认识理性化、具体经验系统化、成功做法制度化，努力形成使党员长期受教育、永葆先进性的长效机制。强化党员管理，严格党组织生活，提高组织生活质量；针对党员构成多样化的状况，采取行之有效的分类管理办法；坚持和完善党内评议和群众评议相结合的民主评议党员制度，畅通"出口"，形成党员队伍新陈代谢、自我纯洁的良性机制。

六、按照建设和谐西山的要求，培育清廉务实的党风政风

坚持从严治党，促使党员干部自重自省自警自励，树立求真务实、清正廉洁的形象。改进作风，按照"三个代表"、"两个务必"、"八个坚持、八个反对"以及"八荣八耻"的要求，坚决防止和克服形式主义、官僚主义、弄虚作假、奢侈浪费等不正之风；密切党群、干群关系，用人文的情怀对待群众，以务实的作风履行职责，带着对职工群众的深厚感情，切实解决他们最关心、最现实、最直接的利益问题。教育引导，构建廉政文化大宣教格局，开展宣教活动，培植廉政理念，使党员干部以事业为重，以廉洁为荣，以不贪为宝，把住警戒线，追求高境界。规范制度，建立健全重要情况通报、述职述廉、廉政谈话、诫勉谈话、问责等各项制度。有效监督，充分发挥监督合力，综合运用多种监督手段，切实加强对权力运行重点人员、关键环节的监控，继续强化效能监察工作。重典治腐，严肃查办大宗物资采购、重要工程项目招投标、大额度资金使用、干部选任等工作中滥用职权、以权谋私的案件，严肃查处各种商业贿赂案件，严肃查处克扣、截留工人工资奖金和在企业改制改组中损害职工群众利益的案件，切实维护国家、企业和职工利益。

七、按照建设和谐西山的要求，营造健康向上的文化氛围

坚持党管宣传、党管意识形态，使科学的理论成为激励职工群众团结奋斗的精神支柱，使共同的理念成为建设和谐西山的精神纽带，用一流的文化打造一流的企业。突出宣传重点，紧密联系建设和谐西山的实际，宣传企业的工作思路、目标任务和战略措施，宣传和谐西山所体现的人文精神、科学理念和创新思维，展示未来西山的美好愿景。形成宣传声势，加大评论力度，策划深度新闻报道，选树宣传先进典型，增进干部群众共识，使有利于建设和谐西山的思想和精神成为企业的最强音。推进焦煤文化建设，从企业战略发展的高度，把焦煤文化建设融入企业管理、思想政治工作和精神文明建设的全过程，使广大职工认识、认知、认同企业精神、企业宗旨、企业理念和企业的基本行为规范，并转化为自觉行动，增强企业凝聚力，激发职工创造力。培育文明道德风尚，引导职工知荣辱、树新风、促和谐，在社会做好公民，在单位做好员工，在家庭做好成员，形成团结互助、平等友爱、共同进步的人际关系和社会环境。开展文明创建活动，不断拓展领域、充实内容、提高水平。做好思想政治工作，加强舆情调研，把握思想动向，了解基本需求，针对性解决思想困惑和实际困难，激发调动职工群众的积极性。繁荣矿区文化生活，从祖国博大精深的优秀传统文化里汲取精华，从西山五十年催人奋进的发展历史中吸收营养，从建设和谐西山的伟大实践中寻找灵感，着力创造蕴含和谐理念、展示矿工风采、反映矿山真情的文化产品。发挥文联体协作用，整合专兼职文化工作者队伍，繁荣矿区文化事业。

八、按照建设和谐西山的要求，凝聚共促和谐的群众力量

坚持全心全意依靠职工群众办企业，以党建带工建、带团建，更好地发挥工会、共青团、女职工委员会的桥梁纽带作用，动员和组织广大职工为构建和谐西山建功立业。各级党组织要定期研究群众组织工作，听取工作汇报，加强工作指导，提出工作要求，为群众组织开展工作提供必要条件，创造宽松环境。群众组织要加强自身建设，重点加强新经济组织中的群众组织建设，吸收包括农合工在内的各类员工加入工会、共青团等群众组织。加强民主管理，不断完善职代会制度，推进企务公开，加快民主进程；维护职工合法权益，坚持平等协商、集体合同制度，支持工会依法参与劳动争议调解工作，建立和谐稳定的劳动关系；围绕企业阶段性工作重点，征集合理化建议，组织群众性经济技术创新活动。共青团组织要以服务青年和服务企业为宗旨，拓宽工作范围，完善工作机制，大力开发青年人力资源，培养青年人才，深化青年文明号、青监岗、“导师带徒”等活动，积极推进待业青年就业工作。大力推进女职工建功工程、素质工程和维权工程，深入开展女工家属协管安全工作，切实保障女职工的合法权益和特殊利益。

同志们！基石在奋斗中奠定，才智在激情中迸发，力量在和谐中凝聚，希望在热土上放飞。让我们在省委省政府、省国资委和山西焦煤的领导下，更加紧密地团结起来，以更加坚定的信心、更加饱满的热情、更加昂扬的斗志，共建和谐西山，同创幸福生活，向着更加美好的明天奋勇前进！

全面加强党风廉政建设　积极构建惩防腐败体系　为建设和谐西山提供坚强保证

——在中国共产党山西焦煤西山煤电集团有限责任公司第七次代表大会上的纪检工作报告

徐俊明

（2006年6月28日）

各位代表，同志们：

我受中国共产党山西焦煤西山煤电集团有限责任公司纪律检查委员会的委托，向大会作报告，请予审议。

第一部分　第六次党代会以来的主要工作

第六次党代会以来，西山经历了改组改制的重大变革，经受了市场经济的严峻考验，取得了快速发展的辉煌成果。在这个过程中，我们在上级纪委和西山党委的正确领导下，在各级党组织和广大党员的共同努力下，以邓小平理论和“三个代表”重要思想为指导，认真贯彻新时期纪检监察工作的方针政策，紧紧围绕企业改革发展稳定大局，主动适应企业改革改制的形势，不断拓宽为企业经济建设服务的途径，逐步完善工作机制，全面履行党章赋予的职责，做了大量卓有成效的工作，为西山三个文明建设协调发展提供了坚强的保证。

一、维护党的纪律，促进了企业党的建设

我们始终坚持从严治党，大力加强党风廉政建设，有力地促进了企业党的建设。

维护党的路线方针政策的贯彻落实，促进了党的政治建设。我们坚持每年召开党风廉政建设工作会议，贯彻了党中央和中纪委会议精神；下发关于党风廉政建设的文件，对全体党员干部提出具体要求，落实了党的重大决议决定和企业重大决策；加强监督检查，严明党的纪律，保证了政令畅通、令行禁止；协助党委狠抓了各级党委中心组的理论学习和党员的日常培训工作，协助党委扎实开展了“双学”、“三讲”、保持共产党员先进性教育等重大活动，保证了各级党组织和全体党员在思想上、行动上始终和党中央保持高度一致。

深化党性党纪教育，促进了党的思想建设。我们坚持开展党纪条规教育，通过培训、辅导、竞赛、考试等活动，增强了党员领导干部的廉洁自律意识；深入开展预防职务犯罪教育，通过案例警示、现身说法、廉政培训、廉政谈话、电化教育等方式，提高了党员干部遵纪守法的自觉性；积极选树勤廉典型，表彰奖励，大力宣传，发挥了先进典型的示范引导作用；广泛开展廉政文化活动，通过大唱廉政歌曲，征集廉政格言，发送廉政短信，举办廉政书画展，召开廉政座谈会，签订家庭廉政公约，进行廉政承诺，组织廉政文艺演出、廉政演讲等活动，使党员领导干部受到了教育，陶冶了情操，筑起了思想道德防线。

维护民主集中制原则，促进了党的组织建设。我们在参与重大决策、重要人事任免、重大项目安排和大额度资金使用时，坚决维护民主集中制原则，防止了个人说了算、少数人决定重大事项；在各级领导班子召开民主生活会时，加强监督指导，提高了民主生活会质量，增强了各级班子的凝聚力和战斗力；在选拔任用干部工作中，参与任前考察，实行任前公示、任前廉政谈话，每年对干部进行民主评议，实行述廉测廉并建立了干部廉政档案，促进了领导干部廉政勤政；在发展党员过程中，加强审查，监督公示，提高了党员队伍质量。

狠抓干部作风转变，促进了党的作风建设。我们按照中央精神，全面落实“八个坚持、八个反对”和“两个务必”，大兴求真务实、艰苦奋斗之风，始终严格要求，认真督查，严肃处理，狠抓了干部作风转变。1998年开展了“反对官僚主义”专项整顿。2002年确定“作风建设年”进行了集中治理。多次召开大会专门部署转变干部作风工作，深入开展了树立社会主义荣辱观和“十要十不要”主题教育活动，大力倡导“十二种观念”，较好地解决了党员干部中存在的形式主义、主观主义、享乐主义、工作漂浮等突出问题，促进了党风好转，密切了党群干群关系。

二、强化监督制约，保证了企业健康发展

我们始终坚持党风廉政建设和反腐倡廉工作与企业改革、经济建设同步推进，保证了企业的健康发展。

加强制度建设，规范了各项管理。我们突出了领导班子和干部队伍建设这个重点，建立了重大事项集体决策制度，完善了领导班子议事制度和会议制度，制定了领导干部收入申报、礼品登记、廉政谈话、述职述廉、诫勉、问责等制度。抓住了企业经营管理的重点环节，健全了建设工程项目、物资采购供应、项目投资等管理办法；认真落实《实施纲要》，出台了进一步抓好党风廉政建设和反腐败工作的实施办法，即“68条”。深化了党风廉政建设责任制的贯彻落实，按照班子成员的分工进行责任分解，严格考核奖惩，并将党风廉政建设纳入责任法人考核体系，逐步形成了靠制度管权管人管事的有效机制。

加强监督检查，规范了从业行为。我们突出了监督的重点，加强了对领导干部和掌管人、财、物等重要岗位人员的监督；加强了对物资采购、工程建设、产品销售、资金运作、财务管理等重大事项的监督；加强了对工资奖金分配、住房分配、子女上学、就医看病等关系职工群众切身利益问题的监督。强化了全过程监督，通过参与干部评议考察、企业重大决策、重大项目管理等手段加强了事前监督；通过采取专项督查、动态抽查、提出监察建议等方式加强了事中监督；通过检查验收、跟踪调查、建章立制等措施强化了事后监督，使权力运行始终处在有效的监督之下。

推行“阳光工程”，强化了民主监督。1999年，我们把领导干部廉洁自律、企务公开、民主管理、经营管理等工作融为一体，实施了“阳光工程”，重点抓住工资分配、干部任用、工程建设、物资采购、住房分配等群众关注的热点难点事项进行公开，有效地维护了职工的知情权、参与权和监督权。金银焕、郭振中等省、市领导来西山调研视察时，对“阳光工程”给予了高度评价和充分肯定。“阳光工程”作为西山“一项制度、三项工程”建设的主体内容，扎实开展，深入推进，对于从源头上预防腐败、密切党群干群关系、增强企业的向心力和凝聚力起到了十分重要的作用。

开展效能监察，促进了效益提高。1996年开展效能监察工作以来，我们不断完善工作机制，扩大监察领域，强化过程监管，加大评价考核力度，以增收节支、节能降耗为重点，建章立制、查堵漏洞，有效地促进了管理水平和经济效益的提高，增强了干部职工尽职尽责和艰苦奋斗、勤俭节约的意识。特别是在企业经营困难时期，效能监察工作发挥了重要的作用。10年来，全公司共立项321项，实现监察成果2.94亿元，发现违规行为并进行责任追究15起，发现违纪问题转立案查处72件。

三、加大查处力度，维护了矿区和谐稳定

我们始终坚持严查违纪违法案件，维护企业和职工的利益，为建设和谐矿区提供了良好环境。

纠风和专项治理取得明显成效。我们针对职工群众反映强烈的问题，扎实开展了纠风和专项治理工作。开展了清理“小公司”、“小金库”、违规配置使用通讯工具和交通工具、领导干部多占多购住房等工作；认真解决了大吃大喝、铺张浪费、乱发钱物、节日腐败、大办子女12岁生日等职工群众反映强烈的突出问题；为治理克扣工人工资奖金的问题，强力推行了区队工作经费使用管理办法；实行了对公路地销煤的季度督查，清查了领导干部投资入股小煤矿和参与小煤矿经营生产的问题，预防了腐败现象的发生，促进了矿区风气的好转。

违纪案件得到严肃查处。我们本着对企业和职工群众高度负责的精神，认真核查群众的信访举报，做到件件有着落，事事有回音；加强对案件查处工作的领导，强化办案手段，健全办案制度，严格案件审理，使案件查处工作逐步规范化。同时，我们加大责任追究力度，维护了企业规章制度的严肃性。第六次党代会以来，共初核违纪线索1014件，立案查处233件，给予党纪政纪处分492人，其中处级干部30人，科级干部137人。通过查办案件，共为企业挽回经济损失4075万元。

四、加强自身建设，提高了纪检监察工作水平

我们始终按照“政治坚强、公正廉洁、纪律严明、业务精通、作风优良”的要求，加强纪检监察队伍建设，提高了工作质量。

组织领导不断加强。绝大部分党委设立了专职纪委书记，纪委书记同时担任了本单位党委副书记，加大了工作力度；各单位配齐了纪检监察干部，总支、支部设立了纪检委员，形成了完备的组织领导体系。专职纪检监察干部由76人增加到105人，平均年龄下降5.2岁，大专以上学历占到了84%，队伍结构更加合理。坚持年度工作会、季度书记例会制度，实行量化考核，定期分析工作，统筹协调，缜密部署，逐步完善了工作机制。

队伍素质不断提高。我们始终注重政治学习和业务培训，强化内部管理，改进工作作风，提高了纪检监察干部的综合素质。理论水平不断提高，组织专人编写了《纪检监察办案工作手册》，深入基层进行了案例警示、预防职务犯罪教育和两个《条例》辅导，在上级组织的理论研讨中，有142篇论文获奖，在省煤管局和山西焦煤举办的党纪条规知识竞赛中均获得了第一名。工作能力不断增强，突破了许多复杂案件，多次出色地完成了省纪委和国资委纪委借调办案任务，连续两年夺得山西焦煤纪检监察工作量化考核第一名。

工作质量不断提升。我们注重理论联系实际，积极探索党风廉政建设的有效途径，大胆创新工作方法，工作质量稳步提高，推出了一些具有西山特色的鲜活经验。我们开展电化教育、案例教育和效能监察工作的经验先后在全国和全省煤炭系统纪检工作会议上进行了交流，实施“阳光工程”的经验在全国煤炭系统反腐败抓源头工作经验交流会上进行了交流，查办案件的经验在太原市案件检查工作经验交流会上进行了交流，开展党风廉政宣传教育工作的经验在山西焦煤集团公司召开的党风廉政宣传教育工作会上进行了交流。

这些年来，纪检监察工作取得了可喜的成绩。我们先后被煤炭部评为全国煤炭系统先进集体，被省纪委认定为案件审理达标免检单位，被省、市纪委评为纪检监察新闻工作先进单位，被太原市委、市政府评为先进集体，被太原市纪委评为反腐倡廉教育先进单位。这些成绩的取得，是上级纪委和各级党政大力支持的结果，是全体纪检监察干部辛勤工作的结果，是广大党员干部和职工群众积极参与的结果。在此，我代表西山集团纪委向关心支持纪检监察工作的同志们表示崇高的敬意和衷心的感谢！

第六次党代会以来，纪检监察工作在实践中不断探索、在探索中不断前进，我们对党风廉政建设和反腐倡廉工作有着深刻的体会：

——必须在党委的统一领导下，坚持围绕企业中心工作，服从服务于大局，才能更好地发挥保驾护航作用。

——必须坚持教育为先，使党员干部筑牢思想道德防线，主观上不愿犯错误，才能保证和保护党员干部的政治安全。

——必须强化监督，健全完善制衡制约机制，才能保证党员干部廉洁从业，防止决策失误、行为失范。

——必须坚持从严查处违纪违法案件，解决好群众反映的突出问题，维护好企业和职工的利益，才能具有坚实的群众基础。

——必须认真落实党风廉政建设责任制，有机融入企业生产经营管理，纳入责任法人考核体系，才能真正取得实效。

——必须加强队伍建设，提高整体素质，增强工作能力，创新各项工作，才能不断开创纪检监察工作的新局面。

在看到成绩的同时，也要清醒地认识到，我们的工作还存在一些不容忽视的问题和不足。主要表现在：确实有一些党员领导干部和管理人员的廉洁自律意识不强，违法违纪的案件还时有发生；确实有一些领导干部的工作责任心不强，责任事故还屡有发生；确实有一些突出问题群众反映还很强烈，职工意见比较大；确实存在着监督约束机制还不完善，与现代企业制度要求不相适应的问题；确实存在着纪检监察工作方式方法单一、创新不够的问题等。这些问题和不足，必须引起我们的高度重视，在以后的工作中，要采取有效措施切实加以解决。

第二部分　今后一个时期的工作建议

今后一个时期，是西山集团扩大发展规模、调整产业结构、加快改革步伐、完善法人治理结构的重要时期，既是发展机遇期，也是矛盾凸显期，一些深层次的矛盾和问题将会逐渐显露，腐败现象易发多发的危险性依然存在，党风廉政建设和反腐倡廉工作面临的形势仍然十分严峻，任务将更加艰巨。

我们工作的指导思想是：**以邓小平理论和“三个代表”重要思想为指导，全面落实科学发展观，深入贯彻《实施纲要》，围绕中心工作，认真履行职责，注重源头预防，加大惩处力度，积极构建惩治和预防腐败体系，全面加强党风廉政建设，为建设和谐西山提供坚强保证。**

一、维护党章权威，推动科学发展

纪律检查委员会担负着维护党的章程和其他党内法规，检查党的路线、方针、政策和决议的执行情况的重要职责。各级纪检监察部门要坚决维护党章，从思想上、纪律上、作风上为贯彻落实科学发展观、构建和谐西山提供坚强保证。

学习贯彻党章，增强党员干部的党性意识。胡锦涛总书记在中纪委六次全会上指出，要始终把学习党章、遵守党章、贯彻党章、维护党章作为全党的一项重大任务抓紧抓好。我们要以开展学习贯彻党章活动为契机，加强思想建设，不断增强党员干部的党性意识。教育党员干部进一步坚定理想信念，立足本职岗位，创造一流业绩；引导党员干部进一步加强道德修养，坚决抵制各种腐朽落后思想文化的侵蚀，永葆共产党人的高风亮节；要进一步增强民主意识，营造党内充分表达意愿、平等讨论的浓厚氛围，坚决贯彻执行民主集中制；要进一步增强监督和被监督的意识，强化党内监督；要进一步增强纪律意识，自觉遵守党的政治纪律、组织纪律、经济纪律和群众纪律。

加强监督检查，推动科学发展观的贯彻落实。中纪委六次全会明确提出，各级纪委要维护党的纪律，为全面贯彻落实科学发展观提供有力保证。我们要教育和引导各级党员干部特别是领导干部牢固树立科学发展观，增强以科学发展观指导各项工作的自觉性和坚定性。要加强对科学发展观落实情况的监督检查，支持和保护谋划发展、勇于实践的积极性，及时排除妨碍科学发展观落实的突出问题，防止和纠正违背科学发展观的行为，对违背科学发展观造成严重后果的，要严肃处理。各级领导干部要牢固树立正确的政绩观，发扬求真务实和艰苦奋斗的作风，认真落实“十要十不要”，强化“十二种观念”，坚持一切从实际出发，既要积极进取，又要量力而行，不追求脱离实际的高指标，不盲目攀比;坚持讲真话、办实事、求实效,不虚报浮夸,不做表面文章,不搞劳民伤财的“形象工程”;坚持立足当前,着眼长远,不急功近利。同时,要树立风气好也是政绩的观念,把一任领导、一届班子任期内单位风气的好坏作为衡量政绩的一个重要标准。

加强党风建设,切实解决职工群众反映强烈的问题。按照中纪委六次全会要求,我们要坚持纠建并举、综合治理,加大专项治理力度,加强党风政风建设,建立长效机制,切实解决损害群众利益的突出问题,为企业发展营造和谐环境。围绕规范企业经营管理,认真开展治理商业贿赂、清理规范对外投资、清理“小金库”等专项治理工作;围绕领导干部廉洁从业,坚决治理吃拿卡要、挥霍公款、节日腐败等突出问题;围绕职工群众反映强烈的问题,坚决制止和纠正参与赌博、大操大办借机敛财、讲排场比阔气等不良现象。同时要加大预防的力度,一旦发现苗头性问题,要及时采取提醒、函询、诫勉谈话等措施加以纠正。

二、发挥文化功能,营造廉洁氛围

加强廉政文化建设是深入推进反腐倡廉工作的迫切需要。要充分发挥廉政文化的导向、熏陶、约束、凝聚、批判、监督等功能,使党员干部牢固树立社会主义荣辱观,形成廉政勤政的良好风尚。

教育为先,培植廉政文化理念。要挖掘中华民族传统文化的精髓,将文化理念融入廉政教育之中。通过针对性、经常性、有效性的教育,引导党员干部不断改造主观世界,强化“以廉为荣、以贪为耻”的理念,把握警戒线,追求高境界,树立崇尚廉洁的道德水准和理想情操;教育职工群众树立良好的社会公德、职业道德和家庭美德,培养爱岗敬业、遵纪守法的理念。

形式多样,丰富廉政文化活动。既要坚持好中心组学习、“三会一课”、培训班、报告会等传统的教育形式,又要运用好举办展览、开展警示教育和廉政谈话等近年来形成的新形式,加大宣传教育力度。同时,要大胆创新,积极探索贴近群众、贴近实际、贴近生活、形式新颖的教育方式,组织开展好各种主题教育活动,吸引党员干部和职工群众广泛参与,寓教于理、寓教于文、寓教于乐,使广大干部群众乐于和易于接受,使廉洁理念、廉政意识入脑入心。

宣传造势,营造廉政文化氛围。要充分发挥廉政大宣教格局的作用,积极推进廉政文化进机关、进区队、进岗位、进社区、进家庭的“五进”工作。要大力营造良好的舆论环境,充分利用各种新闻媒体,及时宣传反腐倡廉动态、党纪条规内容、勤政廉政先进典型和腐败堕落反面案例,增强反腐倡廉宣传的声势和效果。要大力营造良好的工作环境和生活环境,充分利用各种宣传窗口,营造浓厚的廉政文化氛围;充分利用社区文化活动,广泛传播廉政文化知识;特别是要大力开展家庭美德教育和家庭促廉活动,筑牢家庭清廉关。

三、推进制度建设,源头预防腐败

制度建设是源头预防腐败的有效措施。要通过制度建设和严格的制度落实,进一步铲除腐败现象滋生蔓延的土壤和条件。

适应改革发展要求,不断完善制度。根据西山集团不断深化改革、快速发展的要求,结合党风廉政建设和反腐倡廉工作实际,坚决贯彻执行现有的行之有效的制度,及时废止过时的制度,修订完善有明显缺陷的制度。逐步按类别整理、筛选和完善党风廉政建设的各项制度,保证各项工作的制度化、规范化、法制化。强化依法管理、程序运作,将预防腐败寓于各项政策和措施之中,形成与现代企业制度相统一、相配套的内控制度体系。

适应改革发展要求,严格落实制度。要认真执行党风廉政建设的“68条”规定,特别是要认真落实督察制度,提高制度执行力。抽调专人组成督查组,深入基层,采取座谈、调查等形式,开展经常性督查工作,对各单位落实党风廉政建设责任制、集团重大决策和重要管理制度的情况进行督查,督查结果要及时向党政领导汇报,并提出解决问题的意见和建议;对存在问题的单位和部门要通报批评,情节严重的要依据领导干部问责制进行责任追究。

四、发挥监督职能,规范权力运行

加强对权力运行的监督制约,是有效预防腐败的关键。要逐步建立健全权力分设、程序严密、监督有力、制约有效的权力制衡机制。

切实加强对领导干部的监督。要认真抓好领导干部廉洁自律工作,把科级以上管理人员特别是副处级以上领导人员作为监督重点,严格执行领导干部报告个人重大事项、经济责任审计、收入申报、民主评议、述职述廉、廉政谈话等制度,规范各级领导干部从业行为。在加强纪检监察部门监督的同时,要充分发挥党内监督、舆论监督、群众监督和财务审计等业务部门职能监督的作用，协同配合、信息共享，增强监督的整体合力，提高监督的实际效果。要认真贯彻党内监督条例，着重加强对各级领导班子党政"一把手"的监督，重点监督他们执行民主集中制、遵守廉洁自律规定的情况，要发挥好领导班子内部相互监督的作用，强化权力制约。

切实加强对"三重两大"的监督。加强对重大决策的监督，严格执行集体决策、民主议事制度，保证决策的科学性。加强对重要人事任免的监督，严格执行领导干部选拔任用工作条例，推行领导干部公开选拔、竞争上岗、引咎辞职、岗位交流等制度。加强对重大项目安排的监督，在企业重组改制、资本运营、产权交易和重点工程建设等重大活动中，要进行全方位、全过程的监督，防止国有资产流失。加强对大额度资金使用和大宗物资采购的监督，严格计划管理、合同管理和财务管理，保证依法遵章按程序进行。

切实深化效能监察工作。要进一步完善工作机制，建立责权统一的专职机构；拓宽工作领域，在现有工作的基础上，重点向资本运营、资产管理、安全生产、工作质量等领域延伸；创新工作方法，要加强对效能监察各工作环节的研究，针对不同项目的特点，采取灵活的方式方法组织实施，监察成果要尽快转化为企业管理的各项制度。效能监察工作要融入企业管理的一体化程序中，在降低成本、提高效益、防范风险、防止国有资产流失上发挥作用。

切实推进企务公开和党务公开。要进一步完善企务公开方式，扩大公开内容，提高公开效果，不但要公开结果，更要公开过程，使企业的经营管理、安全生产、人事任免、改革改制等重大事项始终在阳光下进行。要积极推行党务公开，增强党组织工作的透明度。落实党员权利保障条例，切实保障党员参与党内日常生活、维护自身权益、对党组织和其他党员进行监督等权利。

五、查处违纪案件，严肃党纪政纪

查处案件是从严治党和惩治腐败的有效手段。要坚决查处党组织和党员干部的违法违纪行为，严格责任追究，推进依法治企。

畅通信息渠道，严查举报线索。要严格执行信访制度，及时阅批核查信访举报，为举报者保密，支持鼓励干部职工实名举报；在责任事故调查、工作检查、作风督查和效能监察工作中要注意发现案件线索；审计部门在审计过程中发现问题要及时按程序移交；要抓住重要线索，一查到底。

明确查处重点，加大惩治力度。要按照十六大提出的"对任何腐败分子都必须彻底查处，严惩不贷"的要求，严肃查处领导干部滥用权力、以权谋私的案件，严肃查处在工程招投标、物资采购、产品营销过程中暗箱操作损害企业利益的案件，严肃查处个人擅自决定重大事项，给企业造成严重损失的案件，严肃查处在企业经营活动中的商业贿赂案件，严肃查处违反财经纪律、财务管理制度的案件，严肃查处因失职、渎职，造成责任事故的案件，严肃查处克扣、截留工人工资奖金等损害职工群众切身利益的案件。要加大惩治力度，增大腐败的风险和成本，使腐败分子在政治上丢位子，经济上失票子，社会上掉面子。

依纪文明办案，提高办案水平。要坚持纪律面前人人平等，依纪办案；要维护当事人的合法权益，尊重人格、关心生活，文明办案；加大直查、协查和交叉办案、联合办案力度，强化办案手段；做到事实清楚，证据确凿，定性准确，处理恰当，手续完备，程序合法，提高办案水平；及时落实处分决定，维护党纪政纪的严肃性。同时，要为受到诬告陷害的党员干部澄清是非，主持公道，支持和保护他们大胆改革、锐意进取；对捏造事实、蓄意诬告陷害的行为，要严肃处理；对打击报复举报人的行为，必须从重处理。

坚持惩防并举，发挥治本作用。要坚持"一案两报告"制度，不仅要对违纪者严肃处理，而且要善于剖析案件，查找症结，总结规律性问题，开展防范治理。要做到查办一个案子，制定一条措施，堵塞一个漏洞，完善一项制度，教育一批干部，惩前毖后，治病救人。

严格问责制度，加大责任追究。要认真落实党风廉政建设责任制，抓好责任分解，严格责任考核和责任追究。严格执行领导干部问责制，对在工作上不作为、乱作为或不会作为造成经济损失、人身事故或不良社会影响的领导干部和管理人员，要根据责任大小、损失多少、社会影响程度等情况，给予问责谈话、诫勉、调离、免职等组织处理；情节严重的，要给予纪律处分。

六、建设高效队伍，服务改革发展

纪检监察工作要适应改革发展要求，必须体现时代性、把握规律性、富于创造性。要建设高素质的纪检监察队伍，做党的忠诚卫士，当职工的贴心人，推动党风廉政建设和反腐倡廉工作不断取得新成效。

创新工作体制。要实行新经济组织同步设立纪检监察机构和配备纪检监察干部制度，积极推行对重点工程建设项目派驻纪检监察特派员制度。

注重教育培训。结合企业改革发展的新形势和纪检监察工作实际需要，既要抓紧日常的政治业务学习，又要组织好集中培训工作，培养既掌握党纪法规、又熟悉经营管理的复合型纪检监察干部，建设高素质的纪检监察队伍。

严格纪律约束。强化内部管理，建立严格的内部监督约束机制，提高纪检监察干部廉洁自律能力，使其经得起诱惑，耐得住寂寞，守得住阵地，甘于清贫、乐于奉献；严明工作纪律和组织纪律，特别是要严格执行办案纪律和保密纪律，对于违反有关规定的工作人员，要视情况给予组织处理或纪律处分。

强化保障激励。各级党政要支持纪检监察干部依纪依法查办案件，在人力、物力、财力上要给以大力支持，配备开展宣传教育、查办案件等工作所需的现代科技设备。要建立保障措施和激励机制，解除纪检监察干部后顾之忧，鼓励大胆工作。要选拔优秀干部充实纪检监察队伍，关心纪检监察干部成长，加大轮岗交流力度。

同志们，在西山集团改革发展新的征程上，纪律检查委员会肩负着重大历史使命。**今后一个时期，我们就是要在廉政教育上、保护干部大胆工作上有新的作为，就是要在制度建设上有好的章法，就是要在惩治腐败上有大的力度，就是要在巩固西山矿区风气正、人气旺、士气高的局面上有明显的成效。**让我们在上级纪委和西山集团党委的正确领导下，求真务实，开拓创新，同心同德，扎实工作，全面推进党风廉政建设和反腐倡廉工作，发挥好保驾护航作用，为建设和谐西山作出新的更大的贡献！

重要讲话

继承优良传统　开拓美好未来
为建设开放、富裕、和谐的新西山而团结奋斗

——在山西焦煤西山煤电集团公司成立暨西山建局50周年庆祝大会上的讲话

薛　山

（2006年1月1日）

尊敬的各位领导、各位来宾，同志们、朋友们：

瑞雪代表着纯洁和友谊，元旦象征着幸福和希望。在全国人民满怀豪情，全力实施“十一五规划”，全面建设小康社会的新形势下，我们十分高兴地迎来了“山西焦煤西山煤电集团有限责任公司成立暨西山建局50周年庆典”！在这个喜庆的时刻，我谨代表山西焦煤西山煤电集团公司，向光临大会的各位领导、各位来宾，表示最热烈的欢迎！向一贯关心、支持和帮助西山发展的各级党政组织、兄弟单位和各界朋友们，表示最诚挚的感谢！向为西山发展做出巨大贡献的职工家属，表示最崇高的敬意！

抚今追昔，饮水思源。此时此刻，我们永远不能忘记，50年来，为西山生产建设和发展壮大，默默无闻，无私奉献，放眼长远，艰苦创业的历届老领导、老工人。我们永远不能忘记，50年来，为国家能源事业和社会发展，一不怕苦，二不怕累，甚至献出宝贵生命的战友们。他们的英名和功绩将永载西山的史册！

50年不寻常的历程，半个世纪不平凡的业绩。50年来，我们西山人，在各级党委和政府的正确领导下，团结奉献，求实进取，不怕困难，敢为人先，演奏了一首波澜壮阔的时代乐曲，描绘了一幅风光无

限的美丽画卷。

一、西山50年的历史，就是埋头苦干、无私奉献的历史

50年来，我们西山人发扬煤矿工人特别能战斗的精神，靠着一种执着的追求，冲天的豪气，走过了矿井建设初期最艰难、最困苦的岁月。在新中国成立以至改革开放初期“讲奉献，讲风格，讲觉悟”的年代，西山人听党指挥，不计时间，不计报酬，不顾危险，快出煤，出好煤，有力地支援了国民经济建设，奠定了新中国煤炭工业的基础。几代西山创业者，从东北阜新矿务局和兰州铁路局成建制调入西山，从晋东南家乡招工来到西山，离开故土，长途远征，成为西山劳动力资源重要的组成部分。无数全国重点院校的毕业生和太原市的“老三届”，朝气蓬勃，舍己为公，激发了矿山的活力，最大限度地改变了矿区的人才结构，成为西山生产建设和改革发展的重要力量。大批基建工程兵战士成建制“军转工”，遵守军人的天职，党叫干啥就干啥，服从命令听指挥，成为矿山生产建设的一支生力军。还有千千万万、许许多多默默无闻、不图名利的矿山无名英雄，献了青春献终身，献了终身献子孙，甚至献出了自己宝贵的生命。在唐山抗震救灾、森林灭火、矿难救灾、汾河环境综合治理、太原市西大门环境整治、矿区周边农村建设等重大抢险和社会公益事业中，我们西山人都是一方有难，大力支持，服从命令，不图得失，为地方经济建设和社会发展发挥了重要的带动作用和辐射作用，体现了国有企业应有的风范，作出了应有的贡献。50年来，我们为社会创造了大量的物质财富，累计生产原煤5.42亿吨，精煤1.55亿吨，实现利税80多亿元。我们也培养了一支以傅昌旺、亢龙田、秦斌青、栗俊平等同志为代表的，坚持国家利益和集体利益至上，经历艰苦环境考验和市场经济洗礼的职工队伍。

二、西山50年的历史，就是敢为人先、不断创新的历史

作为全国唯一地处省会的特大型国有煤炭企业，在得天独厚的地理优势、人才优势、信息优势、资源优势的共同作用下，西山形成了宽容开放、兼容并蓄、务实求新的人文精神。长期的生产实践中，我们坚持技术创新。50年代末，在全国率先使用了“顿巴斯康拜因”采煤机，1965年使用了日本单滚筒采煤机，1974年采用了英国综合机械化采煤机，2002年在全国第二家、山西省第一家应用了全自动薄煤层刨煤机，2003年起在七个选煤厂全面推广了“全重介三产品旋流器”洗选工艺。2004年安装了国产第一套智能化采煤工作面。我们坚持战略创新。八十年代，提出了“以煤为主、多种经营”的发展思路。九十年代，形成了实现“四跨集团”，发展“六大支柱产业”，延伸“煤—电—材”、“煤—焦—化”两条产业链的发展思路。2003年，提出了“685533”的奋斗目标。我们坚持体制创新。1986年，率先在全煤系统实行了“局矿长负责制和局矿长任期目标责任制”。1997年，率先在全煤系统进行了公司制改造。1999年4月，实行股份制改造，成立了西山煤电股份公司。2001年10月，走大集团道路，以西山煤电集团公司为母公司成立了山西焦煤集团公司，今天，四家股东重新组建了山西焦煤西山煤电集团公司，向现代企业制度又迈出了坚实的步伐。我们在长期的生产建设中，所创造的许多先进经验和做法，得到了社会的承认，也充分体现了西山历届领导、广大干部职工谋发展、求实效的精神。古交矿区开发与环境保护经验，1985年被李鹏同志誉为“古交精神”。2004年西山成为国务院确定的全国13个大型煤炭基地的核心企业。今年西山又被国家确定为“全国发展循环经济的首批试点企业”。这将成为我们不断超越自己新的动力源泉。

三、西山50年的历史，就是同心同德，团结奋斗的历史

团结出生产力，团结出战斗力。50年来，西山始终人气旺，风气正，士气高。50年代末、60年代初，国民经济极度困难的时期，西山的开拓者一心向党，一心为公，住窝棚、喝雨水，心往一处想，劲往一处使，在荒山大川里奠定了西山的基业。即使在“文化大革命”期间，我们西山人与党和国家，同呼吸、共命运，排除干扰，仍然超额完成生产计划，支持了国家经济建设。在1996年“8·4”抗洪救灾期间，广大职工群众与各级领导干部，面对百年不遇的自然灾害，矿与矿相帮，人与人相助，后山支持前山，地面支持井下，领导干部身先士卒，广大职工群众冲锋在前，经受住了生与死的考验。2003年，我们一手抓抗击非典，一手抓安全生产，广大干部职工特别是白衣战士舍生忘死，共同战胜了意想不到的天灾。正是靠着这种团结的精神，我们战胜了一个个困难，树立了一座座丰碑！

四、西山50年的历史，就是自强不息、追求卓越的历史

西山成立初期，我们只有白家庄矿、杜儿坪矿、西铭矿3对矿井，日产原煤5000吨，年产原煤183万吨，固定资产不到3000万元。但是，我们坚持“干就干好，争创一流”，有不服输、不服气的劲头，1958年，日产原煤就突破了一万吨大关，1973年煤巷单头月进创造了全国最高纪录。70年代，我们通过对前山矿区大规模的改造和扩建，1981年，原煤产量首次突破1000万吨，成为全国几个千万吨级特大型矿务局之一。从1978年开始，我们摆开了古交矿区大开发的战场，使西山的原煤生产设计能力净增了1650万吨。上世纪九十年代末，我们顶住煤炭市场疲软的压力，科学组织生产，保证了企业正常生产和职工正常开支。2002年，原煤产量突破2000万吨。仅仅两年时间，2004年，原煤产量突破3000万吨，精煤产量突破了1000万吨大关。2005年，原煤产量和精煤产量又创造了3150万吨和1285万吨的历史新高。企业资产更加雄厚，固定资产达到212亿元，是过去的708倍。

五、西山50年的历史，就是依靠群众，造福群众的历史

多年来，我们始终坚持一切为了群众，一切依靠群众，一切相信群众，坚持民主管理与科学管理相结合。50年代，我们创造了“工人参加企业管理”经验，坚持“职工代表大会制度”和开展“阳光工程”建设。八十年代初，实施“依法治企”，创造性地建立和推行“责任法人”制度，全面开展“安全明细化、质量标准化”建设，不断提高和促进了企业的管理水平和经济效益。坚持让职工分享企业改革发展的成果，特别是改革开放20多年来，我们大力加强职工住宅开发，大力加强“洗脸工程”建设，极大地改善了职工的居住环境。近年来，我们借助煤炭市场优势，集中进行环境综合治理，大规模实施危旧房屋改造，建设西山综合利用电厂，实现热电联供，整个矿区的生活环境和工作环境都得到了根本性的改变。16215户职工家庭享受了国家“农转非”的政策。事关职工切身利益的医疗、教育、供水、供电、供暖、供气、道路、交通、通讯、有线电视、矿区治安、公共设施，都发生了翻天覆地的变化。西山人更加受到社会的认可，西山更加得到择业者的追求。

50年的奋斗，50年的荣耀。党和国家领导人胡锦涛、江泽民、吴邦国、朱镕基、李瑞环、曾培炎、王震、余秋里等，都来西山视察工作，并对我们的工作给予了高度的评价。我们也获得了“全国五一劳动奖状”、“全国思想政治工作优秀企业”、“全国‘安康杯’竞赛优胜企业”、“山西省优秀企业”等荣誉称号。

西山50年不平凡的历史启示我们：必须坚持解放思想，不断更新观念；必须坚持与时俱进，不断改革创新；必须坚持群众路线，始终紧紧依靠职工群众；必须坚持艰苦奋斗的精神和勤俭办一切事业的方针；必须坚持培养和造就一支高素质的干部职工队伍。

再大的成绩，都已经成为美好的记忆；更多的任务，还等待我们共同的努力。50年大庆，是一个重要的里程碑，又是一个崭新的起跑点。面对新的机遇和挑战，我们将在各级党委和政府的大力支持下，在山西焦煤集团公司的正确领导下，以建设和谐、富裕、开放的新西山为目标，与时俱进，继往开来，继承西山优良的传统，争取西山更大的光荣。

一、坚持以科学发展观为指导，发展循环经济，不断提高和谐西山的建设步伐

我们将坚定不移地贯彻落实科学发展观，明确西山的发展方向，加快转变经济增长方式，坚持走全面、协调、可持续发展的道路，坚持走新型工业化道路，借助西山被确定为“国家首批循环经济试点企业”的强劲东风，遵循“减量化、再利用、资源化”的原则，以“低消耗、低排放、高效率”为目标，全面建设资源节约型和环境友好型的西山。坚持统筹兼顾，正确处理好规模与效益的关系、安全与效益的关系、速度与质量的关系、主业与辅业的关系，实现持续、协调发展。要依靠科技创新和技术进步，不断提高资源的回收率，严格实行稀缺资源保护性开采和控制性开采制度，保护国家资源，提高经济效益。

二、坚持发展第一要务，加强产业结构调整，进一步提高企业的竞争力

发展是硬道理。没有古交矿区的建设，就没有西山的今天；没有产业结构的调整，就没有西山的未来。我们要进一步解放思想，转变观念，增强紧迫感和责任感，增强市场意识和危机意识。要按照十六届五中全会精神，实事求是地制定、并落实好到2020年的发展战略，全面实现做强做大的奋斗目标。要加快兴县、汾阳、离柳、王家岭矿区的开发建设，建成一批千万吨级的高度集约化矿井，确保西山的市场地位和发展后劲。要全力完成古交发电厂二期和汾阳焦化园二期项目的申报工作，进一步调整产业产品结构，不断提升企业的市场竞争能力。

三、坚持科学管理，实施责任法人制度，不断提高经营管理的质量和水平

新的企业，新的开始。我们将坚持“责任法人”制度与加强基础管理相结合，坚持政治优势与市场机制相结合，全面落实经济责任、政治责任、法律责任和社会责任。加强领导班子建设和干部队伍建设，充分利用投资主体多元化的优势，不断完善法人治理结构，切实有效地、积极主动地，加快机制创新和管理创新的步伐，提高企业决策的规范性、科学性。要进一步理顺体制、产权、资产、人事、管理等各种关系，切实维护出资人利益，确保国有资产的保值、增值，确保股东投资收益。要加强财务管理、质量管理、安全管理等基础管理，特别是要加强企业战略管理，建设节约型和效益型企业，提高企业经营管理的质量和水平，确保西山产业发展方向的正确性和市场经济的同步性。

四、坚持以人为本，建设和谐西山，不断提高企业的凝聚力

以人为本是科学发展观的核心。我们将全面贯彻党的“依靠”方针，全力维护职工的合法权益和利益，坚持安全第一、预防为主、综合治理，始终把广大职工的安全放在第一位，全力推行“管理明细化，质量标准化”，建设本质安全型企业。牢记“群众利益无小事”，关心职工生活，关注弱势群体，最大限度地为职工群众办好事，办实事。牢固树立人才资源是第一资源的观念，创新管理机制，落实各种待遇，为西山发展提供强大的人才支撑。要适应社会发展要求和群众的愿望，千方百计提高职工收入，坚持不懈地抓好环境综合治理和后勤改革发展工作，创造更加舒适、更加文明、更加安全的生活环境，让广大职工群众享受改革发展的成果。

五、坚持合作共赢，建设开放西山，不断提高企业的公信力

诚实守信是市场的本质，合作共赢是时代的潮流。我们将以更加宽容、更加开放的姿态，大胆学习和吸收一切优秀的成果和先进技术，保持与社会同步，与时代共荣。继续巩固与冶金、电力、焦化等用户和供应商的关系，诚实守信、合作共赢，以高质量的产品赢得用户，稳定市场。在互惠互利的基础上，在更大范围和更广阔的领域内加强合作，共同创造更加美好的明天。将继续加强与企业区域内各方面的合作，共同促进区域经济和社会协调发展。

日出江花红胜火，春来江水绿如蓝。同志们、朋友们，回顾历史，我们感到无比的骄傲和自豪；展望未来，我们充满必胜的信念和力量。让我们紧紧团结起来，艰苦奋斗，开拓创新，继承优良传统，开拓美好未来，为打造开放、富裕、和谐的新西山而努力奋斗！

最后，祝各位领导、各位来宾，生活奔小康，收入达富康，身体更健康，全家都安康！借此机会，我代表全体西山人提前祝大家新年快乐，拜年了！

工会第七次会员代表大会报告

继往开来 与时俱进 锐意创新 真抓实干 团结动员广大职工在全面建设和谐西山的伟大进程中充分发挥主力军作用

——在山西焦煤西山煤电集团公司工会第七次会员代表大会上的工作报告

刘志安

（2006年11月19日）

各位代表，同志们：

现在，我代表山西焦煤西山煤电集团公司工会第六届委员会向大会作工作报告，请予审议，并请列席人员提出意见。

今天的大会是在新世纪召开的一次承前启后、继往开来、推动集团工会工作开拓前进的重要会议。

这次大会的主题是：深入学习贯彻党的十六大、十六届六中全会和中国工会十四大精神，全面落实西山集团第七次党代会工作部署，团结动员广大职工在构建和谐西山的伟大进程中充分发挥主力军作用，努力开创工会工作新局面。

第一部分 过去九年工作的简要回顾

西山煤电集团公司工会第六次会员代表大会召开以来，迄今已经九年了。这九年，正值世纪之交，是西山集团克服亚洲金融危机严重影响、煤炭市场持续疲软的空前困难，改革改制不断深化，企业实力明显增强，可持续发展能力显著提升，职工生活逐步改善，三个文明建设取得累累硕果的九年。这九年，是西山广大职工发扬主人翁精神，团结奉献，求实进取，立足岗位，忘我工作，为企业改革发展稳定做出重大贡献的九年。这九年，也是各级工会组织顺应时代发展要求，围绕中心，服务大局，求真务实，开拓创新，各项重点工作都取得突破性进展，社会影响力不断增强的九年。

九年来，西山工会在集团党委和上级工会的正确领导下，在集团行政的大力支持下，紧紧围绕改革发展稳定大局，努力推动全心全意依靠职工办企业方针的贯彻落实，全面履行各项职能，突出维护职工合法权益，圆满完成了集团工会第六次会员代表大会提出的各项任务。

一、围绕中心，突出重点，动员广大职工建功立业成果显著

九年来，各级工会组织始终把企业安全生产、经营管理的重点和难点作为服务大局的切入点和着力点，深入开展经济技术创新工作，努力推动劳动竞赛活动，不断强化群众安全监督，保护、调动和激发广大职工为企业建功立业的积极性、主动性、创造性，为实现各年度的奋斗目标、推动企业的持续发展做出了积极贡献。

围绕中心工作，经济技术创新硕果累累。根据企业生产经营实际，深入开展合理化建议、技术革新、发明创造等群众性经济技术创新活动，充分发挥了广大职工的聪明才智。每年开展的不同主题的合理化建议征集活动，为提高企业管理水平起到了积极作用。九年间，参加经济技术创新活动的职工达11万余人次，为企业创造了巨大的经济效益。其中，1项创新成果被评为全国职工优秀技术创新成果三等奖，4项成果获山西省重大技术难题攻关成果奖，5项合理化建议获山西省重大合理化建议奖，11项操作法获省级先进操作法。西山职工技协在1999年、2004年两次荣获“全国职工技协先进集体”称号。

拓展工作平台，劳动竞赛活动不断深化。以生

产经营为中心，紧紧围绕企业各个时期的重点工作，发动广大职工深入持久地开展多形式、多层次、多内容的劳动竞赛活动，有力地推动了企业急难险重任务的完成。特别是针对1997—1999年煤炭市场极度疲软、企业经营难以为继的情况，我们开展了"堵漏挖潜降成本、增收节支创效益"和"煤炭销售"竞赛活动，为企业在困难形势下实现新发展起到了促进作用。适应企业做强做大的发展要求，根据煤炭生产建设需要开展的重点队组竞赛、重点工程项目立功竞赛和机电会战、通风会战、生产会战、开掘会战等，为西山原煤年产量2002年突破2000万吨、2004年突破3000万吨作出了积极的贡献。

充分发挥作用，劳动保护工作卓有成效。认真落实劳动保护"三个条例"，切实维护职工的生命安全健康权益。不断健全三级群众劳动保护监督检查网络体系，使之全面覆盖了企业的各个生产环节；不断完善工作制度，规范工作程序，落实群监网员待遇；不断加强专项业务培训，努力提升群监网员业务素质；不断创新安全宣传教育形式，积极参与企业安全文化建设，规范班前会程序，充实班前会内容，使班前会真正成为安全宣传教育的重要阵地；不断加大工会组织参与力度，定期对劳动保护用品的发放使用情况进行巡视监督检查，积极参与安全事故追查，有效维护了职工的合法权益；不断提升"安康杯"竞赛活动质量，增强了广大职工遵章守纪的自觉性，提高了企业安全生产管理水平。1999年开展"安康杯"竞赛活动以来，西山的安全生产工作一直居于全国领先水平。集团工会多次荣获全国、省、市"工会劳动保护先进单位"称号；西山连续七次荣获全国"安康杯"竞赛优胜企业称号，并因此于2005年再次获得全国"五一劳动奖状"。

形成良性机制，劳模选树工作成绩斐然。我们坚持抓好劳模选树工作，始终把握代表性、时代性、实践性原则，把生产一线特别是能够代表行业特点的一线工人先进典型选树出来，把体现时代精神、顺应时代要求、能够代表先进生产力发展方向的先进典型选树出来，把在实践中干出来的、比武中赛出来的、考核中显出来的、真正经得起考验的先进典型选树出来；我们坚持做好劳模服务工作，在党政支持下，在晋升工资、劳模荣誉津贴、补充养老保险、疗休养、定期体检和慰问等方面努力落实劳模待遇，进一步激发了他们为企业建功立业的积极性；我们坚持加强劳模教育，采取举办培训班、外送进修深造等措施，努力提高劳模的综合素质，为劳模全面发展、保持先进性起到了良好的促进作用；我们坚持弘扬劳模精神，先后编辑出版了的《脊梁颂》、《奉献者之歌》等劳模事迹丛书，发挥了劳模的示范导向作用。良好的工作机制，使劳模选树工作不断取得新的成果，在西山形成了一支人数众多、结构合理、勇于创新、甘于奉献的劳模队伍。九年间，共选树全国劳动模范2名，全国"五一劳动奖章"获得者5名，省部级劳动模范26人次，市级劳动模范260人次，展示了西山职工的崇高品质和时代风采。特别是在国家级、省级劳模的推树上选一个成一个，成一个响一个，亢龙田、秦斌青、栗俊平、伏军等已经成为全省乃至全国煤炭系统劳模队伍的领军人物。

二、拓宽渠道，注重实效，协调劳动关系能力不断增强

九年来，各级工会组织努力适应经济关系、劳动关系深刻变革的新形势，不断推进职代会、企务公开等民主管理、民主监督制度的健全完善，不断推进平等协商集体合同制度、劳动争议调解制度的建立完善，促进了劳动关系的和谐稳定。

求实创新，职代会制度日益完善。在集团内部组织形式和经济成分日益多样化的新形势下，坚持和不断完善职代会制度，为职工民主管理、民主决策和民主监督搭建了平台。一是从适应企业改革发展的需要出发，多次对职代会实施细则进行修订，建立了上到集团、下至班组，层次分明、组织有序、全员参与的民主管理工作体系。二是将职代会与行政年度工作会合并召开，听取审议集团年度行政工作报告、经营方案、工资分配办法等，使职代会民主决策作用得以充分发挥。三是有效发挥职代会专门工作委员会的作用，组织职工代表对劳动保护、职工教育、生活后勤等工作开展巡视检查、监督质询活动，促进了职代会决议和职工提案的落实。四是民主评议干部工作与组织考察干部工作实现了更加有机的融合，坚持每年开展民主评议干部工作，将评议对象由评议矿处级行政领导拓展到评议集团级、矿处级和科级全体党政工团领导干部；各级党政将民主评议结果作为评价使用干部的重要依据，使民主评议结果得以有效运用，真正落实了职工群众对干部的评议权、监督权。

深化延伸，企务公开工作扎实推进。将企务公开工作有机融入“阳光工程”之中，通过文件、会议、公示栏、广播电视、报纸等多种形式进行公示，不断拓宽企务公开渠道。将职工群众关心的热点、焦点和企业管理的重点、难点问题作为企务公开的主要内容，不断向企业生产经营和管理领域的深度和广度延伸。适应现代企业制度要求，建立了职工董事、职工监事制度。企务公开工作增强了企业管理的透明度，保证了职工的知情权、监督权，增进了职工对企业的理解和支持。

完善机制，平等协商集体合同制度健全规范。1997年，西山工会代表职工，在职代会上与行政签订了第一个集体合同。1998年，集体合同覆盖了西山所有二级单位和全体职工。九年来，我们坚持每次签订前都要根据形势的发展，对集体合同的内容进行充分酝酿和认真修订，使集体合同的内容不断丰富完善，更加符合实际。特别是将动员职工为企业发展目标而奋斗的内容写入合同之中，体现了维护职工权益和促进企业发展的一致性。坚持一般性问题由工会与有关行政部门协商，重要问题与企业行政高层协商，形成了党委协调监督、行政和工会共同负责的领导体制，建立了分层次协商、多形式交流、综合性谈判、职代会通过的运行机制。2003年西山被省总授予“平等协商集体合同先进单位”称号。

上下联动，劳动争议调解工作有效开展。根据劳动关系变化的实际，在党政的支持下，西山最早将劳动争议调解委员会办公室升格为工会机关部室，并建立健全三级调解组织网络。坚持源头参与，主动工作，及时调处。九年来，各级劳动争议调解组织共调处劳动争议389件，有效地协调了劳动关系。2005年，西山劳动争议调解委员会被全总等四部委评为“全国先进劳动争议调解组织”。

三、组织引导，积极参与，“素质工程”建设水平全面提升

九年来，各级工会组织认真履行教育职能，从覆盖层面、实施重点、培训机制、保障措施等方面不断创新和深化素质工程建设，扎实开展“创建学习型组织、争做知识型职工”活动，形成了完善的素质工程建设机制。特别是2002年开始部署、2003年全面启动的“新世纪职工素质工程”，将这项工作提高到一个新的层面和水平。2004年，中国能源化学工会在山西焦煤召开素质工程经验交流会，推广了西山的经验。

着眼于提高全员素质，狠抓职工技术培训。将培训作为提高职工素质的基础工作，会同职教等部门，努力丰富培训手段，积极拓展培训方式，采取集中培训、业余培训、班前培训、岗前培训等方式，为职工搭建了多种培训平台；开展“名师带高徒”和“推广精湛技艺”、“推广先进操作法”活动，大幅提高了职工业务能力；组织专业技术人员编辑出版了50多种职工培训教材，增强了培训的针对性和实效性。九年来，共举办各专业技术工种的中、高级集中脱产培训班456期，培训总人数达1.3万人。集团及各基层单位共举办各级各类培训班1.9万余期，培训总人数达40余万人次。

着眼于培养技能人才，深入开展技能大赛。在多年有效开展技术比武的基础上，自2002年开始，每年都举办职工技能大赛。技能大赛组织严密，声势浩大，参与广泛，成效显著。几年来，先后组织了267个（次）工种的比赛，有2.3万余名职工参与了职工技能大赛。组织、参与了山西焦煤第一至四届职工技能运动会，在179个（次）工种的技能比武中共夺得119个状元。2005年，西山承办了由中国煤炭工业协会、国家煤矿安全监察局等五部委组织的“西山煤电杯”全国煤炭行业职工技能大赛，在5个工种的比赛中获得3个第一、2个第二、3个第三的优异成绩，展示了西山素质工程建设的成果。

着眼于形成长效机制，努力推动赛鉴一体化进程。针对高技能人才青黄不接、整体素质较低、结构失调等问题，1997年开始，配合劳资部门在全省率先组织开展职工技能鉴定工作，注重实际操作技能，坚持职工技能大赛与职工技能鉴定相结合，形成了一整套技能鉴定机制，探索出一条技术工人职业生涯发展的新途径，实现了高技能人才培养的突破。西山现在已经形成了拥有1549名初级工、8175名中级工、1941名高级工、1621名技师、27名高级技师的宏大的技能人才队伍。

四、强化职责，加大力度，“温暖工程”建设效果日益彰显

九年来，各级工会组织认真履行维护职责，坚持把维护职工的生存生活权益作为维权的重要任务来抓，使帮扶工作实现了制度化、规范化、经常化，使职工群众特别是弱势群体及时得到了“温暖”

和实惠。

情系职工，积极推进“送温暖”工作。每年元旦、春节、国庆、中秋等重大节日，各级工会积极组织“送温暖”走访慰问活动。九年间，共慰问20余万人次，发放慰问金5000余万元。各级工会组织及时适应新形势要求，从1999年起将“送温暖”活动纳入党政开展的“温暖工程”建设之中，将“送温暖”的对象由困难职工拓展到全体职工和家属，将“送温暖”的方式由单纯的送钱送物拓展到思想帮扶、经济帮扶、技能帮扶。2003年起在集团党政的支持下恢复了职工疗休养工作，几年来共有2600余名职工分赴养马岛、临潼、杭州、北戴河、成都等地进行疗休养，真正体现了企业对职工的关怀和爱护。

倾情奉献，深入开展“一助一、献爱心”帮扶活动。在多年开展“一帮一结对子”活动的基础上，进一步拓展范围、明确责任，从2003年起在工会系统深入开展了“一助一、献爱心”帮扶活动，338名工会干部与340户特困职工结为帮扶对子，在思想、技能、信息、就学、就医、就业等方面为他们解决困难，累计为困难职工捐资18.6万元，提供借款6.6万元，赠送生活用品6700多件，帮助开办小摊点48个，解决就业99人。目前已有257户特困职工实现了脱贫。

科学运作，全力构建长效帮扶网络。先后设立了“困难职工子女大学助学金”、“困难职工救助金”、“困难职工子女中小学助学金”、“困难职工医疗救助金”、“困难残疾职工救助金”、“困难退休职工救助金”、“困难职工再就业周转金”、“困难职工法律援助金”、“职工医疗互助金”、“困难职工租赁住房救助金”等“十大”救助金，共筹集资金1100余万元，为帮扶工作提供了坚实的资金基础，创新了群体受益、规模受助的载体和渠道。2005年，在党政的大力支持下，成立了西山困难职工帮扶中心，矿(厂)和区(科)也相应成立了帮扶站和帮扶点，形成了上下联动、广为覆盖、功能完善、运作有序的纵深网络式帮扶体系，为帮扶工作提供了有效的组织保证。

五、发挥优势，体现特色，群众文化体育活动精彩纷呈

九年来，各级工会组织密切关注职工群众的精神文化需求，广泛开展文明健康的群众文化体育活动，丰富了职工业余文化生活，陶冶了职工情操，推动了企业文化建设。

整合资源，文体工作基础不断夯实。在党政领导的高度重视和大力支持下，2004年成立了西山文联、体协，为西山群众文化体育工作搭建了新的平台。现有音乐舞蹈、美术、书法、摄影、锣鼓、集邮六个单项文化协会和篮球、羽毛球、乒乓球、网球、武术五个单项体育协会。各基层单位也相应成立了多个文体单项协会。把握煤炭市场向好的有利时机，集团和各基层单位适时兴建、改建、扩建文体场馆、社区活动中心、运动场、晨练场等，给职工群众开展文体活动创造了良好的硬件环境。

体现特色，日常文体活动丰富多彩。遵照“以矿区为单元、以职工群众为主体、以场馆协会为依托，坚持统一与分散相结合、以分散为重点，专职与兼职相结合、以兼职为重点，普及与提高相结合、以普及为重点”的工作原则，集团和各单位广泛开展了主题鲜明、内容健康、贴近生活、富有特色的文化体育活动。消夏文艺演出、艺术节等综合性文艺活动，陶冶了职工的情操，丰富了职工的文化生活；球类比赛、新兴健身操、韵律操、太极拳(剑)等活动，强健了职工体魄，锻炼了职工队伍。

提升品位，重大文体活动影响深远。在春节、七一、国庆等重大节日期间，各级工会组织都要开展形式多样、内容丰富、健康向上的文化体育活动。特别是为迎接西山建局50周年，我们相继组织或协助举办了“激情西山”、“青春西山”、“先锋西山”、“和谐西山”文艺演出及“爱我西山”大合唱等系列庆祝活动，用文艺的形式展现了西山50年的辉煌历程，激发了职工热爱西山、建设西山的热情。中央电视台“同一首歌”和“心连心”艺术团相继走进西山，不仅带来了党中央对煤矿工人的关怀，更向全国人民展示了西山的精神风貌和建设成就。今年9月，西山承办了全国煤矿系统第十八届“西山煤电乌金杯”男子篮球赛，让职工群众在自己的家门口就享受了一场高水平的体育盛宴。

服务大局，主题文体活动导向明确。组织以文工团为主体的文艺演出队伍，深入坑口、队组，进行安全文艺巡回演出，说安全，唱安全，寓教于乐，对强化职工的安全意识起到了潜移默化的作用，促进了矿山安全文化建设。我们还组织文艺队伍到周边农村为农民演出，展示了西山煤电的风采，促进了工农关系的和谐。

六、提高素质，切实维权，女职工“半边天”作用充分发挥

九年来，各级工会组织不断探索推动女职工工作的新思路、新方法，围绕提高女职工素质、发挥女职工作用和维护女职工权益三个重点开展女职工工作。

展示风采，实施“女职工素质提升工程”和“建功工程”。通过组织“素质教育流动课堂”等方式，开展了以“四自”教育、岗位技能培训为主要内容的培训教育工作，着力提升女职工综合素质。积极开展“巾帼岗位创一流”和“学习型家庭”竞赛活动，在女职工中掀起了学先进、练本领、强素质、提技能，争当岗位能手的热潮。

发挥作用，抓好安全协管工作。不断创新思路，完善机制，健全组织，充分发挥女工家属在安全协管中的作用。通过开展签订《夫妻互保合同》，创建“安全五好家庭”，开展“送温暖、嘱安全”活动等，形成了从家属区、单身楼到区队纵横交错的协管组织网络和工作体系，为安全生产筑牢了第二道防线，涌现出了以党素珍、郑冬梅、张志荣为代表的一大批好矿嫂和优秀协管员。

人本关爱，依法维护女职工权益。深入实施女职工维权“阳光关爱”行动，通过成立维权顾问团、开通女职工维权热线，开展“一助一、姐妹献爱心”活动等方式，对女职工从身心健康、生活救助、法律咨询、劳动保护等方面给予帮助，有效维护了女职工的合法权益和特殊利益。深化“双推”（推荐优秀女干部任用、女职工入党）工作，积极为女职工的成长进步创造有利条件。西山现有集团级女干部1名；处级女干部31名，与1997年相比增加15名；科级女干部554名，相比增加106名；女党员3003名，相比增加近一倍。

七、夯实基础，健全制度，工会组织自身建设稳步推进

九年来，各级工会组织不断强化自身建设，不断强化人本意识、维权意识、创新意识和服务意识，努力做到围绕中心、善于融入，发挥优势、善于转化，主动争取、善于借势，勇于实践、善于创新，在企业改革发展稳定大局中发挥了重要作用，工会组织的吸引力、凝聚力不断增强，社会形象、社会地位不断提高。

深化建家工作，工会组织建设得到加强。坚持企业改制到哪里、新经济组织组建在哪里，基层工会组织就建设到哪里，工会组织的作用就发挥到哪里，最大限度地把职工组织到工会中来，及时在新经济组织中组建工会并有效发挥作用。按照集团党委六届五次全委会通过的《工会工作条例》，集团和所属主要生产单位工会机关均按五部二室设置，基层200人以上科级建制单位均设立了专职工会主席；坚持与工会组织同步组建的原则努力加强女职工组织建设。不断修订《建设“职工之家”考核细则》，每年表彰一批模范、先进职工之家，模范、先进职工小家，形成了党委重视、行政支持、工会组织实施、职工积极参与的“建家”格局，基层工会的规范化建设水平有了明显提高，活力明显增强。

坚持改革创新，工会干部队伍建设得到加强。高度重视工会干部队伍建设，组织广大工会干部认真学习科学理论、《党章》和上级工会精神，认真开展“三个代表”重要思想学习和保持共产党员先进性、社会主义荣辱观、“十要十不要”主题教育活动，广泛开展了“创建学习型工会、争做知识型干部”活动，采取多种举措提高干部的政治素质和业务技能素质。干部交流工作力度逐年加大，由本系统内交流拓展为与外部双向互动交流，使各级工会干部的年龄结构和文化结构逐步优化。

力求整体推进，工会基础工作得到加强。九年来，各级工会组织重视基础工作建设，各方面工作都取得了新的进展。工会信息、调研、统计、财务和办公自动化工作不断加强，工会经费收入持续稳步增长，工会财务制度和资产管理制度更加规范，工会经费审查委员会的监督作用日益明显。工会所属场点普遍实施了改革，增强了活力，自我发展走向良性循环。

回顾九年的工作实践，总结九年的成功经验，我们深深体会到：只有坚持党的领导和独立自主工作的统一，工会才能把握正确的政治方向，保持独特的优势；只有坚持促进企业发展和维护职工权益的统一，工会才能统筹兼顾，实现企业利益与职工利益的“双赢”；只有坚持贯彻上级精神和结合实际创造性开展工作的统一，工会才能做到求真务实，使各项工作更加灵活多样和富有成效；只有坚持继承传统与创新发展的统一，工会才能将多年来形成的优良作风和工作成果发扬光大，不断实现工作的新突破；只有坚持自主开展工作和协调配合工作的统一，工会才能赢得良好的外部环境，工会工作才能不断取得新进展。

九年来，集团工会工作所取得的成绩，是集团党委和上级工会正确领导、悉心指导的结果，是各级行政大力支持、关心帮助的结果，是在历届工会领导班子工作的基础上，各级工会组织、广大工会干部和广大职工群众努力工作的结果，是各单位、各部门支持配合的结果。在此，我谨代表集团工会第六届委员会向关心工会工作的上级工会、各级党政领导和各相关部门表示衷心的感谢！向全体工会会员、工会干部、工会积极分子和多年从事工会工作的老领导、老同志表示崇高的敬意！

在肯定成绩的同时，我们也应该清醒地看到工作中存在的差距和不足，主要表现在：工作理念、体制、机制创新不够，对工会工作中一些重大问题的探讨和研究缺乏深度；履行维权基本职责的手段还不强，维权实效与职工的要求还有差距；开展面上集中活动多，深入实际具体指导少；工作发展不平衡，部分基层工会作用的发挥还不够明显；一些工会会员的主人翁意识不强，参与民主管理的积极性不高，等等，这些都需要我们在今后的工作中努力加以改进和克服。

第二部分　今后一个时期的工作思路和主要任务

集团第七次党代会提出了“全面建设和谐西山”的战略目标和总体思路。构建和谐西山，是时代的要求，是广大职工群众的殷切期望。全面构建和谐西山的伟大实践，为我们工会工作提供了广阔的发展空间；集团各级党政对工会工作的重视和支持，为我们工会工作创造了良好的外部环境；集团工会第六次会员代表大会以来取得的成功经验，为我们工会工作奠定了坚实的工作基础。各级工会组织和广大工会干部一定要站在全局和战略的高度，进一步增强做好新时期工会工作的政治责任感和历史使命感，主动承担起历史赋予我们的光荣职责，继往开来，与时俱进，锐意创新，真抓实干，把智慧和力量进一步凝聚到构建和谐西山的目标任务上来，努力开创集团工会工作的新局面。

面对新的形势和任务，今后一段时期工会工作总的要求是：**以党的十六大、十六届六中全会精神和全总十四大精神为指导，认真贯彻集团第七次党代会精神，全面落实“组织起来、切实维权”工作方针，以创建全国一流基层工会组织为目标，坚持以参与改革促进和谐，以加快发展巩固和谐，以维护稳定保障和谐，以提高素质推动和谐，以创新机制服务和谐，团结动员广大职工在构建和谐西山、建设新型能源大集团的伟大进程中充分发挥主力军作用。**

一、以参与改革促进和谐，积极建立稳定协调的劳动关系

西山已经走过了五十年的辉煌发展历程，要实现新的发展，必须在科学发展观的指导下进一步深化企业改革。改革必然涉及利益关系调整，改革越是深入，越要正确处理各种利益关系。工会组织要把建立稳定协调的劳动关系作为参与改革、促进和谐的主要着力点，积极履行参与职能，认真落实《中华全国总工会关于加强协调劳动关系、切实维护职工合法权益、推动构建社会主义和谐社会的决定》，保证改革决策的科学性，促进各项改革获得更广泛的民意基础。

进一步推进以职工代表大会制度为基本形式的民主管理机制建设。民主是构建和谐西山的动力。职代会制度是民主管理的重要载体，是职工代表行使民主权利、参与企业管理的主要途径。坚持在各种经济组织中建立职代会制度，在企业改制中进一步提高职代会质量，把涉及职工权益和事关企业发展的重大问题提交职代会讨论，使各项改革措施建立在广大职工群众的利益基点上。要加强对职工代表的培训，努力提高他们的参政议政能力。要监督有关部门严格执行职代会决议，保障和落实职工的知情权、建议权、参与权、协商共决权和监督检查权。要推广官地矿民主管理经验，力争在每个单位实行职工监督会制度。要深入实行以职代会为主要载体的企务公开制度，结合实际完善工作规范，建立健全工作责任制和责任追究制，进一步加大企务公开的力度。

进一步推进以维护广大职工切身利益为主要目标的平等协商机制建设。平等协商集体合同重在协商、贵在履行。平等协商的过程就是劳动关系双方求同存异、逐步达成共识的过程。要在已有的工作基础上，根据实际情况进一步充实集体合同内容，做到凡是涉及职工切身利益的重大问题，都必

须经过平等协商来决定；凡是劳动关系中最重要、企业和职工最关心的问题都要作为平等协商的重点，在集体合同中加以体现。要继续完善平等协商工作制度，对协商的内容、方式、程序、代表构成都要作出明确规定，并从企业的实际出发，使平等协商的内容与企业的生产经营紧密结合，增强平等协商的针对性和实效性。要加强推进履行集体合同的保障和监督机制建设，坚持对集体合同履行情况定期检查。要把履行集体合同的责任，逐条分解纳入责任法人制中进行管理和考核，维护集体合同的严肃性，提高集体合同的履约率和双方的满意率。要主动向党委汇报集体合同工作进展情况，在党委的协调、监督下开展工作。

进一步推进以加强民主决策和民主监督为重要内容的源头参与机制建设。立足于维护职工合法权益，完善与劳资、安监、社保、财务、组织人事、职教等部门的沟通机制，推进民主决策、民主监督，积极参与劳动就业、收入分配、社会保障、劳动安全卫生等涉及职工切身利益的制度政策的研究制定，并监督落实。要支持和保证职工董事、职工监事发挥应有的作用。

二、以加快发展巩固和谐，充分激发广大职工的创造活力和工作热情

企业健康发展和效益不断提高是构建和谐西山最深厚的物质基础。各级工会组织要切实履行建设职能，紧紧围绕“第一要务”，将工会工作进一步融入到企业生产建设和经营管理中，努力使工会组织成为先进生产力的推动者， 把职工群众的智慧和活力充分激发出来，把蕴藏在职工群众中的积极性、创造性充分调动起来，把职工群众最大范围的动员组织起来，推动企业持续协调健康发展。

深入开展劳动竞赛活动，激发职工建功立业积极性。在认真总结以往开展劳动竞赛经验的基础上，积极探索符合企业实际的劳动竞赛新内容、新形式和新方法。一是全面贯彻落实科学发展观，广泛开展“当好主力军、建功‘十一五’、和谐促发展”综合性劳动竞赛和形式多样的单项劳动竞赛活动。二是围绕加强基础设施建设和推进重大项目进展的要求，进一步科学合理的组织好重点工程、重点队组、星级员工的立功竞赛活动。三是继续开展女职工“岗位建功”双文明立功竞赛活动，充分发挥女职工在企业建设中的“半边天”作用。

深入开展群众性经济技术活动，提高职工自主创新能力。要持之以恒地开展以技术创新、管理创新、服务创新为主要内容，以提高企业综合效益为目标的群众性经济技术创新活动，不断提出新的思路、新的举措，使这项活动具有时代性，富于创造性，充满生机与活力。要大力推广节能降耗、环境保护、安全生产、循环发展等方面的先进技术，促进职工科技成果及时转化。进一步开展“名师带高徒”活动，搞好传、帮、带，以老带新，以新促老，培养造就更多的“能工巧匠”、“操作能手”、“技术标兵”和“技术工种带头人”。坚持“创新、协作、服务”的工作方针，发挥好各级职工技协的作用。

深入开展“安康杯”竞赛活动，提升群众安全监督水平。要始终坚持把维护职工的生命健康权益作为工会组织的“第一职责”，努力把“安康杯”竞赛各项要求落到实处。要根据新形势下安全生产的新要求，采取新的工作措施，重点是将“安康杯”竞赛活动融入到日常安全生产管理与监督中去，调动所有单位、区队、班组参加“安康杯”竞赛的积极性，使“安康杯” 竞赛活动成为所有生产组织的一项自觉行动，进一步深入到一线、落实到现场。要继续加强工会劳动保护监督检查队伍建设，充实有生力量，最大限度地发挥好特聘煤矿安全群众监督员和女工家属协管员的作用。要运用多种形式加强职工劳动保护和安全生产教育，真正把企业的安全理念、安全价值观内化到广大职工的思想中。

深入开展劳模培养选树活动，弘扬时代精神。要认真贯彻“尊重劳动、尊重知识、尊重人才、尊重创造”的方针，坚持我们在劳模选树工作中的成功做法，主要从长期工作在生产一线的普通劳动者中培养选树劳动模范；继续选树具有时代特点、西山特色，在全国有影响、对全局有带动的著名劳模；要采取有效措施，加强劳模的教育、管理、服务工作，落实劳模待遇，及时总结和大力宣传劳动模范的先进事迹和优秀品格，进一步营造爱护劳模、学习劳模、崇尚劳模、争当劳模的社会氛围，用劳模的时代领跑精神激励广大职工在和谐西山建设中贡献力量。

三、以维护稳定保障和谐，努力形成融洽相处、安定有序的良好局面

稳定是改革和发展的前提，也是和谐西山建设的具体体现和内在要求。各级工会组织要积极履行维护职能,把实现企业的发展目标与维护职工的合法权益有机统一起来,努力协调各种关系,化解各种矛盾,维护职工合法权益。

坚持以人为本,建立健全诉求表达机制。要进一步畅通工会信息渠道,通过深入基层开展调查研究,广泛收集、及时掌握、深入分析职工的工作、生活情况和思想动态,洞察职工群众中的各种不稳定因素,了解他们的意见和呼声,有针对性地开展深入细致的思想政治工作,并主动向党政报告、反映职工的意愿和要求。各级工会组织要引导广大职工增强法律观念,发扬工人阶级识大体、顾大局的优良传统,正确认识和对待利益关系和利益格局的调整,通过理性合法的方式表达利益诉求。

坚持维护公平,建立健全矛盾调处机制。构建和谐西山是一个不断化解各种矛盾的持续过程。随着企业改革向深层次发展,不可避免地会出现一些劳动争议和利益冲突。各级工会要坚持"预防为主、调解为主、基层为主"的方针,进一步建立健全劳动关系预测、预审、预报、预控机制。要积极协助企业党政妥善处理各类群体事件和个体矛盾,建立与相关部门密切配合的互联、互动、互补的协调机制,把矛盾解决在基层,消除在萌芽状态,切实维护职工队伍和矿区的稳定。

坚持规范秩序,建立健全权益保障机制。保障困难职工基本生活是坚持公平正义的具体体现,是构建和谐西山的基本要求。要不断引深"温暖工程"建设,真正实现"温暖工程"由特殊帮扶困难职工向普遍维护职工群体权益扩展,由重点关注弱势群体向全面维护职工生活经济权益扩展,由注重经济帮扶向开展全方位思想政治工作扩展。要进一步建立规范的帮扶制度、科学的救助程序、快捷的工作机制、亲情化的服务方式、高素质的帮扶队伍和内外畅通、上下联动的三级帮扶网络。要不断深化"一助一、献爱心"帮扶活动,不断丰富其内容和形式,巩固其成果,使更多困难职工走出困境。要进一步加强西山帮扶中心的制度建设和机制建设,增强规范化服务能力,加大"一站式"救助的力度,拓展帮扶资金的筹集范围,管好、用好帮扶资金,力争把帮扶中心打造成宣传政策法规的窗口、排解矛盾的窗口、扶贫济困的窗口和困难职工表达心声的窗口。要切实维护女职工的合法权益和特殊利益,帮助她们解决生活中碰到的困难。

四、以提高素质推动和谐,着力打造适应企业发展需要的职工队伍

全面提高职工队伍综合素质,是促进广大职工在构建和谐西山历史进程中充分发挥主力军作用的重要保证和必然要求。各级工会组织要充分履行教育职能,积极发挥工会的组织优势与阵地优势,把职业技能培训、文化体育活动、思想道德教育有机地结合起来,深入实施职工素质工程建设。

广泛开展主题教育活动,大力提高职工思想道德素质。要根据形势任务的需要,紧密结合职工群众的思想实际,关注职工健康的精神文化需求,持续开展"爱党爱国爱西山"的理想信念教育、社会主义荣辱观教育、企业文化教育和安全文化、廉政文化、环保文化、家庭文化建设活动,努力创建"和谐单位"、"和谐班组"、"和谐小区"、"和谐家庭",大力弘扬企业精神,用企业精神引领风气,用企业精神凝聚人心,用企业精神推动发展。进一步丰富职工的文化底蕴,培养职工的高尚情操,形成良好的职业道德和职业风尚,为构建和谐西山提供昂扬向上的精神支撑。

广泛开展"创争"活动,大力提高职工文化素质。要努力加强职工学习机制建设,进一步深化以提高广大职工学习能力、创新能力为重点的"创建学习型组织、争做知识型职工"活动,建立全员学习、团队学习和工作学习化、学习工作化的良性机制。要针对不同行业、不同层面职工群体的特点,积极探索形式多样、切实可行的教育培训模式,创新职工群众学习活动载体。

广泛开展技能大赛活动,大力提高职工技能素质。要继续把加强高技能队伍建设作为今后一个时期的一项战略任务来抓,深入推进"学、练、比、推"活动,进一步完善技术培训、技能大赛、技能鉴定、技术推广、表彰奖励等五项机制,进一步规范职工技能大赛活动的程序、内容和方式,使之更符合西山建设发展的需要,符合职工成长成才的需要,进一步打造西山职工技能大赛的品牌。

广泛开展全民健身活动,大力提高职工身体素质。要发挥好体育协会和体育骨干的作用,抓好典型示范与普及提高,积极组织开展多形式、多层次、多样化的全民健身活动,增强职工体质。要充分发挥体育场馆和活动中心的作用,突出主题功能,为提高职工身体素质提供保障。

五、以创新机制服务和谐，全面提高工会整体工作水平

面对新的形势，工会要进一步以改革创新的精神强化自身建设，形成工会工作的有效机制，探索新途径，展示新作为，实现新突破，使工会工作更好地体现时代性、把握规律性、富于创造性，在构建和谐西山的伟大实践中发挥工会组织的独特作用。

加强学习锻炼，提高推动构建和谐西山的本领。全面构建和谐西山的战略任务，对工会干部的能力提出新的更高的要求。要按照“联系实际创新路，加强培训求实效”的要求加强工会干部教育培训工作，推动学习型工会建设，不断提高工会干部的理论水平和运用理论解决问题的能力，提高服务和谐西山建设的本领，努力使工会干部成为“组织动员职工的能手、协调劳动关系的行家、关心服务职工的模范”。

密切联系职工，夯实构建和谐西山的基础。密切联系职工群众是工会组织的独特优势。各级工会组织和广大工会干部要牢固树立全心全意为职工服务的思想和真心实意对职工负责的精神，转变思想作风和工作作风，深入基层，深入职工，带着深厚的感情和满腔的热情，关心职工的疾苦，倾听职工的呼声，为职工群众诚心诚意办实事，尽心竭力解难事，坚持不懈做好事，努力当好职工群众合法权益的第一知情人、第一报告人、第一帮扶人、第一监督人，不断增强工会组织的吸引力和凝聚力，为构建和谐西山奠定坚实的群众基础。

创新工作方式，大力加强工会各项基础工作。要紧紧依靠党委的领导，以“党建带工建”为抓手，扩大工会组织覆盖面，增强工会组织凝聚力。要按照建会、建制、建家“三建并重”的要求，加强企业工会的基础性工作和各项制度建设，进一步规范工会日常运作机制，努力把基层工会组织建设成为组织健全、维权到位、工作活跃、企业支持、职工信赖的“职工之家”。要按照《工会法》的规定，依法收好、管好、用好工会经费，严格执行工会财务制度。要充分发挥经审委的作用，加强对工会经费的审查和监督。

各位代表、同志们，全面构建和谐西山，任重道远，使命光荣。让我们高举邓小平理论和“三个代表”重要思想伟大旗帜，全面落实科学发展观，在集团党委和上级工会的正确领导下，在集团行政的大力支持下，继承优良传统，积极开拓创新，融入企业中心，服务工作大局，努力推进工会工作的全面发展，团结动员广大职工同心同德，励精图治，为建设更加繁荣更具活力的和谐西山作出更大的贡献！

共青团第十一次代表大会报告

引导观念　　引领风气
团结带领团员青年为全面建设和谐西山贡献青春力量

——在共青团山西焦煤西山煤电集团公司
第十一次代表大会上的报告

赵　川

（2006年12月8日）

各位代表，同志们：

现在，我代表共青团山西焦煤西山煤电集团公司第十届委员会向大会作工作报告，请予审议。

本次大会，是在全国上下学习贯彻党的十六届六中全会精神，全省上下贯彻落实省第九次党代会精神、共同构建社会主义和谐社会之际召开的一次重要会议；是在集团上下认真贯彻落实西山第七次党代会精神，努力实现“685533”奋斗目标的重要时刻召开的一次重要会议。

大会的主题是：深入学习党的十六届六中全会精神，认真落实西山第七次党代会精神，引导观念，引领风气，团结带领团员青年为全面建设更加繁荣更具活力的和谐西山贡献青春力量。

第一部分　过去十二年工作的回顾总结

西山第十次团代会于 1994 年 7 月召开，距今已有十二年。这十二年，是社会主义市场经济体制基本确立，国有企业深化改革、现代企业制度初步建立的重要时期。这十二年，是我们西山遵循经济规律，适应形势变化，克服困难，抓住机遇，不断进步的重要时期。这十二年，也是共青团围绕经济建设中心，实施青年文明工程、青年人才工程两大跨世纪工程，团的主体活动日益社会化、品牌化的重要时期。

十二年来，西山各级团组织紧紧围绕党政中心，充分发挥党的助手和后备军作用，先后实施了"135"工程、"12334"规划和"1121"思路等工作部署，在企业改革发展、做强做大的宏伟实践中作出了突出贡献。特别是在市场低迷、改革改制等带来的压力与挑战面前，积极探索，奋发有为，创造性地开展了许多富有特色、富有成效的工作，获得了全国五四红旗团委、全国青年岗位能手活动优秀组织奖、中国青年志愿者行动杰出集体、全国青年文明号活动优秀组织奖、全国青年创新创效活动优秀组织奖、全国青工技能振兴计划示范单位、山西省五四红旗团委标兵等一系列光荣称号。

回顾十二年来的工作，我们的主要做法和经验是：

一、牢固构筑青年精神支柱，青年思想教育工作丰富多彩

十二年来，我们注重从青年特点出发开展青年思想教育工作，牢固构筑了青年一代的精神支柱。

——始终把青年理论学习作为青年思想教育工作的首要任务。完善青年思想教育机制，相继出台了《青年学理论工作实施意见》、《加强和改进青年思想政治工作的实施意见》等文件，建立理论学习小组，认真学习实践邓小平理论、"三个代表"重要思想和科学发展观。加强了青年思想教育阵地建设，先后编印《西山团讯》、《西山团内快讯》、《西山团情快报》，创办《青春无限》电视专题栏目，充分利用报刊、广播、电视、网络等媒体教育青年、影响青年，带动广大团员青年热爱祖国、奉献企业、成就人生。

——始终把企业形势教育作为青年思想教育工作的主要内容。根据企业不同时期的形势，在抗洪抢险、改革改制、集团组建、建企 40 周年庆典和 50 周年庆典等重要时期，相应开展了抗洪精神报告会、企业精神研讨会、大集团意识教育、"爱我西山"演讲赛、"西山辉煌五十年·青春西山" 大型文艺演出、"我与西山共奋进"主题教育等针对性的形势教育活动，弘扬了主旋律，增强了凝聚力。

——始终把青年思想道德建设作为青年思想教育工作的重要职责。大力开展"三观"（世界观、人生观、价值观）"三德"（社会公德、职业道德、家庭美德）教育，认真实施《公民道德建设实施纲要》，开展"道德建设、青年先行"、"向陋习宣战、与文明握手"等主题实践活动；开展树立社会主义荣辱观教育，不断增强团员青年的思想道德素质。

——始终把青年文体活动作为青年思想教育工作的有效手段。以重大节日、纪念日为契机，开展丰富多彩的文体活动，举办了青年卡拉 OK 大奖赛、"与世纪同行"青年大联欢、青年文化艺术节、纪念建团 80 周年"精彩青春"大型联欢会、青年风采大赛、"打造团队精神、共建和谐西山"竞技运动会等大型文体活动，展示了青年风采，振奋了青年精神。

二、精心培育共青团工作亮点，共青团主体活动成绩斐然

十二年来，我们紧紧围绕党政工作中心，牢牢把握服务企业、服务青年两条主线，充分发挥团员青年的生力军和突击队作用，精心培育了一批共青团工作亮点。

——始终坚持为青年成长成才服务，培育了争当青年岗位能手、导师带徒、青工技能振兴计划等工作亮点。建立健全了青年人才培养机制，制定《跨世纪青年素质工程发展纲要》、《青年人才登高计划》，建立并不断充实青年人才库。组建青年企业家协会、青年管理者协会、青年科技工作者协会，为青年经营管理者与青年专业技术人才提供互相促进、共同进步的交流平台。一直把培养青年技能人才作为工作重点，制定了《青年岗位能手奖励办法》、《导师带徒工作条例》、《青工技能振兴计划实施意见》，开展岗位练兵、技术比武、推广先进操作法等活动，涌现出大批青年岗位能手，其中国家级 4 名，省部级 73 名，市级 325 名。1995 年 10 月，时任团中央书记处书记袁纯清参加在西山举行的山西省先进操作法命名大会，高度评价西山开展的青年岗位能手活动。以导师带徒活动为主要载体，大力实施青工技能振兴计划，组织青年参与技能培训、技能竞赛和技能鉴定,2002年以来共签订师徒合同2074对,222名青工在焦煤和西山两级技术比武中获得前六名的好成绩,30%的青工在活动中晋升了技术等级。积极开展青年典型选树活动,涌现出全国青年岗位能手翟胜利、曲剑午,全国煤炭系统杰出青年岗位能手周宪文,全国优秀共青团员翟勇俊,全省五四奖章获得者马步才、邓维元,全省青年岗位能手董林等青年典型。

——始终坚持为企业精神文明建设服务,培育了青年文明号、青年志愿者、"阳光工程"等工作亮点。青年文明号集体开展了"一助一"帮扶活动、节约示范行动和信用建设示范行动。十二年来,共创建国家级青年文明号1个、省级青年文明号10个、市级青年文明号47个、集团级青年文明号116个。不断深化青年志愿者活动,成立青年志愿者协会,推行青年志愿者注册制度,把青年志愿者活动与井口服务保安全、矿区环境治理等活动相结合;不断拓展青年志愿服务范围,从早期的"学雷锋、做好事"活动,拓展到"把阳光送到职工心里"的"阳光工程",再拓展到"真情助困进万家"、"青年志愿服务进社区"活动,活动范围越来越宽广,活动内容越来越丰富。时任团中央书记处书记胡春华视察西山时,认为西山青年志愿者"阳光工程"为新形势下煤炭企业共青团工作的发展提供了新路子。

——始终坚持为企业中心工作服务,培育了青监岗、青年创新创效、青年突击队等工作亮点。不断丰富青监岗活动内涵,形成由青年安全监督、青年安全宣教、青监岗员助学、青工人性化帮助等内容构成的青年安全工作体系。不断健全青年安全工作机制,签订青工安全包保合同,召开青工安全工作会议,先后出台《青年安全监督岗工作条例》、《青监岗、青年安全宣传教育检查标准》和《青年安全工作管理办法》。坚持不懈地开展青工安全"标准杯"竞赛、"三反两保一创"、"健康安全生命"安全宣讲、青年安全生产示范岗等大型安全宣教活动,营造浓厚的安全氛围。迄今为止,创建全国青年安全生产示范岗2个、省级青年安全生产示范岗4个。深入持久地开展青年创新创效活动,全省企业青工创新创效现场推进会在西山召开,作为全国企业青年创新创效百家试点单位,大力开展技术创新、管理创新、服务创新与营销创新活动,举办青年科技成果大赛和青年科技成果发布会,涌现出省级以上青年创新能手31名,推动了企业的技术进步和生产发展。适时组织青年突击队活动,在抗洪抢险、西出口拓宽改造工程、抗击"非典"及重点工程建设中,体现了团员青年危难之处显身手、敢于拼搏作贡献的可贵品质。

——始终坚持为弱势青年群体服务,培育了捐资助学、青年文明号送温暖、青年创业工程等工作亮点。与有关部门联合募集助学资金,为考上高等学府的困难家庭子女提供了经济帮助。先后成立青援家政服务中心和青年创业指导中心,竭尽所能地帮助待业青年就业创业,共帮助2000多人次走上工作岗位。

三、大力推进共青团组织建设,团建工作成效显著

十二年来,我们坚持党建带团建原则,大力推进团的制度建设、队伍建设和作风建设,不断夯实团的组织基础。

——以团建创新为动力,加强基层团组织建设。积极争取党政支持,把团的主体工作纳入责任法人制度之中。不断加大青年工作力度,成立了集团、矿(厂、处)两级青年工作委员会,通过召开青年工作大会,下发《关于进一步加强青年工作的意见》,整合工作资源,拓宽服务范围。加强了新经济组织团建工作,实现了新经济组织全部建立团组织的目标。开展"一周一团委"、"达标创优争样板"竞赛、"争先夺旗"竞赛等团建活动,推行团建综合目标责任制,实施《团支部工作条例》,规范使用《青年工作手册》,使团的基层组织建设充满活力。开展特色团委和特色团支部创建活动,涌现出双重团支部、大中专毕业生工作委员会、复转退军人工作委员会等新的青年组织形式。注重经验总结和工作交流,编写了《西山团史大事记》和《煤海团旗红》两书。许多经验在全省乃至全国得到推广,青年工作委员会的特色做法在2000年全省基层党建带团建现场会、2001年省委青年工作会议上都进行了交流,并入选团中央《共青团基层组织建设百例》一书。

——以学习型组织建设和作风建设为重点,加强团干部队伍建设。坚持团干年度培训机制,除政治理论教育外,注重提高计算机运用、汽车驾驶等现代技能,增强团干综合素质。每年选派基层团干参加全省煤炭企业青年工作研讨会,组织团干参观宝钢、蒙牛、同煤等知名企业,开阔工作视野,学习先进文化。在团干部中开展"十要十不要"主题教育活动,推行《团干基本行为规范》,总结提炼并不断增强积极主动、求真务实、勤于服务、勇于创新、精益求精、谦虚谨慎、团结协作、终身学习和自觉奉献等九种意识，努力倡导“开拓进取、谦虚好学、团结协作、务实求精”的西山团风。

——坚持从发展、教育和管理环节入手，加强团员队伍建设。加大在一线青年中发展团员的工作力度，尤其重视在农合工和临时工中发展团员。切实加强了推优入党工作，共推荐2134名优秀团员加入党组织。1995年6月，在省委组织部与团省委联合召开的全省发展党员暨深化“推优”工作座谈会上，西山“推优”工作经验在全省得到推广。坚持开展“三会一课”、主题团日活动等团员教育活动，2005年，我们在保持共产党员先进性教育活动的感召下，深入细致地开展了增强共青团员意识主题教育活动，达到了“增强意识、健全组织、活跃工作”的目的，西山“青春献祖国、青春献西山”主题活动经验入选团中央《增强共青团员意识主题教育活动百例》一书。

——积极履行“全团带队”职责，注重对学校共青团工作和少先队组织的领导。倡导素质教育，开展了“雏鹰争章”竞赛；开展夏令营活动，在“三好学生”、优秀少先队员、优秀辅导员中开展爱国主义、集体主义和革命传统教育；开展“安全小卫士”、少儿嘱安全、少儿安全文艺演出等活动，用亲情感染职工、保障安全；开展“五自”（自学、自理、自护、自强、自律）活动，1994年西山有6项少先队“五自”活动被评为全国好活动。丰富多彩的青少年活动，增强了少年儿童的综合素质，促进了少年儿童的健康成长。

通过十二年共青团工作实践，我们切实体会到，在开展新时期青年工作过程中，必须以党的指导思想为行动指针，不断增强团组织与团员的先进性；必须以党政工作大局为中心，不断发挥青年的生力军和突击队作用；必须以育人树人为根本任务，不断提高青年的综合素质；必须以服务青年为出发点和落脚点，不断巩固党的青年群众基础；必须以团建创新为突破口，不断增强团组织的生机与活力。

通过十二年共青团工作发展，我们深深感受到，我们取得的成绩是上级团组织和集团党政始终重视和支持的结果，是企业改革发展、不断进步的结果，是广大团干部及青年工作者带领团员青年共同努力的结果。在这里，我们向亲切关怀共青团工作的上级团组织和集团各级党政领导及相关组织和部门致以衷心的感谢！向广大团员青年和团干部表示诚挚的问候！

通过十二年共青团工作历程，我们也清醒认识到，团的工作中仍然存在着一些问题，主要是：团的一些主体工作深度与力度不够；团组织的服务能力与青年需求相比有差距；团组织发挥作用不够充分，新经济组织团建工作较为薄弱；少数团干部作风飘浮、联系青年不够。对于这些问题，各级团组织务必高度重视，采取有效措施，不断加以解决，以不辜负集团党政、职工群众及广大团员青年对我们的信任和厚望！

第二部分　面临的形势和任务

共青团工作要做到议大事、懂全局、管本行，就一定要认清形势，胸怀全局，围绕中心，自觉使共青团工作紧跟企业发展的步伐。

党的十六届六中全会通过了《中共中央关于构建社会主义和谐社会若干重大问题的决定》，描绘了构建社会主义和谐社会的美好远景。全国上下掀起了共谋科学发展、共建和谐社会的热潮。团中央积极贯彻落实党的十六届六中全会精神，强调充分发挥团员青年在构建和谐社会的生力军作用。前不久，我省召开第九次党代会，提出建设国家新型能源和工业基地，构建充满活力、富裕文明、和谐稳定、山川秀美的新山西的奋斗目标。

近年来，我们西山抓住宝贵的“黄金发展期”，制定了到2010年的“685533”发展目标和到2020年的发展战略。特别是今年召开的第七次党代会，提出以富裕、平安、人文、法治、数字、生态、诚信和开放为主要内涵，全面建设和谐西山的美好愿景。可以说，我们这一代青年赶上了民族振兴、国家进步、企业发展的大好时机，我们必须有所作为，才能无愧于时代的要求。各级团组织要抓住机遇，乘势而上，充分调动团员青年的积极性，争做和谐西山建设的组织者、推动者和实践者。

建设富裕西山，要把团员青年的成长与企业的发展紧密结合起来，深入推进企业改革，大胆参与企业管理，大力促进企业发展，为企业创造出更多的效益。

建设平安西山，要努力增强青工安全意识，提高青工安全素质，积极推进青年安全文化建设，共同打造平安矿区。

建设人文西山，要坚持以人为本，突出服务理念，关心青年，帮助青年，维护青年合法权益，为青年的成长和发展创造更加有利的环境。同时，要引导青年树立感恩意识，关注弱势群体，奉献社会，报效企业。

建设法治西山，要强化团员青年的法治意识和纪律观念，使青年学法、懂法、守法、用法，遵章守纪，规范行为。

建设数字西山，要充分发挥青年优势，强化数字化理念，学习数字化知识，提高数字化技能，建设数字化未来。

建设生态西山，要在团员青年当中倡导生态意识、环保意识、节约意识，发动广大青年做保护生态环境、创建节约型企业的先锋。

建设诚信西山，要在团员青年中培育诚信品质，在企业讲忠诚，在社会守信用，在家庭负责任，做良好社会风尚的倡导者和实践者。

建设开放西山，要引导团员青年解放思想，培育开放心态，放开眼光看世界，敞开胸怀迎宾朋，提升企业形象，扩大品牌效应。

第三部分　在全面建设和谐西山的宏伟实践中建功立业

全面建设和谐西山的宏伟事业振奋人心，鼓舞斗志。共青团工作要在和谐西山建设的大业中有所作为，必须注重发扬前辈们勤奋务实、开拓进取的优良作风，要用发展的思路克服共青团工作在发展中遇到的困难，用创新的办法化解共青团工作在现实中遇到的矛盾，用与时俱进的方式解决共青团工作在新形势下可能遇到的问题，努力开创共青团工作的新局面。

今后一段时期西山共青团工作的总体思路是：**坚持以马列主义、毛泽东思想、邓小平理论和“三个代表”重要思想为指导，以科学发展观统领工作全局，深入贯彻落实西山第七次党代会精神，紧扣和谐主题，突出工作重点，兴和谐之风，做和谐之事，建和谐组织，扎实推进青年思想教育工作、青年人才工作、青年文明创建工作、青年安全工作、青年创业工作和团的自身建设工作，展示新作为，开创新局面，团结带领团员青年为全面建设和谐西山贡献青春力量。**

一、树立和谐观念，扎实推进青年思想教育工作

和谐之举源于和谐之心，青年思想教育工作要在青年中树立和谐思想，培育和谐心态，倡导和谐行为，激励广大青年全身心地投身和谐西山建设。

树立和谐思想，增强思想教育的时代性。要用科学发展观引导青年，要用民主法治、公平正义、诚信友爱、充满活力、安定有序、人与自然和谐相处的构建社会主义和谐社会的总要求激励青年，用西山第七次党代会全面建设和谐西山的美好愿景鼓舞青年，使和谐观念在青年当中入脑入心，蔚然成风。

培育和谐心态，增强思想教育的针对性。要深入开展社会主义荣辱观教育，大力加强思想道德建设，树立“知荣辱、讲正气、树新风、促和谐”的文明风尚，引导团干及团员青年常存进取之心，常怀奋斗之志，常葆感激之情，不急功近利，不心浮气躁，不坐享其成。尤其要帮助团员青年牢固树立感恩意识，感国家之恩，感社会之恩，感企业之恩，感家庭之恩，对所有帮助过我们的组织和个人感恩，从而焕发起团员青年建设和谐西山的责任感和使命感，成为建设和谐西山、和谐社会的排头兵。

倡导和谐行为，增强思想教育的实效性。要从日常生活做起，从点滴小事做起，引导青年遵守社会公德，弘扬职业道德，传承家庭美德，努力使广大青年做社会好公民，做企业好职工，做家庭好成员。

在确立新时期青年思想教育工作目标的基础上，要进一步加强青年思想教育阵地建设，充分发挥广播、电视、报刊、网络等媒体的积极作用，通过报纸专版、电视专栏、青年网页等形式，形成青年思想教育的良好氛围。

二、激发和谐动力，扎实推进青年人才工作

开发青年人力资源是共青团组织服务企业、服务青年的重点工作。要按照西山五支人才队伍建设的要求，为青年成长成才、建功立业创造条件、搭建舞台。

深入推进青工技能振兴计划。完善运行机制，着力推行青工技能学分制；激发青工学技热情，引导更多青工参与导师带徒活动和技能竞赛活动；积极组织青工职业技能鉴定，借助西山国家职业技能鉴定站的优势，争取打破年龄、年限、学历等限制，提高青工学技获证比例。

充分发挥共青团组织的网络优势，加强青年管理者协会、青年科技工作者协会建设，通过办论坛、提建议、搞竞赛等形式，不断激发青年管理者和青年科技工作者参与企业管理、科研攻关的热情，提高各类青年管理、技术人才的综合素质。

扶持优秀青年成长成才。大力发现并聚拢青年人才，不断充实青年人才库，动态掌握青年人才信息，积极为青年人才施展才华创造机会、提供条件。加大对主体专业、急需专业人才的服务力度，鼓励他们安心岗位，扎根矿山，帮助他们在职业生涯中逐步成熟，逐渐进步。

大力选树、表彰、宣传青年典型。全心塑造全面的典型，长期塑造长久的典型。对已选树青年典型，要既关心工作需要又关心生活需要，既注重能力提升又注重品德提升；对新选树青年典型，要引导他们传承老一辈品质高尚、吃苦耐劳的精神，体现新时代素质全面、善于创新的特点。积极发现并举荐优秀青年人才，力争推出一批市级、省级、国家级的响当当的青年模范。

三、引领和谐风尚，扎实推进青年文明创建工作

落实集团党委提出的引领风气、引导观念的要求，树立青年文明风气，提升青年精神境界，引领健康向上的社会风尚。

积极参与企业文化建设活动。发动青年从安全生产、经营管理、科技进步、环境保护等方面入手，大力推进“焦煤文化”建设，使青年的思想观念、价值取向和行为方式统一到企业文化的旗帜下，在企业文化的感召下行动，达到个人进步与企业发展的和谐统一。

深入开展青年志愿者行动。根据职工群众的实际需要，着力推行扶贫帮困、文化宣传、医疗服务等青年志愿者专题服务活动。采取“多对一”式的集体帮扶或“一对一”式的结对帮扶，深入开展“青年志愿者进社区”活动和“真情助困进万家”活动，使青年志愿服务活动成为和谐矿区建设中一道亮丽的风景线。

大力推进青年文明号创建活动。积极创建青年文明班组、青年文明社区、青年文明窗口等青年文明示范集体，引导广大青年养成文明习惯，弘扬传统美德，倡导新型人际关系和良好的社会风尚。以青年文明号节约示范行动为重点，引导青年从我做起，厉行节约，为创建节约型企业作出积极贡献。

全面活跃青年文化生活。按照有益于服务中心工作、有益于展示青年风采、有益于青年身心健康的原则，开展学习型、表演型、联谊型、竞赛型等趣味不同、特色各异的文体活动。引导青年时尚，去伪存真，去粗取精，帮助青年保持健康文明的生活方式。

四、担当和谐卫士，扎实推进青年安全工作

青年安全工作是企业安全工作的重要组成部分。要以青年安全文化建设为重点，发动团员青年担当起和谐卫士的光荣职责，推动青年安全工作再上新台阶。

按照“结合实际、贴近一线”的原则推进青年安全宣教活动。健全青年安全宣教工作制度，加强活动的针对性，设计安全活动要从实际问题出发，促进具体问题的解决。要贴近一线，贴近基层，走进班组，走进现场，扩大宣教活动的覆盖面。

按照“讲求质量、注重实效”的原则推进青年安全监督活动。提升青年安全监督质量，增强查岗过程的操作性和查岗结果的实效性。完善岗员激励机制，奖罚分明，约束有力，充分调动岗员查岗积极性。完善隐患查处跟踪反馈机制，对查出问题要彻底解决，不留后患。

按照“关注身心健康、提供切实帮助”的原则推进青工人性化安全帮助活动。切实帮助青工解决具体问题，尽力避免青工因身体、心理问题引发的各类事故。针对性开展“青监岗员助学”活动，帮助安全素质较差的青工增强安全意识，增添安全知识，提升安全技能。

加大青年安全生产示范岗的创建力度，严格按照申报、确认、公示、创建、命名、表彰的程序予以评定，提高创建质量，增加创建数量，发挥示范作用。

五、关注和谐需求，扎实推进青年创业工作

就业是民生之本，也是促进矿区稳定的重要前提。要切实遵照集团党委把工作对象由在职青年拓展到矿区待业青年的要求，把促进待业青年就业创业工作摆到更加突出的位置。要本着“有一个送一个、走一个帮一个”的工作方针，从转变就业观念、搞好就业服务、强化就业培训、完善跟踪回访等环节入手，竭尽所能地解决待业青年就业问题。

转变就业观念，就是要走进矿区，进入社区，深入家庭，利用传单、板报等多种途径，定期宣传国家及企业的就业与劳务用工政策。通过待业青年恳谈会、已就业青年经验介绍会、创业青年表彰会等形式，树立“自立光荣、等靠可耻”、“人生有价、奋斗可贵”的观念。

搞好就业服务，就是要充分发挥西山青年创业工程团干联络网和西山青年志愿者创业工程服务网的作用，建立底子清楚、走向明确的待业青年档案，全面、动态地掌握待业青年的就业状况，加强“一对一”式的就业服务工作。积极开发外部市场，与省、市人才市场及青创中心保持稳定联系，通过他们向矿区待业青年提供更多就业机会。坚持待业青年护送上岗制度，帮助待业青年安全上岗。

强化就业培训，就是要根据待业青年不同的文化层次、技能水平，采取不同的培训措施，提升他们的就业技能。结合国家相关技能认证体系，做到培训、考核、认证、达标后就能取得相应的国家认可的技能证书。

完善跟踪回访，就是要经常回访务工青年，提供必要的就业援助，帮助他们克服就业心理问题，保证"就业成活率"，使他们在成长中成才，在就业中创业。

六、创建和谐组织，扎实推进团的自身建设工作

创建上下和谐、内外和谐、富有效能的团组织，有利于激发基层团组织和广大团干团员的创造活力，全面活跃团的各项工作。要坚持党建带团建原则，通过团建创新夯实团的组织基础，大力创建和谐团组织。

加强团的基层组织建设。认真执行团中央最近出台的《企业团委基本工作规范(试行)》，健全团建综合目标责任制，深化五四红旗团委、特色团委和红旗团支部创建活动。以团代会换届选举产生新班子为契机，按照集体领导与个人分工负责相结合的原则，推动团委班子整体联动，尤其要充分发挥团委委员的积极性，各司其职，各尽其能。认真落实基层团建工作联系点制度，树立"与基层团干一起工作、帮助基层干好工作"的理念，扑下身子，开动脑子，与基层团干共同创造工作业绩。适应企业跨地区、跨行业发展形势，适应青年群体分布变化情况，加强新经济组织的团建工作，使新经济组织的团员青年都能享受团员权利，都能参加团的活动，都能接受团的服务。加强基层团组织的横向联系，深入探索双重团支部、联合团支部、团委共建等多种建团方式，促进团组织及团员青年之间的交流。要按照集团党委对青年工作提出的"形成合力"、"拓宽领域"、"全力支持"的要求，进一步加强青年工作委员会机制建设，完善工作体制，延伸工作手臂，拓展工作内容，整合工作资源，畅通工作渠道，更好地服务更广大的青年群体。加强团内信息化建设，实现信息互通，资源共享，加强交流，提高效率。

加强团干部队伍建设。引导团干部刻苦学习，加强修养，不断提高自身素质。要按照"十要十不要"的要求，引导团干部树立宏伟志向，追求高远境界，涵养宽广胸怀，凡事想青年，工作靠青年，一切为青年，成为青年的知心朋友。按照团干协管制度要求，加强对基层团干部的选拔、培养和管理。为团干的思想进步服务，通过团干培训、工作研讨、参观考察等方式，加强团干部之间的学习、交流与协作；为团干的成长进步服务，帮助他们增强素质，展示才华，注重解决团干部尤其是兼职团干部在工作、学习、生活、发展中遇到的实际问题，努力为他们解决后顾之忧。建设一支党政放心、群众支持、青年满意的团干部队伍。

加强团员队伍建设。加大在适龄青年尤其是青年农合工中发展团员的力度，稳定团员队伍数量。认真落实团中央《关于加强共青团员经常性教育的意见》、《关于充分发挥共青团员模范带头作用的意见》等四个增强共青团员意识长效机制文件，建设一支先进意识强、模范作用好、工作实绩高的团员队伍。进一步加强"推优"工作，按照集团党委《关于进一步做好发展党员工作的若干意见》，以新分配大中专毕业生、技校生和复转军人为重点，制定推优规划，选好推优对象，积极推荐优秀团员和优秀青年入党。及时办理团员组织关系接转手续，避免毕业分配、工作调动、军人复转退等过程中的团员流失现象。

发扬"全团带队"传统，做好少先队工作。少先队组织要以"雏鹰争章"活动为载体，开展"红领巾志愿者"、"手拉手"等活动，帮助少年儿童自理、自学、自护、自强、自立。教委团组织要推进辅导员队伍建设和活动阵地建设，努力为少年儿童健康成长创造良好环境。

各位代表、同志们，流金岁月留下我们的青春足迹，宏伟事业激励我们奋勇前进。西山第七次党代会为我们描绘了美好的发展前景，西山快速发展的喜人形势使我们备受鼓舞。建功立业正当时，历数风流在今朝。让我们在上级团组织和集团党政的领导下，带领广大团员青年，同心同德，奋发图强，为全面建设更加繁荣更具活力的和谐西山贡献青春力量！

领导讲话

LINGDAO JIANGHUA

2007

西山煤电集团年鉴

XISHAN MEIDIAN JITUAN NIANJIAN

树正气　讲团结　谋发展
为全面完成年度各项指标而努力奋斗

——在 2006 年下半年工作会议上的报告

薛　山

（2006 年 7 月 31 日）

同志们：

今天，我们在这里召开 2006 年下半年工作会议。这是一个十分重要的会议。会议的主要任务是：认真贯彻落实集团公司第七次党代会精神，简要回顾总结上半年各项工作，研究分析当前煤炭市场形势，安排部署下半年工作任务，团结动员广大干部职工为完成年度各项指标而努力奋斗。

下面，我讲三部分内容：

第一部分　上半年工作简要总结

今年以来，在山西焦煤集团公司党政的正确领导下，我们坚持以邓小平理论和“三个代表”重要思想为指导，全面落实科学发展观，认真贯彻年初党委工作会、职代会、工作会精神和焦煤集团开展“质量管理年”的要求，采取有效措施，努力克服销售不畅、运力不足、资金紧张等重重困难，一手抓企业管理，一手抓长远发展，主要经济技术指标顺利实现双过半，各方面的工作取得了新的成绩。

上半年，主要经济技术指标完成情况为：

原煤产量完成 1751.6 万吨，与去年同期相比，增加 267.3 万吨，增幅为 18%；

精煤产量完成 676.9 万吨，与去年同期相比，增加 48.9 万吨，增幅为 7.79%；

发电量完成 22.60 亿千瓦时，与去年同期相比，增加 22 亿千瓦时；

焦炭产量完成 32.53 万吨，与去年同期基本持平；

销售收入实现 55.90 亿元，与去年同期相比，增加 7.87 亿元，增幅为 16.39%；

利润实现 4.66 亿元，与去年同期相比，减少 1.08 亿元，减幅为 18.82%；

职工人均收入 13483 元，与去年同期相比，增加 2252 元，增幅为 20.05%；

煤炭生产百万吨死亡率为 0.17。

——坚持集约高效生产，煤炭主业稳步增产。以高产高效矿井和优质高效选煤厂建设为抓手，进一步加大生产矿井和选煤厂技术改造力度。白家庄矿八盘区扩建项目、杜儿坪矿环节能力改造项目、西铭矿选煤厂新建项目、河龙湾 110kV 变电站项目等都取得了重要的进展。继屯兰矿后又为官地矿引进装备了一套全自动、大采高、智能化综采设备。坚持科学组织生产，合理安排采掘衔接，大力开展重点队创水平竞赛、开掘会战，提高了单产单进水平和生产效率。上半年，除官地矿选煤厂、西曲选煤厂因运力问题和煤质变化、精煤回收率降低，没有完成任务外，其他各矿厂全部超额完成了既定的生产任务。经全国煤炭协会审查，马兰矿达到特级高产高效矿井标准，除白家庄矿之外，其他七对生产矿井全部达到行业级高产高效矿井标准。

——坚持发展循环经济，综合效益初步显现。古交发电厂一期 2×30 万千瓦两台机组建成投产后，运行良好。二期项目所有 52 个文件全部得到批复，列入国家 2008 年开工计划指日可待。西山热电厂 3# 机组具备启动条件，并网方案已报山西省电力公司审批。太原选煤厂矸石电厂技术改造项目，可研报告已经完成。与香港建韬化工集团合作的汾阳焦化园 20 万吨甲醇项目，已经正式立项。其中，一期 10 万吨项目进入环评阶段。兴县矿区岢瓦铁路施工已经完成全部工程量的 20%。最近，西山集团被中宣部确定为“落实科学发展观、建设节约型社会”专题宣传的典型，人民日报、新华社、中央电视台等 12 家中央主要新闻媒体聚焦西山，集中报道了西山落实科学发展观、发展循环经济的典型作法。

——坚持突出安全管理，责任追究力度加大。

进一步加大安全投入，上半年共完成安措资金1.19亿元。大力开展“三项整治”，切实加强“一通三防”、井下防治水和小煤窑整治，防止重大事故的意识和能力都有了提高。狠抓涉爆物品管理，购置摩尔探测仪，在矿区开展了涉爆物品专项检查。坚持以安全管理明细化和安全质量标准化为主线，在构建安全生产长效机制上下工夫，涌现出了杜儿坪矿、屯兰矿等好的单位。落实安全生产责任，对负有事故责任的干部，严格按照规定进行处理，开除留用7人、撤职8人、免职12人、降职7人、诫勉12人、记大过10人、记过20人、警告61人。

——坚持强化经营管理，经济运行正常有序。拓宽资本运营渠道，加强与大公司、大集团的战略合作，现已议定向华能集团和山西国电分别转让晋兴能源公司30%和17%的股权，共同加快推进兴县矿区项目审批和建设进度。与国电集团合资建设官地矿到太原一电厂井下直通隧道项目，即将完成立项审批，建成后，每年可供太原一电厂下组煤300万吨以上。坚持以责任法人制度为核心，进一步健全和完善以经济效益为中心的绩效考核机制，加大对各项指标的刚性约束。深入开展“双增双节”活动，加强资金专项管理，合理安排投资，保证了重点投向。由于我们措施得力，严加管理，使企业在市场供求趋缓、货款回收出现困难的情况下，保证了生产经营正常运转和重点工程建设的顺利推进。

——坚持推进人才工作，人才环境更加优化。采用定点专场的形式，在中国矿业大学和其他大专院校招聘了一批主体专业本科生、大专生，在一定程度上缓解了对主体专业毕业生的需求。进一步完善人才评价机制和人才资源配置机制，促进了对各类人才的合理使用。深入挖掘人才资源潜力，召开了科技创新大会，表彰了一批科技项目和科技人才。继续组织开展职工技能大赛、职业技能鉴定、导师带徒等活动，促进了职工队伍整体素质的提高，培养了一大批技术素质高、业务能力强的人才。“中华技能大奖”获得者栗俊平，今年又被评为“中国高技能人才十大楷模”。5月份，在全国煤炭行业2006年人力资源开发经验交流会上，西山关于人才队伍建设的经验介绍受到好评。6月份，集团被命名为“全国青工技能振兴计划示范单位”。

——坚持贯彻人本思想，职工生活稳步提高。元月，为全体职工晋升浮动了一级工资，上半年，井下一线、辅助、地面职工人均收入分别达到了22552元、17687元、11500元，与去年同期相比，增幅分别为26.89%、17.52%、19.17%。继续推进矿区环境治理，新增绿地面积93726平方米，新建示范小区3个，新建小区花园1个。备受广大职工群众关注的集中供热管网改造，8月中旬将达到灌水冲洗条件。扎实推进棚户区改造，白家庄矿五三街开工15栋楼，432小区、433小区、水泥厂小区已具备开工条件，西铭矿棚户区正在进行拆迁，白家庄矿五一东西街正在进行地质测评。前山矿区613亩新征土地已报发改委申请立项，后山矿区198亩新征土地正在编制项目建议书，新征土地总计811亩。

——坚持加强党群工作，政治优势充分发挥。召开了第七次党代会，总结了12年的成绩和经验，描绘了企业发展的宏伟蓝图，提出了加强党的先进性建设的工作任务。大力开展学习贯彻党章、社会主义荣辱观和“十要十不要”主题教育活动，对全集团副科级以上干部提出“五条禁令”，增强了各级干部的党性观念和纪律观念。全心全意依靠职工群众办企业，建立完善职工代表巡视制度、质询制度，维护了职工群众的知情权、参与权和监督权。狠抓党风廉政建设，对新任职的干部全部进行了廉政谈话，组织了“廉政西山”文艺演出，进一步增强了广大干部的廉洁自律意识。发挥共青团组织的优势，组织开展了“我与西山共奋进”活动，广大团员青年在和谐西山建设中，起到了生力军和突击队的作用。加强矿区社会治安综合治理，严厉打击各种经济犯罪和刑事犯罪活动，维护了矿区正常的生产和生活秩序。

在充分肯定成绩的同时，我们也必须清醒地认识到工作中还存在差距和问题：

一是安全生产形势十分严峻。西铭矿“6·27”、官地矿“7·9”两起事故的发生，给死难者家属带来了无法弥补的痛苦，给企业造成了巨大的损失，严重影响了西山的形象，也严重影响了焦煤集团的形象。特别是官地矿在不到30天的时间里，接连发生几起事故，不是偶然的。这是基层管理、现场管理、安全质量标准化建设严重滑坡的结果。尤其是分工不够合理，用人不够慎重，超编制配备干部，并把一些不适合的人放到了安全生产管理的重要岗位上，导致事故接连发生，教训极为深刻。

二是一些班子缺乏凝聚力和向心力。少数单位风气不够端正，班子成员之间面和心不和。表面看起来团结，但心不往一处想，工作各自为政，形不成合力，严重影响了干部队伍建设，涣散了人心。

三是少数干部作风不实。有一些干部不深入基层，不深入群众，不掌握实际情况，整天忙于应酬、拉关系，跑官要官，没有把主要精力用在抓安全、促生产、谋发展上，在群众中造成了较坏的影响。

四是党风廉政建设需要进一步加强。一些基层队组还有克扣工人工资的问题，少数机关人员还存在“吃拿卡要”的现象，影响了党群干群关系，损害了机关人员的形象，也干扰了正常的管理秩序。

五是运销工作难度加大，产运销不平衡开始显现。铁路运力有限，公路销售不畅，喷吹煤、电精煤、兴县煤、洗中煤市场开发困难，库存煤、港存煤不断增加。货款回收时间滞后，质量下降，现汇减少，承兑增加。

六是稳定工作压力很大。现在正是一个矛盾凸显期。离退休人员的问题，待业青年的问题，还有周边农村的问题交织在一起，形势不容乐观。

上面提到的这些问题，必须引起各级领导干部的高度重视，务必在今后的工作中认真加以研究和改进。

第二部分　企业面临的市场形势

随着中央宏观调控成果的进一步显现，原本对煤炭需求量较大的电力、冶金、建材等高耗能行业产能扩张减缓，而煤炭产能继续扩张，全国煤炭库存结构发生较大变化，煤炭产能过剩局面已经显现。

由于煤炭行业近几年连续投资3000亿元，煤炭产量保持了较快的增长速度，给煤炭供求关系变动带来很大不确定因素。今年，全国的煤炭总需求大约为22.5亿吨，目前全国库存煤炭已经达到1.5亿吨。据国家发改委预测，2010年，煤炭需求为24.5亿吨。但今年煤炭实际核定生产能力为22.6亿吨，全国煤炭在建能力为6亿吨，还有一些煤矿在建时报小上大等行为也造成了一定新增能力，总计28.6亿吨，超需求4亿多吨。即使压缩、关闭小煤矿可降低产能1亿多吨，也超需求大约3亿吨。从我国今年和2010年煤炭需求及产能看，过剩态势已经出现。以秦皇岛港存煤突破640万吨为标志，全国“煤电油运”紧张状况中的“煤电”紧张已不复存在。

目前山西省的煤炭、焦炭全面出现供过于求的状况，作为山西省支柱产业的这两大产业已经有很大市场风险。“十一五”期间，全国煤炭需求新增量3亿吨，而全国在建能力已达到6亿吨，加上今后几年新开工的煤矿，新增产能可能达到10亿吨，大大超过新增需求量，从而导致山西省煤炭行业潜伏着很大市场风险。现在，煤炭产能过剩初步显现，煤炭市场已经开始由卖方市场向买方市场转变。

从山西焦煤集团的情况来看，市场供求变化主要反映在：货款回收比例由过去的现汇占62%、承兑占38%，转变为现在的现汇占37%、承兑占63%，而且由以前的当月付款和预付款，转变为现在的跨月付款和少量欠款。煤炭价格下行压力越来越大。

总之，煤炭市场开始出现重大变化，我们面临的形势不容乐观。所以，我们要尽可能地把困难想得多一些，更好地把握市场形势，积极应对市场变化，趋利避害，努力实现企业效益最大化。

第三部分　下半年总体工作安排

下半年工作的总体要求是：**坚持贯彻和落实科学发展观，按照“质量管理年”的要求，落实责任，严格管理，切实加强领导班子、职工队伍、党风廉政、干部和机关人员作风四项建设，促进安全质量标准化达到新水平，发展循环经济，推进辅业改制，转变经济增长方式，提升企业发展质量，为建设主业突出、循环多元、规范高效、和谐发展的新型能源集团而团结奋斗。**

下半年主要目标：

原煤产量1548万吨，全年3300万吨；

精煤产量643万吨，全年1320万吨；

发电量21.9亿千瓦时，全年44.5亿千瓦时；

焦炭产量29.5万吨，全年62万吨；

掘进总进尺117295米，全年完成238000米；

开拓总进尺12502米，全年完成27000米；

销售收入50亿元，全年完成106亿元；

利润2.6亿元，全年完成7.2亿元；

在岗职工人均收入全年达到29380元，比上年增长12%；企业百万吨死亡率全年控制在0.5以下，煤炭生产百万吨死亡率控制在0.3以下。

下半年，我们要做好以下几方面的工作：

一、加大标本兼治力度，促进安全生产形势稳定好转

安全是最大的政治，是最大的效益，是最大的稳定。我们要坚决克服一切麻痹松懈思想，严格落实安全责任，强化安全基础管理，确保安全生产。

要强化安全思想认识。思想问题解决不好，安全问题就没有保障。各级领导干部，特别是主要领导干部要牢记集团公司安全会议上提出的“十种安全管理的思想、理念和方法”，并要严格落实在日常安全管理中。要切实明确“事故有大小，造成事故的原因没有大小；凡是发生事故的地方，都是管理不到位的结果；越是感到安全的地方，越容易发生事故”。要充分认识到“良好的安全等于良好的业绩，良好的安全是管理层被聘用的首要条件”。坚决做到“各级主要领导用主要精力，主要时间，集中主要人力、财力、物力，抓好安全这项主要工作。”

要严格安全责任落实。集团公司出台的所有制度都是刚性的，在落实制度方面不允许有任何的走样与变形，必须坚决维护制度的严肃性。要坚定不移地把安全管理的绩效与各级领导干部的票子、面子、位子真正挂起钩来。各级管理层必须对自己分管范围的安全工作负直接责任；严格落实安全管理责任，切实以铁心肠、铁面孔、铁手腕来强化安全管理。凡是因安全管理不到位，出了问题的，要严格按照公司有关规定，及时追查，从严、从重、从快处理，绝不姑息迁就。

要引深安全管理明细化、安全质量标准化建设。安全管理明细化、安全质量标准化是固本强基、保证安全生产的有效途径，是煤矿安全工作方式方法的创新和发展。安全工作要始终坚持这条主线，全面落实管理、技术、装备、培训、观念五并重的原则。由总经理牵头，组织相关部门，制定生产单位职工队伍军事化管理办法，切实加强对生产单位职工队伍的军事化管理，进一步提高团队安全意识。各级干部要紧紧抓住“一通三防”、机电设备、顶板、运输、零星作业人员、地面安全等关键环节和重点工作，深入现场，及时消除隐患。发现不安全因素，必须千方百计立即纠正。当前防汛任务很重，井下、地面都要做好防灾工作。

二、适应煤炭市场变化，适度控制产量规模

运销是龙头。我们要确立以销定产、按需生产、按用户要求组织生产的观念，积极应对市场供过于求的变化，以质量争市场，保市场，保诚信。

要调整产品结构，生产适销对路的煤炭产品。各矿厂要加强与运销部门的联系，掌握市场动态，了解用户需求，根据市场信息及时调整产品结构，生产适销对路的煤炭产品，使产品结构和产品品质尽可能满足市场需要。同时，要及早做好明年乃至今后几年的生产衔接、水平接替和环节能力改造准备，做到心中有数。工作会后，集团公司将组织生产调研、摸底。

要加强煤炭质量管理。严格落实山西焦煤集团公司《煤质管理办法》，从采掘部署、井下采煤、提升运输、洗选加工到装车发运等各个环节，都要建立健全全面质量标准化管理责任制，不断强化全过程、全方位、全员化的产品质量管理工作，做到按质量标准生产，按合同要求销售，质量、计量必须与合同一致。对兴县煤和东曲煤要加强热值管理。严格执行产品质量重奖重罚制度，发生严重质量问题，要追究领导责任。

要积极主动地开拓市场、提高运力。与运销部门相协调，进一步从宏观上把握市场供求变化，提高分析市场、预测市场的能力。在坚持以销定产、以运定产、合理库存、控制产量规模的同时，要积极寻找用户、扩大市场，特别是喷吹煤、电精煤、兴县煤和副产品的市场。要依托运销公司，加强与铁路部门的协调，优先安排焦、肥精煤、喷吹煤和电精煤等高附加值产品发运，优先安排重点流向的发运。严格控制和尽快解决虚车问题，增加铁路有效运力。要进一步拓展公路煤销售市场，扩大地销量。

三、推进循环经济发展，优化产业产品结构

循环经济模式是实现科学发展的重要途径。我们要坚持减量化、再利用和资源化的原则，大力发展循环经济，努力促进资源循环式利用，企业循环式生产，产业循环式组合，全力构建资源节约型煤电集团。

要发展好煤—电—材循环产业链。要紧紧抓住中央媒体聚焦西山循环经济模式和全国煤炭工业循环经济现场会在山西召开的有利契机，组建强有力的班子，加快推进古交发电厂二期项目核准，争取10月16日奠基。西山热电厂3#机组，要与河龙湾110kV变电站相配套，争取12月份并网发电。要加快推进兴县矿区岢瓦铁路建设，保证年内完成施工任务过半。离柳矿区（兴县区）总体规划，要尽快获得国家发改委核准。

要发展好煤—焦—化循环产业链。把握山西省大力发展煤化工产业的良机，加快与香港建韬化工集团合作进程，积极推进汾阳焦化园甲醇一期10万吨项目，尽快完成环评，并组建山西焦煤西山汾阳化工公司，争取早日开工。同时，要争取山西省政府的支持，加快推进与甲醇项目配套的交城郑家庄煤矿、临县吕家岭煤矿项目的审批，争取早日开工。与汾阳焦化园区配套的铁路专用线，下半年要进入正式施工阶段，争取明年上半年完工。

要认真抓好矿区废弃物再生利用和环境保护工作。推进瓦斯综合利用项目，前山杜儿坪矿1万千瓦瓦斯发电厂，争取8月份开工，年底发电；后山屯兰矿1万千瓦瓦斯发电厂，争取11月底开工。推广西曲矿采用高科技生化技术对矿井废水进行一体化深度处理的经验，最大限度地使矿井废水实现综合利用。加快集中供热管网主管网建设及二次管网改造，这是一项关系千家万户切身利益的民心工程，全集团各单位、各部门要引起高度重视，确保10月15日一次调试成功，具备供暖条件，届时拆除南、北寒地区72台燃煤锅炉。加快官地矿至太原一电厂地下运煤通道项目进度，完成年度目标。

四、完善创新管理体制，提高企业发展质量

管理是企业永恒的主题。我们要坚持以管理创新为基础，进一步加强管理，深化改革，创新体制，转换机制，优化资源配置，激发企业内在活力。

要继续推进"三项制度"改革工作。完善各级领导班子和领导干部科学评价体系，建立优胜劣汰机制，积极推行干部公开选拔制、任期制，健全完善领导干部退出机制。抓紧抓好后备区队干部的培养。建立完善按效分配的机制，坚持收入与效率、效益挂钩，实行薪随岗动、绩效挂钩的分配办法。积极探索用工机制创新，对职工进行明细化管理，按绩效考核结果动态转换，末位调整。建立职工待岗培训中心，末位职工进入待岗中心，经培训合格后，重新安排就业。真正建立起"干部能上能下，工资能高能低，职工能进能出"的机制。

要积极推进股份制改造工作。按照省委省政府"积极推进股份制、发展混合所有制经济、实行投资主体多元化"的安排，坚定不移地推进股份制改造。凡是新组建的企业，要全部以股份制的形式组建。确定机电总厂、水泥厂、化工厂、万隆支护器材分公司、矿业管理公司、捷明经贸公司等六家企业为首批改制试点单位。要在做好深入宣传发动、统一干部职工思想的基础上，稳步推进股份制改造，切实把每个干部职工的个人利益与企业的发展紧密地联系在一起，确保企业实现可持续发展，同时让职工得到更大的实惠。

要加强盈亏管理、资金管理。发挥盈亏预算在经营管理中的积极作用，完善盈亏预警机制，降低经营风险。合理调整资金流向，把握好安全、生产、生活的投入比例，坚决杜绝预算超支。加强物资储备管理，加快推进物资超市建立，扩大物资代储代销范围和数量，最大限度降低储备资金占用。加大效能监察力度，对大宗物资配件采购、公路地销煤、重点工程建设实行全过程、全方位的监督检查，进一步堵塞管理漏洞。要多渠道融资，加快项目的审批，做好企业债券的发行工作。加大货款回收力度，严格控制新增欠款，安全足额收回货款，加大欠款清收力度。

五、大力推进科技创新，建设创新型现代企业

建设创新型企业，科技是关键，人才是核心。我们要坚定不移地走新型工业化道路，实施科技兴企战略和人才强企战略，依靠科技进步，提升企业的整体素质和核心竞争能力。

要强化技术创新管理，加速科技成果转换。要抓住集团公司技术中心被认定为国家级企业技术中心的有利条件，围绕矿井瓦斯治理、防灭火、薄煤层开采、边角煤回收、巷道支护、井下辅助运输等方面，积极开展技术攻关和技术创新活动。重点是要积极引进国内外先进的装备和技术，突出"一通三防"问题的攻关研究，在提高瓦斯抽放效率和瓦斯综合利用上做文章，争取在短时期内有所突破，切实解决企业在安全生产中的难题。要进一步加大科技研发投入，完善科技创新激励机制，使科技创新成为企业发展壮大的动力源泉。

要加快企业信息化进程。要充分利用现有网络资源和服务功能，加快信息管理系统的开发，促进和提升企业的安全生产管理水平。要推进煤炭产量监控系统项目建设，实现对煤炭生产情况的及时监控。要搞好网络规划、网络建设标准和网络安全，尽快实现全集团网络统一管理、信息共享。特别是要加快西山煤电集团公司企业网站建设，由宣传部、信息中心及有关部门负责，9月底前完成，为提升企业形象、加强企业管理、实现办公自动化创造条件。加快矿区有线电视网升级改造，争取2007年完成。

要加强素质工程建设，做好人才的引进、培养和使用工作。先进的技术装备需要高素质的人才相适应。要继续采取定向、单独招生等形式，与煤炭院校合作培养煤炭主体专业毕业生，利用社会力量培养人才。特别是针对当前井下采煤、开掘、机电、通风、安全等技术人员和操作人员短缺的实际，要进一步加强人才引进和培养工作，满足安全生产需要。要大力开展技术比武、技能鉴定、导师带徒活动，创新活动形式和内容，不断提高职工队伍整体素质。要改革农民轮换工的招聘，变招工为招生。招来的农民轮换工，必须先经过半年的理论和实践培训，并经考核合格后，方可上岗。

六、关心职工群众生活，解决关系群众切身利益的问题

全心全意为人民服务是党的根本宗旨。我们要从职工群众最关心、最直接、最现实的利益问题入手,认真研究解决住房、收入、看病、子女上学、社会治安等方面的问题,实现好、维护好、发展好广大职工群众的根本利益。

要加快棚户区改造进度。棚户区改造对于改善低收入职工群众的居住和生活条件,促进和谐矿区建设,具有重要意义。按照山西省委省政府的要求,今年要坚定不移地完成开工20万平方米、完工10万平方米的既定任务。要抓紧时间完成新征土地的手续报批工作和改造工程设计,为2007年棚户区改造的顺利开工创造条件。棚户房分配要坚持公开、公平、公正的原则,严禁搭"顺风车"。此外,要加快与万柏林区和古交市沟通、协调,积极推进矿区沉陷区改造,让居住在沉陷区和棚户区的职工群众能够住进新区新村新楼房。

要加强社区建设工作。要积极探索社区管理市场取向的新机制,以点带面,整体推进。全面提高社区物业管理服务质量,促进物业管理规范发展。各单位要为派出所公安干警进驻社区,提供必要的办公场所,配备相应的人员,组成治安联防队,形成社区警务联防格局,抓好平安社区建设。要开展多种形式的群众性精神文明创建活动,满足社区职工群众文化生活需要。要根据社区实际情况,做好各种便民服务工作,做到居民日常生活需求不出社区就可以得到基本满足。

要搞好扶贫济困工作。认真做好贫困职工的调查摸底,完善三级帮扶网络机制,畅通帮扶工作的绿色通道,确保帮扶工作不遗漏一户,不缺失一家。充分发挥"十大救助基金"作用,多方位、多层次、多角度进行扶贫济困,解决好职工家属生活、学习、就业等方方面面的实际困难。主动深入困难职工家庭,了解生活情况,解决实际问题,特别是各级领导干部一定要利用一切可利用的时间,组织各类走访、慰问活动,体现党的温暖和企业的关怀,进一步密切党群、干群关系。

七、巩固先进性教育成果,树立良好的企业风气

良好的风气是企业实现全面、协调、可持续发展的必备条件。我们要坚持开展社会主义荣辱观和"十要十不要"主题教育活动,巩固先进性教育成果,加强作风建设,切实形成风气正、人气旺、士气高的局面,促进企业各项工作。

要切实抓好政治安全。要认真学习贯彻《建立健全教育、制度、监督并重的惩治和预防腐败体系实施纲要》,全面落实党风廉政建设责任制。认真抓好"三道防线"建设,使各级领导干部真正从思想上建立不想腐败的防线,从制度上建立不能腐败的防线,从法纪上建立不敢腐败的防线。要严厉查处违法违纪案件,积极支持纪检监察部门行使调查权和处分权,重点查办领导干部和特殊岗位工作人员滥用职权、以权谋私、侵害群众利益的案件,做到有举报必问,有线索必查,达到查处一案、治理一线、教育一片的效果,确保各级干部政治安全。

要不断增强各级领导班子的团结与活力。团结出凝聚力、出战斗力、出安全、出新的生产力,团结也出干部。从集团到矿、区、队各级班子成员都要始终高举团结的旗帜,像爱护自己的眼睛一样爱护班子的团结,加强党性修养,切实形成合力,一心一意抓好安全生产。各级班子主要负责人要切实负起主要责任,履行好责任法人代表和责任保证人的义务和职责,带头增强和维护班子的团结。我们要的团结,是坚持原则、维护大局基础上的团结,不是放弃原则的一团和气,不是损害大局的相互让步。

要进一步加强各级干部和机关作风建设。认真贯彻落实山西焦煤集团公司转变机关作风动员大会精神,从干部入手,从机关人员入手,切实转变思想作风和工作作风。各级干部和机关人员要认真开展"相信谁、依靠谁、为了谁"大讨论,提高服务基层、服务群众的意识,带头深入实际,解决实际问题,提高公信力。干部下井要与工人同上同下。由总经理负责,进一步规范集团公司对基层的各类检查活动,压减各类会议活动,精减各类会议材料,切实提高办事效率。要以机关绩效考核为主线,建立机关人员服务承诺制、首办负责制、限时办结制、过错问责制、述职述廉制等,加大考核力度,形成机关作风建设的长效机制。

胡锦涛总书记在全国统战工作会议上指出,要"科学分析和准确把握社会阶层结构发生的深刻变化,全面兼顾和实现社会各阶层群众的利益。要坚持充分尊重、广泛联系、加强团结、热情帮助、积极引导的方针,切实做好新的社会阶层人士的工作,尊重他们的劳动创造和创业精神,凝聚他们的聪明才智。充分发挥社会各阶层在推动经济社会发展中的作用"。我们各级领导干部要深刻领会总书记的讲话精神,切实提高领导能力,提高做群众工作的能力,提高驾驭复杂局面的能力。

同志们,下半年我们面临的任务十分艰巨和繁重。我们要在山西焦煤集团公司党政的正确领导下，按照第七次党代会描绘的宏伟蓝图，抢抓机遇、开拓创新、凝心聚力，为把西山建设成为主业突出、循环多元、规范高效、和谐发展的新型能源大集团，做出新的更大的贡献。

谢谢大家！

山西西山煤电股份有限公司 2006 年度董事会工作报告

李 仪

（2007 年 3 月 6 日）

各位董事、监事、高管及各部门负责人：

现在，我就 2006 年度公司经营情况和董事会日常工作进行回顾，并提出 2007 年度的经营方针和目标，请各位董事、监事及与会人员提出宝贵意见，以便董事会报告提交年度股东大会审议。

第一部分　2006 年公司经营情况的回顾

2006 年是西山煤电稳健发展的一年，公司董事会以科学发展观为指导，坚持依靠科技进步，发展循环经济的新型工业化道路，老区生产、新区开发、结构调整都取得了良好的成绩，经济效益平稳，员工收入持续增加。公司及控股公司全年实现销售收入 68.91 亿元，同比增长 22.69%。其中：商品煤产销量 1467 万吨，实现销售收入 58.57 亿元，同比增长 8.84%；上网电量 44.31 亿度，实现销售收入 10.35 亿元，同比增长 338.34%。利润总额 143431 万元，保持平稳。公司员工人均收入达 35936 元，同比增长 22.84%。

一、安全生产健康发展

按照董事会提出的建立以强化管理和投入为重点、先进技术为支撑的安全生产保障体系的要求，公司不断推进本质安全型企业建设。坚持以质量标准化为主线，注重主动超前控制，使工程质量、作业环境、员工操作的标准化相统一。加大对重点区域、临时工程、零散作业人员、多队组交叉作业等薄弱环节的监督监察力度，动态及时地消除事故隐患。落实安全生产责任，加大责任追究力度，形成了有效的安全生产激励约束机制。

2006 年，公司及控股子公司在安全费用上投入 16363 万元，综合折旧费投入 50326 万元，用于安全生产设备的更新，生产系统的改造和完善，瓦斯抽放及供电、防治水等综合治理上，使设备、系统的可靠性与综合防灾抗灾能力明显提升。目前，矿井瓦斯集中抽放系统和风井建设进展顺利。河龙湾 110kV变电站顺利完工，为西山热电第三台机组上网，提高前山矿区的供电能力和保障系数打下了基础。西铭矿选煤厂主厂房土建工程按期完工，设备进场安装结束，完成投资 5051.3 万元。

二、结构调整效益显现

煤电焦化并举，实现资源的综合利用是公司长期战略。经过一个完整年度的商业运行，古交电厂一期工程二台机组和西山热电综合利用电厂二台机组达到了董事会提出的安全稳定运行的要求。两电厂以确保机组安全可靠、经济运行为目标，抓基本队伍建设、基本制度建设、基本技能培训，全面提高管理水平，努力探索煤矿办电的成功之路。

兴能公司全年就地消化洗中煤、矸石、劣质煤等燃料煤 213 万吨，发电标准煤耗 343.27 千克／千瓦时，实现利润 16197 万元。获得“山西省环境保护先进企业”、“山西省资源节约和综合利用示范企业”的称号。经多方努力，古交电厂二期项目所有 52 个文件全部得到批复，有望列入国家 2008 年开工计划。

西山热电公司就地消化燃料煤 42 万吨，并承担了前山矿区 90%的热源，供热面积达 280 多万平方米，取代了矿区 72 台锅炉，3.83 万吨的炉渣成为西山水泥厂的原料，综合经济效益显著。2006 年被山西省火电行业协会授予“小火电标准化管理企业”称号。

2006年，公司参与了山西焦化的股权分置改革，持股数由4907.88万股降为3856.84万股，持股比例由24.19%降为19.01%。在不考虑分红因素条件下，按2006年末收盘价8.31元计算，账面收益6048万元。

三、新区开发扎实推进

兴县矿区属国家首批规划的矿区，加快并有序开发该矿区是公司近几年的工作重点。2006年，立项工作取得重大进展，《离柳矿区（兴县区）总体规划》已上报国家发改委，国家发改委有了初步意见，并通过国土资源部的会签，预订2007上半年将获得批准。《斜沟矿井及选煤厂工程环境影响报告书》已获得国家环保总局的批复，同意按项目的性质、规模、地点、环境保护措施进行建设。《斜沟矿井及选煤厂工程可行性研究报告》，委托中投咨询有限公司予以评审。资源划界工作正在上报国土资源部审批，斜沟矿井及选煤厂工程水土保持方案和矿产资源开发利用方案正在编制中，将适时上报有关部门。

矿区开发的"瓶颈"工程岢瓦铁路共完成投资35756万元，占铁路投资的30%，挡手的事项是村庄的拆迁和征地问题。斜沟旧井改造完成后，全年生产原煤201万吨，创造了单井单面日产1.36万吨的纪录。

2006年，我国资本市场经历了深刻的变革和转折性的变化，发展势头良好。西山煤电作为深证100指数样本股，沪深300指数样本股，在二级市场上体现出了蓝筹股的风范。年初以5.62元开盘，并在1月出现5.16元年内最低点后开始稳步上涨，在5月创出年内最高价9.65元，然后调整到9月，最终报收于8.95元。全年涨幅58.69%，振幅87.02%，一年累计成交量49,080,524手，累计成交金额362.5亿元，累计换手率887.68%，市值达到108亿元。

公司投资者关系管理工作得到业界的认可，全年接待研究机构和投资者达百名以上。在《大众证券报》及新浪财经联合主办的第二届"大众证券杯"中国上市公司竞争力公信力TOP10调查中，公司获得"中国十佳最具投资价值上市公司"、"中国十佳最重分红回报上市公司"，公司董事会秘书宁志华先生荣获"中国上市公司金牌董秘"称号。

第二部分　董事会日常工作

2006年，公司董事会召开了四次会议，召集了二次股东大会，全年公告事项22项，除审核公司年度、中期、季度报告等定期报告外，还审议实施了以下主要事项。

1. 依据中国证监会文件要求，贯彻"两法"修改精神，对《公司章程》、《董事会议事规则》《股东大会议事规则》进行了修改。

2. 在治理结构、信息披露制度建设方面，增加《信息披露管理制度》、《重大信息内部报告制度》、《独立董事制度》、《董事会秘书工作细则》等制度。

3. 参与并完成了山西焦化的审议股权分置改革，办理了本公司有限售条件的流通股上市手续。

4. 审议并实施了2005年度分红派息工作。

5. 变更5033万元募集资金，用于西铭矿选煤厂洗选系统改造项目。

6. 审议并实施对山西西山晋兴能源有限公司增资3亿元的议案。

7. 审议并实施对子公司山西西山热电有限公司5000万元、15000万元的贷款担保；对山西西山晋兴能源有限公司10000万元的贷款担保。

第三部分　新年度经营计划

2007年，煤炭行业供需状况整体呈宽松态势。一方面，国民经济将保持平衡快速的发展趋势，但宏观调控、节能环保和科技进步降低需求行业对煤炭需求增幅，煤炭需求进入平稳发展阶段；另一方面，新建矿井投产高峰期到来，再加上取消出口退税，增加出口关税，国内供应过剩的压力加大。在供需结构的变动中，新年度将呈现供略大于求的松平衡。市场供求态势必然冲击煤炭价格，但在安全费、资源费、环保费、转产费等刚性成本推动下，煤炭价格应高位运行。在煤炭价格和成本双重挤压下，行业利润不容乐观，公司经营压力进一步加大。

2007年，华北区域电力供需总体平衡，山西省在2006年因装机不足导致供电紧张，2007年也存在季节性紧张，公司两电厂要努力争取发电设备利用小时，提高收益水平。

2007年工作总体思路是：全面落实科学发展观，以安全发展为前提，依靠科技进步，优化生产布局，稳定老区生产，加快新区开发。实施煤电一体化战略，强化管理，优化配置，调整结构，着力提高经济运行质量，实现经济增长方式转变。

根据公司面临的形势，2007年生产经营考核指标是原煤产量1515万吨，洗精煤产量781万吨，商品煤销量1507万吨，年发电量46.9亿度。

2007年着重做好以下工作：

第一，推进本质安全性企业建设

建设本质安全型企业，是落实安全发展观，是促进煤炭工业持续稳定健康发展的保证。公司要把本质安全性企业建设纳入战略管理，建立一套动态的人、机、环境、制度、管理和谐统一的安全质量管理体系，实现人的本质安全、物的本质安全、系统的本质安全和制度规范、管理科学，减少乃至消除伤亡事故。

2007年，在安全生产责任方面还是抓落实，把工作重点放在基层，放在井下，放在生产现场，严格干部下井带班、隐患排查、技术审批、安全问责制度的"刚性"约束。

近几年，公司本部矿井主要依靠挖潜扩能，在通风、供电、运输、排水等各大系统满负荷运行条件下，能力配套问题会时常突出。因此，安全投入上要围绕"一通三防"，供电、排水、提升、运输各大系统完善，主要环节的改造和解决重大隐患专项治理进行安排。同时加快采掘核心设备的升级速度，淘汰落后的开采工艺和技术装备，实现综采综掘机械化程度100%的目标，以设备及机械的可靠性、系统性，工程质量的标准化和环境的文明实现本质安全，保障集约化生产，提升产业现代化水平，

第二，着力提高经济运行质量

煤炭工业发展"十一五"规划中要求完善煤炭成本核算制度，将资源、环境、安全、劳动力、转产发展等费用足额计入生产成本。"一金两费"和近期提高焦煤资源税的政策出台预示着政策性增支因素不断提高。从公司财务状况看，应收煤款有所增加、应收票据增加87%，长期负债余额达25.2亿元，且两电厂都进入还贷期，晋兴公司仍需要加大投入，公司资金状况不容乐观。新年度要按照去年董事会提出的"建立全面预算管理制度，将财务预算、会计核算、成本资金控制有机融合，对公司进行整体计划和控制"的要求，实行严格的资金管理和成本管理。

矿井生产要继续优化采掘部署，合理配采，提高回采率和原煤质量。选煤厂要发挥技改后的技术优势，提高精煤回收率，实现煤质的精准管理。各类资金项目严格计划管理、预算管理、招投标管理、项目责任制，杜绝超预算支出、超预算项目，永葆艰苦奋斗，勤俭办企业的作风。在新项目核准顺利条件下，尽快实现再融资。

第三，进一步提高信息披露质量

2007年，证券期货监管会议对上市公司主要提出两点，一是以改进治理水平和增强透明度为重点，进一步做好提高上市公司质量工作；二是以执行新会计、新审计准则为重点，切实提高资本市场财务会计信息披露质量。中国证监会发布了《上市公司信息披露管理办法》，目的在于强化上市公司的信息披露，适应两法修改的高要求和股权分置改革后的新形势，界定了临时报告的二十种情形，明确证监会对包括控股股东在内的相关各方行为的监管，明确对不同违规行为所采取的监管措施和应承担的法律责任。公司董事会虽然在去年已审议通过建立信息披露内部管理制度，但在内部信息的及时、准确、完整方面存在差距，畅通的内部信息网络建设还需要完善。新年度要结合新会计准则的实施进行培训，进一步落实内部信息披露的责任人和联系人，全面提高信息披露质量和效率。

随着《公司法》、《证券法》实施，与资本市场密切相关的《刑法修正案（六）》、《破产法》等基本法律的正式颁布，资本市场法律体系不断完善。2006年，清理收回275亿元的上市公司被占资金，科龙电器、南方证券、德隆公司的机构的责任人员，因严重违法犯罪，有的被送上刑事法庭，有的被永久市场禁入，证券执法力度和效果大大提升。监管部门建立以信息披露、治理结构、并购重组为核心的上市公司监管规则体系，引导上市公司完善治理结构和细化董事、监事、高级管理人员的责任，目的在于提升上市公司自我约束、自我规范的能力。行政执法、司法适度介入只是一种工具和手段，只有和市场主体的守法自律相结合，才能真正维护和提升证券法治的生命力。各位董事、监事、高管对公司负有忠诚义务和赔偿责任，需要我们勤勉尽责，廉洁自律，把履行职责可能引致的法律风险降到最低，为公司的又快又好发展做出不懈的努力。

深化责任法人制度　大力弘扬劳模精神 努力开创西山各项事业的新局面

——在2006年度责任法人考核兑现暨2007年劳模表彰大会上的讲话

李建胜

（2007年3月29日）

各位劳模代表，同志们：

今天，我们在这里隆重集会，召开2006年度责任法人考核兑现暨2007年劳模表彰大会。会议主要是对2006年度责任法人考核情况进行兑现，表彰在集团各条战线上涌现出来的劳动模范和先进集体。今天的会议，既是对集团公司各单位2006年度经济责任、法律责任、社会责任、政治责任落实情况的一次盘点，也是进一步弘扬劳模精神，激励广大干部职工再鼓干劲、再创佳绩的动员大会，更是一次全面贯彻落实科学发展观，以提高经济运行质量为主线，确保全年各项工作任务顺利完成的誓师大会。

首先，我代表集团党政向受到表彰的先进集体和个人，致以崇高的敬意和热烈的祝贺！向为西山改革发展稳定作出突出贡献的全体干部职工，表示衷心的感谢！

2006年，集团公司各项事业全面进步，产业结构调整扎实推进，生产经营管理再上台阶，职工生活质量持续改善，三个文明建设协调发展。一年来，我们认真贯彻邓小平理论和“三个代表”重要思想，坚持以科学发展观统领全局，按照山西焦煤集团“质量管理年”的有关要求，全面引深责任法人制度，狠抓管理、强化落实，在各级劳动模范和先进集体的示范和带动下，全体干部职工团结奋斗、开拓创新，为西山的全面、协调、可持续发展奠定了良好的基础。

——**生产经营方面**，坚持抓好集约高效矿井和优质高效选煤厂建设，科学组织生产，大力开展重点队创水平竞赛、开掘会战，煤炭产量稳步增长。2006年原煤产量完成3358万吨，较上年增长4.65%；精煤产量完成1349万吨，较上年增长13.9%。克服市场波动频繁、价格下行压力大的困难和工资津贴增加、电费涨价、实行取暖货币化补贴等增支因素，严格经营管理，有效控制成本，全年实现销售收入120亿元，较上年增长36.9%；实现利润5.77亿元，扣除清产核资损失，同比增加2.98亿元。

——**安全管理方面**，坚持以安全质量标准化达标为主线，积极推进安全技术创新，推动了安全工作的深入开展。加强安全重点区域和薄弱环节的治理，全年投入安全费用4.06亿元，一批重大安全隐患得到根治。深化三项整治，严格落实“一通三防”绩效考核处罚办法，加强对矿区周边小煤矿的监管，切实开展井下防治水工作，杜绝了重大事故的发生。狠抓涉爆物品、交通安全、防洪抗汛管理，对私藏爆炸物行为进行了严厉打击，安全工作保持了健康平稳的发展态势。

——**结构调整方面**，古交发电厂两台机组运行良好，全年发电41.20亿千瓦时。西山热电厂发电6.76亿千瓦时，3#机组基本具备运行条件。汾阳焦化园生产焦炭71.97万吨，实现盈亏持平。西山水泥厂1200吨熟料新型干法回转窑生产线于去年8月竣工，全年生产水泥23.78万吨。建筑施工企业在立足内部市场的同时，积极开拓外部市场，全年实现产值11.38亿元。2006年，集团非煤生产经营额达到41.79亿元，同比增加14.81亿元，增幅53%，占全年生产经营总额的30%，比上年上升了7个百分点。

——**重点项目方面**，兴县矿区总体规划通过中投咨询公司评估，评估报告已上报至国家发改委。交城郑家庄、临县吕家岭煤矿地质勘探顺利完成，探转采手续正在办理。古交发电厂二期项目有序推进，即将被国家发改委核准。矸石电厂并入了正在新建的太原市第四热源厂，近300名职工的后顾之忧得以解除。中小学校移交政府工作进入到最后的冲刺阶段。积极推进棚户区改造，完成了太原市政府下达的责任目标。事关下一步棚户区改造的项目建议书得到省发改委批复，前山征用的464亩土地已签订协议。

——职工生活方面，为全体职工普升了两级工资，提高了入井费、夜班补助及班中餐等津贴，在岗职工人均收入达到29966元，比上年增加14.23%。给离退休人员增发了养老金，提高了教职人员工资，离退休人员和教职工生活质量明显改善。关注弱势群体，全年共计发放各类慰问、救济金971.9万元，发放助学金19.1万元，处科级干部与贫困职工结对子数增加到2003对。实施环境治理，拓宽交通道路，绿化美化小区，矿区环境面貌焕然一新。

——党群工作方面，深入开展社会主义荣辱观和"十要十不要"主题教育活动，广大干部职工的向心力和凝聚力进一步增强。举办各种廉政教育活动，广大党员干部的廉洁自律意识进一步提高。2006年上半年，西山被中宣部确定为"落实科学发展观，建设节约型社会"专题宣传的典型，中央十二家媒体对西山进行了集中采访报道。全国职工安全生产演讲比赛、全国煤炭系统男子篮球赛和全国安居工程现场会议等在西山成功举办，企业的知名度和对外影响力得到了新的提升。

这些成绩的取得，是山西焦煤集团公司正确领导的结果，是西山上下全面贯彻落实科学发展观的结果，是深入推进责任法人制度和加强企业内部管理的结果，是全体干部职工发扬主人翁精神，艰苦奋斗、开拓进取的结果，更是各级劳动模范身先士卒，引领并带动广大职工群众努力拼搏的结果。

西山成立50多年来，在不同时期涌现出了一批又一批先进模范人物，为企业发展建立了卓越功勋。这一代又一代先进模范人物，以自己的实际行动铸就了爱岗敬业、争创一流；艰苦奋斗、勇于创新；淡泊名利、甘于奉献的伟大劳模精神。他们用自己的辛勤劳动谱写了如歌如泣的动人赞歌，充分展示了西山人顽强拼搏、自强不息的崇高品格，充分体现了西山人与时俱进、开拓创新的时代风貌。广大先进模范人物不愧为企业的中坚、职工的楷模。

特别是我们西山的好矿嫂党素珍同志，她50年如一日，义务在坑口为矿工送开水、缝补衣服、宣传安全知识。党素珍同志是我们集团做好本职工作的典型，今年1月9日，中央政治局委员、全国人大常委会副委员长、中华全国总工会主席王兆国对学习党素珍先进事迹做出了重要批示。"党素珍精神"集中体现了当代工人阶级的优秀品质和时代精神，体现了构建社会主义和谐社会中许多最朴素、最丰富和最重要的人文思想和博爱观念，为广大职工树立了学习的榜样。学习"党素珍精神"，就是要让"平凡中显现伟大"成为广大职工的自觉行动，要让做好本职工作就是本分、就是奉献、就是光荣的优良传统在新时期职工队伍中继续发扬光大。

今天受到大会表彰的劳动模范来自集团各行各业。他们之中有不畏艰苦、积极进取的一线职工；有奋力拼搏、勇攀高峰的科技人员；有锐意改革、大胆创新的管理干部；有心系基层、无私奉献的机关人员；有呕心沥血、甘为人梯的辛勤园丁；有救死扶伤、妙手回春的"白衣天使"；更有在平凡岗位上做出不平凡业绩的普通职工。他们为企业的发展做出了杰出的贡献，用自己的先进事迹，激励并带动了全体干部职工，为集团三个文明建设增添了光彩。

当前，煤炭市场正在发生深刻复杂的变化，西山的改革发展也进入到关键时期。我们既面临着难得的发展机遇，又面临着严峻的挑战。在机遇和挑战并存的条件下，我们必须坚持以科学发展观为指导，紧紧抓住这个重要的战略机遇期，切实抓好发展这个第一要务，大力弘扬劳模精神，认真落实责任法人制度，切实推动经济运行质量和效益的进一步提高。在西山的发展历程中，包括劳动模范和先进工作者在内的广大干部职工是可以大有作为的，也一定能够大有作为。

2007年，是我们集团确定的"安全发展年"，也是实现西山发展战略目标重要的一年。围绕今年的各项工作，我提几点要求：

一、完善标准，严格考核，坚决完成责任目标

责任法人制度是我们集团于1999年开始实施的一项基本管理制度。实践证明，责任法人制度既适应现代企业制度要求，又符合西山发展实际情况，对提升集团管理水平，推动西山全面发展，实现三个文明协调进步起到了极其重要的作用。经过几年来的锤炼，责任法人制度已经比较健全完善。但是，随着近年来集团公司产业结构调整和改革改制步伐的加快，新建项目陆续投产，以股份制为运营模式的参（控）股公司不断增多，如何对它们进行科学考核，成为摆在我们面前亟待解决的一项重要任务。从2006年的责任法人考核情况来看，现有标准不太适应参（控）股公司管理运行的问题也显得尤为突出。因此，从今年开始，机关各部门要把其作为一项重点工作来抓。要深入基层，开展全面细致的工作调研，紧扣参（控）股公司的运行特点，尽快修订完善出台切合实际、易于操作的考核标准，便于责任法人制度更好地落实，更好地发挥考核的引导作用。今天，我和车书记将代表集团公司党政与各二级单位签订“2007年度责任法人综合目标责任书”。责任书就是军令状，各单位、各部门一定要按照年初党委会、职代会和工作会的部署，按照今天签订的综合目标责任书的要求，结合实际，制定好各项措施，落实好各项工作，确保各项任务的全面完成。在责任法人制度的考核上，各部门要严格按照考核标准，认真做好月度绩效考核，真正发现工作中好的经验和存在的问题与不足，真正体现各单位的工作水平和业绩，真正发挥出责任法人制度奖励先进、鞭策后进的作用。同时，机关各部门要充分落实服务基层的职能，对检查中发现的问题认真加以剖析，查找原因，提出整改意见，积极协助基层单位解决问题，进一步提高责任法人的运行质量。

二、学习劳模，赶超劳模，争创一流工作业绩

过去的一年，集团各条战线涌现出一大批先进集体和个人，这次受表彰的劳动模范、先进集体，就是他们当中的杰出代表。在这些先进模范人物身上，集中体现了高度的主人翁责任感和艰苦创业精神、高昂的劳动热情和无私奉献精神、强烈的开拓进取意识和创新求实精神、良好的职业道德和爱岗敬业精神。可以说，集团公司的经济发展和各项事业进步所取得的每一个成就，无不凝结着劳动模范的无私奉献和创造性劳动，铭刻着劳动模范的时代精神和崇高品格。因此，广大干部职工都要向劳模学习，以劳模为榜样，从自身做起，从具体事做起。要把凝结在劳动模范身上的光荣传统与企业文化相融合，与实现企业科学发展的时代特点相结合，赋予劳模精神以强烈的时代气息，努力形成劳动光荣、创造伟大、知识崇高、人才宝贵的企业氛围。要认真学习、大力弘扬劳动模范的优秀品质和崇高精神，以坚定的信心、旺盛的热情和奋发有为的精神状态，投身到企业改革发展的实践中去。要学习他们干一行，爱一行，专一行，精一行，脚踏实地，勤勤恳恳，兢兢业业，精益求精的高尚品格，从自身做起，踏踏实实做好身边每一项工作。要主动适应时代发展的要求，不断增强学习能力、创新能力、竞争能力和创业能力，不断开创各项工作的新局面，在工作中取得新的更大的成绩。要积极参加各种劳动竞赛、技术革新、发明创造，不断推进职工队伍的知识化进程。要充分利用各种宣传媒介，采取各种有效形式，广泛宣传先进模范人物的感人事迹，激励广大职工群众为集团的快速发展创新业，立新功，切实肩负起历史赋予的时代重任。

三、艰苦奋斗，勤俭节约，树立良好工作作风

当前，煤炭市场需求逐步放缓，新建能力陆续投产，煤炭供应过剩的压力初步显现。国家取消了焦煤出口退税，增加出口关税，从而抑制了焦煤出口，给国内焦煤市场带来了压力。政策性增支因素增多，焦煤资源税税额由3.2元/吨上涨到8元/吨，土地税将提高到现在的2~3倍，三项基金的提取将在40元/吨以上，其中煤炭可持续发展基金已经开始征缴。这样下来，集团的赢利空间将进一步缩小。与此同时，我们正处于战略发展机遇期，新开工项目比较多，棚户区改造任务比较重，无论是古交电厂、兴县矿区，还是五麟焦化园的建设，都需要大量的资金作为保障。特别是近三年内，我们既没有新的经济增长点，经济总量又上不去，经济规模也扩大不了。在这种前提下，要保证职工的收入增长，要加快企业改革改制的步伐，还要保证安全生产的必要投入，就必须有长期艰苦奋斗的思想准备，必须要厉行节约、反对浪费。我们的各级劳动模范要以身作则、率先垂范，时刻牢记“两个务必”的要求，深刻认识到当前面临的形势和任务，把困难变为机遇，把压力变为动力，把思路转化为行动，促进工作再上水平。各单位要把形势和任务给职工群众讲清楚，赢得大家的理解和支持，引导并带动职工群众艰苦奋斗、勤俭节约，形成良好风气。各级领导干部要认真贯彻勤俭节约的办事原则，工作上要精打细算、严格把关。广大职工要从自身做起，从岗位做起，节约每一度电、每一滴水、每一张纸，树立良好的工作作风。

四、深化改革，加强管理，提高企业竞争水平

3月8号，集团召开了改制动员大会，确定了六家改制试点单位，要求年内完成改制任务。2008年，我们将在吸取今年改制经验的基础上，全面铺开企业改制工作。需要特别注意的是，企业改制是一项政策性强、操作难度大、备受职工群众关注的工作，我们一定要做好相应的思想教育和人员稳定工作。特别是我们的劳动模范要教育和引导职工群众识大局、顾大体，正确认识和对待改革发展过程中利益关系和利益格局的调整，正确处理个人利益和集体利益、局部利益和全局利益、眼前利益和长远利益的关系，坚定不移地拥护改革改制的顺利推进。各级领导干部要认真学习有关文件精神，准确把握改制要点，结合实际开展工作，做到规范操作，创造性落实。在积极推进改革改制的同时，要继续加强企业内部管理，重点围绕资金、成本、项目管理做文章，规范运作程序，堵塞管理漏洞。要进一步加强资金管理，严格资金审批程序，合理资金使用流向，将有限的资金真正投入到事关企业发展和安全生产等关键环节。要健全目标成本体系，加强核算管理，继续推进大宗物资集中采购和开展双增双节、修旧利废活动，不断降低集团运营成本。要严格项目管理，加大重点项目的效能监察力度，确保工程建设的进度和质量，尽早发挥投资效益。

五、加强现场管理，确保安全生产

现场是搞好安全生产的主战场，同时也是事故多发的地点，这就要求我们各级单位一定要加强现场管理。我们既要注重结果，更要注重过程，过程是可以控制的，结果是不可控制的，结果是过程控制的必然，过程控制的不好，就不会有好的结果。所以，希望大家把我们的现场管好，把安全生产搞好。同志们，我们的任务光荣而艰巨，西山的未来光明而美好。让我们在山西焦煤集团公司的正确领导下，同心同德、求真务实、与时俱进、锐意进取，为早日实现“685533”宏伟目标而努力奋斗！

谢谢大家！

在纪念“8·4”抗洪抢险10周年座谈会上的讲话（摘要）

车树春

（2006年8月5日）

召开纪念“8·4”抗洪抢险10周年座谈会，目的就是回顾“8·4”抗洪抢险的伟大壮举，充分认识“8·4”抗洪抢险精神的形成过程，进一步解读抗洪抢险精神，为全面建设和谐西山奠定良好的思想基础，提供坚强的作风保证。

一、“8·4”抗洪抢险历程的回顾

1996年8月4日，由于太原地区连降大雨，以石千峰庙前山为中心的西山地区48小时降水量达到314毫米，为200年不遇，形成了来势凶猛的洪灾。

8月4日中午，西山矿区井下井上相继出现险情。由于矿区周边小煤窑的私挖滥采，官地矿、西铭矿、杜儿坪矿井下通过小煤窑先后涌入洪水，马兰矿也因小煤窑渗水对大矿构成严重威胁，矿井停产。矿区地面山洪暴发，大量洪水溢出河道，部分房屋倒塌，公路、铁路、桥梁被大水冲断，矿区煤气、供电、供水、通讯中断，居民生活受到严重影响。洪灾受损最严重的是官地矿和杜儿坪矿。由于山体滑坡、河水改道，洪水携带着树木、乱石、杂物形成泥石流，灌入官地矿南北两条大巷，很快就冲毁、淤积、淹没大巷37850米，井下的通风、供电、供水、运输等安全生产设施遭到严重破坏，井下1628台机电设备被淹没、损坏，31万立方米的淤泥、杂物填满了巷道。早班作业的546名职工被困井下，形势极其严峻。杜儿坪矿有33万立方米的洪水灌入井下，整个1010下水平全部进水，23091米巷道被淹，生产系统设施和设备也遭到严重破坏。西铭矿因1152大巷进水，造成全矿停产；马兰矿由于武家庄小窑严重渗水，对大矿也构成了严重威胁。矿区铁路专用线多处被洪水冲断，加之石太线中断，使西山原煤和精煤生产、外运处于停产或半停产状态。西山地区倒塌房屋3157间，涉及1500余户；洪水冲毁桥梁三座，冲断堤坝10余处；铁路、公路路基塌陷6040米；冲毁供气、供水管路14825米，前山地区供水、供电、煤气、通讯都一度中断，职工群众生活受到严重影响。据统计，“8·4”洪灾给西山造成经济损失3.4亿元。

面对历史罕见的特大洪灾，西山党政团结和带领广大干部职工迅速投入到抗洪抢险的战斗中来。

二、“8·4”抗洪抢险精神的形成

在1996年的抗洪抢险、生产自救的特殊战斗中，形成了弥足珍贵的抗洪精神：

(一)不畏艰险、舍己为公的献身精神

当洪水袭来时，我们的干部职工舍生忘死、迎难而上，把生的希望让给别人，把死的危险留给自己，充分体现出人类最可贵的献身精神。当时官地矿二采区党总支书记王硕林在洪水涌入井下的危急关头，将个人安危置之度外，毅然两次返回井下，将被困的60余名职工从风井带出地面；403队党支部书记王国瑞在洪水到来时，首先想到的是工作，是队里职工家属的安危，在从家重返岗位途中，遇到小巴发生险情时，不顾被洪水冲走的危险，舍身救出5名乘客，自己被洪水吞没，英勇献身；二采区区长高成良受命组成抢险突击队，赴玉成窑打开通道抢险救人，在对抢险队员动员时说，“要死我先死，要死干部先死”。在瓦斯浓度高、氧气含量低、无任何支护的小窑巷道里，硬是打开了七道密闭，穿过400米采空区，打通1000米通道，救出了被困井下长达两天两夜的44名矿工；还有马关栓、郑九旗、陈发明、郝光珍、赵二牛等同志，本身就是受灾者，但他们不顾自家房屋倒塌，忍受失去亲人的巨大悲痛，仍然奋战在抢险第一线，用自己的血汗乃至生命谱写了一曲不畏艰险、舍己为公的时代最强音。

(二)不屈不挠、连续作战的拼搏精神

经历过“8·4”抗洪抢险的同志都知道，苦、累、恶、险是十年前抗洪抢险的真实写照。在巨大的灾难面前，我们的干部职工没有退缩不前，更没有被灾害压垮，而是付出超乎寻常的代价，取得了抗洪抢险的最后胜利。官地矿二采区副区长王连富、综采一队书记郑建荣、劳动模范栗俊平等44名同志安全脱险后，稍事休息又集体请战，奔赴到抢险救灾第一线，在南北大巷被泥石流淤满的情况下，组织尖刀班、突击队，千方百计清淤找人。作业场面困难得令人无法想象，但党员干部、职工群众没有一名叫苦叫累，硬是在只能爬着走的巷道内，一锹一锹挖、一袋一袋装。玉成窑、井儿沟抢险现场，地处荒山野岭，条件十分恶劣，尤其是玉成窑，连起码的食宿条件都不具备。抢险人员的衣服从未干过，十天十夜身体没挨过床板，累了裹着湿衣服打个盹，渴了喝一口山涧的泉水。省里的领导在玉成窑抢险现场，看着夜幕下濛濛细雨里在山坡上酣睡的矿工一声令下投入战斗，动情地说：“这哪里是血肉之身，分明是钢铁之躯。”其实，除了玉成窑，在井儿沟、杜儿坪矿1010大巷，虎峪河畔“生命线”的修复现场……每一个战场都有动人心魄的故事，每个故事都是西山人不屈不挠、连续作战的拼搏精神的最好体现。

(三)风雨同舟、患难与共的团结精神

在洪灾面前，西山全局上下一盘棋，党政指挥得当、政令畅通，各单位各部门团结协作，共渡难关，“一切为了救人，一切为了抢险”成为每个西山人的自觉行动。西铭矿积极支援重灾单位，全力帮助杜儿坪矿封堵进水小窑；洪灾一发生，由于不通车，官地矿干部职工硬是步行从河龙湾到矿上参加抢险；安抚工作组想方设法做好被困和遇难矿工家属的工作，为抗洪抢险创造条件；机关党委及时组织人员连续奋战十几天，完成了西矿街清淤排污任务；机电总厂不分昼夜、连续奋战，为官地矿赶制救灾设备；社会各界也给予西山抗洪抢险以大力支持，共捐款1000余万元，增强了西山人抗洪抢险的信心和决心。纵观抗洪抢险全过程，我们无不感到西山人风雨同舟、患难与共的高尚精神。抗洪抢险的每一个胜利，都是这种精神的必然结晶。

(四)自强不息、勇挑重担的进取精神

艰苦卓绝的抗洪抢险，打破了我们的工作常规，参加抢险的干部职工没有了上下班之分，更没有节假日之说，大家只有一个信念：赶快救人、赶快清淤、赶快生产，把洪灾造成的损失降到最低程度。在官地矿南大巷清淤救人的过程中，抢险队员由于长时间在泥水中作业，身上泡出了湿疹。有时铁锹用不上，大家就用双手刨，许多人手指都抠出了血，但没有一个人叫苦，没有一个人请假。在官地矿井口，我们的矿工肩并肩、手挽手，筑起了人墙，堵截被洪水冲出的工友。就连离退休的干部职工也自觉行动起来，到井口车场清淤。正是有了这样一支自强不息、勇挑重担的干部职工队伍，我们的抗洪抢险才取得了决定性的胜利。官地矿仅仅用了半年多的时间就恢复了生产，杜儿坪矿用了两个月的时间恢复了生产，西铭矿用了短短两天时间恢复了生产。古交各矿的产量比原计划增加了73万吨，各选煤厂增加精煤产量50万吨。在遭受洪灾的情况下，西山上上下下、方方面面总动员、齐奋战，终于战胜了自然灾害，1996年全年生产经营指标创建局以来最高水平。

三、“8·4”抗洪抢险精神的启迪

无论是在十年前的抗洪抢险时期，还是在今天努力构建和谐西山的伟大实践中，抗洪精神都是值得我们自豪骄傲、值得我们发扬光大的一笔巨大精神财富。抗洪精神，对于我们在新形势下，坚持以人为本、科学发展，全面建设更加繁荣、更具活力的和谐西山具有十分重要的意义。

(一)抗洪精神既是历史的积淀，也是团结奉献、求实进取企业精神的延续和在特殊时期的集中体现

西山是焦煤集团的核心企业，建局50年来，我们紧紧依靠广大职工将一个小煤矿建设成特大型企业；在改革开放的新时期，开发和兴建了古交矿区，近年来又开发建设沙曲、王家岭、兴县、汾阳等新矿区，六大矿区的发展格局初步形成。兴建古交发电厂，煤—电—材、煤—焦—化两条产业链初步形成；经济总量显著增长，对外影响不断扩大。可以说，企业的快速发展得益于时代的发展，得益于良好的机遇，得益于省委省政府和焦煤集团的正确领导和决策，更得益于我们有一支良好的职工队伍以及这支队伍所体现出的优秀品德和高尚精神。这其中无论是关德印、傅昌旺、亢龙田，还是秦斌青、王硕林、栗俊平，从他们身上，我们都能清楚地看到不同时期、不同情况下，西山人"献身、拼搏、团结、进取"的精神风貌。凭着这种精神，在煤炭市场陷入低谷时，西山人艰苦奋斗、勇于拼搏，反映了不等不靠、自强不息的精神；在企业机制改革时，西山人转变观念、提高认识，体现了与时俱进、锐意进取的魄力；在煤炭市场重现生机、产销呈增长趋势时，西山人抓住机遇、加快发展，体现了高瞻远瞩、把握机遇的能力。而所有这些，又都是企业精神的拓展，都是抗洪精神内涵的丰富。

(二)抗洪精神不仅为我们战胜困难积累了宝贵经验，而且它将成为建设和谐西山的强大精神动力

西山第七次党代会提出了全面建设和谐西山的宏伟目标，为西山的长远发展指明了方向。在实现这个战略目标的过程中，我们必须清醒认识到，以人为本、科学发展对我们提出了新的更高的要求。企业目前存在人员多、效率低、竞争力不强的问题和煤炭市场波动、产品过剩、煤价下跌等不利因素，还有职工群众日益增长的物质文化生活水平与企业发展不相适应的矛盾以及许多不可预测的问题，需要我们认真面对和沉着应战。同时，更需要我们继承和发扬抗洪精神，在新的历史条件下，赋予抗洪精神以新的内涵。各级党组织要带领广大干部职工，充分发挥党组织的战斗堡垒作用和党员的先锋模范作用，勇于面对现实，勇于拼搏进取，战胜前进道路上的一切挫折和困难，自强不息、勇往直前。

抗洪精神必将成为构建和谐西山的强大精神动力。经受过抗洪抢险磨炼和洗礼的西山人，如今迎来了企业快速发展期，可以说，目前，西山各级党政领导的科学发展能力、依法治企能力、把握大局的能力、应对严峻形势的能力日益增强，西山广大干部职工渴望发展的热情日益高涨，这是我们企业发展的基础和保证。加强队伍建设需要抗洪精神，转变干部作风需要抗洪精神，推动企业发展需要抗洪精神，构建和谐西山需要抗洪精神，抗洪精神是我们西山做强做大的精神动力。

实施人才立企战略　深化职工素质工程
为和谐西山建设提供强有力的人才资源保障

——在山西焦煤西山煤电集团2006年职工素质工程总结表彰大会上的报告

张能虎

（2006年12月23日）

各位领导，同志们：

今天，我们在这里召开山西焦煤西山煤电集团2006年职工素质工程总结表彰大会。会议的主要任务是：认真回顾总结2006年职工素质工程建设情况，表彰在职工技能培训、职工技能大赛、职业技能鉴定和导师带徒活动中涌现出来的先进集体和优秀个人，宣布预转制农民工名单，提出明年及今后一段时期职工素质工程建设的主要目标和任务，进一步统一思想，凝聚力量，为西山持续快速发展提供强有力的人才资源保障。

下面，我代表集团党政向大会作报告。

第一部分　2006年职工素质工程建设简要回顾

2006年是国家"十一五"规划的开局之年，也是西山持续快速发展的关键之年。一年来，我们认真贯彻落实科学发展观，遵循焦煤集团"质量管理年"的有关要求，进一步加快"煤—电—材、煤—焦—化"两条循环产业链发展，持续推进高产高效矿井和优质高效选煤厂建设，以饱满的热情和高昂的斗志，全面完成了年初制定的各项工作任务。特别是始终坚持把职工素质工程建设作为固本强基的基础工作，不断加大职工教育培训力度，全面加强人力资源开发和管理，职工技能大赛、职业技能鉴定、导师带徒活动都取得了显著成效。

回顾一年来的职工素质工程建设工作，主要有以下几个方面的特点：

一、提高认识，整合资源，夯实职工素质工程建设发展基础

紧跟时代变化和企业发展需求，我们不断提高对职工素质工程建设重要性和必要性的认识，进一步转变观念，强化管理，改善条件，夯实了职工素质工程建设的发展基础。

一是统一思想，认识理念进一步提升。观念决定出路，观念指引方向。一年来，集团党政坚持以人为本的发展理念，根据企业发展对人才结构的新要求，从思想上进一步增强培养人才的使命感和紧迫感，从工作上进一步研究培养人才的好机制好办法，把提高职工的文化水平、业务能力和技术素质作为维护职工合法权益的一项重要工作抓紧抓好，全力以赴、精益求精地开展职工素质工程建设，实现了企业与职工的共同发展。

二是机构健全，考核管理进一步加强。各单位健全组织机构，成立了由党政正职挂帅的职工素质工程领导组，并按照"分工明确、各负其责、齐抓共管"的原则开展工作。依据职工素质工程机制建设要求，将职工技能培训、职工技能大赛、职业技能鉴定纳入到各项考核管理制度中，严格奖罚兑现；将导师带徒活动同步列入到对基层单位的综合治理考核中，逐月检查，逐月评比，形成了党政统一领导、部门密切配合、上下协调联动、职工广泛参与的素质工程建设工作格局。

三是增加投入，培训资源进一步整合。在各矿全部通过国家四级培训机构资质认证的基础上，今年，集团又进一步加大投入，增设实验设备，补充教学用具，提高了基层单位培训工作水平。在教职员工队伍的管理上，先后安排150余名教师参加了上级组织的资格培训，并选派多名教师出席了全国煤矿安全培训专题会议，学习先进经验，交流教学方法，提高了职教队伍的自身素质。在培训教材建设上，出版发行了《液压支架工》、《矿山救护工》、《煤矿电气安装工》等专业培训教材20余本，圆满完成了53个工种培训教材的编辑任务，一套具有西山特色的技能培训教材全部投入使用。

二、精心组织，严密实施，推动职工素质工程建设蓬勃发展

工作中，我们紧紧围绕企业发展的实际要求，以提高职工队伍整体素质为主攻方向，最大限度地动员和组织广大职工学技术、练硬功、比贡献、促发展，在活动中丰富经验，在竞赛中增长才干，在学习中提高素质。

一是效果明显，培训学习到位。坚持把集中脱产培训作为技术培训的主要形式，充分利用各类教育资源，扩大培训渠道，对广大职工进行了专业技术培训。今年以来，共举办各级各类培训班2091期，业务技术培训总人数达7万余人次。马兰矿对参加集团技能大赛的选手进行了为期一个月的封闭式强化培训，西铭矿、东曲矿、屯兰矿对参赛选手进行了理论知识和实践技能相结合的集中培训，这些措施都极大地提高了参赛选手的综合素质。同时，狠抓班前培训，采取每日一题、每周一课、每月一考的形式，对职工进行全员安全技能培训，将学习和工作融为一体。各单位在一线工种、技术含量高的工种及人才急缺岗位等方面广泛开展了导师带徒活动，加快了关键技术岗位人才的培养速度。2006年，集团被评为全国"企业培训先进单位"、"全国青工技能振兴计划"示范单位、山西省、太原市"十五"煤炭行业教育先进单位。

二是程序规范，组织管理到位。为了确保职工技能大赛的顺利开展，集团大赛组委会提前策划筹备，多次深入基层调研，确定了技能大赛的工种和比武方案，使各工种的理论复习范围和操作比武内容更切合实际。理论考试严格比照全国招生考试要求，随机分配座次，严格考场纪律；批阅考卷采取封闭阅卷、流水作业方式进行；实际操作由裁判组专业技术人员当场评判，现场打分，保证了大赛的公平公正。今年，集团共有737名选手参加了35个工种的技能比武。其中，西铭矿、东曲矿分别获得5个第一，马兰矿获得4个第一，屯兰矿、官地矿分别获得3个第一。在焦煤集团第四届职工技能运动会10个工种的比武中，西山共获得3个第一、3个第二、3个第三。我们对职业技能鉴定试题库进行了有效扩充，按照国家技能鉴定标准完善了操作考核细则。在参加鉴定的21个工种2744名人员中，有1389人取得国家职业资格证书，合格率达到51%。认真开展导师带徒活动，按照"一签订、四明确、一确保"的标准选拔师徒人选，签订师徒合同，从源头上保证了活动质量。今年共结师徒对子1274对，其中712人参加了职工技能大赛，占到参赛总人数的

55%，有34名徒弟通过职业技能鉴定晋升为高级工、技师。屯兰矿韩国平、杜儿坪矿王晋军两名青工在第二届山西青年职业技能大赛中，分别取得第一名、第三名的优异成绩。

三是形式多样，宣传发动到位。通过演讲、座谈、报告、广播、电视、图片等形式，大力宣传职工素质工程建设的重要性，广泛宣传“人人都能成才”、“技术工人是人才”、“人才资源是第一资源”的人才理念，使科学人才观逐步深入人心。《人民日报》、《中国青年报》、《中国煤炭报》、《山西日报》等媒体从不同角度报道了集团开展职工素质工程建设所取得的成就，提高了企业的知名度，树立了企业的良好形象，使职工技能大赛、职业技能鉴定和导师带徒活动成为广大职工群众街头巷尾谈论最多的话题，形成了职工勤奋学习、创新创优、成长成才的良好社会氛围。

三、注重效果，扎实开展，加快职工素质工程建设前进步伐

我们坚持对技能大赛、技能鉴定和导师带徒活动中取得优异成绩的人员实施重奖，坚持将职工素质工程建设与企业人才管理统筹结合，使职工素质工程建设不断取得新进展。

一是加大力度，严格兑现奖励承诺。按照有关规定，对在技能大赛中取得前三名的选手，分别给予5000、3000、1000元的奖励，4~6名给予800元的奖励；对在焦煤集团技能运动会中取得前三名的选手，在焦煤集团分别奖励10000、5000、3000元的基础上，再分别给予5000、3000、1000元的奖励，并各浮动三级、二级、一级工资；对取得职业资格证书的职工，按技能等级高低每月分别给予120~15元不等的技术津贴；对荣获“中华技能大奖”、“全国技术能手”、“山西省技术能手”称号的职工，分别给予每人每月200元、100元、80元的特殊技术津贴，并在晋级、评模、深造等方面给予优先。各基层单位也不断加大奖励力度，东曲矿、屯兰矿、官地矿等单位对技术状元实行了对等奖励。西铭矿在导师带徒活动中规定，徒弟每晋升一个技术等级，矿给予师徒二人800~1000元的奖励；公用事业总公司列支10000元，对在职工技能大赛中获得前6名和顺利通过职业技能鉴定的青工学徒给以额外奖励。

二是完善机制，搭建岗位成才平台。多年来素质工程建设的深入开展，为职工铺就了一条初级工—中级工—高级工—技师—高级技师—特级技师的成才之路，形成了一种既注重理论、又重视操作，既注重知识、又重视技能，既注重学历文凭、又重视技术等级的用人机制，给广大技术工人的发展在不同层次、不同方向上提供了更为广阔的空间。近年来，我们对在技能大赛、技能鉴定中取得优异成绩的农民工，符合有关条件并经上级劳动部门批准，全部转为城镇合同制工人。今年，集团将为127名优秀农民工进行转制。各基层单位也积极推行“内部工人技师评聘”、“首席岗位工”、“职工星级管理”等制度，为职工搭建起了岗位成才的平台。

三是多管齐下，拓宽人才引进渠道。今年是集团人才引进和管理工作取得实质性进展的一年。在搞好专业技术人才工作的同时，我们注重把职工素质工程建设与人才引进管理相挂钩，点面结合，相辅相成，实现了企业用人机制的全面推进。我们通过专场招聘会的形式，从中国矿业大学招来主体专业毕业生97名，一定程度上缓解了对主体专业毕业生的需求。召开大中专毕业生表彰会，对大中专毕业生更好地发挥才干起到了促进作用。今年召开的科技创新大会，表彰了一批科技项目和科技人才，进一步挖掘了人才资源，激发了职工学技术、比贡献的热情。在全国煤炭行业2006年人力资源开发经验交流会上，西山关于人才队伍建设的经验介绍，受到了上级领导和与会代表的一致好评。

回顾一年来的工作，我们在职工素质工程建设方面取得了较为显著的成绩。成绩的取得，是上级领导大力支持、悉心指导的结果，也是集团上下共同努力、奋勇拼搏的结果。在此，我代表集团党政，向多年来关心支持西山工作的省总工会、省劳动和社会保障厅、团省委、市总工会和山西焦煤集团公司领导表示衷心的感谢！向在技能大赛、技能鉴定活动中取得优异成绩的技术工人表示热烈的祝贺！向为推进素质工程建设、促进企业改革发展付出辛勤努力的广大干部职工及其家属致以崇高的敬意和亲切的慰问！

在看到成绩的同时，我们也应当认识到存在的一些不足和问题，如素质工程在各单位发展还不平衡；工作载体还需要进一步创新；职工专业技能单一、文化程度偏低，部分职工学习钻研技术的积极性还不高，青年技工短缺等。这些不足和问题都需要我们在今后的工作中加以改进和解决。

第二部分　今后一个时期职工素质工程建设的总体思路和主要任务

党的十六届六中全会提出了“大力实施科教兴国和人才强国战略”、“努力使劳动者人人有知识，个个有技能”的要求，中办、国办也印发了《关于进一步加强高技能人才工作的意见》，把大力加强高技能人才工作，稳步提升工人队伍的整体素质，作为增强我国核心竞争力和自主创新能力、建设创新型国家的重要举措。“十一五”期间，是西山发展的重要战略机遇期，我们提出“经过十五年努力，将西山煤电集团公司建设成为主业突出、核心竞争力强、极具持续发展能力的现代化大型能源企业”的战略目标，同样对人才培养和人才队伍建设提出了新的更高的要求。加快推进人才立企战略，大力加强高技能人才工作，培养造就一大批具有高超技艺和精湛技能的高技能人才，是增强企业核心竞争力和自主创新能力的必然要求，是实现西山2006—2020年战略目标的有力保障，对于全面贯彻落实科学发展观、构建和谐西山具有重大而深远的意义。

在今后一个时期，各级党政要进一步提高认识，坚决贯彻尊重劳动、尊重知识、尊重人才、尊重创造的方针，牢固树立科学的人才观，不断增强做好高技能人才工作的责任感和紧迫感，把高技能人才工作作为加快实现集团战略目标的推进器，不断引深职工素质工程建设，多层次、多形式、全方位提升广大职工的学习能力、竞争能力、创新能力和创业能力，推动集团劳动力成本优势向人力资源优势转化。

为此，今后一个时期职工素质工程建设的总体思路是：**以邓小平理论和“三个代表”重要思想为指导，认真贯彻落实科学发展观，以建立自主创新型企业为目标，大力推进人才立企战略，进一步强化人才观念，优化用人环境，创新人才工作运行机制，培养造就一支规模宏大、结构合理、素质优良、充满活力的人才队伍，为企业的健康快速发展提供强有力的智力支持和人才保障。**

结合当前职工素质工程建设的优势和特点，今后要着重抓好四个方面的工作，进一步推动职工队伍综合素质的整体提高。

一、狠抓培训教育，着力提高职工的综合素质

职工技术培训工作是提高职工素质、培养高技能人才的重要基础环节。各单位要结合国家实施高技能人才培训工程和技能振兴行动，把培训工作作为企业人力资源开发和管理的一项重要内容。要坚持政治思想素质、职业道德素质、业务技能素质、科学文化素质并重的原则，努力提升职工队伍的综合素质，不断发挥工人阶级的先进性。

要根据企业发展的需要，进一步整合各类教育资源，及时调整职业培训的专业设置和培训项目，扩大培训渠道，提高培训质量。要按时足额提取职工教育经费，保证培训资金按时足额到位，保证职教经费用于职工，特别是用于生产一线职工的教育和培训，并建立职工教育经费使用监督机制，随时追踪经费的投入和流向。要通过脱产教育培训、企业岗位培训、个人自学提高等方式，加快高技能人才的培养。要充分运用网络教育、电话教育、远程教育等各种现代化的教育培训手段，拓展教育培训的广度和深度，创新职工培训工作的形式和载体，培养企业急需的各类高技能人才。要按照焦煤集团编写的职工培训教材和员工必读丛书，有计划、有安排、有组织地进行各种形式的培训，为培养高技能人才奠定坚实的理论基础。

各单位要健全教育培训机制，采取与大专院校或职业教育培训机构联合办学、委托培养等方式，加快培养企业急需人才步伐。特别是对高技能人才培养要加大投入力度，重点培养首席岗位技术工人，选送他们到高等职业大专院校深造。同时，要真正发挥起职工大学、技工学校、安培中心和基层各培训机构职责，满足企业不断增长的职业培训、职业鉴定、技术支持与服务需求。要结合创建“学习型企业”活动，鼓励职工进行与本职岗位相关的继续教育、学历教育。职工接受继续教育、岗位培训、职业资格培训取得的学历证书、岗位合格证书、职业资格证书等，要作为上岗、任职、聘用、晋升和奖惩的重要依据。

二、开展技能竞赛，着力提升职工的竞争能力

开展技能竞赛是检验职工技能培训成果的重要手段，也是大力激发广大职工的智慧和活力，充分调动职工学技术、练本领的积极性、主动性，不断提升职工竞争能力的必要措施。

要一如既往地把职工技能竞赛作为一项基础性工作来抓，逐步形成全员参与、全面覆盖的运行机制，进一步扩大影响力，提升实效性。基层组织开展技能大赛要立足于全员培训、全员参与，不搞精英赛、尖子赛，吸引更多的职工自觉自愿、积极踊跃地投入到技能竞赛中来。明年集团将要举办50个工种的技能大赛，并力争在“开滦杯”全国煤炭行业职工技能大赛和山西焦煤第四届职工技能运动会第二阶段的比武中取得优异成绩。要充分发挥裁判委员会和大赛督导组的作用，保证技能大赛的公平、公正，使真正有技术有才能的工人脱颖而出。各单位要严格执行新出台的《西山职工技能大赛管理办法》相关规定，认真做好A、B、C三类工种的比武工作，并将采、掘、开、机、运、通队长都纳入到大赛考核之中，把技能大赛逐渐引深到管理层，克服管理层中只要求工人学技术，而不重视自身素质提高的现象。要按照集团下发的《关于举办2007西山职工技能大赛的通知》，组织开展好多层次、多工种，职工广泛参与的技能竞赛和岗位练兵、岗位成才活动，推动各级各类技能人才的梯次发展。

三、强化技能鉴定，着力构建职工的评价体系

职业技能鉴定是培养高技能人才的关键环节和重要内容。持续开展这项工作，能够有力地促进职工素质的提高，有力地推动企业的快速发展。在今后的工作中，我们要继续加强这一工作，进一步建立健全职工的评价体系。

要坚持国家职业标准与企业岗位规范相结合、职业技能鉴定与企业生产相结合的原则，建立以业绩和贡献为重点、职业道德和知识水平并重的技术人才评价机制，加快培养一大批技术技能型、复合技能型和知识技能型的高技能人才。要进一步打破资历、年龄和身份的限制，科学、公正、客观地评价和认定职工职业技能水平，对在岗位上已经掌握高技能并做出重大贡献的技术骨干，可突破工作年限和职业资格等级，越级或破格参加技师、高级技师考评。要继续坚持评聘分开，不断完善定期考核、能上能下的用人机制。同时，各单位要进一步充实鉴定机构，按照上级部门的要求配备工作人员和鉴定设备，加大职业技能鉴定工作力度。要不断完善职业技能鉴定的各项制度，努力扩大鉴定工种和人员范围。明年，集团鉴定工种将达到50个，其中煤炭特有工种30个，社会通用工种20个，鉴定人数要占到技术工人总数的70%。到2010年，高级技工要占到技术工人的20%以上，其中，技师、高级技师要占技术工人的5%以上。

四、加大奖励力度，着力激发职工的创造活力

人才的活力取决于体制和机制。体制机制一活，人才工作才能全盘皆活；体制机制僵化，人才工作就会弱化退化。只有进一步完善人才激励机制，才能充分激发职工的创造活力。

要不断推行“聘用与培训考核相结合，待遇与业绩贡献相联系”的做法，突破比例、年龄、身份限制，加快建立职工凭技能资格得到聘用提升，凭业绩贡献确定收入分配的激励机制。在薪酬分配中要充分考虑发挥技能作出贡献的因素，建立更加科学合理的高技能人才薪酬分配制度。要逐步实现高技能人才与工程技术人员在工资福利方面享受同等待遇，不断提高技能人才的政治、经济和社会地位。集团将加大技能大赛奖罚力度，将整个大赛全部纳入到责任法人考核和绩效检查中，并作为年终评比的重要依据之一。对在职工技能大赛中成绩优秀、组织得力的单位、部门和个人要进行大力表彰奖励。对优胜组织单位、优秀组织单位要予以重奖，对在山西焦煤、山西省（含省煤炭系统）、太原市组织的技能大赛中，每获一个状元，对选手所在单位奖励3万元；在全国煤炭行业职业技能大赛中，每获一个状元，对选手所在单位奖励5万元。对于成绩较差、组织不力的单位和部门进行通报批评并予以处罚。对在技能大赛中取得优异成绩的农民工，符合条件的要按照有关规定申请转为城镇合同制工人。

要按照《在“青工技能振兴计划”中实行学分制考核的指导意见》，做好试点工作，推广成功经验，初步建立学分制的考核体系，引导广大青工积极参与导师带徒活动，提升职业技能，激发青工学技成才的热情。要进一步推动导师带徒活动，加大考核力度，根据徒弟的日常学习成绩、技能晋升状况、竞赛获奖情况来衡量导师的教学效果。

同志们，西山在“十一五”发展的道路上已经迈出了坚实的一步，在这具有里程碑意义的历史征程中，我们既面临着很多的机遇，又将迎接更多的挑战。让我们在山西焦煤集团的正确领导下，认真贯彻落实国家、省、市关于人才工作的方针政策，与时俱进，开拓创新，大力推进职工素质工程建设，发挥好西山的主力军、排头兵作用，为焦煤集团的做强做大作出积极的贡献！

认真落实科学发展观　扎实推进棚户区改造

孙炳章

（2006年12月15日）

尊敬的各位领导：

山西焦煤西山煤电集团公司原煤生产核定能力为3311万吨/年，原煤入洗核定能力为2270万吨/年，是国家特大型炼焦煤基地。截至2005年底，企业资产总额222亿元，职工及家属30万人。

西山棚户区的住房始建于20世纪50年代，多为砖土坯结构，大部分建在山上，经过50多年居住，房屋梁、椽严重腐朽，墙体多已产生裂缝，维修困难，存在严重的安全隐患。2003年，西山借助市场好转的有利时机，开始实施危旧房改造。2003年到2005年共拆除危旧房3115户，11.86万平米；新建住房35.42万平方米，5026户。于幼军省长今年年初到西山现场调研后，我们进一步加大了改造力度，大规模全面实施棚户区改造。

下面，把西山煤电集团公司今年的棚户区改造工作情况，向各位领导简要汇报如下：

一、领导重视，有力地推进了棚户区改造

西山棚户区的改造得到了省、市、区各级领导的关心支持。2006年初，于幼军省长在对西山棚户区进行现场调研后，对棚户区改造提出了明确的要求；省人大、省发改委、省财政厅、省建设厅、省国土资源厅等有关部门的领导大力支持，多次亲临现场，听取汇报，研究改造方案，简化办事程序，积极协调解决新征土地、资金等问题。

太原市政府成立了由分管副市长任组长的“太原市人民政府棚户区改造协调领导组”。市委、市人大、市政协、市政府的领导及市发改委、规划局、房地局、国土局、物价局、市质监站等有关部门的领导多次召开专题会，协调解决有关问题，大力支持棚户区改造，有的领导还经常深入现场指导工作，如省建设厅任在刚副厅长、冯占雄处长、太原市房地局张双娥局长、王志杰副局长等。

万柏林区政府积极配合房屋拆迁、规划审批工作，为工程新征土地做了大量的工作，组织了对棚户摸底数据的核实。

古交市政府成立了以分管副市长任组长的棚户区改造领导组，对西山古交矿区的棚户区改造项目进行了确认，组织了项目招标，大力支持工程新征土地等相关工作。

二、扎实工作，积极推进棚户区改造

经省建设厅确认，2006年至2008年三年内需拆除棚户区房屋11786户，28.52万平方米；新建住房13554户，94.88万平方米，总投资16.99亿元，其中职工集资9.99亿元，政府出资0.56亿元，企业补贴6.44亿元（含货币化补贴1.88亿元，配套工程补贴2.65亿元，新征土地补贴1.35亿元，廉租房补贴0.56亿元），预计可解决三万多职工家属的住房问题。根据年初市政府与西山煤电集团公司签订的《工作目标责任书》，今年棚户区改造拆除房屋5.03万平方米、1237户；新建住房开工20.99万平方米，预计完成投资1.43亿元，可解决3348户职工的住房问题。

任务确定后，集团领导高度重视，自我加压，主动开展工作，主要做了以下工作：

——加强棚户区改造的组织领导工作。山西焦煤集团董事长杜复新和西山煤电集团董事长薛山先后组织召开了动员大会，就工程建设进行安排部署，提出了具体要求。成立了以董事长任组长的集团公司棚户区改造领导组，制定了《实施方案》。组建了集团公司棚户区改造建设指挥部，把棚户区改造工作列入集团重点工作，责成一名副总经理专门负责此项工作，指挥部下设综合组、工程组等七个专业工作组，坚持每周一次的工作例会，两天一次碰头会，每月一次专题会制度，明确工作责任，倒排工期，确定具体完成时间。薛山董事长平均每月两次听取工作汇报，及时研究解决工作中遇到的问题，使改造工作得以顺利推进。

——加强棚户区改造政策的宣传。为了全面贯彻落实于省长的讲话精神，让职工全面细致了解棚户区改造有关政策，我们充分利用矿报、闭路电视等媒体，采取问题解答、专题访谈等形式对职工关心的棚户区改造有关政策进行了宣传，并印制了《棚户区改造有关政策问题解答》10000余册，发放到每一户棚户住户手中，让广大棚户住户了解政策，感受到党和政府的关怀，理解企业尽最大的努力，积极支持配合改造工作。

——完成了棚户区的调查摸底工作。我们成立了由各矿分管领导牵头，房产公司、纪委、工会组成的工作组，历经半年时间，深入住户家中，量尺寸、绘制平面图和详细了解家庭人员情况及住房情况，完成了“一户一表，一户一图”的摸底工作，为集团公司棚户区改造工作奠定了扎实的基础。

——完成了预定项目的开工工作。到目前为止完成了官地矿五三街、西铭矿桥西小区等五个项目的拆迁工作，拆除棚户房1321户、5.39万平方米，分别完成责任目标的106.79%和107.16%。433小区、白家庄矿五一东西街正在拆迁之中。目前，被拆迁的1321户居民都得到妥善安置。从4月份起，棚户区改造工程陆续开工，截止目前，共开工建设棚户改造区11个，新建住房3360户，计23.42万平方米，分别完成责任目标的100.36%和111.58%。其中廉租房2.21万平方米，共555户。累计完成投资额约8433万元。

——完成了部分建设资金的筹集工作。我们积极筹集资金，主要领导亲自组织召开棚户区改造资金问题专题会，研究落实资金问题，确保建设资金到位，为工程建设提供了资金保障。目前，已归集职工集资款4500余万元，企业安排补贴资金计划7546万元。

——严把工程建设质量工作。在工程建设过程中，我们严把工程招投标工作，实行项目经理负责制，公开招聘项目监理，制定了工程建设进度表，狠抓施工安全、工程质量、文明施工管理，先后制定出台了相关的办法和制度，组织召开了工程质量、施工安全会议，每月组织一次施工安全、工程质量、文明施工大检查，及时通报检查情况，确保了工程建设的质量和进度。

——完成了新征土地的选址工作。由于集团公司前三年的危旧房改造，能用做新建住房的自有土地已用完，为保证三年改造任务的完成，集团公司多次召开专题会研究土地问题。薛山董事长亲自带领有关人员跑遍了前后山的沟沟坎坎，经过反复论证，初步确定了前山和古交矿区的新征土地的选址。

三、2007年工作安排

2007年的棚户区改造工作重点是，在新征土地上开工新建住宅小区三个，总建筑面积35万平方米，4898户，总投资4.55亿元，其中廉租房3.5万平方米，776户，总投资4095万元，廉租房总投资中政府补贴2047.5万元，企业投资2047.5万元。若土地能如数按期办理完毕有关手续，将按省厅的要求合理安排，组织好2007年的棚户区改造工作。预计2007年将完成投资2.7亿元。

四、存在的问题

（一）棚户区拆迁工作的政策问题

据我们了解，全省各大矿区补贴政策不同，出售价格不同，这样将隐藏不安定因素。建议政府出台明确的政策，以切实指导全省的棚户区改造工作。

（二）西山的棚户区改造新建住房的售价问题

按照山西省人民政府专题会议纪要[2006]2次的规定，若职工按845元/平方米房改成本价购买住房，享受工龄补贴等优惠和地区折扣后，职工实际负担平均约为640元/平方米，与实际工程造价约1300元/平方米相差660元（新征土地建房相差866元/平方米），差额巨大，加上2007年开征的三项基金，资源税的提高，企业更是无力承担。建议省市政府比照同煤集团（省补200元/平方米，市补120元/平方米）的有关政策给予补贴。如果省、市政府不予补贴，西山根据太原市人民政府[2006]第101期会议纪要的要求，将延续以往危旧房改造内部政策，由西山承担配套设施补贴130元/平方米后，内部出售平均价格为1170元/平方米。

（三）土地问题

按照山西省建设厅确认的西山棚户数11786户计算，需新建安置住房13554户，需新征土地900亩(其中：前山700亩，后山200亩)。现在西山所选三处新征土地（662.43亩），省发改委已批准立项，建议土地部门尽快办理新征土地的有关手续。

（四）廉租住房补贴资金问题

2006年工程已进入年终盘点和结算阶段，建议尽快按省政府两次会议纪要规定拨付廉租住房补贴资金5551.65万元，其中2006年为1292.85万元（省政府775.71万元，市政府517.14万元）。

以上汇报不妥之处，请各位领导批评指正。

抓住机遇　团结奋斗
为全面实现2007年各项经营目标而努力工作

——在山西焦煤五麟煤焦开发有限责任公司2007年工作会议上的报告

薛道成

（2007年2月11日）

同志们：

现在，我向大会作工作报告，请予审议。

第一部分　2006年工作简要回顾

2006年是我们经历焦化市场疲软、规避市场风险，科学合理、精心组织应对市场变化的一年，也是我们把握市场变化、克服重重困难，团结职工队伍，与风险抗争、与市场竞争的一年，是广大干部职工紧紧围绕公司党政团结奋斗、顽强拼搏、克服困难、取得成果的一年，更是职工获得实惠最多的一年。一年来，公司在山西焦煤西山煤电集团的正确带领下、在双方股东的大力支持下，按照董事会的正确决策，经理层带领全体干部职工顺应市场行情变化，不断调整经营策略，积极应对市场，上半年克服焦炭市场行情下滑，原料煤上涨的不利因素，及时调整限产，实施维持简单再生产，确保公司安全低成本、低亏损运行。下半年公司经理层审时度势，紧紧抓住焦炭市场形势好转的大好机遇，及时调整经营策略，加大生产力度，满负荷提产，加大市场营销力度，积极开拓市场，全体员工鼓足干劲、相互配合、协调有序，为了一个共同的目标——实现全年产量70万吨、经济效益扭亏增盈而努力工作。2006年，我们圆满完成了安全生产、经营管理、新项目开发、党建等各项工作任务指标，为企业全面、协调、可持续发展奠定了良好的基础。

一、生产经营情况

全年生产焦炭719693吨，销售699685.4吨，平均售价755.20元/吨，销售收入52840万元；

生产焦油23718吨，销售25400.18吨，平均售价1859.32元/吨，销售收入4723万元；

生产粗苯6301吨，销售6654.36吨，平均售价3723.93元/吨，销售收入2478万元；

生产硫铵5341吨，销售1091.93吨，平均售价386.08元/吨，销售收入42万元。

全年主营业务收入60083万元，主营业务成本49460万元，主营税金及附加384万元，经营费用5379万元，管理费用1498万元，财务费用3307万元，投资收益61万元，营业外收支净额131万元，其他业务收支净额36万元，实现利润总额21万元，与年初西山集团下达考核指标亏损8000万元相比扭亏增盈21万元，减亏8021万元。

二、安全质量标准化工作

2006年公司实现全年安全奋斗目标，消灭了重伤及以上事故、未发生火灾、中毒、爆炸事故，并在4月份通过了山西省安监局的安全验收，取得安全生产许可证和消防许可证。

产品质量：焦炭保持一级品标准，销往国内外大型钢铁公司，赢得用户信赖。焦油达到一级标准，硫铵达到农用标准100%合格，全部销往市场，供不应求。

三、基本建设工作

我公司一期100万吨焦化经过全面决算审计，已进入全程验收阶段。2006年省审计厅集团公司审计组对我公司100万吨/年焦化工程项目进行了全面审计。近期正在全面推进验收工作，环保监测已完工，准备明年全面验收，争取2007年全面准入。2006年公司铁路专用线如期开工，目前征地工作基本完成，铁路大桥桩基已完成1/3，土方挖填完成1/3，完成工作量723万元，预计2007年全面开工建成投入运营。

另外厂区修缮、防洪、生活区改造完成工作量190余万元。

四、交城煤矿建设情况

在山西焦煤集团的大力支持下，与交城东风汽修全面合作，目前已获得探矿证，探矿权转采矿权手续已上报省政府，等待研究上报国土资源部，领取采矿证，地质精查工作经过精心组织施工已全面完成勘探任务，地质报告已批准。涉及地质构造已用二维地震和三维地震勘查，取得详细资料。可研报告、环评报告、初设编制、安全专篇等编制已全面由太原煤炭设计院开始编制。“四通一平”工程全面完成，8公里进矿道路、河道720米水泥钢筋浇筑泄洪涵、2000立方米的蓄水池、架设了10kV供电线路、23公里长度的3.5kV双回路供电线路、充填了工业广场和建成了3.5kV移动变电站。砌筑了临时建筑200多间，井筒建设完成了主井、付井、风井井台、主副井井架、大型绞车全部安装、凿井准备全面完成。井筒建设累计完成进尺300多米。土地预审已报国土资源部待批，交城煤矿项目被山西焦煤西山煤电集团公司列为发展重点工程项目，已上报列入省、国家“十一五”规划和晋中基地西山矿区规划。

五、汾阳铁厂生产经营情况

全年实现安全生产无事故，圆满完成上交承包费300万元，并完成了大修工程，确保2007年安全生产无事故。

六、新项目进展情况

（一）临县吕家岭煤矿探矿权延续手续已申请办理，探矿权转采矿权手续正在办理中，名称核准已办理完毕。

（二）20万吨甲醇项目通过山西省经委备案，并和香港建滔集团、台湾李长荣集团达成合作意向，上报审批项目环境评价建议书。

（三）公司焦化一厂的“焦化行业准入证”已上报省经委。

七、党建及精神文明建设

2006年经山西焦煤西山煤电集团党委批准，公司党委正式成立。我们紧紧抓住这一有利时机，大力宣传党委成立的重大意义，凝聚广大党员的积极性，重点抓党建和思想政治工作，进一步健全组织，完善机构设置，成功召开了公司首届党员代表大会，组织多种形式宣传教育活动和党员培训，学习有关党的知识，努力提高党员队伍的素质，加强党风廉政建设工作，警钟长鸣、常抓不懈，确保党员干部廉洁自律。同时年底按照西山党委要求，在全体党员中认真组织开展了民主生活会，设立了举报箱、意见箱，自觉接受群众监督，将批评与自我批评的优良传统贯彻到每个党员及其身边的人，取得了非常好的效果。同时大力开展精神文明创建活动，优秀班组、文明班组、文化体育活动、职工比、学、赶、帮活动积极开展，说文明话、办文明事、做文明人蔚然成风。

2006年是克服困难的一年，也是迎难而上的一年，也是战胜困难取得优异成绩的一年，挑战和机遇并存。面对国家对焦炭行业宏观调控，焦化市场一落千丈，陷入巨额亏损的境地。面对困难我们冷静处理、沉着应对，同时我们又克服困难抓住后半年焦化市场好转的大好机遇，确立奋斗目标进行总动员，圆满实现了2006年的奋斗目标即①全年安全无事故；②产量实现70万吨以上；③利润实现持平，略有盈余。产销平衡，确保回款率达95%以上。上述成绩的取得来之不易，凝聚了广大员工艰苦奋斗、勇于奉献的辛勤汗水，体现全体员工团结奋斗、敢于克服困难的大无畏精神。实践证明：我们的干部是过硬的、队伍是过硬的，是敢打硬仗并能够取得胜利的。借此机会，我代表公司党政，向全公司干部职工表示衷心的感谢，并致以崇高的敬意！

在充分肯定成绩的同时，我们必须清醒地认识到工作中的不足和市场存在的潜在危机，全体干部职工生存危机意识有待于进一步加强。一是安全管理还存在薄弱环节，安全管理还需下大力气确保万无一失；二是机电设备的运行和管理还很薄弱，维护维修对设备运行至关重要，要确保设备运行正常，不影响生产；三是新项目的上马如煤矿、甲醇、铁路、变电站等推进受政策的影响困难较大，还需进一步加大力度推进，必须加快办理审批手续及早投产运营以降低企业生产成本；四是职工后勤保障工作，要尽可能好地安排每一名职工的吃住行，使其无后顾无忧；五是职工住房建设任务十分艰巨，尤其是双职工的住房及子女入托上学问题，亟待得到进一步解决；六是党风廉政建设工作形势严峻，要切实抓紧抓好和加强职工厂纪厂规及法律意识教育，确保稳定；七是市场瞬息万变，我们要不断增强抵御市场风险能力，提高产品市场竞争力，在稳定中求发展。这些问题，必须引起各部门、经理层的高度重视，务必在今后的工作中认真加以改进。

第二部分　2007年工作总体安排

新的一年是焦化行业逐步恢复的一年，同时也是充满市场危机的一年，市场变化瞬息万变，国家政策频频出台，宏观调控逐步深入，使2007年工作充满变数和未知，我们要认真贯彻落实西山煤电集团公司的总体战略部署和职代会、党代会精神，按照公司2006—2020年总体发展战略，着力全面推进各项工作。2007年公司定为“项目推进年”、“提产增效年”。公司全体干部职工一定要按照公司2007年总体安排做好今年的各项工作，实现企业健康稳定发展。

一、指导思想

以邓小平理论和“三个代表”重要思想为指导，认真贯彻中央会议精神，按照西山煤电集团公司工作部署，坚持科学发展观，沉着冷静分析当前经济形势，全面准确布置2007年各项工作，不畏困难，迎难而上，抓住市场，抓住煤源，准确定位，确保安全生产、确保廉洁正气、确保利润最大化，同时加快配套项目的审批和建设力度，加大引资融资的力度，为顺利实现2007年工作目标而努力奋斗。

二、工作思路

紧紧围绕公司2007年成本利润指标，克服市场重重风险，大力增强安全意识、质量意识、节约意识、创新意识和忧患意识，落实安全生产责任制，严格管理，保障安全生产，积极开发新项目，以全新的精神面貌推进各项工作。大力发展循环经济，延伸产业链条，加大引资、合资的力度，推进新项目上马，进一步增强企业竞争力和抵御市场风险能力，实现效率和效益、职工收入同步增长，建设开放、富裕、和谐的新五麟。

三、工作目标

（一）实现安全生产无事故，确保全年安全生产指标实现；

（二）市场条件允许的情况下，实现焦炭生产设计能力92万吨/年、焦油29440吨/年、粗苯8005吨/年、硫铵6900吨/年。

（三）实现产销平衡，加大货款回收力度。

（四）铁路专用线实现年底通车。

（五）20万吨甲醇项目合作上马。

（六）交城煤矿完成项目审批手续，抓紧建设。

（七）完成临县吕家岭煤矿审批手续，融资到位，具备四通一平条件。

（八）11万千伏变电所完成审批，具备开工条件。

为全面完成2007年的各项工作任务，重点抓好以下几项工作：

一、狠抓安全生产，努力实现全年安全无事故

全公司上下要认真贯彻2007年安全1号文件，全面贯彻安全生产责任制，全面建设和推进安全生产质量标准化工作，强化安全重于泰山意识，强化安全是最大的幸福、最大的效益，是对职工最大的关心，坚决做到不安全不生产、不安全不操作、不安全不指挥。加强安全风险抵押的监督管理，加大安全绩效制度的考核，加大对违章的惩处，狠抓“三违”，要为2007年提产增效提供绝对的安全保障。

二、狠抓循环作业，确保完成产量任务

2007年焦化形势飞速变化，涨价趋势势不可挡。在连续调价的同时，给我们也带来丰厚的效益，所以我们全体公司干部员工一定要提高认识，紧跟形势，紧抓机遇，甩开膀子大干快上，增产增效增收，精心指挥、精心组织，统一广大干部员工的思想，焕发广大员工的干劲，瞄准全年92万吨总生产目标，保质保量完成任务。要充分调动每个人的积极性，充分利用计件审价提取工资的办法调节收入，谁完成任务谁拿钱，完不成任务少拿钱。今年产量任务92万吨，形势特殊变化例外，要有破釜沉舟、背水一战的决心和信心。

三、狠抓机电设备管理，确保设备正常运行

安全要保、产量要上，除了人的因素外，关键是设备的正常运行，今年要严格机电设备的考核运行，加大设备维护保养，要提前防范，提前检修，及时处理设备事故隐患，严格包机责任制，加大考核力度，同时要加强培训，特别是新分来的大学生，要下工夫学习，把理论和实践相结合，虚心向老同志学习，早日成为行家里手，切实解决我公司机电管理人才匮乏的局面，成为公司技术中坚力量。

四、狠抓原料煤的调运，确保生产用煤

2007年，由于宏观调控和煤炭关井力度加大，使煤炭特别是主焦煤更加紧张，价格上涨，供给量不足，调运紧张的矛盾更加突出，为此，原料部全体人员一定要按照全年计划，千方百计，想尽一切办法确保存煤。2006年为公司原料煤调运完成，原料部全体人员、车队人员作出了贡献。2007年要再接再励，主动工作，完成任务，绝对不能拉安全生产的后腿。

五、狠抓成本管理，使成本最低化运行

（一）努力降低原料煤采购成本。在确保各种原料煤质量的同时，多渠道、多手段选购低价原料煤。努力降低焦化原煤成本，加强运输管理、加强计量管理、加强煤场管理、加强安全管理、加强驻场管理、加强原料煤现场管理，努力将原料煤现场损耗降至最低。

（二）最大限度提高焦炭销售价格。在已签订合同的用户中，巩固重合同、守信用、商业素质高的大客户，逐渐淘汰一些不履行合同，易产生经济纠纷的小客户，同时畅通信息通道，开拓、培育、优化新的客户群体。并尽可能减少中间代理环节，达到厂对厂销售状态，以此来降低销售成本，提高销售价格。努力提高铁路运输量，确保兑现率。努力提高结算率，减少商务纠纷，提高回款率，实现效益增长。

（三）掌握科学合理配煤比例，努力降低焦化成本。根据不同用户对焦炭质量不同的需求，及时准确调整配煤方案，以此降低成本，节约原料煤用量。

（四）厉行节约，加强管理，努力降低水、电、气及材料配件的消耗。全公司上下要继续发扬艰苦奋斗、勤俭办企业的优良传统，从节约一滴水、一度电等小事做起，制定各项规章制度，严格管理，同时加强思想道德教育，提高全体员工的行为素质。

六、狠抓营销工作，确保产销平衡

2007年营销部要继续抓住市场好转的大好时机，开拓市场，占领市场，提高售价，提高回款，确保资金正常循环。同时要积极协调好太原铁路局各方的关系，确保装车计划兑现率，确保日装车兑现，并争取兑现率。营销工作是一个系统工程，工作的难度系数很高，望广大营销部的同志们再接再励，全面完成2007年营销任务，多拉快跑，回款及时，效益大增。

七、加强人本管理，调动广大员工的积极性

工作目标确定以后，人是决定性的因素，我们一定要高度重视广大员工中蕴藏的巨大工作热情，要充分保护好每个员工的积极性，要讲形势、讲任务、讲大局、讲目标、讲感情还必须讲奉献、讲效率、讲效益、讲收入。每个职工都是我们焦煤五麟公司不可缺少的一个螺丝钉。要关心职工、爱护职工，为职工提供良好、安全的工作环境，为职工提供优质的后勤服务，为职工提供很好的学习培训的环境。要把广大员工紧紧地团结在公司党政周围。苦干实干加油干，为公司增加效益，为职工提高收入。

八、强化党建工作，充分发挥党员干部的模范带头作用

毛泽东同志讲：任务目标确定以后，干部是决定性的因素。俗话说，火车跑的快，全凭车头带。只有落后的干部，没有落后的群众。干部是核心、是表率、是形象、是动力。全体党员干部一定要提高觉悟、提高认识，肩负起身上的使命，要模范带头、要以身作则、要敢打硬仗、敢于奉献、敢于负责。要牢固树立“岗位是职责”、责任重于泰山，要全身心投入到工作中去，不怕困难，克服困难，勇往直前，带领全体员工前进。全体干部要有必胜的信心，坚定的意志，带领职工打硬仗、渡难关。

九、加强廉政建设，自觉抵制不正之风

当前，党中央国务院始终把反腐倡廉工作放在我党生死存亡的重要地位来加以贯彻落实。党风廉政工作不仅是党和国家的重要工作，同时也是我们国有企业的重要工作。我们要认真贯彻各级党委关于党风廉政建设工作的指导精神，认真贯彻党风廉政建设责任制，把党风廉政建设工作和企业生产经营管理责任紧紧结合在一起，严于律已，自觉反腐倡廉，常修为官之道、常思贪欲之害、常怀律已之心，要管好自己、管好身边人和亲朋好友，自觉遵章守纪，主动接受监督。以良好的作风取信于广大职工。特别是班子成员，要认真学习杜复新董事长提出的“十要十不要”和西山党委工作会议上提出的十二种观念转变。要坚持学习，提高素质，坚持党性，培养道德。要自觉遵守制定的“八不准”。要自觉遵守各项管理制度，要自觉接受监督，配合监督，以实际行动取信于民。严肃查处说假话、办假事、欺上瞒下、阳奉阴违、作风漂浮，要大力倡导重实效、重表现、讲实话、办实事、出实招、求实效。为2007年完成各项工作目标创造良好氛围。

十、加强培训教育，创造良好的人才成长氛围

我公司刚刚成立，人才少，年轻人多，需要大量的合格的、具有政治觉悟的人才。为此我们要加强政治教育，充分利用入党、入团积极分子等手段，教育培养年轻人，使年轻人政治上先进、工作上先进、作风上过硬，成为高素质的人才。同时要加大对他们理论实践的培训教育，特别是我公司80%以上全是大中专毕业生，特别是那些本科院校毕业的大学生，刚出校门，一定要认真学习现场经验，把理论和实践相结合，使自已早日成为行家里手，成为技术中坚力量，同时要大力弘扬企业文化教育，大力开展精神文明创建活动，教育职工面对困难，勇于奉献；教育职工“热爱公司”，勇于奉献。要积极开展各种健康向上、形式多样的积极性文体活动，真正地把职工思想统一到工作上来，创造出一种“团结紧张、严肃活泼”和谐发展的良好氛围。

同志们，形势逼人，形势喜人，困难与机遇同在、挑战与希望并存。让我们紧紧围绕2007年奋斗目标，团结一致、埋头苦干、抓住机遇、增产增效、增效增收，为全面完成2007年各项奋斗目标努力工作！

借此机会，给广大员工拜一个早年，祝大家：

新春愉快、合家欢乐、团团圆圆、幸福美满！

在山西焦煤集团公司 2006年基本建设工作会上的发言

薛占儒

（2006年6月9日）

各位领导、同志们：

今天，我很高兴来到霍州参加山西焦煤集团公司召开的2006年基本建设工作会。根据通知要求，下面，我将西山煤电集团公司2005年基本建设完成情况、2006年的工作安排以及西山基建工作中存在的问题和建议作重点汇报。

一、2005年基本建设工作的简要回顾

2005年，西山煤电集团在山西焦煤集团正确领导下，认真贯彻落实年初职代会和工作会的精神，以重点工程建设为重点，以提高基本建设管理水平和施工企业经济效益为中心，在重点工程建设、包干建设管理、施工企业改革和开发社会市场等方面都取得了一定的成绩。

（一）固定资产投资完成工作量创历史最高水平，重点工程建设圆满完成。

2005年西山本部专用资金计划21.24亿元，古交电厂一期工程计划6亿元，热电综合利用电厂计划3亿元，五麟焦化工程计划0.8亿元，晋兴能源建设工程计划1.33亿元。2005年西山本部实际完成20.5亿元，古交电厂一期工程完成8.14亿元，热电综合利用电厂完成3.97亿元，五麟焦化工程计划0.8亿元，晋兴能源建设工程计划0.92亿元。上述投资中建安工作量实际完成15.57亿元，创历史最高水平。

各项重点工程建设任务圆满完成。2005年我们西山公司坚持生产与建设同步进行，克服了前期准备时间短、工期紧、投资压力大、质量要求高、周边村民干扰等困难，公司上下齐心协力，通力配合，使各项重点工程均达到了预期目标。各重点工程完成情况如下：

1. 续建工程项目

（1）白家庄矿八盘区开发：包建总值12537万元。2004年已完成2615万元，2005年计划工作量2213万元，实际完成投资2213万元。预计2007年7月全部竣工。

（2）杜儿坪矿井改扩建：2004年完成投资2400万元，2005年计划工作量7000万元，实际完成投资6064万元。预计2006年12月完工。

（3）东曲矿井改扩建：2004年已完成投资8854万元，2005年计划工作量2000万元，累计完成投资2213万元。预计2007年底完工。

（4）矿区热电联供工程：2004年已完成投资1500万元，2005年计划工作量10000万元，2005年完成投资8933万元，累计完成10433万元，预计到2006年9月项目全部完成。

（5）屯马铁路专用线自营工程：包建总值6668万元。2004年已完成投资3770万元，2005年完成投资2898万元。2005年已全部完工。

（6）水泥厂粉尘治理工程：2004年完成投资4754万元，2005年计划工作量5788万元，2005年完成投资5788万元，累计完成投资10542万元，预计2006年9月完工。

（7）古交电厂一期工程：2005年计划安排81000万元。工程由金信公司和山西省电建一、二公司共同施工，2005年已完工。

（8）热电综合利用电厂：2005年计划安排30000万元。工程由金信公司和山西省电建一公司共同施工，目前两台机组已投运。

2. 新建工程项目

（1）官地矿储装运系统改造：包建总值8930万元，工程由金信公司施工，截止2005年12月累计完成7290万元。

（2）官地矿选煤厂浮选系统改造：包建总值8021万元，工程由金信公司施工浮选系统、金城公司施工压滤系统，截止2005年12月累计完成6597万元，年底生产系统投入运行，2006年6月全部完工。

（3）斜沟矿改扩建及铁路建设项目：截止2005年底斜沟一矿开始试生产，正在办理相关手续；斜沟改扩建井规划已完成，环评正在编制，地质勘探已基本完成；铁路建设正在进行施工图设计和征地工作。

（4）五麟焦化项目：截止2005年底一期两台焦炉已投入生产，配套的临县吕家岭煤矿前期勘探结束，交城郑家庄煤矿筹备处已启动运行，正在做前期开工准备工作。

（二）实行包干建设管理成效显著。

通过对建设单位实行包干责任书管理，将责权利下放到各建设单位，充分调动了各建设单位的积极性，保证了项目建设的顺利实施，许多工程项目实现了当年开工当年竣工；通过实行包干建设，促使各建设单位对材料进货和工序交接严格把关，加强了过程管理，使工程质量明显提高，工程合格率达到100%，优良率也逐年上升，没有出现任何重大质量事故；通过实行包干建设，推行限额设计，过程中先行审查预算、招标定价，统一标准和程序，使发包价反映真实造价，保证了全年的计划资金与实际发生资金基本相符，简化了结算手续，提高了管理效率；通过实行包干建设，各施工单位为了适应新的施工要求，细化管理，优化工艺，堵塞漏洞，提高效率，力争降低成本，在工期履约、工程质量上也有了明显提高。

（三）基本建设管理工作进一步加强。

一是根据谁投资，谁管理，谁负责的原则，规范了建设单位发包行为，规范了建设工程发包管理；二是严格执行国家有关法律法规，进一步加强了建设工程招标投标管理；三是进一步加强了工程预算、合同和结算管理工作；四是严格矿区建筑市场准入制度，企业内部建筑市场秩序有所好转；五是加大了工程监理力度，对重点工程、住宅工程以及专业性较强的工程，均实行了监理制度，提高了工程质量。

（四）施工企业整体经济效益和运行质量稳步提高。

2005年庆恒集团公司所属各施工企业紧紧抓住煤炭市场形势好，工程任务饱满的有利时机，充分发挥大资质优势，主动出击，联合投标，在有效控制企业内部建筑市场的同时，也加大了社会市场开发的力度。2005年公司内部骨干施工企业累计完成施工产值近10.1亿元，其中社会工程产值2.47亿元。其中金信公司完成施工产值4.8亿元；金城公司完成施工产值约3.6亿元；庆恒集团公司完成施工产值1.7亿元。全年三个骨干施工企业安全、质量均无事故。

二、2006年的主要工作安排

2006年西山基建工作主要抓以下几方面：

（一）继续抓好重点工程建设。

2006年西山重点工程项目有：

1. 白家庄矿八盘区改扩建项目，2006年重点完成黄冶通风系统，2007年7月底竣工，满足白家庄矿生产正常接替。

2. 杜儿坪矿环节能力改造项目，北石沟风井、瓦斯抽放站、主扇风机建设安装、井下运输大巷升压技术改造以及水文孔施工要求2006年11月底完成。

3. 西铭矿选煤厂建设项目，今年年底完成主体工程建设。

4. 官地矿至太原第一热电厂煤电直通隧道建设项目，今年6月1日开工，2009年6月1日竣工。

5. 官地矿风峪沟滑坡治理项目，雨季前完成抗滑桩工程，8月底前完成建筑物加固，确保官地矿和白家庄矿的安全生产。

6. 矿区集中供热管网改造项目，高差大、压力大在全国属首例，8月底完成一期工程及杜儿坪矿的管网改造，10月15日投入试运行，到年底形成300万~350万平方米的供热面积。

7. 河龙湾110kV变电站项目，配套的35kV线路改造及变电站建设正积极与省电力公司的协调，力争下半年开工，年内完工。

8. 棚户区改造项目，确保年内开工建设20.99万平方米，主要包括白家庄矿五三街、五一东街、五一西街、官地矿五三街、432小区、433小区等，力争年底竣工10万平方米。

9. 杜儿坪矿铁路装车系统改造项目，年底要基本达到60节车皮的装卸能力，2007年5月1日竣工。

10. 西铭矿和东曲矿的矿井集中瓦斯抽放系统，确保年内完工。

11. 水泥厂粉尘治理项目，8月底各项配套工程全部完工。

12. 西山宾馆改造续建项目，6月底竣工，并投入商业运行。

13. 矸石电厂技术改造项目，正组织调研论证，争取尽快开工；由太选供第四热源厂的供煤系统，确保9月底前投入运行，以保证第四热源厂正常用煤需要。

14. 屯兰矿瓦斯综合治理项目，年底完成瓦斯抽放试验室的建设，开始在两个工作面安装钻机进行试验。

15. 西山热电新建配煤系统项目，力争2006年底竣工。

16. 汾阳焦化园区20万吨甲醇项目，正在科学调研和方案论证阶段。

17. 晋兴能源公司工程项目，100万吨的斜沟矿选煤厂改扩建，4月份开工，年底完工。150万吨的斜沟矿改扩建，2006年二季度开工，在2008年4月份完工。岢瓦铁路2006年开工，确保在2007年12月份完工。

还有马兰矿和东曲矿风井工程，采用国内唯一的反井联合法施工，2006年7月开工，2007年8月底竣工。

围绕重点工程主要抓以下几方面工作：一是继续加大各项重点工程的协调力度，坚持定期召开周监理、月协调例会，及时协调和处理工程中存在的问题。二是继续加大对重点工程的考核力度。在包干建设考核办法的基础上，开展"重点工程百日会战"活动，进一步加大奖惩力度。三是继续加强施工单位的现场管理和文明工地建设，以保证重点工程的工期、质量和安全。

(二)继续加大社会工程开发的力度。

2006年煤炭形势出现了下滑趋势，西山内部基本建设工作量在递减，为了庆恒集团公司所属施工企业的长远发展，我们成立了工程开发中心，大力开拓外部市场，开发了一系列工程。其中金信公司在今年4、5月份连续两次成功中标，分别是中国神华集团万利煤炭分公司年生产能力1000万吨的万利一矿储煤仓工程和中国最大的矿井、年生产能力2000万吨布尔台矿5个3万吨筒仓工程，两项工程造价总计约1亿元。庆恒矿建公司在神华包头矿区中标矿建工程，在内蒙伊泰集团中标一个矿建工程，目前施工队伍正在加紧施工。可以说，通过我们的不懈努力，历经艰难成功进军了中国神华内蒙建设市场，为西山建筑施工企业开辟外部市场掀开了崭新的一页。

(三)进一步加强施工企业安全文明施工管理。

重点要加强现场管理工作，整体推进安全文明工地建设，严格执行公司下发的《西山煤电集团公司建设工程安全文明施工管理考核办法》，定期培训教育，并组织管理人员向国内先进的施工企业学习管理经验和办法，逐步提高西山建筑施工企业的整体素质和企业形象。

三、目前西山基本建设工作存在的不足和问题

1. 基本建设与施工企业管理体制有待进一步理顺，基建各方面资源应当合理整合。

2. 西山内部各施工企业的管理、技术、装备力量与一流施工企业相比较还有差距，需要增加投入、储备，增强发展后劲，以提高竞争力。

3. 与煤炭主业相比，基建企业的收入与主业距离较大，人才后继不足，引进工作难度大，已严重影响发展后劲。

4. 建筑市场需进一步规范。目前公司内部施工单位大小计18个，其中三级资质的5个，有9个单位无资质。个体性质的队伍很多，大都以有资质大队伍的名义承揽工程，交少量管理费，但安全、质量无法保障，需要加以整顿，加强资质管理，实行准入制度。

四、对集团公司的建议

1. 建议集团公司内部工程优先集团内部施工企业施工，实施内部保护。

2. 对基建系统应在政策上给予一定的支持和倾斜，以提高基建队伍的装备水平和职工收入，使之能与煤炭主业同步发展，从而能够适应市场变化。

3. 希望集团公司支持发展相关建材项目，培育新的经济增长点，安置施工企业富余人员。

最后，我相信，西山基本建设工作在山西焦煤集团的领导下，认真贯彻落实焦煤基本建设工作会的精神，上下团结一致，锐意进取，一定会取得更大的进步，为焦煤集团的繁荣昌盛，为焦煤的建筑业发展壮大作出更大的贡献！

借此机会，向对西山建筑业发展关心和支持的焦煤集团公司的领导、兄弟单位的领导及基建系统的同志们表示衷心感谢！同时，希望各位领导和同志们为西山的基本建设工作多提宝贵意见和建议，并欢迎光临西山指导工作！

谢谢大家！

求实进取　开拓创新
不断开创安全生产工作新局面

——在2006年安全工作会议上的讲话

王玉宝

(2006年1月8日)

同志们：

在公司上下喜迎西山成立五十周年之际，今天，我们在官地矿这块风水宝地，召开集团公司2006年安全工作会议。这次会议的主要任务是，共同回顾2005年，全面安排部署2006的安全生产工作，进一步动员公司上下，以建设本质安全型矿井为目标，统一思想，坚定信心，齐心协力，确保安全生产健康稳步发展，不断开创安全生产工作的新局面。下面我讲四个部分。

第一部分　2005年四季度安全质量标准化检查情况

根据公司《安全质量标准化检查评比制度》的要求，2005年12月21日至29日，我们组织安监、生产、机电、通风、地测、调度、宣传、组干、工会、团委、职教等部门，对九个生产矿井进行了四季度安全质量标准化联合检查和安全培训检查；2005年12月15日至19日，组织对地面单位进行了安全质量标准化联合检查；现将三项检查情况讲评通报如下：

一、生产矿井安全质量标准化检查情况共检查采掘开队组102个。其中，采煤队32个，开掘队70个。查出各类隐患问题1070条，全部进行了"三定"。依照公司《安全监察处罚条例》，下达隐患整改通知书7个，停产通知书2个。从检查情况看，各单位围绕公司《关于强化下半年安全工作的安排》，大力开展"百日安全生产无事故"活动，以推广山东"七条经验"为契机，狠抓安全质量标准化建设，矿井面貌和管理水平较以前都有明显提高。通过与四季度专业小分队抽检综合评分，各单位最终得分和排名情况如下：

名次	单位	得分
第一名	马兰矿	949.66
第二名	杜儿坪矿	948.13
第三名	屯兰矿	946.80
第三名	西曲矿	946.80
第四名	官地矿	945.41
第五名	镇城底矿	938.86
第六名	西铭矿	938.45
第七名	东曲矿	932.34
第八名	白家庄矿	919.46

二、地面单位安全质量标准化检查情况地面单位由安监、生产、机电、电力、组干、宣传、工会、团委、职教、保卫等部门组成检查团，分别对生产现场、综合治理、交通消防等情况进行了全面检查，共检查了20个单位的车间、工地、库房等，查出各类隐患869条，全部进行了"三定"。从检查情况看，各单位严格按照《关于对地面单位进行安全整顿，坚决实现安全生产的决定》要求，分三个阶段进行了安全整顿，取得了明显效果。对各单位的检查评分排名结果如下：

A类单位：

名次	单位	得分
第一名	马兰矿选煤厂	955.6
第二名	西曲矿选煤厂	954.9
第三名	镇城底选煤厂	951.8
第四名	屯兰矿选煤厂	950.3
第五名	太原选煤厂	948.2
第五名	东曲矿选煤厂	948.2
第六名	官地矿选煤厂	937.5

B类单位：

名次	单位	得分
第一名	矸石电厂	958.5
第二名	机电总厂	948.0
第三名	金城公司	945.0
第四名	水泥厂	933.75
第五名	煤气化公司	931.9
第六名	金信公司	917.5
第七名	化工厂	909.5

C类单位：

多经局	949.5
物资供应公司	944.5
公用事业公司	941.8
职工总医院	934.2
教　委	924.0
古交矿区中心医院	922.0

三、安全培训检查和抽考情况根据《矿井全员安全培训检查评分标准》，由公司安监局牵头，组织职教、宣传、工会、团委等单位，对9个生产矿井四季度的安全培训情况进行了认真细致地检查，组织职工分别进行了初级工、中级工抽考，共抽考职工1121人，其中初级工693人，达到初级标准的638人，达标率92%；中级工428人，达到中级标准的342人，达标率80%。各单位检查评分排名结果如下：

第一名	白家庄矿	90.1分
第二名	杜儿坪矿	88.42分
第三名	屯兰矿	87.94分
第四名	马兰矿	87.29分
第五名	西曲矿	85.52分
第六名	官地矿	84.35分
第七名	西铭矿	81.89分
第八名	东曲矿	77.27分
第九名	镇城底矿	76.27分

第二部分　2005年安全生产工作回顾

过去的一年，我们在山西焦煤集团公司的正确领导下，以科学发展观统领全局，坚持“安全第一，预防为主”的方针和“管理、装备、培训”并重的原则；树立“以人为本、科技兴安、素质强安”的安全发展观，按照既定的工作思路，加大安全投入，深化“三项整治”，狠抓“双基”工作，着力建设高素质职工队伍。经过上上下下、方方面面的共同努力，全公司安全生产保持了健康平稳的发展态势，消灭了重大人身伤亡事故，煤炭生产百万吨死亡率为0.095。安全状况的健康平稳发展，促进了生产的稳步提高，公司全年共生产原煤3150万吨，完成计划的115.82%，总进尺23.37万米，完成计划的107.95%。回顾2005年安全生产工作，主要有以下特点：

一、不断强化责任法人制度建设，安全管理力度进一步加大

一是明确责任。年初，公司与9个生产矿井、25个地面单位和31个地面机关处室的主要领导签订了安全生产目标责任书，明确了考核内容和奖惩办法，建立健全了全方位横向到边、纵向到底的安全责任管理体系。各单位层层签订安全生产目标责任书，形成了一级抓一级，一级对一级负责的工作格局。

二是狠抓落实。我们把安全制度的落实作为加强安全管理的主要手段，每项工作、每项制度做到安排一项、落实一项，提高了工作质量和效果。坚持矿长安全办公会议和安监处长例会制度，解决了一批重大安全隐患。各单位严格落实“一下三抓”和“两下三抓”、干部跟班、强化安全管理的若干个必须等各项管理制度，确保了安全工作有安排、有布置、有总结、有效果。坚持长计划，短安排，针对上半年安全生产中存在的问题，制定了《关于强化下半年安全生产工作的安排》，开展了“百日安全无事故”活动；针对地面单位发生的几起未遂事故，及时召开会议，制定并严格落实《关于对地面单位进行安全整顿，坚决实现安全生产的决定》，增强了安全工作的时效性。

三是严格考核。实行安全问责和引咎辞职制度，对因管理不到位、失职渎职造成事故的干部，进行安全问责，严格按规定进行了处理。2005年对负有安全生产责任和事故责任的122名干部给予了行政处分。其中，行政撤职9人，降职1人，免职6人，诫免18人，行政记过35人，行政警告53人。因违反铁规，开除23人，开除留用31人。

二、不断强化安全生产专项整治，安全生产条件进一步完善

一是加大投入。我们树立“无论市场怎么变，安全投入的资金不能变；资金少，安全投入不能少”的思想，坚持“安全投入优先”和“应投尽投，应保必保”的原则，千方百计，筹措资金，确保安全生产投入。2005年，公司安措计划42568万元，完成41695万元，完成计划的97.95%。完成了屯兰矿、马兰矿主井皮带CST改造、东曲矿小砂岩主扇改造、白家庄矿南坑二号主扇改造、二号井主提升地面绞车电控系统改造和镇城底矿后期风井主扇安装等98项重大安措项目。

我们坚持依靠科技进步，努力提高装备水平。共投入资金1.86亿元，更新先进大功率设备560台；为东曲矿装备了西山第一套开采薄煤层成套设备；为杜儿坪矿行人斜井引进了国内煤炭系统最先进的索道技术；在白家庄矿成功安装并投入使用了全省第一个蹬空开采的综采工作面，结束了白家庄矿无综采的历史；为屯兰矿装备了大采高智能化综采设备；提高了矿井安全保障能力。

二是开展专项治理。针对矿井瓦斯、水、小煤窑开采是公司安全生产最大危险源的实际，今年以来，我们组织开展了"一通三防"、矿井防治水、小煤窑三个专项治理活动。

"一通三防"方面，制定了"一通三防"绩效考核处罚六十条规定，成立了以公司领导为组长、业务职能部门领导组成的九矿瓦斯治理督导组，针对各生产矿井存在的重大隐患，进行了全方位监督指导。突出瓦斯抽放，开展瓦斯治理，建立了官地矿、马兰矿地面瓦斯抽放系统；更新了屯兰矿、杜儿坪矿地面抽放系统设备设施，提高了瓦斯抽放率，全年工作面抽放纯量达到了4099.3万立方米，创历史最好水平。我们优化完善矿井通风系统，所有采区按规定设置了采区专用回风巷，高瓦斯矿井和低瓦斯矿井高瓦斯区采煤工作面都设置了瓦斯尾巷；加快杜儿坪矿北石沟进回风井、官地矿北石崖、东曲矿局家洼等风井建设和通风系统改造，提高了通风系统的稳定性和可靠性。我们坚持在监测系统的升级改造和功能开发上下工夫，西铭矿、官地矿、马兰矿、西曲矿开发使用了监测系统瓦斯超限自动报警、自动断电、故障闭锁、断馈电状态、监测报警等功能，提高了系统运行可靠性。我们加强综合防尘管理，推广使用了采煤机与清水加压泵、掘进机与除尘机联动技术以及光控、触控、红外线等自动喷雾装置；加强水质管理，提高采煤工作面注水效果，粉尘测点合格率达到了89.31%。公司有关部门组织对各矿开采煤层进行了煤层自燃发火倾向性摸底调查，在官地矿、西铭矿、屯兰矿、镇城底矿装备使用了CO传感器。加强火区管理，制定并落实防火预案，为矿井安全生产提供了有力的保障。

小煤窑治理方面，公司、矿成立了专职小煤矿监管机构，明确了有关单位和部门的监管职责，制定了考核办法。加强对矿区周边小煤矿巡视监控，与地方政府密切配合，坚决打击无证非法开采和越层越界开采行为。2005年，共炸毁私开矿133座，封堵私开矿124座，确保了矿业开采秩序。

矿井水防治方面，各单位健全完善了防治水措施，认真执行水文预测预报制度，坚持"有疑必探，先探后掘"的原则，杜绝了水害事故。

三是加强演练。各单位制定完善了《重大事故应急救援预案》，健全了应急救援体系，分区域、分专业、分系统有计划地进行了演练。特别是在杜儿坪矿组织进行了局部瓦斯爆炸事故应急救援模拟演练，规模大，参加人数多，演习逼真，收取到了良好的效果，为职工上了一堂很好的安全教育课。

四是进行了安全生产许可证变更工作。针对矿井扩能和环节技术能力改造实际，我们根据国家规定和要求，积极组织白家庄矿、杜儿坪矿、西铭矿、官地矿、西曲矿、镇城底矿、屯兰矿七个生产矿井，编写《安全专篇》，进行安全评价，接受了山西煤矿安全监察局太原分局现场验收。经过积极努力，除杜儿坪矿正在加紧进行验收外，其余六矿全部通过了验收，为安全生产许可变更创造了条件。

三、不断强化安全质量标准化建设，安全生产基础进一步稳固

一是健全体系。根据公司安全质量标准化检查评比制度和安全质量标准化检查评分标准的规定，各单位健全管理体系，制定达标规划、评分定级和奖惩管理办法，界定职责范围，严格执行区（车间）旬检讲评，矿（厂）旬检月验总评制度，坚持动态检查验收，严格考核。改善了现场作业环境，处理了一大批安全隐患。

二是开展竞赛。公司坚持季检查讲评制度，每季度分别对取得前三名的矿井、金牌专业、地面单位的前两名进行表彰奖励。各单位积极开展区队安全质量标准化竞赛，选树先进典型。从一条标准化巷道、一个标准化硐室做起，以点带面，稳步推进，提高了安全质量标准化管理水平。

三是推广经验。为使公司各生产矿井在安全质量标准化建设上有一个大的飞跃和"质"的变化，我们组织各单位赴山东兖州、枣庄等地参观学习，总结了山东"七条经验"，以完善本质安全型设施为宗旨，进行全面推广。公司在马兰矿召开了"安全质量标准化、安全管理明细化"现场会，把马兰矿作为安全质量标准化的先进典型进行参观学习，马兰矿宽阔明亮的井底车场、完善可靠的安全设施、整齐划一的变电峒室、无处不在的安全文化，使与会的参观人员充分体会到了"人改变环境、环境改变人"的深刻内涵，深受启发，从而在全公司掀起了一个大搞安全质量标准化、建设本质安全型矿井的新热潮。推动了安全质量标准化工作的不断向前发展。

四、不断强化安全管理明细化，安全管理水平进一步提高

一是量化标准。安全管理明细化作为公司近年来安全管理机制创新的一项重要举措。各单位不断摸索研究，坚持在操作性和适用性上做文章，结合本单位实际，细化量化各级各类人员的工作标准和考核办法，把每项工作细化、量化，明码标价到生产全过程。特别是西铭矿，他们以“井下明细化、地面精细化”为主线，在“明”和“细”两个字上做文章，拓展安全管理明细化的内涵，全方位推行明细化管理。根据全矿各工种岗位情况，制定各工种明细化考核标准及评分办法卡片，做到了人手一卡，让每一个职工明白自己岗位的标准及考核办法，事前知道自己应该怎样去干，事后清楚自己能挣多少分，做到了事事有标准、人人有责任，时时有管理，处处有考核。为公司安全明细化管理走出了一条非常好的管理模式。

二是完善机制。根据安全管理明细化的要求，我们建立了矿(厂)考核区(车间)以上干部、区(车间)考核班队级干部、队考核职工的三级考核排名讲评机制。在干部安全管理明细化考核方面，以安全绩效、“两下三抓”、质量标准化等为主要内容逐日考核评分，逐月排名排队，把考核结果与安全风险抵押奖励挂钩；在职工安全管理明细化考核方面，以职工出勤、劳动纪律、标准化作业、安全生产等为主要内容逐日考核评分，逐月排名排队讲评，把考核结果与职工安全质量结构工资挂钩。对排名靠前的干部职工进行表彰奖励，对排名靠后的进行处罚和帮教。极大地调动了干部职工的安全生产积极性，实现了安全质量管理从重结果到重过程的转变。

五、不断强化安全素质工程建设，安全自律意识进一步增强

一是加强宣传。以《西山安全文化建设》为指导，制定了安全宣传教育计划及管理办法，充分利用广播、电视、报纸、板报、安全文艺表演等载体和形式，开展了一系列安全宣传教育活动。杜儿坪矿开展了“三查四反三整顿”活动；马兰矿开展了“百名干部与千名职工结对子促安全”活动；东曲矿开展了以“查思想、反松懈，查措施、反三违，查隐患、反事故”

为主要内容的“三查三反”活动等等。这些活动的开展，营造了浓郁的安全生产氛围，使广大职工在潜移默化中受到了教育，提高了自律意识。

二是开展培训。从提高职工安全素质出发，制定了《关于全员安全培训目标和考核办法》，完善了职工安全培训等级达标标准，狠抓特殊工种作业人员安全培训，严格执行持证上岗制度。公司全年计划培训12725人，实际培训20356人，完成计划的159.96%。以落实“每日一题、每周一课、每月一考试”为中心，规范授课、抽考、月考、达标考试等环节，保证了学习效果。各矿共组织业余培训20179人，全部达到了初级标准。其中，中级工达标10193人，高级工达标3339人。

三是大搞比武。举办了西山2005年职工技能大赛，根据生产工作实际，组织对25个工种进行了技术比武；组织参加了山西焦煤集团公司第三届职工技能运动会，取得了8个第一，5个第二，7个第三的好成绩；承办了“西山煤电”杯全国煤炭行业技能大赛，以3个第一、2个第二、3个第三，荣获团体总分第一名。通过比武竞赛，涌现出了一大批技术操作能手和岗位尖子人才，为安全生产提供了有力支撑。

六、不断强化安全监督检查，安全制度落实进一步严细

一是加强队伍自身建设。针对安监、通风部门在安全监督检查中存在的问题，进行队伍、思想、作风、素质整顿。矿党政一把手亲自组织组干、纪检等部门，组成强有力的整顿工作组，进驻安监处和通风科，建立和完善各项管理制度，严格按照规定要求，配备安监员和瓦检员，树立安监员和瓦检员生产现场安全监督把关的绝对权威。通过整顿，提高了安监、通风队伍的整体素质和管理水平。

二是加强“三员两长”的管理考核。各单位把“三员两长”作为强化现场安全管理，控制过程、规范职工行为的切入点，严格执行“三员两长”循环制约、相互监督制度，实行双重抵押，加大“三员两长”考核力度，选树典型进行重奖，大大激发了“三员两长”的荣誉感、事业心和责任感。今天，我们表彰的90名优秀“三员两长”，就是“三员两长”的好典型，他们认真负责，善于管理，为实现公司安全生产做出了突出贡献。

三是加强了安全奖罚考核。严格执行安全绩效考核奖罚制度、安全风险抵押制度、安全质量结构工资制度和事故分析追究处理制度，把安全业绩、安全行为等与本人安全奖励挂钩，实行重奖重罚，调动了干部职工的安全生产积极性。2005年，公司共使用安全奖励12862.4万元，“三违”和事故责任罚款1491.4万元，使用安全质量结构工资13273.5万元，安全质量结构工资扣罚367.2万元。

我们在安全生产上能够取得好的成绩，是山西焦煤集团公司党政正确领导、大力支持的结果，是公司上下齐心协力、顽强拼搏、共同努力的结果。借此机会，我向今天在座的各位领导，并通过你们向奋战在各条战线上，为公司安全生产作出突出贡献的广大干部职工和家属表示衷心的感谢，并致以崇高的敬意！

第三部分 存在的问题

在肯定成绩的同时，我们必须清醒地认识到存在的问题和差距，在安全生产上我们还没有绝对把握，零打碎敲的事故还时有发生，特别是官地矿瓦斯着火事故、河龙湾儿童公园爆炸事故、煤气化公司储气柜着火事故、屯兰矿选煤厂皮带着火事故等，这些事故的发生，性质严重，影响恶劣，教训深刻，暴露了我们的一些基层单位在安全管理工作上的漏洞，这些漏洞和问题具体反映在以下几个方面：

一是个别干部在安全认识上有差距。具体表现在：当安全和生产发生矛盾时，不能正确处理安全和生产的关系，重生产，轻安全，该整改的问题不能及时整改，该停产处理时停不下来，没有真正做到不安全不生产。

在安全管理过程中，有安排无落实，只安排不落实，安全工作只是停留在口头上，管理不到位。

安全管理制度在执行和落实过程中，不能做到持之以恒，考核不严；在一些问题的处理上，措施不力，手腕不硬，把关不严。

二是在装备设施上有差距。个别单位生产设备老化、备品备件缺乏，安全设施不完善，制约了安全生产。

三是职工素质有差距。随着农民轮换工、合同工、临时工的增多，职工队伍结构发生了变化，一些职工存在雇佣思想和短视行为，文化素质较差，安全教育培训任务加大；一些技术含量高的作业岗位和高性能的设备，缺乏高技术人才。

四是受利益驱动的影响，一些小煤窑窑主非法开采，屡屡出现越层越界开采、与大矿打透、私挖滥采等行为，我们的个别领导对此缺乏主动预防意识，矿业开采秩序的维护难度增大。

针对上述存在的问题，各级领导必须保持清醒的头脑，充分认识新形势下安全生产工作的长期性、艰巨性和复杂性，增强责任感、使命感和紧迫感。我想，只要我们发挥优势，上下一心，认认真真，扑下身子，常抓不懈，把各项工作做深、做细、做实，就一定能够确保我们西山煤电集团公司的安全生产。

第四部分 2006年安全生产工作安排

关于今年的安全生产工作，公司党政经过层层调查研究，制定下发了1号文件《严抓细管，狠抓落实，全面加强安全生产工作的决定》。围绕1号文件在2006年的安全管理上，我们应从以下几个方面入手。

一、坚定不移地抓好干部作风建设，推进安全管理制度化

干部作风是安全管理工作的晴雨表。干部作风正，安全有保证；干部作风虚，安全出问题。因此，必须把狠抓干部作风转变，加强干部作风建设，作为强化安全管理的重要手段，明确职责，落实责任。

一是要提高对安全工作的认识。各级领导必须明确，搞好安全生产是加强党的执政能力建设，保持共产党员先进性的具体体现，是建设和谐西山，维护西山改革发展稳定大局的必然要求。牢记岗位就是责任，责任重于泰山，树立“对安全工作的认识有多高，安全工作就能做多好”的观念，真正做到：主要领导把主要时间、主要精力、集中主要人力、物力、财力抓好安全这项主要工作。坚决做到凡是上级有关安全生产方面的规定要求，都必须不折不扣地执行；凡是安全与生产发生矛盾时，都必须坚决果断地为安全让步；凡是“安全第一”思想认识淡薄、安全政绩不好的干部，都不能提拔重用。要发扬求真务实的作风。坚持一切从实际出发，少搞一些形式的、虚假的东西。把工作的重点放到基层、放到井下，严格执行“一下三抓”和“两下三抓”、干部跟班、带班下井、强化干部管理的若干个必须等各项管理制度，及时解决基层和生产现场中存在的安全生产挡手问题；坚持所有的制度都是钢性的，不因人而异，因事而变，对安全管理工作敢于来实的，动真的，碰硬的。坚持抓落实，把工作重点放在对过程的检查、管理和控制上，时刻掌握管辖范围内安全生产的重点、难点、薄弱点，采取针对性措施，超前防范。各矿要按照《干部带班下井管理制度》规定，制定本单位的具体管理办法，各级干部要认真完成下井次数和带班次数，提高下井质量；公司领导、机关处室下井必须到安监局调度签到，并要填写下井信息卡，及时反馈下井检查到的隐患问题，公司将把下井天数纳入安全绩效考核。随后薛董事长、车书记将和各单位的主要领导签订安全生产目标责任书，责任书就是今年的安全生产军令状，就是要给各级领导上发条、压担子，落实责任，传递压力。希望各级领导一定要始终保持清醒的头脑，认清自己的责任。层层抓落实，层层传递压力，形成“安全工作、人人有责”的格局。

公司将继续实行重大隐患、事故责任追究制度。对因管理不到位造成隐患和事故的领导，都要严格进行安全问责，对负有主要责任的领导干部，无论贡献有多大、资格有多老、职位有多高，都必须一视同仁，严格按规定进行处理。

二、坚定不移地抓好安全环境建设，推进专项整治规范化

矿井瓦斯、矿井水害、周边小煤矿非法开采始终是威胁矿井安全的最大隐患。开展安全专项整治，解决了这个问题，我们的安全生产条件就会大大改善，因此，各级领导必须把“三项整治”作为防止重大事故，确保矿井安全生产的根本措施，常抓不懈。

在“一通三防”上，要从源头上对瓦斯进行治理。认真执行“加强管理、先抽后采、监测监控、以风定产”的方针，坚持“一通三防”突出瓦斯治理，瓦斯治理突出瓦斯抽放。一是在工作面的安排布置上，必须首先考虑矿井通风，确保风量满足，严禁因工作面布置不合理造成局部风量不足，每个工作面、每个采区、班、日都不能超通风能力生产；严格执行工作面设计必须经过通风部门审批的规定，通风系统不合理、风量不能保证，严禁生产；二是高瓦斯工作面必须坚持“应抽尽抽、先抽后采、不抽不采”的原则，工作面设计、施工、投产前，必须对瓦斯涌出情况进行测定，制定采掘抽计划；同时要加强管理，提高瓦斯抽放率，从根本上解决瓦斯超限问题；三是高瓦斯区高瓦斯工作面必须坚持送尾巷，确保工作面开采过程中能有效地冲淡瓦斯。四是要加强重点环节的管理，特别是工作面初采、过构造带和地质条件复杂的作业地点，必须加强瓦斯检查，确保监测监控仪表的灵敏可靠；五是必须严格执行综合防尘各项管理制度，加强防尘设施的日常管理、维护和使用，继续推广采煤机与加压泵联动、掘进机与除尘风机联锁、使用水质过滤器、自动喷雾等措施，强化采煤机、掘进机内外喷雾的使用，强化煤层柱水管理，提高综合防尘效果，降低粉尘浓度。

六是要加强火区和自燃发火煤层开采的监测监控，重点地区必须安装CO监控探头，发现异常，必须及时汇报，查明原因，采取措施，进行处理，建立自燃发火预测预报制度，加强火区监测技术和防灭火技术研究，确保防灭火设施齐全有效。在小煤窑治理上，各级小煤矿监管机构必须认真履行好自己的职责，全天候巡视监控。

一是要摸清底子，搞清楚矿区井田范围内小煤窑的开采情况，是否对大矿安全构成了威胁；

二是及时查处小煤矿越层越界非法开采行为，一旦发现，与地方政府联系，坚决予以制止；

三是对无证非法开采的小煤窑，要及时汇报地方政府，坚决予以炸毁封堵；

四是加强内部管理，杜绝企业员工向周边小煤窑提供测量、技术服务、兼职周边小煤窑工作等里勾外联的行为。一旦发现，从严从重处理，决不姑息迁就。

在矿井水害整治上，必须坚持“有疑必探，先探后掘”的原则，严格执行水文预测预报制度，工作面过老空、老窑和上层积水带必须有专门的探放水措施。有关部门要积极配合，加快带压开采矿井防水闸门的安装进度，加强导水构造的地质勘探，坚决杜绝水害事故。

三、坚定不移地抓好安全基础建设，推进安全质量标准化

安全质量标准化作为安全生产的基础工作，在安全生产中起着十分重要的作用。近几年来，我们坚持不懈地抓基础上装备，大力开展安全质量标准化建设，已经积累了深厚的基础。但是，要想使这项工作有新发展，再上新台阶，必须有新思路、新方法。去年，我们通过到山东参观学习，我一直在思考，他们的制度措施没有我们多，条件有的也不如我们好，但为什么人家搞的那么好。我觉得一是在于落实，说了算，定了干；二是在于创新，在井下处处都体现了设备设施的创新。因此，2006年，各单位必须以推广山东“七条经验”为契机，全面贯彻落实公司在马兰矿召开的“安全质量标准化、安全管理明细化”现场会精神，下大力气、下大决心，全力抓好安全质量标准化工作。

一是要不折不扣的严格执行国家标准和公司标准。把标准落实到每个生产环节和作业岗位，严格专业和工作面的评分定级，坚持拉尺上线、班验收、班评估等好做法，抓好基础质量管理。实施精品工程，选树高标准的安全质量标准化样板，召开现场会，进行推广交流。详细制定年度和月度安全质量标准化达标规划，根据矿井安全生产实际，保持月月都有新亮点，循序渐进，稳步提高。

二是大力开展安全质量标准化创新活动。根据公司3号文件和《关于开展安全质量标准化创新项目竞赛考核办法》的要求，各单位要制定本单位的竞赛办法，层层落实创新指标，进行全员发动，成立矿项目创新领导机构，制定奖励办法，组织开展好安全质量创新活动，改善安全生产作业环境，推进安全质量标准化上档次、上台阶，实现本质安全。

三是全力推进安全质量标准化推广项目的应用和巩固。一季度各矿全面推广应用山东“七条经验”，各矿在十条推广项目方面应至少每项有一处推广使用，公司将对各矿创新项目进行考核验收评比，确定有推广价值的创新项目，在各生产矿井进行推广。每季度在巩固前一季度推广项目成果的基础上，适用地点全部推广安装使用。对公司上一季度确定的推广新项目，每矿应至少每项使用一处。做到循环滚动、递次推进，季季推广交流新的创新项目，力争在年底使公司安全质量标准化水平整体有一个大的提升和飞跃。

四是地面单位要以加强岗位作业标准化、完善安全设施、搞好文明生产为主要内容，切实抓好安全质量标准化工作。

四、坚定不移地抓好安全机制建设，推进安全管理明细化

安全管理明细化作为公司近年来安全管理机制创新的一项主要内容，主要是把安全工作细化、量化，进行评分排名排队讲评，把竞争机制引入到安全管理中来，规范和控制人的行为，提高全员安全生产的积极性。通过推广实施，已经取得了很好的效果。下一步，一是要在提高机制运行质量和效果上下工夫，像西铭矿那样，把每个人、每项工作切实纳入到体系中，不断细化标准、完善标准，使标准更加贴合实际、更具操作性。二是要加强安全管理明细化机制运行监督体系的考核，增强各级考核管理人员的工作责任心，特别是在职工明细化管理的评分考核上，要严格执行作业现场评分制度，做到公开、公正、公平。利用现代科技手段，实行微机网络化管理，逐日将考核评分结果输入电脑，实现公开透明。

三是要提高讲评质量，班后召开讲评会，把安全管理明细化排名排队及考核评分情况作为班前会的一项内容，认真进行讲评，做到日事日毕，把干部安全管理明细化排名排队及考核评分情况作为每月干部大会的一项内容，进行讲评通报。并把考核结果与其收入直接挂钩；四是地面单位要向生产矿井那样，健全和完善明细化管理机制，提高运行质量和效果。真正实现在安全生产过程中干多干少不一样、干好干坏不一样、按标准干和不按标准干不一样，体现安全是最大的效益。

五、坚定不移地抓好基层队伍建设，推进现场管理严细化

基层是安全生产工作的落脚点，所有的制度法规都必须通过基层去组织和落实。因此，必须坚持一级抓一级，一级对一级负责，加强基层队伍建设，从严要求，严格管理。

在此明确，公司是安全生产工作的督导主体。主要是制定落实安全生产的方针政策，监督检查各单位的贯彻落实情况，对安全管理工作进行监督指导。矿井是安全生产工作的管理主体。主要根据上级和公司安全生产工作的有关规定和要求，制定本单位的管理实施办法，针对不同阶段安全工作情况和特点，制定针对性措施并组织实施。区队是安全生产工作的落实主体，主要认真贯彻落实上级有关规定、标准、指示和要求，切实把各项规定落实到每个岗位、每个人，做到水流到头。

要坚持安全工作重心下移到区队，安全管理防线前移到班组，安全生产行为自移到个人。积极开展区队安全质量挂金牌竞赛，以矿（厂）为单位，以安全绩效、质量标准化、干部“一下三抓”、安全培训等为主要内容，制定考核办法，逐月进行评分排队，好的挂金牌，差的挂黄牌，奖先罚后。开展班组安全流动杯竞赛，以区（车间）为单位，以班前排查、“三违”人数、安全状况、“三员两长”上岗、抽考培训情况等为主要内容，制定考核办法，逐月进行评分排队，颁发安全流动杯，予以重奖。开展本质安全职工竞赛，根据安全管理明细化考核结果，制定评比办法，逐月评出全矿本质安全职工，进行表彰奖励，提高职工安全工作的荣誉感。

要加强重点环节的安全管理。围绕顶板、运输、机电等重点环节，结合本单位生产现场实际，制定并严格落实有针对性的安全生产措施，规范职工作业行为。

六、坚定不移地抓好安全文化建设，推进教育培训经常化

企业安全文化是安全管理的高层次阶段，是提高企业安全管理水平，建设现代化企业的必然趋势和要求。各级领导必须高度重视企业安全文化建设在安全生产管理中的地位和作用，以《西山安全文化建设》为指导，大力建设有自身特色的企业安全文化，向职工灌输企业的安全理念，促使职工把安全理念作为自己的行动指南，把企业的管理制度内化为自我行动，潜移默化的影响职工，引导职工。

要注重人性化教育。一方面，坚持党政工团齐抓共管，充分利用日益发展的各种媒体和文化场所，开展健康有益、积极向上、为群众喜闻乐见的安全宣传教育活动，把规章制度转化为群众喜闻乐见的语言来规范群众，吸引群众广泛参与，在参与中受教育，提高自律意识，养成良好的作业习惯；另一方面，要认真进行"三违"分析和分类，针对性地开展安全思想教育，使职工充分认识违章的危害，消除思想情绪，轻松上岗。

要大力开展全员安全培训。认真执行"每日一题、每周一课、每月一考试"的学习制度，我们开展全员安全培训，就是首先要求所有井下职工全部达到初级标准，把安全生产的"短木板"补起来，整体提升安全素质，因此，各单位一定要采取措施，健全完善自上而下、逐级负责的全员安全培训包保体系，根据职工文化水平和知识结构的不同，进行分类学习和指导。加强文盲职工的学习，坚持一对一帮，手把手教，制定专门的学习、考试和考核办法，提高其安全素质。在学习内容上，要增强针对性，加强岗位安全知识的学习和培训。确保所有人员达到初级标准，部分职工达到中、高级标准，形成梯次发展。

加强脱产培训。重点是新工人、持证上岗和转岗职工培训，新工人招工必须有安监、职教部门联合进行文化测试，不合格不得进矿；培训考试不及格不准上岗。特殊工种人员必须满足安全生产实际需要，严格按照上级有关规定执行，做到持证上岗。

认真抓好现场培训。充分发挥各级领导在安全培训工作中的作用，继续实行抽考卡现场培训，每月根据队组工作情况，以岗位操作知识和作业标准为重点，编写职工安全应知应会知识抽考卡，抽考情况与职工经济收入挂钩。

在抓好安全教育培训的同时，要把全员安全培训与职工技能鉴定、技术比武等活动结合起来，增强安全培训的实效性，培养技术尖子和操作能手，提高职工的操作技术技能，着力建设高素质职工队伍。

七、坚定不移地抓好监察队伍建设，推进安全监督法制化

安全监督检查是加强安全生产管理工作的重要手段，必须加强队伍自身建设，坚持依法从严治企，做到有法必依，执法必严，违法必究。

要继续开展以队伍、思想、作风、素质为内容的整顿，按照专人专面要求，配齐配足安监员和瓦检员，强化内部量化考核。严格执行各级安全质量大检查制度，不定期组织各种形式的安全督查小分队，采取不打招呼、不定班次、不定时间的办法，进行动态突击抽查，查处不安全隐患和"三违"。健全完善《事故隐患排查制度》，严格事故隐患的搜集、认定、排查、治理、复查等程序，定期召开隐患排查例会，落实隐患处理的项目、资金、时间、责任人、解决办法等，及时排查事故危险源。要坚持求真务实、统一标准、从严从细、公正公平的原则。

在安全奖励方面，实行台阶式滚动奖励政策，对安全生产无事故单位的个人，进行滚动式奖励。严格执行安全绩效和安全风险抵押制度，加大对关键岗位、环节人员的抵押力度，细化、量化考核标准，进行明细化考核排名，把考核结果与安全奖励挂钩；要严格执行井下60%、地面40%的安全质量结构工资制度，加强安全质量结构工资的日常考核，把单位的安全质量结构工资与生产作业地点的安全质量情况、培训情况等挂钩，把个人的安全质量结构工资与明细化考核、学习考试情况等挂钩，加强对过程和个人行为的考核。

对发生的各类事故，必须严格按照《事故分析追究处理制度》进行追查处理，既要查清直接原因，又要查清间接原因和深层次原因，既要查清主要责任人，又要查清连带责任人；对发生第一起事故的单位和事故多发单位，加重处罚。

八、切实抓好春节期间的安全生产工作

春节期间，干部事务繁忙，职工思想活跃，各级领导务必把主要精力放在安全工作上，减少会议，减少应酬，精心组织，周密安排，确保职工家属度过一个安乐、祥和、喜庆的春节。

一是要加强劳动组织纪律。节日期间，各级领导要尽量避免外出，切实把主要精力集中到抓安全生产上。各级干部要坚持24小时值班，坚守工作岗位，不得擅离职守。严格逐级请假审批制度，所有生产作业地点，必须有区队领导现场跟班指挥，井下发生安全问题，无论八小时以内还是八小时以外，相关领导必须及时到场到位，盯住处理。

二是加强春节期间的"一通三防"工作。要特别注意春季井下瓦斯涌出变化异常的情况，加强瓦斯监测监控，制定相应的技术措施和防范措施，确保通风系统、通风设施安全可靠。

三是加强"五管"要害部门的管理。"五管"要害部门的人员,必须坚守岗位,不得擅离职守。各单位值班领导,必须对这些场所进行不定时、不定期查岗,确保矿井安全。

四是加强火工品管理。严格执行火工品领退制度,相关领导、有关部门要加强火药库和火工品领退的检查,严防火工品丢失。

五是加强地面交通、消防安全工作。严禁酒后驾车、违章驾驶等行为;做好大型文娱活动和公众聚集场所的安全防范工作,制定大型活动事故应急救援预案;加强矿区地面治安巡逻,确保矿区安全。

六是全面贯彻落实各级党政工团一号文件精神。各单位要组织职工认真学习,明确目标,统一思想,提高认识,围绕一号文件逐级制定安全生产规划和措施,狠抓落实。特别是今天会议下发的有关文件,有关部门必须严格按照文件的规定要求,对口落实。

同志们,我们的目标已经确定。让我们瞄准目标,以对党和人民高度负责的精神,切实把安全作为自己的首要职责,发扬求真务实的作风,严抓细管,真抓实干,扎实工作,为实现集团公司安全生产的根本好转做出新的更大的贡献。

构建惩治和预防腐败体系 为建设和谐西山提供坚强的政治保证

——在西山煤电2006年党委工作会议上的党风廉政建设工作报告

徐俊明

(2006年1月18日)

同志们:

我受公司党委的委托,向会议作党风廉政建设工作报告。

第一部分 2005年党风廉政建设工作的简要回顾

2005年,公司各级党政和纪检监察部门认真学习贯彻党的十六届三中、四中、五中全会和中纪委四次、五次全会精神,全面落实公司党委工作会和党风廉政建设工作会议的各项工作部署,不断加大工作力度,党风廉政建设和反腐倡廉工作取得了明显成效。

一、加强领导,齐抓共管,党风廉政建设的整体合力不断增强

公司党政十分重视党风廉政建设和反腐倡廉工作,在高度重视生产安全的同时,高度重视各级干部的政治安全。公司主要领导逢大会必讲党风廉政建设和反腐倡廉工作,并多次在干部大会上郑重承诺,带头执行廉洁自律各项规定,接受大家监督,在广大干部中引起了积极反响。公司下发党政2号文件并召开党风廉政建设工作会议,明确工作任务,提出具体要求,规范各级干部的廉洁从业行为。制定出台了加强党风廉政建设的"68条"规定,促进了各项工作质量的提高。调整充实了纪检监察干部队伍,让基层单位纪委书记同时担任了党委副书记,责任意识不断强化,工作力度进一步加大。坚持把党风廉政建设作为法律责任目标纳入到责任法人综合目标考核体系,使党风廉政建设工作得到有力推进。认真落实党风廉政建设责任制,党风廉政建设的整体合力不断增强。

二、深化教育,入脑入心,领导干部廉洁自律意识不断强化

我们以促使领导干部廉洁勤政为目标,大力加强了廉政教育。注重大宣教格局的构建,在加强纪检监察部门党风廉政宣传教育的同时,注重发挥了组织、宣传、工会、广电中心、报社等部门在党风廉政宣传教育中的作用,收到良好的效果;把廉政教育与保持共产党员先进性教育有机结合,组织了两场预防职务犯罪专题报告会,各单位也举行了警示教育,召开了专题民主生活会,取得了明显成效;改进教育活动方式,丰富教育内容,组织领导干部到监狱听服刑人员讲自身忏悔，进行了新提处级干部的任职廉政谈话和脱产培训，召开了不同岗位干部参加的党风廉政建设座谈会，处科级干部签订了廉洁从业承诺书和家庭廉政公约，召开了党风廉政建设理论研讨会，开展了选树廉政典型、征集廉政格言、两个《纲要》知识答题、廉政板报展览、节日发廉政短信等活动，增强了廉政教育的吸引力和实效性，做到了廉政教育入脑入心、进班组、进家庭，各级领导干部的廉洁自律意识不断强化。

三、完善制度，狠抓落实，领导干部的从业行为不断规范

我们坚持实行重大事项集体决策制度，建立健全了必要的管理制度，逐步形成了靠制度管人管事的有效机制；狠抓了重大节日期间的党风廉政建设，有效遏制了节日不正之风；制定出台了《关于治理克扣职工工资奖金问题实行区队工作经费包干制的暂行办法》，从源头上纠正了损害职工利益的不正之风；狠抓了“68条”规定的落实工作，领导干部的从业行为不断规范。

四、强化监督，严查案件，预防和惩治腐败的力度不断加大

我们加大了对重点工程招投标和大宗物资、设备、药品采购工作的监管力度，对于规范管理程序、堵塞管理漏洞起到了积极作用；坚持每季度对公路地销煤工作进行督查，使地销煤工作更加规范；坚持开展对“小金库”的清查工作，取得明显成效；清理了领导干部投资入股煤矿和参与小煤矿生产经营活动的问题；清理规范了领导干部工作调动从原单位带车的问题；按照省里“三项治理”领导组的统一安排，清房工作完成阶段性任务，经上级清房领导组验收合格，进一步规范了干部的住房管理工作；加强了对干部考评任用、技校招生、责任法人制检查考核、基层单位民主生活会等工作的监督检查，及时制止大操大办、为子女大办12岁生日的行为，进一步纠正了不正之风。我们重视案件查处工作，做到有举报必问，有线索必查，有问题必处。2005年，全公司纪检监察部门共接待群众来信来访123件，初核违纪线索72件，立案查处违纪案件28件，处分违纪人员174人，组织处理5人。其中，公司纪委直接初核违纪线索13件，协助检察机关核实案件线索4件。通过查办案件，共为企业挽回经济损失207215元。同时，加大了责任追究力度，公司对7·21儿童公园爆炸案和屯兰矿选煤厂皮带失火等事故有关责任人进行了责任追究。

五、查堵漏洞，监管有力，效能监察的组织实施不断取得明显成效

2005年，全公司28个监察项目共完成监察成果4199.6万元，其中增收241.5万元，节支2087.5万元，避免经济损失406.9万元；减少资金占用1463.7万元。提出监察建议49条，现场整改45次，建章立制83项，查堵漏洞29个，发现违规问题进行责任追究5起，发现违纪问题转立案查处2件，堵塞了许多管理漏洞，提高了经济效益。

在看到成绩的同时，也要清醒地看到我们工作中还存在许多问题和不足。主要是：一些单位和部门在执行财务管理制度上不严格，甚至出了问题；个别领导干部工作责任心不强，造成了责任事故的发生；一些单位领导干部怕得罪人，执纪偏宽偏软，查处案件的力度还需要进一步加大；一些单位成本工程随意性大，管理不规范，甚至存在问题；公司对参、控股单位党风廉政建设的督促检查缺乏力度，对外派干部监督不够，向参、控股单位和重点工程派驻纪检监察干部的工作还未得到落实。

这些问题必须引起我们的高度重视，在今年的工作中认真加以解决。

第二部分　2006年党风廉政建设的主要工作任务

2006年公司党风廉政建设工作的指导思想是：以邓小平理论和“三个代表”重要思想为指导，认真贯彻十六届五中全会和中纪委六次全会精神，全面落实《实施纲要》和公司“68条”规定，强化责任，狠抓落实，积极构建惩治和预防腐败体系，全面加强党风廉政建设，为建设和谐西山提供坚强的政治保证。

今年要重点抓好以下六个方面的工作：

一、加大廉政文化建设力度，营造崇廉尚洁氛围

要重视廉政文化建设。各级党政要把廉政文化建设提高到关心、保护各级领导干部政治生命安全的高度去认识，切实加强领导，完善大宣教格局，做到年初有计划安排，年中有检查督促，年底有考核奖罚，逐步形成具有西山特色的廉政文化体系。

要丰富廉政文化内容。廉政文化要进领导办公室、会议室，在领导干部的周围要时刻有廉政警示；廉政文化要进区队（车间），在工作环境中要张贴廉政标语、挂图，设立廉政专栏，形成浓厚的廉政文化氛围；廉政文化要进社区，充分发挥离退休人员的作用，组织开展廉政文艺活动，营造社区廉政文化氛围；廉政文化要进家庭，通过开展夫妻廉政互保、召开座谈会、看警示片等活动，提醒家属要常吹枕边廉洁风，子女要常嘱亲人永做廉洁人，用家庭的温暖、关怀、爱心、亲情，感化领导干部时刻保持廉洁自律。

要创新廉政文化形式。闭路电视要开设“廉政之声”专题，《西山煤电》报要开辟“廉政之窗”专栏，各单位要积极宣传报道本单位的廉政文化建设工作。加强警示教育，定期举办报告会、培训班，开展廉政谈话、廉政承诺、廉政座谈、廉政研讨、廉政演讲、廉政演出、现身说法等活动，通过多种形式促进领导干部廉洁自律。

要建立廉政文化机制。各单位要将廉政文化建设作为制度坚持下来，建立廉政文化建设长效机制，要有长远规划，分阶段、分步骤组织实施。

二、加大制度落实力度，形成“无缝链条”管理

要不断完善制度。各单位要对照公司“68条”的各项规定，针对现有制度不健全、有缺陷、相抵触的情况，对现行已经过时的制度及时废止，对有明显缺陷的制度及时修订完善，对需要细化的制度尽快制定实施细则。

要加大制度落实力度。各单位、各部门一定要认真履行职责，严格工作程序，切实抓好制度落实工作。公司和二级单位都要成立由纪检监察部门牵头，党政办、组织、宣传、企管、财务、审计、法律顾问等部门组成的制度落实督查组，有针对性地对制度落实情况进行经常性的督查。对制度落实不到位的单位和部门要进行通报批评，情节严重的要按领导干部问责制进行责任追究。

三、加大监督制约力度，管住滥用权力之人

要突出监督重点。就是要突出对领导干部特别是“一把手”和掌管人、财、物人员的监督。特别是要抓好对乱设“小金库”、违规销售煤炭产品、克扣工人工资奖金、干部经商办企业等方面的监督。

要全方位监督。各级党组织要将每个党员置于组织的有效监督之下，不允许有不过组织生活、不参加党内活动的特殊党员；纪检监察部门要积极介入重点环节、重点部位和敏感问题，进行全过程跟踪监督；组干部门要加强对干部的日常管理和考察监督；职工群众要积极参与监督；新闻媒体要敢于进行舆论监督。各监督主体要协同配合，形成合力，从不同侧面对干部进行全方位监督。

要全时空监督。要在加强对领导干部八小时之内监督的同时，充分发挥配偶、子女等家庭成员和秘书、司机等身边工作人员的监督作用，加强对领导干部八小时之外的监督。

四、加大案件查处力度，维护企业和职工利益

要扩大线索来源。各级纪检监察部门在责任事故调查时、在工作检查中和效能监察工作中要注意发现案件线索；审计部门在审计过程中发现问题后要及时汇报。

要明确查处重点。重点查处工程招投标、物资采购、煤炭产品营销过程中暗箱操作损害企业利益的案件；个人擅自决定重大事项，给企业造成严重损失的案件；违反财务管理制度，违规设立“小金库”的案件；在工程建设、设备采购中失职、渎职，造成质量出现问题的案件；克扣、截留工人工资奖金等损害职工群众切身利益的案件。

要强化办案手段。进一步加大自查、协查和交叉办案力度，合理配置力量，强化组织协调职能，确保案件及时查处。

要注重惩防并举。做到查办一个案子，制定一个措施，完善一项制度，教育一片干部，有效预防和减少各类违法违纪行为。

要认真纠正不正之风。狠刹“攀比风”，严禁各单位相互攀比，无计划超计划装修、超标准购车、大规模庆典、超标准接待等；要制止不符合客观实际的“政绩工程”、“形象工程”。狠刹吃、拿、卡、要风，机关各部门要加强管理和教育，基层单位要坚决抵制和敢于举报。狠刹大操大办风，严禁各级领导干部在婚丧嫁娶、子女12岁生日、乔迁、祝寿时大操大办，借机敛财。对于违反者，要严格按照有关文件的规定严肃处理。

五、加大效能监察力度，提高企业管理水平

要加强组织领导。不断完善效能监察的组织机构、职能定位、职责权限等基本制度，逐步将效能监察有机融入企业管理的一体化程序中。

要明确监察重点。效能监察工作要紧紧围绕企业中心工作开展，加强对权力部门的监督监控；加强对执行公司各项决定、规章制度的监督检查；加强对重大项目、重点工程、物资采购供应等工作事前、事中、事后的监督检查；加强对各类招投标的监督管理。

要深化督导检查。着手制定效能监察组织协调管理办法，建立效能监察人员列席专业会议制度、部门工作联系例会制度、重大情况互相通报制度、现场整改督察和联合审计询问制度等，更加扎实和深入地开展效能监察工作。

六、加大责任追究力度，提高干部工作质量

要不断深化责任法人制度。加大对干部履行岗位责任的考核力度，增强各级干部和管理人员的责任心，促进干部勤政廉政。

要认真落实党风廉政建设责任制。把党风廉政建设责任与企业生产经营管理各项责任一起落实，在党风廉政建设方面出现问题，要依据有关规定追究领导责任，运用经济处罚、组织处理和纪律处分等手段，维护责任制的严肃性。

要严格执行领导干部问责制。加大对干部工作不作为、乱作为和不会作为的责任追究，对群众意见大、反映多，经有关部门调查核实，认为没有认真履行职责、在管理上有漏洞或工作上有失误，造成经济损失、人员死亡或不良社会影响的管理人员，要根据责任大小、损失多少、社会影响程度等具体情况给予问责谈话、诫勉、调离、免职、撤职等组织处理。

同志们，西山已走过了50年的光辉历程，西山的改革发展正处在历史的关键时期，大力加强党风廉政建设具有十分重要的意义，我们的工作任重而道远。各级党政组织和纪检监察部门一定要认真负责，扎实工作，不断取得党风廉政建设的新成效，为西山的快速协调持续发展和和谐矿区建设提供坚强的政治保证。

加强组织建设　完善维权机制　提高工作质量　团结动员广大职工为建设新型能源大集团建功立业

——在西山煤电集团公司工会六届十三次全委(扩大)会议上的工作报告

刘志安

(2006年3月16日)

各位委员，同志们：

这次全委会的主要任务是，深入学习贯彻党的十六届四中、五中全会精神，按照全总十四届执委会第三次会议、山西省总工会第十一次代表大会的要求和西山煤电集团公司党委会、职代会、工作会的部署，回顾总结2005年的工会工作，研究确定今年的主要任务。

下面，我受西山煤电集团公司工会常委会委托，向会议作工作报告，请予审议。

第一部分　二〇〇五年工作简要回顾

2005年是西山全面贯彻科学发展观，深化改革、加快发展的一年，也是西山工会创新发展的一年。一年来，西山工会按照上级工会和西山党政部署，坚持“组织起来、切实维权”的工作方针，正确把握工会工作在构建“和谐西山”中的科学定位，紧紧抓住庆祝西山成立50周年这一契机，团结奉献，求实进取，总体工作呈现出与时俱进的良好势头。

一、组织引导，积极参与，群众性经济技术工作有作为

一年来，各级工会组织紧紧围绕企业改革发展大局，充分调动广大职工的积极性和创造性，组织竞赛促生产，提高素质创效益，推选劳模树典型，开展了一系列群众性经济技术创新活动。

一是组织开展劳动竞赛和合理化建议活动。采取长线竞赛和短线竞赛相结合、综合竞赛与单项竞赛相结合的方法组织“三创”立功竞赛活动，在全西山范围内开展了征集“建设节约型企业”的合理化建议活动，推动了企业生产经营的健康快速发展。二是积极开展“素质工程”建设。出台了《关于进一步深化职工“素质工程”建设的指导意见》，明确了深化“素质工程”建设的总体思路、工作目标和具体措施。在组织西山职工技能大赛的基础上，选拔出优秀选手参加了山西焦煤第三届职工技能运动会，取得了优异成绩。承办和参加了“西山煤电杯”全国煤炭行业职业技能大赛5个工种比赛，西山参赛的17名选手，获得3个状元(综掘机司机、锚喷工、浮选工)、2个第二、3个第三和团体第一的好成绩，提高了西山在全国煤炭行业的知名度。去年，西山被授予山西省"素质工程建设示范单位"称号。三是协同劳资、职教等部门积极推进赛鉴一体化进程,努力做好职工职业技能鉴定考核颁证工作,全年共有297人晋升为初级工,524人晋升为中级工,43人晋升为高级工,79人晋升为技师,为职工技术成才拓展了渠道。四是有效开展了"创争"活动和诚信文明示范岗活动,西山被国家十部委组成的"创争"活动领导组评为"全国学习型组织先进单位"。五是弘扬劳模精神,加强劳模管理。编写了《奉献者之歌》一书,收录了2001年以来32名劳模的感人事迹,为广大职工树立了学习的榜样。制定了《劳动模范奖励办法》,加大了劳模奖励力度。举办了劳模培训班,对劳模进行了有针对性的培训教育,为劳模全面发展、保持先进性起到了良好的促进作用。

二、以人为本,多管齐下,群众安全工作有突破

促进安全生产是工会组织围绕中心、服务大局、促进发展的最佳切入点,也是履行基本职责的首要任务。一年来,我们以"安康杯"竞赛活动为载体,狠抓了群众安全工作。

一是召开了深化"安康杯"竞赛动员暨全国煤矿安全群众监督员颁证大会,对深化"安康杯"竞赛活动进行安排部署,为全总特聘的首批100名煤矿安全群众监督员颁发了证书。二是制定下发了《关于进一步加强群众安全工作的规定》,明确了三级群监组织、女工协管网络、煤矿安全群众监督员的职责和权利,提高了群监网员和女工协管员的津贴待遇。三是开展优胜井口接待站和优秀群监网员评比活动,奖励了工作突出的集体和个人,促进了群监网员作用的发挥。四是组队参加了全国"安康杯"职工安全卫生消防知识竞赛,获得全国团体排名第三和个人赛特等奖第二、第三名的好成绩,给全国所有参赛代表队留下了深刻印象。五是完善了女工协管安全工作机制,开展了"安全五好家庭"创建活动和"争当好矿嫂"竞赛活动,组织了安全文艺巡回演出,显示了女职工在推动安全生产中的重要作用。

去年,西山第六次荣获"全国'安康杯'竞赛优胜企业"称号并获得全国"五一劳动奖状",同时被确定为全国首批推行煤矿安全监督员工作的两个试点单位之一。

三、服务职工,实事实办,"温暖工程"建设有硕果

从履行维护职责出发,我们大力开展困难职工帮扶工作,不断引深"温暖工程"建设,为构建"和谐西山"凝聚了同心同德的群众力量。

一是构筑全方位帮扶困难职工的平台,成立困难职工帮扶中心。建立健全了各项规章制度,确立了帮困助学、医疗救助、生活救助、职业介绍、技能培训、法律援助和信访接待等帮扶内容及方式,使帮扶工作更加正规化、制度化和科学化。帮扶中心成立半年来,共接待来访90余人次。二是新设了困难职工再就业周转基金、困难职工法律援助基金、职工安康互助保险和职工重大疾病医疗互助基金,拓宽了救助渠道。一年来,各项基金共救助各类困难职工339.23万元,有效地解决了贫困职工的生活困难。三是"一助一、献爱心"帮扶活动成效显著。工会干部经常性地深入困难户家庭帮思想、帮技能、帮信息、帮就学、帮就医、帮就业,取得了很大成效,340户帮扶对子中有近200户摆脱了贫困。召开"一助一、献爱心"帮扶活动表彰会,表彰了白家庄矿工会等8个先进集体、周解和等10名个人标兵和50名先进个人,推动了这项活动的持续发展。四是积极开展职工疗(休)养和节日慰问工作。在党政的大力支持下,恢复了职工疗(休)养制度,先后组织1200余名职工、劳模外出观光休养,增进了职工的身心健康。坚持开展重大节日走访慰问送温暖活动,全年共发放慰问金和慰问品金额合计880余万元,慰问24000余人次,把党的关怀和企业的温暖送到了千家万户。

西山帮扶工作的做法和成效得到社会各界的普遍关注和一致认可,"人民网"、《山西日报》、《山西工人报》等媒体多次予以了宣传报道。

四、抓住机遇,推陈出新,群众文体工作水平有提高

以西山成立50周年系列庆祝活动为抓手,一方面加强了以"爱我西山"为主题的职工思想教育,大力弘扬了企业文化;另一方面努力扩大企业对外的宣传力度,树立了西山的现代化企业新形象。

一是积极组织开展"西山辉煌五十年"系列庆祝活动。活动从去年年初开始到今年元旦结束,分"激情西山"、"走进西山"、"青春西山"、"先锋西山"、"情系西山"、"科技西山"、"和谐西山" 几个阶段有序展开,同时还组织了西山50年成就展、职工文艺会演,承办了山西焦煤集团公司成立四周年暨古交电厂一期工程竣工投产庆祝大会演出等,得到了上级领导和各级党政的高度评价,赢得了广大职工群众及社会各界的广泛赞誉。其中"同一首歌"走进西山,"心连心"艺术团情系西山,不仅带来了党中央、国务院对煤矿工人的关怀，更向全国人民展示了西山的精神风貌和建设成就。二是群众文化活动精彩纷呈。春节元宵节期间的10台大戏、焰火晚会以及街头文艺表演，各具特色，热闹非凡，丰富了职工群众的文化生活。举办职工乒乓球比赛、书画摄影交流与研讨会，宣传了企业文化、陶冶了群众情操、凝聚了职工力量。参加中国煤矿体协第十七届“乌金杯”男子篮球赛并获得第四名的好成绩，参加了全国煤炭系统第三届煤矿艺术节、省总“五一”文艺晚会演出，组织文工团赴中国矿大慰问演出，进一步显示了西山群众文体工作的水平和文体队伍的实力，对打造西山群众文体工作品牌起到了促进作用。

五、互利双赢，构建和谐，协调劳动关系有成效

一年来，各级工会组织树立着眼于长远、立足于发展的维护观，积极推动互利共赢、和谐稳定的新型劳动关系的建立，为进一步构建“和谐西山”提供了有力保障。

一是加强职代会工作，健全民主管理机制。加大职代会专门工作委员会工作力度，就劳动保护及井下一线职工班中餐存在的问题进行巡视检查，完善了职代会工作督查机制。对职工代表提案进行分类整理、审议解决、及时反馈，畅通了职工表达意愿的渠道。组织开展了职代会民主评议干部工作，对433名矿处级领导干部进行民主评议，并召开职代会2005年民主评议干部大会，严格有关程序，对西山领导班子及成员进行民主评议，促进了民主管理工作的制度化和规范化。二是以“两个维护”为己任，依法调处劳动争议。对劳动争议调解人员进行培训，夯实了劳动争议调解工作的基础。热情接待群众的来信来访，做到了事事有着落，件件有结果。积极发挥两级调解委员会和基层调解小组的作用，对劳动争议案件分类指导、共同化解，实现了变被动为主动、变上访为下访工作机制的根本性转变。一年来共接待职工群众来信来访385件，受理劳动争议案件38起，均按照程序及有关规定进行了妥善调处。西山劳动争议调解委员会被全总等四部委授予了“全国先进劳动争议调解组织”称号。

六、注重管理，争创一流，工会自身建设有进展

一年来，各级工会组织努力加强自身建设，全面履行工作职责，提高了工会服务构建“和谐西山”的能力和水平。

一是工会组织建设得到加强。在各级工会组织中广泛开展模范职工之家建设评选活动，对模范(先进)职工之家、模范职工小家、优秀工会干部、优秀工会积极分子进行了表彰。指导五麟公司、晋兴公司、西山热电、兴能公司等单位建立工会并开展工作，加强了新经济组织中工会组织的建设。二是工会干部队伍建设得到加强。开展了“创建学习型工会、争做知识型干部”活动，积极组织工会干部外出学习和自办培训班进行培训，提高了工会干部的自身素质。全面开展保持共产党员先进性教育活动，加强了工会干部的思想作风建设。三是工会各项基础管理工作得到加强。修订完善了绩效考核等规章制度，工会财务工作、经审工作和直属厂点经营管理工作都有了较好发展。

总之，一年来工会工作取得了很大成绩，许多工作实现了新的突破。这些成绩的取得，得益于各级党委的正确领导和行政的大力支持，得益于各级工会组织、广大工会干部和职工群众的共同努力。在此，我代表西山工会向各级党政表示衷心的感谢，向广大工会干部和职工群众表示亲切的问候和崇高的敬意！

在肯定成绩的同时，我们也应该清醒地看到工作中还存在的差距和不足，主要表现在：职工维权意识增强与工会维权手段不多的矛盾还比较突出，维权实效与职工的要求还有不少差距；部分基层工会还缺乏活力，发挥作用不明显；个别单位工会工作力量减弱，工作出现滑坡；一些工作虽然有创新、有亮点，但离品牌的要求还有一定的距离等等，这些都需要在以后的工作中进一步加以解决。

第二部分　二〇〇六年工作思路和主要任务

2006年是西山在经历了半个世纪艰苦创业、实现辉煌发展的基础上，保持良好发展态势、向新的奋斗目标迈进的第一年。今年的职代会、工作会通过了西山2006—2020年总体发展规划，提出要“经过十五年的努力，将西山煤电集团公司建设成为主业突出、核心竞争力强、极具持续发展能力的现代化大型能源企业”的发展战略目标。这对于各级工会团结动员广大职工为企业改革发展和“三个文明”建设建功立业，赋予了新的历史使命，提供了更加广阔的舞台。全总《关于走中国特色社会主义工会发展道路的决议》，为工会工作指明了前进的方向，提出了新的更高的要求。面对社会转型、企业转制的新形势，以及经济关系、劳动关系错综复杂，社会利益矛盾不断增多的新情况，各级工会协调劳动关系、维护职工合法权益、推动构建“和谐西山”的责任更大、任务更艰巨。

面对新形势新任务，2006 年工会工作的总体要求是：**以邓小平理论和“三个代表”重要思想为指导，认真贯彻党的十六届五中全会、全总十四届三次执委会和西山党委工作会、职代会、工作会精神，全面贯彻落实科学发展观，落实“组织起来、切实维权”的工作方针，围绕企业中心工作，按照“重点工作求突破、全面工作创一流、各项工作走在全省前列”的要求，推进工会整体工作创新发展，团结动员广大职工为构建“和谐西山”、建设新型能源大集团建功立业。**

贯彻落实这一总体要求，必须坚持“发展为先、职工为本、创新为魂、基层为重”的理念。各级工会要坚持以科学发展观统领工会工作，围绕中心、找准定位、发挥优势，把工会工作放到发展大局中去认识、把握和运作，努力创造服从服务于发展大局的工作机制、活动载体和和服务方式；要坚持落实全心全意依靠职工办企业的根本方针，努力推动“把落实依靠方针体现在政治安排、权益维护和舆论宣传上”，始终把职工欢迎不欢迎、满意不满意、受益没受益作为工会工作的出发点和检验工作效果的唯一标准；要坚持与时俱进，开拓创新，研究新情况，解决新问题，化解新矛盾，实现新突破，展示新作为；要坚持重心下移，切实转变作风，深入基层、了解基层、服务基层，把工作的立足点放在基层，贴近职工群众，使工会组织真正成为“职工之家”。

贯彻落实这一总体要求，今年的工作重点是做好“五大体系”建设：

一、以“素质工程”为支撑，大力推进服务体系建设，团结动员广大职工为实现总体发展战略建功立业

今年是至 2020 年总体发展战略的开局之年，也是落实“685533”战略目标的关键之年。各级工会要紧紧围绕实现发展战略和“质量管理年”的各项任务，凝聚职工力量，提高职工素质，发掘职工潜能，激励广大职工爱岗敬业、努力工作，开拓创新、献计出力，为推动企业增强自主创新能力、促进经济增长方式转变、加强质量管理、发展循环经济、实现安全生产发挥积极作用。

（一）扎实开展劳动竞赛活动。各级工会要围绕薛董事长在职代会、工作会上提出的“八个提高质量”和重点工程项目，主动与相关部门配合，组织广大职工扎实开展劳动竞赛活动。一是按照坚持科学发展观、全面加强质量管理的要求，组织好综合性劳动竞赛活动。二是围绕加强基础设施建设，推进重大项目进展的要求，组织好重点工程、重点队组、星级员工的立功竞赛活动。三是围绕发挥“半边天”作用，开展女职工“岗位建功”双文明立功竞赛活动，并不断提升竞赛活动的质量和效果。

（二）积极实施群众性经济技术创新工程。各级工会要拓展思路、发挥优势，围绕提高质量、降低成本、创新技术、增加效益，广泛开展技术攻关、技术改造和技术革新等创新活动，制定出台《职工技术创新成果奖励条例》，面向基层，发掘成果，全面开展创新示范岗、创新能手、创新成果“三创新”竞赛活动，使我们的职工队伍成为企业的创新主体。对重大建议革新项目，发挥技协组织骨干作用，组织技协会员和能工巧匠进行技术攻关，大力推广节能降耗、环境保护、安全生产、循环发展等方面的先进技术，促进职工科技成果及时转化。进一步开展“导师带徒”活动，搞好传、帮、带，以老带新，以新促老，培养造就更多的“能工巧匠”、“操作能手”、“名师高徒”、“技术标兵”和“技术工种带头人”。

（三）引深职工“素质工程”建设。实施职工“素质工程”建设，全面提高职工队伍综合能力，是促进广大职工在西山全面协调可持续发展中充分发挥主力军作用的重要保证和必然要求。各级工会要按照《关于进一步深化职工“素质工程”建设的指导意见》的要求，努力搭建多层次、多形式的学习平台，不断提高广大职工的综合素质，不断增强职工的学习能力、创新能力、竞争能力、创业能力，把广大职工的智慧和力量进一步凝聚到实现“685533”战略目标上来。一是要拓展“素质工程”建设范围，提高职工的思想道德素质。根据形势任务的需要，紧密结合职工群众的思想实际，开展以“爱我西山”为主题的理想信念教育、职业道德建设和家庭文化建设活动，进一步培养广大职工的高尚情操，推动良好职业道德和职业风尚的形成，促进和谐矿区建设。二是要加强职工学习机制建设，提高职工的科学文化素质。最大限度地调动职工参与“创建学习型组织，争做知识型职工”活动的积极性，建立全员学习、全程学习、团队学习和工作学习化、学习工作化的良性机制，针对不同职业、不同层面职工群体的特点，创新群众性学习活动载体。三是要推进“学、练、比、推”活动，提高职工的职业技能素质。按照

《西山职工技能大赛管理办法》，从组织机构、组织实施、报名程序、表彰奖励等方面，进一步规范、完善职工技能大赛活动程序、内容和方式，使之更符合西山建设发展的需要，符合职工群众的需要，进一步打造西山职工技能大赛的品牌。组织好2006年职工技能大赛，配合有关部门抓好技能鉴定工作，实现技术培训、技能大赛、技能鉴定一体化运作。努力造就一支具有娴熟的岗位操作能力、高超的技术创新能力的人才队伍，为企业快速发展提供坚实的技术人才支撑。四是对提高农民工素质工作进行调研，加强对农民工的专业技能培训和"爱矿山、做主人"教育。

（四）努力推进群众安全监督机制建设。安全生产事关西山改革发展与和谐稳定大局，责任重于泰山。各级工会要牢固树立"以人为本"、"安全为天"的理念，不断深化群众性安全生产活动。一是深化"安康杯"竞赛活动。把"安康杯"竞赛作为对所有单位、区队、班组的考核标准，真正深入到一线、落实到现场，通过竞赛进一步调动广大一线职工参与企业安全生产管理的积极性，提高企业的本质安全水平。承办好"西山煤电杯"全国职工安全知识演讲大赛，参与组织演讲团在全国范围内巡回演讲，显扬西山"安康工程"的品牌效应。二是发挥好特聘煤矿安全群众监督员的作用。制定下发《煤矿安全群众监督员管理办法》，确定试点单位，足额配齐煤矿安全群众监督员，建立奖罚机制，规范工作程序。举办煤矿安全群众监督员培训班，解决他们不敢监督、不愿监督、不会监督的问题，提高他们现场监督、保障安全生产的能力。三是加大群监安全工作的力度。落实西山《关于进一步加强群众安全工作的规定》，促进群众监督网全方位构建和群监网员有效发挥作用。四是继续发挥女工家属协管安全的作用。不断引深"安全五好家庭"的创建活动，用亲情筑牢安全生产的第二道防线。积极开展"安全五好家庭"和"好矿嫂"评选活动，充分调动广大女职工家属协管安全的积极性。五是不断创新安全宣传教育形式，组织开展"安康杯"安全生产普法知识竞赛活动，把企业的安全理念、安全价值观辐射到广大职工的思想中。

（五）用劳模的时代领跑精神激励职工。以劳模宣传月为契机，通过各种宣传媒介，采取"劳模访谈"、"劳模风采展示"、座谈会等多种形式，广泛宣传劳模的创造精神、先进思想和模范事迹，在广大职工中掀起学习劳动模范、争当先进职工的热潮。做好全国"五一劳动奖章"的推荐申报工作。同时，根据西山《劳动模范奖励办法》，落实劳模在晋升工资、荣誉金、养老保险金、医疗金以及疗(休)养、体检、转制等方面的待遇。制定出台《劳动模范管理办法》，同时成立劳模协会，教育、引导劳模始终站在时代前列，继续发扬爱岗敬业、甘于奉献的时代精神，以实际行动影响和带动广大职工为企业改革发展多作贡献。

二、以完善维权机制为重点，大力推进维权体系建设，切实维护职工合法权益

维权机制建设是进一步将"组织起来、切实维权"工作方针落到实处的保障，是维护社会安定、构建"和谐西山"的重要渠道。今年我们要认真落实《中华全国总工会关于加强协调劳动关系、切实维护职工合法权益、推动构建社会主义和谐社会的决定》，围绕劳动关系的建立、运行、监督和调处等环节，强化维权职能，拓宽维权渠道，完善维权方式，增强维权实效，努力构建"党委统一领导、行政重视支持、工会牵头运作、各方配合联动、职工有序参与"的维权格局，建立规范有序、公正合理、互利共赢、和谐稳定的新型企业劳动关系，促进企业全面健康快速发展。

（一）努力推进以平等协商、集体合同制度为基本手段的劳动关系协调机制建设。平等协商和集体合同制度是维护职工经济利益、协调劳动关系的基础。今年，要认真贯彻实施新修订的《集体合同规定》，特别是把建立平等协商机制作为完善集体合同制度的重要内容，实现企业平等协商制度化、规范化。要通过党委、行政、工会三方联动，增强平等协商的针对性，加大对平等协商的监督力度，确保平等协商机制正常运作并取得实效。在今年西山煤电集团公司签订集体合同的基础上，各单位特别是新经济组织也要用好平等协商这个稳定劳动关系的制衡器，积极要求与行政平等协商签订集体合同或修订实施细则，理顺劳动关系，规范双方行为，促进劳动关系双方的交流理解，实现互利双赢。

（二）努力推进以职工代表大会制度为基本形式的民主管理机制建设。坚持和规范职代会制度，增强民主管理工作的有效性，是维权机制建设的一项根本任务。要进一步落实职代会职权，坚持把企业的重大决策和重大经营方案及职工关心的热点、焦点问题和企业改革发展中的疑点、难点提交职代会讨论审议，鼓励职工以主人翁的责任感对企业的持续稳定发展建言献策，使职代会真正成为职工关心企业的论坛；要进一步把好提案落实关，及时对职代会提案进行梳理和归类，送达相关部门(单位)落实，使职代会真正成为职工商讨企业发展大计的阵地；要进一步发挥职代会专门工作委员会的作用，坚持对一线职工的生产生活福利情况进行监督检查，做好情况反馈和督促解决工作，使职代会真正成为维护职工切身利益的平台；要进一步发挥职代会民主评议干部的作用，坚持对各级领导干部进行民主评议，使职代会真正成为爱护监督干部、密切干群关系的桥梁。要针对性地加强对职工代表的培训，提高职工代表的参政议政能力。协同有关部门引深企务公开和"阳光工程"，结合实际完善工作规范和操作规程，建立健全工作责任制和责任追究制。

（三）努力推进以劳动争议预警、调解、监督为重点的劳动争议预防调处机制建设。积极和正确调处劳动争议是建设和谐企业、构建和谐社会的基本保证。一是要认真研究企业改革改制过程中涉及职工利益的各种问题，提高劳动合同履行质量，增强劳动关系自主协调能力，尽量从源头上遏制职工劳动争议事件的发生。二是要进一步加强社会预警指标研究，发挥工会信访和职工维权热线的作用，畅通信息渠道，加强协调配合，健全劳动争议信息收集、分析、评估制度，做好劳动争议预测、预报、预防工作。三是要逐步完善三级劳动争议调解组织网络，特别是要充分发挥基层劳动争议调解委员会和调解小组的作用，增强基层调解工作的权威和效力，提高调解工作的质量和水平，力争把劳动争议和群体性事件解决在基层和萌芽状态。四是要教育引导职工以合法形式和正常程序表达利益要求，在依法维护自身利益的同时自觉维护企业的整体利益。

（四）努力推进以树立品牌为目标的女职工特殊权益维护机制建设。要积极寻找工作载体，突出女性特色，力求工作创新，全面履行维护职能，打造女职工工作品牌。一是继续推进"阳光关爱"行动。建立维权网络，发挥维权热线和维权顾问、维权监督员的作用，为女职工提供"阳光关爱"服务。二是继续开展女职工健康保健知识教育，不断提高"女职工特病保险"的投保比例。三是突出维护女职工的发展权益。不断加强女职工组织建设，积极开展女职工"双推"工作，发挥好女干部协会作用，为女职工参与企业管理创造良好的条件。积极开展女职工"素质工程"建设，有效提高女职工技术技能和创新创业能力，充分发挥女职工在企业改革发展中的积极作用。

三、以困难职工帮扶中心为阵地，大力推进帮扶体系建设，进一步推动"和谐西山"的建设进程

保障困难职工基本生活是坚持公平正义的具体体现，是构建"和谐西山"的基本要求。各级工会要紧紧围绕突出"以人为本"、构建"和谐西山"这个主旋律，进一步引深"温暖工程"建设，完善帮扶救助体系，加大帮扶工作力度，形成帮扶长效工作机制。

（一）充分发挥困难职工帮扶中心的平台作用。一是要建立健全三级帮扶网络体系。在去年成立西山困难职工帮扶中心的基础上，进一步向二级单位和基层单位延伸，建立困难职工帮扶站和帮扶点。帮扶中心(站、点)要完善困难职工档案，加强制度建设，创新帮扶载体，整合内外部资源，建立一体化的帮扶救助机制，逐步建立规范的帮扶制度、科学的救助程序、快捷的工作机制、亲情化的服务方式、高素质的帮扶队伍和内外畅通、上下联动的工会帮扶网络。二是要把"十大救助基金"全面纳入帮扶中心整体工作中，把"十大救助基金"作为帮扶中心工作的主要抓手，公正公平，规范使用，为困难职工提供及时到位的帮助。同时要聚集各方力量，不断拓宽渠道，加大帮扶资金筹措力度，除行政支持和工会经费提取外，要积极向社会各界募集，不断壮大困难职工帮扶网络的实力。三是进一步加大低保工作力度。积极与街道办和相关行政部门联系，反映情况，提供资料，争取能让符合低保条件的困难职工尽量享受低保政策，并保证低保金的按时领取。四是试点推行特困证制度。特困证制度是特困户能够凭借特困证进一步在就医、就学、节日慰问、日常生活等方面享受更加优惠条件的一种制度。在与各相关处室、单位协调沟通达成协议的基础上，选择1~2个单位试点，向被确认为特困户的职工发放特困证，让他们享受比贫困户幅度更大、范围更广、效果更明显的优惠政策，进一步体现企业对他们的特殊关爱。

（二）深化"一助一、献爱心"帮扶活动。始终不渝地继续开展工会干部"一助一、献爱心"帮扶活动，并不断丰富结对帮扶的内容和形式。要及时总结经验，推广典型，上半年召开"一助一、献爱心"帮扶活动经验交流会，认真总结帮扶活动经验，巩固深化帮扶工作成果，大力表彰先进单位和先进个人，进一步引深这项活动。努力推动处级以上领导干部与困难职工"一助一、献爱心"结对帮扶工作，使更多困难职工走出贫困。推进领导干部结对帮扶工作向制度化、规范化、经常化方向发展。在此基础上，积极探索各界帮扶困难职工群众的机制办法，延伸结对帮扶工作网络，扩大结对帮扶覆盖面。

（三）全面维护职工群众的生活权益和经济利益。引深"温暖工程"建设，并且逐步实现"温暖工程"由特殊帮扶困难职工向普遍维护职工群体权益扩展，由重点关注弱势群体向全面维护职工生活经济权益扩展。一是扎实有效地开展重大节日和平时走访慰问送温暖活动，并进一步把活动引向经常化、制度化。二是重点维护一线职工的生活权益。职代会各专门工作委员会要积极履行职责，定期对职工的"两堂一舍一室"、劳动保护用品进行巡视检查，对查出的问题及时反映通报，责令相关部门迅速解决。特别是要积极与相关部门协调，改进班中餐保温设备。三是在提高职工生活质量上下工夫。要坚持职工疗（休）养制度，广泛联系，积极协调，进一步扩大职工疗（休）养点，提高职工疗（休）养的质量，同时积极推进职工职业病的疗养工作。四是为职工增强抵御风险的屏障。在去年试行职工安康互助保险的基础上，今年各级工会要认真做好宣传解释、释疑解惑工作，让广大职工进一步了解安康互助保险，扩大职工安康互助保险的覆盖面，并且逐步试行职工重大疾病医疗互助基金试点工作。五是协助有关部门做好棚户区改造工作。要及时、深入、连续性地做好宣传、解释和思想政治工作，引导广大职工积极支持和正确理解棚户区改造工作，并做好棚户区改造回迁困难职工救助工作。

四、以文联体协为依托，大力推进群众性文化工作体系建设，通过开展多种形式的文化体育活动凝聚人心、鼓舞士气

2006年群众文体工作要紧紧围绕"推动企业改革发展，增强职工健康体魄，丰富群众文化生活"这一主题，突出群众性特点，关注职工健康的精神文化需求，大力弘扬先进文化和企业精神，立足矿区、贴近群众、面向基层，努力扩大职工群众文化体育的普及面和覆盖面，最大限度地吸引更多的职工参与进来，形成"人人参与群众文化、人人建设群众文化、人人享有群众文化"的良好局面。

（一）充分发挥文联、体协的组织引领作用。文联体协要认真履行"组织、指导、展示、培训、服务"职能，按照《2006年—2010年工作规划》，准确把握新形势下开展群众文体工作的着力点，发挥好各专业协会的优势和各自独特的作用，不断拓展发挥作用的舞台和空间。坚持夯实基础、壮大实力、力推精品、重心下移、讲求实效的原则，积极组织开展多形式、多层次、多样化的群众文化体育活动，不断满足广大职工日益增长的精神文化需求。

（二）充分发挥文体骨干人才和团体的带头作用。一是发挥基层文体骨干作用。充分调动广大文体骨干和积极分子的创造性，积极组织职工艺术才华展示活动，如作品演唱会、音乐会，诗歌朗诵会等，搭建起培养和造就优秀文体人才的广阔平台，给他们创造更加有利于发展的软环境，激励他们努力提高才艺，为活跃群众文体活动作出更大的贡献。二是建好两支队伍，即西山男子篮球队和西山文工团。我们采取与太原理工大学联手建队的方式，不仅以"西山煤电"冠名CUBA"西北王"太原理工大学男子篮球队胸前广告，而且以之为主体组建西山篮球队。今年西山将承办全国煤炭系统"乌金杯"职工篮球比赛。我们不仅要努力提高组织、接待全国性大型体育赛事的能力，更要取得符合东道主身份的优异成绩，为企业争得荣誉，展示西山人蓬勃向上的精神风貌。要进一步提高西山文工团队伍的整体素质，鼓励演员深入矿山、深入一线，服务基层，服务矿工，利用广大职工群众喜闻乐见的艺术形式，真正创作出一批紧扣时代主旋律、具有较高艺术水准的文艺作品，陶冶职工，凝聚职工，鼓舞职工。

（三）充分发挥文化体育场馆的阵地作用。各单位工会要在党政的支持下，努力拓宽资金渠道，多方筹措资金，对单位的文化体育场馆进行建设、修缮、维护。要突出文化体育场馆的主题功能，真正把文化宫建成弘扬先进文化的文化中心，把体育馆建成竞技健身的体育中心。今年，我们将对体育馆及文化宫前厅三层进行装修改造，强化其作为文体活动主阵地的作用，建好文联、体协各协会的办公、活动场所，为他们全面开展工作创造良好的硬件环境。

五、以召开西山第七次党员代表大会和第七次工会会员代表大会为契机，大力推进组织体系建设，进一步增强工会凝聚力、战斗力

全国总工会、山西省总工会相继出台了《关于进一步加强基层工会工作的决定》、《山西省基层工会工作规范》，西山煤电集团公司将召开第七次党员代表大会和第七次工会会员代表大会，这些都为我们做好新时期工会工作提供了强大动力和难得的机遇。各级工会要倍加珍惜、充分用好机遇，以落实《意见》、《规范》为动力，进一步强化政治意识、责任意识、群众意识和服务意识，努力推进工会自身改革与建设，全面提升各级工会组织的整体工作水平。

（一）坚持不懈地继续抓好工会组建工作。积极探索工会组建的新形式、新方法和新手段，扩大工会组织覆盖面，重点抓好新经济组织中的工会依法组建工作，坚持最广泛地把广大职工组织到工会中来。要进一步加强女职工组织和经审组织的规范化建设，并将其纳入工会组建的总体规划。以召开西山第七次党代会、第七次工会会员代表大会为契机，抓好工会组织体系建设，按有关规定建立健全机构，配齐配强干部；配合党委建立“党建带工建、党工共建”的工作机制，把工会组织建设纳入党建框架。

（二）不断提高基层工会工作水平。深入贯彻落实胡锦涛总书记关于“扩大工会工作覆盖面，增强工会组织凝聚力”的重要指示精神，在抓好基层工会组建工作的同时，着力推进基层工会的规范化建设。进一步形成建会、建制、建家三位一体，同步提升的工作态势。深入开展建设职工之家、职工小家活动，建立健全会员评家机制，以职工群众是否认可和满意作为考核建家成效的重要标准，增强工会服务职工的意识，提高为职工办实事做好事的主动性和实效性。坚持把工作重点放在基层，加强上级工会对基层工会的指导服务，及时准确全面反映职工群众、基层工会的呼声和要求，总结推广基层工会工作经验，帮助解决基层工会遇到的困难和问题，促进工作协调发展。

（三）全面提升工会干部整体素质。切实加强工会干部培训工作，建立起一套适应企业发展、符合工会工作需要的干部教育培训机制、培养锻炼机制、考核激励机制和选人用人机制。把保持共产党员先进性教育的成果最大限度地体现到工会自身建设中去，将开展“十要十不要”、增强“十二种意识”主题教育活动要求同履行工会干部的职责有机统一起来，形成“长期受教育，永葆先进性”的长效机制，不断改进工会机关和工会干部的思想工作作风，提高工会干部的维权能力和水平，努力造就一支忠诚党的工运事业、密切联系职工群众、业务精通、求实创新、甘于奉献、善于代表和维护职工群众合法权益的高素质的工会干部队伍。

同志们，新一年的工会工作责任重大、任务艰巨。让我们以邓小平理论和“三个代表”重要思想为指导，全面贯彻落实科学发展观，在上级工会组织和西山煤电集团公司党委的领导下，振奋精神，齐心协力，锐意进取，扎实工作，努力推进工会工作的创新发展，团结动员广大职工为实现“685533”战略目标、建设新型能源大集团作出应有的贡献，以优异的成绩迎接西山第七次党员代表大会和第七次工会会员代表大会的胜利召开！

科学发展　和谐创新　强化管理　保证落实
为建设新型能源集团保驾护航

——在2006年法律顾问工作暨表彰会上的工作报告

夏苏萍

（2006年3月30日）

各位领导，同志们：

大家好！今天我们在这里召开西山煤电集团公司2006年法律顾问工作暨表彰会，主要是对公司2005年的法律顾问工作总结回顾，发现问题，找出差距；对过去一年来的优秀法律顾问工作单位及个人进行表彰，弘扬精神，激励工作；对2006年的法律顾问工作进行统一部署，精益求精，强化管理。下面我讲两个部分内容：

第一部分　2005年法律顾问工作简要回顾

2005年，我们喜庆西山五十华诞，煤炭产业兴旺发达，经济效益提高，公司全面发展，取得了很好的成绩。在山西焦煤集团领导下，在公司党政领导支持下，根据公司年初确定的“协调发展年”的工作思路，法律顾问工作按照“一条主线，三个机制”开展工作，勇于开拓，大胆创新，为公司依法经营、快速发展做出了积极的贡献。通过各单位的支持、配合及全体法律顾问同志们的努力，顺利完成全年各项工作，为2006年的工作奠定了良好的基础。

一、完善了法律顾问管理机制

为了进一步完善法律顾问工作管理制度，保障法律顾问工作有章可循，加强对法律顾问工作的领导，确保公司及所属各单位依法经营，制定了《法律顾问管理办法》、《合同管理办法》、《诉讼、非诉讼案件管理办法》、《人民调解工作管理办法》等一系列管理办法，推动了公司依法治企向更高水平发展。

2005年两次工作会的顺利召开，为完成全年工作、促进公司依法经营发挥了积极作用。下发了《进一步加强法律顾问工作的若干意见》、《法律意见书管理办法》等文件，对全公司法律顾问工作做了进一步调整。公司领导对法律顾问工作给予高度重视，西山煤电股份有限公司设立了法律事务部，公用事业总公司成立法律顾问室，并且要求其他有条件的单位也成立法律顾问室，从机构、人员、经费上给予保证。公司的法律顾问队伍不断壮大，人员素质不断提高，机构逐步健全，为公司的建设、发展奠定了坚实的基础。

二、加强了合同管理工作

（一）合同管理

合同管理是法律顾问工作的主要工作之一。随着公司经济发展，业务量的不断增加，合同管理工作越来越重要。从近几年来看，合同数量和总标的额在不断上升。公司绝大多数业务都要通过合同的形式确定下来，合同成为我们实现财产权益有序流转和维护自身权益的重要手段。2005年11月，组织子、分公司分管合同的领导及合同科长进行合同实务培训，进一步提高了签订合同的技能。

坚持合同监督检查，对有问题的单位提出改进意见，发现个别不规范的操作及时给予了纠正。重大合同谈判、签订和履行过程，必须由法律顾问严格审查把关，确保合同规范严谨，符合法律、法规及国家相关政策及公司的合同管理办法。各单位合同管理人员能够按照合同缔约程序、履行程序对合同谈判、签约、履行、监督进行严格管理，坚持合同送审责任制度，提高了合同的质量和履约率。健全合同台账，规范合同文本、实现档案化管理。

2005年8月公司下发了《关于对合同专用章进行摸底的通知》，对各单位的合同专用章印模、数量、保管人、责任人姓名归档管理，强化了合同专用章使用管理，纠正行政章代合同专用章的状况，实现合同的专人、专章管理。新取得营业执照的东曲矿选煤厂、官地矿选煤厂、马兰矿选煤厂克制了合同专用章。

（二）审签合同

法律顾问能够及时起草、审核各类重大合同，严格把关，堵塞漏洞。2005年，公司签订合同9135份，标的额459987.966万元，实际履行8500份，标的额418357.785万元。其中，西山集团签订5548份，标的额352281.7608万元，西山股份签订3587份，标的额107706.2052万元。

2005年，由法律顾问处审签重大合同32份，标的额1亿多元。如：河龙湾110kV变电站建设；杜儿坪矿涉外矿建工程；西花苑小区地热勘察；汇锦花园小区地热钻井等各类合同。审查晋兴公司岢瓦铁路招标的全部文件，审定晋兴公司岢瓦铁路施工、监理格式合同文本，起草晋兴公司与山西同方煤炭储运公司发运煤炭协议及重大设备的委托采购协议，为晋兴公司顺利、快速发展提供了积极的风险防范和有力的法律支持。

（三）参与招投标活动

法律顾问以监督人身份积极参加了各类招投标活动，本着公开、公正、公平、降低成本、提高质量的原则，对招投标活动实行监督，维护企业合法权益，全年共参加招投标29项。主要包括：东曲矿选煤厂浮选工程、西铭矿修配公司电机修理车间改造、镇城底矿太岢线至工人村道路及排洪沟工程、官地矿防爆对旋轴流风机采购、古交污水厂集中供热改造、屯兰矿居住区室内回水管大修、杜玉一回路35kV输电线路改造、晋兴公司煤炭公路外运10条线路等招标工作。

（四）开展“守合同、重信用”活动

市场经济需要法律法规的约束，也需要加强诚信道德建设。公司及各子、分公司积极开展了“守合同、重信用”活动。2005年4月，按照山西省工商局的要求，组织公司下属单位向太原市工商局报送“守合同、重信用”年检材料20份，并协助工商部门完成了7个省级单位及21个市级单位“守合同、重信用”检查验收工作。

2005年9月20日，太原市工商局授予西山股份"守合同、重信用"单位称号；2005年12月，山西省工商局授予西山股份"守合同、重信用"单位。"守合同、重信用"工作促进了公司合同管理工作健康发展。

三、拓展了法律事务工作

一年来，严格执行公司《诉讼、非诉讼案件管理办法》，实行案件统一管理，节约诉讼成本，充分利用公司法律人才资源，发挥地区优势，参与企业重大经营决策和重要经济活动，办理企业各项法律事务，做出了积极的贡献。

（一）诉讼法律事务

诉讼事务是维护企业合法权益的重要手段。在诉讼代理中最大限度地减少损失，降低诉讼成本是我们工作的目标。在办案过程中坚持个人代理集体研究制度，充分发挥集体智慧，共同研究案情，对代理词、答辩状、起诉书等法律文书进行仔细研究、论证，及时收集各种有利证据，争取最大限度地为公司挽回经济损失。

2005年，全公司办理案件27件，标的额6264.34万元；其中法律顾问处办理各类诉讼案件22件，标的额6167.5万元。全公司结案13件，胜诉案件13件，标的额924.77万元，避免、挽回损失885.13万元；其中法律顾问处办理10件，标的额877.5万元，避免、挽回损失843.6万元。

（二）非诉讼法律事务

随着公司的不断发展，业务范围逐渐拓宽，非诉讼法律事务不断增多，法律顾问参与了公司项目谈判，可行性法律论证，矿区环境治理等工作，整体工作从事后"补救型"逐渐向事前风险防范、事中风险控制的"预防型"体制转变。如：参与公司债转股工作，修改公司章程、协议等法律文书；北京办事处原址出租、新址购买事宜；起草官地矿至太原一电厂地下输煤项目公司出资人协议；对唐山市创新业化制汽有限公司财产保全；南寒高层商住楼销售方案的制订工作；多经企业的改制工作；屯兰街道办事处屯村居民委员会房屋裂缝的原因调查及损失赔偿等工作。

2005年8月起开始施行《法律意见书实施管理办法》，进一步规范了法律意见书的内容与格式，提高了法律意见书的质量。将合同协商、纠纷解决、投资决策、项目谈判等工作纳入法律意见书的工作范围，使法律事务工作有了准确可靠的依据。比如：关于白家庄矿《供煤协议》的法律意见书；关于白家庄矿研石山土地补偿法律意见书；关于白家庄五三街《拆迁补偿协议》的法律意见书；关于处理供应公司呆坏账的法律意见书；关于处理救护大队出租房屋产生纠纷的法律意见书。

通过参与公司各项法律事务工作，充分发挥了法律顾问的作用，在一定程度上控制了经营风险。

四、促进矿区和谐发展

人民调解工作是维护矿区稳定的主要工作。人民调解是在人民调解委员会的主持下，依据法律、政策对民事纠纷进行规劝、疏导，促使当事人互谅互让，解决纠纷，将纠纷化解在萌芽状态。公司法律顾问担任着全矿区人民调解的组织工作，工作人员深入矿区，不辞劳苦，进行宣传教育、提高群众法律意识。

2005年，全公司调解各类民事纠纷30件，其中婚姻纠纷1件、邻里纠纷3件、债务纠纷1件、生产经营纠纷4件、赔偿纠纷5件、其他纠纷16件，调解成功率100%。

充分发挥各方优势，大力推进联合调解。如2005年8月，在东曲矿职工私下买卖房屋的纠纷调解中，考虑到房屋买卖的复杂性，联合多个部门，依照国家法律、政策对双方晓之以理，动之以情，调解取得了成功，为双方节省了时间和诉讼费用。提高人民调解员的素质，实现调解工作质的飞跃，人民调解员不断学法、懂法、用法。2005年5月举办了民调工作培训班，认真学习了一个意见、两个规定，提高了调解技能。随着群众法律意识的提高，矿区民事纠纷呈现下降趋势。

五、提高了依法治企水平

为弘扬宪法精神，增强法制观念，推进依法治企，促进民主管理，构建和谐矿区，进一步在职工群众中树立起宪法是国家根本大法的观念，权利和义务相一致的观念，依法治理和以德治理相结合的观念，公司加强了法制宣传工作，围绕生产、经营管理的中心环节，大力宣传学习法律知识，适时解决生产、生活中出现的问题。公司领导、管理干部、广大职工、矿区家属、少年儿童学习法律、遵守法律、应用法律的自觉性大大增强。

"12·4"法制宣传日，公司在西山体育馆举办了以"弘扬宪法精神，构建和谐社会"为主题的法制宣传，制作法制牌板15块。公司有关领导及法律顾问处、宣传部、团委等部门的工作人员冒着凌厉的寒风组织参加了展览。

2005年是国家“四五”普法的第五年,是对我们西山地区法治水平检验的关键一年,为了进一步落实中组部、中宣部、司法部《关于加强领导干部学法用法的若干意见》,公司提前下发了普法学习资料,大力宣传,积极组织,促进学习,开展了以领导干部为龙头的学法活动。2005年8月25日,组织公司599名副处级以上领导干部参加了全省统一的“四五”普法验收考试,全部取得由中共山西省委依法治省领导组办公室颁发的山西省“四五”普法合格证。随后,下属各单位组织了科级干部“四五”普法验收考试,参考率为100%。考试取得了较好的成绩,促进了领导干部的学法热潮,全面检验了公司“四五”普法以来的学法情况。

随着我国法制化水平的进一步加快,新修改的法律增加了很多,法律顾问人员及时查找资料、组织学习。全国人大常委会审议通过刑法修正案(六)、劳动合同法草案后,法律顾问人员及时学习并且汇总涉及公司方面的内容,呈报公司领导,使领导层了解最新法律法规,及时掌握法律动态,以便把握经营方向。

经过法律顾问工作者的努力,公司法律顾问工作得到了全面的提高,但是与企业的发展需要还有很大的差距,发现很多问题需要在以后的工作中加以解决。工作中存在的主要问题有:

1. 机构设置不符合《国有企业法律顾问管理办法》、山西省国有资产管理委员会、山西焦煤集团及《山西焦煤西山煤电集团有限责任公司法律顾问管理办法》对法律顾问机构设置的具体要求。

2. 部分单位领导对法律顾问工作没有足够的认识,对法律顾问工作重视不够,现有的法律顾问人员没有充分发挥作用,法律顾问承担的监督国有资产保值增值的职能还没有很好发挥。

3. 法律顾问工作机制不完善,法律顾问机构的业务还不能按照《国有企业法律顾问管理办法》规定的十项职能进行归口管理。由于缺乏必要的激励和约束手段,法律顾问履行职责的主动性、积极性不够。

4. 法律顾问工作领域需进一步拓宽,要针对西山煤电集团公司组建后出现的由单纯的公司内部管理向股权管理转变,由总公司型管理向母子公司型管理转变等一系列新情况、新问题,进一步拓宽法律服务领域。

第二部分 2006年工作思路

2006年是公司的“质量管理年”,是落实“685533”战略目标的关键一年,法律顾问工作要以十六大和十六届五中全会精神和山西焦煤集团“十一五”规划及西山煤电集团公司2006—2020年总体发展战略为指导,认清形势,戒骄戒躁,加倍珍惜和巩固来之不易的发展成果,认真落实科学发展观,完善法人治理结构,积极投入到安全生产、辅业改制、重点工程建设中。广大法律顾问工作人员要增强创新意识,落实管理制度,为实现开放、富裕、和谐的新西山提供积极有效的法律服务。

2006年法律顾问工作的总体思路是:

以促进公司科学发展,防范经营风险为目标,以深入推进依法治企、维护企业合法权益为己任,大力提升法律顾问形象、提高法律顾问地位,全面履行企业法律顾问职责,重点突出合同管理,建立健全事前风险防范机制,为建设和谐矿区、为公司健康有序发展作出贡献。

今年的工作目标有以下主要内容:

1. 确保企业重大经营决策合法、可行;

2. 合同审签合法、规范、严密,履约率达100%;

3. 加强“守合同、重信用”建设,争取市级“守合同、重信用”增加3家,省级“守合同、重信用”增加2家,国家级“守合同、重信用”增加1家;

4. 加强诉讼、非诉讼法律事务,最大限度的为公司挽回、避免经济损失。

5. 做好“五五”普法依法治企规划,加快新法培训,加强煤炭行业法律知识宣传,开展领导层法律讲座,促进依法治企;

6. 发挥多方优势,实现联合调解,加强民事调解工作,建设和谐矿区。

围绕以上目标和思路,必须做好以下工作:

一、加强制度落实,保证法律顾问参与经营决策

企业法律顾问的首要职责是正确落实国家法律、法规,对企业重大经营决策提出法律意见。各单位要认真执行《法律意见书实施管理办法》,企业重大经营决策要经过本单位法律顾问专门论证。一是对决策内容的合法性负责，决策应当符合国家法律、法规、政策。二是对决策程序的合法性负责，决策要符合公司章程及公司其他规定。股东会、董事会、经理层要在公司章程规定权限范围内行使权利，不能违背公司章程。各单位领导要深刻认识法律顾问工作潜在的创效职能，要切实改变事前不经法律论证、事后出问题再寻求法律保护的状况，使企业法律顾问真正成为领导经营决策的参谋和助手。

二、加强机构建设，有步骤推行总法律顾问制度

国资委、焦煤集团公司的《法律顾问管理办法》明确规定各单位要设置法律顾问机构。目前，公司除 7 家单位设置了独立的法律顾问室、2 家单位设置了副总法律顾问之外，大多数单位的法律顾问工作机构还不健全。2006 年，我们要在全公司进一步建立健全法律顾问机构，在一到两个单位推行总法律顾问制度。

三、加强队伍建设，切实提高法律顾问人员素质

企业发展离不开法律人才，对此我们有高度统一的认识。但是，在实际工作中我们对法律人才的重视程度还不够。随着法律服务业的升温，公司法律人才开始流失，如果不采取有效措施我们的法律顾问队伍不但不会加强反而会削弱。为此，我们应做好以下工作：

1. 实行法律顾问聘用制度。将公司考取法律顾问资格且从事法律顾问工作的人员聘用为企业法律顾问。

2. 要提高法律顾问的待遇。对聘用为公司的法律顾问给予一定职级待遇，提高工作积极性。

3. 扩大对外交流。对外出学习培训给予特别照顾，开阔视野，提高法律顾问人员的专业知识水平。

四、加强制度建设，完善法律顾问工作管理体制

根据公司股东多元化的实际情况及公司章程的规定，2006 年要对现行的《法律顾问管理办法》、《合同管理办法》、《诉讼非诉讼案件管理办法》、《人民调解管理办法》进行修订，制订《担保管理办法》，对现行的《依法经营责任法人绩效考核办法》进行修订，提高法律顾问工作整体水平。

健全财务监管与法律监督相结合的风险防范体系。公司要在加强财务监管的同时，重视法律监督，建立以事前防范为主、事中控制和事后补救为辅的经营风险法律保障体系。建立联合审查机制，对重大投资、资产处置、核销呆坏账等重要经营活动，法律顾问部门要进行合法性审查，出具法律意见书，财务部门要进行可行性审查，合同付款时要经过财务部门审查，对于没有经过法律顾问部门审签的合同不得付款。

五、加强合同管理，确保生产经营有序发展

合同管理是法律顾问工作的重点内容，是企业维护自身权益、防范风险的重要手段。2006 年要做好以下工作：

1. 建立科学的合同管理体制、理顺合同审签程序。为了规范合同章的管理，对于个别持有公司合同专用章，但合同数量少、标的额很小，无法律顾问专业人员的部门，公司要收回合同专用章。另外，公司签订合同没有形成统一的程序制度。目前，签订合同都不经过公司分管领导签字，有的由部门负责人签字即可签订合同。我们要按计划内外、合同性质、标的额大小划分签订合同权限，制订统一的管理制度，理顺合同审签程序。

2. 对合同进行全程监管，对合同履行情况要进行重点监管。会同企管、财务、审计等部门，每半年对重大合同履行情况进行一次抽查，对各单位合同的数量、质量、出入库、付款等关键环节进行抽查，切实改变合同管理只管合同文本的现状。

3. 参与招投标管理，严格按照《招投标法》的要求规范公司招投标程序。选定一到两类产品采用集中比价采购的方式进行招标采购。

4. 加强对内部合同的重视程度，加强内部经济往来合同管理。特别是对基建合同的倒签问题要提出解决方案。

5. 实行合同业务员持证上岗。通过考试由公司给合同业务员发证，没有合同业务资格的人员不能从事合同业务。

6. 实行合同标准化管理。规范合同文本，结合企业文化建设，对经常使用的合同制定电子版本的标准格式化文本；制定合同档案管理标准，对合同文本实现档案化管理；制定审签合同工作标准，使每一位合同业务员、合同管理员掌握工作标准。

7. 制定合同管理考核办法，对合同文本、合同条款、合同履行、合同纠纷、合同档案、合同奖惩作出规定。

8. 规范用人单位与劳动者订立和履行劳动合同的行为,对劳动合同的订立、履行、变更、解除及终止要进行监督检查和指导。

9. 加强企业诚信建设,继续开展“守合同、重信用”活动。公司要申报国家级“守合同、重信用”单位,力争申报成功。

六、加强法律事务,维护公司合法权益

要进一步拓宽法律事务工作范围。法律顾问人员要及时了解公司的生产经营情况,认真分析研究生产经营中的法律问题,采取多方措施服务公司的生产经营活动。认真办理每一案件,根据每一案件的特殊性有针对性地向公司提出管理建议,提高公司管理水平。

对政府部门的罚款摊派、法院的协助执行、有关单位的调查取证进行法律审核,没有法律顾问签字不得办理,切实维护企业合法权益。

开展企业工商登记以及商标、专利、商业秘密保护、鉴定等有关法律事务,做好企业商标、专利、商业秘密等知识产权保护工作。对全公司外聘律师统一管理,节约支出、提高效率。

七、加强人民调解,为构建和谐矿区作贡献

要以太原市仲裁委为依托建立矿区调解中心,对西山矿区单位之间、个人之间、单位与个人之间的民事纠纷进行调解,为构建和谐西山作贡献。对矿区职工群众之间的民事纠纷免费进行调解,化解矛盾,为职工群众节约诉讼费用支出。

充分发挥各方优势,大力推进联合调解。各级民调组织要与周边街办、村委及时沟通联系掌握信息,将各类矛盾化解在萌芽状态,切实维护矿区稳定。

八、加强法制宣传,推进依法治企深入发展

依法治企是一项系统工程,也是企业常抓不懈的一项具体工作。2006 年,是“五五”普法的第一年,法律顾问部门要会同有关部门制定“五五”普法规划,加大普法力度,弘扬宪法精神,宣传法制,要全面提高企业管理人员法律素质和依法经营管理的能力,再掀起一个学法用法的新高潮。

1. 要深入学习与我们工作相关的《煤炭法》、《安全生产法》、《矿山安全法》、《矿产资源法》等法律知识。

2. 要开展公司级领导法制讲座。争取每半年为公司董事、监事、经理层等高级管理人员举办一次法制讲座,组织学习民商、经济、行政等基本法律知识。

3. 采用外培方式组织有关人员学习《公司法》、《证券法》等新颁布的法律法规,培养高层复合型法律人才,进一步提高企业法律顾问素质。

同志们,让我们承担起历史的责任,在山西焦煤集团党政的正确领导下,认真落实公司职代会、党委工作会精神,为建设和谐西山,维护公司合法权益;为公司创新,促进公司全面、协调、可持续发展作出更大的贡献!

谢谢大家!

把握改革机遇　　提升发展水平
为促进多种经营又好又快发展而努力奋斗

——在西山煤电集团公司多种经营 2007 年工作会暨 2006 年度劳模表彰会上的报告

胡文强

(2007 年 3 月 27 日)

各位劳模代表,同志们:

今天,我们召开西山煤电集团公司多种经营 2007 年工作会暨 2006 年度劳模表彰会。我受西山煤电集团党政的委托,向大会作工作报告,请大家提出宝贵意见。

第一部分　2006 年工作简要回顾

2006 年，是西山承继 50 年发展的辉煌成就，持续快速健康发展，大事喜事接连不断，和谐建设全面推进的一年。矿区结构调整、安全生产、经营管理、精神文明建设、矿区综合治理等各项工作都取得了骄人业绩。乘借西山大发展的东风，多经系统在集团公司的正确领导下，以科学发展观统领全局，按照“质量管理年”的要求，抢抓机遇，艰苦奋斗，围绕主业构建循环经济，大力调研上马骨干项目，积极探索厂点改革改制，加快实施资源重组整合，扎实推进精细化管理，在消化原材料涨价、职工工资升级和取暖货币化补贴等增支因素，克服煤炭生产和销售不畅等重重困难的情况下，主要经济指标取得较好成绩，各项工作创造了新的水平。全系统共完成销售收入 160507 万元，同比增加 33047 万元，增长 25.93%；全系统共实现利润 2329 万元，其中，全民单位实现利润 2188 万元，集体企业实现利润 141 万元；在册职工年人均收入 18218 元，同比增加 2249 元，增长 14.08%；全系统实现无重伤及二级以上非伤亡事故，继续保持了安全生产的好形势；质量标准化工作迈上了新台阶，多经局被评为 2005—2006 年度太原市质量管理优秀企业。

总结 2006 年工作，主要体现在以下几个方面：

新项目新产品开发取得新突破。我们努力把古交配煤厂和铁路运营公司建设成为西山循环经济建设的亮点，扎实推进精细化管理，军事化行为，迎接了国家循环经济建设试点单位巡视组的参观检查和国内众多知名媒体的采访报道，对提升多经系统的质量标准化建设水平起到了示范带头作用。新技术产业区筹建了矿用聚乙烯管材项目，目前已进入试生产阶段，今年可望从根本上扭转新技术产业区多年来严重亏损的被动局面。根据水泥厂多经的实际情况，上马了混凝土搅拌站项目，本月底试生产，项目达产后年搅拌混凝土 40 万立方米，可妥善安置水泥厂多经搬迁后的职工就业。我们对瓦斯发电和煤泥干燥等项目进行了前期调研和论证工作。正在组织研究多经井下队组上马轻型支架，着力提高安全技术装备水平，积极为煤炭主业拾遗补缺、回收资源。古交多经货运站台已具备了投产条件，年发运量可达 60 万吨。马兰矿多经公司积极开发新产品，引进国外生产线，生产的条纹步道砖以其高强、防滑、耐磨等优点，深受用户好评，填补了太原市建材市场一项空白。上述项目的建成投产，将会从根本上调整多种经营的产业产品结构，增强多种经营的发展后劲，为多种经营的持续快速健康发展奠定坚实的基础。

企业管理工作取得新成效。我们总结多年来标准化建设的基本经验，深入开展精细化管理活动，管理水平进一步提高，管理效果日益显现。一是加强了财务集中管理、定额成本管理、资金收支管理和票据统一管理，保证了会计核算的质量，加强了资金运营监管；二是深入开展清产核资工作。经过深入细致的核查、举证、上报审批工作，处理不良资产 5532 万元。三是加大审计监督力度。坚持全面审计与重点审计相结合，综合审计与专项审计相结合，全年独立开展审计项目 9 项，提出审计意见 49 条。共查出问题事项 71 条，涉及问题金额 458.11 万元，有效地堵塞了资金漏洞，防范了财务风险。四是整顿规范了劳动用工。按照“能清尽清”的原则，对 2953 名临时工予以辞退，规范临时工使用审批手续，同时加强了对专业技术人员的贡献奖励，调动了专业技术人员的积极性。五是加强产品质量管理。在全系统实行产品质量季度检查考核，组织系统产品质量培训，开展 QC 质量管理小组活动，2006 年申报 QC 小组活动成果 39 项，荣获一等奖 1 个，二等奖 3 个，三等奖 4 个，并获得了山西焦煤集团“讲理想、比贡献”技术创新竞赛活动组织奖。

安全绩效水平有了新提高。坚持“装备、管理、培训”并重的原则，以创建本质安全型企业为目标，加大安全装备投入，强化过程控制，严格安全现场管理，全面加强安全培训。特别是在完善安全标准、规范职工行为、落实季度考核、严格讲评兑现的基础上，以古交配煤厂和铁路运营公司为样板，全系统共选树了 33 个示范厂点，以点带面，促进了全系统的安全质量标准化建设，多经局连续三年在集团 C 类单位安全质量标准化检查考核中名列前茅。

改革改制工作取得新推进。我们按照主辅分离、辅业改制的总体要求，紧密结合企业实际，在当前“双置换”条件尚不具备的情况下，不等不靠，稳步推进。贯彻“积极探索、稳步推进、规范操作”的原则，对机电总厂多经公司胶管厂、马兰矿多经公司机修厂和建安公司、西曲矿多经公司汽车队和型煤厂上报集团公司批准,实施租赁经营,安置多经职工273人,经过近两年的运行,目前改制厂点经营活力显著增强,职工收入明显提高。佳美彩印包装有限公司,在原合作经营的基础上,总结经验,着手重新签订租赁经营合同。

资源整合重组迈出新步伐。按照有利于提高产业集中度、有利于提高市场竞争力、有利于提高规模效益的原则,根据集团的主辅分离框架意见,我们积极研究整合重组方案并上报集团审批。与此同时,系统各厂点根据自身情况进行了重组工作。万隆公司按照相关相近的原则,对线材厂和电镀厂进行整合,成立了镀业公司,使两厂多年来的亏损得到了有效遏制。西曲矿多经公司将综修、建安、加工修理3厂合为1厂,成立瑞通公司,精干了队伍,降低了管理费用。西铭矿多经公司实行了厂队同类合并或区域合并,热风炉厂、金属织网厂整合成热风炉厂,土产队、土建队整合成建安公司,印刷厂、缝纫厂、商店整合成商务服务中心,优化了资源配置。这些工作为下一步在系统内实行整合重组、实施主辅分离、辅业改制做了有益尝试和大胆探索。

党建和精神文明建设取得新进展。2006年,多经总公司党委召开了第一次代表大会,回顾总结了10年来的工作和经验,确定了今后5年党务工作的指导思想和重点工作。工会召开了第一次会员代表大会,选举产生了新一届工会委员会和各工作委员会,进一步加强了组织建设。直属各单位和机关党组织紧紧围绕经济建设这个中心,坚持"以党建带工建,以党建带团建",工会、共青团、妇女等组织结合"六型机关"创建和"三服务"活动,积极实施素质工程、阳光工程和送温暖工程,开展了各具特色的系列活动,促进了各项工作。多经总公司党委被焦煤集团评为"先进党委"。

残疾人事业取得新成绩。西山各级残联组织认真贯彻落实上级残联指示精神,创造性地开展工作,取得了经济效益和社会效益双丰收。安置残疾人就业43名,安排10名残疾人学习实用技术,救助残疾困难职工153户,发放救助金10.65万元,为8名残疾职工家庭办理了农转非户口,为10名残疾人配备了残疾人专用车。去年8月在省八届残疾人运动会上,西山福利厂职工王自英勇夺女子F46级跳高、跳远和百米三块金牌。西山残联获得了省、市残工委"2006年度企业残疾人工作先进单位"称号;集团公司获得了省残工委"残疾人工作先进企业"和市政府"'十五'残疾人工作先进集体"称号。

同志们,2006年,在集团公司的正确领导下,在各有关单位和部门的大力支持下,全系统广大干部职工团结拼搏,开拓进取,圆满完成了焦煤集团和西山煤电集团公司下达的各项任务,保持了持续快速健康发展的好势头。今天受到表彰的模范集体和个人,用自身的工作成绩,展示了多经系统广大干部职工不畏困难、勇于拼搏、进取创新的精神风貌。在此,我向今天受到表彰的先进个人和集体代表表示崇高的敬意!同时也向多年来一直关心和支持多种经营工作的焦煤集团和集团公司领导,各单位、各部门领导表示衷心的感谢!

第二部分　抓住机遇　迎难而上 努力推进多种经营又好又快发展

2007年,是全面贯彻落实科学发展观、实施"十一五"规划、建设和谐西山的关键年,是安全发展、提质增效的攻坚年。我们既迎来了重要的战略机遇期,又面临着严峻的挑战。

从国家层面看,我国实施科学发展战略,整体经济保持稳定增长,高耗能工业投资规模受到控制,循环经济和节能经济日益成为经济增长的主要方式,节约资源、清洁生产、安全高效成为经济发展的必然要求。国民经济的平稳较快发展为煤炭工业提供了广阔的发展空间,国务院《关于促进煤炭工业健康发展的若干意见》和《关于加快发展循环经济的若干意见》,从国家经济发展和能源安全的战略高度,进一步明确了煤炭在我国能源工业中的主体地位,行业发展思路更加清晰,以煤为主,多元综合发展成为行业共识,煤炭产品结构必然向多元化、合理化和更加优化的方向转变。

从我省情况看,国务院批准山西为开展煤炭工业可持续发展政策措施的试点,迎来了我省新一轮改革发展的政策机遇。在省煤炭工业"十一五"发展规划中,把产业产品结构调整优化作为今后五年的工作目标之一,大集团、大公司非煤产品销售收入力争占到总销售收入的50%。到2010年,全省煤炭行业非煤产业销售收入达到1000亿元,占到全行业的1/3;"十一五"期间,非煤产业项目投资2153亿元,占到全行业的2/3。这些政策措施为煤炭企业多种经营提供了千载难逢的发展机遇。

从企业自身看，西山经过多年的积累和发展，经济规模空前壮大，产业布局日趋合理，六大产业支柱已经形成，循环经济建设取得阶段性成果，煤一电一材，煤一焦一化链式产业集群的综合效益开始显现，多种经营围绕主业链条配套服务的空间越来越大。

同时，我们要清醒地认识到市场的不利变化和自身面临的巨大压力。我国煤炭行业在固定资产投资经历五年多的快速增长后，仅目前在建矿井规模能力就达到8亿吨左右，煤炭产能逐步释放后，除了置换被关闭"小煤矿"的产能外增幅很大，企业将仍然面临供给能力过剩的压力。煤炭价格虽有上扬，但幅度有限，在各种政策性增支因素增多的情况下，企业盈利水平没有大的改善。煤炭企业产业链条延伸内容基本相同，产业项目重复度高，规模大小已经不是竞争获胜的唯一保障，大集团核心能力的竞争成为现实，集约化管理能力、低成本能力和自主创新能力成为关键。从多经自身情况看，可以说，2007年，是我们多种经营面临困难最多、压力最大的一年。一是取消股份公司所属各矿、厂多经公司的煤炭生产销售业务，将直接影响多种经营的正常生产经营和全系统职工工资的正常发放；二是多经目前没有新的经济增长点与消化职工工资升级、住房和取暖货币化补贴等各种增支因素之间形成了矛盾；三是资产少、质量差，人员多、历史遗留问题多，严重制约着多经的发展。

应该讲，我们所面临的一切困难和问题都是发展中的问题，克服这些困难、解决这些问题需要我们用发展的眼光，认真地加以研究，用改革的办法积极进行解决。全系统的各级领导干部对此一定要有深刻的认识，积极主动地争取政策，敢于和善于抓住机遇，在矿区循环经济进程中努力寻求新的经济增长点，把多种经营的发展推向一个新的阶段。

第三部分　求真务实　真抓实干
全面完成2007年各项任务

2007年，多种经营工作总的指导思想是：**以党的十六届六中全会精神为指针，全面贯彻落实科学发展观，按照集团公司发展规划和职代会的总体要求，牢固树立发展是第一要务的思想，紧紧抓住多经发展的战略机遇，挖掘存量，提升质量；扩大增量，增强实力；加快改制，激发活力，为促进多种经营又好又快发展而努力奋斗。**

2007年多种经营主要工作目标：

1. 完成销售收入150000万元；

2. 实现利润800万元；

3. 安全目标：杜绝灾害性损失和恶性事故，消灭重伤及二级以上非伤亡事故；

4. 职工人均收入力争同比增长10%以上。

为实现上述目标，2007年要重点做好以下工作：

一、坚持科学发展理念，构建矿区循环经济，提升产业发展水平

要把开发建设规模型、效益型项目作为改变提高多经面貌，提升多经发展水平的根本途径。牢固树立科学发展的思想，按照减量化、再利用、资源化的原则，加强资源综合利用，逐步形成低投入、低消耗、低排放和高效率的节约型增长方式，努力在矿区循环经济链条中培育多经优势产业。

以提升产业水平为目标，合理规划项目建设。现有项目要本着"改造、升级、适用"的原则，增加产品的技术含量和附加值，不断扩大生产经营规模，努力在专业化生产、规模化经营、精细化管理上下工夫，逐步做强做大优势项目。对没有市场、没有销售、没有盈利能力的项目要稳妥地划转、合并、重组，有计划、有步骤、有措施地使其退出市场，保持内部市场的良性竞争秩序。新上项目要充分考虑建设可行性，一定要选择煤炭主业生产循环链条中不可或缺的环节，抓住时机，建设具有持续竞争能力的规模型项目。

项目调研既要注重科技含量和经济效益，又要考虑技术的实用性和市场需求。要积极和科研院所、专业院校保持稳定联系，追踪煤炭产品延伸转化的新动态，密切关注煤炭行业新技术转化应用的前沿成果，切实储备一批具有高技术含量的项目，和现有项目形成合理的梯队、接替布局，保持整体产业的可持续发展。各单位在调研项目前，要主动和多经局沟通联系，减少重复建设，避免资源浪费。内部市场已有的项目，集团坚决不予重复立项，盲目投资、擅自开工建设的要追究相应责任。今年要在重复建设的处理和补偿机制上开展工作，各单位和职能部门要提前研究，做好相关的调研和准备工作。

今后一段时期，我们要用发展的思路、开放的眼光、灵活的机制，千方百计推进一批重点项目上马，保证全系统的职工收入、经营成果和发展水平的稳步提高。2007年，要重点抓好以下项目的组织和准备工作。

1. 新技术产业区的矿用聚乙烯管材项目要尽快取得煤安标志，及早投产，上半年打开内部市场。

2. 水泥厂多经的混凝土搅拌站项目要抓紧生产调试，4月份投产销售。

3. 东曲至古交配煤厂运煤通道项目要按照集团公司的要求，尽快组织落实，确保古交电厂二期建设的配套需要。

4. 古交多经卸油站台及储油库项目要加快与合作方的沟通协调，千方百计争取运营资质，克服困难，早日运营。

5. 白家庄煤泥掺烧项目要积极协调，抓紧落实。

6. 瓦斯发电项目要认真研究有关政策，争取支持，积极协调，及早开发建设，变废为宝，早日受益。

7. 煤泥干燥项目。根据古交电厂二期建设情况，在屯兰矿煤泥干燥项目成功运行后，后山其他四矿多经公司煤泥干燥项目适时筹备上马。

8. 官地矿到太原一电厂地下运煤通道项目要进一步做好前期工作。

9. 粉煤灰造纸项目要加紧调研和可行性研究工作。

二、坚持改革放开搞活，推进结构调整优化，提升企业经营活力

改革放开搞活是国有企业的必由之路，也是我们多年来一直探索的一个重大课题。省委省政府已经多次召开过专门会议，征求各方意见，出台了13个相关的配套文件。集团公司也已经确定了内部改革改制试点，改革改制工作必须一步一步、扎扎实实地往前推，不能反复，不能倒退，必须成功。

今年重点要抓好万隆实业公司支护分公司的改制工作。要统一思想，提高认识，加强领导，规范实施，保证改制工作一步到位、一次成功，以点带面，促进全系统的改革改制工作顺利推进。

租赁经营作为目前比较适宜和成功的改制模式，今年要进一步加强监管，落实政策，保障规范经营，健康发展。要总结租赁经营的经验，进一步规避风险，扩大优势，让更多具备条件的厂点实施租赁经营。已经实施租赁经营的，在职工自愿的前提下，鼓励实施更为彻底的改制。

改革改制工作要和整合重组工作配合进行。整合重组工作要坚持“科学布局，注重效果，保持稳定”的原则，各单位只能保留一个同类型厂点，多经局会同有关职能部门，制定系统整合同类型厂点的方案报集团公司审批，按类型逐个解决，今年重点解决工装生产和机械修造厂点的整合布局工作。按照专业生产的原则，不同厂点发挥技术和市场等比较优势，生产某个或几个零配件，厂点之间的产品和服务相互配套或互补，组成一个大生产循环的不同环节，逐步理顺项目布局，科学高效配置资源。同时，在整合过程中，对符合完全改制条件的，要尽可能完全改制，使其成为真正意义上的市场主体，参与社会市场竞争。

三、坚持强基固本工作，改善经济运行质量，提升企业管理水平

我们要在创新管理上狠下工夫，特别是要加强管理制度的落实，把抓好落实作为提高管理水平的关键，常抓不懈，进一步提高经济运行质量。

加强财务管理。继续深入推行财务集中管理制度，各单位对所属厂点要逐步实行采购、销售、结算、资金等统一管理，加强控制力，进一步规范财务管理办法和会计核算体系。加强资金管理，严格资金预算，坚持量入为出，调整资金投入结构，合理安排安全生产、重点工程、职工生活之间的资金投入，严禁超预算支出，实现收支平衡。杜绝单边挂账，清理各单位不合理资金占用，减少占用额度。加强资金监控，严格收支两条线管理，对各厂点资金要严格监管，杜绝“小金库”和公款私存现象。加强对存货、固定资产的管理，合理调整库存，提高资产使用效率。

加强内部控制。完善内部控制体系，加强内部约束机制，不断完善筹资、投资、采购、付款、销售与回款等控制制度。推行大宗物资集中采购和比质比价比服务采购制度，全面降低物资采购成本，提高采购质量。大力开展双增双节、修旧利废活动，眼睛向内，挖掘潜力。加强营销管理，通过经济杠杆的调节作用，刺激产品销售和货款回收，扩大销售，拓展市场。加大内部审计力度，实行联合审计和经济责任审计，拓宽审计领域，把问题消灭在萌芽状态。加强效能监察工作，充分发挥效能监察在经营管理中的作用。

加强项目投资管理。按照轻重缓急、量力而行的原则，合理安排项目投资。今年重点保证东曲矿至古交配煤厂运煤通道项目、瓦斯发电项目、煤泥干燥项目的开发建设，其他项目要根据资金情况安排。新上项目要严格执行计划管理、预算管理、招投标管理、项目责任人制，杜绝一切计划外工程、超预算工程。各单位大修理费用成本工程和20万元以上的非生产性中小修理成本工程都要纳入集团计划管理。工程项目在开工前，都要有完整的设计和预算，杜绝边设计、边预算、边施工的现象。加强对工程项目的管理、监察、审计，确保投资效果。

四、坚持安全发展原则，加强监督检查考核，提升综合治理水平

2007年是山西焦煤和西山煤电集团公司的“安全发展年”，我们要围绕“安全发展年”活动主题，严格落实好各项安全管理规章制度，扎扎实实地推进本质安全型企业建设。

继续深化安全质量标准化建设。坚持普及、巩固、提高的工作思路，在执行标准上向普及发展，严格执行集团《地面单位安全质量标准化检查评分标准》，在选树精品厂点的基础上，注重以点带面，稳步推进，整体提升。在安全质量标准化项目创新上向巩固提高发展，正确处理安全质量标准化巩固、推广、创新的关系，在项目的巩固、推广上下工夫，加强管理和维护，层层开展安全质量标准化项目创新竞赛，发动广大干部职工积极投身到创新活动中，从本质上提升多经系统安全质量标准化管理水平。

继续深化安全管理明细化建设。坚持重标准、重考核、重挂钩的工作思路，不断修改完善干部职工安全明细化工作标准；使标准更具操作性，切实做到人人有责任，事事有落实；提高考核监督人员的工作质量和责任心，真正把所辖范围内安全生产业绩和岗位作业行为纳入到日常考核中，严格考核，日事日毕；真正把干部安全明细化考核结果与安全奖励挂钩，职工安全明细化考核结果与安全结构工资挂钩，及时公布，公开公正，实现安全管理从重结果向重过程转变。

继续深化安全行为军事化建设。坚持制定规划、分步实施、循序渐进的工作思路，根据本单位工作实际和集团军事化管理制度要求，制定全员军训计划，加强全员军训教育，建立新职工岗前军训、在岗职工轮流军训的工作机制，实现全员军训经常化、制度化；根据本单位安全生产实际，制定班前会、开收工等工作程序实施规划，坚持有规划、有责任人、有组织方法，做到实施一项、巩固一项，实现组织管理和职工行为军事化。切实形成号令如山、闻风而动、令行禁止的良好风气，提高安全执行力。

五、坚持以人为本原则，加快创新应用步伐，提升核心竞争水平

坚持采用先进适用技术改造和提升多种经营产业水平，加快淘汰落后生产工艺步伐，提高产品质量和技术含量，提高产品附加值。坚持吸引、培养和使用人才，把人才作为增强自主创新能力和转变经济增长方式的中心环节，为人才脱颖而出、施展才干提供机会和舞台。

加强与专业院校和科研院所的合作。以适应煤炭科技进步、引进消化应用先进技术和信息化工作为基础，以综合利用、节能降耗技术创新为主要目标搞好规划与建设。抓住国家鼓励高校科研机构与大公司大集团进行实质性重组，加快技术创新和技术转化一体化进程的机遇，积极引进先进技术，改进生产工艺，提升产品的技术附加值，把煤炭产业产品链条延伸的最新成果及时转化为我们的产品优势，保持产品的市场竞争力。注重引进和消化吸收相结合，对专有技术和关键技术进行研究、攻关、引进、改造，逐步形成具有自主知识产权的核心技术。

加大对人才的培养、引进和激励力度。努力培育一支具有现代经营管理知识和开创性管理思想的经营者队伍，培育一支具备丰富专业知识的专业技术队伍，培育一支具有熟练掌握操作技能和高度执行力的技术工人队伍，把学习培训作为加强人才队伍建设的重要举措，不断提高培训质量。继续贯彻落实《关于吸引留住人才的实施方案》，研究制定专业技术人才管理办法，多方关心专业技术人才，积极为他们解决生活、工作、学习等方面的困难。形成公平有效的人才评价体系和激励机制，注重在创新实践中识别人才，在创新活动中培育人才，在创新事业中凝聚人才，创造鼓励人才积极创新、支持人才实现创新的舆论氛围和成长环境。

六、坚持党的政治优势，发挥党群组织作用，提升和谐建设水平

各级党群组织要紧紧围绕中心工作，抓宣传、抓班子、抓队伍、抓稳定，充分发挥政治优势，为企业改革和发展创造稳定和谐的环境。

加强宣传教育工作。开展理想信念教育，教育广大干部职工树立正确的人生观、价值观、政绩观。开展优良传统教育，树立过紧日子的思想，大力发扬勤俭办企、艰苦奋斗的精神。开展道德教育，树立良好的职业道德、社会公德和家庭美德。开展向党素珍等先进人物学习活动，大力弘扬先进人物精神，让全体干部职工更加热爱先进、学习先进、追赶先进。举办多种形式的群众文化活动，寓教于乐，丰富职工业余生活。

立足于预防，确保干部的政治安全。开展廉政警示教育，增强拒腐防变的自觉性。完善各项制度，加强对人、财、物、工程项目管理等重点部门的监察和审计。各级领导干部都要自觉遵守各项规章制度，严于律己，管好身边工作人员和亲属，做到不谋私利，不违规违纪。要全心全意依靠职工办企业，深化"阳光工程"建设，积极开展企务公开，及时公开企业重大事项，听取职工意见，接受职工监督。

加强领导班子、干部队伍和机关作风建设。各级领导班子都要团结务实，分工协作，在破解企业改革发展难题，提高管理水平上下工夫。各级领导干部都要倡导八个方面的良好风气，按照"十要十不要"要求，求真务实，狠抓落实，踏踏实实做人，认认真真做事，经常深入基层、深入现场，切实解决隐患问题。要减少不必要的应酬、会议，不做表面文章，不做华而不实的事，提倡埋头苦干，反对心浮气躁。要深入开展"六型机关"创建活动，不断增强服务意识，减少会议，简化程序，提高工作效率。

全力做好矿区稳定工作。要努力做到既全力推进企业快速发展，又保证职工收入稳步提高；既维护职工当前的利益，又兼顾未来发展的需要；既畅通信访渠道，尽力解决职工的实际问题，又要加强引导和教育；既要发挥输血作用，又要创造造血功能；既要完成当期的生产经营任务，又要妥善处理历史遗留问题，创造宽松和谐的生产生活环境。

关心扶助弱势群体。多经系统承担着管理、组织集团公司残疾人事业的任务，各级领导要拿出一定的精力来研究和指导残疾人工作。要进一步提高残疾职工安置的质量。规范劳动用工，逐步完善各项保险，增加职工收入，确保残疾职工的工资待遇不低于最低工资标准。加强对残疾人事业基金的管理和使用，规范运作，不得挪作他用。各级残联组织和干部都要搞好调查研究，切实掌握残疾人的情况，努力熟悉党和国家对福利企业以及残疾人的优惠政策，主动同地方有关部门协调沟通，使福利企业和广大残疾人尽可能多地享受到优惠政策，让弱势群体同享企业发展的成果。

同志们，让我们在西山煤电集团公司的正确领导下，求真务实，锐意进取，奋发图强，扎实工作，为圆满完成今年的各项目标任务，为创造西山多经美好的未来而努力奋斗！

谢谢大家！

加强技术创新　促进科技进步
为企业可持续发展提供强有力的技术支撑（摘要）

——在山西焦煤西山煤电集团公司技术创新大会上的工作报告

王绍进

（2006年6月16日）

第一部分　三年来技术创新工作简要回顾

回顾过去的三年，是集团快速发展的三年，2005年原煤产量实现了3150万吨，比2002年提高24.76%；精煤产量完成1286万吨，比2002年提高27.76%。这些成绩的取得是在集团没有增加新的矿井、队伍、人员的情况下取得的，科技贡献功不可没。这些成绩的取得是集团技术进步的标志，是集团全体员工智慧的结晶。

集团三年来的技术创新工作主要表现为以下六个方面的特征：

一、依托技术进步，实现高产高效

三年来，集团借助煤炭市场向好的外部机遇，加大技术投入力度，不失时机地狠抓技术改造和技术创新。投入近3亿元引进了世界先进的生产技术和工艺，新增了一批先进的采掘生产设备，使集团的装备水平大幅提高，2005年先后涌现出两个年产200万吨、四个年产150万吨的综采队。

二、坚持以人为本的理念，广泛开展群众性的技术创新活动

三年来集团的技术创新紧密结合生产实际、发展方向和奋斗目标，积极倡导以人为本的技术创新理念，充分发挥各级工程技术人员的主观能动性，开展群众性技术创新活动，推动了集团技术创新工作的广泛深入开展，为集团的技术创新奠定了良好的群众基础。

三、自主开发与产学研联合并重，技术创新硕果累累

集团始终坚持自主开发与产学研联合并重的方针，自主研究开发和推广应用了一批科技含量高，经济和社会效益显著的科研成果。三年来技术创新申报完成的项目1500余项，其中：重点自主创新项目46项，申请专利18项(发明专利2项，实用新型专利16项)，通过省部级鉴定项目13项(达到国际先进水平的4项、国内先进水平9项)，申报各类科技进步奖35项(入选中国煤炭工业优秀成果作为重点推广项目11项、中国煤炭工业协会科技进步奖6项、山西省科技进步奖3项、太原市优秀科技奖1项)。马兰矿、屯兰矿荣获煤炭工业科技进步"双十佳矿井"称号，西铭矿荣获煤炭工业科技进步"创新型矿井"称号，集团连续三年被评为"煤炭工业科技进步十佳企业"，在2005年第六届全国煤炭科技大会上，技术中心被评为"中国煤炭科技管理先进单位"，同时被中国煤炭工业协会评为"全国煤矿支护先进单位"。

四、科研成果的转化和应用，带动了多经三产的快速发展

锚杆成套支护技术的研究，不仅解决了煤炭生产中的支护问题，而且开发出了一系列的支护产品，不但满足了西山矿区开采支护的需要，而且在省内外得到了广泛的推广应用，形成产值上亿元的产业。

引进开发的"万联"牌耐高温耐磨复合管，在国内同行业中处于领先水平。年销售额140多万元，投入产出比为1∶5。

引进开发的"交直流高温镀铁工艺"，每年可为电镀厂新增效益80多万元。投入产出比为1∶5。

太原山鹰蓄电池厂，引进技术开发了新型的KS8L矿灯，实现了产品更新换代，提升了企业的核心竞争力。投入产出比为1∶4。

合作开发的"KBZ-400、630型矿用隔爆型真空馈电开关"、"QBZ-30、200型矿用隔爆型真空磁力启动器"，能有效地提高供电安全可靠性并保证电机可靠运行，该产品达到了国内先进水平，年计划产值600万元。

五、探索新型运行机制和管理模式，推进企业的技术进步

三年来，集团公司不断深化科技体制改革和创新，积极探索适应市场经济体制与科技自身发展的技术创新体系，推行项目组长负责制，逐步形成了以技术中心为核心，以企业内部技术资源为依托，以项目为纽带，聚结社会优良技术资源为支撑的层次型技术创新体系。高效的创新体系运行，保证了科技项目研发的高质量和高水准，缩短了项目研发的周期，推动了项目研发工作的开展和创新能力的提高，促进了企业生产技术水平的提升，增强了企业的核心竞争力。

六、信息化建设步伐加快，为科学管理与决策奠定了基础

2003年以来，构建了覆盖西山九矿的SDH同步光纤通信网，交换式千兆以太网、西山机关局域网，建成了瓦斯监测监控联网、电力系统远动、综合视频会议系统、安全监察管理信息系统、医疗保险管理系统等全集团性的大系统，"山西焦煤"和"西山煤电"互联网网站也已初步建成，各部门之间已开展了电子邮箱和电子文件传输等业务，部门内部业务普遍采用了计算机处理，CAD辅助设计技术已在设计、地测部门推广。

第二部分　加快技术创新发展 全面落实集团的战略目标

集团技术创新发展的总体思路：**坚持邓小平理论和“三个代表”重要思想，按照《国家中长期科学和技术发展规划纲要》和国务院《关于促进煤炭工业健康发展的若干意见》的精神，以国家的产业政策和市场为导向，全面落实科学发展观。围绕集团“685533”的战略目标，按照整合—集成—创新的思路，走产学研结合的道路，推进技术创新，提高企业的核心竞争力，为西山做强做大提供强有力的技术支持和技术储备。**

技术创新的主要目标：

1. 科技进步逐步成为企业经济增长的主导因素。2006年科技进步贡献率要达到45%，到2010年的目标要达到60%以上；科技投入占销售总收入的比重由现在的3%提高到5%；科技成果转化率达到80%以上。

2. 通过集团公司国家级技术中心建设，整合科技资源，搭建科技创新平台，提高技术创新能力，2006年通过科技体制改革，完善创新体系建设，开发完成自主创新项目15项。到2010年形成符合市场经济要求和科技自身发展的运行机制，开发出一批拥有自主知识产权、高科技含量的主导项目成果和产品。根据西山的特点，在优势领域内积极参与、承担国家和省部级科研项目的研究开发。

3. 加快掘、锚一体化和自动化采煤技术的引进和研发，综掘机械化程度达到80%，采煤机械化程度保持100%。到2010年集团综采、综掘、工效达到国内先进水平，矿井集约化程度显著增强，建成2~3个国家级高产高效矿井；矿井安全预防能力明显增强，安全指标保持全国先进水平，原煤入洗率达到90%；煤矸石、煤泥、污水的利用率达到80%。

4. 加强产学研合作，开展煤层气、粉煤灰等的综合利用研究和煤炭深加工技术的研究。到2010年，西山前山矿区、古交矿区、汾阳焦化园区、兴县矿区初步建成生态工业园区，煤炭资源在产业链中得到充分循环利用，循环经济基本形成。

5. 加快企业信息化建设步伐，在完善现有局域网络的基础上，2007年完成信息系统二期工程设计，开发各专业管理信息系统，到2010年完成西山矿区、古交矿区等的计算机网络建设，实现办公自动化管理，加强信息的分析处理，为企业提供决策服务支持。

6. 认真研究和贯彻落实好国家支持企业技术创新的各项优惠政策，着重抓好国家级项目的申报立项和企业技术开发费减免税工作，最大限度地使企业享受到政策支持所带来的利益。

围绕以上工作思路和目标，今后技术创新要着重抓好以下几方面工作：

一、加强先进适用技术的开发和引进，提升煤矿生产技术水平

开采技术：广泛采用机电一体化新技术，提高集约化生产程度。完善提高“中厚煤层一次采全高技术”，开展“边角煤开采技术研究”、“三下采煤技术研究”、“蹬空开采技术研究”、“带压开采技术研究”、“厚煤层综采巷道错层位布置技术研究”；抓紧特厚煤层开采技术的前期准备工作，为兴县煤矿的投产打好基础；探索引进适合集团薄煤层开采的新技术、新装备；提高资源回收率，延长矿井的服务年限。

支护技术：进一步拓展锚杆支护的应用范围，推广应用高强材料加固技术。开展松软岩层巷道支护技术的研究攻关，实现成巷速度提高30%，在服务期间，巷道断面收敛率不大于30%的目标。

巷道掘进技术：开展优化矿井开拓布局研究，开展掘、锚一体化设备的研究，整合集成岩巷掘进技术，提高机械化水平，降低劳动强度，实现月进尺达到180米以上的目标。

矿井运输技术：矿井主运输系统重点是完善大功率、长距离胶带输送机多点驱动技术和集控技术改造，大力推广CST技术。研制煤仓料位自动监测与控制系统，解决蓬仓、堵仓、粘壁等影响生产的关键问题。开发和推广连续牵引车，减少运输环节，提高辅助运输效率。

机电技术：跟踪国内外煤矿机电发展动态，不断进行技术创新，引进、消化、吸收、开发适用可靠的机电一体化新技术。

地质勘测技术：由单纯的煤田勘探，向煤田、安全、伴生资源的全方位勘探转变，实现“综合勘探”、“精细勘探”。为矿井安全生产提供可靠的地测技术保障，保证资源勘探质量，减少开发过程中的资源浪费和无效进尺，为合理开采提供科学依据。

矿井通风安全技术：开展"西山矿区瓦斯赋存及规律的研究"，指导瓦斯抽放工作，提高瓦斯抽放率，开展"西山矿区自燃特性及早期预测预报体系的研究"，建立矿区煤层自燃的早期预测预报体系，开展煤巷横贯快速密闭的研究，提高工作效率，减轻工人的劳动强度，消除安全隐患。

应急救援系统与技术：完善灾害预测预报手段，提高安全应急技术装备水平，集成现有技术，构建灾害应急救援体系，控制紧急事件的发展，杜绝重特大事故，将事故对人、财产和环境造成的损失减小到最低限度。

选煤技术：重点开展"细粒煤浮选技术和设备的研究"，优化工艺，浮精回收率提高5%以上，力争达到10%；开展"介质回收技术的研究"，介耗要降低到2.5公斤／吨以下，并建立完善的重介选煤用磁铁矿粉质量评价标准和体系；开展"酸性高泥化煤泥水处理技术的研究"、"中煤脱水、煤泥烘干技术的研究"。提高回收率，增加选煤副产品的附加值。

二、坚持科学发展观，促进循环经济发展

煤—电—材产业链：跟踪国内外发供电技术发展动态，不断进行技术创新，针对山西省水资源匮乏现状和环保要求，推广循环流化床工艺和空冷方式。推广应用50万伏加压站组合电气(GRS)新技术，提高电网的传输效率；推广应用脱硫率更高的湿法脱硫技术，降低污染物的排放。开展中煤和劣质煤配煤技术的研究。开展电厂粉煤灰、粉尘综合利用研究，开发墙体材料、橡胶填料等新产品。

煤—焦—化产业链：开展配煤炼焦技术和非炼焦煤配煤炼焦技术的研究，拓展煤种，降低原料煤成本。进一步消化吸收煤焦油蒸馏技术，优化工艺，提高产品回收率和质量。

节能降耗技术：充分利用西山煤电集团作为全国节能降耗千家企业之一的强力推动，搞好节能工作，实现太原市制定的万元产值能耗2.4吨标准煤的目标。

环境保护和伴生资源的综合利用：开展废水复用技术的研究，实现水资源的重复利用；开展废渣的综合利用研究，开发新型建材；开展伴生资源的综合利用研究，积极做好杜儿坪矿和屯兰矿瓦斯综合利用的前期工作；开展沉陷地表生态恢复技术的研究，建设绿色矿山。

第三部分　技术创新的保障措施

一、完善技术创新体系，促进国家级技术中心建设

集团公司技术中心已于2005年10月18日被国家四部委批准认定为《国家级企业技术中心》。我们要以此为契机，使技术创新工作更上一层楼。

1. 科研成果的鉴定和专利的申报工作

集团公司今年首次列了140万的成果鉴定和专利申报专项资金，充分说明了集团党政领导对此项工作的重视和决心。技术中心要与相关部门协商，制定出相应的政策与激励措施。各单位的领导回去后要把这项工作列入议程，指派专人整理资料，力争今年鉴定10项成果。

2. 深入研究国家政策，做好减免税工作

2005年西山煤电股份公司的减免税工作初战告捷，减免税收520多万元。我们要深入研究和贯彻落实国家政策，技术中心、计划、财务等部门要同力合作，把这项工作抓实、抓出实效。

3. 建立技术创新项目综合监管制度

一是技术创新项目的选择要坚持以市场为导向，与生产实际相结合，以完善本质安全型设施为宗旨，以效益为中心的原则。二是在课题的安排上，要近期与中长期项目立项相结合，逐步增加中长期研究项目的比例，为集团的发展提供技术储备。三是在项目实施上，要实行项目负责人制，签订技术合同和责任书，加强考核，对重点项目要进行招投标。四是对科研项目实行分类、分规模监管。五是对技术革新、改进项目的评审奖励，由基层各单位评奖，对重大项目要报送集团技术中心验收把关，并由集团组织评审，统一给予奖励。

4. 开展群众性技术创新活动，加速科技成果的转化

大力开展"金桥工程"、"学、练、比"等群众性技术创新活动，努力推动岗位技改、革新工作，促进科技成果转化，提高生产效率和效益。

二、实施人才强企战略，确保技术创新目标的实现

一是要树立正确的人才观，各级领导干部要真正把人才作为第一资源，在思想上、行动上真正做

到尊重知识，尊重人才。二是要树立现代企业职工教育新观念，各级领导要把职工培训放在优先的战略地位，从集团的战略目标出发，培养和开发集团发展所需的各类人才，制定年度培训计划，确定人才培养目标和实施保障措施，确保人才的阶梯发展，使企业科技队伍的整体素质具备一流的水平。三是加大用人制度改革力度，打破干部、劳资管理与人才教育管理相互脱节的传统管理模式，建立人才选拔、聘用、教育、培训为一体的管理体制和机制。打破现行干部、工人的聘用制度，实行以岗定员、定职，评、聘分开的人才管理体系，形成能者上，庸者下的人事管理竞争体制与机制，使各类人才能真正有用武之地。

三、搭建技术创新平台，推动科技资源的整合利用

整合科技资源，形成生产、教学培训、科研、试验、推广相结合的技术创新体系，全面提高企业的科技竞争力。要注重与国内外的大专院校科研院所建立联姻，搭建科技资源雄厚的技术创新平台。要注重科技资源的整合利用，积极推行自主开发与产学研联合并重的方针，把提高自主创新能力作为推动企业经济结构调整的一个重点，特别是要坚持先进技术的引进、消化、吸收和再创新，开发具有自主知识产权的核心和关键技术，通过大力推广应用先进的技术和装备，增强企业的核心竞争力。

四、进一步加快信息化进程，促进企业实现跨越式发展

搞好信息系统开发的总体规划，近期内重点解决三个问题：一是解决信息系统瓶颈；二是提高信息资源利用和共享程度；三是加强信息分析和应用。要制定和完善一系列信息化管理标准、技术标准、工作标准，防止盲目上项目，防止形成信息孤岛和信息壁垒；要搞好网络的防病毒、防入侵、防数据风暴、防秘密泄露工作，搞好网络管理，维护良好的网络秩序；要搞好现有的信息系统、现有设备的维护和使用、运作，提高使用效率和效果。

文存

WENCUN

2007

西山煤电集团年鉴

XISHAN MEIDIAN JITUAN NIANJIAN

典型经验

坚持科学发展观 构建循环产业链 打造环保节约型煤电集团

西山煤电集团公司

尊敬的各位领导、各位嘉宾，女士们、先生们、朋友们：

今天，全国煤炭工业促进循环经济发展工作会议在这里召开。首先，我代表西山煤电集团公司向大会的召开，表示热烈的祝贺！

西山煤电集团公司是山西焦煤集团公司的核心企业，是全国最大的炼焦煤生产基地，也是全国首批循环经济试点单位之一。西山集团现有1个上市公司、10对生产矿井、8座选煤厂、3座发电厂、2座焦化厂等。井田总面积1237.12平方公里，资源总量151.5亿吨。截至2005年底，企业资产总额222亿元，职工8.2万人。煤炭生产核定能力为3311万吨/年，原煤入洗核定能力为2270万吨/年，电力装机容量为76.2万千瓦。2005年，实际生产原煤3150万吨，生产炼焦精煤1286万吨，从1995年起炼焦精煤产量稳居全国第一，发电13.9亿千瓦时，实现销售收入106.9亿元。

我们在发展循环经济方面的主要做法和粗浅体会是：

一、坚持用改革和发展的办法解决前进中的问题，积极探索企业可持续发展道路

长期以来，我们西山高度重视企业发展战略定位。早在1992年，就提出了“以煤为主，多种经营，各业并举，综合发展”的十六字方针，这是我们发展循环经济的思想萌芽。1994年，我们提出要以矿区为单元，以产权联结为主要纽带，以煤炭生产和加工为核心，联合各种不同所有制、不同投资渠道的企业，逐步组建成“以煤为本、多种经营、各业并举、综合发展”的跨行业、跨地区、跨所有制的现代化大型煤炭企业集团。这一思想，为后来发展循环经济奠定了牢固的基础。1995年，我们确立了煤炭、电力、建筑、建材、机械制造修理、商饮服务六大支柱产业的发展目标。1997年，我们提出要发展“煤炭－电力—建材、煤炭—焦炭—化工”两条产业链，实现煤炭资源综合利用。2003年，我们把企业的发展方向定位为“做强做大煤炭主业、积极发展相关产业、联合参股上下游企业、放开搞活其他行业”，正式确立了“十一五”期间的“685533”发展目标，使煤炭、电力、焦炭化工、机械制造、建筑建材、商贸服务六大产业和“煤炭—电力—建材、煤炭—焦炭—化工”两条循环产业链，成为企业发展的核心支撑，构建起了符合环保节约型企业要求的循环经济发展模式。

二、坚持以先进适用技术提升传统产业，最大限度地提高煤炭资源利用效率

我们坚持对煤炭资源实行保护性开采，积极推广应用先进技术、装备和工艺，提高煤炭资源开采利用率。针对复合煤层和厚煤层开采中出现的资源浪费现象，在屯兰矿装备了第一套国产5米采高智能化综采设备，实现了2号、3号煤一次全部开采，资源回收率提高了20%。为镇城底矿购置了3套轻型低位放顶煤成套综采设备，为厚煤层一次采全高开辟了新的途径，资源回收率提高了15%。与此同时，高度重视薄煤层的开采利用。在山西省第一家、全国第二家引进了德国DBT公司生产的薄煤层工作面自动化控制刨煤机成套设备，用于马兰矿02号薄煤层开采。在东曲矿装备了2套专门用于薄煤层开采的矮型成套综采设备，减少了薄煤层开采损失。从乌克兰引进2套三轴螺旋钻式采煤机，将使西曲矿宝贵的7号薄煤层资源得以回收。为最大限度地开采利用现有资源，各矿都成立了回收队，对边角煤和可回收煤柱进行回采，减少了煤炭损失。目前，采区回采率达到了85.3%，工作面回采率达到了95%。从2002年以来，我们投入3亿多元，对7个选煤厂全部进行了无压三产品重介旋流器选煤工艺技术改造，精煤回收率平均提高了5个百分点，每年能够多回收100余万吨精煤。新装备、新技术、新工艺的推广使用，不仅极大地提高了煤炭资源回收利用率，提高了企业的经济效益，而且为发展洁净能源生产做出了积极的贡献。

三、坚持以发展洗煤副产品电厂为核心，延伸“煤炭—电力—建材”产业链

我们立足煤，延伸煤基产业链，利用中煤、煤泥、煤矸石资源，发展洗煤副产品电厂等综合利用产业，实现资源的综合利用。上世纪90年代初，与太原选煤厂相配套，建成了一座2×0.6万千瓦的矸石电厂。2003年起，与山西和信电力发展公司共同出资建设了全国最大的燃用洗中煤坑口电厂——古交发电厂，规划装机容量为300万千瓦，分三期建设。一期2×30万千瓦发电机组已经于2005年10月并网发电。该项目广泛采用国内外先进技术，具有煤电联营、坑口电厂、燃洗中煤、环保脱硫、直接空冷、污水利用、封闭式储煤配煤、GIS组合开关等多方面的优势和特色。二期2×60万千瓦项目正待国家发改委核准。古交发电厂二期工程建成后，每年可以燃用五个选煤厂的中煤、煤泥及矸石540多万吨，创造效益2.8亿元；减少中煤、煤泥占地费用支出5800万元；至少腾出100万吨的铁路运力多销精煤，创造效益1.5亿元；使古交矿区五对矿井煤炭生产能力得以充分释放，增加产量300万吨，创造效益1.2亿元。综合效益可达到6.09亿元。同时，电厂发电每年可实现销售收入25亿元。我们还在白家庄矿区建设了3×5万千瓦的西山热电厂，主要燃用前山矿区的矸石，每年可消耗矸石、煤泥等70万吨。1号、2号机组已经正式发电，3号机组已经具备启动条件，预计12月份正式投产。针对古交发电厂和西山热电厂产生的粉煤灰和炉渣等副产品，我们采取有效措施，进行资源再生转化利用。西山热电厂产生的粉煤灰和炉渣，成为西山水泥厂重要的生产原料。与古交发电厂相配套的建材工业园正在规划当中，主要产品包括陶粒、粉煤灰砖、水泥等新型建筑材料。

四、坚持以煤炭产品深度开发利用为重点，延伸“煤炭—焦炭—化工”产业链

我们依托丰富的煤炭资源优势，把煤化工作为最有优势、最有成长潜力的产业链，发展煤炭深加工，不断增加煤炭产品的附加值。与山西五麟煤焦集团公司合作开发建设了汾阳焦化工业园区。园区的主要项目有：一期100万吨焦化项目、二期200万吨焦化项目，配套40万吨甲醇、30万吨煤焦油化产项目、14万吨醋酸、12万吨醋酐等化工项目，以及年产750万吨的煤矿和洗煤厂。目前，一期100万吨焦化项目已经正式投产。汾阳焦化园20万吨甲醇项目已经正式立项，其中一期10万吨项目已经与香港建韬化工集团签订合作协议。与焦化工业园配套的交城郑家庄煤矿、临县吕家岭煤矿项目正在审批。整个汾阳焦化工业园焦化和煤矿项目总投资估算98亿元，园区建成投产后，主要产品包括冶金焦、甲醇、焦油、沥青、硫铵、粗苯、精苯、针状焦、醋酸、醋酐、二甲醚、甲醛等。与山西省经济建设投资公司合作开发兴县矿区，拟建规模将达到2000万吨/年。该矿区的煤炭产品不仅可以用来发电，而且也是很好的炼焦配煤和煤化工生产原料。我们收购了山西焦化24%的股份，成为山西焦化的第二大股东，进一步扩大了焦化产业规模，奠定了焦化发展的基础。

五、坚持以保护和改善生态环境为目标，加强共伴生资源和废弃物、污染物综合治理

我们充分利用煤矿的共伴生资源和废弃物，实施资源综合利用，化害为利，变废为宝。大力实施矿井水复用工程，在各矿全部建设了污水处理厂，总处理能力为3.25万吨/日，主要处理各矿矿井水，使矿井水处理率达到100%。处理后67%的水回流井下复用。与江苏大学合作，采用高科技生化技术对西曲矿矿井废水进行一体化深度处理，已经达到国家饮用水标准。在古交矿区建设了中心污水处理厂，主要处理古交地区城市污水和工业废水，处理后部分排放，部分再经深度处理，用于古交发电厂辅机的循环冷却，每年可创造效益1070万元。在古交发电厂又专门设计了污水处理系统和中水复用系统，实现了电厂废水零排放。加强煤层气（瓦斯）开发利用，在屯兰矿建设了燃烧瓦斯锅炉，比燃煤锅炉每年可节约费用310.5万元，而且避免了瓦斯直接排入大气，污染环境。与英国欣地克、澳大利亚21世纪公司共同推进瓦斯综合利用，已确定在前山杜儿坪矿和古交屯兰矿各建设一座1万千瓦瓦斯发电厂。杜儿坪矿瓦斯发电厂预计年底发电；屯兰矿瓦斯发电厂11月份开工。另外，正在规划应用国内先进技术，分别在马兰矿、官地矿、东曲矿、西铭矿建设四座发电站。加强矸石山治理，砌筑了拦渣坝，采用分层碾压、黄土覆盖、复垦造田、植树绿化的科学排矸方式，防止了矸石自燃和水土流失。利用西山热电厂产生的热能，建设了热电联供工程，10月份将全部竣工，集中供热面积可达350万平方米，届时将取代矿区的72座燃煤锅炉，既节约能源，又改善环境。此外，我们还和太原一电厂签署合作协议，将在官地矿南部采区开凿一条10公里长的巷道，通过井下直通隧道，每年可供太原一电厂原煤300万吨以上。既可降低运输费用支出，又可减少公路运煤造成的扬尘、汽车尾气污染，对改善太原市环境质量具有积极的促进作用。

尽管我们所确定的发展方向、探索的发展模式，与国家发展循环经济的基本要求相吻合，并被国务院六部委确定为循环经济试点单位之一。但是，与循环经济的本质要求相比，还相差甚远，处在起步阶段。今天我们所汇报的内容，也不一定是煤炭行业循环经济发展的最佳模式，只能算是一些实践经验的总结，希望能起到抛砖引玉的作用。今后，我们将继续按照科学发展观指明的方向，坚定不移地走循环经济发展道路，努力处理好以下几个方面的关系。

一是要正确处理开发资源与节约资源的关系，在综合利用资源上下工夫。我们要始终坚持资源开发与节约并重、节约优先的原则，进一步加强集约化生产，提高资源回收率。同时，要对煤炭资源及其副产品进行全方位、全过程、宽领域的综合利用，努力将可利用的资源“吃干榨尽”，形成节约资源、综合利用和循环利用的产业群。

二是要正确处理循环经济与经济循环的关系，在实现良性循环上下工夫。我们利用废弃物等再生资源时，必须要考虑投入和产出的关系，既要追求资源循环，又要实现经济效益，要在“资源—产品—废弃物—再生资源”的反馈式循环的过程中，促进经济的发展，实现资源的良性循环和经济的良性互动。

三是要正确处理经济效益与社会效益的关系，在兼顾两个效益上下工夫。我们既不能依靠浪费大量资源、污染环境来追求经济效益的提高，也不能单纯为了节约资源、保护环境而忽视社会进步的物质基础。要进一步理顺经济效益和社会效益的关系，努力做到两个效益相互兼顾、彼此促进、同步提高。

四是要正确处理内部循环与外部循环的关系，在推进开放式循环上下工夫。我们要以资源的全方位节约为出发点，适合内部循环的，就发展内部循环；适合外部循环的，就要考虑外部循环。要以宽广的视野，大力推进开放式循环，绝不为循环而循环，搞小而全、大而全，搞封闭式的经济模式。

建设“主业突出、循环多元、规范高效、和谐发展”的环保节约型煤电集团，既是我们的目标，更是我们的责任。我们真诚地希望得到各位领导、各位专家一如既往的指导和帮助，也希望能够学习到兄弟单位更多、更好的经验。西山永远是你们的朋友，西山愿意与大家一起进步、共同提高。

祝各位领导、各位专家、各位朋友工作顺利，身体健康！

欢迎大家常来西山做客！

谢谢大家。

（2006年8月31日至9月1日全国煤炭工业促进循环经济发展工作会议经验材料　薛山主讲）

加强人才队伍建设　提高企业竞争能力

西山煤电集团公司

山西焦煤西山煤电集团公司是山西焦煤集团公司最大的子公司，是中国生产炼焦煤和优质动力煤的特大型煤炭企业，是全国最大的炼焦煤生产基地，也是国家首批确定的煤炭行业五个循环经济试点企业之一。主要开采西山、河东、霍西三大煤田的优质焦煤。煤田面积为1237.12平方公里，现有资源总储量156.1亿吨。集团公司总部位于山西省省会太原市西矿街，有1个A股上市公司（西山煤电），本部现有9对矿井，7座选煤厂，3座发电厂，1个焦化工业园区。原煤生产核定能力为3281万吨/年，原煤入洗核定能力为2270万吨/年。2005年生产原煤3150万吨，生产精煤1286万吨。截至2005年末，企业资产总额222.08亿元，职工82515人。

近年来，我们认真贯彻落实中央和山西省人才工作会议精神，从企业实际出发，确立了“人才兴企”战略，以创新精神着力推进人才工作，更广更深地开发高层次人才资源，卓有成效地开发高技能人才资源，依靠“双轮”驱动，有效盘活人才存量，大幅度提高人才质量，努力调动各类人才的积极性和创造性，为企业实现科学发展、持续发展提供了强有力的人才保证和智力支持。

我们的主要做法和体会是：

一、推进人才理念创新，在加强人才工作领导上狠下工夫

观念一变视野宽。观念陈旧发现不了人才，观念落后就会埋没人才。我们西山始终把优秀的职工视为企业最大的财富，把建设一支高素质的职工队伍作为企业发展的生命线。特别是在煤炭生产由劳动密集型向劳动和技术密集型转变，对高技能人才需求大大增加的情况下，我们适时提出了“人才资源是第一资源”、“适合的就是最好的”、“技术工人是人才”、“人人都能成才”等企业人才理念。并在建设三支人才队伍的基础上，拓宽工作思路，从不同层次、不同业务范围、不同考核标准、不同目标要求出发，对人才队伍进行了更为细致的划分，明确提出西山要建设“出资人监管人才队伍，经营管理人才队伍、专业技术人才队伍、思想政治工作人才队伍和岗位技术人才队伍”等五支人才队伍，使我们在人才队伍建设上更加具有针对性和方向性。

在人才理念创新的基础上，我们从人才工作领导体制入手，进一步加大了对人才工作的领导力度。集团公司以推进素质工程建设为龙头，成立了由董事长、党委书记、总经理为组长、有关职能部门负责人参加的人才工作领导组，制定了工作职责和议事规则，切实加强了对全集团人才工作的统一领导、政策研究、综合协调和落实。我们建立健全人才工作目标责任制，制定了与企业总体发展规划配套的人才开发规划，把人才工作考核纳入到了企业责任法人综合目标体系当中，作为各级领导工作业绩的主要考核内容，定期考核，要求各级党政主要领导对本单位人才工作负全责，真正做到了一把手抓“第一资源”。集团公司自上而下形成了党政统一领导、部门各司其职的工作格局，为做好人才工作奠定了坚实的基础。

二、推进工作制度创新，在营造人才适用环境上狠下工夫

加强制度建设，对于做好人才工作来讲，更加具有根本性、全局性、稳定性和长期性。我们大胆创新工作机制，紧紧抓住人才引进、培养、使用三个环节，尽可能地做到了人尽其才，才尽其用。

一是在人才引进上，我们坚持多渠道、多形式、全方位、宽领域引进各类人才。结合人才需求状况，我们积极加强与相关院校的沟通联系，采取走出去、引进来的办法，吸引毕业生来西山工作。2005年11月19日，我们采用定点专场的形式在中国矿业大学举行了专场招聘会，共招聘中国矿业大学2006届本科毕业生96人。此后，我们又分别参加了其他大中专院校组织的双向选择会，分学历层次招聘了一批主体专业本科生、大专生和中专生。积极推进毕业生实习基地建设，与煤炭院校联手共建实习基地，先后在屯兰矿、杜儿坪矿建立了两个大中专毕业生实习基地，加深了毕业生对企业的了解，已经有90多名优秀毕业生，留在实习单位工作。加大校企合作培养人才的力度，几年来，采取定向、委培、单独招生等形式，与煤炭院校合作培养主体专业毕业生122人，为企业的发展积累了后备力量。

二是在人才培养上，我们制订了科学的人才教育培训规划，按专业岗位职能不同，分层次、分类别举办各类培训班。组织人员编写出了具有本企业特点的300多个工种的内部培训教材和员工必读丛书。每年用于职工培训的经费达4000万元之多，职工培训覆盖面达90%以上。与高等院校联合在矿区内举办工程硕士、工商管理硕士学位及各类成人大专班。同时，选派素质较高的技术人员外出学习，出国深造。近年来，共培养采煤工程硕士研究生52人、工商管理硕士研究生4人。深入挖掘人才资源潜力，认真组织开展职工技能大赛、职业技能鉴定、导师带徒等活动，使技术比武、岗位练兵与竞赛工作有机结合起来，形成了技能大赛、技能鉴定与安全生产相互促进的局面，提高了职工队伍的整体素质。2005年9月，西山成功承办了“西山煤电杯”全国煤炭行业职业技能大赛，在全部5个工种的比赛中，我们共夺得3个第一。

三是在人才使用上，我们坚持正确的用人导向，进一步完善了人才评价机制、人才资源配置机制，为人才活力的竞相迸发提供了强有力的保证。根据专业、岗位、培养方向等不同，初步建立了各级各类人才数据库，完善了人才跟踪考核档案，确保了对各类人才的科学使用。工作中，我们大胆使用素质好、有专业特长的年轻人，放手压担子、搭台子、腾位子，给优秀人才提供了施展才华的机会。安排青年人才到基层岗位，到条件艰苦、任务艰巨或情况复杂的环境中去工作，使青年人才在实践中经受锻炼、丰富经验、增长才干。3年来，被选派到企业新经济组织培养锻炼的84名优秀年轻干部，经过组织考察得到了提拔重用。在近年来全集团提拔任用的副处级以上领导干部中，原始学历为本科的占到了45%。

三、推进激励政策创新，在激发人才工作活力上狠下工夫

人才的活力取决于体制和机制。体制机制一活，人才工作才能全盘皆活；体制机制僵化，人才工作就会弱化、退化。我们对原有的人才政策和制度进行梳理，全面创新激励机制，制定出台了一系列有利于人才培养、吸引和发挥作用的办法和措施。

为吸引高学历、高层次的毕业生来西山工作，我们承诺：对于招聘的煤炭主体专业及相近专业本科毕业生，从事井下采掘一线岗位工作，年收入不低于3.5万元/人；从事井下辅助生产一线岗位工作，年收入不低于3万元/人。同时，还建立了煤炭主体专业本科毕业生考核激励机制，报到上岗后第一年直接补贴5000元/人；此后四年根据考核情况，分年度、分档次进行奖励。煤炭主体专业本科毕业生在校期间，获得校级一等奖学金一次或二等奖学金两次以上者，报到上岗后一次性给予3000元奖励。集团公司所属单位也结合实际，制定了人才激励政策。屯兰矿实行了"首席岗位评比"制度，被评为首席岗位人员的，每月给予800元的奖励。杜儿坪矿实行了学历津贴，对井下一线原始学历为大专的毕业生，每月奖励200元；原始学历为本科的毕业生，每月奖励300元。

为鼓励在职职工学技术，练硬功，比贡献，我们规定：对在集团公司技能大赛中获得"技术状元"称号的，奖励5000元，浮动三级工资一年；获得"技术标兵"称号的，奖励3000元，浮动二级工资一年；获得"技术能手"称号的，奖励1000元，浮动一级工资一年，并在提拔、评模、深造、荣誉休养等方面给予优先。对荣获"中华技能大奖""全国技术能手""山西省技术能手"者，分别给予每人每月200元、100元、80元的特殊津贴。对在技能大赛中获得优异成绩的农民工，经上级部门批准，全部转为城镇合同制工人，改变了过去农民工只有到期返乡的唯一路子，使广大职工树立起了"技术改变命运，岗位成就事业"的理想和信念，为他们铺就了一条岗位成才之路。

四、推进创业载体创新，在搭建人才发展舞台上狠下工夫

创业载体是人才和智力引进的重要条件和途径，也是人才发挥作用的重要舞台。对人才工作而言，事业就是感召力，环境就是吸引力。我们加大载体创新力度，紧紧围绕国家建设大型煤炭基地和把西山确定为循环经济试点企业的有利时机，加快产业结构调整和项目扩张。古交发电厂、西山热电厂、汾阳焦化园区、兴县矿区、汾阳矿区、王家岭矿区等一大批重点项目已经建成或正在建设，企业的快速发展，营造了人才集聚的小气候。特别是随着"煤炭—电力—建材""煤炭—焦炭—化工"两条循环产业链的构建，为高层次人才发挥作用搭建了一流的平台。从1995年到2005年，西山累计引进各类主体专业、急需专业、特殊专业毕业生1810人，其中本科学历毕业生305人，大专学历毕业生491人。这些优秀人才个人价值的体现，已经与企业的发展紧紧联系在了一起。西山继高科技人才的代表、"全国劳动模范"秦斌青之后，又涌现出了"全国技术能手"翟胜利、王乃旺、栗俊平，"全国职工技术创新三等奖"获得者伏军（与许振超齐名）等一大批技术素质高、业务能力强的人才。栗俊平还荣获"中华技能大奖"称号，一人同时填补了全国煤炭系统和山西省的空白。

我们西山在人才队伍建设方面虽然取得了一定的成效，但与企业发展对人才的需求相比还有很大距离，同兄弟单位相比也有不少差距。今后，我们要进一步树立和落实科学发展观和科学人才观，以这次会议为契机，树立人才开发的新意识，大力营造"尊重劳动、尊重知识、尊重人才、尊重创新"的舆论氛围，拓宽高层次、高技能人才的成长通道，建设高素质的职工队伍，为煤炭工业现代化和全面建设小康社会作出积极的贡献！

谢谢大家！

（2006年5月全国煤炭行业2006年人力资源开发经验交流会介绍材料　张能虎主讲）

深化安康工程　实现安全发展

西山煤电集团公司

各位领导,同志们:

在全国"安康杯"竞赛全面推进、健康发展的第八个年头里,省煤"安康杯"竞赛互检团的各位领导亲临我集团检查指导,我首先代表集团党政工对各位领导的到来表示热烈的欢迎!

西山煤电集团公司是山西焦煤集团公司最大的子公司,是中国生产炼焦煤和优质动力煤的特大型煤炭企业,是全国最大的炼焦煤生产基地,也是国家首批确定的煤炭行业五个循环经济试点企业之一。现有9对生产矿井,7座选煤厂,3座发电厂,1个焦化工业园区,职工82000余人。2005年原煤产量3150.3万吨,销售收入105.1亿元,实现利税18.6亿元,职工年人均收入25215元,煤炭生产百万吨死亡率0.095。在9对生产矿井中,有6对高瓦斯矿井,5对矿井受奥灰水威胁,带压开采,属于大水矿井。井田内断层和陷落柱十分发育,同时也受到煤尘爆炸的危险性和周边小煤窑的威胁,矿区安全工作十分艰巨。

近几年来,我们根据全总、省市总、省煤和上级安监部门的要求,结合西山矿井实际,牢固树立和认真落实科学发展观和人本价值观,坚持把群众安全工作摆到维护工作首位的指导思想,深入开展"安康杯"竞赛活动,并不断在广度上拓宽,在内容上充实,在形式上创新,有效提升了企业安全管理水平和职工的安全技术素质,切实履行了维护职工生命健康权益职责。集团连续七年被授予全国"安康杯"竞赛优胜企业,2005年6月被中华全国总工会授予"全国五一劳动奖状"。总结近年来集团"安康杯"竞赛活动,主要呈现出以下几方面特点:

一、以"安康杯"竞赛为载体,强化群众安全监督

"安康杯"竞赛活动的开展,有效地规范和强化了群众安全工作。我们紧紧抓住"安康杯"竞赛这一实现群众监督的有效切入点,把群众安全各项工作全面纳入到"安康杯"竞赛活动中。

一是完善群众安全管理体系。在开展"安康杯"竞赛的起始之年,我们制定了《关于加强群众安全工作的规定》(以下简称《规定》),构建了"党政领导,工会牵头,部门配合,全员参与"的有效运行机制,健全和完善了各级群监委员会、井口接待站及群监网员的工作职责。2005年7月,集团对《规定》进行了修订完善,制定下发了《关于进一步加强群众安全工作的规定》,进一步明确了三级群监组织、女工协管网络、煤矿安全群众监督员的职责和权利,提高了群监网员津贴标准:由原来的井下一线1.0元/班、井下辅助0.8元/班提高到井下一线3.0元/班、井下辅助2.0元/班,女工协管员补贴为100元/人·月,进一步规范了群众安全工作程序,加大了工会对安全生产工作的监督检查力度。集团现有群监委员会23个,公司(科)群监分会224个,群众安全井口接待站10个,井口接待分站23个,煤矿安全群众监督员910名,群监网员2192名;协管会9个,协管分会50个,协管员385名。群众安全网络覆盖了企业的各个环节、各个层面,实现了群众监督检查的全面性。我们的做法,受到中华全国总工会、国家安全生产监督管理总局、国家煤矿安全监察局的关注,2005年西山煤电集团公司被列入全国首批仅有的两个煤矿安全群众监督员试点单位之一。

二是发挥职工代表大会作用。在开展"安康杯"竞赛活动中,我们积极发挥职工代表大会在安全生产工作中的民主监督、民主管理和民主决策作用。坚持将企业安全生产责任制,企业安全生产目标,各级安全责任人的责任,劳动保护技术措施以及其他事关职工切身利益和职工群众关心的安全生产问题,提交职代会讨论,听取职工代表的意见,接受群众监督。把安全生产工作实绩纳入职代会民主评议企业领导人员的重要内容,促进和推动企业领导重视安全,真抓实干。通过组织职工代表开展安全生产巡视检查活动,落实了职代会有关安全生产决议、决定和集体合同中劳动安全卫生条款的执行情况,检查了安全管理和现场作业情况,形成了集团每年、矿井单位每季、地面单位每半年一次定期巡视检查的工作制度。集团每年都要根据不同时期安全生产工作重点和职工反映强烈的问题,组织职工代表进行巡视检查，2004年12月，集团组织了部分职工代表和有关处室主管领导针对劳动防护用品发放使用和职业病防治情况进行了专项巡视检查。2005年以来，各级工会组织积极参与了选煤厂技术工程改造、矿井改扩建工程等重大项目的"三同时"审查验收56项，提出意见和建议68条。集团和各基层单位组织职工代表巡视检查55次，查出各类安全问题426条，着力解决职业病防治、职工劳动防护用品质量、周边小窑影响大矿安全生产、一通三防、防火防汛工作中存在的重大问题，在维护职工合法权益的同时，也保证了企业的安全生产。

三是提高群监工作质量。我们充分发挥井口接待站前沿阵地作用，认真收集、整理、汇总、反馈网员汇报的事故隐患和职业危害，按其严重程度和解决难易分A、B、C三级管理，并分级进行建档跟踪整改。健全了群监网员考核管理制度，建立了群监网员档案，统一了群监网员标识。官地矿实行的井口接待站总站与分站分级管理制度有成效，网员汇报的C级隐患可直接上区调度碰头会，有效地提高了隐患处理速度。镇城底矿对网员实行了数字化明细考核管理制度，极大地提高了群监网员的工作积极性。2005年，集团群监网员共汇报事故隐患和职业危害59472条，现场处理隐患41581条，制止"三违"5439多次，下发隐患通知单2427次，跟踪抽查1042人次，为企业的安全生产发挥了积极作用。集团坚持每年开展"优胜井口接待站"、"优秀群监网员"等评选表彰活动，涌现出了一大批敢于善于监督，为企业安全生产作出积极贡献的优秀群监网员。2004年9月，杜儿坪矿群监网员沈遵胜荣获"全国优秀工会劳动保护监督检查员"，成为群众安全工作的一面旗。2005年6月，在全国"安康杯"竞赛表彰大会暨首批煤矿安全群众监督员特聘仪式上，集团100名群监网员被中华全国总工会、国家安全生产监督管理总局聘任为全国煤矿安全群众监督员。

四是严格管理煤矿安全群众监督员。西山首批聘任的100名煤矿安全群众监督员能否有效发挥作用，首先必须得到各级领导的高度重视和充分认可。为此，2005年7月29日我们成功召开了西山深化"安康杯"竞赛动员大会暨煤矿安全群众监督员颁证大会。会上，集团各矿井单位安监、工会领导全部参加，集团主要领导亲自主持。大会进一步统一了思想，提高了认识，同时也提升了煤矿安全群众监督员的地位，为他们大胆地行使职权、更好地发挥作用打下了坚实的基础。在集团积极营造舆论氛围的基础上，各单位纷纷举行煤矿安全群众监督员授标仪式，将煤矿安全群众监督员的职权做成大型牌板悬挂在行人走廊，同时通过有线广播、闭路电视、矿报、点阵屏等宣传阵地大力宣传煤矿安全监督员的先进事迹，使他们电视里有影，广播里有声，报纸上有文，煤矿安全群众监督员的影响力逐步扩大。今年4月我们下发了《西山煤电集团公司煤矿安全群众监督员管理办法》。《办法》扩大了煤矿安全群众监督员的聘任范围(除要求所属九矿的采掘开一线班组至少配备1名群众监督员外，井下二线及地面生产单位可根据工作实际进行配置，使特聘煤矿安全群众监督员达到1000名)、严格了聘任条件、明确了九条职权、加强了组织管理、规定了奖励办法、制定了考核标准。政策的出台，为基层开展煤矿安全群众监督员管理工作提供了制度保证，使集团煤矿安全群众监督员管理工作逐步走向了正规。集团实现了群众监督员的微机化管理，做到了一人一卡。实行了定期汇报制度，群众监督员每月向本矿生产保护部汇报工作，各矿每季向集团工会上报群众监督员的工作情况。每位煤矿安全群众监督员都配备有工作记录本，将每日参加学习、培训、开展安全检查及日常监督检查活动记录下来，特别是将隐患处理、抓"三违"情况详细记录下来。各单位根据《西山煤矿安全群众监督员考核标准》，结合各自实际制定了本矿煤矿安全群众监督员考核细则，从上岗天数、汇报次数、隐患处理、制止"三违"、合理化建议质量和数量、隐患上碰头会条数等多个方面进行考核，做到了量化细化。屯兰矿对群众监督员实行了分级考核制度，矿、区每月对群众监督员进行考核排名，季度前三名的分别奖励150元、100元、50元，表现突出的群众监督员每季津贴可达到300～500元，这样极大地调动了群众监督员勇于监督、善于监督的积极性和主动性。现在我们已由原来的100名煤矿安全群众监督员增加到了910名，并得到了全总和国家监察局的批准和统一编制。他们认真履行着煤矿安全监督员职权，严把现场安全关，积极制止作业现场各种人员的"三违"现象，及时排查现场事故隐患并监督处理，针对工作现场安全状况，积极提安全合理化建议，有效地促进了矿井的安全健康发展。在工作现场，群众监督员们不怕苦不怕累不怕得罪人，涌现出了避免井下透水事故的白家庄矿掘进一队监督员樊海庭、"眼里容不得违章行为"的官地矿综采一队监督员张俏祥、善于发现细节隐患的杜儿坪矿掘进三队监督员李瑞峰等一大批优秀群众监督员。正是他们高度的责任心和对群众监督工作的满腔热情，述写着一个个真实的故事，他们用自己的实际行动排除了现场一次次险情，为广大职工创造了一个安全和谐的工作环境，为矿井的安全生产筑起了一道坚固的防线。

二、以“安康杯”竞赛为先导，加强安全文化建设

我们把“安康杯”竞赛与企业安全文化建设相统一，开展了具有西山特点的安全宣传教育活动，初步构筑了群众安全文化体系，形成群众安全文化理念，实现了群众安全文化的人本管理境界。

一是充实班前会活动内容。坚持把班前会作为安全生产的第一道工序、安全教育的第一课堂、安全管理的第一道防线。集团先后制定了《关于进一步规范班前会的通知》、《关于进一步加强地面生产单位班前会的通知》，从班前排查、强调安全、技术培训、唱安全歌等八个方面进行了规范；编印了《每日一题安全知识问答》、《“安康杯”知识竞赛实用手册》等学习资料，供职工班前进行学习培训。各项有效措施使班前会成为西山安全文化建设的一大亮点，也成为我们西山对职工进行安全教育的重要途径。

二是丰富安全宣传教育形式。我们紧紧围绕全国“安康杯”竞赛活动主题，在职工群众中广泛开展了各种行之有效的宣传教育活动。集团每年组织开展规模大、覆盖全、周期长、参与广的“事故反思周”、“安全生产月”、“百日安全无事故”等安全宣传教育活动；开展矿领导“班前寄语”、“妻子嘱安全”、“井口慰问演出”、安全书法、安全辩论赛、安全法律咨询等活动；在2006年“安全生产月”期间，围绕“安全发展，国泰民安”这一活动主题，集团组织开展了20项安全宣传教育系列活动，参加活动人数达5万余人次；积极加入全国“安康杯”竞赛网站，充分利用网络资源，加强信息交流。2005年11月，我集团组队参加了“安康杯”全国职工安全卫生消防知识竞赛，取得了全国团体排名赛一等奖第三名，个人赛特等奖第二名和第三名、有2人获得个人赛一等奖的好成绩，成为山西省唯一进入全国排名赛决赛的参赛队，也是全国唯一进入决赛的煤炭企业。今年6月，我们又组队参加了省、市安全生产监督管理局开展的“平安中国—《安全生产法》知识竞赛”选拔赛，均以第一名的身份晋级。我们代表山西省参加“平安中国—《安全生产法》知识竞赛”全国选拔赛，取得全国第四名的好成绩。我们还选派了镇城底矿职工聂惠参加了全国“安全生产月”期间的“安全生产万里行”“西南行”活动，并赴四川、贵州、重庆等地进行巡回演讲。现在我们正在积极筹备“西山煤电杯”全国职工安全生产演讲比赛决赛，并于8月15日正式启动。寓教于乐、丰富多彩的宣传教育形式，营造了良好的安全文化氛围，“关爱生命、关注安全”在矿区蔚然成风。

三是提高职工安全技术素质。坚持将竞赛活动与技术练兵相结合，以提高操作技能作为保证生产安全的主要手段，围绕提高职工安全生产技能，开展岗位技术练兵、技术比武，使广大职工技术水平和整体素质有了明显提高。2005年6～9月，集团先后组织参加承办了西山2005年职工技能大赛、山西焦煤第三届技能运动会、“西山煤电杯”全国煤炭行业职业技能大赛，有近千名选手参加了47个工种的角逐，有效地促进了职工安全操作技能水平的提高。2006年7月9日～25日，集团又组织了西山2006年职工技能大赛，共有737名选手参加了35个工种的比武，这是近年来集团规模最大的一次技能大赛。集团制定了《关于全员安全培训目标和考核办法》，完善了职工安全培训等级达标标准，狠抓特殊工种作业人员安全培训，严格执行持证上岗制度。以落实“每日一题、每周一课、每月一考”制度为中心，规范了授课、抽考、月考、达标考试等环节，形成了全员安全培训包保体系，实现了初、中、高级安全知识培训达标人员三级梯次发展，丰富了职工素质工程内涵，为整体提升职工安全技术素质和企业安全管理水平奠定了扎实基础。

四是提升女工协管工作水平。在多年来卓有成效开展协管安全工作的基础上，2002年集团在矿井单位职工家庭中开展了创建“安全五好家庭”、“争当好矿嫂”竞赛活动，把安全理念、安全管理、安全教育和安全培训延伸到八小时以外，延伸到社会和家庭，创建了安全亲情人文文化环境。2006年“安全生产月”期间，我们组织开展了“安全家庭进班前”活动，有720户家庭参加了由职工、妻子、儿女共同参与的特殊班前会。杜儿坪矿开展了“一封家书一份爱、一句嘱咐一片情”——向一线亲人发出安全嘱咐信活动。班前会上，读着亲人那朴实真挚的感人话语，职工们的心灵被深深触动。她们还自行制作了200多件“平安福”红色背心、1000多双“安全鞋垫”在班前赠送给职工，用女性特有的亲情为职工带去了温暖与祝福。马兰矿等单位在井口建起了

"女工家属井口安全服务站"，这里每日都有协管员为上下井职工服务，热乎乎的绿豆稀饭、缝衣补扣的"贴心大妈"，真正营造了一个温暖、舒心的"矿工之家"。西铭矿向全体女工发出了协管安全倡议书，号召广大女工家属积极投入到"送温暖、嘱安全"和"安全五好文明家庭"创建活动中来，主动承担家务，争当安全贤内助；主动搞好服务，争当安全好矿嫂；主动深入井口，争当安全好后勤。两年来集团共创建"安全五好家庭"3634户，评选出"好矿嫂"1957名。

三、以"安康杯"竞赛为龙头，提升安全管理水平

我们按照"管理、装备、培训"并重原则，整合了安全管理体制，将群众安全工作全部纳入到各项安全制度检查考核之中，制定了《安全绩效考核讲评制度》和《事故分析追究处理制度》等系列安全管理制度，实行了以"责任法人制度"为主要形式的安全管理机制。

一是狠抓安全生产责任落实。明确各级行政正职是安全生产的第一责任者，各级工会主席是群众安全工作的第一责任者。集团与所属各单位的党政工领导签订安全目标责任书，明确工作目标和考核办法，全面落实了安全生产责任制。严格落实干部"一下三抓"、"两下三抓"（"一下"即下现场，"两下"即下基层、下现场，"三抓"即抓三违、抓隐患排查、抓培训抽考），使干部抓安全工作关口前移，重心下沉，把主要精力放到具体问题的解决、处理、落实上，把管理服务落实到井下工作面（车间），突出了安全绩效考核，形成了物质奖励和精神鼓励相结合、正面激励和负面约束相统一的奖罚机制。

二是深化安全生产专项整治。我们建立健全安全质量标准化责任管理体系，实行旬检月验季查评分、排名、讲评制度，严格奖罚兑现。坚定不移地贯彻"加强管理，先抽后采，监测监控，以风定产"方针，加强了高瓦斯矿井和低瓦斯矿井的高瓦斯区域治理，做到了"应投必投，应抽尽抽"。继续深化了"一通三防"、矿井防治水、周边小煤窑"三项"治理活动，从根本上解决了影响安全生产的重大隐患，杜绝了重大事故的发生。

三是突出安全薄弱环节管理。我们坚持专业管理与群众监督相结合，加强了大小运输、零散作业人员等方面的管理，有效地控制了零星事故的发生。加大安全生产的投入力度，每年投入巨资对矿井通风、供电、运输等重大系统和主要环节进行改造，提高了矿井的综合抗灾能力，2005年累计投入4.17亿元，有效地改善了企业的安全生产作业环境。

四、以打造"安康工程"为抓手，实现"安全"与"健康"和谐统一

我们坚持由事故防范型向安全健康型转变，实现了"安全"与"健康"的和谐统一。

一是建立职业安全健康管理体系。我们制订了《2004—2006年职业安全健康管理体系规划》。各单位按照集团的总体要求，制定了本单位职业安全健康体系认证规划，积极做好职业安全健康体系运转、信息咨询等各项工作。现在集团各矿均顺利通过了职业安全健康体系认证并保持国家级审核认证。

二是强化职业安全卫生工作。集团各级均成立了由党政工主要领导负责，工会、安监、卫生、供应等相关部门人员共同参与的职业安全卫生组织领导机构。加强了作业点粉尘浓度的监测和综合治理，定期组织巡视检查，使粉尘作业点达标率达到了90%以上。按照《职业病防治法》规定，坚持定期体检制度。2005年已对10000余名接尘人员和接触噪声作业人员进行了体检。同时，健全了劳动防护用品的采购、发放、使用管理制度，每年用于职工劳动防护用品资金达900余万元。

三是加强工伤保险管理。集团成立了由集团领导及社保、工会、劳资、安监等部门负责人组成的工伤保险领导组，制定了《西山煤电集团公司工伤保险实施方案》，从参加统筹对象、工伤认定、劳动能力鉴定等方面作了明确的规定，实现了工伤预防及工伤管理工作相统一。

近几年来，通过我们的努力工作，取得了一定的成绩，但是，我们也清醒地认识到工作中还存在一些不足和问题，如单位之间发展不平衡，某些环节考核不严细等，与兄弟单位还有一定的差距，在今后的工作中，我们将不断加以改进和完善，尤其是通过这次去潞安、晋城、阳泉取经，学到许多宝贵经验，我们将不断实践并运用到工作当中去，按照上级工会的要求，求实进取，开拓创新，同心协力，扎实工作，为保障职工的根本利益、建设和谐西山作出积极的贡献！

（2006年7月7日山西省煤矿工会"安康杯"竞赛互检汇报材料　胡国顺介绍）

创建文明社区　建设和谐马兰

马兰矿

吕梁山下，汾河之滨，坐落着一座现代化的矿井—山西焦煤西山煤电集团公司马兰矿。马兰矿位于全国最大的主焦煤基地—山西省太原市，是我国“六五”、“七五”期间建设的国有重点大型煤矿。矿井设计年生产能力为400万吨，井田面积108平方公里，于1983年11月20日开工建设，1990年6月27日投产，与矿井配套的选煤厂于1993年10月建成投产。矿井先后荣获“全国煤炭系统特级高产高效矿井”、“全国煤炭工业科技进步十佳矿井”、“全国煤炭环境保护优秀单位”、“全国依法生产先进煤矿”、“全国文明煤矿”、“中国煤矿康居建设小康矿”、“山西省文明单位”、“山西省园林绿化单位”、“山西省劳动与社会保障3A级诚信企业”等多项荣誉称号。

马兰矿位于山西太原的所属县级市—古交市西南16公里，拥有职工5千余人。马兰社区包括利民小区、文苑小区、兴苑小区、华苑小区、盛苑小区、滨苑小区6个物业小区，有常住人口3万余人。由于矿区地处偏僻，远离城市，文化生活相对单调，这些特点决定了煤矿企业的文明社区创建工作既要有创新、有高度，又要有广泛的群众基础。为此，马兰矿的社区建设立足现实，按照市场经济的方式，按照精神文明建设的要求，在社区建设上探索具有自己特色的社区管理方式。几年来，马兰矿始终坚持以“三个代表”重要思想为指导，坚持精神文明重在建设的原则，紧紧围绕“打造文化马兰、建设和谐矿区”这一目标，大力开展精神文明创建活动，把精神文明创建融于企业各项管理之中，实现了精神文明建设同步安排、同步考核、同步落实、同步总结、相互促进。

马兰矿在文明社区建设中，把推进文明社区建设活动作为矿区精神文明建设的重要组成部分，把社区建设和文明社区创建工作作为加强基层组织建设、改进社区思想政治工作、实施社会保障、完善社区功能的重要一环，以“四个创新”为总思路，以“六进社区”活动为总抓手，以“1710”评比为手段，以“三小”、“五老”活动、“安贤廉”三评比等活动为途径，按照机制共筑、资源共享、责任共担、实事共办的原则，不断探索社区共建的组织形式和活动方法，把文明社区建设融入到矿区文明创建活动，并不断丰富创建内容，突出创建重点，为群众性的文明创建活动注入了源源不断的新鲜活力。

一、突出环境建设，进行环境创新——不搞文明社区创建形式上的单打一

人改变环境，环境改变人，这是矿党政领导在长期实践中得到的体会，要建设文明社区，首先要建设居民、绿树、青草、粉楼相协调的高标准人居环境，着力提高马兰矿区职工的生活质量。进入新世纪，马兰矿借着煤炭市场好转和西山煤电集团公司领导重视程度提高的东风，加快了文明社区创建的步伐。尤其是近四年来，矿党政坚持把社区环境治理工作作为一项长期工作来抓，开展了“美化、绿化、净化、硬化、亮化”五化工程，加大两个环境整治的投入力度。马兰社区内先后建设了六个高标准职工物业住宅小区，建成了六个立体式公园以及集休闲、娱乐、健身等为一体的两个多功能职工文化活动中心，社区绿化工程按照“稳步实施、绿中求美、讲求艺术、注重实效”的原则，在布局上注重点、片、面相结合；在空间上注重高、中、低相结合；在物种上注重乔、灌、草相结合的方式。既突出了不同的绿化区域的不同风格，又实现了各绿化区域的协调完美。现在社区内绿化面积达到48万平方米，绿化覆盖率达45%。一盏盏路灯、一排排楼房、一片片草地，白天鸟语花香，晚上华灯辉映，平坦笔直的路面，树木葱葱、花团簇簇的绿化带，构成了马兰的又一独特风景。如今，漫步在马兰社区，绿树环抱，花草喷香，使人心旷神怡、流连忘返。一个“矿在绿中，路在林中，楼在园中，人在花中，灯在草中，亭在水中”的美丽马兰展示在人们面前。

如何使这样一个具有现代化水准的住宅区保持永久的魅力，使其真正成为广大职工家属的温暖家园。马兰矿党政领导充分认识到开展创建文明社区活动对矿区文明程度的重要性。为此，马兰矿不断加大创建文明社区软件管理力度，要求社区内卫生清扫、保洁，绿地、树木、灌木养护，社区治安防范管理，严格按照标准化、规范化管理，使外在形象与文化内涵实现了统一，实现了地面硬化、土地绿化、夜间亮化、整体美化、卫生管理目标化、责任落实人格化、卫生检查制度化、设施配备标准化、物品摆放规范化。社区服务人员从人性化的服务承诺入手，把“居民来有迎声、居民走有送声、居民问有答声、服务不周有欠声、居民帮助有谢声”作为服务承诺的基本内容张挂在服务场所醒目位置，接受服务对象的监督；接着把“耐心、细心、贴心、关心、爱心”作为服务理念渗透到每个工作环节中，引领全体社区服务人员树立“肚量大、脾气小、理由少、效率高、工作快、做事细、脑子活、讲话柔、嘴巴甜、微笑多”的服务思想，树立良好的对外形象。根据社区居民的需要，房产物业部门针对出行不便的居民或家中长期无人居住的住户，开设了“预约缴费服务”、“利民代办服务”等服务项目。目前，广大职工家属安居乐业、团结友爱，社区营造了一个人与人之间、人与环境之间、人与企业之间良好互动的和谐发展氛围。

二、注重载体培养，体现思路创新——不搞文明社区创建内容上的单打一

社区文化，是矿区文化的基石，大力推进社区文化建设是新形势下做好矿区群众工作和加强企业文化建设的重要内容，马兰矿近几年来通过在全矿区大力开展“六进社区”活动，极大地推进和引导了社区文化建设活动。

文体活动进社区。丰富的文体活动是文明社区的重要组成部分。马兰矿围绕文明社区创建工作，积极创造条件，为群众开展文体活动提供方便，设定了专门的活动场所，指定每个活动场点由专人负责，开办老年活动室，开辟了青少年文体活动场地，积极组织开展广场文化活动，充实居民的业余文化生活。在群众中选拔、培养、组建了一支业余健身辅导员队伍，对广场上群众自发兴起的文艺、健身等活动，加以积极引导，实现“日日有活动，月月有安排”。

文明风尚进社区。马兰矿围绕“崇尚科学、倡导文明、让文明生活贴近百姓生活”的主题，在社区大力宣传贯彻“爱国守法、明礼诚信、团结友善、勤俭自强、敬业奉献”的《公民道德建设实施纲要》，制定马兰矿文明道德公约，推行文明用语，印制了包含有基本道德规范、马兰矿职工职业道德规范、信条、职业道德三字经等内容的《马兰矿职工文明手册》和倡议书；定期在社区开展文明小卫士进家庭、绿色小卫士进社区、安全小卫士进班前会活动的“三小”活动；发挥老党员、老先进、老劳模、老干部、老工人的余热，组织“五老”对社区环境卫生、精神文明建设等内容进行巡回检查和监督。

法律援助进社区。矿相关单位联合驻地派出所定期深入社区，在社区开展普法宣传、法律援助活动，对《婚姻法》、《妇女和儿童权益保障法》、《消防法》等与职工家属息息相关的法律法规通过广播、传单、咨询等形式进行宣传。由相关单位成立的法律服务、劳动争议委员会人员经常深入社区解决问题，信访部门主动深入社区倾听职工家属的呼声，把信访的苗头解决在基层。

护绿行动进社区。马兰矿围绕文明环境的创建工作，在大力整治社区环境，净化、绿化、美化社区的同时，不断巩固现有社区绿色环保成果。在社区开展了“建设和谐矿区、爱我绿色马兰”等系列宣传活动，通过环保知识问答、主题签名等各种形式宣传环保知识；环保小卫士和青年志愿者们在社区内外、街头以“捡拾一片垃圾”的实际行动，发动学生参与环保活动，做环保的使者，并在社区范围内通过“小手拉大手、共建美好家园”，争创“绿色家庭”的宣传，倡导绿色消费观念，把绿色、环保生态理念以及文明健康的生活方式宣传到每一户家庭，增强全矿职工家属的环境保护意识和环境道德意识，带动全员共同关注环保事业，参与环保行动、形成文明风气。

爱心服务进社区。马兰矿不断引深“温暖工程”建设，积极探索建立困难职工帮扶的长效机制。建立了集企业救助、社会捐助、职工互助为一体的爱心服务站，用爱心构筑起社区党员、团员和广大干部职工群众与困难职工家属之间的连心桥。将各种困难救助基金与社会爱心捐助款统筹安排，购置了米、面、油等食物及生活必需品，根据贫困户的家庭实际情况，以面额不等的代金券形式发放给特困家庭，保证了社区内没有一例因受天灾人祸等特殊原因而导致基本生活无法保障的现象发生。爱心服务站从2006年5月份开始运行至今，个人捐款达到64000余元，先后有132名困难家庭接受了捐助。

安全协管进社区。安全工作是煤炭企业重中之重的工作，党政工青妇齐抓共管安全工作是煤矿的优势。马兰矿通过开展“安内助、廉内助、贤内助”为主题的系列活动，建立健全了“家庭促安、家庭促廉、家庭促和”的机制和体系，相关部门通过文艺表演、牌板宣传、知识问答等形式深入社区进行宣传。

使矿工的安全和干部的政治生命安全与社区每一位家庭成员紧密联系在一起，使他们成为反腐倡廉的宣传员、监督员、守门员和战斗员。

三、凝聚多方力量，进行模式创新——不搞文明社区管理体制上的单打一

文明创建活动是一项系统工程，需要动员各方力量，需要全员参与、自觉投入。在推进社区文化建设的工作中，马兰矿充分发挥宣传、组织、工会、共青团、女工、退管中心、保卫等单位在创建文明社区中的重要作用，形成党政领导，宣传牵头，工会、物业承办，有关部门配合，社会力量支持，群众广泛参与的文明社区创建格局。全矿各单位不断完善文明社区中的组织管理、环境美化、文化娱乐、治安防范、生活服务五项功能。保卫部门联合当地派出所狠抓了安全文明社区建设，扎实开展了无火灾事故、无刑事案件、无盗窃行为、无黄赌毒、无上访闹事、无打架斗殴、无酗酒滋事、无职工犯罪的“八无”竞赛活动。同时成立保安大队，在六个物业小区内设立社区警备室，对小区实行24小时的全天候巡查，以社区治安积极分子、小区保安、矿经警中队为基础，加强三级治安防范网络的建设，同时将对六个物业小区实行计算机联网管理。采取专项整治和综合整治相结合的办法，以规范社区交通安全问题为突破口，分制度、教育、示范、督查和养成五个步骤进行实施，联合物业部门制定下发了《马兰矿关于规范小区车辆管理的规定》等。物业部门对社区主要街道划分了卫生责任区，明确了责任单位和责任人，实行了全天候的卫生管理办法，坚持每旬卫生检查制度，社区全面实现了无乱堆乱放、无乱扔乱倒、无卫生死角、无乱设摊点，整个社区呈现出干净整洁、环境优美、人与自然相和谐的新气象。宣传部门加大宣传引导力度，以广泛的宣传教育和深入细致的思想工作，在矿区营造和谐、文明的氛围，使文明社区创建工作这一爱民工程最大限度地得到广大居民的认同，进而配合支持创建工作。工会、团委等群众组织按照群众工作群众抓、群众工作群众管的思路，先后成立了集邮、摄影、书法、美术、文学创作、群众体育6个协会，围棋、太极拳、功夫扇、秧歌、合唱、管乐等队伍，繁荣了社区文化，陶冶了职工情操，形成了睦邻友好的邻里关系。

四、建立考评体系，注重机制创新——不搞文明社区创建评比上的单打一

文明社区创建工作需要投入，需要全员的参与，更需要制度的约束，评比的促进。为此，马兰矿在不断丰富创建形式，创新活动内容的同时，建立了文明社区“1710”评比制度。每年由相关部门参加，以职工“三违”、社会治安、文明行为等内容为标准，在社区内评比一个“文明小区”，评比七个“文明楼”，评比十个“文明单元”以及“安全五好家庭”、“五好文明家庭”。对于评比上文明小区、文明楼、文明单元的住户，矿文明办以敲锣打鼓、送喜报、挂牌匾的形式给予表彰，让职工家属充分感受到参与文明社区创建的荣誉感和自豪感。

马兰矿文明社区的创建不仅增强了职工家属的凝聚力、向心力，也为矿区精神文明建设工作注入了新活力，更激发了广大职工的工作热情，使职工以饱满的热情投身到企业生产经营活动中。

如今的马兰矿，矿区稳定，政通人和。展望未来，马兰人将以更加昂扬的精神状态，以百倍的信心，以豪迈的情怀，以执着的创业精神，走向美好灿烂的明天。

（2006年10月山西焦煤集团后勤质量标准化建设现场会经验材料　张卫平主讲）

强化过程控制　力创精品工程

山西焦煤西山金信建筑有限公司

我公司是军转工企业，始建于1966年，前身为中国人民解放军基建工程兵第四〇五团。1983年5月集体转业，成立西山矿务局古交第三工程处。2000年5月改制为山西金信建筑有限公司，隶属于山西焦煤集团有限公司。公司现有在册职工1193人，其中具有高中级技术称职人员117人，一二级项目经理(建造师)57人。公司注册资本金5100万元，拥有各种施工机械设备1127台(件)，年施工能力达5亿元。为国家认定的矿山施工总承包、房屋工程总承包、市政公用工程总承包一级和冶炼工程总承包二级以及钢结构工程、装饰装潢、土石方、起重设备安装、管道工程专业承包二级企业。2004年通过了质量、环境、职业健康安全“三标一体”认证。公司曾先后被评为全国守合同重信用企业、全国500家最佳经济效益建筑业企业、全国煤炭行业先进施工企业、山西省优秀建筑企业和用户满意施工企业。去年,公司被评为全国优秀施工企业。

我公司于2001年12月中标山西古交发电厂3号标段工程,2002年3月正式开工,2004年6月竣工移交。在施工过程中,我们一方面发扬人民军队的优良传统和作风,另一方面,强化管理,加强过程控制,实现了创优目标。下面,我将有关做法和体会向大会作一简要汇报:

一、领导重视是实现创优目标的前提

山西古交发电厂位于太原市以西53公里处。是国家“十五”期间规划的大型发电项目之一,也是山西省“十五”期间的重点工程。主要参与省内电力平衡,解决晋中、晋南地区用电,为“西电东送”、稳定供应提供保障。电厂燃用洗中煤和煤泥,对提高煤炭资源的综合利用,节约能源、减少污染、缓解运输压力、发挥现有煤矿的生产力具有十分重要的作用。新建工程规划容量为1200MW(4×300MW机组)。一期工程建设规模为2×300MW国产直接空冷凝汽式燃煤发电机组,配置2×1025t/h自然循环汽包炉,出线电压为500千伏,并留有扩建2×300MW机组的条件。我公司承建的3号标段主要包括燃料供应系统、供水系统、除灰系统、办公及附属生产系统和安装工程等五大系统。土建单位工程64个,安装单位工程34个,概算总价为43652.29万元。

对于我们这支煤炭基建队伍来说,参加电厂建设施工还是第一次,而且工程项目多、结构繁杂、施工战线长。为保质保量完成这一艰巨的任务,公司党政非常重视,一开始就把此工程的目标定在创“太阳杯”和省优工程上,指派一名副总经理任项目经理,抽调精兵强将,成立了工程管理部、技术部、安全部、物资供应部、预算部等,并以土建一公司为主力,开赴古交发电厂。同时,我们又组织有关人员专程到电建企业学习,完善了人力资源、技术准备、物资供应等开工准备工作。健全组织机构,完善人员配备,健全质量保证体系和安全监督体系,强化制度建设,落实各级责任制。为确保施工的顺利进行,采取周碰头制度,每周对需要协调解决的问题组织各施工单位进行面对面协调,公司主要领导现场办公,所有问题当场解决。同时,按时参加业主定期召开的施工协调会,确保进度、质量和安全落到实处。

二、强化管理是实现创优目标的关键

首先,制定完善的全面质量管理措施。成立了以项目经理为组长、总工程师为副组长的质量管理领导小组,明确规定了质量管理工作的具体任务和责任、权利等等,做到人人有压力、人人有责任、人人有目标、人人有兑现。实行质量一票否决制,严格考核、奖罚分明。其次,完善实现质量方针和目标措施。将质量方针层层分解,定期对方针目标的执行情况进行检查评比,将方针目标量化,实行百分考核制,并将工作标准与奖金挂钩,质量标准与验工计价挂钩。项目经理、技术负责人实行质量抵押金的办法,激发他们重视工程质量、确保工程质量的积极性和主动性。第三,完善规范施工措施。根据施工技术规范要求,项目部编写单项工程或工序的技术标准,下发给各施工单位作为施工依据,并定期不定期地检查执行情况。同时,根据设计图和下发的标准,实行自检和定期检查制度,并坚持自检、互检、交接检,把影响质量的因素消灭在施工过程,对不符合质量标准的坚决予以返工,从而保证了创优目标的实现。第四,完善管理和专业人员操作技能措施。凡进入该项目部的管理人员,须取得相应的专业技术职务,受过专业技术培训,并具有一定的施工及管理经验。而专业工种人员要按照国家有关规定进行培训考核,获得上岗证及相应技术等级,必须持证上岗,未经专业技术培训考核者不准上岗,从而以人的质量保证工程质量。

三、科技进步是实现创优目标的保证

在贮煤筒仓滑模施工中,为了消除常规滑模混凝土表面不光滑、表面出现水泥浆流坠痕迹以及模板接缝痕迹,我们组织技术人员反复论证,对滑模外模板进行了技术改进,采用5毫米厚钢板代替定型钢模板,钢板接缝用焊接连接,并将焊缝打磨平整,使外模的收分由国家技术规程规定的2‰~5‰变为0~1‰。工艺改进后,脱模的混凝土表面平整光滑,达到了镜面混凝土的要求。该工程被评为山西省优良工程。

灰渣场排水管道是除渣系统中的重要组成部分,由于灰坝荷载较大,因而设计采用高覆七型无黏结预应力钢筋混凝土预制管。管形为拱门型,内经1.6米，壁厚300毫米，管节混凝土强度等级为C40，抗渗标号为S6，钢筋采用无黏结直径15.2低松弛钢绞线，螺旋缠绕，双向张拉技术。我公司与清华大学联合对该工程进行了设计与施工，不仅节约了施工材料，而且还大大提高了排水管的承载能力。

在配煤系统受煤坑工程施工中，北侧距屯马铁路专线仅4米，并且铁路要正常营运，东侧离铁路信号灯塔仅2.2米，南侧距屯兰矿材料库也只有13米，而受煤坑基础需要深挖20米。为确保铁路路基稳定和安全，通过制定方案和技术攻关，我们大胆采用复合土钉墙支护技术，不仅保证了工程的顺利进行和工程质量及安全，而且还节约工期22天，创造直接经济效益32.5万元。

在古交电厂3号标段施工中，我们还采用滑移脚手架、高空拼装的方法完成了平面尺寸为60.5×218米的大型网架施工；采用美国旗赛公司上海巴安水处理工程有限公司生产的HDPE高密度防渗膜，完成了26000立方米单元组合式蓄水池施工；采用外挑整体爬升架，完成了综合办公楼施工等等。依靠科学技术加快了施工进度，保证了施工质量。

以上是我们承担山西古交发电厂施工优良工程的简要做法和体会，与兄弟单位相比，还存在不少缺点和不足。我们愿以这次会议的机会虚心向大家学习，总结经验，治漏补缺，使我公司的质量管理工作再上一个新的台阶。

（2006年4月22日中国煤炭工业协会2005年度先进表彰暨经验交流会　白顺亭主讲）

西山煤电集团公司2006年十大新闻

西山煤电集团公司2006年十大新闻

●1月1日，西山召开大会庆祝建局50周年。50年来，西山累计生产原煤5.42亿吨，精煤1.55亿吨，实现利税80多亿元，由一个年产原煤只有183万吨的小煤矿发展成为年产原煤3000多万吨的特大型企业，由单一煤炭产业发展成为以煤为主业，电力、焦化等六大产业并举的多元产业格局。同日，股份制的山西焦煤西山煤电集团有限责任公司挂牌成立。

●1月5日、6日，代省长于幼军就棚户区改造和沉陷区治理来集团公司现场办公，极大地促进了集团公司棚户区改造工作。今年，集团公司开工建设棚户改造区11个，新建住房3360户，计23.42万平方米，分别完成责任目标的100.36%和111.58%，累计完成投资8400余万元，一批职工群众已喜迁新居，住进新房。10月21日~23日，全国煤矿康居建设经验交流会在集团公司召开，推广了西山棚户区改造经验。

●3月，集团公司部署深入开展社会主义荣辱观及学习贯彻党章，坚持“十要十不要”主题教育活动。4月，召开树立正确荣辱观，进一步转变干部作风大会。一年来，广大党员、干部学党章、知荣辱、树新风，促进了和谐西山的建设。

●4月21日，官地矿机电科采掘机电管理组组长栗俊平荣获由国家劳动和社会保障部授予的“中国高技能人才十大楷模”称号，9月26日，栗俊平参加了在北京召开的全国高技能人才工作会议暨第八届中华技能大奖和全国技术能手表彰大会。

●6月24日~29日，人民日报、新华社、中央电视台、中央人民广播电台等12家中央新闻媒体对集团公司以“落实科学发展观，建设节约型社会”为主题进行采访，并作为该栏目的开篇进行了专题报道。集团公司的做法和经验受到中央新闻媒体的一致称赞，被誉为“西山模式”。8月31日~9月1日，由国家发改委、中国煤炭工业协会联合主办的煤炭行业发展循环经济现场交流会在太原召开，与会代表参观了古交发电厂、屯兰矿等单位，是大会确定的唯一的参观点，集团公司在大会上做了经验介绍。经过多年努力，集团公司两条产业链已基本形成，今年发电量达到48.96亿千瓦时，焦炭生产达到83.27万吨。

●6月28日、29日，集团公司第七次党代会隆重召开，大会认真总结了第六次党代会以来12年的实践经验，确定了集团公司到2010年的发展思路和今后一个时期加强党的建设的主要任务，选举产生了中共山西焦煤西山煤电集团公司第七届党的委员会和党的纪律检查委员会。11月19日，集团公司工会第七次会员代表大会召开，大会回顾总结了9年来的工会工作，明确了今后一个时期的工作思路和主要任务，选举产生了新一届领导机构。12月8日，共青团集团公司第十一次代表大会召开，大会回顾总结了共青团12年来的工作，提出了今后一个时期的基本任务，选举产生了新一届领导机构。

●9月9日～18日，全国煤矿第18届“西山煤电乌金杯”男子篮球在集团公司举行，经过9天48场的激烈角逐，西山队获得亚军。

●10月份，中国上市公司100强CBT评比，西山煤电股份公司由57名上升到30名。2006年西山煤电股票收盘价为8.95元，市值达到108.47亿元。

●11月22日，备受广大职工家属关注的西山热电联供工程竣工投产。该工程总投资约1.8亿元，铺设管网总长35公里，兴建换热站22座、热力监控中心1座，供热总面积达260万平方米，72座燃煤供热锅炉停止使用，该工程的竣工投产极大地改善了西山地区的环境质量。

●今年以来，集团公司建筑业积极开拓外部市场取得可喜成绩，继4月4日金信公司成功中标神华集团万利公司一矿储煤仓工程之后，5月11日该公司又成功中标神华集团万利公司布尔台煤矿5个产品仓工程，极大地提高了集团公司建筑业的市场竞争能力。

中央十二家媒体采访西山循环经济报道选编

典型报道：古交的循环经济之路

——来自西山煤电集团公司的报道

人民日报记者　安　洋

2006年7月4日 03:29

开栏的话

节约资源是我国的一项基本国策。节约土地、能源、淡水、矿产资源，对实现经济社会可持续发展具有重大意义。为了不断提高干部群众贯彻落实科学发展观、建设节约型社会的自觉性和坚定性，进一步营造建设节约型社会的良好氛围，本报从今天起，开辟《落实科学发展观·建设节约型社会》专栏。

这次集中报道的主要内容是：以节约能源为重点，围绕能源生产企业采用先进技术，提高能源生产效率，重点耗能企业推广科学管理模式，提高能源利用率，以及新建住宅和公共建筑节能、商业和民用节能、开发利用可再生能源等有效做法；以节约土地、节水等为重点，围绕建设节约型城市、节约型政府机构、节约型企业、节约型社区的有益经验；以建设环境友好型社会为重点，围绕争创国家环保模范城市、生态示范省(市、县、区)、环境优美乡镇、国家环境友好企业、绿色学校、绿色社区的成功尝试。

今天推出古交经验，专栏近期还将陆续推出中石化、江铜、上海宝钢等一批建设节约型社会的先进典型，同时对铺张浪费等现象进行舆论监督，对建设节约型社会所面临的机制性、体制性障碍进行剖析。希望广大读者给予关注。

西山煤电的“核心领地”，一头是屯兰选煤厂，一头是古交发电厂，仅一墙之隔。一条500米长的输煤走廊，把选煤的副产品洗中煤、煤泥、煤矸石等直接运往发电厂，电厂生产的洁净电能输往全国各地。在电厂下游，发电产生的煤灰通过900米长的密闭气力输灰管道运往灰场，经处理成为水泥、墙砖等建材原料。在古交市屯川河畔狭长的平地上，山西省焦煤集团西山煤电集团公司在2000米之内，就完成了“煤—电—材”这条产业链的完整循环。

古交发电厂是目前全国最大的燃用洗中煤坑口电厂，也是西山煤电集团公司“煤－电－材”链条上的关键一环。电厂首次采用燃用洗中煤、直接空冷、中水复用等多项环保节能新技术，实现了资源利用的最大化。与同等规模的火电厂相比，古交发电厂一期工程年燃用洗中煤替代原煤180万吨，年节约净水资源1300多万吨，节约土地资源500多亩，并为二期建设预留出足够的空间。与此同时，昔日废弃的煤泥、煤矸石、发电后煤灰得到有效利用，既避免了污染，每年还为企业带来600多万元的效益。

变废为宝：物尽其用两头赢

西山煤电古交矿区有5对矿井及配套的选煤厂，这些选煤厂在每年洗选900万吨精煤的同时，又伴生出460万吨洗中煤、煤泥和200万吨煤矸石。加上古交市地方煤矿产生的300多万吨副产品，每年古交市有1000多万吨可用资源或白白倒掉，造成污染；或低价卖掉，挤占有限的铁路动力，给当地造成了巨大的环境和经济压力。西山煤电集团公司每年要拿出1.8亿元来治理这些选煤副产品。

从2004年起，这些“工业垃圾”有了用武之地，新建的古交电厂把它们作为发电的重要燃料。在古交配煤厂里，24米高的密闭储煤棚格外引人注目，一个巨型桥式刮板取料机忙碌运行，将经过均质配比的洗中煤刮向地下皮带运输走廊运往电厂储煤仓。配煤厂厂长李宝介绍说，古交电厂锅炉及其辅助系统完全按照古交矿区洗煤副产品——洗中煤量身制造。矿区5个矿井选煤厂的洗中煤和煤泥均可通过铁路专用线进入配煤厂进行均质配比，满足电厂需求。集团党委书记车树春算了一笔账，电厂一期工程年可燃用180万吨洗中煤，电厂二、三期工程上马后，古交电厂不仅每年节省了1.8亿元的废弃物治理费用，而且年可消化1000万吨洗中煤。这相当于在几乎没有投资的情况下，为国家建起了一座1000万吨的大型煤矿。

古交电厂还把“变废为宝”的目光聚向矿井废水和城市生活污水，实现水资源的循环利用。古交市每天有2万吨矿井水和城市生活污水排入汾河，每年损失水资源730万吨。电厂建成投产后，采用中水闭路循环冷却技术，回收复用废弃的水资源。在西山煤电集团给排水公司污水处理厂，经过曝气沉渣、平流沉淀等多个环节处理后，矿井水和城市污水变得清澈透明。厂长曹文奎说，这些处理后的废水通过12公里的地下管道流入净化水厂接受深度处理，形成“中水”成为电厂辅机冷却的水源。仅此一项，电厂每天可用中水替代净水资源4500多吨。古交电厂还投资800多万元建成工业废水和含煤废水处理车间，回收复用工业废水和生产清洁废水，经过处理用于灰场洒水和干灰加湿，实现废水零排放。

西山煤电集团公司通过建设坑口电厂，实行煤电联营，“变废为宝”。古交发电厂位于全国最大的主焦煤基地——古交矿区中央，距离最近的屯兰矿仅800米之遥，方圆13公里之内就有5座大型煤矿。电厂直接燃用洗煤厂的洗中煤、煤泥和煤矸石等副产品，大大节约了原料和运输成本。与太原同类火电厂相比，仅运输成本一项。每吨煤就可节省50元，每度电可降成本0.01元。集团公司董事长薛山说：“如果原煤的价值是1，那么通过建设坑口电厂燃用洗中煤，可以使其价值增值为10，比直接卖原煤提高了9倍。”

技术创新：节能环保两相宜

在古交电厂厂区内，看不到常规电厂总有的粗笨巨大的冷凝塔，取而代之的是由数根水泥柱高高撑起、由48个巨大风机联合形成的一个方形小岛。这是电厂直接空冷技术的核心设施，又称“空冷岛”。使用直接空冷技术日耗水仅1.06万吨，比常规湿冷技术日节水3.54万吨，节水率高达70%以上。直接空冷与中水复用技术结合，不仅可为企业年节约4000多万元的水费，更为国家每年至少节约1300万吨的净水资源。

在距空冷岛不远的一角，有一个并不很大的普通车间，安装着电厂的“中枢神经”——电力输出系统。电厂副总经理王志强说，电厂采用了目前国内最先进的500kV超高压GIS组合电器开关装置，比常规的电力输出系统减少占地60%以上。古交电厂还采用了发电机系统的双水内冷技术、化学水处理系统的反涌透+EDI电去离子技术以及直接空冷、环保脱硫等一系列先进技术，大大节约了工程项目建设用地，一、二期总装机容量180万千瓦的厂区总占地463亩。而其他同类电厂，仅2台30万千瓦的装机容量，就需占地1000亩。“古交市四面环山，土地奇缺，所以每一寸土地我们都用得经济、用得讲究。”

电厂在燃煤的过程中排出的二氧化硫会对环境造成严重污染，为了实现清洁生产，古交电厂在国内首家采用了具有国际领先水平的半干法脱硫、静电除尘等技术和新型工艺。电厂总工程师介绍说，半干法烟气脱硫技术生产过程不产生废水，脱硫效率达到了93%，使电厂二氧化硫排放为

1595 吨/年，远远低于国家允许排放核定的2400 吨/年的环境容量。同时，古交发电厂采用除尘效率在 99.57%以上的静电除尘设备，并通过预除尘、封闭式气力输送粉煤灰等技术手段，极大地降低了粉煤灰的污染，避免了湿法脱硫所产生的大量浸水灰渣堆放对土地和地下水的二次污染。

古交发电厂循环经济模式的成功实践，带来了强大的示范效应。山西焦煤集团正在建设的 3 个发电厂全部是以煤矸石作燃料。目前山西省已将空冷技术、脱硫除尘、中水复用、煤电一体化等先进技术作为新建电厂的必备条件，而古交发电厂的循环经济模式也被国家循环经济课题组誉为“古交模式”。

西山煤电：“废弃物”赚来八个亿

专题：落实科学发展观

CCTV.com 消息（新闻联播）：从今天开始，落实科学发展观报道将开始关注建设资源节约型社会。今天播出的是，西山煤电：“废弃物”赚来八个亿。

中煤和煤矸石是煤炭开采洗选后会产生的副产品，这些副产品发热量低，既缺少市场又污染环境，一直是煤炭企业的“心里之痛”。而西山煤电集团公司通过发展循环经济、让昔日的废弃物不到一年的时间就赚了八个亿。

虽然今年煤炭市场不如去年那么好，可是屯兰洗煤厂厂长杨玉民却比去年开心了许多，因为 1~6 月份企业比去年同期多挣了四千多万元。

屯兰洗煤厂厂长杨玉民：这块增收 75%是靠中煤来增加的。

而就在去年的这个时候，杨厂长还在为中煤没法处理而犯愁。

屯兰洗煤厂厂长杨玉民：你看前面这一片，原来堆的全是中煤，堆得有十多米高，跟山一样。

杨厂长说：过去在西山煤电就有好几座中煤山，堆不下了就拉到附近的山沟进行填埋。不仅污染了环境，还引起了附近老百姓的抱怨。

山西焦煤集团董事长杜复新：你像中煤的发热量可以达到四千五百大卡，如果把这么宝贵的能源，不可再生的能源，把它扔在山沟里面，那确实是一种浪费，而且可以说是一种犯罪。我们就下决心要把我们的煤炭综合利用，吃干榨尽。

去年九月，在距离屯兰洗煤厂不到两公里的地方，一座 60 万千瓦的电厂兴建起来，和其他火力发电厂不一样的是，它所用的燃料全部是中煤和煤矸石的混合物。

这里是古交配煤厂，让杨厂长一筹莫展的中煤就是通过我身旁的传送带运送到这里，经过进一步的处理成为电厂的燃料，据我们了解，这里日处理中煤的能力达到了五千多吨，也就是说杨厂长那的中煤山只用二十多天就可以消化掉了。

从去年九月到现在，150 多万吨的中煤和煤矸石经过古交电厂，转化成了 30 多亿度电输往了华北电网，销售收入达到了七亿五千多万元，与此同时企业也省下了填埋中煤和煤矸石的费用六千多万，这一增一减就让企业多增收八亿多元。而更为重要的是附近村庄的环境也发生了巨大的改变。

南梁村村民小组组长武永民：你像这个草上面，叶上面没有灰尘，你看，抓上都沾不上了，像原来你一碰它，满地都是灰，你像这个花，你看，开得挺鲜艳的，红是红的，绿是绿的，挺美的，以前整个开不出一个花瓣来。

利用中煤和矸石发电，仅仅是西山煤电构建的循环链条中的一段，在这里我们看到，煤矿里有害的瓦斯被抽出来烧锅炉，为企业和居民区提供热水，开矿产生的大量污水经过处理后用于绿化和发电，就连煤炭炼焦后产生的气体都被加工成了十几种化工原料。目前西山煤电正在筹建古交电厂的二、三期，到时总装机容量将达到 300 万千瓦。

山西焦煤集团董事长杜复新：300 万千瓦一年可以消耗掉大数 1000 万（吨）中煤煤泥、矸石，可以每年减少 100 个标准足球场的耕地占用，每年要给企业增收 65 个亿。

西山煤电：废物废水都是资源

徐　扬　郑晓明

CCTV.com 消息（经济信息联播）：山西省几乎遍地是煤矿，过去山西人把煤炭精选后剩下的洗中煤煤矸石和煤泥全都扔掉了，这不仅浪费了资源、而且还污染环境，现在，西山煤电集团公司通过发展循环经济把环境污染源变成了财富之源。

在不少人看来，煤矸石和中煤是洗煤过程中被清理出来的废弃物。如今在山西西山煤电集团，废弃煤矸石和中煤却成了赚钱的燃料。

西山煤电集团公司古交配煤厂厂长李宝说："我们这个配煤系统主要功能就是将原来废弃的2000多大卡的煤矸石，3000多大卡的中煤，4000～5000大卡的煤泥经过科学配比以后得到古交电厂的燃料需要。"

从去年九月到现在，周围矿区的150多万吨中煤和煤矸石经过古交电厂，转化成了30多亿度电输往了华北电网，销售收入达到了七亿五千多万元，与此同时企业也省下了填埋中煤和煤矸石的费用六千多万，这一增一减就让企业多增收八亿多元。

山西西山煤电集团公司书记车树春说："以煤炭洗选副产品和煤层气作为我们发展电力的主要原料，以粉煤灰和煤矸石作为我们发展建材的主要原料，把煤炭井下所产生的资源全部利用起来吃干榨尽，形成我们节约资源综合利用的产业群。"

记者注意到，在西山煤电，矿井的原煤、洗精煤中煤全部采用封闭式走廊，煤不露天也不落地，矿区又重现蓝天白云。其实利用中煤和矸石发电，仅仅是西山煤电构建的循环链条中的一段。在这里，瓦斯被抽出来烧锅炉，为企业和居民区提供热水，污水经过处理后用于绿化和发电，就连煤炭炼焦后产生的气体都被加工成了十几种化工原料。

将煤炭吃干榨尽　废弃物也成"香饽饽"

——西山煤电变废为宝大力发展循环经济

专题：落实科学发展观

CCTV.com 消息（记者马芳太原报道）："我们下决心要把我们的煤炭综合利用吃干榨尽！"山西焦煤集团董事长杜复新如是说。

杜董所说的"吃干榨尽"其实就是煤炭资源利用的最大化。全国最大的炼焦煤生产基地——山西焦煤西山煤电集团公司作为全国煤炭行业第一批循环经济试点单位，在发展循环经济发面开拓了一条新路，构建了"煤—电—材"、"煤—焦—化"两条循环经济产业链，在煤炭开采和生产加工过程中，将所产生的副产品和废弃物转化为可再利用的资源，实现了资源利用最大化、环境污染最小化，而且这种变废为宝的做法收益颇丰，原来的废弃物如今也变成了"香饽饽"。

近日，记者来到西山煤电集团公司，参观了"煤—电—材"产业链的生产情况，了解了这条产业链的各环节在发展循环经济方面的举措和收效。

开采：提高资源回采率

记者所到的第一站是屯兰矿。屯兰矿是西山煤电所属的一对矿井。该矿不断加强对煤炭资源的合理利用和对瓦斯、矿井污水和固体废弃物的循环利用，在发展循环经济方面取得了可观的成效。

在开采煤田地质条件复杂、开采难度大的情况下，该矿分别投入1亿多元和800多万元引进了世界上最先进的最高日产可达6000多吨的无人自动化薄煤层刨煤机，以及两台三轴螺旋钻式采煤机，使煤层得以充分的开采利用；还通过加大回采工作面的几何尺寸，装备国产第一台大采高、智能化综采工作面，杜绝了过去的丢煤现象。另外还在各生产矿井组建残采队，每年能回收的大型机械无法开采的边脚煤就能达到120多万吨。目前该矿的工作面回采率达到95%以上，采区回采率达到85%以上，矿井回采率超过了50%，高过全国平均水平的30个百分点。

为了减少开采过程中瓦斯的排放对大气环境造成污染，并充分利用瓦斯气这一宝贵资源，该矿投资190万元将燃煤锅炉由燃煤改造为燃用井下瓦斯气，向矿井正常供应蒸气。这样一来每年可抽取利用瓦斯约490万平方米，节约燃煤1万吨左右；锅炉不烧煤又减少了二氧化硫和二氧化碳的排放量，不产生废渣，减少了废渣占地和环境污染。

除此之外，屯兰矿还对矿井污水进行处理和循环利用，矿井水经过处理转化为中水，供古交电厂和屯兰矿井使用，大大节约了水资源。原煤经过洗选加工后产生的矸石被堆放成矸石山，矸石的自燃现象以及产生的煤尘对环境都造成严重影响。03年底该矿建造了矸石再洗系统，年入洗矸石50万吨，年产中煤10万吨，年创经济效益80万元，减少了资源浪费和环境污染现象。作为矿井选煤工艺伴生物的煤泥，长期堆放造成遇水流失、遇风飞扬，影响环境。该矿采用煤泥干燥工艺变煤泥为商品动力煤，与中煤掺配后用作发电燃料，既提高了煤泥价值又保护了环境。

洗煤：提高精煤回收率

原煤从矿井里开采出来后便进入第二个环节——送到选煤厂洗选加工。和记者想象中的不同，屯兰矿选煤厂区内空气清新，环境幽雅，在绿树掩映下的办公楼和家属楼显得格外干净，几乎看不到“煤”的影子。原来，由吞兰矿开采出来的原煤经过全封闭的皮带走廊直接输送到选煤厂储煤仓，完全不见天，大大降低了煤炭露天产生的灰渣和粉尘对空气造成的污染。

针对原来的跳汰生产工艺生产效率低、精煤回收率低、部分可回收精煤掺杂在矸石中还被浪费的弊端，屯兰矿选煤厂进行了三产品重介改造、浮选系统改造，不仅提高了洗选效率和精煤回收率，每年还至少从过去抛弃的矸石中回收100万吨的宝贵的精煤资源，每年产生的经济效益高达6000万元以上，并且大大减少了对国家资源的浪费。

另外值得一提的是，选煤厂的洗煤用水全部采用闭路循环，利用后回收，回收后再利用，不外排、外泄，不造成污染。

配煤：废弃物的配比加工

经过选煤厂洗选加工之后的中煤、煤泥和矸石这些副产品被运输到配煤厂进行配比加工，准备输往发电厂用来发电，这是西山煤电循环经济产业链的又一重要环节。

走进配煤厂的储煤棚，记者看到了一座高大的“煤山”，这是从选煤厂经过洗选加工之后运输到这里等待配比用来发电的中煤、煤泥和矸石。山西焦煤古交配煤厂年设计配煤能力600万吨，储运煤系统实现全封闭化、全自动集中控制化模式，受煤坑、储煤棚、皮带运输走廊采用全封闭作业，并配有相应的除尘系统，完全消除了二次污染。

古交配煤厂可将古交五个生产矿井煤炭生产加工过程中产生的240万吨/年的中煤、煤泥和矸石等废弃物进行配比加工后输送到古交电厂燃用，还可以将目前市场上难以销售的劣质煤进行配比，生产出合格的原料煤。

中煤、煤泥、矸石发电：真正实现变废为宝

中煤、煤泥、矸石是煤炭开采洗选后产生的副产品，发热量低，耗费成本、缺乏市场还污染环境，放在原来，这是最令企业头疼的“老大难”：要么大面积堆放，要么只能填埋到附近山沟里。虽然它们发热量低，但填埋了也十分可惜，毕竟这是一种不可再生的资源，无形中造成一种浪费。而现在，这些废弃物全部被运输到配煤厂按照电厂锅炉燃烧的热值要求进行配比，然后皮带输送至电厂用来发电，就这样仅不到一年时间就为企业赚了八个亿！古交发电厂就是以中煤、煤泥和矸石的混合物作为发电燃料。一期工程2×30万千瓦发电机组工程每年可燃用180万吨中煤、煤泥和矸石，目前正在筹建二、三期工程，到时总装机容量将达到300万千瓦，一年合计可燃用1000万吨中煤、煤泥和矸石，进一步提高了煤炭资源的综合利用率，彻底解决了矿区中煤、煤泥和矸石就地堆放带来的占地问题和环境污染问题，创造了更大的经济效益。目前电厂已累计用中煤、煤泥和矸石发电30多亿度，销售收入达到了七亿五千多万元，加上省下的填埋费用6000多万，企业增收达到了8亿多元，更为重要的是周围的环境也发生了巨大改变。

古交电厂是全国最典型的坑口电厂。它位于古交矿区五对生产矿井的中央，距年产500万吨原煤的屯兰矿仅有800米，厂内不设卸煤沟、储煤场，厂区占地少，燃煤运输成本低，有效降低了发电成本。

另外，古交电厂一期2×30万千瓦机组在国内第一个采用了具有国际领先水平的半干法脱硫，静电除尘等技术，脱硫效率达到93%，除尘效率高达99.57%，极大的减少了环境污染。采用直接空冷技术，比常规湿冷机组节水70%以上；辅机冷却循环水全部采用经过深度净化处理的城市污水和矿井废水中水；厂内有中水复用系统和污水处理系统，实现了废水零排放。净化水厂日处理城市污水2万吨，一期工程生产日用中水4500多吨。二期工程建成后，日用中水可达13000多吨；三期工程建成后，日消耗中水可达20000吨。不仅可节约大量宝贵的净水资源，还探求出了一条在我国缺水地区建设电厂的新路。同时配套建设的大型配煤厂、储煤仓和全封闭输煤走廊，实现了燃料煤全过程的全封闭储存和运输，这在全国还是首家。

由此可见，西山煤电集团公司在发展中积极探索循环经济的道路，把煤炭吃干榨净，变废为宝，做到了节约资源和保护环境并举，实现了社会效益和经济效益的双赢。

西山煤电：废水废物都是资源

新华网太原2006年7月3日　新华社记者　刘砺平

“西山煤电集团公司每年要产生大量的矿井废水，经净化处理后，可用于煤炭生产过程中的洒水灭尘及地面绿化灌溉，矿井废水的复用率达到了67%。”西山煤电集团公司董事长薛山说，“发展循环经济，构建节约型煤电企业，既是我们的目标，更是我们的责任。”

西山煤电集团公司是一个有50年历史的国有重点特大型煤炭企业。现有9对生产矿井，核定原煤生产能力为3281万吨/年。

从上世纪90年代起，这个企业就采取了一系列措施提高煤炭、土地和水资源的利用率。企业效益提高了，周边环境改善了，污水横流、矸石成山的矿山旧貌被彻底改变。

不缺资源，也要节约

“我们拥有的煤炭资源量为156.1亿吨，即使按企业2010年战略规划所说的年产8000万吨的生产规模计算，资源供应可百年无忧。”西山煤电集团公司党委书记车树春说，“尽管如此，但也要大力节约。”

近年来，西山煤电依靠技术装备的升级换代，努力提高资源的回采率。车树春告诉记者，通常情况下，厚度在1.5米以下的煤层由于开采难度大，通常被丢弃。他们投入1亿多元引进了世界最先进的无人自动化薄煤层刨煤机，使厚度在1米左右的薄煤层得以开采利用；引进了两台三轴螺旋钻式采煤机，使厚度在0.7米～0.9米的薄煤层也得到开采利用。

针对大型机械无法开采“边角煤”的问题，公司在各矿井组建了残采队，每年回收原煤120多万吨。目前，公司所属9个煤矿的工作面平均回采率达到95%以上，矿井回采率超过了50%，高出全国平均水平30个百分点。

在煤炭洗选环节，公司投入3亿多元对传统工艺进行技术创新和改造，大面积使用国际领先的无压重介旋流器洗选工艺。这一技术使精煤回收率提高了5%以上，这意味着每年可从煤矸石中多回收100万吨精煤。

车树春说，西山煤电的原煤年产量达到1000万吨用了整整25年，达到2000万吨又用了21年；从2002到2004年，西山煤电的原煤年产量2年内又新增1000万吨。车树春说：“这是在没有增加一对生产矿井、没有增加生产队组的情况下实现的，主要是依靠科技进步提高资源的利用率得来的。”

废水再生，突破瓶颈

山西是个严重缺水的省份，人均水资源占有量仅为全国人均水平的17%。伴随着煤炭的开采，这个省每年要产生4亿立方米的矿井废水。

西山煤电集团公司每年产生矿井废水超过900万立方米。几年来，公司先后建起了9个污水净化站，7个选煤厂也全部建起污水闭路循环系统。经净化处理的矿井废水，用于煤炭生产过程中的洒水灭尘、矸石山的治理和矿山地面绿化灌溉等等。矿井废水净化复用，每年可节约净水600多万立方米。

为了进一步突破水资源短缺对经济发展的瓶颈制约，西山煤电集团控股的古交电厂在全国首家使用了具有国际先进水平的直接空冷技术。这一技术无需建造冷凝塔，不仅减少了土地占用，同时减少了水资源消耗。结合中水复用等配套工艺，与同等规模的湿冷发电机组相比，日节水3.54万吨，年节水达1300万吨。

古交电厂副总经理王志强告诉记者，电厂还投资7000多万元配套建设了一座日处理20000吨污水的处理厂，用于处理古交市区的生活污水和矿井废水。处理后的中水用于发电设备辅机的冷却，这在全国还是第一家。目前，电厂日用中水4500多吨，并实现了废水的循环利用和零排放。

深度加工，"吃干榨尽"

早在1997年，公司就明确提出，要建立煤炭—电力—建材、煤炭—焦炭—化工两条循环产业链，把煤炭资源的效用"吃干榨净"。

车树春以"煤炭—电力—建材"循环产业链举例说，煤电循环产业链的核心环节是建设燃用中煤的坑口电厂——古交电厂。该电厂工程规划装机容量为300万千瓦，分三期建设。其主要流程是：西山煤电集团古交矿区的5座矿井生产的原煤，分别进入5座配套选煤厂，进行洗选加工；洗选加工出的精煤，主要销给宝钢、鞍钢、本钢、首钢等国内大型钢铁集团，而产生的中煤、煤泥、矸石等副产品和废弃物则运至配煤厂进行均质配比，达到电厂锅炉燃烧的热值要求后，用皮带输送至电厂锅炉燃烧发电；发电产生的粉煤灰和炉渣，最后作为生产水泥、墙砖等建材的原料。

西山5座选煤厂在洗选精煤的过程中，每年要产生700万吨中煤和煤泥等副产品，其中中煤、煤泥、矸石的平均发热量分别有4600、4000、1600大卡。过去，由于没有燃用中煤的电厂，加上市场、运输等因素的制约，矸石被抛弃，中煤被低价销售或抛弃，造成了资源浪费和环境污染，企业还得投入大量资金进行治理。

目前古交电厂每年至少可消耗掉180万吨副产品，电厂三期工程全部建成后，每年可消耗近千万吨。车树春说，这种变"废"为宝的举措，相当于在没有投资的情况下，又建起了一座1000万吨的大型煤矿。

先进理念铸就"西山模式"

光明日报记者 杨 荣 特约记者 李建斌

开栏的话

从今天开始，本报"落实科学发展观"系列主题报道活动进入第二阶段"建设节约型社会"专题报道。坚持实施可持续发展战略，大力发展循环经济，建设资源节约型社会，是落实科学发展观的重要内容。在这一专题中，我们将通过记者对一个个典型单位的采访报道，宣传普及节约资源的基本国策，促进节约型社会体制和机制的建设，真正把科学发展观的要求体现在经济社会发展的各个方面和各项具体工作之中。

到山西焦煤西山煤电集团公司的煤矿采访，记者特意穿了一身深蓝色衣服。但当来到采访地马兰矿时，却发现地面上的所有工作人员全穿着雪白的衬衫。再看整个矿区，无论是井口还是职工生活区，到处花红柳绿，无一点煤的痕迹。马兰矿如此，离此十多公里的屯兰矿亦如此。煤未出井口就被封闭的运输带运到洗煤厂，入洗后，精煤装入密封的铁罐运往宝钢、鞍钢等大钢厂及日本、韩国、德国等地直接炼钢，副产品中煤、煤泥、矸石等则用封闭的运输带运到选煤厂加工后，又用封闭的运输带运到电厂发电。发电产生的粉煤灰，电厂又用封闭的运输带运到灰场，用于加工陶粒、墙砖等建筑材料。

"吃干榨尽，绿色环保，科技创新"，我国著名煤炭专家、前煤炭部副部长张宝明考察西山后盛赞西山为我国煤炭工业走出了一条科学发展的新路子，并将这条新路誉为"西山模式"。"西山模式"是怎样铸就的？记者在采访中发现，首先源于先进的发展理念！

"没煤没水了怎么办?"面对生存危机，西山人把建设节约型企业作为西山发展的第一方略。

按目前的开采能力,西山矿区至少还能开采一百年。但从上世纪九十年代中期,它的当家人、全国著名煤炭企业家杜复新就提出:“资源再多也有挖完的时候,挖完了怎么办?再说,挖一吨煤破坏两吨地下水,没水用了怎么办?”思考两个“怎么办”,西山人将建立节约型企业作为西山发展的第一方略。

“最大限度地把有限的煤炭资源开采出来,延长矿井使用年限!”这是西山建立节约型企业做出的第一个决定!为提高资源回采率,各煤矿首先加大了回采工作面的几何图形,即将工作面的采长、走向由过去的114米、900米扩展为220米、1988米。

西山地质复杂,有的矿高高的煤层下面还有一层薄煤层。为把这点煤也挖出来,西山投入一亿多元从国外引进了全世界最先进的全自动薄煤层刨煤机和螺旋式采煤机,使厚度在零点七米到一米的煤层也得到开采。大型机械开采,边角总要留一些煤。为开采这些边角煤,各矿都组建了残采队。去年,西山共挖边角煤120万吨,薄煤层400万吨,加上扩大工作面后增加的采煤量,西山等于又建了一座1000万吨的大矿井。

“净化矿井废水,彻底解决西山的生产用水和生活用水!“这是西山建立节约型企业做出的又一决定。首先投资近亿元在所有矿井、洗煤厂中建立了污水闭路循环系统和污水净化处理站。净化处理后的污水不仅满足了井下煤炭生产和地面绿化灌溉的需要,剩余部分还被加工成中水,成为电厂的冷却用水和职工卫生间的冲洗用水。接着和江苏大学合作研究用矿井废水净化饮用水新技术。目前,饮用水净化技术已试验成功,矿井废水的复用率已高达67%。

“黑糊糊的矿区如何生活?”面对环境污染,西山人把绿色环保作为西山发展的崇高目标。

西山作为我国最大的焦煤生产基地,环境污染也曾让西山人痛苦不堪。那时,无论春夏秋冬,西山人谁都不敢穿白衬衫和新皮鞋,穿上,用不了半天,白衬衫就变成花衬衫,新皮鞋就变成灰皮鞋。污染更危害职工的身体健康。据统计,上世纪八十年代初,西山老矿工中,有相当多的人有矽肺病。

“黑糊糊的环境如何生活?”“如何治住煤尘矸石,改变西山的生存环境?”西山人在反复煎熬、思考中认识到:“煤尘矸石不仅是环境污染的罪魁祸首,也是难能可贵的宝贵资源!”理念一变,西山人不再怨煤尘矸石,而是把绿色环保、变废为宝作为西山发展的崇高目标。

首先搞封闭运输,彻底杜绝煤尘污染。方法是在矿区普遍建立封闭运输带,运输原煤及其副产品,做到原煤出井后,直到变成粉煤灰做成陶粒、墙砖后才可见天日。

想方设法搞循环经济,让上游产品的废弃物变成下游产品的原材料。方法是沿着“煤炭—电力—建材”、“煤炭—焦炭—化工”两条产业链,将原煤及其副产品煤矸石等“吃干榨尽”。目前,西山已围绕两条产业链建了古交、汾阳两个绿色工业园区。本文开头介绍的马兰矿屯兰矿的喜人景象就是古交绿色工业园区的缩影和写照。

“不创新就一事无成!”面对一只只拦路虎,西山人把科技创新作为发展的重要法宝。

在节约兴企、绿色环保的实践中,西山遇到许许多多的拦路虎。审视这些拦路虎,西山人深深认识到:“要建成节约型企业、绿色环保型企业,不创新就一事无成!”认识变成行动,西山人把创新特别是科技创新作为西山发展的重要法宝!

古交电厂就是西山科技创新的典范。建电厂要吃掉精煤的副产品中煤、煤泥和矸石,首先遇到了找不到千亩大的厂址的难题。西山人不气馁,决定向科技要空间:一改机组常规湿冷技术为直接空冷技术,二改常规电力出线系统技术为超高压GIC组合电器开关技术。这两项技术在我国任何电厂都没有使用过,但改的结果,西山在463亩的土地上建成了需千亩地才能建成的3000MW的大电厂。

创新有时要冒极大风险,但西山的决策者总是把风险自己担起,而把成果送给部下。以建电厂使用半干法脱硫新技术和静电除尘新技术为例,当时,这两项技术在国内尚未使用,但西山的决策者认真听取设计人员的建议后,毅然拍板采用这两项新技术。采用这两项新技术,电厂的脱硫率、除尘率分别达93%、99.57%,使古交电厂一举成为我国最环保最干净的火电厂。

西山煤电：形成煤炭循环经济链

经济日报记者　刘存瑞

开栏的话

从7月份开始，2006年"落实科学发展观"主题宣传进入"建设节约型社会"专题典型报道阶段。建设节约型社会，实现可持续发展，是党中央、国务院从我国国情出发提出的一项重大决策。这就要求我们在经济和社会发展的各个方面，采取有效措施，从落实科学发展观的高度，切实保护和合理利用各种资源，提高资源利用效率。

加快建设节约型社会，是贯彻落实科学发展观的必然要求。今天本报推出的第一个典型——西山煤电集团，就是在发展循环经济中取得了显著效果的一个企业。今后本报将陆续刊出在建设节约型社会中涌现出来的一批典型。

"煤炭—电力—建材"、"煤炭—焦炭—化工"，这是目前全国最大的炼焦煤生产基地——山西焦煤西山煤电集团公司近年来在建设节约型社会的过程中，突破煤炭企业传统发展模式，形成的两条循环经济产业链。西山煤电被确定为全国首批循环经济试点企业之一，它的做法就是把煤炭资源"吃干榨尽"，循环利用起来，这被称作"西山模式"。

变"废"为宝　开启煤电联营先河

6月25日上午，记者来到西山煤电公司古交电厂，第一印象是这里不像传统概念中的坑口电厂，倒像一处园林景观。

古交电厂是我国目前最大的煤电联营燃用洗中煤的坑口电厂，一期2×300MW机组于2005年国庆前投入运行，已累计发电30多亿度，实现产值7.8亿元。记者了解到古交电厂的建设与其他同类型电厂有着许多不同。

首先，古交电厂是由山西省的两大龙头企业——山西焦煤集团公司和山西电力公司联合投资建设的，是中国首家实现了煤炭办电、电煤联手、产业联动、优势互补、输煤与输电并举战略双赢的电力企业。

西山煤电集团党委书记车树春给记者算了一笔账，古交电厂一期每年的燃煤量为180万吨，由于地处古交矿区的中心位置，距屯兰矿主斜井口仅仅800米，与其他四个矿井的距离也均在13公里之内，且都有铁路专用线相连，与同等规模电厂相比，可以大大节约运输成本，仅此一项，每吨煤比同类型、同地区电厂就可以节省成本50元，折合发电成本每度电价格可以便宜一分钱。

其次，记者了解到，古交电厂燃用的是洗中煤。西山古交矿区五座选煤厂在洗选精煤的过程中每年要产生700万吨中煤和煤泥等副产品。其中，中煤、煤泥、矸石的平均发热量分别为4600、4000、1600大卡。过去，由于没有建设燃用中煤这样的电厂，加上市场、运输等因素的制约，这些副产品中的矸石被抛弃、中煤或被低价销售或被抛弃。不仅造成了环境的污染，还极大地浪费了煤炭资源。据测算，古交电厂燃用洗中煤比燃用原煤可节约一半成本，煤转化为电的增值可高达7至9倍。二期2×600MW机组建成后，年可燃用洗中煤400万吨。等三期全部建成后，古交地区的洗煤副产品都可以得到有效利用。这种变"废"为宝的举措，相当于在几乎没有投资的情况下，为国家建起了一座1000万吨的大型煤矿。

省水省地　构建环保节能型企业

记者在古交污水处理厂看到，经过净化后的城市污水和矿井水通过管道源源不断地输送到古交电厂。古交电厂在建设时，就配套建设了一座日处理20000吨的城市污水和矿井水深度处理厂，使古交电厂辅机冷却循环水全部采用了经过深度处理的中水，日消耗中水4500吨，二期建成后可以消耗中水12000立方米。

据了解，山西煤炭开采，每年产生的矿井废水为4亿吨，如能将其循环利用，可供8000万千瓦发电机组使用，而目前山西省的电力装机容量还不足2000万千瓦。记者还看到，电厂产生的工业废水和生活废水，也全部进行处理复用，不对外排放，做到了工业废水零排放。同时，古交电厂投资近2亿元在全国第一家使用了具有国际先进水平的直接空冷技术，比常规湿冷机组节水70%以上，与中水复用相结合，每年可为企业节约4000多万元的水费，可至少节约1300万吨净水资源。

古交地区四面环山，土地奇缺，建设国内同规模的电厂需用土地1000亩。为节约土地，古交电厂几易其址，最后决定利用原古交矿区供应仓库建厂，没有新征国家一亩土地。但该仓库占地面积仅有463亩，比原规划占地面积要少500亩。土地面积少一半，怎样做到电厂规模不变？

古交电厂副总经理王志强向记者介绍道，为了节约土地，企业采用了直接空冷、半干法脱硫、500kV超高压GIS组合电气开关等大量先进的技术和工艺。其中，GIS技术在我国火力发电厂是第一次成功使用，占地面积仅为840平方米，比常规的电力输出系统节约土地22272平方米。500kV超高压GIS组合电气开关技术，比常规的电力输出系统减少占地60%以上。同时，还利用煤电一体化的优势，配套建成了为二期电厂服务的全国最大的封闭式配煤厂、铁路自营公司、污水深度净化厂、输煤系统等一系列生产辅助系统。也就是说，二期2×60万千瓦发电机组如上马建设，生产辅助系统均可不再建设，仅此就可降低造价至少4亿元。

传统电厂的二氧化硫、烟尘、工业废水污染十分严重，而古交电厂在国内第一个采用了半干法脱硫和静电除尘等技术和新型工艺，脱硫效率达到了93%，除尘效率高达99.57%，做到了烟囱没浓烟，甚至不冒烟。

西山煤电是一个有着50年开采历史的国有煤炭企业，但在各矿、厂到处都能看到循环经济的轨迹：屯兰矿对锅炉房进行改造，变燃煤为燃用井下瓦斯，每年可利用瓦斯490万立方米，节约原煤10000吨左右；马兰矿的矿井水全部实现了闭路循环利用，经过处理后被用做洗煤用水或非饮用类生活用水；白家庄矿还建了一座煤矸石发电厂；正在建设中的汾阳焦化园区已完成了年产100万吨的焦炭项目……

回望西山煤电发展循环经济的历程，董事长薛山说，从1986年至2003年，我们经历了六个阶段，边实践边完善才形成了现在的发展模式。他说，宝贵的煤炭资源如何才能得到合理开采和充分利用，这是我们每一个煤炭企业必然也必须面对的课题。

变废为宝环保先行　西山煤电集团的触电之举

中广网　2006-07-04

中广网太原7月4日消息（记者岳旭辉）山西焦煤集团西山煤电集团公司，积极探索建立循环经济的发展模式，努力提高煤炭资源的利用率，发展出以煤炭—电力—建材和煤炭—炼焦—煤化工两条产业产品链，构筑起综合利用、绿色环保的发展新格局。

在位于太原古交市的西山煤电集团公司古交电厂，记者看到这座全国最大的燃用洗中煤坑口电厂，没有了作为电厂常规标志的冒着淡淡热气的巨大曲线凉水塔，而是空冷岛上48个高悬的风机，9米5长的转叶显示了中国发电业空冷时代的到来。他们在全国首次采用的空冷岛有48个风机。

电厂副总经理王志强告诉记者："双曲线那是湿冷的，过去是电厂的标志，现在新型电厂从古交电厂开始，是空冷发电。古交电厂作为一个新型的电厂，最大的特点就是采用直接空冷技术，而空冷电厂最大的好处是节水。能达到70%，同样功率湿冷电厂每天耗水46000立方米，古交电厂还不到一万方。"而这在干旱少雨的中国北方的意义不言而喻。

为电厂供煤的就是西山煤电集团公司屯兰煤矿，它和古交电厂已经形成了从煤炭到电力的产业链，作为煤炭企业进军电力行业的第一家，西山煤电集团公司党委书记车树春对于走循环经济之路有着切身体会：随着古交矿井逐步投产，由于铁路运力不足，产品出不去，销不了，给煤矿带来了很大的阻力，只能减产或停产。在这个基础我们发现，把副产品发电，腾出运力来，这样就解放了井下的生产力。"

西山煤电当年是配合上海宝钢而建，原煤生产能力达到3281万吨每年，主要产品有冶炼精煤、优质动力煤、焦炭、电力等等，畅销日本、韩国、德国等市场。然而，交通不便促使西山煤电开始了全国煤炭企业首家触电行动。

没有想到，第一次吃螃蟹，给西山煤电带来了巨大的经济效益。古交电厂一期投产后，每年发电30多亿度，为国家上缴利税1.1亿元，同时可以消耗180万吨的矸石、中煤。

在过去，中煤，就是所谓的劣质煤，在很多地方是被当作垃圾废弃的，因为要占用土地，过去处理一吨中煤的费用高达30多元，仅此一项，西山煤电公司一年就要付出上亿元的支出，现在少出多进，一里一外就挣了两个多亿。

对于每年产生的900万吨矿井废水，西山煤电也没有一排了之，而是建起了污水净化站和污水闭路循环系统，矿井废水复用率达到了67%，每年节约净水600多万立方米，节省2000万元。

在古交给排水公司，每天古交市近两万吨的劣五类生活污水在这里经过预先处理等三道程序，变得清澈透明。水厂负责人告诉记者："进来水水质色度上比较黑，化学指标是劣五类的水质，处理完后达到城镇废弃水的一等水标准，就是这样处理后的生活水，再打回到电厂作为中水冷却水使用。

节约与循环，西山煤电人的产业链条与经济效益、社会效益一道延伸。探索出了在我国缺水地区建设电厂的新路子。

在西山煤电集团的屯兰矿，过去的滚滚乌金从井下奔涌而出的景象再也看不到了，煤炭从地下采出洗选后，精煤直接装仓运走，中煤在封闭的环境中经配煤发电后最后变成灰分做成了建筑材料。在屯兰矿，绿树掩映着高楼，空气格外清新，如果不是看到巨大的储煤仓和高架的运煤索道，你很难想象这里就是一个年产400万吨原煤的现代化大型矿井。

如今，西山煤电公司已经为自己规划出两条循环经济的链条，就是要发展两条产业连发展以煤炭—电力—建材和煤炭—炼焦—煤化工两条产业产品链，也包含远期的铝材，这个链条走下来就是循环的，煤炭吃干榨尽了，每道产品的废弃物成为了下达生产线的原料，真正实现了资源的综合环保利用。

居"无忧"而思高远

——山西焦煤西山煤电集团公司发展循环经济打造节约型企业纪实

科技日报记者　王海滨

这里，拥有"百年无忧"的煤炭开采资源，拥有世界级宝贵的稀缺煤种；

这里，煤矿不见煤，电厂无烟尘，树荫清凉，花草诱蝶；

这里，煤渣矸石变成宝，矿井废水被利用，投资减少，效益剧增；

这里，煤电材联产，煤化工成链，循环经济，绿色增长。

这里就是山西焦煤西山煤电集团公司，一个50年开采历史、8万多职工、222亿元资产的特大型煤炭企业。

变"坐吃山空"为"绿色增长"

西山煤电公司是我国生产优质炼焦煤和动力煤的特大型煤炭企业，是全国最大的炼焦煤生产基地，煤田资源中的焦煤、肥煤为世界级稀缺资源。然而，西山人居"无忧"而思高远，把构建节约型煤电集团走循环经济道路作为企业的发展方向，立足于做大做强做精做优，探索出具有西山特色的环保型和节约型发展模式。

从资源占有上看，拥有156.1亿吨资源量；从煤炭资源的品种上看，拥有焦煤、肥煤、1/3焦煤、瘦煤、气肥煤、贫煤等，其中强粘焦煤、肥煤为世界稀缺资源，具有灰分硫分适中、低磷、黏结性强、结焦性好等特性，被誉为世界瑰宝；从生产规模上看，拥有9对大型现代化生产矿井，7座大型现代化洗煤厂，年原煤生产能力超过3000万吨，年生产精煤超过1200万吨；从品牌信誉上看，西山是国内驰名的老国有企业，一直是"重合同、守信用"单位；从实践经验上看，上世纪90年代初，分别建成了一座纯粹燃用矸石的2×6000千瓦的矸石电厂和一座年生产焦炭10万吨的焦化厂。此外，还拥有资金、人才、装备、技术、市场等方面的优势和条件。

西山煤电集团并未坐享其"优"。他们知道，西山职工家属有30万之众，一旦出现资源枯竭、市场疲软等，职工家属的基本生活将受到极大的影响。于是，他们选择建立煤炭—电力—铝材、煤炭—焦炭—化工两条循环产业链，形成资源的循环利用。在制定2010年战略发展规划时，将六大支柱产业和两条循环产业链作为了企业发展的核心支撑，从而构建起了符合节约型企业要求的循环经济发展模式的整体思路。

由"引进推广"到"自主创新"

从简单和单纯挖煤，到节约资源可持续发展，不仅需要观念的改变和思路的飞跃，更需要科技进步和技术创新为支撑，全面提升综合生产力和核心竞争力。西山煤电集团通过引进推广到自主创新的科技提升，实现了"四率"提高，为企业创新型发展注入了动力。

依靠技术装备的升级换代，提高了资源的回采率。分别从德国、乌克兰引进世界最先进的无人自动化薄煤层刨煤机和三轴螺旋钻式采煤机，使过去弃采的厚度在1米左右的薄煤层得以开采利用；装备了国产第一台大采高、智能化综采工作面，杜绝了过去丢煤的现象。目前，西山的工作面回采率达到95%以上，采区回采率达到了85%以上；矿井回采率超过了50%以上。

依靠洗选工艺的更新改造，提高了精煤的回收率。大面积推广使用国际领先的洗选工艺的无压三产品重介旋流器。使洗选效率提高了5%以上，精煤回收率提高了5%以上，相当于每年多回收100万吨的精煤。

依靠支护方式的技术革命，降低了木材的使用率。西山全面推广使用锚杆、锚索、锚喷等支护技术。目前，拥有6项实用型锚杆专利和1项发明专利，工作面和巷道的锚杆、锚索、锚喷支护率高达80%以上。过去，万吨煤炭产量的坑木消耗是73立方米，现在万吨煤炭产量的坑木消耗仅仅是18立方米左右，每年就可节约优质木材17万立方米以上。

变"挑肥拣瘦"为"吃干榨尽"

煤炭—电力—建材循环产业链的核心环节是集团公司所属的古交电厂。这个规划装机容量为300万千瓦的电厂，发电所用的是古交矿区五座矿井的洗中煤、煤泥、矸石等副产品和废弃物。发电产生的粉煤灰和炉渣，还要加工成水泥、墙砖等建材。

有人从发展循环经济、构建节约型企业应遵循的"减量化、再利用、资源化"的原则总结出古交电厂的特点和优势。

煤电联营。古交电厂开启了山西省乃至全国煤电联营的先河，打破了煤炭行业、电力行业的行业分隔，实现了两大强势行业以经济效益为纽带的强强联合。

坑口电厂。古交电厂坐落在古交矿区五对生产矿井的中央，距最近的屯兰矿仅有800米，可有效降低发电的成本，竞价优势明显。

燃洗中煤。西山古交矿区五座选煤厂在洗选精煤的过程中每年要产生700万吨中煤和煤泥等副产品。电厂工程建成后，每年可消耗360万吨这样的副产品。这种变"废"为宝相当于"变"出了一座年产1000万吨的大型煤矿。

环保脱硫。古交电厂在国内第一个采用了具有国际领先水平的半干法脱硫、静电除尘等技术和新型工艺，脱硫效率达到了93%，除尘效率高达99.57%，分别高出国家规定指标的3%和0.57%。电厂还建设了污水处理系统和中水复用系统，实现了废水零排放。

直接空冷。古交电厂在全国第一家使用了具有国际先进水平的直接空冷技术，这一技术无需建造冷凝塔，不仅减少了土地的占用量，同时大量节约了水资源的消耗。与同等规模的湿冷发电机组相比，这一技术与中水复用等配套工艺相结合，日耗水量只有1.06万吨，日节水3.54万吨，节水率高达70%以上。

中水复用。古交电厂建设了一座日处理20000吨的污水处理厂，处理后的生活污水和矿井废水用于发电厂。

节约土地。电厂突破了传统2×30万千瓦发电机组需要占地1000亩的常规，在463亩的土地上建成了一期2×30万千瓦发电机组，并预留下了二期2×60万千瓦机组的土地。利用煤电一体化的优势，配套建成了为二期电厂服务的全国最大的封闭式配煤厂、铁路自营公司、污水深度净化厂、输煤系统等一系列生产辅助系统。

西山煤电集团制定了2010年的"685533"总体发展规划："6"是以煤炭为主业，以电力焦炭化工、建材建筑产业纵向延伸，以机电修造、商贸服务为横向拓展的6大产业；"8"是到2010年煤炭主业要形成8000万吨／年的生产规模；"55"是到2010年电力产业总装机容量达到500万千瓦以上，焦炭化工产业形成500万吨／年的优质焦炭生产规模；

"33" 是到2010年6大产业要达到年销售收入300亿元以上,职工人均收入达到3万元,生活质量达到小康水平。

山西焦煤西山煤电集团公司发展循环经济的尝试

工人日报记者 关 明

"上海自来水来自海上。"这个被称为"绝对"的上联,后来找到了这样一个下联:"山西扬名煤名扬西山。"

这里的"西山",即指山西焦煤西山煤电集团公司(以下简称"西山公司")。有意思的是,这条正念倒念都可读通的循环句,正暗合了西山公司近年来大力发展的循环经济模式。"井底之鱼"看开采

西山公司长期以来以"节约"和"循环"为主题,积极探索煤炭资源开发和综合利用的有效途径,被国家发改委等六部委确定为全国第一批循环经济试点单位。近日,记者深入矿山井下,目睹和感受了西山公司的循环之路。

穿上工作服、雨靴,扎好毛巾、手套,带上矿灯和自救器,通过比机场还要严格的安全检查——接受安全教育、仪器检测违禁品、还要对着呼吸探头吹一口气——以证明下井前没有饮酒。下到马兰矿209米的井下,眼前的景象,让见多识广的记者们一愣:

主巷道的地面铺着地砖,两边墙上张贴着安全宣传画,巷道两侧摆放着盆栽绿色植物,迎面一个大鱼缸,养着几条色彩斑斓的热带鱼。这难道是矿井?一时间,人们忙不迭地照相留影,说要带回去给没来过的人"猜一猜这是什么地方"。

坐一段"井下火车",沿着整齐的巷道走向工作面。在摇曳闪烁的矿灯亮光中,西山公司党委书记车树春介绍说:"对高厚煤层,我们装备了国产的第一台大采高、智能化综采工作面,使5米厚的煤层一次采全高;对薄煤层,我们投入1亿元引进了世界最先进的无人自动化刨煤机,使过去弃采的1米左右的薄煤层得以利用;对于边角煤,各生产矿井组织了残采队,每年回收120万吨原煤,在节约同等数量资源的同时,相当于建设了一个大型矿井。"

现在,该公司各矿的工作面回采率达到95%以上,采区回采率达到85%以上,高过全国平均水平30个百分点。

把宝贵的煤炭资源最大限度地开采出来,是西山公司"循环模式"的起点。坑口电厂看循环

费了这么大力气采出的原煤,没有理由不充分利用。

西山煤电古交电厂,就建在离屯兰煤矿的主井口800米处,是典型的坑口电厂。一期工程两台30万千瓦机组,投产近一年已发电30亿度。

电厂的原址,是矿区用于堆放坑木的材料库,最高时曾储存过20万立方米的木材。随着井下锚杆、锚索、锚喷等先进支护技术的应用,坑木用量越来越少,这里也日渐冷清,后来干脆建了电厂,没有再征一亩地。

在这里记者没有看到电厂特有的晾水塔,这正是该电厂最大的亮点———他们采用国际先进的直接空冷技术,节水率高达70%以上。这项技术对于人均水资源占有量只有全国的17%的山西具有极其重要的意义,以至于山西省政府做出决定,以后新上的电力项目,不采用直接空冷技术就不予立项审批。

电厂的新技术还有半干法脱硫、静电除尘、气力输灰等,对电力企业的生产方式都具有革命性的改进。然而最重要的,当属洗中煤利用技术,这是西山公司循环经济的关键环节。

电厂的"粮食"是选煤厂洗出的中煤、煤泥和矸石。西山古交矿区五座选煤厂每年要产生700万吨中煤、煤泥和矸石,在没有这座电厂的时候,这些副产品要么被抛弃,要么低价出售,不仅浪费了资源,还造成了环境污染。电厂的建成,构建了西山公司"煤—电—材"循环链的重要一环:原煤出井后直接进选煤厂洗选加工,选出精煤销售;加工产生的中煤等副产品和废弃物,运到配煤厂进行均质配比,

达到热值标准后用于发电;发电产生的粉煤灰和炉渣,则成为制造水泥、墙砖的原料,加以利用。

在西山公司的另一条循环链"煤—焦—化"链条中,焦煤经过洗选用于炼焦,在焦炭生产中产生煤气、焦油、粗苯、硫铵等副产品。这些副产品再经深加工,可衍生出100多种精细化工产品。

另外,西山公司所属矿井产生的瓦斯、废水也都得到了不同程度的利用。

现在,西山公司精心打造的两条循环链已初具规模,并产生了巨大的经济效益、社会效益和环境效益。

年度人物

NIANDU RENWU

2007

西山煤电集团年鉴

XISHAN MEIDIAN JITUAN NIANJIAN

公司领导

薛　山

男，1947年11月生，在职研究生，中共党员，高级经济师。2002年11月任西山煤矿总公司总经理、党委常委，西山煤电股份公司党委书记、副董事长。2005年12月任西山煤电集团公司董事长、党委常委。2006年12月调离。

李　仪

男，1948年11月生，大学学历，中共党员，高级工程师。2002年11月任西山煤矿总公司党委书记，西山煤电股份公司董事长、党委委员。

李建胜

男，1960年12月生，大学学历，中共党员，成绩优异的高级工程师。2001年10月任山西焦煤集团公司总工程师、安监局局长。2002年11月至2003年12月兼任西山煤矿总公司总工程师、党委常委，西山煤电股份公司董事。2006年12月任西山煤电集团公司董事长、党委常委。

车树春

男，1950年12月生，大学学历，中共党员，高级政工师。2002年11月任西山煤矿总公司党委副书记，西山煤电股份公司副董事长、总经理、党委副书记。2003年12月任西山煤矿总公司党委书记，西山煤电股份公司副董事长、总经理、党委副书记。2005年12月任西山煤电集团公司党委书记、副董事长。

张能虎

男，1961年8月生，大学学历，中共党员，成绩优异的高级工程师。2002年11月任西山煤矿总公司党委常委、安监局局长，西山煤电股份公司副总经理、安监局局长。2003年12月任西山煤矿总公司副总经理、党委常委，西山煤电股份公司董事、党委委员。2005年3月任西山煤矿总公司常务副总经理、党委常委，西山煤电股份公司董事、党委委员。2005年12月任西山煤电集团公司董事、总经理、党委常委。

孙炳章

男，1951年7月生，大专学历，中共党员，高级政工师。2002年11月任西山煤矿总公司副总经理、党委常委。2005年12月任西山煤电集团公司董事、副总经理、党委常委。2006年12月调离。

薛道成

男，1962年11月生，大学学历，中共党员，高级工程师。2003年5月任西山煤矿总公司副总经理。2005年12月任西山煤电集团公司副总经理。

武华太

男，1959年4月生，大学学历，中共党员，高级工程师。2003年5月任西山煤矿总公司副总经理、党委常委。2005年12月任西山煤电集团公司副总经理、党委常委。2006年5月任西山煤电集团公司副总经理。

公司领导（续）

薛占儒

男，1957年2月生，大学学历，中共党员，高级工程师。2003年12月任西山煤矿总公司副总经理。2005年12月任西山煤电集团公司副总经理。

王玉宝

男，1962年3月生，大学学历，中共党员，成绩优异的高级工程师。2003年12月任西山煤矿总公司副总经理、安监局局长，西山煤电股份公司安监局局长。2005年12月任西山煤电集团公司董事、副总经理、安监局局长。2006年5月任西山煤电集团公司董事、副总经理、党委常委。

徐俊明

男，1964年3月生，大学学历，中共党员，高级政工师。2003年12月任西山煤矿总公司党委副书记、纪委书记，西山煤电股份公司纪委书记、党委委员。2005年12月任西山煤电集团公司党委副书记、纪委书记。

刘志安

男，1957年12月生，大学学历，中共党员，高级政工师。2003年12月任西山煤矿总公司工会主席、党委常委，西山煤电股份公司董事、工会主席、党委委员。2005年12月任西山煤电集团公司董事、党委副书记、工会主席。

夏苏萍

女，1962年10月生，大学学历，中共党员，高级会计师。2003年12月任西山煤矿总公司总会计师，西山煤电股份公司董事。2005年12月任西山煤电集团公司董事、总会计师。

胡文强

男，1968年11月生，大学学历，中共党员，工程师。2005年3月任西山煤矿总公司副总经理。2005年12月任西山煤电集团公司副总经理。2006年12月任西山煤电集团公司董事、副总经理、党委常委。

王绍进

男，1962年2月生，大学学历，中共党员，成绩优异的高级工程师。2005年3月任西山煤矿总公司总工程师。2005年12月任西山煤电集团公司总工程师。2006年5月任西山煤电集团公司副总经理、总工程师、安监局局长。

先 进 人 物

薛　山　男　中共党员
高级经济师
山西焦煤集团公司党委书记
西山煤电集团公司董事长、
党委常委
获“全国五一劳动奖章”

1968年参加工作，曾任杜儿坪矿技术员、科长、党总支书记、副矿长，西山矿务局水泥厂厂长、党委书记，西山矿务局副局长、古交矿区建设指挥部总指挥兼党委书记，西山煤电集团公司副总经理、党委常委，西山煤电股份公司副董事长、总经理，汾西矿务局局长，汾西矿业集团公司董事长、党委副书记，山西焦煤集团公司党委书记、副董事长，西山煤电集团公司董事长、党委常委等职务。他认真贯彻党的十六大精神，忠诚践行“三个代表”重要思想，团结带领广大干部职工与时俱进，开拓创新，使企业改革发展突飞猛进、生产建设硕果累累、经营管理全面加强、职工收入稳步提高、环境面貌明显改善、“三个文明”协调发展。

他以求实精神和严谨态度，抢抓机遇，锐意进取，全面强化企业各项管理工作，不断开创工作新局面，取得了斐然成绩：2003年西山煤矿总公司原煤产量2708万吨，增幅14.5%；销售收入49亿元，增幅17.5%；上缴国家税费6.1亿元，增幅15.1%；职工年均收入达到14768元，增幅达25.8%；开发了汾阳、兴县两个新矿区，为企业可持续发展奠定了坚实基础；古交电厂项目取得了突破性进展，年底第一台30万千瓦机组可投入发电，开山西煤炭企业投资大型电厂建设之先河；对5个选煤厂进行选煤工艺改造，提高精煤回收率3~4个百分点，仅此每年就可增加收入2亿元以上；大力推进环境建设，先后投资1.4亿元用于环境净化、美化、绿化、亮化的“爱我西山，美我家园”主题创建工程，职工生活环境焕然一新；关心职工生活，为全国劳模亢龙田亲自联系全国最好的医院进行矽肺治疗，为离退休职工、工病亡家属、特困职工亲自督促增拨中秋、春节慰问资金，为群众排忧解难的事例不胜枚举。

1994年获太原市劳动模范称号，2004年获山西省特级劳动模范。2006年4月获“全国五一劳动奖章”。

董　林　男　共青团员
初级技工
杜儿坪矿掘进一队的综掘机司机
获“全国五一劳动奖章”

2001年11月参加工作以来，他对工作认真负责，吃苦耐劳、勤肯钻研，以饱满的激情和坚定的信念实践着对矿山事业的执着追求。2004年、2005年连续获杜儿坪矿技术比武第一名。2005年代表杜儿坪矿参加了上级组织的技术比武，获西山煤电集团公司技术比武第一名、山西焦煤集团公司技术比武第二名、全国煤炭行业职业技能大赛第一名，并获“全国煤炭行业优秀技术能手”。2005年获山西省“五一”劳动奖章，被评为山西省优秀青年岗位能手、西山煤电集团公司特级劳动模范。2006年4月获“全国五一劳动奖章”，并被评为山西省十大杰出青年。

车树春　男　中共党员
高级政工师
山西焦煤集团公司董事、常委
山西焦煤西山煤电集团公司党委书记、副董事长
西山煤电股份公司副董事长、总经理、党委副书记
获“山西省五一劳动奖章”

一年来，作为西山煤电股份公司副董事长、总经理，坚持“安全第一”的方针，狠抓安全质量标准化建设和安全明细化管理，全年安全百万吨死亡率为

0.14，保持国内先进水平；坚持“效益最大化”的原则，狠抓生产经营管理工作，各项经济技术指标再创历史新高，全年主营销售收入56.17亿元，同比提高49.39%，实现利税19.68亿元，同比提高58.65%，实现利润14.23亿元，同比提高57.7%，净资产收益率为21.14%，每股收益0.80元；坚持循环经济的思路，加快结构调整步伐，收购山西焦化24%的股权并成为其第二大股东，募集资金建设的古交电厂和西山热电厂正式投产发电，“煤—电—材、煤—焦—化”两条产业链初步形成；坚持国家利益与企业利益一致的原则，积极推进股权分置改革，成为山西省首家完成股权分置改革的上市公司。2005年，西山煤电股份公司先后荣获“中国煤炭工业优秀企业”、“全国AAA级质量信誉等级企业”、“山西省五一劳动奖状”、“太原市模范企业”、“中国十佳最具投资价值上市公司”等称号，并在连续五年入选“道中88”成分股、深圳成分指数样本股和“道琼斯中国指数”成分股后，又入选深交所“巨超100”指数样本股；2005年度获“全国煤炭工业优秀企业家”称号。2006年4月，获“山西省五一劳动奖章”。

武华太　男　中共党员
高级工程师
西山煤电集团公司副总经理、党委常委
西山多种经营总公司总经理
全国煤炭工业综合利用与多种经营企业优秀厂长(经理)

他坚持用发展的办法解决与煤炭主业的差距问题，开发有持久效益的骨干项目，培育新的经济增长点，靠发展促稳定，靠效益保安置，积极推动多经的平稳健康快速发展。

积极推进后劲项目建设。利用西山发展循环经济的有利机遇，加快新项目的开发建设，依靠技术进步带动企业发展，在西山“煤—电—材”和“煤—焦—化”两条循环产业链上，围绕清洁生产、高效利用和多元发展积极上项目，加强了资源的综合利用，增强了多经的发展后劲。如：古交配煤厂项目、屯马铁路自营项目、屯兰瓦斯烧锅炉项目、瓦斯发电项目、煤泥干燥项目等。

稳步推动多经资源整合。努力解决多经企业“弱小散乱”的情况，按照“注重实际效果，着眼长远发展，顾全整体利益”的原则，对部分同类型厂点进行了资源整合和优化配置。

不断创新企业内部管理。他提出了“精细化管理”的要求，严格产品质量，涌现出了“山鹰”牌蓄电池、“环宇”牌电焊条等一批品牌产品。不断完善安全管理制度，形成安全生产的长效机制，保持了安全生产的良好势头。狠抓了清产核资、账户清理、双增双节等专项活动，保证了企业的低成本运行。

稳妥推进多经改革改制。按照“边发展边改制、先做强后改制”的思路，在保证国有资产不流失、职工利益不受损、企业实力有发展的前提下，继续巩固扩大租赁经营的成果，对条件成熟的厂点实施租赁经营。提倡新上项目、新建企业按照“三新三高”的思路，实行多元化投资。

时刻关注职工利益。集体企业经过不懈努力，在2004年销售收入首次突破亿元、扭亏为盈的基础上，2005年实现销售收入2.04亿元，实现利润165.57万元。集体工养老保险全部纳入到太原市保险系统，从根本上解决了集体工的退休保障问题。在十分困难的情况下，保证了多经职工与煤炭主业职工同步调升工资，维护了广大职工的切身利益。

2005年，多经系统完成销售收入127460万元，同比增加36337万元；实现利润1329万元，完成全年计划的116%；清收欠款3716万元，完成全年计划的102.4%；职工人均收入16205元，同比增加3879元；质量标准化工作迈上了新台阶；继续保持了安全生产的好形势。多种经营总公司被中国煤炭工业协会授予“2004年度全国煤炭工业综合利用与多种经营先进企业”；被山西省国资委授予“文明单位标兵”称号，被评为2004—2005年度太原市质量管理优秀企业。2006年9月，他被评为全国煤炭工业综合利用与多种经营企业优秀厂长(经理)。

段润宇　男　中共党员
工程师
杜儿坪矿矿长
全国煤炭工业优秀矿长

他努力践行“三个代表”重

要思想和科学发展观，始终把推进企业快速发展、确保矿井安全生产、提高矿区经济效益、改善职工生活质量作为工作重点，使矿区呈现出蒸蒸日上、蓬勃发展的良好态势，在和谐西山建设中作出了积极贡献。实施了500万吨环节能力改造工程，北石沟风井工程、北石沟瓦斯抽放站、开拓大巷延伸工程、铁路装车系统、井下大巷运输能力改造、排矸系统改造工程，奠定了矿井后续发展的基础。以建设本质安全型矿井为目标，推行了准军事化管理和安全确认制度，实现了人的行为规范化。在完成安措资金的基础上，多投入1000万元，用于安全设施建设，完成创新项目63项，其中14项获得西山煤电集团公司特等奖和一、二、三等奖，改善了安全环境，实现了人的安全与环境的安全相统一。推广了快速过无炭柱、双面掘进、快速安拆工作面等新工艺、新方法，在保证矿井高产高效的同时，始终保持了矿井“三量平衡”。坚持科技兴矿，主持制定了技术进步、管理进步、人才进步激励条例，矿初、中、高级工全部达标，历年技术比武名列集团前列。2005年113人获技能资格证书，25人取得后续学历。2004、2005两年全矿科技成果由88项增长为132项，增长50%。并在全矿主持推广了6S管理。2006年完成了单身宿舍楼装修，住宅楼管网改造，磁卡电表改造，小虎峪幼儿园改造等“十件”实事。注重困难职工帮扶，成立了扶危帮困基金会，对贫特困户和临时困难户进行救助；充分发挥“十大救助”基金的作用，并通过行政拨款、基层捐款、争取低保、推荐就业、节日走访慰问等，解决困难职工生活、就医、就业、就学等实际困难。关心群众，为群众办实事、办好事，赢得了全矿职工的一致赞誉。由于工作突出，曾先后被评为1997年太原市劳动模范，1998年西山煤电集团公司特级劳动模范，2001年西山煤电集团公司劳动模范，2004年获太原市企业家协会优秀企业家称号，2005年获全国企业家协会优秀企业家称号，2006年获全国煤炭工业优秀矿长、省属企业优秀共产党员称号。

付汉江　男　中共党员
高级工程师
山西金信建筑有限公司董事长、总经理
全国优秀施工企业家

他长期从事施工管理工作，具有丰富的管理经验。他兢兢业业，励精图治，在企业管理上坚持高标准、严要求，用先进的管理、高尚的人格魅力赢得了干部职工的认可。他与公司“一班人”不等不靠，企业走向了高速发展的快车道。在他的带领下，公司的经济效益和社会效益得到了明显的提高。2005年，共完成施工产值3.9亿元。2006年公司施工产值再次突破新高，达到4.4亿元，成本降低率3.5%，全员劳动生产率22.7万元/人年，同比提高8.1%，职工人均收入2.34万元，同比提高8%。安全生产实现了“三个零”目标，土建、安装工程合格率全部达到100%。几年来，公司有30多个单位工程被评为市级以上优良工程和“安全文明工地”，两项工程被评为“汾水杯”工程和山西省优良工程。8项工程被评为全国煤炭系统优质工程，两项工程荣获“太阳杯”质量奖。公司先后被评为“全国优秀施工企业”、“全国守合同重信用企业”“中国企业诚信经营示范单位”、“全国工程建设质量、安全、信誉AAA级保障企业”、“全国创建学习型组织先进单位”、“中国煤炭协会先进施工企业”、“山西省优秀建筑企业”以及“山西省用户满意企业”。付汉江同志也因突出的业绩、出色的管理先后被评为“全国优秀施工企业家”、“全国煤炭行业优秀施工企业家”，多次被评为省部级优秀项目经理、中国煤炭行业先进经营者，2006年3月，他被评为2005年度全国优秀施工企业家。

杨贵元　男　中共党员
高级工程师
西山金城建筑有限公司董事长、总经理
全国煤炭行业优秀施工企业家

他致力于企业制度化管理，强调管理过程中制度管理的作用最大化、人为因素最小化。任职以来,实行严格的责任法人月度考核、过程控制,改变了基层单位落后管理状况,防止施工过程不算账,年底大幅度亏损现象发生。建立新的工资分配制度,分开了作业层、管理层和领导层,使全体员工的观念发生了变化。实行了资金集中管理、工程集中分配和自行承揽相结合,主要材料和地材集中采购,降低采购价格,确保材料质量。他通过增加一线工程技术人员岗位津贴,缩小与社会技术人员收入的差距,吸引回多名工程技术人员,工程技术人员的人才储备明显增加。他率先提出了由党委和基层党支部抓现场管理的新思路,制定了《关于对安全及现场文明施工管理绩效考核办法》,使施工现场管理水平及项目班子质量、安全意识,施工现场的文明施工状况大有改观。一整套管理制度的实施,使金城公司由原来连年亏损和发不出工资的企业发展到现在逐年盈利和职工逐年工资增长15%的企业,企业的经济运行状况得到了提高,使企业氛围更加和谐。2006年公司分别被中国煤炭建筑协会评为优秀建筑施工企业、山西省建筑业协会评为山西省优秀建筑企业。2006年10月,他被评为全国煤炭行业优秀施工企业家。

赵　川　男　中共党员

高级政工师

西山煤电集团公司团委书记

全国优秀共青团干部

自2003年以来,赵川同志带领团委一班人,充分发挥"党委助手、行政帮手"的作用,积极为企业服务,为青年服务。高度重视青年安全工作,建立健全了青年安全协会和青监岗组织机构,制订了《青年安全工作管理办法》,并将青年安全工作考核纳入到公司质量标准化千分制考核体系中。积极争取集团党政支持,以"导师带徒"活动为主要载体,狠抓青工技能培训、技能鉴定和技能竞赛等环节。先后制定了《青工技能振兴计划实施意见》、《在"青工技能振兴计划"中实行学分制考核的指导意见》,2004年集团被团中央确定为首批全国青工技能振兴计划试点单位,2006年集团被团中央授予"全国青工技能振兴计划试点单位"。带领团组织发挥"开风气之先"的优良传统,不断引深"道德建设、青年先行"活动,以青年志愿者、青年文明号等品牌活动为主要载体,组织开展了"环境治理日"、"帮困助学"、"共青团便民服务"等活动。积极争取政策,创造环境,大力实施青年人才工程。在他的积极倡导下,成立了青年管理者协会、青年科技工作者协会,建立了青年人才库。2002—2006年集团涌现出省级以上优秀青年典型96名;在建团各类表彰中,青年受表彰比例占35%以上。在西山煤电集团公司团委率先成立青年创业指导中心,增加3个人员编制。2005年以来,通过就业恳谈会、职业生涯导航会、供需见面会、就业洽谈会等活动,帮助700余名待业青年走上工作岗位,促进了矿区和谐发展。以团建目标责任制为抓手,不断夯实团的组织基础。积极推进青年工作委员会机制的运行,于2005年3月召开了首次青年工作大会,公司党委非常重视,以党委文件下发了《关于进一步加强青年工作的实施意见》,推进了青年思想教育工程、青年文明工程、青年人才工程、青年创业工程"四个工程"建设。三年多来,他做了大量卓有成效的工作,在团中央编印的《共青团基层组织建设百例》、《增强共青团员意识主题实践活动百例》两书中,都介绍了西山煤电集团公司的典型做法。西山煤电集团公司团委先后荣获"全国五四红旗团委"、"全国青工技能振兴计划示范单位"、"全省增强共青团员意识主题教育活动先进单位"、"全省共青团信息工作先进单位"等荣誉称号。2006年3月,他被评为全国优秀共青团干部。

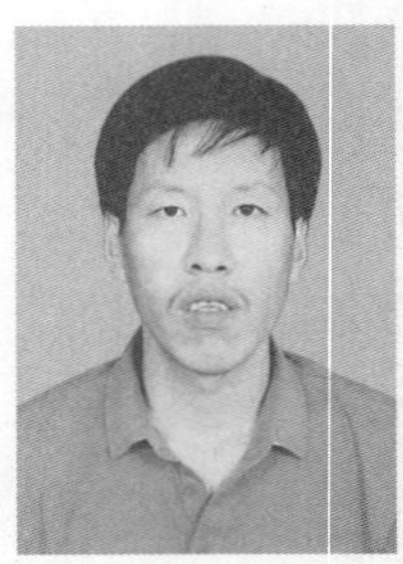

岳优杰　男　中共党员

高级工程师

屯兰矿外维队队长

全国煤炭工业优秀机电队长

岳优杰同志1991年毕业于山西矿业学院自动化专业,一直从事矿井地面电气安装工作。自2001年12月担任屯兰矿外维队队长以来,他以"技术创新求进步,科学管理创效益"的管理理念,带领全队职工顽强拼搏,锐意进取,消灭了重大机电设备事故和轻伤以上人身事故,质量标准化工作始终位居集团公司前列,受到干部职工的一致好评。

外维队担负着屯兰矿的供电、通风、提升、压风等重大任务。无论哪个环节出现问题,都会直接影响井下的安全生产。再加上点多、线长、面广,人员相对分散,这就给管理带来了很大困难。作为一队之长,如何管好这支队伍,保证矿井几大动脉的正常运转,就成了他上任以来各项工作的重中之重。在管理上,他在全队推行了“人本化、明细化、精细化”管理模式,以人为本,工作明细化,考核精细化,一切制度的制定,都从调动职工的积极性入手,制定了各岗位工作标准,从出勤、工作任务、安全、质量、效益、培训几方面对职工严格考核,每月的职工考核同其收入挂钩,并及时上墙公布,使职工干的放心、挣的明白,充分调动了广大职工的积极性,正是靠着这种“公平、公正、公开”的人文管理,外维队全体职工心往一处想,劲往一处使,保证了几大系统的安全运行,为屯兰矿的安全生产作出了突出贡献。

科班出身的他,深知技术创新的重要性。在外维队当技术队长时,他就对全队设备的完好情况了如指掌,为了保证设备的可靠运行,提高安全系数,他多次现场考查研究,大胆进行技术革新。对副立井、副斜井三台绞车电控系统,由原继电器控制改为 PLC 控制,保证了提升机的安全运行,特别是对 2.8 米直流绞车,大胆采用德国西门子 6RA70 全数字整流调速装置,两套装置串联运行,实现了串联十二脉动,消除了谐振,提高了功率因数,此项技术的应用在全国都处于领先地位。针对副立井操车系统与信号系统闭锁不完善,极易发生掉人、掉矿车事故的现状,他多方查找资料,同业内专业人士多次论证探讨,将副立井信号台改造为 PLC 控制,增加——信号闭锁,极大地提高了安全系数,保证了副立井提升安全性。几年间,在他的带领下,全队完成了数十项技术改造,保证了设备的安全运行。在搞好技术创新的同时,他还从提高职工素质入手,在全队积极开展岗位练兵活动,为职工搭建了学习交流的平台,在他的带动下,全队职工比中学,学中练,形成了“你追我赶”的良好学习氛围,在矿及西山煤电集团公司技能大赛中涌现出了一大批技术尖子。

由于业绩突出,他多次被屯兰矿评为“科技先进工作者”、“先进生产工作者”、“优秀共产党员”、“劳动模范”,2005 年,被西山煤电集团公司评为劳动模范。2006 年 10 月,他被评为全国煤炭工业优秀机电队长。

王志维　男　中共党员

初级工

西铭矿运输区三队队长

全国煤炭工业优秀运输队长

王志维同志是西铭矿运输三队的队长。作为一名煤炭企业基层单位的领导,他深知自己肩负的责任重大,因此他总是身先士卒,摸爬滚打在一线。为了把全队的安全生产工作抓好,他制定了安全管理明细化考核制度,把本队的每一个工种,每一项工作及工作过程都进行了细化、量化考核,并在全队严格实行安全结构工资每月以 30 元作为全队每个职工的奖励,从而大大地增强了工人安全生产责任心,使全队多年来没有一人住矿三违学习班接受安全教育,使职工的工作积极性得到了较大的提高。

他注重在岗职工的技术学习,始终坚持以人为本,不断加强职工安全培训教育,依托企业安全文化建设,积极开展质量明细化管理,把班前每日一题,每周一课、每月一考纳入安全管理明细化进行考核,从而促进了全队职工学习的积极性,使全队有 50%的职工通过了初级工的认证和 40%的职工通过了中级工的考核,有四名职工达到了高级工的水平。

在生产工作的实践中他不断的总结经验,推广新技术。2006 年,在他的创导下,在玉门翻矸车场和西十 2 号联络巷设计安装了两套矿车调头转盘,在西十 2 号联络巷自行研制安装了一部长闭式联锁自动阻车器,这为斜坡运输安全增加了一道安全防线。

他多次圆满完成上级交给的各项任务,连续多年被评为矿“劳动模范”。2006 年 10 月,被评为全国煤炭工业优秀运输队长。

刘武乃　男　中共党员

技师

马兰矿通风区通二队队长

全国煤炭工业优秀通风队长

他在工作中勤于思考,着力于技术创新。自1992年以来,他参与的小改小革和科研项目就达60余个。他通过对采煤机,掘进机的喷雾进行技术改进,提高了防灭尘效果。为确保矿井通风系统的安全可靠,他研制出风门风动的自动闭锁装置,克服了原有风门闭锁装置噪声大、容易损坏等缺点,得到了“一通三防”专业人的认可,在马兰矿乃至西山各矿全面推广应用。他所研发的小改小革项目多次获奖。

自2002年担任队长以来,他以身作则、率先垂范,队多次被评为模范集体,他本人也多次评为立功个人,并连续三年被评为劳动模范。2005年,通风区在南五采区10509工作面施工时,恰赶上新旧通风系统贯通,通风设施施工复杂、难度大,再加上运输条件不具备,需要通过人工肩扛背驮将一块块料石、一袋袋水泥、一袋袋沙子、一袋袋黄土运到各通风工程施工地点。在时间紧、任务重的情况下,他带领大家连续搬料石、背水泥、运河沙,虽多次累倒,始终都坚持在工作岗位上。领导和同志们多次劝他休息一下再干,可他说:“我年轻,顶得住,不能因为我们耽误工期,影响全矿的安全生产。”在马兰矿2006年上半年表彰大会上,他被评为立功个人。2006年10月,他被评为全国煤炭工业优秀通风队长。

郭海如　男　中共党员

技师

东曲矿一采区区长

全国煤炭工业优秀采煤队长

自从他担任东曲矿综采二队队长后,该队的安全生产持续稳定发展,在确保安全的前提下,原煤产量稳步提高,先后突破“一百五十万吨”、“二百万”吨大关。

他在采煤一线摸爬滚打多年,深知安全生产的重要性。为此,他狠抓质量标准化工作和现场管理。在现场管理过程中,他经常针对工作面存在的一些地质构造或不安全隐患,身先士卒,坚持跟班作业。

他在确保安全的前提下,还下大力气抓单产,从而使全队的单产水平进一步提高,原煤产量也随之大幅攀升。2004年原煤产量达164万吨,2005年原煤产量达200.7万吨,成为西山煤电集团公司突破二百万吨大关仅有的两个队之一。2006年10月,他被评为全国煤炭工业优秀采煤队长。

刘红权　男　中共党员

技术员

杜儿坪矿一采区掘进一队队长

全国煤炭工业优秀掘进队长

他1990年到杜儿坪矿参加工作。参加工作后,他任劳任怨,刻苦钻研,努力学习生产知识,虚心向老师傅请教,很快成长为队里的技术骨干。

2003年3月,他任掘进一队队长。在63312工作面正巷过无炭柱期间,他大胆构想,采用科学方法,用全锚支护形式进行支护,钢筋网加钢带并用锚杆和锚索配套打注,在短时间内快速过完了无炭柱,既减少了资金投入,又加强了支护质量,减小了劳动强度。

他注重科学管理,组织编写了《工程质量验收制度》、《经营管理制度》、《安全培训制度》、《重点工作队干部跟班制度》、《安全质量明细化考核制度》、《安全结构工资分配办法》等一整套工作制度,完善了管理制度,调动了全队职工的工作积极性。一分耕耘,一分收获,2005年,掘进一队进尺5058米,超额完成西山重点标杆队任务,工程质量、机电质量、综合防尘质量优良品率均达到了100%。

2002年,他在山西焦煤集团首届职工技能大赛中获锚杆支护工第二名和技术标兵称号。他多次被评为西山煤电集团公司劳动模范,所在队连续三年获得西山煤电标杆掘进队称号。2006年10月,他被评为全国煤炭工业优秀掘进队长称号。

田爱国 男 中共党员
工程师
西山金城建筑有限公司第十一项目部经理
第五届煤炭建设行业优秀项目经理

他建立健全各项管理制度，按项目法进行施工。认真组织施工，加强质量安全管理。严格控制施工工期，采用新技术、新材料、新工艺降低成本。在施工406小区住宅楼构造柱时，原方案是搭接绑扎，通过分析选用钢筋对焊，使钢筋绑扎方案降低成本。先后负责施工西山410小区19号、20号住宅楼、410小区24号、25号、27号A、B、C座住宅楼、426小区10号、11号、12号、13号、14号住宅楼，官地矿406小区27号、28号、29号、30号住宅楼，432小区2号、3号住宅楼等工程，所施工工程先后荣获太原市优良工程，太原市安全文明工地，太原市优秀质量QC小组等，得到了上级领导和同志们的高度赞扬，取得了良好的经济效益和社会效益，个人还多次获西山煤矿总公司劳动模范。2006年11月，他被评为第五届煤炭建设行业优秀项目经理。

李广荣 男 中共党员
工程师
西山金城建筑有限公司第四项目部经理
第五届煤炭建设行业优秀项目经理

任项目经理后，积极承揽工程，精心组织施工，狠抓各项管理。在极其困难的情况下，全面并超额完成了公司下达的各项经济技术指标，创造了良好的经济和社会效益。近三年来，项目部共完成产值9672万元，除足额上缴公司各项利费外，成本降低280余万元。安全生产无事故，质量合格率达100%。2005年度项目部杜矿虎胜街住宅楼QC小组被评为太原市优秀质量管理小组，项目部被评为2005年全国煤炭行业（部级）优秀等级队，且连续三年被评为集团公司模范集体和先进集体。2006年11月，他被评为第五届煤炭建设行业优秀项目经理。

王建国 男 中共党员
工程师
西山金城公司第十项目部经理
第五届煤炭建设行业优秀项目经理

在施工过程中，他精心组织，严格管理，努力提高公司的经济效益，先后负责了白矿五二、五三小区住宅楼、白矿八盘区开发工程包括热风炉房、6千伏变电所、风机房栈桥等工程。保证了工程的工期、质量，实现了安全生产无事故，2006年完成施工产值3200余万元，五二小区2号楼获太原市优质工程，得到了建设单位、公司的一致好评，为煤炭建设做出了积极的贡献。2006年11月，他被评为第五届煤炭建设行业优秀项目经理。

田太生 男 中共党员
一级实习指导教师
西山技校古交分校校长
全国煤炭教育先进工作者

他担任技工学校古交分校校长后，紧紧围绕学校办学宗旨，认真履行岗位职责，狠抓教学及学生管理，求真务实，开拓创新，较好的发挥了自身的职能作用。从分校建校初期，他就亲临施工现场，指导、验收各项工作的完成情况，及时处理各项事务，保证了分校工作的正常运行。

在教学管理上，他针对分校办学实际，积极与当地有关单位和部门协调沟通，联系任课教师，制定教学管理制度，并坚持每天查课，定期听、评课，认真组织参加教学教研活动，注重调动学生的学习积极性，教学质量稳步提高。

在学生管理方面，他大胆创新，严抓落实，制定实行了以中队建制、目标管理细化的军事化管理手段，使古交分校的学生管理工作达到了规范、科学、高效。

在后勤管理上，他克服办学设备缺少，教学场地不足等困难，积极想方设法、广开门路，争取资金完成了分校的操场硬化、教学楼粉刷、下水管道改造、采暖管道大修，使该校的办学条件逐步完善。2006年11月，他被评为全国煤炭教育先进工作者。

赵改润　女　中共党员
小教高级
西山二十四校校长
爱国报国全国先进模范个人

她坚持以人为本，以创建和谐平安校园为方向的全面管理，调动班子成员及全校教职工的积极性，坚持民主管理，乐于听取群众的意见和建议，做到取人之长，补己之短，用欣赏的目光看别人，以挑剔的目光看自己。

面对当今教育激烈的竞争趋势，面对知识经济的严峻挑战，她在学校管理上严格要求，既有规范化、制度化、科学化的目标，又有新思路、新内容、新方法的措施，还有高标准、高起点、高效益的要求。她注重把学校的常规管理和目标管理相结合，使学校的各项工作都有明确的奋斗目标，使教师在目标的导向下，创造性地工作。在她的带领下，西山二十四校一年一个新台阶。学校先后荣获全国基础教育示范学校、全国爱国报国先进模范单位、全国小学生作文写作名校、太原市综合治理模范学校、太原市示范家长学校、太原市少先队红旗大队、太原市师资队伍建设先进学校、太原市巾帼文明岗、太原市"十五"科研课题合格学校、西山煤矿总公司先进集体、西山教委模范学校、先进单位等称号；学校教学质量名列西山前茅、学生参加西山教委语文、数学学科抽考、调研考试获西山地区第一、二名；参加太原市小学升初中毕业素质测试获第一、二名；参加西山教委毕业班数学竞赛，语文、数学、英语学科毕业统考获西山地区第一名的好成绩。

根据学校青年教师多的特点，她提出了以青年教师队伍建设为突破点，力争把每一位青年教师培养成为思想素质好、知识功底厚、业务能力强、科研基础实的新型教师。青年教师在她的精心培养和指导下，近两年来学校十几名教师成为太原市高水平骨干教师，十几名教师成为省企业学会教学能手，两名教师成为太原市教学能手，一批批优秀人才脱颖而出。赵改润同志本人也荣获全国爱国报国先进个人、中国小作家写作名校长、煤炭系统优秀校长、西山教委新时代女性、优秀教育工作者等称号。她不断积累教育教学经验、带头积极撰写教育科研论文多次被评为国家、省、市级一、二等奖，她撰写的论文《如何加强教师队伍建设》、《潮中开船何所倚，舵稳帆满号子齐》、《浅谈创新教育》被收录在新时期教育丛书中。2006年4月，她被评为爱国报国全国先进模范个人。

张志荣　女　中共党员
西铭矿大虎沟安全协管分会主任
全国煤炭系统优秀安全协管员

张志荣出生在吕梁山区，18岁加入中国共产党。1986年，她随丈夫来到西铭矿，曾任西铭矿大虎沟安全协管分会主任、大虎沟社区主任、党支部书记，并荣获矿劳动模范、西山煤电集团公司十佳好矿嫂等称号。

十几年来，她为矿工缝补衣服6000余件，缝补手套3000余双，钉扣子8000余枚，做鞋垫1600余双；撰写宣传安全生产的稿件500多篇，创作文艺小节目40余个；进出"三违"人员家庭400余次。

张志荣搞安全协管，不仅在矿井前，而且走家串户，督促大家签好"家庭安全双保合同"。社区有多少个"三违"人员，她心知肚明；对社区3000余户家庭基本情况了如指掌；哪些家庭需要经常走访，她定期总要去看看。

2005年夏天，张志荣因白血病住院治疗。但她仍然惦记和关心着矿山的安全协管工作。2006年3月，她被评为全国煤炭系统优秀安全协管员。

2006年6月，54岁的张志荣因病去世。

荣誉
RONGYU

2007
西山煤电集团年鉴
XISHAN MEIDIAN JITUAN NIANJIAN

2006 年获上级荣誉

获上级荣誉(单位、集体)

国家级 部级

获奖单位(集体)	奖 励 名 称	授 奖 单 位	时间
西铭矿	全国煤炭系统文明煤矿	中国煤炭职工思想政治工作研究会	2006-01
屯兰矿	全国煤炭系统文明煤矿	中国煤炭职工思想政治工作研究会	2006-01
广电中心	中国煤炭行业新闻界先进集体	中国煤炭新闻工作者协会	2006-01
西山煤电集团公司	煤炭工业质量管理先进企业	中国质量协会煤炭工业分会	2006-03
西山煤电股份公司	质量信誉 AAA 等级	中国产品质量协会	2006-03
工 会	全国煤炭系统先进女职工委员会	中国能源化学工会全国委员会	2006-03
工 会	全国煤炭系统先进协管会	中国能源化学工会全国委员会	2006-03
金信公司	全国优秀施工企业	中国施工企业管理协会	2006-03
杜儿坪矿	全国煤炭系统先进群监会	中国能源化学工会全国委员会	2006-03
金信公司	山西古交电厂 3 号标段工程获全国煤炭行业工程质量"太阳杯"奖	中国煤炭建设协会	2006-03
金信公司	古交电厂 3 号标段工程获全国煤炭行业优质工程	中国煤炭建设协会	2006-03
金信公司	官地矿 970 工程获全国煤炭行业优质工程	中国煤炭建设协会	2006-03
西山煤电集团公司	全国"安康杯"竞赛活动优胜企业	中华全国总工会 国家安全生产监督管理总局	2006-04
疾控中心	国家职业卫生示范企业	国家安全生产监督管理总局 全国总工会 卫生部	2006-04
西铭矿	科技进步优秀矿井	煤炭工业技术委员会	2006-04
西山二十四校	爱国报国全国先进模范单位	中华爱国工作联合会	2006-04
职教办	全国企业培训先进单位	中国企业联合会培训工作委员会	2006-05
安培中心	先进集体	中国煤炭工业劳动保护科学技术学会	2006-05
团 委	全国青工技能振兴计划示范单位	共青团中央 劳动和社会保障部 国务院国资委	2006-06
老干部处	全国中老年文化交流大会优秀组织奖	全国中老年文化交流大会组织委员会	2006-07
老干部处	全国中老年文化交流大会合唱展演赛金奖	全国中老年文化交流大会组织委员会	2006-07
老干部处	全国中老年文化交流大会舞蹈展演赛银奖	全国中老年文化交流大会组织委员会	2006-07
西山煤电股份公司	中国十佳最具投资价值上市公司	《大众证券报》及新浪财经联合主办	2006-07
西山煤电股份公司	中国十佳最重分红回报上市公司	《大众证券报》及新浪财经联合主办	2006-07
马兰矿选煤厂	全国十佳选煤厂	中国煤炭工业协会	2006-07
马兰矿	全国煤炭工业特级安全高效矿井	中国煤炭工业协会	2006-08

获上级荣誉(单位、集体)(续表)

国家级　部级

获奖单位(集体)	奖励名称	授奖单位	时间
东曲矿	全国煤炭工业特级安全高效矿井	中国煤炭工业协会	2006-08
白家庄矿业公司	2005 年度煤炭工业优秀质量管理小组	中国质量协会煤炭工业分会	2006-08
公用事业总公司自来水公司	2005 年度煤炭工业优秀质量管理小组	中国质量协会煤炭工业分会	2006-08
西山煤电集团公司	全国煤矿第十八届“西山煤电乌金杯”男子篮球赛第二名	中国煤矿体育协会	2006-09
西山煤电集团公司	全国煤矿第十八届“西山煤电乌金杯”男子篮球赛最佳组织奖	中国煤矿体育协会	2006-09
基建处	2006 年度片区煤炭建设工程造价管理先进集体	煤炭工业邯郸工程造价管理站	2006-09
金城公司	全国煤炭行业优秀施工企业	中国煤炭建设协会	2006-10
马兰矿	中国煤矿康居建设小康矿	中国煤炭建设协会 中国煤炭康居工程总会	2006-10
太原选煤厂洗煤车间工艺 QC 小组	全国优秀质量管理小组	中国质量协会　中华全国总工会 共青团中央　中国科学技术协会	2006-10
技工学校	全国煤炭教育先进单位	中国煤炭教育协会	2006-11
安监局	全国煤矿职工安全知识竞赛优秀组织奖	国家煤矿安全监察局 全国煤矿职工安全知识竞赛组委会	2006-11
马兰矿	全国煤炭工业双十佳煤矿	中国煤炭工业协会	2006-11
团　委	全国五四红旗团委	共青团中央	2006-12
西山二十四校	全国作文名校	中国基础教育教学研究会 中国教育编辑部　中华少年作家协会	2006-12
西山煤电股份公司	中国上市公司百强第 30 名	中国企业改革与发展研究会 华顿经济研究院 中国上市公司百强高峰论坛	2006
职教办	2005—2006 年煤炭职工教育管理科研成果一等奖	中国煤炭教育协会职工教育分会职工教育管理研究会	2006
职教办	2005-2006 年煤炭职工教育管理科研成果三等奖	中国煤炭教育协会职工教育分会职工教育管理研究会	2006

省级　市级

获奖单位(集体)	奖励名称	授奖单位	时间
保险公司	企业养老保险工作先进单位	山西省企业养老保险管理服务中心	2006-03
工　会	山西省工会系统“四五”普法先进单位	山西省总工会	2006-01
马兰矿选煤厂	山西省质量信誉 AA 级企业	山西省质量技术监督局	2006-01
西山水泥厂	山西省质量信誉 AA 级企业	山西省质量技术监督局	2006-01
金信公司	2005 年度山西省优秀建筑企业	山西省建筑业协会	2006-01
金信公司	山西省用户满意建筑施工企业	山西省建筑业协会	2006-01
兴能发电公司	资源节约与综合利用示范企业	山西省经济委员会	2006-01
西山残联	残疾人工作先进单位	山西省人民政府残疾人工作协调委员会	2006-01

获上级荣誉(单位、集体)(续表)

省级 市级

获奖单位(集体)	奖 励 名 称	授 奖 单 位	时间
工 会	职工互助保险工作先进单位	太原市总工会	2006-01
科 协	2005年度太原市优秀企业科协	太原市科学技术协会	2006-01
兴能发电公司	“十五”环境保护先进单位	中共太原市委 太原市人民政府	2006-01
西山残联	残疾人工作先进单位	太原市人民政府残疾人工作协调委员会	2006-01
救护大队	安全生产工作抢险救灾先进单位	山西省人民政府	2006-02
纪 委	省属企业效能监察优秀项目	中共山西省委国资委纪律检查委员会	2006-02
消防大队	全市消防安全先进单位	太原市人民政府	2006-02
救护大队	太原市安全生产应急救援先进单位	太原市人民政府	2006-02
保卫处	太原市消防工作先进单位	太原市人民政府	2006-02
西山煤电股份公司	太原市劳动保障工作先进单位	太原市人民政府	2006-02
工 会	太原市安全生产先进单位	太原市人民政府	2006-02
古交矿区总医院	全市卫生系统先进集体	太原市卫生局	2006-02
西曲矿	全市消防安全先进单位	太原市人民政府	2006-02
工 会	先进女职工组织	山西省总工会	2006-03
审计处	内部审计工作先进集体	山西省审计厅	2006-03
法律顾问处	“四五”普法依法治理先进单位	山西省人民政府 国有资产监督管理委员会	2006-03
老干部处	山西省煤炭系统老干部工作先进集体	山西省煤炭工业局	2006-03
金信公司	全省煤炭基本建设先进单位	山西省煤炭工业局	2006-03
西铭矿	山西省劳动和社会保障诚信企业AAA	山西省劳动和社会保障厅	2006-03
马兰矿	山西省劳动和社会保障诚信企业AAA	山西省劳动和社会保障厅	2006-03
西山水泥厂	山西省著名商标	山西省工商行政管理局	2006-03
西山水泥厂	山西省建材行业质量管理优秀企业	山西省建筑材料工业行业管理办公室 山西省建材工业协会	2006-03
屯兰矿综采一队	山西省五四红旗团支部标兵	共青团山西省委	2006-03
人防办	“十五”人民防空工作先进单位	山西省国防动员委员会	2006-03
白家庄矿业公司 电视台	山西省第十四届电视艺术二等奖	山西省电视艺术评奖委员会	2006-03
计划处	太原市工业项目推进年优秀单位	太原市人民政府	2006-03
西山煤电集团公司	环境保护目标责任制优秀单位	太原市人民政府	2006-03
公用事业总公司 工会女工部	女职工工作先进组织	太原市总工会	2006-03

获上级荣誉（单位、集体）（续表）

省级　市级

获奖单位（集体）	奖　励　名　称	授　奖　单　位	时间
保险公司	失业保险工作先进集体	太原市失业保险中心	2006-03
屯兰矿选煤厂	失业保险工作先进集体	太原市失业保险中心	2006-03
马兰矿	优秀平安单位	太原市综治办　太原市公安局	2006-03
老干部处	太原市老年教育示范学校	太原市民政局　太原市文化局 太原市老年大学	2006-03
工　会	集邮协会先进集体	太原市集邮协会	2006-03
西山煤电集团公司	五一劳动奖状	山西省劳动竞赛委员会	2006-04
团　委	山西省增强共青团意识主题教育活动先进单位	共青团山西省委	2006-04
科　协	山西省先进企业科协	山西省科学技术协会	2006-04
西山煤电集团公司	2005 年度“讲创新、比贡献”竞赛活动先进企业	太原市科学技术协会 太原市经济委员会	2006-04
人防办	“十五”期间人防工作先进单位	太原市国防动员委员会	2006-04
科　协	2005 年度“讲创新、比贡献”竞赛活动先进企业科协	太原市科学技术协会 太原市经济委员会	2006-04
金信公司	太原市 2005 年度模范单位	中共太原市委　太原市人民政府	2006-04
西铭矿	太原市 2005 年度模范单位	中共太原市委　太原市人民政府	2006-04
马兰矿	太原市 2005 年度模范单位	中共太原市委　太原市人民政府	2006-04
西山水泥厂	太原市 2005 年度先进单位	中共太原市委　太原市人民政府	2006-04
兴能发电公司	太原市 2005 年度先进单位	中共太原市委　太原市人民政府	2006-04
东曲矿选煤厂	太原市 2005 年度先进单位	中共太原市委　太原市人民政府	2006-04
屯兰矿综采一队	太原市模范集体	中共太原市委　太原市人民政府	2006-04
杜儿坪矿 劳动保险办事处	太原市模范集体	中共太原市委　太原市人民政府	2006-04
官地矿选煤厂 主洗车间	太原市模范集体	中共太原市委　太原市人民政府	2006-04
物资供应公司	太原市模范集体	中共太原市委　太原市人民政府	2006-04
职工总医院	太原市红十字系统先进集体	太原市人民政府	2006-04
白家庄矿业公司 开拓一队	模范班组	中共太原市委　太原市人民政府	2006-04
西山酒店保卫部	模范班组	中共太原市委　太原市人民政府	2006-04
西山二十四校	“十五”科研课题合格单位	太原市教育局	2006-04
兴能发电公司	山西省环境保护先进企业	山西省人民政府	2006-05
金信公司邓建青 QC 小组	山西省工程建设施工企业优秀 QC 小组三等奖	山西省建筑业协会	2006-05

获上级荣誉(单位、集体)(续表)

省级 市级

获奖单位(集体)	奖 励 名 称	授 奖 单 位	时间
金信公司 秦永强QC小组	山西省工程建设施工企业优秀QC小组	山西省建筑业协会	2006-05
西山煤电集团公司	残疾人工作先进企业	山西省人民政府残疾人工作协调委员会	2006-05
宣传部	2004—2005年度山西省思想政治工作优秀单位	山西省委宣传部 山西省总工会 山西省企业文化建设	2006-06
老干部处	山西省老年教育先进集体	山西省老年大学协会	2006-06
西山水泥厂	山西省建材行业质量管理小组活动优秀企业	山西省建材工业协会 山西省硅酸盐学会 山西省质量与名牌协会 山西省建筑材料工业行业管理办公室	2006-06
西山水泥厂 成品粉磨QC小组	山西省建材行业优秀质量管理小组	山西省建材工业协会 山西省硅酸盐学会 山西省质量与名牌协会 山西省建筑材料工业行业管理办公室	2006-06
西山水泥厂 成品粉磨QC小组	山西省优秀质量管理小组	山西省质量与名牌协会 山西省总工会 共青团山西省委员会 山西省科学技术协会	2006-06
杜儿坪矿党委	先进基层党组织	中共山西省委组织部	2006-06
工 会	职工"安全在我心中"演讲活动优秀组织奖	太原市总工会 太原市安全生产监督管理局	2006-06
老干部处	老龄工作先进单位	太原市老龄工作委员会	2006-06
多经局	太原市2005年度QC小组活动优秀企业	太原市总工会 太原市经济委员会 太原市科协 太原市质量管理协会 共青团太原市委	2006-06
金信公司	太原地区2006年建筑业五十强企业	太原市统计局 太原市企业联合会 太原市工业经济联合会	2006-06
公用事业总公司	老龄工作先进单位	太原市老龄工作委员会	2006-06
财务处	山西省纳税信用A级单位	山西省国家税务局 山西省地方税务局	2006-07
西山煤电股份公司	山西省纳税信用A级单位	山西省国家税务局 山西省地方税务局	2006-07
白家庄矿业公司	先进基层党组织	中共山西省国资委委员会	2006-07
西铭矿	先进基层党组织	中共山西省国资委委员会	2006-07
西曲矿二采区	先进基层党组织	中共山西省国资委委员会	2006-07
西山十五校	先进基层党组织	中共山西省国资委委员会	2006-07
镇城底矿	先进基层党组织	中共山西省国资委委员会	2006-07
太原选煤厂 洗煤车间党支部	先进基层党组织	中共山西省国资委委员会	2006-07
杜儿坪矿党委	先进基层党组织	中共山西省国资委委员会	2006-07
金信公司工程管理部 邓建青QC小组	山西省优秀质量管理小组	山西省质量与名牌协会 山西省总工会 山西省科学技术协会 共青团山西省委员会	2006-07

获上级荣誉(单位、集体)(续表)

省级 市级

获奖单位(集体)	奖励名称	授奖单位	时间
公用事业总公司 托幼中心QC小组	山西省优秀质量管理小组	山西省质量与名牌协会　山西省总工会 山西省科学技术协会 共青团山西省委员会	2006-07
太原选煤厂实业公司 幼儿园QC小组	山西省优秀质量管理小组	山西省质量与名牌协会　山西省总工会 山西省科学技术协会 共青团山西省委员会	2006-07
白家庄矿业公司	文明单位	中共太原市委　太原市人民政府	2006-07
西山十校	文明单位	中共太原市委　太原市人民政府	2006-07
白家庄矿业公司 调度检测监控小组	太原市2005年度优秀质量管理小组一等奖	太原市质量管理协会　太原市总工会 共青团太原市委员会　太原市经济委员会 太原市科学技术协会	2006-07
金信公司 第一工程公司QC小组	太原市2005年度优秀质量管理小组一等奖	太原市质量管理协会　太原市总工会 共青团太原市委员会　太原市经济委员会 太原市科学技术协会	2006-07
公用事业总公司 托幼中心小组	太原市2005年度优秀质量管理小组一等奖	太原市质量管理协会　太原市总工会 共青团太原市委员会　太原市经济委员会 太原市科学技术协会	2006-07
太原选煤厂煤质中心 化验室小组	太原市2005年度优秀质量管理小组一等奖	太原市质量管理协会　太原市总工会 共青团太原市委员会　太原市经济委员会 太原市科学技术协会	2006-07
老干部处	老年书画研究会先进集体	山西老年书画研究会	2006-08
工　会	太原市2006年职工技能比赛优秀组织奖	太原市总工会　太原市劳动和社会保障局 太原市经济	2006-08
西山煤电集团公司	山西省民族团结进步模范集体	山西省人民政府	2006-09
西山热电	小火电标准化管理优秀企业	山西省电力行业协会	2006-09
安培中心	山西煤炭待业教育先进单位	山西省煤炭工业局	2006-09
老干部处	青松奖	山西省首届老干部艺术节组委会	2006-09
官地矿	太原市开展学习型组织创建活动先进单位	中共太原市委　太原市人民政府	2006-10
马兰矿供应科	山西省煤炭行业物资仓库管理先进单位	山西省煤炭工业局	2006-11
马兰矿	山西省矿产资源合理开发利用先进矿山企业	山西省国土资源厅　山西省矿业联合会	2006-11
镇城底矿	山西省矿产资源合理开发利用先进矿山企业	山西省国土资源厅　山西省矿业联合会	2006-11
西山煤电集团公司	“十五”残疾人工作先进集体	太原市人民政府	2006-11
工　会	太原市工会经审工作先进集体	太原市总工会经费审查委员会	2006-11
工　会	太原市和谐劳动关系模范企业	太原市劳动和社会保障局　太原市总工会	2006-11
西山水泥厂 第一烧成车间窑头岗	首届省城职工诚信文明示范岗	太原市总工会　太原市精神文明办公室	2006-11

获上级荣誉(单位、集体)(续表)

省级 市级

获奖单位(集体)	奖 励 名 称	授 奖 单 位	时间
杜儿坪矿	“安康杯”竞赛优胜企业	山西省总工会 山西省安全生产监督管理局	2006-12
工 会	山西省第二届“西山煤电杯”职工职业技能大赛优秀组织奖	山西省总工会 山西省科学技术厅	2006-12
工 会	送温暖、献爱心社会捐助先进单位	山西省社会捐助工作领导组办公室	2006-12
史志办公室	山西省地方志系统先进集体	山西省史志研究院	2006-12
西山晋兴能源公司岢瓦铁路项目部	集体一等功	山西省劳动竞赛委员会	2006-12
杜儿坪矿	省级治安先进单位	山西省公安厅 山西经济委员会 中国人民财产保险股份有限公司山西省分公司	2006-12
职工总医院	山西省健康教育与控制吸烟先进单位	山西省健康教育协会	2006-12
公用事业总公司	园林绿化先进单位	太原市人民政府办公厅	2006-12
老干部处活动中心	山西省老干部活动中心(室)达标创优活动先进活动中心	中共山西省委组织部 中共山西省委老干部局	2006-12
太原选煤厂	守合同重信用企业	山西省工商行政管理局	2006
西铭矿	文明单位标兵(2004—2005)	山西省精神文明建设指导委员会	2006
东曲矿	山西省文明单位(2004—2005)	山西省精神文明建设指导委员会	2006
官地矿	山西省文明单位(2004—2005)	山西省精神文明建设指导委员会	2006
杜儿坪矿	山西省文明单位(2004—2005)	山西省精神文明建设指导委员会	2006

获上级荣誉(个人)

获奖个人	奖励名称	授奖单位	时间
杨　懿	山西省企业中小学教师教学能手大赛教学能手	山西省教育学会	2006-01
何　逵	山西省企业中小学教师教学能手大赛教学能手	山西省教育学会	2006-01
李娇利	山西省企业中小学教师教学能手大赛一等奖	山西省教育学会	2006-01
段　琼	山西省企业中小学教师教学能手大赛二等奖	山西省教育学会	2006-01
史慧娟	山西省青年教学能手	山西省教育学会	2006-01
李秀宏	全省卫生系统先进个人	山西省卫生厅	2006-01
谢夏雨	第五届全国煤矿文学乌金奖	中国作家协会　中国煤矿文化艺术联合会	2006-02
白先光	抢险救灾先进个人	山西省人民政府	2006-02
张雅丽	全市卫生系统先进个人	太原市卫生局	2006-02
张改平	全市卫生系统先进个人	太原市卫生局	2006-02
董俊英	普及实验教学先进工作者	太原市教育局	2006-02
付汉江	全国优秀施工企业家	中国施工企业管理协会	2006-03
赵　川	全国优秀共青团干部	中国共产主义青年团中央委员会	2006-03
鲁振军	全国技术能手	中华人民共和国劳动和社会保障部	2006-03
上官勤	全国技术能手	中华人民共和国劳动和社会保障部	2006-03
刘彦生	全国技术能手	中华人民共和国劳动和社会保障部	2006-03
万孝利	全国技术能手	中华人民共和国劳动和社会保障部	2006-03
韩伟伟	全国技术能手	中华人民共和国劳动和社会保障部	2006-03
宋晓荣	全国技术能手	中华人民共和国劳动和社会保障部	2006-03
杨　荣	全国技术能手	中华人民共和国劳动和社会保障部	2006-03
王建宝	全国技术能手	中华人民共和国劳动和社会保障部	2006-03
张志荣	全国煤炭系统优秀协管员	中国能源化学工会全国委员会	2006-03
管小俊	个人一等功	山西省劳动竞赛委员会	2006-03
边树法	先进工作者	山西省国防动员委员会	2006-03
张能虎	2005'感动山西企业养老保险先进人物	山西省企业养老保险管理服务中心	2006-03
田世鑫	2005'感动山西企业养老保险先进人物	山西省企业养老保险管理服务中心	2006-03
常俊杰	企业文化建设先进个人	山西省企业文化研究会	2006-03
赵改润	爱国报国全国先进模范个人	中华爱国工作联合会	2006-04
薛国娟	优秀指导教师奖	全国中学应用物理知识竞赛委员会	2006-04
车树春	山西省五一劳动奖章	山西省劳动竞赛委员会	2006-04
张能虎	山西省功勋企业家	山西省企业家协会	2006-04

获上级荣誉(个人)(续表)

获奖个人	奖励名称	授奖单位	时间
薛道成	山西省优秀企业家	山西省企业家协会	2006-04
武华太	山西省优秀企业家	山西省企业家协会	2006-04
刘志明	新世纪学术技术带头人 333 人才工程	山西省人事厅	2006-04
李湖北	2005 年度山西省水泥企业优秀化验室主任	山西省建筑材料质量监督检验测试中心 山西省质量技术监督局水泥产品质量监督检验站	2006-04
霍鹏博	全省优秀共青团干部	共青团山西省委	2006-04
米忠毅	全省优秀共青团干部	共青团山西省委	2006-04
郝建忠	优秀辅导教师	山西省化学会 山西省中学化学教学研究会	2006-04
苗水玲	优秀辅导教师	山西省化学会 山西省中学化学教学研究会	2006-04
易桂莲	优秀指导奖	共青团中央少年部　中国语文报刊协会	2006-04
张能虎	太原市功勋企业家	太原市企业家协会	2006-04
薛道成	太原市杰出企业家	太原市企业家协会	2006-04
武华太	太原市杰出企业家	太原市企业家协会	2006-04
王玉宝	太原市 2005 年度特级劳动模范	太原市人民政府	2006-04
刘志成	太原市 2005 年度特级劳动模范	太原市人民政府	2006-04
付汉江	太原市 2005 年度劳动模范	太原市人民政府	2006-04
徐辅伟	太原市 2005 年度劳动模范	太原市人民政府	2006-04
阴庚长	太原市 2005 年度劳动模范	太原市人民政府	2006-04
何忠平	太原市 2005 年度劳动模范	太原市人民政府	2006-04
董建峰	太原市 2005 年度劳动模范	太原市人民政府	2006-04
马佰锁	太原市 2005 年度劳动模范	太原市人民政府	2006-04
杜玉田	太原市 2005 年度劳动模范	太原市人民政府	2006-04
李守清	太原市 2005 年度劳动模范	太原市人民政府	2006-04
史兵勤	太原市 2005 年度劳动模范	太原市人民政府	2006-04
赵文德	太原市 2005 年度劳动模范	太原市人民政府	2006-04
魏铁锁	太原市 2005 年度劳动模范	太原市人民政府	2006-04
宋长青	太原市 2005 年度劳动模范	太原市人民政府	2006-04
贾建文	太原市 2005 年度劳动模范	太原市人民政府	2006-04
赵启安	太原市 2005 年度劳动模范	太原市人民政府	2006-04
殷彦恩	太原市 2005 年度劳动模范	太原市人民政府	2006-04

获上级荣誉(个人)(续表)

获奖个人	奖励名称	授奖单位	时间
梁 权	太原市2005年度劳动模范	太原市人民政府	2006-04
史俊德	太原市2005年度劳动模范	太原市人民政府	2006-04
董兆德	太原市2005年度劳动模范	太原市人民政府	2006-04
侯亚丽	太原市2005年度劳动模范	太原市人民政府	2006-04
薄玉山	太原市2005年度劳动模范	太原市人民政府	2006-04
安生瑛	太原市2005年度劳动模范	太原市人民政府	2006-04
赵承继	太原市2005年度劳动模范	太原市人民政府	2006-04
张忠龙	太原市2005年度劳动模范	太原市人民政府	2006-04
张占波	太原市2005年度劳动模范	太原市人民政府	2006-04
张建国	太原市2005年度劳动模范	太原市人民政府	2006-04
刘成祥	太原市2005年度劳动模范	太原市人民政府	2006-04
周小林	太原市2005年度劳动模范	太原市人民政府	2006-04
王永信	太原市2005年度劳动模范	太原市人民政府	2006-04
陈弟均	太原市2005年度劳动模范	太原市人民政府	2006-04
程光玲	太原市2005年度劳动模范	太原市人民政府	2006-04
祁玉金	太原市2005年度劳动模范	太原市人民政府	2006-04
荣国林	太原市2005年度劳动模范	太原市人民政府	2006-04
吴昧荣	太原市2005年度劳动模范	太原市人民政府	2006-04
李亚平	太原市2005年度劳动模范	太原市人民政府	2006-04
彭玉顺	太原市2005年度劳动模范	太原市人民政府	2006-04
高月琴	太原市2005年度劳动模范	太原市人民政府	2006-04
王春柳	太原市教育系统2005年度安全工作先进个人	太原市教育局	2006-04
薛 山	全国五一劳动奖章	中华全国总工会	2006-05
董 林	全国五一劳动奖章	中华全国总工会	2006-05
刘成效	2005年度太原市优秀企业家	太原市企业联合会 太原市企业家协会 太原市优秀企业家评审委员会	2006-05
徐辅伟	2005年度太原市优秀企业家	太原市企业家协会 太原市企业联合会 太原市优秀企业家评审委员会	2006-05
付汉江	2005年度太原市优秀企业家	太原市企业家协会 太原市企业联合会 太原市优秀企业家评审委员会	2006-05
张天保	2005年度太原市优秀企业家	太原市企业家协会 太原市企业联合会 太原市优秀企业家评审委员会	2006-05
王世民	2005年度太原市优秀企业家	太原市企业家协会 太原市企业联合会 太原市优秀企业家评审委员会	2006-05

获上级荣誉(个人)(续表)

获奖个人	奖 励 名 称	授 奖 单 位	时间
刘志明	2005年度太原市优秀企业家	太原市企业家协会 太原市企业联合会 太原市优秀企业家评审委员会	2006-05
张来祥	2005年度太原市优秀企业家	太原市企业家协会 太原市企业联合会 太原市优秀企业家评审委员会	2006-05
杨卫东	2005年度太原市优秀企业家	太原市企业家协会 太原市企业联合会 太原市优秀企业家评审委员会	2006-05
侯水云	2005年度太原市优秀企业家	太原市企业家协会 太原市企业联合会 太原市优秀企业家评审委员会	2006-05
赵晶燕	一星级护士	太原市卫生局 太原市总工会文教工作委员会	2006-05
宋小梅	一星级护士	太原市卫生局 太原市总工会文教工作委员会	2006-05
梁秀梅	二星级护士	太原市卫生局 太原市总工会文教工作委员会	2006-05
王燕翔	二星级护士	太原市卫生局 太原市总工会文教工作委员会	2006-05
乔红然	三星级护士	太原市卫生局 太原市总工会文教工作委员会	2006-05
郝建忠	优秀辅导教师	太原市中学化学教学研究会	2006-05
苗水玲	优秀辅导教师	太原市中学化学教学研究会	2006-05
刘志安	山西省优秀思想政治工作者	山西省委宣传部 山西省总工会 山西省企业文化建设	2006-06
徐辅伟	山西省建材行业质量管理小组活动卓越领导者	山西省建筑材料工业行业管理办公室 山西省建材工业协会 山西省硅酸盐学会 山西省质量与名牌协会建材工业分会	2006-06
高 敏	山西省企业中小学教改之星	山西省教育学会	2006-06
阙艳丽	太原市优秀少先队辅导员	共青团太原市委 太原市教育局 太原市少工委	2006-06
白玉霞	太原市优秀少先队辅导员	共青团太原市委 太原市教育局 太原市少工委	2006-06
王志成	太原市优秀少先队辅导员	共青团太原市委 太原市教育局 太原市少工委	2006-06
曹永星	太原市十佳少儿工作者	共青团太原市委 太原市教育局 太原市少工委	2006-06
薛满玉	优秀辅导教师	太原市教育局	2006-06
谢文远	中国煤炭新闻奖(报纸)言论二等奖	中国煤炭系统新闻工作者协会	2006-07
温玉强	优秀党务工作者	中共山西省国资委委员会	2006-07
郑建生	优秀党务工作者	中共山西省国资委委员会	2006-07
张延平	优秀党务工作者	中共山西省国资委委员会	2006-07
高月琴	优秀共产党员	中共山西省国资委委员会	2006-07

获上级荣誉(个人)(续表)

获奖个人	奖励名称	授奖单位	时间
廉计停	优秀共产党员	中共山西省国资委委员会	2006-07
王笑瑾	优秀共产党员	中共山西省国资委委员会	2006-07
达善荣	优秀共产党员	中共山西省国资委委员会	2006-07
刘亮卿	建筑业年报先进工作者	太原市统计局	2006-07
聂　惠	西山煤电杯全国职工安全演讲比赛“特等奖”第二名	中华全国总工会 国家安全生产监督管理总局 国家煤矿安全监督局	2006-08
张延平	民爆器材管理先进个人	山西省煤炭工业局	2006-08
韩国平	山西焦煤第四届技运会一等功	山西焦煤集团有限责任公司	2006-08
李喜平	山西焦煤第四届技运会一等功	山西焦煤集团有限责任公司	2006-08
曹树县	山西焦煤第四届技运会一等功	山西焦煤集团有限责任公司	2006-08
刘三宽	山西焦煤第四届技运会二等功	山西焦煤集团有限责任公司	2006-08
张玉迎	山西焦煤第四届技运会二等功	山西焦煤集团有限责任公司	2006-08
马　杰	山西焦煤第四届技运会二等功	山西焦煤集团有限责任公司	2006-08
李学勤	山西焦煤第四届技运会二等功	山西焦煤集团有限责任公司	2006-08
赵振林	山西焦煤第四届技运会二等功	山西焦煤集团有限责任公司	2006-08
郭　蕊	山西焦煤第四届技运会二等功	山西焦煤集团有限责任公司	2006-08
伏　军	全国技术能手	中华人民共和国劳动和社会保障部	2006-09
武华太	全国煤炭工业综合利用与多种经营企业优秀厂长(经理)	中国煤炭工业协会	2006-09
韩国平	第二届山西青年职业技能大赛一等功	共青团山西省委	2006-09
王进军	第二届山西青年职业技能大赛二等功	共青团山西省委	2006-09
宋安徽	山西省建材行业“智海杯”水泥化学分析岗位职业技能竞赛第十名	山西省建筑材料工业行业管理办公室	2006-09
邓丽萍	山西省建材行业“智海杯”水泥物理检验岗位职业技能竞赛第九名	山西省建筑材料工业行业管理办公室	2006-09
王红梅	太原市优秀教师	太原市人民政府	2006-09
崔棉琴	太原市优秀教师	太原市人民政府	2006-09
宋玉琴	太原市优秀教师	太原市人民政府	2006-09
马　丽	太原市优秀教师	太原市人民政府	2006-09
阚艳丽	太原市第二届教学标兵	太原市教育局	2006-09
齐利锋	太原市第二届教学标兵	太原市教育局	2006-09
侯毅梅	太原市十佳教师	太原市教育局	2006-09
王晓玲	太原市十佳教师	太原市教育局	2006-09
杨贵元	全国煤炭行业优秀施工企业家	中国煤炭建设协会	2006-10

获上级荣誉(个人)(续表)

获奖个人	奖 励 名 称	授 奖 单 位	时间
岳优杰	全国煤炭工业优秀机电队长	中国煤炭工业协会 中国能源化学工会全国委员会	2006-10
刘武乃	全国煤炭工业优秀通风队长	中国煤炭工业协会 中国能源化学工会全国委员会	2006-10
郭海如	全国煤炭工业优秀采煤队长	中国煤炭工业协会 中国能源化学工会全国委员会	2006-10
王志维	全国煤炭工业优秀运输队长	中国煤炭工业协会 中国能源化学工会全国委员会	2006-10
刘红权	全国煤炭工业优秀掘进队长	中国煤炭工业协会 中国能源化学工会全国委员会	2006-10
薛向东	山西省煤炭系统第三届电算化暨会计业务大赛财务分析岗位单项奖	山西省煤炭工业局	2006-10
贾 磊	山西省煤炭系统第三届电算化暨会计业务大赛主管会计岗位单项奖	山西省煤炭工业局	2006-10
李红梅	优秀辅导奖	共青团山西省委 山西省教育厅 山西省少工委	2006-10
马佰锁	特级劳动模范	山西焦煤集团有限责任公司	2006-10
宋长青	特级劳动模范	山西焦煤集团有限责任公司	2006-10
邓维元	特级劳动模范	山西焦煤集团有限责任公司	2006-10
段润宇	全国煤炭工业优秀矿长	中国煤炭工业协会	2006-11
田太生	全国煤炭教育先进工作者	中国煤炭教育协会	2006-11
王建国	第五届煤炭建设行业优秀项目经理	中国煤炭建设协会	2006-11
田爱国	第五届煤炭建设行业优秀项目经理	中国煤炭建设协会	2006-11
李广荣	第五届煤炭建设行业优秀项目经理	中国煤炭建设协会	2006-11
何忠平	山西省优秀青年岗位能手	共青团山西省委 山西省劳动和社会保障厅	2006-11
韩国平	山西省优秀青年岗位能手	共青团山西省委 山西省劳动和社会保障厅	2006-11
王进军	山西省优秀青年岗位能手	共青团山西省委 山西省劳动和社会保障厅	2006-11
梁光耀	山西省优秀青年岗位能手	共青团山西省委 山西省劳动和社会保障厅	2006-11
宋安徽	山西省优秀青年岗位能手	共青团山西省委 山西省劳动和社会保障厅	2006-11
邓丽萍	山西省优秀青年岗位能手	共青团山西省委 山西省劳动和社会保障厅	2006-11
刘 勇	山西优秀青年技术创新能手	共青团山西省委 山西省经济委员会 山西省科学技术协会 山西省知识产权局	2006-11
董建峰	山西优秀青年服务创新能手	共青团山西省委 山西省经济委员会 山西省科学技术协会 山西省知识产权局	2006-11
刘志成	山西优秀青年管理创新能手	共青团山西省委 山西省经济委员会 山西省科学技术协会 山西省知识产权局	2006-11
何忠平	山西省第二届“西山煤电杯”职工职业技能大赛优秀选手奖	山西省总工会 山西省科学技术厅 山西省劳动和社会保障厅	2006-11
刘志明	第十七届山西省优秀青年企业家	共青团山西省委 山西省人民政府国有资产监督管理委员会 山西省中小企业局 山西省青年企业家协会	2006-11

获上级荣誉(个人)(续表)

获奖个人	奖励名称	授奖单位	时间
赵改润	全国作文教育名校长	中国基础教育教学研究会 中华少年作家协会 中国教育编辑部	2006-12
董　林	山西省十大杰出青年	共青团山西省委	2006-12
刘志明	第二届山西省十佳中青年优秀科技工作者	山西省科学技术协会	2006-12
刘志安	山西省地方志系统先进个人	山西省史志研究院	2006-12
郝明喜	山西省地方志系统先进个人	山西省史志研究院	2006-12
王树文	山西省地方志系统先进个人	山西省史志研究院	2006-12
董居正	山西省地方志系统先进个人	山西省史志研究院	2006-12
赵克诚	山西省地方志系统先进个人	山西省史志研究院	2006-12
田爱国	山西省建筑施工企业优秀项目经理	山西省建筑业协会	2006-12
白文明	山西省建筑施工企业优秀项目经理	山西省建筑业协会	2006-12
李广荣	山西省建筑施工企业优秀项目经理	山西省建筑业协会	2006-12
常俊杰	企业文化建设先进工作者	山西省企业文化研究会	2006-12
韩文秀	全省健康教育与控制吸烟先进工作者	山西省健康教育协会	2006-12
管雪梅	全省健康教育与控制吸烟先进工作者	山西省健康教育协会	2006-12
郭雨乐	全省健康教育与控制吸烟先进工作者	山西省健康教育协会	2006-12
马建民	全省健康教育与控制吸烟先进工作者	山西省健康教育协会	2006-12
易　剑	优秀班主任	太原市教育局	2006-12
赵文英	优秀班主任	太原市教育局	2006-12
苏　莉	优秀班主任	太原市教育局	2006-12
陈　辉	优秀班主任	太原市教育局	2006-12
易桂连	优秀班主任	太原市教育局	2006-12
降秋花	优秀班主任	太原市教育局	2006-12
牛玉英	优秀班主任	太原市教育局	2006-12
智　贤	优秀班主任	太原市教育局	2006-12
张丽华	优秀班主任	太原市教育局	2006-12
赵　娟	优秀班主任	太原市教育局	2006-12
成乾印	优秀班主任	太原市教育局	2006-12

2006年度公司表彰名单

劳动模范大会表彰名单

（二○○七年三月二十七日）

模 范 单 位

杜儿坪矿
马兰矿
屯兰矿
太原选煤厂
马兰矿选煤厂
东曲矿选煤厂
屯兰矿选煤厂
金信建筑有限公司
煤气化公司
万隆实业公司
职工总医院
公用事业总公司
山西兴能发电有限责任公司
山西焦煤五麟煤焦开发有限责任公司
化工厂

先 进 单 位

白家庄矿业有限责任公司
西曲矿
镇城底矿
东曲矿
西铭矿选煤厂
官地矿选煤厂
西曲矿选煤厂
镇城底矿选煤厂
机电总厂
水泥厂
金城建筑有限公司
古交矿区总医院
多种经营管理局
教育委员会
机关(直属)党委
山西西山晋兴能源有限责任公司
山西西山热电有限责任公司
山西焦煤集团矿业管理有限公司
山西焦煤西山建筑(集团)有限公司
矸石电厂

模 范 集 体

白家庄矿业有限责任公司二号井
白家庄矿业有限责任公司通风区
白家庄矿业有限责任公司机电公司
白家庄矿业有限责任公司供应科
白家庄矿业有限责任公司生活服务公司
杜儿坪矿一采区
杜儿坪矿二采区
杜儿坪矿安装区
杜儿坪矿机电检修公司
杜儿坪矿社会保险科
杜儿坪矿保卫科
杜儿坪矿供应科
杜儿坪矿生产技术科
杜儿坪矿膳食办
西铭矿机电科
西铭矿安装区
西铭矿一采区综采一队
西铭矿二采区
西铭矿准备区开拓三队
西铭矿运销公司
西铭矿汽运公司
西铭矿生产科
西铭矿实业公司山上物业公司
官地矿一采区掘进一队

官地矿二采区
官地矿三采区三准备队
官地矿工程区
官地矿综安区
官地矿机电科充电队
官地矿运输区运输一队
官地矿通风区通风三队
官地矿生活服务公司
官地矿选煤厂机电车间
西曲矿一采区
西曲矿安装区
西曲矿财务科
西曲矿调度室
西曲矿二采区
西曲矿原煤运输公司
西曲矿选煤厂煤泥水车间
镇城底矿采煤区
镇城底矿掘进区
镇城底矿通风科
镇城底矿机电公司外维队
镇城底矿生产技术科
镇城底矿选煤厂洗煤车间
马兰矿二采区
马兰矿一采区综采一队
马兰矿二采区开掘准备队
马兰矿生活服务公司
马兰矿生产技术科
马兰矿安装区
马兰矿选煤厂准备车间
马兰矿选煤厂主洗车间
东曲矿一采区
东曲矿运输科
东曲矿通风科
东曲矿生产科
东曲矿机电公司
东曲矿安装区
东曲矿选煤厂运销车间
屯兰矿安监处
屯兰矿调度室
屯兰矿安装公司
屯兰矿通风科
屯兰矿一采区
屯兰矿选煤厂洗煤车间
太原选煤厂检修公司
太原选煤厂煤质化验中心
矸石电厂发电车间
机电总厂机修分厂
机电总厂电修分厂
机电总厂古交分厂支架二车间
水泥厂第一烧成车间
古交水泥有限责任公司生料车间
煤气化公司备煤炼焦车间
万隆实业公司支护器材分公司
金城建筑有限公司第一项目部
金城建筑有限公司实业分公司
金信建筑有限公司第二工程公司
金信建筑有限公司管道工程公司
金信建筑有限公司第六工程公司
职工总医院内分泌康复科
职工总医院杜儿坪分院
古交矿区总医院马兰分院
多种经营管理局官地矿多种经营公司
多种经营管理局西铭矿多种经营公司
多种经营管理局镇城底矿多种经营公司
多种经营管理局西曲矿多种经营管理处
多种经营管理局东曲矿多种经营管理处
多种经营管理局屯兰矿多种经营公司
多种经营管理局马兰矿多种经营公司
多种经营管理局古交多种经营公司
多种经营管理局煤炭运销公司
多种经营管理局铁路工程公司
多种经营管理局煤气化公司多种经营公司
多种经营管理局太原选煤厂多种经营公司
公用事业总公司古交给排水公司
公用事业总公司林业公司
公用事业总公司西山物业管理公司
公用事业总公司机关事务管理中心
西山第二十小学校
西山实验小学校
西山第三中学校
西山第十一中学校
西山第十一小学校
西山第二高级中学
纪律检查委员会
计划处
财务处
总调度室
审计处
信访处
工程质量监督站

设备租赁公司
兴能发电有限责任公司发电部
五麟煤焦开发有限责任公司炼焦车间
西山晋兴能源有限责任公司斜沟矿综采队
西山热电有限责任公司发电部
西山建筑(集团)有限公司矿建分公司

模 范 班 组

白家庄矿业有限责任公司掘进二队刘平平班
白家庄矿业有限责任公司二号井采煤三队王素平班
杜儿坪矿一采区掘进一队董白礼班
杜儿坪矿机电区充电室
杜儿坪矿后勤公司小虎峪物业公司管路组
西铭矿二采区综采三队检修班
西铭矿运输区运输二队轨道班
西铭矿准备区开拓一队甲班
官地矿一采区掘进一队李彦奎班
官地矿二采区综采二队王柳生班
官地矿煤炭运销公司选运队阎根成班
官地矿生产科设计组
西曲矿工程三队赵飞龙班
西曲矿通风二队密闭班
西曲矿选煤厂主洗车间生产一班
镇城底矿采煤区综采一队马彦龙班
镇城底矿选煤厂洗煤车间孟换文班
镇城底矿掘进区掘进一队杨文班
马兰矿一采区综采一队李波英班
马兰矿一采区掘进一队吴建平班
马兰矿选煤厂煤泥水车间生产二队
东曲矿一采区综采二队刘计成班
东曲矿二采区掘进三队张来宏班
东曲矿工程区开拓一队任金刚班
东曲矿选煤厂煤泥水车间钳工队
屯兰矿综采一队邱保平班
屯兰矿开拓二队赵茂生班
太原选煤厂运销公司机务班
机电总厂结构分厂数控下料组
水泥厂成品车间大磨组
古交水泥有限责任公司电工组
煤气化公司回收净化车间机修班
万隆实业公司福利厂防冻液分厂
金城建筑有限公司机电安装公司电气二组
金信建筑有限公司第六工程公司木工组
职工总医院后勤服务中心污水处理站
古交矿区总医院神经内科护理组
多种经营管理局古交多种经营公司配煤厂
多种经营管理局煤炭运销公司汽运公司
多种经营管理局铁路工程公司轨道衡公司
公用事业总公司机关事务管理中心七楼服务组
物资供应公司总库汽车队
兴能发电有限责任公司发电部运行三值
兴能发电有限责任公司点检部热控室
五麟煤焦开发有限责任公司化产车间粗苯工段
西山晋兴能源有限责任公司斜沟矿综掘队乙班
西山热电有限责任公司检修部热工班组
西山建筑(集团)有限公司矿建分公司开拓十一队王爱中班
西山建筑(集团)有限公司矿建分公司支护队王树生班

特 级 劳 动 模 范

杜玉田　白家庄矿业有限责任公司南坑采煤二队书记
李守清　杜儿坪矿安装区区长
杨金贵　西铭矿二采区区长
曹俊平　西铭矿一采区综采一队队长
史炳勤　官地矿三采区综采三队采煤机修理工
白春德　官地矿综安区区长
白建华　西曲矿安装区区长
武相明　西曲矿选煤厂生产科科长
魏铁锁　镇城底矿采煤区区长
胡克力　镇城底矿选煤厂洗煤车间主任
宋长青　马兰矿二采区综采二队队长
赵鸿生　马兰矿一采区综采一队队长
章国楚　东曲矿运输科科长
吕有华　东曲矿选煤厂主洗车间选煤工程师
贾俊恒　屯兰矿综采一队维修电工
王新中　屯兰矿选煤厂电气车间配电工
马佰锁　太原选煤厂检修公司铆管班班长
何忠平　机电总厂机修分厂钳工
韩　力　水泥厂工艺环保生产计划科科长
张　剑　煤气化公司备煤炼焦车间主任
梁　权　万隆实业公司风动机械厂厂长
殷彦恩　金城建筑有限公司劳务队队长
张　超　金信建筑有限公司第六工程公司经理
高月琴(女)职工总医院主任医师
董兆德　古交矿区总医院副主任医师
张占波　多种经营管理局官地矿多种经营公司经理
王笑瑾(女)公用事业总公司技术科工程师

薛香芝(女)西山高级中学教师
阴庚长 医保中心网络管理科网络工程师
赵启安 西山晋兴能源有限责任公司斜沟矿综采队队长

劳动模范

白家庄矿业有限责任公司
王永平 赵喜莲(女) 杨凤鸣 雷保荣
武贵生 关三孩 孙广录 宫来喜
杜儿坪矿
叶忠领 侯俊 王春香(女) 沈士训
白亮 刘红权 耿锡胜 邬继生
曲俊虎 任芳 段敬龙 田海先
赵彦广 冯清
西铭矿
褚腊维 曹冬春 武太杰 张牛清
张志荣(女) 董建峰 石锁青 曹学贵
咸美荣(女) 史华勇 王巨才 段梦武
李国祥
官地矿
姚春红(女) 崔树文 师建文 李保荣
郝锦东 要华伟 温千峰 任随根
庞四小 乔小利 李雅琴(女) 岳鹏
常润生 岳修德 段晋平
西曲矿
高建明 郭东虎 康耀斌 武天清
王世杰 李永东 张卫国 温玉强
吴全喜 王长明 牛向阳 刘生虎
镇城底矿
祁海泽 高宇 兰田春 郭九斤
周岗 薛勇善 周林兴 李云豪
聂惠(女) 李文选 高小伟
马兰矿
彭有生 刘彦生 万孝利 白志文
闫学智 贾铁军 李文奎 任文
鲁振军 聂洪溢 李国宝 李和林
郭学刚
东曲矿
任卫元 王佳堂 闫变政 刘福生
孙冬明 姚建军 梁照建 孙元文
辛爱敏(女) 魏生强 张生全
屯兰矿
张秀科 闫树伟 刘亚军 王计斌
张反清 武有福 梁铁牛 魏子力
尹根成 杨玉民
太原选煤厂
王志刚 杨庆忠 祖国蓉(女) 郭永明
机电总厂
李增如 段俊儒(女) 武志峰 杨晋平
水泥厂
李玉良 刘继虎
煤气化公司
李建华 张富生
万隆实业公司
刘增池 张永祥 张云龙 王洪波
金城建筑有限公司
李广荣 崔延江
金信建筑有限公司
张纯波 刘忠玉 刘光强
职工总医院
张安民 曹占平 曲晓波 任艳敏(女)
刘培光
古交矿区总医院
翟红玉(女) 李子奇
多种经营管理局
芦平安 窦淑萍(女) 高峻青 梁少春
薛志德 孙晓波 李荣发 林金发
徐忠太 李瑞军 梁文伟 王银保
刘凤兰(女) 刘凡林 呼月珠(女) 荆长春
公用事业总公司
赵启才 武桂梅(女) 赵建军 田彦婷(女)
廖拴柱
教育委员会
赵丽京(女) 侯静轩(女) 杨建华(女) 张翠仙(女)
温广红(女) 宋玉琴(女) 吉素英(女) 卞树桃(女)
杜生奎
机关(直属)党委
王维虎 周树军 董雪燕(女) 智大勇
王丽(女) 胡昕鹏 李根电 边宏宇
王志强 王凌鹤 黄国政 童友春
莫书平 刘雅芹(女) 管学元 郭文斌
张树魁 杨卫东
山西兴能发电有限责任公司
刘德来
山西焦煤五麟煤焦开发有限责任公司
张秦军 韩冬青
山西西山晋兴能源有限责任公司
高林 于长龙
山西西山热电有限责任公司

郝建东

山西焦煤矿业管理有限公司

杨润生

山西焦煤西山建筑(集团)有限公司

钱正林　刘启跃

先进生产(工作)者

白家庄矿业有限责任公司

原保清　范天虎　刘旭兵　姚志德
徐金格　顾海俊　翟勇建　郭荣华
赵永安　眭银祥　郭进明　贾政文
杨喜明　韩六奎　贾学军　赵学峰
张建设　柴常建　闫书社　贾燕君
刘绳柱　周宪平　高兴华　袁爱英(女)

杜儿坪矿

郭全堂　叶修华　崔镇府　李金喜
杨平亮　任玉堂　吴翻身　苏保红
杨国强　周祖舜　武久贵　李泽贵
王林书　张　仁　张宏进　徐邦柱
刘宝经　白润生　李志钦　孟喜明
刘建平　李振平　续明双　王太虎
徐富辉　李　鹏　袁长忠　南　楚
安建新　刘　剑　梁家明　杜永忠
杨晓刚　田文斌　惠荣峰　温义泽
李建合　刘占庆　张鸿玺　徐旭明
张建伟　张建明　张连光　任慧勇
王三毛　李春娥(女)

西铭矿

李　俊　王晋峰　李建民　王建发
白俊峰　赵小军　刘三小　杨春丽(女)
张豪杰　王建光　武振中　李德全
蔡建荣　张进刚　李冬刚　黄曹平
董鹏举　王田春　王志维　崔英勇
刘振宇　武春福　蔡锁昌　白靖军
谭建华　李福虎　赵保国　武铭喜
刘永亮　张忠龙　李永红　李喜善
赖学忠　李玉龙　祁政文　韩志成
邵佩林　薛丽敏(女)　李玉照　李新生
董鹏举　王变娥(女)　康玉萍(女)　王狗只(女)

官地矿

刘双全　郝根全　冯斌芳　尹明楼
董林旺　米先亮　贾月文　李忠社
田新生　杨晓东　王进奎　贾俊峰
冯跃文　张保慧　巫晋宁　赵祐昌
仇素芳(女)　吉天旗　魏贵平　刘贵河
张万恒　崔建青　帅世伟　白卫忠
张俊伟　张胜旗　李建国　张福财
赵松旺　张拖生　李保华　裴世荣
齐晓峰　刘银顺　韩用周　王旺昌
杜占喜　姚冬梅(女)　焦虎龙　贾俊斌
田稳新　王有珍　赵富生　张建平
胡保国　马文斌　吴根海　李文光
史学珠　代天开　郑冬梅(女)

西曲矿

冯琦勇　孔宪清　刘建昌　杨俊峰
武太平　康慧斌　冯祥坤　郭　钊
胡俊平　王祖法　李俊刚　刘志军
闫学维　王晓梦(女)　耿广平　赵　斌
王树义　漆前国　马满栋　郭学良
武兆根　刘东卫　张定洋　艾连珍(女)
张锁地　马宏赋　李光前　张　旭
王尔凤　吴贵方　武惠平　杨志强
王韶峰　曹俊良　刘　义　郝卫平
胡贵生　潘晓成　褚秋桃(女)

镇城底矿

马彦龙　彭立前　田喜平　宋信春
张　虎　陈广平　胡顺周　朱付利
刘彩玖　陈西自　陈永生　马善红
何尚海　时启忠　侯创耀　李元安
杜小彬　郜大刚　杨喜兵　朱建平
徐国增　付丙江　赵改玲(女)　文及光
薛　斌　邢正虎　王建宝　白利民
孙克勤　薛少华　郑海英(女)

马兰矿

张文成　李泽生　王万生　刘凤伟
武进平　娇文英　徐军民　易忠新
张世英　韩　跃　尹忠明　王延平
吕小钢　王宏斌　黄显随　贾淳博
张天虎　李国富　武安顺　张玉迎
张永烈　赵俊明　杜喜群(女)　丁小兵
邓宗国　吴宏伟　严利民　史光辉
吴建平　李波英　张治国　乔美丽
朱冬林　渠世魁　秦建军　左　然
赵建柱　陈腊英(女)　乔冬民(女)

东曲矿

郭海如　罗加郎　邓元军　郭金柱
钱跃芳　梁保亮　谢玉所　刘书星
雷锦红　梁天山　胡忠平　李金平
李　强　阴海彬　崔国生　张原川

李明智　翟艾科　石平均　任金刚
张学军　闫建军　赵晋祥　刘忠林
董康来　张万民　朱和平　闵　军
许兴成　刘德江　张小四　冀所明
王亚伟　刘晋芳(女)

屯兰矿

郭瑞军　王存堂　申保龙　宋永亮
房润义　牛永刚　李志忠　秦明奇
王维富　曾献文　王克文　胡志星
闫开宏　杨丛林　赵忠忠　赵三孝
许慧平　郭铁民　刘建峰　马步才
周金良　宋油唐　孟太平　孙高留
王玉杰　王腊宁　王生义　李红明
陈永生　刘念周　曲凤竹(女)

太原选煤厂

刘建新　张存生　李计和　王常有
郝黎明　陈宏龙　张满弟　苗佳佳
王　利　焦学军　阎军红　王永立

机电总厂

张国华　李志祥　王志刚　赵光明
刘德政　姚　芳(女)　石连生　史建源
李福喜　张建伟　杨俊伟　王　强
吴　强

水泥厂

朱生槐　廉含珍　李国平　魏保平
李跃龙　李平弟

煤气化公司

赵　军　胡　亮　李金河　郝光明

万隆实业公司

张桂生　白建华　张　鸿　张丽萍(女)
杨俊其　石崇林　卫明学　侯淑萍(女)
曹善良　吕巧红(女)　樊学芝(女)

金城建筑有限公司

王永如　田爱国　王建国　张海青
田金祥　武香元　耿树禄　冀静波

金信建筑有限公司

周海林　张卫兵　樊世兵　陈孟国
李正伦　张如新　石得臣　黄德洋
杨宝忠　匡宗友　郭廷甫

职工总医院

冉惠娟(女)　李敏霞(女)　魏秀聪(女)　王建利
施　峻(女)　周太原　郭芳菲(女)　王冬瑞(女)
邓海波(女)　崔子玉　崔元生　赵美平
张彩军(女)　冯玉宝

古交矿区总医院

何英丽(女)　郝维则　韩铁璋　罗建华
郭世祥　李红芳(女)　马在萍(女)

多种经营管理局

原津飞　王锁鳔　乔志达　邓志强
宋来全　戴大国　王艳平　张天昌
赵来清　胡明富　魏润福　邢根宏
曾荣学　李金牛　王加祥　牛　平
李　强　翟　伟　王太全　李润生
胡苏仁　白福才　郭宇圣　王光明
高　瑞　景建文　王来旺　吕建福
钟小伟　董铁成　张润平　付其哲
张小明　张永萍(女)　李建平(女)　李富喜
王麟汝(女)　杨玉亮　仙红运　闫小萍(女)
苏超杰　李　萍(女)　吴建兰(女)　逯春香(女)
李晓明　牟　立　闫润平　王夏丽(女)
梁小军　梁国英　王远胜　李永强
李海元　廖兴隆　梁国森　王朝喜
刘夺志　王　茂

公用事业总公司

韩国文　张和平(女)　王夕尹　孙建国
王武平　刘国祥　王福明　李国华
刘海香(女)　荆育惠(女)　刘春梅(女)　韩小平
马丽军(女)　李　忠　王爱萍(女)　郭　宏
柳瑞忠　曹　扬(女)

教育委员会

王红梅(女)　冯子青(女)　张澍英(女)　平秀琴(女)
乔玉娥(女)　马　丽(女)　马永会　赵筱婕(女)
王爱新(女)　赵旭红(女)　白　丽(女)　赵俊英(女)
崔棉琴(女)　刘玉珍(女)　栗春香(女)　梁秀丽(女)
张克成　张振基　李进明　张桂英(女)
李晋祥　武增宝　王淑兰(女)　席伟萍(女)
景延民　范立先　肖婵智(女)　王秀平(女)
吴敏佳(女)

机关(直属)党委

秦三芳　王清华(女)　张占敏　曹　玲(女)
李海明　张运来　曹俊青　魏尔荣(女)
王　霞(女)　张学忠　马　杰　尹　中
雷　军　佟德胜　穆秋科　王月平
赵智慧　高光辉　吕雄伟　田　成
马保印　杨敬敏　薛晓伟　赵俊亮
闫高俊　张保程　赵建国

山西兴能发电有限责任公司

赵巨恒　李秀明　张为民

山西焦煤五麟煤焦开发有限责任公司

李宣宣　王建明　赵林生　张栓田
李友仁
山西西山晋兴能源有限责任公司
张殿斌　周　信　原福生　邢福田
山西西山热电有限责任公司
栾志勇　史燕冬
山西焦煤矿业管理有限公司
秦二荣　傅丽军
山西焦煤西山建筑(集团)有限公司
隋　华(女)　郭彦华

采掘开明星队

采煤明星队

杜儿坪矿二采区综采二队
西铭矿一采区综采一队
西曲矿一采区综采三队
马兰矿二采区综采二队
东曲矿一采区综采二队
屯兰矿综采一队
屯兰矿综采二队

掘进明星队

杜儿坪矿二采区掘进二队
西曲矿二采区掘进一队
西曲矿二采区掘进二队
马兰矿一采区掘进一队

开拓明星队

西铭矿准备区开拓一队
西铭矿准备区开拓三队
官地矿工程区工程三队
镇城底矿开拓区开拓三队
东曲矿工程区开拓一队
屯兰矿开拓二队

重点(工程)项目立功竞赛表彰名单

（二〇〇七年三月二十七日）

立功单位

一等功

官地矿
热电联供指挥部
金信建筑有限公司

二等功

水泥厂
金城建筑有限公司
棚户区改造建设指挥部
西山宾馆危楼改造指挥部

立功集体

一等功

金城建筑有限公司水电安装工程公司
金信建筑有限公司第九工程公司
多种经营管理局铁路工程公司
电力公司

二等功

金城建筑有限公司实业公司锅炉一公司
金城建筑有限公司机电安装公司
金城建筑有限公司第四项目部
金信建筑有限公司淮恒公司
金信建筑有限公司管道工程公司
金信建筑有限公司第五工程公司
金信建筑有限公司开颜公司
计划处

基建处
工程质量监督站
西山煤电集团设计院（有限公司）
西山建筑（集团）有限公司矿建分公司

立 功 个 人

一等功

李国义　官地矿后勤副矿长
刘补良　水泥厂生产副厂长、总工程师
王永茹　金城建筑有限公司第三项目部经理
李广荣　金城建筑有限公司第四项目部经理
仇明启　金城建筑有限公司水电安装公司经理
周海林　金信建筑有限公司九公司书记
白宗江　金信建筑有限公司副总经理
秦永强　金信建筑有限公司第二工程公司经理
周小林　公用事业总公司副总经理
郝继红　房地产公司副经理
曹振全　电力公司副经理
樊秀明　西山销售公司铁维部科长

二等功

梁椿豪　白家庄矿业有限责任公司总工程师
陈培才　杜儿坪矿计划科科长
郭素亮　西铭矿通风区通风四队队长
任建国　西铭矿选煤厂筹备处主任
赵　启　镇城底矿经营副矿长
薛润根　马兰矿总工程师
薛继国　东曲矿计划科科长
谢月强　矸石电厂厂长
朱生槐　水泥厂副总工程师
耿树禄　金城建筑有限公司实业锅炉一公司经理
季晓鹤　金城建筑有限公司实业煤机修理厂经理
王建国　金城建筑有限公司第十项目部经理
曹　力　金城建筑有限公司第二项目部经理
王新太　金城建筑有限公司第一项目部经理
陈转宁　金信建筑有限公司第三工程公司支部书记
王振春　金信建筑有限公司第五工程公司经理
王东升　金信建筑有限公司第六工程公司项目总工
解德强　金信建筑有限公司第八工程公司经理
郑恩文　金信建筑有限公司劳动服务公司经理
李吉生　金信建筑有限公司安装公司副经理
赵宗德　金信建筑有限公司开颜公司书记
王　耀　多种经营管理局铁路工程公司副经理
高立新　公用事业总公司生产技术部技术科副科长
郭建原　公用事业总公司副总经理
高龙奇　党政办公室督查科科长
蔡兴武　纪律检查委员会副书记
温　涓(女)　计划处基建科科长
王　宏　财务处工程科科长
栾素晋(女)　审计处副科级审计员
李祥国　基建处机电安装科副科长
卢建业　工程质量监督站站长
闫惠芳(女)　物资供应公司设备科副主任科员
杨治安　西山大厦工程部经理
霍成祥　西山建筑(集团)有限公司副总经理、矿建分公司经理
石正云　西山建筑(集团)有限公司工程部副部长
张红卫　西山煤电集团设计院(有限公司)副院长
隋　华(女)　西山煤电集团设计院(有限公司)安装所科员

“创先争优”活动表彰名单

（二〇〇六年六月二十九日）

先 进 党 委

杜儿坪矿党委
镇城底矿党委
太原选煤厂党委
白家庄矿业有限责任公司党委
煤气化公司党委
机关（直属）党委
金信建筑有限公司党委
兴能发电有限责任公司党委

晋兴能源有限责任公司党委
五麟煤焦开发有限责任公司党委

先进党总支部

白家庄矿业有限责任公司通风区党总支部
白家庄矿业有限责任公司生活公司党总支部
杜儿坪矿一采区党总支部
杜儿坪矿劳动保险办事处党总支部
西铭矿二采区党总支部
西铭矿实业公司党总支部
官地矿运输区党总支部
官地矿生活服务总公司党总支部
官地矿选煤厂党总支部
西曲矿选煤厂党总支部
西曲矿二采区党总支部
镇城底矿采煤区党总支部
镇城底矿机电公司党总支部
镇城底矿水暖科党总支部
马兰矿选煤厂党总支部
马兰矿安装区党总支部
马兰矿水暖公司党总支部
东曲矿选煤厂党总支部
屯兰矿通风科党总支部
太原选煤厂矸石电厂党总支部
多种经营总公司铁路工程公司党总支部
万隆实业公司支护器材分公司党总支部
公用事业总公司古交给排水公司党总支部
晋兴能源有限责任公司机关党总支部
五麟煤焦开发有限责任公司焦化一厂党总支部

先进党支部

杜儿坪矿保卫科党支部
官地矿综采二队党支部
西曲矿综采三队党支部
东曲矿掘进三队党支部
东曲矿水暖科党支部
屯兰矿综采二队党支部
屯兰矿选煤厂煤泥水车间党支部
太原选煤厂检修公司党支部
机电总厂结构分厂党支部
机电总厂矿修分厂党支部
多种经营总公司煤运公司党支部
万隆实业公司化工分公司党支部
水泥厂古交水泥公司生产党支部
水泥厂制备车间党支部
煤气化公司管网所党支部
煤气化公司环保水处理中心党支部
金城建筑有限公司第三项目部党支部
金城建筑有限公司第十一项目部党支部
金信建筑有限公司路桥公司党支部
金信建筑有限公司管道公司党支部
职工总医院西铭分院党支部
职工总医院医技党支部
古交矿区总医院内科系统党支部
古交矿区总医院马兰分院党支部
公用事业总公司多经公司党支部
教育委员会第二高级中学党支部
教育委员会第三中学党支部
集团安全监察局党支部
集团信访处党支部
集团卫生疾控中心党支部
集团纪律检查委员会党支部
兴能发电有限责任公司点检党支部
房地产开发公司党支部
西山热电有限责任公司发电党支部
矿业管理有限公司机关二支部

优秀共产党员

白家庄矿业有限责任公司
张连生　宫来喜　连　军　孙广禄
郭慧婵(女)
杜儿坪矿
杨梅田　彭文平　尹永胜　靳广忠
白　亮　田海先
西铭矿
曹俊平　李冬刚　丁金亮　张恩来
霍海平　崔俊科
官地矿
张进保　刘文亮　王更举　吕晓勇
张秀奇　代天开
西曲矿
曾永生　达善荣　吴全喜　齐淑文
赵义胜
镇城底矿
祁海泽　时启忠　胡克力　刘纯珍
王振福

马兰矿

许　春　高建荣　赵鸿生　刘武乃
张志华(女)　刘援越

东曲矿

张素勇　张俊良　赵大泓　姜从明
王　进　赵忠财

屯兰矿

曹俊文　张贵印　张反清　张润生
但银堂

太原选煤厂

刘建新　陈春龙　吴润和　冯　音
郭栓虎

机电总厂

王志明　关全喜　李献忠　郭松亭
冯秋钢

多种经营总公司

刘　燕(女)　呼月珠(女)　姬建生

万隆实业公司

李树成　张　鸿

水泥厂

赵晓文　徐辅伟

煤气化公司

张绍德　杨　伟

金城建筑有限公司

张来珍　王洪钧　王建民　季晓鹤
李庆文

金信建筑有限公司

王东生　赵连生　张继柱　李世忠
岳志鸿(女)

职工总医院

高月琴(女)　宋爱民　杜社教

古交矿区总医院

陈广东　申红星

公用事业总公司

马丽军(女)　王明明　曹文魁

教育委员会

李矿生　刘付槐　荆育峰　赵筱婕(女)
苏建捷(女)

机关(直属)党委

吕雄伟　马保印　尚培恩　钱小红(女)
阴庚长　王奇勇

兴能发电有限责任公司

方媛媛(女)　黄金磊

五麟煤焦开发有限责任公司

李宣宣　鲁建勋

晋兴能源有限责任公司

张　勃　冯春生

西山热电有限责任公司

田志东　张　洪

庆恒建筑(集团)有限公司

李　勤　周恭礼

矿业管理有限公司

荆鸿飞

优秀党务工作者

白家庄矿业有限责任公司

刘福平　杜玉田　郭海瑞

杜儿坪矿

叶忠领　刘铁柱　张鸿玺　王根顺

西铭矿

王巨亮　田书生　姚占林　樊北成

官地矿

白文生　席北明　王硕林　朱宝来

西曲矿

白俊峰　温玉强　蔡祖祥

镇城底矿

白金亮　王永信　陈和喜

马兰矿

陈　纲　常俊杰　李　勤　张利民

东曲矿

乔顺林　朱成江　李尔强　宋保平

屯兰矿

于　刚　杜鹏程　梁恩昌

太原选煤厂

刘　军　魏　炬　姜培成

机电总厂

薛建平　裴建明　高润寿

多种经营总公司

白存环　余元志　王亚兵

万隆实业公司

毋维佳　支亚毅

水泥厂

郭银虎　任　亮

煤气化公司

杜　立　皮丕平

金城建筑有限公司

冀静波　孙中锋　彭兴师

金信建筑有限公司

李秋明　周均南　苗培义

职工总医院

顾健均　张　赟

古交矿区总医院

董兆德　张引苗(女)

公用事业总公司

王保民　李晋平　栾凤英(女)

教育委员会

任慧敏(女)　王　岩(女)　邓　岗

机关(直属)党委

巩怀伟　赵仁恒　李成郁　胡元成

兴能发电有限责任公司

曹文贵

五麟煤焦开发有限责任公司

王荣富

晋兴能源有限责任公司

于长龙

西山热电有限责任公司

段天生

庆恒建筑(集团)有限公司

赵　飞

矿业管理有限公司

秦二荣

职工素质工程建设表彰名单

（二〇〇六年十二月二十三日）

优胜组织单位

马兰矿

东曲矿

机关(直属)党委

优秀组织单位

官地矿

西铭矿

杜儿坪矿

屯兰矿

公用事业总公司

机电总厂

技术状元

王　霞(女)	仓库保管员	机关(直属)党委
高志杰	污水处理工	公用事业总公司
任亚明	主扇司机	屯兰矿
陈命良	矿井轨道工	马兰矿
黄勇强	掘进机修理工	机电总厂
尹　中	网页制作	机关(直属)党委
梁万学	电气安装工	马兰矿
郭爱全	矿山地质工	东曲矿
杨文慧	液压支架工	杜儿坪矿
张　颖(女)	幼儿教师	公用事业总公司
史华勇	统计	西铭矿
马　杰	统计	机关(直属)党委
董雪燕(女)	会计	机关(直属)党委
张豪杰	综掘机司机	西铭矿
谢玉所	低压维修电工	东曲矿
杨晓林	低压维修电工	煤气化公司
秦三芳	矿山救护工	机关(直属)党委
晋　海	皮带运输机司机	东曲矿
张原川	乳化液泵工	东曲矿
万孝利	瓦斯检查工	马兰矿
张乃平	井下安全员	官地矿
王三卷	锚杆支护工	东曲矿
薛芳果(女)	护士	职工总医院
朱宪文	综采司机	杜儿坪矿
蔡锁长	矿井通风工	西铭矿
成海江	浮选司机	屯兰矿
刘凤明	主提升机司机	马兰矿
周　岗	矿井防尘工	镇城底矿
李喜平	电机车修理工	杜儿坪矿
王　鹏	侧卸式装岩机司机	官地矿
韩国平	采掘电钳工	屯兰矿
张学忠	矿井调度员	机关(直属)党委
李福虎	外线电工	西铭矿
谭建华	电焊工	西铭矿
王晓燕(女)	煤质化验工	太原选煤厂
张俊伟	电机车司机	官地矿
崔殿利	钳工	机电总厂

技术标兵

宿小华(女) 仓库保管员 机关(直属)党委
赵启才 污水处理工 公用事业总公司
王立刚 主扇司机 西铭矿
张永烈 矿井轨道工 马兰矿
刘建明 掘进机修理工 机电总厂
雷 军 网页制作 机关(直属)党委
宋晓荣 电气安装工 马兰矿
王 芳(女) 矿山地质工 马兰矿
陈建宏 液压支架工 马兰矿
田彦婷(女) 幼儿教师 公用事业总公司
孙晋芳(女) 统计 官地矿
郭 蕊(女) 会计 机关(直属)党委
赵百顺 综掘机司机 屯兰矿
杨均喜 低压维修电工 金信建筑有限公司
郭 煜 矿山救护工 机关(直属)党委
杜亮平 皮带运输机司机 屯兰矿
张永启 皮带运输机司机 镇城底矿
王 刚 乳化液泵工 西铭矿
贾荣华 乳化液泵工 晋兴能源有限责任公司
贾燕君 瓦斯检查工 白家庄矿业有限责任公司
张社民 井下安全员 镇城底矿
李瑞锋 锚杆支护工 杜儿坪矿
马在萍(女) 护士 古交矿区总医院
岳兴国 综采司机 东曲矿
邓宗国 矿井通风工 马兰矿
王壮英(女) 浮选司机 太原选煤厂
严 军 主提升机司机 马兰矿
丁小兵 矿井防尘工 马兰矿
张利兵 电机车修理工 官地矿
徐建德 侧卸式装岩机司机 西铭矿
李学勤 采掘电钳工 东曲矿
李智生 矿井调度员 机关(直属)党委
王彦荣 外线电工 官地矿
庾康旭 电焊工 机电总厂
贺晓艳(女) 煤质化验工 西曲矿
张贵平 电机车司机 官地矿
张再平 钳工 东曲矿

技术能手

张 燕(女) 仓库保管员 机关(直属)党委
周 俊 污水处理工 东曲矿
张 瑞 主扇司机 杜儿坪矿
刘三宽 矿井轨道工 杜儿坪矿
白连清 掘进机修理工 东曲矿
刘晋芳 网页制作 白家庄矿业有限责任公司
李永珍 电气安装工 镇城底矿
马金生 矿山地质工 西铭矿
丁守民 液压支架工 马兰矿
武四龙 液压支架工 白家庄矿业有限责任公司
马剑林(女) 幼儿教师 公用事业总公司
李国强 统计 机关(直属)党委
贾 磊 会计 机关(直属)党委
吴建平 综掘机司机 马兰矿
苏哲旺 低压维修电工 官地矿
丁玉柱 矿山救护工 机关(直属)党委
张双明 皮带运输机司机 马兰矿
宋建荣 乳化液泵工 镇城底矿
贾永生 瓦斯检查工 官地矿
王小平 井下安全员 镇城底矿
梁振新 井下安全员 马兰矿
温宇杰 锚杆支护工 西曲矿
蒋小明 锚杆支护工 马兰矿
乔红然(女) 护士 职工总医院
王学勇 综采司机 马兰矿
段谈喜 综采司机 屯兰矿
李仕金 矿井通风工 镇城底矿
樊正军 浮选司机 马兰矿
杨丛林 主提升机司机 屯兰矿
马文忠 矿井防尘工 镇城底矿
刘坚军 电机车修理工 西铭矿
丁建兵 侧卸式装岩机司机 官地矿
李建峰 采掘电钳工 马兰矿
王进杰 矿井调度员 官地矿
于保勤 外线电工 白家庄矿业有限责任公司
王艳平 电焊工 东曲矿
徐喜英(女) 煤质化验工 马兰矿
梁晓斌 电机车司机 马兰矿
何忠平 钳工 机电总厂

优秀选手

白家庄矿业有限责任公司

张文斌 常 东 冯洁海 张俊峰

杜儿坪矿

王瑞平(女) 王金娥(女) 曹树县 王利光
郭起军 任建忠 郑恩秀 武明玉
安丽生 郭起辉

西铭矿

王岗英 陈金亮 孙东红 任雁兵
韩福平 王志红 梁国亮 李崇珍(女)

官地矿

丁建荣(女) 董继红 张鸿卫 童晋阳
贺家荣 马海发 甄存满 王玲仙(女)
杜孝红 马国华

西曲矿

郭 钊 王竹文 刘虎弟 翟怀明
张保华 郭海平 刘丽艳(女)

镇城底矿

刘富荣 刘志伟 于艮生 史清文

马兰矿

杜喜群(女) 袁文斌 杨桂荣(女) 牛凤明
杨占全 史卫亮 闫志东 朱金社
张玉迎 赵 财 丁奇超

东曲矿

雷 剑 李 庆 练 勇 戴大礼
李志勇 许兴成 常俊青 李风光
张珍峰 李含义 于志强 钱建中
黄作金 潘中成

屯兰矿

赵振林 李永红 冀学宏 高春生
尚志伟 赵三孝 刘保军 王燕宾
高永会 刘晓英(女)

太原选煤厂

宋丽萍(女) 任太选 孙俊杰

机电总厂

解明达

水泥厂

陈效先

金城建筑有限公司

周志勇 郭进钰

公用事业总公司

武虎林 韩政英(女) 刘 嘉(女) 胡彦宁(女)

多种经营管理局

李永强

古交矿区总医院

陈丽明(女) 李国霞(女) 周 霞(女)

万隆实业公司

杨秀峰

机关(直属)党委

薛向东 孙成尔 梁改彦 闫 俊

职工技术培训先进个人

许安贵 王静仁 王永志 马少芳
赵俊田 薛珍朵(女) 刘庆芳 孙冬明
刘文龙

优 秀 裁 判 人 员

刘守富 李跃刚 韩卫清 薄玉山
要福生 张 锰 常建华 刘 恩
李福恩 张路征 宋油堂 息占华
董 强 高 立 郭才望 刘 冲
张志敏 贾 文 渠晨光 程莲秀(女)
代永禄 刘振明 曹建平 徐 睿
徐宣真 吴曙光 任变玲(女) 王立廷
邹建飞 温 滢(女) 曹文魁 严晓红(女)
张运来 王桂原 崔继如(女)

优 秀 工 作 人 员

杜建明 毕春雷 屈新原 张平丽(女)
李建维 吴东明 李建华(女) 李海明
王海平 连 君 王敬军 赵俊亮

职业技能鉴定表彰名单

（二〇〇六年十二月二十三日）

优 秀 组 织 单 位

杜儿坪矿
马兰矿
太原选煤厂
公用事业总公司
煤气化公司

先进组织单位

白家庄矿业有限责任公司
西铭矿
官地矿
西曲矿
镇城底矿
东曲矿
屯兰矿
西曲矿选煤厂
镇城底矿选煤厂
马兰矿选煤厂
东曲矿选煤厂
屯兰矿选煤厂
机电总厂

先进个人

杨天河　陈阜蓉(女)　刘润红(女)　徐子文
冯祥坤　孙全华　吴诗君　段　锋
杨润卿　牛继民　王云芸(女)　马丽军(女)
刘筱梅(女)　谷国清

导师带徒活动表彰名单

（二〇〇六年十二月二十三日）

优秀组织单位

西铭矿
杜儿坪矿
马兰矿
屯兰矿
官地矿
镇城底矿
东曲矿
太原选煤厂
职工总医院
兴能发电有限责任公司

优秀师徒

贾红军	武四龙	白家庄矿业有限责任公司南坑掘进二队
朱宪文	陈照阳	杜儿坪矿一采区综采一队
胡建康	张宏继	杜儿坪矿二采区掘进二队
任慧君(女)	史华勇	西铭矿计划科
王建勋	王　峰	西铭矿安装区机电队
王　鹏	宋建忠	官地矿工程区工程三队
任建峰	温宇杰	西曲矿二采区掘进一队
栗宏兵	宋建荣	镇城底矿采煤区采煤三队
宋晓荣	赵勇平	马兰矿安装区安装一队
苗有全	史卫亮	马兰矿二采区综二队
孙培军	周　俊	东曲矿水暖科供水队
阳泽平	张志峰	屯兰矿通风科通风三队
王晓燕(女)	苏　洁(女)	太原选煤厂煤质化验中心
刘国琪	马　牛	多种经营管理局古交铁路工程公司
康全通	张小平	公用事业总公司古交生活服务公司
卜祥丽(女)	王　霞(女)	机关(直属)党委物资供应公司
陆丽萍(女)	薛芳果(女)	职工总医院呼消内科
刘京利	王　亮	古交矿区总医院耳鼻喉科
徐桂芳(女)	孙改英(女)	西山教委第七小学校
曹慧东	康晓光	兴能发电有限责任公司发电部

干部名录

GANBU MINGLU

2006年副处级以上干部名录

机 关

单位	姓 名	性别	学 历	职 称	职 务	备 注
公司领导	薛 山	男	在职研究生	高级经济师	董事长 党委常委	2006年12月调离
	李建胜	男	大学	成绩优异的高级工程师	董事长 党委常委	2006年12月任
	车树春	男	大学	高级政工师	党委书记 副董事长	
	张能虎	男	大学	成绩优异的高级工程师	董事 总经理 党委常委	
	孙炳章	男	大专	高级政工师	董事 副总经理 党委常委	2006年12月调离
	薛道成	男	大学	高级工程师	副总经理	
	武华太	男	大学	高级工程师	副总经理 党委常委	2006年5月免党委常委
	薛占儒	男	大学	高级工程师	副总经理	
	王玉宝	男	大学	成绩优异的高级工程师	董事 副总经理 安监局局长	2006年5月任党委常委不兼任安监局局长
	徐俊明	男	大学	高级政工师	党委副书记 纪委书记	
	刘志安	男	大学	高级政工师	董事 党委副书记 工会主席	
	夏苏萍	女	大学	高级会计师	董事 总会计师	
	胡文强	男	大学	工程师	副总经理	2006年12月任董事 党委常委
	王绍进	男	大学	成绩优异的高级工程师	总工程师	2006年5月兼任副总经理安监局局长
总经理助理	王雷英	男	大学	高级政工师	总经理助理	2006年3月调离
副总工程师	安效正	男	大学	高级工程师	副总工程师	
	安生瑛	男	大学	高级工程师	副总工程师	
	杨彦群	男	大学	高级工程师	副总工程师	
	张宝玉	男	大学	高级工程师	副总工程师	
	曾凡宇	男	大学	高级工程师	副总工程师	
	侯水云	男	大学	成绩优异的高级工程师	副总工程师	2006年9月改任
	田顺祥	男	大学	高级工程师	副总工程师	
	范新民	男	大学	高级工程师	副总工程师	
	翟守福	男	大学	高级经济师	调研员	2006年11月退休
办公室	王雷英	男	大学	高级政工师	主 任	2006年3月调离
	范文生	男	大学	高级政工师	主任 董事会秘书	2006年3月新任
	赵晓泓	男	党校研究生	高级政工师	副主任 党总支部书记	2006年3月调离
	赵晋华	男	在职研究生	工程师	副主任	2006年3月调离
	侯彦良	男	大学	政工师	副主任	2006年3月任(新提)
	王晋峰	男	大学	高级政工师	副主任	2006年3月任(新提)

2006 年副处级以上干部名录

机　关(续表)

单位	姓　名	性别	学　历	职　称	职　务	备　注
办公室	马　晶	女	大专	政工师	外事办主任	
组织部 人事处	刘成祥	男	大专	高级政工师	部长　处长	2006 年 3 月改任调研员
	王雷英	男	大学	高级政工师	部长　处长	2006 年 3 月改任
	王建鹏	男	大学	高级经济师	副部长　副处长	
	王增良	男	大学	高级政工师	副部长　副处长	
	王晋梅	女	大学	高级政工师	调研员	
宣传部	马小君	男	大专	高级政工师	部　长	2006 年 3 月改任调研员
	莫书平	男	大学	高级政工师	副部长 党总支部书记	2006 年 3 月改任部长
	杨九命	男	大学	高级政工师	副部长	2006 年 3 月提任党总支部书记　副部长
	张平安	男	大学	高级政工师	副部长	
	郭黎娟	女	大学	高级政工师	副部长	
纪委 监察处	郝明喜	男	大专	高级政工师	副书记	2006 年 3 月改任调研员
	蔡兴武	男	大学	高级政工师	副书记	
	曹继文	男	大学	高级政工师	副书记　监察处处长	
	周成立	男	大学	高级政工师	副书记	2006 年 3 月提任
	石莹峰	男	大学	高级政工师	办公室主任	2006 年 3 月调离
	孟　奇	男	大学	高级政工师	办公室主任	2006 年 3 月任(新提)
	王智勇	男	大专	政工师	效能监察办公室主任	
	唐月亮	男	大学	高级政工师	检查室主任	2006 年 3 月调离
	岳恒真	男	大专	政工师	检查室主任	2006 年 3 月改任
	闫　玲	女	大学	高级工程师	审理室主任	2006 年 3 月任(新提)
	杨茂厚	男	大学	高级政工师	调研员	
企管处 政研室	童友春	男	大学	高级经济师	主任　处长	
	高　翔	男	大学	高级工程师	副主任　副处长	
	吕秋菊	女	大专	高级经济师	副主任　副处长	
劳资处 人力资源管理中心	李秋平	男	大专	高级工程师	处　长	
	李亚平	男	大学	高级政工师	副处长 人力资源管理中心主任	
	郝德平	男	大专	经济师	副处长	
	李德峰	男	大学	高级政工师	人力资源管理中心副主任	

2006年副处级以上干部名录

机 关(续表)

单位	姓 名	性别	学 历	职 称	职 务	备 注
劳资处 人力资源管理中心	郭金虎	男	大专	高级经济师	调研员	
计划处 中招公司	荣国林	男	大学	工程师	处 长 中招公司执行董事 经理	
	赵高荣	男	大学	高级工程师	副处长	
	秦润全	男	大专	工程师	副处长	
	王保平	男	大学	高级工程师	副处长	
	冯建平	男	大学	高级工程师	中招公司副经理	
	魏 宏	男	大学	经济师	中招公司副经理	
财务处	陈俊昌	男	大学	高级会计师	处 长	
	连福忠	男	大专	会计师	内部银行行长	
	樊大宏	男	大学	高级会计师	副处长 主任会计师	
	吴曙光	男	大学	高级会计师	副处长	2006年3月任(新提)
	董剑波	男	大学	会计师	副处长	2006年12月任(新提)
生产处	裴国庆	男	大专	高级工程师	处 长	
	杨乃贵	男	大专	工程师	副处长	
	裴彦峰	男	大学	高级工程师	副处长	
	陈兆刚	男	大学	高级工程师	副处长 主任工程师	2006年7月调离
	高成良	男	大学	工程师	副处长 主任工程师	2006年12月改任
机电处	安生瑛	男	大学	高级工程师	副总工程师兼处长	2006年3月免处长
	于 林	男	大学	高级工程师	处 长	2006年3月改任
	韩 朴	男	大学	高级工程师	副处长	
	路林旺	男	大学	高级工程师	副处长 主任工程师	
	吴昧荣	男	大专	高级工程师	副处长	2006年12月改任
通风处	张丑宏	男	大学	高级工程师	处 长	
	张建国	男	大学	高级工程师	副处长 主任工程师	2006年7月调离
	戴永禄	男	大学	高级工程师	副处长	2006年12月兼任主任工程师
	薛成悦	男	大专	工程师	副处长	2006年12月改任
地质处	解奕炜	男	大学	高级工程师	处 长	
	邢嘉惠	男	大学	高级工程师	副处长	

2006 年副处级以上干部名录

机　关(续表)

单位	姓　名	性别	学　历	职　称	职　务	备　注
地质处	王凌鹤	男	大学	高级工程师	副处长	
	吕福祥	男	在职研究生	高级工程师	副处长　主任工程师	
总调度室	李成郁	男	大学	高级工程师	主　任	2006 年 3月改任副总工程师 总调度室党支部书记
	贺民成	男	大学	高级工程师	主　任	2006 年 3 月改任
	王立廷	男	大专	工程师	副主任	
安监局	王克军	男	大学	高级工程师	副局长	
	杜金栋	男	大学	高级工程师	副局长	
	赵俊生	男	大学	高级工程师	总工程师兼综合处处长	2006 年 3 月免综合处处长 2006 年 10 月兼综合处处长 2006 年 12 月免综合处处长
	张润保	男	大学	高级工程师	通风安全信息中心主任	
	兰海奎	男	大学	高级工程师	综合处处长	2006 年 12 月改任
	徐宣真	男	大学	高级工程师	培训考核处处长	
	徐　睿	男	大学	工程师	监察处处长	
	冯汝耀	男	中专	工程师	监察处副处长	
	刘明明	男	大专	高级工程师	监察处副处长	
	田学文	男	大专	工程师	监察处副处长	
	亢龙田	男	大专	高级技师	监察处副处长	
	赵千义	男	大学	助理政工师	监察处副处长	2006 年 3 月任(新提)综合处处长 2006 年 10 月改任现职
审计处	翟福军	男	大学	高级会计师	处　长	
	翟存根	男	大专	会计师	副处长	
	原兴顺	男	大学	会计师	副处长	
	闫子光	男	大学	高级工程师	调研员	
工会	刘安银	男	大专	高级政工师	副主席	
	刘雅芹	女	党校研究生	高级政工师	副主席	
	胡国顺	男	大学	高级政工师	副主席	
	刘　炜	男	大学	高级政工师	办公室主任	
	张平安	男	大学	高级政工师	组宣部部长	2006 年 3 月调离
	耿晋萍	女	大学	高级政工师	女职工部部长	

2006年副处级以上干部名录

机　关(续表)

单位	姓 名	性别	学 历	职 称	职 务	备 注
工会	梁建明	男	大专	高级政工师	文体部部长	
	任旭东	男	大学	政工师	调解办主任	2006年3月改任组宣部部长
	彭玉顺	男	大学	高级政工师	调解办主任	2006年3月改任
	武秋明	男	大学	高级政工师	生产保护部部长	
	魏承刚	男	大学	高级工程师	生活保险部部长	
	王建祥	男	大学	高级政工师	调研员	
	郝俊亭	女	大学	高级政工师	调研员	2006年3月退休
团委	赵　川	男	大学	高级政工师	书　记	
	朱　晨	男	大学	高级政工师	副书记	2006年12月任(新提)
信访处	祁玉金	男	大学	高级政工师	处长兼纪委信访室主任	
	蔡廷寿	男	大学	高级政工师	副处长	
	李祥恩	男	大学	高级政工师	副处长	
基建处	李兆杰	男	大学	高级工程师	处　长	
	王德明	男	大学	土建工程师	副处长	
	邢继亮	男	研究生	土建工程师	副处长	2006年12月任(新提)
	刘永红	女	大学	高级工程师	副处长	2006年12月任(新提)
环保处	黄国政	男	大专	高级工程师	副处长	
	霍雪萍	女	大学	高级工程师	副处长　主任工程师	
卫生处	李秀宏	男	大专	副主任医师	处　长	
职教办	卜志敏	男	大学	高级政工师	主　任	
	王　利	女	大学	高级工程师	副主任	2006年3月调离
	张天成	男	大学	中学高级教师	副主任	2006年3月任(新提)
医保中心	常文生	男	大学	副主任医师	主　任	
保卫处	管学元	男	大专	高级政工师	处　长	
	阮　建	男	大学	高级经济师	政　委	
	王冬生	男	中专	政工师	副处长	
	黄增熙	男	大专	政工师	副处长	
	赵志坚	男	大专	政工师	副处长	
	李俊盛	男	大学	高级政工师	副处长	

2006年副处级以上干部名录

机 关(续表)

单位	姓 名	性别	学 历	职 称	职 务	备 注
武装部	田德荣	男	中专	会计师	副部长	
人防办	边树法	男	大专	高级政工师	主 任	
	郭效卿	男	大学	高级政工师	副主任	
法律顾问处	韩晓俊	男	大专	三级律师	副处长	2006年11月调离
	程亚忠	男	大学	经济师	副处长	
	张艳华	女	大学	高级政工师	调研员	
档案馆 史志办	田顺生	男	大学	工程师	馆 长	2006年3月任史志办主任
	丁静萍	女	党校研究生	高级政工师	副馆长	2006年3月任史志办副主任
	董居正	男	大学	高级政工师	副馆长 副主任	2006年3月任(新提)
老干部处	张成平	男	大学	高级经济师	处 长	
	任瑞恒	男	大学	高级政工师	党总支部书记 副处长	
	秦爱民	男	大专	政工师	副处长	
科协	杨文洲	男	大学	高级经济师	副主席	
	李 生	男	大专	记 者	秘书长	2006年3月改任
保险公司	田世鑫	男	大学	高级统计师	经 理	
	乔文襄	男	大专	工程师	党支部书记	
	孔志清	男	大专	高级政工师	副经理	
	陈运旺	男	高中	经济师	调研员	
消防大队	温怀义	男	大专	政工师	大队长	2006年3月兼任政委
	张晓克	男	大专	助理政工师	副政委	2006年3月改任调研员
	李云清	男	大专	助理政工师	副大队长	
	逯志忠	男	大专	助理政工师	副大队长	
救护大队	徐应全	男	大学	高级工程师	党支部书记	
	刘青伟	男	大学	高级工程师	大队长	
	薄建良	男	大专	高级工程师	副大队长	
	王增全	男	大专	工程师	副大队长 总工程师	
技术中心	侯水云	男	大学	成绩优异的高级工程师	主 任	2006年3月改任
	秦斌青	男	大学	成绩优异的高级工程师	副主任	
	董虎平	男	大学	工程师	副主任	

2006年副处级以上干部名录

机　关(续表)

单位	姓　名	性别	学　历	职　称	职　务	备　注
技术中心	赵新民	男	大学	高级工程师	副主任	
	周景成	男	大专	高级工程师	副主任	
	郭厚明	男	大学	高级工程师	副主任	
	吕光明	男	大学	高级工程师	调研员	
电力公司	于　林	男	大学	高级工程师	经　理	2006年3月调离
	武丕炯	男	大学	高级工程师	经　理	2006年3月改任 2006年7月调离
	张树魁	男	大学	成绩优异的 高级工程师	党支部书记兼副经理	2006年7月任经理
	王　暾	男	大学	高级工程师	副经理	
	曹振全	男	大学	高级工程师	副经理　主任工程师	
	吴志毅	男	大学	高级工程师	调研员	
设备租赁公司	田顺祥	男	大学	高级工程师	党支部书记	
	李延庆	男	大学	高级工程师	经　理	
	杨文俊	男	大学	高级工程师	副经理	
	丁贵珠	男	大学	高级工程师	副经理　主任工程师	
报社	徐若琦	男	大学	主任记者	社　长	
	景五更	男	大学	高级政工师	总编　党支部书记	
	谢文远	男	大学	高级政工师	副社长　副总编	
广电中心	莫书平	男	大学	高级政工师	主　任	2006年3月调离
	张平安	男	大学	高级政工师	主　任	2006年3月提任
	赵保良	男	大学	高级政工师	总　编	2006年3月任(新提)
质监站	卢建业	男	大专	高级工程师	站　长	
	王　刚	男	大学	高级工程师	副站长	
	赵晋华	男	在职研究生	工程师	副站长	2006年3月改任
计生办	杜好好	女	大学	高级政工师	主　任	2006年3月改任调研员
	王　利	女	大学	高级工程师	主　任	2006年3月提任
	梁育绥	女	大学	高级政工师	副主任	
疾控中心	李秀宏	男	大专	副主任医师	主　任	
安培中心	赵仁恒	男	大专	工程师	党支部书记	
	任连贵	男	大学	工程师	主　任	
	张景贤	男	大学	高级工程师	副主任	

2006年副处级以上干部名录

机　关(续表)

单位	姓　名	性别	学　历	职　　称	职　　务	备　　注
党校 职工大学	董若锋	男	大专	高级政工师	党总支部书记	2006年3月改任调研员
	石　兴	男	大学	副教授	常务副校长	
	李满喜	男	大学	经济师	副校长	
	吕省军	男	大学	高级政工师	副校长	2006年3月任(新提)
	张荣九	男	大专	经济师	调研员	
技工学校	程光玲	男	大学	高级政工师	校长　党总支部书记	2006年3月改任调研员
	杨晓明	男	大专	高级讲师	副校长	2006年3月提任校长
	曲剑虎	男	大学	高级讲师	副校长	2006年3月提任党总支部书记
	石莹峰	男	大学	高级政工师	副校长	2006年3月改任
	董春莲	女	大学	高级政工师	党总支部副书记	2006年3月改任调研员
	田太生	男	大专	一级实习指导教师	古交分校校长	2006年3月任(新提)
	张海云	男	大专	一级实习指导教师	古交分校党支部书记	2006年3月任(新提)
	吴润根	男	大学	中学高级教师	三高校长	2006年3月划入教委
	马燕芹	女	大学	中学高级教师	三高副校长	2006年3月划入教委
	朱二忠	男	大学	高级讲师	三高副校长	2006年3月划入教委
	杨崇秀	男	大学	副教授	调研员	
物资供应公司	胡元成	男	大专	高级工程师	党总支部书记	
	郭文斌	男	党校研究生	高级工程师	经　理	
	兰树均	男	大学	高级会计师	副经理　主任会计师	
	王金兴	男	大专	高级政工师	副经理	
	陆　飞	男	大专	经济师	副经理	
	张明生	男	大学	高级经济师	副经理	
	何少雄	男	大专	工程师	副经理	
	李军章	男	大专	高级政工师	副经理兼古交物资公司经理	
	石秀田	男	中专	高级工程师	调研员	
信息中心	李平分	男	大专	高级工程师	党支部书记	2006年3月改任调研员
	郭希增	男	大专	高级工程师	主　任	
	潘叔诚	男	大专	工程师	副主任	
	肖连生	男	大专	工程师	副主任	

2006年副处级以上干部名录

机　关(续表)

单位	姓　名	性别	学　历	职　称	职　务	备　注
信息中心	吴建军	男	大学	工程师	副主任　主任工程师	
	闫晓东	男	大学	成绩优异的高级工程师	副主任	2006年3月任(新提)
住房公积金管理部	孙淑英	女	大学	统计师	部　长	
	狄立忠	男	大学	经济师	副部长	2006年3月任(新提)
古交指挥部留守处	常俊杰	男	在职研究生	高级工程师	主　任	2006年3月机构撤销,业务人事划入公用事业总公司古交生活服务公司
机关(直属)党委	高　荣	男	大学	高级工程师	党委书记	
	胡惠轩	女	大学	高级政工师	党委副书记	
	王相安	男	大学	高级政工师	党委副书记　纪委书记	
	苏　俭	女	大学	高级政工师	工会主席　机关退管中心主任	
退管中心	刘安银	男	大专	高级政工师	主　任	
	任旭东	男	大学	政工师	副主任	2006年3月调离
	张伟刚	男	大专	经济师	副主任	
	王青鹏	男	大专	政工师	副主任	2006年3月改任
	彭玉顺	男	大学	高级政工师	副主任	2006年3月改任
小车队	麻增有	男	大专		队　长	
西山酒店　西山宾馆	赵　霈	男	大学	记　者	总经理	2006年3月改任
	徐惠忠	男	大学	政工师	党总支部书记	2006年3月提任
	王青鹏	男	大专	政工师	党总支部书记	2006年3月调离
	白彦平	男	大学	经济师	副总经理	2006年3月任(新提)
驻北京联络处	苏锡铭	男	大专		主　任	
	郑贵成	男	大学	政工师	副主任	
驻广东联络处	贾志刚	男	大学	高级经济师	主　任	
山西煤矿职工养马岛接待站	魏力生	男	大专		站　长	
可口可乐公司	闫东升	男	大学	高级工程师	副总经理	2006年3月提任(正处级)

机　关(西山煤电股份公司·续表)

单位	姓　名	性别	学　历	职　称	职　务	备　注
西山煤电股份公司机关	李　仪	男	大学	高级工程师	董事长　党委委员	
	薛　山	男	大专	高级经济师	党委书记　副董事长	
	车树春	男	大学	高级政工师	总经理 副董事长 党委副书记	
	张能虎	男	大学	成绩优异的高级工程师	董事　党委委员	

2006年副处级以上干部名录

机　关(西山煤电股份公司·续表)

单位	姓 名	性别	学 历	职　称	职　务	备　注
西山煤电股份公司机关	徐俊明	男	大学	高级政工师	纪委书记　党委委员	
	刘志安	男	大学	高级政工师	董事　党委副书记　工会主席	
	夏苏萍	女	大学	高级会计师	董　事	
	宁志华	男	大学	高级政工师	董事　董事会秘书	
	席北明	男	大学	高级政工师	党委副书记	2006年12月改任
	刘福喜	男	大专	高级工程师	副总经理	
	闫福元	男	大专	工程师	副总经理	
	李　群	男	大专	会计师	总会计师	
	张滨梅	女	大学	高级经济师	综合部部长	
	贾晓灵	男	大学	高级政工师	综合部副部长	
	成秀梅	女	大学	高级经济师	综合部副部长	
	黄振山	男	大学	高级会计师	财务部部长	
	畅巨忠	男	大学	会计师	财务部副部长	2006年12月任(新提)
	王　宏	男	大学	高级会计师	财务部副部长	2006年12月任(新提)
	王晶莹	男	大学	高级经济师	证券部部长	
	马东讯	男	大专	助理工程师	经营部部长	
	王贵平	男	大学	统计师	规划发展部副部长	
	董承平	男	大专	高级工程师	生产技术部副部长	
	韩晓俊	男	大专	三级律师	法律事务部副部长	2006年11月改任
	周希明	男	大学	高级工程师	调研员	

基　层

单位	姓 名	性别	学 历	职　称	职　务	备　注
白家庄矿业公司	徐忠和	男	大学	成绩优异的高级工程师	董事长　总经理	2006年3月调离
	宫来喜	男	大学	高级工程师	党委书记　副董事长	2006年3月改任董事长　总经理
	原国政	男	大学	工程师	董事　副总经理	2006年3月提任党委书记 副董事长
	任安平	男	大学	高级政工师	董事　党委副书记　纪委书记	
	李建功	男	大学	高级工程师	董事　副总经理	2006年3月任(新提)
	张　顺	男	大学	工程师	副总经理	2006年3月改任
	石　全	男	大学	工程师	副总经理	

2006年副处级以上干部名录

基 层(续表)

单位	姓 名	性别	学 历	职 称	职 务	备 注
白家庄矿业公司	梁椿豪	男	大学	高级工程师	总工程师	
	史俊杰	男	大专	高级工程师	董事 工会主席	
	杨榆生	男	大专	工程师	副总经理 安监处处长	
	李大勇	男	中专	高级工程师	副总经理	2006年3月改任调研员
	李书堂	男	中专	高级工程师	调研员	
杜儿坪矿	裴天强	男	大学	高级政工师	党委书记	
	段润宇	男	大专	工程师	矿 长	2006年7月调离
	李育泉	男	大学	工程师	副矿长	2006年6月调离 2006年7月改任矿长
	张延平	男	大学	高级政工师	党委副书记 纪委书记	
	曲树林	男	大专	高级工程师	副矿长	
	谢新民	男	大学	高级工程师	党委副书记	
	刘义栋	男	大学	会计师	副矿长	
	董 双	男	大专	工程师	副矿长	2006年3月改任工会主席
	李三培	男	大学	高级工程师	副矿长 安监处处长	2006年3月免安监处长
	彭玉顺	男	大学	高级政工师	工会主席	2006年3月调离
	冯 清	男	大专	工程师	总工程师	2006年6月改任副矿长
	梁建岭	男	大学	高级工程师	副矿长	
	王 瑞	男	大学	高级工程师	副矿长 安监处处长	2006年3月任(新提)
	王海波	男	大学	高级工程师	总工程师	2006年6月任(新提)
西铭矿	李巨生	男	大专	高级政工师	党委书记	
	张天保	男	大学	高级工程师	矿 长	
	曹彦成	男	大学	高级工程师	党委副书记	
	郝峻青	男	大专	高级工程师	副矿长	
	郝利荣	男	大学	工程师	副矿长	
	郭凯学	男	大专	工程师	副矿长	
	周映瑞	男	大专	高级工程师	副矿长	
	王引生	男	大专	工程师	副矿长	
	薛成悦	男	大专	工程师	总工程师	2006年7月调离
	张建国	男	大学	高级工程师	总工程师	2006年7月改任

2006年副处级以上干部名录

基 层(续表)

单位	姓 名	性别	学 历	职 称	职 务	备 注
西铭矿	宋传校	男	大学	副主任医师	党委副书记 纪委书记	
	王衍岑	男	大专	政工师	工会主席	
	李志海	男	大专	工程师	副矿长 安监处处长	
	任广惠	男	大学	高级经济师	调研员	
西铭矿选煤厂筹备处	任建国	男	大学	高级工程师	主 任	
	刘佳喜	男	大专	工程师	副主任	
	郝法云	男	大专		副主任	
	李 纲	男	大学		副主任	2006年3月改任
	曹怀银	男	大学	会计师	副主任	2006年3月任(新提)
官地矿	席北明	男	大专	高级政工师	党委书记	2006年7月调离
	武丕炯	男	大学	高级工程师	党委书记	2006年7月改任
	杨晋渊	男	大学	高级工程师	矿 长	2006年7月调离
	段润宇	男	大专	工程师	矿 长	2006年7月改任
	范望虎	男	大学	高级政工师	党委副书记	
	高成良	男	大专	工程师	副矿长	2006年7月调离
	李 健	男	大学	高级工程师	副矿长	2006年7月改任
	吴昧荣	男	大专	高级工程师	副矿长	2006年7月调离
	王建亮	男	大学	高级工程师	副矿长	2006年7月任(新提)
	侯六元	男	大专	会计师	副矿长	
	李国义	男	大学	高级政工师	副矿长	
	张春喜	男	大专	高级工程师	工会主席	2006年7月兼任党委副书记 纪委书记
	赵康宏	男	大学	高级工程师	总工程师	
	兰海奎	男	大学	高级工程师	副矿长	2006年7月调离
	范 岩	男	大学	高级工程师	党委副书记 纪委书记	2006年7月改任副矿长
	王 永	男	大学	助理工程师	副矿长 安监处处长	2006年7月调离
	陈兆刚	男	大学	高级工程师	副矿长 安监处处长	2006年7月改任
官地矿选煤厂	要志军	男	大学	高级工程师	副矿长 矿党委委员 党总支部书记 厂长	
	温 生	男	大学	工程师	副厂长	
	耿 斌	男	大学	高级会计师	副厂长	

2006年副处级以上干部名录

基　层(续表)

单位	姓名	性别	学历	职称	职务	备注
官地矿选煤厂	任怀良	男	大学	工程师	总工程师	
	宿晋明	男	大学	高级政工师	党总支部副书记	2006年3月任(新提)
西曲矿	康培华	男	大学	高级政工师	党委书记	
	达善荣	男	大学	高级工程师	矿　长	
	和平鹰	男	中专	工程师	党委副书记	
	郭福忠	男	大学	高级工程师	副矿长	2006年3月调离
	马永阁	男	大学	高级工程师	总工程师	2006年3月兼任副矿长 党委委员 2006年6月免总工程师
	宋建军	男	大学	高级工程师	副矿长	
	安福光	男	大学	高级经济师	副矿长	
	闫海荣	男	大专	政工师	副矿长	
	索晋城	男	大学	高级工程师	副矿长	
	赵义胜	男	大学	高级工程师	总工程师	2006年6月任(新提)
	程海青	男	大专	工程师	党委副书记　纪委书记	
	尤沈阳	男	大学	高级政工师	工会主席	
	刘生虎	男	大专	工程师	副矿长　安监处处长	
西曲矿选煤厂	王成师	男	大学	高级工程师	副矿长　矿党委委员 党总支部书记　厂长	
	张永亭	男	大专	工程师	党总支部副书记	
	吴全喜	男	大专	工程师	副厂长	
	王茂宣	男	大专	政工师	副厂长	
	王建明	男	大学	高级工程师	副厂长	
镇城底矿	王永信	男	大学	高级经济师	党委书记	
	贺民成	男	大专	高级工程师	矿　长	2006年3月调离
	徐忠和	男	大学	成绩优异的高级工程师	矿　长	2006年3月改任
	范新民	男	大学	高级工程师	党委副书记	2006年3月调离
	任建平	男	大专	工程师	党委副书记	2006年3月任(新提)
	高小伟	男	大专	助理工程师	副矿长	
	张海源	男	大学	高级工程师	副矿长	2006年3月改任副矿长 安监处处长
	唐建春	男	大学	工程师	副矿长	2006年7月任(新提)
	杜小平	男	大学	高级工程师	副矿长	2006年3月调离

2006年副处级以上干部名录

基　层(续表)

单位	姓　名	性别	学　历	职　称	职　务	备　注
镇城底矿	赵　启	男	大学	会计师	副矿长	2006年3月任(新提)
	张文龙	男	大专	经济师	副矿长	
	王润兔	男	大学	高级工程师	副矿长	
	高学续	男	大学	高级工程师	总工程师	
	韦文俊	男	中专	高级会计师	工会主席	2006年3月改任调研员
	黄建华	男	大学	政工师	工会主席	2006年3月改任
	曲润章	男	高中	助理政工师	纪委书记	2006年3月改任调研员
	郭玉珍	男	中专	工程师	副矿长　安监处处长	2006年3月改任纪委书记
	史纪民	男	大专	政工师	调研员	
镇城底矿选煤厂	韩致洲	男	大学	高级工程师	副矿长　矿党委委员 党总支部书记　厂长	
	陈和喜	男	大学	政工师	党总支部副书记	
	赵永福	男	大专	高级工程师	副厂长	
	王志坤	男	大专	经济师	副厂长	
	孙学利	男	大学	高级工程师	总工程师	
马兰矿	常俊杰	男	在职研究生	高级工程师	党委书记	
	刘成效	男	大学	高级工程师	矿　长	
	张卫平	男	大专	政工师	党委副书记	
	李和林	男	大学	高级工程师	副矿长	
	林　岩	男	大学	高级工程师	副矿长	
	赵荣峰	男	大学	高级经济师	副矿长	
	杨化清	男	大专	高级政工师	副矿长	
	韩　英	男	大学	高级政工师	副矿长	
	薛润根	男	大学	工程师	总工程师	
	潘建明	男	大专	高级政工师	党委副书记　纪委书记	
	尹永铭	男	大学	高级政工师	工会主席	
	李志强	男	大学	高级工程师	副矿长　安监处处长	
	王喜信	男	大专	高级工程师	调研员	
马兰矿选煤厂	王世民	男	大学	高级工程师	副矿长　矿党委委员　厂长	
	郭学刚	男	中专	工程师	党总支部书记	

2006年副处级以上干部名录

基　层(续表)

单位	姓名	性别	学历	职称	职务	备注
马兰矿选煤厂	秦东虎	男	大专	高级工程师	副厂长	
	李建琚	男	大专	工程师	副厂长	
	王俊杰	男	大学	会计师	副厂长	
	赵选选	男	大学	高级工程师	总工程师	
	张午生	男	大学	高级工程师	调研员	
东曲矿	朱成江	男	大学	高级政工师	党委书记	
	侯水云	男	大学	成绩优异的高级工程师	矿　长	2006年3月调离
	郭福忠	男	大学	高级工程师	矿　长	2006年3月提任
	刘怀亚	男	大学	高级政工师	党委副书记　纪委书记	2006年3月免纪委书记
	王凤先	男	大专	高级工程师	党委副书记	2006年3月任纪委书记
	魏生强	男	大学	工程师	副矿长	
	冯安文	男	大专	工程师	副矿长	
	曹金玉	男	大专	高级会计师	副矿长	
	刘延峰	男	大专	高级工程师	副矿长　安监处处长	2006年7月任(新提)
	牛海林	男	大学	高级工程师	副矿长　安监处处长	2006年7月调离
	王勇兵	男	大学	高级工程师	总工程师	2006年3月任(新提)
	刘玉彬	男	大学	成绩优异的高级工程师	副矿长	2006年3月改任
	龚红鹏	男	大学	高级经济师	副矿长	
	陈弟均	男	大专	高级政工师	工会主席	2006年3月改任调研员
	王　彪	男	大专	高级政工师	工会主席	2006年3月任(新提)
东曲矿选煤厂	张来祥	男	大学	高级工程师	副矿长　矿党委委员 党总支部书记　厂长	
	张生全	男	大学	高级政工师	党总支部副书记	
	梁　宇	男	大学	高级工程师	副厂长　总工程师	2006年12月免总工程师
	许慧英	女	大学	高级工程师	副厂长	
	张　顺	男	大学	会计师	副厂长	2006年3月调离
	杜小平	男	大学	高级工程师	副厂长	2006年3月改任
	庞　亮	男	大学	高级工程师	总工程师	2006年12月任(新提)
	马章兴	男	中专	高级工程师	调研员	
屯兰矿	李宝光	男	大专	高级政工师	党委书记	

2006年副处级以上干部名录

基 层(续表)

单位	姓 名	性别	学 历	职 称	职 务	备 注
屯兰矿	尹根成	男	在职研究生	高级工程师	矿 长	
	唐 江	男	大学	经济师	党委副书记 工会主席	2006年3月免工会主席
	常中保	男	大学	高级工程师	副矿长	
	王燕桥	男	大学	高级工程师	副矿长	
	蔡培明	男	大学	工程师	副矿长	
	史和平	男	大学	高级政工师	副矿长	
	杜荣亮	男	大学	高级政工师	副矿长	2006年3月改任工会主席
	张文昌	男	大专	工程师	总工程师	
	王新潮	男	大专	经济师	党委副书记 纪委书记	
	潘国平	男	大学	高级工程师	副矿长 安监处处长	
	张建云	男	大学	工程师	副矿长	2006年3月改任
屯兰矿选煤厂	杨玉民	男	大学	高级工程师	副矿长 矿党委委员 党总支部书记 厂长	
	李德忠	男	中专	工程师	党支部副书记	
	高建川	男	大学	高级工程师	副厂长 总工程师	
	李福渊	男	大专	高级工程师	副厂长	
	李俊士	男	大专	经济师	副厂长	2006年3月改任调研员
	薛有国	男	大学	经济师	副厂长	2006年3月任(新提)
	米德康	男	初中	政工师	调研员	
太原选煤厂	刘志明	男	在职研究生	成绩优异的 高级工程师	厂 长	
	韩 棣	男	大学	高级工程师	党委书记	2006年3月改任调研员
	都蜀晋	男	大专	工程师	党委常务副书记	2006年3月改任党委书记
	陈新华	男	大学	高级政工师	党委副书记 纪委书记	
	郭永明	男	大学	高级工程师	副厂长	
	韩真士	男	大专	高级政工师	副厂长	
	唐晓玲	女	大学	会计师	副厂长	
	张文革	男	大专	政工师	副厂长	
	姚海生	男	大学	高级工程师	总工程师	
	窦 峰	男	大学	高级政工师	工会主席	
	白书明	男	中专	助理工程师	副厂长 安监处处长	

2006年副处级以上干部名录

基　层(续表)

单位	姓 名	性别	学 历	职 称	职 务	备 注
太原选煤厂	耿玉梅	女	大学	高级工程师	调研员	
矸石电厂	谢月强	男	大学	高级工程师	太原选煤厂党委委员　厂长	
	魏　炬	男	大专	政工师	太原选煤厂党委委员　党总支部书记	
	王家桢	男	大学	高级工程师	调研员	
多经局 多经总公司	武华太	男	大学	高级工程师	局长　总经理	2006年5月调离
	胡文强	男	大学	工程师	局长　总经理	2006年5月兼任
	谭林科	男	大学	高级经济师	党委书记	
	孙铁民	男	大专	政工师	常务副局长　常务副总经理	
	张玉顺	男	大学	高级政工师	党委副书记　纪委书记	
	宋成锁	男	大专	经济师	副局长　副总经理	
	闫年旺	男	大专	高级政工师	党委副书记	
	赵宏毅	男	大学	工程师	工会主席	
	张进明	男	大学	工程师	副局长 副总经理 产业区党总支书记	
	薛建刚	男	大学	政工师	副局长 副总经理 古交多经公司经理	
	马效宁	男	大学	高级政工师	副局长　副总经理　煤运公司总经理	2006年3月兼任运煤通道筹备处主任
	崔学敏	男	大学	高级经济师	党政办公室主任	
	李建跃	男	大专	工程师	企管(安监)部部长	
	赵　平	男	大学	工程师	劳动人事部部长	
	孙　广	男	大学	助理经济师	计划发展部部长	
	胡双虎	男	大学	高级政工师	财务部部长	
	徐　达	男	大学	高级政工师	政工部部长　监察处处长	
	邢建明	男	大学	高级工程师	产业区主任　杰森实业公司总经理	
	张　军	男	大学	高级政工师	产业区党总支部副书记	
	董建国	男	大专	经济师	杰森实业公司副总经理	
	白文举	男	大专	工程师	铁路工程公司经理	
	张育明	男	大学	高级经济师	古交多经公司党总支部书记　副经理	
	王天明	男	大专	工程师	古交多经公司党总支部副书记	
	闫平则	男	大学	高级工程师	古交多经公司副经理	
	李　宝	男	大学	工程师	古交多经公司副经理　古交配煤厂厂长	

2006年副处级以上干部名录

基　层(续表)

单位	姓　名	性别	学　历	职　称	职　务	备　注
多经局 多经总公司	潘献全	男	大学	高级工程师	古交配煤厂党支部书记兼副厂长	
	乔金锁	男	大学	高级工程师	古交多经公司副经理兼铁路运营公司经理	
	牛海青	男	大学	工程师	古交铁路运营公司党支部书记兼副经理	
	赵　哲	男	大专	政工师	运煤通道筹备处副主任	2006年3月任(新提)
	曹　凯	男	大学	助理政工师	运煤通道筹备处副主任	2006年3月任(新提)
	王新年	男	大专	高级经济师	调研员	
	张盛堂	男	高中	经济师	调研员	2006年1月退休
	刘　富	男	中专	高级工程师	调研员	2006年10月退休
煤气化公司	王玉玺	男	大学	高级工程师	党委书记	
	范望敏	男	大专	高级经济师	经　理	
	皮丕平	男	大专	高级政工师	党委副书记　纪委书记	
	杨醒民	男	大学	高级工程师	副经理　总工程师	
	李川平	男	大专	工程师	副经理	
	李巨海	男	大专	政工师	工会主席	
	张富生	男	大专	工程师	副经理　安监处处长	
万隆实业公司	支亚毅	男	大学	高级政工师	党委书记	
	王洪波	男	党校研究生	高级经济师	经　理	
	戎先堂	男	中专	政工师	党委副书记　纪委书记　工会主席	
	邢　军	男	大学	助理工程师	副经理	
	鲁宝柱	男	大专	高级工程师	副经理	
	刘金平	男	大学	会计师	副经理	
	姚　力	男	大专	工程师	副经理　总工程师	
	胡绍海	男	大学	高级工程师	副经理　安监处处长	
	王普选	男	大学	高级工程师	福利厂厂长	
	靳书枕	男	大专	高级工程师	支护器材分公司经理	
	高金良	男	初中		化工分公司经理	
机电总厂	武丕炯	男	大学	高级工程师	党委书记　第一副厂长	2006年3月调离
	赵晓泓	男	党校研究生	高级政工师	党委书记	2006年3月改任
	毛卫清	男	大学	高级工程师	厂　长	

2006年副处级以上干部名录

基　层(续表)

单位	姓　名	性别	学　历	职　称	职　务	备　注
机电总厂	胡全喜	男	大学	高级工程师	党委副书记　纪委书记	
	高贵保	男	大学	高级政工师	副厂长	
	李培基	男	大专	高级经济师	副厂长	
	周成生	男	大专	工程师	副厂长	
	刘石程	男	大学	高级工程师	总工程师	
	曹仁水	男	大专	高级政工师	工会主席	
	瞿鹤龄	男	大学	高级工程师	副厂长　安监处处长	
	吴旭东	男	大学	高级工程师	古交分厂厂长	
水泥厂	徐辅伟	男	大专	政工师	厂　长	
	李乐庭	男	大专	高级政工师	党委书记	
	魏云华	男	大专	经济师	副厂长	
	王晋全	男	研究生	高级经济师	副厂长	
	卢联亭	男	大专	高级政工师	党委副书记　纪委书记　工会主席	
	刘补良	男	大专	工程师	副厂长兼总工程师	
	李　纲	男	大学		副厂长	2006年3月调离
	李　跃	男	大专		副厂长	
化工厂	杨卫东	男	大学	高级工程师	厂　长	
	于有才	男	大专	高级工程师	党总支部书记	
公用事业总公司	任东春	男	大专	高级工程师	党委书记　常务副总经理	
	廖拴柱	男	大学	高级经济师	总经理	
	李晋平	男	大学	高级政工师	党委副书记　工会主席	2006年3月改任调研员
	廉计明	男	大专	高级政工师	党委副书记　纪委书记	2006年3月兼任工会主席
	周小林	男	大学	高级经济师	副总经理　安监处处长	2006年3月免安监处处长
	郭尚田	男	大学	工程师	副总经理	
	刘铁全	男	大学	高级工程师	副总经理　总工程师	2006年3月兼安监处处长
	杜玉顺	男	大专	高级政工师	副总经理　环境治理办公室主任	2006年3月改任调研员
	武凤山	男	大学	高级工程师	副总经理	2006年3月改任
	郭建原	男	大学	工程师	副总经理　环境治理办公室主任	2006年3月提任
	魏贵成	男	大专	政工师	副总经理	

2006年副处级以上干部名录

基　层(续表)

单位	姓 名	性别	学 历	职 称	职 务	备 注
公用事业总公司	张补旺	男	大学	政工师	党政办主任	
	王　军	男	大学	高级政工师	政工部部长	2006年3月任(新提)
	纪浩儒	男	大学	高级工程师	企业管理部部长	2006年3月任(新提)
	刘晋林	男	大专	工程师	生产技术部部长	2006年3月兼任供热公司经理 2006年9月改任供热公司经理
	朱鸿燕	女	大学	会计师	计划财务部部长	
	李　品	男	大专	高级政工师	房地产公司经理	2006年3月调离
	郭　明	男	大学	高级政工师	房地产公司经理	2006年3月提任
	吴高德	男	大专	高级政工师	房地产公司党支部书记	
	祝艳霞	女	大专	会计师	房地产公司副经理	
	郝继红	男	大专	会计师	房地产公司副经理	2006年3月任(新提)
	赵志强	男	大学	高级政工师	林业公司经理	
	翁　飚	男	大专	政工师	林业公司党总支部书记	2006年3月提任
	白瑞生	男	大专	政工师	林业公司副经理	
	范孟师	男	大学	高级工程师	林业公司副经理	
	安志才	男	大专	助理经济师	古交生活服务公司经理	
	段玉清	男	中专	工程师	古交生活服务公司党总支部书记	
	吴国印	男	高中	政工师	古交生活服务公司副经理	
	徐元波	男	大学	高级工程师	古交给排水公司经理	
	李　铭	男	大学	工程师	古交给排水公司党总支部书记	
	贾胜才	男	大学	工程师	古交给排水公司副经理	
	郭平则	男	大专		古交给排水公司副经理	2006年3月任(新提)
	张志伟	男	大专	工程师	西山物业管理公司经理	
	曲先华	男	大专	政工师	西山物业管理公司党总支部书记	2006年3月任(新提)
	王争平	男	大学	经济师	西华苑物业管理公司经理	
	徐　进	男	大专	高级工程师	西华苑物业管理公司党支部书记	
	邬生荣	男	大学	工程师	机关事务管理中心主任	2006年9月兼任党支部书记
	王保民	男	大专	高级政工师	机关事务管理中心党支部书记	2006年9月改任生产技术部部长
	曹惠君	男	大专	技　师	供热公司经理	2006年3月改任调研员
	张建国	男	大专	助理工程师	供热公司党支部书记	2006年3月任(新提)

2006 年副处级以上干部名录

基　层(续表)

单位	姓　名	性别	学　历	职　　称	职　　务	备　注
公用事业总公司	秦怀东	男	大学	高级工程师	自来水公司经理	2006年3月任(新提)
	马进官	男	大专	工程师	后勤维修公司经理	2006年3月改任
	张跃月	女	大学	高级政工师	托幼中心主任	2006年3月任(新提)
	张东升	男	大专	助理政工师	多经公司经理	2006年3月改任
职工总医院	马建民	男	大学	主任医师	院　长	
	陈金成	男	大学	副主任医师	党委书记　第一副院长	
	辛　旻	男	大学	副主任医师	党委副书记　纪委书记　工会主席	
	张建国	男	大学	主任医师	副院长	
	邢景才	女	在职研究生	主任医师	副院长	
	刘培光	男	大学	副主任医师	副院长	
	李万才	男	大学	高级会计师	副院长	
	张新太	男	大学	高级政工师	副院长	
	江岸英	女	大学	主任医师	副院长	2006年10月改任调研员
	窦树峰	男	大学	高级政工师	调研员	2006年3月退休
	李树棠	男	大学	主任医师	调研员	
古交矿区总医院	宗树平	男	大学	主任医师	院　长	
	谷晋才	男	大学	政工师	党委书记	
	黄建华	男	大学	政工师	党委副书记　纪委书记　工会主席	2006年3月调离
	赵兴明	男	大专	主治医师	党委副书记　纪委书记　工会主席	2006年3月任(新提)
	光登云	男	大专	副主任医师	副院长	
	秦　江	男	大学	主任医师	副院长	
	刘改生	男	大学	副主任医师	副院长	
	刘海平	男	大专	主治医师	副院长	
	李秀英	女	大专	高级会计师	副院长	
	靳福祥	男	大学	主任医师	调研员	
教委	曲剑虎	男	大学	高级讲师	主　任	
	程志和	男	大专	高级政工师	党委书记	2006年9月兼任工会主席
	姚世敏	男	大学	中学高级教师	一高校长	
	王　岩	女	大学	高级政工师	一高党支部书记	2006年3月提任

2006年副处级以上干部名录

基　层(续表)

单位	姓　名	性别	学　历	职　称	职　务	备　注
教委	郝永胜	男	大学	中学高级教师	一高副校长	
	杨国银	男	大学	中学高级教师	一高副校长	
	刘乐义	男	大学	中学高级教师	一高副校长	2006年3月任(新提)
	王高升	男	大学	中学高级教师	二高校长	2006年3月提任
	王建福	男	大学	中学高级教师	二高党支部书记	
	张定民	男	大学	中学高级教师	二高副校长	
	任新有	男	大学	中学高级教师	二高副校长	2006年3月任(新提)
	李国强	男	大学	中学高级教师	二高副校长	2006年3月任(新提)
	唐丽达	女	大学	中学高级教师	三高校长	2006年3月提任
	白　强	男	大学	高级讲师	三高党支部书记	2006年3月提任
	王兴如	男	大专	中学高级教师	三高副校长	2006年3月改任
	李志德	男	大学	中学高级教师	三高副校长	2006年3月改任
	马燕芹	女	大学	中学高级教师	三高副校长	2006年3月改任
	朱二忠	男	大学	中学高级教师	三高副校长	2006年3月改任
	刘德荣	男	大学	中学高级教师	二中校长	
	吴吉生	男	大专	中学高级教师	二中党支部书记	
	潘荣庆	男	大学	中学高级教师	三中校长	
	田保生	男	大专	政工师	三中党支部书记	
	高盛德	男	大专	中学高级教师	四中校长	2006年3月任(新提)
	王　凯	男	大学	高级政工师	四中党支部书记	
	杜生奎	男	大学	中学高级教师	五中校长	2006年3月改任
	杨卫东	男	大学	高级政工师	五中党支部书记	
	郝海水	男	大专	中学高级教师	六中校长	
	王海平	男	大专	中学一级教师	六中党支部书记	
	郭子林	男	大学	高级政工师	八中校长	2006年3月改任
	王　平	男	大学	政工师	八中党支部书记	
	王文科	男	大学	中学高级教师	九中校长	
	曲效淳	男	大专	中学高级教师	九中党支部书记	
	刘五生	男	大学	中学高级教师	十中校长	

2006年副处级以上干部名录

基　层(续表)

单位	姓　名	性别	学　历	职　称	职　务	备　注
教委	曹创国	男	大学	中学高级教师	十中党支部书记	
	李水明	男	大学	中学高级教师	十一中校长	
	王育强	男	大学	中学高级教师	十一中党支部书记	2006年3月任(新提)
	许银淦	男	大学	中学高级教师	十二中校长	
	邓　岗	男	大专	高级政工师	十二中党支部书记	
	马　正	男	在职研究生	中学高级教师	十三中校长	
	赵天才	男	大学	中学高级教师	十三中党支部书记	
	田鸿志	男	大学	中学高级教师	调研员	
西山建筑公司	李　品	男	大专	高级政工师	董事　党总支部书记	2006年3月改任
	李　勤	男	大学	高级工程师	董事　总经理 建安(太原)分公司经理	
	王振清	男	大学	政工师	副总经理　建材分公司经理	
	霍成祥	男	大学	高级工程师	副总经理　矿建分公司经理	
	李向阳	男	大专	高级工程师	副总经理	
	王玉平	男	大学	会计师	计财部部长	
	冯乃康	男	大学	高级经济师	综合部部长	2006年3月任(新提)
	赵　飞	男	大专	工程师	矿建分公司党支部书记	
	李成山	男	大学	高级政工师	调研员	
设计院	汪一川	男	大学	高级工程师	院长　执行董事	
	葛捷如	男	大学	高级工程师	副院长	
	赵鸿宇	男	大学	高级工程师	副院长　主任工程师	
	张红卫	男	大学	高级工程师	副院长	
	周恭礼	男	大学	高级工程师	副院长	
	田晋兴	男	大学	高级工程师	调研员	2006年6月退休
	王嘉成	男	大学	高级工程师	调研员	
金信公司	曾希云	男	大学	高级政工师	董事长　党委书记	2006年3月调离
	付汉江	男	大学	高级工程师	董事　总经理	2006年3月改任董事长　总经理
	曾友元	男	大学	高级政工师	副总经理　总经济师	2006年3月提任董事　党委书记
	周成立	男	大学	高级政工师	董事　党委副书记　纪委书记	2006年3月调离
	姚国民	男	大学	高级工程师	副总经理	

2006 年副处级以上干部名录

基 层(续表)

单位	姓 名	性别	学 历	职 称	职 务	备 注
金信公司	白宗江	男	大专	助理政工师	副总经理	
	张志俊	男	大学	高级工程师	总经理助理	2006年 3 月改任调研员
	周均南	男	大专	政工师	董事 工会主席	2006年 3 月改任董事 党委副书记 纪委书记
	唐月亮	男	大学	高级政工师	董事 党委委员 工会主席	2006年 3 月改任
	刘光强	男	大专	高级工程师	总工程师	
	高金玉	男	大专	政工师	副总经理	2006年 3 月任(新提)
	邓建青	男	大学	高级工程师	副总经理	2006年 3 月任(新提)
金城公司	杨贵元	男	大学	高级工程师	董事长 总经理	
	李家旺	男	大专	高级政工师	党委书记 副董事长	
	赵林凤	女	大学	高级政工师	党委副书记 纪委书记	
	闫树东	男	大学	工程师	董事 党委副书记 工会主席	
	薛志光	男	大学	高级工程师	董事 副总经理 党委委员	
	张建国	男	大专	高级工程师	副总经理	
	刘巨善	男	大学	经济师	副总经理	
	李 智	男	大学	高级工程师	副总经理 安监处处长	
	王海中	男	大专	高级工程师	总工程师	
	韩林锁	男	大学	工程师	副总经理	2006年 3 月任(新提)
房地产开发公司	刘 在	男	大学	高级工程师	执行董事 总经理	
	王 宏	男	大学	工程师	副总经理	
兴能发电公司	武华太	男	大学	高级工程师	董事长	2006年 6 月调离
	荣国林	男	大学	工程师	董事长	2006年 6 月改任
	王泽宽	男	大学	高级工程师	副董事长	
	南化森	男	大专	高级政工师	党总支部书记	2006 年 3 月改任党委书记 工会主席
	马万群	男	大专	高级经济师	董事会秘书处处长	2006 年 3 月兼任党委副书记 纪委书记
	王志强	男	大学	高级工程师	副总经理	
	宋立勤	男	大学	高级会计师	总会计师	
	赵巨恒	男	大学	工程师	综合部部长	
	王新奎	男	大学	会计师	财务部部长	
	闫俊伏	男	大学	高级工程师	生产技术部部长	

2006年副处级以上干部名录

基　层(续表)

单位	姓　名	性别	学　历	职　称	职　务	备　注
兴能发电公司	李晓堂	男	大专	高级经济师	供应部部长	
	王亚平	男	大学	高级工程师	供应部副部长	
	孙新平	男	大学	高级经济师	计划部部长	
	宋瑞新	男	大学	高级工程师	工程部副部长	
	王兆庆	男	大专	高级工程师	调研员	
西山热电公司	李　仪	男	大学	高级工程师	董事长	
	张　洪	男	大学	高级工程师	副董事长　总经理　党总支部书记	
	段天生	男	大学	高级政工师	党总支部副书记　工会主席	
	谭海忠	男	大学	工程师	副总经理	
	赵建平	男	大学		副总经理	
	胡振宇	男	大学	会计师	副总经理	
	赵　岩	男	大学	高级工程师	副总经理	
	高练明	男	大学	高级工程师	总工程师	
五麟煤焦公司	薛道成	男	大学	高级工程师	总经理	
	韩冬青	男	大学	高级工程师	董事　常务副总经理　总工程师	
	安跃清	男	大学	高级工程师	副总经理	2006年3月改任党委书记 工会主席
	郭东升	男	大学	中学一级教师	副总经理	
	李家正	男	大学	经济师	计划发展部部长	
	刘俊生	男	大专	会计师	财务部部长	2006年6月任副总经理兼财务部部长
	刘生瑞	男	大学	高级工程师	副总经理	2006年3月兼任纪委书记
	吴　伟	男	大专	工程师	环保部部长	
	张　军	男	中专	工程师	物资供应部部长	
	郭建忠	男	大学	经济师	综合部部长	
	薛建宾	男	大学	工程师	原料部部长	
	鲁建勋	男	大学	工程师	生产部部长	
	周建林	男	大学	政工师	政工部部长	
	宁金松	男	大专	经济师	营销部部长	
	王定平	男	大专	高级工程师	副总经理　交城煤矿筹备处主任	
	黄鸿春	男	大学	高级工程师	交城煤矿筹备处副主任	

2006年副处级以上干部名录

基 层(续表)

单位	姓 名	性别	学 历	职 称	职 务	备 注
五麟煤焦公司	李运杰	男	大学	政工师	交城煤矿筹备处副主任	
	侯振荣	男	大专	工程师	交城煤矿筹备处副主任	
	王常富	男	大专	工程师	交城煤矿筹备处总工程师	
西山晋兴能源公司	李 仪	男	大学	高级工程师	董事长	
	胡文强	男	大学	工程师	副董事长 总经理	2006年3月任党委副书记
	于长龙	男	在职研究生	高级经济师	党总支书记 副总经理	2006年3月任党委书记
	闫福元	男	大专	工程师	副总经理	2006年3月兼任工会主席
	葛进世	男	大专	高级工程师	副总经理	2006年3月兼任纪委书记
	张国祥	男	大学	高级工程师	总工程师	
	雷引民	男	研究生	高级工程师	副总经理 斜沟煤矿矿长 党总支部书记	
	杨晋渊	男	大学	高级工程师	副总经理	2006年12月改任
	田锁柱	男	大学	高级工程师	副总工程师	
	李新淼	男	大学	高级政工师	综合部部长	
	郭晋太	男	大学	高级经济师	规划发展部部长	
	许玉金	男	大学	高级会计师	财务部部长	
	朱国民	男	大学	工程师	矿业部部长	
	管小俊	男	大学	高级工程师	运输部部长	
	蒋宏平	男	大学	高级工程师	安监部部长 斜沟煤矿副矿长 安监处处长	
	王川增	男	大学	高级工程师	斜沟煤矿副矿长 斜沟煤矿选煤厂厂长	
	刘登民	男	大学	高级工程师	斜沟煤矿选煤厂党支部书记	
	白纪凯	男	大专	工程师	斜沟煤矿选煤厂副厂长	
	郭 鸿	男	大学	高级政工师	斜沟煤矿党总支部副书记	2006年9月兼任斜沟煤矿工会主席
	张殿斌	男	大专	工程师	斜沟煤矿副矿长	
	任建峰	男	大学	工程师	斜沟煤矿总工程师	
	郑翀宇	男	大学	高级工程师	斜沟煤矿副矿长	2006年12月任(新提)
矿业公司	杨水龙	男	大学	高级工程师	总经理	
	曾希云	男	大学	高级政工师	党总支部书记 工会主席	2006年3月改任
	秦二荣	男	大学	高级工程师	副总经理	
	王东平	男	大学	工程师	副总经理	

2006 年副处级以上干部名录

基　层(续表)

单位	姓 名	性别	学 历	职　称	职　务	备　注
矿业公司	张士敏	男	大专	政工师	综合部部长	
	郑彦忠	男	大专	工程师	安全监察部部长	
	李　健	男	大学	高级工程师	生产技术部部长	2006年7月调离
	张建云	男	大学	工程师	地质测量部部长	2006年3月调离
	张广辉	男	大学	会计师	财务部部长	
	张　涛	男	大专	经济师	政工部部长	
西曲二矿	孟志明	男	大学	工程师	筹备处主任	
	史太生	男	大学	高级工程师	筹备处副主任	
西曲三矿	亢　波	男	大专	工程师	筹备处主任	
西曲四矿	马光明	男	大学	高级工程师	筹备处主任	
马兰二矿	魏惠平	男	大学	高级工程师	筹备处主任	
	刘晋琦	男	大学	工程师	筹备处副主任	
马兰三矿	王真义	男	大专	工程师	筹备处主任	
	郑四同	男	大学	高级工程师	筹备处副主任	
马兰四矿	白文光	男	大专	助理工程师	筹备处主任	
东曲二矿	刘建虎	男	大专	工程师	筹备处主任	
邓家庄矿	杨润生	男	大学	高级工程师	矿长　党总支部书记	
	乔占明	男	大学	成绩优异的高级工程师	副矿长	
	雷德庆	男	大专	助理政工师	副矿长	
东于矿	李育泉	男	大学	工程师	矿长　党总支部书记	2006年6月提任 2006年7月调离
	牛海林	男	大学	高级工程师	矿长　党总支部书记	2006年7月提任
	杜小明	男	大专	工程师	副矿长	2006年7月任(新提)
	张国际	男	大专	助理工程师	安监副矿长	2006年7月任(新提)
	张利生	男	大学	高级工程师	总工程师	2006年7月任(新提)
	杨　森	男	大学	工程师	副矿长	2006年7月任(新提)
宏景塔一矿	齐淑文	男	大专	助理工程师	副矿长	2006年12月任(新提)
	孙建生	男	大专	工程师	副矿长	2006年12月任(新提)
	张卫斌	男	大学	高级工程师	总工程师　安监处处长	2006年12月任(新提)
	董玉瑞	男	大学	高级工程师	副矿长	2006年12月任(新提)

2006年副处级以上干部名录

基　层（续表）

单位	姓名	性别	学历	职称	职务	备注
西山汾河实业公司	廖拴柱	男	大学	高级经济师	总经理	
	田建国	男	大专	工程师	副总经理	
	张东升	男	大专		副总经理	2006年3月调离
古交水泥公司	武华太	男	大学	高级工程师	董事长	
	徐辅伟	男	大专	政工师	总经理	
	李乐庭	男	大专	高级政工师	常务副总经理	
	刘　杰	男	大学	工程师	副总经理	
	秦光明	男	大专	工程师	党总支部书记　工会主席	
	秦小林	男	大专	工程师	副总经理	
中环公司	张滨梅	女	大学	高级经济师	执行董事　总经理	
	郭淑和	男			副总经理	2006年3月任(新提)
日盛公司	师剑平	男	大学	高级工程师	总经理	
	曲开通	男	大学	工程师	副总经理兼总工程师	
	王振才	男	大学	工程师	副总经理	
	郭利源	女	大学	会计师	总会计师	
捷明经贸公司	苏锡铭	男			执行董事　经理	

历史资料

LISHI ZILIAO

第六次党代会报告

全面加强党的建设　积极推进企业改革
以辉煌成就迎接二十一世纪

——在中国共产党西山矿务局第六次代表大会上的工作报告

杜复新

(1994年12月6日)

各位代表,同志们:

在全党认真贯彻党的十四届四中全会精神,全面加强党的建设,在我局改革不断深化,生产建设稳步发展,在企业面临新的机遇和市场经济严峻考验的形势下,中国共产党西山矿务局第六次代表大会召开了!现在,我代表第五届委员会向大会作报告,请予审议。

这次大会肩负着重要的使命。现在到本世纪末还有六年时间,这六年是承前启后,连接新世纪的六年;是我局适应市场经济要求,转换经营机制,建立现代企业制度的六年;也是决定我局综合实力发生新的飞跃的六年。全局党员和职工都殷切期望我局各级党组织继续成为带领大家完成这一重要使命的坚强的政治核心。

这次大会的任务是:以建设有中国特色社会主义理论为指导,全面贯彻党的十四大和十四届四中全会精神,认真总结第五次党代会以来八年的实践经验,立足我局的实际,按照社会主义市场经济的要求,确定我局今后六年发展的战略目标,动员全局党员和职工,进一步解放思想,振奋精神,加快改革和经济发展的步伐,在社会主义市场经济的竞争中,以辉煌成就迎接二十一世纪。

第一部分　八年实践的基本总结

自一九八六年第五次党代会以来,我们在上级党组织的领导下,坚持党的基本路线,认真加强党的建设,依靠和带领广大党员和职工艰苦奋斗,奋力拼搏,取得了两个文明建设的优异成绩。

一、党的建设的加强,为改革和生产建设提供了强有力的政治保证

党组织紧紧围绕企业的中心工作,坚持不懈地抓好党的思想建设、组织建设和作风建设,为企业的发展提供强有力的政治保证。这是我们八年来在党的建设上的基本做法,也是我们在八年的发展中所得出的基本经验。

回顾我局八年来党的建设,具有五个方面的鲜明特色:

一是在学习建设有中国特色社会主义理论中促进了思想统一。在八年的实践中,我们坚持用党的基本路线和建设有中国特色的社会主义理论武装全体党员和干部,保持了与党中央在思想上、政治上的高度一致。针对改革开放中出现的新情况、新问题,及时提出学习任务和重点,发挥党校和宣传、组织部门等优势,组织集中轮训,对全体党员和干部进行广泛深入的教育。通过学习,使广大党员和干部在大是大非面前保持了清醒的头脑;在市场经济的大潮中,把握了正确的方向;在复杂的社会生活中,保持了党员的本色;在理论与实践的结合中,提高了党员和干部的政治素质、理论修养和政策水平;在两个文明建设的实践中,充分发挥了党员的先锋模范作用。

二是在抵制削弱党的领导的错误思潮中得到了加强。一九八九年以前的几年中,出现了一股削弱党的领导的错误思潮,企业党的领导作用也被严重削弱。面对复杂的情况,局党委始终保持了清醒的头脑,坚持了一切从实际出发、实事求是的思想路线。既大力支持局矿长负责制,积极维护局、矿长的中心地位,又注重发挥各级党组织的政治核心作用,坚守了阵地,稳定了队伍,保证了两个文明建设协调发展。在所谓的"新格局"提出并推行时,局党委没有盲从,而是在行政的积极配合下,改进工作方法，加强党的建设，在全省煤炭系统率先为政工人员评定了职称，解决了待遇问题。党的十三届四中全会后，局党委立即召开了五届三次全委扩大会议，对我局党的建设作了全面部署，制定了《关于加强党的建设的若干意见》等一系列文件，明确了党组织的地位、作用以及对工青妇等群众组织的领导关系。八年来，认真贯彻执行民主集中制的原则，加强集体领导，健全党内政治生活制度，巩固了党的组织，壮大了党员队伍，基本实现了干部队伍和各级领导班子的革命化、年轻化、知识化、专业化。特别是今年以来，我局严格按照“四化”方针和德才兼备的原则，把113名跨世纪的干部提拔到领导岗位上。这一系列卓有成效的工作，使我局党的建设进一步加强。

三是在反对自由化、反对政治动乱的斗争中经受了考验。八六年底和八七年初，资产阶级自由化思潮又一次泛滥，严重阻碍了改革开放的发展。面对这股否定社会主义制度、否定党的领导，主张资本主义制度的反动思潮，局党委旗帜鲜明、立场坚定地领导和组织了我局反对自由化的斗争。八七年四月初，局党委召开了五届二次全委扩大会议，把这场贯穿改革全过程的斗争作为长期重要的任务，贯彻在各项工作中，组织全体党员认真学习，提高认识，增强自觉性，强化党性观念，巩固和发展了我局安定团结的政治局面，迎来了生产建设的发展。一九八九年的那场政治风波也严重地波及我局。面对这场严峻的政治斗争，全局各级党组织带领广大党员和职工，自觉地和党中央保持高度一致，旗帜鲜明地反对动乱，理直气壮地搞好生产，坚决地抵制了一切社会干扰，使动乱期间的四至六月份生产建设出现了前所未有的喜人局面，各项经济技术指标均创历史最好水平，为省城的稳定作出了贡献。在复杂的形势面前，我局各级党组织、党员干部经受住了严峻的政治考验。

四是在反腐倡廉、密切联系群众中推进了党风建设。八年来，我们始终把搞好党风建设、树立党的形象作为党建工作的主要内容来抓，收到了比较好的效果。加强廉政建设，纠正了一系列不正之风；建立和完善了党内、党外和自上而下、自下而上的监督制度；基本处理和解决了群众举报和来信来访的问题，查处了一批违法违纪的案件，并对群众反映强烈的案件公布了处理结果；改进领导作风和工作作风，较好地克服了官僚主义、主观主义和形式主义，大多数领导干部能够诚心诚意地倾听群众意见和建议，能坚持深入基层，深入群众，实实在在地解决群众普遍关心的问题。同时，我们还通过党的统战工作和工、青、妇、科协等群众组织开展各项活动，疏通和拓宽了与职工群众联系的渠道。由于我们扎扎实实的工作，获得了广大职工的信任、理解和支持。

五是在改革的实践中创造性发展。改革的纵深发展，不能不引起党建内容的变化，而党建内容的变化势必引起党建工作形式的革新。因此，“区、站、网”活动这种加强基层党的建设的新形式就应运而生了。这一形式，具有鲜明的时代特色。它制约度高，为党的活动提供了保证机制；覆盖面广，使党组织的作用渗透到企业的各个方面；实践性强，增强了基层党组织的活力；感召力大，进一步密切了党群关系，发挥了政治核心作用。正因为这样，这一来自煤矿最基层的经验，才在全国产生轰动效应，受到省、部和中央领导的充分肯定。我们认为，这一活动的实质和意义并不在于它的形式本身，而在于通过这种形式把党的建设同改革和经济建设有机地结合起来，切实把新形势下我局党的建设推向了一个新阶段。

二、精神文明建设的长足发展，为改革和建设提供了强有力的精神动力和智力支持

以马克思主义为指导的社会主义精神文明，是社会主义社会的重要特征。八年来，我们坚持“两手抓、两手都要硬”的方针，从保证改革和生产建设的高度，不断加强精神文明建设。相继制定了矿区精神文明建设“七五”、“八五”规划，并认真落实。坚持以培养和造就“四有”职工队伍为根本任务，以思想道德建设为重点，以环境建设为突破口，以创建社会主义文明矿区为目标，坚持重在建设的原则，取得了显著成绩。一九八七年以来，我局连续被评为太原市、山西省“思想政治工作优秀企业”，一九九一年跨入全国煤炭系统“思想政治工作优秀企业”行列。在科技进步方面，引进了一批新技术，完成科研推广项目652项。职工教育连年获得省、市“职工教育先进单位”。普通教育成绩喜人，全局中小学、职业高中教学质量逐年提高，毕业合格率、升学率连续七年超过太原市平均水平，进入了全市先进行列。文化体育设施得到显著改善，矿区面貌发生了较大变化，绿化覆盖率达到25.4%，11个单位建成“太原市园林化单位”；普法教育和社会治安综合治理，被评为全国煤炭系统及省市先进单位。计划生育一直是省市的先进单位。老干部工作、人防、武装工作都分别获得了省市和全国的先进称号。

——精神文明建设为企业的发展注入了强大的精神动力。在八年的精神文明建设中,我们始终把思想道德建设放在首位，以科学的理论武装职工,以高尚的精神激励职工。八年来,面对加大改革力度和建立社会主义市场经济体制的新形势,我们紧密结合职工不同时期的思想特点,相继开展了坚持四项基本原则、反对资产阶级自由化的正面教育；开展了以坚定社会主义信念为主题的形势教育;开展了以“爱矿山、做主人、献身煤炭事业”为基本内容的理想教育;开展了党的基本路线和基本国情的“双基”教育;开展了“团结、奉献、求实、进取”的企业精神教育。围绕全局不同时期的中心工作,在生产一线开展了“爱岗达标”、“立功创模”、“六好”区队建设等活动;在科技人员中开展了“讲理想、比贡献”活动;在后勤服务系统开展了“十大窗口”、“八大员”优质服务竞赛。这些行之有效的活动,有利于广大职工树立正确的理想、信念、价值观和人生观，从而焕发出了高涨的社会主义劳动热情,为我局的发展作出了贡献。

——精神文明建设为生产建设提供了巨大的智力支持。八年来,我们始终把教育的发展作为一项战略任务来抓,重点解决了职工教育基地、师资、经费问题。充分发挥各级培训基地的作用,采取多种形式,培训职工队伍,培养出了4000余名大中专毕业生和一大批生产技术骨干,提高了职工队伍的整体素质,适应了现代化生产的需要。普通教育的快速发展,为我局、为社会培养输送了一批现代化建设的后备人才。

——精神文明建设为增强企业凝聚力、向心力奠定了坚实的群众基础。八年来,我们始终坚持办实事、求实效,不断满足广大职工日益增长的物质文化生活需要。在发展生产、提高效益的基础上,增加了职工收入,改善了职工的生活和工作条件。加快建设文化体育设施,安装了闭路电视,兴建和改建了九个俱乐部、两座体育场,建成了局文体活动室等一批文化设施。在经常开展各类文体活动的基础上，从一九八七年开始的文化艺术系列活动,使矿区职工的文化生活更加丰富多彩。职工生活条件的改善和水平的提高,使我们企业的凝聚力、吸引力进一步增强。

——精神文明建设为企业改革的深化创造了良好的社会环境。改革是企业发展的必由之路,而改革必须在稳定有序的环境中进行。八年中,我们立足于保证企业深化改革,加强法制建设,提高了广大职工的法律意识,增强了职工遵纪守法、依法办事的自觉性。我们组织广大干部职工深入学习宪法和有关法律知识。坚持学用结合的原则,依法治矿。充分发挥法律顾问和律师在全局经济工作中的作用,开展“重合同、守信用”活动,依法维护企业合法权益。努力创建“治安安全单位”,加强矿区社会治安综合治理，依法严厉打击严重刑事犯罪活动,做好处置突发性事件的工作,保护广大职工群众人身财产安全,维护了矿区安定团结的政治局面。

八年来在精神文明建设与改革和生产建设的互为发展中，熔炼出了我局独具一格的企业精神,这就是“团结、奉献、求实、进取”。它是我们煤矿职工优良品质的真实反映,是我局十万职工精神风貌的基本概括和高度升华。今年二月,江泽民总书记来我局视察，亲笔为我们题写了我局的企业精神,并给予了高度评价。这一企业精神像一面旗帜,无论过去、现在、还是将来,都将召唤和凝聚全局职工在改革和现代化建设的征途上阔步迈进!

三、改革的深化,加快了企业经营机制转换的步伐,促进了生产建设的发展

八年来，为了适应社会主义市场经济的要求,我们坚持以提高企业经济效益为中心，解放思想,实事求是,实现了第五次党代会提出的企业改革要重点突破,全面铺开,整体推进,纵深发展,得失兼顾,积极稳妥的战略设想。

——进行企业领导体制改革，进一步发挥了党、政、工三方面的作用。按照局第五次党代会的部署,我们于一九八六年十月在全省煤炭系统率先推行了局、矿长负责制,配套实行了局、矿长任期目标责任制。同时坚持职工代表大会制度,全心全意依靠工人阶级,基本理顺了企业党、政、工三方面的关系,形成了企业内部职责分明、团结合作、相互制约的机制。

——进行经营方式的改革,为企业走向市场创造了有利条件。在国家由计划经济向社会主义市场经济转变的过程中,我们充分利用国家搞活国有大中型企业和煤炭部对我局实行总承包的各项政策,结合我局实际,对下属单位实行了多种形式的承包经营责任制。扩大了下属单位的经营自主权,并对一些单位实行了放开经营,模拟法人运转。这些改革改变了传统的管理模式，打破了局内的“大锅饭”,形成了以经济效益为中心,责权利相结合的管理机制。

——进行企业内部组织机构的改革，为管理科学化提供了组织保证。我们本着精干、效能、机关管理与经营职责分开的原则，精简整顿了局和下属单位两级机关。生产矿实行了矿队二级管理，减少了管理层次。推行了生产、生产服务、生活服务三条线管理。生产服务方面，先后成立了供应公司、煤炭运销公司等。生活服务方面，局和下属单位成立了生活服务公司，实行承包经营。生产服务和生活服务向社会化迈出了重要一步。

——进行干部人事和劳动用工制度的改革，在企业改革的难点和重点上实现了突破。在干部人事方面，注重从工人中选拔干部，实行了干部聘任制、聘用制和试用期制度，初步建立起了干部能上能下的机制。在劳动用工方面，采用农民轮换工、农民合同制工等多种用工形式，促进了老矿人员和基建人员向新矿井的分流，原煤人员向多经三产的分流。八年来，在新投产了三个矿、四个厂和古交矿区配套项目的情况下，全局职工总数控制在了一九八六年的水平。在工资分配方面，局对下属单位实行效益型结构工资制，体现了效益、效率优先的原则；对职工个人的分配，实行计件工资制、以量计资、以量计奖、岗位技能工资制，合理拉开了井下职工与地面职工的收入档次。分配制度的改革，既坚持了按劳分配，又兼顾了公平与效率。

——进行煤炭生产方式的改革，进一步解放了生产力。八年来，我们坚持走依靠科技进步、大力发展机械化的路子，不断提高装备水平，形成了综采、高档并重的采煤机械化格局，在推广应用新技术、新工艺的基础上，推行了集约化管理和合理集中生产，建设高产高效工作面，实现了减队减面，提高了单产单进和全员效率。

——进行产业结构的调整，实现了生产格局的初步转变。八年来，我们始终把调整产业结构作为一件大事来抓。贯彻局第五次党代会提出的以煤为主、多种经营的方针，把多种经营第三产业提高到与生产建设并重的战略地位上。特别是一九九二年五月朱镕基副总理来我局视察，指出煤矿最大的潜力就是减人提效，发展多种经营第三产业。为认真贯彻这一指示精神，局党委召开了五届六次全委扩大会议。这是我局调整产业结构、调整生产格局的一次十分重要的会议。从此我局的多种经营第三产业出现了一个新的飞跃。一九九三年全局通过企业自筹、职工集资、银行贷款等形式筹集资金1.3亿元，新上项目200多个，全年完成产值3.2亿元，占全局煤炭产值的31%。煤炭部把我局列入了发展多经三产的重点局。

——进行煤炭产品结构的调整，增强了市场竞争能力。针对运力严重不足的问题，抓住运销龙头，坚持以运定产，以销定产。根据市场需求调整原煤、精煤产品结构，压缩了贫瘦煤产量，增加了焦肥煤产量；重点保证洗精煤生产，扩大入洗原煤比重，增加了精煤产量。全局精煤产量由一九八六年的201万吨提高到今年的520万吨，入洗原煤比重由27%提高到60%，提高了33个百分点。通过优化产品结构和搞活营销，增强了市场竞争能力。

——进行住房、医疗、劳动保险制度的改革，为解决企业办社会的负担做了有益的尝试。在住房制度方面，先后实行提租补贴、集资建房、有偿分配及实施建房互助金、公房出售等改革，增加了建房资金，加快了住房建设速度，使企业住房向商品化、社会化迈出了较大步伐。在医疗方面，实行了企业、职工合理分担医疗费用的办法。在劳动保险方面，从九二年开始建立了职工养老保险统筹制度。这些改革为建立社会保障体系做了初步准备。

八年来，在新旧体制更替的过程中，我们靠改革求生存、求发展，克服了诸多困难，经受了市场经济的严峻考验，取得了显著成果。

煤炭生产稳步发展，实现了减人提效。八年共生产原煤11973万吨，生产精煤2613万吨。今年1~11月份原煤全员效率达到了3吨/工，比一九八六年翻了一番。

完成了煤炭部下达的盈亏包干指标，企业自我发展的能力明显增强。通过深入持久地开展双增双节运动，消化了大量政策性增支因素，八年共上交国家利税72478万元，企业使用自有资金24.2亿元。

矿区建设迈出新的步伐。八年共完成国家基本建设投资32亿元，其中古交矿区完成投资28.3亿元。先后建成投产了镇城底、马兰、东曲三对矿井，增加生产能力950万吨；建成投产了西曲、镇城底、马兰和东曲四座矿井选煤厂，增加原煤入洗能力1250万吨；并建成了煤气化公司、第二医院等一批矿区配套项目。一个新型的现代化矿区基本建成。前山矿区完成了杜儿坪矿改扩建、太原选煤厂矸石发电厂、化工厂、体育馆等重大项目，进行了西铭矿改扩建。全局固定资产总值达到38.8亿元，八年新增固定资产26.5亿元。

安全状况大为好转，创建局以来最好水平。百万吨死亡率一九八六年降到2以下,一九八九年降到1以下,一九九二年降到了0.5以下,连续三年杜绝了多人事故。

多种经营第三产业得到了长足发展。生产经营总额由一九八六年的6561万元提高到今年的4亿元,多经公司安置转岗人员和待业青年4900人。

职工的物质文化生活水平有了较大提高。一九九四年全局职工人均收入预计可达到5800元,比一九八六年提高2.4倍。八年共新建职工住宅68万平方米,职工住房紧张的状况得到了缓解。

一九八九年两化建设一步到位,建成了质量标准化和现代化矿务局,进入了国家二级企业行列。

我们这些成绩的取得,是山西省、煤炭部、省煤管局、太原市等上级领导和部门关怀、支持的结果,是由于我局历届老领导奠定了一个好的基础,是全局各级干部和共产党员、职工共同努力的结果。今天,省委胡书记、市委王书记、赵书记等领导亲临大会,给我们做了重要讲话。煤炭部党组发来了贺电。在这里,我代表局党委,向各位上级领导、局老领导、全局共产党员和职工,表示深深的敬意和衷心的感谢!

回顾八年来的工作,也还有许多不足的地方。一些基层党组织战斗堡垒作用和党员先锋模范作用还发挥得不够;一些单位党组织的工作方法、活动方式与市场经济还不相适应;精神文明建设在全局发展还不够平衡;一些单位的思想政治工作还比较薄弱;整个企业的管理水平和职工素质还有待进一步提高;在职工物质文化生活方面还欠账较多。但总的来说,大家都公认的一个基本事实是,这八年是我局在改革中承受着各种压力稳步发展的八年,是职工收益提高最快的八年,也是我局为煤炭事业的发展做出重大贡献的八年!

第二部分　今后六年改革和发展的主要任务

改革和发展的实践使我们对国有大型企业改革、发展的方向和目标越来越明确,这就是坚定不移地走向市场,并建立与之相适应的现代企业制度,最大限度地提高企业生产力,发挥国有大型企业在国民经济中的重要作用。

基于这一认识,把我局到二〇〇〇年两个文明建设的奋斗目标确定为:

原煤产量达到2000万吨,精煤产量800万吨;

原煤全员效率5吨/工;

销售收入30亿元;

实现利税5亿元;

多经三产从业人员达到5万人,生产经营总额达到15亿元,利税达到1.5亿元,六年安置转岗人员和待业青年2万人;

百万吨死亡率稳定在0.5以下;

职工人均收入达到10000元;

建成投产屯兰矿和矿井选煤厂,完成西铭矿改扩建及矿区配套项目;

六年新建职工住宅75万平方米,达到人均使用面积9平方米的小康水平。

精神文明建设再上一个新台阶,培养造就一支有理想、有道德、有文化、有纪律的特别能战斗的职工队伍;进入全国思想政治工作优秀企业行列;建成社会主义现代化文明矿区。

实现以上目标,我局的现代化程度将大大提高,产业、产品结构更加合理,经济实力更为雄厚,竞争能力更加强大,职工的物质生活水平显著提高,矿区公用福利设施明显改善,原煤产量将居全国第二位,精煤产量居第一位,成为全国最大的炼焦煤基地,我局将以全新的现代化集团公司雄居社会主义市场。

今后六年我局的指导思想是:坚持建设有中国特色社会主义理论,坚持党的基本路线,以加强党的建设和精神文明建设为保证,围绕建立现代企业制度,积极稳妥地推进改革,加大产业、产品结构调整的力度,大力发展多种经营第三产业,把我局建成以煤为本、多种经营、各业并举、综合发展的现代化大型企业集团。

为实现上述目标,我们要完成以下十项任务。

第一,面向社会主义市场,加快改革步伐

今后的六年,是我局进一步转换经营机制,增强企业活力,建立现代企业制度,稳步走向市场的六年。由此引起的将是一场深刻的变革,将是企业在社会经济生活中一次大的飞跃。因此,我们不能不在深化改革中寻找出路,不能不把改革作为今后六年我局发展的主体工程。

第五届委员会全面分析了我局面临的形势和任务,一致认为,今后六年应以建立现代企业制度为目标,以转换经营机制为重点,继续紧紧抓住关系全局发展和稳定的重大问题,通过深化改革,解决企业在市场竞争中的一系列深层次问题。改革的内容主要集中在:领导体制和组织体制的改革;产权关系和经营方式的改革；经济结构、产业结构和产品结构的改革；干部人事、劳动用工和分配制度的改革；企业职工社会保障体系的改革。

这一系列改革，必须坚持企业的社会主义方向；坚持按劳分配为主的原则；坚持以提高企业经济效益为中心的原则；坚持实事求是的原则；坚持在稳定中改革，在改革中发展的原则，正确处理好改革、发展、稳定三者的关系，做到互相促进，协调发展。

改革的深化需要人们解放思想，创造新的舆论环境，树立新的价值观念。只有这样，才能增强人们对改革的承受能力，激发人们在改革中的创造力，从而理解改革，支持改革，参与改革，推进改革。

第二，适应现代企业制度，逐步组建企业集团

建立现代企业制度是适应社会化大生产和社会主义市场经济的必然要求。根据煤炭部的要求和我局的实际情况，在今后几年中，我局将基本建成现代化的大型煤炭企业集团。这一模式大体为：以矿区为单元，以产权联结为主要纽带，以煤炭生产和加工为核心，联合各种不同所有制、不同投资渠道的企业，逐步组建成以煤为本、多种经营、跨地区、跨行业的企业集团。

组建企业集团的基本思路是：对煤炭生产、加工单位模拟法人运转，使其享有相应的权力和责任。把基建单位和为生产、生活服务的单位逐步分离为独立的法人企业，实行自主经营、自负盈亏。形成生产、生产服务和生活服务三条线运行模式。多经三产单位要加快步伐，走向市场。同时，通过对外控股、参股、兼并、联营等途径，把一些不同所有制、不同投资渠道的企业吸引、联合到企业集团中来。

组建企业集团不是简单的划分和组合，而是企业内部结构和管理模式的重大改革，也是一项十分复杂的系统工程。我们从现在起就要积极创造条件，分步骤、分阶段、分部门、分行业，先易后难，稳步推行，到本世纪末把我局基本建成一个符合现代企业制度的大型煤炭联合企业集团。

第三，大力发展多种经营第三产业，实现产业结构的重大调整

大力发展多经三产是我局发展的一项重大战略措施。对我局调整产业结构、适应市场经济，对深化企业改革、转换经营机制，对分流转岗人员、安置待业青年，对企业的生存和发展意义十分重大。

我局多经三产的发展要致力于建设“5551515”工程。即五年投资5亿元，到一九九九年从业人员达到5万人，生产经营总额达到15亿元，利税达到1.5亿元。到二〇〇〇年多经三产与煤炭生产大体上形成1：1的格局。

发展多经三产的基本思路是：适应社会主义市场经济，结合企业产业产品结构调整，坚持安置和效益并重，既要根据现有场地、设施、设备、技术和人才条件，兴办投资少、见效快、效益好的项目，更要注重发展外向型和高新技术产业，企业要上规模、上档次、上管理。全局多经三产要向多产业、多产品、多层次、跨地区、跨行业、供产销一条龙、科工贸一体化、整体协调的集团型目标发展。

根据前后山不同条件，前山矿区的发展方向是：以煤为本，多种经营；依托城市，发展三产；减人提效，走向市场。古交矿区的发展方向是：以煤为主，深度加工；精焦电化，综合发展；高产高效，占领市场。

今后几年中，我局的多经三产要基本形成煤炭深加工、机械加工、建材、饮食、化工五大主要产品系列，建成新技术产业区、老矿综合发展区、古交焦化铁电和汾河农副业四大基地。

我局发展多经三产的潜力很大，前景广阔。我们在指导思想上要把多经三产与煤炭生产放在并重的位置上；在项目开发上，要加强领导，充实开发力量，健全信息体系，拓宽开发渠道，重点要发展外向型和高新技术项目，到本世纪末外向型产值要占到60%，技术含量高的产值占到30%以上；在资金筹措上，要采取自筹、银行贷款、合资联营和引进外资等多种形式，增加投入，保证全局多经三产的快速发展；在经营方式上，对新办厂点要实行新机制、新模式，对现有部分厂点要逐步改造成股份制、股份合作制、公有私营、租赁制等，以增强竞争能力；要选拔精兵强将充实到多经三产岗位上，还要逐步建立起与多经三产发展相适应的管理体制。

第四，依靠技术进步，实现高产高效

依靠技术进步，实现高产高效，对提高企业素质，提高效益，增强竞争能力，促进产业结构的调整都有十分重要的意义。因此，它是我局今后发展煤炭生产的主攻方向。

高产高效是实现煤炭生产现代化的客观要求。煤炭生产要根据我局地质和煤层赋存条件，积极推广应用大容量采掘设备，采用引进先进的支护方式，应用先进的物探技术，改进探测方法，提高辅助运输能力和技术水平，为实现高产高效创造条件。

建设高产高效矿井要根据各矿的不同条件，要有计划、有重点、有步骤地进行。条件基本具备的西铭矿、西曲矿、镇城底矿明年要全面推开，九六年建成；官地矿、杜儿坪矿到九七年建成；马兰矿、东曲矿到二〇〇〇年建成；屯兰矿要按照高产高效矿井标准进行建设，一投产就要达到高产高效。到本世纪末我局的主要生产矿全部实现高产高效，全局原煤人员减少30%，全员效率提高70%。

精煤生产不仅关系到煤炭产品结构的调整，而且也是我局提高经济效益的关键所在。精煤生产也要走高产高效的路子。今后几年，要千方百计筹措资金，对现有选煤厂进行技术改造。提高装备水平，改进生产工艺，提高精煤产量和质量。洗煤回收率提高4~8%，精煤灰分、水分力争降到8%以下，硫分降到0.8%以下，使精煤产品达到国际标准，早日进入国际市场。同时要抓好在建选煤厂的投产和新建选煤厂的达产。积极创造条件新建选煤厂，增加动力煤入洗量。到二〇〇〇年，全局入洗原煤比重由现在的60%提高到75%以上。

第五，深化基建改革，搞好矿区建设

在我局生产建设的飞速发展中，各施工单位都做出了重大贡献。由于古交矿区重点建设项目接近尾声，前山改扩建不可能再有大的步伐，基建任务将相应大幅度减少。基建单位多，局内施工任务少，今后基建单位面临的困难更大，深化基建改革势在必行。

基建系统要适应市场经济的要求，精干队伍，控制总量，转产分流，发展第三产业；要加快组建和培养自己的施工队伍，提高技术素质，减少使用外包工；要走集团化公司的路子，组建各专业公司，对内统一管理，对外承揽工程，发挥整体优势；要继续在强化施工管理、提高工程质量、降低造价、缩短工期上下工夫，树立良好的企业形象，提高企业的竞争能力。

今后六年，我局基本建设的主要任务是根据全局长远规划，保证和服务煤炭生产、加工和产业结构的调整，加快新井和选煤厂建设，搞好老矿技术改造，搞好三产项目和矿区配套设施建设。重点是：加快屯兰矿井和选煤厂的建设，一九九六年同步投产，并组织好古交工程处的转产工作。抓好西铭矿改扩建项目和杜儿坪矿、官地矿开拓延深工程。同时抓好住宅、供水、供热、供汽、供电、道路、通讯、文化、教育、卫生和环保等一批重点配套设施建设，把我局建成一个现代化的文明矿区。

第六，抓管理上装备，实现安全状况的根本好转

安全生产始终是我们的头等大事。要贯彻“安全第一、预防为主、综合治理、总体推进”的方针，在提高安全装备水平的同时，重点抓好安全管理和提高人的素质。

强化安全管理是实现安全生产的基础。要坚持党政工团齐抓共管，进行全方位、全部门、全员、全过程的安全管理，全面贯彻落实有关安全文件精神，突出抓好现场管理和质量标准化工作。加强业务保安和安全基础工作，落实好各级领导安全生产责任制，严格岗位安全技术操作标准，强化安全监督检查工作，实现安全管理规范化、系统化、法制化、科学化。

改善安全设施、提高装备水平是实现安全生产的重要手段。在资金投入上，要优先保证安全生产所需的资金，从根本上改善安全生产条件。

搞好职工培训，提高全员素质是实现安全生产的关键。企业用工制度改革后，生产一线新工人多，合同制工、轮换工多，职工的流动性大，使职工教育、安全技术培训显得尤为重要。今后几年，我们要充分利用现有的培训基地，有计划、有重点地搞好局、矿、队三级安全培训，特别要重视抓好一线职工、特殊工种、特殊岗位人员和基层管理人员的培训。要注重培训实效，切实提高职工自主保安能力，实现安全的稳定好转，再创安全生产新水平。

第七，深化人事、用工、分配制度改革，逐步完善岗位竞争和激励机制

企业干部人事、劳动用工、工资分配制度改革，是企业改革的重点和难点。其改革的目的是建立企业干部能上能下、职工能进能出、工资能高能低的机制。它是企业转换经营机制、调整组织机构、建立现代企业制度的重要环节，今后要继续深化和全面推进。

干部人事制度改革方面，要加快干部选拔任用制度的改革，扩大民主，完善考核，加强监督，逐步形成优秀人才脱颖而出、富有生机与活力的用人机制。要逐步取消企业管理人员的行政干部身份，打破不同所有制员工之间的身份界限，使企业职工身份平等，公平竞争。要按照精简、效能的原则，精简整顿局矿机关，实行定岗定编定员，部分管理人员要分流转岗，充实和加强多经三产。

劳动用工改革方面，要积极推行全员劳动合同制，逐步建立企业和职工双向选择的用工制度。局对下属单位实行用工总量控制，促进人员分流转岗，实现企业职工总数的逐年相对减少。

工资分配方面，坚持分配与效率、效益挂钩，向苦脏累险和技术高、责任重的岗位倾斜。局对下属单位的分配，重点考核经济效益。对职工个人的分配要引入竞争机制，打破平均主义。要进一步完善岗位技能工资制和其他行之有效的分配办法，真正建立起适应企业特点的工资分配制度和工资增长机制。

积极推进企业保障体系的改革。按照国家、企业和职工个人合理分担的原则，在实行职工养老保险基金统筹的基础上，逐步建立井下职工安全劳动保险、工伤保险、安全事故保险、待业保险和医疗保险制度。

第八，以提高经济效益为中心，努力建立系统科学的管理体制

科学管理是现代企业的重要特征和必然要求。目的是依靠科技和制度的力量，极大地提高企业内部各类资源的最大配置效益。因此，实现管理的系统化、科学化是我们今后的一项重要目标。

集约化管理是对传统的生产方式、生产工艺的重大改革，是优化生产要素、实现高产高效的科学管理手段。要根据我局实际情况，进一步推行和深化集约化管理，实现少投入，多产出。

市场营销已成为企业管理的中心环节。我们一定要坚持以运销为龙头，根据市场情况，积极制定和调整营销策略，强化营销手段，优化销售结构。加强与电厂、钢厂等用煤大户的联系，建立稳固的供货关系，拓宽市场领域，提高市场占有率，努力向国际市场迈进。目前的重点是加强路矿协作，努力增加运量，千方百计加快货款回收。

产品质量不仅直接关系到企业的经济效益，而且关系到企业的信誉和市场竞争能力。我们要从技术和管理工作入手，全方位、全过程地抓好产品质量，提高企业信誉。

资金紧张的状况在今后几年仍然存在。因此，要注重资金使用效果，坚持量入为出的原则。合理安排和使用好有限的资金，既要保证安全生产、设备更新和职工生活，又要集中用于生产建设的重点项目。要紧缩各种开支，节约费用，堵塞漏洞，深入持久地开展群众性的双增双节运动。

要努力建立健全一整套系统、科学的规章制度，建立不断提高劳动生产率、不断追求科技进步的机制，更大地发展企业的生产力。

第九，加快矿区生活设施建设，不断提高职工物质文化生活水平

在发展生产和提高效益的基础上，要围绕建设现代化文明矿区，服务生产建设和职工生活，不断提高生活后勤系统的整体服务功能和质量。

加快生活福利设施建设，重点抓好关系职工切身利益的住宅、供水、供热、煤气四项建设。要加快住宅建设速度，力争每年竣工12万～13万平方米，用六年时间，基本解决职工的住房问题。同时要实行住房建设开发、分配和经营服务一条龙管理，逐步实现住房商品化、社会化。供水方面，古交矿区要充分利用现有水源，搞好配套工程建设，加强用水管理；前山矿区要加快水源开发，更新改造供水设施，解决矿区水源不足、用水紧张的问题，到本世末日供水能力达到6.5万吨，保证一日三供水。采暖供热方面，要增加供热能力，有计划地改造现有锅炉房和管网，逐步实现分区集中供热，彻底改变矿区供热状况。煤气方面，完成杜儿坪矿瓦斯利用项目，新建液化气储存站，六年新增煤气用户2万户，其中液化气用户1万户，使全局职工家庭基本使用煤气。同时要抓好两堂一舍等公用福利设施和文体娱乐设施建设。

在医疗方面，重点要在管理、技术、服务上下工夫，搞好医疗卫生系统自身建设。矿务局要增加投资，改善医疗设施，提高医疗装备水平。各医院要全部建成等级医院。局医院、二院要建成全局的医疗、科研、技术中心，新建疾病预防中心，形成全局的医疗、预防网络。

第十，加强精神文明建设，促进改革和生产建设不断发展

精神文明要适应社会主义市场经济体制的需要，以培养和造就一支特别能战斗的“四有”职工队伍为根本任务，以促进企业改革、发展和稳定为根本目标，为实现全局各项奋斗目标创造良好的思想政治条件和社会舆论环境。

不断加强和改进企业思想政治工作，是全局精神文明建设的首要任务。要继续组织广大职工，特别是党员领导干部，认真学习邓小平建设有中国特色社会主义理论，引导全体职工自觉地投入到企业改革实践中来。以青少年为重点，积极组织实施爱国主义教育活动，增强职工群众的民族自尊心和责任感。围绕全局中心工作，开展好生产建设及企业改革中的思想政治教育，调动职工群众的积极性。搞好理论研讨，宣传推广研究成果。办好广播、电视和报纸，坚持正确的舆论导向，为深化改革开道，为两个文明建设鼓劲。

职业道德建设是企业精神文明建设的有机组成部分，是强化基础管理、提高职工素质的有效手段。“团结、奉献、求实、进取”是我局的企业精神，也是对全局职工职业道德的基本要求。我们要深入宣传这一精神，使之真正成为广大职工自觉遵守的行为规范。充分发挥榜样的作用，大力宣传表彰各条战线上的英雄模范人物，弘扬新时期的创业精神。“六好”区队建设是夯实企业基础管理的重要举措，要坚持重在建设的原则，搞好班组建设，提高创建水平，长期不懈地开展下去，使我局进入全煤系统“六好”区队建设先进行列。

科技教育文化事业的发展，在精神文明建设中，占有十分重要的地位。要围绕生产建设的难题，大搞科研攻关，积极引进和推广新技术，向技术进步要效益。加强岗位和技能培训，搞好科技人员继续教育，提高职工队伍文化技术素质。重视普及九年制义务教育和高中教育，不断完善教学设施，改善学校育人环境，进一步强化教育教学管理，提高教育质量，再创新的水平。要重视发展高中阶段的职业技术教育，培养适应煤矿现代化生产建设的后备力量。继续加强企业文化建设，健全文化设施，在开展经常性活动的同时，每两年举办一次全局的文化艺术节，活跃矿区职工文化生活。

切实加强企业民主法制建设，增强职工法律意识，实现依法治矿，是精神文明建设的又一项重要内容。要不断加强对广大干部职工的法制教育，特别是要抓好有关市场经济法律知识的学习与宣传，依法维护企业的合法权益，用法律武器为企业改革和生产建设保驾护航。继续深入开展“重合同、守信用”活动，依法健全和完善企业内部的各项规章制度。大力加强矿区社会治安综合治理，形成群防群治网络，大力表彰见义勇为先进典型。广泛深入地开展创建治安安全单位活动，为改革发展创造良好的环境。

加强环境建设，美化矿区面貌，为职工创造舒适优美的工作、生活环境，是我局精神文明建设的突破口和基础工程。在环境建设中，要坚持综合治理的原则，采取措施确保重点工程，坚持环保“三同时”，提高“三废”处理率和达标排放率，把环境保护和煤炭生产统一起来。坚决拆除矿区违章建筑，整顿和治理集贸市场，彻底清除群众反映强烈、严重影响矿容矿貌的环卫死角。积极防治、控制各种流行病、传染病。继续搞好绿化美化，抓好小区环境建设，使全局绿化覆盖率达到30%，把我局建成园林化矿务局。

切实重视和抓好计划生育工作，加强对流动人员的计划生育管理，实现四率标准。人防、武装部门，都要围绕我局的中心任务做好自己的工作。

改革的深化和生产建设的发展，推动着人们的思想空前解放，焕发出自强不息，奋力拼搏的精神，同时也给精神文明建设提出许多新内容、新课题。各级党组织要进一步加强对精神文明建设的领导，及时发现、研究并创造性地解决广大职工在实践中出现的新情况、新问题，不断充实精神文明建设内容，不断改善工作方式，切实使我局精神文明建设再上一个新水平。

第三部分　全面加强党的建设
确保我局奋斗目标实现

为了顺利推进改革，实现我局宏伟的目标，我们要全面加强党的建设，充分发挥党组织在企业发展中的作用。特别是在市场经济条件下，在建立现代企业制度过程中，党的建设要坚持“五个不变”。即：党组织的政治核心地位和作用不变；党管干部的原则不变；党组织保证监督职能不变；全心全意为人民服务的宗旨不变；党组织确保工人阶级在企业中的主人翁地位和作用不变。为此，我们要全面加强党的三项建设，发挥好党组织的三个作用。

一、引深政治理论学习，强化党的思想建设

改革发展的新形势，给党的思想建设提出了更加艰巨的任务。今后各级党组织要把思想理论建设作为党的建设的一件大事，坚持不懈地抓下去。坚决改变轻视理论学习或者在理论学习上低层次循环的现象，把党的思想理论建设提高到一个新的水平。

加强党的思想建设的首要任务，就是要用邓小平建设有中国特色社会主义理论武装全局党员。各级党组织要认真组织全体党员特别是党员干部努力学习马列主义、毛泽东思想，中心内容是学习邓小平建设有中国特色社会主义理论和党的基本路线。当前要认真学习好《邓小平文选》一、二、三卷，学习好党的十四届四中全会精神。

根据中央要求，用三年时间，在全体党员中有计划、按步骤、分层次地开展理论学习。除严格坚持好中心组学习和日常学习外，对处级以上干部、支部书记和党员分步进行培训。由宣传部门牵头，纪委、组织部、党校等互相配合，作出规划，组织实施。

通过各种形式和有效方法，教育党员和干部加强世界观改造，经得起执政的考验、发展市场经济的考验和反对资产阶级自由化的考验。树立共产主义理想，坚定社会主义信念，坚持全心全意为人民服务的宗旨，发扬党的优良传统和作风，自觉抵制和克服个人主义、拜金主义、享乐主义等各种非无产阶级思想，提高全体党员的理论水平和思想政治素质，增强党性观念。要坚持理论联系实际，把我局两个文明建设的发展作为检验理论学习效果的最终标准。

二、贯彻十四届四中全会精神，加强党的组织建设

党的十四届四中全会作出的《决定》，是新时期加强党的建设的纲领性文件。根据《决定》要求，我局党的组织建设，要突出抓好领导班子、干部队伍、基层支部和政工队伍建设。

重视和加强领导班子建设。要把局矿两级班子建设成为政治坚定、作风过硬、熟悉业务、结构合理、团结协作、勤政廉洁的坚强战斗集体。各级领导班子成员要自觉适应深化改革、走向市场的需要，在继续加强政治理论和党的路线方针政策学习的同时，努力学习经济、管理、科学、法律等知识，成为办好社会主义企业的行家里手。党政领导班子成员既要懂经营会管理，又要具有政治工作经验。今后在选拔党政主要负责人时，注重从经过党政两种工作岗位锻炼、政绩突出的人员中产生。要在领导干部中实行交叉任职，为培养干部的全面领导能力创造条件。要解放思想、广开贤路、大胆启用优秀年轻干部，对特别优秀的要敢于破格提拔，力争使二级领导班子成员中40岁左右的干部占大多数，大专以上文化程度的干部占大多数。

在领导班子中，要严格坚持民主集中制这一根本组织原则。建立和完善民主集中制的决策程序，实行民主决策、科学决策。本单位的重大问题，要召开党委常委会、党委会或党政联席会集体讨论决定。对按组织原则作出的决策，实行集体领导和个人分工负责相结合，任何个人无权改变，必须服从和执行。同时，要发展多层次、多方面、多途径的党内民主，保证党员的民主权利，引导、保护、发挥广大党员的积极性。要严格遵守“四个服从”，维护各级党组织的权威。

重视和加强干部队伍建设，进一步健全完善干部管理制度。要全面贯彻干部“四化”方针和德才兼备的原则，在改革和生产建设的实践中积极选拔勇于开拓、政绩突出、年富力强、发展全面的优秀人才充实到领导岗位。要严格执行干部任免规定和程序，坚持走群众路线，搞好民主测评，对多数职工不拥护和未经组干部门考察的不得提拔使用。要加强对后备干部的培养教育，对有发展前途的干部及早放到重要岗位上压担子；有计划地选派机关年轻干部到基层艰苦的地方任职或挂职锻炼；对基层的优秀年轻干部，选调到机关培养，全面提高素质；要重视妇女干部和非党干部的培养选拔。党校要继续为培养德才兼备的干部服务，认真搞好培训工作。

重视和加强基层党支部建设。根据党章和《决定》的要求，坚决做到经济实体建到哪里，党组织就设到哪里；经济活动延伸到哪里，党的组织发展就延伸到哪里。坚持党员标准，积极做好一线发展党员工作，逐步消灭空白班组。要选配好支部领导班子，特别是选好一个党性强、作风正、懂业务、有威信、年富力强的支部书记。

重视和加强政工队伍建设。在坚持精干、高效、协调和有利于党的工作，有利于企业改革和生产建设原则的基础上，合理设置党的工作机构，保持一支优秀的政工队伍。要有计划地培养政工人员，提高他们的素质，适应新形势下企业党的工作的需要。

三、坚持党的根本宗旨，搞好党的作风建设

作风建设作为党的建设的重要组成部分，越来越突出地摆在我们面前。因此，今后要重点抓好以下三个方面的工作：

一是加强党的根本宗旨和党的优良传统教育。每个党员特别是党员领导干部都要牢记在任何时候、任何情况下，都必须坚持全心全意为人民服务，坚持理论联系实际、密切联系群众和批评与自我批评的优良作风。各级机关和领导干部要深入群众，体察职工意愿，关心职工疾苦，听取职工批评，真心实意地为职工办实事、办好事；相信群众，依靠群众，真正尊重职工主人翁地位，使改革成为广大职工的自觉行动；彻底转变机关作风，精减会议，减少应酬，服务基层，解决实际问题，提高工作效率和办事效率，坚决克服浮在上面、不办实事、遇事推诿、不负责任的现象；在纪委的监督下，严格组织生活，开展积极的思想斗争，要切实把党的根本宗旨、优良作风和群众路线落实到行动中。

二是要继续推进党风廉政建设，把克服腐败现象作为作风建设的重要环节来抓。深入开展反腐倡廉教育，提高干部廉洁自律的自觉性。严格执行中纪委制定的领导干部廉洁自律的两个“五条”规定，并修订健全制度和措施。树立一批廉政典型，弘扬正气，扶正祛邪。纪检监察和组干部门，要把反腐倡廉工作列为考核领导班子和领导干部的重要内容。要通过健全党内外民主监督，发动群众举报，坚决揭露和查处腐败分子。凡群众检举并有明确线索和依据的重要案件，要一查到底。对发生在领导干部身上的案件，无论是什么人，都要严查严办，绝不手软。要不断总结党风廉政建设中的经验，加强政策研究，解决好党风廉政建设中的新矛盾、新问题。

三是要严格党的纪律。当前的首要任务是建立和健全卓有成效的监督检查和执纪执法体系，保证制度的贯彻落实。要真正做到有令必行，有禁必止。局、矿两级党委和纪检部门要加强对制度执行情况的检查监督，对违反制度的要严肃执行党的纪律。要保障党员、干部对党组织和党员领导干部进行民主监督的权利，把党内监督、群众监督和舆论监督结合起来，形成从严治党的良好环境。

在加强党的建设的基础上，切实发挥好三个作用。

第一，充分发挥党委的政治核心作用

坚持企业党委的政治核心地位，充分发挥党委的政治核心作用是党的性质和任务所决定的，是企业改革和发展取得成功的根本保证。

党委对企业的经营负有重大的责任，要积极参与企业的生产经营、技术开发、行政管理、机构设置、干部任免和各项改革的重大问题的决策，支持行政领导依法行使职权，保证企业各项任务的完成。

要认真宣传和执行党的路线、方针、政策，保证、监督党和国家各项法规的实施，维护国有资产的保值增值，坚持企业的社会主义方向。

要坚持党管干部的原则，严格执行党的干部工作方针、政策，加强对干部特别是党员干部的管理，要对干部选拔使用、管理教育、考核奖惩的全过程负责。

要对职工代表大会和工会、共青团等群众组织实行统一领导，定期讨论群众组织中的重大问题，支持群众组织按照法律和各自的章程独立自主地、创造性地开展工作。工会工作重点应放在强化民主管理和民主监督、维护职工合法权益上，确保职工的主人翁地位。女工工作要围绕改革发展稳定积极开展工作。共青团要加强对青少年特别是青年职工的教育和引导，使他们成为我局现代化建设的主力军，为党组织培养后备力量。

要重视统战工作，调动各界人士的积极性，为企业的兴旺献计出力。

第二，充分发挥基层组织的战斗堡垒作用

党的基层组织是党的全部工作和战斗力的基础，也是我局改革、发展和稳定的基本保证。基层组织要真正担负起联系职工、宣传职工、教育职工、团结职工，参与决策，组织实施，把党的方针政策落实到基层，组织和带领职工把我局的各项事业推向前进的重担，切实成为坚强的战斗堡垒。

要改进党组织的工作方法和活动方式。把深化改革、转换经营机制、提高经济效益作为工作的出发点和落脚点，把促进改革、发展和稳定取得的成果作为检验工作成效的最终标准。党的各项活动要密切结合改革和生产建设的实际，在内容上要不断充实，不断深化。“区、站、网”这一独具特色、富有成效的活动形式，要和“创先争优”、标准化支部建设结合起来，继续深入开展下去，并与“六好区队建设”活动相呼应，形成有机整体，真正使党的活动对党员有吸引力，对群众有感召力，生机勃勃，富有成效。

第三，充分发挥党员的先锋模范作用

在新的形势下，对党员的模范作用要有更高更新的要求。因此，要切实加强和改进对党员的教育和管理。要坚持思想教育和行为导向的统一，把党员的教育和管理贯穿于我局改革和生产建设的实践中。党员的教育和管理，形式要丰富多彩、生动活泼，要有针对性，讲求实效。党委各个工作部门要协调规划，通力合作，抓出成果，使广大党员真正成为坚决贯彻党的基本路线、献身煤炭事业、诚心实意地为职工谋利益，带领职工为我局发展创出实绩的先进分子。广大党员要树立解放思想、改革创新的精神，尊重科学、真抓实干的精神，顾全大局、团结协作的精神，谦虚谨慎、崇尚先进的精神，艰苦奋斗、无私奉献的精神，充分发挥共产党员在我局两个文明建设中的先锋模范作用。

同志们，从现在起到本世纪末的六年，将是我局步入社会主义市场经济轨道的六年，是我们开拓进取、不断创新的六年，也是企业发展至关重要的六年。这次党代会的召开，对加强党的建设，加快改革步伐，推进两个文明建设的发展，具有十分重要的意义。我们深信，全局党员和职工在局党委的领导下，将会解放思想，振奋精神，抓住机遇，开拓进取，满怀信心地迎接新的挑战，将会以空前的劳动热情和空前的创造精神实现大会提出的奋斗目标！

加强党风廉政建设　强化监督检查职能 为保证我局改革发展稳定努力奋斗

——在中国共产党西山矿务局第六次代表大会上的纪检工作报告

梁兴保

(1994年12月6日)

同志们:

我受中共西山矿务局纪律检查委员会委托,向大会作纪律检查工作报告,请予审议。

八年工作回顾

自第五次党代会到现在的八年中,我局纪委在邓小平同志建设有中国特色社会主义理论的指导下,坚持党的基本路线,以经济建设为中心,坚持从严治党的方针,认真履行保护、惩处、监督、教育职能,在集中力量管好党纪、协助党委加强党风廉政建设等方面,做了大量的、卓有成效的工作,为我局党的建设和两个文明建设提供了有力保证。回顾八年来的工作,主要有以下四个方面:

一、为党的建设提供有力保证

加强党性、党纪教育,是党的建设的重要任务,也是在新形势下提高党员拒腐防变能力的主要措施。八年来,各级纪委始终把党风廉政教育放在重要的议事日程上,紧密联系改革开放形势下党员的思想实际,采取多种形式,狠抓了党的思想建设,坚持不懈地开展了党风廉政教育。我们针对党员的思想实际,重点抓了以下五个方面的教育:一是针对一些党员经不起改革开放的考验,违反党的纪律,甚至违法犯罪的事实,开展了反腐倡廉教育;二是针对一些党员党纪观念淡薄,不懂或无视党规党纪的实际,开展了以“条规”为主要内容的党规党纪教育;三是针对一些党员崇尚拜金主义、利己主义、享乐主义的思想实际,开展了党的优良传统和作风教育;四是针对一些党员对党的基本路线理解不深、把握不准的实际,开展了党的基本路线教育;五是针对一些党员对社会主义市场经济缺乏正确认识的实际,开展了以社会主义市场经济为主要内容的教育。在教育的形式和方法上,力求把传统教育与现代化教育结合起来,把普遍教育与重点教育结合起来。我们主要采取了以下四种形式:一是不失时机地进行了预防性教育。在一九八九年春夏之交发生的政治风波中,在关系到党和国家前途、命运的关键时刻,我局各级纪委及时下发了《关于严明党的纪律,维护党的团结统一的通知》、《认真贯彻党的十三届四中全会和中纪委四中全会精神的通知》,使党员严守党的政治纪律和组织纪律,对稳定我局的形势起到了很好的作用;二是进行案例教育。我们根据省、市的安排,开展了以《恶梦醒来迟》一书为主要内容的案例教育,还根据我局的实际,开展模拟案例教育,收到了好的效果。我们的做法,得到了省、市领导的充分肯定。局纪委先后在省、市纪委召开的党员教育经验交流会上,作了《适应市场经济发展,努力搞好案例教育》的经验介绍,受到了上级的好评;三是适应新形势开展电化教育。我们基本建成了以闭路电视、有线广播、播放录像为主要形式的局、矿、队三级电教网络。通过闭路电视和有线广播搞好面上教育;利用录像,采取请上来、走出去的方法进行点上的教育,使全局90%以上党员和干部受到了比较系统的党风廉政教育。太原市纪委于今年10月在我局召开了党风廉政电化教育现场会,向全市推广了我们的经验;四是开展学刊用刊活动,搞好党风廉政教育。我局各级纪委充分利用省、市纪检刊物《正气》和《党政方圆》,采取多种形式开展读刊用刊活动。局纪委多次被省、市纪委评为“学刊用刊先进单位”,并在省、市纪委召开的有关会议上介绍了经验。

为加强党的建设,我们在认真搞好党员教育的同时,狠抓制度建设,建立和完善了各种监督制度。为加强党风廉政建设,我们先后制定和完善了党风廉政工作责任制、党风监督员例会制度、党风报告制度、党风检查制度等;为抓好各级党员领导干部的廉洁自律,制定了《副处级以上领导干部廉洁自律的十条规定》、《各级领导干部必须保持廉洁的规定》等制度。这些制度的建立和完善，既规范了广大党员的行为，又为搞好党内监督提供了准绳，对加强党风廉政建设起到了很好的作用。

为了使各项制度能很好地贯彻执行，我们采取了一系列有效措施。一方面，在加强纪检网络建设，充分发挥专职纪检干部监督作用的同时，在全局聘请了1256名党风监督员，形成了专兼并举、上下结合的监督网络。八年来，全局党风监督员提出的批评和建议共有五千多条，收到了良好的监督效果；另一方面，在局党委的领导下，与其他部门密切配合，坚持了全局性的每年一次党风廉政大检查和对各级领导班子、矿处级领导干部的考察，有效地促进了各项制度的落实，加强了党的建设，推动了党风廉政建设。

二、为深化改革创造良好环境

八年来，我局各级纪委紧紧围绕企业改革开展纪检工作，始终把支持和保护改革作为工作的立足点，更新思想观念，积极探索纪检工作为深化改革服务的新途径。

1. 明确政策界限，保证改革顺利进行。八年来，我们在调查研究的基础上，不断研究在深化改革和经济建设中出现的新情况、新问题，根据既要支持和保护改革，又要严格执行党的纪律的原则，明确了一系列政策界限。局纪委先后制定了《关于进一步保护、支持、促进改革的规定》、《关于区分经济活动中若干政策界限的意见》、《关于物资和资金管理的若干规定》等文件。各单位纪委都根据局纪委文件精神，结合本单位实际，相应地明确了一系列政策界限，并在实际工作中认真贯彻执行，为我局的经济发展和深化改革创造了良好的环境。

2. 严肃查处违纪案件，为改革提供纪律保证。在改革开放和建立社会主义市场经济的过程中，社会上的不正之风和各种腐败现象对一部分党员、干部产生了冲击和诱惑，出现了以权谋私、贪污受贿、腐化堕落等问题。这些腐败现象严重地干扰了改革的顺利进行。为了整饬党纪、从严治党，各级纪委始终把查处党员违纪案件，作为加强党风廉政建设的重要措施来抓。八年来，全局共查处党内各类违纪案件164件，涉及党员181人。其中局级党员领导干部1人，处级党员干部13人，科级党员干部35人，一般党员132人；处分党员172人。其中开除党籍39人，留党察看32人，撤销党内职务10人，党内严重警告31人，党内警告60人。收缴赃款14余万元。与此同时，还复查复议了一些党员的申诉案件，保护了党员的合法权利。

各级纪委在查处违纪案件中，一是坚持实事求是的办案原则，做到了以事实为依据，法纪为准绳，既严肃执行党的纪律，又不冤枉好的同志。二是坚持案件审理的方针，做到了事实清楚，证据确凿，定性准确，处理恰当，手续完备。保证了办案质量和效率，发挥了惩处职能，对严肃执纪、从严治党起到了重要作用。

根据上级有关指示精神，我们还认真开展纠正不正之风的工作，制定了《关于严肃党纪、纠正不正之风的几项规定》，集中解决群众关心的几个热点问题。为解决工资、奖金分配中存在的问题，协同有关部门制定了《关于加强工资、奖金管理的若干规定》和工资、奖金发放"三公开、一监督"等制度；为解决大吃大喝的问题，协同有关部门制定了《关于客饭、会议饭的管理若干规定》等制度。在纠风工作中全局共立案查处不正之风案件21件，对涉及的35人均给予了不同程度的处分。在清查违纪建私房、违反规定多占住房和用公款装修住房的工作中，全局共清查出"三违"房142间，并均按规定做出了相应的处理。各级纪委通过查处违纪案件，纠正不正之风，有力地推动了改革的健康发展。

三、为经济建设提供服务

加快经济建设，是我局的中心任务，也是纪检工作所要达到的主要目的。这些年来，我局各级纪委围绕经济建设开展工作，始终不渝地坚持为经济建设提供服务和纪律保证。

1. 主动参与，为企业适应市场经济增添活力。八年来，我局各级纪委主动参与企业的生产经营活动，把履行职能渗透到企业的生产经营活动中去，从纪检工作的角度为企业适应市场经济的需要增添生机和活力。一是深入各单位搞调查研究，在参与重大经营决策中当参谋、提建议；二是宣传党和国家以及局党政有关政策、规定，支持行政领导大胆行使职权，为其抓管理排忧解难；三是针对在参与经营活动中发现的苗头性、倾向性问题，搞好检查监督。八年来，全局各级纪委围绕我局发展战略、生产经营目标、转换经营机制、多经三产和干部人事、劳动用工、工资分配三项制度改革等重大问题的决策，积极搞好调查研究，向党政领导提供决策参考意见245条，提供书面专项建议报告46份，反馈信息302条，领导采纳率达到70%以上，为我局加强经营管理发挥了积极作用。

2. 参与重点部门环节管理，强化监督约束职能。企业的违纪案件大多数发生在掌握人、财、物、产、供、销等重点部门。为加强对这些易发生问题的部门和人员的监督制约，减少违纪案件的发生，全局各级纪委一方面从党风党纪角度对这些部门的党员干部制定了多项规定，用于规范、引导党员干部模范遵纪守法、廉洁自律；另一方面，经常主动地深入这些部门，通过参与他们的工作和生产经营活动，及时了解发现生产经营管理方面的漏洞和问题，有针对性地帮助他们建章立制，强化管理。八年来，全局各级纪委在确定重点部门联系点的基础上，先后到这些部门435次，召开座谈会56次，进行个别谈话342人次，协助建立了《严格财务报销制度》、《关于业务往来中回扣、好处费管理的暂行规定》等10多项制度，有效地堵塞了管理上的漏洞，促进了经济建设的发展。

四、为提高纪检工作的整体水平创造条件

抓好纪检队伍自身建设，是纪检工作适应改革开放新形势发展的需要。八年来，我局各级纪委着重抓了以下三个方面的工作：

一是加强纪检组织的建设，注重发挥基层纪检机构和人员的作用。随着改革的深入进行，机构和干部队伍常有变动，但我局的纪检机构始终是健全的。各级纪委十分注重纪检干部的补充和调整，使纪检队伍充满活力，特别是纪检、监察合署办公以后，形成了比较完善的纪检、监察工作组织体系，为加强党风廉政建设奠定了基础。

二是采取多种形式对纪检干部进行思想和业务培训，提高了纪检干部的政治和业务素质。八年来，我们先后选送150多名纪检干部参加了中央和省、市举办的纪检干部培训班，局纪委也先后举办了3期培训班，有200余名专职纪检干部参加了学习。此外，我们还采取党纪知识竞赛、违纪案例剖析、以会代训、播放党纪条规录像片等方法，对纪检干部进行有效的政治和业务培训，对提高全局纪检干部的素质起到了很好的作用。

三是积极开展纪检理论研讨活动，不断提高纪检工作的整体水平。八年来，局纪委先后举办了六届全局纪检系统理论研讨会，共撰写论文478篇，其中有94篇被省、市和山西煤管局评为优秀论文。九一年太原市纪委还在我局召开了纪检理论研讨现场会，我们的经验受到与会领导和同志们的好评。

总之，八年来，在上级纪委和局党委的领导下，我局各级纪委在维护党规党纪、加强党风廉政建设、促进我局改革和经济建设等方面做了大量的工作，取得了显著成绩。但是，我们也不能不看到，我们的工作还存在不少问题：党风廉政建设发展还不平衡；“一手硬、一手软”的问题还没有很好解决；党内不正之风和腐败现象仍然存在，特别是在一些单位还存在边纠正边犯的问题；执行党的纪律失之于宽，失之于软，惩治不力的问题在一些单位还比较突出；监督作用的发挥还不够等等。这些问题都需要我们在今后的工作中认真加以解决。

今后工作建议

改革、发展、稳定是全党工作的大局。为了使我们的工作更好地服从服务于这个大局，今后一段时期我们纪检工作的指导思想是：以邓小平同志建设有中国特色社会主义理论和党的基本路线为指针，认真贯彻党的十四届四中全会精神，紧紧围绕经济建设这个中心，充分发挥纪检、监察职能，加强党风廉政建设，强化监督检查，为实现我局今后六年的发展战略目标和各项任务作出新的贡献。

一、认真贯彻党的十四届四中全会精神，牢固树立为改革和经济建设服务的指导思想

党的十四届四中全会作出的《中共中央关于加强党的建设几个重大问题的决定》，是新形势下加强党的建设的纲领性文件。它必将对提高党的领导水平和执政水平，保证党和国家的长治久安产生重大而深远的影响。认真学习、贯彻党的十四届四中全会精神，是当前摆在我们面前的首要任务。各级纪委要根据局党委的安排，切实抓好这项工作。

1. 深刻理解十四届四中全会精神，牢固树立纪检工作为改革和经济建设服务的思想。各级纪委要在积极配合党委有关部门抓好各级党组织和广大党员学习的同时，抓好纪检干部的学习。要在学习中把握以下五个重点：一是要明确党的建设的目标和任务，增强党性观念，提高对新形势下加强党的建设的重要性和紧迫性的认识；二是要明确党的民主集中制的含义、内容和原则，深刻领会新形势下重申民主集中制的重大意义；三是要明确基层组织建设的方针、任务，认清新形势下加强和改进党的基层组织建设对于加强党的建设的基础作用；四是要掌握培养选拔干部的原则、方法，认清培养选拔德才兼备的领导干部是关系全局的重大问题；五是要认清纪检机关在加强党的建设工作中的责任，切实加强党内监督。通过对上述重点问题的学习，提高大家执行党的基本路线的自觉性，使纪检工作更好地为改革和经济建设服务。

2. 不断探索、开拓纪检工作为改革和经济建设服务的新途径。纪检工作有自己的工作规律和特点。在服从服务于改革和经济建设的过程中，必然表观出不同于其他工作的一些特征。因此，我们要在实践中不断开辟新的服务途径：一是通过检查、监督等手段，保证党的路线、方针、政策地顺利贯彻执行，保证改革开放和经济建设在坚持四项基本原则的前提下健康发展；二是在深入实际、调查研究的基础上，根据改革和经济建设新形势下出现的新情况和新问题，研究和明确有关政策界限，使广大党员干部，尤其是从事经济工作的同志，能够进一步放开手脚，大胆改革，敢为天下先；三是通过履行四项职能，加强党风廉政建设，为改革和经济建设提供精神动力，清除障碍，改善外部环境，保护和调动积极因素，限制和排除消极因素；四是通过查处违纪案件，严肃执纪，保护改革者，支持开拓者，帮助失误者，惩治违纪者，打击诬陷者，在纪律上给予改革和经济建设有力的支持；五是坚决纠正各种不正之风，特别是对群众反映强烈的问题加强监督检查。总之，我们要解放思想，转变观念，开拓思路，大胆实践，勇于探索，开创出一条纪检工作为改革和经济建设服务的新路子来。

二、强化监督检查，进一步搞好党风廉政建设

邓小平同志一贯重视和强调要加强和健全党内监督。党的十四届四中全会《决定》对党内监督的一些重要问题做了明确规定，并指出要充分发挥各级纪检机关在党内监督中的作用。我们一定要认真贯彻执行《决定》，进一步强化监督制约机制。

1. 要增强广大党员特别是党员领导干部的监督意识。各级党委、纪委要组织广大党员、干部学习老一辈无产阶级革命家关于党内监督的论述和江泽民、尉健行同志的讲话，学习十四届四中全会《决定》和党纪条规，使每个党员从思想上认识到党内不允许有特殊党员。每一个党员特别是领导干部都要自觉地接受监督，无论何时何地都要把自己置于党组织和群众的监督之下，并勇于同各种危害党和人民利益的行为作斗争。

2. 明确监督检查的重点和主要任务。各级纪委要按照十四届四中全会《决定》和省、市、局党委的要求，把领导机关和领导干部，特别是要把党政主要负责人作为监督检查的重点对象。监督检查的主要内容是：①监督检查领导机关和领导干部贯彻执行党的路线、方针、政策和有关法律、法规的情况，保证中央政令畅通；②监督检查民主集中制的执行情况，正确处理个人与组织、上级组织与下级组织、多数与少数、中央与地方等关系；③对党内政治生活制度的执行情况进行监督检查；④加强对基层党组织党风廉政建设情况的监督检查，纠正在一些干部中存在的不正之风；⑤监督检查党的干部方针、政策和组织人事纪律的执行情况，对在人事任免问题上违反纪律的行为，必须严肃处理。纪委对干部人事任免有一票否决权；⑥对领导机关和领导干部滥用权力和权力废置的情况进行监督检查；⑦对企业的经营活动进行监督检查；⑧对保障党员的民主权利，发扬党内民主的情况进行监督检查；⑨对本单位党、政、职代会做出的重大决议、决定、规定的贯彻执行情况进行监督检查。

监督检查工作要贯穿于党的建设和生产经营的全过程，注重事前、事中、事后的监督检查。纪委主要领导要参与有关重大问题的决策，以利于进行监督。要建立《纪律检查建议书》制度。对于在监督检查中发现的违纪违法行为，要通过具有纪律约束力的建议书及时进行纠正，严重的要立案查处。对监督检查的结果，要建立档案备查，重要情况要向党委和上级纪委报告，并向有关部门通报。

3. 监督检查要充分依靠职工群众，增强监督机制的整体合力。职工群众是企业的主人，依靠并接受职工群众监督是坚持民主集中制的内在要求。各级纪委在工作中，要把专门机关的监督与职工群众监督结合起来，把自上而下的监督同自下而上的监督结合起来。一方面，要尽力为职工群众开展监督创造良好的环境，要鼓励职工群众参与监督，实事求是地检举、揭发、批评党组织和党员违纪违法的事实，完善群众来信来访制度；另一方面，要切实改进工作作风，深入基层，深入群众，了解职工群众的愿望和呼声，倾听职工群众的意见和建议，使我们在监督检查的过程中，思路更开阔、办法更对头。

4. 加强制度建设，努力使监督检查制度化。为了克服监督检查工作的随意性，必须加强制度建设，用制度来保证监督检查的顺利进行。今后一段时期，各级纪委要着重抓好以下六个方面的制度建设：①要协助党委健全党员领导干部民主生活会、党员干部双重组织生活会、民主评议党员干部等党内生活的各项制度；②要建立和完善党风廉政工作责任制、党风廉政情况报告、纪律检查建议、党风廉政检查等各种监督制度；③制定党政干部保持廉洁，自我约束的制度；④协助党委进一步建立、健全用人制度；⑤根据上级有关指示精神，建立领导干部个人收入申报制度；⑥建立和完善执行制度落实情况检查的责任制度。局纪委将在调查研究的基础上，根据中纪委、监察部将要出台的《党风监督条例》、《纪律处分条例》、《党员权利保障条例》、《行政监督法》及有关的实施意见，制定我局各项相应的《实施细则》。同时，对如何建立《纪律检查建议书》制度将提出具体的实施办法。

制度建设，要坚持从实际出发，坚持围绕我局的改革和经济建设来进行。一定要从本单位、本部门的实际出发，缺什么定什么、完善什么，建一项就要解决一些相应的问题，定了就要办，不允许随心所欲地对待制度。要坚持科学的方法，对制度内容、形式、落实办法、监督措施等都要在广泛发扬民主、征求意见的基础上，作出明确的规定，减少弹性和随意性，增强可操作性和权威性。同时，还要注意各项具体制度与根本制度相配套，与党纪国法相适应。要紧密结合党中央、国务院和省、市、局的重大改革措施以及行政、经济决策实施过程中出现或者可能出现的倾向性问题，研究和制定制度，使制度建设与改革和经济建设贴得更紧。

三、加大查处违纪案件力度，坚决惩治腐败

党的十四届四中全会要求各级纪委"要在党员领导干部廉洁自律、查处违法违纪案件、纠正不正之风等方面不断取得新的进展"。各级纪委一定要清醒地认识到钱权交易、以权谋私、不择手段地侵占国家和职工群众利益等腐败现象的严重危害性，把查处违纪案件作为严肃党纪、政纪、惩治腐败的中心环节来抓，加大查处违法违纪案件力度。要重点查处领导机关、领导干部和掌握人、财、物等部门及其工作人员的贪污受贿、以权谋私等违法违纪案件。

1. 提高认识，切实加强对查处违纪案件工作的领导。查处违纪案件能否取得成效，关键在领导。各级党政主要领导要从思想和行动上坚定不移地贯彻党中央"两手抓、两手都要硬"的方针，切实提高对查处违纪案件、惩治腐败意义的认识，把反腐败和查处违纪案件工作列入党政工作的重要议事日程。对一些重大典型案件，党政主要领导要亲自过问，参与分析研究，帮助制定查处方案，督查督办，一抓到底。要大力支持纪委依纪办案，为纪委提供办案经费、交通工具等条件，切实解决具体问题。同时要关心爱护纪检干部，解决他们生活中的困难，稳定纪检队伍。

2. 要敢于查处违纪违法案件，主动出击，广辟案源。一方面，要继续发挥信访举报主渠道作用，为群众举报创造各种方便条件，保证言路畅通。对群众的举报要进行实事求是地分析、研究。事实清楚，构成违法违纪的，不管涉及到谁都要立案查处；举报不实的，要区分是错告还是诬告；因情况不明，反映失实，造成不良影响的，要在一定范围内予以澄清；故意捏造事实、诬告陷害他人的，要及时调查，严肃处理。要采取有效措施保护举报人。对因举报而遭到打击报复的违法违纪案件，发现一件处理一件，不论涉及到谁，都要一查到底；另一方面，要从纠风工作、专项清理、经营承包审计、对各级领导班子和领导干部考核、党风廉政检查等项工作中，注意发现和扩大案源线索。各级纪委要加强对案件线索的初查工作，为立案做好准备。立案后，要抓住战机，速战速结。要严格办案纪律，对瞒案不报、压案不办、阻碍查案以及提供伪证、拒不出证的人员要追究其责任。

3. 要严肃执纪。邓小平同志指出："这些年来党内确实滋长了过分容忍、优柔寡断、畏难手软、息事宁人的情绪，这就放松了党的纪律甚至保护了一些坏人"。他多次提出要用严厉的手段制裁党内腐败分子，腐败问题"不管牵涉到谁，都要按照党纪、国法查处"。我们要真正做到以事实为依据，以法纪为准绳，严肃执纪，绝不姑息迁就。

4. 要继续抓好纠正不正之风工作。违纪案件和不正之风是相互联系、相互依存、相互作用的。抓紧纠风，才能减少违纪案件；坚决查处违纪案件，才能有效地克服不正之风。因此，各级纪委一定要在注重查案的同时，结合本单位的实际，继续抓好纠风工作，切实解决好群众反映强烈的热点问题。特别要查处单项奖发放中存在的问题；虚报冒领，克扣职工工资、奖金的问题；利用职权吃、拿、卡、要的问题；在物资采购和工程预、决算中收受礼品，私吞回扣的问题；借婚、丧、嫁、娶、生日、乔迁、工作调动之机敛财的问题等。

四、适应新形势，继续抓好党风廉政宣传教育

1. 采取多种形式，继续抓好党风廉政教育。坚持不懈地开展党风廉政教育，是在新形势下提高党员素质，搞好党风廉政建设的治本措施。各级纪委一定要紧紧围绕党的基本路线，联系我局广大党员的思想实际，继续抓紧抓好党风廉政教育。在教育的内容上，一是要继续加强理想和宗旨教育；二是深化以党章、《准则》和党纪条规、行政监察条例为主要内容的纪律规范教育;三是要有针对性地开展党的优良传统和作风教育;四是要继续开展反腐倡廉教育;五是要开展坚持民主集中制教育。通过这些方面的教育,不断增强广大党员干部抵御拜金主义、享乐主义和极端个人主义等腐朽思想侵蚀的能力。在教育的形式和方法上,除坚持过去行之有效的形式外,还要开动脑筋,大胆实践,不断摸索新的、更好的教育形式和方法,把党风廉政教育搞得更加生动活泼、富有成效。

2. 组织力量,积极搞好党风廉政的宣传报道工作。各级纪委一定要从思想上重视这项工作,把它列入议事日程。根据局纪委有关文件精神,配好专职或兼职通讯员,建立通讯报道队伍,积极主动地开展工作。

五、加强纪检队伍建设,提高纪检工作的整体水平

党的十四届四中全会《决定》指出:我们党必须在改革开放的新形势下认识自己,加强自己,提高自己,认真研究和解决自身建设中遇到的新矛盾、新问题。江泽民同志说:"这是一个十分重要的指导思想。"各级纪委务必要按照这一指导思想,切切实实地加强自身建设。

首先,要加强纪检部门的自身建设。各级纪委要模范地执行民主集中制的原则,搞好领导班子的团结协作,大的决策、重要工作部署要集体研究,不搞个人说了算。集体研究决定了的事,就要齐心协力抓好。要不断总结纪检、监察合署以来的实践经验,在机构、运行机制及工作程序、业务分工等方面理顺关系。要加强纪检工作管理,建立健全岗位责任制,搞好目标化管理。要一级抓一级,一级对一级负责。各级纪委要配合有关部门,做好后备干部的培养和选拔工作。一方面,要注意把纪检部门已成熟的后备干部推荐到其他重要岗位上锻炼;另一方面,还要注意从其他部门选拔党性强、作风硬、年富力强的干部充实到纪检队伍中来,增强纪检队伍的活力。

其次,要努力提高纪检干部的素质。一是要采取多种形式,组织学习邓小平同志建设有中国特色社会主义理论,学习纪检、监察业务知识,学习社会主义市场经济理论和经济管理方面的知识,学习现代科学基础知识,努力提高政治理论水平和业务工作能力,以适应新形势下开展纪检工作的需要;二是要加强纪检干部的管理。各级纪检干部要自觉接受党委领导,接受党组织监督,认真听取党内外群众对纪检工作的呼声和意见,要自觉遵守纪检干部的职业道德,维护这支队伍良好的形象。要保持和发扬"无私无畏、公正廉洁、勤奋高效、严谨求实"的工作作风和忠于职守、勤奋工作的敬业精神,把各项工作提高到一个新的水平。

同志们,在社会主义改革开放和现代化建设的形势下,各级纪委肩负着光荣而艰巨的任务。我们要在党的十四届四中全会精神的指引下,进一步振奋精神,鼓足干劲,认真贯彻落实大会通过的各项决议、决定,切实把反腐倡廉工作、监督检查工作和自身建设搞上去,开创纪检工作的新局面,为促进我局改革的深入、经济的发展和政治的稳定做出新的、更大的贡献!

重 要 讲 话

在建局四十周年庆祝大会上的讲话

杜复新

(1995年12月30日)

各位领导,各位嘉宾,同志们:

今天,我们隆重举行西山矿务局建局四十周年庆祝大会。我代表西山矿务局党政工团向光临我们大会的上级领导和各位嘉宾表示热烈的欢迎和衷心的感谢!向热情关心支持和帮助西山矿务局发展的各级领导和各界人士表示衷心的谢意!向几十年来为西山矿务局的发展做出不懈努力的历届劳动模范、离退休老干部、老职工致以崇高的敬意!向全局三十万职工家属致以节日的祝贺!

与矿务局一起走过40个春秋的还有我局杜儿

坪矿、西铭矿、机电总厂和局医院，在此，向她们表示热烈的祝贺！

四十年前，西山煤矿与西铭焦炭厂合并，于1956年1月1日成立了西山矿务局，结束了小煤窑生产的历史，掀开了大规模开发的篇章. 经过四十年的艰苦创业，西山矿务局发生了翻天覆地的变化，由一个手工开采的小型煤矿建设发展为一个现代化矿务局，成为全国闻名的生产优质动力煤、炼焦煤的特大型煤炭企业和我国目前最大的冶炼精煤生产基地。全局现有8对生产矿井和5座选煤厂，原煤设计生产能力和入洗能力分别为2210万吨和1550万吨。1995年原煤产量可达到1750万吨，相当于1956年建局初期的9.5倍，精煤产量可达到640万吨，居全国首位。煤炭产品销往全国22个省、市、自治区，用户达400多个。煤炭销售收入预计实现23.5亿元，实现利税4.1亿元，实现利润1.6亿元。全局多经三产经营总额达到5.3亿元。我局已初步形成了以煤炭生产、加工为主，集机械加工、建筑、建材、化工、炼焦、发电、以及商饮服务于一体的新型煤炭工业企业。

四十年来，西山矿务局为国家做出了较大贡献。累计向国家提供原煤3.18亿吨，精煤6813万吨，实现利税21亿元，有力地促进了国民经济的发展。

建局四十年，是我局生产建设不断发展的四十年。特别是党的十一届三中全会以来，矿区建设有了突飞猛进的发展。1966年，全局形成原煤设计生产能力405万吨。从七十年代初到八十年代中期，先后进行了两次大规模的技术改造，使原煤设计生产能力达到1005万吨。与此同时，1978年，国家重点建设项目——设计生产能力1650万吨的古交新区建设拉开了序幕。经过17年的建设，古交矿区已完成投资约45亿元，建成投产了4对大型矿井和相应能力的选煤厂，一座现代化的新兴煤城已基本形成。从“五五”到“七五”，是我局生产发展比较快、原煤产量增幅比较大的一个时期。原煤产量由1976年的485万吨增加到1990年的1572万吨，原煤产量平均年增长率达8.8%。特别是1981年，在我们的老局长、现在的省委胡书记的带领下，我局坚持“骑在马上搞调整，在调整当中求发展”，积极创造条件，大胆开拓进取，抓住机遇，奋力拼搏，使原煤产量达到1003万吨，跻身于全国千万吨局行列，这是我局生产建设发展史上一个辉煌的里程碑。“八五”期间，是我局调整产品产业结构力度比较大的一个时期。我们在原煤产量稳步增产的基础上. 努力增加适销对路的精煤产品，5年中，精煤产量翻了近一番。同时，进一步加快了多经三产的发展步伐。全局多经三产厂点发展到402个，从业人员达到35000余人，多经三产已成为我局多元化经营的重要支柱产业。

建局四十年，是我局技术进步的四十年。以采掘机械化为标志，由建局前的手工开采。到普通采煤机组，进而发展到综合机械化。1974年第一套综采设备引进之后，我们努力探索普及机械化的发展之路，1991年全局实现采煤机械化程度100%。在此基础上，加快发展综采机械，到1995年综采机械化程度达到78%。为了适应采煤技术的发展，我们努力提高开拓与掘进技术，全局各生产矿井已全部实现采掘、运输、提升、排水和通风机械化。机械化水平的普及和提高，极大地发展了生产力，提高了劳动效率和安全生产水平。1995年，建成3个高产高效矿井；创出6个综采百万吨队。全局综合单产达到53538吨/个·月，其中综采单产达到70743吨/个·月。原煤生产效率达到3.75吨/工，相当于建局时的4倍；百万吨死亡率由1956年的16.26，降到了现在的0.57。

建局四十年，是我局循着社会主义建设发展轨迹不断探索企业发展道路的四十年。在计划经济的体制下，我局曾经为社会主义建设事业作出了重要贡献，但随着时间的推移，企业遇到了许多新的矛盾。是党的改革开放政策为西山的发展注入了新的生机和活力。从1978年党的十一届三中全会召开到现在，是我局不断深化企业改革，不断转换经营机制的17年。这期间，我们在企业全面整顿合格的基础上，1985年，煤炭部对我局实行了投入产出六年总承包，扩大了企业经营自主权。1986年，我局在全省煤炭系统率先推行了局、矿长负责制和任期目标责任制。党的十四大以来，我们努力适应社会主义市场经济要求，以提高经济效益为中心，转换经营机制为重点，放开搞活，实行多种形式的承包经营责任制。推行集约化管理和“三条线”管理。实行干部聘任制、聘用制和试用期制度，实行劳动合同制，实行工资总额包干、效益型结构工资和岗位技能工资制。同时还进行了住房、医疗、劳动保险等方面的配套改革。这一系列的改革，增强了企业的活力，加快企业现代化建设的进程。

建局四十年，是职工物质文化生活发生巨大变化的四十年。职工的工资收入逐年增加，从1978年人均年收入940元，上升到1995年的7900元；职工居住环境显著改善，1979年以来，全局用于职工住宅建设的投资就达6.3亿元，竣工面积达172万平方米，人均居住面积由1978年的3.08平方米，增加到现在的6.55平方米；有26000余户职工家属用上了煤气；通讯设施实现前后山联网，全局拥有电话15500门；有线电视系统已覆盖矿区；全局文教、医疗、卫生事业日新月异；矿区面貌和矿山形象发生了很大的变化。

建局四十年，是我局坚持党的领导，加强精神文明建设，全心全意依靠工人阶级的四十年。四十年来。我局党的组织和党员队伍不断壮大。建局时全局仅有839名党员，今天已发展到20个党委，2个直属总支，73个二级党总支，784个支部，13000多名党员，党组织和党员的作用得到充分发挥. 真正成为我局改革、发展和稳定的有力保障和坚强后盾。特别是在发展社会主义市场经济的条件下，我们积极探索企业党建工作的新路子。开展了“区、站、网”活动，有效地加强了基层党组织建设，充分发挥了基层党支部的战斗堡垒作用。四十年来，我局不断巩固工人阶级的政治地位。不断加大职工群众参与企业管理的力度，不断提高职工队伍的整体素质，从而在艰苦创业的历程中，培养和造就了一支特别能战斗的“四有”职工队伍，并涌现出了以傅昌旺、亢龙田为代表的一大批劳动模范。四十年来，与生产建设相应的精神文明建设，内容不断丰富，形式不断创新，生机勃勃，硕果累累，并培育出了“团结、奉献、求实、进取”的企业精神。江泽民总书记亲自题写并高度评价了我局的企业精神。正是这些所产生的企业凝聚力，使我们经受了一次又一次严峻考验，创下了一个又一个辉煌业绩。

四十年的艰苦创业，四十年的无私奉献，使我局曾多次荣获国家、部、省、市先进荣誉称号。1989年被命名为国家二级企业，1990年建成质量标准化矿务局和现代化矿务局，1989年、1995年两次荣获中国煤炭工业优秀企业(金石奖)，1991年被评为全国煤炭系统“思想政治工作优秀企业”，1992—1994年利税总额连续列入“中国行业效益十强企业”，1989年—1994年连续列为国家最大500家工业企业。

四十年的艰苦开拓，四十年的经验教训，深刻地告诉我们，要搞好社会主义企业，必须要有一个好的机制，有一个好的思路，有一个好的班子，有一支好的队伍，这是企业在社会主义市场竞争中的立身之本，发展之本。

四十年沧桑岁月，经过几代人励精图治，艰苦创业，西山已成为我国特大型煤炭企业。展望未来，前景广阔，任重道远，还需我们加倍努力。根据我们的发展规划，到本世纪末，原煤产量将超过2000万吨，精煤产量超过1000万吨，4×300MW古交电厂的一期工程力争投入运行，全局生产经营总额将达到70亿元。矿区逐步形成煤炭、电力、建筑、机械加工、建材化工、商饮服务六大支柱产业。把我局建成以煤为本、多种经营、各业并举、综合发展的现代化大型企业集团。

各位领导，各位嘉宾，同志们，朋友们：

我们要以邓小平建设有中国特色社会主义理论为指导，深入贯彻党的十四届五中全会精神，高举改革开放和艰苦奋斗两面旗帜，为煤炭工业的发展，为兴晋富民战略目标的实现做出更新的更大的贡献。最后，在元旦佳节即将到来之际，祝各位领导、各位嘉宾及全局职工家属新年快乐！

谢谢大家！

在全局抗洪救灾总结表彰大会上的讲话

杜复新

(1996年10月20日)

各位领导，同志们：

“8·4”洪灾以来，我局在党中央、国务院的亲切关怀下，在部、省、市的直接领导下，全局职工不畏艰险、奋力拼搏，抗洪救灾工作已经取得了决定性胜利。官地矿的复产准备工作正在加速进行，杜儿坪矿已全面恢复生产，马兰矿小窑渗水对大井的威胁已经得到了有效控制，地面的灾后治理成绩显著，其他受灾较轻的单位正努力增产，支援全局的生产自救。全局除官地矿外,各单位都已恢复到受灾前的产量水平。事实证明,上级领导的指挥和决策是正确的,全局抢险救人的措施是及时的,各单位的工作是得力的。今天,我们在这里隆重召开大会,总结抗洪救灾工作,表彰抗洪救灾英雄模范和先进,号召全局职工宣传学习英雄模范事迹,弘扬抗洪救灾精神。

1996年8月3日晚至8月5日,太原地区连降大雨,特别是西山地区降雨量更大,据气象部门提供的资料,以石千峰庙前山为中心的西山地区,40小时降水量达314毫米,相当于历年全月平均总降水量的3.5倍,为二百年一遇的特大暴雨。短时间内大量集中的暴雨,使西山矿区范围内的沟壑山洪暴发,河流水位猛涨,洪水流量之大,来势之猛,百年罕见。

同年8月4日13时左右,矿区井上井下相继出现险情。官地矿、西铭矿、杜儿坪矿井下先后发现涌入洪水,马兰矿也因小窑渗水对大井构成严重威胁。矿区地面山洪暴发,洪流溢出河道,部分房屋倒塌,公路、铁路、桥梁冲断,矿区煤气、供电、供水、通讯中断,矿井和选煤厂停产,居民生活受到严重影响。这次洪灾受损最严重的是官地矿、杜儿坪矿生产系统和矿区公用设施及居民住房。由于山体滑坡、河水改道、水位猛升,洪水携带着树木、杂物形成泥石流,通过小煤窑灌入官地矿南北大巷,很快就冲毁、淤积、淹没井巷37850米,井上、井下的生产设施均遭受严重破坏,有1628台机电设备被淹没、损坏,有31万立方米的淤泥、石头和杂物需清理,全矿将停产6个月。由于决策正确、抢险及时,井下作业的546名职工有513名职工先后脱离险境。到目前,已寻找出32名遇难职工,还有1名在继续寻找。杜儿坪矿有33万立方米洪水灌入井下,整个1010下水平被洪水淹没,井下23091米巷道被淹,生产系统和生产设施、设备也遭到严重破坏。西铭矿因1152大巷进水,造成全矿停产。马兰矿由于武家庄小窑严重渗水,对大井构成了极其严重的威胁。矿区地面受灾也非常严重。矿区铁路专用线被洪水多处冲断,加之石太线中断,使全局原煤和精煤生产曾一度处于停产或半停产状态;水淹倒塌房屋3157间,涉及1500余户;冲毁桥梁三座;冲断堤坝十余处;铁路、公路路基塌陷6040米;供气、供水管路冲毁14825米;前山区供水、供电、煤气、通讯都一度中断,职工生活受到严重影响。据统计,"8·4"特大洪灾给我局造成直接经济损失2亿元,间接经济损失1.4亿元。

"8.4"洪灾发生后,从中央到地方,从煤炭部到煤管局,各级领导都非常关注井下职工的安全,非常重视西山的灾情。国务院副总理吴邦国、姜春云、秘书长罗干都作了重要指示。薄一波同志写来了慰问信,并派中央政研室办公室主任贾富昌同志带着10万元慰问款前来慰问。8月25日上午,国务院副秘书长刘济民一行也来到我局官地矿进行慰问,并转达了江泽民总书记和李鹏总理对官地矿遇难职工的关切和慰问。胡书记、孙省长、纪书记、曹市长等省、市主要领导多次来我局指导井下抢险救人,慰问职工家属,协调各方力量,全力支援西山抢险。胡书记怀着对煤矿职工的特殊感情,在百忙当中亲自组织抢险救人方案的决策和实施,使抢险救人取得重大突破。煤炭部王显政副部长和乌荣康、李学诚司长,省局杨月生局长、王纪仁书记等领导亲临抢险第一线,查看灾情,研究和制定抢险方案。省政协副主席靳承序、省局副局长苏燧同志坐镇西山,和我局广大职工一起度过了抢险救灾的艰难时刻。各级领导的关怀成为我局抢险救灾的巨大动力。在此,我代表全局三十万职工和家属,对各级领导的关怀表示衷心的感谢!

在抗洪救灾中,社会各界给予我局大力的支持。市公安局交警支队出动清障车,打通了进入官地矿的交通要道;市武警中队协助杜儿坪矿地面抢险;阳泉局救护队前来官地矿救援;本钢、宝钢等用户提前预付了煤款;兄弟单位、社会各界共捐款1000余万元,还捐助了大量的大米、白面等救灾物资;保险公司及时预付赔款1000万元;劳动部门赔付失业保险金455万元;太铁分局还为调整我局运力积极创造条件。兄弟单位的大力支持和鼎力相助,不仅给予了我们物质上的支持,更重要的是坚定了全局上下抗洪救灾的信心和决心。在此,我代表全局三十万职工和家属,向所有关心支持过我局抗洪救灾的社会各界、兄弟单位表示诚挚的谢意!

面对特大洪灾,我局抗洪救灾指挥部在上级领导的关怀下,在社会各界、兄弟单位的支持下,带领全局职工和家属日夜奋战在抗洪救灾第一线,可以说,在这场巨大的天灾面前,我们西山矿务局经受住了考验,我们西山矿务局的各级领导班子、广大干部和职工经受住了考验。特别是各级党组织和广大党员、干部在关键时刻发挥了关键作用,广大职工表现出了高度的主人翁精神,他们在与大自然的搏斗中,谱写了一曲曲抗洪抢险的革命英雄主义凯歌，涌现出了一大批可歌可泣的英雄人物和先进集体。今天将要受到表彰的五百多名同志就是其中杰出的代表。他们在个人利益和国家利益、自我安危和群众安危、甚至生与死的考验中，表现出了高尚的情操和优秀的品质，为夺取抗洪抢险的胜利和促进我局的发展立下不朽的功勋。我代表局党政向他们表示崇高的敬意!

“8·4”洪灾锻炼和考验了西山人，使企业的凝聚力更加强大，全局职工团结的更加紧密，艰苦创业的意志更加坚定。在历史罕见的洪灾面前，全局职工顽强抗洪、奋力抢险、夜以继日、不屈不挠，最大限度的保护了国家财产。局属各单位，顾全大局、齐心协力、扶困救危、勇于奉献，把灾害带来的损失降低到最低点。广大共产党员和领导干部不计名利、不讲报酬、不怕牺牲、冲锋在前，成为全局职工的楷模。正因为我局有这样一支过硬的职工队伍和党员、干部队伍，才使我局在与自然灾害的搏斗中，夺取了重大胜利。也正因为我局有这样一支过硬的职工队伍和党员、干部队伍，才使我局在与自然灾害搏斗中，创造出一种崇高的抗洪精神，这就是：**不畏艰险、舍己为公的献身精神，不屈不挠、连续作战的拼搏精神，风雨同舟、患难与共的团结精神，自强不息、勇挑重担的进取精神。**

在与“8·4”特大洪灾的英勇搏斗中，全局广大职工，特别是英雄、模范和先进人物，之所以能够发扬“献身、拼搏、团结、进取”的抗洪精神，夺取抗洪救灾的胜利，绝不是偶然的，而是具有深刻的思想基础和客观必然性。

1. “爱矿山、做主人、献身煤炭事业”是全局广大职工战胜自然灾害的思想基础。在这百里矿区，有他们倾注的心血，有他们付出的辛劳，有他们对事业的追求，也有他们对美好生活的向往，他们把对矿山的热爱、对岗位的热爱和对家庭的热爱有机地融合在了一起。因此，当矿区遭受洪灾袭击的时候，他们所表现出来的是人类最可贵的献身精神。官地矿二采区区长高成良受命组成抢险小组，赴玉成窑打开通道，抢险救人。他在队伍出发前明确表示：“我们绝不能辜负全矿职工家属的重托，一定要完成任务。若要死，我先死；若要死，干部先死!”他们靠着这种舍生忘死的精神，在氧气含量低、瓦斯浓度大、只能爬行通过的废弃巷道中，打开7道密闭、穿过400米采空区、打通1000米的通道，营救出了被困井下长达42小时的44名矿工。官地矿二采区党总支书记王硕林在洪水涌入井下的危急关头，将个人安危置之度外，毅然两次返回井下，将60余名职工安全带出地面。官地矿403队党支部书记王国瑞在洪灾到来时，首先想到是的工作，是队里职工家属的安危，他已连续在队里值班24小时，在家休息还不到3小时，又重返工作岗位，途中遇到小巴发生险情时，他不顾个人安危，把生的希望留给群众，舍身救出5名群众后，被洪水吞没，英勇牺牲。可以说，不管是今天受表彰的英雄、先进个人还是未受表彰的广大职工，在抗洪抢险中都表现出了这种舍己为公的献身精神。

2. 不屈不挠、顽强拼搏是煤矿职工特别能战斗精神的具体体现。正是靠着广大职工的顽强拼搏精神，我们才在巨大的灾害面前没有惊慌失措，更没有被灾害所压垮，而是在十分危险和艰苦的条件下取得了抗洪救灾的重大胜利。官地矿二采区副区长王连富、综一书记郑建荣、劳模栗俊平等44名同志，在被困井下的艰难时刻，干群一心，响亮地提出：“宁可累死，也不等死”的口号，分兵五路寻找出口，与局矿派往玉成窑的抢险救人小分队不谋而合，打通密闭，安全脱险。他们脱险后没有考虑个人的安危，而是关心着全矿的灾情和井下被困的职工。他们稍作休息又集体请战，奔赴了抢险救灾第一线。他们的壮举对全矿的抗洪救灾是一个巨大的激励。灾难面前，无论是官地矿、杜儿坪矿，还是受灾较轻的单位，都积极行动起来，抢险救人，排水清淤，恢复生产，重建家园。杜儿坪矿仅用短短27天时间就局部恢复了生产，挖出了“抗洪煤”。官地矿在南北大巷被泥石流淤满的情况下，组织尖刀班、突击队，千方百计清淤找人，作业场面困难得令人无法想象，但党员干部和工人群众没有一个叫苦叫累，硬是在狭窄的巷道里，一锹一锹地挖掘，一袋一袋地装泥，一米一米地推进。在洪灾中，前山地区供水、供气管道受到严重破坏，事业公司广大党员干部、工人群众冒雨抢修，克服一切困难，及时修复了供水、供气系统，稳定了职工生活，稳定了人心，鼓舞了斗志。大灾之后，面对灾害所造成的重重困难和巨大损失，我们响亮地提出了“精神不倒、产量不减、安全不松、治理不停”的战斗口号，决心以旺盛的斗志，冲天的干劲，百倍的努力，夺取抗洪救灾的彻底胜利。

3. 患难与共、团结协作是我们战胜洪灾的力量所在。在抗洪救灾的斗争中，不仅职工群众之间建立了互帮互济、团结友爱的新型人际关系，而且党群关系、干群关系也在患难与共中变得更为紧密，特别是"一方有难、八方支援"的共产主义风格更是得到了空前的发扬。全局各单位坚持以抢险救灾为重、以大局为重，没有受灾的全力支援受灾的，受灾轻的积极支援受灾重的，只要是救灾需要，无论是人力、物力、财力，不讲条件，随时调用，真正体现了全局一盘棋。西铭矿在开展生产自救的同时，积极支援重灾单位，全力帮助杜儿坪矿封堵进水小窑。机关党委及时组织机关干部和广大党员到重灾区抗洪抢险，特别是连续奋战十几天完成了西矿街小二楼和平房地区的清淤排污任务，为100多户职工家属恢复正常生活作出了贡献。机电总厂急受灾单位所急，不分昼夜，连续奋战，为官地矿赶制抢险救灾急用设备。建筑工程处不计成本、不讲报酬，集中力量修复桥梁道路，修筑堤坝，以实际行动支援受灾单位。局生活总公司、供应公司广大干部和工人，加班加点，热情服务，为抢险救灾工作提供了良好的后勤保障。局工会积极组织和发动全局职工为受灾单位和职工捐款捐物，协助基层工会做好受灾职工家属的思想工作和生活服务工作，稳定了职工家属的情绪，保证了抢险救灾工作的顺利进行。全局职工踊跃捐款，领导带头、党员带头，共为受灾职工捐款106万元。

4. 无私奉献、积极进取是我们煤矿工人最可贵的品质之一。在这次抗洪抢险中，我局广大职工这种高贵的品质和崇高的精神表现得更为充分。"8·4"洪灾使官地矿停产将达六个月，杜儿坪矿停产两个月，使全局的产量和利润受到很大影响。为了搞好全局的生产自救，减少全局的经济损失，局属各单位都积极自我加压、勇挑重担，为受灾单位分忧，为全局分忧。古交各矿的产量比原计划增加了73万吨，各选煤厂增加精煤产量50万吨。杜儿坪矿是受灾最严重的单位之一，根据受灾程度至少要停产2个月。杜儿坪矿广大职工和干部为了不拖全局的后腿，昼夜奋战，加快恢复生产进度，仅用了1个多月就全面恢复生产，并提出"产量不减、效益不降"的奋斗目标，主动为全局挑起了重担。为了多出煤、出好煤，各矿进一步加强了劳动组织管理，在不增加劳动力的情况下，临时取消了节假日和周五工作制，并采取了许多保勤措施。在各矿生产任务加大、产量增加的情况下，为了保证采掘衔接，各矿都主动加大了开掘力度和开掘投入。为了调整古交铁路运力，最大限度发挥古交选煤厂的生产能力，局运销总公司与铁路部门积极联系，做了巨大努力。为了减轻全局的利润压力，各单位都广泛深入地开展了增收节支活动，严格控制管理费和生产成本，为全局多创效益。官地矿广大职工和干部在抢险救人和恢复生产中，以惊人的毅力克服了许多难以想象的困难，把恢复生产与质量标准化结合起来，使恢复生产在十分艰难的条件下紧张而有秩序地推进。

在"8·4"抗洪救灾中形成的"抗洪精神"，是我局广大干部和职工创造的宝贵精神财富，是我局"团结奉献，求实进取"企业精神的具体体现和高度升华。只要我们继续保持和发扬这种抗洪精神，在今后的工作中，就没有克服不了的困难，没有战胜不了的艰难险阻。

弘扬抗洪精神，我们首先要向抗洪英雄模范人物学习，要大张旗鼓地宣传他们的先进事迹，在全局掀起一个学英雄、见行动的热潮，积极推进我局两个文明建设向前发展。

弘扬抗洪精神，我们要坚决完成今年的生产经营任务。按照10月9日全局生产经营会议的安排，原煤产量力争完成1745万吨、精煤产量力争完成700万吨。

弘扬抗洪精神，要确保安全生产，在后三个月坚决杜绝人身伤亡和其他重大事故。

弘扬抗洪精神，要积极推进企业改革，加快两个根本性转变的步伐，保证我局经济快速、高效、持续发展。

同志们，我局的抗洪抢险救灾工作已经取得了决定性胜利，但全，面恢复生产、弥补灾害损失的任务仍然非常艰巨。让我们在党中央、国务院和部省市的正确领导下，认真贯彻十四届六中全会精神，以英雄人物为榜样，以抗洪精神为动力，坚定信心、振奋精神、团结一致、顽强拼搏，为把我局各项工作推上一个新台阶而努力奋斗！

全国劳模选介

QUANGUO LAOMO XUANJIE

全国劳模选介

关德印　男　汉族
1921年3月生
1952年加入中国共产党
1959年全国群英会先进个人

1935年到西山煤矿白家庄矿当工人，1955年任西山煤矿官地矿矿长，后任西山矿务局机电处长，1975年任机修厂厂长，1984年退休，1991年12月去世。

在白家庄矿工作期间，白家庄矿二号井下发生卡罐事故，高车不能开动，无法下去检修，生产被迫停止。为排除168米深井卡罐故障，他自告奋勇，冒着生命危险，抱着竖井中又光又滑的水管，一米一米往下滑，移动到130多米的深处，处理了事故，保证了矿井的安全生产。任官地矿生产矿长时，狠抓管理，大搞技术革新，改装了自动装罐法和空索道木料运输法，研制成功西山－Ⅰ型回采装煤机、风机锤和打轮机等设备，使工作效率提高了8~20倍。

文件索引

WENJIAN SUOYIN

2007

西山煤电集团年鉴

XISHAN MEIDIAN JITUAN NIANJIAN

上行文件索引

关于调整东曲矿二号井矿界的报告	西山煤电字〔2006〕34 号
关于山西焦煤西山煤电集团有限责任公司列入棚户区改造有关土地问题的请示	西山煤电字〔2006〕42 号
关于申请 2006 年棚户区改造计划的报告	西山煤电字〔2006〕43 号
关于给山西金信建筑有限公司转授信的报告	西山煤电字〔2006〕56 号
关于给予五麟公司调煤内部价格和降低国贸代理费的报告	西山煤电字〔2006〕67 号
关于协调五麟公司铁路运输代理费的报告	西山煤电字〔2006〕68 号
关于建议将“太原市第四热源厂”建设与太原选煤厂矸石电厂改造统筹考虑充分利用太选矸石电厂现有场地等资源建设太原市第四热源厂的报告	西山煤电字〔2006〕69 号
关于申请核准山西焦煤西山煤电集团公司矿井水综合利用项目的请示	西山煤电字〔2006〕73 号
关于上报《山西焦煤集团公司西山矿区矿井废水资源化工程初步设计》的请示	西山煤电字〔2006〕74 号
关于申请山西焦煤西山煤电集团公司矿井水综合利用项目国债补助资金的报告	西山煤电字〔2006〕75 号
关于申报 2005 年度高产高效矿井的报告	西山煤电字〔2006〕81 号
关于申请 2006 年棚户区改造计划的报告	西山煤电字〔2006〕82 号
关于山西焦煤西山煤电集团有限责任公司棚户区改造《建设项目选址意见书》的报告	西山煤电字〔2006〕83 号
需要协调古交市人民政府解决棚户区改造若干问题的报告	西山煤电字〔2006〕87 号
关于西山煤电集团公司自办中小学校分离移交政府管理中有关问题的请示	西山煤电字〔2006〕88 号
关于西山煤电股份公司大宗材料由焦煤集团集中采购有关事项的请示	西山煤电字〔2006〕89 号
关于申请办理西山煤电集团有限责任公司北京联络处丰台区南苑路	

甲11号物业改扩建所需立项相关材料的报告 西山煤电字〔2006〕92号

关于申报2005年度生产矿井地质损失储量的请示 西山煤电字〔2006〕93号

关于将联营煤矿纳入到资源整合方案中的报告 西山煤电字〔2006〕94号

关于对山西省审计厅审计决定书的意见 西山煤电字〔2006〕96号

关于对特种作业人员有关事宜的请示 西山煤电字〔2006〕97号

关于五麟公司申请流动资金贷款担保的报告 西山煤电字〔2006〕99号

关于核准“山西焦煤集团西山吕家岭煤矿有限责任公司”名称的报告 西山煤电字〔2006〕111号

关于补充说明建设太原市第四热源厂与改造太选矸石电厂有关问题的报告 西山煤电字〔2006〕112号

关于西山煤电集团公司433小区土地权属情况的报告 西山煤电字〔2006〕123号

关于申领煤炭生产许可证的报告 西山煤电字〔2006〕124号

关于将古交市邢家社乡梅洞沟村庄搬迁纳入到“古交市采煤沉陷综合治理”项目中的请示 西山煤电字〔2006〕125号

关于山西焦煤集团五麟煤焦开发公司铁路专用线立户发运焦炭的请示 西山煤电字〔2006〕129号

关于调整西山煤电集团2006年进尺计划的请示 西山煤电字〔2006〕131号

关于上报2006、2007年煤矿地质补充勘探备选项目的报告 西山煤电字〔2006〕132号

关于西铭乡白家庄村部分村民封堵矿区主干道严重影响我集团两矿一厂安全生产的紧急报告 西山煤电字〔2006〕133号

关于请求核减西山煤电集团公司第五期义务植树任务的请示 西山煤电字〔2006〕135号

关于山西焦煤西山煤电集团有限责任公司阻燃输送带、阻燃电缆检测实验室计量认证的报告 西山煤电字〔2006〕136号

关于呈报“太选矸石电厂改造的污染物区域削减方案”的报告 西山煤电字〔2006〕138号

关于白家庄村部分村民封堵公路的紧急报告 西山煤电字〔2006〕148号

关于棚户区改造开工时间的报告 西山煤电字〔2006〕151号

关于办理“吕梁三泉循环经济工业园区”配套交城郑家庄煤矿“探转采”

手续的报告 西山煤电字〔2006〕152号

关于山西西山热电有限责任公司综合利用电厂3#机组审批和建设情况的报告 西山煤电字〔2006〕157号

关于将山西焦煤集团所持有山西西山热电有限责任公司股份转让给山西西山白家庄矿业有限公司的请示 西山煤电字〔2006〕166号

关于申请对汾阳五麟焦化园一期100万吨/年焦化项目进行工程质量认证的报告 西山煤电字〔2006〕174号

关于河龙湾110kV变电站开工建设的报告 西山煤电字〔2006〕178号

关于认定山西焦煤西山煤电集团公司白矿五三街等改造项目为棚户区改造项目的报告 西山煤电字〔2006〕182号

关于山西焦煤西山煤电集团公司棚户区改造433小区所涉及的30809001宗地有关土地权属问题的请示 西山煤电字〔2006〕184号

关于西山煤电集团公司计量标准申请复查的报告 西山煤电字〔2006〕201号

关于《山西焦煤西山煤电集团公司棚户区改造拆迁安置意见》的请示 西山煤电字〔2006〕209号

关于确认山西焦煤西山煤电集团公司白家庄矿五三街等改造项目为棚户区改造项目的请示 西山煤电字〔2006〕210号

关于山西焦煤西山煤电集团公司2006年—2008年棚户区改造总体规划的请示 西山煤电字〔2006〕213号

山西焦煤西山煤电集团有限责任公司联营煤矿情况汇报 西山煤电字〔2006〕222号

山西焦煤西山煤电集团有限责任公司联营煤矿情况汇报 西山煤电字〔2006〕223号

关于棚户区改造的专题报告 西山煤电字〔2006〕229号

关于西山南寒商住楼项目用地预审申请报告 西山煤电字〔2006〕235号

关于对山西西山白家庄矿业有限责任公司追加投资的请示 西山煤电字〔2006〕239号

关于矿区内私开矿严重威胁大矿安全生产的紧急报告 西山煤电发〔2006〕242号

关于进一步加快联营煤矿及资源整合步伐的专题报告 西山煤电字〔2006〕243号

关于北京办事处南线里商服楼合同买受方变更名称的请示 西山煤电字〔2006〕244号

西山煤电集团公司关于将机电总厂等五个单位作为主辅分离辅业改制试点的请示 西山煤电字〔2006〕249号

关于山西焦煤西山煤电集团有限责任公司棚户房改造请求调整部分用地规划的报告 西山煤电字〔2006〕251号

西山煤电集团公司关于太选矸石电厂改造及西山前山矿区坑口矸石热电厂3#机组污染物总量削减措施的承诺 西山煤电字〔2006〕253号

关于上报《2006年煤矿安全改造项目可行性研究报告》的报告 西山煤电字〔2006〕259号

关于上报《杜儿坪矿全井田瓦斯抽采和综合利用科技攻关试点工程项目实施方案》的报告 西山煤电字〔2006〕260号

关于上报西山煤电集团公司棚户区改造项目建议书的请求 西山煤电字〔2006〕262号

关于申请2006年棚户区改造计划的报告 西山煤电字〔2006〕263号

关于古交市屯村部分村民聚众封堵铁路严重影响我集团安全生产的紧急报告 西山煤电字〔2006〕266号

关于山西焦煤集团矿业管理公司设立煤炭销售子公司的请示 西山煤电字〔2006〕275号

山西焦煤西山煤电集团公司关于所属职工总医院创建省级矿山医疗救护分中心的请示 西山煤电字〔2006〕280号

关于进一步加快联营煤矿建设的专题报告 西山煤电字〔2006〕287号

关于对“屯兰矿水文地质条件研究、镇城底矿带压开采可行性研究及奥灰水防治措施报告”审批的请示 西山煤电字〔2006〕289号

关于呈报《山西焦煤西山煤电集团公司对所属煤矿安全生产基本条件审核评价》的报告 西山煤电字〔2006〕291号

关于申请核准山西焦煤西山煤电集团公司杜儿坪矿瓦斯发电项目的报告 西山煤电字〔2006〕293号

西山煤电集团公司关于山西焦煤集团捷明经贸有限责任公司山西焦煤矿业管理有限责任公司增加注册资本的请示 西山煤电字〔2006〕296号

西山煤电集团公司关于托管美锦能源集团东于矿、内蒙古伊泰集团宏景塔一矿和山西燎原煤焦化集团选煤厂的请示 西山煤电字〔2006〕297号

关于上报西山煤电集团公司古交地区棚户区改造项目建议书的请求 西山煤电字〔2006〕298号

关于西山煤电集团公司杜儿坪矿煤层气电厂工程项目及污染物排放总量的请示 西山煤电字〔2006〕299号

关于申请马兰矿麻家口风井建设核准的报告 西山煤电字〔2006〕300号

关于严厉打击南峪沟非法采矿的紧急报告 西山煤电字〔2006〕302号

关于报送《山西焦煤西山煤电集团有限责任公司东曲矿关闭破产预案》的报告 西山煤电字〔2006〕310号

关于所属子分公司工商年检有关问题的请示 西山煤电字〔2006〕320号

关于坚决取缔严重威胁大矿安全生产非法煤矿的紧急报告 西山煤电字〔2006〕322号

关于白家庄等五矿《煤炭生产许可证》变更矿长姓名的报告 西山煤电字〔2006〕323号

关于请求协助太原西山福利厂办理煤炭经营许可证的报告 西山煤电字〔2006〕324号

关于山西焦煤西山煤电集团公司2006年—2008年棚户区改造总体规划的请示 西山煤电字〔2006〕326号

关于审批东曲矿资源/储量复核报告的请示 西山煤电字〔2006〕329号

关于《山西焦煤集团西山煤矿总公司官地矿至第一热电厂地下运煤通道工程项目》污染物排放容量总量的请示 西山煤电字〔2006〕330号

关于山西焦煤西山煤电集团公司与香港建滔化工有限公司合作建设甲醇项目的请示 西山煤电字〔2006〕335号

关于成立山西焦煤西山汾阳化工有限责任公司的报告 西山煤电字〔2006〕339号

关于拟建联营煤矿处置方案的报告 西山煤电字〔2006〕340号

关于上报邓家庄矿瓦斯等级鉴定结果的报告 西山煤电字〔2006〕342号

关于申请上调电厂售电价格的报告 西山煤电字〔2006〕343号

关于西山煤电集团公司矿区及周边越层越界小煤矿的报告 西山煤电字〔2006〕346号

关于《山西焦煤西山煤电集团公司棚户区改造拆迁安置意见》的请示 西山煤电字〔2006〕348号

关于请求山西焦煤集团公司给予贷款担保的报告 西山煤电字〔2006〕349号

关于山西焦煤西山煤电集团有限责任公司与香港建滔化工有限公司

合作建设甲醇项目的报告	西山煤电字〔2006〕352号
关于西山煤电集团公司井田内及周边非法违法煤矿的报告	西山煤电字〔2006〕356号
关于拟建联营煤矿处置方案的报告	西山煤电字〔2006〕362号
关于西山热电有限责任公司综合利用电厂3#机组及太选矸石电厂改造申请审批的报告	西山煤电字〔2006〕363号
关于送审《西山煤电集团公司杜儿坪矿煤层气电厂工程环境影响报告表》的请示	西山煤电字〔2006〕367号
关于报送"西山煤电集团公司前山矿区2006—2008年废气污染物排放削减方案"的报告	西山煤电字〔2006〕368号
关于白家庄等六矿《煤炭生产许可证》变更矿长姓名的报告	西山煤电字〔2006〕371号
关于对西山煤电集团公司官地矿复产验收审核的报告	西山煤电字〔2006〕372号
关于申请核准官地矿至第一热电厂运煤通道建设项目的报告	西山煤电字〔2006〕375号
关于申请前山矿区供热管网技改工程项目核准的报告	西山煤电字〔2006〕376号
关于申请汾阳20万吨甲醇项目备案的报告	西山煤电字〔2006〕377号
关于申请核准杜儿坪矿改扩建项目的报告	西山煤电字〔2006〕378号
关于请求排除电台干扰的报告	西山煤电字〔2006〕379号
关于山西焦煤西山煤电集团公司棚户区改造《建设项目选址意见书》的报告	西山煤电字〔2006〕381号
关于五麟煤焦开发公司使用铁路集装箱发运焦炭的请示	西山煤电字〔2006〕383号
关于西山古交矿区申请用电的报告	西山煤电字〔2006〕391号
关于呈报审查《山西焦煤集团有限责任公司东曲煤矿资源/储量核查报告》的请示	西山煤电字〔2006〕401号
关于对西曲矿多经公司等单位进行计量检测能力评定复查的报告	西山煤电字〔2006〕405号
关于申请古交电厂配套项目备案的报告	西山煤电字〔2006〕408号
关于托管美锦能源集团东于煤矿的报告	西山煤电字〔2006〕410号

关于使用银行贷款额度的报告　西山煤电字〔2006〕412 号

增加西山煤气化公司铁路运力的报告　西山煤电字〔2006〕415 号

关于呈报邓家庄煤矿 45 万吨 / 年技改井下爆破材料库竣工验收的报告　西山煤电字〔2006〕421 号

关于山西焦煤西山煤电集团公司棚户区改造新征用地的报告　西山煤电字〔2006〕422 号

关于申请山西焦煤西山煤电集团公司 2006 年煤矿安全改造项目备案的报告　西山煤电字〔2006〕431 号

关于前山矿区 35kV 电网主接线及运行方式的报告　西山煤电字〔2006〕434 号

关于申请批准“岢岚至瓦塘(一期到魏家滩)铁路初步设计”的请示　西山煤电字〔2006〕435 号

关于“山西国际会展中心”开发建设事宜的请示　西山煤电字〔2006〕436 号

关于协议出让白家庄矿业有限责任公司接替井(区)及官地、杜儿坪接替区探矿权的请示　西山煤电字〔2006〕437 号

关于申请注入五麟公司资本金的报告　西山煤电字〔2006〕439 号

关于变更企业名称的请示　西山煤电字〔2006〕440 号

关于西山古交矿区申请用电的报告　西山煤电字〔2006〕441 号

关于处置太原市杰森实业有限公司闲置资产的请示　西山煤电字〔2006〕448 号

关于请求解决山西焦煤西山煤电集团公司工商登记注册等有关问题的报告　西山煤电字〔2006〕449 号

关于山西焦煤西山煤电集团有限责任公司拟组建联营煤矿的请示　西山煤电字〔2006〕450 号

关于在中小学校移交政府管理过渡期间拟预付教职员工工资等问题的请示　西山煤电字〔2006〕462 号

关于申请对 2004 年和 2005 年环保补助项目验收的报告　西山煤电字〔2006〕464 号

关于滨河西路玉门河南侧西渠路西干渠临时覆盖的请示　西山煤电字〔2006〕466 号

关于调整西山煤电集团公司专业技术职务评审委员会(库)的请示　西山煤电字〔2006〕473 号

关于将西山职工总医院申请成为中国煤矿尘肺病治疗基金会定点医院的报告　西山煤电字〔2006〕476 号

关于增加西山煤气化铁路运力的报告　西山煤电字〔2006〕477 号

关于邓家庄煤矿联合试运转延续三个月的请示　西山煤电字〔2006〕481 号

西山煤电集团有限责任公司关于拟组建联营煤矿的报告 西山煤电字〔2006〕483 号

关于古交市所属小煤矿在西山集团各矿井田内进行煤炭资源整合意见的请示 西山煤电字〔2006〕484 号

关于将西出口复线玉门路工程列入市政工程管理的请示 西山煤电字〔2006〕497 号

山西焦煤西山煤电集团公司关于申请刘巴足风井项目核准的报告 西山煤电字〔2006〕498 号

关于对山西省审计厅审计决定书的意见 西山煤电字〔2006〕500 号

关于申请核准官地矿至太原第一热电厂地下输煤通道工程项目的报告 西山煤电字〔2006〕503 号

关于申请环保补助资金的报告 西山煤电字〔2006〕519 号

关于白家庄等五矿矿长资格证和安全生产许可证变更的报告 西山煤电字〔2006〕523 号

关于矿业管理公司托管的邓家庄煤矿技术改造设计变更的请示 西山煤电字〔2006〕524 号

关于变更山西焦煤集团有限责任公司北京招待所名称等事宜的报告 西山煤电字〔2006〕535 号

关于矿业管理公司托管的邓家庄煤矿 45 万吨 / 年建设项目申请竣工验收的报告 西山煤电字〔2006〕536 号

关于 2006 年度工程、教育系列中级职称评审结果的报告 西山煤电字〔2006〕539 号

西山煤电集团公司工业污染源治理全面达标申请验收的报告 西山煤电字〔2006〕543 号

关于山西西山晋兴能源有限责任公司投资山西兴光输电有限公司的请示 西山煤电字〔2006〕548 号

关于太原市杰森实业有限公司处置闲置资产评估备案的请示 西山煤电字〔2006〕550 号

关于北京办事处南线里商服楼合同买受方变更名称的报告 西山煤电字〔2006〕552 号

关于 2006 年度矿井瓦斯等级鉴定结果及申报矿井等级的报告 西山煤电字〔2006〕553 号

关于古交市屯村村民围堵屯马运煤铁路线的紧急报告 西山煤电字〔2006〕556 号

关于山西兴能发电有限责任公司一、二期工程合作方式与股权比例的请示 西山煤电字〔2006〕559 号

关于设立山西电力实业有限公司的请示 西山煤电字〔2006〕560 号

关于山西焦煤西山煤电集团公司棚户区改造建设项目用地预审的申请 西山煤电字〔2006〕564 号

关于2007年向太一、太二两电厂公路运输销售煤炭产品的请示 西山煤电字〔2006〕566号

关于申请银行贷款的报告 西山煤电字〔2006〕568号

关于申请跨越桃杏—白家庄国铁线路的报告 西山煤电字〔2006〕578号

山西焦煤西山煤电集团公司关于棚户区改造建设项目用地预审出具初审意见的报告 西山煤电字〔2006〕589号

关于2006年工效挂钩的请示 西山煤电字〔2006〕591号

关于矿业管理公司托管的邓家庄煤矿技术设计变更的请示 西山煤电字〔2006〕597号

关于申请注入五麟公司资本金的报告 西山煤电字〔2006〕603号

关于处置资产损失的请示 西山煤电字〔2006〕604号

西山煤电集团公司关于太原市财政局《关于焦煤集团西山煤矿总公司驻并企业学校剥离经费测算的报告》的意见 西山煤电字〔2006〕608号

关于山西焦煤西山煤电集团公司棚户区改造(虎胜街、401小区)项目排污申请总量的报告 西山煤电字〔2006〕611号

山西焦煤西山煤电集团公司关于企业自办中小学校移交地方政府相关问题的报告 西山煤电字〔2006〕621号

关于申报2006年度生产矿井地质损失储量的请示 西山煤电字〔2006〕622号

关于西山矿区采煤沉陷区综合治理与棚户区改造相结合的请示 西山煤电字〔2006〕624号

关于西山矿区采煤沉陷区综合治理项目与棚户区改造结合的请示 西山煤电字〔2006〕625号

关于理顺山西焦煤西山建筑(集团)公司产权关系的请示 西山煤电字〔2006〕630号

关于召开中国共产党山西焦煤西山煤电集团有限责任公司第七次代表大会的请示 西山煤电党字〔2006〕13号

关于成立中共山西焦煤集团五麟煤焦开发有限责任公司委员会的请示 西山煤电党字〔2006〕14号

关于成立中共山西兴能发电有限责任公司委员会的请示 西山煤电党字〔2006〕15号

关于成立中共山西西山晋兴能源有限责任公司委员会的请示 西山煤电党字〔2006〕16号

关于王雷英等同志任免职务的报告 西山煤电党发〔2006〕27号

关于陈范芳同志更改工龄的请示 西山煤电党字〔2006〕101 号

关于召开山西焦煤西山煤电集团公司第七次党代会的第二次请示 西山煤电党字〔2006〕131 号

关于中国共产党山西焦煤西山煤电集团公司第七次代表大会和中国共产党山西焦煤西山煤电集团公司第七届委员会以及纪律检查委员会第一次全体会议选举结果的报告 西山煤电党字〔2006〕134 号

关于确定西山煤电集团公司出席山西省国资委党员代表会议代表候选人初步人选和出席山西焦煤集团公司党员代表会议代表预备人选情况的报告 西山煤电党字〔2006〕141 号

关于选举产生西山煤电集团公司出席中国共产党山西焦煤集团公司代表会议代表的情况报告 西山煤电党字〔2006〕142 号

西山煤电集团公司党委关于召开 2006 年度党员领导成员民主生活会的请示 西山煤电党字〔2006〕161 号

关于《山西焦煤西山煤电集团公司落实省委巡视组反馈意见的整改方案》的报告 西山煤电党字〔2006〕168 号

行政文件索引

严细管理　狠抓落实　全面加强安全生产工作的决定 西山煤电发〔2006〕1 号

关于下发《山西焦煤西山煤电集团公司 2006 年度精神文明建设要点》的通知 西山煤电文明委发〔2006〕1 号

关于下发《安全管理六项制度和安全质量标准化检查评分标准及考核办法》的通知 西山煤电安发〔2006〕3 号

关于重申进一步严格落实责任法人制度　强化生产安全指挥组织协调工作的决定 西山煤电发〔2006〕5 号

关于下发《安全质量标准化创新项目竞赛考核办法》的通知 西山煤电安发〔2006〕6 号

关于下发《西山煤电集团公司 2006 年职工培训计划》的通知 西山煤电职改发〔2006〕7 号

关于印发《西山煤电集团公司职工安全培训管理办法》的通知 西山煤电安发〔2006〕8 号

关于印发《西山煤电集团公司对煤矿企业主要负责人　安全生产管理人员和特种作业人员持有效证件上岗的规定》的通知　西山煤电安发〔2006〕9号

关于下发《煤矿自救器管理使用办法》的通知　西山煤电安发〔2006〕10号

关于下发《西山煤电集团公司2006年安全宣传教育计划》的通知　西山煤电发〔2006〕11号

关于下发《西山煤电集团公司安全宣传教育管理办法》的通知　西山煤电发〔2006〕12号

关于印发《西山煤电集团公司生产矿井"一通三防"绩效考核处罚条例》的通知　西山煤电通发〔2006〕13号

关于下发2006年材料价格定率差异的通知　西山煤电供发〔2006〕14号

关于印发《西山煤电集团公司生产矿井"一通三防"绩效考核奖惩办法》的通知　西山煤电通发〔2006〕15号

关于对小煤矿强化监督管理确保安全生产的决定　西山煤电发〔2006〕16号

关于印发《西山煤电集团有限责任公司矿区周边小煤矿监管考核办法》的通知　西山煤电发〔2006〕17号

关于印发《西山煤电集团有限责任公司矿井防治水工作绩效考核办法》的通知　西山煤电发〔2006〕18号

关于强化矿井防治水患专项整治的决定　西山煤电发〔2006〕19号

关于印发《山西焦煤西山煤电集团公司顶板管理办法》的通知　西山煤电发〔2006〕20号

关于下发《2006年矿井运输管理规定》的通知　西山煤电发〔2006〕21号

关于印发《机电管理处罚条例》的通知　西山煤电机发〔2006〕22号

关于下发机电管理绩效考核办法的通知　西山煤电机发〔2006〕23号

关于下发《西山煤电集团公司总工程师责任制和工作制度》的通知　西山煤电发〔2006〕24号

关于下发《矿井生产技术管理基础工作若干规定》的通知　西山煤电发〔2006〕25号

关于下发《采煤工作面设计审批和验收管理规定》的通知　西山煤电发〔2006〕26号

关于下发《强化劳动组织、规范入升井人员管理规定》的通知　西山煤电劳发〔2006〕27号

关于王萍等23名同志具备档案等系列相应专业技术职务任职资格的通知　西山煤电职改发〔2006〕28号

关于填报军转干部生活困难补助报表的通知　西山煤电发〔2006〕29号

关于新增物资执行计划价的通知 西山煤电供应发〔2006〕30号

关于转发《关于2006年财务预算工作安排的通知》的通知 西山煤电财发〔2006〕31号

转发《关于将兴县斜沟煤矿纳入山西焦煤集团有限责任公司管理的批复》的通知 西山煤电发〔2006〕32号

转发山西焦煤集团公司《关于启用“山西焦煤西山煤电集团有限责任公司”等4枚印章的通知》的通知 西山煤电发〔2006〕33号

转发《山西焦煤集团公司加强煤矿综合防尘防灭火工作的补充规定》的通知 西山煤电发〔2006〕35号

关于印发《西山煤电集团公司1~4级伤残职工、供养亲属定期待遇纳入基金统筹及调整待遇实施方案》的通知 西山煤电发〔2006〕36号

转发《关于印发完善企业职工基本养老保险制度宣传提纲的通知》的通知 西山煤电发〔2006〕37号

关于调整山西焦煤西山煤电集团公司电费电价的通知 西山煤电电力发〔2006〕38号

关于下达2006年主要生产经营计划指标并编报2006年生产经营计划的通知 西山煤电发〔2006〕39号

关于下达矿井及选煤厂2006年度效益工资计提考核指标及月度审核确认办法的通知 西山煤电发〔2006〕40号

关于印发《山西焦煤西山煤电集团有限责任公司加快矿区棚户区改造的实施方案》的通知 西山煤电发〔2006〕41号

关于为信访机构专职工作人员发放信访工作岗位津贴的通知 西山煤电发〔2006〕44号

关于下发《山西焦煤西山煤电集团有限责任公司联营煤矿管理暂行办法》的通知 西山煤电发〔2006〕45号

关于2006年职业技能鉴定工作安排的通知 西山煤电发〔2006〕46号

关于表彰二〇〇五年度物资供应系统先进的决定 西山煤电发〔2006〕47号

关于下发《山西焦煤西山煤电集团公司劳动定额管理办法》的通知 西山煤电发〔2006〕48号

关于屯兰矿南二盘区下组煤地质说明书的批复 西山煤电发〔2006〕49号

关于加强山西焦煤西山煤电集团公司爱国卫生工作绩效考核的通知 西山煤电发〔2006〕50号

关于山西焦煤西山煤电集团公司卫生系统综合考核与绩效工资考核办法的通知 西山煤电卫发〔2006〕51 号

关于做好春节期间安全生产工作的通知 西山煤电发〔2006〕52 号

关于 2006 年审计工作安排的通知 西山煤电发〔2006〕53 号

转发《学校食物中毒事故行政责任追究暂行规定》的通知 西山煤电疾控发〔2006〕54 号

转发《关于贵州省盘南煤炭开发有限责任公司响水煤矿"12·24"特大事故的通报》的通知 西山煤电安发〔2006〕55 号

印发《山西焦煤西山煤电集团有限责任公司安全培训竞赛考核办法》的通知 西山煤电发〔2006〕57 号

关于创建国家"职业卫生示范企业"规范集团公司职业卫生工作的通知 西山煤电发〔2006〕58 号

关于控(参)股公司科级干部管理有关问题的暂行规定 西山煤电发〔2006〕59 号

关于印发《机关处室处及有关直属单位 2006 年工作绩效考核办法》的通知 西山煤电发〔2006〕60 号

关于转发《山西省矿井瓦斯监测监控系统管理办法》(试行)的通知 西山煤电发〔2006〕61 号

关于印发《山西焦煤西山煤电集团公司 2006 年职工浮动升级实施方案》的通知 西山煤电发〔2006〕62 号

关于印发山西焦煤西山煤电集团公司十八届一次职代会暨 2006 年工作会议有关材料的通知 西山煤电发〔2006〕63 号

关于下发《山西焦煤西山煤电集团公司煤质管理考核办法》的通知 西山煤电生发〔2006〕64 号

关于下发高产高效矿井和优质高效选煤厂建设绩效考核办法的通知 西山煤电生发〔2006〕65 号

关于下达西山煤电集团公司 2006 年盈亏指标的通知 西山煤电发〔2006〕66 号

关于李建斌等 28 名同志取得高级工程师任职资格的通知 西山煤电发〔2006〕70 号

关于刘志明等 4 名同志取得成绩优异的高级工程师任职资格的通知 西山煤电发〔2006〕71 号

关于做好 2005 年度集团公司卫生系统优秀医师 优秀护士评选表彰工作的通知 西山煤电卫发〔2006〕72 号

关于填报 2005 年度监事会基础资料的通知 西山煤电发〔2006〕76 号

关于档案管理人员发放岗位津贴的通知 西山煤电发〔2006〕78 号

关于对集团公司所属食品行业、公共场所、生活饮用水供给、托幼园所从业人员及入在托儿童进行年度健康体检的通知 西山煤电疾控发〔2006〕79 号

关于下发《山西焦煤西山煤电集团公司社会保险缴费绩效考核细则》的通知 西山煤电社保发〔2006〕80 号

关于下发《西山煤电集团公司新购住房后原住房处置办法》的通知 西山煤电发〔2006〕84 号

关于下发责任法人计划生育考核实施方案的通知 西山煤电计生发〔2006〕85 号

关于印发《西山煤电集团公司招用农民工暂行规定》的通知 西山煤电发〔2006〕86 号

关于转发《太原市住房公积金管理中心关于对山西焦煤集团棚户区改造摸底情况的通知》的通知 西山煤电发〔2006〕90 号

关于规范集团公司在职女职工妇女病普查普治工作的通知 西山煤电发〔2006〕91 号

关于对热电联供架空管道冻结事故的通报 西山煤电发〔2006〕95 号

关于编报 2006 年大修资金等资金计划的通知 西山煤电计发〔2006〕98 号

关于西山煤电集团公司港口煤盘点情况处理意见的通知 西山煤电财发〔2006〕100 号

关于下发《西山煤电集团有限责任公司煤炭产品公路销售管理办法》的通知 西山煤电发〔2006〕101 号

关于下发《西山煤电集团公司有限责任公司矸石煤销售管理办法》的通知 西山煤电发〔2006〕102 号

关于下发西山煤电集团公司 2006 年首批维简资金计划的通知 西山煤电计发〔2006〕103 号

关于下发西山煤电集团公司 2006 年首批生产安全资金计划的通知 西山煤电计发〔2006〕104 号

关于下发西山煤电集团公司 2006 年首批重大技术改造项目资金计划的通知 西山煤电计发〔2006〕105 号

关于认真学习李毅中局长在全国安全生产电话会议上的讲话的通知 西山煤电发〔2006〕106 号

关于下发 2006 年煤矿安全国债项目资金计划的通知 西山煤电发〔2006〕107 号

转发《关于下发山西焦煤集团公司煤炭综合利用部等部门工作职责的通知》的通知 西山煤电发〔2006〕108 号

关于 2005 年度责任法人综合目标检查考核情况的通知 西山煤电发〔2006〕109 号

转发省委、省政府有关部门关于调整离休干部护理费标准的通知	西山煤电发〔2006〕110号
关于下发山西焦煤西山煤电集团有限责任公司2006年人防工作安排的通知	西山煤电发〔2006〕113号
关于印发《闲置、报废机电设备管理办法》的通知	西山煤电机发〔2006〕114号
关于印发《山西焦煤西山煤电集团有限责任公司2006年责任法人制度综合目标考核办法》的通知	西山煤电发〔2006〕115号
关于转发山西焦煤集团公司住房公积金管理有关办法的通知	西山煤电发〔2006〕116号
关于印发《住房公积金贷款实施细则》的通知	西山煤电发〔2006〕117号
关于调整西山煤电集团公司效能监察领导组的通知	西山煤电发〔2006〕118号
关于表彰2005年度效能监察优秀项目成果的决定	西山煤电发〔2006〕119号
关于审批2006年效能监察项目的通知	西山煤电发〔2006〕120号
关于对招投标管理开展效能监察的实施意见	西山煤电发〔2006〕121号
关于对选煤厂介质粉单耗管理开展效能监察的实施意见	西山煤电发〔2006〕122号
转发山西省煤炭工业局《关于全省煤炭系统民爆器材安全检查》的通知	西山煤电发〔2006〕126号
关于下发编报2006年固定资产投资和固定资产修理资金计划的通知	西山煤电计发〔2006〕127号
关于下发《西山煤电集团公司供水 节约用水管理细则》的通知	西山煤电发〔2006〕128号
关于印发山西焦煤西山煤电集团公司多种经营2006年工作会议有关材料的通知	西山煤电发〔2006〕130号
关于下达2006年西山煤电集团公司机关(直属)单位客饭及业务用餐指标的通知	西山煤电发〔2006〕134号
关于进行供电系统春检及防雷设施和电气设备预防性试验的通知	西山煤电发〔2006〕137号
关于做好2006年劳模、职工荣誉休养工作的通知	西山煤电发〔2006〕139号
关于下达西山煤电集团公司2006年度节能监测计划的通知	西山煤电发〔2006〕140号
关于对金城公司四队单身楼"2·9"危险火工品重大事故隐患有关责任人员的处理决定	西山煤电发〔2006〕141号

关于下发《落实"二十个必须"对所属各单位、部门调度室(值班室)重要情况汇报的规定与考核办法》的通知	西山煤电发〔2006〕142 号
关于下发《落实"二十个必须"对重要情况的通知程序与考核办法》的通知	西山煤电发〔2006〕143 号
关于下发《西山煤电集团公司煤炭库存管理办法》的通知	西山煤电发〔2006〕144 号
关于对金城公司四队单身楼"2·9"危险火工品重大事故隐患处理情况的通知	西山煤电发〔2006〕145 号
关于屯兰矿南四盘区地质说明书的批复	西山煤电发〔2006〕146 号
关于下达西山煤电集团公司 2006 年医疗保险缴费基数和缴费比例的通知	西山煤电发〔2006〕147 号
转发《山西省危险化学品安全管理办法》的通知	西山煤电发〔2006〕149 号
关于下发《西山煤电集团有限责任公司工程项目包干建设管理办法》的通知	西山煤电发〔2006〕150 号
关于下发《西山煤电集团有限责任公司法律顾问管理办法》的通知	西山煤电法发〔2006〕153 号
关于下发《山西焦煤西山煤电集团有限责任公司人民调解工作管理办法》的通知	西山煤电法发〔2006〕154 号
关于下发《山西焦煤西山煤电集团有限责任公司诉讼、非诉讼案件管理办法》的通知	西山煤电法发〔2006〕155 号
关于下发《山西焦煤西山煤电集团有限责任公司担保管理若干规定》的通知	西山煤电法发〔2006〕156 号
关于转发《关于开展煤矿矿井通风能力核定人员专业知识培训的通知》的通知	西山煤电发〔2006〕158 号
关于转发《关于规范煤矿煤尘爆炸性和煤层自燃倾向性鉴定工作的通知》的通知	西山煤电发〔2006〕159 号
关于转发《关于进一步搞好 2006 年度煤矿矿井瓦斯等级和二氧化碳涌出量鉴定工作的通知》的通知	西山煤电发〔2006〕160 号
关于在节水领域开展自主创新工作的通知	西山煤电发〔2006〕161 号
转发《太原市人民政府办公厅关于 1985—1999 年达标园林化单位复查情况的通知》的通知	西山煤电发〔2006〕162 号
关于下发二〇〇六年重点工程会战考核办法的通知	西山煤电发〔2006〕163 号

关于印发设备租赁、检修、配件管理等办法的通知	西山煤电发〔2006〕164 号
关于印发《山西焦煤西山煤电集团公司经济责任内部审计处理处罚暂行办法》的通知	西山煤电发〔2006〕165 号
关于下达 2006 年电力公司电费结余指标的通知	西山煤电发〔2006〕167 号
关于下达 2006 年设备租赁公司租赁费结余指标的通知	西山煤电发〔2006〕168 号
关于下达公用事业总公司 2006 年福利费补贴指标的通知	西山煤电发〔2006〕169 号
关于下达 2006 年福利费结余考核指标的通知	西山煤电发〔2006〕170 号
关于下达 2006 年定额流动资金指标的通知	西山煤电发〔2006〕171 号
关于下达西山煤电集团公司 2006 年债权清理指标的通知	西山煤电发〔2006〕172 号
关于"加强矿区工程电气试验检测工作"的通知	西山煤电发〔2006〕173 号
关于对官地矿选煤厂 2005 年财务收支情况的审计意见	西山煤电发〔2006〕175 号
关于下达机关处室、直属单位及分离厂点 2006 年盈亏(费用)指标的通知	西山煤电发〔2006〕176 号
关于成立山西焦煤西山煤电集团公司清洁发展机制(CDM)项目开发管理领导组的通知	西山煤电发〔2006〕177 号
关于下发《西山煤电集团公司后勤系统绩效工资考核办法》的通知	西山煤电发〔2006〕179 号
关于 2006 年开展"安康杯"竞赛活动的通知	西山煤电发〔2006〕180 号
关于下发《西山煤电集团公司煤矿安全群众监督员管理办法》的通知	西山煤电发〔2006〕181 号
关于下达 2006 年一户一策煤款旧欠清收奖励标准的通知	西山煤电发〔2006〕183 号
关于下发西山煤电集团公司 2006 年矿区环境治理专项资金首批计划的通知	西山煤电计发〔2006〕185 号
关于下发西山煤电集团公司 2006 年科研项目资金计划的通知	西山煤电发〔2006〕186 号
关于下发西山煤电集团公司 2006 年造育林资金计划的通知	西山煤电发〔2006〕187 号
关于下发西山煤电集团公司 2006 年首批大修资金计划的通知	西山煤电发〔2006〕188 号
关于西山煤电集团公司加强节电工作的通知	西山煤电发〔2006〕189 号

关于2006年执行功率因数调整电费及奖惩考核办法的通知　西山煤电电力发〔2006〕190号

关于2006年总电量控制指标和民用电收费率指标及考核办法的通知　西山煤电电力发〔2006〕191号

关于做好2006年防汛工作安排的通知　西山煤电发〔2006〕192号

关于下发《西山煤电集团公司文件制发管理办法》的通知　西山煤电发〔2006〕193号

关于西山煤电集团公司2006年多经自有资金计划的批复　西山煤电发〔2006〕194号

关于印发西山煤电集团公司2006年卫生工作会议材料的通知　西山煤电发〔2006〕195号

关于镇城底矿王家坡、元家山村保护煤柱设计的批复　西山煤电发〔2006〕196号

关于西曲矿王马市村保护煤柱设计的批复　西山煤电发〔2006〕197号

关于下发《西山煤电集团公司建设工程预算定额取费标准及有关问题的规定》的通知　西山煤电发〔2006〕198号

关于举办2006年西山职工技能大赛的通知　西山煤电发〔2006〕199号

转发国家局《关于山西省吕梁市临县胜利煤焦有限公司"3·18"特大透水事故的通报》的通知　西山煤电发〔2006〕200号

关于下发《西山煤电集团公司材料及费用综合考核奖惩办法》的通知　西山煤电发〔2006〕202号

关于下发《西山煤电集团公司在途商品煤管理暂行办法》的通知　西山煤电发〔2006〕203号

关于调整职工住院治伤期间伙食补助标准的通知　西山煤电发〔2006〕204号

转发《关于2006年度在全省范围内进行防雷设施安全大检查》的通知　西山煤电发〔2006〕205号

关于印发《山西焦煤西山煤电集团公司关于对地方煤矿实施托管的暂行办法》的通知　西山煤电发〔2006〕206号

关于切实加强民用爆炸物品管理的紧急通知　西山煤电发〔2006〕207号

关于加强史志编撰工作和编辑出版《西山年鉴》的决定　西山煤电发〔2006〕208号

关于下发《西山煤电集团公司环境保护责任法人绩效考核办法》的通知　西山煤电发〔2006〕211号

关于下发《西山煤电集团公司建设工程安全文明施工管理考核办法(试行)》的通知　西山煤电发〔2006〕212号

关于下发《西山煤电集团公司环境管理体系认证管理办法》的通知　西山煤电发〔2006〕214号

关于成立西山煤电集团公司棚户区改造建设指挥部的通知 西山煤电发〔2006〕216 号

关于印发《西山煤电集团有限责任公司加强项目资金管理若干规定》的通知 西山煤电发〔2006〕217 号

关于印发《西山煤电集团公司责任法人绩效考核办法》的通知 西山煤电发〔2006〕218 号

关于西山热电有限责任公司综合利用电厂 3# 机组及太选矸石电厂改造申请审批的报告 西山煤电发〔2006〕219 号

关于对徐忠和等八名同志进行离任审计的通知 西山煤电发〔2006〕220 号

关于调整西山煤电集团公司绿化委员会领导成员的通知 西山煤电发〔2006〕221 号

转发《关于近期三起煤矿特大事故的通报》的通知 西山煤电安发〔2006〕224 号

关于印发修改《应急救援体系》的通知 西山煤电发〔2006〕225 号

转发《关于切实做好 2006 年全省安全生产应急救援体系建设工作的通知》的通知 西山煤电安发〔2006〕226 号

关于调整西山煤电集团公司爱国卫生运动委员会组织机构的通知 西山煤电发〔2006〕227 号

关于二〇〇六年汛期矿井防治水工作安排的通知 西山煤电发〔2006〕228 号

关于做好承办“西山煤电杯”全国职工安全生产演讲比赛筹备组织工作的通知 西山煤电发〔2006〕230 号

关于开展“安康杯”知识竞赛系列活动的通知 西山煤电发〔2006〕231 号

转发《关于西山煤电股份公司大宗材料由焦煤集团采购有关事项的批复》的通知 西山煤电发〔2006〕232 号

关于下达 2006 年业务招待费指标的通知 西山煤电财发〔2006〕233 号

关于山西焦煤西山煤电集团有限责任公司锅炉压力容器压力管道特种设备及井下皮带、电缆、风筒布、水袋等检验检测收费标准的通知 西山煤电发〔2006〕234 号

关于下发西山煤电集团公司 2006 年集中供热二次管网大修首批资金计划的通知 西山煤电发〔2006〕236 号

关于对煤气化公司租赁车辆达到报废期处理意见请示的批复 西山煤电发〔2006〕237 号

关于闫永亮等 3 名同志具备高级会计师任职资格的通知 西山煤电发〔2006〕238 号

关于贾金龙等3名同志具备按摩专业初级技术职务任职资格的通知 西山煤电发〔2006〕240号

转发山西省人事厅关于专业技术职务任职资格评审及计算机应用能力考试扩充科目有关问题的通知 西山煤电发〔2006〕241号

关于加强矿井"一通三防"特殊环节和特殊过程管理的若干补充规定 西山煤电发〔2006〕245号

转发《山西焦煤集团公司焦炭化工产品质量管理办法》的通知 西山煤电发〔2006〕246号

转发《山西焦煤集团公司高产高效矿井建设考核奖励办法》的通知 西山煤电发〔2006〕247号

转发《山西焦煤集团公司优质高效选煤厂建设考核奖励办法》的通知 西山煤电发〔2006〕248号

关于转发《山西焦煤集团公司关于在后勤系统深入开展"质量管理年"活动的实施意见》的通知 西山煤电发〔2006〕252号

关于西山煤电集团公司技工学校2006年招生工作的通知 西山煤电发〔2006〕254号

关于下发《西山煤电集团公司信息安全等级保护管理办法(试行)》的通知 西山煤电发〔2006〕255号

关于加强对煤矿企业主要负责人 安全生产管理人员和特种作业人员持证上岗补充规定的通知 西山煤电发〔2006〕256号

关于贯彻落实山西焦煤发[2006]197号文建设煤炭产量监控系统的通知 西山煤电发〔2006〕257号

关于做好2006年大中专毕业生接收就业工作的通知 西山煤电发〔2006〕258号

关于对设备租赁配件采购系统管理督导监察的实施意见 西山煤电发〔2006〕261号

转发山西焦煤集团公司《矿井辅助运输新技术新装备推广应用管理办法》的通知 西山煤电发〔2006〕264号

关于做好专业技术人员聘任工作的补充规定 西山煤电发〔2006〕265号

关于下发《西山煤电集团有限责任公司住宅建设项目管理办法》的通知 西山煤电发〔2006〕267号

关于开展档案规范化管理等级评定工作的通知 西山煤电发〔2006〕268号

关于下达2006年养老保险缴费基数和缴费比例等事项的通知 西山煤电发〔2006〕269号

山西焦煤西山煤电集团责任有限公司关于联营煤矿民爆物品安全管理的通知 西山煤电发〔2006〕270号

转发《关于贵州盘江煤电集团公司老层基洗煤厂矸石山"4·16"滑坡事故

的通报》的通知 西山煤电安发〔2006〕271号

关于开展2006年“安全生产月”活动的通知 西山煤电发〔2006〕272号

关于下发《生产矿井安监处“创先争优”达标竞赛考核办法及标准》的通知 西山煤电发〔2006〕273号

关于进一步做好清产核资工作的通知 西山煤电发〔2006〕274号

关于印发《西山煤电集团公司绿化省城东西山第五期义务植树任务实施方案》的通知 西山煤电发〔2006〕276号

关于2006年技工学校应届毕业生进行技能统考的通知 西山煤电发〔2006〕277号

关于调整西山煤电集团公司保密委员会机构组成人员的通知 西山煤电发〔2006〕278号

关于进一步加强外报资料管理规范外报资料报送程序的通知 西山煤电发〔2006〕279号

关于印发《山西焦煤西山煤电集团公司领导干部任中经济责任审计实施暂行办法》的通知 西山煤电发〔2006〕281号

关于下发2006年房屋安全渡汛工作安排的通知 西山煤电发〔2006〕282号

关于新投运的高压线路集中维护及维护费用的通知 西山煤电发〔2006〕283号

关于对屯兰矿多种经营公司2005年度财务收支的审计意见 西山煤电发〔2006〕284号

关于对西铭矿多种经营公司2005年度财务收支的审计意见 西山煤电发〔2006〕285号

关于开通“西山科技”网的通知 西山煤电发〔2006〕286号

关于下发《机电配件报废管理办法》的通知 西山煤电发〔2006〕288号

西山煤电集团公司关于贯彻落实《山西焦煤集团公司“质量管理年”实施方案》的安排 西山煤电发〔2006〕290号

关于下发西山煤电集团公司2006年大修资金第二批计划的通知 西山煤电发〔2006〕292号

关于整顿清理煤矿建设项目的通知 西山煤电发〔2006〕294号

关于成立主辅分离辅业改制领导组的通知 西山煤电发〔2006〕295号

关于表彰2005年度技术创新合理化建议成果获奖项目、先进单位、优秀组织者的决定 西山煤电发〔2006〕301号

关于下发西山煤电集团公司2006年西山宾馆危楼改造工程第二批资金计划的通知 西山煤电发〔2006〕303号

关于调整山西焦煤西山煤电集团公司残联组织机构组成人员的通知 西山煤电发〔2006〕304号

关于成立邢家社新井筹备工作组的通知 西山煤电发〔2006〕305号

关于下发西山煤电集团公司合同管理考核奖惩办法的通知 西山煤电发〔2006〕306号

关于尽快归集完善职工住房档案的通知 西山煤电房产发〔2006〕307号

关于对吴志芳犯公司人员受贿罪的处理决定 西山煤电发〔2006〕308号

关于下发西山煤电集团公司保守企业秘密有关规定的通知 西山煤电发〔2006〕309号

关于下发西山煤电集团公司2006年矿区热电联供工程第二批资金计划的通知 西山煤电发〔2006〕311号

关于调整山西焦煤西山煤电集团公司专家委员会的通知 西山煤电发〔2006〕312号

关于调整山西焦煤西山煤电集团公司技术委员会 专业技术委员会的通知 西山煤电发〔2006〕313号

关于下发山西焦煤西山煤电集团公司科技项目管理办法的通知 西山煤电发〔2006〕314号

关于下发山西焦煤西山煤电集团公司科技进步奖奖励办法的通知 西山煤电发〔2006〕315号

关于下发山西焦煤集团西山煤电集团公司技术开发费管理实施办法的通知 西山煤电发〔2006〕316号

关于下发山西焦煤西山煤电集团公司企业标准管理办法的通知 西山煤电发〔2006〕317号

关于下发山西焦煤西山煤电集团公司专利管理办法的通知 西山煤电发〔2006〕318号

关于成立西山煤电集团公司专业技术协会的通知 西山煤电发〔2006〕319号

关于对2005年公用事业总公司环境卫生、绿化养护、公用设施维护、市容市貌指标完成情况考核兑现的通知 西山煤电企发〔2006〕321号

关于对“六型机关”创建工作开展效能监察的通知 西山煤电发〔2006〕325号

关于下发西山集中供热管理条例及实施细则的通知 西山煤电公用发〔2006〕327号

关于进一步加强西山煤电集团有限责任公司锅炉、压力容器、压力管道、电梯、起重机械等特种设备管理的通知 西山煤电机发〔2006〕328号

文件名称	文号
转发《山西焦煤集团公司关于国际发展与国际贸易两公司内部市场和外贸业务经营管理权限的补充规定》的通知	西山煤电发〔2006〕331 号
关于对太原选煤厂实业公司 2005 年度财务收支情况的审计意见	西山煤电发〔2006〕332 号
关于对杜儿坪矿多经公司 2005 年度财务收支情况的审计意见	西山煤电发〔2006〕333 号
关于印发《工大党校、技工学校、安培中心月度工作绩效考核办法》的通知	西山煤电发〔2006〕334 号
关于成立防震减灾领导组及各专业组的通知	西山煤电发〔2006〕336 号
转发山西焦煤集团公司关于加强煤矿水害防治工作指导意见的通知	西山煤电发〔2006〕337 号
关于下发清运西铭矿选煤厂场地库存煤专项考核办法的通知	西山煤电发〔2006〕338 号
关于成立清产核资资产损失鉴定组的通知	西山煤电发〔2006〕341 号
关于对官地矿“6·16”煤仓溃泄事故和风峪沟 35kV 变电站“6·18”事故的处理决定	西山煤电发〔2006〕344 号
关于对西铭矿“6·27”瓦斯窒息事故的处理决定	西山煤电发〔2006〕345 号
转发《关于建立长效机制强化煤矿生产能力监管工作的决定》的通知	西山煤电安发〔2006〕347 号
转发关于河龙湾 110kV 输变电工程相关批复和协议文件的通知	西山煤电发〔2006〕350 号
关于下发《西山煤电集团公司多种经营系统产品质量监督管理实施细则》的通知	西山煤电发〔2006〕351 号
关于制止山西庆恒建筑公司生产和销售锚杆产品的通知	西山煤电发〔2006〕353 号
转发山西省有关经济、会计系列高级专业技术职务任职资格评审文件的通知	西山煤电职改发〔2006〕354 号
关于下发《425 小区住房结算的相关规定》的通知	西山煤电发〔2006〕355 号
关于下发《西山煤电集团公司存货、在建工程及固定资产清查暂行办法》的通知	西山煤电发〔2006〕357 号
关于下发西山煤电集团公司内部银行管理办法的通知	西山煤电发〔2006〕358 号
关于成立西山煤电集团公司矿(厂)区造林绿化工程领导组的通知	西山煤电发〔2006〕359 号
转发山西省有关工程系列专业技术职务任职资格评审文件的通知	西山煤电职改发〔2006〕360 号

转发《山西省高级专业技术职务任职资格评审答辩规则》的通知 西山煤电职改发〔2006〕361号

对《关于西山化工厂改变乳化炸药药卷规格的请示》的批复 西山煤电发〔2006〕364号

关于贯彻落实《千家企业节能行动实施方案》的通知 西山煤电技发〔2006〕365号

关于对官地矿"7·9"重大顶板事故责任者的处理决定 西山煤电发〔2006〕366号

转发上级有关防汛文件的通知 西山煤电发〔2006〕369号

关于下发《西山煤电集团公司矿(厂)区造林绿化工程实施方案》的通知 西山煤电发〔2006〕370号

关于开展"创建标准化、安全文明小区竞赛活动"的决定 西山煤电发〔2006〕373号

关于下发西山煤电集团公司2006年西山水泥厂粉尘治理工程第二批资金计划的通知 西山煤电计发〔2006〕374号

关于加强对矿井内施工队组管理有关规定的通知 西山煤电发〔2006〕380号

转发《关于辽宁省阜新矿业(集团)有限责任公司五龙煤矿"6·28"特大瓦斯爆炸事故的通报》的通知 西山煤电安发〔2006〕382号

转发《关于深化煤炭生产企业劳动用工治理整顿的通知》的通知 西山煤电发〔2006〕384号

关于进一步完善山西焦煤西山煤电集团公司招用农民工工作的通知 西山煤电发〔2006〕385号

关于下发《山西焦煤西山煤电集团公司2006—2010年普法依法治企规划》的通知 西山煤电发〔2006〕386号

关于成立山西焦煤西山煤电集团有限责任公司五五普法依法治企领导组的通知 西山煤电发〔2006〕387号

关于转发《煤矿作业场所全工作班个体呼吸性粉尘监测办法的通知》的通知 西山煤电发〔2006〕388号

转发上级有关煤炭生产能力文件的通知 西山煤电发〔2006〕389号

关于调整山西焦煤西山煤电集团公司电费电价的通知 西山煤电发〔2006〕390号

关于下发《综采工作面生产设备开机率考核办法》的通知 西山煤电发〔2006〕392号

关于印发《山西焦煤西山煤电集团公司工资管理办法》的通知 西山煤电发〔2006〕393号

关于抓紧落实下半年环保重点治理任务的通知 西山煤电环发〔2006〕394号

关于顶板管理及运输管理有关补充规定的通知 西山煤电发〔2006〕395 号

下发《关于加强井下高压供电系统管理的补充规定》的通知 西山煤电发〔2006〕396 号

下发《关于进一步加强租赁设备全过程管理的规定》的通知 西山煤电发〔2006〕397 号

关于 2006 年上半年责任法人综合目标检查考核情况的通报 西山煤电发〔2006〕398 号

关于成立协调周边农村关系领导机构的通知 西山煤电发〔2006〕399 号

对马兰矿多经公司 2005 年度财务收支情况的审计意见 西山煤电审发〔2006〕400 号

转发太原市《关于开展“关爱农民工生命安全与健康特别行动”的实施办法》的通知 西山煤电发〔2006〕402 号

关于印发 2006 年下半年工作会议有关材料的通知 西山煤电发〔2006〕403 号

关于下发《山西焦煤西山煤电集团有限责任公司自救器租赁、使用、管理、修理管理办法》的通知 西山煤电供发〔2006〕404 号

关于对广州中环绿色仓储有限公司 2004—2005 年度财务收支的审计意见 西山煤电审发〔2006〕406 号

关于下发《西山煤电集团公司物资供应系统代储代销管理办法》的通知 西山煤电发〔2006〕407 号

关于转发《生产经营单位安全培训规定实施细则》的通知 西山煤电安发〔2006〕409 号

转发《山西省煤矿“一通三防”管理补充规定》的通知 西山煤电发〔2006〕411 号

关于对低压配电变压器进行标准化考核的通知 西山煤电发〔2006〕413 号

关于明确集团妇女病普查、治疗及孕情检查工作职责的通知 西山煤电发〔2006〕414 号

关于吸取官地矿风峪沟变电站 6·18 事故教训及整改措施的通知 西山煤电发〔2006〕416 号

关于避峰节约用电管理办法的通知 西山煤电发〔2006〕417 号

关于印发《西山煤电集团公司电力调度规程》的通知 西山煤电发〔2006〕418 号

关于下发多经原煤调东曲、屯兰选煤厂入洗的费用及结算有关规定的通知 西山煤电发〔2006〕419 号

关于下发《西山煤电集团公司女工家属协管安全工作条例的通知》 西山煤电发〔2006〕420 号

关于进一步明确“应收(预付)账款、应付(预收)账款表”、“其他应收款及其他应付款表”编制方法的通知 西山煤电发〔2006〕423 号

关于下发《西山煤电集团公司会计报表评比办法》的通知 西山煤电发〔2006〕424 号

关于做好乙型脑炎预防工作的通知 西山煤电疾控发〔2006〕425 号

转发国家安全生产监督管理总局 国家煤矿安全监察局《关于近期三起煤矿水害事故的通报》的通知 西山煤电发〔2006〕426 号

关于申请环保补助资金的报告 西山煤电发〔2006〕427 号

转发《山西省煤炭生产企业劳动保障诚信评价试行办法》和《山西省煤炭生产企业劳动保障诚信申报评价实施细则》的通知 西山煤电发〔2006〕428 号

关于医疗保险住院定点放开及调整矿级医院住院起付标准的通知 西山煤电医保发〔2006〕429 号

关于下发西山煤电集团医疗保险定点医疗机构费用结算办法和定点医疗机构及定点药店医保考核标准及考核奖罚办法的通知 西山煤电医保发〔2006〕430 号

转发省局关于发布《禁止井工煤矿使用的设备及工艺目录(第一批)》的通知 西山煤电发〔2006〕432 号

关于印发《山西焦煤西山煤电集团公司主辅分离辅业改制总体方案》的通知 西山煤电发〔2006〕433 号

关于下发西山煤电集团公司使用山西源通人力派遣有限公司劳务工财务管理办法的通知 西山煤电发〔2006〕438 号

关于西山煤电集团公司对控股公司安全管理规定的通知 西山煤电发〔2006〕442 号

转发《关于山西焦煤集团公司"十一五"期间第一批落实银企合作协议的安排意见》的通知 西山煤电发〔2006〕443 号

关于印发《山西省环境保护违法违纪行为处分暂行规定》的通知 西山煤电发〔2006〕444 号

关于《生产矿井安全质量标准化标准及考核评级办法》补充规定的通知 西山煤电发〔2006〕445 号

转发上级关于矿井生产能力复核工作事宜的通知 西山煤电发〔2006〕446 号

关于对段润宇等四名同志进行离任审计的通知 西山煤电发〔2006〕447 号

关于下发《生产矿井准军事化管理制度》的通知 西山煤电发〔2006〕451 号

关于开展"百日安全生产无事故"竞赛活动的通知 西山煤电发〔2006〕452 号

关于修订责任法人考核煤质考核部分的通知 西山煤电发〔2006〕453 号

关于下发矿建工程费用计取标准的通知 西山煤电发〔2006〕454 号

关于下达西山煤电集团公司2006年生产及安全隐患处理意见的通知　西山煤电发〔2006〕455号

关于加强储备资金管理补充规定的通知　西山煤电发〔2006〕456号

关于印发《山西焦煤西山煤电集团公司工伤人员住院治疗管理办法》(试行)的通知　西山煤电发〔2006〕457号

关于印发《山西焦煤西山煤电集团公司工伤保险协议医疗机构考核办法》的通知　西山煤电发〔2006〕458号

关于印发《山西焦煤西山煤电集团公司工伤保险业务操作规程》的通知　西山煤电社保发〔2006〕459号

关于印发《山西焦煤西山煤电集团公司工伤保险管理服务办法(试行)》的通知　西山煤电发〔2006〕460号

转发《山西焦煤集团有限责任公司清产核资按〈企业会计制度〉八项资产损失预计办法》等文件的通知　西山煤电发〔2006〕461号

关于下发《西山煤电集团公司资金管理办法》的通知　西山煤电发〔2006〕463号

关于印发《西山煤电集团公司建设标准化住宅小区三年发展规划》的通知　西山煤电公用发〔2006〕465号

关于印发《西山煤电集团公司创建标准化住宅小区竞赛方案(试行)》的通知　西山煤电公用发〔2006〕467号

关于做好国庆节、中秋节和省九次党代会期间安全生产工作的通知　西山煤电发〔2006〕468号

关于印发《山西焦煤西山煤电集团有限责任公司2006年职工调资升级实施方案》的通知　西山煤电发〔2006〕469号

关于下发西山煤电集团公司2006年官地矿储装运系统改造、古交配煤厂建设项目资金调整计划的通知　西山煤电计发〔2006〕470号

关于施工企业新上项目审批及固定资产投资统一纳入集团管理的通知　西山煤电发〔2006〕471号

关于成立西山煤电集团公司专业技术人员管理委员会的通知　西山煤电发〔2006〕472号

转发《关于印发煤炭行政审批有关项目办理规定的通知》的通知　西山煤电发〔2006〕474号

转发《关于开展"百日安全无事故"竞赛活动的通知》的通知　西山煤电发〔2006〕475号

关于统一职工工装的通知　西山煤电发〔2006〕478号

关于在中小学移交政府管理过渡期间预增付在职教职工工资、离退休教职工养老金的通知　西山煤电发〔2006〕479 号

关于下达 2006 年度工伤保险缴费基数和缴费比例的通知　西山煤电社保发〔2006〕480 号

关于下发《西山煤电集团民用爆炸物品安全监督管理办法》的通知　西山煤电发〔2006〕482 号

关于加强个人所得税征收管理的通知　西山煤电发〔2006〕485 号

关于白家庄矿业有限责任公司二中小区和桃杏村部分地面建筑保护煤柱设计的批复　西山煤电发〔2006〕486 号

关于对区队级后备干部进行培训的通知　西山煤电发〔2006〕488 号

转发《关于今年以来连续发生因施救不当造成伤亡扩大事故的通报》的通知　西山煤电发〔2006〕489 号

转发山西焦煤集团公司《关于西山煤电集团公司所属三个施工企业变更名称的批复》的通知　西山煤电发〔2006〕490 号

关于多经系统生产经营单位安全培训有关规定的通知　西山煤电发〔2006〕491 号

转发《山西省人民政府关于贯彻国务院完善企业职工基本养老保险制度决定的实施意见》的通知　西山煤电发〔2006〕492 号

转发山西省劳动和社会保障厅、财政厅有关企业退休人员待遇文件的通知　西山煤电发〔2006〕493 号

关于张德文等 6 名同志具备助理工程师任职资格的通知　西山煤电职改发〔2006〕494 号

转发《关于开展市营以上煤矿主要负责人和安全生产管理人员安全资格证年审工作的通知》的通知　西山煤电发〔2006〕495 号

关于王建雄等 96 名同志具备工程师任职资格的通知　西山煤电职改发〔2006〕496 号

关于下发《西山煤电集团公司新产品准入管理暂行办法》的通知　西山煤电发〔2006〕499 号

关于下发《西山煤电集团公司选煤厂瓦斯管理规定》的通知　西山煤电发〔2006〕501 号

转发山西省煤炭工业局行政效能建设有关制度文件的通知　西山煤电发〔2006〕502 号

转发《太原市开展创建国家级卫生城市活动实施方案》的通知　西山煤电发〔2006〕504 号

关于成立西山煤电集团公司创建国家级卫生城市活动领导组的通知　西山煤电发〔2006〕505 号

转发《关于印发 < 山西省煤矿井下工亡职工子女教育救济基金暂行

办法 > 的通知》的通知	西山煤电社保发〔2006〕506 号
转发《关于确定山西医科大学第二医院为工伤保险协议医疗机构的通知》的通知	西山煤电社保发〔2006〕507 号
转发《关于降低煤矿井下职工意外伤害保险费率提高补偿标准的通知》的通知	西山煤电社保发〔2006〕508 号
转发《关于印发 < 山西省国有重点煤矿工伤保险医疗服务管理办法(暂行)> 和 < 山西省国有重点煤矿工伤职工伤职工辅助器具配置服务管理办法(暂行)> 的通知》的通知	西山煤电社保发〔2006〕509 号
转发上级有关重大建设项目档案验收文件的通知	西山煤电发〔2006〕510 号
印发《关于对白家庄分公司原任经理及矿业有限责任公司原任董事长徐忠和同志任期经济责任的审计报告》的通知	西山煤电审发〔2006〕511 号
关于对山西焦煤集团古交水泥有限责任公司 2005 年度财务收支情况的审计意见	西山煤电审发〔2006〕512 号
关于对山西晋兴能源有限责任公司 2005 年度财务收支情况的审计意见	西山煤电审发〔2006〕513 号
关于对西山酒店 2005 年财务收支情况的审计意见	西山煤电审发〔2006〕514 号
关于对西山煤电集团公司设计院(有限公司)资本金效绩的审计意见	西山煤电审发〔2006〕515 号
印发《关于对镇城底矿原任矿长贺民成同志任期经济责任审计的报告》的通知	西山煤电审发〔2006〕516 号
印发《关于对东曲矿原任矿长侯水云同志任期经济责任审计的报告》的通知	西山煤电审发〔2006〕517 号
关于对东曲矿 2005 年度财务收支情况的审计意见	西山煤电审发〔2006〕518 号
转发《太原市综合整治环境污染专项行动方案》的通知	西山煤电环发〔2006〕520 号
关于调整春晖、建北等幼儿园收费标准及报销问题的通知	西山煤电发〔2006〕521 号
关于做好今冬明春防火工作的通知	西山煤电发〔2006〕522 号
关于印发 2005 年度优秀 QC 小组获奖名单及上报 2006 年度 QC 成果的通知	西山煤电发〔2006〕525 号
关于调整专业技术职务评审委员会(库)的通知	西山煤电发〔2006〕526 号

关于成立西山煤电集团公司计划生育技术服务中心的通知 西山煤电发〔2006〕527号

印发《关于对西山宾馆原任经理徐惠忠同志任期经济责任审计的报告》的通知 西山煤电审发〔2006〕528号

关于镇城底矿赤泥岩新村保护煤柱设计的批复 西山煤电发〔2006〕529号

关于转发调整山西省最低工资标准的通知 西山煤电发〔2006〕530号

关于转发调整煤矿井下艰苦岗位津贴标准的通知 西山煤电发〔2006〕531号

关于下发《西山煤电集团公司2006年建设工程结算管理程序及工程结算审批细则》的通知 西山煤电发〔2006〕532号

关于切实加强安全管理，决战后40天 坚决实现安全生产的决定 西山煤电发〔2006〕533号

关于住房公积金归集业务归口调整的通知 西山煤电发〔2006〕534号

关于下达2006—2007年度自用煤计划的通知 西山煤电发〔2006〕537号

关于下发《西山煤电集团公司自救器内部租赁财务管理与会计核算办法》的通知 西山煤电发〔2006〕538号

关于池丽婷等3名技工学校教师具备讲师任职资格的通知 西山煤电职改发〔2006〕540号

关于冯天灵等17名同志具备卫生系列高级专业技术职务任职资格的通知 西山煤电职改发〔2006〕541号

关于牛婵娟等12名同志具备幼教系列相应任职资格的通知 西山煤电职改发〔2006〕542号

关于下发西山煤电集团公司2006年住宅建设资金计划的通知 西山煤电计发〔2006〕544号

印发《关于对房地产公司原任经理李品同志任期经济责任审计的报告》的通知 西山煤电审发〔2006〕545号

印发《关于对杜儿坪矿原任矿长段润宇同志任期经济责任审计的报告》的通知 西山煤电审发〔2006〕546号

关于进一步规范业务招待费支出的通知 西山煤电发〔2006〕547号

转发山西省劳动和社会保障厅有关尽快兑现企业离休人员增加养老金文件的通知 西山煤电发〔2006〕549号

关于核拨集中供热应急抢修有关费用的意见 西山煤电发〔2006〕551号

文件名称	文号
印发《关于对官地矿原任矿长杨晋渊同志任期经济责任审计的报告》的通知	西山煤电审发〔2006〕554 号
关于启用“山西焦煤集团有限责任公司屯兰矿选煤厂合同专用章”的通知	西山煤电发〔2006〕555 号
关于对西铭矿“11·25”停风停电瓦斯超限事故的追查处理通报	西山煤电发〔2006〕557 号
关于对西铭矿 48512 工作面 CO 超限事故的追查处理通报	西山煤电发〔2006〕558 号
关于印发 2006 年职业技能鉴定合格人员名单的通知	西山煤电劳发〔2006〕561 号
关于下发《西山煤电集团公司集中供热突发停电应急预案》的通知	西山煤电发〔2006〕562 号
关于加强西山煤电网站管理的意见	西山煤电发〔2006〕563 号
转发国家煤矿安全监察局有关遏制国有重点煤矿重特大瓦斯事故文件的通知	西山煤电安发〔2006〕565 号
关于下发西山煤电集团公司 2006 年国债资金调整计划的通知	西山煤电发〔2006〕567 号
关于西山煤电集团公司 2006 年多经自有资金调整计划的批复	西山煤电计发〔2006〕569 号
关于下发西山煤电集团公司 2006 年大修资金调整计划的通知	西山煤电计发〔2006〕570 号
关于下发西山煤电集团公司 2006 年造育林资金调整计划的通知	西山煤电计发〔2006〕571 号
关于下发西山煤电集团公司 2006 年重大技术改造项目资金调整计划的通知	西山煤电计发〔2006〕572 号
关于下发西山煤电集团公司 2006 年维简资金调整计划的通知	西山煤电计发〔2006〕573 号
关于下发西山煤电集团公司 2006 年生产安全资金调整计划的通知	西山煤电计发〔2006〕574 号
关于下发西山煤电集团公司 2006 年矿区环境治理专项资金调整计划的通知	西山煤电计发〔2006〕575 号
关于下发西山煤电集团公司 2006 年住宅建设资金调整计划的通知	西山煤电计发〔2006〕576 号
关于下发《南北寒地区 6kV 线路检修及双电源用户安全操作规程》的通知	西山煤电发〔2006〕577 号
关于二〇〇六年度财务决算审计工作安排的通知	西山煤电审发〔2006〕579 号
关于下发《山西焦煤西山煤电集团公司冬季取暖费补贴及收缴规定（暂行）》的通知	西山煤电发〔2006〕580 号

转发《关于做好企业清产核资工作的通知》的通知　西山煤电财发〔2006〕581号

转发《关于贯彻 < 企业国有资产评估管理暂行办法 > 的通知》的通知　西山煤电财发〔2006〕582号

关于下发《西山煤电集团公司财务情况说明书规范格式及编写说明》(试行)的通知　西山煤电财发〔2006〕583号

关于编报2007年度财务预算工作的通知　西山煤电财发〔2006〕585号

关于二○○六年财务决算工作安排的通知　西山煤电财发〔2006〕586号

印发《关于对教育委员会原主任田鸿志同志任期经济责任审计的报告》的通知　西山煤电审发〔2006〕587号

印发《关于对山西金信建筑有限公司原任董事长曾希云同志任期经济责任审计的报告》的通知　西山煤电审发〔2006〕588号

关于下发《井下高压供电方式、局部通风机供电及运行方式规范》的通知　西山煤电机发〔2006〕590号

关于对2006年职工素质工程先进单位、集体和个人的表彰决定　西山煤电发〔2006〕592号

关于修订《西山职工技能大赛管理办法》的通知　西山煤电发〔2006〕593号

关于举办2007西山职工技能大赛的通知　西山煤电发〔2006〕594号

关于2006年度评比表彰工作的通知　西山煤电发〔2006〕595号

关于下发《西山煤电集团公司减免贫特困职工冬季取暖费实施细则(暂行)》的通知　西山煤电发〔2006〕596号

印发《在“青工技能振兴计划”中实行学分制考核的指导意见》的通知　西山煤电发〔2006〕598号

转发关于国有企业改革配套文件的通知　西山煤电发〔2006〕599号

印发《关于对化工厂厂长杨卫东同志任中经济责任审计的报告》的通知　西山煤电审发〔2006〕600号

关于下发《山西焦煤西山煤电集团公司杜绝个人挂靠集团施工企业承揽工程的若干规定》的通知　西山煤电发〔2006〕601号

关于做好2006年度物资供应系统工作总结表彰的通知　西山煤电供发〔2006〕602号

关于对古交多经公司2005年度资产、负债、损益的审计意见　西山煤电审发〔2006〕605号

印发《关于对矿建分公司原任经理李向阳同志任期经济责任审计的

报告》的通知 西山煤电审发〔2006〕606 号

关于下发西山煤电集团公司民用爆炸物品安全防范措施和事故应急救援预案的通知 西山煤电发〔2006〕607 号

印发《关于对煤气化公司经理范望敏同志任中经济责任审计的报告》的通知 西山煤电审发〔2006〕609 号

转发关于进一步加强煤矿井下局部瓦斯管理的通知 西山煤电安发〔2006〕610 号

印发《关于对电力公司原任经理武丕炯同志离任审计的报告》的通知 西山煤电审发〔2006〕612 号

印发《关于对电力公司原任经理于林同志离任审计的报告》的通知 西山煤电审发〔2006〕613 号

关于启用"山西焦煤西山建筑(集团)有限公司"等六枚印章的通知 西山煤电发〔2006〕614 号

转发山西焦煤集团公司《转发关于做好全省电力行业第三批专家评审认定工作的通知》的通知 西山煤电发〔2006〕615 号

关于下发山西焦煤西山煤电集团公司外出培训管理办法的通知 西山煤电发〔2006〕616 号

关于 2006 年度对工程质量进行考核奖惩的通知 西山煤电发〔2006〕617 号

关于下发《集中供热用水管理考核办法》的通知 西山煤电发〔2006〕618 号

印发《关于对技工学校原任校长程光玲同志任期经济责任审计的报告》的通知 西山煤电审发〔2006〕619 号

关于杜增平同志具备按摩专业中级技术职务任职资格的通知 西山煤电职改发〔2006〕620 号

关于 2006 年度官地等七矿矿井地质损失储量的批复 西山煤电发〔2006〕623 号

关于王淑过等 6 名同志具备高级经济师任职资格的通知 西山煤电职改发〔2006〕626 号

关于转发《山西焦煤集团公司对外投资管理考核办法》的通知 西山煤电发〔2006〕627 号

关于对清产核资结果批复的通知 西山煤电发〔2006〕628 号

关于对冬季取暖费货币补贴有关事项的补充通知 西山煤电发〔2006〕629 号

党委文件索引

标题	文号
关于大力构建惩治和预防腐败体系　全面推进党风廉政建设的决定	西山煤电党发〔2006〕2 号
关于修订下发《党员安全责任区、"党员身边无事故"活动工作条例》的通知	西山煤电党发〔2006〕3 号
关于做好"两节"、"两会"期间矿区稳定工作的通知	西山煤电党发〔2006〕4 号
关于张利军等 24 名同志取得高级政工师任职资格的通知	西山煤电党发〔2006〕5 号
关于进一步加强党员教育管理工作的意见	西山煤电党发〔2006〕6 号
关于 2006 年党委统战工作的安排意见	西山煤电党发〔2006〕7 号
关于 2006 年党委中心组理论学习的安排意见	西山煤电党发〔2006〕8 号
关于加强财务系统科级干部选任工作的补充规定	西山煤电党发〔2006〕9 号
关于印发 2006 年党委工作会议材料的通知	西山煤电党发〔2006〕10 号
关于规范和加强会议及群众性活动安全保卫工作的通知	西山煤电党发〔2006〕11 号
关于转发《关于在今冬明春全省开展矛盾纠纷集中排查调处活动的通知》的通知	西山煤电党发〔2006〕12 号
关于成立山西焦煤西山煤电集团公司青年工作委员会的通知	西山煤电党发〔2006〕17 号
关于认真做好西山煤电集团公司第七次党代会筹备工作的通知	西山煤电党发〔2006〕18 号
关于成立西山煤电集团公司第七次党代会筹备工作机构的通知	西山煤电党发〔2006〕19 号
关于调整西山煤电集团公司劳动争议调解委员会组成人员的通知	西山煤电党发〔2006〕20 号
关于成立中共山西焦煤集团五麟煤焦开发有限责任公司委员会 中共山西兴能发电有限责任公司委员会　中共山西西山晋兴能源有限责任公司委员会的通知	西山煤电党发〔2006〕21 号
关于薛道成同志任职的通知	西山煤电党发〔2006〕22 号

转发《弘扬艰苦奋斗精神 制止奢侈浪费行为实施意见(试行)》的通知 西山煤电党发〔2006〕23号

关于下发《西山二〇〇五下半年党风廉政建设工作分析》的通知 西山煤电党发〔2006〕24号

关于表彰2005年度模范先进单位、集体、个人的决定 西山煤电党发〔2006〕25号

关于印发《西山煤电集团公司实施焦煤文化若干规定》和《西山煤电集团公司2006年实施焦煤文化要点及细则》的通知 西山煤电党发〔2006〕26号

关于开展社会主义荣辱观主题教育活动的通知 西山煤电党发〔2006〕28号

印发《关于学习贯彻党章 开展"十要十不要"主题教育活动实施方案》的通知 西山煤电党发〔2006〕29号

关于同意召开中国共产党白家庄矿业公司第六次代表大会的批复 西山煤电党发〔2006〕30号

关于同意召开中国共产党杜儿坪矿第八次代表大会的批复 西山煤电党发〔2006〕31号

关于同意召开中国共产党西铭矿第七次代表大会的批复 西山煤电党发〔2006〕32号

关于同意召开中国共产党官地矿第七次代表大会的批复 西山煤电党发〔2006〕33号

关于同意召开中国共产党西曲矿第三次代表大会的批复 西山煤电党发〔2006〕34号

关于同意召开中国共产党镇城底矿第二次代表大会的批复 西山煤电党发〔2006〕35号

关于同意召开中国共产党马兰矿第二次代表大会的批复 西山煤电党发〔2006〕36号

关于同意召开中国共产党东曲矿第二次代表大会的批复 西山煤电党发〔2006〕37号

关于同意召开中国共产党屯兰矿第一次代表大会的批复 西山煤电党发〔2006〕38号

关于同意召开中国共产党机电总厂第七次代表大会的批复 西山煤电党发〔2006〕39号

关于同意召开中国共产党西山水泥厂第一次代表大会的批复 西山煤电党发〔2006〕40号

关于同意召开中国共产党太原选煤厂第六次代表大会的批复 西山煤电党发〔2006〕41号

关于同意召开中国共产党西山多种经营总公司第一次代表大会的批复 西山煤电党发〔2006〕42号

关于同意召开中国共产党西山公用事业总公司第一次代表大会的批复 西山煤电党发〔2006〕43号

关于同意召开中国共产党山西金城建筑有限公司第七次代表大会的批复 西山煤电党发〔2006〕44号

关于同意召开中国共产党金信建筑有限公司第三次代表大会的批复	西山煤电党发〔2006〕45号
关于同意召开中国共产党煤气化公司党员大会的批复	西山煤电党发〔2006〕46号
关于同意召开中国共产党职工总医院第六次代表大会的批复	西山煤电党发〔2006〕47号
关于同意召开中国共产党古交矿区总医院第一次代表大会的批复	西山煤电党发〔2006〕48号
关于同意召开中国共产党西山万隆实业公司第一次代表大会的批复	西山煤电党发〔2006〕49号
关于同意召开中国共产党山西兴能发电有限责任公司党员大会的批复	西山煤电党发〔2006〕50号
关于同意召开中国共产党山西西山晋兴能源有限责任公司党员大会的批复	西山煤电党发〔2006〕51号
关于同意召开中国共产党山西焦煤五麟煤焦开发有限责任公司党员大会的批复	西山煤电党发〔2006〕52号
关于同意召开中国共产党山西西山热电有限责任公司党员大会的批复	西山煤电党发〔2006〕53号
关于同意召开中国共产党山西庆恒建筑(集团)有限公司党员大会的批复	西山煤电党发〔2006〕54号
关于同意召开中国共产党山西焦煤集团矿业管理有限公司党员大会的批复	西山煤电党发〔2006〕55号
关于同意召开中国共产党西山煤电集团公司机关第五次代表大会的批复	西山煤电党发〔2006〕56号
关于进一步加强信访工作的意见	西山煤电党发〔2006〕57号
关于调整集团公司稳定工作领导组、信访工作领导组和“610”工作领导组的通知	西山煤电党发〔2006〕58号
关于调整西山煤电集团公司第七次党代会筹备工作机构组成人员的通知	西山煤电党发〔2006〕59号
关于下发《应对群体性上访事件工作预案》的通知	西山煤电党发〔2006〕60号
关于下发《西山煤电集团公司廉政文化建设实施办法》的通知	西山煤电党发〔2006〕61号
关于西山煤电集团公司2006年社会治安综合治理工作意见	西山煤电党发〔2006〕62号
关于建立学习贯彻党章 开展“十要十不要”主题教育活动联系点的通知	西山煤电党发〔2006〕63号
关于认真做好2005—2006年度民主评议党员工作的通知	西山煤电党发〔2006〕64号

关于开展清理规范对外投资专项活动的通知	西山煤电党发〔2006〕65 号
关于温义泽等 76 名同志具备政工专业初级职务任职资格的通知	西山煤电党发〔2006〕66 号
关于下发《西山煤电集团公司转变干部作风 推进“和谐西山”建设的若干意见》的通知	西山煤电党发〔2006〕67 号
印发《关于强化干部管理监督 进一步转变干部作风的若干规定》的通知	西山煤电党发〔2006〕68 号
转发《省委巡视组在山西焦煤集团公司工作期间联系方式的公告》的通知	西山煤电党发〔2006〕69 号
关于党政领导班子成员分工的批复	西山煤电党发〔2006〕70 号
关于召开中国共产党镇城底矿第二次代表大会的第二次批复	西山煤电党发〔2006〕71 号
关于召开中国共产党马兰矿第二次代表大会的第二次批复	西山煤电党发〔2006〕72 号
关于召开中国共产党职工总医院第六次代表大会的第二次批复	西山煤电党发〔2006〕73 号
关于召开中国共产党西山多种经营总公司第一次代表大会的第二次批复	西山煤电党发〔2006〕74 号
关于召开中国共产党山西兴能发电有限责任公司党员大会的第二次批复	西山煤电党发〔2006〕75 号
关于召开中国共产党山西西山晋兴能源有限责任公司党员大会的第二次批复	西山煤电党发〔2006〕76 号
关于召开中国共产党山西庆恒建筑(集团)有限公司党员大会的第二次批复	西山煤电党发〔2006〕77 号
关于召开中国共产党山西西山热电有限责任公司党员大会的第二次批复	西山煤电党发〔2006〕78 号
关于召开中国共产党山西焦煤集团矿业管理有限公司党员大会的第二次批复	西山煤电党发〔2006〕79 号
关于对进一步转变干部作风工作进行督查的实施意见	西山煤电党发〔2006〕80 号
关于召开中国共产党白家庄矿业公司第六次代表大会的第二次批复	西山煤电党发〔2006〕81 号
关于召开中国共产党杜儿坪矿第八次代表大会的第二次批复	西山煤电党发〔2006〕82 号
关于召开中国共产党西铭矿第七次代表大会的第二次批复	西山煤电党发〔2006〕83 号
关于召开中国共产党官地矿第七次代表大会的第二次批复	西山煤电党发〔2006〕84 号

关于召开中国共产党西曲矿第三次代表大会的第二次批复	西山煤电党发〔2006〕85号
关于召开中国共产党东曲矿第二次代表大会的第二次批复	西山煤电党发〔2006〕86号
关于召开中国共产党屯兰矿第一次代表大会的第二次批复	西山煤电党发〔2006〕87号
关于召开中国共产党太原选煤厂第六次代表大会的第二次批复	西山煤电党发〔2006〕88号
关于召开中国共产党机电总厂第七次代表大会的第二次批复	西山煤电党发〔2006〕89号
关于召开中国共产党西山水泥厂第一次代表大会的第二次批复	西山煤电党发〔2006〕90号
关于召开中国共产党西山万隆实业公司第一次代表大会的第二次批复	西山煤电党发〔2006〕91号
关于召开中国共产党煤气化公司党员大会的第二次批复	西山煤电党发〔2006〕92号
关于召开中国共产党山西金城建筑有限公司第七次代表大会的第二次批复	西山煤电党发〔2006〕93号
关于召开中国共产党山西金信建筑有限公司第三次代表大会的第二次批复	西山煤电党发〔2006〕94号
关于召开中国共产党古交矿区总医院第一次代表大会的第二次批复	西山煤电党发〔2006〕95号
关于召开中国共产党西山公用事业总公司第一次代表大会的第二次批复	西山煤电党发〔2006〕96号
关于召开中国共产党西山煤电集团公司机关第五次代表大会的第二次批复	西山煤电党发〔2006〕97号
关于召开中国共产党山西焦煤五麟煤焦开发有限责任公司党员大会的第二次批复	西山煤电党发〔2006〕98号
关于召开中国共产党西山教育委员会党员代表会议的第二次批复	西山煤电党发〔2006〕99号
关于对“创先争优”活动进行检查考核以及评选表彰先进基层党组织、优秀共产党员和优秀党务工作者的通知	西山煤电党发〔2006〕100号
关于启用“中共山西兴能发电有限责任公司委员会”和“中共山西兴能发电有限责任公司纪律检查委员会”两枚印章的通知	西山煤电党发〔2006〕102号
关于中共庆恒建筑(集团)有限公司党员大会选举结果的批复	西山煤电党发〔2006〕103号

关于中国共产党山西焦煤矿业管理有限公司党员大会选举结果的批复 西山煤电党发〔2006〕104号

关于中国共产党白家庄矿业公司第六次代表大会选举结果的批复 西山煤电党发〔2006〕105号

关于中国共产党杜儿坪矿第八次代表大会选举结果的批复 西山煤电党发〔2006〕106号

关于中国共产党西铭矿第七次代表大会选举结果的批复 西山煤电党发〔2006〕107号

关于中国共产党官地矿第七次代表大会选举结果的批复 西山煤电党发〔2006〕108号

关于中国共产党西曲矿第三次代表大会选举结果的批复 西山煤电党发〔2006〕109号

关于中国共产党镇城底矿第二次代表大会选举结果的批复 西山煤电党发〔2006〕110号

关于中国共产党马兰矿第二次代表大会选举结果的批复 西山煤电党发〔2006〕111号

关于中国共产党东曲矿第二次代表大会选举结果的批复 西山煤电党发〔2006〕112号

关于中国共产党屯兰矿第一次代表大会选举结果的批复 西山煤电党发〔2006〕113号

关于中国共产党太原选煤厂第六代表大会选举结果的批复 西山煤电党发〔2006〕114号

关于中国共产党西山煤电集团公司机关(直属)第五次代表大会选举结果的批复 西山煤电党发〔2006〕115号

关于中国共产党机电总厂第七次代表大会选举结果的批复 西山煤电党发〔2006〕116号

关于中国共产党西山水泥厂第一次代表大会选举结果的批复 西山煤电党发〔2006〕117号

关于中国共产党山西金城建筑有限公司第七次大会选举结果的批复 西山煤电党发〔2006〕118号

关于中国共产党煤气化公司党员大会选举结果的批复 西山煤电党发〔2006〕119号

关于中国共产党山西金信建筑有限公司第三次代表大会选举结果的批复 西山煤电党发〔2006〕120号

关于中国共产党西山多种经营总公司第一次党代会选举结果的批复 西山煤电党发〔2006〕121号

关于中国共产党职工总医院第六次代表大会选举结果的批复 西山煤电党发〔2006〕122号

关于中国共产党公用事业总公司第一次代表大会选举结果的批复 西山煤电党发〔2006〕123号

关于中国共产党西山教育委员会党员代表会议选举结果的批复 西山煤电党发〔2006〕124号

关于中国共产党西山万隆实业公司第一次代表大会选举结果的批复 西山煤电党发〔2006〕125号

关于中国共产党古交矿区总医院第一次代表大会选举结果的批复 西山煤电党发〔2006〕126号

关于中国共产党山西兴能发电有限责任公司党员大会选举结果的批复 西山煤电党发〔2006〕127号

关于中国共产党山西西山晋兴能源有限责任公司党员大会选举结果的批复 西山煤电党发〔2006〕128号

关于中国共产党山西焦煤五麟煤焦开发有限责任公司党员大会选举结果的批复 西山煤电党发〔2006〕129号

关于中国共产党山西西山热电有限责任公司党员大会选举结果的批复 西山煤电党发〔2006〕130号

关于对吴志芳开除党籍的处分决定 西山煤电党发〔2006〕132号

关于召开中国共产党山西焦煤西山煤电集团公司第七次代表大会的通知 西山煤电党发〔2006〕133号

关于对席北明等同志组织处理的决定 西山煤电党发〔2006〕135号

关于给予席北明等同志免职处分的决定 西山煤电党发〔2006〕136号

关于认真做好集团党员代表会议代表选举工作的通知 西山煤电党发〔2006〕137号

关于评选表彰“十佳优秀毕业生标兵”和“十佳优秀毕业生”的通知 西山煤电党发〔2006〕138号

关于同意召开共青团山西焦煤西山煤电集团公司第十一次代表大会的批复 西山煤电党发〔2006〕139号

关于同意召开山西焦煤西山煤电集团公司工会第七次会员代表大会的批复 西山煤电党发〔2006〕140号

印发关于《加强大中专毕业生引进、培养、管理、使用的暂行办法》的通知 西山煤电党发〔2006〕143号

转发《关于进一步加强纪检监察组织建设的意见》的通知 西山煤电党发〔2006〕144号

关于对矿处级领导班子和领导干部进行组织考察、职工民主评议工作的通知 西山煤电党发〔2006〕145号

关于下发《西山二〇〇六年上半年党风廉政建设工作分析》的通知 西山煤电党发〔2006〕146号

关于落实“山西焦煤廉政教育活动月”有关工作的安排意见 西山煤电党发〔2006〕147号

关于认真学习《江泽民文选》的通知 西山煤电党发〔2006〕148号

关于2006年中秋、国庆期间深入开展送温暖活动的通知	西山煤电党发〔2006〕149号
关于贯彻落实阳泉会议精神 全面完成攻坚转化任务的通知	西山煤电党发〔2006〕150号
转发《关于国庆、中秋节期间加强廉洁自律反对奢侈浪费的通知》的通知	西山煤电党发〔2006〕151号
下发《关于严肃干部选任工作纪律的补充规定》的通知	西山煤电党发〔2006〕155号
关于认真做好2006年山西焦煤集团公司和西山煤电集团公司党员领导成员民主生活会征求意见工作的通知	西山煤电党发〔2006〕156号
关于召开2006年矿处级党员领导干部民主生活会的通知	西山煤电党发〔2006〕157号
关于推荐评选"十大公民道德建设系列先进典型人物"的通知	西山煤电党发〔2006〕158号
关于认真学习贯彻党的十六届六中全会精神的通知	西山煤电党发〔2006〕159号
关于对赵千义同志进行组织处理的决定	西山煤电党发〔2006〕160号
关于西山煤电集团公司工会第七次会员代表大会第二次请示的批复	西山煤电党发〔2006〕162号
印发《关于进一步加强和改进党的建设工作的意见》的通知	西山煤电党发〔2006〕163号
关于西山煤电集团公司工会第七次会员代表大会选举结果的批复	西山煤电党发〔2006〕164号
关于共青团西山煤电集团公司第十一届委员会组成方案请示的批复	西山煤电党发〔2006〕165号
二〇〇六年集团领导班子成员和基层单位矿处级党员领导干部民主生活会情况通报	西山煤电党发〔2006〕166号
关于成立中共山西焦煤集团矿业管理有限公司委员会的通知	西山煤电党发〔2006〕167号
关于修订下发《党员安全责任区工作条例》的通知	西山煤电党发〔2006〕169号
关于开展2006年度思想政治工作人员专业职务任职资格评审工作的通知	西山煤电党发〔2006〕170号
关于2007年元旦、春节期间深入开展送温暖活动的通知	西山煤电党发〔2006〕171号
关于张智红等40名同志具备政工师任职资格的通知	西山煤电党发〔2006〕172号

关于节日期间加强党风廉政建设的通知 西山煤电党发〔2006〕173 号

关于共青团山西焦煤西山煤电集团公司第十一次代表大会和共青团山西焦煤集团西山煤电集团公司第十一届委员会第一次全体会议选举结果的批复 西山煤电党发〔2006〕174 号

关于下发 2006 年党风廉政建设工作分析的通知 西山煤电党发〔2006〕175 号